图文版

中华上下五千年

【第一卷】

垢文涛/主编

辽海出版社

图书在版编目（CIP）数据

图文版中华上下五千年 / 垢文涛主编. -- 沈阳：辽海出版社,2019.12

ISBN 978-7-5451-5683-6

Ⅰ. ①图… Ⅱ. ①垢… Ⅲ. ①中国历史-通俗读物 Ⅳ. ①K209

中国版本图书馆CIP数据核字(2019)第299558号

责任编辑：柳海松
装帧设计：李　荣
责任校对：丁　雁

出 版 者：辽海出版社
地址：沈阳市和平区十一纬路25号
邮政：110003
电话：024-23284473
E-mall：dszbs@mail.lnpgc.com.cn
http：//www.lhph.com.cn
印 刷 者：德富泰（唐山）印务有限公司
发 行 者：辽海出版社

成品尺寸：145mm × 210mm
印　　张：60
字　　数：972千字

出版时间：2020年1月第1版
印刷时间：2020年1月第1次印刷
定　　价：698.00元

前　言

历史是一面镜子，蕴含着经验与真知。历史对人生有着极其重要的借鉴意义。我们从哪里来？又将走向何处？个人、国家、民族的命运又是怎样的？这是每个人都应该思考的问题，通过翻阅史籍，我们或许可以找到答案。

本书讲述了上自传说中的三皇五帝，下至新中国建立前近5000年的中国历史。中华民族这个伟大的民族，曾经孕育出多少豪杰：他们当中有政治家、军事家、思想家、科学家、文学家、艺术家。我们遴选对中国历史进程有重大影响的事件，以典型人物的事迹为中心加以介绍。我们根据史实，以讲故事的形式，用生动的语言讲述。在没有文字记录的时代，历史事件就以口口相传的形式流传下来，有些在流传的过程中被赋予了浓重的神话色彩，其本源已经无从考证。比如盘古开天辟地，虽然每个人都知道那不是史实，但是每一本讲述“上下五千年”的书却无一例外地从这里开始。因为盘古开天辟地蕴含着中华文明最古老的基因。文字产生以后，历史事件就被历代的史官一丝不苟地记录下来。中国的史官有着非常优良的传统，他们很早就具有“为后世师表”的意识，他们“秉笔直书”，孜孜不倦，力求使后世之人能够看到真实、完整的历史原貌。

本套书在叙述时以时间顺序为经，以重大历史事件和文化名人为纬，脉络清晰，系统严密，力求使读者在阅读后对中国5000年的历史了然于胸。在讲述宗旨方面，我们力求文字生动，但并不背离历史事实本身。需要说明的是，以故事的形式讲述历史，有它的局限性。此外，还配画了精美的插图，可以帮助读者更好地理解内容。这样显得既真实可信，精美绝伦，能让读者轻松地了解鲜活的历史。

目　录

传说时代

夏商西周

春秋战国

秦　汉

三国两晋南北朝

隋唐五代

两宋辽金

元

明

清

中华民国

中华上下五千年中的智慧

传说时代

开天辟地的神话

我们伟大的祖国有着非常悠久的历史。按照古代的传统说法，从传说中的黄帝到现在，有 4000 多年的历史，通常叫作“上下五千年”。

在上下 5000 年的历史里，有许多动人的、有意义的故事，其中有许多是有文字记载的。至于 5000 年以前远古时期的情况，虽然没有文字记载，但是也流传着一些神话和传说。

比如，我们人类的祖先，究竟是从哪里来的？古时候流传着一个盘古开天地的神话，说的是在天地开辟之前，宇宙不过是混混沌沌的一团气，里面没有光，没有声音。这时候，出了一个盘古氏，用大斧把这一团混沌劈了开来。轻的气往上浮，就成了天；重的气往下沉，就成了地。

以后，天每天高出一丈，地每天加厚一丈，盘古氏本人也每天长高了一丈。这样过了18000年，天就很高很高，地就很厚很厚，盘古氏当然也成了顶天立地的巨人。后来，盘古氏死了，他的身体的各个部分就变成了太阳、月亮、星星、高山、河流、草木等。

这就是开天辟地的神话。

神话毕竟只是神话，现在谁也不会相信真有这样的事。但是人们喜欢这个神话，一谈起历史，常常说从“盘古开天地”起。这是因为它象征着人类征服自然的伟大气魄和丰富的创造力。

那么，人类历史究竟应该从哪儿说起呢？后来，科学发达了，人们从地下发掘出来的化石，证明人类最早的祖先是一种从古猿转变而来的猿人。

我国科学工作者在祖国各地先后发掘了许多猿人的遗骨和遗物的化石，可以看到我们祖国境内最早的原始人，已经有100万年以上的历史。像云南发现的元谋猿人，大约有170万年历史；陕西出土的蓝田猿人，大约有110万年历史；拿有名的北京猿人来说，也有四五十万年的历史了。

这里，我们就从北京猿人说起。北京猿人生活在周口店一带。那时候，中国北方的气候比现在温和湿润。山上山下，生长着树林、灌木和丰茂的野草。凶猛的虎、豹、狼、熊等野兽，出没在树林和山野中。那里还生长着大象、犀牛和梅花鹿。

猿人的力气比不上这些凶猛的野兽，但是他们和其他动物从根本上不同的地方，就是猿人能够制造和使用工具。这种工具十分简单，一件是木棒，另一件是石头。木棒，树林里多的是，但它是经过人砍削的；石头呢，是经过人工砸打过的，虽然很粗糙，但毕竟是人制造的工具。

他们就是用这种简单的工具来采集果子，挖植物的根茎吃。他们还用木棒、石器与野兽做斗争，猎取食物。

但是，这种工具毕竟太简陋了，他们获取的食物是很有限的，靠单个人的力量，无法生存下去，只好过着群居的生活，共同劳动，共同对付猛兽的侵袭。这种人群就叫原始人群。

几十万年过去了，猿人在艰苦的斗争中得到进化。在北京周口店龙骨山的山顶洞穴里，发现另一种原始人的遗迹。这种原始人的样子，已经和现代人没有什么两样。我们把他们叫作“山顶洞人”。

山顶洞人的劳动工具有了很大的改进，他们不但能够把石头砸成石斧、石锤，而且还把野兽的骨头磨制成骨针。别看这一枚小小的骨针，在那时候，人们能磨制骨针可不是一件简单的事。有了骨针，人们就可以把兽皮缝制成衣服，不像北京猿人时期那样赤身裸体。

山顶洞人过的也是群居生活，但他们的群居生活已经按照血统关系固定下来。一个群体的成员都有共同的祖先，也就是同一氏族的人。这样，人类社会就进入了氏族公社时期了。

钻木取火等传说

原始人群到氏族公社初期人类生活是怎样进化的，我国古代也有许多传说。传说中有一些大人物，这些人往往既是首领，又是一个发明家。这种传说多半是古人根据远古时代的原始人生活想象出来的。

原始人的工具十分简单，周围又有许多猛兽，随时随地会遭到它们的伤害。后来，他们看到鸟儿在树上做窝，野兽爬不上去，不能伤害它们。原始人就学鸟儿，在树上做起窝来，也就是在树上造一间小屋。这样就安全得多了。后人把这叫作“构木为巢”。是谁发明的呢？当然是大家一起摸索出来

的。但是在传说中，却把这件事说成是有一个人教大家这样做的，他的名字叫作“有巢氏”。

最早的原始人，还不知道利用火，东西都是生吃的，生吃植物果实还不算，就是打来的野兽，也是生吞活剥，连毛带血的吃了。后来，才发明了用火（在周口店的北京人遗址上，已发现用火的痕迹，这说明那时候已经知道利用火了）。

火的现象，自然界早就有了，火山爆发，有火；打雷闪电的时候，树林里也会起火。可是原始人刚开始看到火，不会利用，反而怕得要命。后来偶然捡到被火烧死的野兽，拿来一尝，味道挺香。经过多少次的尝试，人们渐渐学会用火烧东西吃，并且想法子把火种保存下来，使它常年不灭。

又过了相当长的一段时间，人们把坚硬而尖锐的木头，在另一块硬木头上使劲地钻，钻出火星来；也有的把燧石敲敲打打，敲出火来。这就懂得了人工能够取火（从考古材料发现，山顶洞人已经懂得人工取火）。是谁发明的呢？当然是劳动人民，但是传说中又说成是一个人，叫作“燧人氏”。

人工取火是一个了不起的发明。从那时候起，人们就随时可以吃到烧熟的东西，而且食物的品种也增加了。据说，燧人氏还教人捕鱼。原来像鱼、鳖、蚌、蛤一类东西，生的有腥臊味不能吃，有了取火办法，就可以烧熟来吃了。

不知过了多长的时间，人们开始用绳子结网，用网去捕猎，还发明了弓箭，这比光用木棒、石器打猎要强得多。不但平地上的走兽，就是天空中的飞鸟，水里的游鱼，都可以射杀、捕捉起来。捕来的鸟兽，多半是活的，一时吃不完，还可以留着、养着，留到下次再吃，这样，人们又学会了饲养。这种结网、打猎、养牲口的活儿，都是人们在劳动中共同积累起来的经验。传说中却说发明这些行为的人是“伏羲氏”，或者叫“庖牺氏”。

这种渔猎的时期又不知经过了多少年，人类的文明越来越进步。开始，人们偶然把一把野谷子撒在地上，到了第二年，发现地面上生出苗来，一到秋天，又结出了更多谷子。于是，人们就大量栽种起来。他们用木头制造一种耕地的农具，叫作耒耜。他们用耒耜耕地，种植五谷，收获量就更大了。后来传说中把这些种庄稼的人说成是一个人，名叫“神农氏”。

传说中的神农氏还亲自尝过各种野草野果的味儿，有甜的，也有苦的，甚至碰到有毒的。他不但发现了许多可以吃的食物，还发现了许多可以治病的药材。据说，医药事业就是从这时候开始的。

从有巢氏到神农氏，这些传说中的大人物实际上是不存在的。但是从构木为巢，钻木取火，一直到渔猎、畜牧，发展农业，反映了原始人生产力的发展，倒是有一定道理的。1953年，在陕西西安半坡村发现了一处六七千年以前的氏族村落遗址。从遗址中挖掘出来的东西可以发现，这个时期的人已经学会饲养和农耕了。

神话传说中的黄帝

作为中华民族共同祖先的神，在炎帝之后又出现了黄帝。

黄帝是天国的最高统治者。“黄”的意思同“皇”，而“皇”的原意是光辉伟大，所以黄帝乃是光辉伟大的天帝，是中华民族的上帝。

黄帝姓姬，是少典的儿子。少典从有蟜氏的部落里娶了个妻子，名叫附宝。一天晚上，附宝看见一道大电光缠绕北斗星，把宇宙照得通亮，腹中有感而怀孕。一直孕育了25个月，在寿丘这个地方生下了黄帝。由此可见，黄帝是雷神的后代，他原来也是主雷雨的天神，后来崛起为中央的天帝。

黄帝长得很怪，据说头上四面长着四张脸，所谓“黄帝四面”，可以监视四方。他住在天国的中央，统治着整个宇宙。他的四面，各有一个天帝，掌管着一方事务。东方的天帝是太昊，辅佐他的是木神句芒，手中拿着一个圆规，掌管着春天，是春神；南方的天帝是炎帝，辅佐他的是火神祝融，手里拿着一杆秤，掌管着夏天，是夏神；西方的天帝是少昊，辅佐他的是金神蓐收，手里拿着一把曲尺，掌管着秋天，是秋神；北方的天神是颛顼，辅佐他的是水神玄冥，手里拿着一个秤锤，掌管着冬天，是冬神。黄帝本人则居中央，辅佐他的是土神后土，手里拿着一根绳子，四面八方都管得着。

从这有秩序的金、木、水、火、土五帝的排列来看，这个以黄帝为中心的五方神的统治，似乎可以说是完美无缺了。然而黄帝建立起这样井然有序的天国，也不是一帆风顺的。据说黄帝当初养性爱民，不好战伐，可是四方的天帝却密谋联合起来，要推翻黄帝。黄帝觉得不能再姑息养奸了，于是举兵消灭了四帝，然后才建立了上面所说的天国的新秩序。

炎、黄争天下

传说黄帝和炎帝，是同母异父的兄弟。黄帝是中央的天帝，炎帝是南方的天帝，兄弟俩各占天下的一半。黄帝主张行仁义之道，可是炎帝不肯听从，两个人发生了矛盾，以致闹得水火不相容，终于动起干戈。

那时候，双方已经用火和水这两种东西作为战争的武器了。炎帝是太阳神，用的是火攻，当然还有火神祝融帮助他；可是黄帝本人就是管雷雨的神，对火

攻并不放在心上，只消一场大雨就对付过去了。所以炎帝不能取胜。

有一次，兄弟俩带着兵马在“涿鹿之野”，也就是今天河北省涿鹿县境内，大战了一场。战争惨烈无比，只杀得天昏地暗、血肉横飞，以致双方兵士血流成河，连那粗大的木棒（作战的武器）都漂浮起来。

后来，双方在距“涿鹿之野”不远的“阪泉之野”，又打了一场恶仗。这回黄帝不但调遣了神兵神将，连虎豹呀，豺狼呀，熊罴呀，鹰雕呀……都带上了战场。经过几场血战，炎帝最终战败，只好又回到南方，做他那偏安一隅的天帝去了。

黄帝战蚩尤

4000 多年以前，在我国黄河、长江流域一带住着许多氏族和部落。黄帝是传说中最有名的一个部落首领。

以黄帝为首领的部落，最早住在我国西北方的姬水附近，后来搬到涿鹿，开始发展畜牧业和农业，并定居下来。

跟黄帝同时的另一个部落首领叫作炎帝，最早住在我国西北方姜水附近。据说跟黄帝族是近亲。炎帝族渐渐衰落，而黄帝族却逐渐兴盛起来。

这时候，有一个九黎族的首领名叫蚩尤，十分强悍。传说蚩尤有 81 个兄弟，他们全是猛兽的身体，铜头铁额，吃的是沙石，凶猛无比。他们还制造刀戟弓弩等各种各样的兵器，常常带领他的部落，侵略其他部落。

有一次，蚩尤侵占了炎帝的领地，炎帝起兵抵抗，但他不是蚩尤的对手，被蚩尤杀得一败涂地。炎帝没法子，逃到涿鹿请求黄帝帮助。黄帝早就想除去这个各部落的祸害，就联合各部落，准备人马，在涿鹿的原野上和蚩尤展开一场大决战。

关于这次大战，有许多神话式的传说。据说黄帝平时驯养了熊、罴、貔、貅、貙、虎 6 种野兽，在打仗的时候，就把这些猛兽放出来助战（有人认为，传说中的 6 种野兽实际上是以野兽命名的 6 个氏族）。蚩尤的兵士虽然凶猛，但是遇到黄帝的军队，加上这一群猛虎凶兽，也抵挡不住，纷纷败逃。

黄帝带领兵士乘胜追杀，忽然天昏地黑，浓雾迷漫，狂风大作，雷电交加，使黄帝的兵士无法追赶。原来蚩尤请来了“风伯雨师”助战。黄帝也不甘示弱，请天女帮助，驱散了风雨。刹那间，风止雨停，晴空万里，终于把蚩尤打败了。也有一种传说，说是蚩尤用妖术制造了一场大雾，使黄帝的兵士迷失了方向。黄帝用“指南车”来指引，带领兵士，依着蚩尤逃跑的方向追击，结果把蚩尤捉住杀了。这些神话反映出这场战争是非常激烈的。

各部落看到黄帝打败了蚩尤，都挺高兴。黄帝受到了许多部落的拥护。但是，炎帝族和黄帝族也发生了冲突，双方在阪泉打了一仗，炎帝战败。从此，黄帝成了中原地区的部落联盟首领。

传说中的黄帝时代，有许多发明创造，像造宫室、造车、造船、制作五色衣裳等，这些当然不会是一个人发明的，但是后来的人都把它记在黄帝身上了。

传说黄帝有个妻子名叫嫘祖，亲自劳作。本来，蚕只有野生的，人们还不知道蚕的用处，于是嫘祖教妇女养蚕、缫丝、织帛。从那时候起，就有了丝和帛了。

黄帝还有一个史官仓颉，创制过古代文字。我们没有见到过那个时期的文字，也无从查考了。

中国古代的传说都十分推崇黄帝，后人都认为黄帝是华夏民族的始祖，自己是黄帝的子孙。因为炎帝族和黄帝族原来是近亲，后来又融合在一起，所以我们也常常把自己称为炎黄子孙。为了纪念这位传说中的共同祖先，后人还在现在陕西黄陵县北面的桥山上造了一座“黄帝陵”。

北方天帝颛顼

北方天帝颛顼，是中央天帝黄帝之孙。他手下有个大将，名叫禺强，是个海神兼风神。禺强论辈分是颛顼的叔叔辈，但他却忠实地做了本领高强的颛顼的部下。他俩共同管理着北方冰封雪积的荒野，方圆12000里。

这个时候，天和地虽然是分开的，但还是有道路可通的。这道路就是分布于各处的天梯。这天梯分两种，一种是高山，另一种是大树。

用来当作天梯的是一种叫建木的树，这种树有万丈高，紫色的树干挺立着，树梢直插入云霄。树笔直而无

杈枝，只在顶端生了些弯弯曲曲的枝干，盘绕起来像一把伞。建木长在大地的中央，是各方天帝上天下地的梯子。

颛顼当了天帝后，觉得人和神界限不分，混居在一起，是个祸根，难免有神下来煽动人民造反。于是，他就派他的两个孙子重和黎去把天和地之间的道路阻断。

重和黎奉命前往。他俩伸出自己硕大无比的手臂，一个把天托起来，尽力往上抬，另一个把地按住，努力往下摁。这么一来，天渐渐升得更高，地渐渐沉得更低，天地间的距离更远了，天梯已无法搭到天庭上。

自从隔断了天和地的通路，天上的神偶尔还可以私下凡间，地上的人却再也没有法子上天去了。没人上天诉苦，颛顼耳根清静了不少，在天宫逍遥享乐，好不自在。

颛顼为帝时，曾经有过许多暴政，最没道理的是，他把太阳、月亮和星星都拴系在北方的天空中，让它们永远固定在那里，丝毫也不得移动。这么一来，大地上有的地方永远明亮，人们都无法休息安睡，有的地方却永远黑暗，伸手不见五指，人们感到生活非常不便，万分痛苦。颛顼不仅用他严酷的专制压迫着地上的人类，还压迫着天上一部分他所不满意的神。一些神就渐渐对他有了不满，最恨他的要数共工了。

共工为水神，本是炎帝后裔祝融的儿子。他人脸蛇身，长着一头火红的头发。

共工有两个臣子，一个名叫相柳，又名相繇，也是人脸蛇身，并且长着 9 个脑袋。另一个叫浮游，也生得十分威猛。

共工是炎黄战争中失败者炎帝的后裔，自然是备受歧视的。天长日久，他再也忍受不了颛顼的压迫了，决心起兵和颛顼争夺帝位，也为自己的祖先报仇。于是，他暗中召集了天上同受压迫的众神，统领着炎帝的余部，突然向颛顼发难。

这一场战争打得十分猛烈。共工有相柳和浮游两个神通广大、力大无比的臣子相助，而颛顼则有众鬼神以及他自己的几个儿子相帮；共工能够引来大水，以水制敌，而颛顼则有一柄曳影剑，能够腾空舒展，剑所到之处，即可克敌制胜。他们打得难解难分，从天上打到凡间，一直打到西北方一座叫作“不周山”的脚下。

这不周山，山上不生什么苍松翠柏，尽是一层层堆垒上去的赭黄色的岩石。这山，其实就是撑天的大柱子。双方的军队在这根天柱下鏖战，打了几天几夜，共工毕竟势单力薄，渐渐招架不住了。

共工见不能取胜，陡然怒气发作，火冒三丈，他大呼一声，一头向不周山撞去。这位天将在神国以身长力大闻名，不周山经他怒气冲冲这么一撞，只听得“轰隆”一声巨响，天柱被拦腰碰断坍塌下来。

天柱这一断，西北的天空失去撑持，倾斜下来，原来被拴系而固定在北方天空的太阳、月亮和星星再也不能在它们原来的位置上站住脚，都不由自主往倾斜的西天飘去，这样就成了今天我们所见的日月星辰的运行。另外，东南的大地受了山崩的剧烈震动，也陷下一个奇大无比的深坑。从此大川小河里的水，也都不由自主急急忙忙朝那儿奔流而去，就成了今天我们所见的海洋。

这场战争以颛顼的胜利而结束，但从此天国的宁静平和也被打破了。

尧舜让位

传说黄帝以后，先后出了3个很出名的部落联盟首领，分别叫尧、舜和禹。他们原来都是一个部落的首领，后来被推选为部落联盟的首领。

那时候，做部落联盟首领的，有什么大事，都要找各部落首领一起商量。

尧年纪大了，想找一个继承他职位的人。有一次，他召集四方部落首领来商议。

尧说出他的打算后，有个名叫放齐的说："你的儿子丹朱是个开明的人，继承你的位子很合适。"

尧严肃地说：

“不行，这小子品德不好，专爱跟人争吵。”另一个叫讙兜的说：“管水利的共工，工作倒做得挺不错。”

尧摇摇头说：“共工能说会道，表面恭谨，心里想的却是另一套。用这号人，我不放心。”

这次讨论没有结果，尧继续物色他的继承人。有一次，他又把四方部落首领找来商量，要大家推荐。到会的一致推荐舜。

尧点点头说：“哦！我也听到这个人挺好。你们能不能把他的事迹详细说说?”

大家便把舜的情况说开了：舜的父亲是个糊涂透顶的人，人们叫他瞽叟，就是瞎老头儿的意思。舜的生母早死了，后母很坏。后母生的弟弟名叫象，傲慢得没法说，瞽叟却很宠他。舜生活在这样一个家庭里，待他的父母、弟弟却很好。所以，大家认为舜是个德行好的人。

尧听了挺高兴，决定先把舜考察一下。他把自己两个女儿娥皇、女英嫁给舜，还替舜筑了粮仓，分给他很多牛羊。那后母和弟弟见了，又是羡慕，又是妒忌，和瞽叟一起用计，几次三番想暗害舜。

有一回，瞽叟叫舜修补粮仓的顶。当舜用梯子爬上仓顶的时候，瞽叟就在下面放起火来，想把舜烧死。舜在仓顶上一见起火，想找梯子，梯子已经不知去向。幸好舜随身带着两顶遮太阳用的笠帽。他双手拿着笠帽，像鸟张翅膀一样跳下来。笠帽随风飘荡，舜轻轻地落在地上，一点儿也没受伤。

瞽叟和象并不甘心，他们又叫舜去淘井。舜跳下井去后，瞽叟和象就在地面上把一块块土石丢下去，把井填没，想把舜活活埋在里面，没想到舜下井后，在井边掘了一个孔道，钻了出来，又安全地回家了。

象不知道舜早已脱险，得意扬扬地回到家里，跟瞽叟说："这一回哥哥准死了，这个妙计是我想出来的。现在我们可以把哥哥的财产分一分了。"说完，他向舜住的屋子走去，哪知道，他一进屋子，舜正坐在床边弹琴呢。象心里暗暗吃惊，很不好意思地说："哎，我多么想念您呀！"

舜也装作若无其事，说："你来得正好，我的事情多，正需要你帮助我来料理呢。"

以后，舜还是像过去一样和和气气地对待他的父母和弟弟，瞽叟和象也不敢再暗害舜了。

尧听了大家介绍的舜的事迹，又经过考察，认为舜的确是个品德好又挺能干的人，就把首领的位子让给了舜。这种让位，历史上称作"禅让"。其实，在氏族公社时期，部落首领老了，用选举的办法推选新的首领，并不是什么稀罕事儿。

舜接位后，也是既勤劳，又俭朴，跟老百姓一样劳动，受到大家的信任。过了几年，尧死了，舜还想把部落联盟首领的位子让给尧的儿子丹朱，可是大家都不赞成。舜才正式当上了首领。

大禹治水

尧在位的时候，黄河流域发生了很大的水灾，庄稼被淹了，房子被毁了，老百姓只好往高处搬。不少地方还有毒蛇猛兽，伤害人和牲口，叫人们过不了日子。

尧召开部落联盟会议，商量治水的问题。他征求四方部落首领的意见：派谁去治理洪水呢？首领们都推荐鲧。

尧对鲧不大信任。首领们说："现在没有比鲧更强的人才啦，你试一下吧！"尧才勉强同意。

鲧花了 9 年时间治水，没有把洪水制伏。因为他只懂得水来土掩，造堤筑坝，结果洪水冲塌了堤坝，水灾反而闹得更凶了。

舜接替尧当部落联

盟首领以后，亲自到治水的地方去考察。他发现鲧办事不力，就把鲧革了职，又让鲧的儿子禹去治水。

禹改变了他父亲的做法，用开渠排水、疏通河道的办法，把洪水引到大海中去。他和老百姓一起劳动，戴着笠帽，拿着锹子，带头挖土、挑土，累得磨光了小腿上的毛。

经过 13 年的努力，终于把洪水引到大海里去，地面上又可以供人种庄稼了。

禹新婚不久，为了治水，到处奔波，多次经过自己的家门都没有进去。有一次，他妻子涂山氏生下了儿子启，婴儿正在哇哇地哭，禹在门外经过，听见哭声，也狠下心没进去探望。

当时，黄河中游有一座大山，叫龙门山（在今山西河津市西北）。它堵塞了河水的去路，把河道挤得十分狭窄。奔腾东下的河水受到龙门山的阻挡，常常溢出河道，闹起水灾来。禹到了那里，观察好地形，带领人们开凿龙门，把这座大山凿开了一个大口子。这样，河水就畅通无阻了。

后人都称颂禹治水的功绩，尊称他是大禹。

舜年老以后，也像尧一样，物色继承人。因为禹治水有功，大家都推选禹。到舜一死，禹就继任了部落联盟首领。

这时候，已到了氏族公社后期。生产力发展了，一个人生产的东西，除了维持自己的生活，还有了剩余。氏族、部落的首领们利用自己的地位，把剩余产品作为自己的私人财产，变成氏族的贵族。有了剩余的产品，部落和部落之间发生战争，捉住了俘虏，不再把他们杀掉，而是把他们变成奴隶，为贵族劳动。这样，就渐渐形成奴隶和奴隶主两个阶级，氏族公社开始瓦解。

由于禹在治水中的功绩，提高了部落联盟首领的威信和权力。传说禹年老的时候，曾经到东方视察，并且在会稽山（今浙江绍兴一带）召集许多部落的首领。去朝见禹的人手里都拿着玉帛，仪式十分隆重。有一个叫作防风氏的部落首领，到会最晚。禹认为怠慢了他的命令，把防风氏斩了。这说明，那时候的禹已经从部落联盟首领变成名副其实的国王了。禹原来有个助手叫作皋陶，曾经帮助禹治理政事。皋陶死后，皋陶的儿子伯益也做过禹的助手。按照禅让的制度，本来是应该让伯益做禹的继承人的。但是，禹死以后，禹所在的夏部落的贵族却拥戴禹的儿子启继承了禹的位子。

这样一来，氏族公社时期的部落联盟的选举制度正式被废除，变为王位世袭的制度。我国历史上第一个奴隶制王朝——夏朝出现了。

夏商西周

夏朝内乱

夏启当上国王以后，有一个部落有扈氏不服，起兵反抗。启和有扈氏部落发生了一场战争，最后启把有扈氏灭了，并把俘虏来的人罚做牧奴。其他部落看到有扈氏的下场，没有人再反抗了。

夏启死后，他的儿子太康即位。太康是个十分昏庸的君主。他不管政事，专爱打猎。有一次，太康带着随从到洛水南岸去打猎。他越打越起劲，去了 100 天还没有回家。

那时候，黄河下游的夷族，有个部落首领名叫后羿，野心勃勃，想夺取夏王的权力。他看到太康出去打猎，觉得是个机会，就亲自带兵守住洛水北岸。等到太康带着一大批猎得的野兽，兴高采烈地回来的时候，走到洛水边，对岸全是后羿的军队，拦住他的归路。太康没办法，只好在洛水南面过着流亡生活。后羿还不敢自立为王，只好另立太康的兄弟仲康当夏王，把实权抓在自己手里。

后羿是一个著名的弓箭手，他射的箭是百发百中的。有一个神话，说古时候天空中本来有10个太阳，地面像要被烤焦似的，给庄稼带来严重的灾害。大家请后羿想法子，后羿拈弓搭箭，“嗖嗖”的几下，把天空中的9个太阳射了下来，只留下一个太阳。这样，地面上气候适宜，不再闹干旱了。又说，古时候大河里有许多怪兽，经常兴风作浪，造成水灾，把禾苗淹没了，人畜淹死了，也是后羿用箭把这些怪兽都射死了，人们的生活才恢复了正常。这些神话说明后羿的箭术很高明，是被大家公认的。

后羿开始还只是仲康的助手。到仲康一死，他干脆把仲康的儿子相撵走，夺了夏朝的王位。他仗

着射箭的本领，也作威作福起来。他和太康一样，四处打猎，把国家政事交给他的亲信寒浞。寒浞瞒着后羿，收买人心。有一次，后羿打猎回来，寒浞派人把他杀了。

寒浞杀了后羿，夺了王位，怕夏族再有人跟他争夺，决定要杀死被后羿撵走的相。

相逃到哪儿，寒浞就追到哪儿。后来，相终于被寒浞杀了。那时候，相的妻子正怀着孕，被寒浞逼得没法，从墙洞里爬了出去，逃到娘家有仍氏部落，生下个儿子叫少康。

少康长大后，给姥姥家看牲口；后来听到寒浞正在派人追捕他，又逃到舜的后代有虞氏那儿。

少康从小在艰难的环境中长大，练了一身本领。他在有虞氏那里招收人马，开始有了自己的队伍；后来，又得到忠于夏朝的大臣、部落帮助，反攻寒浞，终于把王位夺了回来。

夏朝从太康到少康，中间经过大约 100 年的混战，才恢复过来，历史上称作“少康中兴”。

少康灭了寒浞，可是夷族和夏朝之间的斗争还没完。夷族人有很多出名的射手，他们的弓箭很厉害。后来少康的儿子帝杼即位，发明了一种可以避箭的护身衣，叫作“甲”，战胜了夷族，夏的势力又向东发展了。

商汤和伊尹

黄河下游有个部落叫商。传说商的祖先契在尧舜时期，跟禹一起治过洪水，是个有功的人。后来，商部落因为畜牧业发展迅速，到了夏朝末年，汤做首领的时候，已经成为一个强大的部落了。

夏王朝统治了400多年，到了公元前16世纪，夏朝最后的一个王夏桀在位。夏桀是个出名的暴君，他和奴隶主贵族残酷压迫人民，对奴隶镇压更重。夏桀还大兴土木，建造宫殿，过着荒淫奢侈的生活。

大臣关龙逢劝说夏桀，说这样下去会丧失人心。夏桀听后勃然大怒，把关龙逢杀了。百姓恨透了夏桀，诅咒说："这个太阳什么时候才会灭亡，我们宁愿跟你同归于尽。"

商汤看到夏桀十分腐败，决心消灭夏朝。他表面上对桀服从，暗地里不断扩大自己的势力。

那时候，部落的贵族都是迷信鬼神的，把祭祀天地祖宗看作最要紧的事。商部落附近有一个部落叫葛，其首领葛伯不按时祭祀。汤派人去责问葛伯。葛伯回答说："我们这儿穷，没有牲口做祭品。"

汤送了一批牛羊给葛伯做祭品。葛伯把牛羊杀掉吃了，又不祭祀。汤又派人去责问，葛伯说："我没有粮食，拿什么来祭呢？"

汤又派人帮助葛伯耕田，还派一些老弱的人给耕作的人送酒送饭，不料在半路上，葛伯把那些酒饭都抢走，还杀了一个送饭的小孩。

葛伯这样做，激起了大家的公愤。汤抓住这件事，就出兵把葛伯先消灭了。接着，又连续攻取了附近几个部落。商汤的势力渐渐发展壮大，但是并没引起昏庸的夏桀注意。商汤妻子带来的陪嫁奴隶中，有一个名叫伊尹。传说伊尹开始到商汤家的时候，做了厨师，服侍商汤。后来，商汤渐渐发现伊尹跟一般奴隶不一样，商汤和他交谈以后，才知道他是有心装扮作陪嫁奴隶来找汤的。伊尹向汤谈了许多治国的道理，汤马上把伊尹提拔做他的助手。

商汤和伊尹商量讨伐夏桀的事。伊尹说："现在夏桀还有力量，我们先不去朝贡，试探一下，看他怎么样。"

商汤按照伊尹的计策，停止了对夏桀的进贡。夏桀果然大怒，命令九夷发兵攻打商汤。伊尹一看夷族还服从夏桀的指挥，赶快向夏桀请罪，恢复了进贡。

过了一年，九夷中一些部落忍受不了夏朝的压榨勒索，逐渐叛离夏朝，汤和伊尹才决定大举进攻。

自从夏启以来，同姓相传已经400多年，要把夏王朝推翻，也不是一件简单的事。汤和伊尹商量了一番，决定召集商军将士，由汤亲自向大家誓师。

汤说："不是我敢进行叛乱，实在是夏桀作恶多端，是上天的意旨要我消灭他，我不敢不听从天命啊！"他接着又宣布了赏罚的纪律。

商汤借上天的意旨来动员将士，再加上将士恨不得夏桀早早灭亡，因此，作战非常勇敢。夏、商两军在鸣条打了一仗，夏桀的军队被打败了。

最后，夏桀逃到南巢，汤追到那里，把夏桀流放在南巢，一直到他死去。

这样，夏朝就被新建立的商朝代替了。历史上把商汤伐夏称为“商汤革命”，因为古代统治阶级把改朝换代说成是天命的变革，所以称为“革命”。这和现在所说的革命完全是两回事。

盘庚迁都

商汤建立商朝的时候，最早的国都在亳。在以后300年当中，都城一共搬迁了5次。这是因为王族内部经常争夺王位，发生内乱；再加上黄河下游常常闹水灾。有一次发大水，把都城全淹了，就不得不搬家。

从商汤开始传了20个王，王位传到盘庚手里。盘庚是个能干的君主，他为了改变当时社会不安定的

局面，决心再一次迁都。

可是，大多数贵族贪图安逸，都不愿意搬迁。一部分有势力的贵族还煽动奴隶起来反抗，闹得很厉害。

盘庚面对强

大的反对势力，并没有动摇迁都的决心。他把反对迁都的贵族找来，耐心地劝说他们："我要你们搬迁，是为了安定我们的国家。你们不但不谅解我的苦心，反而发生无谓的惊慌。你们想要改变我的主意，这是不可能的。"

由于盘庚坚持迁都的主张，挫败了反对势力，终于带着平民和奴隶，渡过黄河，搬迁到殷。在那里整顿商朝的政治，使衰落的商朝出现了复兴的局面，以后两百多年，一直没有迁都，所以商朝又称作殷商，或者殷朝。

商朝灭亡后，经过3000多年的漫长日子，商朝的国都早就变为废墟了。到了近代，人们在安阳小屯村一带发掘出大量古代的遗物，证明那里曾经是商朝国都的遗址，就叫它"殷墟"。

从殷墟发掘出来的遗物中，有龟甲（龟壳）和兽骨10多万片，在这些龟甲和兽骨上面都刻着很难辨认的文字。经过考古学家的研究，才把这些文字弄清楚。原来商朝的统治阶级是十分迷信鬼神的。他们在祭祀、打猎、出征的时候，都要用龟甲和兽骨来占卜一下，以确认是吉利还是不吉利。占卜之后，就把当时发生的情况和占卜的结果用文字刻在龟甲、兽骨上。这种文字和现在的文字有很大的不同，后来就把它叫作“甲骨文”。现在我们使用的汉字就是从甲骨文演变过来的。

在殷墟发掘的遗物中，还发现大量的青铜器皿、兵器，种类很多，制作很精巧。有一个叫作“司母戊”的大方鼎，重 875 千克，高 130 多厘米，大鼎上还刻着富丽堂皇的花纹。这样大的青铜器，说明在殷商时期，冶铜的技术和艺术水平都是很高的。但是也可以想象出，像这样巨大的精美的大鼎，不知道渗透着多少奴隶的血汗哩！

考古工作者还在殷墟发掘了殷商奴隶主的墓穴。在安阳武官村一座商王大墓中，除了大量的珍珠宝玉等奢侈的陪葬品，还有许多奴隶被活活杀死殉葬。在大墓旁边的墓道里，一面堆着许多无头尸骨，另一面排列着许多头颅。据甲骨片上的文字记载，他们祭祀祖先，也大批屠杀奴隶做供品，最多的竟达 2600 多个。这是当年奴隶主残酷迫害奴隶的罪证。

从殷墟出土的甲骨文中，我们对殷商时期的社会情况有了比较确凿的考证。所以说，我国最早有文字记载的历史，是从商朝开始的。

姜太公钓鱼

盘庚死后又传了 11 个王，最后一个王叫作纣。纣原来是一个相当聪敏，又有勇力的人。他早年曾经亲自带兵和东夷进行一场长期的战争。他很有军事才能，在作战中百战百胜，最后平定了东夷，把商朝的文化传播到淮水和长江流域一带。在这件事上，商纣是起了一定作用的。但是在长期战争中，消耗也大，这加重了商朝人民的负担，人民的痛苦越来越深了。

纣和夏桀一样，只知道自己享乐，根本不管人民

的死活。他没完没了地建造宫殿，他在别都朝歌造了一个富丽堂皇的“鹿台”，把搜刮得来的金银珍宝都储藏在里面；他又造了一个极大的仓库，叫作“钜桥”，把剥削来的粮食堆积起来。他把酒倒在池里，把肉挂得像树林一样。他和宠姬妲己过着穷奢极欲的生活。他还用各种残酷的刑罚来镇压人民。凡是诸侯背叛他或者百姓反对他，他就把人捉起来放在烧红的铜柱上烤死。这种刑罚叫作“炮烙”。

纣的残暴行为，加速了商朝的灭亡。这时候，在西部的一个部落却正在一天天兴盛起来，就是周。

周本是一个古老的部落。夏朝末年，这个部落在现在陕西、甘肃一带活动。后来，因为遭到戎、狄等游牧部落的侵扰，周部落的首领古公亶父率领周人迁移到岐山下的平原定居下来。

到了古公亶父的孙子姬昌（后来称为周文王）即位的时候，周部落已经很强大了。周文王是一个能干的政治家。他的生活跟纣王正相反。纣王喜欢喝酒、打猎，对人民滥施刑罚。周文王禁止喝酒，不准贵族打猎、糟蹋庄稼。他鼓励人民多养牛羊，多种粮食。他还虚心接待一些有才能的人，因此，人们都来投奔他。

周部落强大起来，对商朝是个很大的威胁。有个大臣崇侯虎在纣王面前说周文王的坏话，说周文王的影响太大了，这样下去，对商朝不利。

纣王下了一道命令，把周文王拿住，关在羑里这个地方。周部落的贵族把许多美女、骏马和珍宝，献给纣王，又送了许多珍宝给纣王的亲信大臣。

纣王见了美女和珍宝，高兴得眉开眼笑，说："光是一样就可以赎姬昌了。"立刻把周文王释放了。

周文王见纣王昏庸残暴，丧失民心，就决定讨伐商朝。可是他身边缺少一个有军事才能的人来帮助他指挥作战。他暗暗想办法物色这种人才。

有一天，周文王坐着车，带着他儿子和兵士到渭水北岸去打猎。在渭水边，他看见一个老头儿在河岸上坐着钓鱼。大队人马过去，那个老头儿只当没看见，还是安安静静地钓他的鱼。文王看了很奇怪，就下了车，走到老头儿跟前，跟他聊起来。

经过一番谈话，知道他叫姜尚（又叫吕尚，"吕"是他祖先的封地），是一个精通兵法的能人。

文王非常高兴，说："我祖父在世时曾经对我说过，将来会有个了不起的能人帮助你把周族兴盛起来。您正是这样的人。我的祖父盼望您已经很久了。"说罢，就请姜尚一起回宫。那老人家捋了捋胡子，就跟着文王上了车。

因为姜尚是文王的祖父所盼望的人，所以后来叫他太公望；在民间传说中，叫他姜太公。

太公望是周文王的好帮手。他一面提倡生产，一面训练兵马。周族的势力越来越大。有一次，文王问太公望："我要征伐暴君，您看咱们应当先去征伐哪一国？"

太公望说："先去征伐密须。"

有人反对他，说："密须国君厉害得很，恐怕打不过他。"

太公望说："密须国君虐待老百姓，早已失去民心，他就是再厉害十倍，也用不着怕。"

周文王发兵到了密须，还没开战，密须的老百姓先暴动了。他们绑着密须的国君归附了文王。

过了三年，文王又发兵征伐崇国。崇国是商朝西边最大的一个属国。文王灭了崇国，就在那里筑起城墙，建立了都城，叫作丰邑。没过几年，周族逐渐占领了大部分商朝统治的地区，归附文王的部落也越来越多了。

但是，周文王并没有完成灭商的事业。在他打算征伐纣王的时候，害了一场病死了。

比干死谏纣王

公元前11世纪，商朝的王冠传到了它的最后一个帝王商纣王的头上。

商朝在纣王的父亲帝乙的时候，就已摇摇欲坠。纣即位后，不但不想如何振兴先王的基业，反而一味地寻欢作乐。为了维护其统治，他设置了“炮烙之刑”，在铜柱子下设置炭火，将那些反对他、规劝他的人放在上面活活烤死。

纣王的残暴，激起了全国人民的愤怒，各地诸侯相继起兵，反抗纣王的统治。

公元前1029年，周武王经过精心的准备后，在周的国都岐下（今陕西岐山）举行了出征誓师。周武王以车装载着他父亲周文王的牌位，率领着周国的军队，浩浩荡荡地向朝歌进发。

说来也巧，周军横渡黄河时，船到中流，有白鱼跃入武王的坐船中；渡过黄河后，又有一团红火自天而降，在武王的营帐上空消失，发出巨大的声响。吕尚、周公旦便向战士们宣扬说，这是上天帮助武王灭纣的吉祥征兆。周军将士深信不疑，战士们欢呼雀跃，更增强了灭纣的决心。

周武王出兵东进的消息传出后，各路诸侯纷纷响应，从各地率领自己的军队会聚孟津。众诸侯对纣王的荒淫残暴早就愤恨不已，只是没有找到一个领头人，不敢发难，现见周武王有意伐纣，又早就听说周武王是仁德之人，便一致推举武王为领袖，率领大家征讨纣王。

纣王仍旧天天和那些佞臣饮酒作乐。微子一再劝谏纣王说："现在天下充满反殷情绪，如同布满了干柴，只要一有火星，便会形成燎原之势。若王还不修德治民，只怕殷商难保了。"

纣王还是充耳不闻，他说："天命佑我商朝，诸侯能把我殷商怎么样！"

微子望天长叹，退出宫来，对太师、少师说："殷王不可辅佐，殷朝的天数已尽。现周武王贤明，我们还是投奔周武王去吧！"

太师、少师也早就对纣王强烈不满，只是畏于纣王的淫威，敢怒而不敢言，现见微子有意归周，便立即赞同。于是，太师、少师带着殷朝的祭器和乐器，和微子一起偷偷地投奔了周武王。

比干见此，说："作为君王的臣子，不能不以死谏诤。"于是，强谏纣王。纣王早就怨恨这个爱管闲事的叔叔，现见比干在众大臣面前指责自己，不禁大怒，说："我听说圣人的心有七窍，今天我倒要看看你的心有几个窍。"说罢，命令武士将比干按倒在地，剖开比干的胸，掏出比干的心，让每个大臣传看，大臣们个个战战兢兢。

箕子见比干被杀，怕自己也难免，便吞炭装疯。纣王还怕箕子说话噪耳，有碍他淫乐，又将箕子囚禁起来。

周武王见"三仁"有的逃归自己，有的被杀，有的被囚禁，朝臣分崩离析，百姓已完全叛离纣王，觉得伐纣的时机已完全成熟，于是发布檄文，遍告诸侯说："殷商罪恶滔天，上天抛弃殷商，我们要遵天命讨伐殷商。"诸侯云集响应。

牧野大战

公元前1046年，周武王率领战车300乘、精壮卫士3000人、甲士45000人，浩浩荡荡杀向朝歌。各路诸侯早就等着这一天，一致表示愿意遵从武王命令，共同完成灭商大业。随后，武王率领各路诸侯，冒着雨雪和刺骨的寒风，杀向朝歌。

第二年正月，伐纣的大军推进到朝歌城外的牧野。安营扎寨之后，武王召开了战前誓师大会。周武王左手持黄钺，右手持白旄，号令各路诸侯将士奋勇杀敌，严守军纪。将士山呼海动，声震朝歌。

纣王见诸侯进至牧野，惊恐不已，只得将大批的奴隶和战俘编入军队，连同商朝的守军共70万人，

开赴牧野，迎战各路诸侯。

两军相对，武王将4000辆战车摆成多个方阵。纣王的军队黑压压一眼望不到边。双方剑拔弩张，一触即发。

吕尚不仅是个政治家，而且是个军事家，曾著有《太公兵法》。他见殷军人多，阵势浩大，向武王说："商军势众，若硬拼，我军难免吃亏，不若如此……"武王听了，连连点头，即命吕尚率领一部分精锐部队冲向敌阵。

吕尚整队出击，驱着战车旋风般冲向敌阵。吕尚向敌军将士大喊："武王奉天命伐纣，你们也受尽殷王的残暴，为什么不掉转你们的刀枪杀掉这个独夫民贼!"

纣王将奴隶和战俘摆在阵营的最前面，妄图以他们的血肉之躯阻挡诸侯大军的进攻。由于他们备受纣王的压迫，根本无心为纣王卖命，听了吕尚的喊话后，便纷纷投降武王。

武王见此，立即挥动黄钺，指挥大队精兵朝商纣王所在的大军冲杀过去。殷军前阵的那些战俘、奴隶见诸侯之兵如排山倒海般冲杀过来，立即掉转戈、矛，与纣王的卫兵厮杀起来。殷军顿时大乱。诸侯之兵左冲右突，势如破竹。殷军精锐抵挡不住，投降的投降，溃逃的溃逃，顷刻间土崩瓦解，一败涂地。

纣王见大势已去，只得带领卫队逃回朝歌城内，企图集结残兵，凭坚固守。武王旋即指挥大军包围了朝歌。城中的守军和百姓每天都有不少从城中逃出，投奔武王。不出几天，朝歌城里除了纣王和为数不多的卫队，再就是整天围绕在纣王身边，为纣王所宠信的那些佞臣。纣王自知城破只是旦夕之事，自己死罪难逃，便登上鹿台，穿上缀满贵重美玉的衣服，长叹一声，点燃足下的干柴，自焚而死。朝歌不攻自破。周武王手挥白旗，指挥诸侯进入城内，殷商的百姓列队于城外恭迎周武王。武王率领诸侯来到鹿台，看见纣王的尸体，手拿弓箭，连射三箭，然后以黄钺砍下纣王的头，挂在白旗之上，宣告商朝的灭亡，一个新的朝代——周朝到来。

周公辅成王

周武王建立了周王朝以后，过了两年就害病死了。他的儿子姬诵继承王位，这就是周成王。那时候，周成王才 13 岁，再说，刚建立的周王朝还不大稳固。于是由武王的弟弟周公旦辅助成王掌管国家大事，实际上是代理天子的职权。历史上通常不称周公旦的名字，只叫他周公。

周公的封地在鲁国，因为他要留在京城处理政事，不能到封地去，等他的儿子伯禽长大了，就派伯禽代他到鲁国去做国君。

伯禽临走的时候，问他父亲有什么嘱咐。周公说："我是文王的儿子，武王的弟弟，当今天子的叔叔，你说我的地位怎么样？"

伯禽说："那自然是很高的了。"

周公说："对呀！我的地位确实很高，但是我每次洗头发的时候，一碰到急事，就马上停止洗发，把头发握在手里去办事；每次吃饭的时候，听说有人求见，我就把来不及咽下的饭菜吐出来，去接见那些求见的人。我这样做，还怕天下的人才不肯到我这儿来呢。你到了鲁国，不过是个国君，可不能骄傲啊！"

伯禽连连点头，表示一定记住父亲的教导。

周公尽心尽意辅助成王，管理国事，可是他的弟弟管叔、蔡叔却在外面造谣，说周公有野心，想要篡夺王位。

纣王的儿子武庚虽然被封为殷侯，但是受到周朝的监视，觉得很不自由，巴不得周朝发生内乱，重新恢复他的殷商王位，就和管叔、蔡叔串通一气，联络了一批殷商的旧贵族，还煽动东夷中几个部落，闹起叛乱来。

武庚和管叔等人制造的谣言，闹得镐京也沸沸扬扬，连召公听了也怀疑起来。成王年纪小不大懂事，更闹不清是真是假，对这位辅助他的叔父也有点儿信不过。

周公心里很难过，他首先向召公披肝沥胆地谈了一次话，告诉召公奭，他绝没有野心，要他顾全大局，不要轻信谣言。召公被他这番诚恳的话感动，消除了误会，重新和周公合作。周公在安定了内部之后，毅然调动大军，亲自率领大军东征。

这时候，东方有几个部落像淮夷、徐戎等，都配合武庚，蠢蠢欲动。周公下命令给太公望，授权给他：各国诸侯，有不服周朝的，都由太公望征讨。这样，由太公望控制了东方，他自己全力对付武庚。

费了 3 年的工夫，周公终于平定了武庚的叛乱，把带头叛乱的武庚杀了。管叔一看武庚失败，觉得自己没有脸面见他的哥哥和侄儿，上吊自杀了。周公平定了叛乱，把霍叔革了职，对蔡叔治了一个充军的罪。

在周公东征的过程中，一大批商朝的贵族成了俘虏。因为他们反抗周朝，所以称他们是“顽民”。周公觉得让这批人留在原来的地方不大放心；同时，又觉得镐京在西边，要控制东部的广大中原地区很不方便，就在东面新建一座都城，叫作洛邑，把殷朝的“顽民”都迁到那里，派兵监视他们。

打那以后，周朝就有了两座都城。西部是镐京，又叫宗周；东部是洛邑，又叫成周。

周公辅助成王执政了7年，总算把周王朝的统治巩固下来，他还制定了周朝的一套典章制度。到周成王满20岁的时候，周公把政权交给周成王管理。

从周成王到他的儿子康王两代，前后约50多年，是周朝强盛和统一的时期，历史上叫作“成康之治”。

国人暴动

在成王、康王统治的时期，周朝政局比较安定。后来，由于奴隶主贵族加重剥削，加上不断发动战争，平民和奴隶的不满情绪也随之增长。周朝的统治者为了镇压人民，采用十分严酷的刑罚。周穆王的时候，制定了3000条刑法，犯法的人受的刑罚有5种，叫作“五刑”。像额上刺字、割鼻、砍脚等。但是，刑罚再严，也阻止不了人民的反抗。

到了西周第十个王周厉王即位后，对人民的压迫更重了。周厉王宠信一个名叫荣夷公的大臣，实行“专利”，他们霸占了一切湖泊、河流，不准人民

利用这些天然资源谋生。他们还勒索财物，虐待人民。

那时候，住在野外的农夫叫“野人”，住在都城里的平民叫“国人”。周都镐京的国人不满厉王的暴虐措施，怨声载道。

大臣召公虎听到国人的议论越来越多，进宫告诉厉王说：“百姓忍受不了啦，大王如果不趁早改变做法，出了乱子就不好收拾了。”

厉王满不在乎地说：“你不用急，我自有办法对付。”

于是，他下了一道命令，禁止国人议论朝政，还从卫国找来一个巫师，要他专门刺探议论朝政的人，说：“如果发现有人在背后诽谤我，你就立即报告。”

卫巫为了讨好厉王，派了一批人到处打听。那批人还敲诈勒索，谁不服他们，他们就随便诬告。

厉王听信了卫巫的报告，杀了不少国人。在这样的压力下，国人真的不敢在公开场合里议论了。人们在路上碰到熟人，也不敢交谈招呼，只能交换一个眼色，就匆匆地走开。

厉王见卫巫报告批评朝政的人渐渐少了下来，十分满意。有一次，召公虎去见厉王，厉王得意扬扬地说："你看，这回不是已经没有人议论了吗？"

召公虎叹了一口气说："唉，这怎么行呢？堵住人的嘴，不让人说话，比堵住河流还要危险哪！治水必须疏通河道，让水流到大海；治国家也是一样，必须引导百姓说话。硬堵住河流，就要决口；硬堵住人的嘴，是要闯大祸的呀！"

厉王撇撇嘴，不去理他，召公虎只好退出。

厉王和荣夷公的暴政越来越厉害，过了3年，也就是公元前841年，国人忍无可忍，终于举行了一次大规模的暴动。起义的国人围攻王宫，要杀厉王。厉王得知风声，慌慌忙忙带了一批人逃命，一直逃过黄河，到彘这个地方才停下来。

国人打进王宫，没有搜到厉王。有人探知厉王的太子靖逃到召公虎家躲了起来，又围住召公虎家，要召公虎交出太子。召公虎无奈，只好把自己的儿子冒充太子送出去，才算把太子保护了下来。

厉王出走后，朝廷里没有国王，怎么办呢。经大臣们商议，由召公虎和另一个大臣周公主持贵族会议，暂时代替周天子行使职权，历史上称为"共和行政"。从共和元年，也就是公元前841年起，中国历史才有了确切的纪年。

共和行政维持了14年之后，周厉王在彘地死去。大臣们立太子姬靖即位，就是周宣王。宣王在政治上比较开明，得到诸侯的支持。但是，经过这一场国人暴动，周朝统治者已经外强中干，兴盛不起来啦！

驯兽的哲学

为周宣王饲养禽兽的长官手下有一个名叫梁鸯的役夫，能够驯养野生禽兽，他把食物堆放在园子里喂那些野兽，就是虎、狼、雕、鱼鹰一类凶猛的禽兽，也都很温驯。这些禽兽，雌雄交配，繁育成群。不同种类的禽兽杂居在一起，也从不互相争斗，从不咬群。

周宣王恐怕梁鸯的技术失传，就命令毛丘园去学习梁鸯的驯养技术。

梁鸯说："我不过是一个低贱的仆役，有什么技术告诉你呢？只是怕国王认为我对你隐瞒，姑且简单说说我驯养老虎的方法吧。一般说来，顺着它就高兴，逆着

它就发怒，这是一切动物的天性。可是动物的恼怒难道是没有任何原因就随便发作的吗？都是因为违逆而触犯了它们才引发起来的。喂虎的人，不敢把活东西给虎吃，怕它在咬死活物时会诱发它残杀的天性而发怒。也不敢把整个东西给虎吃，怕它在咬碎食物时会诱发它残杀的天性而发怒。要掌握虎什么时候饿，什么时候饱，深入了解虎在什么条件下容易发怒。虎与人不是同类，却喜欢喂养它的人，是因为养虎的人能顺着虎的性情。至于虎有时会伤害人，这是因为人们违逆了虎的性情。既然这样，我怎么敢违逆虎的性情让它发怒呢？但是我也不是一味地顺着它让它高兴。因为高兴过度反过来必定会发怒，恼怒过度反过来又常常会高兴，这些都不是适中的做法。现在我的心中既不想顺着它，也不想逆着它，于是，鸟兽看我，就像他们的同类一样。所以，在我的园子里游玩的禽兽，不思念广阔的森林，宽广的湖泊；在我的园子居住的禽兽，不怀恋深山幽谷，这正是上述道理造成的必然结果。”

幽王烽火戏诸侯

周宣王死后，儿子姬宫涅即位，就是周幽王。周幽王昏庸无道，对国家大事不闻不问，光想着吃喝玩乐，只知道派人到处找美女。有个叫褒珦的大臣劝谏幽王，周幽王不但不听，反把褒珦下了监狱。

褒珦在监狱里被关了3年。褒家的人千方百计要把他救出来。他们在乡下买了一个漂亮的姑娘，教她唱歌跳舞，把她打扮起来，起名为褒姒，献给幽王，替褒响赎罪。

幽王见了褒姒，一下子就被迷住了，自然高兴得

不得了，很痛快地同意了褒家的请求，把褒珦释放了。他十分宠爱褒姒，可褒姒自从进宫以后，一直闷闷不乐，没有一次笑脸。幽王想尽办法来逗她开心，可是她怎么也笑不出来。

周幽王没有办法，于是悬赏天下：有谁能让王妃娘娘笑一下，就赏他1000两金子。

有个不学无术的马屁精叫虢石父，见了这个布告后，就来见周幽王。他替周幽王想了一个鬼主意。

原来，周王朝为了防备犬戎的进攻，在骊山一带造了20多座烽火台，每隔几里地就有一座。如果犬戎打过来，把守第一个烽火台的士兵就把烽火烧起来；第二个烽火台的士兵见到烟火，也把烽火烧起来。这样一个接一个点着烽火，附近的诸侯见到，就会发兵来救。

虢石父对周幽王说："现在天下太平，烽火台已经很久没有使用了。我想请大王跟娘娘上骊山去玩几天。到了晚上，咱们把烽火点起来，让附近的诸侯见了赶来，上个大当。娘娘见了这么多兵马扑了个空，保管会笑起来。"

周幽王拍着手说："好极了，就这么办吧！"

他们上了骊山，就命令士兵把烽火点了起来，然后等着看诸侯急急忙忙赶来的窘迫样子。邻近的诸侯得了这个警报，以为犬戎打过来了，赶快带领兵马来救。没想到赶到那儿以后，连一个犬戎兵的影子也没有，只听到山上一阵阵奏乐和唱歌的声音，大伙都愣了。

幽王派人告诉他们说，辛苦了大家，这儿没什么事，不过是大王和王妃放烟火玩儿，你们回去吧！诸侯知道上了当，憋了一肚子气回去了。

褒姒不知道他们闹的是什么玩意儿，看见骊山脚下来了好几路兵马。乱哄哄的样子，就问幽王是怎么回事。幽王一五一十告诉了她。褒姒听见幽王的回答，又看见诸侯狼狈的样子，真的扑哧一声笑了起来。幽王见褒姒真的笑了，就赏给虢石父 1000 两金子。这就是“骊山烽火戏诸侯”的故事。

幽王宠着褒姒，后来干脆把王后和太子废了，立褒姒为王后，立褒姒生的儿子尹伯服为太子。原来王后的父亲是申国的诸侯，他得到这个消息，十分不满，于是就联合少数民族犬戎进攻镐京。

幽王听到犬戎进攻的消息，惊慌失措，连忙下命令把骊山的烽火点起来。可是诸侯因为上次上了当，吸取了教训，认为是幽王在戏弄他们，所以谁也没有派兵前来救驾。

犬戎兵一到，镐京的兵马不多，勉强抵挡了一阵，就被犬戎兵打得落花流水。犬戎的人马像潮水一样涌进城，把周幽王、虢石父和褒姒生的伯服都给杀了，那个不开笑脸的褒姒，也被抢走了。

直到这时候，诸侯们才相信犬戎真的打进了镐京，急忙带着大队人马来救。犬戎的首领看到诸侯的大军到了，就命令手下人把周朝的宝贝财物一抢而空，放了一把火才退兵。

中原诸侯打退了犬戎，立曾经被废掉的太子姬宜臼为天子，就是周平王。诸侯也回到各自的封地去了。没想到诸侯带兵一走，犬戎又打回来，周朝西部土地大多都被犬戎占了去。镐京直接受到威胁。平王怕镐京保不住，就决定把国都搬到东方的洛邑（今河南洛阳）去。

公元前770年，周平王迁都洛邑。因为镐京在西边，洛邑在东边，所以历史上把周朝在镐京做国都的时期，称为西周，迁都洛邑以后，称为东周。

东周时期是中国历史上列国争雄、社会动荡的时期。周朝分封的诸侯国中的一部分强大起来，他们吞并小国，互相攻战，争夺霸主地位，风云变幻的春秋时代开始了。春秋时代称霸的诸侯主要有五个，称作“春秋五霸”，齐国的齐桓公是“春秋五霸”的第一位。

春秋战国

管鲍之交

管夷吾和鲍叔两人都是春秋初期的贤臣良将。管夷吾幼年时，常和鲍叔一起游山玩水，交情深厚，相知有素。后来管夷吾和鲍叔分别给齐国的公子纠和公子小白当老师。

当时齐国的国君齐襄公非常残暴，经常不理朝政，荒淫无度，最后被大臣们杀死了。齐襄公死后，为了争夺王位，公子纠和公子小白展开了激烈的争

斗，鲍叔和管夷吾也各随其主。公子小白夺得了君位，是为齐桓公。公子纠出逃在外，被鲁国人杀死，他的老师管夷吾也成了囚犯。鲍叔得知管仲被囚，就对齐桓公说，管夷吾是个非常有才干的人，他忠实于自己的主人，这并没有什么罪过，如果桓公能够重用他，一定能够成就霸业。齐桓公采纳了鲍叔的建议，拜管夷吾为相国，位居鲍叔之上。管夷吾辅佐齐桓公，最后终于成就了齐国的霸业。

有一次，管夷吾和大臣们交谈，对大臣们说，当初他穷困时和鲍叔合伙经商，每次分利时都是他分得多，而鲍叔并不认为他贪财；他做生意亏本时，鲍叔并不认为他愚蠢，而是说他时运不佳；他三次出仕，三次被逐，鲍叔并不认为他没有才能，而是认为他生不逢时；他三次作战失利，鲍叔并不认为他怯懦，而是知道他家中有老母要照顾；他在受刑期间，受了许多屈辱，鲍叔并不认为他寡廉鲜耻，而是了解他不拘小节而耻于才智无法显露。最后管夷吾感叹道：“生我的是父母，知我的是鲍叔！”

后来，人们用“管鲍之交”来表示知心朋友。唐代杜甫的《贫交行》里就有这个典故：“君不见管鲍贫时交，只道今人弃如土。”

曹刿抗击齐军

齐桓公即位后，依靠管仲的帮助，争取霸主的地位。但是，在他对鲁国的战争中，却遭到一次不小的挫折。

在齐桓公即位的第二年，也就是公元前 684 年，齐桓公派兵进攻鲁国。鲁庄公认为齐国一再欺负他们，忍无可忍，决心跟齐国决一死战。

齐国进攻鲁国，也激起鲁国人民的愤慨。有个鲁国人曹刿，准备去见鲁庄公，要求参加抗齐的战争。

有人劝曹刿说：“国家大事，有当大官的操心，您何必去插手呢?”

曹刿说：“当大官的目光短浅，未必有好办法。眼看国家危急，哪能不管呢?”说完，他一直到宫门前求见鲁庄公。鲁庄公正在为没有个谋士发愁，听说曹刿求见，连忙把他请进来。

曹刿见了鲁庄公提出了自己的要求，并问：“请问主公凭什么去抵抗齐军？”

鲁庄公说：“平时有什么好吃好穿的，我没敢独占，总是分给大家一起享用。凭这一点，我想大家会支持我。”

曹刿听了直摇头，说：“这种小恩小惠，得到好处的人不多，百姓不会为这个支持您。”

鲁庄公说：“我在祭祀的时候，倒是挺虔诚的。”

曹刿笑笑说：“这种虔诚也算不了什么，神帮不了您的忙。”

鲁庄公想了一下说：“遇到百姓吃官司的时候，我虽然不能一件件查得很清楚，但是尽可能处理得合情合理。”

曹刿才点头说：“这倒是件得民心的事，我看凭这一点可以和齐国打上一仗。”

曹刿请求跟鲁庄公一起上阵，鲁庄公看曹刿这种胸有成竹的样子，也巴不得他一起去。两个人坐着一辆兵车，带领人马出发。

齐鲁两军在长勺摆开阵势。齐军倚仗人多，一开始就擂响了战鼓，发动进攻。鲁庄公也准备下令反击，曹刿连忙阻止说："且慢，还不到时候呢！"

当齐军擂响第二通战鼓的时候，曹刿还是叫鲁庄公按兵不动。鲁军将士看到齐军张牙舞爪的样子气得摩拳擦掌，但是没有主帅的命令，只好憋着气等待。

齐军主帅看鲁军毫无动静，又下令擂响第三通鼓。齐军兵士以为鲁军胆怯怕战，耀武扬威地杀过来。

曹刿这才对鲁庄公说："现在可以下令反攻了。"

鲁军阵地上响起了进军鼓，兵士士气高涨，像猛虎下山般扑了过去。齐军兵士没防到这一招儿，招架不住鲁军的凌厉攻势，败下阵来。

鲁庄公看到齐军败退，忙不迭要下令追击，曹刿又拉住他说："别着急！"说着，他跳下战车，低下头观察齐军战车留下的车辙；接着，又上车爬到车杆子上，望了望敌方撤退的队形，才说："请主公下令追击吧！"

鲁军兵士听到追击的命令，个个奋勇当先，乘胜追击，终于把齐军赶出鲁国国境。

鲁军取得反攻的胜利，鲁庄公对曹刿镇静自若地指挥暗暗佩服，但是心里总还有个没打开的闷葫芦。回到宫里，他先向曹刿慰劳了几句，就问："头两回齐军击鼓，你为什么不让我反击?"

曹刿说："打仗这件事，全凭士气。对方擂第一通鼓的时候，士气最足；第二通鼓，气就松了一些；到第三通鼓，气已经泄了。对方泄气的时候，我们的兵士却鼓足士气，哪有打不赢的道理?"

鲁庄公接着又问为什么不立刻追击。曹刿说："齐军虽然败退，但它是个大国，兵力强大，说不定他们假装败退，在什么地方设下埋伏，我们不能不防着点儿。后来我看到他们的旗帜东倒西歪，车辙也乱七八糟，才相信他们阵势全乱了，所以才请您下令追击。"

鲁庄公这才恍然大悟，称赞曹刿想得周到。

在曹刿指挥下，鲁国击退了齐军，局势才稳定了下来。

流亡公子重耳

公子重耳是晋献公的儿子。晋献公年老的时候，宠爱一个妃子骊姬，想把骊姬生的小儿子奚齐立为太子。骊姬进一步陷害太子申生，申生自尽。太子一死，献公另外两个儿子重耳和夷吾都感到危险，逃到别的诸侯国去避难了。

晋献公死后，晋国发生了内乱。后来夷吾回国夺取了君位，也想除掉重耳，重耳不得不到处逃难。重耳在晋国算是一个有声望的公子，因此一批有才能的大臣都愿意跟着他。

重耳先在狄国住了 12 年，因为发现有人行刺他，又逃到卫国。卫国看他是个倒运的公子，不肯接待他。他们一路走去，走到五鹿这个地方，实在饿得厉害，正瞧见几个庄稼人在田边吃饭，就叫人向他们讨点吃的。

庄稼人懒得理他们，其中有一个人跟他们开个玩笑，拿起一块泥巴给他们。重耳冒了火，他手下的人也想动手揍人了。随从中有个叫狐偃的连忙拦住，接过泥巴，安慰重耳说："泥巴就是土地，百姓给我们送土地来啦，这不是一个好兆头吗？"

重耳也只好趁此下了台阶，苦笑着向前走去。

重耳一班人流亡来到齐国。那时齐桓公还在，待他挺客气，送给重耳不少车马和房子，还把本族一个姑娘嫁给重耳。

重耳觉得留在齐国挺不错，可是跟随的人都想回晋国。

随从们背着重耳，聚集在桑树林里商量回国的事。没想到桑树林里有一个女奴在采桑叶，把他们的话偷听了去，并告诉重耳的妻子姜氏。姜氏对重耳说："听说你们要想回晋国去，这很好哇！"

重耳赶快辩白，说："没有那回事。"

姜氏一再劝他回国，说："您在这儿贪图享乐，是没有出息的。"可重耳总是不愿意走。当天晚上，姜氏和重耳的随从们商量好，把重耳灌醉了，放在车里，送出齐国，等重耳醒来，已离开齐国很远了。

以后，重耳又到了宋国。宋襄公正在害病，他手下的臣子对狐偃说："宋襄公是非常器重公子的，但是我们实在没有力量发兵送他回去。"

狐偃说："这我们全明白，我们就不再打扰你们了。"

离开宋国，又到了楚国。楚成王把重耳当作贵宾，还用招待诸侯的礼节招待他。楚成王对待重耳好，重耳也对楚成王十分尊敬。两个人就这样交上了朋友。

有一次，楚成王在宴请重耳的时候，开玩笑地说："公子要是回到晋国，将来怎样报答我呢？"

重耳说："金银财宝贵国有的是，叫我拿什么东西来报答大王的恩德呢？"

楚成王笑着说："这么说，难道就不报答了吗？"

重耳说："要是托大王的福，我能够回到晋国，我愿意跟贵国交好，让两国的百姓过太平的日子。万一两国发生战争，在两军相遇的时候，我一定退避三舍。"（古时候行军，每30里叫作一"舍"。"退避三舍"就是自动撤退90里的意思）

楚成王听了并不在意，却惹恼了旁边的楚国大将成得臣。等宴会结束，重耳离开后，成得臣对楚成王说："重耳说话没有分寸，将来准是个忘恩负义的家伙。还不如趁早杀了他，免得以后吃他的亏。"

楚成王不同意成得臣的意见，正好秦穆公派人来接重耳，就把重耳送到秦国的都城雍（今陕西凤翔东南部）去了。

原来秦穆公曾经帮助重耳的异母兄弟夷吾当了晋国国君。没想到夷吾做了晋国国君以后，反倒跟秦国作对，还发生了战争。夷吾一死，他儿子又同秦国不和。秦穆公才决定帮助重耳回国。

公元前 636 年，秦国护送重耳的大军过了黄河，流亡了 19 年的重耳回国即位。这就是晋文公。

弦高智退秦军

晋文公打败了楚国，会合诸侯，连一向归附楚国的陈、蔡、郑三国的国君也都来了。郑国虽然跟晋国订了盟约，但是因为害怕楚国，暗地里又跟楚国结了盟。

晋文公知道了这件事，打算再一次会合诸侯去征伐郑国。大臣们说：“会合诸侯已经好几次了。咱们本国兵马已足够对付郑国，何必去麻烦人家呢？”

晋文公说："也好，不过秦国跟我们约定，有事一起出兵，可不能不去请他。"

秦穆公正想向东扩张势力，就亲自带着兵马到了郑国。晋国的兵马驻扎在西边，秦国的兵驻扎在东边，声势十分浩大。郑国的国君慌了神，派了个能说会道的烛之武去劝说秦穆公退兵。

烛之武对秦穆公说："秦晋两国一起攻打郑国，郑国准得亡国了。但是郑国和秦国相隔很远，郑国一亡，土地全归了晋国，晋国的势力就更大了。它今天在东边灭了郑国，明天也可能向西侵犯秦国，对您有什么好处呢？再说，要是秦国和我们讲和，以后你们有什么使者来往，经过郑国，我们还可以当个东道主接待使者，对您也没有坏处。您瞧着办吧。"

秦穆公考虑到自己的利害关系，答应跟郑国单独讲和，还派了 3 个将军带了两千人马，替郑国守卫北门，自己带领其余的兵马回国了。

晋国人一瞧秦军走了，都很生气。有的主张追上去打一阵子，有的主张说把留在北门外的两千秦兵消灭掉。

晋文公说："我要是没有秦君的帮助，怎么能回国呢？"他不同意攻打秦军，却想办法把郑国拉到晋国一边，订了盟约，撤兵回去了。

留在郑国的3个秦国将军听到郑国又投靠了晋国，气得吹胡子瞪眼睛，连忙派人向秦穆公报告，要求再讨伐郑国。秦穆公得到消息，虽然很不痛快，但是他不愿跟晋文公扯破脸，只好暂时忍着。

过了两年，也就是公元前628年，晋文公病死，他的儿子襄公即位。有人再一次劝说秦穆公讨伐郑国。他们说："晋国国君重耳刚死去，还没举行丧礼。趁这个机会攻打郑国，晋国绝不会插手。"

留在郑国的将军也送信给秦穆公说："郑国北门的防守掌握在我们手里，要是派兵来偷袭，保管成功。"

秦穆公召集大臣们商讨怎样攻打郑国。两个经验丰富的老臣蹇叔和百里奚都反对。蹇叔说："调动大军想偷袭这么远的国家，我们赶得精疲力乏，对方早就有了准备，怎么能够取胜，而且行军路线这样长，还能瞒得了谁？"

秦穆公不听，派百里奚的儿子孟明视为大将，蹇叔的两个儿子西乞术、白乙丙为副将，率领300辆兵车，偷偷地去打郑国。

第二年二月，秦国的大军进入滑国地界（在今河南省）。忽然有人拦住去路，说是郑国派来的使臣，求见秦军主将。

孟明视大吃一惊，亲自接见那个自称使臣的人，并问他前来干什么。

那“使臣”说：“我叫弦高。我们的国君听到3位将军要到郑国来，特地派我送上一份微薄的礼物，慰劳贵军将士，表示我们一点心意。”接着，他献上4张熟牛皮和12头肥牛。

孟明视原来打算在郑国毫无准备的时候，进行突然袭击。现在郑国使臣老远地跑来犒劳军队，这说明郑国早已有了准备，要偷袭就不可能了。

他收下了弦高送给他们的礼物，对弦高说：“我们并不是到贵国去的，你们何必这么费心。你就回去吧。”

弦高走了以后，孟明视对他手下的将军说：“郑国有了准备，偷袭没有成功的希望。我们还是回国吧。”说罢，就灭掉滑国，回国了。

其实，孟明视上了弦高的当。弦高是个牛贩子。他赶了牛到洛邑去做买卖，正好碰到秦军。他看出了秦军的来意，要向郑国报告已经来不及。他急中生智，一面冒充郑国使臣骗了孟明视，一面派人连夜赶回郑国向国君报告。

郑国的国君接到弦高的信，急忙叫人到北门去观察秦军的动静。果然发现秦军把刀枪擦得雪亮，马匹喂得饱饱的，正在做打仗的准备。他就老实不客气，向秦国的3个将军下了逐客令，说：“各位在郑国住得太久，我们实在供应不起。听说你们就要离开，就请便吧。”

3个将军知道已经泄露了机密，眼看待不下去，只好连夜把人马带走。

崤山大战

秦国的大军想偷袭郑国，晋国那边早就得到情报。晋国的大将先轸认为这是打击秦国的好机会，劝说新即位的晋襄公在崤山地方拦击。

晋襄公亲自率领大军开到崤山。崤山本是形势十分险要的地方，晋军在那里布下了天罗地网，只等秦军到来。

孟明视他们一进崤山，就中了埋伏，被晋军团团围住，进退两难。

秦国的士卒死的死，降的降。孟明视、西乞术、白乙丙三员大将全都被活捉了。

晋襄公得胜回朝。他的母亲文嬴原是秦国人，不愿同秦国结仇，对晋襄公说："秦国和晋国原是亲戚，一向彼此帮助。孟明视这帮武人为了自己要争功，闹得两国伤了和气。要是把这 3 个人杀了，恐怕两国的冤仇越结越深，不如把他们放了，让秦君自己去惩办他们。"

晋襄公听母亲说得有道理，就把孟明视他们 3 个俘虏释放了。

大将先轸一听让孟明视跑了，立刻去见晋襄公，说：“将士们拼死拼活，好容易把他们捉住，怎么轻易把他们放走呢？”

一面说，一面气得向地上吐唾沫。

晋襄公听了，也感到后悔，立刻派将军阳处父带领一队人马飞快地追上去。

孟明视 3 人被释放之后，使劲地逃跑。到了黄河边，发现后面已经有晋兵追上来。在这紧急的关头，幸好有一只小船停在河边，他们就跳了下去。

等阳处父赶到时，船已经离了岸。阳处父在岸边大声喊叫：“请你们回来！我们主公忘了给你们准备车马，特地叫我赶来送几匹好马，请你们收下！”

孟明视哪里肯上这个当。他站在船头上行了礼，说：“承蒙晋君宽恕了我们，已经万分感激，哪里还敢再收受礼物。要是我们回去还能保全性命，3 年之内必定会卷土重来报今天的耻辱！”

阳处父还想说什么，那只小船哗啦哗啦地，已经越划越远了。

阳处父回去向晋襄公回报了孟明视的话，晋襄公懊悔不及，但也无可奈何了。

孟明视等 3 个人回到秦国。秦穆公听到全军覆没，穿了素服，亲自到城外去迎接他们。

孟明视3个人跪在地上请罪。秦穆公说："这是我的不是，没有听你们父亲的劝告，害得你们打了败仗，哪儿能怪你们呢？再说，我也不能因为一个人犯了一点小过失，就抹杀他的大功啊。"

3个人感激得直淌眼泪，打这以后，他们认真操练兵马，一心一意要为秦国报仇。

公元前625年，孟明视要求秦穆公发兵去报崤山的仇，秦穆公答应了。孟明视等3员大将率领400辆兵车打到晋国。没想到晋襄公早有防备，孟明视又打了败仗。

秦穆公仍旧没有办他的罪，但孟明视实在过意不去，好像对国家欠下一笔债。他把自己的财产和俸禄全拿出来，送给在战争中死亡将士的家属。他跟兵士一块儿过苦日子。兵士吃粗粮，他也吃粗粮；兵士啃菜根，他也啃菜根，天天苦练兵马，一心要报仇雪耻。

这年冬天，晋国联合了宋、陈、郑三国打到秦国的边界上来了。

孟明视命令将士守住城，不准随便跟晋国人交战，结果又让晋国夺去了两座城。

这一来，秦国就有人说孟明视的坏话，说他不该这么胆小。附近的小国和西戎瞧着秦国一连打了 3 个败仗，纷纷脱离秦国，不受管束了。

公元前 624 年，也就是崤山交战以后第三年的夏天，孟明视做好一切准备，挑选了国内精兵，发出了 500 辆兵车。秦穆公拿出大量的粮食和财帛，把将士的家属安顿好。将士的斗志旺盛，整装出发。

大军渡黄河的时候，孟明视对将士说："咱们这回出来，可是有进没退，我想把船烧了，大家看怎么样？"

大伙说："烧吧！打胜了还怕没有船吗？打败了，也别回来了。"孟明视的兵士们憋了几年的闷气和仇恨，全在这时候迸发出来。没有几天工夫，就一举夺回了上次丢了的两座城，接着又攻下晋国的几座大城。

晋国这才感到秦国攻势的厉害，上上下下都慌了神。晋襄公跟大臣商量以后，下了命令：只许守城，不许跟秦国人开战。秦国的大军在晋国的地面上来回挑战，没有一个晋国人敢出来。

有人对秦穆公说："晋国已经认输了。他们不敢出来交战。主公不如埋了崤山的尸骨回去，也可以洗刷以前的耻辱了。"

秦穆公就率领大军到崤山，把 3 年前作战死亡将士留下的尸骨收拾起来，埋在山坡上。秦穆公带领孟明视等将士，祭奠了一番，才班师回国。

西部小国和西戎部落，一听到秦国打败了中原的霸主晋国，争先恐后地向秦国进贡。秦国从此就做了西方的霸主。

一鸣惊人的楚庄王

秦国打败晋国以后，一连十几年两国没有发生战事。可是南方的楚国却一天比一天强大，一心要跟中原的霸主晋国争夺地位。

前 613 年，楚成王的孙子楚庄王新即位，做了国君。晋国趁这个机会，把几个一向归附楚国的国家又拉了过去，订立盟约。楚国的大臣们很不服气，都向楚庄王提出要他出兵争霸权。

无奈楚庄王不听那一套，白天打猎，晚上喝酒，

听音乐，什么国家大事，全不放在心上，就这样窝窝囊囊地过了3年。他知道大臣们对他的作为很不满意，还下了一道命令：谁要是敢劝谏，就判谁的死罪。

有个名叫伍举的大臣，实在看不过去，决心去见楚庄王。楚庄王正在那里寻欢作乐，听到伍举要见他，就把伍举召到面前，问："你来干什么？"

伍举说："有人让我猜个谜儿，我猜不着。大王是个聪明人，请您猜猜吧。"

楚庄王听说要他猜谜儿，觉得怪有意思，就笑着说："你说出来听听。"

伍举说："楚国山上，有一只大鸟，身披五彩，样子挺神气。可是一停3年，不飞也不叫，这是什么鸟？"

楚庄王心里明白伍举说的是谁。他说："这可不是普通的鸟。这种鸟，不飞则已，一飞将要冲天；不鸣则已，一鸣将要惊人。你去吧，我已经明白了。"

过了一段时期，另一个大臣苏从看着楚庄王没有动静，又去劝说楚庄王。

楚庄王问他："你难道不知道我下的禁令吗？"

苏从说："我知道。只要大王能够听我的意见，我就是触犯了禁令，被判了死罪，也是心甘情愿的。"

楚庄王高兴地说："你们都是真心为了国家好，我哪会不明白呢？"

打这以后，楚庄王决心改革政治，把一批溜须拍马的人撤了职，把敢于进谏的伍举、苏从提拔起来，帮助他处理国家大事；一面制造武器，一面操练兵马。当年，就收服了南方许多部落。楚庄王六年，打败了宋国。楚庄王八年，又打败了陆浑的戎族，一直打到周都洛邑附近。

为了显示楚国的兵威，楚庄王在洛邑的郊外举行一次大检阅。

这一来，可把那个挂名的周天子吓坏了。他派一个大臣王孙满到郊外去慰劳楚军。

楚庄王和王孙满交谈的时候，楚庄王问起周王宫里藏着的九鼎大小轻重怎么样。九鼎是象征周王室权威的礼器。楚庄王问起九鼎，就是表示他有夺取周天子权力的野心。

王孙满是个善于应付的人。他劝说楚庄王：统治天下在于道德，不在于鼎。九鼎的轻重是不能问的。楚庄王自己知道当时还没有灭掉周朝的条件，也就带兵回国了。

楚庄王九年，楚庄王又请了一位有名的隐士孙叔敖当令尹（楚国的国相）。孙叔敖当了令尹以后，开垦荒地，挖掘河道，奖励生产。为了免除水灾旱灾，他还组织楚国人开辟河道，能灌溉成百上千亩庄稼，每年多打了不少粮食。没几年工夫，楚国更加强大起来，先后平定了郑国和陈国的两次内乱，终于和中原霸主晋国冲突起来。

公元前 597 年，楚庄王率领大军攻打郑国，晋国派兵救郑。在邲地和楚国发生了一次大战。晋国从来没有打过这么惨的败仗，人马死了一半，另一半逃到黄河边。船少人多，兵士争着渡河，许多人被挤到水里去了。掉到水里的人往船上爬，船上的兵士怕翻船，拿刀把往船上爬的兵士手指头都砍了下来。

有人劝楚庄王追上去，把晋军赶尽杀绝。楚庄王说："楚国自从城濮失败以来，一直抬不起头。这回打了这么大的胜仗，总算洗刷了以前的耻辱，何必多杀人呢？"

说着，立即下令收兵，让晋国的残兵逃了回去。

打那以后，这个一鸣惊人的楚庄王就成了霸主。

从齐桓公、晋文公、宋襄公、秦穆公到楚庄王，前前后后总共 5 个霸主。历史上通常称他们是"春秋五霸"。

紫气东来骑青牛

东周时期，函谷关关令是当地人尹喜。一天早晨，尹喜从家里出来，在门前的一个土台上往东远眺，望见对面河岸上霞光万道，一轮红日喷薄而出。这本是很平常的自然现象，善观天象的尹喜却从中发现了不平常，红光之前有一团紫气缭绕，徐徐向西移动，在黄河南岸的河畔，紫色渐渐地越聚越浓，以至层峦叠嶂之间，云霞蒸腾，景色异常美丽壮观。尹喜眼观天象，即兴卜了一卦，细推卦理，不由欣喜若狂："紫气东来，必有异人

通过。”于是他赶紧下了土台，吩咐手下打扫庭院，清扫街道，准备迎接圣人。并告诉门人，凡有与众不同的人来都要留下来，好好招待，而且还要马上向他报告。布置好后，尹喜沐浴更衣，静候圣人。

当时周朝的柱下史（主管国家图书的最高长官）李耳即老子，因不满朝廷腐败，诸侯相争，辞官不做，离开洛阳，打算经函谷关西去，过隐居生活。老子皓首长须，神采奕奕，倒骑青牛来到函谷关前。守门关吏见此人与众不同，立刻报告关令尹喜。尹喜赶忙来到关前，将老子迎到客舍，共进餐膳。二人边吃边叙，谈得很投机。函谷关一带景色秀丽，尹喜关令又极力挽留，老子就留下来，写出了闻名世界的《道德经》后才离关西去。

后人在老子著经的地方建了太初宫，又在尹喜观看紫气东来的地方建了瞻紫楼。

孔子周游列国

吴王阖闾在伍子胥、孙武的帮助下，大败楚国，声势很大，连中原一些大国都受到威胁，首先受到威胁的是齐国。齐国自从齐桓公死后，国内一直很不安定。后来到齐景公当了国君，任用了一位有才能的大臣晏婴当相国，改革朝政，齐国又开始兴盛起来。

公元前500年，齐景公和晏婴想拉拢邻国鲁国和中原诸侯，把齐桓公当年的事业重新干一下，就写信给鲁定公，约他在齐鲁交界的夹谷这个地方开个会。

那时候，诸侯开会，都得有个大臣当助手，称作“相礼”。鲁定公决定让鲁国的大司寇（管司法的长官）孔子担任这件事。

孔子名叫孔丘，是鲁国阳邑人。他父亲是个地位不高的武官。孔子3岁时就死了父亲，他母亲带着他搬到曲阜住下来，把他抚养成人。据说他从小很爱学礼节，没有事儿，就摆上小盆小盘什么的，学着大人祭天祭祖的样子。

孔子年轻时候，读书很用功。他十分崇拜周朝初年那位制礼作乐的周公，对古礼特别熟悉。当时读书人应当学的“六艺”，也就是礼节、音乐、射箭、驾车、书写、计算，他都比较精通。他办事认真，开头他当过管理仓库的小吏，物资从来没有缺少；后来又当管理牧业的小吏，牛羊就繁殖得很多。没到 30 岁，名声就渐渐大了起来。

有些人愿意拜他做老师，他就索性办了个私塾，收起学生来。鲁国的大夫孟僖子临死时，嘱咐他的两个儿子孟懿子和南宫敬叔到孔子那儿去学礼。靠南宫敬叔的推荐，鲁昭公还让孔子到周朝的都城洛邑去考察周朝的礼乐。

孔子 35 岁那年，鲁昭公被鲁国掌权的三家大夫——季孙氏、孟孙氏、叔孙氏轰走了。孔子就到齐国去，求见齐景公，跟齐景公谈了他的政治主张。齐景公待他很客气，还想任用他。但是相国晏婴认为孔子的主张不切实际，结果齐景公没任用他。孔子再回到鲁国，仍旧教他的书。

跟随孔子学习的学生越来越多。

到了公元前501年，鲁定公派孔子做中都宰，第二年，做了司空（管理工程的长官），又从司空调任大司寇。

这一回，鲁定公把准备到夹谷跟齐国会盟的事告诉了孔子，孔子说：“齐国屡次侵犯我国边境，这次约我们会盟，我们也得有兵马防备着。希望把左右司马都带去。”

鲁定公同意孔子的主张，又派了两员大将带了一些人马，随同他上夹谷去。

在夹谷会议上，由于孔子的相礼，鲁国取得了外交上的胜利。会后，齐景公决定把从鲁国侵占过来的汶阳地方的3处土地还给鲁国。

齐国的大夫黎弥认为孔子留在鲁国做官对齐国不利，劝齐景公给鲁定公送一班女乐去。齐景公同意了，就挑选了80名歌女送到鲁国去。

鲁定公接受了这班女乐，天天吃喝玩乐，不管国家政事。孔子想劝说他，他就躲着孔子。这件事使孔子感到很失望。孔子的学生说：“鲁君不办正事，咱们走吧！”

打那以后，孔子离开鲁国，带着一批学生周游列国，希望找个机会实行他的政治主张。可是，那个时候，大国都忙于争霸的战争，小国都面临着被吞并的危险，整个社会正在发生变革。孔子宣传的一套恢复周朝初年礼乐制度的主张，当然没有人接受。

他先后到过卫国、曹国、宋国、郑国、陈国、蔡国、楚国。但这些国家的国君都没有任用他。

有一回，孔子在陈、蔡一带，楚昭王打发人去请他。陈、蔡的大夫怕孔子到了楚国，对他们不利，发兵在半路上把孔子截住。孔子被围困在那里，断了粮，几天都没吃上饭。后来，楚国派了兵来，才给他解了围。

孔子在列国奔波了十四年，碰了许多钉子，年纪也大了。末了，他还是回到鲁国，把精力放到整理古代文化典籍和教育学生上面。

孔子在晚年还整理了几种重要的古代文化典籍，如《诗经》《尚书》《春秋》等。《诗经》是我国最早的一部诗歌总集，共收集西周初年至春秋中叶时期的诗歌311篇，其中有不少是反映古代社会生活的民间歌谣，它在我国文学史上占有很重要的地位。《尚书》是一部我国上古历史文献的汇编。《春秋》是根据鲁国史料编成的一部历史书，它记载着公元前722年到公元前481年的大事。

公元前479年，孔子去世。他死后，他的弟子继续传授他的学说，形成了一个儒家学派，孔子成了儒家学派的创始人。孔子的学术思想在后世影响很大，他被公认为是我国古代第一位大思想家、大教育家。

一代宗师的品行

孔子63岁时，曾这样形容自己："发愤忘食，乐以忘忧，不知老之将至云尔。"当时孔子已带领弟子周游列国9个年头，历尽艰辛，不仅未得到诸侯的任用，还险些丧命，但孔子并不灰心，仍然乐观向上，坚持自己的理想，甚至是明知其不可为而为之。孔子说："不义而富且贵，于我如浮云。"在孔子心目中，行义是人生的最高价值，在贫富与道义发生矛盾时，他宁可受穷也不会放弃道义。

孔子以好学著称，对于各种知识都表现出浓厚的兴趣，因此他多才多艺，知识渊博，在当时是出了名的，

几乎被当成无所不知的圣人，但孔子自己不这样认为。孔子曰：“圣则吾不能，我学不厌而教不倦也。”孔子学无常师，谁有知识，谁那里有他所不知道的东西，他就拜谁为师，因此说“三人行，必有我师焉”。

孔子生性正直，又主张直道而行。他曾说：“吾之于人也，谁毁谁誉？如有所誉者，其有所试矣。斯民也，三代之所以直道而行也。”《史记》载孔子30多岁时曾问礼于老子，临别时老子赠言曰：“聪明深察而近于死者，好讥议人者也。博辩闳达而危其身，好发人之恶者也。无以有己为人子者，无以恶自己为人臣者。”这是老子对孔子善意的提醒，也指出了孔子的一些毛病，就是看问题太深刻，讲话太尖锐，伤害了一些有地位的人，会给自己带来很大的危险。

孔子说自己：“孔子的为人呀，努力学习而不厌倦，甚至于忘记了吃饭，津津乐道于授业传道，而从不担忧受贫受苦；自强不息，甚至忘记了自己的年纪。”孔子的话，显示出他由于有远大的理想，所以生活得非常充实。

孔子创立了以仁为核心的道德学说，他自己也是一个很善良的人，富有同情心，乐于助人，待人真诚、宽厚。“己所不欲，勿施于人”“君子成人之美，不成人之恶”“躬自厚而薄责于人”等，都是他的做人准则。子曰：“吾十有五而志于学，三十而立，四十而不惑，五十而知天命，六十而耳顺，七十而从心所欲，不逾矩。”这是孔子对自己一生各阶段的总结。

不耻下问

孔子被尊奉为圣人。然而孔子认为，无论什么人，包括他自己，都不是生下来就有学问的。

一次，孔子去鲁国国君的祖庙参加祭祖典礼，他不时向人询问，差不多每件事都问到了。有人在背后嘲笑他，说他不懂礼仪，什么都要问。孔子听到这些议论后说："对于不懂的事，问个明白，这正是我要求知礼的表现啊。"

那时，卫国有个大夫叫孔圉，虚心好学，为人正直。当时社会有个习惯，在最高统治者或其他有地位的人死后，给他另起一个称谓，叫谥号。按照这个习俗，孔圉死后，卫国国君授予他"文"的谥号，所以后来人们又尊称他为孔文子。

孔子的学生子贡有些不服气，他认为孔圉也有不足的地方，于是就去问孔子："老师，孔文子凭什么可以被称为'文'呢？"

孔子回答："敏而好学，不耻下问，是以谓之文也。" 意思是说孔圉既聪敏又勤学，不以向职位比自己低、学问比自己差的人求学为耻辱，所以可以用“文”字作为他的谥号。

孔子的一句话，引出了“不耻下问”这个成语。后来人们常用它来比喻向地位和学问不如自己的人请教；或形容谦虚、好学，不自以为是的求知态度。

《孙子兵法》

《孙子兵法》是春秋末期吴国名将孙武所著，全书共13篇，各有主题，构成一个完整的思想体系。

孙子始终对战争抱着十分慎重的态度，他的“慎战”思想，几乎渗透了《孙子兵法》的所有篇章。战争关系到人民的生死，国家的存亡，是不能不认真对待的。孙子“慎战”，但不是畏战，他认为战争的目的是争“利”，是否符合国家利益应作为国家选择战争与和平的准绳。任何战争，无论其采取何种形式，运用何种策略，归根结底，总是同一定的政治和经济利益紧密相连的，所以说，“利益”是战争目的性在最广泛、最一般意义上的表现。

与此相联系，孙子将决定战争胜负的因素概括为五个方面：“一曰道，二曰天，三曰地，

四曰将，五曰法。”以上概括，奠定了战略分析的基本思路。

《孙子兵法》在作战指导上追求的最高理想是“不战而屈人之兵”，即通过威慑，达到“自保而全胜”的战略目的。孙子认为，军事行动的上策是在谋略上取胜；中策是用外交手段取胜；下策才是在战场上取胜；攻城则属下下策。“不战而屈人之兵”毕竟是不易实现的理想境界，孙子更为重视的还是在现实的作战之中如何进行指导的问题。为此，他指出不少值得借鉴的作战指导原则。战争的物质基础是经济，战争中经济消耗极大，没有任何国家经得起长期战争的消耗，所以，孙子提出“兵贵胜，不贵久”的原则，他认识到“久暴师则国用不足”，后果是极为可怕的。

《孙子兵法》中的攻防理论极为完备，其用兵原则为：10倍于敌就包围敌人，力求全歼；5倍于敌就进攻；一倍于敌就要设法分割消灭敌人；敌我兵力相等，要有把握，努力抗击敌人；比敌人兵力少，就撤退；比敌人弱小，要避免正面与敌交战。指挥官要善于处理防守与进攻的关系，防守的主动权永远是掌控在自己手里的，而进攻的时机则常取决于敌人的失误和疏忽，避实击虚，出其不意，攻其不备，形成战役或战斗的突然性。

《孙子兵法》还很讲究作战的布势（兵力部署）问题。意思是说，要统一指挥众多的军队，靠的是正确的兵力区分和编组；要使众多的军队，行动统一，发挥整体的战斗力，靠的是正确的指挥（旌旗金鼓的运用）；要使军队在战斗中立于不败之地，靠的是奇正的运用。奇正，是中国古代军事术语中的常用范畴。其含义包括以下两方面内容：在兵力部署上，担任正面作战的为正，担任侧击、包围、迂回的为奇；担任钳制敌人的为正，担任突击的部分为奇；列阵对敌的为正，集中机动的为奇。在战法上，明攻为正，偷袭为奇；按一般原则作战为正，采用特殊战法为奇。孙子认为："凡战者，以正合，以奇胜。"（《孙子兵法·兵势篇》）高明的指挥官，一定是善于出奇制胜的，"战势不过奇正，奇正之变，不可胜穷也。"（《孙子兵法·兵势篇》）作战就是一个奇正运用的问题。军队之间的正面交战，往往是由以侧击、迂回、奇袭、包围等"奇"的形式展开的行动而取胜的。奇正的变化，是无穷无尽的，因而军队的部署（战势、战斗队形）也是千变万化的，指挥不拘一格。

孙子曾说过"知彼知己者，百战不殆"。其中的"知彼"就是了解敌情，这与作战胜败有着直接的关系，孙子特别强调使用间谍侦察敌情的重要意义，整个军队要依靠间谍提供的情报而展开行动，同时又指出，使用间谍时，必须机智、果敢和精心细致，以防止被敌人欺骗和利用。封闭、狭隘、自以为是，是不可能赢得胜利的。

战国时期频繁的战争，丰富的作战实践，为军事思想家提供了充足的素材，《孙子兵法》是这一阶段的代表作，展现了当时军事思想的特征。

《吴子》

《吴子》相传是战国初军事家吴起所著，但我们今天所能看到的《吴子》，可能是一部托名吴起所著而真正成书于西汉早期的伪书，反映的是汉代的军事成就及军事思想。

《吴子》有6篇。《图国第一》首先阐述了战争观，认为“修德废武”和“恃众好勇”都是不可取的。战争既不是可以无条件仗恃的手段，也不是可以完全避免采用的手段，“内修文德，外治武备”才

是正确的态度。《吴子》的战争观较之《孙子兵法》有其新意，这其实是《孙子兵法》“兵贵胜，不贵久”思想的发挥，它深刻地指明，长期的战争对国力的消耗将会是灾难性的，即使是战胜国，也付不起这种代价。

《料敌第二》论述判断敌情、因敌制胜的方法。“审敌虚实，而趋其危”。熟知敌我双方情况，是获胜的前提条件之一。它提出“凡料敌有不卜（不必占卜）而与之战者八”，“有不占而避之者六”。要趁敌处于困难境地之时，抓住战机，趁敌之隙而迅速击灭之。相反，当敌人强大而又处于有利形势时，则应避免决战，《吴子》的总结则比较简明而具体。显然，这是新时期军事思想的新发展。

《治兵第三》论述了军队建设，认为其要点在于“不在众寡”而“以治为胜”。它包括军事基础训练和战备行动训练。目的是培养治军将领的果敢决心。战争实践表明，将领能否根据敌我双方情况，把握战机，沉着、冷静、果断、正确地下定决心，对部队的行动和作战的胜负有着重大的关系。

《论将第四》阐述为将的标准和将领的职责。将领必须具备“五慎”“四机”等军事素质。要求将领必须掌握部队的士气，充分利用地形，运用谋略胜敌，随时注意增强部队的战斗力。

《应变第五》论述临敌应变的战术思想和战法运用。它首先指出任何情况下，军队都必须听从指挥。然后分别论述各种情况下的不同战法，提出了山地作战、水上作战、围攻城邑、防御袭击等作战原则。

《励士第六》强调奖励有功将士以激励士气的重要性。

孟母三迁

孟子名轲，他父亲早早地去世了，由母亲抚养长大。孟母是个很有教养的妇女，为了把儿子培养成为有用的人，非常重视对他的教育。

起初孟家附近有一块墓地，出殡、送葬的队伍经常从他家门前走过。于是，孟子经常模仿队伍中吹鼓手和妇女哭哭啼啼的样子，还不时到墓地上玩死人下葬的游戏，在地上挖一个坑，把朽木或腐草当作死人埋下去。孟母对儿子这样玩耍很生气，认为没有出息，不利于他读书，便把家迁到了城里。

城里没有墓地，孟子再也没有玩埋死人游戏的环境了。于是孟母要儿子熟读《论语》，像孔子那样做人。开始，孟子还能静下心来读书，但日子久了，他的心思又定不下来。原来他家处于闹市，打铁声、杀猪声、喊卖声终日不绝于耳，听着听着，他就读不下去了。接着，他又和小伙伴玩起了做买卖的游戏，孟母觉得在这个地方居住，确实很难集中心思读书，便再次搬迁到城东的学馆对面居住。

学馆那里的环境果然不一样，经常书声琅琅，一派读书气氛，孟子果然安下心来读书。有时，他还向学馆里张望，观看里面的学生是怎样读书，又是怎样跟随老师演习周礼的，回到家里，竟也模仿起来。

一天，孟母发现儿子在磕头跪拜，以为他又在玩埋死人的把戏了，不禁板起了脸。但听儿子说是在演习周礼，顿时眉开眼笑。不久，她将孟子送进了学馆，系统地学习《诗经》《尚书》，长进很快。后来，孟子终于成为仅次于孔子的名儒。

仁爱百姓之道

战国时，有一年邹国与鲁国发生了战争。邹国吃了败仗，死伤了不少将士。邹穆公很不高兴，问孟子道："在这次战争中，我手下的官吏被杀死了33个，可是老百姓却没有一个为他们去拼命，他们眼看长官被杀，而不去营救，可恨得很。要是杀了这些人吧，他们人太多，杀也杀不完；要是不杀吧，却又十分可恨。您说该怎么办才好呢？"

孟子回答说："记得有一年闹灾荒，年老体弱的百姓饿死在山沟荒野之中，壮年人外出逃荒的达到数千人之多，而大王的粮仓还是满满的，国库也很充足，管钱粮的官员并不把这严重的灾情报告给您。他们高高在上，不关心百姓的疾苦，并且残害百姓。"孟子在回顾了这辛酸的

往事后，接着又说：“您记得孔子的弟子曾子说过的话吗？他说，要警惕呀！你怎样对待别人，别人也怎样对待你。如今百姓有了一个报复的机会，当然要用同样的手段来对待那些长官了。”

孟子最后告诉邹穆公说：“所以，大王不要去责怪他们、惩罚他们。如果实行仁政，您的百姓就会爱护他们的长官，并且愿意为他们献出生命。”

鼯鼠技穷

战国时期，邯郸籍学者荀况，在他的著作《荀子·劝学》中，劝导人们要努力学习。荀况强调学习要专一精深，切忌自满于一知半解，要像“螣蛇无足而飞”，切不可像“鼯鼠五技而穷”。螣蛇，是一种龙，它没有脚，可是能腾云驾雾，飞游空际；而鼯鼠，虽说有五种技能：能飞不能过屋，能攀不能穷木，能游不能渡河，能穴不能掩身，能走不能先人，实际却一样也不行。这个成语也有叫“五技之鼠”“鼯鼠五技”或“鼯鼠之技”的。

罚不当罪

《荀子》这部著作共有32篇，其中有一篇叫《正论》，是专门议论政治的。文中提出一个看法：国君要在百姓面前做出好的榜样。残暴的国君被推翻，如夏桀被商汤打倒、商纣被周武王消灭等，这些都是好事而不是坏事。荀况主张刑罚要严明，罪犯应根据罪行的大小，给予相应的处罚。如果杀人的不偿命，伤人的不判刑，那就会纵容犯罪，扰乱社会秩序。有人说："安定的古代没有肉刑，只是象征性地用刑。比如，不使用黥刑而用墨画脸来替代；不使用劓刑，而用戴上草做的帽

子来替代，这种办法在混乱的现代是行不通的。如果继续这样做，犯罪的人得不到应有的惩罚，犯罪行为将越来越多。”

在阐述了上面这些情况后，荀况提出了自己的主张：一个人的地位要和品德相称，官职要和才能相称，赏赐要和功劳相称，处罚要和罪行相称。如果不是这样，弄得地位和品德不相称，官职和才能不相称，赏赐和功劳不相称，处罚和罪行不相称，那就会带来极大的不幸和产生严重的后果。

坐怀不乱

战国时期，赵国著名的大思想家荀子在他的著作《荀子·大略》中，讲述了一个生动感人的“坐怀不乱”的故事。

故事的主人公叫柳下惠，是春秋时鲁国大夫，是当时掌管监狱的官。鲁僖公二十六年，齐国进攻鲁国时，他派人到齐国去，劝说齐国退兵，受到鲁僖公的称赞。在当时，柳下惠以善于讲究贵族礼节而著称，

是个道德品行高尚的人。有一次柳下惠到外地办事，耽搁了出城时间，此时，客店也已住满了客人，他只好到城门下过夜。他刚刚安顿好自己，就看到一位年轻貌美的女子也来到城门下夜宿。柳下惠见那女子衣服单薄，冻得瑟瑟发抖。柳下惠见状，恐怕那女子被冻死，就用自己的棉衣把她裹在怀里，一直到天亮，丝毫没有淫乱行为。

不得认“真”

一日，孔子出游讲学，他和弟子颜回来到一个叫郰的地方，他们感到饥肠辘辘，人困马乏，于是，孔子吩咐颜回去前面的店铺讨些吃食。颜回便来到一家酒店前边，向掌柜的说明来意。

店掌柜听了颜回的话后，缓缓地说：“这点小事没有问题，不过我有一个条件。”

颜回忙问道：“掌柜有什么条件请明示。”

掌柜说：“我写一个字，如若你认识，我便请你们吃饭，否则，免谈。”

颜回微微一笑说：“掌柜，在下不才，在老师门

下也算是饱读诗书，字我还认识一些，不知店家所提何字，还请掌柜赐教。”

于是，掌柜拿起笔墨在手掌心写了一个“真”字，随后问：“这位公子，这是何字?”颜回没有想到掌柜写了如此简单的一个字，便说：“掌柜的，你开玩笑呢，还是故意戏弄我呢？这个字都不识我还配做孔夫子的门生吗？这不就是个认真的‘真’字嘛。”

掌柜摇摇头，吩咐伙计打发他走，颜回愣在那里，半天没有闹明白自己错在哪里了。

颜回满脸疑惑地来到孔子跟前，将事情一五一十地向孔子诉说一遍，孔子想了一下笑着说：“颜回，原来这位掌柜是要让我亲自前往才行，咱们一起去吧!”

孔子和颜回来到店铺前，孔子和掌柜说明来意后，掌柜依然指着那个“真”字说：“请问先生这是何字?”孔子看后笑着说：“这不是‘直八’吗!”掌柜面露喜色道：“夫子果然博学多闻，学识渊博，在下佩服、佩服。”于是，掌柜立即吩咐伙计准备饭菜，颜回愣了半天还是不明其意，他低声问道：“老师，你怎么能将‘真’念成‘直八’呢！学生实在不明白这到底是什么意思。”孔子笑着说：“颜回啊！有些事情是认不得‘真’啊！难道你现在还不明白吗?”

列子说梦

列子说："善于幻化的人，他的道术暗暗地发生作用，他的功绩看上去和常人一样。五帝的德行，三王的功绩，不一定都是靠智慧和勇气的力量，或许是由幻化的作用而成的。谁搞得清楚呢?"

觉醒有 8 种表现，做梦有 6 种情况。觉醒的 8 种表现指的是什么呢？一是往事，二是新为，三是获得，四是丧失，五是悲哀，六是欢乐，七是生存，八是死亡。这 8 种表现，是人的身体与外界接触而产生的。做梦的 6 种情况又指的是什么呢？一是正梦，二是噩梦，三是思梦，四是寤梦，五是喜梦，六是惧梦。这 6 种情况，是人的精神与外界交感而产

生的。不了解感应变化的起源，事情一旦发生就会对它的由来感到迷惑；了解了感应变化的起源事情一旦发生就能够明白它的由来。知道了事物变化的原因，就不会害怕了。

人体的盈虚消长，都与天地相通，与外界事物相应。所以阴气过盛，就会梦到涉足大水而感到恐惧；阳气过盛，就会梦到穿过大火而被焚烧；阴气和阳气都过盛，就会梦到生死相杀。吃得太饱了就会梦到给别人东西，肚子太饿了就会梦到向别人要东西，因此脉相虚浮的病人就会梦到自己上扬，脉相沉实的病人就会梦到自己溺水。压着衣带睡觉就会梦到蛇，飞鸟衔头发就会梦到飞翔。将要得阴症就会梦到火，将要得病时就会梦到食物。喝酒的人将要做忧愁的梦，欢歌纵舞的人将要做哭泣的梦。

列子说："精神与外物贯通是做梦，身体与外物接触是实事。所以白天有所思虑，夜里做梦，是因为身体有所接触，精神有所交通。所以，精神凝聚的人，白天的思虑在夜里睡梦后就都自然消失了。真实的觉醒不能用语言来表达，真实的梦无法完全明白，他们是事物往来变化的结果。古代得道成仙的人，觉醒时忘记了自己的存在，睡觉时不做梦，难道是假话吗？"

勾践卧薪尝胆

吴王阖闾打败楚国，成了南方霸主。吴国跟附近的越国（都城在今浙江绍兴）素来不和。公元前496年，越王勾践即位。吴王趁越国刚刚遭到丧事，就发兵打越国。吴越两国在槜李这个地方，发生了一场大战。

吴王阖闾满以为可以打赢，没想到打了个败仗，自己又中箭受了重伤，再加上上了年纪，回到吴国，就咽了气。

吴王阖闾死后，儿子夫差即位。阖闾临死时对夫差说："不要忘记报越国的仇。"

夫差记住这个嘱咐，叫人经常提醒他。他经过宫门，手下的人就扯开了嗓子喊："夫差！你忘了越王杀你父亲的仇吗？"

夫差流着眼泪说："不，不敢忘。"

他叫伍子胥和另一个大臣伯嚭操练兵马，准备攻打越国。

过了两年，吴王夫差亲自率领大军去打越国。越国有两个很能干的大夫，一个叫文种，另一个叫范蠡。范蠡对勾践说："吴国练兵快 3 年了。这回决心报仇，来势凶猛。咱们不如守住城，不要跟他们作战。"

勾践不同意，仍发大军去跟吴国人拼个死活。两国的军队在太湖一带打上了。越军果然大败。

越王勾践带了 5000 个残兵败将逃到会稽山，被吴军围困起来。

勾践弄得一点儿办法都没有了。他跟范蠡说："懊悔没有听你的话，弄到这步田地。现在该怎么办？"

范蠡说："咱们赶快去求和吧。"

勾践派文种到吴王营里去求和。文种在夫差面前把勾践愿意投降的意思说了一遍。吴王夫差想同意，可是伍子胥坚决反对。

文种回去后，打听到吴国的伯嚭是个贪财好色的小人，就把一批美女和珍宝，私下送给伯嚭，请伯嚭在夫差面前讲好话。

经过伯嚭在夫差面前一番劝说，吴王夫差不顾伍子胥的反对，答应了越国的求和，但是要勾践亲自到吴国去。

文种回去向勾践报告了。勾践把国家大事托付给文种，自己带着夫人和范蠡到吴国去。

勾践到了吴国，夫差让他们夫妇俩住在阖闾的大坟旁边一间石屋里，叫勾践给他喂马。范蠡跟着做奴仆的工作。夫差每次坐车出去，勾践就给他拉马，这样过了三年，夫差认为勾践真心归顺了他，就放勾践回国了。

勾践回到越国后，立志报仇雪耻。他唯恐眼前的安逸消磨了志气，在吃饭的地方挂上一个苦胆，每逢吃饭的时候，就先尝一尝苦味，还自己问自己："你忘了会稽的耻辱吗?"他还把席子撤去，用柴草当作褥子。这就是后来人传诵的"卧薪尝胆"。

范蠡和文种

越王勾践整顿内政，努力生产，使国力渐渐强盛起来，他就和范蠡、文种两个大臣经常商议怎样讨伐吴国的事。

这时候，吴王夫差因为当上了霸主，骄傲起来，一味贪图享乐。文种劝说勾践向吴王进贡美女。越王勾践派人专门物色最美的女子。结果在苎罗山（今浙江诸暨南部）上找到一个美人，名叫西施。勾践就派范蠡把西施献给夫差。

夫差一见西施，果然容貌出众，把她当作下凡的仙女，宠爱得不得了。

有一回，越国派文种去跟吴王说："越国年成不好，闹了饥荒，向吴国借一万石粮，过了年归还。"夫差看在西施的面上，当然答应了。

转过年来，越国年成丰收。文种把一万石粮亲自送还吴国。

夫差见越国十分守信用，更加高兴。他把越国的粮食拿来一看，粒粒饱满，就对伯嚭说："越国的粮食颗粒比我们的大，就把这一万石卖给老百姓做种子吧。”

伯嚭把这些粮食分给农民，命令大家去种。到了春天，种子下去了，等了十几天，还没有抽芽。大家想，好种子也许出得慢一点，就耐心地等着。没想到，过不了几天，那撒下去的种子全烂了，他们想再撒自己的种子，已经过了下种的时候。

这一年，吴国闹了大饥荒，吴国的百姓全恨夫差。他们哪里想到，这是文种的计策。那还给吴国的一万石粮，原来是经过蒸熟了又晒干的粮食，怎么还能抽芽呢？

勾践听到吴国闹饥荒，就想趁机发兵。

文种说：“还早着呢。一来，吴国刚闹饥荒，国内并不空虚；二来，还有个伍子胥在，不好办。”

勾践听了，觉得文种的话有道理，就继续操练兵马，扩大军队。

公元前 484 年，吴王夫差要去打齐国。伍子胥急忙去见夫差，说："我听说勾践卧薪尝胆，跟百姓同甘共苦，看样子一定想要报吴国的仇。不除掉他，总是个后患。希望大王先去灭了越国。"

吴王夫差哪里肯听伍子胥的话，照样带兵攻打齐国，结果打了胜仗回来。文武百官全都道贺，只有伍子胥反倒批评说："打败齐国，只是占点儿小便宜；越国来灭吴国，才是大祸患。"

这样一来，夫差越来越讨厌伍子胥，再加上伯嚭在背后说尽了伍子胥坏话。夫差给伍子胥送去一把宝剑，逼他自杀。伍子胥临死的时候，气愤地对使者说："把我的眼珠挖去，放在吴国东门，让我看看勾践是怎样打进来的。"

夫差杀了伍子胥，任命伯嚭做了太宰。

公元前 482 年，吴王夫差约会鲁哀公、晋定公等在黄池会盟，把精兵都带走了，只留了一些老弱残兵。

等夫差从黄池得意扬扬地回来，越王勾践已经率领大军攻进了吴国国都姑苏。吴国士兵远道回来，已经够累了，加上越军都是经过多年训练的，士气旺盛。两军一交手，吴军大败。

夫差无可奈何，只好派伯嚭去向勾践求和。勾践和范蠡一商量，决定暂时答应讲和，退兵回去。

公元前475年，越王勾践做好了充分准备，大规模地进攻吴国，吴国接连打了败仗。越军把吴都包围了两年，夫差被逼得走投无路，说："我没有面目见伍子胥了。"说着，就用衣服遮住自己的脸，自杀了。

越王勾践灭了吴国，坐在夫差原来坐的朝堂里。范蠡、文种和别的官员都来朝见他。吴国的太宰伯嚭也站在那里等着受封，他认为自己帮了勾践不少忙呢。

勾践对伯嚭说："你是吴国的大臣，我不敢收你做臣子，你还是去陪伴你的国君吧。"

伯嚭垂头丧气地退了出去。勾践派人追上去，把他杀了。

勾践灭了吴国，又带着大军渡过淮河，在徐州约会中原诸侯。周天子也派使臣送祭肉给勾践。打这以后，越国的兵马横行在江淮一带，诸侯都承认他是霸主。

勾践得胜回国，开了个庆功大会，大赏功臣，可就少了个范蠡。传说他带着西施，隐姓埋名跑到别国去了。

范蠡走前，留给文种一封信，说，"飞鸟打光了，好的弓箭该收藏起来；兔子打完了，就轮到把猎狗烧来吃了。越王这个人，可以跟他共患难，不可以共安乐，您还是赶快走吧。”

文种不信。有一天，勾践派人给他送来一把剑，文种一看，正是当年夫差叫伍子胥自杀的那把宝剑。文种后悔没听范蠡的话，只好自杀了。

吴越争霸已经是春秋时期的一个尾声。随着社会生产力的发展和奴隶起义的不断爆发，奴隶社会渐渐瓦解，到了公元前 475 年，进入战国时期。我国的封建社会就是从那个时候算起的。

三家瓜分晋国

经过春秋时期长期的争霸战争，许多小的诸侯国被大国吞并了。有的国家内部发生了变革，大权渐渐旁落在几个大夫手里。这些大夫原来也是奴隶主贵族，后来他们采用了封建的剥削方式，转变为地主阶级。有的为了扩大自己的势力，还用减轻赋税的办法来笼络人心，这样，他们的势力就越来越大了。

一向被称为中原霸主的晋国，到了那个时候，国君的权力也衰落了，实权由六家大夫把持。他们各有各的地盘和武装，互相攻打。后来有两家被打散了，还剩下智家、赵家、韩家、魏家。这四家中，又以智家的势力最大。

智家的大夫智伯瑶想侵占其他三家的土地，对三家大夫赵襄子、魏桓子、韩康子说："晋国本来是中原霸主，后来被吴、越夺去了霸主地位。为了使晋国强大起来，我主张每家都拿出 100 里土地和户口来归给公家。"

三家大夫都知道智伯瑶心存不良，想以公家的名义来迫使他们交出土地。可是三家心不齐，韩康子首先把土地和一万家户口割让给智家；魏桓子不愿得罪智伯瑶，也把土地、户口让了出去。

智伯瑶又向赵襄子要土地，赵襄子可不答应，说："土地是上代留下来的产业，说什么也不送人。"

智伯瑶气得火冒三丈，马上命令韩、魏两家一起发兵攻打赵家。

公元前 455 年，智伯瑶自己率领中军，韩家的军队担任右路，魏家的军队担任左路，三队人马直奔赵家。

赵襄子自知寡不敌众，就带着赵家兵马退守晋阳。

不久后，智伯瑶率领的三家人马已经把晋阳城团团围住。赵襄子吩咐将士们坚决守城，不许交战。逢到三家兵士攻城的时候，城头上箭好像飞蝗似的落下来，使三家人马没法前进一步。

晋阳城凭着弓箭死守了两年多。三家兵马始终没能把它攻下来。

有一天，智伯瑶到城外察看地形，看到晋阳城东北的那条汾水，忽然想出了一个主意：汾水绕过晋阳城往下流去，要是把汾水引到西南边来，晋阳城不就淹了吗？于是他就吩咐兵士在汾水旁边另外挖一条河，一直通到晋阳，又在上游筑起坝，拦住上游的水。

这时候正赶上雨季，水坝上的水满了。智伯瑶命令兵士在水坝上开了个豁口。这样，大水就直冲晋阳，漫灌到城里去了。

城里的房子被淹了，老百姓不得不跑到房顶上去避难，灶头也被淹没在水里，人们不得不把锅子挂起来做饭。可是，晋阳城的老百姓恨透了智伯瑶，宁可淹死，也不肯投降。

智伯瑶约韩康子、魏桓子一起去察看水势。他指着晋阳城得意地对他们两人说："你们看，晋阳不是就快完了吗？早先我还以为汾水像城墙一样能拦住敌人，现在才知道大水也能灭掉一个国家呢。"

韩康子和魏桓子表面上顺从地答应，心里暗暗吃惊。原来魏家的封邑安邑、韩家的封邑平阳旁边各有一条河道。智伯瑶的话正好提醒了他们，汾水既能淹晋阳，说不定哪一天安邑和平阳也会遭到晋阳同样的命运呢。

晋阳被大水淹了之后，城里的情况越来越困难了。赵襄子非常着急，对他的门客张孟谈说："民心固然没变，可是要是水势再涨起来，全城也就保不住了。"

张孟谈说："我看韩家和魏家把土地割让给智伯瑶，不会是心甘情愿的，我想办法找他们两家说说去。"

当天晚上，赵襄子就派张孟谈偷偷地出城，先找到了韩康子，再找到魏桓子，约他们反过来一起攻打智伯瑶。韩、魏两家正在犹豫，给张孟谈一说，自然都同意了。

第二天夜里，过了三更，智伯瑶正在自己的营里睡觉，猛然间听见一片喊杀的声音。他连忙从卧榻上爬起来，发现衣裳和被子全湿了，再定睛一看，兵营里全是水。他开始还以为大概是堤坝决口，大水漫灌到自己营里来了，赶紧叫兵士们去抢修。但是不一会儿，水势越来越大，把兵营全淹了。智伯瑶正惊慌不定，一刹那间，四面八方响起了战鼓。赵、韩、魏三家的士兵驾着小船、木筏一齐冲杀过来。智家的兵士，被砍死的和被淹死的不计其数。智伯瑶全军覆没，他自己也被三家的人马逮住杀了。

赵、韩、魏三家灭了智家，不但把智伯瑶侵占两家的土地收了回来，连智家的土地也由三家平分。后来，他们又把晋国留下的其他土地也瓜分了，史称"三家分晋"。

公元前 403 年，韩、赵、魏三家打发使者上洛邑去见周威烈王，要求周天子把他们三家封为诸侯。周威烈王想，不承认也没有用，不如做个顺水人情，就把三家正式封为诸侯。打那以后，韩（都城在今河南禹县，后迁至今河南新郑）、赵（都城在今山西太原东南，后迁至今河北邯郸）、魏（都城在今山西夏县西北，后迁至今河南开封）都成为中原大国，加上秦、齐、楚、燕4个大国，历史上称为“战国七雄”。

商鞅南门立木

在战国七雄中，秦国在政治、经济、文化各方面都比中原各诸侯国落后。毗邻的魏国比秦国强，因此从秦国夺去了河西一大片地方。

公元前361年，秦国的新君秦孝公即位。他下决心发愤图强，首先搜罗人才。他下了一道命令，说："不论是秦国人还是外来的客人，谁要是能想办法使秦国富强起来的，就封他做官。"

秦孝公这样一号召，果然吸引了不少有才干的人。有一个卫国的贵族公孙鞅（就是后来的商鞅），在卫国得不到重用，跑到秦国，托人引见，得到秦孝公的接见。

商鞅对秦孝公说："一个国家要富强，必须刺激农业，奖励将士；要打算把国家治好，必须有赏有罚。有赏有罚，朝廷有了威信，一切改革也就容易进行了。"

秦孝公完全同意商鞅的主张。可是秦国的一些贵族和大臣却竭力反对。秦孝公一看反对的人这么多，自己刚刚即位，怕闹出乱子来，就把改革的事暂时搁了下来。

过了两年，秦孝公的君位坐稳了，就拜商鞅为左庶长（秦国的官名），说："从今天起，改革制度的事全由左庶长拿主意。"

商鞅起草了一个改革的法令，但是怕老百姓不信任他，不按照新法令去做，就先叫人在都城的南门竖了一根 3 丈高的木头，下命令说："谁能把这根木头扛到北门去的，就赏 10 两金子。"

不一会儿，南门口围了一大堆人，大家议论纷纷。有的说："这根木头谁都拿得动，哪儿用得着 10 两赏金？"有的说："这大概是左庶长成心开玩笑吧。"

大伙儿你瞧我，我瞧你，就是没有一个敢上去扛木头的。

商鞅知道老百姓还不相信他下的命令，就把赏金提到 50 两。没有想到赏金越高，看热闹的人就越觉得不

可思议，仍旧没人敢去扛。

正在大伙儿议论纷纷的时候，人群中有一个人跑出来，说："我来试试。"他说着，真的把木头扛起来就走，一直搬到北门。

商鞅立刻派人传出话来，赏给扛木头的人50两黄澄澄的金子，一分也没少。

这件事立即传了开去，一下子轰动了秦国。老百姓说："左庶长的命令不含糊。"

商鞅知道，他的命令已经起了作用，于是就把他起草的新法令公布了出去。新法令赏罚分明，规定官职的大小和爵位的高低以打仗立功为标准。贵族没有军功的就没有爵位；多生产粮食和布帛的，免除官差；凡是为了做买卖和因为懒惰而贫穷的，连同妻子儿女都罚做官府的奴婢。

秦国自从商鞅变法以后，农业生产增加了，军事力量也强大了。不久，秦国进攻魏国的西部，从河西打到河东，把魏国的都城安邑也打了下来。

公元前350年，商鞅又实行了第二次改革，改革的主要内容如下。

第一，废井田，开阡陌（阡陌就是田间的大路）。秦国把这些宽阔的阡陌铲平，也种上庄稼，还把以前作为划分疆界用的土堆、荒地、树林、沟地等，也开垦起来。谁开垦荒地，就归谁所有。土地可以买卖。

第二，建立县的组织，把市镇和乡村合并起来，组织成县，由国家派官吏直接管理。这样，中央政权的权力更集中了。

第三，迁都咸阳。为了便于向东发展，把国都从原来的雍城迁移到渭河北面的咸阳。

这样大规模的改革，当然会引起激烈的斗争。许多贵族、大臣都反对新法。有一次，秦国的太子犯了法。商鞅对秦孝公说："国家的法令必须上下一律遵守。要是上头的人不能遵守，下面的人就不信任朝廷了。太子犯法，他的师父应当受罚。"

结果，商鞅把太子的两个师父公子虔和公孙贾都办了罪，一个割掉了鼻子，另一个在脸上刺上字。这样一来，一些贵族、大臣都不敢触犯新法了。

这样过了 10 年，秦国果然越来越富强，周天子打发使者送祭肉来给秦孝公，封他为"方伯"，中原的诸侯国也纷纷向秦国道贺。魏国不得不割让河西的土地，把国都迁到大梁。

孙膑庞涓斗智

魏惠王也学秦孝公的样，要找一个商鞅一样的人才。他花了好些金钱招揽天下豪杰。当时有个叫庞涓的魏国人来求见，向他讲了些富国强兵的道理。魏惠王听了挺高兴，就拜庞涓为大将。

庞涓真有点儿本领。他天天操练兵马，先从附近几个小国下手，一连打了几个胜仗，后来连齐国也被他打败了。打那时候起，魏惠王更加信任庞涓。

庞涓自以为是了不起的能人。可是他知道，他有一个同窗齐国人孙膑，本领比他强。据说孙膑是吴国大将孙武的后代，只有他知道祖传的《孙子兵法》。

魏惠王也听到孙膑的名声，有一次跟庞涓说起孙膑。庞涓便派人把孙膑请来，跟他一起在魏国共事。哪里知道庞涓心存不良，背后在魏惠王面前诬陷孙膑私通齐国。魏惠王十分恼怒，把孙膑办了罪，在孙膑的脸上刺了字，还剜掉了他的两块膝盖骨。

幸好齐国有一个使臣到魏国访问，偷偷地把孙膑救了出来，带回齐国。

齐国大将田忌听说孙膑是个将才，把他推荐给齐威王。齐威王也正在改革图强。他跟孙膑谈论兵法后，大为赏识，相见恨晚。

公元前354年，魏惠王派庞涓进攻赵国，围了赵国的国都邯郸。第二年，赵国向齐威王求救。齐威王想拜孙膑为大将，孙膑忙推辞说："不行。我是个受过刑的残废人，当了大将，会给人笑话。大王还是请拜田忌为大将吧。"

齐威王就拜田忌为大将，孙膑为军师，发兵去救赵国。孙膑坐在一辆有篷帐的车子里，帮助田忌出主意。

孙膑对田忌说："现在魏国把精锐的兵力都拿去攻赵国，国内大多是些老弱残兵，十分空虚。咱们不如去攻魏国大梁。庞涓听到了，一定会放弃邯郸，往回跑。我们在半道上等着，迎头痛击他一顿，准能把他打败。"

田忌就按照这个计策去做。庞涓的军队已经攻下邯郸，忽然听说齐国打大梁去了，立刻

吩咐退兵。刚退到桂陵地方，正碰上齐国兵马。两军交战，庞涓大败。

齐国大军得胜而归，邯郸之围也解除了。

公元前340年，魏国又派兵攻打韩国。韩国也向齐国求救。那时候，齐威王已经死了。他的儿子齐宣王派田忌、孙膑带兵救韩国。孙膑又使出他的老法子，不去救韩，却直接去攻魏国。

庞涓得到本国的告急文书，齐国的兵马已经进攻魏国了，只好退兵赶回去。

魏国发动大量兵力，由太子申率领，抵抗齐军。这时候，齐军已经退了。庞涓察看一下齐军扎过营的地方，发现齐军的营盘占了很大的地方。他叫人数了数做饭的炉灶，足够10万人吃饭用的。庞涓吓得说不出话来。

第二天，庞涓带领大军赶到齐国军队第二回扎营的地方，数了数炉灶，只有能够供5万人用的了。

第三天，他们追到齐国军队第三回扎营的地方，仔细数了数炉灶，只剩了两万人用的了。庞涓这才放了心，笑着说："我早知道齐军都是胆小鬼。10万大军到了魏国，才3天工夫，就逃散了一大半。"他吩咐魏军没日没夜地按着齐国军队走过的路线追上去。

一直追到马陵，正是天快黑的时候。马陵道十分狭窄，路旁边都是障碍物。庞涓恨不得一下子赶上齐国的军队，就吩咐大军摸黑往前赶去。忽然前面的兵士回来报告说："前面的路被木头堵住啦！"

庞涓上前一看，果然见道旁的树全砍倒了，只留下一棵最大的没砍，细细瞧去，那棵树的一面还刮去了树皮，露出一条树瓤来，上面影影绰绰还写着几个大字，因为天色昏暗，看不清楚。

庞涓叫兵士拿火来照。有几个兵士点起火把来，趁着火光一瞧，那树瓤上面写的是："庞涓死于此树下。"

庞涓大吃一惊，连忙吩咐将士撤退，已经晚了。四周不知道有多少箭，像飞蝗似的向魏军射来。一时间，马陵道两旁杀声震天，到处是齐国的兵士。

原来这是孙膑设下的计策，他故意天天减少炉灶的数目，引诱庞涓追上来。他算准魏兵在这时辰到达马陵，预先埋伏着一批弓箭手，吩咐他们只等树下有火光，就一齐放箭。庞涓走投无路，只得拔剑自杀。

齐军乘胜大破魏军，把魏国的太子申也俘虏了。

打这以后，孙膑的名气传遍了各诸侯国。他写的《孙膑兵法》一直流传到现在。

赵武灵王胡服骑射

当楚国正在遭到秦国欺负的时候，北方的赵国倒在发愤图强。赵国的国君武灵王，眼光远，胆子大，想方设法要把国家改革一番。

有一天，赵武灵王对他的臣子楼缓说：“咱们东边有齐国、中山（古国名），北边有燕国、东胡，西边有秦国、韩国和楼烦（古部落名）。我们要不发愤图强，随时会被人家灭了。要发愤图强，就得好好来一番改革。我觉得咱们穿的服装，长袍大褂，干活打仗，都不方便，不如胡人（泛指北方的少数民族）短衣窄袖，脚上穿皮靴，灵活得多。我打算仿照胡人的风俗，把服装改一改，你们看怎么样？”

楼缓听了很赞成，说：“咱们仿照胡人的穿着，也能学习他们打仗的本领了，是不是？”

赵武灵王说：“对啊！咱们打仗全靠步兵，或者用马拉车，但是不会骑马打仗。我打算学胡人的穿着，就是要学胡人那样骑马射箭。”

这个议论一传开去，就有不少大臣反对。赵武灵王又跟另一个大臣肥义商量："我想用胡服骑射来改革咱们国家的风俗，可是大家反对，怎么办。"

肥义说："要办大事不能犹豫，犹豫就办不成大事。大王既然认为这样做对国家有利，何必怕大家讥笑？"

赵武灵王听了很高兴，说："我看讥笑我的是些蠢人，明理的人都会赞成我。"

第二天上朝的时候，赵武灵王首先穿着胡人的服装出来。大臣们见到他短衣窄袖的穿着，都吓了一跳。赵武灵王把改胡服的事向大家讲了，可是大臣们总觉得这件事太丢脸，不愿这样办。赵武灵王有个叔叔公子成，是赵国一个很有影响力的老臣，但头脑十分顽固。他听到赵武灵王要改服装，就干脆装病不上朝。

赵武灵王下了决心，非实行改革不可。他知道要推行这个新办法，首先要打通他那老叔叔的思想，就亲自上门找公子成，跟公子成反复地讲穿胡服、学骑射的好处。公子成终于被说服了。赵武灵王立即赏给公子成一套胡服。

大臣们一见公子成也穿起胡服来了，没有话说，只好跟着改了。

赵武灵王看到条件成熟，就正式下了一道改革服装的命令。过了没有多少日子，赵国人不分贫富贵贱，都穿起胡服来了。有的人开始觉得有点不习惯，后来觉得穿了胡服，实在方便得多。

赵武灵王接着又号令大家学习骑马射箭。不到一年，训练了一支强大的骑兵队伍。公元前 305 年，赵武灵王亲自率领骑兵打败临近的中山，又收服了东胡和邻近几个部落。到了实行胡服骑射的第七年，中山、林胡、楼烦都被收服了，还扩大了好多土地。赵武灵王就打算同秦国比个高低啦。

赵武灵王经常带兵在外打仗，把国内的事务交给儿子管。前 299 年，他正式传位给儿子，就是赵惠文王。赵武灵王自己改称主父（意思是国君的父亲）。

赵主父为了要打败秦国，把国内的事安排好以后，决心亲自到秦国去考察一番地形，并且观察一下秦昭襄王的为人。

他打扮成赵国的一名使臣，带着几个手下人，便去了秦国。

到了咸阳，赵主父以使臣的身份拜见秦昭襄王，还向他报告了赵武灵王传位的事情。

秦昭襄王接见了那个假“使臣”后，觉得那个“使臣”的态度举止，既大方，又威严，不像个普通人，心里有点儿犯疑。过了几天，秦昭襄王又派人去请他，发现那个“使臣”已经不告而别了。客馆里留下一个赵国来的仆人。秦昭襄王把他找来一问，才知道他接见的原来就是有名的赵主父。秦昭襄王大吃一惊，立刻叫大将白起带领精兵，连夜追赶。追兵到函谷关，赵主父已经出关 3 天了。

孟尝君的门客

秦昭襄王为了拆散齐楚联盟，他使用两种手段。对楚国他用的是硬手段，对齐国他用的是软手段。他听说齐国最有势力的大臣是孟尝君，就邀请孟尝君上咸阳来，说是要拜他为丞相。

孟尝君是齐国的贵族，名叫田文。他为了巩固自己的地位，专门招收人才。凡是投奔到他门下来的，他都收留下来，供养他们。这种人叫作门客，又叫作食客。据说，孟尝君门下一共养了 3000 个食客。其中有许多人其实没有什么本领，只是混口饭吃。

孟尝君上咸阳去的时候，随身带了一大帮门客。秦昭襄王亲自欢迎他。孟尝君献上一件纯白的狐狸皮做的袍子当见面礼。秦昭襄王知道这是很名贵的银狐皮，很高兴地把它藏在内库里。

秦昭襄王本来打算请孟尝君当丞相，有人对他说："田文是齐国的贵族，手下人又多。他当了丞相，一定先替齐国打算，秦国不就危险了吗？"

秦昭襄王说："那么，还是把他送回去吧。"

他们说："他在这儿已经住了不少日子，秦国的情况他差不多全知道，哪儿能轻易放他回去呢?"

秦昭襄王就把孟尝君软禁起来。

孟尝君十分着急，他打听到秦王身边有个宠爱的妃子，就托人向她求救。那个妃子叫人传话说："叫我跟大王说句话并不难，我只要一件银狐皮袍。"

孟尝君和手下的门客商量，说："我就这么一件，已经送给秦王了，哪里还能要得回来呢?"

其中有个门客说："我有办法。"

当天夜里，这个门客就摸黑进王宫，找到了内库，把狐皮袍偷了出来。

孟尝君把狐皮袍子送给秦昭襄王的宠妃。那个妃子得了皮袍，就向秦昭襄王劝说把孟尝君释放回去。秦昭襄王果然同意了，发下过关文书，让孟尝君他们回去。

孟尝君得到文书，急急忙忙地往

函谷关跑去。他怕秦王反悔，还改名换姓，把文书上的名字也改了。到了关上，正赶上半夜里。依照秦国的规矩，每天早晨，关上要听到鸡叫的时候才许放人出关。大伙儿正在愁眉苦脸盼天亮的时候，忽然有个门客捏着鼻子学起公鸡叫来。一声跟着一声，附近的公鸡全都叫起来了。

守关的人听到鸡叫，开了城门，验过过关文书，让孟尝君出了关。

秦昭襄王果然后悔，派人赶到函谷关时，孟尝君已经走远了。

孟尝君回到齐国，当了齐国的相国。他门下的食客就更多了。他把门客分为几等：头等的门客出去有车马，一般的门客吃的有鱼肉，至于下等的门客，就只能吃粗茶淡饭了。有个名叫冯驩（一作冯谖）的老头子，穷苦得活不下去，投到孟尝君门下来做食客。孟尝君问管事的："这个人有什么本领?"

管事的回答说："他说没有什么本领。"

孟尝君笑着说："把他留下吃饭吧。"

管事的懂得孟尝君的意思，就把冯驩当作下等门客对待。过了几天，冯驩靠着柱子敲敲他的剑哼起歌来："长剑呀，咱们回去吧，吃饭没有鱼呀!"

管事的报告孟尝君，孟尝君说："给他鱼吃，照一般门客的伙食办吧！”

又过了5天，冯驩又敲打他的剑唱起来：“长剑呀，咱们回去吧，出门没有车呀！”

孟尝君听到这个情况，又跟管事的说：“给他备车，照上等门客一样对待。”

又过了5天，孟尝君又问管事的，那位冯先生还有什么意见。管事的回答说：“他又在唱歌了，说什么没有钱养家呢。”

孟尝君问了一下，知道冯驩家里有个老娘，就派人给他老娘送了些吃的穿的。这一来，冯驩果然不再唱歌了。

孟尝君养了这么多的门客，管吃管住，光靠他的俸禄是远远不够花的。他就在自己的封地薛城向老百姓放债收利息，来维持他家的巨大的耗费。

有一天，孟尝君派冯驩到薛城去收债。冯驩临走的时候，向孟尝君告别，问：“回来的时候，要买点什么东西吗？”

孟尝君说：“你瞧着办吧，看我家缺什么就买什么。”

冯驩到了薛城，把欠债的百姓都召集来，叫他们把债券拿出来核对。老百姓正在发愁还不起这些债，冯驩却当众假传孟尝君的决定：还不起债的，一概免了。

老百姓听了将信将疑，冯驩干脆点起一把火，把债券烧掉。

冯驩赶回临淄，把收债的情况原原本本告诉孟尝君。孟尝君听了十分生气："你把债券都烧了，我这里3000人吃什么！"

冯驩不慌不忙地说："我临走的时候您不是说过，这儿缺什么就买什么吗？我觉得您这儿别的不缺少，缺少的是老百姓的情义，所以我把'情义'买回来了。"

孟尝君很不高兴地说："算了吧！"

后来，孟尝君的声望越来越大。秦昭襄王听到齐国重用孟尝君，很担心，暗中打发人到齐国去散播谣言，说孟尝君收买民心，眼看就要当上齐王了。齐愍王听信这些话，认为孟尝君名声太大，威胁到他的地位，决定收回孟尝君的相印。孟尝君被革了职，只好回到他的封地薛城去。

这时候，3000多门客大都散了，只有冯驩跟着他，替他驾车上薛城。当他的车马离薛城还差100里的时候，只见薛城的百姓，扶老携幼，都来迎接。

孟尝君看到这番情景，十分感动。对冯驩说："你过去给我买的'情义'，我今天才看到了。"

燕昭王求贤

打从孟尝君被撤了相位以后，齐愍王又和楚、魏两国灭了宋国，更加骄横起来。他一心想兼并列国，自己来当天子。这样一来，列国诸侯对他都不满意；特别是齐国北面的燕国，受到齐国的欺负，更想找机会报仇。

燕国本来也是个大国。后来传到燕王哙手里， 听信了坏人的主意，竟学起传说中尧舜让位的办法来，把王位让给了相国子之。没想到，燕国将军和太子平就进攻子之，燕国发生大乱。齐国借平定燕国内乱的名

义，进攻燕国，燕国差点儿被灭掉。后来燕国军民把太子平立为国君，奋起反抗，把齐国军队赶了出去。

太子平即位，就是燕昭王。他立志使燕国强大起来，下决心物色治国的人才，可是没找到合适的人。有人提醒他，老臣郭隗挺有见识，不如去找他商量一下。

燕昭王亲自登门拜访郭隗，对郭隗说："齐国趁我们国家内乱侵略我们，这个耻辱我是忘不了的。但是现在燕国国力弱小，还不能报这个仇。要是有个贤人来帮助我报仇雪耻，我宁愿伺候他。您能不能推荐这样的人才呢？"

郭隗摸了摸自己的胡子，沉思了一下说："要推荐现成的人才，我也说不上，请允许我先说个故事吧。"接着，他就说了个故事：

古时候，有个国君，最爱千里马。他派人到处寻找，找了3年都没找到。有个侍臣打听到远处某个地方有一匹名贵的千里马，就跟国君说，只要给他1000两金子，准能把千里马买回来。那个国君挺高兴，就派侍臣带了1000两金子去买。没料到侍臣到了那里，千里马已经害病死了。侍臣想，空着双手回去不好交代，就把带去的金子拿出一半，把马骨买了回来。

侍臣把马骨献给国君，国君大发雷霆，说："我要你买的是活马，谁叫你花了钱把没用的马骨买回来？”侍臣不慌不忙地说：“人家听说你肯花钱买死马，还怕没有人把活马送上来？”

国君将信将疑，也不再责备侍臣。这个消息一传开，大家都认为那位国君真爱惜千里马。不出一年，果然从四面八方送来了好几匹千里马。

郭隗说完这个故事，说：“大王一定要征求贤才，就不妨把我当马骨来试一试吧。”

燕昭王听了大受启发，回去以后，马上派人造了一座很精致的房子给郭隗住，还拜郭隗做老师。各国有才干的人听到燕昭王这样真心实意招揽人才，纷纷赶到燕国来求见。其中最出名的是赵国人乐毅。燕昭王拜乐毅为亚卿，请他整顿国政，训练兵马，燕国果然一天天强大起来。

这时候，燕昭王看到齐愍王骄横自大，不得人心，就对乐毅说：“现在齐王无道，正是我们雪耻的时候，我打算发动全国人马去攻打齐国，你看怎么样？”

乐毅说：“齐国地广人多，靠我们一个国家去打，恐怕不行。大王要攻打齐国，一定要跟别的国家联合起来。”

燕昭王就派乐毅到赵国跟赵惠文王接上了头，另派人跟韩、魏两国取得联络，还叫赵国去联络秦国。这些国家看不惯齐国的霸道，都愿意跟燕国一起发兵。

公元前284年，燕昭王拜乐毅为上将军，统率5国兵马，浩浩荡荡杀奔齐国。

齐愍王听说5国联军打过来，也着了慌，把全国兵马集中起来抵抗联军，在济水的西面打了一仗。由于乐毅善于指挥，5国人马士气旺盛，把齐国军队打得一败涂地，齐愍王逃回临淄去了。

赵、韩、秦、魏的将士打了胜仗，各自占领了齐国的几座城，不想再打下去了。只有乐毅不肯罢休，他亲自率领燕国军队，长驱直入，一直打下了齐国都城临淄。齐愍王不得不出走，最后在莒城被人杀死。

燕昭王认为乐毅立了大功，亲自到济水边犒军，论功行赏，封乐毅为昌国君。

屈原沉江

楚国自从被秦国打败以后，一直受秦国欺负，楚怀王又想重新和齐国联合。秦昭襄王即位以后，很客气地给楚怀王写信，请他到武关（在今陕西丹凤县东南部）相会，当面订立盟约。

楚怀王接到秦昭襄王的信，不去呢，怕得罪秦国；去呢，又怕出危险。他就跟大臣们商量。

大夫屈原对楚怀王说："秦国凶暴得像豺狼一样，咱们受秦国的欺负不止一次了。大王一去，准上他们的圈套。"

可是怀王的儿子子兰却一个劲儿地劝楚怀王去，说："咱们为了把秦国当作敌人，结果死了好多人，又丢了土地。如今秦国愿意跟咱们和好，怎么能推辞人家呢。"

楚怀王听信了公子子兰的话，就上秦国去了。

果然不出屈原所料，楚怀王刚踏进秦国的武关，立刻被秦国预先埋伏下的人马截断了后路。在会见时，秦昭襄王逼迫楚怀王把黔中的土地割让给秦国，楚怀王没答应。秦昭襄王就把楚怀王押到咸阳软禁起来，要楚国大臣拿土地来赎才放他。

楚国的大臣们听到国君被押，把太子立为新的国君，拒绝割让土地。这个国君就是楚顷襄王。公子子兰当了楚国的令尹。

楚怀王在秦国被押了一年多，吃尽苦头。他冒险逃出咸阳，又被秦国派兵追捕了回去。他连气带病，没有多久就死在秦国。

楚国人因为楚怀王受秦国欺负，死在外头，心里很不平。特别是大夫屈原，更是气愤。他劝楚顷襄王搜罗人才，远离小人，鼓励将士，操练兵马，为国家和怀王报仇雪耻。

可是他这种劝告不但不顶事，反倒招来了令尹子兰和靳尚等人的仇视。他们天天在楚顷襄王面前说屈原的坏话。

他们对楚顷襄王说："大王没听说屈原数落您吗？他老跟人家说：大王忘了秦国的仇恨，就是不孝；大臣们不主张抗秦，

就是不忠。楚国出了这种不忠不孝的君臣，哪儿能不亡国呢？大王，你想想这叫什么话！”

楚顷襄王听了大怒，把屈原革了职，放逐到湘南去。

屈原抱着救国救民的志向，富国强民的打算，反倒被奸臣排挤出去，简直气疯了。他到了湘南以后，经常在汨罗江（在今湖南东北部）一带一边走，一边唱着伤心的诗歌。

附近的庄稼人知道他是一个爱国的大臣，都挺同情他。这时候，有一个经常在汨罗江上打鱼的渔父，很佩服屈原的为人，但就是不赞成他那愁闷的样子。

有一天，屈原在江边遇见渔父。渔父对屈原说：“您不是楚国的大夫吗？怎么会落到这步田地呢？”

屈原说：“别人都是肮脏的，只有我是个干净人；别人都喝醉了，只有我还醒着。所以我被赶到这儿来了。”

渔父不以为然地说：“既然您觉得别人都是肮脏的，就不该自命清高；既然别人都喝醉了，那么您何必独自清醒呢！”

屈原反驳说：“我听人说过，刚洗过头的人总要把帽子弹弹，刚洗完澡的人总是喜欢掸掸衣上的灰尘。我宁愿跳进江心，葬身在鱼肚子里，也不能让自己干净的身子跳到污泥里，去染得一身脏。”

由于屈原不愿意随波逐流地活着，到了楚顷襄王二十一年（公元前278年）五月初五那天，他终于抱着一块大石头，跳入汨罗江自杀了。

附近的庄稼人，得到这个信儿，都划着小船去救屈原。可是一片汪洋大水，哪儿有屈原的影儿。大伙儿在汨罗江上捞了半天，也没有找到屈原的尸体。

渔父很难受，他对着江面，把竹筒子里的米撒了下去，算是献给屈原的。

到了第二年五月初五那一天，当地的百姓想起这是屈原投江一周年的日子，又划了船把盛了米的竹筒子丢到水里去祭祀他。后来，他们又把盛着米饭的竹筒子改为粽子，划小船改为赛龙船。这种纪念屈原的活动渐渐成为一种风俗。人们把每年农历五月初五称为端午节，据说就是这样来的。

屈原死后，留下了一些优秀的诗歌，其中最有名的是《离骚》。他在诗歌里，痛斥卖国的小人，表达了他忧国忧民的心情，对楚国的一草一木，都寄托了无限的深情。后来人们认为屈原是我国古代一位杰出的爱国诗人。

蔺相如完璧归赵

前283年，秦昭襄王派使者带着国书去见赵惠文王，说秦王情愿让出15座城来换赵国收藏的一块珍贵的“和氏璧”，希望赵王答应。

赵惠文王就跟大臣们商量，要不要答应。如果答应，怕上秦国的当，丢了和氏璧，拿不到城；如果不答应，又怕得罪秦国。讨论了半天，还是不能决定该怎么办。

当时有人推荐蔺相如，说他是个挺有见识的人。

赵惠文王就把蔺相如召来，要他出个主意。

蔺相如说："秦国强，赵国弱，不答应不行。"

赵惠文王说："要是把和氏璧送了去，秦国取了璧，不给城，怎么办呢？"

蔺相如说："秦国拿出15座城来换一块璧玉，这个价值是够高的了。要是赵国不答应，错在赵国。大王把和氏璧送了去，要是秦国不交出城来，那么错在秦国。宁可答应，叫秦国担这个错儿。"

赵惠文王说："那么就请先生上秦国一趟吧。可是万一秦国不守信用，怎么办呢？"

蔺相如说："秦国交了城，我就把和氏璧留在秦国；要不然，我一定把璧完好地带回赵国。"

蔺相如带着和氏璧到了咸阳。秦昭襄王得意地在别宫里接见他。蔺相如把和氏璧献上去。

秦昭襄王接过璧，看了看，挺高兴。他把璧递给美人和左右侍臣，让大伙儿传着看。大臣们都向秦昭襄王庆贺。

蔺相如站在朝堂上等了老半天，也不见秦王提换城的事。他知道秦昭襄王不是真心拿城来换璧。可是璧已落到他手里，怎么才能拿回来呢？

他急中生智，上前对秦昭襄王说："这块璧虽说挺名贵，可是也有点儿小毛病，不容易瞧出来，让我来指给大王看。”

秦昭襄王信以为真，就吩咐侍从把和氏璧递给蔺相如。

蔺相如一拿到璧，往后退了几步，靠着宫殿上的一根大柱子，瞪着眼睛，怒气冲冲地说：“大王派使者到赵国来，说是情愿用 15 座城来换赵国的璧。赵王诚心诚意派我把璧送来。可是，大王并没有交换的诚意。如今璧在我手里，大王要是逼我的话，我宁可把我的脑袋和这块璧在这柱子上一同撞碎!”

说着，他真的拿着和氏璧，对着柱子做出要撞的样子。

秦昭襄王怕他真的砸坏了璧，连忙向他赔不是，说：“先生别误会，我哪儿能说了不算呢?”

他就命令大臣拿上地图来，并且把准备换给赵国的 15 座城指给蔺相如看。

蔺相如想，可别再上他的当，就说：“赵王送璧到秦国来之前，斋戒了 5 天，还在朝堂上举行了一个很隆重的仪式。大王如果诚意换璧，也应当斋戒 5 天，然后再举行一个接受璧的仪式，我才敢把璧奉上。”

秦昭襄王想，反正你也跑不了，就说：“好，就这么办吧。”

他吩咐人把蔺相如送到宾馆去歇息。

蔺相如回到宾馆，叫一个随从的人打扮成买卖人的模样，把璧贴身藏着，偷偷地从小道跑回赵国去了。

过了5天，秦昭襄王召集大臣们和别国在咸阳的使臣，在朝堂举行接受和氏璧的仪式，叫蔺相如上朝。蔺相如不慌不忙地走上殿去，向秦昭襄王行了礼。

秦昭襄王说：“我已经斋戒5天，现在你把璧拿出来吧。”

蔺相如说：“秦国自秦穆公以来，前后20多位君主，没有一个讲信义的。我怕受欺骗，丢了璧，对不起赵王，所以把璧送回赵国去了。请大王治我的罪吧。”

秦昭襄王听到这里，大发雷霆。说：“是你欺骗了我，还是我欺骗你？”

蔺相如镇静地说：“请大王息怒，听我把话说完。天下诸侯都知道秦是强国，赵是弱国。天下只有强国欺负弱国，绝没有弱国欺压强国的道理。大王真想要那块璧的话，请先把那15座城割让给赵国，然后打发使者跟我一起到赵国去取璧。赵国得到了15座城以后，绝不敢不把璧交出来。”

秦昭襄王听蔺相如说得振振有词，不好翻脸，只得说：“不过是一块璧，不应该为这件事伤了两家的和气。”

结果，还是让蔺相如回赵国去了。

蔺相如回到赵国，赵惠文王认为他完成了使命，就提拔他为上大夫。秦昭襄王本来也不存心想用15座城去换和氏璧，不过想借这件事试探一下赵国的态度和力量。蔺相如完璧归赵后，他也没再提交换的事。

韩非子

韩非（约公元前280—公元前233年），战国末期的唯物主义哲学家，法家学派的集大成者。据《史记·老子韩非列传》记载：韩非出身于韩国贵族，“喜刑名法术之学”。他的思想深得秦王嬴政的赞赏。韩非的著作被后人编为《韩非子》一书。

韩非在总结先秦法家理论的基础上，精心编织了一个“以法为本”，法、术、势三者相结合的完整法治理论体系。韩非所说的“法”，是指体现新兴地主阶级意志的政策法令。

它有了三个突出的特点：

一是主张“法莫如显”，即强调法度的公开性，要使民众人人知晓，照章办事，用以作为统治阶级衡量功过、赏功罚罪的法律依据。

二是主张“法不阿贵”，大公无私，即强调打破由贵族垄断法权、袒护偏私的旧习，力求做到“刑过不辟大臣，赏善不遗匹夫”。

三是主张“执法必严”，维护法度的严肃性，力求

“赏厚而信，刑重而必”，造成一个人人守法、不敢犯法的局面。

韩非所说的“术”，是指封建君主驾驭臣下的韬略和手段。与“法”之越公开越好相反，韩非主张“术”越隐蔽越好。“术”潜藏于君主的心中，要使臣僚人人感到高深莫测，君主正好借此知奸防叛，巩固自己的最高权力。

韩非所说的“势”，是指封建君主所处的地位和所掌握的政治权力。只有具备了君位和君权，才能发号施令，统治国家。他把“势”分为“自然之势”和“人设之势”。“自然之势”是君主依靠分封世袭制度而自然具有的权势。他还指出“事在四方，要在中央；圣人执要，四方来效”的重要原则。这样，韩非关于“势”的学说就有了强化君主专制、中央集权的崭新内涵。

韩非出使秦国

战国时期，秦国十分强大，韩国侍奉秦国 30 多年了，秦国只要派出精兵攻取别国，韩国总是追随它，怨恨结于诸侯，利益归于强秦。后来，韩国听说秦国将要发兵伐韩，韩非就获得出使秦国的机会。

韩非上书秦王，说韩国不可攻取，秦臣子李斯认为他的说法非常不对。他跟秦王说，秦让韩存在，就像人得了心病一样，平时就难受，假若住在潮湿地方，痼而不治，快跑起来，病就犯了。韩虽已臣服于秦，未必不是秦的心病，在我看来，韩并非顺服秦的道义，而是顺服其强大，现在集中对付齐、赵，韩就一定会成为心病而发作起来。韩与楚如果谋划攻秦，诸侯响应，那么秦国必定再次看到兵败崤塞的祸患。韩非的到来，未必不是想用他能存韩来求得韩的重用。巧语连篇，掩饰真意，计谋欺诈，来从秦国捞取好处，用韩国利益窥探大王。秦、韩关系亲密，韩非就重要起来了，这是便利他自己的计谋。我看韩非的言论能够文饰他的混说狡辩，很有才华。我担心大王受韩非辩说的迷惑而听从他的野心，因而不详察事务的实情。现在按我的愚见：秦国发兵但不说明讨伐对象，那么韩国的执政者将会采取侍奉秦国的计策。请允许我去见韩王，让他来晋见，大王接见时，趁机扣留他，不要遣返，随后召见韩国大臣，用韩王和韩人交易，就可大量割取韩地。

于是秦国派李斯出使韩国。

一毛不拔

墨子，名翟，是战国时期的大思想家，是墨家学派的创始人：他主张“兼爱”，反对战争。与墨子同一时期，有一位叫杨朱的哲学家，反对墨子的“兼爱”，主张“贵己”“重生”，重视个人生命的保存，反对他人对自己的侵夺，也反对自己对他人的侵夺。

有一次，墨子的学生禽滑厘问杨朱道：“如果拔你身上一根汗毛，能使天下人得到好处，你干不干?”“天下人的问题，绝不是拔一根汗毛所能解决得了的!”禽滑厘又说：“假使能的话，你愿意吗?”杨朱默不作答。

当时的另一位大思想家、儒家学派代表孟子就此对杨朱和墨子做了评论：“杨子主张的是‘为我’，即使拔他身上一根汗毛，能使天下人得利，他也是不干的；而墨子主张‘兼爱’，只要对天下人有利，即使自己磨光了头顶，走破了脚板，他也是甘心情愿的。”

毛遂自荐

秦国大军攻打赵都邯郸，赵国虽然竭力抵抗，但因为在长平遭到惨败后，力量不足。赵孝成王要平原君赵胜想办法向楚国求救。平原君既是赵国的相国，又是赵王的叔叔。他决心亲自上楚国去跟楚王谈判联合抗秦的事。

平原君打算带 20 名文武全才的人跟他一起去楚国。他手下有 3000 个门客，可是真要找文武双全的人才，却并不容易。挑来挑去，只挑中 19 个人，其余都看不中了。

正在他着急的时候，有个坐在末位的门客站了起来，自我推荐说："我能不能来凑个数呢？"

平原君有点儿惊异，说："您叫什么名字？到我门下来有多少日子了?”

那个门客说:“我叫毛遂,到这儿已经3年了。”

平原君摇摇头,说:“有才能的人活在世上,就像一把锥子放在口袋里,它的尖儿很快就冒出来了。可是您来到这儿3年,我也没有听说您有什么才能啊。”

毛遂说:“这是因为我到今天才叫您看到这把锥子。要是您早点把它放在口袋里,它早就戳出来了,难道光露出个尖儿就算了吗?”

旁边19个门客认为毛遂在说大话,都带着轻蔑的眼光笑他。可平原君倒赏识毛遂的胆量和口才,就决定让毛遂凑足人数,当天辞别赵王,上楚国去了。

平原君跟楚考烈王在朝堂上谈判合纵抗秦的事。毛遂和其他19个门客都在台阶下等着。从早晨一直谈到中午,平原君为了说服楚王,把嘴唇都磨破了,可是楚王说什么也不同意出兵抗秦。

台阶下的门客等得实在不耐烦,可是谁也不知道该怎么办。有人想起毛遂在赵国说的一番豪言壮语,就悄悄地对他说:“毛先生,看你的啦!”

毛遂不慌不忙,拿着宝剑,上了台阶,高声嚷着说:“合纵不合纵,三言两语就可以解决了。怎么从早晨说到现在，太阳都直了，还不能决断，这是为什么？”

楚王很不高兴，问平原君：“这是什么人？”

平原君说：“是我的门客毛遂。”

楚王一听是个门客，更加生气，骂毛遂说：“我跟你主人商量国家大事，轮到你来多嘴？还不赶快下去！”

毛遂按着宝剑跨前一步，说：“你用不着仗势欺人。我主人在这里，你破口骂人算什么？”

楚王看他身边带着剑，又听他说话那股狠劲儿，有点儿害怕起来，就换了和气的脸色对他说：“那您有什么高见，请说吧。”

毛遂说：“楚国有5000多里土地，100万兵士，原来也是个称霸的大国。没有想到秦国一兴起，楚国连连打败仗，甚至堂堂的国君也成了秦国的俘虏，死在秦国。这是楚国最大的耻辱。秦国的白起，不过是个小小的竖子，带了几万人，一战就把楚国的国都——郢都夺了去，逼得大王只好迁都。这种耻辱，就连我们赵国人也替你们害羞。想不到大王倒不想雪耻呢。老实说，今天我们主人跟大王来商量合纵抗秦，主要是为了楚国，也不是单为我们赵国啊。”

毛遂这一番话，真像一把锥子一样，一句句戳痛楚王的心。楚王不由得脸红了，接连说：“说的是，说的是。”

毛遂紧紧跟了一句：“那么合纵的事就定了吗？”

楚王说：“决定了。”

毛遂回过头，叫楚王的侍从马上拿鸡、狗、马的血来。他捧着铜盘子，跪在楚王的跟前说：“大王是合纵的纵约长，请您先歃血。”

楚王歃血后，平原君和毛遂也当场歃了血。楚、赵结盟以后，楚考烈王就派春申君黄歇为大将，率领8万大军，奔赴赵国。

信陵君救赵

楚国派兵救赵的同时，魏国也接受了赵国求援的要求。魏安釐王派大将晋鄙率兵救赵国。

秦昭襄王一听到魏、楚两国发兵，亲自跑到邯郸去督战。他派人对魏安釐王说："邯郸早晚得被秦国打下来。谁敢去救，等我灭了赵国，就攻打谁。"魏安釐王被吓唬住了，连忙派人去追晋鄙，叫他就地安营，别再进兵。晋鄙就把 10 万兵马扎在邺城，按兵不动。

赵国派使者向魏国催促进兵。魏安釐王想要进兵，怕得罪秦国；不进兵吧，又怕得罪赵国，只好不进不退地停着。赵孝成王十分着急，叫平原君给魏国公子信陵君魏无忌写信求救。因为平原君的夫人是信陵君的姐姐，两家是亲戚。

信陵君接到信，三番五次地央告魏安釐王命令晋鄙进兵。魏王说什么也不答应。信陵君没有办法，对门客说：“大王不愿意进兵，我决定自己上赵国去，死也要跟他们死在一起。”

当时，不少门客愿意跟信陵君一起去。

信陵君有个他最尊敬的朋友，叫作侯嬴。信陵君去跟侯嬴告别。侯嬴说：“你们这样上赵国去攻打秦兵，就像把一块肥肉扔到饿虎嘴边，不是白白去送死吗？”

信陵君叹息着说：“我也知道没有什么用处。可是又有什么办法呢？”

侯嬴支开了旁人，对信陵君说：“咱们大王宫里有个最宠爱的如姬，对不对？”

信陵君点头说：“对！”

侯嬴接着说：“听说兵符藏在大王的卧室里，只有如姬能把它拿到手。当初如姬的父亲被人害死，她要求大王给她寻找那个仇人，找了3年都没有找到。后来还是公子叫门客找到那仇人，替如姬报了仇。如姬为了这件事非常感激公子。如果公子请如姬把兵符盗出来，如姬一定会答应。公子拿到了兵符，去接管晋鄙的兵权，就能带兵和秦国作战。这比空手去送死不是强得多吗？”

信陵君听了，如梦初醒。他马上派人去跟如姬商量，如姬一口答应。当天午夜，趁着魏王熟睡的时候，如姬果然把兵符盗了出来，交给一个心腹，送到信陵君那儿。

信陵君拿到兵符，再一次向侯嬴告别。侯嬴说：“将在外，君命有所不受。万一晋鄙接到兵符，不把兵权交给公子，您打算怎么办？”

信陵君一愣，皱着眉头答不出来。

侯嬴说：“我已经给公子考虑好了。我的朋友朱亥是魏国数一数二的大力士。公子可以带他去。到那时候，要是晋鄙能痛痛快快地把兵权交出来最好；要是他推三阻四，就让朱亥来对付他。”

信陵君带着朱亥和门客到了邺城，见了晋鄙。他假传魏王的命令，要晋鄙交出兵权。晋鄙验过兵符，仍旧有点儿怀疑，说：“这是军机大事，我还要再奏明大王，才能够照办。”

晋鄙的话音刚落，站在信陵君身后的朱亥大喝一声：“你不听大王命令，想反叛吗？”

不由晋鄙分说，朱亥就从袖子里拿出一个40斤重的大铁锥，向晋鄙劈头盖脸地砸过去，结果了晋鄙的性命。

信陵君拿着兵符，对将士宣布一道命令："父子都在军中的，父亲可以回去；兄弟都在军中的，哥哥可以回去；独子没兄弟的，都回去照顾他的父母；其余的人都跟我一起救赵国。"

当下，信陵君就选了 8 万精兵，出发去救邯郸。他亲自指挥将士向秦国的兵营冲杀。秦将王龁没防备魏国的军队会突然进攻，手忙脚乱地抵抗了一阵，渐渐支持不住了。

邯郸城里的平原君见魏国救兵来到，也带着赵国的军队杀出来。两下一夹攻，打得秦军像山崩似的倒了下来。

秦国多少年来，没有打过这么一个大败仗。王龁带兵败退，还有两万名秦兵被赵兵围困住，投降了。

信陵君救了邯郸，保全了赵国。赵孝成王和平原君十分感激，亲自到城外迎接他。

楚国春申君带领的救赵的军队，还在武关观望，听到秦国打了败仗，邯郸解了围，就带兵回楚国去了。

问鼎九州的传说

相传，部落联盟的最后一位王——大禹，在他奔走于天下治理水土的时候，将全国分成了9个州，这9个州分别是冀州、兖州、青州、徐州、扬州、荆州、豫州、梁州、雍州，这以后九州就成了天下的代称。后来禹便命各州的首领进献青铜，用它们铸成了9只巨鼎。这9只鼎分别用各州最有特点的事物作为装饰，以象征各州。这就是史书上所说的“贡金九牧，铸鼎象物”了。

从此以后，九鼎便成了一种国家政权的象征。谁要是想名正言顺地做皇帝，谁就必须据有九鼎，所以禹把九鼎传给儿子启，启把九鼎再一代代传下去。商汤灭了夏朝以后，也把九鼎迁到自己的新都，以示天命所在，正统于斯。

到了周武王灭商以后，最看重的仍旧是这9只巨鼎。别的东西可以不要，鼎是一定要搬走的。据说调集了81万人，才将这9只鼎不远千里，逢山开路，遇水搭桥，从商的都城朝歌，搬回了周的都城镐京。

也就是象征着把上天的诏命搬了回来，把商的天下搬了回来。

又过了几百年以后，到了周平王的时候，因为抵挡不住西北地区少数民族的进攻，周王朝被迫把都城迁到了洛阳，九鼎也自然被搬到洛阳。但是从此以后，周王朝日渐衰落，周天子也越来越不被放在眼里。强盛起来的诸侯王们开始蠢蠢欲动，觊觎起周天子的宝座。他们通常第一步要做的，是以问鼎为名，探听虚实，于是留下了“问鼎中原”这样一个成语。

传说春秋五霸之一的楚庄王，在他最强盛的时候，志得意满之余，策马扬鞭，兵锋直指黄河，骄横地向前来犒军的周王使者询问九鼎的大小轻重。周王使者沉着镇定，一番不卑不亢的言辞，令楚庄王悻然而返。

周王使者说：“从前的夏代，最初是施行德政的，所以远近的臣民，将自己最好的东西绘成图形，送到了朝廷。而九州的首领们又献上了铜料，于是禹根据这些图形，用青铜铸成了 9 只大鼎。……天地和谐，因而从上天接受了管理天下的使命。到夏桀的时候，仁政不施，暴虐无道，于是九鼎迁于商，保有了 600 年之久。商纣王残暴不仁，九鼎于是到了周王手中。所以说，如果施行了德政，那么九鼎即使很小，也是极重的；如果昏乱无道，那么九鼎再大，也是轻的。……现在周虽日渐式微，但天命还没有改变，所以有关九鼎的轻与重，你还是不要打听了。”楚庄王听了这番话，偃旗息鼓，掉头南归了。

在周赧王五十九年（公元前256年），周被强秦吞灭，九鼎也被迁走。但不知怎么回事，传说在迁鼎的时候，却有一只鼎远远地飞入了泗水河中，结果秦运回去的，就只有八鼎了。

战国末年，拥兵百万的秦王政横扫六合，威震八荒，终于在公元前221年将东方六国全部剪灭，一统江山。天下初定，为了震慑东方六国的残余势力，秦始皇四处出游，巡行天下。

公元前219年大约是秦始皇最繁忙的一年。这一年里，他封泰山，登芝罘，临琅琊，四处刻石纪功，然后兴尽而返。归途中路过彭城，地方官奏报彭城附近的泗水河中有铜鼎隐现，秦始皇心中一动，想起了那只据说是飞入泗水的巨鼎，急命召集役夫下水打捞。

尽管最终也没有得到那只鼎，但是“泗水取鼎”的故事，却在汉代广为流传。在汉代的画像石刻上，经常能见到以泗水取鼎为内容的画像，大多栩栩如生，十分传神。

逐客令

秦王政十年（公元前237年），有个在秦国当官的韩国人，叫作郑国，是个水利专家，他建议并主持开凿了一条灌溉渠，这就是著名的郑国渠。这条渠道总长300余里，渠道所经之处，都能获得灌溉。这本是一件富国利民的好事，想不到郑国是韩国派遣的间谍，他建议修渠的目的，是想耗费秦国的人力和财力，削弱秦国的军事力量。秦国的宗室贵族发觉以后，大呼上当，纷纷向秦王政进言驱逐外来“客卿”。

秦王政接受建议，果真发布了“逐客令”，李斯也在其中。于是李斯向秦王政上书，这就是著名的《谏逐客书》。在这篇文章中，李斯指出四代秦王都用客卿。这些客卿，为秦国的富强、成就帝业，建立了丰功伟绩。说由此看来，客卿是无负于秦国的；还说如果不用这些外来人才，那么，将使秦国“无富利之实”和“无强大之名”，并且，这些人才若被驱逐，这就等于帮助了你的敌国，变成祸患，“损民益仇”，自属蠢事。

秦王政看完这封上书，觉得很有道理，于是即行废除逐客令，并恢复李斯的官职，采用了他的计谋，20多年工夫，竟使秦王兼并天下，尊为皇帝，李斯也就做了丞相。

所谓“逐客令”即来源于此。后来，凡是主人对客人不表欢迎，明的叫他离去的言辞，或者运用比喻做出的暗示，都可以说下了“逐客令”。

荆轲刺秦王

秦王政重用尉缭，一心想统一中原，不断向各国进攻。他拆散了燕国和赵国的联盟，使燕国丢了好几座城。

燕国的太子丹原来留在秦国当人质，他见秦王政决心兼并列国，又夺去了燕国的土地，就偷偷地逃回燕国。他恨透了秦国，一心要替燕国报仇。但他既不操练兵马，也不打算联络诸侯共同抗秦，却把燕国的

命运寄托在刺客身上。他把家产全拿出来，找寻能刺杀秦王政的人。

后来，太子丹物色到了一个很有本领的勇士，名叫荆轲。他把荆轲收在门下当上宾，把自己的车马给荆轲坐，自己的饭食、衣服让荆轲一起享用。荆轲当然很感激太子丹。

公元前230年，秦国灭了韩国；过了两年，秦国大将王翦占领了赵国都城邯郸，一直向北进军，逼近了燕国。

燕太子丹十分焦急，就去找荆轲。太子丹说："拿兵力去对付秦国，简直像拿鸡蛋去砸石头；要联合各国合纵抗秦，看来也办不到了。我想派一位勇士，打扮成使者去见秦王，挨近秦王身边，逼他退还诸侯的土地。秦王要是答应了最好，要是不答应，就把他刺死。您看行不行？"

荆轲说："行是行，但要挨近秦王身边，必定得先叫他相信我们是向他求和去的。听说秦王早想得到燕国最肥沃的土地督亢（今河北涿州市一带）。还有秦国将军樊於期，现在流亡在燕国，秦王正在悬赏通缉他。我要是能拿着樊将军的头和督亢的地图去献给秦王，他一定会接见我。这样，我就可以对付他了。"

太子丹感到为难，说："督亢的地图好办，樊将军受秦国迫害来投奔我，我怎么忍心伤害他呢？”

荆轲知道太子丹心里不忍，就私下去找樊於期，跟樊於期说：“我有一个主意，能帮助燕国解除祸患，还能替将军报仇，可就是说不出口。”

樊於期连忙说：“什么主意，你快说啊！”

荆轲说：“我决定去行刺，怕的就是见不到秦王的面。现在秦王正在悬赏通缉你，如果我能够带着你的头颅去献给他，他准能接见我。”

樊於期说：“好，你就拿去吧！”说着，就拔出宝剑，抹脖子自杀了。

太子丹事前准备了一把锋利的匕首，叫工匠用毒药煮炼过。谁只要被这把匕首刺出一滴血，就会立刻气绝身死。他把这把匕首送给荆轲，作为行刺的武器，又派了个年仅13岁的勇士秦舞阳，做荆轲的副手。

公元前227年，荆轲从燕国出发到咸阳去。太子丹和少数宾客穿上白衣、戴上白帽，到易水（今河北易县）边送别。临行的时候，荆轲给大家唱了一首歌：

“风萧萧兮易水寒，壮士一去兮不复还。”

大家听了他悲壮的歌声，都伤心地流下眼泪。荆轲拉着秦舞阳跳上车，头也不回地走了。

荆轲到了咸阳。秦王政一听燕国派使者把樊於期的头颅和督亢的地图都送来了，十分高兴，就命令在咸阳宫接见荆轲。

朝见的仪式开始了。荆轲捧着装了樊於期头颅的木匣，秦舞阳捧着督亢的地图，一步步走上秦国朝堂的台阶。

秦舞阳一见秦国朝堂那副威严的样子，不由得害怕得发起抖来。

秦王政左右的侍卫一见，吆喝了一声，说："使者为何吗变了脸色？"

荆轲回头一瞧，果然见秦舞阳的脸又青又白，就赔笑对秦王说："粗野的人，从来没见过大王的威严，免不了有点儿害怕，请大王原谅。"

秦王政毕竟有点儿怀疑，对荆轲说："叫秦舞阳把地图给你，你一个人上来吧。"

荆轲从秦舞阳手里接过地图，捧着木匣上去，献给秦王政。秦王政打开木匣，果然是樊於期的头颅。秦王政又叫荆轲拿地图来。荆轲把一卷地图慢慢打开，待地图全都打开时，荆轲预先卷在地图里的一把匕首就露出来了。

秦王政一见，惊得跳了起来。

荆轲连忙抓起匕首，左手拉住秦王政的袖子，右手把匕首向秦王政胸口直扎过去。

秦王政使劲地向后一转身，把那只袖子挣断了。

他跳过旁边的屏风，刚要往外跑。荆轲拿着匕首追了上来，秦王政一见跑不了，就绕着朝堂上的大铜柱子跑。荆轲紧追秦王。

旁边虽然有许多官员，但是都手无寸铁；台阶下的武士，按秦国的规矩，没有秦王命令是不准上殿的，大家都急得六神无主，也没有人召台下的武士。

官员中有个伺候秦王政的太医，急中生智，拿起手里的药袋对准荆轲扔了过去。荆轲用手一扬，那只药袋就飞到一边去了。

就在这一眨眼的工夫，秦王政往前一步，拔出宝剑，砍断了荆轲的左腿。

荆轲站立不住，倒在地上。他拿匕首直向秦王政扔过去。秦王政往右边一闪，那把匕首就从他耳边飞过去，打在铜柱子上，蹦的一声，直迸火星儿。

秦王政见荆轲手里没有武器，又上前向荆轲刺了几剑。荆轲身上受了 8 处剑伤，自己知道已经失败，苦笑着说：“我没有早下手，本来是想先逼你退还燕国的土地。”

这时候，侍从的武士已经一齐赶上殿来，结果了荆轲的性命。台阶下的那个秦舞阳，也早就被武士们杀了。

秦汉

第一个皇帝——秦始皇

秦王政兼并了六国，结束了战国割据的局面，统一了中国。他觉得自己的功绩比古代传说中的三皇五帝还要大，不能再用“王”的称号，应该用一个更加尊贵的称号才配得上他的功绩，就决定采用了“皇帝”的称号。他是中国第一个皇帝，就自称是始皇帝。他还规定：子孙接替他皇位的按照次序排列，第二代叫二世皇帝，第三代叫三世皇帝，这样一代一代传下去，一直传到千世万世。

全国统一了，该怎样来治理这样大的国家呢？

在一次朝会上，丞相王绾等对秦始皇说：“现在诸侯刚刚消灭，特别是燕、楚、齐三国离咸阳很远，不在那里封几个王不行，请皇上把几位皇子封到那里去。”

秦始皇要大臣讨论一下，许多大臣都赞成王绾的意见，只有李斯反对。他说：“周武王建立周朝的时候，封了不少诸侯。到后来，像冤家一样互相残杀，周天子也没法禁止。可见分封的办法不好，不如在全国设立郡县。”

李斯的意见正合秦始皇的心意。他决定废除分封的办法，改用郡县制，把全国分为 36 个郡，郡下面再分县。

郡的长官都由朝廷直接任命。国家的政事，不论大小，都由皇帝决定。据说秦始皇每天看下面送来的奏章，要看 121 斤（那时的奏章都是刻在竹简上的），不看完不休息。可见他的权力是多么集中了。

在秦始皇统一中国之前，列国向来是没有统一的制度的，就拿交通来说，各地的车辆大小就不一样，因此车道也有宽有窄。国家统一了，车辆要在不同的车道上行走，多有不便。从那时候起，规定车辆上两个轮子的距离一律改为 6 尺，使车轮的轨道相同。这样，全国各地车辆往来就方便了。这叫作“车同轨”。

在秦始皇统一中国之前，列国的文字也很不统一。就是一样的文字，也有好几种写法。从那时候起，采用了比较方便的书法，规定了统一的文字。这样，各地的文化交流也方便多了。这叫作“书同文”。

各地交通便利，商业也发达起来，但是原来列国的尺寸、升斗、斤两的标准全不一样。从那时候起，又规定了全国用统一的度、量、衡制。这样，各地的买卖交换也没有困难了。

秦始皇正在从事国内的改革，没想到北方的匈奴打了进来。匈奴本来是我国北部一个古老的少数民族。战国后期，匈奴贵族趁北方的燕国、赵国衰落，一步步向南侵犯，把黄河河套一带大片土地夺了过去。秦始皇统一中国以后，就派大将蒙恬带领30万大军去抵抗，把河套一带地区都收了回来，设置了44个县。

为了防御匈奴的侵犯，秦始皇又征用民夫，把原来燕、赵、秦三国北方的城墙连接起来，又新造了不少城墙。这样从西面的临洮到东面的辽东，连成一条万里长城。这座举世闻名的古建筑，一直成为我们中华民族古老悠久文明的象征。

后来，秦始皇又派出大军50万人，平定南方，添设了3个郡；第二年，蒙恬打败了匈奴，又添了一个郡。这样，全国总共有40个郡。

秦始皇焚书坑儒

公元前 213 年，也就是秦始皇统一中国以后的第九年，有一天，秦始皇在咸阳宫摆席庆贺头一年打败匈奴等少数民族的大喜事。文武官员全都出席了。有 70 个在学术思想上有名望有地位的博士，也参加了这次宴会。

宴会进行当中，仆射周青臣举酒颂扬秦始皇的功德，他说："早先秦国的疆域不到一千里，依赖陛下的英明，消灭了六国，统一了中原。陛下废除了分

封，设立了郡县制度，从此免除了战争的祸患，使得天下人人都能过着安乐的日子。这样的太平盛世，必定能代代相传，直到千秋万世。陛下的威德，上古的那些三皇五帝也望尘莫及啊！”

可是这一番颂扬却触怒了另一些满脑子旧思想的博士们，有个叫淳于越的博士，他听周青臣说分封制不好，郡县制好，心里十分难过。他赶快往前走几步，急急忙忙地对秦始皇说：“陛下！如今陛下统一了中国，子弟却毫无地位和实权。将来万一出个像当年齐国田常那样谋篡王位的乱臣贼子，又有谁能挽救得了那种局面呢？事情不照老规矩办而想要长久，根本就不可能。现在周青臣又当面奉承陛下，加重陛下的过错，我看他不是忠臣。陛下还是应当重新谋虑关于分封子弟的事情才好！”

淳于越又一次重提分封的事情，秦始皇就叫大家再议论议论，看看究竟是分封制好，还是郡县制好。

这时候已经升任丞相的李斯反对淳于越的谬论，他对秦始皇说：“古今时代不同，情况已经随着时代改变了，我们绝不能再拿古代的制度到今天来实行。可是如今还有那么一些读书人，总是死抱住老一套的东西不肯放弃，老是根据过去古书上的记载来攻击当前的政治制度，这对于陛下的统治是很不利的，必须严厉禁止。我建议：史官所收藏的图书，凡属不是秦国的历史，全都拿来烧了；凡是私家收藏的《诗经》《尚书》、百家言论等书籍，一律焚烧掉，杜绝混乱思想的根源。”

秦始皇觉得如果听任那些有旧思想的人到处宣扬旧制度，的确会妨碍他的统治。于是他决定接受李斯的建议，下令焚书。

焚书的命令发布以后，各郡各县的官吏不敢怠慢，都立即严格地遵照命令去执行。他们派出许多士兵和办事的差役，到老百姓那里挨家挨户收缴书籍。在很短的时间内，到处出现了焚书的熊熊烈火，焚烧那些刻写在竹木简上的古代书籍。

秦国以外的历史书和记载着诸子百家学术思想的书籍，凡是收缴上来的，差不多全都被烧光了。秦朝以前的许多历史事实和学术思想情况从此失传。这是秦始皇摧残中国多元文化的一大错误之举，使中国的文化事业遭受了一次浩劫。

秦始皇下令焚书，不仅那些有旧思想的人反对秦始皇的暴行，还使得许多读书人都非常反感，说秦始皇这样压制舆论，摧残文化，做得太过分了。

秦始皇听说读书人在背后说他的坏话，十分生气，决定要狠狠地惩治他们。

于是秦始皇下了一道命令，叫御史大夫去查办那些在背后诽谤他的读书人。被抓去审问的人，受不了残酷的刑罚，为了给自己开脱，就一个一个地攀连其他的人，攀来攀去，一下子查出来有460多个方士和儒生犯有嫌疑。

秦始皇一怒之下，也不详细审问，查证核实，就叫人在咸阳城外挖了个大坑，把他们全都给活埋了。其实460多人当中，真正反对秦始皇的只有少数人，大多数人都是含冤死去的。这是秦始皇对读书人的残暴屠杀。

从此以后，秦朝宫廷里真正有学问的人大大减少，而那些专会阿谀奉承、欺上瞒下的小人如赵高之流，逐渐成了秦始皇身边的重要人物，秦朝开始走下坡路了。

博浪沙的铁锤

秦始皇知道，他灭了六国，六国留下来的旧贵族随时都可能起来反对他。他下令把天下12万户富豪人家一律搬到咸阳来住，这样好管住他们；他又把天下的兵器通通收集起来，除了给政府军队使用以外，都熔化了铸成12个24万斤重的巨大铜人和一批大钟（一种乐器）。他以为兵器收完了，有人想造反也造不成了。

他还常常到各地去巡视，一来祭祀名山大川，要大臣们把颂扬他的话刻在山石上，好让后代的人都知道他的功绩；二来显示自己的威武，震慑六国贵族。

公元前218年的春天，他又带了大队人马出去巡视。有一天，到了博浪沙（今河南原阳县），车队正在缓缓前进的时候，突然“哗啦”一声响，飞来个大铁锤，把秦始皇座驾后面的副车打得粉碎。

全部车队一下子都停了下来，武士们到处搜查，刺客已经逃走了。

秦始皇对此十分恼怒，立刻下了一道命令，在全国进行一次大搜查，一定要把那个行刺的人捉到。足足搜查了 10 天，没有查到，也只好算了。

策划这次行刺的人名叫张良。张良的祖父、父亲都做过韩国的宰相。韩国被灭的时候，张良还年轻。他变卖了家产离开了老家，到外面去结交英雄好汉，一心想替韩国报仇。

后来，他交上一个朋友，是个大力士。那个大力士使用的大铁锤，足足有 120 斤重（相当于现在的 60 斤）。两个人商量好，准备在秦始皇外出巡游的时候刺杀他。

他们探听到，秦始皇要经过博浪沙，就预先在那里树林隐蔽的地方埋伏起来。等秦始皇的车队一经过，大力士就把铁锤砸过去。哪儿知道这一锤砸得不准，只砸中一辆副车。

张良失败以后，隐姓埋名，一直逃到下邳，总算躲过了秦朝官吏的搜查。他在下邳住

了下来，一面钻研兵法，一面等候报仇的机会。

张良是怎样开始学兵法的呢？有一个离奇的传说。

有一次，张良一个人出去散步，走到一座大桥上，看见一个老头儿，穿着一件粗布大褂，坐在桥头上。他一见张良过来，有意无意地把脚往后一缩，他的一只鞋子直接掉到桥下去了。

老头儿转过头来，很不客气地对张良说："小子，下去把我的鞋子捡上来。"

张良很生气，简直想动手揍他一顿。可是再一看，人家毕竟是个老头儿，就勉强忍住了气，走到桥下，捡起那只鞋子，上来递给他。

谁知道那老头儿竟连接也不接，只把脚一伸，说："给我穿上。"

张良想，既然已经把鞋捡上来了，索性好人做到底，就跪在地上恭恭敬敬地把鞋子给他穿上。

那老头儿这才微微一笑，站起来走了。

张良愣住了，心想这老头儿可有点儿怪。他盯着老头儿的背影望着，看老头儿往哪儿去。

老头儿走了几里地，又返了回来，对张良说："小伙子不错呀，我很乐意教导教导你。过 5 天，天一亮，你再到桥上来见我吧。"

张良听他的口气，知道是个有来历的人，赶紧跪下答应。

第五天，张良一早起来，就赶到桥上去。谁知道一到那边，老头儿已经先到啦！他生气地对张良说："你跟老人家约会，就该早一点儿来，怎么反叫我等你呢?"

张良只好认错。那老头儿说："去吧，再过5天，早一点儿来。"说完就走了。

又过了5天，张良一听见鸡叫，就跑到大桥那边。他还没走上桥，就见到那老头儿。

老头儿瞪了张良一眼说："过5天再来吧。"

张良吸取了前两次的教训，到了第四天半夜，就赶到桥上，静静地等着天亮。

过了一会儿，只见那老头儿一步一步地迈过来了。他一见张良，露出慈祥的笑容说："这才对了。"说罢，从衣袖里掏出一部书来给张良，说："回去好好地读，将来一定大有作为。"

张良想再问他，老头儿不再多讲，头也不回地走了。等到天亮，张良趁着晨光，拿出书来一看，原来是相传周朝初年太公望编的《太公兵法》。

打那时候起，他就刻苦钻研兵法，后来成了一个有名的军事家。

沙丘的阴谋

前210年，秦始皇到东南一带去巡视。随他一起去的，有丞相李斯、宦官赵高。他的小儿子胡亥要求一起去，秦始皇平时挺喜欢他小儿子，当然答应了。

秦始皇渡过钱塘江，到了会稽郡，再向北到了琅琊。从冬季出发，一直到夏季才回来。回来的路上，他感到身子不舒服，在平原津病倒了。随从的医官给他看病、熬药，都不见效。

到了沙丘的时候，秦始皇病势越来越重。他知道病好不了了，吩咐赵高说："快写信给扶苏，叫他赶快回咸阳去。万一我好不了，叫他主办丧事。"

信写好了，还没来得及交给使者送出，秦始皇已经咽了气。

丞相李斯跟赵高商量说："这儿离咸阳还很远，不是一两天能赶到的。万一皇上去世的消息传了开去，恐怕天下大乱；倒不如暂时保密，不要发丧，赶回咸阳再做打算。

他们把秦始皇的尸体安放在车里，关上车门，放下窗帷子，外面什么人也看不见。随从的人除了胡亥、李斯、赵高和五六个内侍外，别的大臣全不知道秦始皇已经死了。车队照常向咸阳进发，每到一个地方，文武百官都照常在车外奏事。

李斯叫赵高赶快派人把信送出去，叫公子扶苏赶回咸阳。赵高是胡亥的心腹，跟蒙恬一家有冤仇。他偷偷地跟胡亥商量，准备假传秦始皇的遗嘱，杀害扶苏，让胡亥继承皇位。胡亥当然求之不得，完全同意。

赵高知道要干这样的事，必须跟李斯商量，就去找李斯说：“现在皇上的遗诏和玉玺都在胡亥手里，要决定哪个接替皇位，全凭我们两人一句话。您看怎么办?”

李斯吃了一惊，说：“您怎么能说出这种亡命的话来?这可不是我们做臣子该议论的事啊!”

赵高说：“您别急。我先问您，

您的才能比得上蒙恬吗？您的功劳比得上蒙恬吗？您跟扶苏的关系比得上蒙恬吗？”

李斯愣了一会儿，才说：“我比不上他。”

赵高说：“要是扶苏做了皇帝，他一定拜蒙恬做丞相。到那时候，您只好回老家。这是明摆的事儿。公子胡亥心眼好，待人厚道。要是他做了皇帝，您得到的好处一辈子受用不尽。您好好考虑考虑吧。”

经过赵高连哄带吓地说了一通，李斯担心扶苏继承皇位以后，自己保不住丞相位置，就和赵高、胡亥合谋，假造了一份诏书给扶苏，说他在外不能立功，反而怨恨父皇；又说将军蒙恬和扶苏同谋，都该自杀，把兵权交给副将王离。

扶苏接到这封假诏书，哭泣着想自杀。蒙恬怀疑这封诏书是伪造的，要扶苏向秦始皇申诉。扶苏是个老实人，说：“既然父皇要我死，哪里还能再申诉？”就这样自杀了。

赵高和李斯急急忙忙催着人马赶路。那时候，正是夏末秋初，天气还很炎热，没有多少日子，尸体已经腐烂，车子里散发出一阵阵臭味。

赵高派人去买了一大批咸鱼，叫大臣们在每辆车上放上一筐。车队周围的咸鱼气味，把秦始皇尸体的臭味掩盖过去了。

他们到了咸阳，才宣布秦始皇死去的消息，举行丧葬，并且假传秦始皇的遗诏，由胡亥继承皇位。这就是秦二世。

秦二世和赵高葬了秦始皇以后，做贼心虚，怕篡夺皇位的事泄露出来。赵高撺掇胡亥杀害自己的兄弟和大臣，把 12 个公子和 10 个公主都定了死罪，受株连的大臣更是不计其数。过了一年，赵高又用诡计唆使二世把李斯也逮捕起来杀了。赵高自己当了丞相，独掌大权。

刘邦和项羽

陈胜、吴广发动农民起义以后，各地的百姓纷纷杀了官吏，响应起来。没过多久，农民起义的风暴席卷了大半个中国。

陈胜派兵遣将分头去接应各地起义，他们节节胜利，占领了大片地方。但是因为战线长，号令不统一，有的地方被六国旧贵族占了去。起义不到 3 个月，赵、齐、燕、魏等地方都有人打着恢复六国的旗号，自立为王。

陈胜派出周文率领的起义军向西进攻，很快攻进关中（函谷关以西地区），逼近秦朝都城咸阳。秦二世惊慌失措，赶快派大将章邯把在骊山做苦役的囚犯、奴隶放了出来，编成一支军队，向起义军反扑。原来的六国贵族各自占据自己的地盘，谁也不去支援起义军。周文的起义军孤军作战，最终战败。吴广在荥阳被部下杀死。起义后的第六个月，陈胜在撤退的途中也被叛徒杀害了。

陈胜、吴广虽然死了，可是由他们点燃起来的反抗秦朝的那把火正在熊熊燃烧。起义在南方的会稽郡声势最大。

在会稽郡起兵的是项梁和他的侄儿项羽。项梁是楚国大将项燕的儿子。楚国被秦国大将王翦攻灭的时候，项燕兵败自杀。项梁总想恢复楚国。他的侄儿项羽身材魁梧，又挺聪明，项梁亲自教他念书识字。可是项羽才学了几天，就不愿学了。项梁又教他学剑，项羽学了一阵子，也扔下了。

项梁很生气，可项羽满不在乎地说："念书识字有什么用处？学会了，不过记记自己的名字；剑学好了，也只能跟几个人对杀，没什么了不起。要学，就要学打仗的本领。"

项梁听他的口气不小，就把祖传的兵书拿出来，教他学习兵法。项羽一听就懂，可是略懂大意，又不肯深入钻研下去了。项梁本是下相人，因为跟人结了冤仇，躲到会稽郡吴中来。吴中的年轻人见他能文能武，

都很佩服他，把他当老大哥看待。项梁也教他们学兵法，练本领。

他们听到陈胜起义后，觉得是个好机会，就杀了会稽郡守，占领了会稽郡。不到几天，拉起了一支8000人的队伍。因为这支队伍里大都是当地的青年，所以称为“子弟兵”。

项梁、项羽带着8000子弟兵渡过江，很快打下了广陵（郡名，治所在今江苏扬州市），接着又渡过淮河，继续进军。一路上又有各地方的起义队伍来投奔项梁，和他们联合起来。

第二年，有一支3000多人的队伍，由刘邦带领，来投靠项梁。

刘邦本来是沛县人，在秦朝统治下，出任泗水亭长（秦朝10里设一亭，亭长是管理10里以内的小官）。

有一次，上司要他押送一批民夫到骊山去做苦工。他们天天赶路，每天总有几个民夫逃走，刘邦想管也管不住。但是这样下去，到了骊山也不好交差。

有一天，他和民夫们一起坐在地上休息。他对大家说：“你们到骊山去做苦工，不是累死也是被打死；就算不死，也不知道哪年哪月才能回乡。我现在把你们放了，你们自己去找活路吧！”

民夫们感激得直流眼泪，说：“那您怎么办呢？”

刘邦说：“反正我也不能回去，逃到哪儿是哪儿。”

当时，就有10多个民夫愿意跟着他一起找活路。刘邦同10多个民夫逃到芒砀山躲了起来。过了几天，聚集了100多人。

沛县县里的文书萧何和监狱官曹参知道刘邦是个好汉，很同情他，暗暗地跟他们来往。

等到陈胜打下了陈县，萧何和沛县城里的百姓杀了县官，派人到芒砀山把刘邦接了回来，请他当沛县的首领，大家称他沛公。

刘邦在沛县起兵以后，又召集了两三千人，攻占了自己的家乡丰乡。

接着他带了一部分队伍攻打别的县城，不料留在丰乡的部下叛变。刘邦得到这个消息，要回去攻打丰乡，可是自己的兵力不足，只好往别处去借兵。

他到了留城，正好张良也带着100多人想投奔起义军。两人遇在一起，相见恨晚。他们一商量，觉得附近的起义队伍中，只有项梁声势最大，决定去投奔项梁。

项梁见刘邦也是一个人才，就拨给他人马，帮助他收回丰乡。从此，刘邦、张良都成了项梁的部下。

陈胜、吴广等主要起义领袖死了以后，由于各地起义的领导权都落在旧六国贵族手里，彼此争夺地盘，闹得四分五裂。秦国的大将章邯、李由，想趁机把起义军逐个击破。

在这个紧要关头，项梁在薛城召开了会议，决心把起义军整顿一下。为了扩大号召，项梁听了谋士范增的意见，把流落在民间的楚怀王的孙子（名叫心）找了来，立为楚王。因为楚国人对当年楚怀王受骗死在秦国，一直为他抱不平。为了提高号召力，大家把他的孙子仍称作楚怀王。

巨鹿大战

项梁在整顿了军队以后，接连打了几个胜仗，打败了秦朝大将章邯。项羽、刘邦带领另一支队伍，杀了秦将李由。项梁骄傲起来，认为秦军没有什么了不起，放松了警惕。章邯重新补充了兵力，趁项梁不防备，发动了猛烈的反扑。项梁在战斗中被杀了。项羽、刘邦也只好退守彭城。

章邯打败项梁，认为楚军元气大伤，就暂时撇开黄河以南这一头，带领秦军北上进攻赵国（这个赵国不是战国时代的赵国，而是新建立起来的一个政权），

很快就攻下了赵国都城邯郸，赵王歇逃到巨鹿。

章邯派秦将王离把巨鹿包围起来，自己带领大军驻扎在巨鹿南面的棘原。他还在棘原和巨鹿之间修筑了一条粮道，给王离军运送粮草。

赵王歇几次三番派人向楚怀王求救。当时，楚怀王正想派人往西进攻咸阳。项羽急于想为叔父报仇，要求带兵进关。

怀王身边有几个老臣暗地对怀王说："项羽性子太暴躁，杀人太多；刘邦倒是个忠厚人，不如派他去。"正好赵国来讨救兵。楚怀王就派刘邦打咸阳，另派宋义为上将军，项羽为副将，带领20万大军到巨鹿去救赵国。

宋义带领的大军到了安阳，听说秦军声势浩大，就命令楚军停了下来，想等秦军和赵军打上一阵，让秦军消耗掉一部分兵力，再进攻过去。

宋义按兵不动，在安阳一停就是46天。项羽耐不住性子，去跟宋义说："秦军包围了巨鹿，形势这样紧急，咱们赶快渡河过去，跟赵军里外夹击，一定能够打败秦军。"

宋义说："我们还是等秦军和赵军决战以后再说。"他又对项羽说："上阵跟敌人交锋，我比不上你；要说坐在帐篷里出个计策，你就比不上我了。"

他还下了一道命令："将士中如有不服从指挥的，就按军法砍头！"

这道命令明明是针对项羽的，项羽气得要命。这时候已经是十一月的天气，北方天冷，又碰着大雨。楚营里军粮接济不上，兵士们受冻挨饿，都抱怨起来。

项羽说："现在军营里没有粮食，但是上将军却按兵不动，自己喝酒作乐，这样不顾国家，不体谅兵士，哪里像个大将的样子。"

第二天，项羽趁朝会的时候，拔出剑来把宋义杀了。他提了宋义的头，对将士说："宋义背叛大王（指楚怀王），我奉大王的命令，已经把他处死了。"

将士们大多是项梁的老部下，宋义在将士中本来就没有什么威望。大伙见项羽把他杀了，都表示愿意听项羽指挥。

项羽把宋义被处死的事，派人报告了楚怀王。楚怀王虽然很不满，也只好封项羽为上将军。

项羽杀了宋义以后，先派部将黥布、蒲将军率领两万人做先锋，渡过漳水，切断秦军运粮的道，把章邯和王离的军队分割开来。然后，项羽率领主力渡河。

渡河后，项羽命令将士，每人带 3 天的干粮，把军队里做饭的锅也全砸了，把渡河的船只全凿沉了（文言叫作“破釜沉舟”，釜就是锅子），对将士们说：“咱们这次打仗，有进无退，3 天之内，一定要把秦兵打退。”

项羽的决心和勇气，对将士起了很大的鼓舞作用。楚军把王离的军队包围起来，个个士气高涨，越战越勇。一个人抵得上 10 个秦兵，10 个就可以抵上 100 个。经过 9 次激烈战斗，活捉了王离，其他的秦军将士有被杀的，也有逃走的，围困巨鹿的秦军就这样被瓦解了。

当时，各路将领来救赵国的有十几路人马。可是他们害怕秦军强大，都扎下营寨，不敢跟秦军交锋。这回听到楚军震天动地的喊杀声，都挤在壁垒上看。他们瞧见楚军横冲直撞杀进秦营的情景，吓得伸着舌头，屏住了气。等到项羽打垮了秦军，请他们到军营来相见的时候，他们都跪在地下爬着进去，连头也不敢抬起来。

大家颂扬项羽说：“上将军的神威真了不起，自古到今没有第二个。我们情愿听从您的指挥。”

打那时候起，项羽实际上成了各路反秦军的首领。

鸿门宴

项羽接受了章邯投降之后，想趁着秦国混乱，赶快打到咸阳去。

大军到了新安，投降的秦兵纷纷议论说：“咱们的家都在关中，现在打进关去，受灾难的还是我们自己。要是打不进去，楚军把我们带到东边去，我们的一家老小也会被秦朝杀光。怎么办?”

部将听到这些议论，去报告项羽。项羽怕管不住秦国的降兵，就起了杀心，除了章邯和两个降将，一夜之间，竟把 20 多万秦兵全部活活地埋在大坑里。从那以后，项羽的残暴就出了名。

项羽的大军到了函谷关，发现关上有兵把守，无法通行。守关的将士说：“我们是奉沛公的命令，不论哪一路军队，都不准进关。”

项羽十分生气，命令将士猛攻函谷关。刘邦兵力少，不消多大工夫，项羽就打进了关。大军接着往前走，一直到了新丰鸿门，驻扎下来。

刘邦手下有个将官曹无伤，想投靠项羽，偷偷地派人到项羽那儿去告密，说：“这次沛公进入咸阳，是想在关中做王。”

项羽听了，气得瞪着眼直骂刘邦不讲理。

项羽的谋士范增对项羽说：“刘邦这次进咸阳，不贪图财物和美女，他的野心可不小。现在不消灭他，将来后患无穷。”

项羽下决心要消灭刘邦的兵力。那时候，项羽的兵马 40 万，驻扎在鸿门；刘邦的兵马只有 10 万，驻扎在霸上。双方相隔只有 40 里地，兵力悬殊。刘邦的处境十分危险。

项羽的叔父项伯是张良的老朋友，张良曾经救过他的命。项伯怕仗一打起来，张良会陪着刘邦遭难，就连夜骑着快马到霸上去找张良，劝张良逃走。

张良不愿离开刘邦，却把项伯带来的消息告诉了刘邦。刘邦请张良陪同，会见项伯，再三辩白自己没有反对项羽的意思，请项伯帮忙在项羽面前说句好话。

项伯答应了，并且叮嘱刘邦亲自到项羽那边去赔礼。

第二天一清早，刘邦带着张良、樊哙和100多个骑兵到鸿门拜见项羽。刘邦说："我跟将军同心协力攻打秦国，将军在河北，我在河南。我自己也没有想到能够先进了关。今天在这儿和将军相见，真是件令人高兴的事。哪儿知道有人在您面前挑拨，叫您生了气，这实在太不幸了。"

项羽见刘邦低声下气向他说话，满肚子气都消了。他老老实实地说："这都是你的部下曹无伤说的。要不然，我也不会这样。"

当天，项羽就留刘邦在军营喝酒，还请范增、项伯、张良作陪。

酒席上，范增一再向项羽使眼色，并且举起他身上佩戴的玉玦，要项羽下决心，趁机把刘邦杀掉。可是项羽只当没看见。

范增看项羽不忍心下手，就借个因由走出营门，找到项羽的堂兄弟项庄说："咱们大王（指项羽）心肠太软，你进去给他们表演舞剑，伺机把刘邦杀了。"

项庄走进营帐，说："军营里没有什么娱乐，请让我舞剑助助兴吧。”说着，就拔出剑舞起来，舞着舞着，慢慢舞到刘邦面前来了。

项伯看出项庄舞剑的用意是想杀刘邦，说：“咱们两人来对舞吧。”说着，也拔剑起舞。他一面舞剑，一面用身子护住刘邦，使项庄刺不到刘邦。

张良一看形势十分紧张，便离开酒席，走到营门外找樊哙。樊哙连忙上前问：“怎么样了？”

张良说：“情况十分危急，现在项庄正在舞剑，看来他们要对沛公下手了。”

樊哙跳了起来说：“要死死在一起。”他右手提着剑，左手抱着盾牌，直往营门冲去。卫士们想拦住他。樊哙拿盾牌一顶，就把卫士撞倒在地上。他拉开帐幕，闯了进去，气呼呼地望着项羽，头发往上直竖起来，眼睛瞪得大大的，连眼角都要裂开了。

项羽十分吃惊，按着剑问：“这是什么人，到这儿干什么？”

张良已经跟了进来，替他回答说：“这是替沛公驾车的樊哙。”

项羽说：“好一个壮士！”接着，就吩咐侍从的兵士赏他一杯酒，一只猪腿。

樊哙一边喝酒，一边气愤地说：“当初，怀王跟将士们约定，谁先进关，谁就封王。现在沛公进了关，可并没有做王。他封了库房，关了宫室，把军队驻在霸上，天天等将军来。像这样劳苦功高，没受到什么赏赐，将军反倒想杀害他。这是在走秦王的老路呀，我倒替将军担心啊。”

项羽听了，无言以对，只说：“坐吧。”樊哙就挨着张良身边坐下了。

过了一会儿，刘邦起来上厕所，张良和樊哙也跟了出来。刘邦留下一些礼物，交给张良，要张良向项羽告别，自己带着樊哙从小道逃回霸上去了。

刘邦走了好一会儿，张良才进去向项羽说：“沛公酒量小，刚才喝醉了酒先回去了。叫我奉上白璧一双，献给将军；玉斗一对，送给亚父（“亚父”原是项羽对范增的尊称）。”

项羽接过白璧，放在座席上。范增却非常生气，把玉斗摔在地上，拔出剑来，砸得粉碎，说：“唉！真是没用的小子，没法替他出主意。将来夺取天下的，一定是刘邦，我们等着做俘虏就是了。”

一场剑拔弩张的宴会，总算暂时缓和了下来。

楚汉相争

汉王刘邦拜韩信为大将、萧何为丞相，整顿后方，训练人马。公元前 206 年，汉王和韩信率领汉军攻打关中。关中的百姓对“约法三章”的汉王本来就有好感，汉军一到，大多不愿抵抗。不到 3 个月工夫，汉王消灭了原来秦国降将章邯等的兵力，关中地区就成了汉王的地盘。

这一来，可把西楚霸王项羽气坏了。项羽打算发

兵往西打刘邦，可是东边也出了事，齐国的田荣轰走了项羽所封的齐王，自立为王，情况比西边更严重。项羽只好先去对付齐国。

汉王刘邦趁项羽和齐国相持不下的时候，一直向东打过来，攻下了西楚霸王的都城彭城。项羽又不得不扔了齐国那一头，赶回来在睢水上跟汉军打了一仗。

汉军大败，掉在水里被淹死的不知道有多少，被俘的也不少，汉王的父亲太公和妻子吕后也被楚军俘虏了。

汉王退到荥阳、成皋（都在今河南荥阳市）一带，集结散兵。这时候，萧何从关中调来一支人马，韩信也带着军队来见汉王，汉军才又振作起来。

汉王采取以攻为守的办法，一面守住荥阳，用少数兵力拖住项羽的军队；一面派韩信带领兵马，向北边收服魏国、燕国和赵国。

项羽的谋士范增劝项羽把荥阳迅速攻下来。汉王得知十分着急。他的谋士陈平原来是从项羽那边投奔过来的，献了一条计策，离间项羽和范增的关系。

项羽是个猜忌心很重的人，中了反间计，真的怀疑起范增来。范增十分气愤，对项羽说："天下的大势已经定了，大王自己好好干吧。我年老体衰，该回老家了。”

范增离开荥阳，一路上又气又伤心，就害了病，没有回到彭城，背上生毒疮发作而死。

范增一死，楚营里再没人替霸王出主意。汉军的压力也减轻了。汉王用少数兵力在荥阳、成皋一带牵制项羽的兵力，让韩信继续攻取北边和东边，又令将军彭越在楚军后方截断楚军的运粮道，使项羽的军队不得不来回作战。

楚汉双方就这样对峙了两年多。

公元前203年，项羽自己去攻打彭越，把手下将军曹咎留下来守住成皋，再三嘱咐他千万不要跟汉军交战。

汉王见项羽一走，就向曹咎挑战。一开始，曹咎说什么也不出来交战。汉王就叫兵士成天隔着汜水朝着楚营辱骂。

一连骂了几天，曹咎实在沉不住气了，就决定渡过汜水，和汉军拼一死战。

楚军兵多船少，只好分批渡河。汉军趁楚兵刚渡过一半的时候，把楚军的前军打败，后军乱了阵，自相践踏。曹咎觉得没有脸再见项羽，在汜水边自杀了。

项羽在东边正打了胜仗，一听成皋失守，又赶到了西边对付汉王。在广武地方，楚汉两军又对峙起来。

日子一久，楚军的粮食接应不上。项羽没法子，就把汉王的父亲绑了起来，放在宰猪的案上搁着，派人大声吆喝：

“刘邦如果还不投降，就把你父亲宰了。”

汉王知道项羽吓唬他，也大声回答说：“我跟你曾经结为兄弟，我的父亲也就是你的父亲。你要是把父亲杀了煮成肉羹，请分给我一碗尝尝。”

项羽恨得咬牙切齿，真的想把太公杀了，又是项伯劝住了他。

项羽派使者跟汉王说：“现在天下闹得乱纷纷的，无非是你我两个人相持不下，你敢不敢出来跟我比个上下高低。”汉王要使者回话说：“我可以跟你斗智，不跟你比力气。”

项羽又叫汉王出来，在阵前对话。汉王当面数落项羽的十大罪状，说他不讲信义，杀害义帝，屠杀百姓，等等。项羽听得发火了，用戟向前一指，后面的弓箭手一齐放起箭来。汉王赶快回马，胸口已经中了一箭，受了重伤。

他忍住痛，故意弓着腰摸摸脚，骂着说：“贼人射中了我的脚趾。”

左右把汉王扶进了营帐。汉军听说汉王受伤，都着了慌。张良恐怕军心动摇，劝汉王勉强起来，到各军营巡视了一遍，大家才安定下来。

项羽听说汉王没有死，大失所望。接着，韩信在齐地大败楚军，楚军的运粮道又被彭越截断，粮草越来越少。

汉王趁项羽正在为难的时候，派人跟项羽讲和，要求把太公、吕后放回来，并且建议楚汉双方以鸿沟（在荥阳东南）为界，鸿沟以东归楚，鸿沟以西归汉。

项羽认为这样划定“楚河汉界”还不错，就同意了，放了太公、吕后，接着把自己的人马带回彭城。

其实，汉王这次讲和，只是一个缓兵之计。汉王用了张良、陈平的计策，不出两个月，组织了韩信、彭越、黥布三路人马一齐会合，由韩信统领，追击项羽。楚、汉双方一场最后决战就开始了。

霸王乌江自刎

公元前202年，韩信布置十面埋伏，把项羽围困在垓下。项羽的人马少，粮食也快完了。他想带领一支人马冲杀出去。但是汉军和诸侯的人马把楚军包围得水泄不通。项羽打退一批，又来一批；杀出一层，还有一层；这儿还没杀出去，那儿的汉兵又围了上来。

项羽没法突围，只好退回到垓下大营，吩咐将士小心防守，准备找准时机再出战。

这天夜里，项羽进了营帐，愁眉不展。他身边有个宠爱的美人名叫虞姬，看见他闷闷不乐，就陪他喝酒解闷。

到了定更的时候，只听得一阵阵西风吹得呼呼直响，风声里还夹着唱歌的声音。项羽仔细一听，歌声是由汉营里传出来的，唱的全是楚人的歌，唱的人还真不少。

项羽听到四面到处是楚歌声，不觉愣住了。他吃惊的说："完了！难道刘邦已经打下西楚了吗？怎么汉营里有这么多的楚人呢。"

项羽再也忍不住了，随口唱起一曲悲凉的歌来：

力拔山兮气盖世。
时不利兮骓不逝。
骓不逝兮可奈何！
虞兮虞兮奈若何！

这首歌的意思是："力气能掀翻一座山，气魄能压倒天下好汉，时运不济，乌骓马不肯跑。马儿不肯跑有什么办法？虞姬呀虞姬，我拿你怎么办？"

项羽一连唱了几遍，虞姬也跟着唱起来。霸王唱着唱着，忍不住流下了眼泪。旁边的侍从也都伤心得低下了头。

当夜，项羽跨上乌骓马，带了 800 个子弟兵冲过汉营，马不停蹄地往前跑去。到了天蒙蒙亮，汉军才发现项羽已经突围，连忙派了 5000 骑兵紧紧追赶。项羽一路奔跑，等到他渡过淮河，跟着他的只剩下 100 多人了。又跑了一程，迷了路。

项羽来到一个三岔路口，瞧见一个庄稼人，就问他哪条路可以到彭城。那个庄稼人知道他是霸王，不愿给他指路，哄骗他说："往左边走。"

项羽和 100 多个人往左跑下去，越跑越疑惑，直到后来，只见前面是一片沼泽地，连路都没有了。项羽这才知道是受了骗，赶快掉转马头，绕出这个沼泽地，但汉兵已经追上了。

项羽又往东南跑，一路上，随从的兵士死的死，伤的伤。到了东城，再点了点人数，只有 28 个骑兵。但是汉军的几千名追兵却密密麻麻地围了上来。

项羽料想没法脱身，但是他仍旧不肯服输，对跟随他的兵士们说："我起兵到现在已经 8 年了，经历过 70 多次战斗，从来没打过一次败仗，才当上了天下霸王。今天在这里被围，这是天叫我灭亡，并不是我打不过他们啊！"

他把仅有的 28 人分为四队，对他们说："看我先斩他们一员大将，你们可以兵分四路，大家在东山下集合。"

说着，他猛喝一声，向汉军冲过去。汉兵抵挡不住。纷纷散开，当场被项羽杀死了一名汉将。

项羽到了东山下，那四队人马也到齐了。项羽又把他们分成三队，分三处把守。汉军也兵分三路，把楚军围住。项羽来往冲杀，又杀了汉军一名都尉和几百名兵士。最后，他又把三处人马会合在一起，点了一下人数，28 名骑兵只损失了两名。

项羽对部下说："你们看怎么样？"

部下都说："大王说得一点儿不错。"

项羽杀出汉兵的包围，带着 26 个人一直往南跑去，到了乌江（今安徽和县东北部）。恰巧乌江的亭长有一条小船停在岸边。

亭长劝项羽马上渡江，说："江东虽然小，可还有 1000 多里土地，几十万人口。大王过了江，还可以在那边称王。"

项羽苦笑了一下说："我在会稽郡起兵后，带了 8000 子弟渡江。到今天他们没有一个能回去，只有我一个人回到江东。即使江东父老同情我，立我为王，我还有什么脸再见他们呢。"

他把乌骓马送给了亭长，也叫兵士们都跳下马。他和 26 个兵士都拿着短刀，跟追上来的汉兵肉搏起来。他们杀了几百名汉兵，楚兵也一个个倒下。项羽受了十几处创伤，最后在乌江边拔剑自刎。

大风歌

垓下决战后，汉王刘邦得到了最后的胜利，建立了一个比秦朝更强大的汉王朝。公元前 202 年，汉王刘邦正式即了皇帝位，这就是汉高祖（西汉纪年从公元前 206 年刘邦称汉王时算起）。

汉高祖建都洛阳，后来迁都到长安。从那时候开始的 210 年，汉朝的都城一直在长安。历史上把这个时期称为“西汉”，又叫“前汉”。

汉高祖即位不久，在洛阳南宫开了一个庆功宴会。他对大臣们说：“咱们今天欢聚在一起，大家说

话用不着顾忌。你们说说，我是怎么得天下的？项羽又是怎样失天下的？”

大臣王陵等说：“皇上派将士打下城池，有封有赏，所以大家肯为皇上效劳；项羽对有功的和有才能的人猜疑、妒忌，打了胜仗，不记人家的功劳，所以失去了天下。”

汉高祖笑了笑说：“你们只知其一，不知其二。要知道成功失败，全在用人。坐在帐帷里订计划，算得准千里以外的胜利，这一点我不如张良；治理国家，安抚百姓，给前方运送军粮，这一点我比不上萧何；统领百万大军，开战就打胜仗，攻城就能拿下来，这一点我怎么也赶不上韩信。这 3 个人都是当代的豪杰。我能够重用他们，这就是我得天下的原因。项羽连一个范增都不能用，所以被我灭了。”

大家都佩服汉高祖说得有道理。后来，人们就把萧何、张良、韩信称作“汉初三杰”。

在楚汉战争中，有些带兵的大将立过大功，汉高祖不得不封他们为王。这些诸侯王有的虽然不是旧六国贵族，但是都想割据一块土地，不听汉朝政府的指挥。其中楚王韩信、梁王彭越、淮南王黥布，功劳最大，兵力也最强。汉高祖对他们确实不放心。

有个原来在项羽手下的将军叫钟离昧，汉高祖正在缉拿他，韩信却把他收留下来。

第二年，有人向汉高祖告发韩信想谋反。汉高祖问大臣该怎么办，许多人主张发兵消灭韩信。只有陈平反对。陈平说："韩信的兵比咱们精，他手下的将军又比咱们强，用武力去对付他，是很危险的。"

后来，汉高祖采用了陈平的计策，假装巡视云梦泽，命令受封的王侯到陈地相见。韩信接到命令，不得不去。到了陈地，汉高祖就叫武士把韩信绑了起来，要办他的罪。

有人劝汉高祖看在韩信过去的功劳分上，从宽处理。

汉高祖这才免了他的罪，取消他的楚王封号，改封为淮阴侯。

韩信被降职以后，心里闷闷不乐，常常推说有病，不去朝见。

过了几年，有一个将军陈豨造反，自称代王，一下子就占领了 20 多座城。

汉高祖要淮阴侯韩信和梁王彭越一起讨伐陈豨。可是两个人都推说有病，不肯出兵。汉高祖只好自己去讨伐陈豨。

汉高祖带兵离开长安后，有人向吕后告发，说韩信和陈豨是同谋，他们还想里应外合，发动叛乱。吕后跟丞相萧何商量了一个计策，故意传出消息，说陈豨已经被高祖抓到，要大臣们进宫祝贺。韩信一进宫门，就被预先埋伏好的武士拿住杀了。

韩信被杀不到 3 月，汉高祖灭了陈豨，回到洛阳，又有彭越的手下人告发彭越谋反。汉高祖听到这个消息，派人把彭越逮住，下了监狱。后来因为没有查到彭越谋反的真凭实据，就把他罚作平民，遣送到蜀中去。

彭越在到蜀中去的路上，正好遇到吕后，就向吕后哭诉他实在没有罪，苦苦央求吕后在汉高祖面前替他说句好话，让他回自己的老家。吕后一口答应，把彭越带回洛阳。吕后到了洛阳，对汉高祖说："彭越是个壮士，把他送到蜀中，这不是放虎归山，自找麻烦吗?"

汉高祖听了吕后的话，就把彭越处死。

淮南王黥布一听到韩信、彭越都被杀，干脆也起兵反了。他对部下说："皇上已经老了，自己一定不能来。大将中只有韩信、彭越最有能耐，但他们都已经死了，别的将军不是我的对手，没什么可怕的。"

黥布一出兵，果然打了几个胜仗，把荆楚一带土地都占领了。汉高祖只好亲自发兵去对敌。

他在阵前骂黥布说："我已经封你为王，你何苦造反?”

黥布直言不讳地说:“想做皇帝喽!”

汉高祖指挥大军猛击黥布。黥布手下兵士弓箭齐发,汉高祖当胸中了一箭。幸亏箭伤还不太重,他忍住创痛,继续进攻。黥布大败逃走,在半路上被人杀了。

汉高祖平定了黥布,路过他的故乡沛县住了几天,邀集了故乡的父老子弟和以前熟悉的人,举行了一次宴会,请他们一起喝酒,无拘无束地快乐几天。

他在快乐当中,想起过去自己怎样战胜了项羽,又想到以后要治理好国家,可真不容易。别说一些诸侯不肯安分守己,就是边境上也常常发生麻烦,上哪儿去找勇士帮他守卫呢?

想到这里,十分感慨,情不自禁地唱起歌来:

大风起兮云飞扬,
威加海内兮归故乡,
安得猛士兮守四方!

汉高祖还乡

垓下一战，项羽彻底失败，汉王刘邦平定了楚地，从而统一了天下，成为汉代的开国皇帝，揭开了汉代历时400余年的历史，后尊称为汉高祖。公元前195年，刘邦又平定了黥布之乱，可是却让黥布逃之夭夭了。刘邦在平定淮南王黥布的叛乱中，亲自督阵，指挥大军，在战斗中当胸中了一箭，但幸亏伤势不重，稍事包扎之后，回长安途中，正好途经故乡沛县。现已是一代君王的刘邦，实现了他年少时心欲席卷天下，南面称帝的鸿鹄之志，于是踌躇满志之时，

他决定衣锦还乡，在万千仪仗的前呼后拥之下，兴致勃勃地踏上归途，好不威风地向故乡进发。

汉高祖刘邦，沛县(今江苏沛县)人，他曾做过管理10里之地的小吏亭长。后因押送囚犯，囚犯逃走后无法向上级交差，就将剩下的囚犯全部放走，自己弃官与10余人逃亡芒砀山中。陈涉大泽乡起义后，他率众响应，自称沛公。刘邦年轻时虽地位卑微，但却心怀大志。一次，他在街头见到秦始皇出巡时的不凡气势和宏大场面，不禁感叹道："大丈夫当如是也!"意思是说，堂堂男子汉不应枉生人世，应该像秦始皇这样，夺取天下，当上皇帝。如今刘邦如愿以偿，经多年奋斗，实现了他梦寐以求的"帝王梦"，登上了将士和百姓的白骨砌成的龙廷宝座，这对过去只是小小亭长的刘邦来说，这无疑是一件大快人心的喜事。今天，刘邦途经沛县，怎能过家门而不入呢？他应该去光宗耀祖，一展威风。记得他刚登上帝位不久，每封朝会，只见满朝文武，拜倒脚下，高呼万岁，他乐得开怀大笑地说："今天，我才真知道做了皇帝，苍天之下，万人之上，原来竟如此高贵!"

雪后的原野，被冲出云层的冬阳照耀得晶光耀眼，皑皑发亮。沛县的老百姓听说沛县生长的皇帝即将驾到，在此前夕就已激动万分，第二天天未亮就张灯结彩，吹拉弹唱，挤满道旁，等待圣驾的光临。这时在拥挤的人流之中，几个年轻小伙正抬来一位须发斑白的老汉，他也毕恭毕敬地站在道旁，他内心也洋溢着虔诚和荣耀，想一睹皇上的龙颜，这就是刘邦的父亲。正在人们焦急地盼望圣上驾到之时，只见一骑飞似的急驰而来，而后勒住马缰，向百姓宣布："皇帝陛下驾到。"随即，只见望不到边的车队人马，踏着闪闪发光的积雪，旌旗猎猎，马蹄得得，车铃丁当，直向跪倒道旁、齐呼万岁的百姓走来。刘邦踏上阔别多年的故乡土地，目睹眼前这规模盛大、万民俯首、鼓乐齐鸣、众人狂呼的庞大场面，不禁回忆起当年身为亭长的低下身份和艰难处境，真是今非昔比，令他百感交汇，感慨系之。他面对这些熟悉而又似乎陌生的面孔，他听到这些亲切而又有几分畏惧的声音，激动之情冲洗了他的一路征尘和征战辛劳。他在故乡大庆数日，邀请父老乡亲、亲戚朋友来参加他举行的盛大庆典和宴会。

刘邦在故乡意气风发、豪情满怀地逗留了几日，马上就要起驾回朝了，临行之日，他颇为动情地说："各位父老乡亲，朕此次荣归乡里，乐返桑梓，几日以来，思绪万千，激奋不已。朕今日即将离去，虽身处关中，但朕今后当会时时怀念乡亲父老，情系故园。朕自亡命芒砀，起兵反秦，身经百战，生死置之度外；战胜群雄，天下已经初定。若无生我育我的沛县，若无扶我助我的乡亲，朕岂有今日？现朕宣旨，以沛县作为朕的汤沐邑，让家乡父老们，世代免除赋税。”刘邦振振有词的语音刚落，列队欢送圣驾归京的沛县百姓，无不叩首感谢皇恩，人人高呼“吾主万岁！万万岁！”

白登被围

自从在秦始皇统治时期打败匈奴以后，北方平静了十几年。到秦灭亡之后，中原发生了楚汉相争，匈奴就趁机一步一步向南打过来。

汉高祖的时候，匈奴的冒顿单于带领了 40 万人马包围了韩王信（原韩国贵族，和韩信是两个人）的封地马邑。韩王信抵挡不了，向冒顿求和。汉高祖得到这个消息，派使者责备韩王信。韩王信害怕汉高祖办他的罪，就向匈奴投降了。

冒顿占领了马邑，又继续向南进攻，围住晋阳。

汉高祖亲自赶到晋阳，和匈奴对敌。

公元前 200 年冬天，天空下着大雪，气候特别冷，中原的兵士没碰到过这样冷的天气，冻坏了不少人，有的人竟冻得掉了手指。但是，汉朝的军队和匈奴兵一接触，匈奴兵就败走，一连打赢了几阵。后来，听说冒顿单于逃到代谷。

汉高祖进了晋阳，派出兵士去侦察，回来的人都说冒顿的部下全是一些老弱残兵，连他们的马都是挺瘦的。如果趁势打过去，准能打胜仗。

汉高祖还怕这些兵士的侦察不可靠，又派刘敬到匈奴营地去刺探。

刘敬回来说："我们看到的匈奴人马的确都是些老弱残兵，但我认为冒顿一定是把精兵埋伏起来，陛下千万不能上这个当。"

汉高祖大怒，说："你胆敢胡说八道，想阻拦我进军。"说着，就把刘敬关押起来。

汉高祖率领一队人马刚到平城，突然四下里拥出无数匈奴兵来，个个兵强马壮，原来的老弱残兵全不见了。汉高祖拼命杀出一条血路，退到平城东面的白登山上。

冒顿单于派出 40 万精兵，把汉高祖围困在白登山。周围的汉军没法救援，汉高祖的一部分人马在白登山，整整被围了7天，没法脱身。

高祖身边的谋士陈平打发了一个使者带着黄金、珠宝去见冒顿的阏氏，请她在单于面前说些好话。阏氏一见这么多的礼物，心里挺高兴。

当天晚上，阏氏对冒顿说："我们占领了汉朝地方，没法长期住下来，再说，汉朝皇帝也会有人来救他。咱们不如早点撤兵回去吧！"

冒顿听了阏氏的话，第二天一清早，就下令将包围网敞开一角，放汉兵出去。

第二天清早，天正下着浓雾，汉高祖悄悄地撤离了白登山。陈平还不放心，叫弓箭手朝着左右两旁拉满了弓，保护汉高祖下山。

汉高祖提心吊胆走出了匈奴的包围圈，快马加鞭，一口气逃到广武。他定了定神，首先把刘敬放出来，说："我没听你的话，弄得在白登山被匈奴围了起来，差点儿不能和你见面了。"

汉高祖逃出了虎口，自己知道没有力量再去征服匈奴，只好回到长安。以后，匈奴一直侵犯北方，叫汉高祖大伤脑筋。他问刘敬该怎么办？刘敬说："最好采用'和亲'的办法，大家讲和，结为亲戚，彼此可以和和平平地过日子。"

汉高祖同意刘敬的意见，派刘敬到匈奴去说亲，冒顿同意了。汉高祖挑了一个宫女所生的女儿，称作大公主，嫁给匈奴单于，冒顿就把她立为阏氏。打那时候起，汉朝开始采取“和亲”的政策，跟匈奴的关系暂时缓和了下来。

白马盟

汉高祖晚年的时候，十分宠爱戚夫人。戚夫人生了个儿子，叫作如意，被封为赵王。汉高祖总觉得吕后所生的太子刘盈生性软弱，怕他将来干不了大事，倒是如意说话做事很像自己。因此，想改立如意为太子。

他曾经为这件事跟大臣们商量过，但大臣们都反对，连他一向敬重的张良也帮着吕后，请了当时很有名望的四个隐士叫“商山四皓”，来辅佐太子刘盈。汉高祖知道没法废掉太子，就对戚夫人说：“太子有

了帮手，翅膀已经长硬了，没有法子改变了。”戚夫人也伤心得没法说。

汉高祖在讨伐黥布的时候，胸部中了流箭。后来，伤势越来越厉害。有一次，有人偷偷地对他说：“樊哙（吕后的妹夫）和吕后串通一气，只等皇上一死，就打算杀掉戚夫人和赵王如意。”

汉高祖大怒，立即把陈平和将军周勃召进宫来，对他们说：“你们赶快到军营，立刻把樊哙的头砍下来见我。”

那时候，樊哙正带兵在燕国。陈平、周勃接受了命令，两人私下商量说：“樊哙功劳大，又是皇后的妹夫，咱们可不能随便杀他。这会儿皇上发火要杀他，以后万一后悔起来，怎么办?”

两人商量了一阵，把樊哙关在囚车里，送到长安，后来果然被吕后释放。

汉高祖病重了，他把大臣召集在他跟前，又吩咐手下人宰了一匹白马，要大臣们歃血为盟。大臣们当着高祖的面，歃了血，起誓说：“从今以后，不是姓刘的不得封王，不是功臣不得封侯。违背这个盟约的，大家共同讨伐他。”大臣们宣了誓，汉高祖才放下心。

汉高祖的病越来越重了。他叫吕后进去，嘱咐后事。

吕后问他："陛下百年之后，要是萧相国死了。谁可以接替他？"

汉高祖说："可以让曹参接替。"

吕后又问："曹参以后呢？"

汉高祖说："王陵可以接替。不过王陵有点憨直，可以叫陈平帮助他。陈平有足够的智谋，但是不能独当一面。周勃为人厚道，办事慎重，只是不大懂得文墨。但是将来安定刘家天下的，还得靠周勃。"

吕后再问下去，汉高祖摇摇头说："以后的事，就不是你能够知道的了。"

公元前 195 年，汉高祖死去。吕后把消息封锁起来，秘密把她的一个心腹大臣审食其找去，对他说："大将们和先帝都是一起起兵的。他们在先帝手下已经不大甘心。如今先帝去世，更靠不住，不如把他们都杀了。"

审食其觉得这事不好办，就约吕后的哥哥吕释之做帮手。吕释之的儿子吕禄把这个秘密消息泄露给他的好朋友郦寄，郦寄又偷偷地告诉他父亲郦商。

郦商得知这消息，赶忙去找审食其，对他说："听说皇上去世已经 4 天了。皇后不发丧，反倒打算杀害大臣。这样做，一定激起大臣和将军们的反抗，天下大乱不用说，只怕您的性命也保不住。"

审食其吓住了，忙去找吕后。吕后也觉得杀大臣这件事没有把握，就下了发丧的命令。

大臣们安葬了汉高祖，太子刘盈即位，就是汉惠帝，吕后就成了太后。

汉惠帝的确是个老实无能的人，一切听他母亲吕太后做主。吕太后大权在手，想怎么做就怎么做。

她最痛恨的是戚夫人和赵王如意。她先把戚夫人罚做奴隶，又派人把赵王如意从封地召回长安。

汉惠帝知道太后要害死弟弟如意，亲自把如意接到宫里，连吃饭睡觉都和他在一起，使吕太后没法下手。

有一天清晨。汉惠帝起床出外练习射箭。他想叫如意一起去，如意年轻贪睡，汉惠帝见他睡得很香，不忍叫醒他，自己出去了。等惠帝回宫，如意已经死在床上。惠帝知道弟弟是被毒死的，只好抱着尸首大哭一场。吕太后杀了如意，还残酷地把戚夫人的手脚通通砍去。挖出她的两眼，逼她吃了哑药，把她扔在猪圈里。

汉惠帝瞧见戚夫人被太后折磨成这个样子，不禁放声大哭，还吓得生了一场大病。他派人对太后说："这种事不是人干得出来的。我是太后的儿子，没有能力治理天下。"

打那以后，汉惠帝就不愿再过问朝廷的政事。

吕后临朝称制

汉惠帝死后，吕后装模作样地哭了一场。可她只是在那儿扯着嗓子叫唤，眼里没有一滴眼泪。这时候，张良的儿子张辟彊看出了吕后假哭的秘密，就对丞相陈平说："太后哭惠帝，却没有眼泪，因为她很怕你们这些功臣。如果你请太后的子侄掌握大权，太后就放心了，你们这些人就不会有危险了。"陈平听从了他的意见，吕后真的高兴了，再哭也有眼泪了。

汉惠帝的张皇后一直没有生儿子，吕后让从宫中

抱来一个美人生的婴儿，并把那个美人给杀了。这个婴儿当了皇帝，历史上称为前少帝。

吕后夺了朝中大权以后，想封吕家的人为王，但她又怕大臣们反对，于是就征求右丞相王陵的意见，王陵是个直心肠，他当时就表示反对，对吕后说："不行！高祖在世的时候，曾经杀白马订盟约，规定不是刘家的人不得封王，没有功劳的人不得封侯，谁不遵守这个盟约，天下人共同讨伐他！如今您要封吕家的人为王，这是违背盟约的，我不能同意！"

吕后听了这话，脸上立即挂了一层霜，冷冷地看着王陵。

陈平和周勃见她神色有变，两个人偷偷地交换一下眼色，互相微微点头，齐声说道："高祖皇帝平定天下，曾封子弟为王，今太后掌管朝政，分封吕氏子弟又有什么不可呢？"

吕后听了这番话后，立即转怒为喜，心里美滋滋的，脸上有了笑容。

不久，吕后就免掉了王陵右丞相的职务，叫他去做前少帝的老师。王陵很生气，就假说自己有病，告假回故乡去了。吕后立即把左丞相陈平升为右丞相，把自己的亲信审食其提升为左丞相。

接着，吕后又向大臣们放出口风，极力地鼓吹自己的侄子吕台如何如何能干，意思是想叫大臣们出来保封吕台为王。由于王陵被她踢走了，朝中正直的大臣也常常托病在家，没有人再敢违背吕后的意思，因此，大臣们顺从了吕后的意见，为吕台请封。

吕后就把吕台封为吕王，把济南郡作为他的封国。不久，吕台死了，他的儿子吕嘉继为吕王。由于朝中无人直接公开反对，吕后越发放开手脚，一口气又封了好几个王侯，封吕产为梁王，吕禄为赵王，吕台的儿子吕通为燕王，还封了6个吕家的人做列侯。

就这样，由于吕太后的专权，吕氏子侄一个个被破格提拔，吕后恐怕刘吕两姓互相争斗，就想出了一条亲上加亲的政策。她把吕禄的女儿嫁给齐王刘肥的二儿子朱虚侯刘章，又让赵王刘友、梁王刘恢娶了吕氏妻子，以为这样可以使刘吕两姓相处无事。结果，刘友的妻子到长安告密，说刘友造反，吕后立即把刘友抓住，活活地折磨死了。梁王刘恢也很快就自杀了。

前少帝渐渐地长大了，也懂了一点儿人情世故。他听说张皇后不是他的母亲，他自己的亲生母亲已经被吕后害死了，就愤愤不平地说："太后怎么杀了我的母亲？我现在还小，将来长大了，一定要替我母亲报仇！"这话很快就传到吕后的耳朵里，她哪里能够容忍呢？暗暗地骂道：“好个毛孩子！看来你是活得不耐烦了！”

于是，她就把前少帝偷偷杀害了，又找了汉惠帝另一个叫刘弘的小孩子来做皇帝，史称后少帝。这刘弘连个年号都没有，他不过是吕后手中的玩具，朝中大权完全由吕后执掌。到这时候，吕太后和她的侄子侄孙们，实际上已经把刘姓的天下给篡夺去了，刘家王朝成了吕家天下。

直到吕后死后，周勃、陈平等人才把吕氏势力消灭，恢复了刘家天下。

萧规曹随

汉惠帝即位第二年，年老的相国萧何病重。汉惠帝亲自去探望他，还问他将来谁来接替他合适。

萧何不愿意发表意见，只说："谁还能像陛下那样了解臣下呢？"

汉惠帝问他："你看曹参怎么样？"

萧何和曹参早年都是沛县的官吏，跟随汉高祖一起起兵。两个人本来关系很好，后来曹参立下了不少战功，可是他的地位比不上萧何。两个人就不那么要

好了。但是萧何知道曹参是个治国的人才，所以汉惠帝一提到他，他也表示赞成，说："陛下的主意错不了。有曹参接替，我死了也安心了。"

曹参本来是个

将军，汉高祖封他长子刘肥做齐王的时候，叫曹参做齐相。那时候，天下刚安定下来，曹参到了齐国，召集齐地的父老和儒生 100 多人，问他们应该怎样治理百姓。这些人说了一些意见，但是各有各的说法，不知听哪个才好。

后来，曹参打听到当地有一个挺有名望的隐士，叫盖公。曹参把他请了来，向他请教。这个盖公精研黄老学说（黄老就是指黄帝、老子），主张治理天下的人应该清静无为，让老百姓自行过安定的生活。

曹参依了盖公的话，尽可能不多去打扰百姓。他做了 9 年齐相，齐国所属的 70 多座城都比较安定。

萧何一死，汉惠帝马上命令曹参进长安，接替做相国。曹参还是用盖公清静无为的办法，一切按照萧何已经规定的章程办事，什么也不变动。

有些大臣看曹参这种无所作为的样子，有点儿着急，也有的去找他，想帮他出点儿主意。但是他们一到曹参家里，曹参就请他们一起喝酒。要是有人在他跟前提起朝廷大事，他总是把话题岔开，弄得别人没法开口。最后客人喝得醉醺醺地回去，什么也没有说。

汉惠帝看到曹相国这副样子，认为他是倚老卖老，瞧不起他，心里挺不踏实。

曹参的儿子曹窋，在皇宫里侍候惠帝。惠帝嘱咐他说："你回家以后，找个机会问问你父亲，高祖归了天，皇上那么年轻，国家大事全靠相国来主持。可您天天喝酒，不管事，这么下去，怎么能够治理好天下呢？看你父亲怎么说。"

曹窋趁假期回家的时候，就照惠帝的话一五一十地跟曹参说了。

曹参一听，就上火了，他骂着说："你这种毛孩子懂得个什么，国家大事也轮到你来啰唆。"说着，竟叫仆人拿板子来，把曹窋打了一顿。

曹窋莫名其妙地受了责打，非常委屈，回宫的时候当然向汉惠帝诉说一通。汉惠帝也感到很不高兴。

第二天，曹参上朝的时候，惠帝就对他说："曹窋跟你说的话，是我叫他说的，你打他干什么？"

曹参向惠帝请了罪，接着说："请问陛下，您跟高祖比，哪一个更英明？"

汉惠帝说："那还用说，我怎么能比得上高祖皇帝。"

曹参说："我跟萧相国比较，哪一个能干？"

汉惠帝不禁微微一笑，说："好像不如萧相国。"

曹参说："陛下说的话都对。陛下不如高祖皇帝，我又不如萧相国。高祖皇帝和萧相国平定了天下，又为我们制定了一套规章。我们只要按照他们的规定照着办，不要失职就行了。”

汉惠帝这才有点儿明白过来。

曹参用他的黄老学说，做了 3 年相国。由于那时候正处在长期战争的动乱之后，百姓需要安定，他那套办法没有给百姓增加更多的负担。因此，当时有人编了歌谣称赞萧何和曹参。历史上把这件事称为“萧规曹随”。

周勃夺军

汉惠帝没有嫡生儿子，吕太后取惠帝与宫人之子，谎称是皇后所生，立为太子。公元前 188 年，惠帝一死，由这个婴儿接替皇位，吕太后就名正言顺地临朝执政。

吕太后为了巩固自己的权力，要立吕家的人为王，问问大臣们可不可以。

右丞相王陵是个直肠子，说："高皇帝宰白马立下盟约，不是姓刘的不应该封王。"

吕太后听了十分不高兴，又问左丞相陈平和太尉

周勃。

陈平、周勃说："高祖平定天下，分封自己的子弟为王，这当然是对的；现在太后临朝，封自己的子弟为王，也没有什么不可以。"

吕太后才高兴地点点头。

散朝以后，王陵批评陈平和周勃说："当初在先帝跟前宣誓的时候，你们不是都在场吗？现在你们违背了誓言，怎么对得起先帝？"

陈平和周勃说："您别着急。当面在朝廷上和太后争论，我们比不上您；将来保全刘家天下，您可比不上我们了。"

打这以后，吕太后就陆续把她的内侄、侄孙，像吕台、吕产、吕禄、吕嘉、吕通等一个个都封了王，还让他们掌握了军权。整个朝廷大权几乎全落在吕家的手里了。

吕后一家夺了刘家的权，大臣中不服气的人不少，只是大多数人敢怒而不敢说罢了。

汉高祖有个孙儿刘章，封号叫朱虚侯，他的妻子是吕禄的女儿。有一次，吕太后举行宴会，指定刘章监督。刘章对太后说："我是将门的后代，请允许我按军法来监督酒宴。"吕太后答应了。

刘章瞧见大伙儿喝酒喝得热闹。他提出要给吕太后唱个《耕田歌》助助兴，吕太后说："你就唱吧！"

刘章放开嗓子唱了起来：

深耕概种，立苗欲疏；
非其种者，锄而去之。

（这首歌的意思是：田要耕得深，苗要栽得疏；不是好种子，就把它锄掉。）

吕太后听了，很不痛快。

不一会儿，有个吕家子弟喝醉了酒，不告而别。刘章追了上去，借口他违犯宴会规矩，把他杀了。刘章回来向太后报告的时候，左右大臣吓得什么似的。吕太后因为已经允许他按军法办事，也拿他没有办法。

吕太后临朝的第八年，得了重病。临死前封赵王吕产为相国，统领南军；吕禄为上将军，率领北军，并且叮嘱他们说："现在吕氏掌权，大臣们都不服。我死了以后，你们一定要带领军队保卫宫廷，不要出去送殡，以免遭人暗算。"

吕太后死后，兵权都在吕产、吕禄手里。他们想发动叛乱，但是一时不敢动手。

刘章从妻子那里知道了吕家的阴谋，就派人去告诉他哥哥齐王刘襄，约他从外面发兵打进长安来。

齐王刘襄向西进兵，吕产得到这个消息，立刻派将军灌婴带领兵马去对付。灌婴一到荥阳，就跟部将们商量说："吕氏统率大军，想夺取刘家天下。如果我们向齐王进攻，岂不是帮助吕氏叛乱吗？"

大家商量后，决定按兵不动，还暗地里通知齐王，要他联络诸侯，等待时机成熟，共同起兵讨伐吕氏。齐王接到通知，也就暂时按兵不动。

周勃、陈平知道吕氏要发动叛乱，他们想先发制人，但是兵权在吕氏手里，怎么办呢？

他们想到大臣郦商的儿子郦寄和吕禄是好朋友，就派人让郦寄去劝说吕禄："太后死了，皇帝年纪又小，您身为赵王，却留在长安带兵，大臣诸侯都怀疑您，对您不利。如果您能把兵权交给太尉，回到自己封地，齐国的兵就会撤退，大臣们也心安了。"

吕禄相信了郦寄的话，把北军交给太尉周勃掌管。

周勃拿了将军的大印，迅速跑到北军军营中去。向将士下了一道命令："现在吕氏想夺刘氏的权，你们看怎么办？谁帮助吕家的袒露右臂，帮助刘家的袒露左臂。"

北军中的将士本来都是向着刘家的。命令一传下去，一下子全脱下左衣袖，露出左臂来（文言叫“左袒”）。周勃顺利地接管了北军，把吕禄的兵权夺了过来。

吕产还不知道吕禄的北军已落在周勃手里，他跑到未央宫想要发动叛乱。周勃派朱虚侯刘章带了1000多个兵士赶来，把吕产杀了。接着，周勃带领北军，把吕氏的势力消灭了。

到这时候，大臣们胆子就大了。他们说：“从前吕太后所立皇上不是惠帝的孩子。现在我们灭了吕氏，让这种冒充的太子当皇帝，长大了不是吕氏一党吗？我们不如再在刘氏诸王中推一个最贤明的立为皇帝。”

大臣们商议的结果，认为代王刘恒在高祖的几个儿子中，年龄最大，品格又好，就派人到代郡（治所在今河北蔚县）把刘恒迎到长安，立为皇帝，这就是汉文帝。

缇萦救父

汉文帝的母亲薄太后出身低微，在汉高祖在世的时候是个不得宠的妃子。她怕住在宫里受吕后的陷害，就请求跟着儿子住在代郡。住在代郡不像在皇宫里那么阔气，因此，娘儿俩多少知道一些老百姓的疾苦。

汉文帝即位不久，就下了一道诏书说："一个人犯了法，定了罪也就是了。为什么要把他的父母妻儿也一起逮捕办罪呢？我不相信这种法令有什么好处，

请你们商议一下改变的办法。”

大臣们一商量，按照汉文帝的意见，废除了一人犯法、全家连坐（连坐，就是被牵连一同办罪）的法令。

公元前167年，临淄地方有个小姑娘名叫淳于缇萦。她的父亲淳于意，本来是个读书人，因为喜欢医学，经常给人治病，出了名。后来他做了太仓令，但他不愿意跟做官的来往，也不会拍上司的马屁。没过多久，就辞了职，当起大夫来了。

有一次，有个大商人的妻子生了病，请淳于意医治。那病人吃了药，病没见好转，过了几天死了。大商人仗势向官府告了淳于意一状，说他是错治了病。当地的官吏判他“肉刑”（当时的肉刑有脸上刺字、割去鼻子、砍去左足或右足等），要把他押解到长安去受刑。

淳于意有5个女儿，可没有儿子。他被押解到长安去离开家的时候，望着女儿们叹气，说：“唉，可惜我没有儿子，遇到急难，一个有用的也没有。”

几个女儿都低着头伤心得直哭，只有最小的女儿缇萦又是悲伤，又是气愤。她想：“为什么女儿偏偏没有用呢？”

她提出要陪父亲一起上长安去，家里人再三劝阻她也没有用。

缇萦到了长安，托人写了一封奏章，到宫门口递给守门的人。

汉文帝接到奏章，知道上书的是个小姑娘，倒很重视。那奏章上写着：

“我叫缇萦，是太仓令淳于意的小女儿。我父亲做官的时候，齐地的人都说他是个清官。这回他犯了罪，被判处肉刑。我不但为父亲难过，也为所有受肉刑的人伤心。一个人砍去脚就成了残废；割去了鼻子，不能再装上去，以后就是想改过自新，也没有机会了。我情愿给官府没收为奴婢，替父亲赎罪，好让他有个改过自新的机会。”

汉文帝看了信，十分同情这个小姑娘，又觉得她说得有道理，就召集大臣们，对大臣说：“犯了罪该受罚，这是不容置疑的。可是受了罚，也该让他重新做人才是。现在惩办一个犯人，在他脸上刺字或者毁坏他的肢体，这样的刑罚怎么能劝人为善呢。你们商量一个代替肉刑的办法吧！”

大臣们一商议，拟定一个办法，把肉刑改为打板子。原来判砍去脚的，改为打 500 板子；原来判割鼻子的改为打 300 板子。汉文帝就正式下令废除肉刑。这样，缇萦就挽救了她的父亲。

汉文帝废除肉刑，看起来是件好事。但是实际执行起来，却是弊病不少。有些犯人被打上 500 板或 300 板，就给打死了，这样一来，反而加重了刑罚。后来到了他的儿子汉景帝手里，才又把打板子的刑罚减轻了一些。

周亚夫的细柳营

汉文帝即位之后，跟匈奴贵族继续采取和亲的政策，双方没有发生大规模的战争。但是后来匈奴的单于听信了汉奸的挑拨，跟汉朝绝了交。公元前 158 年，匈奴的军臣单于起兵 6 万，侵犯上郡（治所在今陕西榆林东南）和云中（治所在今内蒙古托克托东北），杀了不少老百姓，抢掠了不少财物。边境的烽火台都放起烽火来报警，远远近近的火光，连长安也望得见。

汉文帝连忙派 3 位将军带领三路人马去抵抗。为了保卫长安，另外派了 3 位将军带兵驻扎在长安附近：将军刘礼驻扎在灞上，

徐厉驻扎在棘门，周亚夫驻扎在细柳。

有一次，汉文帝亲自到这些地方去慰劳军队，顺便也去视察一下。

他先到灞上，刘礼和他部下将士一见皇帝驾到，都纷纷骑着马来迎接。汉文帝的车驾闯进军营，一点儿没有受到什么阻拦。

汉文帝慰劳了一阵走了，将士们忙不迭地欢送。

接着，他又来到棘门，受到的迎送仪式也是一样隆重。

最后，汉文帝来到细柳。周亚夫军营的前哨一见远远有一彪人马过来，立刻报告周亚夫。将士们披盔带甲，弓上弦，刀出鞘，完全是准备战斗的样子。

汉文帝的先遣队到达了营门。守营的岗哨立刻拦住，不让进去。

先遣的官员威严地吆喝了一声，说："皇上马上驾到！"

营门的守将毫不慌张地回答说："军中只听将军的军令。将军没有下令，不能放你们进去。"

官员正要同守将争执，文帝的车驾已经到了。守营的将士照样挡住。

汉文帝只好命令侍从拿出皇帝的符节，派人给周亚夫传话说："我要进营来犒军。"

周亚夫下命令打开营门，让汉文帝的车驾进来。

护送文帝的人马一进营门，守营的官员又郑重地告诉他们："军中有规定，军营内不许车马奔驰。"

侍从的官员都很生气。汉文帝却吩咐大家放松缰绳，缓缓地前进。

到了中军，只见周亚夫披戴着全身盔甲，拿着兵器，威风凛凛地站在汉文帝面前，拱拱手作个揖，说："臣盔甲在身，不能下拜，请允许按照军礼朝见。"

汉文帝听了，大为震动，也扶着车前的横木欠了欠身，向周亚夫表示答礼。接着，又派人向全军将士传达他的慰问。

慰问结束后，汉文帝离开细柳，在回长安的路上，汉文帝的侍从人员都愤愤不平，认为周亚夫对皇帝太无礼了。

但是，汉文帝却赞不绝口，说："啊，这才是真正的将军啊！灞上和棘门两个地方的军队，松松垮垮，就跟孩子们闹着玩儿一样。如果敌人来偷袭，不做俘虏才怪呢。像周亚夫这样治军，敌人怎敢侵犯他啊！"

过了一个多月，前锋汉军开到北方，匈奴退了兵，防卫长安的三路军队也撤了。

汉文帝在这一次视察中，认定周亚夫是个军事人才，就把他提升为中尉（负责京城治安的军事长官）。

第二年，汉文帝害了重病。临死的时候，他把太子叫到跟前，特地嘱咐说："如果将来国家发生动乱，叫周亚夫统率军队，准错不了。"

汉文帝死了后，太子刘启即位，就是汉景帝。

晁错削地

汉景帝也像文帝一样，采用休养生息的政策，决心把国家治理好。景帝当太子的时候，有个叫晁错的博士，才能出众，大家把他尊称“智囊”，汉景帝即位以后，把他提升为御史大夫。

汉朝实行的是郡县制，但是同时又有22个诸侯国。这些诸侯都是汉高祖的子孙，也就是所谓同姓王。到了汉景帝那时候，诸侯的势力很大，土地又多，像齐国有70多座城，吴国有50多座城，楚国有40多座城。有些诸侯不受朝廷的约束，特别是吴王刘濞，更是骄横。他的封国靠海，还有铜矿，自己煮盐采铜，跟汉皇帝一样富有。他自己从来不到长安朝见皇帝，简直使吴国成为一个独立王国。

晁错眼看这样下去，对巩固中央政权不利，就对汉景帝说：“吴王一直不来朝见，按理早该把他办罪。先帝（指文帝）在世时对他很宽大，他反倒越来越狂妄自大。他还私自开铜山铸钱，煮海水产盐，招兵买马，准备叛乱，不如趁早削减他们的封地。”

汉景帝还有点犹豫，说："好是好，只怕削地会激起他们造反。"

晁错说："诸侯存心造反的话，削地要反，不削地将来也要造反。现在造反，祸患还小；将来他们势力雄厚了，再反起来，祸患就更大了。"

汉景帝觉得晁错的话很有道理，决心削减诸侯的封地。大多诸侯不是荒淫无度，就是横行不法，想要抓住他们的罪恶，作为削减封地的理由，还不容易！过了不久，有的被削去一个郡，有的被削掉几个县。

晁错的父亲听到这个消息，从家乡颍川特地赶到了京城。他对晁错说："你当了御史大夫，地位已经

够高的了。怎么不安分守己，硬管闲事？你想想，诸侯王都是皇室的骨肉至亲，你管得着？你把他们的封地削了，他们哪一个不怨你，恨你，你这样做究竟是为的什么？"

晁错说："不这样做，皇上就没法行

使权力，国家也一定要乱起来。”

他父亲叹了口气说：“你这样做，刘家的天下安定，我们晁家却危险了。我老了，不愿意看到大祸临头。”

晁错又劝了他父亲一阵。可是老人不体谅晁错的心意，回到颍川老家，服毒自杀了。

晁错正跟汉景帝商议要削吴王濞的封地，吴王濞先造起反来了。他打着“惩办奸臣晁错，救护刘氏天下”的幌子，煽动别的诸侯一同起兵叛乱。

公元前 154 年，吴、楚、赵、胶西、胶东、淄川、济南 7 个诸侯王发动叛乱。历史上称“七国之乱”。

叛军声势很大，汉景帝有点儿吓坏了。他想起汉文帝临终时的嘱咐，拜善于治军的周亚夫为太尉，统领 36 名将军率兵去讨伐叛军。

那时候，朝廷上有个妒忌晁错的人就说七国发兵完全是晁错引起的。他劝汉景帝说：“只要答应七国的要求，杀了晁错，免了诸侯起兵的罪，恢复他们原来的封地，他们就会撤兵回去。”

汉景帝听信了这番话，说：“如果他们真能够撤兵，我又何必舍不得晁错一个人呢。”

接着，就有一批大臣上奏章弹劾晁错，说他大逆不道，应该腰斩。汉景帝为了保住自己的皇位，竟昧着良心，批准了这个奏章。

一天，中尉来到晁错家，传达皇帝的命令，要他上朝议事。晁错还完全蒙在鼓里，立刻穿上朝服，跟着中尉上车走了。

车马经过长安东市，中尉忽然拿出诏书，要晁错下车听诏。中尉宣布了汉景帝的命令，后面一群武士就一拥而上，把晁错绑起来。这个一心想维护汉家天下的晁错，竟这样莫名其妙地被腰斩了。

汉景帝杀了晁错，派人下诏书要七国退兵。这时候吴王濞已经打了几个胜仗，夺得了不少地盘。他听说要他拜受汉景帝的诏书，冷笑说："现在我也是个皇帝，为什么要下拜?"

汉军营里有个官员名叫邓公，到长安向景帝报告军事情况。汉景帝问他说："你从军营里来，知不知道晁错已经死了？吴、楚愿不愿意退兵?"

邓公说："吴王为了造反已经准备了几十年了。这次借削地的因头发兵，哪里是为了晁错呢？陛下把晁错错杀了，恐怕以后谁也不敢替朝廷出主意了。"

汉景帝这才知道自己做错了事，但后悔已来不及。亏得周亚夫很能用兵。他先不跟吴、楚两国的叛军正面作战，却派一队轻骑兵抄了他们的后路，断绝了叛军的粮道。吴、楚两国军队没有粮食，自己先乱起来。周亚夫才发动精兵出击，把吴、楚两国的兵马打得一败涂地。

吴、楚两国是带头叛乱的，两国一败，其余 5 个国家也很快地垮了。不到 3 个月时间，汉军就把七国的叛乱平定了。

汉景帝平定了叛乱，虽然仍旧封了七国的后代继承王位，但是打那以后，诸侯王只能在自己的封国里征收租税，不许干预地方的行政，权力大大削弱，汉朝的中央政权才继续巩固下来。

平定七国之乱

汉高祖刘邦在铲除韩信、彭越、黥布等异姓王的过程中，分封刘姓子弟为王，去接替空出来的王位，这就是同姓王。

同姓王国起初只有 9 个，后来逐渐增加，传到汉文帝刘恒的时候，已经增加到 20 多个，其中领地最大的有齐、楚、吴、荆、燕、淮南等。这些王国所领有的土地，合起来占了西汉帝国土地的大半。皇帝直

接统辖的地区，仅仅只有15个郡，并且这15个郡当中往往还有列侯和公主的领地，真正属于皇帝能管辖的土地，也就只有10个郡左右。

刘邦生前认为同姓王都是他的兄弟子侄，是靠得住的，可是事实上同姓王势力大了照样也会造反，要来夺取皇位。汉景帝时候的七国之乱，就是同姓王想来夺取皇位的一次严重叛乱。

早在七国之乱以前，汉文帝三年（公元前177年）和六年（公元前174年），济北王刘兴居和淮南王刘长已经发动过叛乱，因为叛乱的范围比较小，因此很快被镇压下去了，影响不大。比这两次叛乱更早一些，吴王刘濞也已经在准备叛乱了。

刘濞是汉高祖刘邦的侄子，21岁的时候被封为吴王，掌管东南地区3郡53城的封地。他倚仗自己封地内自然资源丰富的有利条件，大量采铜铸钱，煮海水为盐，蓄积财富。

他为了收买民心，宣布免除封国内的赋税，并且招降纳叛，拼命扩张势力，准备用武力推翻汉朝的中央政府。

汉文帝立自己的儿子刘启为太子。不久，吴王刘濞把他的儿子送到长安来，名义上是陪伴太子一块儿学习、玩耍，实际上是送个儿子到皇宫里作抵押，迷惑一下汉文帝，表示他并没有谋反的野心。

太子刘启和刘濞的儿子都喜欢赌博，两个年轻人火气都很旺，赌着赌着就会吵起来，有时候甚至还动手打架。有一次，两个人又打起来了。太子刘启顺手抄起赌博用的木盘，扔了过去，一下子就把刘濞的儿子给打死了。刘启派人把死者的遗体送回吴国去安葬。

吴王刘濞看到儿子的遗体，先是大哭一场，接着怒气冲冲地说："我和当今皇上是同一个爷爷的孙子。我的儿子既然死在长安，就应当在长安的皇陵里安葬，为什么要送回来？"

他派人把儿子的遗体又送往长安，硬要在皇陵里安葬，用这种要挟的手段向汉文帝示威，并且从此以后，他就假装有病，不再到京城里朝见皇帝，更积极地准备造反了。

对于已经发生和将要发生的王国叛乱事件，一些拥护中央集权制度的大臣和官吏，都感到事态严重，应当迅速谋求解决的办法。有个叫贾谊的大臣，曾经给汉文帝上书，指出当时王国势力过于强大，犹如一个人犯了肿病，一条腿肿得像腰那么粗，一个指头肿得像一条腿，应当赶快医治才好。贾谊认为医治的办法最好是分割诸侯的王国，削弱他们的力量，力量小了，也就不会造反了。太子刘启的老师晁错，也跟贾谊有同样的看法，建议汉文帝削减王国的领地，分散他们的力量。

汉文帝明知他们的建议都很好，可是觉得时机还没有成熟，不能太性急了。他只是在齐王刘侧死后，因为没有儿子即位，才把领地最大的齐国分成了6个小国，又把曾经发动过叛乱的淮南国分成了3个小国。

汉文帝在位23年，在46岁那年去世了。太子刘启做了皇帝，就是汉景帝。汉景帝任命自己的管家晁错为御史大夫。晁错又一次建议削夺王国的领地。他对汉景帝说："吴王因为儿子被打死，假装有病不来朝见天子，这种狂妄的行为，按照古代的礼法应当杀头。现在他不改过自新，反而更加骄横，应当趁早削夺他的领地。"

汉景帝说："削夺他的领地，他造起反来怎么办？"

晁错说："削夺他的领地，他早一点儿反，危害小一些；不削他的地，他晚一点儿反，准备得更充分了，危害就更大。"

汉景帝认为晁错说得有道理，就开始实行削弱王国的措施。他先从其他几个王国下手，先把楚国的一个郡、赵国的一个郡和胶西国的6个县削减下来，划归汉朝中央政府直接管辖。

吴王刘濞看到汉景帝已经削了3个王国，下一个就要轮到他了，决定用武力对抗。他联合了楚、胶西、赵、济南、淄川、胶东6个王国，一起出兵，于汉景帝三年（公元前154年）发动叛乱，这就是历史上有名的“七国之乱”。

七国起兵的名义是“清君侧”，就是要求杀掉汉景帝身边主张削弱王国的晁错。这当然是一个借口，实际上是吴王刘濞纠集分裂割据势力，想要夺取汉景帝的皇位。

汉景帝一方面派太尉周亚夫和大将军窦婴等分头率军应战，另一方面却又不愿意战事扩大，真的把晁错杀了，借以缓和七国的敌对情绪。汉景帝虽然杀了晁错，可是七国仍然没有停止军事行动，还是一个劲儿地向西北进军。

被汉景帝派去平乱的太尉周亚夫，是汉朝开国名将周勃的儿子，很善于用兵。他接受平乱的任务以后，对汉景帝说：“楚国的军队很彪悍，跟他们正面作战很难取胜，应当断绝他们的粮道，才能制伏他们。”汉景帝批准了周亚夫的作战计划，周亚夫领兵出发了。

军队来到霸上，有个叫赵涉的人拦住周亚夫的马车献计说：“吴王刘濞占据的地方很富饶，他招兵买马，想要造反已经很久了，这次您出兵去征讨，他一定会在半路上山势险峻的地方设下埋伏，袭击您的队伍，所以您千万不要从老路行军；应当走蓝田，出武关，直奔洛阳，走这条路虽说远一些，路上要多花一两天时间，但是走这条路出乎吴王他们的意料，他们一定没有防备，等到您突然出现在他们面前，他们一定会大吃一惊，以为您是从天而降。”周亚夫接受了赵涉的意见，大队人马从右路直奔洛阳。

赵涉的建议果然起到了出奇制胜的作用。周亚夫率领的大军很快截断了吴、楚联军的粮道，使得联军的粮食供应发生很大困难，士兵由于饥饿，军心大乱，纷纷逃散。周亚夫乘机发动猛烈进攻，大败吴楚七国联军。

楚王刘戊自杀，吴王刘濞带了几千人冲出重围，逃到长江南岸的丹徒（今江苏省镇江市丹徒区）。他想去联合东越兵卷土重来，可是周亚夫早已悬赏千金要他的脑袋，所以东越人不但不帮助他，反而乘机杀了他，把他的脑袋献给了周亚夫来领赏。

至此，历时约 3 个月的七国之乱，终于被平定下去了。

平定七国之乱，是实行统一集权制度的中央政府战胜了地方封建割据势力。从此，汉朝才真正成为一个统一的封建帝国，社会才进一步得到安定，经济和文化的发展才有了可靠的保障，人民才能安居乐业。

汉武帝的爱情故事

刘彻是汉高祖刘邦的曾孙，文帝刘恒是他祖父，父亲是景帝刘启。刘彻7岁时就有幸被立为皇太子；公元前141年，年仅16岁的他就继承了父亲的帝位。刘彻在位54年，以他的雄才大略、文治武功，开创了西汉历史上最鼎盛的黄金时代，在中华民族的史册上谱写过辉煌壮丽的篇章。

刘彻在宫中曾设立为朝廷专事采诗制乐的音乐机关“乐府”。当时宫廷乐府中有位仪表不凡、能歌善舞、又擅长作曲的乐官李延年，他凭此受到了武帝的宠幸，得以经常陪侍在刘彻的身边。有一次宫中举行大型歌舞宴会，李延年为博得武帝的欢心，于是他就请乐工演奏他新近创作的曲子，自己还翩翩起舞，引吭高歌起来。歌词是：

北方有佳人，绝世而独立。
一顾倾人城，再顾倾人国。
宁不知倾城与倾国？
佳人难再得！

参加宴饮的文武百官都沉醉在李延年的轻歌曼舞之中，汉武帝更是入神，微闭着双眼，已是悠然陶醉了。尤其是那歌词所描绘的佳人的风姿和魅力，更使刘彻心驰神往，为之震颤了。李延年踏着乐曲的旋律，兴之所至狂舞数遍，乐曲戛然而止，奏乐歌舞也停下来了。刘彻仿佛从幽深绵长的梦境中似醉方醒，将李延年召唤过来，轻轻对李延年叹息道：“李爱卿，难道这人世上真有你歌词中所描绘的这样的美人吗？”李延年似乎不敢正面回答，只是频频点头。但是，汉武帝刘彻的姐姐平阳公主，深知弟弟问话的心事，就从旁抢先回答道："皇上，怎么没有呢？这位绝代佳人就是李延年的胞妹啊！"不久李延年的妹妹被召入宫中。秦汉之际，人们将帝王之妾称为"夫人"，之后李延年的妹妹就成了武帝的宠妾，史称李夫人。

李夫人来到宫中，刘彻一见，觉得她容貌不同凡俗，她不仅有妩媚迷人的容颜，还有温柔雅静的气质，果真是举世无双、令人一见倾心的美人。刘彻对李夫人百般宠爱，终日与她寻欢作乐，进宫后不久，李夫人还为刘彻生了一个儿子。可是好景不长，年轻的李夫人后来得了重病，病情极为严重，不久就病故了。汉武帝为此悲痛不已，对李夫人的思念之情越来越深，内心的悲伤也越积越多。在百无聊赖之际，刘彻就作了一首《李夫人歌》，还令宫中乐工谱上曲子，日夜演唱，以寄托他对李夫人的无限哀思。这首歌是：

是耶？非耶？
立而望之，
偏何姗姗其来迟！

汉武帝思念李夫人的感情深切，这种情感也时时袭击着他受伤难愈的心灵，久之真是难以自拔。一次，刘彻在侍臣和宫女的簇拥下，来到昆明湖泛舟解闷。此时正值深秋，刘彻看到那秋风萧瑟、红日西沉、万花纷谢、黄叶飘零的凄凉景象时，又仿佛看见美貌的李夫人正凌波漫步，姗姗而来……刘彻灵感触发，诗情涌动，又随口吟出了一首思念李夫人的哀伤的《落叶哀蝉曲》：

罗袂兮无声，玉墀兮尘生。
虚房冷而寂寞，落叶依于重扃。
望彼美之女兮，安得感余心之未宁？

汉武帝与李夫人的爱情传奇在历史上被传为佳话，汉武帝的《李夫人歌》和《落叶哀蝉曲》等诗赋和李延年的《李延年歌》，以及汉以后历代以此为歌咏题材的诗词，也在文学史上得以流传。李夫人也成为历史上著名的人物，“倾国倾城”也成了形容美人的成语，在今天的语言中还不断出现，被人们运用。

数字情书

司马相如少时好读书，口吃，有文才，因家贫，曾投靠临邛（今四川邛崃）县令王吉，临邛豪富卓王孙因为司马相如是王吉的客人，设盛宴招待他，得以结识卓王孙女儿文君，就在当夜，她随司马相如私奔成都。司马相如穷得家徒四壁，无以为生，于是再返临邛，开了一家酒店，卓文君当垆卖酒，司马相如系一条围裙，和店小二一样，端菜添饭。

生活虽是辛苦，但夫妻恩爱，过得和和美美。

汉武帝刘彻喜爱辞赋，即位后就把一批辞赋作者招至自己身边。司马相如善辞赋，尝著《子虚赋》。汉武帝读到这一篇赋以后，大加赞赏，马上下令召见司马相如。司马相如又为天子游猎作赋，成《上林赋》。汉武帝读了极为欢喜，随即任以为郎。

司马相如到汉都长安（今陕西西安）做官去了，把卓文君抛在老家成都过着孤寂的日子。

司马相如英才勃发，春风得意，事业有成，可是，对妻子的感情却渐渐淡漠了。卓文君在家日日想、夜夜盼，过了整整 5 年，才接到司马相如的一封信。信上是这么写的：

一二三四五六七八九十百千万

这么 13 个数目字，令人莫名其妙，不知所云。可卓文君不愧才女，经过一番思考，终于悟出了此信的奥妙：13 个数字，小无“零”，大无“亿”。“零”，据《广韵 · 先韵》，和“怜”同部。“零”谐“怜”。无“零”即无“怜”。“怜”，古代辞书《尔雅 · 释诂下》：“怜，爱也。”这就是说，无“零”隐喻着无“爱”。而“亿”谐“忆”，“忆”，思念、想念的意思。这就是说，无“亿”隐喻着不思念、不想念的心意。很明显，这是一封绝情的信，可是，司马相如却并未直接说出，而是运用数字藏词的手法，含蓄地表达了出来。

卓文君悟出信的寓意以后，伤心至极，回想

当年不顾名声舆论，抛父别母，舍弃豪华生活，随他私奔，过着艰难岁月的情景，激愤不已。她马上提笔写了一封回信：

一别之后，两地相悬。只说是三四月，又谁知五六年？七弦琴无心弹，八行书无可传。九连环从中折断，十里长亭望眼欲穿。百思想，千系念，万般无奈把郎怨。

卓文君根据丈夫来信中的数字，巧妙地连缀成文，随着数字的递升，将怨妇的思念与哀愁抒述得淋漓尽致，读来感人肺腑。

司马相如读了，感到万分愧疚。

飞将军李广

公元前129年，匈奴派兵进犯上谷（治所在今河北怀来东南部）。汉武帝派卫青、公孙敖、公孙贺、李广4名将军带领人马分头出击。

在4名将军中，要数李广年纪最大，资格最老。李广在汉文帝时候就做了将军；汉景帝的时候，他跟周亚夫一起平定七国之乱，立过大功；后来，汉景帝又派他去做上郡（治所在今陕西榆林东南部）太守。

有一次，匈奴进犯上郡，李广带着100个骑兵去追赶3个匈奴射手，追了几十里地才追上。他射死了

其中的两个，把第三个活捉了，正准备回营，远远望见有几千名匈奴骑兵赶了上来。

李广手下的兵士突然碰到那么多匈奴兵，不由得都慌了。李广对他们说：“我们离开大营还有几十里地。如果现在往回跑，匈奴兵追上来，我们就完了。不如干脆停下来，匈奴兵以为咱们是来引诱他们的，一定不敢来攻击我们。”

接着，李广下令前进，在离匈奴阵地仅仅两里的地方停了下来，命令兵士一齐下马，把马鞍全卸下来，就地休息。

兵士们都发急了，说：“匈奴兵马这么多，又这么近，要是他们打过来，怎么办？”

李广说：“我们这样做，表示不走，使敌人相信我们是诱骗他们的。”

匈奴的将领看到李广这样布置，真的有点儿害怕。他们远远地观察汉军动静，不敢上来。

这时候，匈奴阵地上有一个骑白马的将军，走出来巡视队伍。李广突然带着十几名骑兵翻身上马，飞驰过去，一箭把他射死。然后再回到自己队伍中，下马躺在地上休息。

匈奴兵越看越怀疑。天黑下来，他们认定汉军一定有埋伏，怕汉军半夜袭击他们，就连夜全部逃回去。到了天亮，李广一瞧，山上已没有了匈奴兵，才带着100多名骑兵安然回到大营。

这一回，汉武帝派了四路人马去抵抗匈奴。匈奴的军臣单于探明了汉兵的情况，知道4名将军中最难对付的是李广，就把大部分兵力集中在雁门，沿途布置好埋伏，命令部下活捉李广。匈奴兵多势盛，经过一场激烈的战斗，李广的人马被打散，李广自己也受了伤，被匈奴兵俘虏。

匈奴兵看李广受了重伤，把他放在用绳子编成的吊床里，用两匹马驮着，送到单于的大营去。

李广躺在那张吊床上动也不动，真的像死了似的。走了十几里地，他偷偷地瞅准旁边一个匈奴兵骑的一匹好马，使劲一挣扎，猛地跳上马，夺了弓箭，把那匈奴兵推下马去，调过马头拼命往南飞奔。

匈奴派了几百名骑兵追赶。李广一面使劲夹住马肚子，催马快跑，一面回转身来，拈弓搭箭，一连射死了几个追在前面的匈奴兵。匈奴兵眼看赶不上李广，只好瞪着白眼让他跑了。

李广虽然脱了险，但是因为他损兵折将，被判了死罪。汉朝有一条规矩，罪人可以拿钱赎罪。李广交了一笔钱，总算赎了罪，回家做了平民。

过了不久，匈奴又在边境骚扰，汉武帝重新起用李广，让他担任右北平（郡名，治所在今辽宁凌源西南）太守。

多少年来，李广一直在北方防守。因为李广行动快，箭法精，忽来忽去，叫人摸不准他的路子。所以匈奴人给他起一个外号叫“飞将军”。李广做了右北平太守，匈奴人害怕飞将军，不敢进犯。

右北平一带没有匈奴兵进犯，可是常有老虎出来伤害人。李广只要听说哪儿有老虎，总亲自去射杀。老虎碰见他，没有不给射死的。

据说，有一次，李广回来晚了，天色朦胧，他和随从一面走，一面提防着老虎，忽然瞧见前面山脚下草丛里蹲着一只斑斓猛虎。他连忙拿起弓箭，使尽全力射了过去。凭他百发百中的箭法，自然射中了。

手下的兵士见他射中老虎，拿着刀枪跑上去捉虎。他们走近一瞧，全愣了，原来中箭的不是老虎，竟是一块大石头，而且这支箭陷得很深，几个人想去拔也拔不出来。大伙儿真是又惊奇，又佩服。

李广过去一看，自己也纳闷起来，石头怎么能射得进去呢？他回到原来的地方，对准那块石头又射了几箭，箭碰到石头，只迸出火星儿，却再也射不进去了。但就是凭这一箭，人们都传说飞将军李广的箭能射穿石头。

李广的一生，大都投入了抗击匈奴的事业。他身经大小 70 余次战斗，由于他英勇善战，成为匈奴贵族心目中可怕的劲敌。但是李广在他一生的战斗中常常遭到意外的挫折。倒是两个新提拔起来的青年将军——卫青和霍去病，在抗击匈奴的战争中立下了赫赫战功。

张骞通西域

汉武帝初年，匈奴中有人投降了汉朝。汉武帝从他们的谈话中知道一点儿西域的情况。他们说有一个月氏国，被匈奴打败，向西逃去，定居在西域一带。他们跟匈奴有仇，想要报复，就是没有人帮助他们。

汉武帝想，月氏既然在匈奴西边。汉朝如果能跟月氏联合起来，切断匈奴跟西域各国的联系，这不是等于切断了匈奴的右胳膊吗？

于是，他下了一道诏书，征求能干的人到月氏去联络。当时，谁也不知道月氏国在哪儿，也不知道有

多远。要担负这个任务，可得有很大的勇气。

有个年轻的郎中（官名）张骞，觉得这是一件有意义的事，首先应征。有他一带头，别的人胆子也大了，有100名勇士应了征。有个在长安的匈奴族人叫堂邑父，也愿意跟张骞一块儿去找月氏国。

公元前138年，汉武帝就派张骞带着100多个人出发去找月氏。但是要到月氏，一定要经过匈奴占领的地界。张骞他们小心地走了几天，还是被匈奴兵发现并围住了，全都做了俘虏。

匈奴人没有杀他们，只是派人把他们分散关起来，只有堂邑父跟张骞住在一起，一住就是10多年。

日子久了，匈奴对他们管得不那么严。张骞跟堂邑父商量了一下，瞅准匈奴人不防备，骑上两匹快马逃了。

他们一直向西跑了几十天，吃尽苦头，逃出了匈奴地界，没找到月氏，却闯进了另一个国家叫大宛（在今中亚细亚）。

大宛和匈奴是近邻，当地人懂得匈奴话。张骞和堂邑父都能说匈奴话，交谈起来很方便。他们见了大宛王，大宛王早就听说汉朝是个富饶强盛的大国，这回听到汉朝的使者到了，很欢迎他们，并且派人护送他们到康居（约在今巴尔喀什湖和咸海之间），再由康居到了月氏。

月氏被匈奴打败了以后，迁到大夏附近建立了大月氏国，不想再跟匈奴作战。大月氏国王听了张骞的话，不感兴趣，但是因为张骞是个汉朝的使者，也很有礼貌地接待他。

张骞和堂邑父在大月氏住了一年多，期间到大夏去了一次，看到了许多从未见到过的事物。但是他们没能说服大月氏国共同对付匈奴，只好回来。经过匈奴地界，又被扣押了一段时间，幸好匈奴发生了内乱，才逃出来回到长安。

张骞在外面足足过了 13 年才回来。汉武帝认为他立了大功，封他做太中大夫。

张骞向汉武帝详细报告了西域各国的情况。他说："我在大夏看见邛山（在今四川省）出产的竹杖和蜀地出产的细布。当地的人说这些东西是商人从天竺（就是现在的印度）贩来的。"他认为既然天竺可以买到蜀地的东西，一定离蜀地不远。

汉武帝就派张骞为使者，带着礼物从蜀地出发，去结交天竺。张骞把人马分为四队，分头去找天竺。四路人马各走了两千里地，都没有找到。有的还被当地的部族打回来了。

往南走的一队人马到了昆明，也给挡住了。汉朝的使者绕过昆明，到了滇越（在今云南东部）。滇越国王的上代原是楚国人，已经有好几代跟中原隔绝了。他愿意帮助张骞前往天竺，可是昆明在中间挡住，没能过去。

张骞回到长安，汉武帝认为他虽然没有找到天竺，但是结交了一个一直没有联系过的滇越，也很满意。

到了卫青、霍去病消灭了匈奴兵主力，匈奴逃往大沙漠北面以后，西域一带许多国家看到匈奴失了势，都不愿意向匈奴进贡纳税。汉武帝趁这个机会再派张骞去通西域。公元前 119 年，张骞和他的几个副手，拿着汉朝的旌节，带着 300 个勇士，每人两匹马，还带着一万多头牛羊和黄金、钱币、绸缎、布帛等礼物去结交西域。

张骞到了乌孙（在今新疆境内），乌孙王出来迎接。张骞送了他一份厚礼，建议两国结为亲戚，共同对付匈奴。乌孙王只知道汉朝离乌孙很远，可不知道汉朝的兵力有多强。他想得到汉朝的帮助，又不敢得罪匈奴，因此乌孙君臣对共同对付匈奴这件事商议了几天，还是决定不下来。

张骞恐怕耽误日子，打发他的副手们带着礼物，分别去联络大宛、大月氏、于阗（在今新疆和田一带）等国。

乌孙王还派了几个翻译帮助他们。

这许多副手去了好些日子还没回来。乌孙王先送张骞回到长安，他派了几十个人跟张骞一起到长安参观，还带了几十匹高头大马送给汉朝。

汉武帝见了他们已经很高兴了，又瞧见了乌孙王送的大马，格外优待乌孙使者。

过了一年，张骞害病死了。张骞派到西域各国去的副手也陆续回到长安。副手们把到过的地方合起一算，总共到过 36 国。

打那以后，汉武帝每年都派使节去访问西域各国，汉朝和西域各国建立了友好交往。西域派来的使节和商人也络绎不绝。中国的丝和丝织品，经过西域运到西亚，再转运到欧洲，后来人们把这条路线称作“丝绸之路”。

图文版

中华上下五千年

【第二卷】

垢文涛/主编

辽海出版社

苏武牧羊

匈奴自从被卫青、霍去病打败以后，双方有好几年没有发生过战争。不过，匈奴口头上虽表示要跟汉朝和好，但实际上还是随时想进犯中原。

匈奴的单于一次次派使者来求和，可是汉朝的使者到匈奴去回访，有的却被他们扣留了。汉朝也扣留了一些匈奴使者。

公元前100年，汉武帝正想出兵攻打匈奴，匈奴派使者来求和了，还把汉朝的使者都释放。汉武帝为了答复匈奴的善意表示，派中郎将苏武拿着旌节，带着副手张胜和随员常惠，出使匈奴。

苏武到了匈奴，送回扣留的使者，送上礼物。苏

武正等单于写个回信让他回去，没想到就在这个时候，发生了一件倒霉的事儿。

苏武没到匈奴之前，有个汉人叫卫律，在出使匈奴后投降了匈奴。单于特别重用他，封他为王。

卫律有一个部下叫作虞常，对卫律很不满意。他跟苏武的副手张胜原来是朋友，就暗地跟张胜商量，想杀了卫律，劫持单于的母亲，逃回中原去。

张胜很表示同情，没想到虞常的计划没成功，反而被匈奴人逮住了。单于大怒，叫卫律审问虞常，还要查问出同谋的人来。

苏武本来不知道这件事。到了这时候，张胜怕受到牵连，才告诉苏武。

苏武说："事情已经到这个地步，一定会牵连到我。如果让人家审问以后再死，不是更给朝廷丢脸吗？"说罢，就拔出刀来要自杀。张胜和随员常惠眼疾手快，夺去他手里的刀，把他劝住了。

虞常受尽种种刑罚，只承认跟张胜是朋友，说过话，拼死也不承认跟他同谋。

卫律向单于报告。单于大怒，想杀死苏武，被大臣劝阻了，单于又叫卫律去逼迫苏武投降。

苏武一听卫律叫他投降，就说："我是汉朝的使者，如果违背了使命，丧失了气节，活下去还有什么脸见人。”又拔出刀来向脖子抹去。

卫律慌忙把他抱住，苏武的脖子已受了重伤，昏了过去。

卫律赶快叫人抢救，苏武才慢慢苏醒过来。

单于觉得苏武是个有气节的好汉，十分钦佩他。等苏武伤痊愈了，单于又想逼苏武投降。

单于派卫律审问虞常，让苏武在旁边听着。卫律先把虞常定了死罪，杀了；接着，又举剑威胁张胜，张胜贪生怕死，投降了。

卫律对苏武说：“你的副手有罪，你也得连坐。”

苏武说：“我既没有跟他同谋，又不是他的亲属，为什么要连坐？”

卫律又举起剑威胁苏武，苏武不动声色。卫律没法，只好把举起的剑放下来，劝苏武说：“我也是不得已才投降匈奴的，单于待我好，封我为王，给我几万名的部下和满山的牛羊，享尽富贵荣华。先生如果能够投降匈奴，明天也跟我一样，何必白白送掉性命呢？”

苏武怒气冲冲地站起来说：“卫律！你是汉人的儿子，做了汉朝的臣下。你忘恩负义，背叛了父母，背叛了朝廷，厚颜无耻地做了汉奸，还有什么脸来和我说话。我绝不会投降，怎么逼我也没有用。”

卫律碰了一鼻子灰回去，向单于报告。单于把苏武关在地窖里，不给他吃喝，想用长期折磨的办法，逼他屈服。

这时候正是严冬天气，外面下着鹅毛大雪。苏武忍饥挨饿，渴了，就捧了一把雪止渴；饿了，扯了一些皮带、羊皮片啃着充饥。过了好些天，居然没有饿死。

单于见折磨他没用，把他送到北海边去放羊，跟他的部下常惠分隔开来，不许他们通消息，还对苏武说："等公羊生了小羊，才放你回去。"公羊怎么会生小羊呢，这不过是说要长期监禁他罢了。

苏武到了北海，旁边什么人都没有，唯一和他做伴的是那根代表朝廷的旌节。匈奴不给口粮，他就掘野鼠洞里的草籽充饥。日子一久，旌节上的穗子全掉了。

一直到了公元前85年，匈奴的单于死了，匈奴发生内乱，分成了3个国家。新单于没有力量再跟汉朝打仗，又打发使者来求和。那时候，汉武帝已死去，他的儿子汉昭帝即位。汉昭帝派使者到匈奴去，要单于放回苏武，匈奴谎说苏武已经死了。使者信以为真，就没有再提。

第二次，汉使者又到匈奴去，苏武的随从常惠还在匈奴。他买通匈奴人，私下和汉使者见面，把苏武在北海牧羊的情况告诉了使者。使者见了单于，严厉责备他说：“匈奴既然有心同汉朝和好，就不应该欺骗汉朝。我们皇上在御花园射下一只大雁，雁脚上拴着一条绸子，上面写着苏武还活着，你怎么说他死了呢?”

单于听了，吓了一大跳。他还以为真的是苏武的忠义感动了飞鸟，连大雁也替他送消息呢。他向使者道歉说:“苏武确实是活着，我们把他放回去就是了。”

苏武出使的时候，才 40 岁。在匈奴受了 19 年的折磨，胡须、头发全白了。回到长安的那天，长安的人民都出来迎接他。他们瞧见白胡须、白头发的苏武手里拿着光杆子的旌节，没有一个不受感动的，说他真是个有气节的大丈夫。

辞赋大家司马相如

汉武帝刘彻酷爱文学，尤喜辞赋，他常与聚集在他周围的一群文人墨客写诗作赋，在吟咏中去寻找欢乐。有一天，武帝读了司马相如创作的《子虚赋》，赞不绝口，惊叹不已，连声叹道："朕遗憾的是，不能与此赋的作者同在当世啊！"恰好此时，汉武帝内宫的养犬太监（即"犬监"）杨得意站在一旁，他就向武帝禀告："启禀陛下，本赋的作者司马相如与臣下是同乡，如果皇上要召见他，臣

下可为陛下效劳并很快找到他。”武帝随即下诏，召司马相如立即进京。启程前夕，卓文君与相如难舍难分，通宵达旦而不能成寐。卓文君想道，相如年轻气盛，才智过人，又怀才不遇，屡受压抑，担心他第二次来到长安后，稍有不慎又会遇到挫折。于是，卓文君强忍住分离的满眶热泪，语重心长地叮嘱道：“男儿在世，功名固是人生的大业，理应锐意进取；但是官场险恶，江湖亦多风波，千万勿以功名为累作苦，以致作茧自缚。你如果求功名而不得，须宜早早归家，我俩白头偕老，这岂不也是天赐的快乐吗?”

第二天天未亮，卓文君就送相如上路。传说西汉时代，成都北郊建有一座石拱小桥，卓文君当年就是久久站立于这座小桥，送走丈夫的背影；以后分别的几年，卓文君也时时在这座小桥凝眸远望，盼望相如的归来。

司马相如经过长途跋涉，披着满身征尘来到长安，武帝在皇宫中设宴接待了这位来自巴山蜀水，又是自己未谋面却神交已久的西蜀文人。武帝一见司马相如，果真才貌不凡，谈吐自如，谈话中时有妙语连珠，精辟之论。攀谈不久，武帝马上将话题转到了那篇《子虚赋》，并且称赞备至，评价极高。

司马相如今日竟做梦也没有想到，《子虚赋》的知音，自己的文友就是当今治国有方、倡导文学的皇上，也就兴奋不已、毫不掩饰地启奏武帝：“陛下，那《子虚赋》只不过是写了些诸侯游猎之事，今蒙皇上称道，臣感激不尽；其实《子虚赋》又何足道哉？这不足以体现我汉室的雄风，如今我只想为皇上再写一篇展示皇上威风、天子游猎的新赋，再献给陛下。”

当时，汉武帝历时数年的大型皇家园林上林苑正好落成，第二天，他就十分高兴地与司马相如驱车来到上林苑，召集文武随从在上林尽兴游猎达数日之久。回来后不久，司马相如就创作了《子虚赋》的姊妹篇《上林赋》。赋中司马相如极尽夸张、铺陈、渲染之能事，写尽上林苑的堂皇富丽，描绘了游猎场面的精彩壮观，再现了武帝游猎时的风采雄姿。这篇《上林赋》迎合了年轻的汉武帝意气风发的心理，得到了汉武帝超过《子虚赋》几倍的赞誉；尤其是文章的结尾，相如将全赋旨意归于节俭，借以进行讽谏，以力戒奢侈豪华，武帝认为十分精警，对相如更是夸奖。

《上林赋》创作后不久，司马相如受到武帝的器重，就封他为“郎”，后提升为“中郎将”，接着又奉武帝之命出使巴蜀，为配合武帝抗击匈奴，不辱使命地完成了安抚西南边陲的重任。在文学创作上，司马相如又利用辞赋这一文学形式，对朝廷政事进行讽谏，为后世又留下了《大人赋》《美人赋》《哀二世赋》《长门赋》等多篇力作，在汉赋创作和中国文学史上赢得了自己崇高不朽的地位。

司马迁写《史记》

苏武出使匈奴的第二年，汉武帝派贰师将军李广利带兵3万，攻打匈奴，打了个大败仗，几乎全军覆没，李广利逃了回来。李广的孙子李陵当时担任骑都尉，带着5000名步兵跟匈奴作战。单于亲自率领3万骑兵把李陵的步兵团团围困住。尽管李陵的箭法十分好，兵士也十分勇敢，5000步兵杀了五六千名匈奴骑兵，但是匈奴兵越来越多，汉军寡不敌众，后面又没救兵，最后只剩了400多汉兵突围出来。李陵被匈

奴逮住，投降了。

李陵投降匈奴的消息震动了朝廷。汉武帝把李陵的母亲和妻儿都下了监狱，并且召集大臣，要他们议一议李陵的罪行。

大臣们都谴责李陵不该贪生怕死，向匈奴投降。汉武帝问太史令司马迁，听听他的意见。

司马迁说："李陵带去的步兵不满5000，他深入敌人的腹地，打击了几万敌人。他虽然打了败仗，可是杀了这么多的敌人，也可以向天下人交代了。李陵不肯马上去死，准有他的主意。他一定还想将功赎罪来报答皇上。"

汉武帝听了，认为司马迁这样为李陵辩护，是有意贬低李广利（李广利是汉武帝宠妃的哥哥），勃然大怒，说："你这样替投降敌人的人强辩，不是存心反对朝廷吗?"他吆喝一声，就把司马迁下了监狱，交给廷尉审问。

审问下来，把司马迁定了罪，应该受腐刑（一种肉刑）。司马迁拿不出钱赎罪，只好受了刑罚，关在监狱里。

司马迁认为受腐刑是一件很丢脸的事，他几乎想自杀。但他想到自己有一件极重要的工作没有完成，不应该死。因为当时他正在用全部精力写一部书，这就是我国古代最伟大的历史著作——《史记》。

原来，司马迁的祖上好几辈都担任史官，父亲司马谈也是汉朝的太史令。司马迁10岁的时候，就跟随父亲到了长安，从小就读了不少书籍。

为了搜集史料，开阔眼界，司马迁从20岁开始，就游历祖国各地。他到过浙江会稽，看了传说中大禹召集部落首领开会的地方；到过长沙，在汨罗江边凭吊爱国诗人屈原；他到过曲阜，考察孔子讲学的遗址；他到过汉高祖的故乡，听取沛县父老讲述刘邦起兵的情况……这种游览和考察，使司马迁获得了大量的知识，又从民间语言中汲取了丰富的养料，为司马迁的写作打下了重要的基础。

后来，司马迁当了汉武帝的侍从官，又跟随皇帝巡行各地，还奉命到巴、蜀、昆明一带视察。

司马谈死后，司马迁继承父亲的职务，做了太史令，他阅读和搜集的史料就更多了。

在他正准备着手写作的时候，就因为替李陵辩护得罪武帝，下了监狱，受了刑。他痛苦地想：这是我自己的过错呀。

现在受了刑，身子毁了，没有用了。

但是他又想：从前周文王被关在羑里，写了一部《周易》；孔子周游列国的路上被困在陈、蔡，后来编了一部《春秋》；屈原遭到放逐，写了《离骚》；左丘明眼睛瞎了，写了《国语》；孙膑被剜掉膝盖骨，写了《孙子兵法》。还有《诗》300篇，大都是古人在心情忧愤的情况下写的。我为什么不利用这个时候把这部史书写好呢？

于是，他把从传说中的黄帝时代开始，一直到汉武帝元狩元年（公元前122年）为止的这一时期的历史，编写成130篇、52万字的巨著《史记》。

司马迁在他的《史记》中，对古代一些著名人物的事迹都做了详细的叙述。他对于农民起义领袖陈胜、吴广，给予高度的评价；对被压迫的下层人物往往采取同情的态度。他还把古代文献中过于艰深的文字改写成当时比较浅近的文字。人物描写和情节描述，形象鲜明，语言生动活泼。因此，《史记》既是一部伟大的历史著作，又是一部杰出的文学著作。

司马迁出了监狱以后，担任中书令。后来，终于郁郁不乐地死去。但他和他的著作《史记》在我国的史学史、文学史上都享有很高的地位。

霍光辅政

汉武帝为了打匈奴，通西域，再加上他的生活奢侈，喜欢讲排场，还迷信神仙，连年大兴土木，耗费了大量的人力、物力和财力。许多年来，把汉文帝、汉景帝时期积累起来的钱财、粮食耗费得差不多了。

为了筹钱，他重用残酷的官吏，加税加捐，甚至让有钱的人可以出钱买爵位，买官职。这些人做了官，当然要拼命搜刮老百姓，再加上水灾旱灾，逼得百姓日子难过，各地方就有大批农民起来反抗官府。

到了他在位的最后几年，他才决心停止用兵，并且提倡改良农具，改进耕种技术。他还亲自下地耕种，吩咐全国官吏鼓励农民增加生产。这样，国内才逐渐稳定下来。

公元前 87 年，汉武帝得病死了。即位的汉昭帝年仅 8 岁。按照汉武帝死前的嘱咐，由大将军霍光来辅助他。

霍光掌握了朝廷大权，帮助汉昭帝继续采取休养生息的政策，减轻税收，减少劳役，把国家大事管理得井井有条。

但是朝廷中有几个大臣却把霍光看作眼中钉，非把他除去不可。

左将军上官桀想把他 6 岁的孙女，嫁给汉昭帝做皇后，霍光没有同意。后来，上官桀靠汉昭帝的姐姐鄂邑长公主的帮助，让孙女当上了皇后。上官桀和他的儿子上官安想封鄂邑长公主的情夫为侯，霍光无论如何不依。

上官桀父子、鄂邑长公主都把霍光看作眼中钉，他们勾结了燕王刘旦，想方设法要陷害霍光。

汉昭帝 14 岁那年，有一次，霍光检阅御林军（皇帝的禁卫军），又曾把一名校尉调到他的大将军府里。上官桀他们就抓住这两件事，假造了一封燕王的奏章，派一个心腹冒充燕王的使者，送给汉昭帝。

那封信上大意说：大将军霍光检阅羽林军的时候，坐的车马跟皇上坐

的一样。他还自作主张，调用校尉。这里面一定有阴谋。我愿意离开自己的封地，回到京城来保卫皇上，免得坏人作乱。

汉昭帝接到那份奏章，看了又看，把它搁在一边。

第二天霍光要进宫朝见，听到燕王刘旦上书告发他的消息，吓得他不敢进宫。

汉昭帝吩咐内侍召霍光进来。霍光一进去，就脱下帽子，伏在地上请罪。

汉昭帝说："大将军尽管戴好帽子，我知道有人存心陷害你。"

霍光磕了个头说："陛下是怎么知道的？"

汉昭帝说："这不是很清楚吗？大将军检阅羽林军是在长安附近，调用校尉还是最近的事，一共不到 10 天。燕王远在北方，怎么能知道这些事？就算知道了，马上写奏章送来，还是来不及赶到这儿。再说，大将军如果真的要叛乱，也用不着只调一个校尉。这明明是有人想陷害大将军，燕王的奏章是假造的。"

霍光和别的大臣听了，没有一个不佩服少年的汉昭帝的聪明善断。

汉昭帝把脸一沉，对大臣们说："你们得把那个送假奏章的人抓来查问。"

上官桀怕昭帝追查得紧，他们的阴谋要露馅，对汉昭帝说："这种小事情，陛下就不必再追究了。"

打这儿起，汉昭帝就怀疑起上官桀这一伙人来。

上官桀等人并不就此罢休，他们偷偷地商量好，由鄂邑长公主出面，请霍光喝酒。他们布置好埋伏，准备在霍光赴宴的时候刺死他，又派人通知燕王刘旦，叫他到京师来。

上官桀还打算在杀了霍光之后再废去昭帝，立燕王为皇帝。没想到有人早把这个秘密泄露了出去，让霍光知道了。

霍光连忙报告汉昭帝。汉昭帝命令丞相田千秋火速发兵，把上官桀一伙通通逮起来处死。

汉昭帝才 21 岁就得病死去，没有孩子。霍光听了别人的意见，把汉武帝的孙子昌邑王刘贺立为皇帝。刘贺原是个浪荡子，他从昌邑带来了两百多个亲信，天天跟他们一起吃喝玩乐，即位才 27 天，把皇宫闹得乌烟瘴气。

霍光和大臣们一商议，联名上书，请皇太后下诏，把刘贺废了，另立汉武帝的曾孙刘询，这就是汉宣帝。

呼韩邪单于归附

匈奴呼韩邪单于被郅支单于打败后，左伊秩訾王为呼韩邪单于出谋划策，劝他归附汉朝，向汉朝称臣，请求援助，以此平定匈奴。

呼韩邪单于询问群臣，大家都说："不可以。匈奴的风俗，崇尚以力量取胜，耻于侍奉别人，靠马上征战立国，所以才在蛮夷各国之中享有威名。战死是壮士应该的。现在兄弟争夺国家，不是哥哥的，就是弟弟的，就算战死，仍享有威名，子孙可以永远统辖各蛮夷。汉朝虽然强大，还是不能兼并匈奴，我们为什么要败坏先代的制度，向汉朝称臣，让历代先王受辱，被其他各国笑话？就算因此能够平定匈奴，又怎么能再统辖各蛮夷？"左伊秩訾王说："不对。强弱是随着时间改变的，现在汉朝兴盛，乌孙等国都做了汉朝的臣子。我们从且鞮侯单于以来，力量日益削弱，不能恢复，尽管勉强支持到现在，却没有一天的安宁。现在侍奉汉朝，就可以安全生存；不称臣，一定会有亡国的危险。有什么计策比这更好呢？"

群臣争论了很久。呼韩邪单于听从了左伊秩訾王的建议，率领大家南下，靠近边塞，派他的儿子右贤王铢娄渠堂入朝做人质。郅支单于也派遣他的儿子右大将驹于利受入汉朝做人质。

甘露二年（公元前52年），匈奴呼韩邪单于抵达五原边塞，愿意奉献国宝，于甘露三年正月朝见汉宣帝。

汉宣帝下诏，命令主管官员商议朝见的仪式。丞相、御史大夫都说："按照以前的制度，以京师为先，以诸侯为后；以诸侯为先，以夷狄为后。匈奴单于来进见，接待的礼仪应该与接待诸侯王相同，位次应该排在诸侯王的后面。"

太子太傅萧望之则认为："单于不是汉朝的臣属，不应该用对臣属的礼仪接待他，让他的位次在诸侯王之上。外夷俯首称臣，我们谦让不以他为臣，这是笼络他的感情，显示我们的大度。《尚书》上说'戎狄很难驯服'，说明他们的归附变化无常。将来如果匈奴的后代突然不再朝见进贡，也不算叛臣，这才是长远的打算。"

汉宣帝采纳了萧望之的意见。下诏说："匈奴单于自称北方藩属，将于明年正月初一前来朝见。朕的恩德不足以承受，还是以国宾之礼相待，位次在诸侯王之上，朝见之时，只称臣，不具名。”

呼韩邪单于前来朝见，介绍的人只称他藩臣，不称他名字。之后单于住在长安，汉宣帝在建章宫设宴款待他，请他观赏珍宝。

二月，送单于回国。单于自己请求说：“愿意留在大沙漠之南的光禄塞居住，有紧急情况，可以进汉朝的受降城保护自己。”

汉宣帝派遣长乐卫尉高昌侯董忠、车骑都尉韩昌率领骑兵 16000 人，又征发边疆各郡几千士兵及马匹，送单于出朔方郡鸡鹿塞。诏令董忠等人留下来保卫单于，帮助单于征讨不服统治的人；又转运边疆的谷米粮食，共 34000 斛，供应匈奴人。

以前，从乌孙以西到安息，与匈奴接近的各国，都畏惧匈奴而轻视汉朝。等到呼韩邪单于朝见汉天子之后，就全都尊奉汉朝了。

王昭君出塞

汉宣帝在位的时候，汉朝政治清明、经济繁荣。那时候，匈奴由于贵族争夺权力，势力越来越衰落，最后，匈奴发生分裂，5个单于分立，互相攻打不休。

其中一个单于名叫呼韩邪，被他的哥哥郅支单于打败了，死伤了不少人马。呼韩邪和大臣商量，决心跟汉朝和好，就亲自带着部下来朝见汉宣帝。

呼韩邪是第一个到中原来朝见的单于，汉宣帝像招待贵宾一样招待他，亲自到长安郊外去迎接他，为他举行了盛大的宴会。

呼韩邪单于在长安住了一个多月。他要求汉宣帝帮助他回去。汉宣帝答应了，派了两个将军带领16000名骑兵护送他到了漠南。这时候，匈奴正缺少粮食，汉朝还送去34000斛粮食。

呼韩邪单于十分感激，一心想和汉朝和好。西域各国听到匈奴和汉朝和好了，也都争先恐后地同汉朝建交。汉宣帝死了后，他的儿子刘奭即位，就是汉元帝。没几年，匈奴的郅支单于侵犯西域各国，还杀了汉朝派去的使者。汉朝派兵打到康居，打败了郅支单于，把郅支单于杀了。

郅支单于一死，呼韩邪单于的地位稳定了。公元前33年，呼韩邪单于再一次到长安，要求同汉朝和亲。汉元帝同意了。

以前，汉朝和匈奴和亲，都得挑个公主或者宗室的女儿。这回，汉元帝决定挑个宫女给他，他吩咐人到后宫去传话："谁愿意到匈奴去的，皇上就把她当公主看待。"

后宫的宫女都是从民间选来的，她们一进了皇宫，就像鸟儿被关进笼里一样，都巴望有一天能把她们放出宫去。但是听说要离开本国到匈奴去，却又不乐意了。

有个宫女叫王嫱，也叫王昭君，长得十分美丽，又很有见识。为了自己的终身，她毅然应征，自愿到匈奴去和亲。

管事的大臣正在为没人应征焦急，听到王昭

君肯去，就把她的名字上报汉元帝。汉元帝吩咐办事的大臣择个日子，让呼韩邪单于和王昭君在长安成亲。

呼韩邪单于得到这样一个年轻美貌的妻子，高兴和感激的心情是不用说的了。

呼韩邪单于和王昭君向汉元帝谢恩的时候，汉元帝看到昭君又美丽又大方，多少有点儿舍不得。他想把王昭君留下，可是已经晚了。

传说汉元帝回到内宫，越想越懊恼。他再叫人从宫女的画像中拿出昭君的像来看。模样虽有点像，但完全没有昭君本人那样可爱。

原来宫女进宫后，一般都是见不到皇帝的，而是由画工画了像，送到皇帝那里去等候挑选。有个画工名叫毛延寿，给宫女画像的时候，宫女们送点儿礼物给他，他就画得美一点。王昭君不愿意送礼物，所以毛延寿没有把王昭君的美貌如实地画出来。

汉元帝一气之下，把毛延寿杀了。

王昭君在汉朝和匈奴官员的护送下，离开了长安。她骑着马，冒着刺骨的寒风，千里迢迢地到了匈奴，做了呼韩邪单于的阏氏。日子一久，她慢慢地也习惯了当地生活，和匈奴人相处得很好。匈奴人都喜欢她、尊敬她。

王昭君远离自己的家乡，长期定居在匈奴。她劝呼韩邪单于不要去发动战争，还把中原的文化传给匈奴。打这以后，匈奴和汉朝和睦相处，有 60 多年没有发生战争。

王莽复古改制

汉成帝是个荒淫的皇帝，即位以后，朝廷的大权逐渐落在外戚（太后或者皇后的亲属叫外戚）手里。成帝的母亲、皇太后王政君有 8 个兄弟，除了一个早死外，其他 7 个都被封侯。其中最大的王凤还被封为大司马、大将军。

王凤掌了大权，他的几个兄弟、侄儿都十分骄横奢侈。只有一个侄儿王莽，因为他父亲死得早，没有那种骄奢的习气。他像平常的读书人一样，做事谨慎小心，生活也比较节俭。人们都说王家子弟数王莽为人谦恭，作风严谨。

王凤死后，他的两个兄弟前后接替他做了大司马，后来又让王莽做了大司马。王莽很注意招揽人才，有些读书人慕他的名气来投奔，他都奉为贵宾。

汉成帝死了后，不出 10 年，换了两个皇帝——哀帝和平帝。汉平帝即位的时候，年仅 9 岁，国家大事都由大司马王莽做主。有些吹捧王莽的人都说王莽是安定汉朝的大功臣，请太皇太后王政君封王莽为安汉公。

王莽说什么也不肯接受封号和封地。后来，经大臣们一再劝说，他只接受了封号，把封地退了。

公元2年，中原发生了旱灾和蝗灾。由于多年来贵族、豪强不断兼并土地，剥削农民，逢到灾荒，老百姓没法活下去，都骚动起来。

为了笼络人心，王莽建议公家节约粮食和布帛。他自己先拿出100万钱、30顷地，当作救济灾民的费用。他这样一起头，有些贵族、大臣也只好拿出一些土地和钱来。

太皇太后把新野的两万多顷地赏给王莽，王莽又推辞了。

王莽还派8个心腹大臣分头到各地方去观察风土人情。他们把王莽不肯接受新野封地这件事到处宣扬，说王莽怎么虚心，怎样谦让。当时，中小地主都恨透了兼并土地的豪强，一听王莽连封给他的土地都不要，

就觉得他是个了不起的好人。

王莽越是不肯受封，越是有人要求太皇太后封赏他。据说，朝廷里的大臣和地方上的官吏、平民上书请求加封王莽的人共有 48 万多人。有人还收集了各种各样歌颂王莽的文字，一共有 3 万多字。王莽的威望就越来越高。

别人越是吹捧王莽，汉平帝越觉得王莽可怕、可恨。因为王莽不准平帝的母亲留在身边，还把他舅家的人全部杀光。汉平帝渐渐大了，免不得背地说了些抱怨的话。

有一天，大臣们给汉平帝上寿。王莽亲自献上一杯毒酒。

汉平帝没有怀疑，接过来喝了。

第二天，宫里传出话来，汉平帝得了重病，没有几天就死了。王莽还假惺惺哭了一场。汉平帝死的时候才 14 岁，当然没有儿子。王莽从刘家的宗室里找了一个两岁的幼孩为皇太子，叫作孺子婴。王莽自称“假皇帝”（假是代理的意思）。

有些文武官员想做开国元勋，劝王莽即位做皇帝。王莽也觉得做代理皇帝不如做真皇帝。于是，有一批吹捧的人纷纷制造出许多迷信的东西来骗人。比如“王莽是真命天子”的图谶在汉高祖庙中出现。

一直以推让出名的王莽这会儿不再推让了。王莽向太皇太后去讨汉朝皇帝的玉玺。王政君这才大吃一惊，不肯把玉玺交出来。后来被逼得没法子，只好气愤地把玉玺扔在地上。

公元 8 年，王莽正式即位称皇帝，改国号叫新，改长安为常安。从汉高祖称帝开始的西汉王朝，统治了 200 多年，到这时候就结束了。

王莽做了皇帝，打着复古改制的幌子，下令变法。第一，把全国土地改为“王田”，不准买卖；第二，把奴婢称为“私属”，不准买卖；第三，评定物价，改革币制。

这些改革，听起来都是好事情。可是没有一件不是办得挺糟糕的。土地改制和奴婢私属，在贵族、豪强的反对下，一开始就没法实行；评定物价的权掌握在贵族官僚手里，他们正好利用职权投机倒把、贪污勒索，反倒增加了人民的痛苦。币制改了好几次，钱越改越小，价越做越大，无形之中又搜刮了老百姓的一笔钱。

这种复古改制，不但受到农民反对，许多中小地主也不支持他。3 年以后，王莽又下了命令，王田、奴婢又可以买卖了。

王莽还想借对外战争来缓和国内的矛盾，这一来又引起了匈奴、西域、西南各部族的反对。王莽又征用民夫，加重捐税，纵容贪酷的官吏，对老百姓加重刑罚。这样，就逼得农民不得不起来反抗了。

绿林赤眉起义

王莽的残酷压榨，加上一连串的天灾，逼得农民走投无路，纷纷起义。东方和南方都有大批的农民起来反抗官兵。

公元 17 年，南方荆州闹饥荒，老百姓不得不到沼泽地区挖野荸荠充饥。人多野荸荠少，引起了争夺。新市有两个有名望的人，一个叫王匡，另一个叫王凤，出来给农民调解，受到农民的拥护。大家就公推他们当首领。

王匡、王凤就把这批饥民组织起来起义，一下子就聚集了好几百人，还有一些逃亡的犯

人也来投奔他们。

王匡他们占领了绿林山作为根据地，攻占附近的乡村。不到几个月工夫，这支起义军发展到七八千人。

王莽派了两万官兵去围剿绿林军，被绿林军打得大败而逃。绿林军趁势攻下了几座县城，打开监狱，放出囚犯；把官家粮仓里的粮食，小部分分给当地穷人，大部分搬到绿林山。投奔绿林山的穷人越来越多，起义军增加到5万多。

第二年，绿林山上不幸发生了疫病，5万人差不多死了一半。剩下的一半只好离开绿林山，后来分作三路人马——新市兵、平林（在今湖北随县东北）兵和下江（长江在湖北西部以下叫下江）兵。这三路人马各自占领一块地盘，队伍又强大起来了。

当南方的绿林军在荆州一带打击官兵的时候，东方的起义军也壮大起来。琅琊海曲有个姓吕的老大娘，儿子是县里的一个公差，因为不肯依县官的命令毒打没钱付税的穷人，被县官杀害了。这一来激起了公愤。有上百个穷苦农民起来替吕母的儿子报仇，杀了县官，跟着吕母逃到黄海，一有机会就上岸打官兵。

这时候，另一个起义领袖樊崇带领几百个人占领了泰山。吕母死了之后，她手下的人就投奔了樊崇起义军。不到一年工夫，就发展到一万多人，在青州和徐州之间来往打击官府、地主。

樊崇的起义军很讲纪律，规定谁杀死老百姓就要被处死，谁伤害老百姓就要受罚。所以，百姓都拥护他们。

公元22年，王莽派太师王匡（和绿林军中的王匡是两个人）和将军廉丹率领10万大军去镇压樊崇起义军。樊崇做好准备，跟官兵大战。为了避免起义兵士跟王莽的兵士混杂，樊崇叫他的部下都在自己的眉毛上涂上红颜色，作为识别的记号。这样，樊崇的起义军得了一个别名，叫“赤眉军”。

王莽的军队和赤眉军打了一仗。结果，官兵打了败仗，逃散了一大半。太师王匡的大腿被樊崇扎了一枪，逃了回去；将军廉丹在乱军之中被杀了。赤眉军越打越强，发展到了10多万人。

绿林、赤眉两支起义大军分别在南方和东方打败王莽军的消息一传开，其他地方的农民也都活跃起来。黄河两岸的大平原上大大小小起义军有几十路。有一批没落的贵族和地主、豪强也趁机起兵，反对王莽。

南阳郡春陵乡的豪强刘演、刘兄弟两人，因为王莽废除汉朝宗室的封号，不许刘姓人做官，心里怨恨，发动族人和宾客七八千人在舂陵乡起兵。他们和绿林军三路人马联合起来，接连打败了几名王莽的大将，声势就强大起来了。

绿林军的几支队伍没有统一的指挥。将士们认为人马多了，必须有个首领，才能统一号令。一些贵族地主出身的将军，利用当时有些人的正统观念，认为一定要找一个姓刘的人当首领，才能符合人心。

绿林军里姓刘的人很多，该选谁做首领呢？舂陵兵想推刘縯，可是新市和平林兵的将领怕刘縯势力太大，一定要立一个破落的贵族刘玄做皇帝。刘縯又提出等消灭了王莽、收服赤眉军以后，再立皇帝，也遭到反对。刘縯觉得自己力量不够，也只好同意了。

公元 23 年，绿林军各路将士就正式立刘玄做皇帝，恢复汉朝国号，年号“更始”，所以刘玄又称更始帝。更始帝拜王匡、王凤为上公，刘縯为大司徒，刘秀为太常偏将军，其他将领也各有各的封号。

打那时候起，绿林军又称为汉军。

昆阳大战

更始帝刘玄即位后，派王凤、王常、刘秀进攻昆阳。他们很快就打下了昆阳，接着又打下了邻近的郾城和定陵。

王莽听到起义军立刘玄为皇帝，已经坐立难安，如今连失了几座城池，更是着急，立即派大将王寻、王邑率领兵马43万人，从洛阳出发，直奔昆阳。

为了虚张声势，王莽军不知从哪儿物色了一个巨人，名叫巨毋霸，巨毋霸长得个子特别高，身子又像牛那样粗大。他还有一个本领，就是能够驯养一批老虎、豹、犀牛、大象。王莽派他为校尉，让他带了一批猛兽上阵助威。

驻守在昆阳的汉军只有八九千人。有的将领在昆阳城上望见王莽的军队人马众多，怕对付不了，主张放弃昆阳，回到原来的据点去。

刘秀对大家说："现有我们兵马和粮草都缺少，全靠大家同心协力来打击敌人；如果大家散伙，昆阳一失守，汉军各部也马上被消灭，那就什么都完了。"

大家觉得刘秀说得有道理，但是又觉得王莽军兵力强大，死守在昆阳也不是个办法。商量后，就决定由王凤、王常留守昆阳，派刘秀带一支人马突围出去，到定陵和郾城去调救兵。

当天晚上，刘秀带着 12 个勇士，骑着快马，趁黑夜冲杀出昆阳城南门。王莽军没有防备，就被他们冲出了重围。

昆阳城虽然不大，但是挺坚固。王莽军凭着人多武器精，认为攻下昆阳不在话下。他们制造一座座 10

多丈的楼车，在楼车上不断地向城里射箭，箭像雨点一样向城里射来。城里的人到井边打水，也不得不背着门板挡箭。王莽军又用撞车撞城，还挖掘地道想打进城里去。但是昆阳城里的汉军，防守得也很严密，城始终没被王莽军攻破。

刘秀到了定陵，想把定陵和郾城的人马全部调到昆阳去。但是有些汉军将领贪图财产，不愿意离开这两座城。刘秀劝他们说："现在咱们到昆阳去，把所有的人马集中起来。打败了敌人，可以成大事，立大功。要是死守在这里，敌人打来了，咱们打了败仗，连性命都保不住，还谈得上财物吗？"

将领们被刘秀说服了，才带着所有人马跟着刘秀上昆阳来。

刘秀亲自带着步兵、骑兵 1000 多人组织一支先锋部队赶到昆阳，他们在离王莽军四五里的地方摆开了阵势。王寻、王邑一瞧汉军人少，只派了几千兵士对付。刘秀趁敌军还没有站稳阵脚，先发制人，亲自指挥先锋部队冲杀过去，一连杀了几十个敌人。

汉军前来救援的大队人马赶到，见刘秀的先锋部队打得勇猛，也鼓起了勇气，几路人马一齐赶杀过去，王寻、王邑被迫后退。汉兵乘胜猛击，越战越勇，以一敌百。

刘秀带着3000名敢死队，向王莽军的中坚部队冲杀过去。王寻一看汉军人少，不放在眼里。他亲自带着一万人马跟刘秀交战。但是一万人还真打不过刘秀的敢死队。打了一阵，王寻的军队开始乱了起来。汉兵越打越有劲儿，大家看准王寻，围上去乱砍乱杀，结果了王寻的性命。

昆阳城里的汉军王凤、王常，一见外面的援军打了胜仗，就打开城门冲了出去，两下夹攻，喊杀的声音震天动地。王莽军一听主将被杀，全都慌了神，乱奔乱逃，自相践踏，沿路100多里，丢下大批王莽军的尸首。

这时候，天空突然暗了下来，响起了一声大霹雳，接着狂风呼啸，大雨像倾盆一样地直倒下来。巨毋霸带来助威的猛兽，也吓得直打哆嗦，不但不往前冲，反而往后面乱窜。汉军一股劲儿往前追杀，王莽军好像决了口子的大水一样直往滍水（在今河南鲁山，现名沙河）那边逃奔，兵士掉在水里淹死了成千上万，把滍水也堵塞了。

当王莽军大将王邑逃回洛阳的时候，43万大军只剩下几千人。

汉军打扫战场，战场上到处都是王莽军丢下的兵器、军车、粮草。汉军搬了一个多月，都没有搬完，最后放了把火，把剩下的烧了。

昆阳大战消灭了王莽主力的消息，鼓舞了各地人民，纷纷起来响应汉军。有不少人杀了当地的官员，自称将军，等待汉军的命令。

更始帝派大将申屠建、李松率领汉军乘胜进攻长安。王莽惊慌失措，把关在监狱里的囚犯都放出来，拼凑成一支军队，抵抗汉军。但是这样的军队怎么肯替王莽打仗，还没有接触，就陆续逃散了。

不久，汉军攻进长安城，城里的居民纷纷响应，放火烧掉未央宫的大门。大伙儿高声吆喝，要王莽出来投降。王莽走投无路，带了少数将士逃进了宫里的一座渐台。那座渐台，四面是水，火烧不到那里。

汉军把渐台一层层围起来，一直围上几百层，等渐台上的兵士把箭都射完了，汉兵冲上台去，结果了王莽的性命。

王莽新朝维持了 15 年，最终土崩瓦解。

声东击西计取济南郡

公元25年，东汉光武帝刘秀占领洛阳后，便开始了消灭割据势力的战争。

占据山东半岛一带的张步设立百官，自立为皇帝，建都于剧（今山东寿光），与刘秀分庭对抗。

公元29年（建武五年），刘秀派大将耿弇领兵前往讨伐。张步得知汉兵前来进攻，即令大将费邑领兵屯驻历下（今山东济南）及其以南的泰山、钟城等地，建立连营数十座，严阵以待。

耿弇率领大军渡过黄河，以迅雷不及掩耳之势直取祝阿。守军措手不及，弃城而逃。耿弇网开一面，让溃军退往钟城。钟城守军见此惊恐万状，弃城逃走。耿弇乘势而入，相继占领祝阿、钟城。

耿弇得知巨里城的守将是费邑的弟弟费敢，便决定围攻巨里，引蛇出洞，在野战中歼灭费邑主力。于是，耿弇领兵直逼巨里城下，令部队砍伐树木，堆积柴草，扬言要填平城壕，夷平巨里。城中守军见此情景，惶惶不可终日。

耿弇从归降者口中得知费邑正在准备增援，知道敌人已经中计。为使费邑深信不疑，他又下令所属各部3日内将攻城器械准备完毕，并且还有意地放走了一些俘虏。费邑从归俘中得知耿弇即将攻打巨里，匆忙率领3万人马，日夜兼程地赶往救援。耿弇探明费邑已经出动，便留下3000人马监视巨里城，其余全部人马由他带领前往迎敌。费邑确信汉军正在围攻巨里，生怕行动迟缓巨里有失，就急急忙忙地长驱直入。正走之间，突然伏兵四起，人马霎时被汉军截为数段，首尾不能相顾。在一片混乱中，费邑战死，3万人马全部被汉军歼灭。

耿弇令部属将费邑首级拿到巨里城下示众。城里守军看见后，个个丧魂落魄。费敢自料不能支持，带领全部人马仓皇突围。耿弇挥军进击，连克敌营40余处，占领了济南郡。

张步为了阻止耿弇继续进攻，以1万兵力据守临淄，另派其胞弟张兰领精兵2万扼守临淄西北40里的西安城。耿弇挥军进至两城之间的画中镇，切断两城与剧城间的交通联络，声称先取西安城，并令部队务必在5日内做好一切攻城准备。张兰得知耿弇将要攻城，日夜不停地修筑营寨，积草屯粮，赶制弓箭，决定长期坚守。临淄守将仗着城高池深，本来就存有轻敌之心，又见汉军忙着攻打西安，便放松了戒备。

第五日，耿弇却令全力攻打临淄。将领听到命令，不解其意，耿弇解释道："西安城小，兵众，近来又加强了守备，很难一举攻克。如今临淄守军兵力单薄，戒备不严，我乘其不备发起猛攻，必能一举奏效。临淄被我攻取，西安守军自感孤立，张兰与张步已被我隔绝，互不知情，必然弃城逃跑。如果先攻西安，伤亡必多，即使攻取下来，张兰退兵到临淄与守军会合抵抗，我军必然又要付出更大伤亡方能取胜。再说，我军深入敌境，运输困难，旷日持久，不战自困。我之所以要声言先攻西安，只不过是一个声东击西之计罢了。"众将听罢，频频点头，随即转兵攻打临淄，仅半天就歼灭临淄守军。张步见汉军攻下临淄，自料难以坚守，便连夜领兵逃往剧城。

耿弇进入临淄后，认为张步虽然连遭挫败，但兵力依然雄厚，遂决定设计歼敌。为激怒张步前来反攻临淄，耿弇放言："我军连战皆捷，征战疲劳，无须急忙进攻剧城，可从容休整，量张步这小子绝不敢轻易前来送死。"张步闻讯暗自欢喜，随即让其 3 个弟弟张兰、张弘、张寿分别带领所属人马先行，自己亲率中军在后，20 万大军进到临淄城下，直逼汉营挑战，结果又被耿弇打得一败涂地。张步走投无路，最后只得在平寿向汉军投降。至此，齐地 12 郡疆土全归汉。

刘秀重建汉王朝

昆阳大战以后，刘演和刘秀名声越来越大。有人劝更始帝把刘演除掉。更始帝以刘演违抗命令为由，把刘演杀了。

刘秀知道自己的力量敌不过更始帝，一听到他哥哥被杀，就立刻赶到宛城，向更始帝赔不是。有人问起他昆阳大战的情形，他也一点不居功，说全是将士们的功劳。他也不敢给他哥哥戴孝，照常吃肉喝酒，有说有笑，一点也不流露出他忧伤的心情。

更始帝以为刘秀不记他的仇，反倒有点过意不去，拜刘秀为破虏大将军，但是不敢重用。后来，长安攻下来了，王莽也给杀了。更始帝到了洛阳，才给刘秀少数兵马，让他到河北去招抚河北郡县。

这时候，各地的豪强大族有了武器，有的自称将军，有的自称为王，也有自称皇帝的，各据一方。更始帝派刘秀到河北去，正好让刘秀得到一个扩大势力的机会。他废除王莽时期的一些苛刻法令，释放一些囚犯，一面消灭了一些割据势力，一面镇压河北各路农民起义军。整个河北差不多全被刘秀占领了。

公元25年，刘秀和他的随从官员认为时机成熟，就自立为皇帝，这就是汉光武帝。

更始帝先建都洛阳，后来又迁到长安。他到了长安以后，认为自己的江山已经坐定，开始腐败起来。他滥封官爵，自己不管政事，成天在皇宫里饮酒作乐，还纵容他手下的兵士抢劫。原来的一些绿林军将领，对他十分不满。

赤眉军的首领樊崇眼看更始帝不行了，就率领20万人进攻长安。更始帝派兵抵抗，接连打了几个败仗，急得他不知怎样才好。绿林军中有些将领劝更始帝离开长安，反而遭到更始帝的猜疑、杀害；还有一些起义将领投奔了赤眉军。更始帝内部一乱，赤眉军就顺利地打进了函谷关。

赤眉军决定推翻更始帝，但是樊崇他们不能摆脱汉朝旧贵族正统观念的影响，定要找个

姓刘的做皇帝。当时赤眉军姓刘的一共有 70 多个，其中有个 15 岁的放牛娃刘盆子，据说跟西汉皇族的血统最近，就硬把刘盆子立为皇帝。

赤眉军打进长安，更始帝逃到城外，樊崇派使者限令更始帝在 20 天内投降。更始帝没办法，只好带着玉玺向赤眉军投降。

赤眉军进了长安，声势浩大。可是解决几十万将士的口粮问题遇到了困难。富商和地主趁机囤积粮食，长安天天有人饿死。这样一来，长安的混乱局面就更加无法收拾了。

樊崇带着军队离开长安向西补充粮草。但是别的地方的粮食也一样短缺；到了天水（郡名，在今甘肃）一带，又遭到那里的地主豪强的拦击。樊崇只好又带着大军往东边来。

汉光武帝趁着赤眉军攻进长安的时候，占领了洛阳。他们一听到赤眉军向东转移，就带领 20 万大军分两路埋伏在那里。

汉光武帝派大将冯异到华阴，把赤眉军引向东边来。冯异用计把一队赤眉军包围在崤山下。他下了战书，跟赤眉军约定时间和地点决战。老实的樊崇不知道敌人的计策，派了一万多赤眉军发动进攻。冯异先派出少数兵士对敌。赤眉军看见汉兵人少，就全军出击。没想到冯异的伏兵上来了，打扮得和赤眉军一模一样，双方混战在一起，分不出谁是赤眉军，谁是汉军。

赤眉军正在为难的时候，打扮成赤眉军的汉军高声叫嚷着“投降!”“投降!”赤眉军兵士一看有那么多人喊投降，没了主意。军心一乱，这一支赤眉军就被缴了武器。

公元27年，樊崇带着剩下的赤眉军向宜阳方向转移。冯异火速派人报告汉光武帝。汉光武帝亲自率领预先布置好的两路人马进行截击，把赤眉军围困起来。到了这步田地，樊崇只好派人向汉光武帝求和。

汉光武帝把刘盆子他们带回洛阳，给他们田地房屋，让他们留在洛阳。但是不到几个月的时间，就用谋反的罪名，把樊崇杀害了。

硬脖子的洛阳令

汉光武帝在镇压了绿林、赤眉两支最大的起义军之后，接着又消灭了割据陇右和蜀地的两个割据政权，统一了中国。汉光武帝把洛阳作为都城。为了和刘邦建立的汉朝相区别，历史上把这个王朝称为“东汉”，或者叫“后汉”。

汉光武帝建立了东汉王朝以后，他知道老百姓对各地豪强争夺地盘的战争早已恨透了，决心采取休养生息的政策。例如，减轻一些捐税，释放奴婢，减少官差，还不止一次地大赦天下。因此，东汉初年，经

济得到了恢复和发展。

汉光武帝懂得打天下要靠武力，治理天下还得注重法令。不过法令也只能约束老百姓，要拿它去约束皇亲国戚，那就难了。比方说，汉光武帝的大姐湖阳公主就依仗兄弟做皇帝，骄横不法，不仅她想怎么着就怎么着，连她的奴仆也不把朝廷的法令放在眼里。

洛阳令董宣是一个硬汉子。他认为皇亲国戚犯了法，应该与庶民同罪。

湖阳公主有一个家奴仗势行凶杀了人。凶手躲在公主府里不出来。董宣不能进公主府去搜查，就天天派人在公主府门口守着，只等那个凶手出来。

有一天，湖阳公主坐着车马外出，跟随着她的正是那个杀人凶手。董宣得到了消息，就亲自带衙役赶来，拦住湖阳公主的车。

湖阳公主认为董宣触犯了她的尊严，沉下脸来说："好大胆的洛阳令，竟敢拦阻我的车马？"

董宣可没有被吓倒，他拔出宝剑往地下一划，当面责备湖阳公主不该放纵家奴犯法杀人。他不顾公主的阻挠，吩咐衙役把凶手逮起来，当场就把他处决了。

这一下，差点儿把湖阳公主气昏过去。她赶到宫里，向汉光武帝哭诉董宣怎样欺负她。

汉光武帝听了，十分恼怒，立刻召董宣进宫，吩咐内侍当着湖阳公主的面，责打董宣，想替公主消气。

董宣说：“先别打我，让我说完了话，我情愿死。”

汉光武帝怒气冲冲地说：“你还有什么话可说的！”

董宣说：“陛下是一个中兴的皇帝，应该注重法令。现在陛下让公主放纵奴仆杀人，还能治理天下吗？用不着打，我自杀就是了。”

说罢，他挺起头就向柱子上撞去。

汉光武帝连忙吩咐内侍把他拉住，但董宣已经撞得头破血流了。

汉光武帝知道董宣说得有理，也觉得不该责打他。但是为了顾全湖阳公主的面子，还是要董宣给公主磕个头赔个礼。

董宣宁愿把自己的头砍下来，也不肯磕这个头。内侍把他的脑袋往地下摁，可是董宣用两手使劲撑住地，挺着脖子，不让内侍把他的头摁下去。

内侍知道汉光武帝并不想把董宣治罪，可又得给汉光武帝下个台阶，就大声地说：“回陛下的话，董宣的脖子太硬，摁不下去。”

汉光武帝也只好笑了笑，下命令说："把这个硬脖子撵出去！"

湖阳公主见汉光武帝放了董宣，心里很气，对汉光武帝说："陛下从前做平民的时候，还收留过逃亡的和犯死罪的人，官吏都不敢上家里来搜查。现在做了天子，怎么反而对付不了小小的洛阳令？"

汉光武帝说："正因为我做了天子，就不能再像做平民时候那么干了。"

结果，汉光武帝不但没治董宣的罪，还赏给他 30 万钱，奖励他执法严明。董宣回到官府，把这笔钱全分给了他手下的官员。

以后，董宣继续打击不法的豪门贵族。洛阳的土豪听到他的名声都吓得发抖。人们都称他是"卧虎"（意思是"趴着的老虎"）。

当时，敢于执法的官员除了董宣以外，还有一个管洛阳城门的小官，名叫郅恽。

有一次，汉光武帝带了一批人，到洛阳郊外去打了一天猎，回城的时候，已经是晚上了。皇帝的车驾到了上东门，城门早已关了。

随从打猎的侍从叫管城门的开门，郅恽拒绝了。

汉光武帝亲自来到城下，吩咐郅恽开门。不料郅恽说："夜里看不清楚，不能随便开门。"

汉光武帝碰了个钉子，只好绕道到东中门进城。

第二天，汉光武帝正想找郅恽责问，不想郅恽的奏章已经送上来了。奏章上说："陛下跑到遥远的山林里去打猎，白天还不够，直到深夜才回来。这样下去，国家大事怎么办？"

汉光武帝看了奏章，就赏给郅恽100匹布，还把那个管东中门的官员降了职。

老当益壮的将军

汉光武帝靠武力夺取了天下，他手下有一批出身豪强地主的大将谋臣，都是帮光武帝打天下立过功的，其中功劳最大的有 28 个。汉光武帝死后，他的儿子汉明帝刘庄把这 28 人的肖像画在南宫的云台上，称为“云台 28 将”。

但是在 28 将之外，还有一名大将，他的名字虽然没有留在云台上，在历史上却很有名气。他就是老当益壮的马援。

马援在王莽统治的时候，做过扶风郡（治所在今陕西兴平东南）的督邮。有一次，郡太守派他送犯人到长安。半路上，他看犯人哭得挺伤心，就把他们放走了，自己也只好

丢了官，逃亡到北地郡躲起来。后来在那边搞起畜牧业和农业来。

不到几年工夫，马援成了一个大畜牧主和地主，有了几千头牛羊，还积蓄了几万斛粮食。

但是他并不想一直留在那里过富裕生活。他把自己积贮的财产、牛羊，分送给他的兄弟朋友。他说："一个人做个守财奴，太没有出息了。"

他还说："男子汉大丈夫，应该有远大志向。越穷越坚强，越老越雄壮。"（文言叫作"穷当益坚，老当益壮"）

王莽失败后，马援投奔汉光武帝，立了很多战功。

公元44年秋天，马援从外面打仗回来，有人劝他说："您已经够辛苦的了，还是在家里休养休养吧。"

马援豪迈地说："不行，现在匈奴和乌桓还在骚乱，我正要向皇上请求保卫北方。男子汉大丈夫，死应该死在边疆上，让别人用马革裹着尸首送回来埋葬。怎么能老待在家里跟妻子儿女过日子呢。"

不久，匈奴和乌桓果然接连侵犯北方。汉光武帝派他去守襄国。匈奴和乌桓跟汉兵接触了一下，就逃走了。

北方平定下来不久，南边五溪（今湖南、贵州交界的地方）有一个部族，打到了临沅县，汉光武帝两次派兵征讨，都被五溪部族打败。

汉光武帝为了这件事很担忧。那时候马援已经60多岁了，但还是请求让他带兵去打仗。

汉光武帝瞧了瞧马援，见他的胡子都白了，说："将军老了，还是别去吧！"

可是马援不服老，就在殿前穿上铠甲，跨上战马，雄赳赳地来回跑了一圈。

汉光武帝不禁赞叹说："好硬朗的老人家！"就派他带领马武、耿舒两名将军和4万人马去攻打五溪。

马援的军队到了五溪，因为不适应南方的气候，有好些兵士中暑死去，马援自己也得了病。有人向汉光武帝挑拨离间，说是马援指挥错误。汉光武帝就派中郎将梁松去责问马援，并且去监督马援的军队。

梁松是汉光武帝的女婿，一向骄横自大。梁松的父亲原来是马援的朋友。马援看不惯梁松那股骄横劲儿，曾经批评过他，梁松从此记下了仇。

梁松到五溪的时候，马援已经害病死了。但是梁松还不肯罢休，向汉光武帝告了一状，说马援不但指挥作战犯了错误，而且上次在南方的时候，私下里搜刮了大批珍珠。马武等人也跟着一起上表，说马援回家时确实装了整整一车珍珠。

这一下，汉光武帝真的相信了，下令革了马援的爵位（马援本来封新息侯），还要追查马援的罪。

等到马援的棺材运到家里，他妻子马夫人不敢报丧，偷偷地把棺材埋在城外，连以前跟马援要好的朋友和宾客也不敢上马家吊丧。

马夫人亲自到宫里向汉光武帝请罪，汉光武帝怒气冲冲地把梁松的奏章扔给她。马夫人一看到奏章，才知道她丈夫受了天大的冤屈。

原来马援在南方的时候，害了风湿症。有人告诉他，当地出产的薏苡可以治风湿。马援吃了一点，果然见效，回家的时候，叫人买了一批颗粒大的薏苡，用车装了带回来。

梁松、马武偷看到过这些东西，就捕风捉影，把薏苡说成珍珠，告了马援一状，害得马援革了爵位，坏了名誉。

马夫人一连6次向汉光武帝上奏章申诉。还有一个名叫朱勃的人，听到马援的冤屈，也大胆地上了奏章替马援申冤。

汉光武帝看了马夫人和朱勃的奏章，才准许马家把马援安葬，也不再追查马援的罪。

白马寺焚经

在汉明帝于洛阳建白马寺后第四年，即永平十四年（71年）南岳道士褚善信、西岳道士刘正念等五岳十八观、太上三洞共690名道士联名上表朝廷指控尊佛是舍本逐末，是求于西域；并称佛是胡神，所论教义与华夏无涉，要求与佛教进行方术比赛，以火烧方法来测验各自经典的真伪。

汉明帝当即认可，特命在白马寺南筑3个高坛，将道经放在西坛上，将黄老一类道家书置中坛，祭招供物等则置东坛。佛徒们则将佛经、佛像及佛舍利搁于道路上。道士首先举火。他们用紫荻与檀沉香为火炬，祈求玉清元始天尊（道教最尊天神）保佑，为使朝廷承认道教灵异而以大火显道经之“真金”。道士们平时自夸神通广大，可吞霞饮气，呼风唤雨，入火不烧，履水不沉，以至能隐身遁形，白日升天，等等。不意经书着火顷刻间化作一片灰烬，令他们一个个目瞪口呆，南岳道士费叔才当场羞愧而死。此时佛徒也取火焚经，却只见烈火熊熊吞卷如蛇，但佛经却

稳如磐石，丝毫不损。旋见佛舍利生辉五色、大放异彩且直冲云斗旋转如盖。其上有西域高僧摄摩腾端坐，天雨宝花，广现神变。在场观者无不雀跃欢呼。佛法大获全胜。道士们个个垂头丧气，而且当场就有620名弃道为僧；又有贵妇宫女2032人踊跃报名为尼。佛徒们个个眉开眼笑。

对此神奇传说，有学者（如汤用彤、张英）考证《汉法本内传》乃元魏时代的僧徒伪造，此记载纯属子虚乌有。然而，这一伪造之举，却使我们看出这样一个事实，即佛教初入中土之际，在某种程度上还被人们视作“以夷变夏”的危险物而警惕之，并受到社会习俗与传统文化的抵制。

班超投笔从戎

汉光武帝建立东汉王朝以后，请了一个大学问家班彪整理西汉的历史。班彪有两个儿子名叫班固、班超，一个女儿叫班昭，从小都跟父亲学习文学和历史。

班彪死了以后，汉明帝叫班固做兰台令史，继续完成他父亲所编写的历史书籍，就是《汉书》（一部记载西汉历史的书）。班超跟着他哥哥做抄写工作。哥儿俩都很有学问，可是性情不一样，班固喜欢研究百家学说，专心致志写他的《汉书》。班超可不愿意老

伏在案头写东西。他听到匈奴不断地侵扰边疆，掠夺居民和牲口，就扔了笔，气愤地说："大丈夫应当像张骞那样到塞外去立功，怎么能老死在书房里呢。"

就这样，他决心抛弃他的案头工作去从军（这就是"投笔从戎"的来历）。

公元73年，大将军窦固出兵攻打匈奴，班超在他手下担任代理司马，立了战功。

窦固为了抵抗匈奴，想采用汉武帝的办法，派人联络西域各国，共同对付匈奴。他赏识班超的才干，派班超担任使者到西域去。

班超带着随从人员36个先到了鄯善（在今新疆境内）。鄯善原来是归附匈奴的，因为匈奴逼他们纳税进贡，勒索财物，鄯善王很不满意。但是这几十年来，汉朝顾不到西域那一边，他只好勉强听匈奴的命令，这次看到汉朝派了使者来，他就殷勤地招待着他们。

过了几天，班超发现鄯善王对待他们忽然冷淡起来。他起了疑心，跟随从的人员说："你们看得出来吗？鄯善王对待咱们的态度跟前几天不一样，我猜想一定是匈奴的使者到了这儿。"

话虽这样说，毕竟只是一种猜想。刚巧鄯善王的仆人送酒食来。班超装着早就知道的样子说："匈奴的使者已经来了几天？住在什么地方？”

鄯善王和匈奴使者打交道，本来是瞒着班超的。那个仆人给班超一吓，以为班超已知道这件事，只好老实回答说：“来了 3 天了，他们住的地方离这儿 30 里地。”

班超把那个仆人扣留起来，立刻召集 36 个随从人员，对他们说：“大家跟我一起来到西域，无非是想立功报国。现在匈奴使者才到几天，鄯善王的态度就变了。要是他把我们抓起来送给匈奴人，我们的尸骨也不能回乡了。你们看怎么办？”

大家都说：“是生是死，由您决定！”

班超说：“大丈夫不进老虎洞，怎能抓到小老虎？（这就是‘不入虎穴，焉得虎子’的来历）现在只有一个办法，趁着黑夜，到匈奴的帐篷周围，一面放火，一面进攻。他们不知道咱们有多少人马，一定很慌张。只要杀了匈奴的使者，事情就好办了。”

大家说：“好，就这样拼一拼吧！”

到了半夜里，班超率领着 36 个壮士偷袭匈奴的帐篷。那天晚上，正赶着刮大风。班超吩咐 10 个壮士拿着鼓躲在匈奴的帐篷后面，20 个壮士埋伏在帐篷前面，自己跟其余 6 个壮士顺风放火。火一烧起来，10 个壮士同时擂鼓、呐喊，其余 20 个壮士大喊大叫地杀进帐篷。

匈奴人从梦里惊醒，到处乱窜。班超打头冲进帐篷，其余的壮士跟着班超杀进去，杀了匈奴使者和30多个随从，把所有帐篷都烧了。

班超回到自己的营房里，天刚发白。班超请鄯善王过来。鄯善王一看到匈奴的使者已被班超杀了，就对班超表示愿意服从汉朝的命令。

班超回到汉朝，汉明帝提拔班超做军司马，又派他到于阗去。汉明帝叫他多带点人马，班超说："于阗国家大，路程又远，就是多带几百人去，也不顶事。如果遇到什么意外，人多反而添麻烦。"

结果，班超还是带了原来的36个人到于阗去。

于阗王见班超带的人少，接见的时候，并不怎么热情。班超劝他脱离匈奴，跟汉朝交好。他决定不下，找巫师向神请示。

那个巫师本来反对于阗王跟汉朝友好，他装神弄鬼，对于阗王说："你为什么要结交汉朝？汉朝使者那匹浅黑色的马还不错，可以拿来祭祀天神。"

于阗王派国相向班超去讨马。班超说："可以，叫巫师自己来拿吧。"

那巫师得意扬扬地到班超那儿取马。班超也不跟他多说，立刻拔出刀把他斩了。接着，他提了巫师的头去见于阗王，责备说："你要是再勾结匈奴，这巫师就是你的下场。"

于阗王早就听说班超的威名，看到这个场面，也十分害怕，说："愿意跟汉朝和好。"

鄯善、于阗是西域的主要国家，他们结交了汉朝，别的西域国如龟兹、疏勒（今新疆喀什噶尔一带）等也都跟着跟汉朝和好了。

西域各国从王莽执政时期起，跟汉朝不相往来已经有 65 年。到了这时候，才恢复张骞通西域时期的那个局面，双方又经常有使者和商人交往。

过了两年，汉明帝死去，他的儿子刘炟即位，这就是汉章帝。

王充

王充（27—约97年），字仲任。会稽上虞（今浙江绍兴）人。东汉著名的思想家、文学理论家。幼好学，遂萌“巨人之志”。及后博采众流百家之言，去官后潜心著述。所著《讥俗》《节义》12篇、《养性书》16篇、《政务》等均失传。今传《论衡》30卷，85篇，佚1篇，是中国思想史上的重要著作。其中提出了许多重要的文学理论和哲学理论问题。如“天地合气，万物自生”“疾虚妄”“死而精气灭”等重要

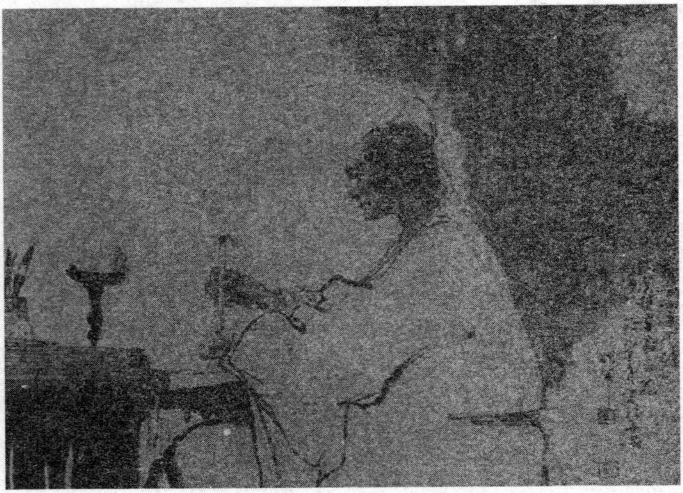

观点。

王充又是东汉唯物主义哲学家。出身“细族孤门”，少游洛阳太学，曾师事班彪，好博览而不守章句。历任郡功曹、治中等官，后罢职家居，专事著述，所著有《论衡》。同郡谢夷吾上书荐充才学，汉章帝特诏公车征，以病未赴。论学以为“天地合气，万物自生，犹夫妇合气，子自生矣”（《论衡·自然》），即“气”之运动产生万物。自然界之“灾异”，是“气”变化之结果，与人事无关。又以为“夫天道，自然也，无为。如遣告人，是有为，非自然也”（《论衡·遣告》），人之生命与精神，均以“精气”为物质基础，“死而精气灭”（《论衡·论死》），不承认有脱离形体而独立存在的灵魂。其说对当时流行的“天人感应”论和灾异、遣告、鬼神等迷信进行了批驳，又曾作《论衡·问孔》和《论衡·刺孟》等篇，反对把儒家经典变为教条。论文章则强调内容，力主“为世用者，百篇无害；不为用者，一章无补”（《论衡·自纪》）。并提倡通俗，反对崇古、模拟和“浮华虚伪之语”（同上）。

王充所处的时代，封建社会内部的矛盾已日益尖锐化，东汉王朝的统治者在精神上更加需要宗教唯心主义，西汉后期发展起来的谶纬迷信，经东汉光武帝刘秀的提倡，这时已成为官方的统治哲学。在这种历史条件下，王充高举“疾虚妄”的旗帜，对当时已经成为官方哲学的谶纬迷信进行了坚决有力的批判，通过这种批判建立起他的唯物主义无神论思想体系。

张衡

张衡（78—139 年），我国东汉时期伟大的科学家、文学家、发明家和政治家，在世界科学文化史上竖起了一座巍巍丰碑。在天文学方面，他发明创造了“浑天仪”（117 年），是世界上第一台用水力推动的大型观察星象的天文仪器，著有《浑天仪图注》和《灵宪》等书，画出了完备的星象图，提出了“月光生于日之所照”的科学论断。

张衡在太史令任内，积极从事理论研究工作，系统观测天体运行，著《灵宪》等书，创制浑天仪，且在历法方面也有所研

究。《灵宪》是张衡积多年的实践与理论研究写成的一部天文巨著，也是世界天文史上的不朽名作。该书全面阐述了天地的生成、宇宙的演化、天地的结构、日月星辰的本质及其运动等诸多重大课题，将我国古代的天文学水平提升到了一个前所未有的新高度，使我国当时的天文学研究居世界领先水平，并对后世产生了深远的影响。

张衡和地动仪

汉章帝在位的时期，东汉的政治比较稳定。到汉章帝一死，继承皇位的汉和帝才 10 岁，窦太后临朝执政，让他的哥哥窦宪掌握了朝政大权，东汉王朝就开始走下坡路了。

在这个时期，出了一位著名的科学家张衡。

张衡是南阳人。17 岁那年，他离开家乡，先后到了长安和洛阳，在太学里用功读书。当时洛阳和长安都是很繁华的城市，城里的王公贵族过的是骄奢淫逸

的生活。张衡对这些都看不惯。他写了两篇文学作品《西京赋》和《东京赋》（西京就是长安，东京就是洛阳），讽刺这种现象。据说他为了写这两篇作品，经过深思熟虑，反复修改，前后一共花了10年工夫，可见他研究学问的精神是很认真严肃的。

但是张衡的特长还不是文学，他特别爱好数学和天文研究。朝廷听说张衡是个有学问的人，召他到京城做官，先是在宫里做郎中，后来，担任了太史令，叫他负责观察天文。这个工作正好符合他研究的兴趣。

经过他的观察研究，他断定地球是圆的，月亮是借太阳的照射才反射出光来。他还认为天好像鸡蛋壳，包在地的外面；地好像鸡蛋黄，在天的中间。这种学说虽然不完全精确，但在1800多年以前，能说出这种科学的见解来，后来的天文学家也是十分钦佩的。

不光是这样，张衡还用铜制造了一种测量天文的仪器，叫作“浑天仪”。上面刻着日月星辰等天文现象。他设法利用水力来转动这种仪器。据说什么星从东方升起来，什么星向西方落下去，都能在浑天仪上看得清清楚楚。

那个时期，经常发生地震。有时候一年一次，也有时候一年两次。有一年发生了一次大地震，影响到好几十个郡，城墙、房屋发生倒坍，还死伤了许多人畜。

当时的封建帝王和一般人都把地震看作是不吉利的征兆，有的人还趁机宣传迷信、欺骗人民。

但是，张衡却不信神，不信邪，他对记录下来的地震现象经过细心的考察和试验，发明了一个可以测报地震的仪器，叫作“地动仪”。

地动仪是用青铜制造的，形状有点像一个酒坛，四围刻铸着 8 条龙，龙头向 8 个方向伸着。每条龙的嘴里含了一颗小铜球：龙头下面，蹲了一个铜制的蛤蟆，对准龙嘴张着嘴。哪个方向发生了地震，朝着那个方向的龙嘴就会自动张开来，把铜球吐出。铜球掉在蛤蟆的嘴里，发出响亮的声音，就给人发出地震的警报。

138 年的一天，张衡的地动仪正对西方的龙嘴突然张开来，吐出了铜球。按照张衡的设计，这就是报告西部发生了地震。

可是，那一天洛阳一点也没有地震的迹象，也没有听说附近有哪儿发生了地震。因此，大伙儿议论纷纷，都说张衡的地动仪是骗人的玩意儿，甚至有人说他有意造谣生事。

过了几天，有人骑着快马来向朝廷报告，说离洛阳1000多里的金城、陇西一带发生了大地震，连山都崩塌下来了，大伙儿这才信服。

可是在那个时候，朝廷掌权的全是宦官或是外戚，像张衡这样有才能的人不但不被重用，反而被打击排挤。张衡做侍中的时候，因为与皇帝接近，宦官怕张衡在皇帝面前揭他们的短，就在皇帝面前讲了张衡很多坏话。于是他被调出了京城，到河间去当国相。

张衡在61岁那年因病去世。他在我国科学史上留下了光辉的业绩。

跋扈将军梁冀

东汉王朝从汉和帝起，即位的皇帝大多是小孩子，最小的是刚生下100多天的婴孩。皇帝年幼，照例由太后临朝执政，太后又把政权交给她的娘家人，这样就形成了一个外戚专权的局面。有的皇帝死后没儿子，太后、外戚就从皇族里找一个孩子接替皇帝，以便他们掌控政权。

但是，等皇帝长大，渐渐懂事了，就不甘心长期当个傀儡。他想要摆脱外戚的控制，可是里里外外都是外戚的亲信，跟谁去商量呢？只有一些宦官，每天在皇帝身边伺候。结果皇帝只好依靠宦官的力量，扑灭外戚的势力。这样，外戚的权力就转到宦官手里。

无论是外戚也好，宦官也罢，都是豪强地主最腐朽势力的代表。外戚和宦官两大集团互相争夺，轮流把持着朝政，东汉的政治就越来越腐败了。

125年，东汉第8个皇帝汉顺帝即位，外戚梁家掌了权。梁皇后的父亲梁商、兄弟梁冀先后做了大将军。

梁冀是一个十分骄横的家伙，他胡作非为，公开勒索，完全不把皇帝放在眼里。

汉顺帝死去的时候，接替他的冲帝是个两岁的婴儿，过了半年也死了。梁冀就在皇族中找了一个8岁的孩子接替，就是汉质帝。

汉质帝虽然年纪小，但很伶俐。他对梁冀的蛮横劲儿看不惯。有一次，他在朝堂上当着文武百官的面朝着梁冀说："真是个跋扈将军！"（跋扈就是强横的意思）

梁冀听了，气得要命，当面不好发作。背后一想，这孩子小小年纪就那么厉害，长大了还了得，就暗暗把毒药放在煎饼里，送给汉质帝吃。

汉质帝哪儿知道饼里有毒，吃了饼，马上觉得肚子不舒服。

他叫内侍把太尉李固叫进来。李固看见他十分难受的样子，问他是怎么回事。汉质帝说："刚刚吃了饼，只觉得肚子难过，嘴里发干，想喝点水。”

梁冀在旁边连忙说：“不，不能喝，喝了水就要呕吐。”

梁冀的话还没说完，这个 9 岁的孩子已经倒在地上，滚了几滚，断了气。

梁冀害死了汉质帝，又从皇族里挑了一个 15 岁的刘志接替皇帝，就是汉桓帝。

汉桓帝即位后，梁皇后成了梁太后，朝政全落在梁冀手里，梁冀更加飞扬跋扈。他为了自己享受，盖了不少亭台楼阁，把洛阳近郊的民田都霸占下来，作为梁家的私人花园。里面亭台楼阁，应有尽有。他爱养兔子，在河南城西造了一个兔苑，命令各地交纳兔子。他还在兔子身上烙上记号，谁要是伤害梁家兔苑里的兔子，就犯死罪。有个西域到洛阳来的商人不知道这个禁令，打死了一只兔子。为了这件案子，竟株连了 10 多个人，丢了性命。

梁冀把几千个良家子女抓来作为奴婢，把这种奴婢称作“自卖人”。意思就是说，他们都是“自愿”卖给梁家的。他还派人去调查有钱的人家，把富人抓来，随便给他安一个罪名，叫他拿出钱来赎罪，出钱少的就判死罪。有个叫孙奋的人很有钱财。梁冀送给他一匹马，向他借钱 5000 万。孙奋被他逼得没办法，给了他 3000 万。梁冀冒了火，他吩咐官府把孙奋抓去，诬说孙奋的母亲是他们家逃出来的奴婢，偷去大量珍珠、金子，都要追还。孙奋不肯承认，就被官府活活打死，财产全给没收了。

梁冀这样无法无天地掌了将近 20 年大权，最后跟汉桓帝也闹起矛盾来。梁冀派人暗杀汉桓帝宠爱的梁贵人的母亲。汉桓帝忍受不了，就秘密联络了单超等 5 个跟梁冀有怨仇的宦官，趁梁冀不防备，发动羽林军 1000 多人，突然包围了梁冀的住宅。

梁冀慌慌张张吓得直发抖，等他弄清楚是怎么回事的时候，知道活不了了，只好吃毒药自杀。

梁家和梁冀妻子孙家的亲戚全都完了，有的被处死刑，有的被撤了职。朝廷上下，梁冀的爪牙心腹 300 多人全被撤了职。

朝廷上的官员差不多一下子全空了。

梁家倒台，老百姓别提有多高兴了。汉桓帝没收了梁冀家的家产，一共 30 多亿，这笔钱相当于当时全国一年租税的半数。被梁家占用做花园、兔苑的民田，仍旧给农民耕种。

汉桓帝论功行赏，把单超等 5 个宦官都封为侯，称作“五侯”。打那时候起，东汉政权又从外戚手里转到宦官手里了。

“党锢”事件

宦官五侯掌权以后，跟梁冀一样胡作非为。他们把持朝政，卖官卖爵，从朝廷到全国郡县，都有他们的亲信，搞得社会黑暗不堪。

当时有一批士族地主出身的官员，不满宦官掌权，主张改革朝政，罢斥宦官；还有一批中小地主出身的太学生，因为社会腐败，找不到出路，也要求改革。他们批判朝政，对掌权的宦官和附和宦官的人深恶痛绝。

165 年，陈蕃做了太尉，名士李膺做了司隶校尉，这两个人都是不满宦官的。太学生都拥护他们，把他们看作是模范人物。

李膺当了司隶校尉后，有人告发宦官张让的兄弟、野王（今河南沁阳市）县令张朔贪污勒索。李膺要查办张朔。张朔逃到洛阳，躲进他哥哥家里。李膺亲自带领公差到张让家搜查，在张家的夹墙里搜出张朔，把他逮走。张让赶快托人去求情，但李膺已经把案子审理清楚，把张朔杀了。

张让十分生气，马上向汉桓帝哭诉。但汉桓帝知道张朔确实有罪，也没有难为李膺。

这一来，李膺的名气就更大了。一些读书人都希望能见见李膺，要是受到李膺的接见，就被看作是很光彩的事，称作“登龙门”。

第二年，有一个和宦官来往密切的方士（搞迷信活动的人）张成，从宦官侯览那里得知朝廷马上要颁布大赦令，就纵容他的儿子杀人。李膺马上把杀人凶手逮捕起来，准备法办。

第二天，大赦令下来，张成得意地对众人说：“诏书下来了，不怕司隶校尉不把我儿子放出来。”

这话传到李膺耳朵里，李膺更加冒火。他说：“张成预先知道要大赦，故意纵容儿子杀人，大赦就不该轮到他儿子身上。”

说完，就下令把张成的儿子砍了头。

张成哪儿肯罢休，他要宦官侯览、张让替他报仇。他们商量了一个鬼主意，叫张成的弟子牢修向汉桓帝告了一状，诬告李膺和太学生、名士结成一党，诽谤朝廷，败坏风俗。

汉桓帝接到牢修的控告，就下令逮捕党人。除了李膺之外，还有杜密、陈寔和范滂等200多人，都被他们写进党人的黑名单里。朝廷出了赏格，通令各地，非要把这些人抓到不可。

杜密像李膺一样，也是敢于跟掌权的宦官作对的官员。两个人的名望差不多，人们把他们联在一起，称为“李杜”。

李膺下了监狱，杜密当然也逃不了。

陈寔本来是个太学生，因为有名望，也被划到党人名单里去。有人劝他逃走。陈寔并不害怕，说：“我逃了，别人怎么办？我进了狱，也可以壮壮别人的胆。”他说着，就上京城，自己投案，进了监狱。

范滂也跟陈寔一样，挺着腰板进了监狱。

捉拿党人的诏书到了各郡，各郡的官员都把跟党人有牵连的人报上去，多的有几百个。只有青州平原相（相，相当于郡的太守）史弼没报。

朝廷的诏书接连下来催逼他，青州还派了一个官员亲自到平原去查问。

那个官员把史弼找去，责问他为什么不报党人的名单。史弼说："我们这里没有党人，叫我报什么？"

那官员把脸一沉说："青州下面有6个郡，5个郡都有党人，怎么平原偏偏会没有？"

史弼回答说："各地的水土风俗不一样。别的地方有党人，为什么平原就一定也有党人呢？"

那官员被他反驳得张口结舌，说不出话来。

史弼又说："你一定要冤枉好人，那么，平原家家户户都有党人。我情愿死，要我报党人，我可一个也说不上来。"

那官员拿他没有办法，就胡乱地把平原的官员收在监狱里，回报朝廷。

被捕的党人在监狱里，宦官对他们进行残酷的折磨。他们的头颈、手、脚都被上了刑具，叫作"三木"，然后被蒙住头一个挨一个地拷打，就这样关了一年多。

第二年，有一个颍川人贾彪，自告奋勇到洛阳替党人申冤。汉桓帝的皇后窦氏的父亲窦武也上书要求释放党人。

李膺在狱中采取以攻为守的办法，他故意招出了好些宦官的子弟，说他们也是党人。宦官这才害怕了，对汉桓帝说："现在天时不正常，应当大赦天下了。"

汉桓帝对宦官是唯命是听的，就宣布大赦，把200多名党人全部释放。

这批党人虽然释放，但是宦官不许他们留在京城，打发他们一律回老家，并且把他们的名字通报各地，罚他们一辈子不得做官。历史上叫作"党锢"（"锢"就是禁锢的意思）事件。

不久，汉桓帝死了。窦皇后和父亲窦武商量，从皇族中找了一个12岁的孩子刘宏继承皇位，就是后来因腐败出了名的汉灵帝。

黄巾起义

昏庸透顶的汉灵帝信任宦官，只知道吃喝玩乐。库房里的钱不够用了，他们为了搜刮钱财，在西园开了一个挺特别的铺子。

有钱的人可以公开到这里来买官职，买爵位。他们在鸿都门外张贴榜文，标出了买官的价格。买个郡太守定价2000万，买个县令定价400万；一时付不出钱的可以暂时赊欠，等他上任以后加倍付款。

这些花了钱买官的官吏，一上任当然更加使劲地搜刮民脂民膏。东汉王朝的黑暗和腐败可算到了家了。

朝廷的腐败，地主豪强的压迫，再加上接二连三的天灾，逼得老百姓没法活下去了，纷纷起来反抗。

先是吴郡一带农民起来攻打县城，杀了官吏。会稽人许生在句章（今浙江慈溪）起兵，没有几天工夫，聚集了一万多人。汉灵帝下令叫扬州刺史和丹阳太守发兵围剿，被起义的农民打败。许生的声势越来越大，其子许昌在句章称帝，自称“阳明皇帝”。

174 年，吴郡司马招募人马，联合州郡官兵打败了许生。吴郡的起义军虽然被镇压下去，但是更大的武装起义却正在酝酿着。

巨鹿郡有弟兄 3 个，老大名叫张角，老二叫张宝，老三叫张梁。3 个人都挺有本事，还乐意帮助老百姓。

张角懂得医术，给穷人治病，从来不要钱，所以穷人都拥护他。

他知道农民受地主豪强的压迫和天灾的折磨，多么盼望有一个太平世界，让他们安安乐乐过日子。他决定利用宗教把群众组织起来，创立一个教门叫“太平道”，收了一些弟子，跟他一起传教。

相信太平道的人越来越多。张角又派他的兄弟张宝、张梁和弟子周游各地，一面治病，一面传道。大约花了10年工夫，太平道传遍了全国。老百姓不论是信或者不信，没有不知道太平道的。各地的教徒发展到几十万人。

当时，郡县的官吏也只认为太平道是劝人为善、给人治病的教门，谁也没有认真过问。朝廷里有一两个大臣看出苗头，奏请灵帝下令禁止太平道。汉灵帝正忙着建造他的林园，也没把太平道放在心里。

张角他们把全国8个州几十万农民都组织起来，分为三十六方，大方一万多人，小方六七千人，每方都推举一个首领，由张角统一指挥。

他们秘密约定三十六方在“甲子”年（184年）三月初五，京城和全国同时起义，口号是：“苍天已死，黄天当立；岁在甲子，天下大吉。”“苍天”，就是指东汉王朝；“黄天”，就是指太平道。他们还暗中派人在洛阳的寺庙和各州郡的官府大门上，用白粉写上“甲子”两字，作为起义的暗号。

可是，在离起义时间还有一个多月的紧要关头，起义军内部出了叛徒，向东汉政权告了密。朝廷立刻在洛阳进行搜查。在洛阳做联络工作的马元义不幸被捕牺牲，和太平道有联系的1000多名群众也遭到杀害。

由于形势突然变化，张角当机立断，决定提前一个月起义。张角自称“天公将军”、称张宝为“地公将军”、张梁为“人公将军”。三十六方的农民，一接到张角的命令，同时起义。所有起义的农民头上都裹着黄巾，作为标志，所以称作“黄巾军”。

各地起义军攻打郡县，火烧官府，打开监狱，释放囚犯，没收官家的财物，开放粮仓，惩办官吏、地主豪强。不到 10 天，全国都响应起来了。各地起义军从四面八方向洛阳拥来，各郡县的告急文书像雪片一样飞向京都洛阳。

汉灵帝慌忙召集大臣，商量镇压措施。

汉灵帝拜外戚何进为大将军，同时派出大批人马，由皇甫嵩、朱儁、卢植率领，分两路去镇压黄巾军。

但是，各地起义军好像大河决堤一样，官府哪儿能抵挡得了。大将军何进不得不叫汉灵帝下了一道诏书，吩咐各州郡自己招募人马，对付黄巾军。这么一来，各地的宗室贵族、州郡长官、地主豪强，都借着打黄巾军的名义，趁机抢夺地盘，扩张势力，把整个国家闹得四分五裂。

黄巾军面对东汉朝廷和各地地主豪强的血腥镇

压，坚持了9个月艰苦顽强的战斗。在紧张战斗的关键时刻，黄巾军领袖张角不幸病死。张梁、张宝带领起义军将士和敌人进行殊死搏斗以后，也先后在战斗中牺牲。

起义军的主力虽然失败，但是化整为零的黄巾军一直坚持战斗了20年。东汉王朝的腐朽统治，经过这场大规模起义的致命打击，也就奄奄一息了。

袁绍杀宦官

经过黄巾军起义的冲击，东汉王朝本来已经摇摇欲坠，到汉灵帝一死，外戚和宦官两个集团闹了一场大火并，加速了它的崩溃。

189年，年仅14岁的皇子刘辩即位，这就是汉少帝。按照惯例，由何太后临朝，外戚大将军何进掌权。宦官蹇硕，原是禁卫军头目，想谋杀何进，没有成功。何进掌权以后，把蹇硕抓起来杀了。

何进手下有个中军校尉袁绍，是个大士族的后代。他家祖上四代都做过三公（太尉、司徒、司空）一级的大官，许多在朝廷和州郡的官员都是袁家的门生或者部下，所以势力特别大。

蹇硕被杀以后，袁绍劝何进把宦官势力彻底除掉。他说："以前窦武想消灭宦官，由于泄露了机密，反被宦官杀了。现在将军执掌兵权，应该替天下除害，可别错过了机会。"

何进不敢做主，去跟太后商量。何太后说什么也不答应。

袁绍又替何进出谋划策，劝何进秘密召集各地的兵马进京，迫使太后同意铲除宦官。何进觉得这是个好办法，决定召各地兵马来吓唬太后。

何进的主簿（管理文书、办理事务的官员）陈琳听了，连忙阻拦说："将军手里有的是兵马，要消灭几个宦官，还不是像炉火上烧几根毛发那样容易？如果召外兵进京城，这好比拿刀把子交给别人，不闹出乱子来才怪呢。"

何进不听陈琳的劝告。他想了想各州人马中，数并州（今山西大部，内蒙古、河北的一部分）牧（州的长官）董卓的兵力雄厚，找他帮忙错不了，就派人给董卓送了一封信，叫他迅速带兵进洛阳。

这个消息，很快就传到宦官的耳朵里。几个宦官商量说："再不动手，咱们全完了。”他们就在皇宫里埋伏了几十个武士，假传太后的命令，召何进进宫。

何进一进宫，就被宦官围住杀了。

袁绍得知何进被杀的消息，立刻派他弟弟袁术攻打皇宫。袁术干脆放了一把火，把皇宫的大门烧了。大批的兵士冲进宫里，不分青红皂白，见了宦官就杀。有的人不是宦官，只是因为没有胡须，就被错认为是宦给官杀了。

经过这场火并，外戚和宦官两败俱伤。何进召来的董卓却带兵进了洛阳。

董卓本来是凉州（范围大概在今甘肃、宁夏和青海、内蒙古一部分）的豪强，在凉州结交了一批羌族豪强，称霸一方。黄巾起义以后，他又靠镇压起义军，升到并州（范围大概在今山西大部和内蒙古、河北的一部分）牧的职位。他本来有侵占中原的野心。这次趁何进征召的机会，就急急忙忙带了 3000 人马来了。

董卓进了洛阳，就想掌握大权。可是人马太少，怕压不住洛阳的官兵。他就玩弄一个花招，在夜深人静的时候，把人马悄悄地带到城外去。到了第二天白天，再让这支人马大张旗鼓地进来。这样一连几次进出，洛阳的人都闹不清董卓到底调来多少兵马。原来属何进手下的将士看到董卓势力大，也纷纷投靠董卓。这样一来，洛阳的兵权就全落到了董卓手里。

为了独揽大权，董卓决定废掉汉少帝，另立汉少帝的弟弟陈留王刘协。他知道洛阳城里的士族官员，数袁家的势力大，就请袁绍来商量这件事。

董卓说："我看陈留王比现在的皇帝强，我打算立他为帝，您看怎么样？"

袁绍回答说："皇上年纪轻，刚刚即位，也没有听到有什么过失。您要废他，只怕天下的人不服。"

董卓碰了个钉子，气得瞪圆双眼，把手按着剑把，威胁说："大权在我手里。我要这样做，谁敢反对？难道你以为我董卓的刀不够快吗？"

袁绍也气红了脸，说："天下的好汉难道只有你姓董的一个人！"一面说，一面拔出佩刀，走了出去。他怕董卓不会放过他，就匆忙奔往冀州（范围大概在今河北中、南部，山东西北端和河南北端）去了。袁绍的弟弟袁术听到消息，也逃出洛阳，出奔南阳（在今河南省）。

袁绍兄弟走了以后，董卓就召集文武百官，宣布废立的决定。刘协即了皇位，这就是汉献帝。董卓自己当了相国。

董卓原本就是极其残忍的家伙。他担任相国之后，更是纵容兵士残杀无辜的百姓。有一次，洛阳附近的阳城（今河南登封东南）举行庙会。百姓齐集在那里赶集，董卓派兵到那里，竟把集上的男子都杀死，还把掳掠到的妇女和财物，用百姓的牛车装载着，耀武扬威地回到洛阳。一路上高呼万岁，说打了大胜仗回来了。

董卓的倒行逆施，造成洛阳城一片混乱。一些有见识的官员纷纷离开洛阳，其中包括洛阳的典军校尉曹操。

曹操起兵

曹操是沛国谯县（今安徽省亳州）人。他父亲曹嵩，是宦官的养子。曹操从小聪明机灵，办事能干。当时有一个名士叫许劭，善于品评人物。曹操年轻的时候，去请他评论。许劭说：“你这个人呀，如果在太平时代，可能成为能臣；要是在乱世，你会成为枭雄。”

曹操 20 岁那年，当上了洛阳北部尉（管理京城北部治安的官员）。他一上任，就叫工匠做了 20 多根五色大棒，悬挂在衙门两侧。他立下禁令，谁要是触犯了禁令，不管他是豪门大族，还是普通官兵都用大棒责打。

那时候，宦官蹇硕有个叔父，是个出名的恶

霸，依仗蹇硕的权势在洛阳横行不法，谁也不敢惹他。有一次，他在夜里带刀乱闹，触犯了曹操的禁令。曹操不管他来头多大，把他抓起来，用五色棒一顿痛打。那个恶霸经受不起，当场就死了。这件事轰动了整个洛阳。大家都称赞曹操不怕权势，执法严明。宦官对他又恨又怕，后来，把他调出洛阳，去当一名县令。

黄巾起义的时候，汉灵帝封曹操为骑都尉，派到颍川（治所在今河南禹县）一带镇压起义。他打败了波才领导的黄巾军。东汉王朝认为他作战有功，把他提升为济南相。过了几年，他才重新回到洛阳。

董卓进了洛阳，为了笼络人心，用高官厚禄收买一些官员。他听说曹操有点名气，就把曹操提升为骁骑校尉。但是曹操看出董卓倒行逆施，不得人心，迟早要垮台，不愿在董卓手下办事，他冒险逃出洛阳，到陈留（今河南陈留县）去找他父亲。

曹操的父亲在陈留有点财产。曹操回到陈留，得到父亲同意，花钱招兵买马，准备讨伐董卓。当地有个财主卫兹，也拿出很多钱和粮食来帮助曹操。不久，曹操的堂弟曹洪带着1000人来投奔曹操。曹操逐渐聚集了5000多人马。他一面操练兵马，一面派人探听各处动静。

自从黄巾起义后，各州各郡，都拥有一支人马。许多州郡的刺史、太守，本来就有割据野心，趁洛阳大乱，借声讨董卓的名义，纷纷起兵。其中声势最大的要数袁绍。

袁绍自从在洛阳同董卓闹翻以后，跑到冀州，当了渤海太守。因为袁绍是个大士族子弟，冀州牧韩馥又是袁家的老部下，所以袁绍很快就在渤海郡组织了一支人马。

190 年，曹操和各路讨伐董卓大军一共十几万人马，在陈留附近的酸枣（今河南延津西南）集合，组成一支联军，大家推袁绍做盟主。

各地起兵的消息传到洛阳，董卓有点害怕起来。他不顾大臣们反对，决定把汉献帝和上百万人口迁到长安，自己留在洛阳附近对付联军。汉献帝被迫离开洛阳的时候，董卓放了一把火，把宫室、官府、民房，全部烧掉。

洛阳周围 200 多里以内，被烧得鸡犬不留。老百姓被迫离开洛阳，路上有饿死的，被踩死的，被打死的，倒在路边的尸体不计其数。

但是，在酸枣附近讨伐董卓的联军却互相观望，按兵不动。有一次，各路将领在袁绍的大营开会，曹操对大家说："大家起兵，为的是讨伐董卓。现在董卓劫走天子，烧毁宫室，全国人心惶惶。这正是消灭逆贼的好时机，为什么还要犹豫不决呢？”

尽管曹操说得慷慨激昂，大家可一点也不动心。连盟主袁绍都无动于衷，谁还愿意先动手呢？

曹操看出他们只想保存实力，不想打董卓，心里很生气，就决定单独带着5000人马，向成皋（今河南荥阳汜水镇）进兵。

董卓听到曹操向成皋进兵，早已派大军在汴水（今河南荥阳西南）边布好阵势。曹操的人马刚刚到了汴水，就遇到董卓部将徐荣的拦击。

徐荣兵多，曹操兵少，双方一交战，曹操的人马就垮了下来。曹操骑着马往后撤走的时候，肩上中了一箭；他赶紧拍马逃奔，又是一支箭，射伤了曹操骑的马。那马一受惊，把曹操掀了下来。

后面徐荣的追兵呐喊声越来越近。正在危急的时候，幸亏曹洪赶上。他跳下马来，扶起曹操。曹操骑上曹洪的马，才脱了险。

曹操损兵折将，回到酸枣，再看看他的同盟军，不但按兵不动，将领们还每天饮酒作乐，根本没想讨伐董卓。

他满心气愤，跑到袁绍他们摆酒宴的地方，指责他们说：“你们以起义兵为名，却在这里犹豫观望，让天下百姓失望。我真替你们害臊呢。”

过了不久，酸枣的几十万兵马把粮食全消耗完，就散伙了。

曹操经过这一次讨伐战斗，觉得跟这些人一起，根本成不了大事，就单独到扬州（今安徽淮水和江苏长江以北）一带招募人马，准备重整旗鼓。

曹操占据兖州

曹操生活的时代，大军阀董卓占领了都城，控制皇帝，发号施令起来。东汉各地很多刺史、太守决心联合出兵讨伐董卓。在讨伐董卓的联军中，曹操虽不是统帅，却比做盟主的袁绍更有远见，更有才干。

曹操，字孟德，小名阿瞒。沛国（封国，相当于郡）谯县（今安徽亳州）人。他的父亲曹嵩本来姓夏侯，叫夏侯嵩，后来过继给大宦官中常侍曹腾做养子，才改姓曹。他曾经在东汉朝廷担任过司隶校尉，

纠察京师百官及所辖附近各郡，担任过大司农（九卿之一，掌管国家租税、盐铁及财政收支大权），后来还买了个太尉官职。

曹操自幼读书，可是他却更喜欢驾鹰驱狗，骑马射箭。而且一旦打起猎、练起武来，总也没有个够。他不受旧礼教的约束，从小就爱写诗，以诗来表达自己想治理国家的志向和敢于奋争的气魄。他看了许多书，尤其爱读兵书。他将各家兵法汇集成《摘要》一书，还给我国著名的兵书《孙子兵法》做了注解。

年纪轻轻的曹操很快有了名声，就连汉末大名士乔玄也当面赞扬他是“可以安定天下的能人”。

曹操20岁就被举为孝廉，担任了皇宫的侍从官。不久，他被调任洛阳北部尉，负责洛阳北部的治安工作。“尉”这个官职挺小，曹操却有很大的决心，要整顿好京都的秩序。当时的洛阳，外戚、宦官仗势欺人，弄得乌烟瘴气。曹操命令部下将20多根用5种颜色油漆的大棒挂在衙门口左右，公开声明说，有谁敢违反他颁布的“夜禁令”，就用五色棒惩罚他。

有一天晚上，曹操亲自带着一队士兵出去巡逻，检查“夜禁令”的执行情况。当时已经很晚了，四下里静悄悄的。曹操巡逻了一会儿，迎面碰上了宦官蹇硕的叔叔——人称“蹇叔”的恶霸。他平时倚仗侄儿的势力，为非作歹。白天干尽了坏事还不算，晚上还经常带着一批爪牙抢占民女。这天晚上他又想去干坏事，结果被曹操碰上了。

曹操早就想惩罚一下这个恶霸，这下可有了借口，他大喝一声："来人！抓住这批歹徒！"巡逻队一拥而上，把这帮人带回了衙门。他们将蹇叔按倒在地上，用五色棒狠狠地揍了他一顿。不一会儿，蹇叔就四肢挺直，没气了。消息像风一样传向了四面八方，那些坏人再也不敢到曹操的属地胡作非为。曹操的名声也随之大了起来。

宦官们对曹操怀恨在心，总想找个办法治治他。正巧，曹操的堂妹夫得罪了宦官。他们利用这件事，将曹操也罢了职。但曹操一直不屈服，坚持和他们斗争。后来他复了官，当上了议郎。黄巾起义时，曹操任骑都尉。因为他有功，又被封为济南相（相当于济南的郡守），于是曹操又到济南上任去了。

济南是个大郡，属下有 10 多个县。大多数县令都倚仗宦官权势，勾结地方豪强，贪赃枉法。而且他们还修了许多祠庙，借以骗取百姓的钱财。曹操一上任，就免掉了 8 个县令的职，接着又下令拆毁全部祠庙。这样，济南的贪官大大减少了，封建迷信活动也有所收敛。

董卓进洛阳的时候，曹操正担任典军校尉的职务。董卓想拉他入伙，任命他为骁骑校尉，董卓越信任曹操，曹操心中越打鼓。具有政治头脑的曹操早就看清了董卓的真面目。别看董卓现在有那么大权势，百官都不敢得罪他，但他的倒行逆施必然会使他遭到失败。

曹操不但不想投靠董卓，反而下了反对董卓的决心。因此，曹操乔装打扮，更换姓名，带着几名随从，骑着快马，从洛阳跑了出来。曹操在逃跑途中，干了一件令后人唾骂的事。他知道董卓不会放过自己，一路上小心翼翼，夜间赶路，白天躲藏。当路过成皋时，遇到了父亲的好朋友吕伯奢。

他就进了吕家的庄园，一来休息一下，二来打听父亲的情况。碰巧吕伯奢不在家，他的5个儿子都热情地接待，并挽留曹操。曹操住了下来，心中却不由得犯起嘀咕：他们干吗对我这么热情？是不是想拖住我，好派人去报告官府呀？他越想越害怕，根本就睡不着。

到了半夜，他听到动静，后院传来霍霍的磨刀声和窃窃私语声。他爬起来侧着耳朵仔细一听，就听到有人在小声地说：“这个家伙够厉害，还是先绑起来再杀吧！”曹操心想，不得了，他们真是想杀我！他轻轻地下了床，抽出宝剑，摸出房来，见人就杀。一直杀到最后，才见到一口大肥猪被捆在后院，他这才明白，人家说的是把这头肥猪绑起来再杀，好招待他。

可是已经晚了，吕伯奢的5个儿子全被他杀了。他仰天长叹，说："宁我负人，毋人负我！"意思是：宁可我对不起天下的人，也不能让天下的人对不起我！

曹操离开洛阳后，没日没夜地跑了500多里，一直跑到了陈留。陈留一带从上到下都反对董卓。而且曹嵩在这儿有一定的根基，积累了一部分财产，可以供他招兵买马。很快，曹操就招募了5000名义兵。他开始有了自己的一支队伍，便公开打出了讨伐董卓的旗帜。

曹操的威信使很多有才干的人来投靠他。例如，曹仁、曹洪和夏侯惇、夏侯渊两对兄弟。曹仁、曹洪是曹操的叔伯兄弟，都有一身好武艺。夏侯惇、夏侯渊不仅是曹操的同乡，而且还是同族兄弟。曹操的队伍越来越大。190年，他带兵参加了以袁绍为盟主的关东军，讨伐董卓。但是，关东军虽然打着反董的旗号，实际上却按兵不动，对董卓的迁都不加制止。

曹操对此十分气愤。在一次关东军诸将领的集会上，他慷慨陈词，并分析了此时进军的好处。尽管他讲得义正词严，头头是道，但袁绍却不予理睬，其他将领更是无动于衷。曹操实在忍不住了，就独自带着部队从酸枣向西进军了。

董卓迁都长安后，仍在洛阳驻兵。他听说曹操独自带着人马来了，根本不放在眼里，派大将徐荣堵在汴水（今河南省荥阳市北）。等到曹操带着军队赶到汴水时，徐荣早就布好了阵势。

曹操同敌人奋战到天黑，却终不是对手。曹操拨转马头就跑，徐荣在后面紧紧追赶，箭像雨一样射过来，曹操的肩膀被射中了。

当他带着箭伤回到营地时，其他将领正在饮酒作乐。曹操激动地说："各位将军如此不图进取，难道不怕天下人笑话吗?"大家根本不理他，仍然吃着喝着。只有陈留太守张邈说了一句："孟德呀！还是先养好你的箭伤吧!"

曹操的几千人马只剩下了几百，其他人又按兵不动。他一气之下，离开了酸枣，打算再去招兵买马，重上战场。谁知，关东军内部发生了矛盾，互相兼并。这样，关东军就散伙了。

曹操带着部队到了兖州，有曹仁、曹洪和夏侯氏两对兄弟辅佐，兵不多将却强。因此他在兖州的势力有了飞速的发展。曹操在东郡得到了一位大谋士荀彧。荀彧帮曹操出主意说：“董卓的暴虐到了极点，他必定会在动乱中丧命。”他建议曹操专心在兖州方面扩张。曹操接受了他的意见。

此时，青州的黄巾军有了很大的发展。他们像一股汹涌的怒潮，浩浩荡荡地从青州涌入兖州，杀死了兖州刺史刘岱。可是黄巾军只会流动作战，不懂得把兖州作为自己的根据地。刘岱死后，兖州就群龙无首了。消息传到濮阳，东郡太守曹操的心里就痒痒。他派出手下的谋士陈宫去说服兖州官员。这样，曹操不费一兵一卒，就轻易地当上了兖州牧。

曹操深知，若想称霸四方，光有一块地盘还不行，最重要的是必须有强大的军事力量，他派兵和青州黄巾军作战，打了几场胜仗，黄巾军一遇挫折，就给曹操写来一封信。信中说：“以前您在担任济南相时，毁掉了600多座邪神祠庙，得到老百姓拥护。您的思想和我们黄巾军的真道应该是差不多的，现在却又迷惑了。您应该看出汉朝的气运已尽，黄天当立，这是天意，不是您的才力所能挽回的。”

曹操从黄巾军的来信中看出他们没有斗志，而且对自己还挺钦佩。于是，他以军事进攻为主，以诱降为辅。青州黄巾军缺乏能干的统帅，哪里斗得过曹操。他们放下武器投降了。曹操从这支农民军中挑选出青壮年30万人，称为“青州军”。从此，青州兵就成了曹军的骨干。

从东郡太守到领有兖州，从将多兵少到收编了30万青州兵，曹操成了一个势力超群的大军阀。投靠他的谋士良将越来越多。他不仅脱离了袁绍，成为一支独立的势力，而且也渐渐敢于和袁绍抗衡了。

王允计除董卓

董卓看到反对他的那批刺史、太守，各有各的打算，没有什么可怕，就在长安自称太师，要汉献帝尊称他是“尚父”。他还把他的弟弟、侄儿都封为将军、校尉，连他的刚生下的孩子也封为侯。

为了寻欢作乐，他在离长安200多里的地方，建筑了一个城堡，称作郿坞。他把城墙修得又高又厚，把从百姓那里搜刮来的金银财宝和粮食都贮藏在那里，单是粮食，就足够30年吃的。

郿坞筑成之后，董卓十分得意地对人说：“大事成了，天下就是我的；即使不成功，我就在这里安安稳稳度晚年，谁也别想打进来。”

董卓在洛阳的时候，就杀了一批官员；到了长安以后，更加专横跋扈。文武官员说话一不小心，触犯了他，就丢了脑袋。一些大臣怕保不住自己性命，都暗暗地想除掉这个坏蛋。

董卓手下有一个心腹，名叫吕布，是一个出名的勇士。吕布的力气特别大，射箭骑马的武艺，十分高强。他本来是并州刺史丁原的部下。董卓进洛阳的时候，丁原正带兵驻守洛阳。董卓派人用大批财物去拉拢吕布，要吕布杀死丁原。吕布被董卓收买，背叛了丁原，投靠董卓。

董卓把吕布收作干儿子，叫吕布随身保护他。他走到哪里，吕布就跟到哪里。人们害怕吕布的勇猛，就不好对董卓下手。

司徒王允决心除掉董卓。他知道要除掉董卓，先要拉拢他身边的吕布。他就常常请吕布到他家里，一起喝酒聊天。日子久了，吕布觉得王允待他好，也就把他跟董卓的关系和盘托出。

原来，吕布跟董卓虽说是父子关系，但是董卓性

格暴躁，稍不如他的意，就向吕布发火。有一次，吕布说话顶撞了他，董卓竟将身边的戟扔了过去。幸亏吕布眼快手快，把身子一侧，躲过了飞来的戟，没有被刺着。

后来，吕布向董卓赔了礼，董卓也表示宽恕他。但是，吕布心里很不痛快。他把这件事告诉了王允。王允听了挺高兴，就把自己想杀董卓的打算也告诉了吕布，并且说："董卓是国贼，我们想为民除害，您能不能帮助我们，做个内应?"

吕布听到真要杀董卓，倒有点犹豫起来，说："我是他的干儿子，儿子怎么能杀父亲呢?"

王允摇摇头说："唉，将军真糊涂，您姓吕，他姓董，本来就不是骨肉至亲，再说，他向您掷戟的时候，还有一点父子的感情吗?"

吕布听了，觉得王允说得有道理，就答应跟王允一起干。

192年，汉献帝生了一场病刚刚痊愈，在未央宫会见大臣。董卓从郿坞到长安去。为了提防人家暗算，他在朝服里面穿上铁甲。在乘车进宫的大路两旁，派卫兵密密麻麻排成一条夹道。他还叫吕布带着长矛在他身后保卫着。经过这样安排，他认为万无一失了。

他哪儿知道王允和吕布早已商量好了。吕布约了几个心腹勇士扮作卫士混在队伍里，专门在宫门口守着。董卓的车队一进宫门，就有人拿起戟向董卓的胸口刺去。但是戟扎在董卓胸前铁甲上，刺不进去。

董卓用胳膊一挡，被戟刺伤了手臂。他忍着痛跳下车，叫着说："吕布在哪儿？"

吕布从车后站出来，高声宣布说："奉皇上诏书，讨伐贼臣董卓！"

董卓见他的干儿子背叛了他，就骂着说："狗奴才，你敢……"

他的话还没说完，吕布就已经举起长矛，一下子戳穿了董卓的喉头。兵士们拥了上去，把董卓的头砍了下来。吕布从怀里拿出诏书向大家宣布："皇上有令，只杀董卓，别的人一概不追究。"

董卓的将士们听了，都高兴地呼喊万岁。

长安的百姓受尽了董卓的残酷压迫，听到铲除了奸贼，成群结队跑到大街上唱着，跳着。许多人还把自己家里的衣服首饰变卖了，换了酒肉带回家大吃一顿，庆祝一番。

恶贯满盈的董卓被消灭了，但是百姓的灾难并没有结束。过了不久，董卓的部将李傕、郭汜打进长安，杀死王允，赶跑了吕布，长安百姓又一次遭到烧杀抢掠。

文姬归汉

曹操自从赤壁之战失败以来，经过几年整顿，重振军威，自封为魏公。公元216年，又晋爵为魏王，都邺城。在北方他的威望很高，连南匈奴的呼厨泉单于也特地到邺城来拜贺。曹操把呼厨泉单于留在邺城，像贵宾一样招待他，让匈奴的右贤王回去替单于监理国家。

南匈奴跟汉朝的关系和好了。曹操就想起了他一位已经死去的朋友蔡邕有一个女儿还留在南匈奴，想把她接回来。

蔡邕是东汉末年的一个名士，早年因为得罪了宦官，被放逐到朔方（在今内蒙古杭锦旗北）去。董卓掌权的时候，蔡邕已回到洛阳。那时候，董卓正想笼络人心。他听到蔡邕名气大，就把他请来，封他做官，对他十分敬重，三天里连升三级。蔡邕觉得在董卓手下，比在汉灵帝时候强多了。

到了董卓被杀，蔡邕想起董卓待他不错，叹了口气。这一来惹恼了司徒王允，认为他是董卓一党的人，把他抓了起来。尽管朝廷里有许多大臣都替他说情，王允还是不同意，结果死在监狱里。

蔡邕的女儿名叫蔡琰，又叫蔡文姬，跟她父亲一样，是个博学多才的人。她父亲死后，关中地区又发生李傕、郭汜的混战，长安一带百姓到处逃难。蔡文姬也跟着难民到处流亡。那时候，匈奴兵趁火打劫，掳掠百姓。有一天，蔡文姬碰上匈奴兵，被他们抢走。匈奴兵见她年轻貌美，就把她献给了匈奴的左贤王。

打这以后，她就成了左贤王的夫人，左贤王很爱她。她在南匈奴一住就是十二年，虽然过惯了匈奴的生活，但还是十分想念故国。

这一回，曹操想起了蔡文姬，就派使者带着礼物到南匈奴，把她接回来。

左贤王当然舍不得把蔡文姬放走，但是不敢违抗曹操的命令，只好让蔡文姬回去。蔡文姬能回到日夜想念的故国，当然十分愿意；但是要她离开在匈奴生下的子女，又觉得悲伤。在这种矛盾的心情下，她写下了著名诗歌《胡笳十八拍》。

蔡文姬到了邺城，曹操看她一个人孤苦伶仃，又把她再嫁给一个屯田都尉（官名）董祀。哪知道时隔不久，董祀犯了法，被曹操的手下人抓了去，判了死罪，眼看快要执行了。

蔡文姬急得不得了，连忙跑到魏王府里去求情。正好曹操在举行宴会。朝廷里的一些公卿大臣、名流学士，都聚集在魏王府里。侍从把蔡文姬求见的情况报告曹操。曹操知道在座的大臣名士中不少人都跟蔡邕相识，就对大家说："蔡邕的女儿在外流落了多年，这次回来了。今天让她来跟大家见见面，怎么样？"

大伙儿当然都表示愿意相见。曹操就命令侍从把蔡文姬带进来。蔡文姬披散头发，赤着双脚，一进来就跪在曹操面前，替她丈夫请罪。她的嗓音清脆，话又说得十分伤心。座上有好些人原来是蔡邕的朋友，看到蔡文姬的伤心劲儿，不禁想起蔡邕，感动得连鼻子也酸了。

曹操听完了她的申诉，说："你说的情形的确值得同情，但是判罪的文书已经发出去了，有什么办法呢？"

蔡文姬苦苦央告说："大王马房里的马成千上万，手下的武士多得像树林，只要您派出一个武士，一匹快马，把文书追回，董祀就有救了。"

曹操就亲自批了赦免令，派了一名骑兵追上去，宣布免了董祀的死罪。

那时候，正是数九寒天。曹操见她穿得单薄，就送给她一顶头巾和一双鞋袜，叫她穿戴起来。

曹操问她："听说夫人家有不少书籍文稿，现在还保存着吗？"

蔡文姬感慨地说："我父亲生前给我四千多卷书，但是经过大乱，散失得一卷都没留下来。不过我还能背出四百多篇。"

曹操听她还能背出那么多，就说："我想派十个人到夫人家，让他们把你背出来的文章记下，你看怎样？"

蔡文姬说："用不着。只要大王赏我一些纸笔，我回家就把它写下来。"

后来，蔡文姬果然把她记住的几百篇文章都默写下来，送给曹操。曹操看了，十分满意。

曹操把蔡文姬接回来，在为保存古代文化方面做了一件好事。历史上把"文姬归汉"传为美谈。

三国两晋南北朝

迁都许城

董卓之乱以后，东汉王朝名存实亡，对各地州郡失去了控制。各地官僚、豪强趁机争夺地盘，形成了大大小小的割据势力。势力比较大的有冀州的袁绍、南阳的袁术、荆州（范围大概在今湖北、湖南两省和河南的一部分）的刘表、徐州（范围大概在今江苏长江以北和山东东南部）的陶谦、吕布等，他们相互混战，打得昏天黑地。成千上万的百姓在混战中遭到屠杀，许多地方出现了没有人烟的荒凉景象。

曹操本来势力很小。后来，他打败了攻进兖州（今山东省西南部和河南省东部）的黄巾军，在兖州建立了一个据点。他还从黄巾军的降兵中，挑选一部分精锐力量，扩大了武装。以后，他又打败了陶谦和吕布，成为一股强大的割据势力。

195 年，长安的李傕和郭汜发生火并，外戚董承和一批大臣带着汉献帝逃出长安，回到洛阳。洛阳的宫殿，早已被董卓烧光了，到处是碎砖破瓦，荆棘野草。汉献帝到了洛阳，没有宫殿，住在一个官员的破旧住房里。一些文武官员，没有地方住，只好在断墙残壁旁边搭个草棚，遮蔽风雨。最大的难处是没有粮食来源。汉献帝派人到处奔走，要各地官员给朝廷输送粮食。但是大家正在忙着抢地盘，根本不把皇帝放在眼里，谁也不肯送粮来。

朝廷大臣没有办法，尚书郎以下的官员，都只好自己去挖野菜。这些平时养尊处优的官员，哪儿受得了这个苦，有的吃了几顿野菜，就倒在破墙边上饿死了。

这时候，曹操正驻兵在许城（今河南许昌），听

到这个消息，就召集部下的谋士商量，要不要把汉献帝迎过来。

谋士荀彧说："从前晋文公发兵把周襄王送回洛邑（今洛阳），成为霸主；汉高祖为义帝发丧，天下人都向着他。这样的例子历史上是不少的。现在皇上到了洛阳，困苦不堪。将军如果能把皇上迎来，这正是顺从人们的愿望。要是现在不及时去接，一旦让别人抢先迎去。我们就错过机会了。"

曹操听了，觉得很有道理，立刻派曹洪带领一支人马到洛阳去迎接汉献帝。

董承等大臣害怕曹操，发兵阻拦曹洪的人马。后来，曹操亲自到了洛阳，向他们说明现在洛阳缺少粮食。许县有粮食，但是运输不便，只好请皇上和大臣们暂时搬到那边去，免得在这里受冻挨饿。

汉献帝和大臣听说到了许县有粮食，都巴不得早点迁都。196 年，曹操把汉献帝迎到了许县，打那时候起，许县成了东汉临时的都城，因此称为许都。

曹操在许都给汉献帝建立了宫殿，让汉献帝正式上朝。曹操自封为大将军，开始用汉献帝的名义向各地州郡豪强发号施令。

首先他用汉献帝的名义下诏书给袁绍，责备他地广兵多，只管扩大自己势力，攻打别的州郡，不来帮助朝廷。

尽管袁绍势力大，但是名义上他还是汉献帝的臣子，接到诏书以后，没法子，只好上个奏章给自己辩护。

曹操又以汉献帝的名义封袁绍为太尉。这一下，袁绍可生气了。他觉得曹操当大将军，自己反在曹操底下，太丢人了，就气冲冲地说："曹操要不是我，哪有今天。现在他倒用皇上的名义来号令起我来了。"他上个奏章把太尉辞了。

曹操觉得自己地位还不巩固，不愿和袁绍闹翻，就把大将军的头衔让给袁绍，自己改称为车骑将军。

许都的情况暂时稳定下来了。但是日子一久，大批官员和军队的粮食供应就发生困难。经过 10 年混战，到处都在闹饥荒。如果许都的粮食问题不解决，大家也待不下去了。有个叫枣祗的官员向曹操提出一个办法，叫作"屯田"。他请曹操把流亡的农民召集到许都郊外开垦荒地，由官府租给他们农具和牲口。每年收割下来的粮食一半归官府，一半归农民。

曹操接受了枣祗的建议，发布命令，实行屯田。许都附近的荒地很快就开垦出来了。一年下来，原来已经荒了的土地上获得了丰收。光是许都的郊外就收到公粮 100 万斛。曹操又在他管辖的州郡都推行屯田制，设置田官。以后，凡是实行屯田制的地方，谷仓都装得满满的。

曹操用皇帝的名义号令天下，又采用屯田办法，解决了军粮问题，还吸收了荀彧、郭嘉、满宠等一批有才能的谋士，他的实力就更加强大起来了。

曹操挟天子以令诸侯

汉建安元年（196 年），汉献帝逃出长安后，在韩暹、杨奉等人的护送下，回到东都洛阳。当时曹操在许昌，打算迎接汉献帝，但手下都认为：“崤山以东还没有平定。韩暹、杨奉等人，又仗着护驾有功，骄横跋扈，不能够一下子就把他们制伏。”因而加以反对。

荀彧说：“从前晋文公重耳护送回周襄王，诸侯纷纷响应；汉高祖为义帝服丧，天下人心归附。自从天子流离在外，将军率先倡导义军，只是因为崤山以东变乱没有平定，还来不及远行迎接圣驾。

“如今汉献帝车驾返回洛阳，然而旧都荒芜，义士百姓无不感慨。如果您真能借此良机，满足大家的期望，前去奉迎天子，是最顺应潮流的；以大公无私感服天下人心，是极重要的策略；扶助朝廷，弘扬大义，招揽天下英才，是非常了不起的德行。这样一来，他们又能有什么作为？

“韩暹、杨奉之流，有什么值得顾虑的？若不赶紧决定，让别的豪杰生出奉迎的念头，先行一步，以后哪怕再费心机，也来不及了。”

于是曹操派遣扬武中郎将曹洪率军往西，到洛阳迎接汉献帝。但是董承等人扼守险要阻拦，使曹洪不能前进。

议郎董昭认为杨奉的兵力最强盛，只是缺少同伴援助，就以曹操的名义写信给杨奉，说：“我对将军闻名已久，仰慕您的义气，愿意跟您推心置腹。如今将军在危难之中救出天子，护送回旧都洛阳，护卫天子再加上辅佐朝廷的功勋，盖世无双，难以用语言赞美！

“现在，各地的强盗扰乱中原，天下不得安宁，那么最重要的就是君主的平安，而主要靠辅佐的大臣。必须让众多贤士一齐努力，才能扫清君王道路上的障碍，这绝不是一个人的力量所能办到的。

“身体与四肢，是互相依存的，缺少了任何一部分，都成了残废。将军应当在朝廷主持大政，我则在朝廷之外援助；如今我有粮草，将军有兵马，互通有无，足以成就大事。我们应该紧密团结，生死与共。”

杨奉接到信后十分高兴，对将领们说：“兖州刺史曹操的军队，近在许昌，有兵有粮，朝廷正应当仰仗他们的支援。”于是联名上表，推荐曹操担任镇东将军，并承袭他父亲曹嵩的爵位费亭侯。

韩暹凭借护驾的功劳，专横放肆，董承对他非常不满，就暗中派人征召曹操，曹操就亲率大军到达洛阳。曹操到达后，向汉献帝奏报韩暹、杨奉的罪过。韩暹害怕被杀，单枪匹马投奔杨奉。汉献帝因为韩暹、杨奉护驾有功，所以下诏，一律不加追究。

八月十八日，汉献帝下诏，让曹操兼任司隶校尉、录尚书事。于是曹操处罚有罪之人，诛杀尚书冯硕等 3 人；奖赏有功之臣，封卫将军董承等 13 人为列侯；表彰死难烈士，追赠射声校尉沮俊为弘农太守。

曹操请来董昭，让他与自己坐在一起，问他说：“现在我到了这儿，应当采取什么措施？”

董昭说："将军发起义兵，讨伐乱臣贼子，入京朝见天子，辅佐王室，这是春秋五霸一样的功业啊。洛阳的各位将领，心中打算各不相同，未必肯服从将军的调遣。现在如果留在洛阳辅佐朝政，情势上会有很多不利因素，最好的办法只有请天子移驾到许昌。

"但是天子流离在外，已经很久了，现在刚刚回到旧都，远近之人都盼望从此能够安定。如果再要移驾，倒不符合人心。不过，要做不同寻常的事，得采取不同寻常的手段，希望将军衡量利弊，做出最佳的选择。"劝曹操将献帝迁往许昌。

曹操说："这正是我本来的打算。只是杨奉就在附近的梁县，听说他军队强盛，该不会成为我的障碍吧？"

董昭说："杨奉缺少同党，没有外援，所以是真心与将军联合。任命您为镇东将军，封费亭侯，这些事情最终都是杨奉决定的。您应该不时派遣使者，带上厚礼前去表示谢意，让他安心。并告诉他迁都的理由，就说：'洛阳没有军粮，想让献帝暂时移驾鲁阳；鲁阳靠近许昌，运输较为方便，可不必担心军粮匮乏。'杨奉虽然作战勇猛，但为人单纯没有心机，一定不会怀疑。在使者往来过程中，我们的大事早都办成了，他怎么能成为您的障碍呢?”

曹操说：“很好!”立即派使者去见杨奉，按计策行事。

二十七日，汉献帝车驾出轘辕关，向东进发，迁都许昌。任命曹操为大将军，封武平侯。

青梅煮酒论英雄

就在曹操的势力日益扩大的时候，刘备的势力也渐渐发展起来。

刘备，字玄德，涿郡（今河北省涿州市）人，据说是西汉皇帝的本家中山靖王刘胜的后代。不过传到他这一代的时候，家境已经很贫苦，只能靠和母亲一起编卖草席、麻鞋过日子。东汉灵帝末年，社会发生动乱，刘备得到中山（今河北省定县）富商张世平、苏双的帮助，招募义兵，组织地主自卫武装。关羽、

张飞前来应募。

张飞，字翼德，是刘备的同乡。他性情暴躁，但为人直率，有什么就说什么。他有一身武艺，好见义勇为。

关羽，字云长，是河东解良（今山西省解虞县）人，据说他本来并不姓关，因为年轻的时候好打抱不平，常常招惹是非。父母为了让他不再惹事，就把他关在后院空房里。有一天，关羽实在闷得慌，就偷偷地打开窗户逃跑。突然关羽听到有啼哭声，便顺声找过去，发现是一老人在哭。一打听，知道是县令的小舅子仗势欺人，强娶她的女儿。关羽十分气愤，提着宝剑，就去县衙门把县令和他的小舅子杀了。

闯了杀身之祸，关羽不得不逃离家乡。当他逃到潼关时，看见潼关城门上正挂着悬赏捉拿他的头像。凡是进出关卡的人，都要检查。他整了衣服，大胆地走到关卡前，对盘查他的士兵说："我姓关……"从此以后，他就以假为真，改姓关了。

关羽过了潼关，东行到涿郡，结识了张飞。恰好刘备招兵，他俩就去报名了。刘备看他们武艺高强，很有才干。就和他们在花红柳绿的桃园里结拜为兄弟。刘备是老大，关羽是老二，张飞最小。他们对天发誓，表示要同心协力，干出一番事业。这就是历史上有名的“桃园结义”的故事。

刘、关、张桃园结义后，一边招兵买马，一边打制兵器，扩充自己的武装力量。刘备的兵器是双股剑，寒光闪闪；关羽的兵器是一把大刀，刀形如一弯明月，刀上有青龙图案，所以叫作青龙偃月刀；张飞的武器更特别，是支一丈八寸的长矛，那矛如同一条吐着信子的毒蛇，因此叫作丈八蛇矛。他们3个带着招募来的士兵，在镇压黄巾起义中立下战功。东汉政府就派刘备做安喜县（今河北省定县）县尉，主管一县的治安。

刘备刚刚上任几个月，代表郡守督察下属各县官吏的督邮就来到安喜。这位督邮大人贪赃成性。刘备没给他送礼，督邮因此拒绝见他。刘备憋了一肚子气，决定辞官不干，就带上关羽、张飞，拿着县尉的大印，到督邮的住处去了。

督邮以为刘备送礼来了，很高兴地出来见他。结果看到刘备两手空空，脸色当时就变了，轻蔑地问他：“你是什么出身？”

刘备毫不含糊地说：“我是汉朝宗室，中山靖王后代，因为平定黄巾有功被任为安喜县尉。”

督邮大怒，说：“刘备，你敢冒称宗室，冒领战功！我这次就是受朝廷之命来查处你这种人的！”

刘备更不客气，他让张飞冲上去，不由分说地揪住督邮就打。直到刘备看差不多了，才让住手。随即他把大印往督邮脖子一挂，便骑上马，一溜烟地跑了。

刘备带着关羽、张飞去投奔公孙瓒。他们在公孙瓒那儿奉命讨伐叛乱称帝的张纯、张举，立下战功。朝廷不但免了刘备打督邮的罪，反而任命他为别部司马。后来，又任命他为平原相，关羽、张飞为别部司马。

刘备3人再带上赵云，一起去上任了。赵云，字子龙，常山郡真定（今河北省正定县）人。他身强体壮，武艺超群，为人正派。他和刘备3人情同手足。一天，他们收到陶谦的求援信。陶谦是徐州牧，他的部将张闿贪图钱财，抢走了曹操父亲的全部财宝，并杀了曹家老小。曹操恨得咬牙切齿，当即下令，三军戴孝出征，立誓要杀死陶谦。陶谦抵挡不住，便求救于刘备。于是刘备率领3000人马前去援救，逼走了曹操。

陶谦对刘备感激不尽。他认为刘备确是个人才，就给刘备4000人马，请他留下来帮助自己。刘备感到陶谦非常诚恳，而平原又没什么可留恋的，就答应了。陶谦立刘备为豫州刺史，请刘备驻扎在小沛。从此刘备就以小沛为基地，平时注意发展生产，整顿治安，操练兵马。

后来，陶谦死了，刘备继任徐州牧。被曹操打败的吕布、陈宫前来投奔刘备。刘备让吕布屯兵小沛。吕布虽不满意，可也不好说什么。

不久，军阀袁术为了扩充地盘，就发兵攻打徐州。刘备安排张飞和下邳相曹豹镇守下邳，自己同关羽进军到盱眙迎战。袁术和刘备交战一个多月，不能取胜，就以20万斛军粮、500匹战马为交换，约请吕布袭击徐州，同灭刘备。吕布本来就是个反复无常的人，看到有利可图，就接受了袁术的条件，趁着张飞酒醉，攻占了下邳。张飞带着少数人去找刘备、关羽。

但袁术也是个言而无信的人，他并不是真要给吕布军粮、战马。吕布便与刘备讲和。只不过他们互相换了一个位子，吕布占了徐州，刘备到了下邳。袁术看到吕、刘讲和，对自己占领徐州不利，就故技重演，多方拉拢吕布，与其结成儿女亲家，挑拨吕、刘关系。吕布听信了袁术，带兵去打刘备。刘备已经损兵折将，敌不过吕布，就带着关羽、张飞，以及一些亲信官员，连夜逃到许都——曹操的势力中心。

刘备虽然住在曹操那里，但心里老想着发展自己的势力，他知道曹操对他放心不下，便装出庸庸碌碌的样子。他从不关心天下大事，整天只知道浇水种菜。关羽、张飞不理解刘备为什么变成这样，十分不满。

有一天，刘备正在菜园里浇水，曹操的部将许褚来找他，说曹公有请，让他马上就去。刘备不知发生了什么事，心里十分害怕。但他又不敢违抗曹操的命令，只好硬着头皮去了。曹操拉着刘备走到后花园，坐在一个小亭里，一边饮青梅酒，一边畅谈。

夏天天气多变。不一会儿阴云密布，眼看大雨就要降临。曹操指着天上的云彩问刘备："您知道龙的变化吗？"

刘备回答："不清楚。"

曹操又说："龙能大能小，变化不定，龙乘时而变，就好像人得了志，纵横天下。龙就好比世上的英雄。"停了一下，他问道："玄德，您周游四方，见多识广，请问，谁称得上是当代的英雄？"原来曹操是想在酒后套刘备的实话，看他是不是也有称霸天下的野心。

刘备对此早有防备，故意说："我哪配谈英雄！"

曹操说："您不要谦虚，就说说吧。"

刘备说："淮南的袁术，已经称帝，可以算作英雄吧！”

曹操笑笑，说：“他呀，不过是坟中的枯骨，我这就要消灭他！”

刘备又说：“河北的袁绍，占领了4个州，手下谋士多，武将勇，可以算作英雄吧！”

曹操又笑了笑，说：“袁绍表面厉害，胆子却很小；虽然善于谋划，关键时刻却犹豫不决。这种干大事怕危险，见小利不要命的人，可算不上是英雄。”

刘备又说：“刘表坐镇荆州，被列为‘八俊’之首，可以算作英雄吗？”

曹操不屑地说：“刘表徒有虚名而已，也算不上英雄！”

刘备接着又说：“孙策血气方刚，已经成为江东领袖，是英雄吧！”

曹操摇摇头说：“孙策是凭着他父亲孙坚的名望，算不得英雄。”

刘备又举了一些割据一方的军阀，但曹操都不放在眼中，刘备只好说：“我孤陋寡闻，除了这些人，可实在不知道还有谁配称英雄了。”

曹操指指自己，又指指刘备，说：“现在天下称得上英雄的，只有您和我两人呀！”

刘备心里一吓，手一松，筷子掉在地上。与此同时，骤然电闪雷鸣，下起了大雨。刘备赶紧弯腰捡起筷子，谎称：“好响的雷呀！把我吓了一大跳！”

曹操见这么个雷就把刘备吓成这样子，以为他是个胆小鬼，禁不住哈哈大笑起来。

刘备见曹操对自己有戒心，就想找个脱身机会，正巧曹操准备派人往徐州截堵袁术，就借口自己熟悉那儿的地形，骗得曹操放他出了许都。为了监视和牵制刘备，曹操派了朱灵、路招两位将军同行。刘备大军一到徐州，正赶上袁术的军队抵达下邳。刘备指挥大军一路杀过去。袁术大败而归，不久就吐血身亡。

于是刘备打发朱灵、路招回去报信，实际上是把他们支走，以免去监视。刘备乘胜进攻徐州。他们直抵下邳城，把驻守的车胄骗出城，并将其围杀，进而顺利地占领了徐州。曹操听说以后十分气愤，决定马上出兵讨伐。刘备无力抵抗，只得去投靠邺城（冀州的治所，在今河北临漳西南）的袁绍。

这时盘踞在北方广大地区的袁绍，经济力量和军事力量都很雄厚，是当时势力最大的军阀。可是曹操占据着中原部分地区，用皇帝的名义发号施令，实力发展也很快。两强对峙，必然要发生尖锐的冲突。

官渡大战

刘备逃到了邺城，袁绍才感到曹操是个强大的敌人，决心进攻许都。原来劝他攻打许都的田丰，这时候却不赞成马上进攻。他说："现在许都已经不是空虚的了，怎么还能去袭击呢！曹操兵马虽然少，但是他善于用兵，变化多端，可不能小看他。我看还是做长期的打算好。"

袁绍不听田丰的话，田丰一再劝谏，袁绍反认为他扰乱军心，把他下了监狱，他向各州郡发出文书，声讨曹操。200 年，袁绍集中了 10 万精兵，派沮授为

监军，从邺城出发进兵黎阳（今河南浚县）。他先派大将颜良渡过黄河，进攻白马（今河南滑县）。

这时候，曹操早已率领兵马回到官渡，听到白马被围，准备亲自去救。他的谋士荀攸劝他说："敌人兵多，我们人少，不能跟他硬拼。不如分一部分人马往西在延津（在今河南延津西北）一带假装渡河，把袁军主力引到西边。我们再派一支轻骑兵到白马，打他个措手不及。"

曹操采纳了荀攸的意见，来个声东击西。袁绍听说曹操要在延津渡河，果然派大军来堵截。哪儿知道曹操已经亲自带领一支轻骑兵袭击白马。包围白马的袁军大将颜良没防备，被曹军杀得大败。颜良被杀，白马之围也解除了。

袁绍听到曹操救了白马，气得直跳脚。监军沮授劝袁绍把主力留在延津南面，分一部分兵力出击。但是袁绍心急火燎，不听沮授劝告，下令全军渡河追击曹军，并且派大将文丑率领五六千骑兵打先锋。这时候，曹操从白马向官渡撤退。听说袁军来追，就把600名骑兵埋伏在延津南坡，叫兵士解下马鞍，让马在山坡下溜达，把武器盔甲丢得满地都是。

文丑的骑兵赶到南坡，看见这样子，认为曹军已经逃远了，叫兵士收拾那丢在地上的武器。曹操一声令下，600 名伏兵一齐冲杀出来。袁军来不及抵抗，被杀得七零八落。文丑也糊里糊涂地丢了性命。

两场仗打下来，袁绍一连损失了他手下的颜良、文丑两员大将，袁军将士被打得垂头丧气。但是袁绍不肯罢休，一定要追击曹操。监军沮授说："我们人尽管多，可没像曹军那么勇猛；曹军虽然勇猛，但是粮食没有我们多。所以我们还是坚守在这里，等曹军粮草吃完了，他们自然会退兵。"

袁绍又不听沮授劝告，命令将士继续进军，一直赶到官渡，才扎下营寨。曹操的人马也早已回到官渡，布置好阵势，坚守营垒。

袁绍看到曹军守住营垒，就吩咐兵士在曹营外面堆起土山，筑起高台，让兵士们在高台上居高临下地向曹营射箭。

曹军只得用盾牌遮住身子，在军营里走动。

曹操跟谋士们一商量，设计了一种霹雳车。这种车上安装着机纽。兵士们扳动机纽，把十几斤重的石头发出去，打坍了袁军的高台，许多袁军兵士被打得头破血流。

袁绍吃了亏，又想出一个办法。他叫兵士在深夜里偷偷地挖地道，打算从地道里钻到曹营去偷袭。但是他们的行动早被曹军发现。曹操吩咐兵士在兵营前挖了一条又长又深的壕沟，切断地道的出口。袁绍的偷袭计划又失败了。

就这样，双方在官渡相持了一个多月。日子一久，曹军的粮食越来越少，兵士疲劳不堪。曹操也有点支持不住，写信到许都告诉荀彧，准备退兵。荀彧回信，劝曹操无论如何都要坚持下去。

这时候，袁绍方面的军粮却从邺城源源不断地运来。袁绍派大将淳于琼带领一万人马运送军粮，并把大批军粮囤积在离开官渡 40 里的乌巢。

袁绍的谋士许攸探听到曹操缺粮的情报，向袁绍献计，劝袁绍派出一小队人马，绕过官渡，偷袭许都。袁绍很冷淡地说："不行，我要先打败曹操。"

许攸还想劝他，正好有人从邺城送给袁绍一封信，说许攸家里的人在那里犯法，已经被当地官员逮了起来。袁绍看了信，把许攸狠狠地责骂了一通。

许攸又气又恨，想起曹操是他的老朋友，就连夜逃出袁营，投奔曹操。

曹操在大营里刚脱下靴子想睡，听说许攸来投奔他，高兴得来不及穿靴子，光着脚板跑出来欢迎许攸，说："好啊！您来了，我的大事就有希望了。"

许攸坐下来后说："袁绍来势很猛，您打算怎么对付他？现在你们的粮食还有多少？"

曹操说："还可以支持一年。"

许攸冷冷一笑，说："没有那么多吧！"

曹操改口说："对，只能支持半年。"

许攸装出生气的样子说："您难道不想打败袁绍吗？为什么在老朋友面前还要说假话呢！"

曹操只好实说："军营里的粮食，只能维持一个月，您看怎么办？"

许攸说："我知道您的情况很危急，特地来给您捎个信。现在袁绍有一万多车粮食、军械，全都放在乌巢。淳于琼的防备很松。您只要带一支轻骑兵去袭击，把他的粮草全部烧光，不出 3 天，他就不战自败。"

曹操得到这个重要情报，立刻把荀彧、曹洪找来，吩咐他们守好官渡大营，自己带领 5000 骑兵，连夜向乌巢进发。他们打着袁军的旗号，沿路遇到袁军的岗哨查问，就说是袁绍派去增援乌巢的。袁军的岗哨没有怀疑，就放他们过去了。

曹军到了乌巢，就围住乌巢粮屯，放起一把火，把一万车粮草，烧得一干二净。乌巢的守将淳于琼匆忙应战，也被曹军杀了。

正在官渡的袁军将士听说乌巢起火，都惊慌失措。袁绍手下的两员大将张郃、高览带兵投降。曹军

图文版中华上下五千年

乘势猛攻，袁军四下逃散。袁绍和他的儿子袁谭，连盔甲也来不及穿戴，带着剩下的800多骑兵向北逃走。

经过这场决战，袁绍的主力已经消灭。过了两年，袁绍病死。曹操又花了7年工夫，扫平了袁绍的残余势力，统一了北方。

刘备逃离荆州

汉建安十三年（208 年），刘表在荆州去世，他的部下蔡瑁、张允拥立刘表的小儿子刘琮继任荆州牧，而将他的大儿子刘琦排斥在外。正好这时曹操率领大军南下，到达荆州，刘琮性格懦弱，听从手下人的建议，没有抵抗就投降了曹操。

刘备当时驻守在樊城，刘琮不敢把投降的事告诉刘备。过了很久，刘备才觉察出情形不对，就派亲信去问刘琮，刘琮命令下属宋忠去向刘备传达旨意。当时，曹操已经到达宛城。

刘备大惊失色，对宋忠说："你们怎么这样办事！不早点告诉我，如今大祸临头才讲，也太过分了！"并拔出剑指着宋忠，说："现在就是砍下你的头，也不足以解我心头的愤恨！况且我身为大丈夫，临别时若杀你们这样的人，岂不是一桩耻辱？"就把宋忠放了回去。

刘备召集部属，共同商议对策。有人劝刘备进攻刘琮，夺取荆州。

刘备说："刘表临死的时候，曾把他儿子托付给我，像这种只考虑自己而违背信义的事情，我不能做！不然死后有什么脸面去见刘表呢?"

刘备率领部下撤离，经过襄阳时，停下马来呼喊刘琮。刘琮害怕，不敢露面。刘琮的左右亲信和荆州的士民，很多都跟随刘备离去。刘备到刘表的墓前祭奠后，挥泪辞别。

刘备到达当阳时，跟随他的人已有十几万，还有几千车辎重，每天只能走十几里路。刘备派关羽另外率领几百艘船，让他从水路赶到江陵会师。有人劝刘备说："您应当迅速前行，保守江陵。现在虽然人数众多，但身穿铠甲的士兵很少，如果曹军来了，要怎么抵挡呢?"刘备说："成就大事，必须以人为本。现在众人来归附我，我怎么忍心抛弃他们呢?"

曹操因为江陵储备了军用物资，害怕刘备抢先占据，就留下辎重，轻装前进。到达襄阳时，曹操听说刘备已经过去了，于是亲

自率领5000名精锐骑兵紧急追赶，一天一夜跑了300多里路，在当阳的长坂追上刘备。

刘备抛下妻儿，与诸葛亮、张飞、赵云等几十人骑马逃走，曹操俘获了大量的人马和辎重。

刘备谋士徐庶的母亲被曹操俘获。徐庶向刘备告辞，指着自己的心说："我本来要与将军共创大业，全赖这方寸之地；现在失去老母亲，方寸已乱，留下也没有什么帮助，请从此与将军分别。"刘备也不加阻拦，让徐庶去见曹操。

张飞率领20名骑兵断后，只见他据守河岸，拆掉桥梁，瞪大眼睛，横握长矛，对曹军大喊："我是张翼德，谁敢来决一死战！"曹军士兵没有敢上前的。

有人对刘备说："赵云往北边逃走了。"刘备听了大怒，把手戟朝那人扔过去，说："赵子龙不会丢下我逃跑的。"不久以后，赵云抱着刘备的儿子刘禅，与关羽的船队会合，渡过沔水。后来又遇到刘琦所率领的一万多人，一起到达了夏口。

孙策占据江东

当曹操和袁绍在北方激烈争夺的时候，南方有一股割据势力逐渐壮大起来，这就是占据江东（今长江下游的江南地区）的孙策、孙权兄弟。

孙策的父亲是长沙太守孙坚，原是袁术的部下。孙坚死后，孙策带兵投靠袁术。袁术看他少年英俊，很喜欢他，对别人说："要是我能有像孙郎那样的儿子，我死了也安心。"

话虽这样说，可袁术并不重用孙策。孙策曾经想

当一个郡太守，袁术没让他做。孙策的舅父吴景在江东丹阳（今安徽宣城）当太守，被扬州刺史刘繇逼走。孙策向袁术要求让他到江东去帮舅父打刘繇。袁术跟刘繇也有矛盾，才拨了1000人马给孙策。

孙策向南进兵。一路上，有许多人投奔他。到了历阳（今安徽和县）兵力扩充到五六千人。孙策有个从小就很亲密的朋友周瑜，也带了人马来会合，孙策的力量就壮大了。

孙策骁勇善战，再加上他的军队纪律严明，得到百姓的支持。因此，很快就渡过了江，不但打败了刘繇的人马，夺回丹阳，还攻下了吴郡和会稽郡。这样，江东6个郡的大片土地，都被孙策占领了。

孙策占据了江东，还雄心勃勃地想向北发展。他趁曹操和袁绍在官渡相持不下的时候，准备偷袭许都，把汉献帝抓在自己手里。正在调兵遣将，准备粮草的时候，想不到出了一件意外的事。

原来，孙策攻下吴郡的时候，杀了那里的太守许贡。许贡手下的门客跟孙策结下了仇。有一次，趁孙策上山打猎的时候，他们埋伏在树林里，放了一支暗箭，射中了孙策的面颊。孙策受了重伤，请医生治疗也没有用，病情越来越重。孙策知道自己不行了，就把部下张昭等找来嘱咐，说："现在我们这里已经有了人马和地盘，可以跟人家较量一番，希望你们好好辅佐我弟弟。”

孙权那时才 19 岁。他年纪虽然轻，但是平时喜欢结交朋友，注重人才，在江东官员中，已经很有声誉。孙策把印绶交给孙权，叫他佩戴起来，说：“咱们兄弟俩，要论上阵打仗的本领，你不如我；至于选拔人才，任用贤人，我比不上你。希望以后你好好保住江东这份基业。”说着，就咽了气。

孙权倒在床前哭个没完，张昭劝住了他，叫他立刻换上官服，骑着马到军营里去巡视一遍，一面赶快派人通知当时驻扎在巴丘（今湖南岳阳）的周瑜。周瑜连夜带兵回到吴中，跟张昭两人一起辅助孙权。

那时候，江东六郡虽说都被孙策占了，但是还有不少偏僻的地方，不服他们指挥。有一些人还要看看风向再说。亏得张昭、周瑜两人一心一意帮助孙权，才把局面稳定下来。

孙权记住他哥哥的话，用心搜罗人才。周瑜对孙权说：“我有个好友鲁肃，是个很有见识的人，请他来帮助将军，准没有错。”

孙权派人把鲁肃请了来，两个人一见面，就相谈甚欢。有一次，孙权会见宾客，等别人走完了，把鲁肃单独留下来谈心。

孙权说："现在汉室衰落，天下扰乱。我想继承父兄的事业，像齐桓公、晋文公一样，来扶助天子，建立霸业，您看怎么样?"

鲁肃说："我仔细研究过天下大势。汉室已经不能再兴盛起来了。曹操势力已经强大，也除不了他。我替将军打算，还是保住江东这块地方，等待时机。曹操现在正忙着对付北方，顾不到我们这一头。我们可以趁这个机会，讨伐刘表，占领荆州，然后再来平定天下。这倒是汉高祖的事业呢!"

孙权听了这番话，心里豁然开朗，但是嘴里还是谦虚地说："我哪能做到这些呢。"

由于孙权重用人才，江东地方，文臣武将，人才济济，出现了一片兴旺景象。

曹操听到孙权接替孙策的地位，为了笼络孙权，就用朝廷名义，封孙权为征虏将军，兼会稽太守。从此以后，孙权在江东建立了割据政权。

曹操平定关中

汉建安十六年（211 年）三月，曹操派司隶校尉钟繇讨伐张鲁，命令征西护军夏侯渊等人，率领大军从河东出发，与钟繇会合。

仓曹属高柔劝曹操说：“大军西进，韩遂、马超会怀疑我们是去袭击他们的，一定会互相煽动。我们应当先安抚三辅地区，平定了三辅，只要往各地区发放檄文，就可以平定汉中。”曹操不听。

关中的将领果然起了疑心，马超、韩遂、侯选、程银、杨秋、李堪、张横、梁兴、成宜、马玩等 10 支部队起兵反叛，加在一起有 10 万人马，据守潼关。

曹操派安西将军曹仁统帅各将领抵抗，让他们坚守营寨，不要出战。命令五官中郎将曹丕留下驻守邺城，让奋武将军程昱协助曹丕处理军务；任命门下督徐宣为左护军，在邺城统率各部；任命乐安人国渊为丞相府的居府长史，负责留守事务。

七月，曹操亲自率领大军，进攻马超等人。

许多参与军务的人都说：“函谷关以西的士兵擅

长使用长矛，不挑选精锐的部队做前锋，是抵挡不住的。”

曹操说：“战事的主动权在我，不在敌人。他们虽然善用长矛，我会让他们的长矛无法刺杀。你们就等着看好了。”

八月，曹操到达潼关，与马超等人隔着潼关安营扎寨。曹操急着控制局势，暗中派遣徐晃、朱灵率领步兵、骑兵 4000 人渡过蒲坂渡口，到黄河以西扎营。

闰八月，曹操从潼关向北渡过黄河，大军先渡，曹操与虎贲武士 100 多人留在南岸断后。这时马超率领步兵、骑兵一万多人前来进攻，箭像雨点一样飞来，曹操仍然坐在折凳上不动。许褚扶曹操上船，撑船的人被流箭射中死了，许褚左手举起马鞍为曹操抵挡乱箭，右手撑船。校尉丁斐把曹军携带的牛马放出来引诱敌人，

马超的军队大乱，士兵都争着去抢牛马，曹操才得以渡过黄河。

曹操大军从蒲坂渡过西河，沿河开凿甬道，逐渐向南推进。马超等人退守渭口，也就是渭水流进黄河的入口。曹操设下许多疑兵，暗中却用船载着士兵进入渭水，修筑浮桥，然后趁夜另派士兵到渭水南岸扎下营垒。马超等人连夜进攻，被埋伏的士兵打败。

马超等人到渭南驻军，派使者求和，说愿意割让黄河以西的土地。曹操不答应。

九月，曹操进军，全部军队都渡过渭水。马超等人屡次挑战，曹操都不与他们交战；又一再求和，要割让土地，并送儿子做人质。贾诩认为可以假装答应，曹操问他下一步怎么办，贾诩说："离间他们。"曹操说："我明白了。"

曹操与韩遂以前有过交情，韩遂请求与曹操相见，曹操就答应了。他们骑着马聊天，聊了很久，并没有讨论正事，只说些在京城的旧友往事，高兴时拍手欢笑。当时，当地的关中人与胡人都来看热闹，前前后后围了好多人，曹操笑着对他们说："你们来看曹操吗？曹操也是人，并不是有四只眼睛两张嘴，只是智谋多一些罢了。"

会面结束后，马超等人问韩遂："你们说了些什么?”韩遂说:“没说什么。”马超等人怀疑韩遂。有一天,曹操给韩遂写了一封信,信中圈改涂抹了很多,弄得就像是韩遂改过一样,马超等人因此更加怀疑韩遂。

曹操与马超等约定日期交战。曹操先派小部队挑战,与马超等人交战良久,才派精锐骑兵夹击,大获全胜,斩杀了成宜、李堪等人。韩遂、马超逃奔凉州,杨秋逃奔安定。

将领们问曹操说:“当初,敌军据守潼关,渭水以北的道路都没有设防。但您不从黄河以东进攻冯翊,反而在潼关附近驻扎,待了些日子,才北渡黄河,为什么?”

曹操说:“敌军据守潼关,如果我军进入河东,敌军就会据守各处渡口,我们就无法渡过西河了。我故意集中大部队开往潼关,敌军也就在那儿集中防守,西河的戒备松懈,所以徐晃、朱灵两位将军能够轻易夺取西河。然后我再率领大军北渡黄河,敌军无法与我争夺西河,因为已经有两位将军在那里驻军了。

“我连接车辆,打下木栅,开凿甬道往南推进,既是为了安全,也是向敌军示弱。渡过渭水后修筑营垒,敌人挑战而坚守不出,是让敌军骄傲自满,因此敌军没有修筑营垒，而只是请求割地。我答应他们，是为了使他们自以为安全而不加防备。同时，我们养精蓄锐，一旦进攻，就以迅雷不及掩耳之势取胜。用兵之道，变幻莫测，本来就不能拘泥于一种方法。”

关中各将领纷纷率军赶来，每来一支部队，曹操都很高兴。部下将领觉得奇怪，就问他原因，曹操说：“关中地域辽阔，如果他们各自据守关隘险要，我们要征讨他们，不用上一年两年是平定不了的。现在，他们自己集中在一起，人数虽多，但相互之间谁也不服谁。军队没主帅，可以一举消灭，比一个一个征讨要容易多了。所以我见他们来，就很高兴。”

十月，曹操从长安出发，向北讨伐杨秋，将安定包围。杨秋投降，曹操恢复他的爵位，让他留下来安抚百姓。

十二月，曹操从安定回师，让夏侯渊留在长安驻守，任命议郎张既为京兆尹。张既用怀柔的政策召集流亡难民重返家乡，兴建并恢复县城村镇，很受百姓的拥戴。

诸葛亮隆中对策

官渡之战以后，刘备逃到荆州，投奔刘表。刘表拨给他一些人马，让他驻在新野（今河南新野县）。

刘备在荆州住了几年，刘表一直把他当上等宾客来招待。但是刘备是一个雄心勃勃的人，因为自己的抱负没有能够实现，心里总是闷闷不乐。

有一次，他摸摸自己的大腿，心里有了感触，流下了眼泪。刘表发现了，就问他遇到什么不快活的事。刘备说："没什么！以前我经常打仗，每天不离开马鞍，大腿上的肉很结实。现在在这儿过着清闲生活，大腿的肉又长肥了。看看日子像流水般地过去，人都快老了，还干不了什么大事业，想起来就感到难过。"

刘表安慰了他一阵。

但是刘备心里总在考虑着长远的打算。为了这个，他想寻找个好助手。

他打听到襄阳地方有个名士叫司马徽，就特地去拜访。司马徽很客气地接待他，问他的来意。

刘备说："不瞒先生说，我是专诚来向您请教天下大势的。"司马徽听了，呵呵大笑起来，说："像我这样平凡的人，懂得什么天下大势。要谈天下大势，得靠有才能的俊杰。"

刘备央求他指点说："往哪里去找这样的俊杰呢？"司马徽说："这一带有卧龙，还有凤雏，您能请到其中一位，就可以平定天下了。"

刘备急着问卧龙、凤雏是谁，司马徽告诉他：卧龙名叫诸葛亮，字孔明；凤雏名叫庞统，字士元。

刘备向司马徽道了谢，回到新野。正好有一个读书人来见他。刘备一看他举止大方，以为他不是卧龙，就是凤雏，热情地接待了他。

经过一番谈话，才知道这个人名叫徐庶，也是当地一位名士，因为听到刘备正在招揽人才，特地来投奔他。

刘备很高兴，就把徐庶留在部下当谋士。

徐庶说："我有个老朋友诸葛孔明，人们称他卧龙，将军愿不愿意见见他呢？"

刘备从徐庶那里知道了诸葛亮的情况。原来诸葛亮不是本地人，他的老家在琅琊郡阳都县（今山东沂水县南）。

他少年的时候，父亲死了。他叔父诸葛玄跟刘表是朋友，就带着他到荆州来。不久，他叔父也死了，他就在隆中（今湖北襄阳西）定居下来，搭个茅屋，一面耕地种庄稼，一面读书。那时，他年纪只有27岁，但是学问渊博，见识丰富，朋友们都很钦佩他，他也常常把自己比作古时候的管仲、乐毅。但是他看到天下大乱，当地的刘表也不是能用人才的人，所以他宁愿隐居在隆中，过着他恬淡的生活。

刘备听了徐庶的介绍，说："既然您跟他这样熟悉，就请您辛苦一趟，把他请来吧！"

徐庶摇摇头说："这可不行。像这样的人，一定得将军亲自去请他，才能表示您的诚意。"

刘备先后听到司马徽、徐庶这样推崇诸葛亮，知道诸葛亮一定是个了不起的人才，就带着关羽、张飞，一起到隆中去找诸葛亮。

诸葛亮得知刘备要来拜访他，故意躲开。刘备到了那里，扑了个空。

跟刘备一起去的关羽、张飞都感到不耐烦。但是刘备却记住徐庶的话，耐着性子去请，一次见不到，第二次再去；两次不见，第三次又去请他。

诸葛亮终于被刘备的诚意感动了，就在自己的草屋里接待刘备。

刘备把关羽、张飞留在外面，自己跟着诸葛亮进了屋子。趁屋里没有人的时候，刘备坦率地说："如今汉室衰落，大权落在奸臣手里。我自己知道能力差，却很想挽回这个局面，只是想不出好办法，所以特地来请先生指点。"

诸葛亮看到刘备这样虚心请教，也就推心置腹地跟刘备谈了自己的主张。他说："现在曹操已经战胜袁绍，拥有 100 万兵力，而且他又挟持天子发号施令。这就不能光凭武力和他争胜负了。孙权占据江东一带，已经三代。江东地势险要，现在百姓归附他，还有一批有才能的人为他效力。看来，也只能和他联合，不能打他的主意。"

接着，诸葛亮分析了荆州和益州（今四川、云南和陕西、甘肃、湖北、贵州的一部分）的形势，认为荆州是一个军事要地，可是刘表是守不住这块地方的。益州土地肥沃广阔，向来称为"天府之国"，可是那里的主人刘璋也是个懦弱无能的人，大家都对他不满意。

最后，他说："将军是皇室的后代，天下闻名，如果您能占领荆、益两州的地方，对外联合孙权，对内整顿内政，一旦有机会，就可以从荆州、益州两路进军，攻击曹操。到那时，有谁不欢迎将军呢。能够这样，功业就可以成就，汉室也可以恢复了。”

刘备听着，不禁打心眼里钦佩眼前这个青年人，说：“先生的话真是使我豁然开朗。我一定照您的意见干。现在就请您出山吧。”

诸葛亮看到刘备这样热情诚恳，也就高高兴兴跟着刘备到新野去了。后来，人们把这件事称作“三顾茅庐”，把诸葛亮这番谈话称作“隆中对”。

打那以后，刘备把诸葛亮当老师对待，诸葛亮也把刘备当作自己的主人。两人越来越亲密。

关羽和张飞看在眼里，心里很不高兴，私下里都觉得诸葛亮年纪轻轻，未必有多大能耐，怪刘备把他看得太高了。

刘备向他们解释说：“我有了孔明先生，就像鱼得到水一样。以后可不许你们乱发议论。”关羽、张飞听了刘备的话，才不再议论。

娶丑女为妻的诸葛亮

诸葛亮这个名字，在中华大地上已经成了聪明人的代名词，他辅佐刘备共图大业，最终使蜀汉政权成了三国鼎立的一极。他的一生，奇闻逸事很多，“孔明择妇”便是其中之一。

诸葛亮不仅有才，而且相貌俊伟，但他却选了一位“瘦黑矮小，一头黄发”的丑女阿丑为妻，诸葛亮为何要娶丑女呢？传统观点认为，诸葛亮重才不重貌，是注重人的内在美。阿丑自幼才识过人，颇有心计；诸葛亮早在成婚前就有所耳闻。这固然不无道理，但并非真正的原因。其实，诸葛亮娶阿丑，是出于一种政治上的考量。《三国志·诸葛亮传》裴松之注所引《襄阳记》记载：“黄承彦者，高爽开朗，为沔南名士。谓孔明曰：‘闻君择妇，身有丑女，黄头黑面，才堪匹配。’孔明许焉，即载送之。时人以为笑乐，乡里为之谚曰：‘莫作孔明择妇，正得阿承丑女。’”

诸葛亮为何不怕众人耻笑，很爽快地就答应了与黄氏女的婚事呢？换作别人也许他会犹豫，但是黄氏之女他就娶定了，一是因为黄承彦在当地有相当高的声望；二是因为黄妻蔡氏和刘表的后妻是姐妹关系，做了黄家的女婿，就攀上了刘表这门皇亲；三是诸葛亮心有大志，也没有太多心思放在儿女情长上，妻美与不美并不重要。正是出于这些考虑，孔明才择了丑妇。看来，聪明人到底是不会干傻事的。

周瑜火烧赤壁

208年，曹操平定北方以后，率领大军南下，进攻刘表。他的人马还没有到荆州，刘表就已经病死了。他的儿子刘琮听到曹军声势浩大，吓破了胆，先派人乞降了。

这时候，刘备在樊城（今湖北襄樊市）驻守。他听到曹操大军南下，决定把人马撤退到江陵（今湖北江陵）。荆州的百姓听说刘备待人好，都宁愿跟着他一块撤退。

曹操赶到襄阳时，听说刘备向江陵撤退，又打听到刘表在江陵积了大批军粮，怕被刘备占去，亲自率领5000轻骑兵追赶刘备。刘备的人马带了兵器、装备，还有十几万百姓跟着他，每天只能行军十几里。曹操的骑兵一天一夜就赶了300多里，很快就在当阳长坂坡（今湖北当阳市东北）追上了刘备。

刘备的人马被曹操的骑兵冲杀得七零八落，还亏得张飞在长坂坡抵挡了一阵。刘备、诸葛亮才带着少数人马摆脱追兵。但是往江陵的路已经被曹军截断，只好改道退到夏口（今湖北武汉市）。

曹操占领了江陵，继续沿江向东进军，很快就要到夏口了。诸葛亮对刘备说："形势紧急，我们只有向孙权求救一条路了。"

正好孙权怕荆州被曹操占领，派鲁肃来找刘备，劝说他和孙权联合抵抗曹军。诸葛亮就跟鲁肃一起到柴桑（今江西九江西南）去见孙权。

诸葛亮见了孙权，说："现在曹操攻下了荆州，马上就要进攻东吴了。将军如果决心抵抗，就趁早同曹操断绝关系，跟我们一起抵抗；要不然，干脆向他们投降，如果再犹豫不决，祸到临头就来不及了。"

孙权反问说："那么，刘将军为什么不投降曹操呢？"

诸葛亮严肃地说："刘将军是皇室后代，才能盖世，怎么肯低三下四去投降曹操呢?"

孙权听诸葛亮这么一说，也激动地说："我也不能将江东土地和10万人马白白地送人。不过刘将军刚打了败仗，怎么还能抵抗曹军呢?"

诸葛亮说："您放心吧，刘将军虽然败了一阵，但是还有水军两万。曹操兵马虽然多，远道追来，兵士也已经精疲力竭。再说，北方人不习惯水战，荆州的人并不是真心归附。只要我们同心协力，一定能够打败曹军。"

孙权听了诸葛亮的一番分析，心里很高兴，就立刻召集部下将领，讨论抵抗曹操的办法。

正在这时候，曹操派兵士下战书来了。那信上说："我奉大汉皇帝的命令，领兵南征。现在我准备了水军80万，愿意和将军较量一番。"

孙权把这封信递给部下看，大伙儿看了都刷地变了脸色，说不出话来。

张昭是东吴官员中资格最老的。他说："曹操用天子的名义来征讨，我们要抵抗他，显得名不正，言不顺。再说，我们本来想靠长江天险，现在也靠不住了。曹军占领了荆州，又有上千艘战船，他们水陆两路一起进攻，我们怎么也抵挡不了，我看只好投降。"

张昭这一说，马上有不少人附和。只有鲁肃在旁边冷眼旁观，一声不吭。

孙权听着，觉得不是滋味，就走出屋子，鲁肃也跟着出来。

孙权拉着鲁肃的手，说："你说说，该怎么办呢？"

鲁肃说："刚才张昭他们说的话全听不得。要说投降，我鲁肃可以投降，将军就不可以。因为我投降了，大不了回老家去，照样跟名士们交往，有机会还可以当个州郡官员。将军如果投降，那么江东六郡全都落在曹操手里，您上哪儿去？"

孙权叹了口气说："这些人的说法，真叫我失望。只有你说的才合我的心意。"

散会以后，鲁肃劝孙权赶快把正在鄱阳的大将周瑜召回来商量。

周瑜一到，孙权就又召集文武官员讨论。周瑜在会上慷慨激昂地说："曹操名为汉朝丞相，其实是汉室奸贼。这次他自己来送死，哪有投降他的道理。"他给大家分析了曹操许多不利条件，认为北方兵士不会水战，而且千里迢迢赶到这陌生地方，水土不服，一定会生病。兵马再多，也没有用。

孙权听了周瑜的话，胆也壮了。他站起来拔出宝剑，“豁”的一声，砍向面前的案几。他严厉地说：“谁要再提投降曹操，就跟这案几一样。”

当天晚上，周瑜又单独去找孙权，说：“我已经打听清楚。曹操兵马号称80万，只是虚张声势，其实只不过20多万，其中还有不少是荆州兵士，不一定真心替他打仗。您只要给我5万精兵，我保管把他打败。”

第二天，孙权任命周瑜为都督，拨给他3万水军，叫他同刘备协力抵抗曹操。

周瑜领兵进军，在赤壁（今湖北武汉市江夏区西赤矶山）和曹军前哨相遇。果然不出周瑜所料，曹军兵士很多人水土不服，已经得了疫病。双方一交锋，曹军就打了败仗，被迫撤退到长江的北岸。周瑜率领水军进驻南岸，和曹军隔江遥遥相对。

正如周瑜预料的那样，曹操北方来的兵士不会水战，他们在战船上，遇到风浪颠簸就受不了。后来，他们把战船用铁索拴在一起，船果然平稳不少。

周瑜的部将黄盖看到这个情况，向周瑜献了个计策，说：“敌人兵多，我们兵少，拖下去对我们不利。现在曹军把战船都连接在一起，我看可以用火攻的办法来打败他们。”

周瑜觉得黄盖的主意好，两人还商量好，让黄盖派人送了一封信给曹操，表示要脱离东吴，投降曹操。曹操以为东吴将领害怕他，对黄盖的假投降，一点也没怀疑。

黄盖叫兵士偷偷地准备好10艘大船，每艘船上都装着枯枝，浇足了油，外面裹着布幕，插着旗帜，另外又准备一批轻快的小船，拴在大船船尾上，准备在大船起火时转移。

十一月的隆冬，天气突然回暖，刮起了东南风。当天晚上，黄盖带领一批兵士分乘10条大船，驶在前面，后面跟随着一批小船。船队到了江心，扯满了风帆，像箭一样驶向江北。

曹军水寨的将士听说东吴的大将来投降，正纷纷挤到船头看热闹。没想到东吴船队离开北岸约莫二里光景，前面10条大船突然同时起火。火借风势，风助火威。10条火船，好比10条火龙一样，闯进曹军水寨。那里的船舰，都挤在一起，又躲不开，很快地都燃烧起来。一眨眼工夫，已经烧成一片火海。水寨烧了不算，岸上的营寨也着了火，曹军一大批兵士被烧死了；还有不少人被挤到江里，不会游水，马上就被淹死了。

周瑜一看北岸起火，马上带领精兵渡江进攻。他们把战鼓擂得震天响。北岸的曹军不知道后面有多少人马进攻，吓得全部崩溃。

曹操拖着残兵败将向华容（今湖北潜江县西南）的小路上逃跑。那条小路全是水洼泥坑，骑兵没法通过。曹操赶忙命令老弱兵士找了一些稻草铺路。他带着骑兵好容易才通过，可是那些填铺稻草的兵士，却被人马踩死了不少。

刘备和周瑜一起，分水陆两路紧紧追赶，一直追到南郡（治所在今湖北江陵），曹操的几十万大军战死的加上得疫病死的，损失了一大半。曹操只好派部将曹仁、徐晃、乐进分别留守江陵和襄阳，自己带兵回到北方去了。

经过这场赤壁之战，三国分立的局面已经基本形成。

华佗治病

曹操在赤壁大败，回到许都，心里郁郁不乐。偏在这个时候，他最钟爱的小儿子仓舒得了重病，家里人到处请医抓药，都不见效。眼看孩子没有救了，曹操伤心地说："要是华佗在，孩子就不会死得那么早。"

曹操所说的华佗，是我国历史上一位著名医学家，和曹操是同乡。华佗自小熟读经书，尤其精通医学。不管什么疑难杂症，到他手里，大都药到病除。

当地官员和朝廷太尉听闻华佗名声，都征召他做官。华佗都推辞不去。

华佗诊病极其准确。一次，有两个官员闹头疼发热，先后找华佗看病。经华佗问明病情，给一个开了泻药，另一个开了发汗药。有人在旁边看华佗开药方，问他为什么病情相同，用药却不一样。华佗说：“这种病表面看来一样，其实不同。前一个病在内部，该服泻药；后一个只是受点外感，所以让他发发汗就好了。”这两人回去抓了药服了，果然病都好了。

还有个姓李的将军，请华佗给他妻子治病。华佗去了，一摸脉，说：“这是怀孕的时候伤了身子，胎儿留在肚里了。”李将军说：“我妻子已经小产过，胎儿已经下来了。”华佗说：“按照我的判断，胎儿还在病人肚子里。”

李将军不相信。华佗走了以后，过了100多天，他妻子的病越来越重，只好再请华佗来治。

华佗说：“肯定有个坏死的胎儿在肚里。大概你妻子怀的原是双胞胎，一个先小产下来了，另一个留在肚里。”

华佗给病人服了汤药，又给她扎针，果然产了一个死胎，病人很快就恢复健康了。

华佗不但能治内科，还善于做开刀手术。他配制了一种麻醉剂叫麻沸散。有个病人患肚痛病，疼得厉害，经过 10 多天，胡须眉毛全脱落下来。华佗一诊断，说：“这是脾脏溃烂了，得赶快开腹治疗。”华佗让病人服了麻沸散，打开腹腔，把坏死的脾脏切除，再缝好创口，敷上药膏。过了四五天，创口愈合，病人一个月康复了。

史书记载的有关华佗治病的传说还有很多。据说，有个太守生病，请了许多医生诊治都没治好。华佗诊治以后，认为这种病只有让病人发怒，才能治好。他故意向病人索取很贵的诊费，却拖拖拉拉不认真给他开方抓药，过了几天，竟不告而别，还留下一封信骂太守得了病是自作自受。

太守果然大怒，立刻派人追捕华佗。太守的儿子知道华佗用意，暗暗叮嘱家人不要去抓华佗。太守听说抓不到华佗，更加怒气冲天，一气之下，呕出几口黑血。不想这一呕，病反而好了。

曹操一直患头风病，一遇到工作紧张，头风病发作，痛得受不了。他听说华佗的医术高明，就把华佗请来，华佗扎了几针，头痛就止了。曹操不肯放他离开，把他留下来做了随从医能，能随时给他治病。

华佗虽然乐于助人，热心给人们治病，但他却不愿一直待在曹操身边，给一个人管药箱。有一次，他借口回家探亲，顺便去取点药，曹操没有怀疑，让华佗走了。

华佗回到家里，托人给曹操捎了一封信，说他妻子病得厉害，一时回不了许都。曹操一再催促，华佗还是拖着不去。

曹操又命令郡县官吏去催，也碰了钉子。

这一来可惹恼了曹操。曹操派个使者到谯县去调查。并告诉使者，如果调查下来，华佗妻子确实有病，就送他40斛（斛，古代以10斗为一斛）小豆，允许华佗推迟假期；要是华佗谎言搪塞，就把华佗抓来。

最后，华佗被抓走了。

曹操把华佗抓到许都，他认为华佗故意违抗他的命令，是大逆不道的行为，下令把华佗处死。

谋士荀彧认为这个处刑太重了，劝曹操说："华佗医术高明，他一死，牵涉到许多人的生命，希望丞相从轻发落。"

曹操本来也是个爱惜人才的人，自从他打败了袁绍后，有点骄傲起来；再说，他正在气头上，哪肯听荀彧的劝阻，气呼呼地说："哼，我不信天下就没有像他那样的医生。"说完，就派人把华佗杀了。

华佗被捕离开家乡的时候，随身还带着一部医书，这是他根据多年来积累的经验写成的。他没想到得罪曹操竟招来杀身大祸。他自知死罪难逃，可是让这部书湮没太可惜。临刑前一天，他把狱吏请来，对他说："请您把这部书好好保存，将来可以靠它治病救人。"

但那狱吏胆小，怕接了华佗手里这部书，将来曹操追究起来，自己受到牵连，说什么也不肯保管。

华佗十分失望，他叹了口气，向狱吏要了火种，在监狱里把宝贵的医书一把火烧毁了。

自从华佗死后，曹操头风病发作，就再没有找到合适的医生给他治疗。但是曹操并不肯承认自己做错了事，说："华佗这小子是有心不肯根治我的病，即使我不杀他，也不见得会治好我的病。"直到他的小儿子仓舒死了，他才懊悔万分。

华佗死后，他的几个学生继承他的事业，继续为百姓治病。可惜记下华佗经验的那部医书竟失传了。

刘备进益州

赤壁之战以后，周瑜又花了一年多时间，把曹操的人马从荆州赶走。荆州究竟应该归谁呢？刘备认为，荆州本来是刘表的地盘，他和刘表是本家，刘表死了，荆州应该由他接管；但孙权认为，荆州是靠东吴的力量打下来的，应该归东吴。所以周瑜只把长江南岸的土地交给刘备管。刘备认为分给他的土地太少了，很不满意。不久，周瑜病死了，鲁肃才劝说孙权把荆州借给刘备。

借人家地方总不是长远的办法，刘备不能不想开辟新的地盘。按照诸葛亮的计划，本来是要向益州发展的。正好在这个时候，益州的刘璋派人请刘备来了。

原来，益州牧刘璋手下有两个谋士，一个叫法正，一个叫张松，两个人是好朋友，都是很有才干的人。他们认为刘璋庸碌无能，在他手下干事没有出息，想谋个出路。

当曹操打下荆州的时候，刘璋曾经派张松到曹操

那里去联络。那时候，曹操刚打了胜仗，有点骄傲，再加上派去的张松，个子矮小，外貌平常，曹操根本不把他放在眼里。这就把张松气走了。

张松回到成都（益州的治所），对刘璋说："曹操野心很大，恐怕想并吞益州啊。"

刘璋着急起来。张松就劝他说："刘备是主公的本家，又是曹操的对头，跟他结交，就可以对付曹操。"

刘璋听信了张松的话，就派法正到荆州去联络刘备。

法正到了荆州见到刘备。刘备很殷勤地接待他，同他一起谈天下形势，谈得十分融洽。

法正一回来，就和张松秘密商议，想把刘备接来做益州的主人。

过了不久，曹操打算向汉中（今陕西汉中市东）进兵。益州受到了威胁。张松趁机劝刘璋把刘备请来守汉中。刘璋又派法正带了 4000 人马到荆州去迎接刘备。

法正到了荆州，直截了当地告诉刘备说：“益州是十分富庶的地方。像将军这样英明，又有张松做您的内应，取得益州，真是再容易不过的事。”

刘备还有点犹豫不决。那时候，庞统已经当了刘备的军师。他坚决主张刘备到益州去，他说：“荆州土地荒凉，而且东有孙权，北有曹操，不容易得志，要建立大业，就应该拿下益州做基础。”

刘备听从了法正、庞统的劝说，就派诸葛亮、关羽留守荆州，自己带领人马到益州去。

后来，张松做内应的事被刘璋发现了。刘璋把张松杀了，布置人马抵抗刘备。

刘备带领人马向成都进军，打到雒城（今四川广汉北），受到雒城守军的坚决抵抗，打了一年还没攻下来。庞统在战斗中中箭死了。刘备攻破雒城后，进攻成都。诸葛亮也带兵从荆州赶来会师。刘璋守不住，只好投降了。

214 年，刘备攻进成都，自称益州牧。他论功行赏，认为这次进益州，法正功劳最大，把他封为蜀郡太守。不光成都归他管，还把他当作谋士中的主要人物。

法正这个人心胸狭窄。他有了权，就报私人恩怨。谁过去请他吃过饭，他就回礼；谁向他翻过白眼，他就报复。为了报私仇，甚至杀了好几个人。

诸葛亮就跟法正不一样。他帮助刘备治理益州，执法严明，不讲私情。当地有些豪门大族都埋怨起诸葛亮来。

法正劝告诸葛亮说："从前汉高祖进关，只有约法三章，百姓都拥护他。现在您刚到这儿，似乎也应该宽容些，才合大家心意。"

诸葛亮说："您只知其一，不知其二。秦朝刑法严酷，百姓怨恨，高祖废除秦法，制定约法三章，正是顺了民心。现在的情况完全不同。刘璋庸碌软弱，法令松弛，蜀地的官吏横行不法，弄得民不聊生。现在我要是不注重法令，地方上怎么能安定下来啊。"

法正听了诸葛亮的话，打心底里佩服诸葛亮。他自己也不敢像以前那么专横了。

关羽水淹七军

刘备占领了益州以后，东吴孙权派人向他讨还荆州，刘备不同意。双方为了荆州几乎闹翻。后来听说曹操要进攻汉中，益州也受到威胁。刘备和孙权双方都感到曹操是他们强大的敌手，就讲和了。把荆州分为两部分，以湘水为界，湘水以西归刘备，湘水以东归孙权。

刘备料理好荆州事务，就专心对付曹操，请诸葛亮坐镇成都，亲自率领大军向汉中进兵，叫法正当

随军谋士。

曹操听到刘备出兵，马上组织兵力，和刘备对抗。曹操也亲自到长安去指挥汉中战事。双方相持了一年。到了第二年，在阳平关的一次战役中，蜀军大胜，魏军的主将夏侯渊被杀。曹操不得不退出汉中，把魏军撤退到长安。

这么一来，刘备在益州的地位就更加巩固了。219 年，刘备在他手下一批文武官员的拥戴下，自立为汉中王。

按照诸葛亮早已设计好的战略，是打算从两路进攻曹操的。这一次西面的汉中打了胜仗，就得乘势，再从东面的荆州直接攻打中原。

镇守荆州的是大将关羽。关羽这个人，有勇也有谋，就是骄傲自大。刘备做了汉中王，派人带了官印封他为前将军，关羽还不大满意。后来经人一解释，说汉中王怎样看重他，他才欣然地接受了。

这一次，刘备命令关羽进攻，关羽派两个部将留守江陵和公安，自己亲自率领大军进攻樊城。

樊城的魏军守将曹仁赶快向曹操求救。曹操派了于禁、庞德两员大将率领七支人马前去增援。曹仁让他们屯兵在樊城北面的平地上，和城中互相呼应，使关羽没法攻城。

正在双方相持不下的时候，樊城一带下了一场大雨。汉水猛涨，平地的水高出地面有一丈多。于禁的军营扎在平地上，四面八方的大水把七军的军营全淹没了。于禁和他的将士不得不找个高地避水。

关羽早就抓住于禁在平地上扎营这个弱点。他趁着大水，安排好一批大小船只，率领水军向魏军进攻。他们先把主将于禁围住，叫他放下武器投降。于禁被围在水中的一个小土堆上，逼得无路可退，就垂头丧气地投降了。

庞德带了另一批兵士避水到一个河堤上。关羽的水军向他们围攻，船上的弓箭手一起向堤上射箭。

庞德手下有个部将害怕了，对庞德说："我们还是投降了吧！"

庞德骂那部将没志气，拔剑把他砍死在堤上。兵士们看到庞德这样坚决，也都跟着他抵抗。庞德不慌不忙拿起弓箭回射，他的箭法很好，蜀军被射死不少。双方从早打到中午，从中午打到午后。庞德的箭使完了，就叫兵士们一起拔出短刀来搏斗。他跟身边的将士说："我听说良将不会为了怕死而逃命，烈士不会为了活命而失节。今天就是我死的日子了。"

这时候，大水越涨越高，堤上露出的地面越来越小。关羽水军的大船进攻更加猛烈，魏军的兵士纷纷投降。庞德趁着这乱哄哄的时候，带了3个将士，从蜀军兵士中抢了一只小船，想逃到樊城去。不料一个浪头袭来，把小船掀翻了。庞德掉在水里，关羽水军赶过去，把他活捉了。

将士们把庞德带回关羽大营。关羽好言好语劝他投降。庞德骂着说："魏王手里有人马100万，威震天下；你们的主人刘备，不过是个庸碌的人，怎能和魏王相敌。我宁可做国家的鬼，也不愿做你们的将军！"

关羽大怒，一挥手，命令武士把庞德杀了。

关羽消灭了于禁、庞德的七军，乘胜进攻樊城。樊城里里外外都是水，城墙也被洪水冲坏了好几处。曹仁手下的将士都害怕了。有人对曹仁说："现在这个局面，我们也没法守了，趁现在关羽的水军还没合围，赶快乘小船逃吧！"

曹仁也觉得守下去没希望，就跟一起守城的满宠商量。满宠说："山洪暴发，不会很久，过几天水就会退下去。听说关羽已经派人在另一条道上向北进攻。他自己没敢进兵，是因为怕咱们截他的后路。要是我们一逃，那么黄河以南，恐怕就不是我们的了。请将军再坚持一下吧。"

曹仁觉得满宠说得有理，就鼓励将士坚守下去。这时候，陆浑（今河南嵩县东北）百姓孙狼发动起义，杀了县里的官员，响应关羽。许都以南，其他响应的人也不少。关羽的威名震动了整个中原。

魏王曹操到了洛阳，得到各方面的警报，有点慌张。他跟百官商议，准备暂时放弃许都，避避关羽的势头。

谋士司马懿说："大王不必担心。我看刘备和孙权两家，表面很亲热，实际上互相猜忌得厉害。这次关羽得意了，孙权一定不乐意。我们何不派人去游说孙权，答应把江东封给他，约他夹攻关羽，这样，樊城之围自然会解除了。"

曹操听了司马懿的意见，真的打发使者到孙权那里去。

吕蒙白衣渡江

司马懿的分析是有道理的。刘备和孙权两家虽然结了盟，但是矛盾很大。鲁肃在世的时候，是主张吴蜀和好，一起对付曹操的。后来鲁肃死了，接替他职务的大将吕蒙，就和鲁肃的主张不同。

吕蒙是东吴名将。他从小就练得一身好武艺，年轻时候立了不少战功，受到孙权的器重。

有一次，孙权对吕蒙说："你现在责任重了，应该抽时间读点书才好。"

吕蒙说："在军营里事务那么多，哪儿还有时间

读书呢?”

孙权笑着说:“我并不是要你像博士（官名）那样精通经书，只是要你多浏览一些兵法，懂得一点历史罢了。你说事情多，总比不上我多吧！我经常读书，读了一些兵法、历史，对自己很有帮助。你不妨试一试。”

吕蒙听了孙权的劝告，一有空就认真读书。

鲁肃刚代替周瑜当大将的时候，经过吕蒙的驻地，看望吕蒙。当时鲁肃以为吕蒙不过是一员武将，没有什么雄才大略。这回，他和吕蒙谈话以后，听到吕蒙议论风生，见解精辟，十分佩服，说:“你现在的才能胆识，跟当年的吴下（即吴中）阿蒙，大不一样了。”

吕蒙自豪地说:“对一个人，3 天不见就应该另眼看待（这就是“士别三日，当刮目相待”的来历)。您可不能用老眼光看人哪!”

吕蒙接替了鲁肃的职位以后，率军驻扎在陆口(今湖北嘉鱼西南)。他认为关羽有兼并东吴的野心，向孙权上书要求出兵对付关羽，说:“刘备、关羽君臣，都是反复无常的人，不能把他们当盟友看待。”

孙权也觉得关羽狂妄自大。孙权曾经派人去向关羽求亲，希望关羽把女儿嫁给他儿子。关羽不但不答应，反而把使者辱骂了一顿，使孙权气得要命。这次，孙权接到了吕蒙的信，更觉得非把关羽除掉不可。

正好在这个时候，曹操派使者来联络，要他夹攻关羽。孙权马上复信，表示愿意袭击关羽的后方。

关羽也听说吕蒙厉害，他虽然亲自率大军进攻樊城，但对在他背后的吕蒙这一头，可并没有放松防备，在蜀吴交界一带，防备得严严实实。

吕蒙经常生病。这一回，他就装作旧病发作，而且说是病得很厉害。孙权也正式发布命令，把吕蒙调回去休养。另派了一个年轻的陆逊去接替吕蒙。

这个消息很快传到樊城。关羽听到吕蒙病重，又听说陆逊是个年轻的书生，心里暗暗高兴。

没过几天，陆逊从陆口特地派人拜见关羽，关羽接见使者，使者献上了书信和礼品。信中大意是说，听说将军在樊城水淹七军，俘获于禁，没有一个人不称赞将军的神威。这次曹操失败了，我们听得也高兴。我是个书生，很不称职。今后还得靠将军多多照顾呢！

关羽看了陆逊的书信，觉得陆逊态度谦虚、老实，也就放了心，把原来防备东吴的人马陆陆续续调到樊城那边去了。

陆逊把关羽人马调动的情况，随时报告给孙权和吕蒙。

这时候，关羽在樊城接受了于禁的投降兵十几万人，粮草供应发生了困难，就把东吴贮藏在湘关的粮食强占了。

孙权得知湘关的米被抢，就派吕蒙为大都督，命令他迅速袭击关羽的后方。

吕蒙到了浔阳（今湖北黄梅西南），把所有的战船都改装作商船，选了一批精锐的兵士躲在船舱里。船上摇橹的兵士扮作商人，一律穿上商人穿的素色衣服。就这样，一艘又一艘商船向北岸进发了。

到了北岸，蜀军守防的兵士一看都是穿素衣的商人，就允许他们把船停在江边。没想到一到晚上，船舱里的兵士一齐出来，偷偷摸进江边岗楼，把蜀军将士全部抓住，把岗楼占了。

吕蒙大军神不知鬼不觉地占领了北岸，进军公安。留守公安、江陵的蜀军将领本来对关羽很不满意，经吕蒙一劝降，都投降了。

吕蒙进了城，派人慰问蜀军将士家属，并且吩咐东吴将士严守纪律，不许侵犯百姓。有一个东吴兵士，是吕蒙的同乡，因为天下雨，拿了老百姓家的一顶斗笠遮盖铠甲。吕蒙发现后，认为这个兵士违犯了军令。虽说是同乡人，但是犯了军令不能不办罪，就把他杀了。这样一来，全军将士都震动了，谁也不敢违反军令。

这时候，曹操派去的徐晃率领的援军，已到了靠近樊城的前线。徐晃把孙权答应曹操夹攻关羽的信抄写了许多份，射进关羽营寨里。关羽得知吕蒙袭击后方的消息，正在进退两难的时候，徐晃发起进攻，打败了关羽，使关羽不得不撤去对樊城的包围。

关羽派使者到江陵去探听情况。使者一到江陵，吕蒙派人殷勤招待，还叫使者到蜀军将士家去看望，这些家属都说东吴的人待他们不错。使者回到自己的军营后，兵士们向他探问家里情况，他就照实说了。大伙儿一听东吴人好，就不愿意再跟东吴打仗，有些兵士甚至偷偷地逃回江陵去了。

关羽到这时候，才知道对东吴的防备太大意，可是已经来不及了。他只好带了人马逃到麦城（今湖北当阳东南）。

孙权进军麦城，派人劝关羽投降。关羽带着十几个骑兵往西逃走。

孙权早已派兵埋伏在小道上，把关羽十几个骑兵截住，活捉了关羽。孙权知道关羽不肯投降，下令就地把他杀了。

曹操认为孙权立了大功，把孙权封为南昌侯，到了曹丕即位称帝以后，又封为吴王。

关羽大意失荆州

荆州，雄踞长江北岸，扼大江咽喉，北望江汉平原。蜀汉进取中原、孙吴据守江东、曹魏南下攻城略地，都必须争夺此处，因此为三国战略要地。

赤壁之战后，曹操暂时停止了对孙权的军事行动，但其经济上、军事上的实力仍然不是孙权能望其项背的。而刘备又先后取得了长江以南的武陵、长沙、桂阳、零陵四郡，逐步在荆州稳住了阵脚，后来又夺取了益州，势力越来越大。

孙权原来是采纳了鲁肃的建议让刘备借驻荆州，鲁肃死后，孙权对刘备的态度有了改变，感到刘备对自己有很大威胁。鲁肃的职位由吕蒙接替，屯军陆口。

吕蒙认为关羽一向雄健勇猛，怀有吞并江东的野心，并且军队驻扎在孙吴的上游，这种局势是维持不了多久的，于是秘密禀告孙权说：“现在，如果命令征虏将军孙皎据守南郡，潘璋驻军白帝，蒋钦率领流动部队沿江上下巡逻，随时准备歼灭来犯敌军，臣则在长江前线固守襄阳。这样，曹操不足忧虑，关羽无须依赖！况且，关羽君臣自负他们的多谋善诈，不守信用，反复无常，不能以诚相待。关羽现在之所以没有挥戈东向进攻我们，是因为您圣贤英明，臣下这样的大将还健在。如果不趁我们还强壮时解决这个祸患，以后再想跟他陈兵较力，哪还有可能呢！”

孙权回答说：“如果先拿下曹操的徐州，再征讨关羽，怎么样？”

吕蒙说：“曹操现在远在黄河以北安抚幽州、冀州，还来不及考虑东部的事情。其他地方的军力，听说不堪一击，不足挂齿。不过，陆地交通便捷，骁勇轻快的骑兵可以 10 天之内来跟您争夺徐州，即使用七八万人防守，仍会令人担忧不已！不如先攻取关羽，占据了长江全线，我们的军事形势进一步巩固，势力更加扩大，也就更容易防守护卫了！”

吕蒙的这番

话，孙权大为赞赏。

219年，即汉建安二十四年，驻守荆州的关羽趁曹操汉中失利，进攻樊城，与曹军守将曹仁厮杀。

孙权曾经为儿子向关羽求婚，想结为儿女亲家，关羽大骂求婚使者，拒绝联姻，孙权因此也很为恼火。

吕蒙看中了作战时机，上书孙权，说：“关羽讨伐樊城，却留下许多镇守防卫兵力，肯定是恐怕臣乘虚攻其后方。臣经常患病，祈求您允许我以治病为名，率领一部分将士回建业。关羽闻知，必定撤出防守部队，把全部兵力调往襄阳樊城前线。到那时，我军日夜兼程，乘船逆江而上，袭击他的空城弱守，那么，南郡可一鼓而下，关羽亦可被擒获！”

于是，吕蒙开始装病，并对外自称病重。

孙权心领神会，公开发布命令，召回吕蒙。二人暗中策划智取荆州的行动计划。

吕蒙大张旗鼓，顺江而下。行至芜湖，定威将军陆逊前来拜见。

陆逊说：“关羽跟您屯兵相向，您为什么远离边关而东下建业？这真叫人忧心忡忡。”

“确实如您所言，不过我重病在身，无可奈何啊！”吕蒙不露风声地答道。

陆逊分析关羽的为人，向吕蒙献策道："关羽以骁勇自许，仗势欺人，现在又新建大功，志得意满，骄傲狂放，一心只管北进邀功，对我们没有疑心，再加上听说您患病，必定更加放松戒备。如果出其不意，必定可以把他擒获。"陆逊郑重其事地劝告吕蒙，请他见到主公孙权，妥善谋划。

吕蒙对陆逊的智慧暗暗称赏，但他始终没透露什么口风。

关羽听说吕蒙患病，被召回建业（今南京，吴国定都于此），就逐步调动守卫荆州的兵力，充实樊城前线。曹军失利，眼看战局难以支撑。曹操派于禁等将领率军前往增援。

吕蒙抵达建业，谒见孙权。孙权问道："谁能代替您？"

吕蒙回答："陆逊深谋远虑，才华出众，可以担当得起重任。并且，他名声尚小，不为关羽顾忌，是非常合适的人选。如果用他，应当要他韬光养晦，观察形势，等待便利的时机，出其不意地进击敌人，这样就可大获全胜。"

孙权召来陆逊，任命为偏将军、右都督，接替吕蒙行使职权。

关羽认为陆逊不足挂齿，于是大规模调遣荆州守兵作为增援。

这时，正值秋雨连绵。忽然间，又降暴雨，汉水决堤，平地尽成汪洋，水深数丈，于禁等七路大军被困泽国，人像鱼鳖一样被水淹没。关羽率众乘船出击，于禁投降。

陆逊赴任到达陆口，写信给关羽，十分谦恭地说：“将军军纪严明，一次小小的举动就获得了如此大的战果，何等辉煌！敌人溃败，我们孙刘联盟双方受益。喜讯传来，无不拍手称快，我很想跟随将军席卷中原，辅佐汉室，共振王纲。陆逊我愚钝，近日受命西行上任，很想有机会亲聆教诲。”

不久，陆逊又派使者呈上一封书信，口气仍然非常谦卑。

关羽看了来信，觉得陆逊谦虚诚恳，有托付归顺之意，也就不把陆逊放在心上了，并且丝毫没感觉到来自东邻的威胁。

这时，关羽前线节节胜利，也更助长了他的骄傲自大。关羽不善待部下，将士们稍有不慎，轻则打骂，重则治罪，导致部下非常不满。留守后方的将领糜芳、傅士仁对关羽轻视他们心中早就愤愤不平。关羽出兵在外，他俩不把军需物资全数供应运送，关羽扬言：“回去后，要重重惩罚，治罪纠办！”糜芳、傅士仁顿生异心。

陆逊掌握了这些情报，认为破蜀时机成熟。他立即派人把有关情况向孙权做了详尽汇报。孙权立即批复，命令陆逊、吕蒙为前部，攻打荆州，他自己率领主力部队向西挺进。

吕蒙、陆逊兵分两路，直扑关羽后方。吕蒙到达浔阳，把精兵埋伏在船舱中，伪装成商人船只，昼夜兼程，把关羽所设置的江边守望官兵全部捉了起来，因此，一帆风顺，驶向南郡，关羽竟然一点风声也没听到。吕蒙让人写信劝降傅士仁，立即奏效，于是带着傅士仁来到南郡。糜芳守城，吕蒙让傅士仁出来与他会面，糜芳开城门出降。

吕蒙到了江陵，释放了关在囚笼中的于禁，逐一慰问被俘的关羽将士家属，下令军中："不得扰乱百姓，不得勒索百姓财物!"

关羽听说南郡失陷，立即撤军南返，多次派使者与吕蒙联系。吕蒙总是以优厚的礼遇招待来使，请来使在城中游览，到关羽部下家中慰问，有人还写信托使者带交前线亲人。关羽使者回到营中，同僚有人私下打听家人情况，都了解到家中平安，所受待遇比以前优厚，因此，将士们也都无心恋战了。正在这时，孙权到达江陵，荆州文官武将都归附了孙吴。

十一月，陆逊所率部众一路西进，所向披靡，势如破竹。刘备设置的宜都太守樊友放弃职守落荒而逃，各城的官长和少数民族的部落酋长都闻风归降陆逊。陆逊请求批准，以金、银、铜质的3种官印授予新降附的刘备官吏。

陆逊又派遣将军李异、谢旌等率领3000人马，水陆并进，讨伐蜀将詹晏、陈凤。蜀军一击即破，陈凤被擒。接着，又大破房陵太守邓辅、南乡太守郭睦。秭归大族文布、邓凯聚集各部落散兵几千人抵抗，为陆逊将士击破。文布、邓凯逃归，被刘备委任为将军。陆逊派人诱降，文布率众赶来投降。陆逊在攻取荆州的战役中斩获、受降的人数以万计，被提升为右护军、镇西将军，进封娄侯。

关羽孤军寡卒，自知已是穷途末路，于是向西退却，想固守麦城。孙权派人前往诱降。关羽伪装投降，用旗帜做成人的样子直插在城墙上，然后趁机逃跑，士卒七零八落，各自像鸟兽一样散去，跟随身边的仅剩10来名骑兵。

孙权派朱然、潘璋切断关羽西逃的去路。这年十二月，潘璋部下马忠在临沮县章乡活捉关羽和他的儿子关平。关羽父子人头落地，孙权以陆逊、吕蒙的非凡智慧收取了荆州。刘备势力遭受沉重打击。

反复不定孟达失机

关羽北攻襄阳，因兵力不足，多次求救于驻屯上庸（今湖北竹山县西南）的蜀将孟达，但孟达却按兵不动。

关羽战败后，孟达便率兵投降了曹魏。魏文帝曹丕对他非常器重，封他为散骑常侍、建武将军、平阳亭侯。227年，曹丕病逝，与孟达关系亲密的桓阶和夏侯尚两个大臣也相继死去，新即位的魏明帝派司马懿领兵驻屯宛城（今河南安阳），以骠骑将军之职主管荆州、豫州的军务。孟达觉得魏主故意派司马懿来监视自己，为此心中十分疑虑。

诸葛亮得知这一情况，写信策动孟达起兵反魏，重归蜀汉，孟达同意了。诸葛亮深知孟

达是个见利忘义、反复不定的人，决定用计促成其迅速起兵反魏。于是，诸葛亮派郭模向驻屯于魏兴（今陕西安康县西北）的魏军将领申仪诈降，故意将孟达要举兵反魏的消息透露给他。申仪早与孟达不和，得此情报十分高兴，立即上报司马懿。孟达闻讯十分不安，想立即起兵又拿不定主意，便寄书成都，与诸葛亮商量。

司马懿得到申仪的报告后，判明了诸葛亮的意图。为了延缓反叛的爆发，他写信给孟达说："将军过去背弃了刘备，蜀汉上下对你无不切齿痛恨。魏国对你一向十分信任，封高官，任要职，又委你图蜀大事，所以诸葛亮早就想除掉你，只是苦于无计可施。如果将军真与蜀军相通，诸葛亮怎么会把这重要的消息泄露出来呢？显而易见，郭模的降魏及其所送的情报都是诸葛亮的离间之计，目的是借魏军之刀杀害将军。因此，将军不应当有任何疑虑。"

孟达识别不出这条缓兵之计，以为司马懿真的对他没有怀疑，觉得用不着迅速起兵了。紧接着诸葛亮来信了，告诉孟达不要相信司马懿的任何言语，必须马上举兵归蜀，迅速加固城防，准备迎击魏军进攻，否则就会功败垂成，甚至丢掉脑袋。孟达这才决定公开举兵反魏，同时又给诸葛亮回信说："宛城和洛阳相距800里，上庸又远离宛城1200里，即使司马懿得知我起兵，也必须奏明魏明帝，待批复圣旨到达宛城后，才能出兵，其间，至少需要一个月。那时，我的城防和布置均已完成。上庸偏僻，地势险要，司马懿是不会亲自出马的，别的将领来则不足为惧。”孟达的犹豫和大意给司马懿提供了奔袭的条件。

司马懿给孟达写信后，立即调遣精兵，准备讨伐。将领们认为，孟达是否与蜀汉相通，最好再观察一下，不宜贸然出兵。司马懿解释说：“孟达是个反复无常、不讲信义的人，举兵叛魏是必然的，只是目前还举棋不定，如不乘此良机迅速平定，就会后患无穷。”司马懿断然决定先斩后奏，奔袭上庸。

太和二年（228年）正月，司马懿亲自率领一支精兵从宛城出发，昼夜兼程，8天进抵上庸城外。

这时，孟达的城防布阵刚刚开始，只好仓促地组织抵抗。他写信给诸葛亮说：“我公开反魏刚刚8天，司马懿就兵临城下，简直太神速了！”上庸城三面环水，孟达在水中设置了一道木制栅栏。司马懿遣军渡水，一举攻破木栅，直逼城前，接着兵分八路，同时进攻，猛攻持续到第十六天时，孟达的外甥邓贤和李辅等人开门投降，魏军攻入城中，杀死了孟达，俘获一万多人，上庸城迅速落入魏军手中。

张辽突袭战孙权

曹操率大军前往汉中进攻张鲁，留大将张辽、李典、乐进三人屯守合肥。为防贻误战机，临行前曹操特给合肥护军薛悌留下一条“锦囊妙计”，信封上写着：待敌军到来时再启封。

建安二十年（215 年）八月，孙权果然率领 10 万大军进攻合肥。守城的魏军有些惊慌。薛悌忽然想起曹操的密信，便把张辽、李典、乐进 3 人找来，打开一看，只见上面写着：“孙权领兵到来，由张、李两位将军出战，乐将军守城，护军文官不得出阵。”

大家一看，有些费解：孙权领兵10万前来进攻，守城部队仅有7000余人，留下一部守城，能出城作战的队伍最多不过五六千人，敌我兵力悬殊。一时间，众人面面相觑，没了主意。

一向善领曹操意图的张辽反复看了密令，道："如果我们采取坚守待援的方针，曹公一时难以回师，等到赶来救援，孤城早被吴军攻破。我看曹公的意思是让我们乘着孙权的大军尚未集齐的时机，先出兵冲杀一阵，挫其锐气，提高我们守城的信心，然后再拒守坚城，就可以保全孤城了。"见众将仍然心存疑虑，张辽提高嗓门，大声说道："胜败的关键，全在于不失时机。诸位如果还有怀疑，那就只好由我一人领兵出战，一决胜负了！"部将李典赞同张辽的想法。于是，张辽连夜招募勇士800人，组成一支敢死队，接着杀牛宰羊犒劳将士，准备明日大战。

天近黎明，李典带一队人马毁桥、断路、设伏。张辽带领着800勇士，手持长戟冲入吴军阵中，大呼道："张辽在此，敢战者前来送死！"吴军将士被这突如其来的情况搞得手忙脚乱，一时竟不知如何对付。张辽边喊边杀，斩了吴军两名将领和数十名士兵，一直冲到孙权帐前。孙权见张辽向自己冲来，大吃一惊，慌忙拿起一支长戟，跑到一座高坟上抵挡。吴军见孙权独自一人同张辽格斗，又见魏军兵力甚少，便重重叠叠地包围上来。张辽自知一时难以抓到孙权，便兵分两路突围。他身先士卒，猛烈冲击，率领部下数十人冲出重围，见其余一部人马尚未能跟随出来，返身杀入重围，救出其余部队。由于张辽第一次冲杀追赶孙权时吴军早已丧胆，此刻又见张辽杀入阵来，一个个躲躲闪闪，谁也不敢靠前。杀到中午，吴军伤亡很大，阵势大乱。张辽见部下俱无损伤，便下令收兵回城。首次迎战，大大挫伤了吴军士气，增强了魏军守城的信心。张辽率部队在合肥修筑工事，加强战备。孙权也不敢轻易来攻，魏军将士士气大振。

孙权受挫，士气低落，攻打合肥无果，10 余天后便下令撤退。

张辽在城上看到吴军撤退，便与将士在城东等候，孙权的军队刚一经过，张辽立即率领一部精兵从左侧杀了过去。孙权大惊失色，连忙呼救。这时，李典又领一队人马突然从右边杀来。吴将甘宁、吕蒙慌忙迎战，保护着孙权冲出重围。张辽紧跟在后追杀。孙权急忙纵马上桥，谁知板桥早已被李典设伏的部队拆毁一丈多宽。正在无路可走之时，亲随部将将孙权的坐骑狠狠地抽了数鞭，那战马纵身一跃，孙权才勉强冲过断桥，由一伙残兵败将接应退走。

曹植七步成诗

孙权占了荆州，杀了关羽，怕刘备报复，就派使者给曹操送了封信，表示愿意归顺曹操，并且劝曹操顺应天命，趁早即位称帝。

曹操接到这封信，就随手递给他的心腹大臣看。他微笑着说："孙权这小子，是想把我放在炉火上烤啊。"

自从汉献帝迁都许昌以来，朝廷大权和兵权全掌握在曹操手里。曹操要废掉汉献帝，自己称帝，还不容易？可是他考虑到汉室虽然衰落，但还有个正统的名义，怕自己做了皇帝，会有人心里不服。所以他认为孙权劝他称帝，是成心要让他为难。

他沉思一下，又说："如果真有天命的话，我就做个周文王吧！"意思就是让他的儿子来做皇帝。

这件事过了不久，曹操旧病发作，请医服药都没有用，终于死在洛阳。这一年，他66岁。

曹操死后，世子曹丕继承他做了魏王和丞相，掌握朝廷大权。曹丕即魏王位以后，有人告发他的弟弟、临淄侯曹植经常喝酒骂人，还把他派去的使者扣押起来。曹丕立即派人赶到临淄，把曹植逮住押回邺城审问。

原来，曹丕和曹植都是曹操的妻子卞后生的。曹操不但是个政治家、军事家，又是个文学家，兄弟俩也擅长诗文，文学史上把他们父子合称为"三曹"。曹植从小聪明非凡，十几岁时候，就读了不少书，能写很出色的文章。有一次，曹操看了曹植的文章，有点怀疑，问曹植说："这是你请人代写的吗？"

曹植跪下来说："儿出口成文，下笔成章，怎么会叫人代写呢？父王不相信，可以面试。"

曹操试了曹植几次，觉得他果然才华出众，因此对他特别宠爱，多次想把他封为王世子，只是因为有些大臣反对，才决定不下来。

曹丕怕自己地位不稳，想方设法讨曹操欢喜。有一次，曹操出外打仗，曹丕、曹植都去送行。临别的时候，曹植当场念了一段颂扬曹操功德的文章，大家听了十分赞赏。

有人在曹丕耳边小声说："大王要离开了，你只要表示伤心就是了。"曹丕果然抹着眼泪向曹操告别，曹操很受感动，也掉下了泪。

这件事使曹操觉得曹丕文才虽然不如曹植，但是心地老实，对他有感情。再加上左右侍从替曹丕说好话的人不少，曹操宠爱曹植的心渐渐变了。

曹植是个不拘小节的人。有一次，他竟在王宫里坐着车马，私自打开王宫外门出去。这件事可违犯了宫里的规矩。

曹操听了这件事，大为恼火，把管宫门的官员判了死罪。

又有一次，曹操派曹植带兵出征。曹丕得到消息，事先送酒食去，跟曹植一起喝酒，让曹植喝得酩酊大醉。正在这时候，曹操派人找曹植去，连催几次，曹植还没醒来。曹操只好把派曹植出征的事取消了。

打这以后，曹操就打消了把曹植立为太子的念头。

曹丕做了魏王以后，仍旧忌恨曹植。这一回，终于抓住机会把曹植抓起来，要判曹植死罪。

他母亲卞太后知道了，着急得不得了，连忙在曹丕面前给曹植求情，要他看在同胞兄弟的份上，宽恕曹植。

曹丕不能不听母亲的话，再说，为了一点小事杀了兄弟，自己也不体面，就只把曹植的临淄侯爵位撤了，降为一个比较低的爵位。

据说，曹丕把曹植召来以后，为了要惩罚他一下，要他在走完七步的时间里作出一首诗。如果作得出，就免他一死。

曹植略略思索一下，就迈开步子，走一步，念一句，随口就念出了一首诗：

煮豆燃豆萁，
豆在釜中泣。
本是同根生，
相煎何太急？

曹丕听了，觉得自己对弟弟也逼得太狠，心里感到惭愧，就免去曹植的死罪。

曹丕做了魏王，不像他父亲那样怕人家议论。就在这一年秋天，由他的亲信联名上书，劝汉献帝让位给魏王。

汉献帝做了30多年的挂名皇帝，接到大臣上书，就宣布让位，改称山阳公。曹丕的亲信大臣还隆重举行一个“推位让国”的禅让仪式，表示汉朝的皇权是汉献帝自愿让予的。

220年，曹丕称帝，建立魏朝，就是魏文帝。到这时候，东汉王朝才正式结束。

陆逊火烧连营

曹丕称帝的消息传到成都，一时传说纷纷，说汉献帝已经被曹丕杀了。汉中王刘备还真的为汉献帝举行了丧礼。大臣们认为既然汉献帝已经死去，刘备是汉家皇室后代，理应接替皇位。221 年，汉中王正式在成都即皇位，就是汉昭烈帝。因为他统治的地区在蜀（今四川、云南大部，贵州全部，陕西、甘肃一部分），历史上称为“蜀汉”或者“蜀”。

刘备对东吴占领荆州，关羽被杀这件事，一直是

十分痛心的。他即位之后，第一件要紧的事就是进攻东吴，报仇雪恨。

大将赵云说，篡夺皇位的是曹丕，不是孙权。如果能灭掉曹魏，东吴自然就会屈服，不该放了曹魏去打东吴。

别的大臣劝谏的也不少，但是刘备说什么也听不进去。他把诸葛亮留在成都辅佐太子刘禅，亲自率领大军去征伐东吴。刘备一面准备出兵，一面通知张飞到江州（今四川重庆）会师。还没有等刘备出兵，张飞的部将叛变，杀了张飞投奔东吴。刘备一连丧失两员猛将，势力被大大削弱，但他急于报仇，已经没有冷静考虑的余地了。

警报到了东吴，孙权听说刘备这次出兵声势很大，也有些害怕，派人向刘备求和，但是遭到刘备的拒绝。

没过几天，蜀汉人马已经攻下巫县（今四川巫中县北），一直打到秭归（今湖北省西部）。孙权知道讲和已经没有希望，就派陆逊为大都督，带领 5 万人马去抵抗。

刘备出兵没几个月，就攻占了东吴五六百里的土地。他从秭归出发，急于向东继续进军。随军官员黄权拦住他说："东吴人打仗向来很勇猛，千万别小看他们。我们水军顺流而下，前进容易，要退兵可就难了。还是让我当先锋，在前面开路，陛下在后面接应。这样比较稳妥。”

刘备心急火燎，哪儿肯听黄权的话。他要黄权守住江北，防备魏兵；自己率主力沿着长江南岸，翻山越岭一直进军到了猇亭（今湖北宜都西北）。

东吴将士看到蜀军得寸进尺，步步紧逼，都摩拳擦掌，想和蜀军大战一场。可是大都督陆逊却不同意。

陆逊说：“这次刘备带领大军东征，士气旺盛，战斗力强。再说他们在上游，占领险要地方，我们不容易攻破他。要是跟他们硬拼，万一失利，丢了人马，这是非同小可的事。我们还是积蓄力量，考虑战略。等日子一久，他们疲劳了，我们再找机会出击。”

陆逊部下的将军，有的还是孙策手下的老将，有的是孙氏的贵族，对孙权派年轻的书生陆逊当都督，本来已经不大服气。现在听到陆逊不同意他们出战，认为陆逊胆小怕打仗，更不满意，在背地里愤愤不平。

蜀军从巫县到夷陵（今湖北宜昌东）沿路扎下了几十个大营，又用树木编成栅栏，把大营连成一片，前前后后长达 700 里地。刘备以为这样好比布下天罗地网，只等东吴人来攻，就能把他们消灭。

但是陆逊一直按兵不动。从这年（222 年）一月到六月，双方相持了半年。

刘备等得急了，派将军吴班带了几千人从山上下来，在平地上扎营，向吴兵挑战。东吴的将军耐不住性子，要求马上出击。

陆逊笑笑说："我观察过地形。蜀兵在平地里扎营的兵士虽然少，可是周围山谷一定有伏兵。他们大声嚷嚷引我们打，我们可不能上他们的当。"

将士们还是不相信。过了几天，刘备看见东吴兵不肯交战，知道陆逊识破他的计策，就把原来埋伏的 8000 蜀军陆续从山谷中撤出来。东吴将士这才知道陆逊说得很准。

一天，陆逊突然召集将士们，宣布要向蜀军进攻。将士们说："要打刘备，早该动手了。现在让他进来了五六百里地，主要的关口要道，都让他占了。我们打过去，不会有好处。"

陆逊向他们解释说："刘备刚来的时候，士气旺盛，我们是不能轻易取胜的。现在，他们在这儿待了这些日子，一直占不到便宜，兵士们已经很疲劳了。我们是时候要打胜仗了。"

他派了一小部分兵力先去攻击蜀军的一个营，刚刚靠近蜀营的木栅栏，蜀兵就从左右两旁冲出来厮杀；接着，附近的几个连营里的兵士也都出来增援。东吴兵抵挡不住，赶快后退，但也损失不少人马。

将军们抱怨陆逊，陆逊说：“这是我试探一下他们的虚实。现在我已经有了破蜀营的办法了。”

当天晚上，陆逊命令将士每人各带一束茅草和火种，预先埋伏在南岸的密林里，只等三更时候，就直奔江边，火烧连营。

到了三更，东吴四员大将率领几万兵士，冲近蜀营，用茅草点起火把，在蜀营的木栅栏边放起火来。那天晚上，风刮得很大，蜀军的营寨都是连在一起的，点着了一个营，附近的营也就一起燃烧起来。一下子就攻破了刘备的 40 多个大营。

等到刘备发现火起，已经无法抵抗。在蜀兵将士的保护下，刘备总算冲出了火网，逃上了马鞍山。

陆逊命令各路吴军，围住马鞍山发起猛攻，留在马鞍山上的上万名蜀军一下子全部溃散了，死伤不计其数。一直战斗到夜里，刘备才带着残兵败将，突围逃走。吴军发现了，紧紧在后面追赶。还亏得沿途的驿站，把丢下的辎重、盔甲堵塞在山口要道上，阻挡住了东吴的追兵，刘备才逃到了白帝城（四川奉节县白帝山上）。

这一场大战，蜀军几乎全军覆没，船只、器械和军用物资，全部被吴军缴获。历史上把这场战争称作“猇亭之战”，也叫“夷陵之战”。

刘备失败之后，又悔又恨，说：“我竟被陆逊打败，这岂不是天意吗?”过了一年（223 年），他在永安（今四川奉节）病倒了。

诸葛亮七擒孟获

刘备在永安病势越来越重，他把诸葛亮从成都召到永安，嘱咐后事。他对诸葛亮说："您的才能比曹丕高出10倍，一定能够把国家治理好。我的孩子阿斗（太子刘禅的小名），您认为可以辅助，就辅助他；如果不行，您就自己来做一国之主吧。"

诸葛亮流着眼泪，哽咽着说："我怎敢不尽心竭力，报答陛下，一直到死！"

刘备把小儿子刘永叫到身边，叮嘱他说："我死之后，你们兄弟要像对待父亲一样尊敬丞相。"

刘备死后，诸葛亮回到成都，扶助刘禅继了帝位，历史上称为"蜀汉后主"。

刘禅即位后，

朝廷上的事不论大小，都由诸葛亮来决定。诸葛亮兢兢业业，治理国家，想使蜀汉兴盛起来。没料到南中地区（今四川省大渡河以南和云南、贵州一带）几个郡倒先闹起来了。

益州郡有个豪强雍闿听说刘备死去，就杀死了益州太守，发动叛变。他一面投靠东吴，一面又拉拢了南中地区一个少数民族首领孟获，叫他去联络西南一些部族起来反抗蜀汉。

经过雍闿的煽动，牂牁（今贵州遵义一带）太守朱褒、越巂（今四川西昌市东南）部族酋长高定，也都响应雍闿。这样一来，蜀汉差不多丢了一半土地，怎么不叫诸葛亮着急呢?

可是，当时蜀汉刚遭到猇亭大败和先主死亡，顾不上出兵。诸葛亮一面派人和东吴重新讲和，稳住了这一头；一面奖励生产，兴修水利，积蓄粮食，训练兵马。过了两年，局面稳定了，诸葛亮决定发兵南征。

建兴三年（225 年）三月，诸葛亮率领大军出发。诸葛亮好友马良的弟弟、参军马谡送诸葛亮出城，一直送了几十里地。

临别的时候，诸葛亮握住马谡的手，诚恳地说："我们相处好几年了。今天临别，您有什么好主意告诉我吗?"

马谡说："南中的人倚仗地形险要，距离都城又远，早就不服管了。即使我们用大军把他们征服了，以后还是要闹事的。我听说用兵的办法，主要在于攻心，攻城是次要的。丞相这次南征，一定要叫南人心服，才能够一劳永逸。"

马谡的话，正合诸葛亮的心意。诸葛亮不禁连连点头说："谢谢您的帮助，我一定这样办。"

诸葛亮率领蜀军向南进军，节节胜利。大军还在半路上，越巂酋长高定和雍闿已经发生火并。高定的部下杀了雍闿。蜀军打进越巂，又把高定杀了。

诸葛亮派李恢、马忠两员大将分两路进攻，不到半个月，马忠又攻破牂牁，消灭了那里的叛军。4个郡的叛乱很快就平定了。

但是事情还没有结束。南中酋长孟获收集了雍闿的散兵，继续反抗蜀兵。诸葛亮一打听，知道孟获不但打仗骁勇，而且在南中地区各族群众中很有威望。

诸葛亮想起马谡临别的话，决心把孟获争取过来。他下了一道命令，只许活捉孟获，不能伤害他。

好在诸葛亮善于用计谋，蜀军和孟获军队交锋的时候，蜀军故意败退下来。孟获仗着他人多，一股劲儿追了过去，很快就中了蜀兵的埋伏。南兵被打得四处逃散，孟获本人就被活捉了。

孟获被押到大营，心里想，这回一定没有活路了。没想到进了大营，诸葛亮立刻叫人给他松了绑，好言好语劝说他归降。但是孟获不服气，说："我自己不小心，中了你的计，怎么能叫人心服？"

诸葛亮也不勉强他，陪着他一起骑着马在大营外兜了一圈，看看蜀军的营垒和阵容。然后又问孟获："您看我们的人马怎么样？"

孟获傲慢地说："以前我没弄清楚你们的虚实，所以败了。今天承蒙您给我看了你们的阵势，我看也不过如此。像这样的阵势，要打赢你们也不难。"

诸葛亮爽朗地笑了起来，说："既然这样，您就回去好好准备一下再打吧！"

孟获被释放以后，回到自己部落，重整旗鼓，又一次进攻蜀军。但是他本是一个有勇无谋的人，哪里是诸葛亮的对手，第二次又被活捉了。

诸葛亮劝他，见孟获还是不服，又放了他。

像这样又放又捉，一次又一次，一直把孟获捉了7次。

到了孟获第七次被捉的时候，诸葛亮还要再放。孟获却不愿意走了。他流着眼泪说："丞相七擒七纵，待我可说是仁至义尽了。我打心底里敬服。从今以后，不敢再反了。”

孟获回去以后，还说服各部落全部投降，南中地区又重新归蜀汉控制。

诸葛亮平定南中后，命令孟获和各部落的首领照旧管理他们原来的地区。有人对诸葛亮说：“我们好不容易征服了南中，为什么不派官吏来，反倒仍旧让这些头领管呢？”

诸葛亮说：“我们派官吏来，没有好处，只有不方便。如果派官吏，就得留兵。留下大批兵士，粮食接济不上，叫他们吃什么。再说，刚刚打过仗，难免死伤了一些人，如果我们留下官吏统治，一定会发生祸患。现在我们不派官吏，既不用留军队，又不需要运军粮。让各部落自己管理，汉人和各部落相安无事，岂不更好？”

大家听了诸葛亮这番话，都钦佩他想得周到。

诸葛亮率领大军回到成都。后主和朝廷大臣都到郊外迎接，大家都为平定南中而感到高兴。

打那以后，诸葛亮一面积蓄财富，一面训练人马，一心一意准备大举北伐。

马谡失街亭

诸葛亮平定南中之后，又经过两年准备，227 年冬天，就带领大军驻守汉中。因为汉中接近魏、蜀的边界，在那里可以随时找机会进攻魏国。

离开成都的时候，他给后主刘禅上了一道奏章，要后主不要满足现状，妄自菲薄；要亲近贤臣，疏远小人；并且表示他决心担负起兴复汉朝的责任。这道奏章就是历史上有名的《出师表》。

过了年，诸葛亮采用声东击西的办法，传出消息，要攻打郿城（今陕西眉县），并且派大将赵云带

领一支人马，进驻箕谷（今陕西褒城北），装出要攻打郿城的样子。魏军得到情报，果然派主要兵力去守郿城。诸葛亮趁魏军不防备，亲自率领大军，突然从西路扑向祁山（今甘肃礼县东）。

蜀军经过诸葛亮几年严格训练，阵容整齐，号令严明，士气十分旺盛。自从刘备死后，蜀汉多年没有动静，魏国毫无防备，这次蜀军突然袭击祁山，守在祁山的魏军抵挡不了，纷纷败退。蜀军乘胜进军，祁山北面天水、南安、安定 3 个郡的守将都背叛魏国，派人向诸葛亮求降。

那时候，魏文帝曹丕已经病死。魏国朝廷文武官员听闻蜀汉大举进攻，都惊慌失措。刚刚即位的魏明帝曹叡比较镇静，立刻派张郃带领 5 万人马赶到祁山去抵抗，还亲自到长安去督战。

诸葛亮到了祁山，决定派出一支人马去占领街亭（今甘肃庄浪东南），作为据点。让谁来带领这支人马呢？当时他身边还有几个身经百战的老将，可是他都没有用，单单看中参军马谡。

马谡这个人确实读了不少兵书，平时很喜欢谈论军事。诸葛亮找他商量起打仗的事来，他就谈个没完，也出过一些好主意。因此诸葛亮很信任他。但是刘备在世的时候，却看出马谡不大踏实。他在生前特地叮嘱诸葛亮说："马谡这个人言过其实，不能派他干大事，您还得好好考察一下他。"但是诸葛亮没有把这番话放在心上。这一回，他派马谡当先锋，王平做副将。

马谡和王平带领人马到了街亭，张郃的魏军也正从东面开过来。马谡看了地形，对王平说："这一带地形险要，街亭旁边有座山，正好在山上扎营，布置埋伏。"

王平提醒他说："丞相临走的时候嘱咐过，要坚守城池，稳扎营垒，在山上扎营太冒险。"

马谡没有打仗的经验，自以为熟读兵书，根本不听王平的劝告，坚持要在山上扎营。王平一再劝马谡没有用，只好央求马谡拨给他 1000 人马，让他在山下临近的地方驻扎。

张郃率领魏军赶到街亭，看到马谡放弃现成的城池不守，却把人马驻扎在山上，暗暗高兴，马上吩咐手下将士，在山下筑好营垒，把马谡扎营的那座山围困起来。

马谡几次命令兵士冲下山去，但是由于张郃坚守住营垒，蜀军没法攻破，反而被魏军乱箭射死了不少人。

魏军切断了山上的水源。蜀军在山上断了水，连饭都做不成，时间一长，自己先乱了起来。张郃看准时机，发起总攻。蜀军兵士纷纷逃散，马谡要禁也禁不了，最后，只好自己杀出重围，往西逃跑。

王平带领1000人马，稳守营盘。他得知马谡失败，就叫兵士拼命打鼓，装出进攻的样子。张郃怀疑蜀军有埋伏，不敢逼近他们。王平整理好队伍，不慌不忙地向后撤退，不但一个人马也没损失，还收容了不少马谡手下的散兵。

街亭失守，蜀军失去了重要的据点，又损失了不少人马。诸葛亮为了避免遭受更大损失，决定把人马全部撤退到汉中。

诸葛亮回到汉中，经过详细查问，知道街亭失守完全是由于马谡违反了他的作战部署。马谡也承认了他的过错。诸葛亮按照军法，把马谡下了监狱，定了死罪。

马谡自己知道免不了一死，在监狱里给诸葛亮写了封信，说："丞相平日待我像待自己的儿子一样，我也把丞相当作自己父亲。这次我犯了死罪，希望我死以后，丞相能够像舜杀了鲧还用禹一样对待我的儿子，我死了也没牵挂了。"

诸葛亮杀了马谡，想起他和马谡平时的情谊，心里十分难过，流下了眼泪。以后，他真的把马谡的儿子照顾得很好。

诸葛亮认为王平在街亭曾经劝阻过马谡，在退兵的时候，又用计保全了人马，立了功，应该受奖励，就把王平提拔为参军，让他统率五部兵马。

诸葛亮对将士们说："这次出兵失败，固然是因为马谡违反军令。可是我用人不当，也应该负责。"他就上了一份奏章给刘禅，请求把他的官职降低三级。

刘禅接到奏章，不知该怎么办才好。有个大臣说："既然丞相有这个意见，就依着他吧。"刘禅就下诏把诸葛亮降级为右将军，仍旧办丞相的事。

由于诸葛亮赏罚分明，以身作则，蜀军将士都很感动。大家把这次失败当作教训，士气更加旺盛。这年冬天，诸葛亮又带兵杀出散关（今陕西宝鸡西南），包围了陈仓（今陕西宝鸡东），杀了一个魏将；第二年春天，又出兵收复武都（今甘肃成县）、阴平（今甘肃文县西北）两个郡。后主刘禅认为诸葛亮立了功，下了一道诏书，恢复诸葛亮的丞相职位。

空城诸葛谈笑退司马

228年，蜀国丞相诸葛亮出兵祁山，与魏兵展开了一场激战。由于诸葛亮错用马谡，致使街亭失守。街亭既失，魏军便可四面围合，断蜀军的汲水道路。诸葛亮只得密传号令，众将领命而去。

诸葛亮先派5000名士兵退到西城县搬运粮草。忽然哨兵飞马来报："丞相，大事不好，司马懿率领大军15万正向西城蜂拥而来！"如此一连报了十几次。

当时诸葛亮身边并无大将，只有一班文官，所率兵马一半先运粮草去了，只剩下另一半留在城中。众

人听到这个消息，都吓得惊慌失措。诸葛亮登上城楼观望敌情，果然见远处尘土飞扬，魏军兵分两路，直向西城杀来，声势浩大。诸葛亮走下城头，镇定自若地吩咐放倒所有军旗，停止击鼓，并命令所有人员各守城铺（城上巡哨的岗楼），不得随意出入，不得高声喧哗，否则军法从事；同时，又令大开城门，每一门用老弱残兵扮作百姓，洒扫街道。布置停当，诸葛亮便披上鹤氅，戴上纶巾，领两个童子，携一张琴登上城楼，凭栏而坐，焚香抚琴。

司马懿的前军到了城下，见蜀军如此情景，心中惊恐，不敢贸然行动，急忙报告司马懿。司马懿有些不信，急令人马停止行进，自己则策马而来，远远观察着城中的动静。只见诸葛亮正坐在城楼，笑容可掬，焚香弹琴，神态从容，琴声不乱。左边一童子手捧宝剑，右边一童子手执拂尘，脸上毫无慌忙之色。城门内外，20多名百姓正在低头洒水扫地，个个旁若无人，扫得十分仔细。司马懿看罢，大为惊疑，认定此乃是诱兵之计，城中必有伏兵，于是退回中军，吩咐将后卫变作前军，前军变作后卫，往山路退走。次子向司马懿问道："莫非诸葛亮并无兵马，故意做出此态？父亲何故却要退兵呢？"司马懿说道："诸葛亮平生谨慎，不曾冒险行事。今日大开城门，必定设有埋伏。我军若进，必会中他的诡计。你们这些人怎会知道这些呢？还是迅速退去要紧。”于是两路魏军尽皆退去。

诸葛亮见魏军撤走了，顿时拊掌哈哈大笑。众将官无不惊出了一身冷汗，此时便松了一口气问道：“司马懿是魏国的名将，如今统率15万精兵到此，见了丞相却马上退走，这是为什么呀？”诸葛亮笑道：“司马懿知我平生谨慎，必不会冒险，见我如此模样，便怀疑我设下伏兵，所以引兵退去。他必会率军向山北小路而去。我已令关兴、张苞二人在那里等候。”众人皆惊讶叹服道：“丞相的谋略真是神鬼莫测。若依我们这等人之见，必会吓得弃城而逃了。”诸葛亮说道：“我的士兵只有2500人，如果弃城逃走，必不会逃远。那时岂不被司马懿活捉了吗？”

司马懿回到驻地，方才醒悟自己上了大当，于是率兵又到西城，此时蜀军早已撤回汉中了。司马懿懊悔仰天叹道：“我司马懿不如孔明啊！”

五丈原

建兴七年（229 年）四月，吴王孙权正式即位称帝。蜀汉大臣大多数认为孙权称帝是僭号，要求跟东吴断绝盟好关系。诸葛亮却认为，蜀汉眼前主要对手是魏国。他坚持和东吴保持联盟，继续准备北伐。

231 年，诸葛亮第四次北伐，出兵祁山。魏国派大将司马懿和张郃等一起率领人马赶往祁山。诸葛亮把一部分将士留在祁山，自己率领主力拦击司马懿。

司马懿知道诸葛亮的战略。他认为诸葛亮孤军深

入，带的军粮不多，所以在险要的地方筑好营垒，叫将士只守不战。

魏军将领以为司马懿害怕诸葛亮，一再请战，说："您怕蜀军像害怕老虎一样，难道不怕天下人耻笑吗？"

司马懿硬着头皮，带兵赶上去跟诸葛亮大战一场，结果被蜀军杀得一败涂地。但是蜀军由于后方的运粮官员失职，粮草供应不上，只好主动撤兵。大将张郃带兵紧紧追赶，赶到木门一带的山谷地带，被诸葛亮预先布置好的伏兵用乱箭射杀了。

诸葛亮几次出兵，往往因为粮食供应不上退兵。他接受这个教训，设计了两种运输工具，叫作"木牛""流马"（两种经过改良的小车），用它们把粮食运到斜谷口（今陕西眉县西南）囤积起来。

234 年，诸葛亮做好充分准备，发动 10 万大军进行最后一次北伐。他派使者到东吴，约孙权同时发起攻势，南北策应，使魏国两面受敌。

诸葛亮大军出了斜谷口，到了渭水南岸的五丈原。为了做长期打算，他派一部分兵士构筑营垒，准备作战；另派一部分兵士在五丈原屯田，跟当地老百姓一起耕种。蜀军纪律严明，百姓和兵士相处得很好。

魏明帝派司马懿率领魏军渡过渭水，也筑起营垒防守，和蜀军对峙着。

孙权接到诸葛亮的信，马上三路出兵进攻魏国。魏明帝也厉害，他一面亲自率领大军到南面抵挡东吴的进攻；一面通知司马懿在五丈原坚持，只守不战。

诸葛亮等待东吴方面的消息，但是结果使他很失望：孙权的进攻失败了。他想跟魏军决战，但是司马懿始终稳守营垒，诸葛亮几次三番向他挑战都没有用。双方在那里相持了100多天。

要使魏军出来打，只有想法子激怒司马懿。诸葛亮利用当时轻视妇女的风俗，派人给司马懿送去一套妇女的服饰。意思就是司马懿这样胆小怕战，还是回去做个“闺房小姐”吧。

魏军将士看到主将受到嘲弄，气恼得嚷着要跟蜀军一较高下。司马懿知道这是诸葛亮的激将法，并不发火。他安慰将士说：“好，我向皇上上个奏章，请求准许我们跟蜀军决战一场。”

过了几天，魏明帝派了一个大臣赶到魏营，传达命令，不许出战。

蜀军将士听到消息，感到失望。只有诸葛亮懂得司马懿的用意，说：“司马懿上奏章请求打仗，这是做给将士们看的。要不然，大将率领军队在外，哪有千里迢迢去请战的道理。”

诸葛亮料到司马懿的心理，司马懿也在探听诸葛亮的情况。有一次，诸葛亮派使者到魏营去挑战，司马懿挺有礼貌地接待使者，跟使者聊天，说：“你们丞相公事一定很忙吧。近来身体可好？胃口怎么样？”

使者觉得司马懿问的都是些客套话，也就老实回答说：“丞相的确很忙，军营里大小事情都要亲自抓。他起得早，睡得很晚。只是近来胃口不好，吃得很少。”

使者走了以后，司马懿就跟左右将士说：“你们看，诸葛孔明吃得少，事务又那么繁重，能支撑得长久吗？”

不出司马懿所料，诸葛亮由于过度辛劳，终于在军营里病倒了。

后主刘禅得到诸葛亮生病的消息，赶快派大臣李福到五丈原来慰问。李福跟诸葛亮谈了一些军国大事，就走了。

过了几天，李福返了回来。他看到诸葛亮病势转重，哭了起来。诸葛亮睁开眼睛，对李福说：“我懂得您回来想问些什么。您所要问的人，我看就是蒋琬吧。”

李福说：“丞相说的是。皇上正要我问丞相万一身子不好，由谁来继任您的工作。那么请问蒋琬之后，谁可以继任呢？”

诸葛亮说：“可以由费祎接替。”

李福还想再问下去，诸葛亮闭上眼睛不回答了。没几天，这个年纪才54岁的丞相在军营里去世了。

按照诸葛亮生前的嘱咐，蜀军将领没有把他去世的消息透露出去。他们把尸体裹着放在车里，布置各路人马有秩序地撤退。

魏营的探子听到诸葛亮病死的风声，报告司马懿。司马懿立刻带领魏军追赶上去，刚过五丈原，姜维推出雕刻成诸葛亮模样的木雕，忽然蜀军的旗帜转了方向，一阵战鼓响，兵士们转身掩杀过来。

司马懿看到诸葛亮大吃一惊，赶快拨转马头，下命令撤退。

蜀军将领等魏军离得远了，不慌不忙地把全部人马安全撤出。而此事后来也被百姓为之谚曰：“死诸葛走生仲达。”诸葛亮想统一中原的愿望并没有实现，但是他的智慧和品格，一直被后代的人赞扬。

司马懿听了也不生气，说：“我只能料到活的诸葛，怎么能料到死的呢！”

后来，司马懿视察了诸葛亮布置的阵势，赞叹说：“诸葛孔明真是天下奇才啊！”

在民间传说中，诸葛亮往往成为智慧的化身。在一篇相传是他写的《后出师表》里，有两句话，叫作“鞠躬尽瘁（原文是‘尽力’，后来写成‘尽瘁’），死而后已”，人们认为这正是对他一生的评价。

司马昭的野心

司马懿杀了曹爽，过了两年，他也死了。接替他职位的是他儿子司马师。魏国大权落在司马师和司马昭兄弟二人手里。大臣中谁反对他们，司马师就把他除掉。魏少帝曹芳恨透司马师。有人曾经劝曹芳撤掉司马氏兄弟的兵权。但没有等曹芳动手，司马师已经逼着皇太后，把曹芳废了，另立魏文帝曹丕的一个孙子曹髦。

魏国有些地方将领本来不服司马氏的专权，司马师废去曹芳后，就有扬州刺史文钦和镇东将军毌丘俭（毌丘，复姓）起兵声讨司马师。司马师亲自带兵征讨，打败了文钦和毌丘俭。但是在回师许都之后，司马师也得病死了。

接着，司马昭做了大将军。司马氏父子三人，一个比一个厉害，一个比一个专横。

魏帝曹髦实在忍耐不住了。有一天，他把尚书王经等 3 个大臣召进宫里，气愤地说：“司马昭的野心，过路人都知道了（文言是‘司马昭之心，路人皆知’)，我不能坐着等他来收拾我。今天，我要同你们一起去讨伐他。”

大臣们知道要跟司马昭作对，简直是以卵击石，就劝他忍耐，不要闯出大祸来。

可是曹髦从怀里掏出一道预先写好的诏书，扔在地上，说：“我已经下了决心，就是拼个死也不怕，再说还不一定死呢。”说着，他进内宫去禀报太后。

哪里知道这 3 个大臣当中，倒有两个人偷偷溜出去向司马昭通风报信了。

20 岁的曹髦，根本不懂得怎样治司马昭。他集合了宫内的禁卫军和侍从太监，吵吵嚷嚷地从宫里杀了出来。曹髦自己拿了一口宝剑，站在车上指挥。

司马昭的心腹贾充，带了一队兵士赶来，挡住了禁卫军的去路。双方打了起来。曹髦上前大喝一声，挥动剑杀过去。贾充的手下兵士一见皇帝自己动手，毕竟有点胆怯，有的准备逃了。

贾充手下有个叫成济的，跟贾充说："您看怎么办?"

贾充厉声说："司马公平时养着你们是干什么的！还用问吗?"

贾充这一说，成济才胆大了，拿起长矛就往曹髦身上直刺去。曹髦来不及招架，被成济刺穿了胸膛，跌下车来死了。

消息传到司马昭那里。司马昭听说他手下人真的杀了皇帝，也有点着慌，连忙赶到朝堂上，召集大臣们商量。司马昭假惺惺装出悲伤的样子，跟一位老臣陈泰说："您说，叫我怎么办呢?"

陈泰说："只有斩了贾充的头，才可以向天下交代。"

司马昭很为难地说："还有没有其他办法，您再想想。"陈泰说："依我说，只有比这更重的办法，没有再轻的了。"

司马昭一听不是滋味，就不吱声了。

后来，司马昭用太后名义下了一道诏书，给曹髦加上许多罪状，把他废作平民，把曹髦被杀的事轻轻掩盖过去。

但是，大伙儿还是议论纷纷，怪司马昭不办凶手的罪，司马昭没法拖下去，就把杀害皇帝的罪责一股脑儿推给成济，给成济定了一个大逆不道的罪，满门抄斩。

司马昭除掉了曹髦，另外从曹操的后代中找了一个15岁的曹奂接替皇位，这就是魏元帝。

邓艾偷渡剑阁

司马昭害死了魏帝曹髦，认为内部已经稳定，决心大举进攻蜀汉。

那时候，接替诸葛亮的大臣蒋琬、费祎都已死去，蜀汉担任大将军的是姜维。姜维有心继承诸葛亮的北伐事业，几乎每年都出兵攻打魏国，但是蜀汉的力量已经越来越弱，姜维不但不能够取得胜利，反而白白消耗了不少兵力。263 年，司马昭派将军邓艾、诸葛绪各带兵 3 万，钟会带兵十几万，兵分三路进攻蜀汉。

姜维看到魏军声势浩大，知道抵挡不了，把蜀兵集中到剑阁（今四川剑阁县），守住关口要道。钟会带兵到了剑阁，一时没法攻进去。

邓艾看到蜀军主力守在剑阁，就带了精兵偷偷绕道到剑阁西面的一条羊肠小道上向南进军。这一带本来是人迹罕至的地方。邓艾带领这支精兵，逢山开路，遇河架桥，走了 700 里路，也没有被蜀军发现。

最后，他们来到一条绝路上，山高谷深，没法前进。这时候，邓艾的兵士随身带的粮草已经快完了，将士们都慌了神。

邓艾当机立断，用毡毯裹着身子，从悬崖峭壁上滚了下去。将士们见邓艾一带头，也跟着滚了下去。有的攀着树木，一个接一个慢慢地爬下了山，终于越过了这条绝路，一直赶到江油（今四川江油市）。

驻守江油的蜀军没想到邓艾会从背后杀出来，突然见到魏兵出现在城下，来不及组织抵抗，只好投降了。

邓艾继续向绵竹（今四川绵阳西南）进攻。守绵竹的是诸葛亮的儿子诸葛瞻。邓艾派人送信劝说他投降，说："如果你肯投降，就推荐你为琅琊王。"

诸葛瞻听说要他投降，气得火冒三丈，把邓艾派来劝降的使者杀了。他摆开阵势，决心和邓艾拼个你死我活。但是毕竟敌不过邓艾，诸葛瞻和他的儿子诸葛尚都战死了。

邓艾拿下绵竹，直奔蜀汉都城成都。成都的百姓做梦也没想到魏兵来得那么快，一听邓艾兵临城下，纷纷到山上树林里去避难。蜀汉朝廷更是乱成一团，后主赶快召集大臣商量。有人主张往南逃，有的主张投靠东吴，有人认为现在魏国大军压境，不如趁早投降。

后主是个没主意又胆小的人，根本不想抵抗。等邓艾大军到达成都，他已经叫人反绑着两手，率领文武百官出城门投降了。

邓艾进了成都，觉得自己了不起，骄傲起来，连钟会也不放在眼里。他直接向司马昭上书，要趁这次打胜仗的势头，一鼓作气把东吴灭掉。哪儿知道司马昭下个命令给邓艾说："军事行动不许自作主张。"这件事把邓艾气得要命。

正在剑阁跟钟会对抗的蜀将姜维，得到邓艾袭击成都的消息，正想退回去保卫成都，却接到后主的命令，要他向魏军投降。

蜀军将士接到这个命令，又气愤又伤心。有的兵士恨得拔出刀来，在大石头上乱砍。

姜维倒是十分冷静。他跟将士们一合计，决定向钟会投降。钟会也赏识姜维是个好汉，把他当作自己人一样看待。两个人出门一块坐车，回到军营一起议事，要好得简直拆不开。

姜维利用钟会和邓艾之间的矛盾，劝钟会秘密写信给司马昭，告发邓艾谋反。

司马昭本来猜忌心很重，接到钟会的报告，就用魏元帝的名义下道诏书，派人到成都把邓艾抓了起来，用囚车押回洛阳。他怕邓艾抗拒，又命令钟会进军成都。

钟会到了成都，派一支人马用囚车把邓艾押到洛阳。半路上，邓艾被人杀了。钟会用计除掉了邓艾以后，兵权全掌握在他一个人手里，他就决定谋反了。

钟会跟姜维一商量，姜维完全赞同他。因为姜维另外有他自己的打算，他想利用钟会杀掉魏军将领，然后再除掉钟会。他偷偷地给刘禅送了一封信，说“请陛下再忍受几天委屈，臣一定把国家恢复过来。”

钟会哪儿知道姜维的打算，他以为姜维真心跟他合伙反司马昭。他假传太后的命令，说司马昭杀害魏元帝，叫他发兵讨伐。他怕魏军将领不服，把他们软禁在蜀宫里。

魏军将士对钟会的命令本来有点怀疑，后来，有人传出谣言，说钟会、姜维要把北方来的将士杀光。这一来，大家都乱了起来。有的在宫殿四周放起了火。乱兵进了宫，姜维、钟会控制不住，都被乱兵杀了。

扶不起的阿斗

邓艾灭了蜀汉以后，后主刘禅还留在成都。到了钟会、姜维发动兵变，司马昭觉得让后主留在成都总不大妥当，就派他的心腹贾充把刘禅接到洛阳。

刘禅本来是一个昏庸无能的人。诸葛亮在世的时候，全靠诸葛亮掌管着军政大事，他也不敢自作主张。诸葛亮死后，虽然还有蒋琬、费祎、姜维一些文武大臣辅佐他，可是他毕竟不像诸葛亮在世时候那么谨慎了。到蒋琬、费祎死去后，宦官黄皓得了势，蜀

汉的政治就越来越糟了。

到了蜀汉灭亡，姜维被杀，大臣们死的死了，走的走了。随同他一起到洛阳去的只有地位比较低的官员郤正和刘通两个人。刘禅不懂事，不知道怎样跟人打交道，一举一动全靠郤正指点。平时刘禅根本没把郤正放在眼里，到这时候，他才觉得郤正是个忠心耿耿的人。

刘禅到了洛阳，司马昭用魏元帝的名义，封他为安乐公，还把他的子孙和原来蜀汉的大臣 50 多人封了侯。司马昭这样做，无非是为了笼络人心，稳住对蜀汉地区的统治。但是在刘禅看来，却是很大的恩典了。

有一次，司马昭大摆酒宴，请刘禅和原来蜀汉的大臣参加。宴会中间，还特地叫了一班歌女演出蜀地的歌舞。

一些蜀汉的大臣看了这些歌舞，想起了亡国的痛苦，伤心得差点儿掉下眼泪。只有刘禅咧开嘴看得挺起劲，就像在他自己的宫里一样。

司马昭观察了他的神情，宴会后，对贾充说："刘禅这个人没有心肝到了这步田地，即使诸葛亮活到现在，恐怕也没法使蜀汉维持下去，何况是姜维呢！"

过了几天，司马昭在接见刘禅的时候，问刘禅说："您还想念蜀地吗?"

刘禅乐呵呵地回答说："这儿挺快活，我不想念蜀地了。"（"乐不思蜀"的成语就是这样来的）

郤正在旁边听了，觉得太不像话。回到刘禅的府里，郤正说："您不该这样回答晋王（指司马昭）。"

刘禅说："依你的意思该怎么说呢?"

郤正说："以后如果晋王再问起您，您应该流着眼泪说：'我祖上的坟墓都在蜀地，我心里很难过，没有一天不想那边。'这样说，也许晋王还会放我们回去。"

刘禅点点头说："你说得很对，我记住就是了。"后来，司马昭果然又问起刘禅，说："我们这儿待您不错，您还想念蜀地吗?"

刘禅想起郤正的话，就把郤正教他的话原原本本背了一遍。他竭力装出悲伤的样子，但是挤不出眼泪，只好闭上眼睛。

司马昭看了他这个模样，心里早明白了一大半，笑着说："这话好像是郤正说的啊!"

刘禅吃惊地睁开眼睛，傻里傻气地望着司马昭说："对，对，正是郤正教我的。"

司马昭不由得笑了，左右侍从也忍不住笑出

声来。

司马昭这才看清楚刘禅的确是个糊涂人，不会对自己造成威胁，就没有想杀害他。

刘禅的昏庸无能在历史上出了名，后来，人们常用“扶不起的阿斗”比喻那种懦弱无能、没法使他振作的人。

后主降魏蜀汉亡国

魏景元四年（263 年）八月，魏帝下诏命令各路大军大举进攻蜀汉。派遣征西将军邓艾率领 3 万士兵，从狄道向甘松、沓中进军，牵制姜维；派遣雍州刺史诸葛绪率领军队 3 万人，从祁山向武街桥头进兵，切断姜维的退路；派遣镇西将军钟会统领 10 万大军，分别从斜谷、骆谷、子午谷进军直指汉中。

蜀汉听说魏兵将要抵达，就派右车骑将军廖化率领军队前往沓中，做姜维的后援；派左车骑将军张翼、董厥等人到阳安关口协助各据点防守。命令各据点都不准与敌人交战，退保汉、乐二城，城中各有士兵 5000 人。

张翼、董厥向北到达阴平，听到诸葛绪准备向建威发兵，就在阴平驻扎了一个多月，等待诸葛绪。钟会率领各路军队齐头并进，到达汉中。九月，钟会让前将军李辅率领一万人马把王含围在乐城，护军荀恺把蒋斌围在汉城。

起先，蜀汉的武兴督蒋舒负责把守阳安口，但他在位碌碌无为，蜀汉朝廷派助将军傅佥顶替他的位置，蒋舒因此怀恨在心。

钟会派护军胡烈为先锋，进攻阳安口关口。蒋舒使诡计对傅佥说："现在敌人到了，不去进攻而闭城自守，不是好的打算。"

傅佥说："我奉命把守此城，只有保全它才是我的功劳；现在若违背命令出城作战，假使损失人马辜负国家，死也死得没有价值。"

蒋舒说："你以保全此城为功，我以出战败敌为功，让我们各行其志好了。"

于是带领自己的部下出击，傅佥以为他是要去出战，所以没有防备。

蒋舒率领他的士兵投降了胡烈，胡烈乘虚袭击城池，傅佥战死。钟会听说阳安口关口已经攻下，就长驱直入，获得大量仓库积存的粮食。

姜维听说钟会率领的各支军队已经进入汉中，就率领军队返回。杨欣等人跟踪追击到强川口，双方发生激烈战斗，姜维兵败撤退。又听说诸葛绪已经切断通道占据桥头，于是就从孔函谷进入北道，想穿插到诸葛绪的后方。

诸葛绪得到情报后，向后撤退了 30 里。姜维进入北道 30 多里，听说诸葛绪撤退，立即往回赶，从桥头通过。诸葛绪赶上去阻截姜维，差了一天没能赶上。

姜维就退回到阴平，聚集军队，想奔赴关城。又听说关城已被攻下，就向北水撤退，遇到廖化、张翼、董厥等人，会合兵力，据守剑阁以抵御钟会。

邓艾进兵到达阴平，挑选精锐部队，想和诸葛绪一起从江油直奔成都。诸葛绪因为本来接受的命令是阻截姜维，向西进攻不是他的任务，于是带领军队前往白水，与钟会会合。钟会想专擅军权，就秘密报告诸葛绪畏惧不肯前进，用囚车把诸葛绪押送回京，将两路军队全部置于自己的统辖之下。

姜维排列阵营据守险要，钟会进攻但没有取胜。运粮道路艰难遥远，魏军粮食缺乏，想领军撤回。

邓艾上奏说："敌人已经受到打击，应该乘势拿下，如果从阴平出发走小路，经过汉朝的德阳亭奔赴涪县，剑阁以西 100 里，从那儿进入平原地带，离成都就只有300多里了。用奇兵冲击敌人的要害，攻其不备，剑阁的守军一定会回头赶往涪县，那么钟会就可以两车并排着前进了；剑阁的守军不回头，那么接应涪县的兵力就不够了。”

于是从阴平越过700多里的无人之地，凿穿山岭打通道路，架桥梁修阁道，山高谷深，艰苦危险到了极点。又因为后勤跟不上，粮食也快要吃完。邓艾用毡毯裹住自己，打着滚滚下山去，将士们都攀着树木悬崖，鱼贯而行。

邓艾先到江油，蜀汉守将马邈投降。诸葛瞻统率诸军抵御邓艾，邓艾到了涪县以后，就无法再继续前进。尚书郎黄崇是黄权的儿子，屡次劝说诸葛瞻应当迅速前进占据险要，不能让敌军进入平原地带，诸葛瞻犹豫再三，最终没有接纳。黄崇再三劝说，甚至急得流下眼泪，诸葛瞻还是听不进去。

于是邓艾长驱直入，击败诸葛瞻的前锋，诸葛瞻退兵驻扎在绵竹。邓艾写信给诸葛瞻诱降，说：“如果你投降，我一定上表让朝廷封你做琅玡王。”诸葛瞻发怒，斩杀邓艾的使者，布好阵势等待邓艾进攻。

邓艾派儿子惠唐亭侯邓忠攻击他的右翼，派司马师纂等人攻击他的左翼。邓忠、师纂进攻失利，一起率领士兵撤回，说：“敌人还不可以攻打。”邓艾发怒，说：“存亡之际，在此一举，哪有什么不可以的！”叱责邓忠、师纂等人，宣称要将他们斩首。

邓忠、师纂骑马回头再战，大败敌兵，斩杀诸葛瞻和黄崇。诸葛瞻的儿子诸葛尚叹息着说：“我们父子蒙受国家大恩，没有早点斩杀黄皓，以致让他祸国殃民，还活着干什么！”驱马冲入敌阵战死。

蜀汉人没想到魏兵一下子就来了，还没有做好防守的准备。听说邓艾已经进入平原地带，百姓惊恐纷扰，都逃往山林大泽，无法禁止。

后主刘禅让群臣一起商议，有人认为蜀汉与东吴，本来就是友好盟国，应该投奔东吴；有人认为南中七郡，险峻阻隔，容易防守，应该逃往南中。

光禄大夫谯周认为：“自古以来，没有寄居别国还能做天子的，如果现在进入东吴，也应当向吴主臣服。并且统治都差不多，那么大国就能吞并小国，这是自然的道理。从这个道理上说，魏能吞并吴，吴不能吞并魏，是很明显的。同样是称臣，向小国称臣不如向大国称臣，受两次称臣的侮辱不如受一次！如果想逃往南中，那就应当早点为此打算，然后可以成功。如今大敌已经接近，灾祸败亡即将临头，众多小人之心，没有一个可担保的，恐怕出发的时候，会发生难以预测的变故，还去什么南中呢！”

有人说："如今邓艾已经不远，恐怕不肯受降，那怎么办？"

谯周说："现在东吴还没有臣服，形势让他们不得不受降，受降后不得不礼遇。如果陛下归降魏以后，魏不分割土地分封陛下，谯周请求亲自前往京都，用古之大义为陛下争取。"

大家都听从谯周的建议。刘禅还想逃往南中，犹疑不定。

谯周上书说："南方偏远蛮夷之地，平常就不缴纳贡赋，还屡次反叛，丞相诸葛亮用武力威逼他们，走投无路才全都顺从。现在如去南中，外要抵抗敌兵，内要供给日用物品，费用巨大，没有其他的地方可以征收，只能损耗各夷人部落，他们一定会反叛的！"

刘禅没有办法，就派遣侍中张绍等捧着玺绶向邓艾投降。

王濬楼船破吴

司马昭灭了蜀汉之后，还没有来得及攻东吴，就病死了。他的儿子司马炎把挂名的魏元帝曹奂废了，自己做了皇帝，建立了晋朝，这就是晋武帝。从265年到316年，晋朝的国都在洛阳，历史上把这个朝代称为西晋。

西晋建立的时候，三国中唯一留下来的东吴早已衰落了。东吴最后一个皇帝孙皓残暴是出了名的。他大修宫殿，尽情享乐不算，还用剥脸皮、挖眼睛等惨无人道的刑罚镇压百姓，全国上上下下都把他恨透了。

279年，晋朝一些大臣认为时机成熟，劝说

晋武帝消灭东吴。晋武帝就决定发兵20多万，分几路进攻东吴国都建业（今江苏南京市）。镇南大将军杜预打中路，向江陵进兵；安东将军王浑打东路，向横江（在今安徽省）进军；还有一路水军，由益州刺史王濬率领，沿着大江，顺流向东进攻。

王濬是个有能耐的将军。他早就做了伐吴的准备，在益州督造大批战船。这种战船很大，能容纳两千多人。船上还造了城墙城楼，人站在上面，可以四面瞭望，所以也称作“楼船”。

为了不让东吴发觉，造船是秘密进行的。但是日子一久，难免有许多削下的碎木片掉在江里。木片顺水漂流，一直漂到东吴的地界。东吴有个太守吾彦，发现了这件事，连忙向吴主孙皓报告，说：“这些木片一定是晋军造船时劈下来的。晋军在上游造船，看来是要进攻东吴，我们要早做防守的准备。”

可是孙皓满不在乎地说：“怕什么！我不去打他，他们还敢来侵犯我！”

吾彦没有办法，但是觉得不防备总不放心。他想出一个办法，在江面险要的地方打了不少大木桩，钉上大铁链，把大江拦腰截住，又把一丈多高的铁锥安在水面下，好像无数的暗礁，使晋国水军没法通过。

过了年，打中路的杜预和打东路的王浑两路人马都节节胜利。只有王濬的水军，到了秭归，因为楼船被铁链和铁锥阻拦，不能前进。王濬想到一个办法。他吩咐晋兵造了几十只很大的木筏，每个木筏上面放着一些草人，披上盔甲，手拿刀枪。他又派几个水性好的兵士带领这一队木筏顺流而下。这些木筏碰到铁锥，那些铁锥的尖头就扎在木筏子底下，被木筏扫掉了。

还有那一条条拦在江面的铁链怎么办呢？王濬又在木筏上架着一个个很大的火炬。这些火炬都灌足了麻油，一点就着。他让这些装着大火炬的木筏驶在战船前面，遇到铁链，就烧起熊熊大火，时间一长，那些铁链铁锁都被烧断了。

王濬的水军扫除了水底下的铁锥和江面上的铁链，大队战船就顺利地打进东吴地界，很快就和杜预中路的大军会师。

由陆路进攻的杜预大军也取得大胜，攻下了江陵。有人主张暂时休整一下再打。杜预说："现在我军军威大振，正像劈竹子一样，劈开了几节以后，下面的竹子，就可以迎刃而解，一劈到底了。"他竭力支持王濬带领水军直扑东吴国都建业。

这时候，东路王浑率领的晋军也逼近了建业。孙皓派丞相张悌率领3万吴兵渡江去迎战，被晋军全部消灭。

王濬的楼船顺流东下，声势浩大。吴主孙皓这才着了慌，派将军张象带领水军一万人去抵抗。张象的将士一看，满江都是王濬的战船，无数面的旌旗迎风飘扬，连天空都被遮住了。东吴水军长期没有训练，看到晋军这个来势，吓得没有打就投降了。

有一个东吴将军陶濬，正在这时候去找孙皓。孙皓问他水军的消息。这个陶濬是个糊涂虫，他说："益州下来的水军情况我知道，他们的船都小得很。陛下只要给我两万水兵，把大号的战船用上，准能够把晋军打败。"

孙皓马上封他为大将，把节杖交给他，叫他指挥水军。陶濬向将士下了命令，第二天一早就出发跟晋军作战。但是其他将士可不像陶濬那样糊涂，不愿送死。当天晚上，就逃得一干二净。

王濬的水军几乎没有遇到抵抗，一帆风顺地到了建业。建业附近 100 里江面，全是晋军的战船，王濬率领水军将士 8 万人上岸，在雷鸣般的鼓噪声中进了建业城。

孙皓到了山穷水尽的田地，只得自己脱下上衣，让人反绑了双手，带领一批东吴大臣，到王濬的军营前投降。这样，从曹丕称帝（220 年）开始的三国鼎立时期宣告结束，晋朝统一了全国。

三国时期有许多生动的故事，民间也流传着不少传说。到了明朝初年，小说家罗贯中根据这一段时期的历史资料和民间话本，写成长篇历史小说《三国演义》，对曹操、诸葛亮、关羽等历史人物做了艺术上的塑造。它是我国杰出的文学巨著之一。

周处除“三害”

西晋时期，除了像王恺、石崇一类穷奢极侈的豪门官员外，还有一批士族官员，吃饱了饭不干正经事，三五成群聚在一起胡乱吹牛，尽说些脱离实际的荒诞无稽的怪话。这种谈话叫作“清谈”。这种人，往往名气很大，地位很高。这也可见当时风气的腐败了。

但是在官员中，也有比较正直肯干实事的人。像西晋初年的周处就是这样的人。他担任广汉（今四川广汉北）太守的时候，当地原来的官吏腐败，积下来的案件，有的经历30年还没有处理的。周处一到任，就把积案都认真处理完了。后来调到京城做御史中丞，不管皇亲国戚，凡是违法的，他都能大胆揭发。

周处原是东吴义兴（今江苏宜兴县）人。年轻的时候，个子高，力气比一般小伙子大。他的父亲很早就死了，他自小没人管束，成天在外面游荡，不肯读书；而且脾气强悍，动不动就挥拳打人，甚至动刀使枪，义兴地方的百姓都害怕他。

义兴邻近的南山有一只白额猛虎，经常出来伤害百姓和家畜，当地的猎户也制伏不了它。

当地的长桥下，有一条大蛟（一种鳄鱼），出没无常。义兴人把周处和南山白额虎、长桥大蛟联系起来，称为义兴“三害”。这“三害”之中，最使百姓感到头痛的还是周处。

有一次，周处在外面走，看见人们都闷闷不乐。他找了一个老年人问：“今年年成挺不错，为什么大伙那样愁眉苦脸呢？”

老人没好气地回答：“三害还没有除掉，怎样高兴得起来！”

周处第一次听到“三害”这个名称，就问：“你指的是什么三害？”

老人说：“南山的白额虎，长桥的大蛟，加上你，不就是三害吗？”

周处吃了一惊。他想，原来乡间百姓都把他当作虎、蛟一般的大害了。他沉吟了一会，说："这样吧，既然大家都为'三害'苦恼，我把它们除掉。"

过了一天，周处果然带着弓箭，背着利剑，进山找虎去了。到了密林深处，只听见一阵虎啸，从远处蹿出了一只白额猛虎。周处闪在一边，躲在大树背面，拈弓搭箭，"嗖"的一下，射中猛虎前额，结果了它的性命。

周处下山告诉村里的人，有几个猎户上山把死虎扛下山来。大家都挺高兴地向周处祝贺，周处说："别忙，还有长桥的蛟呢。"

又过了一天，周处换了紧身衣，带了弓箭刀剑跳进水里去找蛟去了。那条蛟隐藏在水深处，发现有人下水，想跳上来咬。周处早就准备好了，在蛟身上猛刺一刀。那蛟受了重伤，就往江的下游逃窜。

周处一见蛟没有死，紧紧在后面盯住，蛟往上浮，他就往水面游；蛟往下沉，他就往水底钻。这样一会儿沉，一会儿浮，一直追踪到几十里以外。

三天三夜过去了，周处还没有回来。大家议论纷纷，认为这下子周处和蛟一定两败俱伤，都死在河底里了。本来，大家以为周处能杀死猛虎、大蛟，已经不错了；这回"三害"都死，大家喜出望外。街头巷尾，一提起这件事，都是喜气洋洋，互相庆贺。

没想到到了第四天，周处竟安然无恙地回家来了。人们大为惊奇。原来大蛟受伤以后，被周处一路追击，最后流血过多，动弹不得，终于被周处杀死。

周处回到家里，知道他离家 3 天后，人们以为他死去，都挺高兴。这件事使他认识到，自己平时的行为被人们痛恨到什么程度了。

他痛下决心，离开家乡到吴郡找老师学习。那时候吴郡有两个很有名望的人，一个叫陆机，一个叫陆云。周处去找他们，陆机出门去了，只有陆云在家。

周处见到陆云，把自己决心改过的想法诚恳地向陆云谈了。他说："我后悔自己觉悟得太晚，把宝贵的时间白白浪费掉。现在想干一番事业，只怕太晚了。"

陆云勉励他说："别灰心，您有这样的决心，前途还大有希望呢。一个人只怕没有坚定的志气，不怕没有出息。"

打那以后，周处一面跟陆机、陆云学习，刻苦读书；一面注意自己的品德修养。他勤奋好学的精神受到大家的称赞。过了一年，州郡的官府都征召他出来做官。到了东吴被晋朝灭掉以后，他就成为晋朝的大臣。

酣歌纵酒竹林七贤

“竹林七贤”指的是魏末晋初的7位名士：阮籍、嵇康、山涛、刘伶、阮咸、向秀和王戎。他们放荡不羁，常于竹林下，酣歌纵酒。其中最为著名的酒徒是刘伶。刘伶自谓：“天生刘伶，以酒为名，一饮一斛，五斗解酲”；《晋书》讲述刘伶经常随身带着一个酒壶，乘着鹿车，一边走，一边饮酒，一人带着掘挖工具紧随车后，什么时候死了，就地埋之。阮咸饮酒更是不拘礼节，他每次与宗人共饮，总是以大盆盛酒，不用酒杯，也不用勺酒具，大家围坐在酒盆四周用手

捧酒喝。猪群来饮酒，不但不赶，阮咸还凑上去与猪一齐饮酒。刘伶曾写下《酒德颂》一首，大意是：自己行无踪，居无室，幕天席地，纵意所如，不管是停下来还是行走，随时都提着酒杯饮酒，唯酒是务，焉知其余。其他人怎么说，自己一点都不在意。别人越要评说，自己反而更加要饮酒，喝醉了就睡，醒过来也是恍恍惚惚的，于无声处，就是一个惊雷打下来，也听不见，面对泰山视而不见，不知天气冷暖，也不知世间利欲感情。刘伶的这首诗，充分反映了晋代时期文人的心态，即由于社会动荡不安，长期处于分裂状态，统治者对一些文人的政治迫害，使文人不得不借酒浇愁，或以酒避祸，以酒后狂言发泄对时政的不满。另据史料记载，魏文帝司马昭欲为其子求婚于阮籍之女，阮籍借酒沉醉 60 天，使司马昭没有机会开口，遂作罢。这些事在当时颇具代表性，对后世影响也非常大。

白痴皇帝

晋武帝和他祖父、伯父、父亲都是善于玩弄权术的人，可是他的儿子太子司马衷偏偏是一个什么也不懂的低能儿。朝廷里里外外都担心，要是晋武帝一死，让这个低能儿继承了皇位，不知道会闹出什么乱子来。

有些大臣想劝晋武帝另立太子，但是不敢明说。有一天，在晋武帝举行宴会的时候，大臣卫瓘假装酒醉，倒在晋武帝的御座面前，用手抚摩着座位，嘴里含含糊糊地说："这个座位太可惜了！"

晋武帝马上懂得他说的是什么意思，但是假装听不懂，说："你在胡说些什么，准是喝醉了吧。"接着，吩咐侍从把卫瓘扶起来送走。

打那以后，谁也不敢向晋武帝再提这件事。

晋武帝毕竟也有点犹豫。他想试试他的儿子到底糊涂到什么程度。有一次，他特地送给太子一卷文书，里面提出几件公事，要太子处理。

太子的妻子贾妃，是个机灵的女人，见到这卷文书，连忙把宫里老师请来，替太子代做答案。那个老师很有学问，写出一份卷子，引经据典，答得头头是道。

贾妃看了挺满意，旁边有个略懂文墨的太监却提醒她："这份卷子好是好，可是皇上明知太子平常不大懂事，现在写出这样一份卷子，反倒叫他怀疑。万一查究起来，就把事情弄糟了。"

贾妃说："对，亏得你提醒一下。那么还是你来另写一份吧。写得好，将来还怕没你的好处嘛!"

那个太监就另外起草了一份粗浅的答卷，让太子依样画葫芦抄写一遍，呈给晋武帝。

晋武帝一看，卷子虽然写得很不高明，但是总算有问必答，可见太子的脑子还是清楚的。毕竟是自己的儿子，能将就也就将就过去了。

290 年，晋武帝病重。太子司马衷已经 30 多岁。按理说，30 多岁的人已经可以处理政事了。但是晋武帝到底不放心，立个遗诏，要皇后的父亲杨骏和他叔父汝南王司马亮一起辅政。晋武帝临死的

时候，只有杨骏在身边。杨骏为了独揽大权，和杨皇后串通起来，另外伪造一道遗诏，指定杨骏单独辅政。

晋武帝一死，太子司马衷即位，这就是晋惠帝。

晋惠帝即位以后，国家政事他一件也管不了，倒是闹出一些笑话来。

有一次，他带了一批太监，在御花园里玩。那是初夏季节，池塘边的草丛间，响起一片蛤蟆的叫声。

晋惠帝呆头呆脑地问身边的太监说："这些小东西叫，是为官家，还是为私人呢?"

太监面面相觑，不知该怎样回答。有个比较机灵的太监一本正经地说："在官地里的为官家，在私地里的为私家。"

晋惠帝似懂非懂地点点头。

有一年，各地闹饥荒。地方的官员把灾情上报朝廷，说灾区的老百姓饿死的很多。这件事给晋惠帝知道了，就问大臣说："好端端的人怎么会饿死?"

大臣回奏说："当地闹灾荒，没粮食吃。"

惠帝忽然灵机一动，说："为什么不叫他们多吃点肉粥呢?"大臣们听了，个个目瞪口呆。

西晋出了这样一个白痴皇帝，周围的一群野心家自然就蠢蠢欲动了。

八王混战

晋武帝认为魏朝的灭亡，是因为没有给皇族子弟权力，使皇室孤立了。所以，他在即位以后，封了27个同姓王。每个王国都有自己的军队；王国里的文武官员，都由诸侯王自己选用。他以为这样一来，有许多亲属子弟支持皇室，司马氏的统治就可以稳固了。哪里知道这样一来，反而种下了祸根。

晋惠帝即位以后，外戚杨骏用阴谋手段，排挤了汝南王司马亮，取得单独辅政的地位。一些诸侯王当然不甘心，只是一时没有机会动手反对他。

晋惠帝不懂事，但是他的妻子贾后

却是一个心狠手辣的人。她不愿让杨骏操纵政权，秘密派人跟汝南王司马亮和楚王司马玮联络，要他们带兵进京，讨伐杨骏。

楚王玮从荆州带兵进了洛阳。贾后有了楚王司马玮的支持，就宣布杨骏谋反，派兵围了杨骏的家，把杨骏杀了。

杨骏被杀之后，汝南王司马亮进洛阳辅政。他想独揽大权，可是兵权在楚王司马玮手里。两个人之间就闹起矛盾来。贾后嫌留着汝南王司马亮也碍事，就假传晋惠帝的密令，派楚王司马玮把汝南王司马亮抓起来杀了。

楚王司马玮本来是贾后的同党，但是贾后怕他连杀两王之后，权力太大。当天晚上，又宣布楚王司马玮假造皇帝诏书，擅自杀害汝南王司马亮，把楚王司马玮办了死罪。楚王司马玮知道上了贾后的当，大叫冤枉，可已经没有用了。

从此以后，朝廷上没有辅政的大臣，名义上是晋惠帝做皇帝，实际上是贾后专权。

贾后掌权七八年，骄横跋扈，胡作非为，名声坏透了。太子司马遹不是贾后生的，贾后怕他长大以后，自己的地位保不住，就千方百计想除掉太子。

有一回，贾后事先叫人起草一封用太子口气写的信，内容是逼晋惠帝退位。贾后把太子请来喝酒，把他灌得烂醉，趁太子昏昏沉沉的时候，骗他把那封信抄了一遍。

第二天，贾后叫晋惠帝召集大臣，把太子写的信交给大家传看，宣布太子谋反。大臣们怀疑这封信不是太子写的。贾后要大家核对笔迹。大家一看果然是太子的亲笔，不敢再说。

贾后就把太子废了。

朝廷大臣对贾后的凶狠本来十分不满，现在见她废掉太子，背地里十分气愤，议论纷纷。掌握禁军的赵王司马伦觉得这是个好机会，想起兵反对贾后，但他又怕让太子掌了权，也不好对付，就在外面散播谣言，说大臣正在秘密打算扶植太子复位。贾后听到这个谣传，真的害怕起来，派人毒死了太子。这样一来，赵王司马伦抓住了把柄，派禁军校尉、齐王司马冏带兵进宫逮捕贾后。

专门玩弄阴谋的贾后，这一下也中了别人的计。她一见齐王司马冏带兵进宫，大吃一惊，说："你们想干什么?"

齐王司马冏说："奉皇上的诏书，特来逮捕你。"

贾后说："皇上的诏书都是我发的，哪里还有什么别的诏书!"

贾后大吵大闹，指望惠帝来救她。赵王司马伦把她抓起来杀了。

赵王司马伦掌握了政权，野心更大。他当了相国还不满足。过了一年，干脆把晋惠帝软禁起来，自己称起皇帝来。他一即位，就把他的同党，不论文官武将，或是侍从、兵士，都封了大大小小的官职。那时候，官员戴的官帽上面都用貂的尾巴做装饰。赵王伦封的官实在太多了，官库里收藏的貂尾不够用，只好找些狗尾巴来凑数。所以，民间就编了歌谣来讽刺他们，叫作“貂不足，狗尾续”。

各地的诸侯王听说赵王司马伦做了皇帝，谁都想夺这个宝座。这样，在他们之间就展开了一场又一场的厮杀。参加这场混战是赵王司马伦、齐王司马冏、成都王司马颖、河间王司马颙、长沙王司马乂、东海王司马越。加上已经被杀的汝南王司马亮、楚王司马玮，一共有 8 个诸侯王，历史上称为“八王之乱”。

八王之乱前后延续了 16 年，到了 306 年，八王中的 7 个都死了，留下的最后一个东海王司马越，毒死了晋惠帝，另立了晋惠帝的弟弟司马炽，这就是晋怀帝。

李特的流民大营

西晋的腐朽统治和混战，给百姓带来无穷无尽的灾难，加上接连不断的天灾，许多地方的农民没有粮吃，被迫离开自己的故乡，成群结队到别的地方逃荒。这种逃荒的农民叫作“流民”。

298 年，关中地区闹了一场大饥荒，略阳（治所在今甘肃天水东北）、天水等 6 郡十几万流民逃荒到蜀地。有一个氐族人李特和他兄弟李庠、李流，也跟着流民一起逃荒。一路上，流民中间有挨饿的、生病的，李特兄弟常常接济他们，照顾他们。流民都很感

激、敬重李特兄弟。

蜀地离中原地区比较远，百姓生活比较安定。流民进了蜀地后，就分散在各地，靠给富户人家打长工过活。

益州刺史罗尚，却要把这批流民赶回关中去。他们还在要道上设立关卡，准备抢夺流民的财物。

流民们听到官府要逼他们离开蜀地，想到家乡正在闹饥荒，回去也没法过日子，人人都发愁叫苦。

流民们向李特诉苦，李特几次向官府请求放宽遣送流民的限期。流民听到这个消息，感戴李特，纷纷投奔他。

李特在绵竹地方设了一个大营，收容流民。不到一个月，流民越聚越多，约莫有两万人。他的弟弟李流也设营收容了几千流民。

李特收容流民之后，派使者去见罗尚，再次请求缓期遣送流民。

使者来到罗尚的刺史府，看到那里正在修筑营寨，调动人马，知道他们不怀好意。他见了罗尚，说明了来意。罗尚对使者说："我已经准许流民缓期遣送了，你回去告诉他们吧！"

使者直爽地对他说："罗公听了别人的坏话，看样子恐怕不会饶过他们。不过我倒要劝您，不要小看了老百姓。百姓看起来是软弱的，您若逼得他们无路可走，众怒难犯，只怕对您没有好处。”

罗尚假惺惺地说：“我不会骗你，你就这样去说吧！”

使者回到绵竹，把罗尚那里的情况一五一十告诉李特，并且对李特说：“罗尚虽然这样说，但是我们不能轻信他，要防备他偷袭。”

李特也怀疑罗尚的话不可靠，立刻把流民组织起来，准备好武器，布置阵势，准备抵抗晋兵的进攻。

到了晚上，罗尚果然派部将带了步兵、骑兵 3 万人，偷袭绵竹大营。

晋军进入李特的营地，李特故意镇静自若地躺在大营里。晋将自以为得计，一声号令，叫兵士猛攻李特大营。

3 万晋军刚进了营地，只听得四面八方响起了一阵震耳的锣鼓声。大营里预先埋伏好的流民，手拿长矛大刀，一起杀了出来。这批流民勇猛无比，一个抵 10 个，10 个抵百个。晋军没有料到流民早有准备，心里一慌，已经没有斗志，被流民杀得丢盔弃甲，四散逃窜。两三个晋将逃脱不了，被流民们杀了。

流民们杀散晋军，知道晋朝统治者不会罢休，就请求李特替他们做主，领导他们抗击官府。

李特和六郡流民首领一商量，大家推李特为镇北大将军，李流为镇东将军，几个流民首领都被推举为将领。他们整顿兵马，军威大振。没过几天，就攻下了附近的广汉，赶走了那里的太守。

李特进了广汉，学汉高祖刘邦的样子，宣布约法三章，打开了官府的粮仓，救济当地的贫苦百姓。流民组成的军队在李特的领导下，纪律严明。蜀地的百姓平时受尽晋朝官府的压迫，现在来了李特，生活倒安定起来，怎么能不高兴呢？民间编了一个歌谣说：“李特尚可，罗尚杀我。”

罗尚表面上派使者向李特求和，暗地里却勾结当地豪强势力，围攻李特。李特在奋勇抵抗之后，战败牺牲。他的儿子李雄继续率领流民战斗。304 年，李雄自立为成都王。过了两年，又自称皇帝，国号大成。后来到李雄侄儿李寿在位时，改国号为汉。所以历史上又称“成汉”。

闻鸡起舞

当匈奴贵族横行北方、西晋王朝面临崩溃的时候，晋朝有一些有志气的将领还坚持在北方战斗。刘琨就是这样的杰出代表。

刘琨年轻的时候，有一个要好的朋友叫祖逖。在西晋初期，他们一起在司州（治所在今洛阳东北）做主簿，晚上，两人睡在一张床上，谈论起国家大事来，常常谈到深更半夜。

一天夜里，他们睡得正香的时候，传来一阵鸡叫的声音，把祖逖惊醒了。祖逖往窗外一看，天边挂着残月，东方还没有发白。

祖逖不想睡了，他用脚踢踢刘琨。刘琨醒来揉揉眼睛，问是怎么回事。祖逖说："你听听，这可不是不吉利的声音呀。它在催我们起床了。"

两个人高高兴兴地起来，拿下壁上挂的剑，走出屋子，在熹微的晨光下舞起剑来。

就这样，他们一起天天苦练武艺，研究兵法，终于都成为有名的将军。

308 年，晋怀帝任命刘琨做并州刺史。那时候，并州被匈奴兵抢夺杀掠，百姓到处逃亡。刘琨招募了1000 多个兵士，冒着千难万险，转战到了并州的晋阳（今山西太原市西南）。

晋阳城里，房屋被焚毁，满地长着荆棘，到处是一片荒凉。偶然见到一些留下来的百姓，已经饿得不像样子了。

刘琨看到这种情况，心里很难过。他命令兵士砍掉荆棘，掩埋尸体，重新把房屋城池都修复起来。他亲自率领兵士守城，防备匈奴兵的袭击。他还采取计策，让匈奴的各部落互相猜疑。后来，有一万多个匈

奴人投降了刘琨，连汉主刘渊也害怕了，不敢侵犯。

刘琨把流亡的百姓都召回来耕种荒地。不到一年时间，到处可以听到鸡鸣狗叫的声音，晋阳城渐渐恢复了繁荣的景象。

刘聪攻破洛阳之后，西晋在北方的兵力大多被打散了，只有刘琨还在并州一带坚持战斗。晋愍帝在长安即位后，派人封刘琨为大将军，要他统率并州的军事。

那时候，汉国大将石勒，占据了襄国（在今河北邢台西南），集结了几十万大军，想夺取并州。刘琨南面有刘聪，北面有石勒，腹背受敌，处境困难到了极点。可是刘琨没有害怕，没有退缩。他在给晋愍帝的一份奏章里说："臣跟刘聪、石勒，势不两立。如果不讨平他们，臣决不回朝。"

据说，刘琨在晋阳的时候，有一次，晋阳被匈奴的骑兵层层包围。晋阳城里兵力太少，没有力量打退敌人。大家都感到惊慌，刘琨却仍然泰然自若。到了傍晚，他登上城楼，在月光下放声长啸，声调悲壮。匈奴的骑兵听了，都随着啸声叹息。半夜里，刘琨又叫人用胡笳（一种乐器）吹起匈奴人的曲调，勾起了匈奴骑兵对家乡的怀念，伤感得流下眼泪。天快亮的时候，城头的笳声又响了起来，匈奴兵竟自动跑散了。

后来，刘琨联络鲜卑族首领一起进攻刘聪，没有成功。接着，石勒进攻乐平（今山西昔阳西南），刘琨派兵去救，被石勒预先埋伏好的精兵打得几乎全军覆没。正在这个时候，又传来了长安被刘聪攻陷的消息。到了这步田地，无论刘琨怎样顽强，也没法保住并州，只好率领残兵投奔幽州去了。

司马睿迁都建东晋

晋建兴四年（316 年），丞相、琅玡王司马睿听说长安失守，晋愍帝被俘，带领军队露宿野外，亲自穿上铠甲，并向各地发送檄文，限定日期北伐。

因为漕运延期，就斩了督运令史淳于伯。行刑以后，刽子手在柱子上擦刀，血沿着柱子往上流，一直到二丈多高的柱子顶端才流下来，观看的人都认为淳于伯冤枉。丞相司直刘隗进言说："淳于伯罪不当死，请免除从事中郎周莛等人的官职。"于是右将军王导等人上书归咎于己，请求免职。

司马睿说："政令和刑罚失当，都是由于我的昏聩造成的。"没有追究任何人的责任。

次年二月二十八日，平东将军宋哲到达建康，自称接到晋愍帝司马邺诏书，让司马睿全面负责国家事务。

三月，司马睿换上白衣服，出宫避居，举哀三日。于是西阳王和官员、掾属等共同奉上皇帝尊号，司马睿不接受。

一众官员坚持请求，不肯罢休，司马睿感慨流泪，说："我身为丞相，没有尽到辅佐的责任，是有罪之人。你们如果这样不停地逼我，我只好回琅玡封国去了。"然后传呼私人奴仆，命令准备车驾，要返回封国。

但是众官员就请求司马睿依照魏、晋旧例，称晋王。司马睿同意了。

三月初九，司马睿即晋王位，大赦天下，改年号为建武。设置百官，建立宗庙社稷。

晋太兴元年（318 年），三月初七，晋愍帝死讯传到建康，晋王穿上丧服，移居倚庐。百官请求奉上皇帝尊号，司马睿不同意。

纪瞻说："晋朝嗣统中断，到现在都已两年了，陛下应当继承大业。遍观皇室子弟，还可以推让给谁！陛下如果荣登皇位，那么祖先的神灵和全国百姓都能有所凭依。如果忤逆天命，违背人心，大势一去，就不会再回来了。现在洛阳、长安两座京城都被焚烧洗劫，刘聪在西北自立尊号，而陛下却在东南为显示清高推让帝位，这就如同要您救火，您却作揖谦让啊。”

司马睿还是不同意，让殿中将军韩绩撤去摆好的皇帝宝座。纪瞻呵斥韩绩说：“皇帝的座位与天上星辰相应，敢挪动的斩首！”司马睿为之动容。

奉朝请周嵩上书说：“古代的帝王，道义周全然后择取，谦让完备然后拥有，所以能长久地统治国家，光耀万世。现在愍帝的梓宫还没有归国，故都还没有恢复，义士泣血，士民子女惊惶不安。

“应当广开言路，接受好的建议，训练士卒，整治兵器，先洗雪大耻，满足天下人的共同愿望，那代表天下的宝鼎还会落到什么地方呢！”

周嵩说的违背了司马睿的心意，被贬出京城，担任新安太守。后来又因为抱怨，被免除官职。

三月初十，司马睿即皇帝位，文武百官陪立两列。司马睿让王导登上御床同坐，王导坚决拒绝，说：“如果太阳与天下万物等同，怎么能普照众生！”司马睿于是不再坚持。大赦天下，改年号为太兴。

祖逖中流击楫

自从匈奴人占领中原，北方有许多人避难到南方来。刘琨的好友祖逖也带了几百户乡亲来到淮河流域一带。在逃难的行列中，祖逖主动出来指挥，把自己的车马让给老弱病残的人坐，自己的粮食、衣服给大家一起吃用。大家都十分敬重他，推他做首领。

到了泗口（今江苏淮安市北），祖逖手下已经有一批壮士，他们都是背井离乡的北方人，希望祖逖带领他们早日恢复中原。

当时，司马睿还没有即皇帝位。祖逖渡江到建康，劝琅玡王司马睿说："晋朝大乱，主要是由于皇室内部自相残杀，使胡人乘机攻进了中原。现在中原的百姓遭到敌人残酷迫害，人人想要起来反抗。只要大王下令出兵，派我们去收复失地，那么北方各地的人民一定会群起响应。"

司马睿并没有恢复中原的打算，但是听祖逖说得有道理，也不好推辞，勉强答应他的请求，派他做豫州（在今河南东部和安徽北部）刺史，拨给 1000 人吃的粮食和 3000 匹布，至于人马和武器，叫他自己想办法。

祖逖带着随同他一起来的几百家乡亲，组成一支队伍，横渡长江。船到江心的时候，祖逖拿着船桨，在船舷边拍打（文言是"中流击楫"），向大家发誓说："我祖逖如果不能扫平占领中原的敌人，绝不再过这条大江。"他激昂的声调和豪壮的气概，使随行的壮士个个感动，人人激奋。

到了淮阴，他们停下来一面制造兵器，一面招兵买马，聚集了两千多人马，就向北进发了。

祖逖的军队一路上得到人民的支持，迅速收复了许多失地。当时，长江以北还有不少豪强地主，趁中原大乱的机会，占据堡坞，互相争夺。祖逖说服他们停止内争，跟随他一起北伐，对不听号令、依附敌人的，就坚决打击。祖逖的威望就越来越高了。

刘琨在北方听到老朋友祖逖起兵北伐，也很高兴，说："我夜间枕着兵器睡觉等天亮，就是一心要消灭敌人。现在祖逖跑到我前面去了。"

319年，陈留地方的豪强地主陈川投降后赵国主石勒，祖逖决定发兵进攻陈川。石勒派兵5万援救，被祖逖打得大败。接着，后赵的将领桃豹和祖逖的部下韩潜又争夺蓬陂城（在河南开封市附近）。战斗了40天，相持不下，双方的军粮都发生了困难。

有一天，祖逖用布袋装满了泥土，派1000多名兵士扛着，运到了晋营，装作运粮的样子。最后又派了几个兵士扛着几袋米，运到半路上，故意停下来休息。

桃豹在赵营内看到晋兵运来那么多的米，自然眼红，就趁晋兵休息的时候，派了大批兵士来抢。晋兵丢下米袋就逃。赵营里早已断了粮，抢到了一点米，只能够勉强维持几天，但是大家看到晋营里军粮那么充足，军心就动摇起来了。桃豹赶快派人向石勒求救。

过了几天，石勒派了1000头驴子装运了粮食接济桃豹。祖逖早就探得情报，在路上设下伏兵，把后赵的粮食全部截夺下来。这样一来，桃豹再也支持不住，连夜放弃阵地逃跑了。

祖逖领导晋兵艰苦斗争，收复了黄河以南的全部领土，后赵的兵士陆续向祖逖投降的也很多。晋元帝即位后，因为祖逖功劳大，封他为镇西将军。

祖逖在战斗的艰苦环境中，和将士们同甘共苦，自己的生活很节约，把省下的钱尽量帮助部下。他还奖励耕作，招纳新归附的人。即使是跟自己关系疏远和地位低下的人，他也同样热情地对待。当地的百姓都很拥护他。

有一次，祖逖举行宴会招待当地父老。人们高兴得又是唱歌，又是跳舞。有些老人流着眼泪说："我们都老了，今天能够在活着的日子里看到亲人，死了也可以闭上眼睛了。"

祖逖一面操练士兵，一面扩充兵马，预备继续北伐，收复黄河以北的国土。哪儿想到昏庸的晋元帝对祖逖竟放心不下，怕祖逖势力太大了不好控制，派了戴渊来当征西将军，统管北方六州的军事，叫祖逖归他指挥。祖逖辛辛苦苦收复失地，反而受到朝廷的牵制，心里很不舒坦。

不久，祖逖听说他的好友刘琨在幽州被王敦派人害死，又听说晋元帝跟王敦正在明争暗斗，心里又是忧虑，又是气愤，终于得病去世了。豫州的男女老少听到祖逖去世的消息，像死了自己的亲人一样伤心。

祖逖虽然没有完成恢复中原的事业，但他那中流击楫的英雄气概，一直被后代的人所传颂。

王羲之写字换鹅

在“王马共天下”的东晋时期，王氏是高级的士族。王导、王敦家族的子弟，都当上了大小的官员，他们大多数是庸庸碌碌的官僚，但在他们当中，也出了一个我国历史上有名的书法家。他就是王羲之。

王羲之从小喜爱写字。据说他平时走路的时候，也随时用手指比画着练字，日子一久，连衣服都划破了。经过勤学苦练，王羲之的书法就达到很高的水平。

因为他出身士族，加上他的才华出众，朝廷中的公卿大臣都推荐他做官。他做过刺史，也当过右军将军（人们也称他王右军）。后来又在会稽郡做官。他不爱住在繁华的京城，见到会稽的风

景秀丽，非常喜爱，一有空，就和他的朋友们一起游览山水。有一次，王羲之和他的朋友在会稽郡山阴的兰亭举行宴会。大家一面喝酒，一面写诗。最后由王羲之当场挥笔，写了一篇文章纪念这次宴会，这就是有名的《兰亭集序》。那篇由王羲之亲笔书写的《兰亭集序》，历来被认为是我国书法艺术的珍品，可惜它的真迹已经失传了。

王羲之的书法越来越有名。当时的人都把他写的字当宝贝看待。据说有一次，他到他门生家里去，门生很热情地接待他。他坐在一个新的几案旁，看到几案的面又光滑又干净，激发了他写字的兴趣，叫门生拿笔墨来。

那个门生高兴得不得了，马上把笔墨拿来给王羲之。王羲之在几案上写了几行字，留作纪念，就回去了。

过了几天，那个门生有事出门去了。他的父亲进书房收拾，一看新几案给墨迹弄脏了，就用刀把字刮掉。等门生回来，几案上的字迹已经不见了。门生为这件事懊恼了好几天。

又有一次，王羲之到一个村子去。有个老婆婆拎了一篮子六角形的竹扇在集上叫卖。那种竹扇很简陋，没有什么装饰，引不起过路人的兴趣，看样子卖不出去了，老婆婆十分着急。

王羲之看到这情形，很同情那老婆婆，就上前跟她说："你这竹扇上没画没字，当然卖不出去。我给你题上字，怎么样？"

老婆婆不认识王羲之，见他这样热心，也就把竹扇交给他写了。

王羲之提起笔来，在每把扇面上龙飞凤舞地写了五个字，就还给老婆婆。老婆婆不识字，觉得他写得很潦草，很不高兴。

王羲之安慰她说："别急。你只需告诉买扇的人，说上面是王右军写的字就可以了。"

王羲之一离开，老婆婆就照他的话做了。集上的人一看真是王右军的书法，都抢着买。一篮竹扇马上就卖完了。

许多艺术家都有各自的爱好，有的爱种花，有的爱养鸟。但是王羲之却有他特殊的癖好。不管哪里有好鹅，他都有兴趣去看，或者把它买回来玩赏。

山阴地方有一个道士，他想要王羲之给他写一卷《道德经》。可是他知道王羲之是不肯轻易替人抄写经书的。后来，他打听到王羲之喜欢白鹅，就特地养了一批品种上好的鹅。

王羲之听说道士家有好鹅，真的跑去看了。当他走近那道士屋旁，正见到河里有一群鹅在水面上悠闲地浮游着，一身雪白的羽毛，映衬着高高的红顶，实在逗人喜爱。

王羲之在河边看着看着，简直舍不得离开，就派人去找道士，要求把这群鹅卖给他。

那道士笑着说："既然王公这样喜爱，就用不着破费，我把这群鹅全部送您好了。不过我有一个要求，就是请您替我写一卷经。"

王羲之毫不犹豫地给道士抄写了一卷经，那群鹅就被王羲之带回去了。

博综六经的慧远

慧远，生于334年（东晋成帝咸和九年），死于416年（东晋安帝义熙十二年）。他是东晋最博学的佛教学者道安的弟子。道安一生致力于整理佛教经典，辨别真伪，编纂了佛教丛书的目录，组织了佛经的翻译工作，为佛教的传播和发展提供了更多的材料。他还确立僧侣集体生活的戒规。他的弟子遍布大江南北、黄河流域，影响极大。据《高僧传》记载，慧远“少为诸生，博综六经，尤善《老》《庄》”，对儒、道经典有很深的造诣，以后又随道安出家研究佛教理论。他离开道安后，长期住在庐山，聚徒讲学和翻译佛经达30余年。同时，慧远虽然居住庐山，但广交达官贵人，因此他的影响遍及大江南北，以至深入宫廷。他的主要著作有《沙门不敬王者论》《明报应论》《三报论》等，后来收录在僧祐编辑的《弘明集》中。

慧远进一步发挥了道安的“本无”理论。他认为，万物的生成、变化都根源于精神感情活动，如果

不使感情发生，也就没有万物的发生、变化。所以他说："有灵则有情于化，无灵则无情于化。无情于化，化毕而生尽，生不由情，故形朽而化灭。有情于化，感物而动，动必以情，故其生不绝。"（《沙门不敬王者论》）而要使感情不发生，就必须认识万物以至人的本性都是虚幻而不真实的，也就是说是"本无"的。他说："无性之性，谓之法性。"（《大智论抄序》，见《出三藏记集》卷十）为什么"法性"是"无性"，而"无性"的"法性"又能生出万物呢？慧远搬来了佛教的"缘起"说。他说："法性无性，因缘以之生。生缘无自相，虽有而常无。"（同上）这就是说，万物的生成都是各种"因缘"（条件）的暂时凑合，没有独立的本性，所以虽说是"有"，而实际上是"无"。

慧远在《法性论》中简明地叙述了佛教所谓的最

高精神实体和达到佛教最高精神修养境界的关系。他说："反本求宗者，不以生累其神；超落尘封者，不以情累其生。不以情累其生，则生可灭；不以生累其神，则神可冥。冥神绝境，故谓之泥洹。"（《沙门不敬王者论》）"泥洹"（新译作"涅槃"）是佛教所宣传的一种绝对安静、无思无念的最高神秘精神状态。只有体认了佛教所谓的最高实体的人，才能不以生命来拖累他的精神世界；只有根本超脱现实世界一切俗务的人，才能不以各种情感来拖累他的生命。这样，就可以达到停止一切思虑和情感活动（"冥神绝境"），即"涅槃"的境界。

慧远的佛教思想是与现实生活密切联系的。他针对当时社会上反佛斗争中提出的问题，着重论证了两个问题：一是论证佛教教义与中国传统思想之间的一致性；一是进一步论证佛教三世轮回、因果报应等宗教说教的理论基础——灵魂不死不灭论。

佛教传入中国后，一般人根据其三世轮回、因果报应的理论，认为精神（灵魂）不死不灭似乎是佛教理论的当然前提。慧远正是适应了中国一般人对佛教理论的认识，结合中国传统的思想，进一步从理论上明确论证了"神不灭"论，奠定了佛教三世轮回、因果报应的理论基石。

慧远是虔诚的佛教徒，他对佛教三世轮回、因果报应的宗教说教深信不疑，他从佛教一切皆空的观点，进一步论证了因果报应的思想。他专门写有《三报论》和《明报应论》（均见《弘明集》卷五）等著作来说明因果报应的存在。

慧远对于神不灭论的论证主要有以下论点：

首先，慧远认为，“神也者，圆应无生，妙尽无名……感物而非物，故物化而不灭”。这是反对中国古代一些思想家把精神也看作一种物质性的“精气”，从而认为“精粗一气”“神形俱化”的理论的。他认为，神不是物质性的东西，“夫神者何邪？精极而为灵者也。精极则非卦象之所图，故圣人以妙物而为言”。（《沙门不敬王者论》）神是一种非常精灵的东西，是没有任何具体形象的，所以不可能像具体的万物那样用形象来表示，连“圣人”也只能说它是一种十分微妙的东西。一般人“以常识生疑，多同自乱，其为诬也，亦已深矣”。（同上）这是说，把“精”“粗”都看成“一气”的见解是自相混乱，荒谬至极。他认为，神的作用是无所不在，无处不有的。神与万物相感应，变化无穷，而神自身则是“无生”“无名”的。为了论证他的神是“物化而不灭”的理论，他还引述中国古代道家的一些论据。他引文子说黄帝讲“形有靡而神未尝化，以不化应化，千变万转”（见《文子·守朴》），庄周“死为反真”“万化未始有极”等论据，得出结论说：“不思神道有妙物之灵，而谓精粗同尽，不亦悲乎！”神是永远不灭的。

其次，慧远认为，这就像火传给薪一样。他说：“火之传于薪，犹神之传于形；火之传异薪，犹神之传异形。”把形神关系比作薪火关系，原是东汉思想家桓谭最先使用的。桓谭用薪火之喻原是说明“烛无，火亦不能独行于虚空”的“形亡神灭”的原则的。但是这种比喻本身是很不确切的，他不能完全表达精神只是人的一种属性，在理论上是有漏洞的。慧远在这里是搞了一个逻辑上的诡辩，因为他所讲的木柴或形体都是指的某一块具体的木柴或某一个具体的形体，而当他讲到火由这块木柴转到另一块木柴，或神由这个形体转到另一个形体时，他就不讲某一具体木柴的火或某一具体形体的神，而是讲的一般的火或神。因此这样的比喻在逻辑上是根本错误的。慧远并不理会这种错误，因为这样的荒谬逻辑是他神学体系所需要的。他说，“睹火穷于一木，谓终期都尽耳。此曲从养生之谈，非远寻其类者也”。这是说，那种看到某一块木柴烧完了火也灭了，因而就认为，木柴烧完，柴与火同时都灭尽的看法，只是一种对养生说的曲从，并没有深究一下火与柴的根本关系。只有像他说的火可以传异薪，某一薪可以有尽时，而火都永远传下去，才是“远寻其类者也”，才能证明精神可以不依靠任何一个具体的形体而独立自存、永不消灭。

慧远关于神不灭的论证在当时有很大影响，当时许多反对佛教的人也没能从理论上根本驳倒他。直至南北朝梁代的伟大的无神论思想家范缜才比较彻底地从理论上驳倒了神不灭的宗教理论。

桓温北伐

陶侃平定了苏峻的叛乱以后，东晋王朝暂时获得了安定的局面。这时候，北边却乱了起来。

后赵国主石虎（石勒儿子）死了以后，内部发生大乱，后赵大将冉闵称帝，建立了魏国，历史上称为冉魏；鲜卑族贵族慕容皝建立的前燕又灭了冉魏。352 年，氐族贵族苻健也乘机占领了关中，建立了前秦。

后赵灭亡的时候，东晋的将军桓温向晋穆帝（东晋的第五个皇帝）上书，要求带兵北伐。桓温是个很有军事才能的人，他在当荆州刺史的时候，曾经进兵蜀地，灭掉了成汉，给东晋王朝立了大功。

但是东晋王朝内部

矛盾很大。晋穆帝表面上提升了桓温的职位，实际上又猜忌他。桓温要求北伐，晋穆帝没有同意，却另派殷浩带兵北伐。

殷浩是个只有虚名、没有军事才能的文人。他出兵到洛阳，被羌族人打得大败，死伤了一万多人马，连粮草武器也丢光了。

桓温又上了道奏章，要求朝廷把殷浩撤职办罪。晋穆帝没办法，只好把殷浩撤了职，同意桓温带兵北伐。

354 年，桓温统率晋军 4 万，从江陵出发，兵分三路，进攻长安。前秦国主苻健派兵 5 万在尧柳抵抗，被晋军打得落花流水。苻健只好带了 6000 名老弱残兵，逃回长安，挖了深沟坚守。

桓温胜利进军，到了灞上。长安附近的郡县官员纷纷向晋军投降。桓温发出告示，要百姓安居乐业。百姓欢天喜地，都牵了牛，备了酒，到军营慰劳。

自从西晋灭亡以后，北方百姓受尽混战的痛苦。他们看到桓温的晋军，都高兴地流着眼泪说："想不到今天还能够重新见到晋军。"

桓温驻兵灞上，想等关中麦子熟了的时候，派兵士抢收麦子，补充军粮。可苻健也厉害，他料到桓温的打算，就把没有成熟的麦子全部割光，叫桓温收不到一粒麦子。

桓温的军粮断了，待不下去，只好退兵回来。但是这次北伐毕竟打了一个大胜仗，晋穆帝把他提升为征讨大都督。

以后，桓温又进行了两次北伐。最后一次，进攻前燕，一直打到枋头（今河南浚县西南），后来，因为被前燕切断粮道，遭到失败。

桓温长期掌握东晋的军事大权，野心越来越大。有一次，他自言自语地说："男子汉如果不能流芳百世，也应当遗臭万年。"

有个心腹官员知道他的野心，向他献计，说要提高自己的威信，就先得学西汉霍光的办法，把现在的皇帝废了，自己另立一个皇帝。

那时候，晋穆帝已经死去。在位的皇帝是晋废帝司马奕。桓温带兵到建康，把司马奕废了，另立一个司马昱当皇帝，这就是晋简文帝。桓温当了宰相，带兵驻在姑孰（今安徽当涂）。

过了两年，晋简文帝病重，留下遗诏由太子司马曜继承皇位。这就是晋孝武帝。桓温本来以为晋简文帝会把皇位让给他，听到这个消息十分失望，就带兵进了建康。

桓温到达建康那天，随身带的将士，都是全副盔甲，手里拿着明晃晃的武器。朝廷官员到路边去迎接时，看到这个情景，吓得变了脸色。

桓温请两个最有名望的士族大臣王坦之、谢安到他官邸去会见，王、谢两人早已听说桓温事前在客厅的背后埋伏一批武士，想杀掉他们。所以，王坦之到了相府，浑身出冷汗，连衣服都湿透了。

谢安却十分镇静。进了厅堂坐定之后，他对桓温说："我听说自古以来，讲道义的大将，总是把兵马放在边境去防备外兵入侵。桓公为什么却把兵士藏在壁后呢？"

桓温听了，也有点不好意思，说："我也是不能不防备点儿。"说着，就命令左右把后面埋伏好的兵撤去。

桓温看到建康的士族中反对他的势力还不小，不敢轻易动手。不久，就病死了。

桓温死后，谢安担任了宰相，桓温的弟弟桓冲担任荆州刺史，两人同心协力辅佐晋孝武帝，东晋王朝出现了团结的气氛。

一意孤行的苻坚

苻坚在王猛生前对王猛是言听计从的，但是他却没有听王猛临死留下的忠告。

王猛认为前秦的敌手是鲜卑人和羌人，但是苻坚却十分信任从前燕来投奔他的鲜卑贵族慕容垂和羌族贵族姚苌。王猛劝他不要进攻东晋，但苻坚却把东晋当作唯一的敌人，非把它消灭不可。

王猛死后的第三年，苻坚就派他的儿子苻丕和慕容垂、姚苌等带了十几万大军，分兵几路进攻东晋的襄阳。守襄阳的晋将朱序坚决抵抗。秦兵花了将近一年时间，才把襄阳攻了下来。

苻丕把朱序

俘虏了，送到长安。苻坚认为朱序能够为晋国坚守襄阳，是个有气节的忠臣，把他收在秦国做个官员。

苻坚接着又派兵十几万从襄阳向东进攻淮南。东晋守将谢石、谢玄率领水陆两路进攻，把秦兵打得一败涂地。

但是，苻坚不肯就此罢休。到了382年，他认为准备成熟，就下决心大举进攻东晋。

这一年十月，苻坚在皇宫里的太极殿召集大臣商量。苻坚说："我继承王位到现在已经快30年，各地的势力差不多都平定了，只有盘踞在东南的晋国，还不肯降服。现在，我们有97万精兵。我打算亲自带领去讨伐晋国，你们认为怎么样？"

大臣们纷纷表示反对。大臣权翼说："晋国虽然弱小，但是他们的国主还没犯什么大错，手下还有像谢安、桓冲那样的文武大臣，团结一致。咱们要大举攻晋，恐怕不是时候。"

苻坚听了权舆的话，拉长了脸很不高兴。另一个武将石越说："晋国有长江作为天然屏障，再加上百姓都想抵抗，只怕我们不能够取胜。"

苻坚更加生气，他大声说："哼，长江天险有什么了不起，我们的军队那么多，大家把手里的马鞭子投到长江里，也可以把长江的水堵塞。他们还能拿什么来做屏障。”

大伙儿议论了半天，没有一个结果。苻坚不耐烦地说：“你们都走吧，还是让我自己来决断。”

大臣们看见苻坚发火，只好一个个退出宫殿。最后，只有他弟弟苻融还留在殿上。

苻坚把苻融拉到他的身边，说：“自古以来，决定国家大计的，总是靠一两个人。今天，大家议论纷纷，没有议出个结果来。这件事还是咱们两人来决定吧。”

苻融心情沉重地回答说：“我看攻打晋国确有许多困难。再说，我军连年打仗，兵士们也已经精疲力竭，不想再打。今天这些反对出兵的，都是陛下的忠臣。希望陛下采纳他们的意见。”

苻坚没料到苻融也会反对他，马上沉下脸来，说：“连你也会说出这种丧气的话来，真叫人失望。我有精兵百万，兵器、粮草堆积如山，要打下晋国这样的残余敌人，哪有不胜的道理。”

苻融看见苻坚这样一意孤行，急得差不多要哭起来。他苦苦劝告苻坚说：“现在要打晋国，不但没有必胜的希望，而且京城里还有许许多多鲜卑人、羌人、羯人。陛下离开长安远征，要是他们起来叛乱，后悔也来不及了。陛下难道忘记王猛临终前讲的一番话吗?”

从此以后，还有不少大臣劝苻坚不要攻晋。苻坚一概不理睬。有一次，京兆尹慕容垂进宫求见。苻坚要慕容垂谈谈他的看法。慕容垂说：“强国吃掉弱国，大国并吞小国，这是自然的道理。像陛下这样英明的君王，手下有雄师百万，满朝是良将谋士，要灭掉小小晋国，不在话下。陛下只要自己拿定主意就是，何必去征求许多人的意见呢?”

苻坚听了慕容垂的话，高兴得眉开眼笑，说：“看来，能和我一起平定天下的，只有你啦!”说着，马上吩咐左右拿500匹绸缎赏给慕容垂。

经过慕容垂一怂恿，苻坚兴奋得连晚上都睡不着觉。他的妃子张夫人听到朝廷内外很多人不赞成出兵，也好言好语劝他。苻坚说：“打仗的事，你们女人家别管。”

苻坚最宠爱的小儿子苻诜，也劝苻坚说：“皇叔（指苻融）是最忠于陛下的，陛下为什么不听他的话?”

苻坚冷淡地说：“天下大事，孩子别乱插嘴。”

苻坚拒绝了大臣和亲人的劝说，决心孤注一掷，进攻东晋。

他派苻融、慕容垂充当先锋，又把姚苌封为龙骧将军，指挥益州、梁州的人马，准备出兵攻晋。

慕容垂的两个侄儿偷偷地跟慕容垂说：“皇上骄傲得过分了。看来，这次战争，倒是我们恢复燕国的好机会呢!”

谢安东山再起

太元八年（383 年）八月，苻坚亲自带领 87 万大军从长安出发。向南的大路上，烟尘滚滚，步兵、骑兵，再加上车辆、马匹、辎重，队伍浩浩荡荡，差不多拉了千百里长。

过了一个月，苻坚主力到达项城（今河南沈丘南），益州的水军也沿江顺流东下，黄河北边来的人马也到了彭城（今江苏徐州市），从东到西一万多里长的战线上，前秦水陆两路进军，向江南逼近。

这个消息传到建康，晋孝武帝和京城的文武官员都着了慌。晋朝军民都不愿让江南陷落在前秦手里，大家都盼望宰相谢安拿主意。

谢安是陈郡阳夏（今河南太康）人，出身士族，年轻的时候，跟王羲之是好朋友，经常在会稽东山游览山水，吟诗谈文。他在当时的士大夫阶层中名望很大，大家都认为他是个很有才干的人。但是他宁愿隐居在东山，也不愿做官。有人推举他做官，他上任一个多月，就不想干了。当时在士大夫中间流传着一句话："谢安不出来做官，叫百姓怎么办?"

到了40多岁的时候，他才重新出来做官。因为谢安长期隐居在东山，所以后来把他重新出来做官这件事称为"东山再起"。

苻坚强大起来以后，东晋的北面边境经常遭到秦兵的骚扰。朝廷想找一个文武全才的将军去防守边境。谢安把自己的侄儿谢玄推荐给孝武帝。孝武帝把谢玄封为将军，镇守广陵（今江苏扬州市），掌管江北的各路人马。

谢玄也是个军事人才。他到了广陵以后，就招兵买马，扩大武装。当时有一批从北方逃难到东晋来的人，纷纷应征。他们中间有个彭城人叫刘牢之，从小练得一身武艺，打仗特别勇猛。谢玄派他担任参军，叫他带领一支精锐的人马。这支人马经过谢玄和刘牢之的严格训练，成为百战百胜的军队。由于这支军队经常驻扎在京口（今江苏镇江市），京口又叫"北府"，所以把它叫作"北府兵"。

这一回，苻坚率领百

万大军进攻东晋，谢安决定自己坐镇建康，派弟弟谢石担任征讨大都督，谢玄担任前锋都督，带领 8 万军队前往江北抗击秦兵，又派将军胡彬带领水军 5000 到寿阳（今安徽寿县）去配合作战。

谢玄手下的北府兵虽然勇猛。但是前秦的兵力比东晋多 10 倍，谢玄心里到底有点紧张。出发之前，谢玄特地到谢安家去告别，请示一下这个仗的打法。

哪儿知道谢安听了像没事一样，轻描淡写地回答说：“我已经有安排了。”

谢玄心里想，谢安也许还会嘱咐些什么话。等了老半天，谢安还是沉默不语。

谢玄回到家里，心里总不大踏实。隔了一天，又请他的朋友张玄去看谢安，托他向谢安探问一下。

谢安一见到张玄，也不跟他谈什么军事，马上邀请他到自己山里一座别墅去。到了那里，还有许多名士先到了。张玄要想问，也没有机会。

谢安请张玄陪他一起下围棋，还跟张玄开玩笑，说要拿这座别墅做赌注，比一个输赢。张玄是个好棋手，平常跟谢安下棋，他总是赢的。但是，这一天，张玄根本没心思下棋，勉强应付，当然输了。

下完了棋，谢安又请大伙儿一起赏玩山景，整整游玩了一天，到天黑才回家。

这天晚上，他把谢石、谢玄等将领，都召集到自己家里，把每个人的任务一件件、一桩桩交代得很清楚。大家看到谢安这样镇定自若，也增强了信心，高高兴兴地回到军营去了。

那时候，桓冲在荆州听到形势危急，专门拨出3000名精兵到建康来保卫京城。谢安对派来的将士说："我这儿已经安排好了。你们还是回去加强西面的防守吧！"

将士回到荆州告诉桓冲，桓冲很担心。他对将士说："谢公的气度确实叫人钦佩，但是不懂得打仗。眼看敌人就要到了，他还那样悠闲自在，兵力那么少，又派一些没经验的年轻人去指挥。我看我们准要遭难了。"

淝水之战

谢安派出的将领胡彬，率领水军沿着淮河向寿阳进发。在路上，他得知寿阳已经被前秦的前锋苻融攻破。胡彬只好退到硖石（今安徽凤台西南），扎下营来，等待谢石、谢玄的大军会合。

苻融占领寿阳以后，又派部将梁成率领5万人马进攻洛涧（今安徽淮南东），截断了胡彬水军的后路。晋军被围困起来，军粮一天天少下去，情况十分危急。

胡彬派出兵士偷偷送信给谢石告急，说：“现在敌人来势很猛，我军的粮食快吃完了，恐怕没法跟大

军会合了。”

送信的晋兵偷越秦军阵地的时候，被秦兵捉住。这封告急信落在苻融手里，苻融立刻派快马到项城去告诉苻坚。

苻坚一连得到秦军前锋的捷报，更加骄傲起来。他把大军留在项城，亲自率领 8000 名骑兵赶到寿阳，恨不得一口气把晋军吞掉。

他到了寿阳，跟苻融一商量，认为晋军已经不堪一击，就派了一个使者到晋军大营去劝降。

那个派出的使者不是别人，恰恰是前几年在襄阳坚决抵抗过秦军、后来被俘虏的朱序。

朱序被俘以后，虽然被苻坚收用，在秦国当个尚书，但是心里还是向着晋朝。他到晋营见了谢石、谢玄，像见了亲人一样高兴，不但没按照苻坚的嘱咐劝降，反而向谢石提供了秦军的情报。他说：“这次苻坚发动了百万人马攻打晋国，如果全部人马一集中，恐怕晋军没法抵挡。现在趁他们人马还没到齐的时候，你们赶快发起进攻，打败他们的前锋，挫伤他们的士气，就可以击溃秦军了。”

朱序走了以后，谢石再三考虑，认为寿阳的秦军兵力很强，没有把握打胜，还是坚守为好。谢安的儿子谢琰劝说谢石听朱序的话，尽快出兵。

谢石、谢玄经过一番商议，就派北府兵的名将刘牢之率领精兵 5000 人，先对洛涧的秦军发起突然袭击。这支北府兵果然名不虚传，他们像插了翅的猛虎一样，强渡洛涧，个个勇猛非凡。守在洛涧的秦军，不是北府兵的对手，勉强抵挡一阵，就败了下来，秦将梁成也被晋军杀了。秦兵争先恐后渡过淮河逃走，大部分掉在水里淹死了。

洛涧大捷，大大鼓舞了晋军的士气。谢石、谢玄一面命令刘牢之继续援救硖石，一面亲自指挥大军，乘胜前进，直到淝水（今淝河，在安徽寿县南）东岸，把人马驻扎在八公山边，和驻扎寿阳的秦军隔岸对峙。

苻坚派出朱序劝降以后，正在得意扬扬，等待晋军的投降，突然听到洛涧失守，像头上挨了一下闷棍一样，有点沉不住气。他要苻融陪着他到寿阳城楼上去看看对岸形势。

苻坚在城楼上一眼望去，只见对岸晋军一座座的营帐排列得整整齐齐，手持刀枪的晋兵来往巡逻，阵容严整威武。再往远处看，对面八公山上，隐隐约约不知道有多少晋兵。其实，八公山上并没有晋兵，不过是苻坚心虚眼花，把八公山上的草木都看作是晋兵了（这就是“草木皆兵”的来历）。

苻坚有点害怕了，他转过头对苻融说："这确实是强大的敌人啊！怎么能说他们弱呢？"

打那以后，苻坚命令秦兵严密防守。晋军没能渡过淝水，谢石、谢玄十分着急。如果拖延下去，只怕各路秦军到齐，对晋军不利。

谢玄派人给苻坚送去一封信，说："你们带了大军深入晋国的土地，现在却在淝水边摆下阵势，按兵不动，这难道是想打仗的吗？如果你们能把阵地稍稍往后撤一点，腾出一块地方，让我军渡过淝水，双方就在战场上比一比输赢。这才算有胆量呢！"

苻坚一想，要是不答应后撤，不是承认我们害怕晋军吗？他马上召集秦军将领，说："他们要我们让出一块阵地，我们就撤吧。等他们正在渡河的时候，我们派骑兵冲上去，保管能把他们消灭。"

谢石、谢玄得到苻坚答应后撤的回音，迅速整顿好人马，准备渡河进攻。

约定渡河的时刻到来了，苻坚一声令下，苻融就指挥秦军后撤。他们本来想撤出一个阵地就回过头来总攻。没料到许多秦兵一半由于厌恶战争，一半由于害怕晋军，一听到后撤的命令，撒腿就跑，再也不想停下来了。

谢玄率领 8000 多骑兵，趁势飞快渡过淝水，向秦军发起猛攻。

这时候，朱序在秦军阵后叫喊起来："秦兵败了！秦兵败了！"后面的兵士不知道前面的情况，只看到前面的秦军往后奔跑，也转过身跟着边叫嚷，边逃跑。

苻融气急败坏地挥舞着剑，想压住阵脚，但骑兵像潮水般地往后涌来，哪里压得住。一群乱兵冲来，把苻融的战马冲倒了。

苻融挣扎着想起来，晋兵已经从后面赶上来，把他一刀砍了。主将一死，秦兵更是像脱缰绳的野马一样，四处乱奔。

阵后的苻坚看到情况不妙，只好骑上一匹马拼命逃走。不料一支流箭飞来，正好射中他的肩膀。苻坚顾不得疼痛，继续催马狂奔，一直逃到淮北才歇了口气。

晋军乘胜追击，秦兵没命地溃逃，被挤倒的、踩死的兵士，满山遍野都是。那些逃脱的兵士，一路上听到风声和空中的鹤鸣声（这就是"风声鹤唳"的来历），也当作东晋追兵的喊杀声，吓得不敢停下来。

谢石、谢玄收复了寿阳，派飞马往建康送捷报。

这一天，谢安正跟一个客人在家里下棋。他看完了谢石送来的捷报，不露声色，随手把捷报放在床上，照样下棋。

客人知道是前方送来的战报，忍不住问谢安说：“战事情况怎么样？”

谢安慢吞吞地说：“孩子们到底把秦人打败了。”

客人听了，高兴得不想再下棋，想赶快把这个好消息告诉别人，就告别走了。

谢安送走客人，回到内宅去，他的兴奋心情再也按捺不住，跨过门槛的时候，踉踉跄跄的，把脚上木屐的屐齿也碰断了。

经过这场大战，强大的前秦元气大伤。苻坚逃到洛阳，收拾残兵败将，只剩下十几万。但是慕容垂的兵力却丝毫没受到损失。不出王猛所料，鲜卑族的慕容垂和羌族的姚苌果然背叛了前秦，各自建立了新的国家后燕和后秦，苻坚本人也被姚苌杀了。

陶渊明不为五斗米折腰

淝水之战以后，谢安趁前秦崩溃的时机，派谢玄收复黄河流域大片失地。可是晋孝武帝却重用他弟弟会稽王司马道子，竭力排挤谢安，使谢安不能施展他的才能。等到谢安死后，东晋政权落在昏庸的司马道子手里，东晋的朝政就越来越腐败了。

399 年，晋安帝在位的时候，会稽郡一带爆发了孙恩领导的农民起义，过了两年，起义军十几万逼近建康，东晋王朝出动北府兵，才把起义镇压下去。

这时候，东晋的统治集团内部又乱了起来。桓温的儿子桓玄占领了长江上游，带兵攻进建康，废了晋安帝，自立为帝。过了三四个月，北府兵将领刘裕打败桓玄，迎晋安帝复位，打那以后，东晋王朝已经名存实亡了。

在这个动荡不安的年代里，在柴桑地方，有一个著名的诗人，名叫陶潜，又叫陶渊明，因为看不惯当时政治腐败，在家乡隐居。陶渊明的曾祖父是东晋名将陶侃，虽然做过大官，但不是士族大地主，到了陶渊明这一代，家境已经很贫寒了。陶渊明从小喜欢读书，不想求官，家里穷得常常揭不开锅，但他还是照样读书作诗，自得其乐。他的家门前有五株柳树，他给自己起个别号，叫五柳先生。

后来，陶渊明越来越穷了，靠自己耕种田地，也养不活一家老少。亲戚朋友劝他出去谋个一官半职，他没有办法只好答应了。当地官府听说陶渊明是个名将后代，又有文才，就推荐他在刘裕手下做了个参军。但是过不了多少日子，他就看出当时的官员将军互相倾轧，心里很厌烦，又要求出去做个地方官。上司就把他派到彭泽（在今江西省）当县令。

当时做个县令，官俸是不高的。陶渊明一不会搜刮民脂民膏，二不懂贪污受贿，日子过得并不富裕，但是比起他在柴桑家里过的穷日子，当然要好一些。再说，他觉得留在一个小县城里，没有什么官场应酬，也还比较自在。

有一天，郡里派了一名督邮到彭泽视察。县里的小吏听到这个消息，连忙向陶渊明报告。陶渊明正在他的内室里捻着胡子吟诗，一听到来了督邮，十分扫兴，只好勉强放下诗卷，准备跟小吏一起去见督邮。

小吏一看他身上穿的还是便服，吃惊地说："督邮来了，您该换上官服，束上带子去拜见才好，怎么能穿着便服去呢！"

陶渊明向来看不惯那些依官仗势、作威作福的督邮，一听小吏说还要穿起官服行拜见礼，更受不了这种屈辱。他叹了口气说："我可不愿为了这五斗米官俸，去向那号小人打躬作揖（这就是'不为五斗米折腰'的来历）！"

说着，他也不去见督邮，索性把身上的印绶解下来交给小吏，辞职不干了。

陶渊明回到柴桑老家，觉得这个乱糟糟的局面跟自己的志趣、理想距离得太远了。从那以后，他下决心隐居过日子，空下来就写了许多诗歌文章，来抒发自己的心情。

陶渊明写过一篇非常有名的文章，叫作《桃花源记》。在那篇文章里，他写了武陵地方的一个渔人，有一次，沿着小溪划船打鱼，来到了一片繁花如锦、芳草鲜嫩的桃树林。

渔人被眼前的景色吸引住了，划着船再往前走，到了树林尽头，发现了一个小洞。他丢了船，顺着洞口摸进去，开始很狭窄，走了一段，豁然开朗，原来洞里有一个很大的村子，那里土地肥沃，桑木成行，男女老幼，来来往往，勤恳劳动，过着无忧无虑的和平生活。

大家看到渔夫是个陌生客人，都热情地邀请他喝酒吃饭。渔夫跟大家谈起，才知道那村子里人的祖先是秦朝末年避难到这儿来的。他们根本不知道秦以后还有汉朝，更不用说有什么魏、晋了。

渔人在那里住了几天，告别回家。他在回家路上，做了好多标记，准备下一次再去访问。回到武陵，他报告了太守。太守也很感兴趣，派人跟着渔人去找桃花林，但是怎么也找不到那个洞口了。

陶渊明写的那个世外桃源，在当时的社会里是不会有的。但是他在文章里描绘的那种人人劳动，个个过着富裕、安定生活的图景，反映了在当时黑暗动荡年代的人民的一种美好愿望。所以《桃花源记》这篇文章，后来一直被人们所喜爱。

祖冲之和圆周率的诞生

求算圆周率的值是数学中一个非常重要也是非常困难的研究课题。中国古代许多数学家都致力于圆周率的计算，而在5世纪的祖冲之所取得的成就可以说是圆周率计算的一个跃进。祖冲之是中国古代伟大的数学家和天文学家。祖冲之于429年出生在建康（今江苏南京），他家历代都对天文历法有研究，他从小就接触数学和天文知识，464年，祖冲之35岁时，他开始计算圆周率。

在中国古代，人们从实践中认识到，圆的周长是“圆径一而周三有余”，也就是圆的周长是圆直径的三倍多，但是多多少，意见不一。在祖冲之之前，中国数学家刘徽提出了计算圆周率的科学方法——“割圆术”，用圆内接正多边形的周长来逼近圆周长，用这种方法，刘徽将圆周率计算到小数点后四位数。祖冲之在前人的基础上，经过刻苦钻研，反复演算，将圆周率推算至小数点后七位数（即3.1415926与3.1415927之间），并得出了圆周率分数形式的近似值。祖冲之究竟用什么方法得出这一结果，现在无从查考。如果设想他按刘徽的“割圆术”方法去求的话，就要计算到圆内接16000多边形，这需要花费多少时间和付出多么巨大的劳动啊！

祖冲之计算得出的圆周率，外国数学家获得同样结果，已是1000多年以后的事了。为了纪念祖冲之的杰出贡献，有些外国数学史家建议把圆周率π叫作“祖率”。除了在计算圆周率方面的成就，祖冲之还与他的儿子一起，用巧妙的方法解决了球体体积的计算。他们当时采用的原理，在西方被称为“卡瓦列里（Cavalieri）原理”，但这是在祖冲之死后1000多年才由意大利数学家卡瓦列里发现的。为了纪念祖氏父子发现这一原理的重大贡献，数学上也称这一原理为“祖暅原理”。

祖冲之在数学领域的成就，只是中国古代数学成就的一个方面。实际上，14世纪以前中国是世界上数学

最发达的国家之一。比如几何中的勾股定理，在中国早期的数学专著《周髀算经》（大约于前1世纪成书）中即有论述；成书于1世纪的另一本重要的数学专著《九章算术》，在世界数学史上最早提出负数概念及正负数加减法法则；13世纪时，中国就已经有了十次方程的解法。

刘裕摆却月阵

晋安帝复位后，刘裕掌握了东晋大权。刘裕本来是个出身贫苦的小军官，在士族中没有什么地位。他为了提高自己的威望，决定发动北伐。

409 年，刘裕从建康出发，先出兵包围了南燕（十六国之一）的国都广固（今山东益都西北）。南燕国主慕容超着急了，向后秦讨救兵。

当时，后秦在北方是个比较大的国家。后秦国主姚兴派使者到晋军大营去见刘裕，说："燕国和我们秦国是友好邻国。我们已派出 10 万大军驻扎在洛阳。如果你们一定要逼燕国，我们不会坐视不理。"

刘裕听了使者这番威胁的话，

冷笑一声说："你回去告诉姚兴。我本来打算灭掉燕国之后，休整3年再来消灭你们。现在既然你们愿意送上门来，那就来吧！"

使者走了以后，有人对刘裕说："您这样回答他，只怕激怒了姚兴。如果秦兵真的来攻，我们怎么对付？"

刘裕泰然说："你就不懂得这个道理。俗话说，'兵贵神速'，他们如果真的要出兵，就会偷偷出兵，何必先派人来通知呢？这完全是姚兴虚张声势，吓唬我们。我看他自己也顾不过来，哪有什么能力救人呢？"

不出刘裕所料，那时候后秦正跟另一个小国夏国互相攻打，还打了败仗，更谈不上出兵救南燕。没有多久，刘裕就把南燕消灭了。

过了几年，刘裕平定了南方的割据力量，再一次北伐，进攻后秦。他派大将王镇恶、檀道济带领步兵，从淮河一带出兵向洛阳方向进攻，自己亲自率领水军沿着黄河进军。

那时候，北方鲜卑族建立的北魏开始强大起来，它的势力已经发展到黄河北岸。北魏在北岸集结了10万大军，威胁晋军。刘裕的水军沿着黄河前进，有时风猛水急，晋军的船只被水冲到北岸，就受到魏兵的攻击。

刘裕派水军上北岸去打魏军，魏兵就逃，等晋军回到船上，他们又在北岸骚扰，弄得晋军来回奔跑，没法顺利进军。

刘裕派了一个将军带了700名兵士、100辆兵车登上北岸，沿岸摆开一个半圆形的阵势，两翼紧紧靠着河岸，中间鼓出，当中的一辆兵车上竖了一根白羽毛。因为这种布阵形状像个月钩，所以名叫“却月阵”。

魏兵远远观察着晋军的布阵，不懂是什么意思，也没有敢动。

一会儿，只见晋军中间车上有人举起白羽毛，两侧就拥出了2000名兵士，带着100张大弓，奔向兵车。

魏兵看看这个阵势，也没有什么大不了，就集中3万骑兵向河岸猛攻晋阵。晋阵上100辆兵车上的弓箭齐发，仍旧挡不住魏兵。

没料到晋军在却月阵后面，另外布置好1000多支长矛，装在大弓上。这种长矛约有三四尺长，矛头特别锋利。魏兵正向晋军猛攻的时候，晋军兵士们就用大铁锤敲动大弓的机扭，那长矛往魏军飞去，每支长矛就能射杀魏兵三四个，3万名魏兵一下子就被射死了好几千。其他魏兵不知道晋军阵后还有多少这种武器，吓得抱头乱窜，全线崩溃。晋军又乘胜追击，杀死了大批魏兵。

刘裕打退魏军，打通了沿黄河西进的道路，顺利西进。那时候，王镇恶和檀道济带领的步兵，已经攻下洛阳，在潼关和刘裕水军会师。接着刘裕派王镇恶攻下长安，灭了后秦。

刘裕灭了后秦，把他一个 12 岁的儿子和王镇恶留在长安，自己带兵回南方。

过了几年，晋安帝死去，刘裕认为时机成熟，就派人劝说刚刚即位的晋恭帝让位。420 年，刘裕即位做了皇帝，改国号为宋。这就是宋武帝。东晋王朝在南方统治了 104 年，到这时候灭亡了。

图文版

中华上下五千年

【第三卷】

垢文涛/主编

辽海出版社

檀道济唱筹量沙

宋武帝刘裕在南方建立了宋朝后，过了 19 年（439 年），北魏太武帝拓跋焘（拓跋是姓）灭了十六国中最后一个小国北凉，统一了北方。从东晋灭亡后的 170 年的时间里，我国历史上出现了南北两个政权对峙的局面。南朝先后换了宋、齐、梁、陈 4 个朝代；北朝的北魏，后来分裂为东魏、西魏；东魏、西魏又分别被北齐、北周代替。历史上把这段时期合起来称为南北朝。

宋武帝做了两年皇帝，到第三年，就病死了。宋武帝的儿子宋文帝即位以后，北魏大举渡过黄河，进攻宋朝，在黄河以南占领了大片土地。宋文帝派檀道济率领大军抵抗。

有一次，北魏兵进攻济南，檀道济亲自率领将士到济水边，在 20 多天里，跟魏军打了 30 多场仗。宋军节节胜利，一直追到历城（今属山东省）。

这时候，檀道济骄傲起来，防备也有点松懈了。魏军瞅准机会，用两支轻骑兵向檀道济的宋军前后两翼发起突然袭击，把宋军的辎重粮草，放了把火烧了。

檀道济的将士虽然英勇善战，但是断了军粮，就没法维持下去，准备从历城退兵。

宋军中有个兵士逃到魏营投降，把宋军缺粮的情况告诉了北魏的将领。北魏就派出大军追赶檀道济，想把宋军围困起来。

宋军将士看到大批魏军围上来，都有点害怕，有的兵士偷偷逃跑了。檀道济却不慌不忙地命令将士就地扎营休息。

当天晚上，宋军军营里灯火通明，檀道济亲自带领一批管粮的兵士在一个营寨里查点粮食。一些兵士手里拿着竹筹唱着计数，另一些兵士用斗子在量米。

有人偷偷地向营里望了一下，只见一只只米袋里面都是雪白的大米。

这个消息马上被魏兵的探子打听到了，赶快去告诉魏将，说檀道济营里军粮还绰绰有余，要想跟檀道济决战，准是又打败仗。

魏将得到情报，以为前面来告密的宋兵是假投降，来诱骗他们上当的，就把投降的宋兵杀了。

其实，魏将中了檀道济的计。檀道济在营里量的并不是白米，而是一斗斗的沙土，只是在沙土上覆盖着少量白米罢了。

到了天色发白，檀道济命令将士戴盔披甲，自己穿着便服，乘着一辆马车，大模大样地沿着大路向南转移。

魏将被檀道济打败过多次，本来就对宋军有点害怕，再看到宋军从容不迫地撤退，不清楚他们在哪儿埋伏了多少人马，不敢追赶。

檀道济靠他的镇静和智谋，保全了宋军，使宋军安全地回师。以后，北魏也没敢轻易进攻宋朝。

檀道济在宋武帝和宋文帝两代，都立过大功。但是由于他功劳大，威望高，却引起了宋朝统治者的猜疑。

有一次，宋文帝生了一场病。宋文帝的兄弟刘义康就跟心腹商量说："如果皇上有什么三长两短，留了檀道济总是一个祸根。"

他们就用宋文帝的名义下了一道诏书，硬说檀道济收罗坏人，企图谋反，把檀道济逮捕起来，要办他死罪。

檀道济在被捕的时候，气得瞪圆了眼，愤怒的目光像要喷射出的火焰。他狠狠地把头巾拉下，摔在地上，说："你们不是在毁坏自己的万里长城吗?"

檀道济终于被杀了。这个消息传到北魏。魏朝的将士都高兴得互相庆贺，说："檀道济一死，南方就没有叫人害怕的人啦!"

后来，宋文帝也很后悔。有一次，北魏的大军打到江北的瓜步（今江苏六合）。宋文帝在建康的石头城上瞭望远处，很感慨地说："如果檀道济还活着的话，就不会让胡骑横行到这个地步。"

大发明家祖冲之

从宋孝武帝即位之后，宋王朝很快就衰落了。在这个时期，却出了一个杰出的科学家祖冲之。

祖冲之的祖父名叫祖昌，在宋朝做了一个管理朝廷建筑的长官。祖冲之长在这样的家庭里，从小就读了不少书，人家都称赞他是个博学的青年。他特别爱好研究数学，也喜欢研究天文历法，经常观测太阳和星球运行的情况，并且做了详细记录。

宋孝武帝听到他的名气，派他到一个专门研究学术的官署“华林学省”工作。他对做官并没有兴趣，但是在那里，他可以更加专心研究数学、天文。

我国历代都有研究天文的官，并且根据研

究天文的结果来制定历法。到了宋朝的时候，历法已经有很大进步，但是祖冲之认为还不够精确。他根据他长期观察的结果，创制出一部新的历法，叫作“大明历”（“大明”是宋孝武帝的年号）。这种历法测定的每一回归年（也就是两年冬至点之间的时间）的天数，跟现代科学测定的只相差50秒；测定月亮环行一周的天数，跟现代科学测定的相差不到一秒，可见它的精确程度了。

462年，祖冲之请求宋孝武帝颁布新历，孝武帝召集大臣商议。那时候，有一个皇帝宠幸的大臣戴法兴出来反对，认为祖冲之擅自改变古历，是离经叛道的行为。

祖冲之当场用他研究的数据回驳了戴法兴。戴法兴依仗皇帝宠幸他，蛮横地说：“历法是古人制定的，后代的人不应该改动。”

祖冲之一点也不害怕。他严肃地说：“你如果有事实根据，就只管拿出来辩论，不要拿空话吓唬人。”

宋孝武帝想帮助戴法兴，找了一些懂得历法的人跟祖冲之辩论，也一个个被祖冲之驳倒了。但是宋孝武帝还是不肯颁布新历。直到祖冲之死了10年之后，他创制的大明历才得到推行。

尽管当时社会十分动荡不安，但是祖冲之还是孜孜不倦地研究科学。他更大的成就是在数学方面。他曾经对古代数学著作《九章算术》做了注释，又编写了一本《缀术》。他的最杰出贡献是求得相当精确的圆周率。经过长期的艰苦研究，他计算出圆周率在 3.1415926 和 3.1415927 之间，成为世界上最早把圆周率数值推算到小数点后七位数字以上的科学家。

祖冲之在科学发明上是个多面手，他造过一种指南车，随便车子怎样转弯，车上的铜人总是指着南方；他又造过“千里船”，在新亭江（今南京市西南）上试航过，一天可以航行 100 多里。他还利用水力转动石磨，舂米碾谷子，叫作“水碓磨”。

祖冲之死后，他的儿子祖暅、孙儿祖皓都继承了祖冲之的事业，刻苦研究数学和历法。据说祖暅在研究学问的时候，全神贯注，连天上打响雷也听不到。他常常一面走路，一面思考问题。有一次，他在路上走，前面来了个大官僚徐勉。祖暅根本没有发觉，一头就撞在徐勉身上。等到徐勉招呼他，祖暅才像从梦中惊醒一样，慌忙答礼。徐勉知道他研究出了神，也没有责怪他。

祖冲之晚年的时候，掌握宋朝禁卫军的萧道成灭了宋朝。

479 年，萧道成称帝，建立南齐。他就是齐高帝。

范缜反对迷信

南北朝时期，佛教渐渐盛行起来。南齐的朝廷里，从皇帝到大臣，都提倡佛教。南齐的宰相竟陵王萧子良就是一个笃信佛教的人。

萧子良在建康郊外的鸡笼山有一座别墅，他常常在那里招待名士文人，喝酒谈天。有时候，也请来一些和尚，到他那里讲解佛教的道理。萧子良还亲自给和尚备饭倒茶水。人家都认为他这样做有失宰相的体

统，他却并不在乎。

有宰相的支持，佛教的势力就更大了。这些和尚宣传人死了以后，灵魂是不会死的。还说一个人的富贵或者贫贱，都是前世的因果报应，穷人受苦受罪，都是命里注定，没法抗拒的。

当时，有一个大胆的读书人名叫范缜，起来揭露这一说法是一种迷信，要大家不要相信。

范缜的堂哥范云就是经常在萧子良家里走动的。萧子良听到范缜竟敢跟他唱对台戏，反对佛教，十分恼火，叫范云把范缜带到他家来。

萧子良问范缜说："你不相信因果报应，那么，你倒说说，为什么有的人生下来富贵，有的人生下来就贫贱呢?"

范缜不慌不忙地说："这没有什么奇怪。打个比方，人生好比树上的花瓣。花经风一吹，花瓣随风飘落。有的掠过窗帘，落在座席上面；有的吹到篱笆外，落在茅坑里。"

萧子良瞪着眼睛，一下子还听不懂范缜说的是什么意思。范缜接着说："落在座席上就像您；落在茅坑里的，就像我。富贵、贫贱，就是这么一回事，哪里有什么因果报应呢?"

范缜从萧子良那里回来，觉得虽然驳斥了萧子良，但是还没有把他反对迷信的道理说透彻，就专门写了一篇文章，叫作《神灭论》。文章里面说：

“形体是精神的本质，精神只是形体的作用。精神和形体的关系，好比一把刀和锋利的作用。没有刀，就不能起锋利的作用。没有形体，哪里有什么精神呢？”

范缜在那篇文章里，还断定人死以后灵魂是不存在的，什么因果报应，都是骗人的话。

这篇文章一出来，朝廷上下都闹翻了天。一些萧子良的亲信、朋友，都认为一定要把范缜狠狠地整一下不可。萧子良又找了一批高僧来跟范缜辩论，但是范缜讲的是真理，那些高僧到底还是辩不过范缜。

有个佛教信徒王琰讽刺他说：“唉，范先生啊！您不信神灵，那您就连祖先的神灵在哪里也不知道了。”

范缜针锋相对地嘲笑王琰说：“可惜呀，王先生，您既然知道您的祖先神灵在哪里，为什么不早点自杀去找他们呢。”

萧子良怕范缜的影响太大，会动摇大家对佛教的信仰。隔了几天，他派了一个亲信王融去劝说范缜，说：“宰相是十分赏识有才能的人的。像您这样有才干的人，要做个中书郎，还不容易！何苦一定要去发表这样违背潮流的议论呢？我真替您可惜。我看您还是把那篇背时文章收回了吧。”

范缜听了，仰起头哈哈大笑，说：“我范缜如果放弃自己的观点去求官，那么要做更大的官也不难，怎么会在乎您说的中书郎呢。”

萧子良拿范缜没有办法，也只好由他去了。

南齐王朝经历了齐高帝、齐武帝两代后，就发生了内乱。雍州刺史萧衍起兵攻进建康，502年，萧衍灭了南齐，建立梁朝，这就是梁武帝。

魏孝文帝改革风俗

北魏自从太武帝死后，政治腐败，鲜卑贵族和大商人压迫人民，不断引起北方人民的反抗。471年，魏孝文帝即位后，决心采取改革措施。

魏孝文帝规定了官员的俸禄，严厉惩办贪官污吏；实行了“均田制”，把荒地分配给农民，成年男子每人40亩，妇女每人20亩，让他们种植谷物，另外还分给桑地。农民必须向官府交租、服役。农民死了，除桑田外，都要归还官府。这样一来，开垦的田地多了，农民的生产和生活比较稳定，北魏朝廷的收入也增加了。

魏孝文帝是一个政治上有作为的人，他认为要巩固魏朝的统治，一定要吸收中原的文化，改革一些落后的风俗。为了这个，他决心把国都从平城（今山西大同市东北）迁到洛阳。

他怕大臣们反对迁都的主张，先提出要大规模进攻南齐。有一次上朝，他把这个打算提了出来，大臣纷纷反对，最激烈的是任城王拓跋澄。

魏孝文帝发火说："国家是我的国家，你想阻挠我用兵吗?"拓跋澄反驳说："国家虽然是陛下的，但我是国家的大臣，明知用兵危险，哪能不讲。"

魏孝文帝想了一下，就宣布退朝，回到宫里，再单独召见拓跋澄，跟他说："老实告诉你，刚才我向你发火，是为了吓唬大家。我真正的用意是觉得平城是个用武的地方，不适宜改革政治。现在我要移风易俗，非得迁都不行。这回我出兵伐齐，实际上是想借这个机会，带领文武官员迁都中原，你看怎么样?"

拓跋澄恍然大悟，马上同意魏孝文帝的主张。

493 年，魏孝文帝亲自率领步兵骑兵 100 多万南下，从平城出发，到了洛阳。正好碰到秋雨连绵，足足下了一个月，到处道路泥泞，行军发生困难。但是孝文帝仍旧戴盔披甲骑马出城，下令继续进军。

大臣们本来不想出兵伐齐，趁着这场大雨，又出来阻拦。魏孝文帝严肃地说："这次我们兴师动众，如果

半途而废，岂不是给后代人笑话。如果不能南进，就把国都迁到这里。诸位认为怎么样？”

大家听了，面面相觑，没有说话。魏孝文帝说：“不能犹豫不决了。同意迁都的往左边站，不同意的站在右边。”

一个贵族说：“只要陛下同意停止南伐，那么迁都洛阳，我们也愿意。”许多文武官员虽然不赞成迁都，但是听说可以停止南伐，也都只好表示拥护迁都了。

魏孝文帝把洛阳一头安排好了，又派任城王拓跋澄回到平城去，向那里的王公贵族，宣传迁都的好处。后来，他又亲自到平城，召集贵族老臣，讨论迁都的事。

平城的贵族中反对的还不少。他们搬出一条条理由，都被魏孝文帝驳倒了。最后，那些人实在讲不出道理来，只好说：“迁都是大事，到底是凶是吉，还是卜个卦吧。”

魏孝文帝说：“卜卦是为了解决疑难不决的事。迁都的事，已经没有疑问，还卜什么。要治理天下的，应该以四海为家，今天走南，明天闯北，哪有固定不变的道理。再说我们上代也迁过几次都，为什么我就不能迁呢？”

贵族大臣被驳得哑口无言，迁都洛阳的事，就这样决定下来了。

魏孝文帝把国都迁到洛阳以后，决定进一步改革旧的风俗习惯。

有一次，他跟大臣们一起议论朝政。他说："你们看是移风易俗好，还是因循守旧好？"

咸阳王拓跋禧说："当然是移风易俗好。"

魏孝文帝说："那么我要宣布改革，大家可不能违背。"

接着，魏孝文帝就宣布几条法令：改说汉语，30岁以上的人改口比较困难，可以暂缓，30岁以下、现在朝廷做官的，一律要改说汉语，违反这一条就降职或者撤职；规定官民改穿汉人的服装；鼓励鲜卑人跟汉族的士族通婚，改用汉人的姓。北魏皇室本来姓拓跋，从那时候开始改姓为元。魏孝文帝名元宏，就是用了汉人的姓。

魏孝文帝大刀阔斧的改革，使北魏政治、经济有了较大的发展，也进一步促进了鲜卑族和汉族的融合。

北魏的分裂

北魏孝文帝迁都洛阳以后，曾经两次调动大军攻打南齐。由于南齐军民的抵抗，没有取得胜利。499年，南齐派兵攻打北魏。魏孝文帝带病抵抗，打退了齐兵。不久，魏孝文帝也病死了。

魏孝文帝死后，魏宣武帝元恪即位，北魏就开始衰落了。到了魏孝明帝即位时，因为年纪太小，由他母亲胡太后临朝。胡太后是个专横奢侈的人。她相信佛教，认为佛法能减轻她的罪过。她在皇宫旁边造起一座气势宏伟的永宁寺。寺里供奉的佛像有用金子塑的，也有用白玉雕的，高的一座有 1 丈 8 尺高。寺的旁边又建造了一座 90 丈高的九层宝塔。每到夜深人静的时候，风吹动塔上的铃，发出的声音，10 里以外都听得到。寺里有 1000 间僧房，都用珠玉锦绣装饰，叫人看了眼花缭乱。据说从佛教传到中国以后，像这样华丽的寺院，还从来没有过。

北魏的统治者，还动用大量人力物力，开凿石窟，建造佛像。在建都洛阳之前，他们花了 30 多年时间在云冈（今山西大同市武周山）开凿大批石窟，藏有大小佛像 10 万尊以上。从宣武帝到胡太后，又在洛阳伊阙的龙门山开凿石窟，建造佛龛，前前后后开凿了 24 年，征招了 80 多万人工。这些石窟和佛像表现了我国古代人民高超的雕塑艺术水平，但它也大大加重了当时劳动人民的负担。

由于北魏以前几代国力强盛，统治阶级搜刮了不少财富。有一次，胡太后偶然到库房去看，发现那里积累的绫罗绸缎多得用不完，就想出一个主意，下命令叫贵族大臣都到库房里来，把绫罗赏赐给他们。她规定让他们凭自己的力气，拿得动多少就拿多少。这批贵族大臣是些贪得无厌的家伙，吵吵嚷嚷地都想多拿一些。可是，他们平时养尊处优，哪里拿得动许多绢匹。陈留公李崇、章武王元融两个人因所扛太多，累得汗流浃背，刚迈开两步，就连人带绢跌倒在地上。李崇伤了腰，元融伤了腿，都躺在地上哼哼唧唧叫疼。

胡太后看了，派人把他们两人背上的绢匹全夺了下来。两个大臣偷鸡不成蚀把米，一个揉着腰，一个瘸着腿，空手出了宫门。宫里宫外的人看见了，都笑得前俯后仰。

有胡太后带头，下面的贵族豪门也互相比

阔气。

西晋时代不是有大富豪石崇吗？北魏的河间王元琛，也要学石崇的样儿。他特地邀请贵族、大臣到他家宴会，宴席上用的食器，有水晶杯，玛瑙碗，都精巧华丽得出奇。元琛还请大家参观他堆满金银绸缎的仓库。后来大家到他家的马厩一看，发现喂马的食槽也是用银子打的。

元琛一面领着大家看，一面对章武王元融说："大家都说晋朝的石崇富。我不恨自己见不到石崇，只可惜石崇没有见到我这样富有。"

元融从元琛家里回来，觉得自己比不上元琛家富，懊恼得3天没有起床。

北魏的皇室贵族这样穷奢极侈，当然得向百姓穷凶极恶地搜刮。人民忍受不住，终于起来反抗了。

那时候，北魏在北方边境设立了6个镇，派了将士防守。523年，沃野镇（今内蒙古五原北）的匈奴人破六韩拔陵（破六韩是姓）首先带领兵士杀死镇将，发动起义。其他5个镇的兵士也纷纷响应，反对北魏的起义势力越来越大。由于北魏联合北方的柔然族人共同镇压，六镇兵士的起义失败了。

北魏政府为了防止六镇兵民的反抗，把起义失败的六镇兵士和居民20多万人都押送到冀州、定州、瀛州（治所都在今河北）。这些兵士哪里肯受魏朝的奴役，在冀州，又燃烧起起义的火焰。鲜卑族的葛荣率领起义军，进攻瀛州。北魏政府派章武王元融为大司马，广阳王元深为大都督，发动大军镇压。

那些只知吃喝玩乐的贵族哪里会打仗。葛荣起义军到了白牛逻（今河北博野县），就派出一支轻骑兵偷袭元融的大营。元融没有防备，被起义军杀了。元深听到元融被杀，退到定州，也被葛荣的骑兵俘虏了，葛荣担心手下人拥奉元深，便把他杀了。

葛荣把各路起义兵士都合在一起，号称百万，准备向洛阳进军，声势浩大。这时候，秀容（今属山西省）有个部落酋长尔朱荣，手下有7000强悍的骑兵，专门和农民军作对。北魏孝明帝就利用尔朱荣的兵力来对付葛荣。

葛荣认为尔朱荣人马少，容易对付。他把兵士在几十里的阵地上散开，准备围捕尔朱荣。想不到尔朱荣把兵埋伏在山谷里，发动精兵突击，把葛荣的兵士冲散，再前后夹击。起义军遭到失败，葛荣本人也被杀害了。

葛荣起义失败后，北魏内部也发生大乱。尔朱荣和胡太后、孝明帝在内乱中互相残杀。最后北魏的实权，落在两员大将高欢和宇文泰手里。534 年，北魏的孝武帝逃到长安投靠宇文泰。第二年，宇文泰杀了孝武帝，另立文帝；高欢另立魏孝静帝，迁都邺城。从那时候起，北魏就分裂成两个朝廷。历史上把建都在长安的叫西魏，建都在邺城的叫东魏。

北魏太武帝灭佛

佛道的祖师问题一直闹到隋唐宋元之际。武则天时期，佛教比较得势，有一个僧人就站出来请求销毁《老子化胡经》。崇佛的武则天还算民主，指定了8名儒生出身的学士讨论这个问题，可是得到的结论是："汉隋诸书所载，不当除削。"直至元世祖忽必烈至元年间（1264—1294年），朝廷还3次组织佛道辩论《化胡经》的真伪。有关记载说，因为元代统治者是"胡人"，便未能容忍诋毁"胡神"。辩论的结果是道士落发，《化胡经》连同刻板一起被焚。

东晋至宋元时期佛道徒们的辩论最初还比较有理智，最多也只是吹牛大赛而已，可是以后竟

发展为相互诽谤与谩骂，如佛教徒作《笑道论》，道士则有《道笑论》，言语粗俗，很令人扼腕。佛道之间的矛盾冲突，往往和封建社会的政治矛盾、民族矛盾交织在一起，形成历史上多次的灭佛或灭道。如太平真君七年（446 年），北魏太武帝灭佛，固然有着崔浩、寇谦之怂恿的因素，但太武帝也想通过此举证明自己亲汉不亲胡，证明自己是黄帝子孙（拓跋氏自称是黄帝子昌意的后裔），有权继承伏羲、神农的嗣统。又如北周武帝灭佛抑道，也完全是从当时的政治、经济利益出发，最初未必想焚经毁像，只不过是想排出儒先、道次、释最后的次序，以证明自己不是五胡，有资格统治汉族罢了。周武帝为此多次召集百官、儒生、道士上殿，让三教充分发表意见。可是佛教徒却颇有些“只要主义真”的味道而频频进击，还用阿鼻地狱恐吓周武帝。周武帝索性答道：“只要百姓得乐，我情愿去受那地狱诸般苦。”话既已说到这一步，周武帝的灭佛便不可避免了。他一下子毁掉了 4 万所以上的寺庙，让 300 万和尚还俗做平民。周齐境内的和尚们这才追悔莫及。

南北朝之际，道教虽然排斥佛教，但并不主张杀害佛教徒。从北魏道士寇谦之开始就一直保持着这种态度。439 年，北魏灭北凉，崇道的魏太武帝捕获替北凉守城的僧军3000名，下令剿杀，幸得寇谦之出来说情，3000僧人才幸免于难。446年，魏太武帝又大杀境内僧人。寇谦之向太武帝的宠臣司徒崔浩力劝勿杀，崔浩不听。但这件事给佛教徒们印象极深。所以后来崇佛的齐文帝宣布灭道教，便仅杀了4名不肯落发的道士。这以后，周武帝灭佛，亦不肯杀一个僧人。而这应是对佛教自始至终所坚持的和平与平等主义（特别是大乘佛教大慈大悲、普度众生的思想）的最好报答。

画龙点睛

南朝梁武帝时，都城建康（今江苏南京）的安乐寺门前，有一天，人头攒动，人们都似在翘首以待地等着观看一场什么精彩的表演。

原来安乐寺经过彻底翻修后，将大门两侧的院墙粉刷雪白，请当时的著名画家张僧繇在左右粉墙上分别画了两条墨龙。龙头高昂，吞云吐雾，矫健而有生气。但人们总觉得墨龙的身上还缺少点什么。仔细一看，才发现4条墨龙的眼内都没有点睛（眼珠），因而无论怎样表现龙爪飞舞，龙姿腾跃，总令人感到墨龙缺乏神气，少了精神。安乐寺的住持和尚一再请求张僧繇为墨龙点画龙睛，张僧繇始终不肯，说是如果点画了龙睛，墨龙就会破壁腾空飞去。张僧繇是全国闻名的画龙圣手，寺门两侧的墨龙也确实画得活灵活现，栩栩如生，但说是点画了龙睛，墨龙就会破壁飞去，这就未免有点太玄乎了。有的人干脆不信，有的人半信半疑。还有人向住持和尚说，大约是给的酬银少了，张僧繇又不便明说，所以才故意不为墨龙点睛的。住持和尚认为说的有道理，赶紧向张僧繇表示，只要他为墨龙点睛，再加酬银10万钱。张僧繇虽然一再说明不是嫌酬银太少，确实是担心墨龙破壁飞去，但住持和尚就是不相信。张僧繇无奈，只好答应来为4条墨龙点画龙睛。消息传开，金陵城的市民，只要走得动、脱得开身的人，几乎都拥到安乐寺前来看热闹。

上午时分，阳光普照，雪白的粉墙反射着银光。4条墨龙则似在云雾中出没、腾跃。张僧繇在住持和尚的陪同下，从大殿中来到寺门前。他在两个年轻和尚的扶持下，登上了还未拆除的脚手架，然后躬身从小和尚手中接过毛笔，在砚台中舔了舔墨。当人们还未及反应过来时，张僧繇已挥笔点完两条龙的眼珠。

他正要去到另一侧点睛，突然一阵电闪雷鸣，一个霹雷把粉墙击穿成洞，刚刚点画龙睛的两条墨龙忽地腾空而起，乘着云雾飞上云天去了。人群先是一阵惊慌，接着又为张僧繇的神技欢呼雀跃。住持和尚再也不敢让张僧繇继续点画龙睛，于是，留下了两条未点睛的墨龙在寺壁之上。

梁武帝做和尚

北魏发生内乱以后，南方的梁朝曾经几次起兵北伐。但是梁武帝指挥无能，不但不能恢复土地，反而死伤了无数军民。北魏分裂后，也没有能力再进攻南方，梁朝才有一个比较长的安定时期。

梁武帝看到宋、齐两个朝代都因为皇族之间互相残杀而发生内乱，他就对自己的亲属格外宽容。皇族中有人犯罪，他只好言好语教训一番，从不办罪。梁

武帝有个六弟临川王萧宏，是个贪得无厌的人，尽情搜刮财富。临川王府内室后面有几十间库房，平日锁得严严实实的。有人怀疑里面藏的是兵器，向梁武帝告发，说萧宏私藏兵器，准备造反。

梁武帝听说他弟弟要夺他的权，也有点吃惊，亲自带领禁军去搜查。萧宏一见梁武帝，神色慌张。梁武帝更加起了疑心，就命令萧宏把库房全部打开，让他挨间检查，打开库房一看，发现其中 30 多间库房里都堆满了钱，共有 3 亿万以上，其他的库房里囤积着布、绢、丝、绵等杂货，更是多得不计其数。

萧宏跟在梁武帝后面，心惊胆战，怕梁武帝发现了他的赃物，要办他的罪。想不到梁武帝检查完了，转过身来，笑嘻嘻地对萧宏说："阿六，你的日子过得不错嘛！"

打那以后，他知道萧宏不会谋反，反而对萧宏更加信任了。

梁武帝对亲属和士族百般纵容，对待百姓就完全是另外一套，谁触犯当时的法律，就要严办。如果一个人逃亡，全家人都要罚做苦工。这样，贵族官僚有恃无恐，更加横行不法，有的甚至在大街上公开杀人，都没有人敢干涉。

有一个正直的官员贺琛上了一个奏章，对梁武帝提出 4 条意见：现在各地州郡官吏搜刮残酷，百姓实在受不了；官员穷奢极侈，浪费太严重；奸臣当道，作威作福，陷害好人；大造官府，没完没了，百姓终年服役不得休息。

贺琛说的条条是事实，但是梁武帝一句也听不进。他口授一道诏书，责备贺琛。在那份诏书里，他把自己说成一个天底下少有的贤明君主，又是勤劳，又是节俭，把贺琛的意见顶了回去。

梁武帝也是个佛教信徒。他在建康建造了一座规模宏大的同泰寺，每天早晚到寺里去烧香拜佛，讲解佛法，说这样做是为了替百姓消灾积德。到了他年老的时候，更干出一件奇怪荒唐的事来。

有一次，他到同泰寺“舍身”，也就是要出家做和尚。皇帝做和尚，这还是破天荒第一次。可是皇帝说要出家，谁敢反对！再说，那时候佛教盛行，皇帝肯做和尚，还表示他对佛法的虔诚呢。

梁武帝做了 3 天和尚，宫里的人把他接回去了。后来他一想，这样做不妥当。因为按当地的风俗，和尚还俗，要出一笔钱向寺院“赎身”。皇帝当了和尚，怎么能够例外。第二次，他又到同泰寺舍身，大臣们请他回宫，他就不答应了。

后来，大臣们懂得他的意思，就凑了一亿钱到同泰寺给这位“皇帝菩萨”赎身。寺里和尚能够收进一大笔钱，怎么不高兴，当然同意他还俗。大臣们就排了仪仗，到寺里把他接回来。

第三次，梁武帝又想个新花样，他到同泰寺舍身的时候，说他为了表示他对佛的虔诚，不但自己的身子舍了，还把他宫里人和全国土地都舍了。

舍的多，赎的钱当然应该更多。过了一个月，大臣们就凑足了两亿钱去把他赎了回来。

说巧也巧。正好在那天晚上，同泰寺里的一座塔被火烧了。和尚赶快报告梁武帝。梁武帝合着手掌，说这一定是恶魔干的。他又下了一道诏书说：“道越高，魔也越盛。我们要造更高的塔，才能压住魔鬼的邪气。”

过了一年，他又舍了一次身。大臣们又花了一万万钱把他赎回来。梁武帝前后做了 4 次和尚（一说是 3 次），大臣们一共花了 4 亿钱为其赎身。这笔钱，当然转嫁到老百姓身上去了。

梁武帝热心做和尚，把朝廷大事弄得混乱不堪。有个野心家就利用他的昏庸，发动了一场空前的大叛乱。

斛律光之死

571 年，北周围困了北齐的宜阳。北齐的斛律光奉命率领步骑兵 5 万赶去救援，与北周军大战于宜阳，攻占了北周的建安等地，俘敌 1000 多人，胜利返回。部队还未抵达邺县，皇帝就下令让斛律光解散队伍，遣散士兵。

斛律光听到此消息，有些吃惊，认为士兵们在战斗中大多立下了功勋，立即解散，他们就受不到应有的奖赏了。于是，斛律光秘密上奏请求朝廷派使者前来慰劳，自己率军向京城行进。朝廷迟迟没有派出使者，斛律光的军队已经离京城不远，便令军队就地驻扎等待朝廷的使者。对此，北齐后主很恼怒，急令斛律光入朝相

见，然后宣布慰劳军队，遣散士兵，封斛律光为左丞相及清河郡公。

斛律光入朝，常在朝上垂帘而坐。大臣祖珽因双目失明，不知他在此，骑着马从他面前经过。斛律光很恼怒，后来祖珽入见后主，说话傲慢，适逢斛律光由外经过被他听见，更加恼怒。祖珽知道斛律光恼恨自己，就贿赂斛律光的侍从。侍从说："自从您重被任用，相王（指斛律光）经常在夜间抱膝叹息道，'盲人入朝，国家一定会破亡的！'"祖珽听后十分恼怒。

大臣穆提婆请求娶斛律光的女儿，斛律光没有答应。后主把晋阳的良田赏赐给穆提婆，斛律光在朝上说："这儿的田地，自神武帝以来都是种稻禾的，还养了几千匹战马，以备战时急用，现在赐给穆提婆，不是妨害军务吗？"因为这些，祖珽、穆提婆对斛律光积下了仇怨。

北周将军韦孝宽想除掉他，以削弱北齐的力量。于是，他就大造谣言，还派间谍在邺县四处传播说："高山不推自崩，槲树不扶自竖。"影射斛律光很快要占领长安，北齐姓高的皇帝必然垮台，斛律光将做皇帝。祖珽得知后又给添上两句："盲眼老公背受大斧，饶舌老母不得语。"让小孩儿们在大街小巷传唱。

穆提婆将此告诉他的母亲（此人系北齐后主的乳母）。他母亲同祖珽一起商量，将谣言禀告了后主，并说："斛律光一家几代都是大将，英勇善战，名震关西，斛律光的女儿是当今皇后，儿子娶的是公主，名高势重，传言所说实在是令人畏惧啊！"后主就此事问大臣韩长鸾，韩长鸾认为不可能是真的，此事遂撂下。

韦孝宽见状，越发命间谍在大街小巷广造谣言。祖珽再次进宫见后主，要求避开众人议事，只留何洪珍一人在旁。后主说："前些天得到您的报告，我就想除掉斛律光，但韩长鸾却认为不可能是真的。"祖珽没有答话，何洪珍进言道："如果您本来没有除掉他的打算，那就算了。现在既然已经有了这个想法而又不果断施行，万一泄露出去可怎么办？"后主说："洪珍的话有道理。"但仍然犹豫不决。这时丞相府佐封士让上书说："斛律光前次征西还京，皇上命令他解散军队，他却让军队逼临京城，企图谋反，他的家中藏有兵器，拥有奴隶僮仆数以千计，又经常派人与其族人密谋。如果不及早灭除，恐怕事情就很难预料了。"

后主终于下定决心。他害怕斛律光马上就会发动谋反，就派何洪珍召祖珽来商议，祖珽道："如果明着召他，恐怕他心存疑虑不敢来。可派使者去赐给他一匹骏马，告诉他‘明天皇上将到东山游观，您可以乘这匹马同去’。这样的话，斛律光必来向皇上谢恩，就可以趁机把他抓住。”后主依此计行事。不一会儿，斛律光来了，被带入风凉亭内，刘桃枝从他身后下手，把他斩杀了。这一年斛律光 58 岁。

从此，北齐军威不振，国势日衰。北周再也不怕北齐了。

反复无常的侯景

梁武帝最后一次出家那年的一天晚上，他做了一个梦，梦见北朝的刺史、太守都来向南梁王朝投降。这当然只是他日思夜想造成的幻梦。第二天上朝，他就把这件事告诉大臣说："我这个人很少做梦，这个梦一定是个好兆头。"

过了 20 多天，恰好西魏的大将侯景派人来，说他跟东魏、西魏都有冤仇，决心向南梁投降，还表示愿意把他控制的函谷关以东 13 个州都献给南梁。

侯景本来是东魏丞相高欢手下的一员大将。高欢让他带兵 10 万，镇守黄河以南。高欢

临死的时候，怕侯景靠不住，派人把侯景召回洛阳。侯景听到高欢死了，就不接受东魏的命令，带着人马投降了西魏。

西魏丞相宇文泰也不信任侯景，一面接受侯景的献地，一面召侯景到长安去，准备解除他的兵权。侯景不肯上宇文泰的当，又转而向南梁投降。

梁武帝接见了侯景派来的使者以后，马上召集大臣商议。大臣们大多认为南梁和北朝多年相安无事，现在接纳了北朝叛将，只怕引起纠纷。但是梁武帝却认为接纳了侯景，可以乘机恢复中原，再想起他做过的一个梦，认为这是佛祖来帮助他了。他就不听大臣的劝阻，接受了侯景的投降，把侯景封为大将军、河南王，并且派他的侄儿萧渊明带兵 5 万去接应侯景。

萧渊明带兵北上，受到东魏的进攻。梁军多年没有打仗，纪律很差，跟东魏一交锋，几乎全军覆没。萧渊明也被俘虏了。

东魏又进攻侯景，侯景大败，只剩下 800 个人逃到南梁境内的寿阳。

东魏派使者到南梁，主张双方重新讲和，说他们愿意把萧渊明送回来。侯景知道这件事，害怕起来，派一个人冒充东魏使者送信到建康，提出用萧渊明交换侯景。梁武帝不知道这是侯景的试探，写了一封信交给使者，说只要把萧渊明放还，就立即把侯景交给东魏。

侯景本来就不是真心投降南梁，看到梁武帝的信，就决定叛变了。

被东魏打得走投无路的侯景，对付腐败的南梁，倒还很有力量。他的人马很快就打到长江北岸。梁武帝派他的侄儿萧正德在长江南岸布防抵抗。

侯景派人诱骗萧正德说，只要他肯做内应，在推翻梁武帝之后，就拥戴他做皇帝。萧正德权迷心窍，秘密派了几十艘大船，帮助侯景的叛军渡过长江，还亲自带领叛军渡过秦淮河。侯景顺利地进入建康，把梁武帝居住的内城台城包围起来。

侯景用尽办法攻台城，台城里的军民坚决抵抗。叛军放火烧城，城里的军民用水浇灭。叛军用木驴（一种攻城用具）掩护攻城，城上的人丢大石块，把叛军逼回去。叛军又在城东城西堆起两座土山，想从土山上攻进城去，城里的人也筑土山对付。

这样，双方相持了 130 多天。台城刚被围的时候，城内还有百姓十几万人，兵士两万多。到了后来，有的在打仗中死去，有的病死饿死，剩下的不满 4000 人。城里到处是尸体，没人掩埋。大家都盼着南梁各州的诸侯王军队来救援。

哪儿知道各地来救援的诸侯王带了二三十万人马，在建康周围按兵不动。大家都推三阻四，说要等别的救兵来。临时被推为大都督的柳仲礼，躲在自己家里，每天饮酒作乐。

有一次，梁武帝问大臣，有什么办法打退侯景。有个大臣老实回答他说："陛下的王公大臣，都是一些不忠不孝的人，怎么能对付叛贼呢？"

到了这个时候，谁也没法挽回这个局面了。叛军攻进了台城。梁武帝也成了侯景的俘虏。

侯景自封为大都督，掌握了朝廷大权。他先杀了那个一心想做皇帝的同伙萧正德，又把梁武帝软禁起来，吃的喝的也供应不上。梁武帝要什么没什么，最后，活活饿死在台城里。

梁武帝死后，侯景又先后立了两个梁朝皇帝当傀儡。551 年，自立为皇帝。

侯景到处屠杀掠夺，给百姓带来深重的灾难，百姓对侯景切齿痛恨。第二年，梁朝大将陈霸先、王僧辩率领大军从江陵出发，进攻建康。侯景的叛军立刻土崩瓦解。最后，侯景只带了几十个心腹乘了一只小船狼狈逃走，半路上被他的部下刺杀了。

南梁王朝经过这场大乱，内部四分五裂。557 年，陈霸先在建康建立了陈朝，这就是陈武帝。

隋唐五代

陈后主亡国

陈武帝建立南陈王朝的时候，北方的东魏、西魏已经分别被北齐、北周代替。550 年，东魏高欢的儿子高洋建立了北齐；557 年，西魏宇文泰的儿子宇文觉建立了北周。北齐和北周互相攻战，到北周武帝时，灭掉了北齐，统一了北方。

北周武帝是个比较有作为的皇帝，但是继承他的周宣帝却是一个荒淫暴虐的人。周宣帝死去后，他的岳父杨坚夺取了政权。581 年，杨坚即位，建立隋朝。这就是隋文帝。

北方在政治上动乱的时候，南陈王朝获得了一个暂时的稳定局面，经济渐渐恢复起来。但是传到第五个皇

帝，却是一个荒唐得出奇的陈后主。

陈后主名叫陈叔宝，是个完全不懂国事，只知道喝酒享乐的人。他大兴土木，造起了 3 座豪华的楼阁，让他的宠妃们住在里面。他手下的宰相江总、尚书孔范等，都是一伙腐朽的文人。陈后主和他的宠妃们经常在宫里举行酒宴，宴会的时候，让他们一起参加。大家通宵达旦地喝酒赋诗，你唱他和，还把他们的诗配上曲子，挑选了1000 多个宫女，为他们演唱。

陈后主这样穷奢极侈，他对百姓的搜刮当然非常残酷。百姓被逼得过不了日子，流离失所，到处可见倒毙的尸体。有个大臣傅縡上奏章说：“现在已经到了天怒人怨、众叛亲离的田地了。这样下去，恐怕东南的王朝就要完了。”

陈后主一看奏章就火了，派人对傅縡说：“你这是在胡说八道。如果你愿意改过，我就宽恕你。”

傅縡说：“我的心同我的面貌一样。如果我的面貌可以改，我的心才可以改。”

陈后主就把傅縡杀了。

陈后主过了 5 年的荒唐生活。这时候，北方的隋朝渐渐强大起来，决心灭掉南方的陈朝。

隋文帝听从谋士的计策，每逢江南将要收割庄稼的季节，就在两国边界上集结人马，扬言要进攻陈朝，使得南陈的百姓没法收割。等南陈把人马集中起来，准备抵抗隋兵，隋兵又不进攻了。这样一连几年，南陈的农业生产受了很大影响，守军的士气也松懈下来。隋兵还经常派出小股人马袭击陈军粮仓，放火烧粮食，使陈朝遭到很大损失。

588 年，隋文帝造了大批大小战船，派他的儿子晋王杨广、丞相杨素担任元帅，贺若弼、韩擒虎为大将，率领 51 万大军，兵分八路，准备渡江进攻陈朝。

隋文帝亲自下了讨伐陈朝的诏书，宣布陈后主 20 条罪状，还把诏书抄写了 30 万张，派人带到江南各地去散发。陈朝的百姓本来恨透陈后主，看到了隋文帝的诏书，人心更加动摇起来。

杨素率领的水军从永安出发，乘几千艘黄龙大船沿着长江东下，满江都是旌旗，战士的盔甲在阳光下闪闪发光。南陈的江防守兵看了，都吓得呆了，哪里还有抵抗的勇气。

其他几路隋军也都顺利地开到江边。北路贺若弼的人马到了京口，韩擒虎的人马到了姑孰。江边陈军守将告急的警报接连不断地送到建康。

陈后主正跟宠妃、文人们醉得一塌糊涂，他收到警报，连拆都没有拆，就往床下一丢了事。

后来，警报越来越紧了。有的大臣一再请求商议抵抗隋兵的事，陈后主才召集大臣商议。

陈后主说："东南是个福地，从前北齐来攻过3次，北周也来了两次，都失败了。这次隋兵来，还不是一样来送死，没有什么可怕的。"

他的宠臣孔范也附和着说："陛下说得对。我们有长江天险，隋兵又不长翅膀，难道能飞得过来？这一定是守江的官员想贪功，故意造出这个假情报来。"

大家你一言，我一语，根本不把隋兵进攻当作一回事，笑话了一阵，又照样叫歌女奏乐，喝起酒来。

589年年初，贺若弼的人马从广陵渡江，攻克京口；韩擒虎的人马从横江渡江到采石，两路隋军逼近建康。

到了这个火烧眉毛的时候，陈后主才有些惊醒过来。城里的陈军还有十几万人，但是陈后主手下的宠臣江总、孔范一伙都不懂得怎么指挥。急得陈后主哭哭啼啼，手足无措。隋军顺利地攻进建康城，陈军将士被俘的被俘，投降的投降。

隋军打进皇宫，到处找不到陈后主。后来，捉住了几个太监，才知道陈后主逃到后殿投井了。

隋军兵士找到后殿，果然有一口井。往下一望，是个枯井，隐约看到井里有人，就高声呼喊，井里没人答应。兵士们威吓着叫喊说："再不回答，我们要扔石头了。”说着，真的拿起一块大石头放在井口，装出要扔的样子。

井里的陈后主吓得尖叫了起来。兵士把绳索丢到井里，才把陈后主和两个宠妃拉了上来。

南朝的最后一个朝代陈朝灭亡了。中国自从 316 年西晋灭亡起，经过 270 多年的分裂局面，重新获得了统一。

赵绰依法办事

隋文帝统一全国以后，采取了各种巩固统治的措施，像改革官制、兵制，建立科举制度，选用办事能干的官员，严办贪官污吏。经过他的一番整顿改革，政局稳定，社会经济出现了繁荣的景象。

隋文帝还派人修订刑律，废除了一些残酷的刑罚。这本来是件好事，但是隋文帝本人就不完全按照这个刑律办事，往往一时气愤，不顾刑律规定，随便下令杀人。

这种情形，叫大理寺（管理司法的官署）的官员很为难。大理少卿赵绰觉得维护刑律是他的责任，常常跟隋文帝顶撞起来。

隋文帝曾经下令禁止使用不合标准的钱币。有一次，大兴（隋朝的都城名，今陕西西安市）大街上有人拿次币换好币，被人发现了，捉到衙门里。这件事让隋文帝得知了，隋文帝听说有人竟敢违反他下的禁令，一气之下，就下令把换钱的两个人统统砍头。

赵绰接到命令，赶忙进宫求见隋文帝。他对隋文帝说："这两个人犯了禁令，按刑律只能打板子，不该处死。"

隋文帝不耐烦地说："这是我下的命令，不干你的事。"

赵绰说："陛下不嫌我愚笨，叫我担任大理少卿。现在遇到不依刑律杀人的情况，怎么能说跟我没关系呢？"

隋文帝气冲冲地说："你想撼动大树吗？撼不动你就走开吧！"

赵绰说："我只是想劝说陛下改变主意，谈不上想撼动大树。"

隋文帝又说："你想触犯天子的威严吗？"

赵绰不管隋文帝怎样威吓，还是坚持自己的意见。隋文帝怎样骂他赶他，他也不走。隋文帝没法，很不高兴地进内宫去了。

后来，由于别的官员也上奏章谏阻，隋文帝终于取消了杀人的命令。

又有一次，官员辛亶被人告发搞违法的迷信活动。隋文帝又命令大理寺把辛亶处死。

赵绰上朝对隋文帝说："辛亶没有犯死罪，我不能接受这个命令。"

隋文帝气得浑身发抖，说："你想救辛亶，你自己的命就没有了。"说着，喝令左右侍从把赵绰拉下殿去。

赵绰面不改色，说："陛下可以杀我，但是不该杀辛亶。"

左右侍从真的把赵绰扭下朝堂，剥了他的官服，摘掉他的官帽，准备处斩。这时候，隋文帝也想到杀赵绰太没道理，就派人跟赵绰说："你还有什么话说？"

赵绰跪在地上，挺直了腰说："臣一心执法，不怕一死。"

隋文帝并不真想杀赵绰，磨蹭了一阵子，气也消了。他想到赵绰能忠于执法，毕竟是有利于他的统治的，就把赵绰放了，过了一天，还派人慰问了赵绰。

在大理寺里，有一个官员名叫来旷，听说隋文帝对赵绰不满意，想迎合隋文帝，就背着赵绰给隋文帝上了一道奏章，认为大理寺执法太宽。隋文帝看了奏章，认为来旷说得很中肯，就给他提升了官职。

来旷自以为受到皇帝的赏识，就昧着良心，诬告赵绰徇私舞弊，把不该赦免的犯人放了。

隋文帝虽然嫌赵绰办事不顺他的心，但是对来旷的上告，却有点怀疑。他派亲信官员去调查，根本没有这回事。隋文帝弄清真相，勃然大怒，立刻下命令把来旷处死。

隋文帝把处斩来旷的事交给赵绰办，认为这一回来旷诬告的是赵绰自己，赵绰不会不同意。哪儿知道赵绰还是说："来旷有罪，但是不该判斩。"

隋文帝很不高兴，袖子一甩，就退朝往内宫去了。

赵绰在后面大声嚷着说："来旷的事臣就不说了。不过臣还有别的要紧事，请求面奏。"

隋文帝信以为真，就答应让赵绰进内宫。

隋文帝问赵绰有什么事。赵绰说："我有 3 条大罪，请陛下发落。第一，臣身为大理少卿，没有把下面的官吏管好，使来旷触犯刑律；第二，来旷不该处死，臣不能据理力争；第三，臣请求进宫，本来没有什么事，只是因为心里着急，才欺骗了陛下。”

隋文帝听到最后几句话，禁不住哑然失笑。旁边独孤皇后在座，也很赏识赵绰的正直，命令左右赐给赵绰两杯酒。隋文帝也同意赦免来旷死罪，改判革职流放。

隋文帝吸取陈后主亡国的教训，比较注意节俭，发现官吏有贪污奢侈的行为，都要严办，连他的儿子也不例外。皇子秦王杨俊背着他在外面造了华丽的宫室，他发觉了，马上撤了杨俊的爵位，把杨俊禁闭起来。

大臣们说：“秦王没有什么大错误，不过是多花了点钱，造点房子，应该宽容他。”

宰相杨素也认为对杨俊处理太重。隋文帝说：“我是一国之主，不单是几个孩子的父亲，只能依刑律办事。照你们这种说法，是不是还要为皇子另外制定一种刑律？”

大臣们才没话说。

隋文帝又发现太子杨勇生活奢侈，讲究排场，很不高兴，十分严厉地教训杨勇说：“自古以来，凡是喜欢奢侈的帝王，命运没有能够长得了的。你是太子，要特别注意节俭啊！”

皇子晋王杨广比他两个兄弟狡猾，他深知他父亲脾气，表面上装得特别朴素老实，骗得了隋文帝和独孤皇后的信任，再加上杨素帮他说话。结果，隋文帝把杨勇废了，改立杨广为太子。直到他病重的时候，才发现杨广是个品质很坏的人。他想再召回杨勇，已经来不及。杨广害死了父亲，夺取了皇位，他就是历史上有名的暴君隋炀帝。

杨广即位为帝

隋仁寿四年（604 年），隋文帝杨坚将要到仁寿宫避暑，术士章仇太翼竭力劝说，隋文帝不听。章仇太翼说："这次出行恐怕陛下回不来了！"隋文帝听后勃然大怒，准备回来后杀他。七月，文帝病重，尚书左仆射杨素、兵部尚书柳述、黄门侍郎元岩都进入仁

寿宫侍奉。

隋文帝召皇太子杨广入宫住在大宝殿。杨广考虑如果隋文帝去世，必须预先防备，于是亲手写信封好，送出去询问杨素，杨素罗列事项报告太子。宫人错把回信送到隋文帝的寝宫，隋文帝看了十分恼怒。

隋文帝宠爱的陈夫人清晨更衣，遭到太子杨广逼迫，陈夫人拼力抗拒才得以脱身。回到隋文帝的寝宫，隋文帝奇怪她神色异样，问她原因，陈夫人流着泪说："太子无礼！"

隋文帝大怒，拍打着床说："畜生，怎能将国家大事托付于他？独孤误了我！"于是叫来柳述、元岩，说："召我的儿子来！"

柳述等人准备去叫杨广，隋文帝说："是杨勇！"杨勇是原来的太子，因为失宠，又被杨广设计陷害，所以被废。

柳述、元岩出了寝宫，起草诏书。杨素听说了，告诉太子杨广。杨广假传隋文帝的诏令，逮捕了柳述、元岩，关进大理寺监狱。然后命东宫士兵迅速赶到仁寿宫守卫，宫门禁止出入，派宇文述、郭衍调度，命令右庶子张衡入隋文帝的寝宫侍候。后宫侍从全都被赶到别的房间。过了不久，隋文帝去世，因此朝廷内外有很多议论。

陈夫人与后宫其他嫔妃们听说变故，面面相觑，吓得发抖，脸色也变了。黄昏的时候，杨广派使者送来小金盒，外面贴着封纸，上面有杨广亲笔写的封字，赐给陈夫人。陈夫人看见了，惊慌恐惧，以为是鸩毒，不敢打开。使者催她，才打开盒子，里面有几枚同心结。

宫人们都很高兴，对彼此说："可以免死了！"

陈夫人很生气，坐着不动，不肯致谢。众宫人一起逼陈夫人，她才拜谢使者。当天夜里，太子杨广在陈夫人那里留宿。

二十一日，为隋文帝发丧，杨广即位，是为隋炀帝。杨广派人假称隋文帝的诏命，赐死前太子杨勇。

隋炀帝游江都

隋炀帝杨广即位后，为了加强对全国政治上的控制，并且使江南地区的物资能够更方便地运到北方来，加上他个人追求享乐，一开始就办了两件事：一是在洛阳建造一座新的都城，叫东都；二是开凿一条贯通南北的大运河。

605 年，隋炀帝派管理建筑工程的大臣宇文恺负责造东都。宇文恺是个高明的工程专家，他迎合隋炀帝追求奢侈的心理，把工程规模搞得特别宏大。建造宫殿需要的高级木材石料，都是从大江以南、五岭以

北地区运来的，光一根柱子就得用上千人拉。为了造东都，每月征发200万民工，日夜不停地施工。他们还在洛阳西面专门造了供隋炀帝玩赏的大花园，叫作“西苑”，周围200里，园里人造的海和假山，亭台楼阁，奇花异草，应有尽有；尤其别出心裁的是到了冬天树叶凋落的时候，他们派人用彩绫剪成花叶，扎在树上，使这座花园四季长春。

在建造东都的同一年，隋炀帝就下令征发河南、淮北各地百姓100多万人，从洛阳西苑到淮水南岸的山阳（今江苏淮安），开通一条运河，叫“通济渠”；又征发淮南百姓10多万人，从山阳到江都（今江苏扬州），把春秋时期吴王夫差开的一条“邗沟”疏通。这样，从洛阳到江南的水路交通就便利得多了。

以后5年里，隋炀帝又两次征发民工，开通运河，一条是从洛阳的黄河北岸到涿郡（今北京市），叫“永济渠”；一条是从京口（今江苏镇江）到余杭（今浙江杭州），叫“江南河”。最后，把4条运河连接起来，就成了一条贯通南北，全长4000里的大运河。这条大运河是我国历史上的伟大工程之一，它对我国经济、文化的发展和祖国的统一，起着积极的作用。当然，这是我国成千上万劳动人民用血汗甚至生命换来的。

隋炀帝特别喜欢外出巡游，一来是游玩享乐，二来也是向百姓摆威风。

从东都到江都的运河刚刚完工，隋炀帝就带着 20 万人的庞大队伍到江都去巡游。

隋炀帝早就派官员造好上万条大船。出发那天，隋炀帝和他妻子萧后分乘两艘 4 层高的大龙船，船上有宫殿和上百间宫室，装饰得金碧辉煌；接着就是宫妃、王公贵族、文武官员坐的几千条彩船；后面的几千条大船，装载着卫兵和他们随带的武器和帐幕。这上万条大船在运河上排开，船头船尾连接起来，竟有 200 里长。

这样庞大的船队，怎么行驶呢？那些专为皇帝享乐打算的人早就安排好了。运河两岸，修筑好了柳树成荫的御道，8 万多名民工，被征发来给他们拉纤，还有两队骑兵夹岸护送。河上行驶着光彩耀目的船只，陆地上飘扬着五色缤纷的彩旗。一到晚上，灯火通明，鼓乐喧天，真是说不尽的豪华景象。

为了满足船队大批人员的享受，隋炀帝命令两岸的百姓，给他们准备吃的喝的，叫作“献食”。那些州县官员，就逼着百姓办酒席送去，有的州县送的酒席多到上百桌。别说隋炀帝吃不了那么多，就连他带的宫妃太监、王公大臣一起吃，也吃不完。留下的许多剩菜，就在岸边掘个坑埋掉。可是那些被迫献食的百姓，却被弄得倾家荡产了。

江都在当时是个繁华的地方。隋炀帝到了江都，除了尽情游玩享乐，还大摆威风。为了装饰一个出巡时候用的仪仗，就花了10多万人工，耗费的钱财更是上亿论。这样整整闹腾了半年，又耀武扬威地回到东都来。

打这以后，隋炀帝几乎每年都出巡。有一次，他从陆路到北方去巡视，征发了河北十几个郡的民工，开凿太行山，铺一条巡行的道路；为了保护他巡行的安全，又征发了100多万人修筑长城，限期20天筑成。这样，他才在50万将士的护卫下，在北方边境上巡行了一圈。北方没有现成的宫殿，好在隋炀帝身边的宇文恺是个巧匠，专门为他造了一个活动宫殿，叫作“观风行殿”。这种行殿上面可以容纳侍卫几百人，使用的时候装起来，不用的时候可以拆卸装运，下面装着轮子，可以随意转动。这在当时可算是一种发明，可惜只是供隋炀帝一个人享乐罢了。

隋炀帝建东都，开运河，筑长城，加上连年的大规模的巡游，无休止的劳役和越来越重的赋税，已经把百姓压得喘不过气来。但是隋炀帝骄奢淫逸的心理却越来越重了。为了炫耀武功，611年，他发动了对高丽的战争。

这一年，他从江都乘龙船，沿着大运河直达涿郡，亲自指挥这场战争。他下令全国军队，不论远近，一律向涿郡集中；还派人在东莱（今山东莱州市）海口督造兵船300艘，造船的民夫在官吏的监视下，日日夜夜在海边造船，得不到休息。他们下半身泡在海水里，时间一久，腰部以下都腐烂得生了蛆，许多人受不了这样折磨，倒在海水里死了。

接着，隋炀帝又命令河南、淮南、江南各地督造5万辆大车，送到高阳，给兵士运输衣甲、帐幕；又征发江、淮以南民夫和船只把黎阳（今河南浚县东南）和洛口仓的粮食运到涿郡。于是，无数的车辆，无数的船只，不分白天黑夜，沿着陆路和运河源源不断由南向北，形成一支滚滚洪流。几十万运输物资的民夫，在半路上有不少累死饿死，沿路都是倒毙的尸体。由于民夫死亡太多，耕牛也被征发拉车，弄得田园荒芜，民不聊生。

人民没法忍受下去了，要想活下去，只有反抗。邹平（今山东邹平）人王薄，首先领导农民在长白山起义，他写了一首《无向辽东浪死歌》（浪死就是白白送死的意思），号召大家反抗官府，歌中写道：

“忽闻官军至，提刀向前荡。譬如辽东死，砍头何所伤。”

接着，在山东、河北广大地区，接二连三地发生了农民起义，隋王朝的统治开始不稳了。

李密牛角挂书

隋炀帝第一次进攻高丽，被打得大败。9 支军队渡过辽河时，有 30 万 5 千人，但逃回来的只有 2700 人。这样的惨败，并没有使这个骄横的暴君死心。才隔一年，他又发动第二次对高丽的进攻。他亲自率领大军出征，派大臣杨玄感在后方黎阳督运粮草。

杨玄感的父亲杨素，原是隋炀帝的亲信，帮助隋炀帝夺取皇位。后来受到隋炀帝猜忌，郁郁不乐地死去。杨玄感因此对隋炀帝早就不满，这一回看到局势混乱，就想利用这个时机推翻隋炀帝。

杨玄感用督运粮草的名义，征发了年轻力壮的民夫、船工 8000 多人，要他们运粮到辽东前线。那些年轻人恨透了劳役，听说叫他们远离家乡去干苦差事，更加气愤。

有一天，杨玄感把民夫集合在一起，说："当今皇上不顾百姓的死活，让成千上万的父老兄弟死在辽东，这种情况不能再忍受下去。我也是被逼来干这件事的。现在我决心跟大伙一起推翻暴君。你们看怎么样？"

大伙儿一听有人带头反对朝廷，怎么会不愿意，顿时响起一片欢呼声。

杨玄感把 8000 民夫编成队伍，发给武器，准备进攻隋军。他发现他身边缺少一个谋士帮他出谋划策，不禁想起了正在长安的好朋友李密。

李密的先辈是北周和隋朝的贵族。李密少年时，被派在隋炀帝的宫廷里当侍卫。他生性灵活，在值班的时候，左顾右盼，被隋炀帝发现了，认为这孩子不大老实，就免了他的职务。李密并不懊丧，回家以后，发愤读书，决心做个有学问的人。

有一回，李密骑了一头牛，出门看朋友。在路上，他把《汉书》挂在牛角上，抓紧时间读书。正好宰相杨素坐着马车从后面赶上来，看到前面有个少年在牛背上读书，暗暗奇怪。

杨素在车上招呼说："哪个书生，这么用功啊?"

李密回过头来一看，认得是宰相，慌忙跳下牛背，向杨素作了一个揖，报了自己的名字。

杨素问他说："你在看什么?"

李密回答说："我在读项羽的传记。"

杨素跟李密亲切地谈了一阵，觉得这个少年很有抱负。回家以后，杨素跟他儿子杨玄感说："我看李密这孩子的学识、才能，比你们几个兄弟强得多。将来你们有什么紧要的事，可以找他商量。"

打那以后，杨玄感就跟李密交上了朋友。

这回杨玄感要找谋士，想起他父亲的叮嘱，就派人到长安，把李密接到黎阳来。

李密到了黎阳，杨玄感向他请教，要推翻隋炀帝，这个仗该怎么打。

李密说："要打败官军，有 3 种办法。第一种是皇上现在在辽东，我们带兵北上，截断昏君退路。他前有高丽，后无退路，不出 10 天，军粮接济不上，我们不用打也能取胜，这是上策。第二种是向西夺取长安，抄他们的老巢。官军如果想退军，我们就拿关中地区做根据地，凭险坚守，这是中策。第三种是就近攻东都洛阳。不过这可是一条下策。因为朝廷在东都还留着一部分守兵，不一定能很快攻得下来。”

杨玄感急于求成，听完这 3 条计策，觉得前两条都太费时间，说：“我看你说的下策，倒是个好计策。现在朝廷官员家属，都在东都。我们攻下东都，把家属都俘虏起来。官军军心动摇，保管能取胜。”

杨玄感立刻从黎阳出兵攻打东都，一路上，有许多农民踊跃参加起义军，队伍扩大到 10 万人，接连打了几个胜仗。隋炀帝正在带领大军猛攻辽阳，得到告急文书，连夜退兵，派大将宇文述等带领大军围攻杨玄感。杨玄感抵挡不住，想往西退到长安去。宇文述带兵跟踪追击，最后，把杨玄感的人马围住，杨玄感无路可走，终于被杀。

李密从混乱中逃了出来，想偷偷地逃回长安。但是隋军搜捕得很紧，李密还是被抓住了。

隋将派兵把李密押送到隋炀帝的行营去。半路上，李密跟 10 多个犯人一商量，把他们随身带的钱财都送给押送的隋兵，供他们吃喝。隋兵受了他们的贿赂，饮酒作乐，防备松懈下来。李密他们就趁隋兵酒醉糊涂的时候，瞅个机会跳墙逃跑了。

李密脱离危险以后，想另找机会，反抗隋朝。他想找个起义军首领做靠山，但是有的起义军首领看他是个文弱书生，不大重视他。李密没办法，只好改姓换名，东躲西藏，几次差点儿被官府抓去。最后，他听说东郡（今河南滑县东）瓦岗寨有一支起义军，兵力很强，带头的叫作翟让，为人厚道，又喜欢结交英雄，就决定上东郡去投奔瓦岗军。

瓦岗军开仓分粮

瓦岗军首领翟让，本来是东郡的一个小吏，因为得罪了上司，被打进牢监，还被判了死罪。有个狱吏同情他，跟他说：“我看你是条好汉，怎么能在牢里等死呢？”一天夜里，狱吏偷偷地砸了镣铐，打开牢门，把翟让放了。

翟让逃到东郡附近的瓦岗寨，召集了一些贫苦农民，组织了一支起义队伍。当地一些青年人听到这个消息，都来投奔他。其中有一个青年叫徐世勣，年纪

才 17 岁，不但武艺高强，而且很有计谋。他们以瓦岗为根据地，故称瓦岗军。

徐世勣劝翟让说：“这里附近都是贫苦的老乡，我们不应该去打扰他们；我看荥阳一带，来往的豪门富商很多，不如到那里去筹办点钱粮。”

翟让听从徐世勣的意见，带领农民军到荥阳一带，专门打击官府富商，夺取大批资财。附近农民来投奔翟让的越来越多，很快就发展到一万多人。

李密投奔翟让以后，帮助翟让整顿人马。那时候，附近各地还有一些小股的农民队伍。李密到各处去联络，说服他们联合起来，听从翟让指挥。翟让十分高兴，跟李密渐渐亲近起来。

翟让虽然有了很多人马，但是他并没想到自己能推翻隋炀帝。李密对翟让说：“从前刘邦、项羽，本来也是普通老百姓，后来终于推翻秦朝。现在皇上昏庸暴虐，百姓怨声载道，官军大部分又远在辽东。您手下兵强马壮，要拿下东都和长安，打倒昏君，还不是轻而易举的事！”

翟让听了很高兴，说：“您的意见太好了，我倒没想到这一点呢。”

接着，两人商量了一番，决定先攻打荥阳。荥阳太守向隋炀帝告急。隋炀帝派大将张须陀带大军镇压。

张须陀是镇压农民军的老手。翟让曾经在他手里打过败仗，这次听说又是张须陀来了，有点害怕。李密说："张须陀有勇无谋，再加上他自以为强大，骄傲轻敌。我们利用他的弱点，保管能打败他。"

李密请翟让摆开阵势，正面迎击敌人。他自己则带了1000人马在荥阳大海寺北面的密林里设下埋伏。

张须陀欺翟让不是他的对手，莽莽撞撞地指挥人马掩杀过来。翟让抵挡了一阵，假装败退。张须陀紧紧追赶，追了10多里，路越来越窄，树林越来越密，正好进了李密布置的埋伏圈。李密一声令下，埋伏的瓦岗军将士一齐杀出，把张须陀的人马团团围住。张须陀虽然勇猛，但是被伏兵层层包围，左冲右突，没法脱围，终于覆没。张须陀也被起义军打死了。

经过这一场战斗，李密在瓦岗军里提高了威信。李密不但号令严明，而且生活朴素，凡是从敌人那里缴获来的钱财，他都分给起义将士。日子一久，将士们就渐渐向着他了。第二年（617年）春天，李密劝说翟让，趁隋炀帝在江都巡游，东都空虚的机会，进攻东都。瓦岗军派人到东都刺探军情，被隋朝官员发觉，加强了东都的防御。李密就改变计划，提议先打东都附近的兴洛仓（今河南巩义市）。

兴洛仓也叫作洛口仓，是隋王朝建造的最大的一个粮仓。仓城周围 20 多里，城里挖了 3000 个大窖，每个窖里储藏着 8000 石粮食。这都是隋王朝多年来从各地农民身上搜刮来的民脂民膏。

翟让、李密两人带 7000 名精兵攻打兴洛仓。这些兵士原是流离失所的农民，一听是攻打官府的粮仓，个个摩拳擦掌，勇气百倍。他们向兴洛仓发起猛攻。驻守在兴洛仓的隋军还想顽抗，但是怎么也抵挡不住像插翅猛虎一般的瓦岗军，兴洛仓被攻破了。

瓦岗军攻破兴洛仓以后，立刻发布命令，开仓分粮。兵士们打开一口口粮窖，让老百姓尽情地拿。忍饥挨饿的农民从四面八方拥向粮仓，从头发花白的老人，到背着孩子的妇女，一个个眼里带着激动的泪花，前来领粮。大伙对瓦岗军的感激之情，就不用提了。

接着，瓦岗军又打败了东都派来的隋军救兵。到这时候，瓦岗军的指挥权渐渐集中在李密手里。翟让觉得自己的才能不如李密，就把首领的地位让给李密。大家推举李密为魏公，兼任行军元帅。

瓦岗军在洛口建立了自己的政权后，乘胜攻下许多郡县，隋朝官吏兵士纷纷投降。瓦岗军一面继续围攻东都，一面发出讨伐隋炀帝的檄文，声讨炀帝的罪恶，号召百姓起来推翻隋王朝的统治。这一来，把整个中原都震动了。

正当瓦岗军迅速壮大的时候，内部发生了严重分裂。翟让把首领位子让给李密后，翟让手下有些将领很不愿意。有人劝翟让把权夺回来，翟让却总是笑呵呵地不当一回事。但是这些话传到李密耳朵里，李密就很不高兴。李密的部下撺掇他除掉翟让。李密为了保住自己的地位，竟起了杀心。

有一天，李密请翟让喝酒。在宴会中间，把翟让的兵士都支开了，李密假意拿出一把好弓给翟让，请他试射。翟让转过身子，刚拉开弓。李密布置好的刀斧手就动起手来，把翟让砍倒了。

打那时候起，瓦岗军开始走了下坡路。但是，北方由李渊带领的一支反隋军却正在强大起来。

李渊太原起兵

李渊本来是隋王朝的贵族，靠继承祖上的爵位，当上了唐国公。617 年，隋炀帝派他到太原去当留守（官名），镇压农民起义，开始他也打过几个胜仗，后来看到起义军越打越强，越打越多，他也感到紧张起来了。

李渊有 4 个儿子，第二个儿子李世民那时候刚 18 岁，是个很有胆识的青年，平时喜欢结交有才能的人。人们也觉得他慷慨好客，喜欢跟他打交道。他看准隋朝的统治长不了，心里早有了自己的打算。

晋阳（今山西太原）县令刘文静，十分看重李世民。李世民也把他当作知心朋友。刘文静跟李密有亲戚关系。李密参加起义军以后，隋炀帝下令捉拿李密亲友。刘文静受到株连，被革了职，关在晋阳的监牢里。

李世民听到刘文静坐了牢，十分着急，赶到监牢里去探望。

李世民拉着刘文静的手说："刘大哥，我来探望，不单是为了叙叙友情，主要是想请您帮我出个主意。"

刘文静早就知道李世民的心思。他说："现在皇上远在江都，李密逼近东都，到处都有人造反。这倒是打天下的好时机啊。我可以帮您筹集 10 万人马，您父亲手下还有几万人。如果用这支力量起兵，打进长安，号令天下，不出半年，帝业可成。"

李世民高兴地说："您真说到我心里去了。"

李世民回到家里，想想刘文静的话，越想越觉得有道理。但是要说服他父亲，倒是个难题。正好在这个时候，太原北面的突厥（我国古代北方民族之一）可汗进攻马邑。李渊派兵抵抗，接连打败仗。李渊怕这件事给隋炀帝知道了，要追究他的责任，急得不知道该怎么办。

李世民抓住这个机会，就找李渊劝他起兵反隋。

李渊一听，吓得要命，说："你怎么说出这种大逆不道的话来。要是我去报官，准会把你抓起来。"

李世民并不害怕，说："父亲要告就去告吧，儿子才不怕死呢。"

李渊当然不会真的去告发，只是叮嘱他以后别说这样的话。

第二天，李世民又去找李渊说："父亲受皇上的委派，到这里讨伐反叛的人。可是眼看造反的人越来越多，您能讨伐得了？再说，皇上猜忌心很重，就算您立了功，您的处境更加危险。只有照我昨天说的办，才是唯一的出路。"

李渊犹豫了许久，才长叹一口气说："昨天夜里，我想想你说的话，也觉得有道理。我也拿不定主意。从现在起，是家破人亡，还是能化家为国，就靠你啦！"

李渊把刘文静从晋阳监牢里放了出来。刘文静帮助李世民分头招兵买马。李渊又派人把正在河东打仗的另两个儿子李建成和李元吉召了回来。

太原的两个副留守看到李渊父子的举动反常，想出来阻挠。李渊借口他们勾结突厥，把他们抓起来杀了。

李渊又听从刘文静的计策，派人备了一份厚礼，到突厥可汗那里讲和，约他一起反隋。突厥可汗觉得这样做对他们有好处，就答应帮助李渊。

李渊稳住了突厥这一头，就正式起兵反隋。李渊自称大将军，派李建成和李世民分别做左右领军大都督，让刘文静做司马，又把兵士都称为“义士”。他们带领3万人马离开晋阳，向长安进军。一路上继续招募人马，并且学农民起义军的做法，打开官仓发粮给贫民。这样一来，应募的百姓就越来越多了。

唐军到了霍邑（今山西霍县），遭到隋朝将军宋老生的拦击。霍邑一带道路狭隘，又正赶上接连几天大雨，唐军的军粮运输中断了。兵士中还纷纷传说突厥兵正准备偷袭晋阳。李渊动摇起来，想撤兵回晋阳去。

李世民对李渊说：“现在正是秋收季节，田野里有的是粮食，哪里会缺粮！宋老生也没有什么可怕的。我们用义兵的名义号召天下，如果还没打仗就后撤，岂不叫人失望。回到晋阳，是断断没有生路的。”

李建成也支持他弟弟的主张。李渊这才改变了主意，取消了撤兵的打算。

八月的一天，久雨刚刚放晴。唐军一早沿着山边小路，急行军来到霍邑城边。李渊先派李建成率领几十个骑兵在城下挑战。宋老生一看唐军人少，亲自带了3万人马出城。李世民带兵居高临下从南面山头冲杀下来，把宋老生的人马冲得七零八落。宋老生急忙回头想逃回城去。李渊的兵士已经占了城池，把城门关得紧紧的。宋老生走投无路，被唐军杀了。

唐军攻下霍邑以后，继续向西进军，在关中农民军的配合下，渡过黄河。留在长安的李渊的女儿也招募了一万多人马，号称“娘子军”，响应唐军进关。

李渊集中了20多万大军攻打长安。守在长安的隋军，要想抵抗也没用了。李渊攻下长安以后，为了争取民心，宣布约法12条，把隋王朝的苛刻法令一概废除，并且暂时让隋炀帝的孙子杨侑做个挂名的皇帝。

第二年（618年）夏天，从江都传来了隋炀帝被杀的消息，李渊就把杨侑废了，自己即位称帝，改国号为唐。他就是唐高祖。

李世民哭谏败隋军

隋朝末年，爆发了以李密、窦建德、杜伏威为首的农民起义。隋王朝分崩离析，隋朝的一些封疆大吏也开始脱离隋王朝，拥兵反隋。

唐国公李渊为太原留守，奉命镇压农民起义军。但是李渊早有反隋的打算，只是看时机还没有完全成熟，没有表露于声色，刘文静、裴寂、许世绪等都劝他起兵，于是他便决定乘机夺占关中，进而攻取中原，统一天下。

但李渊并没有立即打起反隋的旗号。他考虑到隋朝的力量还比较强大，而且李密也不愿他独自占领整个天下，突厥也对中原虎视眈眈，便决定在笼络李密、突厥的同时，进一步激化隋王朝和人民的矛盾，以壮大自己的反隋队伍。

李渊以勾结突厥为由，杀掉了反对起兵的隋太原留守副使王威和虎牙郎将高君雄，宣称尊隋炀帝为太上皇，拥立镇守长安的代王杨侑为帝，起兵南下。

七月初五日，李渊命李元吉留守太原，自己亲自率领3万人马沿汾水向关中挺进。所到之处，李渊安抚民众和官吏，开仓赈饥，对地方豪杰量才录用，得到各处官员和百姓的拥护。李渊到达霍邑时，正赶上连日大雨，道路泥泞难行，李渊军不能前进。时间一久，粮食供应便发生困难，李渊只得派人返回太原运输粮草。但因久雨不晴，粮队数日仍不见踪影。李渊听说刘武周将勾结突厥袭击晋阳，决定先回太原，再图后举。

但李世民却反对说："现在正是粮熟季节，粮食遍布田野，可就地解决。李密留恋仓粟（洛口仓等），不愿远离该地。刘武周与突厥表面上和好，实则矛盾重重，绝不会放着离他们近的马邑不攻而远袭太原。宋老生轻浮急躁，不难战胜。我们起兵的目的是夺取天下，现在遇到困难和敌兵就后退，怎能谋求大业！恐大军一退，将士便会离

散，军队就会解体。退守太原一城之地，怎能保全自己！”

但李渊主意已定，下令退兵。随即，左军拔营起寨，打马登程。李世民深感不妥，考虑了一天，决心再去劝说李渊。深夜，李世民来到了李渊的帐前，见李渊已睡，不禁扶帐大哭不止。李渊被哭声惊醒，将李世民呼入帐中，问他为何这般伤心。李世民哭诉道：“今大军反隋，只有前进才能战胜敌人，后退则全军必散。众散于前，敌乘于后，必败无疑，怎能不悲？”李渊沉思良久，终于改变决心。李世民大喜，奔出帐外，和李建成一起，连夜追回撤退的部队。

八月初一日，雨过天晴，军粮运至。李渊随即率军由东南霍山下小道向霍邑开进。李渊担心宋老生固守不战，问李世民、李建成该怎么办，李世民说：“宋老生勇而无谋。我以轻兵前往挑战，诬他勾结李密，老生必战无疑。”

李渊率部来到霍邑，李世民、李建成立即率数千名骑兵来到城下，装出围城的样子，并令士卒辱骂宋老生。宋老生果然大怒，立即大开城门，率领3万将士从东、南两门而出，背城结阵，迎战李渊部队。李渊也分别结成两阵，向隋兵发起攻击。宋老生指挥部队拼死反击，李渊军抵敌不住，稍稍后退。宋老生大喜，立即挥兵逼近。这时，李世民在城南发现宋老生部队离开城墙，向东推进，立即率部从城南杀来，夹击宋老生。李世民身先士卒，奔入敌阵，亲手杀死数十名敌兵，两刀都砍得缺了口。众将士见此，也舍命向前。宋老生的部队顿时被冲乱。李渊、李建成见此，立即挥兵回战，并大声高喊：“宋老生已被活捉!”宋军不明真伪，士气顿减，争相向城里逃窜。李渊挥兵追至城下，杀死宋老生，指挥将士攻城。城中守军抵敌不住，纷纷向李渊投降。

李世民取东都

李渊占领长安的同时，各地起义军也不断发展壮大。除了瓦岗军之外，主要的还有窦建德领导的河北起义军和杜伏威领导的江淮起义军，不断在各地打击隋军。残暴荒淫的隋炀帝自己知道末日来到，索性躲到江都，每天和皇后、妃子饮酒作乐，醉得昏昏沉沉。

他不愿听到失败的消息，但是心里到底发慌，对萧皇后说："听说外面有不少人想算计我，且别管他，还是快快活活喝酒吧。"

有一次，他拿起一面镜子，呆呆地照了半晌，说："好头颅，不知道谁来砍它呢！"

隋炀帝担心的日子终于到来了。他身边的一批禁卫军兵士，多数是关中地区的人，他们眼看跟着隋炀帝没有生路，都想开小差回家。将军宇文化及利用兵士想回家的心理，发动兵变。宇文化及带领兵士，攻进行宫，派人把隋炀帝监视起来。

隋炀帝对监视的官员说："我犯的什么罪？"

官员说：“你发动战争，穷奢极侈；相信奸邪，拒绝忠告；使男子死在战场，妇女儿童走上绝路，百姓流离失所，你还说没罪吗？”

隋炀帝说：“我确实对不起百姓，但是你们这些人也跟着我享受富贵，没对不起你们。今天这样做，是谁带的头？”

官员说：“全国的人都恨透你这个昏君，哪是一个人带的头！”

隋炀帝这才无话可说，他自己解下巾带交给官员。这个作恶多端的统治者就这样被勒死了，统治37年的隋王朝宣告灭亡。

隋炀帝死后，东都洛阳还在隋朝的东都留守杨侗（隋炀帝的孙子）和大臣王世充手里。王世充把杨侗立为皇帝，继续打着隋朝的旗号，对抗起义军。

东都周围本来是瓦岗起义军活动的地区，李密曾经多次打败隋军，但是因为李密骄傲自满，跟将领们互相猜忌，在跟北

上的宇文化及人马打了一仗之后，力量渐渐削弱。王世充看准李密的弱点，发起一次袭击，打垮了李密的大军。李密带着残兵败将，逃到长安投靠了唐朝。

王世充赶跑了李密，自以为力量强大，把杨侗废了，自立为帝，国号郑。

这时候，唐军已经削平了西北的几个豪强割据势力，稳定了后方。620年，唐高祖派李世民统率大军进攻东都。李世民大军一出关，河南许多州县纷纷投降，很快就把东都包围起来。

李世民不但善于打仗，而且善于用人。他从原瓦岗军和别的割据势力的降将中，收留了一批人。像有名的秦叔宝、程咬金、尉迟敬德（尉迟是姓），都成了他的得力助手。有一次，李世民亲自带了500骑兵在阵地上巡视，被王世充发现，发动一万多步兵、骑兵突然围上来，王世充的大将单雄信冲到李世民身边，用长矛直刺过来。李世民后面的尉迟敬德飞马赶上，大喝一声，把单雄信刺下马来。尉迟敬德保护李世民突出包围，两个人又带着骑兵转过身在郑军阵地来回冲杀，吓得郑军不敢阻挡。接着，后面的唐军源源不断地上来，把郑军打得一败涂地。

从这年秋天一直到第二年春天，唐军把东都越围越紧，日夜不停地攻城。王世充在城里严密防守，不断用石炮、弩箭袭击城外唐军。日子一久，唐军将士也感到疲劳，有人向李世民建议暂时停止进攻，回长安休整后再打。

李世民说："现在四周各州都已经投降，洛阳成了一座孤城，迟早可以攻下，怎么能半途停下来。"接着就向将士发出命令说："不攻下东都，绝不退兵。"

王世充被逼得走投无路，只好派人偷偷地出城，赶到河北向窦建德求救。

窦建德领导的起义军是河北一支强大的力量。王世充自称郑帝以后，窦建德也自称皇帝，国号为夏，攻占了唐军许多土地。他接到王世充的求救信，一面带领 30 万人马，水陆并进，援救东都；一面派出使者给李世民送去一封信，要李世民退回关中。

唐军许多将军都被夏军的强大兵力吓得害怕了，主张暂时离开东都。但是有人认为王世充兵力还很强，缺少的是粮食。如果让窦建德跟王世充两军会合，用河北的粮食接济东都，那么就没有胜利的希望了。

所以，一定要把南下的窦建德大军堵住。

李世民接受了这个建议，把李元吉留在东都继续围攻王世充，自己带 3000 多精兵北上，扼守武牢关

（即虎牢关，在今河南荥阳汜水镇）。

窦建德大军到了武牢关，被唐兵拦住，夏军发起几次进攻都没成功，李世民又派轻骑兵抄小路，把夏军的粮道切断了。

窦建德认为自己兵力强大，不怕攻不下武牢关。他拒绝了他部下和妻子的劝阻，命令全军出动，摆开阵势，鼓噪着冲了过来。

李世民上高地观察了夏军的阵势，说："窦建德没有遇到过强大的敌手，从他的阵势，就可以看出他骄傲轻敌。我们只要按兵不动，等待他们兵士疲劳的时候，一举出击，一定能打败他们。"

夏军兵士摆开阵势，准备交锋。但是，从早上到中午，还没有见唐军出来应战，兵士们又疲劳，又饥饿，有的坐在地上，有的到河滩上舀水喝。李世民一见时机已到，就命令将士渡过汜水，直冲窦建德大营。

窦建德正和他的将帅在大营聚会，听到唐军骑兵突然冲来，赶忙指挥骑兵应战。双方发生了激战，阵地上尘土飞扬，箭如雨下。

李世民乘夏军不防备，带领一支队伍猛插到夏军阵后，举起了唐军的大旗。夏军将士回头一看，以为唐军已经占领大营，没有心思再战，争先恐后地逃散。窦建德在混战中受了伤，被唐军俘虏了。

窦建德失败后，李世民再回兵围攻东都。王世充还想突围，将士们说："现在夏王已经失败，我们就是突围出去，也没有用。"王世充眼看大势已去，只好向唐军投降。

窦建德被送到长安，不久就被杀害，他的部将刘黑闼率领河北夏军，继续和唐军作战。唐军又花了3年时间，才把河北地区稳定下来。623年，唐统一中国的战争基本结束。但是，唐朝皇室内部的矛盾却尖锐起来。

玄武门之变

唐高祖即位以后，封李建成为太子，李世民为秦王，李元吉为齐王。3 个人当中，数李世民功劳最大。太原起兵，原是他的主意；在以后几次战斗中，他立的战功也最多。李建成的战功不如李世民，只是因为他是高祖的大儿子，才取得太子的地位。

李世民不但有勇有谋，而且手下有一批人才。在秦王府中，文的有房玄龄、杜如晦等，号称十八学士；武的有尉迟敬德、秦叔宝、程咬金等著名勇将。太子李建成知道自己威信比不上李世民，心里妒忌，就和弟弟齐王李元吉联合，一起排挤李世民。

李建成、李元吉知道唐高祖宠爱一些妃子，就经常在这些宠妃面前拍马送礼，讨她们的欢喜。李世民就没有这样做。李世民平定东都之后，有的妃子私下向李世民索取隋宫里的珍宝，还为她们的亲戚谋官做，都被李世民拒绝了。于是，宠妃们常常在高祖面前说太子的好话，讲秦王的短处。唐高祖听信宠妃的话，跟李世民渐渐疏远起来。

李世民多次立功，李建成和李元吉更加忌恨，千方百计想除掉李世民。

有一次，李建成请李世民到东宫去喝酒。李世民喝了几盅，忽然感到肚子痛。别人把他扶回家里，他一阵疼痛，竟呕出血来。李世民心里明白，一定是李建成在酒里下了毒，赶快请医服药，总算慢慢好了。

李建成、李元吉想害李世民，但是又怕世民手下勇将多，真的动起手来，占不到便宜，就想先把这些勇将收买过来。

建成私下派人送了一封信给秦王手下的勇将尉迟敬德，表示要跟尉迟敬德交个朋友，还给尉迟敬德送去一车金银。

尉迟敬德跟李建成的使者说：“我是秦王的部下。如果私下跟太子来往，对秦王三心二意，我就成了个贪利忘义的小人。这样的人对太子又有什么用呢。”接着，他把一车金银原封不动地退回去了。

李建成遭到尉迟敬

德的拒绝，气得要命。当天夜里，李元吉派了个刺客到尉迟敬德家去行刺。尉迟敬德早就料到李建成他们不会放过他。一到晚上，故意把大门打开。刺客溜进院子，隔着窗户偷看，只见尉迟敬德斜靠在床上，身边放着长矛。刺客本来就知道他的名气，怕他早有防备，没敢动手，偷偷地溜回去了。

李建成、李元吉一计不成，又生一计。那时候，突厥进犯中原，李建成向唐高祖建议，让李元吉代替李世民带兵北征。唐高祖任命李元吉做主帅后，李元吉又请求把尉迟敬德、秦叔宝、程咬金三员大将和秦王府的精兵都划归元吉指挥。他们打算把这些将士调开以后，就可以放手杀害李世民。

有人把这个秘密计划报告了李世民。李世民感到形势紧急，连忙找他舅舅长孙无忌和尉迟敬德商量。两人都劝李世民先发制人。李世民说："兄弟互相残杀，总不是件体面的事。还是等他们动了手，我们再来对付他们。"

尉迟敬德、长孙无忌都着急起来，说如果李世民再不动手，他们也不愿留在秦王府白白等死。李世民看他的部下十分坚决，就下了决心。

当天夜里，李世民进宫向唐高祖告了一状，诉说太子跟李元吉怎么谋害他。唐高祖答应等明天一早，叫兄弟三人一起进宫，由他亲自查问。

第二天早上，李世民叫长孙无忌和尉迟敬德带了一支精兵，埋伏在皇宫北面的玄武门，只等李建成、李元吉进宫。

没多久，李建成、李元吉骑着马朝玄武门来了，他们到了玄武门边，觉得周围的气氛有点反常，心里犯了疑。两人拨转马头，准备回去。

李世民从玄武门里骑着马赶了出来，高喊说："殿下，别走！"

李元吉转过身来，拿起身边的弓箭，就想射杀世民，但是心里一慌张，连弓弦都拉不开来。李世民眼明手快，射出一支箭，把李建成先射死了；紧接着，尉迟敬德带了 70 名骑兵一起冲了出来，尉迟敬德一箭把李元吉也射下马来。

东宫和齐王府的将士听到玄武门出了事，全部出动，猛攻秦王府的兵士。李世民一面指挥将士抵抗，一面派尉迟敬德进宫。

唐高祖正在皇宫里等着 3 人去朝见，尉迟敬德手拿长矛气冲冲地冲进宫来，说："太子和齐王发动叛乱，秦王已经把他们杀了。秦王怕惊动陛下，特地派我来保驾。"

唐高祖这才知道外面出了事，吓得不知道该怎么办才好。

宰相萧瑀等说："李建成、李元吉本来没有什么功劳，两人妒忌秦王，施用奸计。现在秦王既然已经把他们消灭，这是好事。陛下把国事交给秦王，就没事了。"

到了这步田地，唐高祖要反对也没用了，只好听左右大臣的话，宣布李建成、李元吉的罪状，命令各府将士一律归秦王指挥。过了两个月，唐高祖让位给秦王，自己做太上皇。李世民即位，就是唐太宗。

魏徵直言敢谏

玄武门之变后，有人向秦王李世民告发，东宫有个官员，名叫魏徵，曾经参加过李密和窦建德的起义军，李密和窦建德失败之后，魏徵到了长安，在太子李建成手下干过事，还曾经劝说李建成杀害秦王。

秦王听了，立刻派人把魏徵找来。

魏徵见了秦王，秦王板起脸问他说："你为什么在我们兄弟中挑拨离间?"

左右的大臣听秦王这样发问，以为是要算魏徵的老账，都替魏徵捏了一把汗。但是魏徵却神态自若，

不慌不忙地回答说："可惜那时候太子没听我的话。要不然，也不会发生这样的事了。"

秦王听了，觉得魏徵说话直爽，很有胆识，不但没责怪魏徵，反而和颜悦色地说："这已经是过去的事，就不用再提了。"

唐太宗即位以后，把魏徵提拔为谏议大夫（官名），还选用了一批李建成、李元吉手下的人做官。原来秦王府的官员都不服气，背后嘀咕说："我们跟着皇上多少年。现在皇上封官拜爵，反而让东宫、齐王府的人先沾了光，这算什么规矩？"

宰相房玄龄把这番话告诉了唐太宗。唐太宗笑着说："朝廷设置官员，为的是治理国家，应该选拔贤才，怎么能拿关系来做选人的标准呢。如果新来的人有才能，老的没有才能，就不能排斥新的，任用老的啊！"

大家听了，才没有话说。

唐太宗不记旧恨，选用人才，而且鼓励大臣们把意见当面说出来。在他的鼓励之下，大臣们也敢于说话了。特别是魏徵，对朝廷大事，都想得很周到，有什么意见就在唐太宗面前直说。唐太宗也特别信任他，常常把他召进内宫，听取他的意见。

有一次，唐太宗问魏徵说："历史上的人君，为什么有的人明智，有的人昏庸？”

魏徵说：“多听听各方面的意见，就明智；只听单方面的话，就昏庸。（文言是‘兼听则明，偏听则暗’）”他还举了历史上尧、舜和秦二世、梁武帝、隋炀帝的例子，说：“治理天下的人君如果能够采纳下面的意见，那么下情就能上达，他的亲信想要蒙蔽也蒙蔽不了。”

唐太宗连连点头说：“你说得真好啊！”

又有一天，唐太宗读完隋炀帝的文集，跟左右大臣说：“我看隋炀帝这个人，学问渊博，也懂得尧、舜好，桀、纣不好，为什么干出事来却这么荒唐？”

魏徵接口说：“一个皇帝光靠聪明渊博不行，还应该虚心倾听臣子的意见。隋炀帝自以为才高，骄傲自信，说的是尧、舜的话，干的是桀、纣的事，到后来糊里糊涂，就自取灭亡了。”唐太宗听了，感触很深，叹了口气说：“唉，过去的教训，就是我们的老师啊！”

唐太宗看到他的统治巩固下来，心里高兴。他觉得大臣们劝告他的话很有帮助，就向他们说：“治国好比治病，病虽然好了，还得好好休养，不能放松。现在中原安定，四方归服，自古以来，很少有这样的日子。但是我还得十分谨慎，只怕不能保持长久。所以我要多听听你们的谏言才好。”

魏徵说：“陛下能够在安定的环境里想到危急的日子，太叫人高兴了。（这就是常说的‘居安思危’）”

以后，魏徵提的意见越来越多。他看到唐太宗有不对的地方，就当面力争。有时候，唐太宗听得不是滋味，沉下了脸，魏徵还是照样说下去，叫唐太宗下不了台。

有一次，魏徵在上朝的时候，跟唐太宗争得面红耳赤。唐太宗实在听不下去，想要发怒，又怕在大臣面前丢了自己接受意见的好名声，只好勉强忍住。退朝以后，他憋了一肚子气回到内宫，见了他的妻子长孙皇后，气冲冲地说：“总有一天，我要杀死这个乡巴佬！”

长孙皇后很少见唐太宗发那么大的火，问他说：“不知道陛下想杀哪一个？”

唐太宗说：“还不是那个魏徵！他总是当着大家的面侮辱我，叫我实在忍受不了！”

长孙皇后听了，一声不吭，回到自己的内室，换了一套朝见的礼服，向唐太宗下拜。

唐太宗惊奇地问道：“你这是干什么？”

长孙皇后说：“我听说英明的天子才有正直的大

臣，现在魏徵这样正直，正说明陛下的英明，我怎么能不向陛下祝贺呢！”

这一番话就像一盆清凉的水，把唐太宗满腔怒火浇灭了。

后来，他不但不记恨魏徵，反而夸奖魏徵说：“人家都说魏徵举止粗鲁，我看这正是他纯朴可爱的地方呢！”

643年，那位直言敢谏的魏徵病死了。唐太宗很难过，他流着眼泪说：“一个人用铜做镜子，可以照见衣帽是不是穿戴得端正；用历史做镜子，可以看到国家兴亡的原因；用人做镜子，可以发现自己做得对不对。魏徵一死，我就少了一面好镜子了。”

由于唐太宗重用人才，能采纳大臣的直谏，政治比较开明，而且注意减轻百姓的劳役，采取了一些发展生产的措施，唐朝初期经济出现了繁荣景象，社会秩序比较安定，历史上把这段时期称作“贞观之治”（贞观是唐太宗的年号）。

玄奘和尚取经

玄奘是长安大慈恩寺的和尚，原名叫陈祎，洛州缑氏（今河南偃师缑氏镇）人。13 岁那年，他出家做和尚，就认真研究佛学。后来他到处拜师学习，精通佛教经典，被尊称为三藏法师（三藏是佛教经典的总称）。他发现原来翻译过来的佛经错误很多，又听说天竺地方有很多的佛经，就决定到天竺去学习。

629 年（一说 627 年）他从长安出发，到了凉州（今甘肃武威）。当时，朝廷禁止唐人出境，他在凉州被边境兵士发现，叫他回长安去。他逃过边防关卡，向西来到玉门关附近的瓜州（今甘肃安西）。

玄奘在瓜州打听到玉门关外有 5 座堡垒，每座堡垒之间相隔 100 里，中间没有水草，只有堡垒旁有水源，并且由士兵把守。这时候，凉州的官员已经发现他偷越边防，发出公文到瓜州通缉他。如果经过堡垒，一定会被士兵捉住。

正在玄奘束手无策的时候，碰到了当地一个胡族人，名叫石磐陀，愿意替他带路。

玄奘喜出望外，变卖了衣服，换了两匹马，连夜跟石磐陀一起出发，好不容易混出了玉门关。他们在草丛里睡了一觉，准备继续西进。

哪儿想到石磐陀走了一程，就不想再走了，甚至想谋杀玄奘。玄奘发现他不怀好意，就把他打发走了。

打那以后，玄奘单枪匹马在关外的沙漠地带摸索前进。约莫走了80多里，才到了第一堡垒。他怕被守兵发现，白天躲在沙沟里，等天黑了才走近堡垒前的水源。他正想用皮袋盛水，忽然一支箭射来，几乎射中他的膝盖。玄奘知道躲不过，索性朝着堡垒喊道：“我是长安来的和尚，你们别射箭！”

堡中的人停止射箭，打开堡门，把玄奘带进堡垒。幸好守堡的校尉王祥也是信佛教的，问清楚玄奘的来历后，不但不为难他，还派人帮他盛水，送了一些饼，亲自把他送到十几里外，给他指引一条通向第四堡的小道。

第四堡的校尉是王祥的同族兄弟，听说玄奘是从王祥那里来的，也很热情地接待他，并且告诉他，第五堡的守兵十分凶暴，叫他绕过第五堡，到野马泉去取水，再往西走，就是一片长800里的大沙漠了。

玄奘离开第四堡，又走了100多里，迷了路，没有找到野马泉。他正要拿起随身携带的水袋喝水，哪知一失手，一皮袋的水都泼翻在沙土上了。没有水，怎么越过沙漠呢。玄奘想折回第四堡去取水，走了十几里，忽然想起临走的时候，他曾经立下誓言，不到达目的地，绝不后退一步。现在怎么能遇到困难就后退呢？想到这里，他拨转马头，继续朝西前进。

大沙漠里一片茫茫，上不见飞鸟，下不见走兽，有时一阵旋风，卷起满天沙土，像暴雨一样落下来。玄奘在沙漠里接连走了4夜5天，没有一点水喝，口渴得像火烧一样，终于支撑不住昏倒在沙漠上。到了第五天半夜，天边刮起了凉风，把玄奘吹得清醒过来。他站起来，牵着马又走了十几里，发现了一片草地和一个池塘。有了水草，人和马才摆脱绝境。又走了两天，终于走出大沙漠，经过伊吾（今新疆哈密），到了高昌（今新疆吐鲁番东）。

高昌王麹文泰也是信佛的，听说玄奘是大唐来的高僧，十分敬重，请他讲经，还恳求他在高昌留下来。玄奘坚持不肯。麹文泰没法挽留，就给玄奘准备好行装，派了25人，随带30匹马护送；还写信给沿路24国的国王，请他们派人保护玄奘过境。

玄奘带领人马，越过雪山冰河，冲过暴风雪崩，经历了千辛万苦，到达碎叶城（在今吉尔吉斯北部托克马克附近），受到西突厥可汗的接待。打那以后，一路顺利，通过西域各国进入天竺。

天竺是佛教的发源地，有很多佛教古迹。玄奘在天竺游历各地，朝拜圣迹，向高僧学经。有一次，他在乘船渡恒河的时候，碰到一群强盗。他们迷信妖神，每年秋天都要杀个人祭神。船中的强盗看中玄奘，要把他杀了祭神，玄奘再三向他们解释也没有用，只好闭着眼睛念起经来。说也凑巧，这时正好起了一阵狂风，河里浊浪汹涌，差一点打翻了船。强盗害怕起来，赶快跪下忏悔，把玄奘放了。

这件事很快传开了，当地的人都认为玄奘真有什么佛法保护呢。

天竺摩揭陀国有一座古老的大寺院，叫作那烂陀寺。寺里有个戒贤法师，是天竺的大学者。玄奘来到那烂陀寺，跟着戒贤法师学了5年，把那里的经全部学会了。

摩揭陀国的戒日王是个笃信佛教的国王，听到玄奘的名声，在他的国都曲女城（今印度北方邦境内卡瑙季）为玄奘开了一个隆重的讲学大会。天竺18个国的国王和3000多高僧到了会。戒日王请玄奘在会上讲学，还让大家辩论。大会开了18天，大家对玄奘的精彩演讲十分佩服，没有一个人提出不同的意见。最后，戒日王派人举起玄奘的袈裟，宣布讲学成功。

戒日王接见玄奘的时候，说起他早就听说中国有个英武的秦王。玄奘告诉他，秦王就是现在的大唐皇帝。

玄奘的游历，不但在佛学上取得很大成功，而且促进了东西方的文化交流。645年，他带了600多部佛经，回到阔别10多年的长安。

玄奘和尚百折不挠的取经事迹，轰动了长安城。正在洛阳的唐太宗，对玄奘的壮举十分赞赏，在洛阳行宫接见了玄奘。玄奘把他游历西域的经历向太宗做了详细的汇报。

在这以后，玄奘就在长安弘福寺定居下来，专心翻译从天竺带回来的佛经。他还和他的弟子一起，编写了一本《大唐西域记》。在这本书里，他把亲自到过的 110 个国家和听到过的 28 个国家的地理情况、风俗习惯记载下来，成为重要的历史和地理著作。

由于玄奘取经这件事本身带有传奇色彩，后来，在民间流传了许多关于唐僧取经的神话，说他取经路上，遇到许多妖魔精怪，这当然是虚构出来的。到了明朝，小说家吴承恩根据民间传说做了艺术加工，写成优秀的长篇神话小说《西游记》，在我国文学史上占有很重要的地位。但是那里面的故事，跟真正的玄奘取经事迹已经离得很远了。

文成公主进吐蕃

唐太宗灭了东突厥后，又派李靖击败了西南的吐谷浑（我国古代民族之一，在今青海省），打通了西域的通道。西域各国纷纷和唐朝交往，远在西南的吐蕃（我国古代藏族在青藏高原建立的政权），也派使者来了。

当时的吐蕃赞普（吐蕃王的称号）名叫松赞干布，是个能文能武的人才。他在13岁的时候，就精通骑马、射箭、击剑等各种武艺，而且爱好民歌，善于写诗，受到吐蕃人的爱戴。他的父亲去世后，吐蕃贵族发动叛乱，松赞干布靠他的勇敢才智，很快把叛乱平定了。

年轻的松赞干布并不满足吐蕃的贵族生活，为了学习唐朝的文化，他派出使者，长途跋涉，到长安来要求跟唐朝建立友好关系。

唐太宗也听到吐蕃的名声，愿意跟他们结交，还派使者到吐蕃去回访。

过了两年，松赞干布又派使者到长安向唐朝求亲，唐太宗没有答应。吐蕃使者怕松赞干布责备他不会办事，回到吐蕃后，向松赞干布撒谎说："唐天子快要答应把公主下嫁给我们啦，因为吐谷浑王也去求亲，才把我们求亲的事给耽搁了。"

吐蕃和吐谷浑两国本来就在闹摩擦，松赞干布听了使者的回报，更加怨恨吐谷浑。他马上出动20万人马进攻吐谷浑。吐谷浑王看吐蕃军攻势很猛，抵挡不住，就退到环青海湖一带。

松赞干布打败了吐谷浑，乘胜打到唐朝境内的松州（今四川松潘），又打了个大胜仗。松赞干布骄傲起来，派人威胁唐朝说："如果不把公主嫁给我，我就带兵打到长安。"

唐太宗生气了，派大将侯君集带兵反击吐蕃。吐蕃将士对松赞干布挑起跟唐朝的战争，本来不愿意，看到唐朝派大军前来，都要求退兵。松赞干布眼看蛮干下去，要遭到失败，就向唐朝求和。

唐太宗本来就愿意

同吐蕃友好，也就同意讲和了。

640 年，松赞干布又派了个能干的使者禄东赞带了 100 人的出使队伍，备了 5000 两黄金和许多珍宝的厚礼，到长安去求亲。

唐太宗接见了禄东赞。禄东赞传达了他们年轻的国王想跟唐朝交好的心愿，说得娓娓动听。唐太宗心里挺满意，就在皇族的女儿中，挑选一个美丽温柔的，封为文成公主，把她许嫁给松赞干布。

据说，使者禄东赞是个绝顶聪明的人。后来，在青藏高原的人民中，流传着一个“五难求婚使”的动人故事。

禄东赞在长安求亲的时候，各国来求亲的使者很多。唐太宗下了一道命令，要前来求亲的使者先解答 5 个难题。哪一国使者能够解答，就答允跟哪国和亲。

第一道题目是要求把一根很细的丝线，穿过一颗有九曲孔道的明珠。禄东赞把丝线系在一只蚂蚁的腰部。蚂蚁带着丝线，爬过明珠的九曲孔道，丝线也就带过来了。

第二道题目是把 100 匹母马和 100 匹小马驹儿放在一起，要求辨认出哪匹马驹儿是哪匹母马生的。禄东赞把母马和马驹儿分开关了一天，断绝了马驹儿的饲料和水。第二天，再把它们放在一起。饿慌了的马驹儿分别奔到自己的母亲那里去吃奶。它们的母子关系也就认出来了。

禄东赞通过了一道道考试，最后一道是要从2500名美貌年轻的女子中，找出谁是文成公主。禄东赞凭他敏锐的眼力，一下子就把那仪态大方的公主认出来了。

这些传说不大可能是事实，但是却反映了吐蕃人民对唐蕃友好的愿望和完成这个使命的使者的赞美。

641年，文成公主在江夏王李道宗的护送下，动身到吐蕃去。唐朝廷为公主备了一份十分丰厚的嫁妆。金银珠宝、绫罗绸缎，当然是少不了的，除此以外，还有许多吐蕃没有的谷物、果品、蔬菜的种子、药材、蚕种。她还带了大批的医药、种树、工程技术、天文历法的书籍。

文成公主出嫁的消息传到吐蕃，从唐朝边境到吐蕃，一路上都有人准备好马匹、牦牛、船只、食物，接送文成公主。松赞干布亲自从逻些（今西藏拉萨）赶到柏海（今青海鄂陵湖或札陵湖）迎接。松赞干布和文成公主在那里举行了隆重的婚礼。

婚礼结束后，松赞干布和文成公主越过雪山高原，到了逻些城。公主入城的那天，逻些人民像过盛大节日一样，载歌载舞，夹道欢迎。松赞干布还在逻些按照唐朝的建筑格式，为公主专门建造了一座城郭宫殿，给公主居住。

文成公主在吐蕃生活了 40 年，她为汉藏两族人民的友好联系和发展藏族经济文化做出了贡献。直到现在，在西藏的大昭寺和布达拉宫，还供奉着松赞干布和文成公主的塑像。650 年，松赞干布死去。唐太宗也在前一年病死，接替他的是太子李治，这就是唐高宗。

唐太宗征高丽

高丽人渊盖苏文杀死高丽王高建武，立高武的侄子高藏为王，自封为莫离支，其官职相当于大唐的吏部兼兵部尚书。

唐太宗得知后，与大臣商议，认为攻取高丽不难，只是不想烦扰百姓，打算先容忍一下，等他们更加骄横，作恶更多后，再去讨伐。

贞观十七年（643 年）九月，新罗派使者来，说百济攻取了他们国家的 40 多座城，又与高丽军队联合，图谋截断新罗到唐的道路，请求派兵救援。唐太宗命令司农丞相里玄奖带着皇帝的玺书前往高丽，对他们说："新罗归顺大唐，朝贡不少，你们与百济最好都停战，如果继续进攻，明年就发兵进攻你们。"

次年七月，太宗打算征讨高丽，下令造船，用来运送军粮。又下诏派遣营州都督张俭等人，督帅幽、营二都督府的士兵，以及契丹、奚、靺鞨的军队，先行进攻辽东，试探那儿的情况。

十一月，任命刑部尚书张亮为平壤道行军大总管，率领士兵 43000 人、战舰 500 艘，从莱州入海，直趋平壤；任命太子詹事、左卫率李勣为辽东道行军大总管，统率步兵、骑兵 6 万人，以及兰、河二州投降的胡人军队，前往辽东。两军相互呼应，同时前进。

李勣率军从柳城出发，多方营造声势，做出将要进军怀远镇的样子，实则秘密挥师向北，前往甬道，给高丽来了个出其不意。

贞观十九年（645 年）四月初一日，李勣从通定

渡过辽水，到达玄菟。高丽人大惊，各城都闭门守备。

四月十五日，李勣、江夏王李道宗进攻高丽盖牟城；二十六日，攻克盖牟，俘虏两万多人，粮食10多万石。五月初二日，进军到辽东城下。初八日，打败了来救援的高丽骑兵。

唐太宗自二月亲率军队从洛阳出发，此时也已到达。五月初十日，唐太宗车驾渡过辽水，随即撤除浮桥，以此坚定将士们的决心。

太宗亲自带领几百骑兵来到辽东城下，见士兵们正在背土填壕沟，就拿起很重的一块土，在马上驼着，于是随从官员争着把土背到城下。

李勣昼夜不停地进攻辽东城。到了第十二天，唐太宗带领精兵与他会合，把城团团围住，围了许多重。

五月十七日，南风刮得很大，唐太宗派勇士爬到冲竿顶上，点着了西南面的城楼，火借风势，延烧到城里。于是指挥将士们攀登城墙，高丽守军抵挡不住，辽东城被攻克。唐军杀死一万多人，俘虏士兵一万多人、男女百姓4万人。

五月二十八日，唐军进发到白岩城下。在第二天的战斗中，右卫大将军李思摩中了弩箭，唐太宗亲自为他吮血。将士们见了，没有不受感动的。

六月初一日，李勣攻打白岩城西南边，唐太宗亲自驾临城西北。城主孙代音偷偷派心腹请求投降，约定唐兵临近城池，扔出刀斧为信号，说："我愿意投降，城里没有不听从的。"

唐太宗把唐朝的旗帜交给使者，说："投降的话，可以把旗子插在城墙上。"孙代音插上旗子，城里的人以为唐朝军队已经登上城楼，于是都跟着孙代音投降。

六月十一日，唐太宗车驾从辽东城出发。二十日，到达安市城下，发兵攻打。二十一日，高丽北部首领高延寿、高惠真率领高丽、靺鞨士兵15万人援救安市，被唐军打败，高延寿、高惠真带领部下36000多人请求投降，唐太宗将俘虏的3300名靺鞨士兵全部活埋。

八月初十日，唐军将营帐迁移到安市城南。唐太宗在辽东，凡是设立营帐，只在明处安排哨兵，而不设堑壕堡垒。即使逼近高丽城池，高丽人也不敢出城袭掠；士兵或单独出行，或是在野外宿营，就像在中原一般。

九月，各路大军紧急进攻安市城。唐太宗听见城里鸡和猪的叫声，对李勣说："围攻了很久，城里炊烟越来越稀少，现在鸡和猪叫得厉害，一定是在犒劳士兵，想在夜里出来偷袭我们，应当严加防备。”当天夜里，高丽几百名士兵顺着绳子从城墙上爬下来。唐太宗听说后，亲自到城下，召集士兵紧急进攻，斩首几十人，剩余的高丽兵便逃跑了。

李道宗率领部下在城东南角堆筑土山，渐渐逼近城墙，城里也不断增高城墙抵挡。士兵们轮番交战，每天交战六七个回合。唐军用冲车发射石块，撞坏城墙，城里随即用木栅堵住缺口。李道宗的脚受伤，唐太宗亲自为他针灸。

唐军昼夜不停地堆筑土山，总共用了 60 天，劳力 50 万人，山顶离城有几丈，可以向下俯瞰城里的情形。李道宗让果毅都尉傅伏爱率领士兵在山顶驻守，防备高丽兵，结果土山坍毁，压向城墙，城墙塌陷。恰好傅伏爱私自离开营垒，于是，高丽几百名士兵从城墙缺口处出来进攻，夺取了土山，在那儿挖掘沟堑守卫。

唐太宗大怒，斩杀傅伏爱示众，命令众将领攻城，3 天都没攻下。李道宗光着脚到太宗的旗下请罪。唐太宗说：“你罪当处死，但是朕认为汉武帝杀了大将王恢，不如秦穆公重新任用孟明视，且你有攻破盖牟、辽东的功劳，所以特别赦免你。”

唐太宗攻不下安市，认为辽东天气寒冷得早，草木枯萎，水面结冰，士兵和马匹难以久留，而且粮食快要吃完，就于十八日下令班师。先让辽东、盖牟两州的百姓渡过辽水，于安市城下炫耀兵力后，率领大军撤退。即使这样，城中守军也不敢有什么举动。

这次征讨高丽，攻克了玄菟、横山、盖牟、磨米、白岩、辽东、卑沙、麦谷、银山、后黄10座城池，迁徙辽、盖、岩三州户口，加入唐朝户籍的共7万人。新城、建安等3次大战，杀死高丽兵4万多人，唐朝将士死了近2000人，战马损失十之七八。唐太宗最后没能取胜，十分后悔，感叹地说："如果魏徵还在，不会让我出兵的！"

女皇帝武则天

唐太宗是个精明能干的皇帝，但是他的儿子唐高宗却是个庸碌无能的人。唐高宗即位以后，自己不会处理朝政大事，一切靠他的舅父、宰相长孙无忌拿主意。后来，他立了皇后武则天，情况就发生了变化。

武则天本来是唐太宗宫里的一个才人（一种妃嫔的称号），14 岁那年，就服侍唐太宗。当时唐太宗的御厩里有匹名马，叫“狮子骢”，长得肥壮可爱，但是性格暴躁，不好驾驭。

有一次，唐太宗带着宫妃们去看那匹马，跟大家开玩笑说：“你们当中有谁能制伏它？”

妃子们不敢接嘴，14 岁的武则天

勇敢地站了出来，说："陛下，我能！"

唐太宗惊奇地看着她，问她有什么办法。武则天说："只要给我3件东西：第一件是铁鞭，第二件是铁锤，第三件是匕首。它要是调皮，就用鞭子抽它；还不服，用铁锤敲它的头；如果再捣蛋，就用匕首砍断它的脖子。"

唐太宗听了哈哈大笑。他虽然觉得武则天说得有点孩子气，但是也很赞赏她的泼辣性格。

唐太宗死了后，按照当时宫廷的规矩，武则天被送进尼姑庵。她当然是很不情愿的。

唐高宗在他当太子的时候，就看中了武则天。即位两年后，他把武则天从尼姑庵里接出来，封她为昭仪（妃嫔的称号）。后来，又想废了原来的王皇后，立武则天做皇后。这件事遭到很多老臣的反对，特别是唐高宗的舅父长孙无忌，说什么也不同意。

武则天私下拉拢一批大臣，在唐高宗面前支持武则天当皇后，有人对唐高宗说："这是陛下的家事，别人管不着。"唐高宗这才下了决心，把王皇后废了，让武则天当皇后。

武则天当了皇后以后，就使出她那果断泼辣的手段，把那些反对她的老臣一个个降职、流放，连长孙无忌也被逼自杀了。

不多久，那个本来已经十分无能的唐高宗害了一场病，成天头昏眼花，有时候连眼睛都睁不开。唐高宗看武则天能干，又懂得文墨，索性把朝政大事全交给她管了。

武则天掌了权，渐渐不把唐高宗放在眼里。唐高宗想干什么，都必须经过武则天同意。唐高宗心里气恼，有一次，他跟宰相上官仪（上官是姓）商量。上官仪是反对武则天掌权的，就说："陛下既然嫌皇后太专断，不如把她废了。"

唐高宗是个没主意的人，听了上官仪的话，说："好，那就请你去给我起草一道诏书吧。"

两个人的说话，被旁边的太监听见了，那些太监都是武则天的心腹，连忙把这件事报告给武则天。等上官仪把起草好的诏书送给高宗，武则天已经赶到了。她厉声问唐高宗说："这是怎么回事？"

唐高宗见了武则天，吓得好像矮了半截。他把上官仪起草的诏书藏在袖子里，结结巴巴地说："我本来没这个意思，都是上官仪教我干的。"

武则天立刻下命令把上官仪杀了。

打那以后，唐高宗上朝，都由武则天在旁边监视；大小政事，都得由皇后点了头才算数。

683 年，唐高宗死了。武则天先后把两个儿子立为皇帝：唐中宗李显和唐睿宗李旦，都不如她的意。她把唐中宗废了，把唐睿宗软禁起来，自己以太后名义临朝执政。这一来，又遭到一些大臣和宗室的反对。

有个官员徐敬业被武则天降职，借这个由头，在扬州起兵反对武则天。武则天找宰相裴炎商量。裴炎说："现在皇帝已经成年，还不让他执政，人家就有了借口，只要太后把政权还给皇帝，徐敬业的叛乱自然会平息。"

武则天认为裴炎跟徐敬业一样，都想逼她下台，一气之下，就把裴炎打进监牢；又派出大将带领 30 万大军讨伐徐敬业。徐敬业兵少势孤，抵抗了一阵，就失败了。

接着，又有两个唐朝宗室越王李贞和琅琊王李冲起兵反对武则天，也被武则天派兵镇压了。

经过这两场小小的兵变，全国恢复了安宁，没有人再敢反对武则天了。武则天巩固了她的统治，就不满足太后执政的地位了。

有个和尚猜到了太后的心思，伪造了一部佛经，献给武则天。那部佛经里说，武则天本来是弥勒佛投胎到人世来的。佛祖派她下凡，就是要让她代替唐朝皇帝统治天下。

又过了几月，有个官员名叫傅游艺，联络了关中地区 900 多人联名上书，请求太后即位称帝。武则天一面推辞，一面提升了傅游艺的官职。结果，劝她做皇帝的人越来越多。据说当时文武官员、王公贵族、远近百姓、各族首领、和尚道士，上劝进表的有 6 万多人。

690 年秋，武则天接受大家的请求，改元天授，改国号为“周”。她就成了中国历史上唯一的女皇帝。

请君入瓮

武则天在平定徐敬业叛乱之后，决心除掉那些反对她的唐朝宗室和大臣。可是，用什么办法才能知道谁在暗中反对她呢?

于是，她就下了一道命令，发动全国告密。不论大小官吏、普通百姓，只要发现有人谋反，都可以直接向她告密。地方官吏遇到有人告密，不许自己查问，一定要替告密的人备好车马，供给上等伙食，派人护送到太后行宫，由武则天亲自召见。如果告密的材料属实，告密人可以马上做官；查下来不符事实，也不追究诬告。

这样一来，四面八方告密的人当然越来越多了。

武则天收到许多告密材料，总得有人替她审问。有一个胡族将军索元礼，就是靠告密起家的。武则天派他专门办谋反的案件。索元礼是一个极端残忍的家伙，审问案件，不管有没有证据，先用刑罚逼犯人供出同谋。犯人受不住刑，就胡乱招了一些假口供，这样，他审问一个人就会牵连到几十个、几百个人。株连越广，案情就越大，索元礼向太后一汇报，太后直夸他能干。

有些官吏看到索元礼得到太后赏识，就学起索元礼的样儿来。其中最残酷的是周兴和来俊臣。他们每人手下养了几百个流氓，专门干告密的事。只要他们认为谁有谋反嫌疑，就派人同时在几个地方告密，捏造了许多伪证。更奇怪的是，来俊臣还专门编了一本《告密罗织经》，传授罗织罪状的手段。

周兴、来俊臣办起案来，比索元礼还要残忍。他们想出各种各样惨无人道的刑罚，名目繁多，花样百出。他们抓到人，先把各种刑具在“犯人”面前一放，“犯人”一看，就被迫“招认”了。

周兴、索元礼前前后后一共杀了几千人，来俊臣毁了1000多家，他们的残酷就出了名。

有个正直的大臣对太后说：“现在下面告发的谋

反案件，多数是冤案、假案，也许有人阴谋离间陛下和大臣之间的关系，陛下可不能不慎重啊！”

可是，武则天不愿听这种劝告。告密的风气越来越盛，连她的亲信、掌管禁军的大将军丘神勣，也被人告发谋反，被武则天下令杀了。

有一天，太后接到告密信，说周兴跟已经处死的丘神勣同谋。太后一听，大吃一惊，立刻下密旨给来俊臣，叫他负责审理这个案件。

说巧也巧。太监把太后的密旨送到来俊臣家，来俊臣正跟周兴在一起，边喝酒，边议论案件。来俊臣看完武则天密旨，不动声色，把密旨往袖子里一放，仍旧回过头来跟周兴谈话。

来俊臣说：“最近抓了一批犯人，大多不肯老实招供，您看该怎么办？”

周兴捻着胡须，微微笑着说：“这还不容易！我最近就想出一个新办法，拿一个大瓮放在炭火上。谁不肯招认，就把他放在大瓮里烤，还怕他不招？”

来俊臣听了，连连称赞说：“好办法，好办法。”他一面说，一面就叫公差去搬一只大瓮和一盆炭火到大厅里来，把瓮放在火盆上。盆里炭火熊熊，烤得整个厅堂的人都禁不住流汗。

周兴正在奇怪，来俊臣站起来，拉长了脸说：

“接太后密旨，有人告发周兄谋反。你如果不老实招供，只好请你进这个瓮了。”

周兴一听，吓得魂飞天外。来俊臣的手段，他是最清楚的。他连忙跪在地上，像捣蒜一样磕响头求饶，表示愿意招认。来俊臣根据周兴的口供，定了他死罪，上报太后。

武则天想，周兴毕竟为她干了不少事；再说，周兴是不是真的谋反，她也有点怀疑，就赦免了周兴的死罪，把他革职流放到岭南（今广东、广西一带）去。

周兴干的坏事多，冤家也多，到了半路上，就被人暗杀了。后来，武则天发现索元礼害人太多，民愤很大，就找了个理由，把他也杀了。

留下的一个来俊臣，仍旧得到武则天的信任，继续干了五六年诬陷杀人的事，前前后后不知道杀害了多少官吏百姓，连宰相狄仁杰也曾经被他诬告谋反，关进牢监，差一点被他整死。

来俊臣的胃口越来越大，他想独掌朝廷大权，嫌武则天的侄儿武三思和女儿太平公主势力大，索性告到他们身上去了。这些人当然也不是好惹的，他们先发制人，把来俊臣平时诬陷好人、滥施刑罚的老底全都揭了出来，并且把来俊臣抓起来，判他死罪。武则天还想庇护他，一看反对来俊臣的人不少，只好批准把他处死。

来俊臣被处死刑那天，人人称快。大家互相祝贺，说："从现在起，夜里可以安心睡觉了。"

狄仁杰桃李满门

武则天对于反对她掌权的人，进行无情镇压，但她又十分重视任用贤才。她经常派人到各地去物色人才。只要发现谁有才能，就不计较门第出身、资格深浅，破格提拔，大胆任用。所以，在她的手下，涌现出一批有才能的大臣。其中最著名的是宰相狄仁杰。

狄仁杰当豫州刺史的时候，办事公平，执法严明，受到当地百姓的称赞。武则天听说他有才能，把他调到京城当宰相。

一天，武则天召见他，告诉他说："听说你在豫州的时候，名声很好，但是也有人在我面前揭你的短。你想知道他们是谁吗？”

狄仁杰说：“别人说我不好，如果确是我的过错，我应该改正；如果陛下弄清楚不是我的过错，这是我的幸运。至于谁在背后说我的不是，我并不想知道。”

武则天听了，觉得狄仁杰器量大，更加赏识他。

来俊臣得势的时候，诬告狄仁杰谋反，把狄仁杰打进了监牢。来俊臣逼他招供，还诱骗他说：“只要你招认了，就可以免你死罪。”

狄仁杰坦然说：“如今太后建立周朝，什么事都重新开始。像我这种唐朝旧臣，理当被杀。我招认就是了。”

另一个官员偷偷告诉狄仁杰说：“你如果供出别人来，还可以从宽。”

狄仁杰这下可生了气，说：“上有天，下有地，叫我狄仁杰干这种事，我可干不出来！”说着，气得用头猛撞牢监里的柱子，撞得头破血流。那个官员害怕起来，连忙把他劝住了。

来俊臣根据逼供的材料，胡乱定了狄仁杰的案，对他的防范也就不那么严密了。狄仁杰趁狱卒不防备，偷偷地扯碎被子，用碎帛写了封申诉状，又把它缝在冬衣里。

那时候，正是开春季节。狄仁杰对狱官说："天气暖了，这套冬衣我也用不上，请通知我家里人把它拿回去吧。"

狱官也不怀疑，就让前来探监的狄家人把冬衣带回家去。狄仁杰的儿子拆开冬衣，发现父亲写的申诉状，就托人送给武则天。

武则天看了狄仁杰的申诉状，才下令把狄仁杰从监牢里放了出来。武则天召见狄仁杰，说："你既然申诉冤枉，为什么要招供呢？"

狄仁杰说："要是我不招，早就被他们拷打死了。"

武则天免了狄仁杰死罪，但还是把他的宰相职务撤了，降职到外地做县令。直到来俊臣被杀以后，才又把他调回来做宰相。

在狄仁杰当宰相之前，有个将军娄师德，曾经在武则天面前竭力推荐他，但是狄仁杰并不知道这件事，他认为娄师德不过是普通武将，不大瞧得起他。

有一次，武则天故意问狄仁杰说："你看娄师德这人怎么样？"

狄仁杰说："娄师德做个将军，小心谨慎守卫边境，还不错。至于有什么才能，我就不知道了。"

武则天说："你看娄师德是不是能发现人才？"

狄仁杰说："我跟他一起工作过，没听说过他能发现人才。"

武则天微笑说："我能发现你，就是娄师德推荐的啊。"

狄仁杰听了，十分感动，觉得娄师德为人厚道，自己不如他。后来，狄仁杰也努力物色人才，随时向武则天推荐。

一天，武则天问狄仁杰说："我想物色一个人才，你看谁行？"

狄仁杰说："不知陛下要的是什么样的人才？"

武则天说："我想要找个能当宰相的。"

狄仁杰早就知道荆州地方有个官员叫张柬之，年纪虽然大了一些，但办事干练，是个宰相的人选，就向武则天推荐了。武则天听了狄仁杰的推荐，提拔张柬之担任洛州（治所在洛阳）司马。

过了几天，狄仁杰上朝，武则天又向他提起推荐人才的事。狄仁杰说："上次我推荐的张柬之，陛下还没用呢！"

武则天说："我不是已经把他任用了吗？"

狄仁杰说："我向陛下推荐的是一个宰相的人选，不是让他当司马的啊。"

武则天这才把张柬之提拔为侍郎，后来，又任命他为宰相。

像张柬之那样的人才，狄仁杰前前后后一共推荐了几十个人，后来都成为当时有名的大臣。这些大臣都十分钦佩狄仁杰，把狄仁杰看作他们的老前辈。有人对狄仁杰说："天下桃李，都出在狄公的门下了。"

狄仁杰谦逊地说："这算得上什么，推荐人才是为了国家，不是为了我个人的私利啊!"

狄仁杰一直活到 70 岁。武则天很敬重狄仁杰，把他称作"国老"。他多次要求告老还乡，武则天总是不准。他死去后，武则天常常叹息说："老天为什么这样早夺走我的国老啊!"

口蜜腹剑的李林甫

唐玄宗做了 20 多年太平天子，渐渐滋长了骄傲怠惰的情绪。他想，天下太平无事，政事有宰相管，边防有将帅守，自己何必那么为国事操心。于是，他就追求起享乐的生活来。

宰相张九龄看到这种情况，心里挺着急，常常给唐玄宗提意见。唐玄宗本来很尊重张九龄，但是到了后来，对张九龄的意见也听不进去了。

有一个大臣李林甫，是一个不学无术的人。他什么事都不会做，专学了一套溜须拍马的本领。他和宫内的宦官、妃子勾结，探听宫内的动静。唐玄宗在宫里说些什么，做些什么，他都先摸了底。等到唐玄宗找他商量什么事的时候，他就对答如流，简直跟唐玄宗想的一样。唐玄宗听了挺开心，觉得李林甫又能干，又听话，比张九龄强多了。

唐玄宗想把李林甫提为宰相，跟张九龄商量。张九龄看出李林甫不是正路人，就直截了当地说："宰相的地位，关系到国家的安危。陛下如果拜李林甫为相，只怕将来国家要遭到灾难。”

这些话传到李林甫耳里，李林甫对张九龄恨得咬牙切齿。朔方（治所在今宁夏灵武）将领牛仙客目不识丁，但是在理财方面很有本事。唐玄宗想提拔牛仙客，张九龄没有同意。李林甫在唐玄宗面前说：“像牛仙客这样的人，才是宰相的人选；张九龄是个书呆子，不识大体。”

有一次，唐玄宗又找张九龄商量提拔牛仙客的事。张九龄还是不同意。唐玄宗发火了，厉声说：“难道什么事都得由你做主吗？”

唐玄宗越来越觉得张九龄讨厌，加上听信了李林甫的诽谤，终于找个理由撤了张九龄的职，让李林甫当宰相。

李林甫一当上宰相，第一件事就是要把唐玄宗和百官隔绝，不许大家在唐玄宗面前提意见。有一次，他把谏

官召集起来，公开宣布说：“现在皇上圣明，做臣下的只要按皇上意旨办事，用不着大家七嘴八舌。你们没看到立仗马（一种在皇宫前做仪仗用的马）吗？它们吃的饲料相当于三品官的待遇，但是哪一匹马要是叫了一声，就被拉出去不用，它后悔也来不及了。”

有一个谏官不听李林甫的话，上奏本给唐玄宗提建议。第二天，就接到命令，被降职到外地去做县令。大家知道这是李林甫的意思，以后谁也不敢向唐玄宗提意见了。

李林甫知道自己在朝廷中的名声不好，凡是大臣中能力比他强的，他就千方百计地把他们排挤掉。他要排挤一个人，表面上不动声色，笑脸相待，却在背地里暗箭伤人。

有一次，唐玄宗在勤政楼上隔着帘子眺望，兵部侍郎卢绚骑马经过楼下。唐玄宗看到卢绚风度很好，随口赞赏几句。第二天，李林甫得知这件事，就把卢绚降职为华州刺史。卢绚到任不久，又被诬说他身体不好，不称职，再一次降了职。

有一个官员严挺之，被李林甫排挤在外地当刺史。后来，唐玄宗想起他，跟李林甫说：“严挺之还在吗？这个人很有才能，还可以用呢。”

李林甫说：“陛下既然想念他，我去打听一下。”

退了朝，李林甫连忙把严挺之的弟弟找来，说：“你哥哥不是很想回京城见皇上吗？我倒有一个办法。”

严挺之的弟弟见李林甫这样关心他哥哥，当然很感激，连忙请教该怎么办。李林甫说：“只要叫你哥哥上一道奏章，就说他得了病，请求回京城来看病。”

严挺之接到他弟弟的信，真的上了一道奏章，请求回京城看病。李林甫就拿着奏章去见唐玄宗，说：“真太可惜，严挺之现在得了重病，不能干大事了。”

唐玄宗惋惜地叹了口气，也就算了。

像严挺之这样上当受骗的还真不少。但是，尽管李林甫装扮得再怎么巧妙，他的阴谋诡计到底还是被人们识破。人们就说李林甫这个人是“嘴上像蜜甜，肚里藏着剑”（成语“口蜜腹剑”就是这样来的）。

李林甫当了 19 年宰相，一个个有才能的正直的大臣全都遭到排斥，一批批钻营拍马的小人都受到提拔重用。就在这个时期，唐朝的政治从兴旺转向衰败，“开元之治”的繁荣景象消失，接着出现的就是“天宝之乱”。

“初唐四杰”之一骆宾王

骆宾王，唐代诗人，字观光，婺州义乌（今属浙江）人。骆宾王和王勃、杨炯、卢照邻齐名，并称“初唐四杰”，又与富嘉谟并称“富骆”。

他和卢照邻都擅长七言歌行，“富有才情，兼深组织”“得擅长什之誉”（胡震亨《唐音统签》）。他的长篇歌行《帝京篇》在当时就已被称为绝唱，《畴昔篇》《艳情代郭氏答卢照邻》《代女道士王灵妃赠

道士李荣》等也都具有划时代意义，往往以卓尔不群的气息，驱使富艳瑰丽的辞藻，抒情叙事，间见杂出，形式非常灵活。这种诗体，从六朝小赋变化而来，它吸取了六朝乐府中辘轳辗转的结构形式以及正在发展中的今体诗的对仗和韵律，言辞整齐而流利，音韵婉转而和谐，声情并茂，感染力强，易于上口成诵。明代何景明说初唐四杰“音节往往可歌”（《明月篇序》），所指即此。在骆宾王稍后的刘希夷、张若虚以及盛唐的李颀、王维、高适，中唐的元稹、白居易，晚唐的郑谷、韦庄，及至清代吴伟业等人的长篇歌行，都是沿着这条线索发展下来的。

骆宾王的五律也有不少佳作。如《在狱咏蝉》，托物寄兴，感慨深微，是脍炙人口的名篇；《送郑少府入辽》抒写立功报国的乐观战斗精神，格高韵美，词华朗耀，除了全首平仄声调还不协调，律体形式尚未成熟以外，比起杨炯的《从军行》《紫骝马》并无逊色。绝句小诗，如《于易水送人》《在军登城楼》，寥寥 20 字中，壮志豪情，激荡着风云之气，颇能见出诗人的个性风格，在初唐绝句中也是不多见的。

“四杰”齐名，原是诗文并称的。他们的骈文在才华艳发、词采赡富之中，寓有一种清新俊逸的气息。无论抒情、说理还是叙事，都能运笔如舌，挥洒自如，比起六朝后期堆花俪叶，一味追求形式之美的文风，有着明显的不同。骆宾王《代李敬业传檄天下文》，便是最能代表这种时代新风、流传广泛的名作之一。它以封建时代忠义大节作为理论根据，号召人们起来反对正在筹建中的武周王朝，气势充沛，笔端带有情感。其中“一抔之土未干，六尺之孤何托”二句，颇能激发唐朝旧臣对故君的怀念。据说武后读到了这两句，“矍然为之动容，问：‘谁为之?’或以宾王对。后曰：‘宰相安得失此人!’”（《新唐书》本传）足见他在政治和文学上的才能，连敌对方目空一切的武则天，也为之折服。

不见古人来者的陈子昂

陈子昂是唐代文学家，字伯玉，梓州射洪（今属四川）人。因曾任右拾遗，后世称其为“陈拾遗”。

唐代初期诗歌沿袭六朝余习，风格绮靡纤弱，陈子昂挺身而出，力图扭转这种倾向。在《与东方左史虬修竹篇》一文中，他慨叹“汉魏风骨，晋宋莫传”，批评“齐梁间诗，彩丽竞繁，而兴寄都绝”。他称东方虬的《咏孤桐篇》“骨气端翔，音情顿挫，光英朗练，有金石声”；“不图正始之音复睹于兹，可使建安作者相视而笑”。这些言论，表明他要求诗歌继承《诗经》“风、雅”的优良传统，有比兴寄托，有政治社

会内容；同时要恢复建安、黄初时期的风骨，即思想感情表现明朗，语言顿挫有力，形成一种爽朗刚健的风格，一扫六朝以来的绮靡诗风。他的诗歌创作，即是这种进步主张的具体实践。

陈子昂存诗共 100 多首，其中最有代表性的是《感遇》诗 38 首，《蓟丘览古赠卢居士藏用》7 首和《登幽州台歌》。《感遇》诗不是一时一地之作，内容颇为丰富，反映了较广阔的社会生活和复杂的思想感情。其中如“苍苍丁零塞”“朝入云中郡”篇，反映北方边塞战士和人民的苦难。“丁亥岁云暮”篇反映并批评武后准备开凿蜀山经雅州道攻击生羌，“圣人不利己”篇批评武后崇拜佛教，大兴土木，都具有强烈的现实意义。“贵人难得意”“翡翠巢南海”等篇，以较曲折的方式讽刺武后滥施刑罚，使臣僚不得善终；“逶迤势已久”篇申述骨鲠之臣没有出路；“兰若生春夏”篇慨叹自己的抱负无法施展，都从不同角度对时政进行了批判。还有部分诗篇，感叹祸福无常，向往神仙和隐逸生活，表现了消极避世的苦闷情绪。

《感遇》诗有意识地学习阮籍的《咏怀》诗，运用五言古体和质朴的语言，以较隐晦曲折的方式表现时政的黑暗和诗人彷徨苦闷的心情，的确逼近阮诗。但其中少数篇章，注意反映边塞风光和下层人民苦

难，风格豪放明朗，表现出鲜明的创造性。（明弘治四年杨澄刻本《陈伯玉文集》）

《蓟丘览古》7首和《登幽州台歌》都是陈子昂随武攸宜北征契丹时所作。陈子昂在武攸宜幕中参谋军事，屡有建议，均不被采纳，失意无聊，因登蓟北楼（即幽州台），作《蓟丘览古》诗7首赠其好友卢藏用，通过吟咏蓟北一带古人古事来抒发怀才不遇的悲哀。“丘陵尽乔木，昭王安在哉?”（《燕昭王》）表面上是抒发对礼贤下士的燕昭王的怀念，实际上是慨叹自己当前的不遇知音。同时用歌行体写下传诵千古的《登幽州台歌》：“前不见古人，后不见来者。念天地之悠悠，独怆然而涕下!”更是俯仰古今，在广阔的背景中表达了他深沉的忧愤。翁方纲说：“伯玉《蓟丘览古》诸作，郁勃淋漓，不减刘越石（刘琨）。”（《石洲诗话》）指出了这些篇章慷慨悲歌的特色。

他还有一部分抒情短篇也写得颇好。像五律《晚次乐乡县》《渡荆门望楚》《春夜别友人》《送魏大从军》等，抒情写景，形象鲜明，音节洪亮，风格雄浑，显示出近体诗趋向成熟时期的特色和他自己刚健有力的诗风。元代诗论家方回认为其五律可与同时的沈佺期、宋之问、杜审言诸人媲美，都是唐人“律体之祖”（《瀛奎律髓》）。

陈子昂的诗歌，以其进步、充实的思想内容，质朴、刚健的语言风格，对整个唐代诗歌产生了巨大影响。其后张九龄的《感遇》诗、李白的《古风》，都以他的《感遇》诗为学习对象。杜甫对他评价极高：“公生扬马后，名与日月悬。……终古立忠义，感遇有遗编。”（《陈拾遗故宅》）杜甫不少关心国事民生的诗篇，可以明显地看出是受了他的影响。白居易的《与元九书》、元稹的《叙诗寄乐天书》，都谈到他们努力写作讽喻诗，是受到陈子昂《感遇》诗的启发。白居易还把陈子昂与杜甫相提并论，说：“杜甫陈子昂，才名括天地。”（《初授拾遗》）

陈子昂的散文也很著名，是唐代古文运动的先驱者。《新唐书·陈子昂传》说：“唐兴，文章承徐、庾余风，天下祖尚，子昂始变雅正。”他的散文，虽然还夹杂一部分骈偶语句，但大体上质朴疏朗，接近先秦两汉的古文，改变了唐代初期的文风。唐代古文家对他的散文，常给予很高的评价。

李白和贺知章

贺知章（659—744年），字季真，越州永兴（今浙江萧山）人。少以文辞著名，与张旭、包融、张若虚并称“吴中四士”。武则天证圣元年（695年）登进士第，授国子四门博士，历任太常少卿、礼部侍郎、工部侍郎、太子宾客，授秘书监，故世称“贺监”。天宝初，请求回家乡当道士，唐玄宗赐镜湖的一角，供他居住。为人放达，晚年尤甚，自号“四明狂客”。喜欢喝酒，与李白、张旭等合称“饮中八仙”。也擅长书法，善于写草书和隶书。《全唐诗》录其诗19首，以七绝为妙。

742年，唐玄宗下诏招揽人才，42岁的李白应诏来到长安，天色已晚，便临时在一家旅店住下。第二天一早，店主急急忙忙地跑进屋对李白说：“李大人，店外来了一位白发老人，说是来探访您的。”李白很纳闷：“我初到长安，谁会来探访我呢？”他刚要出外迎接，只见那老人鹤发童颜，气宇轩昂地已经进店，见到李白，便开口问道：“你莫非就是李太白吧？”李白恭敬答道："晚生正是李白，敢问老先生尊号?"老人答道："老夫贺知章，自号四明狂客。"李白一听，惊讶得不知如何是好。原来贺知章已是当时著名的诗人，他曾任国子四门博士、太常博士、礼部侍郎，现任太子宾客、秘书监。其为人旷达不羁，此时已经84岁了，连皇上对他也格外敬重。李白早就听说过贺知章的大名，对他特别仰慕，早想结识这位老前辈。没想到今天贺知章竟主动来访，令李白感动不已，于是急忙说道："久仰老前辈大名，如雷贯耳，只是无缘相会，今日一见，三生有幸。"贺知章仔细端详了李白的风度仪表，只见他面容清秀，神采飞扬，身着平常衣服，但却透着一种遗世独立的气质，对他便已有

了很好的印象，大大夸赞了他一番。接着又说："老夫也久闻李太白的诗名，今日特来探访，不知身边有何大作，可否拜读?"李白便把随身携带的一首《蜀道

难》恭敬奉上。

贺知章刚读完“噫吁嚱，危乎高哉，蜀道之难，难于上青天”这头一句，便连声赞叹：“好诗！好诗！先生才华超群，不是平常之人，乃是谪居世间的神仙啊！”因此，李白便得了一个“谪仙”的雅号。

李白又将自己的诗作《乌栖曲》拿给贺知章看，贺知章也夸赞说：“此诗可以惊天地、泣鬼神。”李白和贺知章由此一见如故，结成忘年之交。二人都很高兴，便去一家酒楼畅饮。到喝完酒结账时，才发现因为过于高兴而来得匆忙，竟然忘记带酒钱。贺知章毫不犹豫地解下腰间佩戴的一个金龟做了抵押。二人畅饮大醉而归。从此几乎天天见面，而李白的名声也更加显赫了。

后来，由贺知章举荐，李白到翰林院任翰林学士。这个职位一般都由有文学才能的大臣兼任，实际上就是皇帝的顾问和秘书，承命撰写各种文诰和诏命，他的清词丽句很快也博得了唐玄宗的青睐。

公主爱读王维诗

王维（701—761 年，一说 693—761 年），唐代诗人、画家，字摩诘。祖籍太原祁县（今山西祁县）人，其父迁家蒲州（今山西永济），遂为蒲人。他官终尚书右丞，世称“王右丞”。

王维诗现存不满 400 首，其中最能代表其创作特色的是描绘山水田园等自然风景及歌咏隐居生活的诗篇。

王维描绘自然风景的高度成就，使他在盛唐诗坛

独树一帜，成为山水田园诗派的代表人物。他继承和发展了谢灵运开创的写作山水诗的传统，对陶渊明田园诗的清新自然也有所吸取，使山水田园诗的成就达到了一个高峰，因而在中国诗歌史上占有重要的位置。

王维多才多艺，不仅能诗善画，而且弹得一手好琵琶。岐王爱好音乐，非常喜欢听王维弹奏的曲子。开元十九年（731 年），王维准备参加京城的科举考试，岐王悄悄地对他说："听说皇上的九公主过几天要在宫里设宴，这对你可是个机会啊！到时你挑几首好诗带着，装扮成宫廷乐师，我领你去碰碰运气。"王维回去后，就抄了几首自己的诗作，又精心赶作了一首新的琵琶曲。

这一天，王维手抱琵琶，怀揣诗卷，随岐王来到宫里。宴会开始后，几位有名的艺人表演了各自的拿手好戏。轮到王维独奏了，一曲《郁轮袍》，如行云流水一般，使在座的宾客都听得如痴如醉。公主高兴地对岐王道："这位新来的乐师，真是一个奇才！"岐王哈哈笑着说："其实他并不是宫里的乐师啊！"王维不失时机地向公主呈上诗卷。公主一首一首地读着，当她读到《九月九日忆山东兄弟》时，情不自禁地念出声来："独在异乡为异客，每逢佳节倍思亲。遥知兄弟登高处，遍插茱萸少一人。”这首诗抒发了游子在异乡怀念亲人的感情，公主的心一下子被打动了。

后来，公主知道王维将要应举，就极力向负责考试的官员推荐他，还说：“如果王维能做状元，这实在是京城的荣耀啊！”不久，王维果真不负众望，一举高中了。

从“八岁偷照镜”到“只是近黄昏”

唐代诗人李商隐，字义山，号玉谿生，又号樊南生。原籍怀州河内（今河南沁阳），自祖父起，迁居郑州荥阳（今属河南）。自称与皇室同宗，但高、曾祖以下几代都只做到县令、县尉、州郡僚佐一类下级官员。所谓“宗绪衰微，簪缨殆歇”（《祭处士十二房叔父文》）、“四海无可归之地，九族无可倚之亲”（《祭裴氏姊文》），这类自述真实地反映了他比较寒微的处境。

16 岁时著有《才论》《圣论》，以古文为士大夫所知。文宗大和三年（829 年），受天平军节度使令狐楚招聘入幕。令狐楚爱其才，让儿子令狐绹和他交游，并亲自指点他写作骈文，因而又以擅长骈体章奏闻名当世。

李商隐在这个时期存留的诗作不多，但已形成重要的开端。其中有一部分直接反映社会政治的诗篇，如《随师东》《有感二首》《重有感》《寿安公主出降》《行次西郊作一百韵》等，指事陈情，激切感人，显示了青年诗人关怀国家命运的抱负和器识。另一些作品以比兴寄托的手法抒写作者的凌云壮志和渴求用世的心愿，如《初食笋呈座中》和《无题·八岁偷照镜》，笔意婉转，风格清新。此外，也有少量应酬诗和艳体诗。

坎坷不平的人生历程，促使诗人的创作向纵深发展，题材比前期宽广，包括感时、抒怀、言情、赠答、行旅、田园、咏史、咏物许多方面。诗中感情更为沉郁，表达愈加婉曲，艺术上达到成熟的境界，代表作如《安定城楼》《回中牡丹为雨所败二首》《任弘农尉献州刺史乞假归京》《赠刘司户蕡》《哭刘蕡》。除此之外，其消极颓废的思想和绮靡俗艳的诗作也有所发展，如《镜槛》《曲池》《县中恼饮席》《花下醉》。

漂泊无定的生涯，使诗人后期的诗风变化更为多样，诗境也日趋老成。在桂州时，除了写一些风神摇曳、气韵浑成的写景抒情诗如《晚晴》《访秋》《城上》《高松》以外，还以五律和五排的形式写了反映异域民俗风物、具有鲜明地方色彩的风土诗，如《桂林》《即日》《异俗二首》《昭州》等。赴徐州幕府时，一度情绪昂扬，唱出高歌慷慨、兴会淋漓的长篇古风《偶成转韵七十二句赠四同舍》和《戏题枢言草阁三十二韵》。丧妻后及任职梓州幕府期间，转而为凄苦酸楚之音，如《柳》《北禽》《天涯》《初起》等。同时仍保持对国事的忧虑，写下像《井络》《武侯庙古柏》《杜工部蜀中离席》《筹笔驿》之类吊古伤时、苍凉悲壮的名篇。而到了颓年乡居时写的《幽居冬暮》，则又一变激楚顿宕为深沉凝重，将无穷的悲愤含蓄在凄清衰飒的意境画面之中，发人深思，令人叹惋。

李商隐的诗歌流传下来的约有600首。其中以直接方式触及时政题材的，占了相当比重。他的政治诗反映面广，开掘有一定深度。如《有感二首》和《重有感》记述大和末年震动朝野的“甘露事变”，对宦官幽禁唐文宗、屠杀士民的专制暴行痛加抨击，这在当时需要有不寻常的政治胆识。《随师东》《寿安公主出降》反对藩镇割据，但不限于斥责军阀的野心，并能够联系朝廷政治的腐败和政策的失误做批判性考察，认识比较深刻。《哭遂州萧侍郎二十四韵》《哭虔州杨侍郎》对朋党相争及其祸害做了真切揭露，《汉南书事》《漫成五章》提出巩固边防、和睦民族关系的主张，都有一定的思想价值。尤其是长诗《行次西郊作一百韵》，从眼前农村残破、民不聊生的景象，追溯唐王朝200年来治乱盛衰的历史变化，对唐代政治做了系统的总结回顾，成为杜甫《自京赴奉先县咏怀五百字》《北征》以后难得的诗史。由于生活在唐王朝衰朽没落的年代，诗人尽管有“欲回天地”（《安定城楼》）的雄心，却找不到解救危机的道路，只能把希望寄托在少数圣君贤相身上。诗中较多地揭露统治阶级的腐败，抒发士人失意的愤懑，较少反映下层人民的疾苦，也是一个缺陷。

李商隐8岁就能写出很好的诗，曾为我们留下了他一生最早的一首五言古诗，组诗《无题》之一的《八岁偷照镜》：“八岁偷照镜，长眉已能画。十岁去踏青，芙蓉作裙衩。十二学弹筝，银甲不曾卸。十四藏六亲，悬知犹未嫁。十五泣春风，背面秋千下。”

这是一首饶有生活情趣的诗，诗中以少女自叙的口吻，刻画了一位聪明美丽、才貌双全、勤学早慧的少女形象。伴随年龄的增长，岁月的消逝，她的美妙姿容、品德才学日益显露，但是她藏于深闺，青春虚度，命运不能自己掌握，才华难以充分施展。全诗委婉曲折地表露了少年诗人的凌云之志和超群之才，也抒发了他恃负才华、渴望入世而又忧虑前途的复杂心情。

在唐代诗人群中，李商隐是一位进取的诗人，也是一位失意的诗人；是一位现实的诗人，也是一位浪漫的诗人；是一位风格独特的诗人，也是一位情感复杂的诗人。如果说，“初唐四杰”在唐代诗坛是旭日东升，李白、杜甫在唐代诗苑是如日中天，那么作为晚唐诗界巨擘的李商隐，则是绚丽多彩、辉光夺目的夕阳西下，晚霞一抹。诗人创作的五言杰作、千古绝唱《登乐游原》，不仅是诗人为大唐帝国即将倾颓时所奏出的哀歌悲曲，还是诗人对自己生命之火即将熄灭时所发出的苦吟悲唱。他以大家手笔，浓墨重彩，精言警句，揭示了一种哲理，抒写了一种情怀，创造了一种境界；它是一种雄浑、一种精思、一种悲壮：

向晚意不适，驱车登古原。
夕阳无限好，只是近黄昏。

散文大家韩愈

唐代文学家、哲学家韩愈，字退之。河南河阳（今河南孟州市）人，祖籍昌黎，世称韩昌黎，晚年任吏部侍郎，又称韩吏部。谥号“文”，又称韩文公。

韩愈在年轻时期重要诗文有《原道》《原性》《答李翊书》《师说》《送李愿归盘谷序》《送孟东野序》《此日足可惜一首赠张籍》《山石》等。

韩愈在中年时期的重要诗文有《张中丞传后叙》《毛颖传》《送穷文》《进学解》《八月十五夜赠张功曹》《赴江陵途中寄赠王二十补阙、李十一拾遗、李二十六员外翰林三学士》《谒衡岳庙遂宿岳寺题门楼》《南山诗》《秋怀诗》《陆浑山火和皇甫湜用其韵》《石鼓歌》等。

韩愈后期的重要诗文有《平淮西碑》《论佛骨表》《柳子厚墓志铭》《左迁至蓝关示侄孙湘》《泷吏》等。

韩愈的文学主张，与他的政治思想、学术观点有密切关系。他的政治思想、学术观点比较复杂，主要渊源于儒家，但也有一些“离经叛道”的言论。他一方面谈仁义，谈性三品，继承孟轲、董仲舒的儒学传统，反对佛教的清净寂灭、神权迷信，主张“人其人，火其书”（《原道》），僧徒返俗，佛经焚毁；另一方面又相信

天命和鬼神。一方面赞扬孟轲辟排杨、墨，“功不在禹下”，认为“杨、墨行，正道废”(《与孟尚书书》)；另一方面又说“孔子必用墨子，墨子必用孔子，不相用不足为孔、墨”（《读墨子》)。一方面主张“宗孔氏”“贵王贱霸”（《与孟尚书书》)；另一方面又盛赞管仲、商鞅的事功，指斥后人“羞言管、商氏”为“不责其实”（《进士策问》)。一方面诋毁王叔文集团的改革；另一方面却追随另一个比较进步的政治家裴度，在反对藩镇割据、宦官擅权等主要问题上，与二王的主张并无二致。这些复杂矛盾的现象，在他的作品中都有反映。因此，韩愈虽然以儒学的卫道士自居，可是在宋代理学家看来，他是“为文所得处多”，

但对儒家之道“却倒学了”（《二程遗书》），“其论著不诡于圣人盖寡矣”（杨时《送吴正子序》）。

韩愈的散文、诗歌创作，实践了他的理论。所作赋、诗、论、说、传、记、颂、赞、书、序、哀辞、祭文、碑志、状、表、杂文等各种体裁的作品，都有卓越的成就。

论说文在韩愈散文中占有重要地位。其中一种类型，是以明儒道、反佛教为主要内容的长篇和中篇。如从现实的政治、经济观点着眼的《原道》《论佛骨表》，从哲学观点立论的《原性》，从传道授业角度说理的《师说》等。这类文章，大都格局严整、层次分明。再一种类型是一些嘲讽社会现状的杂文，短篇如《杂说》《获麟解》，比喻巧妙，寄概深远；长篇如《送穷文》《进学解》，用东方朔《答客难》、扬雄《解嘲》的问答形式和幽默笔触，表现自己的坎坷遭遇，嘲讽社会上的庸俗习气，构思奇特，锋芒毕露。另一种类型，是论述文学思想和写作经验的，体裁多样，如书信体《答李翊书》《与冯宿论文书》，赠序体《送孟东野序》《送高闲上人序》等，文笔也多变化，如《送孟东野序》用38个“鸣”字贯穿全篇，《送高闲上人序》以精湛的理论与奇幻的形象描写相交织等，都是论说文的上乘。(元代鲜于枢书韩愈《石

鼓歌》)

叙事文在韩愈散文中也占有很大比重。其中一种类型，是学习儒家经书的如《平淮西碑》用《尚书》和《雅》《颂》的体裁，歌颂唐王朝平定藩镇叛乱的业绩，“句奇语重”“大笔淋漓”，向来被认为是“点窜《尧典》《舜典》字，涂改《清庙》《生民》诗”(李商隐《韩碑》)的巨制；《画记》直叙许多人物，也是从《尚书·顾命》《周礼·考工记·梓人职》脱化而来的。另一种类型，是继承《史记》历史散文传统的，如《张中丞传后叙》，刻画英雄人物形象，叙事、议论、抒情相融合，为公认的名篇。此外，描绘人物生动奇特，学习《史记》《汉书》而不用议论的，如《试大理评事王君墓志铭》《幽州节度判官赠给事中清河张君墓志铭》等，亦为一种类型。为友情深厚的文学家而作，能突出不同作家特色的，如《柳子厚墓志铭》《贞曜先生墓志铭》《南阳樊绍述墓志铭》等，又是一种类型。但在韩愈所写的大量墓碑和墓志铭中，也有一些为“谀墓”之作，当时已被刘叉所讥斥。

抒情文中的祭文，表现骨肉深情，用散文形式写，突破四言押韵常规的，如《祭十二郎文》，是一种类型；表现朋友交谊、患难生活，用四言韵语写的，如《祭河南张员外文》《祭柳子厚文》，又是一种类型。此外，书信如《与孟东野书》，赠序如《送杨少尹序》等，也都是具有一定感染力的佳作。

韩愈另有一些散文，如《毛颖传》《石鼎联句诗序》之类，完全出于虚构，具有小说意味，但和当时一般传奇小说仍有区别。《毛颖传》多少带有作者的身世感慨，《石鼎联句诗序》或以为是讥讽当时宰相之辞。这类作品，时人"大笑以为怪"，而柳宗元独以为奇（柳宗元《读韩愈所著〈毛颖传〉后题》《与杨诲之书》）。柳宗元也写了几篇类似的文章。韩愈的门人沈亚之，则是著名的小说家。他们多少受到韩愈的影响。

韩愈的散文，气势充沛，纵横开阖，奇偶交错，巧譬善喻，或诡谲，或严正，具有多样的艺术特色。柳宗元《答韦珩示韩愈相推以文墨事书》说是"猖狂恣睢，肆意有所作"，与司马迁"相上下"而"过扬雄远甚"；苏洵《上欧阳内翰书》说是"如长江大河，浑浩流转，鱼鼋蛟龙，万怪惶惑"，很能形容出韩文的主要风貌。这样的散文，对六朝以来柔靡的骈俪文风，具有扫荡作用。韩愈又是语言的大师，善于对前人的语言推陈出新，对人们的口语进行提炼。如"蝇营狗苟"（《送穷文》）、"贪多务得""同工异曲"

"俱收并蓄"（《进学解》）、"不塞不流，不止不行"（《原道》）等新颖词语，韩文中为数不少，一直沿用至今，丰富了中国语言的宝库。他主张"文从字顺各识职"（《南阳樊绍述墓志铭》），创造一种在口语基础上提炼出来的书面散文语言，扩大了文言文体的表达功能。但另一方面，他还有一种佶屈聱牙的文句，自谓"不可时施，祇以自嬉"（《送穷文》），对后来一部分文人也有影响。

韩愈的诗也有独创成就，向来亦称大家。其艺术特色，主要表现为奇特雄伟、光怪陆离。如《陆浑山火和皇甫湜用其韵》《月蚀诗效玉川子作》一类诗，不仅是"怪怪奇奇"的几幅"西藏曼荼罗画"（沈曾植评《陆浑山火》诗语），而且具有深刻的时代现实内容。那种雄奇境界，也存在于不少写景诗如《南山诗》《岳阳楼别窦司直》，抒情诗如《孟东野失子》等作品中。但韩愈诗在追求奇谲的同时，往往也有堆砌僻语、生字、押险韵等近于文字游戏的缺陷。韩诗艺术特色的另一个表现为朴素无华。一些反映社会现实、关心政治得失、同情人民疾苦的作品，长篇如《赴江陵途中寄赠王二十补阙、李十一拾遗、李二十六员外翰林三学士》，继承杜甫《自京赴奉先县咏怀五百字》《北征》的传统；短篇如《汴州乱》，接近白居易、张籍的风格。一些写景咏物诗如《山石》《南溪始泛》《杏花》，一些抒情诗如《题驿梁》《答张十一功曹》，也都具有不尚雕绘、本色天然的特色。

韩愈以文为诗，因而在各类诗体方面，擅长古体，律诗绝句数量较少。但其律、绝中也有少数佳篇，如七律《左迁至蓝关示侄孙湘》《答张十一功曹》《题驿梁》，七绝《次潼关先寄张十二阁老使君》《题楚昭王庙》《早春呈水部张十八员外》，为历来选家、评论家所赞赏。

“诗圣”杜甫

唐代诗人杜甫，字子美。祖籍襄阳（今属湖北），生于河南巩县。因曾居长安城南少陵，在成都被严武荐为节度参谋、检校工部员外郎，后世称之为杜少陵、杜工部。

玄宗开元十九年（731 年）至天宝四年（745 年），杜甫过着“裘马清狂”的浪漫生活。曾先后漫游吴越和齐赵一带。其间赴洛阳考进士失败。天宝三年，在洛阳与李白结为挚友。次年秋分手，再未相会。杜甫此期诗作现存 20 余首，多是五律和五古，以《望岳》为代表。

天宝五年（746 年）至天宝十四年（755 年），杜甫困

守长安，穷困潦倒。他不断投献权贵，以求仕进。天宝六年曾应试“制举”；天宝十年献“大礼赋”3篇得玄宗赏识，命宰相试文章，但均无结果。直到天宝十四年十月，安史之乱前一个月，才得到右卫率府胄曹参军之职。仕途的失意沉沦和个人的饥寒交迫使他比较客观地认识到了统治者的腐败和人民的苦难，使他逐渐成为一个忧国忧民的诗人，创作发生了深刻、巨大的变化，产生了《兵车行》《丽人行》《前出塞》《后出塞》《自京赴奉先县咏怀五百字》这样的不朽名篇和“朱门酒肉臭，路有冻死骨”这样的警世之句。此期流传下来的诗大约100首，其中大都是五、七言古体诗。

肃宗至德元载（756年）至乾元二年（759年），安史之乱最盛。杜甫虽尽历艰危，但创作成就很大。长安陷落后，他北上灵武投奔肃宗，但半路被俘，陷贼中近半年，后冒死从长安逃归凤翔肃宗行在，授左拾遗。不久因房案直谏忤旨，几近一死。长安收复后，回京任原职。乾元元年（758年）五月，外贬华州司功参军，永别长安。此时期的杜甫，对现实有了更清醒的认识，先后写出了《悲陈陶》《春望》《北征》《羌村》、“三吏”“三别”等传世名作。

肃宗上元元年（760年）至代宗大历五年（770

年）的11年内，杜甫在蜀中8年，荆、湘3年。760年春，他在成都浣花溪畔建草堂，并断断续续住了5年。逝世前作三十六韵长诗《风疾舟中伏枕书怀》，有“战血流依旧，军声动至今”之句，仍以国家灾难为念。这11年，他写诗1000余首（其中夔州作430多首），占全部杜诗的七分之五。多是绝句和律诗，也有长篇排律。名作有《茅屋为秋风所破歌》《闻官军收河南河北》《秋兴八首》《登高》《又呈吴郎》等。

杜诗现存1400多首，它深刻地反映了唐代安史之乱前后20多年间的社会全貌，生动地记载了杜甫一生的生活经历；把社会现实与个人生活紧密结合，达到思想内容与艺术形式的完美统一；代表了唐代诗歌的最高成就，被后代称作“诗史”。但杜甫并非客观地叙事，以诗写历史，而是在深刻、广泛反映现实的同时，通过独特的艺术手段表达自己的主观感情。正如浦起龙所云：“少陵之诗，一人之性情，而三朝之事会寄焉者也”（《读杜心解》）。天宝后期以来，杜甫写了大量时事政治诗。短篇如《洗兵马》《有感》《丽人行》《三绝句》《病橘》《茅屋为秋风所破歌》《又呈吴郎》等，长篇如《夔州书怀》《往在》《草堂》《遣怀》等，虽内容各异，但都是个人情感与事实相结合，抒情色彩较浓。战争题材在杜诗中数量很大。杜甫对不同性质的战争态度不同。反对朝廷穷兵黩武、消耗国力的有《兵车行》《又上后园山脚》等；支持平息叛乱、抵御外侮的有《观安西兵过赴关中待命二首》《观兵》《岁暮》等。《前出塞》《后出塞》两组诗，既歌颂了战士的壮烈英勇，又谴责了君王拓边无厌和主将的骄横奢侈，以一个战士的自白概括了无数英勇士兵的不幸命运。“三吏”“三别”中，诗人同情人民的痛苦，但大敌当前，兵源缺乏，他只能忍痛含泪劝慰被征者，表现出作者内心尖锐复杂的矛盾冲突。杜甫有不少歌咏自然的诗。歌咏的对象，往往是既联系自己，也联系时事，是情、景与时事的交融，而不仅仅是情景交融，最具代表性的是《春望》《剑门》。

杜甫还有些歌咏绘画、音乐、建筑、舞蹈、用具和农业生产的诗，同样贯注了作者的感情，具有时代特色。杜集中也有些诗，时代气氛不浓，个人感情较淡泊，尤其是在成都草堂写的一部分诗。这是他经过长期漂泊，得到暂时休息后心境的表现。在《屏迹》《为农》《田舍》《徐步》《水槛遣心》《后游》《春夜喜雨》等诗中，诗人对花草树木、鸟兽鱼虫的动态有细腻的观察，无限的喜爱和深刻的体会，体现了杜甫诗歌和为人的另一侧面。杜甫怀念亲友的诗，大都缠绵悱恻，一往情深。如《月夜》怀念妻子，《月夜忆舍弟》怀念弟弟。众多怀友诗中，以怀念李白的最为突出。从与李白分手直到晚年，追念或谈到李白的诗有15首，表现了他对李白的推崇和情谊。杜甫还以诗论诗，在《戏为六绝句》《偶题》《解闷十二首》(其四至其八）中，表达了“转益多师”“别裁为体”，扬弃古今而自铸伟辞的艺术主张。在困守长安和漂泊西南时期，为求仕进和维持生计，杜甫也作过一些内容无聊、格调不高的投赠权贵、奉和应酬的诗，其中有不少五言排律。

杜诗体制多样，奄有众长，兼工各体，并能推陈出新，别开生面。其五言古诗融感事、纪行、抒怀于一体；博大精深，无施不可，开唐代五古境界，代表作有《自京赴奉先县咏怀五百字》《北征》《羌村》《赠卫八处士》“三吏”“三别”。七言古诗长于陈述意见，感情豪放、沉郁，风格奇崛拗峭，如《醉时歌赠郑广文》《洗兵马》《茅屋为秋风所破歌》《岁晏行》等。其五言、七言律诗功力极高：五律如《春望》《天末怀李白》《后游》《春夜喜雨》《水槛遣心》《旅夜书怀》《登岳阳楼》等，七律如《蜀相》《野老》《闻官军收河南河北》《宿府》《白帝》《诸将五首》《秋兴八首》《登高》等，唐人律诗很少能超过它们。杜甫还有许多五言排律和几首七言排律，使排律得到很大的发展。其《秋日夔府咏怀奉寄郑监李宾客一百韵》长达1000字。但杜甫排律亦多堆砌典故、投献应酬之作。其绝句借景抒情，反映时事，并开绝句中议论之体，别开异径，贡献颇大。杜诗内容广阔深刻，感情真挚浓郁；艺术上集古典诗歌之大成，并加以创新和发展；在内容与形式上大大拓展了诗歌的领域，给后世以广泛的影响，杜甫也被后人尊为“诗圣”。

李白蔑视权贵

唐玄宗61岁那年，宠爱上了年轻的杨贵妃。据说，杨贵妃是个少见的美人，而且生得聪明伶俐，懂得音乐。唐玄宗把她的两个哥哥都封了官，3个姐姐都封为夫人。杨贵妃有个远堂兄弟杨钊（后来改名杨国忠），在蜀中穷得过不了日子，听到他堂妹封了贵妃，就带点礼物到长安找杨贵妃。杨贵妃在唐玄宗面前说了几句好话，杨国忠就当上了一名禁卫军参军。

唐玄宗早把政事交给了李林甫。有了杨贵妃以后，他更是经常留在宫里寻欢作乐，连每天例行的早朝也懒得上了。杨贵妃想要什么，他就总想方设法给她办到。杨贵妃爱吃新鲜的荔枝。荔枝是南方出产的果品，长安在西北，哪来的荔枝？唐玄宗为了讨杨贵妃的欢喜，专门下命令叫岭南官员派人骑着快马拼着命赶送，像接力赛一样，一站一站把荔枝运到长安。荔枝到杨贵妃手里的时候，竟还又红又香，味道没变呢。

唐玄宗、杨贵妃每天饮酒作乐，少不了叫人奏奏音乐，唱唱歌曲，但是宫里原来的一些老歌词都听腻了，他想找人来给他填点新歌词。

有一个官员贺知章在唐玄宗面前说，长安新来了一个大诗人，名叫李白，是个天才，无论作诗还是写文章，都十分出色。唐玄宗也早就听到过李白的名声，就吩咐贺知章赶快通知李白进宫。

李白，字太白，是唐代著名的大诗人之一。他出生在碎叶，上代是陇西成纪（今甘肃秦安东）人，从小博览群书，性格豪放，除读书之外，还练得一手好剑。李白 20 多岁起，为了增长见识，到各地游历。他不仅到过长安、洛阳、金陵、江都许多大城，还到过洞庭、庐山、会稽等许多名山胜地。由于他见博识广，加上才智过人，因此，他在诗歌写作上有了杰出的成就。

李白是个有政治抱负的人，他生性高傲，对当时官场上的腐朽风气很不满意，希望得到朝廷任用，让他有机会施展政治上的才干。这一次到长安来，听到唐玄宗召见他，也很高兴。

唐玄宗在宫殿上接见了李白，和他谈了一阵，觉得他的确很有才华，高兴地说："你是个普通人士，但你的名字连我都知道了。要不是有真才实学，怎么可能这样出名呢?"

接见以后，唐玄宗就把李白留在翰林院，要他专门给他起草诏书。

李白爱好喝酒，喝起酒来，还非喝到酩酊大醉不可。进了翰林院之后，他改不了这个习惯，空下来，还是找一些诗友到长安酒馆里去喝酒。

有一次，唐玄宗叫乐工写了一支新曲子，还没填上歌词，就命令太监去找李白。太监们在翰林院和李白家，都找不到李白。有人告诉太监，李白上街喝酒去了。

太监们在长安街上找呀找呀，好不容易在酒店里找到李白，原来李白喝醉了酒，躺在那里睡着了。太监把他叫醒，告诉他皇上召见他。李白揉揉眼睛，站起了身，问是怎么回事。太监们来不及跟他细说，七手八脚把李白拉进轿子，抬到宫里。

李白进了内宫，抬头一看是唐玄宗，想行朝拜礼，身子却不听使唤。太监们见他醉得厉害，就有人拿了一盆凉水，洒在李白脸上，李白才渐渐醒过来。

唐玄宗爱他的才，也不责怪他，只叫他马上把歌词写出来。

太监们忙着在他面前的几案上放好笔砚绢帛。李白席地坐了下来，忽然觉得脚上还穿着靴子，很不舒服。他一眼看见身边有个年老的宦官，就伸长了腿，朝着那宦官说："请您帮我把靴子脱下来！"

那个老宦官原来是唐玄宗宠信的宦官头子高力士。他平时仗着皇帝的势，在官员面前作威作福，现在一个小小的翰林居然命令他脱靴，简直气昏了。但是唐玄宗在旁边等着李白写歌词，如果得罪了李白，让唐玄宗扫了兴，也担当不起。他忍住气，装出满不在乎的样子，笑嘻嘻地说："唉，真是喝醉了酒，拿他没办法。"说着，就跪着给李白脱了靴子。

李白脱了靴子，连正眼也不看高力士一眼，拿起笔来龙飞凤舞地写起来，没有多少时间，就写好了3首叫作《清平调》的歌词交给唐玄宗。

唐玄宗反复吟了几遍，觉得文辞秀丽，节奏铿锵，确是好诗，马上叫乐工演唱起来。

唐玄宗十分赞赏李白，但是那个给李白脱过靴子的高力士却记恨在心。有一次，高力士陪伴杨贵妃在御花园里赏玩景色，杨贵妃很高兴地唱起李白的诗来。

高力士装作惊讶地说："哎呀，李白这小子在这些诗里侮辱了贵妃，您还不知道吗？"

杨贵妃奇怪地问怎么回事。高力士就添枝加叶地造了一些谣言，说李白写的诗里有一句话，把杨贵妃比作汉朝一个行为放荡的皇后赵飞燕，是有心讽刺她。

杨贵妃听信了高力士的话，真的生了气，后来在唐玄宗面前一再讲李白怎么怎么不好，唐玄宗渐渐对李白也看不惯了。

李白终于看出在唐玄宗周围都是一些像李林甫、高力士那样的趋炎附势的小人，他留在唐玄宗身边，不过帮他解闷散心，要想政治上有所作为是不可能的。到了第二年春天，就上了一道奏章，请求辞官还家。唐玄宗顺水推舟批准了他的要求，为了表示他爱才，还赐给李白一笔钱，送他回家。

李白离开长安以后，重新过着诗人自由自在的生活，有的时候隐居读书，有的时候周游各地。在这些日子里，他写下了许多讴歌祖国壮丽山河的诗篇。

有一次，他从白帝城出发，乘船经过长江三峡，到江陵去，一路上他触景生情，写下了一首诗：

朝辞白帝彩云间，千里江陵一日还。
两岸猿声啼不住，轻舟已过万重山。

李白的许多诗篇表现了他豪放的气概、丰富的想象和热烈的感情，成为我国文学史上的不朽名作。

正当李白热情地讴歌祖国山河的时候，由于唐王朝的腐败，中原地区遭受了一场浩劫。

安禄山叛乱

唐玄宗在位时，为了加强边境的防御，在重要的边境地区设立了10个军镇（也叫作藩镇），军镇的长官叫节度使。节度使带领军队，还兼管行政和财政，权力很大，地位很高。按照当时的惯例，节度使立了功，就可能被调到朝廷当宰相。

李林甫掌权以后，不但排挤朝廷的文官，还猜忌边境的节度使。担任朔方等4个镇节度使的王忠嗣，立了很多战功。他手下的将领哥舒翰、李光弼，都是骁勇善战的名将。李林甫看王忠嗣的功劳大，威望高，怕他被唐玄宗调回京城当宰相，派人向唐玄宗诬告王忠

嗣想拥戴太子谋反，害得王忠嗣险些丢掉了性命。后来还是哥舒翰在唐玄宗面前苦苦为王忠嗣申冤，唐玄宗才免了王忠嗣的死罪，改为降职处分。王忠嗣受不了这个冤枉，一气之下就病死了。

当时，边境将领中有一些胡族人。李林甫认为胡人文化低，不会被调到朝廷当宰相，就在唐玄宗面前竭力主张重用胡人，理由是胡人善战，而且跟朝官没联系，靠得住。唐玄宗本来最怕边境的将领谋反，就听李林甫的话，提拔了一些胡人当节度使。

在这些胡人节度使中，唐玄宗、李林甫特别看中一个平卢（治所在今辽宁朝阳）节度使安禄山。

安禄山年轻时在平卢军里当过将官，因为不遵守军令，打了败仗。边境守将把他解送到长安，请朝廷处分。当时的宰相张九龄为了严肃军纪，把安禄山判了死刑。唐玄宗听说安禄山挺能干，下令把安禄山释放。

张九龄跟唐玄宗说：“安禄山违反军令，损兵折将，按军法不能不杀，而且据我观察，安禄山不是个善良人，不杀恐怕后患无穷。”

唐玄宗不听张九龄的劝谏，还是赦免了安禄山。后来，张九龄被撤了职，安禄山却靠他奉承拍马的手段，一步一步地升官，当上了平卢节度使。不出3

年，又兼任范阳（治所在今北京市）节度使。

安禄山当了节度使以后，就尽力搜罗奇禽异兽、珍珠宝贝，经常送到宫廷讨好唐玄宗。他知道唐玄宗喜欢边境将领报战功，就采取阴谋手段，诱骗平卢附近的少数民族首领和将士，参加宴会。在酒席上，用药酒灌醉他们，把兵士杀了，又把他们的首领割了头，献给朝廷报功。

唐玄宗常常召安禄山到长安朝见。安禄山抓住这个机会，使出他狡猾的手段，尽量讨唐玄宗的喜欢。安禄山长得特别肥胖，凸肚子，矮个子，装出一副傻乎乎的样子，唐玄宗一见到他就乐了。

有一次，唐玄宗指着他的肚子开玩笑说："这么大的肚子，里面装的什么东西?"

安禄山不假思索地回答说："没有别的，只有一颗赤诚的心。"

唐玄宗认为安禄山真对他一片忠心，心里更高兴了。以后又封安禄山为郡王，还替他在长安造了一座跟王公贵族住的一样华丽的府第。安禄山搬进王府后，唐玄宗每天派人陪他一起饮酒作乐；还让杨贵妃把安禄山收作干儿子，让安禄山在内宫随便进出，亲热得像一家人一样。

安禄山骗取了唐玄宗和李林甫的信任，除了范阳、平卢两镇外，又兼了河东（治所在今山西太原）节度使，控制了北方边境的大部地区。他秘密扩充兵力，提拔了史思明、蔡希德等一批猛将，任用汉族士人高尚、严庄帮他出谋划策；又从边境各族的降兵中挑选了 8000 名壮士，组成一支精兵，囤积粮草，磨砺武器。只等唐玄宗一死，他就准备叛乱。

没多久，李林甫病死，杨贵妃的同族哥哥杨国忠凭着他的外戚地位，接任了宰相。杨国忠本来是个流氓，安禄山瞧不起他，他也看不惯安禄山，两个人就闹起矛盾来。杨国忠几次三番在唐玄宗面前说安禄山一定会谋反，但是唐玄宗正在宠信安禄山，哪里会相信。

日子一长，安禄山谋反的迹象渐渐暴露出来了。他向朝廷要求把范阳的 32 名汉将都撤换了，由他自己另外委派；唐玄宗亲手写诏书要安禄山到长安，他也推托有病不去。唐玄宗开始对安禄山怀疑起来。但是无论唐玄宗还是杨国忠，都没有想到该怎样防备安禄山的叛乱。

755 年，安禄山经过周密准备，决定发动叛乱。这时候，正好有个官员从长安到范阳来。安禄山假造了一份唐玄宗从长安发来的诏书，召集将士宣布说：“接到皇上密令，要我立即带兵进京讨伐杨国忠。”将士们都觉得很突然，面面相觑，但是有谁敢对圣旨表示怀疑呢。

第二天一早，安禄山就带领叛军南下。15 万步兵、骑兵在河北平原上进发，一路上烟尘滚滚，鼓声震地。中原一带已经有 100 年左右没有发生战争，老百姓好几代没有看到过打仗。沿路的官员逃跑的逃跑，投降的投降。安禄山叛军一直向南进攻，几乎没有遭到什么抵抗。

范阳叛乱的消息传到长安，唐玄宗开始认为是有人造谣，还不相信，到后来警报一个个传来，他也慌了起来，立刻召集大臣商议。满朝官员没有经过这样的大变乱，个个吓得目瞪口呆，只有杨国忠反而得意扬扬地说："我早说安禄山要反，还不是被我说准了吗？不过，陛下尽管放心，他的将士不会跟他一起叛乱。不出 10 天，一定会有人把安禄山的头送来。"

唐玄宗听了这番话，也有些安心了。但是，哪儿知道，没有多久，叛军长驱直入，渡过黄河，占领了洛阳。

杨贵妃受宠

唐玄宗宠爱的武惠妃死后，唐玄宗心里怀念不已。后宫女子几千人，没有一个合他心意的。

有人对唐玄宗说，寿王李瑁的妃子杨氏的美貌举世无双，唐玄宗见了以后，十分喜欢。

唐玄宗让杨妃按照皇帝之意，请求做女道士，号“太真”，然后偷偷接到宫中。太真体态丰满，容貌娇艳，通晓音律，生性机警，善于逢迎唐玄宗的心意。

不到一年，宠爱就如武惠妃一样，宫中都称她为“娘子”，对待礼仪与皇后相同。

天宝四年（745 年）八月，唐玄宗册封杨太真为贵妃，赐她父兄很高的官职。杨贵妃的 3 个姐姐，也都赐予京师的宅第，待遇非常显赫。

杨贵妃深受唐玄宗的宠爱，每次骑马，高力士都为她拿马鞭牵辔头，专门为杨贵妃织绣衣服的工匠有 700 人，朝廷内外争着进献器物、衣服和珍宝。

岭南经略使张九章与广陵长史王翼因为进献的物品精美，张九章加封三品，王翼入朝任户部侍郎，天下人都纷纷效仿。

民间有歌谣传唱："生男勿喜女勿悲，君今看女作门楣。"

天宝五年（746 年），杨贵妃因为妒忌泼悍，对唐玄宗无礼，唐玄宗很恼怒，就下令把她送回她哥哥杨国忠家里。结果一整天，唐玄宗都很不高兴，到了中午，还不吃饭，左右侍从总是不合心意，屡屡被鞭笞捶打。

高力士想试探唐玄宗的心意，就请求把贵妃院中储备的器物送给贵妃，总共装了 100 多车，唐玄宗又把自己吃的食物赐给贵妃。到了晚上，高力士跪下上奏，请求迎接贵妃回来，于是打开宫门让贵妃入宫。从此杨贵妃的宠爱更深，后宫没有人能比得上。

天宝九年（750

年）二月，杨贵妃又违背了唐玄宗的心意，被送回杨家。户部郎中吉温让宦官对唐玄宗说：“妇道人家见识短浅，违背圣上的心意，陛下何必吝啬宫中一席之地，不让她死在宫里，而忍心让她在宫外受辱呢?”唐玄宗也后悔了，就派宦官把自己吃的饭赐给贵妃。

杨贵妃哭着对宦官说：“我罪该万死，有幸陛下不杀我，让我回家。现在要永远离开宫阙，金玉珍宝玩物，都是陛下赏赐的，不值得献给陛下，只有头发是父母给我的，胆敢献给陛下，表达我的真诚。”于是剪下一束头发献给唐玄宗。唐玄宗立刻派高力士把她接回宫中，从此更加宠爱她。

马嵬驿兵变

潼关是京城长安的门户，那里形势险要，道路狭窄。唐玄宗派大将哥舒翰带领重兵把守。叛将崔乾祐在潼关外屯兵半年，没法打进去。潼关的守军每天晚上都在烽火台烧起一把火，作为平安的信号。关里的烽火台接到信号，也一座接一座地放“平安火”，一直传到长安，让长安人民放心。

叛军攻不进潼关，但是关里的唐王朝内部却闹起矛盾来。哥舒翰主张坚守潼关，等待时机；郭子仪、李光弼也从河北前线给唐玄宗上奏章，他们请求引兵北上，攻打安禄山的老巢范阳，要潼关守军千万不要出关。但是，宰相杨国忠却反对这样做。有人对杨国忠说：“现在重兵都在哥舒翰手里，如果哥舒翰打胜了，回到长安，你的宰相位子就保不住了。”杨国忠自己知道他这个宰相最不得人心，听了这番话，更加害怕，就在唐玄宗面前说潼关外的叛军已经不堪一击，哥舒翰守在潼关按兵不动，会丧失歼灭叛军的时机。昏庸的唐玄宗听信杨国忠的话，接二连三地派使者到潼关，逼哥舒翰带兵出潼关。

哥舒翰明知出关没有好处，但是没法违抗皇帝的圣旨，痛哭一场，只好带兵出关了。

关外的叛将崔乾祐早已养精蓄锐，只等唐军出关。崔乾祐派精兵埋伏在灵宝（今河南省西部）西面的山谷里。哥舒翰的 20 万大军一出关，就中了埋伏，几乎被叛军打得全军覆没，20 万人马只剩下 8000。

哥舒翰还想收拾残兵，他的部下先乱了起来，叛军乘胜打进潼关，哥舒翰也被俘虏了。

潼关一失守，关内就没险可守。从潼关到长安之间的一些地方官员和守兵，都纷纷弃城逃走。

开始，哥舒翰还派人到长安告急。后来，告急的文书中断，晚上，烽火台上的“平安火”也见不到了。到这个时候，唐玄宗才感到形势危急，着急起来，要杨国忠想办法。

杨国忠把文武百官召集起来商量，大家都干着急，谁也想不出一个好主意来。杨国忠知道留在长安，没有生路，就劝唐玄宗逃到蜀地去。

当天晚上，唐玄宗、杨国忠带着杨贵妃和一批皇子皇孙，在将军陈玄礼和禁卫军的护送下，悄悄地打开宫门，逃出长安。他们派个宦官先到沿路各地，要官员准备接待。

哪知道才到咸阳，派出的宦官和县令都已经逃了。唐玄宗一伙人走了半天，没有人给他们送饭。随行太监好不容易找到当地百姓，向他们讨了点粮食。有几个百姓送上一点高粱饽饽。那些皇子皇孙平时养尊处优，哪里吃过这样的饭，但是实在饿得慌，也顾不得什么体面，没有碗筷，就用手捞着吃，一下子就吃得精光。

唐玄宗勉强咽了几口饽饽，直流眼泪。有个老人挤到车前，对唐玄宗说：“安禄山想造反，已经不是一两天了。这么多年来，有人向朝廷告发，反而被关被杀。陛下周围的大臣，只会奉承拍马，外面的情况，陛下一概听不到。我们普通百姓早知道有这么一天，不过朝廷宫门太深，百姓的意见陛下听不到。要不是到了今天这步田地，我们怎么能站在陛下面前说话呢？”

唐玄宗垂头丧气地说：“这是我太糊涂，现在后悔也来不及了。”

这样走走停停，第三天到了马嵬驿（今陕西兴平市西）。随行的将士又饿又疲劳，实在忍不住了。他们越想越气，好好的长安待不住，弄得到处流亡，受尽辛苦。他们认为，这全是受了奸相杨国忠的牵连，这笔账得找杨国忠算。

这个时候，有二十几个吐蕃使者拦住杨国忠的马，向杨国忠要粮。杨国忠还没来得及答话，周围的兵士已经嚷起来：“杨国忠要造反了！”一面嚷，一面就射起箭来。

杨国忠慌里慌张想逃走，几个兵士赶上去，把他的头砍了下来。

兵士们杀了杨国忠，情绪激昂，把唐玄宗住的驿馆包围了起来。唐玄宗听到外面闹哄哄的，问是怎么回事，左右太监告诉他，兵士们已把杨国忠杀了。唐玄宗大吃一惊，不得不扶着拐棍，走出驿门，慰劳兵士，要将士们回营休息。

兵士们不理唐玄宗的话，照样吵吵嚷嚷。唐玄宗派高力士找到陈玄礼，问兵士们为什么不肯散。陈玄礼回答说："杨国忠谋反，贵妃也不能留下来了。"

这下可把唐玄宗难住了，他怎么舍得杀这个宠爱的妃子呢？他低着头站了半晌，才说："贵妃住在内宫，怎么知道杨国忠谋反呢？"

高力士知道不杀杨贵妃，不能平息兵士的气愤，就说："贵妃是没有罪，但是将士们杀了杨国忠，如果留着贵妃，将士哪会心安。希望陛下慎重考虑，将士心安，陛下也安全了。"

唐玄宗为了保自己的命，只好狠了狠心，叫高力士把杨贵妃带到别的地方，用带子勒死了。

将士们听到杨贵妃已经被处死，总算松了口气，才撤围回营。

经过这场兵变，唐玄宗像惊弓之鸟一样，急急忙忙逃到成都去了。太子李亨被当地百姓挽留下来主持朝政。李亨从马嵬驿一路收拾残余的队伍北上，在灵武（今宁夏灵武西南）即位，这就是唐肃宗。

“画圣”吴道子

唐代大画家吴道子的绘画作品有“三绝”之称，所谓“三绝”，是指一个人集三种绝技于一身，或称同一时期3个人的3种卓绝技能。

一次，吴道子随唐玄宗出游。奉皇帝之命，由他画桥梁、山川、车舆、人物，与善画马的陈闳、善画走兽的韦无忝共同创作一幅巨画《金桥图》，被世人称赞为“三绝”。

又一次，吴道子随唐玄宗出游到了东都洛阳，正遇上善于剑舞的将军裴旻丧母。裴旻按当时流行的习俗，送了许多钱和贵重的丝帛作为礼物，请求吴道子在天宫寺为他母亲画一幅壁画，以超度亡灵。吴道子退还了丰厚的礼物，对裴旻说："久闻裴将军剑舞绝伦。请将军为我舞剑一曲，让我观其豪壮气概，当可以助我即兴作画。"

裴旻当即应允，于是相约一同来到天宫寺。裴旻脱去孝服，换上紧身的戎装，拔剑出鞘，欣然起舞。只见他手中的银色利剑，时而左旋右转，时而上下翻飞。紧接着只见剑光闪闪，不见了人影身形。舞到精彩处，在一片喝彩声中，裴旻突然掷剑入云，高达10余丈。当利剑像一道电光从空中投射下来时，裴旻手执剑鞘相接，那寒光闪闪的利剑，竟然不偏不斜，"唰"的一声，极准确地插入剑鞘，精险绝伦，令在场围观的数千民众，无不欢呼雀跃，惊叹万分。舞剑已毕，吴道子也情绪昂奋、激动不已，直奔寺院粉墙边，奋笔作画，飒飒有声，似有神助，顷刻工夫即完成了一幅《地狱变相图》。刚好大书法家张旭也在现场，随即在粉墙壁画旁，挥笔写下了一幅龙飞凤舞的草书。洛阳人士都称许这是一次天下壮观，说："一日之中，获观三绝。"

吴道子（685—766年），阳翟（今河南禹县）人。少时贫穷孤苦，最初为民间画匠帮工学画，后从张旭学过书法，最后又转学绘画。他远学南朝梁时大画家张僧繇，近学唐代以善画地狱变相图的著名画师张孝师。吴道子有绘画天赋，再加上勤奋刻苦，不到20岁，他就成了较有名气的画家了。当时的杨惠之与吴道子为画友，同学张僧繇，也画得很好，但自觉实在赶不上吴道子，就焚毁笔砚，专攻雕塑，“为天下第一”，成了著名的雕塑家。所以当时的人说：“道子画，惠之塑，夺得僧繇神笔路。”吴道子当过小吏，做过县尉，最终还是辞官浪迹洛阳，专事寺庙道观的壁画制作。唐玄宗慕名召他进宫任内教博士（宫廷画师），并改名为吴道玄。

李泌归山

唐肃宗刚在灵武即位的时候，身边的文武官员不满30人，那个临时建立的朝廷，一切都乱糟糟的，一些武将也不大听指挥。唐肃宗要想平定叛乱，十分需要有个能人来帮助他。

这时候，他想起他当太子的时候的一个好朋友李泌，就派人把李泌从颍阳（今属河南省）接到灵武来。

李泌原是长安人，小时候很聪明，读了不少书。当时的宰相张九龄看到他写的诗文，十分器重他，称赞他是个“神童”。唐肃宗当太子的时候，李泌已经长大了，他向唐玄宗上了奏章，对国家大事提了一些意见。唐玄宗看了很欣赏，召见他，想给他一个官职。他推说自己年轻，不愿做官。唐玄宗就要他和太子交个朋友。以后，他经常到东宫去，太子也特别喜欢接近李泌，把他当作老师看待。

后来，李泌看不惯杨国忠掌权，曾经写诗讽刺杨国忠。因为这个，他被杨国忠排挤出长安。他看到政局混乱，不愿受这个气，索性跑到颍阳隐居起来了。

这一回，唐肃宗派人来请他，他想到朝廷正遭到困难，就到了灵武。唐肃宗看见李泌，真像得到宝贝一样高兴。那时候的临时朝廷，不那么讲究礼节。唐肃宗跟李泌就像年轻时候一样，进进出出，都在一起，大小事情，全都跟他商量。李泌有什么主意，唐肃宗没有不听从他的。

唐肃宗想封他当宰相，李泌可不愿意。他说："陛下待我像知心朋友一样，这就比当宰相的地位还珍贵，何必非要我挂个名不可呢？"

唐肃宗见不能勉强他，也就算了。李泌在乡间隐居的时候穿的是布衣，到了灵武，还是那件旧的布褂子。

有一次，李泌陪唐肃宗一起骑着马巡视军队，兵士们在后面，指指点点地说："那个穿黄袍的是皇上，穿白褂子的是山里来的隐士。”

唐肃宗听到兵士们的议论，觉得这样太显眼了，就给李泌一件紫色的官服，硬要他穿上。李泌没办法，只好穿上。唐肃宗笑着说：“你既然穿上了官服，还能没有个官衔?”说着，从袖里拿出一份诏书，任命李泌为元帅府行军长史（相当军师)。

李泌还不肯答应，唐肃宗说：“现在国家困难，只好暂时委屈你一下，等平定叛乱之后，还是听任你自由。”

那时候，郭子仪也已经到了灵武。朝廷要指挥全国的战事，军务十分繁忙。四面八方送来的文书，从早到晚没有停歇的时刻。唐肃宗命令把收到的文书，一律先送给李泌拆看，有特别紧要的，才送给唐肃宗。宫门的钥匙，由太子李俶和李泌两人掌管。李泌忙得连饭也顾不上吃，觉也没能好好睡。

唐肃宗一心想回长安，问李泌说：“敌人这样强大，我们怎么办?”

李泌说：“安禄山发动叛乱，真心帮他出力的是少数，其余都是被迫参加的。照我的估计，不出两年，就可以把他们消灭。”接着，他又给唐肃宗定了一个军事计划，暂缓收复长安，派郭子仪、李光弼分两路进军河北，攻打叛军老巢范阳，叫叛军进退两难，再发动各路官军围攻，把叛军消灭。

第二年春天，叛军发生内讧，安禄山的儿子安庆绪杀了安禄山，自己称帝。要消灭叛军，这本来是个好机会。但是唐肃宗急于回长安，不听李泌的计划，把郭子仪的人马从河东调回，强攻长安，结果打了一个败仗。后来，郭子仪借了回纥（我国古代北方民族之一）的精兵，集中了15万人马，才把长安攻了下来。接着，又收复了洛阳，叛乱头目安庆绪逃到河北，史思明也被迫投降。

唐军收复了长安和洛阳，唐肃宗觉得心满意足，用骏马把李泌接到长安。

唐肃宗的宠妃张良娣和宦官李辅国，嫌李泌权大，便互相勾结，想把李泌除掉。

太子李俶发现张良娣他们想害李泌，就告诉了李泌。李泌说："不打紧。我和皇上有约在先，等收复京城，我就归山，就没有事了。"

这回，李泌见唐军收复两京，算是了却了一个心愿，决心离开朝廷。

有一天晚上，唐肃宗请李泌喝酒，并且留他一起睡。李泌趁机会就对唐肃宗说："我已经报答了陛下，请让我回家再做个闲人吧！"

唐肃宗说："哎，我和先生共患难了几年，现在正想跟您一起享受安乐，怎么您倒要走了呢？”

李泌恳切地说：“我和陛下结交太早，陛下太重用我，信任我。就是因为这些缘故，我不能不走。”

唐肃宗说：“今天先睡吧，隔天再说。”

李泌说：“今天我跟陛下坐在一个榻上谈话，陛下不答应我，将来到了公堂上面，就没有我说话的余地了。如果陛下不让走，那就等于杀我了。”

唐肃宗虽然不愿让李泌离开，但是经不住李泌的一再请求，只好同意。

李泌到了衡山，在山上造个屋子，重新过起了他的隐居生活。

李泌走了以后，唐肃宗身边少了一个正直的大臣，李辅国等一批宦官的权力就大起来了。

李光弼大破史思明

唐王朝收复两京以后，安庆绪逃到河北，占领60座城，继续顽抗。唐肃宗决定派大军进剿安庆绪。这一次进军，唐军一共集结了9个节度使带领的60万兵力。这九路大军归谁统率呢，论地位和威望，应该是郭子仪和李光弼，但是猜忌心很重的唐肃宗怕郭、李两人权力太大，故意不设主帅，却派了一个完全不懂打仗的宦官鱼朝恩做观军容使（监视出征将帅的军事长官），9个节度使都得听他指挥。

唐军攻打邺城的时候，史思明又举兵反唐，从范阳带兵救援安庆绪。60万唐军准备跟叛军决战，还没来得及摆开阵势，忽然刮起一阵狂风，吹得沙尘弥漫，天昏地暗。九路大军没有统一指挥，就都像受惊的马群一样逃散了。

唐军打了败仗，鱼朝恩把失败的责任一股脑儿推给郭子仪。唐肃宗听信鱼朝恩的话，把郭子仪朔方节度使的职务撤了，让李光弼接替郭子仪的职务。

这时候，叛军又发生内讧。史思明在邺城杀了安庆绪，自立为大燕皇帝，整顿人马，向洛阳方面进攻。

李光弼到了洛阳，洛阳的官员听到史思明的兵势猛，有点害怕，有人主张退到潼关。李光弼说：“现在双方势均力敌，我们退了，敌人更加猖獗，不如把我军转移到河阳（今河南孟州市），进可以攻，退可以守。”

李光弼下令把官员和老百姓全部撤出洛阳，带兵到了河阳，等史思明进洛阳的时候，洛阳已成了一座空城。史思明要人没人，要粮没粮，又怕李光弼偷袭，只好带兵出城，在河阳南面筑好阵地，和李光弼的唐军对峙。

李光弼是个久经沙场的老将。他知道眼前的兵力不如叛军，只能智取，不好强攻。他听说史思明从河北带来1000多匹战马，每天放在河边沙洲洗澡吃草，就命令部下把母马集中起来，又把小马拴在马厩里，等叛军的战马一到沙洲，就把母马放出来和敌人的战马混在一起。过了一会，母马想起小马，嘶叫着奔了回来，敌人的战马也跟着到唐军阵地来了。

史思明一下子丢了上千匹战马，气得要命，立刻命令部下集中几百条战船，从水路进攻。前面用一条火船开路，准备把唐军的浮桥烧掉。

李光弼探听到这个消息，准备好几百枝粗大的长竹竿，用铁甲裹扎竿头，等叛军火船驶来，几百名兵士站在浮桥上，用竹竿顶住火船。火船没法前进，被烧得樯倒舷裂，一下子就沉没了。唐军又在浮桥上发射石头炮向敌人的战船攻击，把船上的敌兵打得头破血流。有的连人带船都沉入水底，有的挣扎着爬上岸，没命地逃跑了。

史思明几次三番派部将进攻河阳，都被李光弼用计打退。

最后，史思明发了狠心，集中了强大兵力，派叛将周挚进攻河阳的北城，自己领了一支精兵攻打南城。

早上，李光弼带领部将一起登上北城，观察敌军军情，只见敌军黑压压的一大片，正一队一队地向北城逼近。唐军将领嘴上不说，心里先慌了。李光弼了解大伙儿的心情，镇静地说：“别怕，叛军虽然多，但是队伍不整齐，看得出他们有点骄傲。你们放心，不到中午，保证能击败他们！”

接着，李光弼就命令将士分头出击。将士们虽然打得勇猛，但是敌人退了一阵，又来了后续部队。太阳已经到了头顶上，双方还不分胜败。

李光弼又召集部将商量，说："你们观察敌军的阵势，哪个方向的战斗力最强？"

部将们回答说："西北角和东南角。"

李光弼点点头，马上拨出500名骑兵，派两名将领率领，分路攻打西北角和东南角。

李光弼把留下的将士都集中起来，严肃地宣布军令，说："将士们看我的旗帜行动：我缓慢地挥旗，你们可以各自行动；如果急速挥旗着地，就是总攻的信号。将士们看到这个信号，必须奋勇向前，不准临阵退却。"说到这里，他拿了一把短刀插在靴子里，说："打仗本来是拼死活的事儿。我是国家的大臣，绝不死在敌人手里。你们如果战死在前线，我就在这儿自杀！"

将士们听了李光弼一番激励的话，都勇气百倍地杀上阵去。没有多久，部将郝廷玉从阵前转身奔回来，李光弼立刻派兵士带着他的剑迎上去，要把郝廷玉就地斩首。

郝廷玉见传令的兵士要杀他，大声叫嚷起来："我的马中了箭，并不是退却。"

传令的兵士报告李光弼，李光弼立刻命令给郝廷玉换上战马，重新上阵指挥作战。

李光弼看到唐军士气旺盛，就急速挥动旗帜着地，下令总攻，各路将士看到城头旗号，争先恐后地冲进敌阵，喊杀声震天动地。叛军受到猛烈的攻击，再也抵挡不住，纷纷溃退，被唐军杀死、俘虏了1000多人，还有1000多名兵士被挤到水里淹死，攻北城的叛将周挚逃走了。

史思明正在继续进攻南城。李光弼把北城俘虏来的叛军赶到河边，史思明知道周挚已经全军崩溃，不敢再战，连忙下令撤退，逃回洛阳。

李光弼连续打退史思明的进攻，双方相持了将近两年。唐肃宗听信鱼朝恩的话，命令李光弼攻打洛阳，李光弼认为敌人兵力还很强，不该轻易攻城。唐肃宗接二连三地派宦官逼他进攻，李光弼冒险进攻，果然打了个败仗，李光弼也被撤了主帅的职。

史思明少了一个强大对手，就乘胜进攻长安。幸亏在这个时候叛军发生了第三次内讧，史思明被他儿子史朝义杀死。

叛军内部四分五裂，763年，史朝义兵败自杀。

从安禄山发动叛乱，一直到史朝义失败，中原地区打了8年的内战，历史上把这件事称为“安史之乱”。

段秀实勇服郭晞

郭子仪在平定安史之乱中立了大功，威望很高，他怕唐肃宗猜忌他，自己要求解除兵权，连手下的亲兵也遣散了。唐肃宗死去后，他的儿子李俶（又名李豫）即位，就是唐代宗。吐蕃贵族趁唐朝西部边境空虚的机会，纠合了吐谷浑等几个部落共 20 多万人马打了过来，一路没遇到什么抵抗，一直打到长安。唐代宗被迫逃到陕州（今河南陕县）。

唐代宗赶紧请郭子仪出来抵抗吐蕃兵的进攻。那时候，郭子仪身边已经没有兵士了。他临时招募了 20 名骑兵赶到咸阳，长安已经陷落。郭子仪派出将士在长安附近虚张声势，白天打鼓扬旗，晚上点起火堆；又派人进城找了几百个少年在大街上打鼓，大叫大嚷，说郭令公（对郭子仪的尊称）带了大军来了，人数多得数也数不清。吐蕃将领听了害怕了，抢掠了一些财物，就逃出了长安。

郭子仪又立了一次大功，唐代宗回到长安后，重新封郭子仪为副元帅。过了一年，吐蕃、回纥兵又逼近邠州（今陕西彬县），郭子仪派他的儿子郭晞带兵去协助邠州节度使白孝德防守。

郭晞仗着他父亲的地位，滋长了骄傲情绪。他部下的兵士纪律松弛，有的兵士在外面欺负百姓，干了坏事，郭晞只当不知道。

邠州地方有些地痞流氓，觉得在郭家军里当个兵士，既没有约束，又有个靠山，就纷纷找熟识的兵士，在郭晞军营中挂个名，穿起兵士的服装。那批流氓和兵士勾结起来，大白天成群结队在街上为非作歹，遇到他们看不顺眼的人，就动手殴打，甚至把人打成残废。街上的商铺，也常常遭到他们的抢掠。

邠州节度使白孝德为这件事很头痛，但是他自己也是郭子仪的老部下，不敢去管郭家的人。

邠州旁边是泾州（今甘肃泾州北）。泾州刺史段秀实听到这情况，特地派人送信给白孝德，要求接见。

白孝德把段秀实请了来。段秀实说："白公受国家的托付，治理这块地方，现在眼看地方上弄得乱七八糟，您倒若无其事。这样下去，我看天下又要大乱了。"

白孝德知道段秀实是个有见识的人，就向他请教。

段秀实说："我看到您这里这样乱，心里也很不安，所以特地来请求在您部下做个都虞候（军法官），来管理地方治安，怎么样？"

白孝德拍手说："好啊，你肯来，我真求之不得啊。"

段秀实在邠州当上了都虞候。这件事并没有引起郭晞手下将士的留意，一些兵士照样胡作非为。

有一天，郭晞军营里有 17 个兵士在街上酒店里酗酒闹事，酒店主人要他们付酒钱，他们就拔出刀刺伤主人，还把店堂里的酒桶全部打翻，酒全流到水沟里去了。

段秀实得到报告，立刻派出一队兵士，把 17 名酗酒闹事的人统统逮住，就地正法。

老百姓看到这批害人的家伙受到惩罚，个个称快，人人高兴。

这消息传到郭晞军营。兵士们一听到有人居然敢杀郭家的人，都大吵大嚷起来，一下子，大家都穿戴好盔甲，只等郭晞发出号令，就跟白孝德的兵士拼命。

白孝德害怕了，直怪段秀实给他闯了祸。段秀实说："白公不要害怕，我自会去对付。"说着，就准备到郭晞军营里去。

白孝德要派几十个兵士跟随段秀实一起去，段秀实说："用不着了。"他解下佩刀，选了一个跛脚的老兵替他拉着马，一起到了郭晞军营。

郭晞的卫士们全身盔甲，杀气腾腾地在营门口拦住段秀实。

段秀实一面笑，一面走进营门，说："杀个老兵，还用得上摆这个架势！我把我的头带来了，叫你们将军出来吧。"

卫士们看到段秀实泰然自若的样子，呆住了，报告郭晞，郭晞连忙请段秀实进来。

段秀实见了郭晞，作了一个揖，说："郭令公立了那么大的功劳，大伙都敬仰他。现在您却纵容兵士横行不法。这样下去，能不大乱才怪呢！如果国家再发生大乱，你们郭家的功名也就完了。"

郭晞听了，猛然惊醒过来，说："段公指教我，这是对我的爱护，我一定听您的劝告。”他边说，边回过头对左右兵士说：“快去传我的命令，全军兵士一律卸下盔甲，回自己营里休息。再敢胡闹的处死！”

当天晚上，郭晞把段秀实留下来请他喝酒。段秀实把带来的老兵打发走了，自己在郭晞的营里过了一夜。郭晞怕坏人来暗算段秀实，自己不敢睡，专门派兵士在段秀实宿营地巡逻保护。第二天一早，郭晞还跟段秀实一起到白孝德那儿道歉。

打那以后，郭家的兵士军纪肃然，没有人再敢违法闹事。邠州地方的秩序也安定下来。但是，不到一年，长安的局势又紧张起来了。

郭子仪单骑退回纥

郭子仪手下有一名大将叫仆固怀恩，在平定安史之乱中立过战功。他不满意唐王朝对他的待遇，发动叛变，派人跟回纥和吐蕃联络，欺骗他们说，郭子仪已经被宦官鱼朝恩杀害，要他们联合反对唐朝。

765 年，仆固怀恩带引回纥、吐蕃几十万大军进攻长安。仆固怀恩到了半途上，得急病死了。回纥和吐蕃大军继续进攻，唐军抵抗不住，回纥、吐蕃联军一直打到长安北边的泾阳（今陕西泾阳），长安也受到威胁。

唐代宗和朝野上下都震动了。宦官鱼朝恩劝唐代

宗再一次逃出长安。由于大臣反对，才没有逃走。大家都认为，要打退回纥、吐蕃，只有指望郭子仪。

那时候，郭子仪正在泾阳驻守，手下没有多少兵力。他一面吩咐将士构筑防御工事，不许跟敌人交战，一面派探子去侦察敌军的情况。

根据侦察到的情况，回纥和吐蕃两支大军虽说是联军，但是也在闹不团结。他们本来是仆固怀恩引进来的，仆固怀恩一死。谁也不愿听谁的指挥，两股力量合不到一块儿去。

郭子仪知道这个情况，决定采取分化敌人的办法。回纥的将领过去跟郭子仪一起打过安史叛军，有点老关系。郭子仪就决定先把回纥将领拉过来。

当天晚上，郭子仪派他的部将李光瓒偷偷地到了回纥的大营，去见回纥都督药葛罗。

李光瓒跟药葛罗说："郭令公派我来问你，回纥本来和唐朝友好，为什么要听坏人的话，来进攻我们呢?"

药葛罗奇怪地说："郭令公还活着？听说郭令公早已被杀，你别骗人了。"

李光瓒告诉药葛罗，郭令公现在就在泾阳。但是回纥将领说什么也不相信。他们说："要是郭令公真在这里，那就请他亲自来见个面。"

李光瓒回到唐营，把回纥人的怀疑向郭子仪回报了。郭子仪说："既然这样，我就自己去走一趟，也许能劝说回纥退兵。"

将领们都觉得这是个好办法，但是又认为让元帅亲自到敌营去太冒险。有人提出，派500个精锐的骑兵跟郭子仪一起去，万一回纥人动起手来，也有人保护。

郭子仪说："不行！带了这么多兵去，反而会坏事。我只要几个人陪我一起去就可以了。"

说着，就命令兵士给他牵过战马来。

郭晞上前拦住他的马说："您现在是国家元帅，怎么能这样到虎口去冒险呢？"

郭子仪说："现在敌人兵多，我们兵少，要真的打起来，不但我们父子两人性命难保，国家也要遭难。我这回去，如果和他们谈判成功，那就是国家的幸运；即使我有什么三长两短，不是还有你们在嘛！"

说着，他跳上了马，扬起鞭子把郭晞拦马的手打了一下。

郭晞一缩手，马就撒开蹄子跑了。

郭子仪带着几个随从兵士，骑马出了城，向回纥营的方向奔驰而去。兵士们一面走，一面叫喊："郭令公来了！""郭令公来了！"

回纥兵士远远望见有几个人骑马过来，又隐约地听见兵士的吆喝声，连忙报告药葛罗。药葛罗和回纥将领们大吃一惊，命令兵士摆开阵势，拈弓搭箭，准备迎战。

郭子仪带着随从兵士到了阵前，他们摘下头盔，卸掉铁甲，把枪扔在地上，拉紧马缰，缓缓向回纥营靠近。

药葛罗和将领们目不转睛地望着来人，异口同声地叫了起来："啊，真是郭令公他老人家！"说着，大伙一起翻身下马，围住郭子仪下拜行礼。

郭子仪跳下马来，走上去握住药葛罗的手，和气地对他说："你们回纥人曾经给唐朝立过大功，唐朝待你们也不错，为什么要帮助仆固怀恩闹叛乱呢？我今天到这儿来，就为了劝你们悬崖勒马。我现在是只身到这儿，准备被你们杀掉，但是我的将士会跟你们拼命的。"

药葛罗很抱歉地说："令公别这样说。我们受了仆固怀恩的骗，以为皇帝和令公都已经死去，中原没有主人，才跟着他到这里来。现在知道令公还在，哪会同您打仗呢？"郭子仪说："吐蕃和唐朝是亲戚关系，现在也来侵犯我们，掠夺我们百姓财物，实在太不应该啦！我们决心要回击他们。如果你们能帮我们打退吐蕃，对你们也有好处。”

药葛罗听了郭子仪的话，连连点头说：“我们一定替令公出力，将功补过。”

郭子仪和药葛罗正在谈话的时候，两边回纥将士听着听着，慢慢都聚拢过来。郭子仪的随从一看回纥兵靠近，有点紧张起来，也挨到郭子仪身边，想保护他。

郭子仪挥了挥手，叫随从让开，接着就叫药葛罗派人拿酒来。药葛罗的左右送上酒，郭子仪先端起一杯，把酒洒在地上，起誓说：“大唐天子万岁！回纥可汗万岁！两军将领万岁！打现在起，谁要违反盟约，叫他死在阵上！”

药葛罗也跟着郭子仪起了誓，洒了酒，双方订立了盟约。

郭子仪单骑访回纥营的消息，传到吐蕃营里，吐蕃的将领们害怕唐军和回纥联合起来袭击他们，就连夜带着大军撤走了。

颜真卿刚强不屈

经过安史之乱，唐王朝从强盛转向衰落。各地节度使乘机割据地盘，扩大兵力，造成了藩镇割据的局面。唐代宗死后，他的儿子李适即位，就是唐德宗。唐德宗想改变藩镇专权的局面，结果引起了藩镇叛乱。唐德宗派兵讨伐，叛乱不但没有平定，反而蔓延开来了。

782 年，有 5 个藩镇叛乱，其中淮西节度使李希烈兵势最强。他自称天下都元帅，向唐境进攻。

五镇叛乱，使朝廷大为震惊。唐德宗找宰相卢杞商量，卢杞说："不要紧，只要派一位德高望重的大臣去劝导他们，用不着动一刀一枪，就能把叛乱平息下来。"

唐德宗问卢杞说："你看派谁去合适？"

卢杞推荐年老的太子太师颜真卿，唐德宗马上同意。

颜真卿是当时一个很有威望的老臣。安史之乱前，他担任平原太守。安禄山发动叛乱后，河北各郡大都被叛军占领，只有平原城因为颜真卿坚决抵抗，没有陷落。后来，他的堂兄颜杲卿在藁城起兵，河北十七郡响应，大家公推颜真卿做盟主。在抗击安史叛军中，立了大功。唐代宗的时候，他被封为鲁郡公，所以，人们又称他为颜鲁公。

颜真卿又是我国历史上著名的书法家。他写的字雄浑刚健，挺拔有力，表现了他的刚强性格。后来，人们把他的字体称为"颜体"。

颜真卿为人正直，常常被奸人诬陷排挤，只是因为他的威望高，一些奸人不得不表面上尊重他。宰相卢杞是个心狠手辣的人。他忌恨颜真卿，平时没法下手，这一回，趁藩镇叛乱的机会，派颜真卿去做劝导工作，是成心陷害他。

这时候，颜真卿已经是 70 多岁的老人了。许多文武官员听说朝廷派他到叛镇那里去，都为他的安全担心。但是，颜真卿却不在乎，带了几个随从就到淮西去了。

李希烈听到颜真卿来了，想给他一个下马威。在见面的时候，叫他的部将和养子1000多人都聚集在厅堂内外。颜真卿刚刚开始劝说李希烈停止叛乱，那些部将、养子就冲了上来，个个手里拿着明晃晃的尖刀，围住颜真卿又是谩骂，又是威胁，摆出要杀他的架势。颜真卿毫不畏惧，面不改色，朝着他们冷笑。

李希烈假惺惺地站起来护住颜真卿，命令他的养子退出。接着，把颜真卿送到驿馆里，企图慢慢软化他。

过了几天，4个叛镇的头目都派使者来跟李希烈联络，劝李希烈即位称帝。李希烈大摆筵席招待他们，也请颜真卿参加。

叛镇派来的使者见颜真卿来了，都向李希烈祝贺说："早就听到颜太师德高望重，现在元帅将要即位称帝，正好太师来到这里，不是有了现成的宰相吗？"

颜真卿扬起眉毛，朝着4个使者骂道："什么宰相不宰相！我年纪快80了，要杀要剐都不怕，难道会受你们的诱惑，怕你们的威胁吗？"

四名使者被颜真卿凛然的神色吓住了，缩着脖子说不出话来。

李希烈拿颜真卿没办法，只好把他关起来，派兵士监视着。兵士们在院子里掘了一个一丈见方的土坑，扬言要把颜真卿活埋在坑里。第二天，李希烈来看他，颜真卿对李希烈说：“我的死活已经定了，何必玩弄这些花招。你把我一刀砍了，岂不痛快!”

过了一年，李希烈自称楚帝，又派部将逼颜真卿投降。兵士们在关禁颜真卿的院子里，堆起柴火，浇足了油，威胁颜真卿说：“再不投降，就把你放在火里烧!”

颜真卿二话没说，就纵身往柴火跳去，叛将们连忙把他拦住，向李希烈回报。

李希烈想尽办法，没有能使颜真卿屈服，就派人逼迫颜真卿自杀了。

浑瑊和李晟

李希烈发动叛乱以后，派兵围攻襄城（今河南襄城）。襄城危急，洛阳的局势也紧张起来。783 年，唐德宗从西北抽调泾原（治所在今甘肃泾川县北）的人马去增援襄城。泾原节度使姚令言接到命令，带了 5000 人马到了长安。

泾原兵士听说朝廷下令调动，本来认为一定有什么犒赏。到了长安，正碰上下雨，兵士们浑身透湿，冻得发抖。第二天，朝廷官员带着军粮去劳军。兵士

们一看，都是些粗饭冷菜，大伙十分失望，气得把饭罐子踢翻了，嚷嚷说："我们是冒着生命危险去打敌人的。连饭都不让吃饱，还打什么仗呀?"

有个兵士站了出来，说："他们当官的不给，咱们自己去拿！长安有的是钱和绸缎。听说皇宫两边有两座官库，里面的钱和帛多得放不下。大家去拿吧!"

经过这样一鼓动，兵士们更愤怒了。大家不管将领们的拦阻，乱哄哄地往城里拥去。

有人报告唐德宗，唐德宗慌了神，赶快派宦官带着20车钱帛，去慰劳兵士。激怒的兵士根本不理，他们杀了宦官，一股劲儿往皇宫冲。

唐德宗听到乱兵快要进宫来，想召禁卫军抵抗。但是那些禁卫军腐败得很，听说泾原兵士闹起来，不敢出头。唐德宗没办法，只好带着妃子、王子和公主从后花园逃到奉天（今陕西乾县）去避难了。

兵士们进了宫，听说皇帝跑了，就打开官库，拿钱的拿钱，取绸缎的取绸缎，整整闹了一夜。最后，他们找到节度使姚令言，要他拿个主意。姚令言说，还不如请太尉朱泚来做主帅吧。

朱泚原来也是泾原节度使。因为他弟弟朱滔反叛唐朝，牵连到他，被唐德宗解除了兵权，留在长安，挂个太尉的名。他本来是个野心勃勃的人。现在泾原将士拥他做头领，怎么会不愿意？

朱泚接管了长安兵权，就有一批失意政客和藩镇将领拥护他。朱泚有了兵力，就在长安立起新朝廷来，自称大秦皇帝，并且亲自带兵进攻奉天。

唐德宗逃到奉天，刚刚喘了口气，朱泚已经打过来了。幸亏禁卫军将军浑瑊赶到。浑瑊本来是郭子仪手下的大将，是个很有威望的将领，由他来统率将士抵抗朱泚，人心才安定下来。

朱泚督率叛军攻打奉天城。浑瑊带领将士日日夜夜血战。朱泚使尽力气攻了一个月，也没有攻下来。朱泚着急了，派人造了特别大的云梯攻城。浑瑊在城墙边挖通了地道，地道里堆满了干柴，还在城头准备好大批松脂火把。叛军兵士纷纷攀着云梯往上爬，城外的箭像雨点一样射到城里，眼看城快被攻破了。忽然云梯一架架都陷进地道，地道里烧着的干柴冒出烟火，城头上的唐军又往下扔火把，把云梯烧着了，大火熊熊燃烧，云梯上的兵士被烧得焦头烂额，掉了下去。

浑瑊率领城里守军从各城门一起杀出，把朱泚叛军杀得大败。

这时候，奉天外围又来了两支援军，一支是朔方节度使李怀光率领的，一支是神策军大将李晟率领的。朱泚一看形势不妙，赶快撤了对奉天的包围，退回长安。

唐德宗命令李怀光和李晟乘胜收复长安。哪料到李怀光到了咸阳，却和朱泚暗中勾结，一起反唐。李晟到了长安城外，前有朱泚，后有李怀光，内无粮草，外无救兵，处境极其危险。

李晟是个有勇有谋的人。他用自己的勇气和决心激励将士，使唐军将士士气始终很旺盛。长安附近的唐军都自愿接受李晟指挥。李怀光想命令他的部下将士袭击李晟，将士们都不答应。李怀光害怕起来，先逃到河中去了。

李怀光一逃，朱泚就孤立起来。

浑瑊守住了奉天，也跟李晟彼此呼应，进逼长安。唐军声势浩大，吓得朱泚龟缩在长安城里不敢出来。

李晟召集将领商量怎样攻城。将领们说："当然是先打下外城，占领街坊，再进攻皇宫。"

李晟说："街坊狭窄，如果我们跟敌人在街头作战，就要伤害百姓。听说敌人重兵在皇宫后面的御苑里。我们不如从北面打开城墙，集中兵力向御苑进攻。这样，宫室不会遭到破坏，百姓也不受惊扰。"

大家都佩服李晟想得周到。接着，李晟就分派部将出击，先消灭城外的敌军。最后，打开了城北城墙，大批步兵、骑兵一起猛攻御苑。朱泚没法抵抗，不得不丢了长安逃走。来不及逃走的士兵也都缴械投降了。

李晟进了长安，向全军将士下了命令，说："长安居民，受够了叛军的苦，不能再去惊扰他们。"唐军进城以后，果然纪律严明，秋毫无犯。

784 年，李晟收复长安，朱泚被杀。唐德宗回到长安。过了一年，浑瑊又进攻河中，消灭了李怀光。那个自称楚帝的李希烈打了几次败仗，也被部将杀了。

李晟、浑瑊为维护唐王朝的统一，立了大功。吐蕃贵族害怕他们掌握兵权，对他们不利，就采用离间的计策。唐德宗本来猜忌功臣，又中了吐蕃贵族的计，把李晟的兵权撤了，神策军归宦官掌握。从此，不但藩镇割据没有解决，反而使宦官的权力越来越大了。

刘禹锡游玄都观

王叔文实行改革的时候，不但一批宦官恨王叔文，还有不少大臣嫌王叔文地位低，办事专断，也对他不满，到了唐宪宗即位，大伙都纷纷攻击王叔文。原来支持王叔文改革的8个官员，都被看作是王叔文的同党。唐宪宗下了诏书，把韦执谊等8个人一律降职，派到边远地方当司马（官名），历史上把他们和王叔文、王伾合起来称作“二王八司马”。

“八司马”当中，有两个是有名的文学家，就是柳宗元和刘禹锡。柳宗元擅长散文，刘禹锡善于写诗，两个人又是很要好的朋友。这一回，柳宗元被派到永州（今湖南零陵），刘禹锡被派到朗州（今湖南常德）。永州和朗州都在南边，离开长安很远，那时候还是荒僻落后的地区。要是换了一些想不开的人，心情是够低落的。幸好他们都是很有修养的人，他们相信自己的作为是正直的，失败了也不那么沮丧。到了那里，除了办公以外，常常游览山水，写写诗文。在他们的诗文中，常常抒发自己的政治抱负，也反映了一些人民的疾苦，像柳宗元的《捕蛇者说》就是在永州写的。

两个人在那里一住就是 10 年。日子一久，朝廷里有些大臣想起他们来，觉得这些都是有才干的人，放在边远地区太可惜了，就奏请唐宪宗，把刘禹锡、柳宗元调回长安，准备让他们留在京城做官。

刘禹锡回到长安，看看长安的情况，已经发生了很大变化，朝廷官员中，很多新提拔的都是他过去看不惯、合不来的人，心里很不舒坦。

京城里有一座有名的道观叫玄都观，里面有个道士，在观里种了一批桃树。那时候正是春暖季节，观里桃花盛开，招引了不少游客。有些老朋友约刘禹锡到玄都观去赏桃花。刘禹锡想，到那里去散散心也不错，就跟着朋友们一起去了。

刘禹锡过了 10 年的贬谪生活，回到长安，看到玄都观里新栽的桃花，很有感触，回来以后就写了一首诗：

紫陌红尘拂面来，无人不道看花回。

玄都观里桃千树，尽是刘郎去后栽。

刘禹锡的诗本来挺出名，这篇新作品一出来，很快就在长安传开了。有一些大臣对召回刘禹锡，本来就不愿意，读了刘禹锡的诗，就细细琢磨起来，里面到底有什么含意。有不怀好意的人说，刘禹锡这首诗表面是写桃花，实际是讽刺当下新提拔的权贵的。

这一下子可惹了麻烦，唐宪宗对他也很不满意。本来主张留他在京城的人也不便说话了。刘禹锡又被派到播州（今贵州遵义市）去做刺史。刺史比司马高一级，似乎是提升，但是播州地方比朗州更远更偏僻，那时候还是人烟稀少的地方呢。

刘禹锡家里有个老母亲，已经 80 多岁了，需要人伺候，如果跟着刘禹锡一起到播州，上了年纪的老人受不了这个苦。

这可叫刘禹锡十分为难！

这时候，柳宗元在长安也待不住了，朝廷把他改派为柳州刺史。柳宗元得知刘禹锡的困难情形，决心帮助好朋友。他连夜写了一道奏章，请求把派给他柳州的官职跟刘禹锡对调，让他到播州去。

柳宗元待朋友一番真诚，使许多人很受感动。后来，大臣裴度也在唐宪宗面前替刘禹锡说情，唐宪宗总算答应把刘禹锡改派为连州（今广东连州市）刺史。以后，刘禹锡又被调动了好几个地方。过了14年，裴度当了宰相，才把他调回长安。

刘禹锡重新回到京城，又是暮春季节。他想起那个玄都观的桃花，有心旧地重游。到了那里，知道那个种桃的道士已经死去，观里的桃树没有人照料，有的被砍，有的枯死了，满地长着燕麦野葵，一片荒凉。他想起当年桃花盛开的情景，联想起一些过去打击他们的宦官权贵，一个个在政治斗争中下了台，而他自己倒是顽强地坚持自己的见解。想到这里，他就又写下了一首诗，抒发他心里的感慨，诗里说：

百亩庭中半是苔，桃花净尽菜花开。
种桃道士归何处，前度刘郎今又来。

一些大臣听到刘禹锡写的新诗，认为他又在发牢骚，很不高兴，在皇帝面前说了他不少坏话。过了3年，又把他派到外地当刺史去了。

白居易进长安

唐宪宗即位以后，对政治进行了一些改革，任用了一些像李绛那样的正直的大臣当宰相。但是他仍旧宠信宦官。他想讨伐藩镇，用一个宦官做统帅。这件事引起一些大臣的反对。反对得最激烈的是左拾遗白居易。

白居易是唐代著名诗人，河南新郑人。他擅长作诗，名气很早就传开了。白居易自幼聪明，生下来刚六七个月，就能辨认“之”“无”两个字，五六岁就开始学写诗。大概在他十五六岁那年，他父亲白季庚在徐州做官，让他到京城长安去见世面，结交名士。

那时候，正是朱泚叛乱之后，长安遭到很大的破坏。特别是连年战争，到处闹粮荒，长安米价飞涨，百姓的日子很不好过。

当时，长安有一个文学家顾况，很有才气，但是脾气高傲，遇到后生晚辈，常常倚老卖老。白居易听到顾况的名气，带了自己的诗稿，到顾况家去请教。

顾况听说白居易也是个官家子弟，不好不接待。白居易拜见了顾况，送上名帖和诗卷。

顾况瞅了瞅这个小伙子，又看了看名帖，看到“居易”两个字，皱起眉头打趣说：“近来长安米价很贵，只怕居住很不容易呢！”

白居易被顾况莫名其妙地数落了几句，也不在意，恭恭敬敬地站在旁边请求指教。顾况拿起诗卷随手翻看，翻着翻着，他的手忽然停了下来，眼睛盯着诗卷，轻轻地吟诵起来：

离离原上草，一岁一枯荣。
野火烧不尽，春风吹又生。

顾况读到这里，脸上显露出兴奋的神色，马上站起来，紧紧拉住白居易的手，热情地说："啊！能够写出这样的好诗，住在长安也不难了。刚才跟您开个玩笑，您别见怪。"

打这次见面以后，顾况十分欣赏白居易的诗才，逢人就夸说白家的孩子怎么了不起。一传十，十传百，白居易也就在长安出了名。不到几年，他考取了进士。唐宪宗听说他的名气，马上提拔他做翰林学士，后来又派他担任左拾遗。

白居易可不是那种追名逐利、向上级阿谀奉承的官僚。他一面不断地创作新的诗歌，揭露当时社会上的一些不良现象；一面在唐宪宗面前多次直谏，特别是反对让宦官掌握兵权。

这一回，白居易谏阻唐宪宗封宦官做统帅，惹得唐宪宗很气恼。他跟宰相李绛说："白居易这小子，是我把他提拔上来的，怎么对我这样不敬，我实在忍耐不住啦！"

李绛说："白居易敢在陛下面前直谏，不怕杀头，正说明他对国家的忠心。如果办他的罪，只怕以后没人敢说真话了。"

唐宪宗勉强接受了李绛的意见，暂时没有把白居易撤职。但是，过了没有多少天，终于把他左拾遗的职务撤掉，改派别的官职。

白居易写了许多诗，其中有不少是反映现实的，像《秦中吟》和《新乐府》。在这些诗篇中，有的揭露了宦官仗势欺压百姓的罪恶，有的讽刺官僚们穷奢极侈的豪华生活，有的反映了劳动人民的痛苦遭遇。他的诗歌通俗易懂，受到当时广大人民的欢迎，街头巷尾，到处都传诵着白居易的诗篇。据说，白居易写完一首诗，总先念给不识字的老婆婆听，如果有听不懂的地方，他就修改，一直到能够使她听懂为止。这当然只是一种传说，但是说明他写的诗歌是比较接近群众的。

正因为他的诗反映现实，触犯了掌权的宦官和大官僚，也招来了一些人的咒骂和忌恨。有些人想诬陷白居易，只是一时找不到借口。

过了几年，白居易在太子的东宫里做左赞善大夫。有一次，宰相武元衡被人派刺客暗杀了。这次暗杀有复杂的政治背景，朝廷的官僚谁也不想开口。只有白居易站了出来，首先向宪宗上了奏章，要求通缉凶手。宦官和官僚抓住这个机会，以白居易不是谏官，不该对朝廷大事乱主张为由，狠狠地告了他一状。

接着，又有一批一向讨厌白居易的官员，乱哄哄地造谣诬蔑，向白居易泼污水。有人说白居易的母亲是看花掉到井里淹死的，白居易居然还写过《赏花》《新井》的诗，那不是大不孝吗？

经过这样罗织罪名，谁也没法给白居易辩护，白居易最终被降职到江州（今江西九江）去当司马了。

白居易无辜受到贬谪，到了江州之后，内心十分抑郁。有一天晚上，他在江州的湓浦口送客人，听到江上传来一阵哀怨的琵琶声，叫人一打听，原来是一个漂泊江湖的老年歌女弹的。白居易见了那歌女，又听她诉说她的可悲身世，十分同情，再联想到自己的遭遇，引起满腔心事。回来以后，写下了著名的叙事长诗《琵琶行》，诗中说：

我闻琵琶已叹息，又闻此语重唧唧。
同是天涯沦落人，相逢何必曾相识！

后来白居易又几次回到京城，做过几任朝廷大官。但是当时的朝政十分混乱，像白居易这样正直的人不可能有什么作为。因此他把他全部精力倾注到诗歌创作中去。他的一生一共写了3800多首诗，成为我国文学宝库里的一份十分珍贵的遗产。

李愬雪夜下蔡州

在各个藩镇中，淮西是个顽固的割据势力。814年，淮西节度使吴少阳死去，他的儿子吴元济自立。唐宪宗发兵征讨淮西，但是他派去的统帅，不是腐朽，就是自己另有企图，结果花了整整3年工夫，费了大量财力物力，都失败了。朝廷官员都认为不能再打下去，大臣裴度却认为淮西好比身上长的毒疮，不可不除。唐宪宗拜裴度做宰相，决心继续征讨淮西。

817年，朝廷派李愬担任唐州（今河南唐河）等三州节度使，要他进剿吴元济的老巢蔡州（今河南汝南）。

唐州的将士打了几年仗，都不愿再打，听到李愬一来，有点担心。李愬到了唐州，就向官员宣布说："我是个懦弱无能的人，朝廷派我来，是为了安顿地方秩序。至于打吴元济，不干我的事。"

这个消息传到吴元济那里。吴元济打了几次胜仗，本来就有点骄傲，听到李愬不懂得打仗，就更不把防备放在心上了。

以后，李愬一点不提打淮西的事，唐州城里有许多生病和受伤的兵士，李愬一家家上门慰问，一点官架子也没有。将士们都很感激他。

有一次，李愬的兵士在边界巡逻，碰到一小股淮西兵士，双方打了一阵，唐军把淮西兵士打跑了，还活捉了淮西军的一个小军官丁士良。

丁士良是吴元济手下的一名勇将，经常带人侵犯唐州一带，唐军中很多人都吃过他的亏，非常恨他。这一回活捉了他，大伙都请求李愬把他杀了，给死亡的唐军兵士报仇。

将士们把丁士良押到李愬跟前。李愬吩咐兵士松了他的绑，好言好语问他为什么要跟吴元济闹叛乱。丁士良本来不是淮西兵士，是被吴元济俘虏过去的，见李愬这样宽待他，就投降了。

李愬靠丁士良的帮助，打下了淮西的据点文城栅和兴桥栅，先后收服了两个降将，一个叫李祐，一个叫李忠义。李愬知道这两人都是有勇有谋的人，就推心置腹地信任他们，跟他们两人秘密讨论攻蔡州的计划，有时讨论到深更半夜，李愬手下的将领为了这件事都很不高兴，军营里沸沸扬扬，都说李祐是敌人派来做内应的。有的还有凭有据地说，捉到的敌人探子，也供认李祐是间谍。

李愬怕这些闲话传到朝廷，让唐宪宗听信了这些话，自己要保李祐也保不住了，就向大家宣布说："既然大家认为李祐不可靠，我就把他送到长安去，请皇上去发落吧。"

他吩咐兵士把李祐套上镣铐，押送到长安，一面秘密派人送了一道奏章给朝廷，说他已经跟李祐一起定好攻取蔡州的计划，如果杀了李祐，攻蔡州的计划

也就吹了。

唐宪宗得到李愬的密奏，就下令释放李祐，并且叫他仍旧回到唐州协助李愬。

李祐回到唐州，李愬见了他，高兴极了，握着他的手说："你能安全回来，真是国家有福了。"说着，立刻派他担任军职，让他携带兵器进出大营。李祐知道李愬千方百计保护他，感动得偷偷地痛哭。

没多久，宰相裴度亲自到淮西督战。原来，各路唐军作战都有宦官监阵，将领没有指挥权。打胜仗是宦官的功劳，打败仗却轮到将领挨整。裴度到了淮西，发现这个情形，立刻奏请唐宪宗，把宦官监阵的权力撤销了。将领们听到这个决定，都很兴奋。

李祐向李愬献计说："吴元济的精兵都驻扎在洄曲（今河南商水西南）和四面边境上，守蔡州的不过是一些老弱残兵。我们抓住他的空隙，直攻蔡州，活捉吴元济是没问题的。"

李愬把这个计划秘密派人告诉裴度。裴度也支持他，说："打仗就是要出奇制胜，你们看着办吧。"

李愬命令李祐、李忠义带领精兵3000充当先锋，自己亲率中军、后卫陆续出发。除了李愬、李祐几个人，谁也不知道到哪里去。有人偷偷问李愬，李愬说："只管朝东前进！"

赶了60里地，到了张柴村。守在那儿的淮西兵毫无防备，被李祐带的先锋部队全部消灭。李祐占领了张柴村，命令将士休息一会，再留下一批兵士守住张柴村，截断通往洄曲的路。一切安排妥当后，就下令连夜继续进发。

将领们又向李愬请示往哪里去，李愬这才宣布："到蔡州去，捉拿吴元济！"

将领中有一些是在吴元济手里吃过败仗的，一听到这个命令，吓得脸色都变了。监军的宦官特别胆小，急得哭了起来，说："我们果然中了李祐的奸计了。"

这个时候，天色黑沉沉的，北风越刮越紧，鹅毛般的大雪越下越密。从张柴村通往蔡州的路，是唐军从来没走过的小道。大家暗暗叫苦，但是，李愬平日治军很严，谁也不敢违抗军令。

半夜里，兵士们踏着厚厚的积雪，又赶了70里，才到了蔡州城边。正好城边有一个养鹅、鸭的池塘，鹅鸭的叫声，把人马发出的响声掩盖过去了。

李祐、李忠义吩咐兵士在城墙上挖了一个个坎儿，他们带头踏着坎儿爬上城，兵士们也跟着爬上去。守城的淮西兵正在呼呼睡大觉，唐军把他们都杀了，只留着一个打更的，叫他照样敲梆子打更。接着，打开城门，让李愬大军进城。

大军到了内城，也照这个办法顺利地打进了城，内城里的淮西军一点也没有发觉。

公鸡报晓的时候，天蒙蒙亮了，雪也止了。唐军已经占领了吴元济的外院，吴元济还在里屋睡大觉呢。有个淮西兵士发现了唐军，急忙闯进里屋报告吴元济说："不好了，官军到了。"

吴元济懒洋洋地躺在床上不想起来，笑着说："这一定是犯人们在闹事，等天亮了看我把他们都杀了。"

刚说完，又有兵士气急败坏地冲进来说："城门已经被官军打开了。"

吴元济奇怪起来，说："大概是洄曲那边派人来找我们讨寒衣的吧！"

吴元济起了床，只听见院子里一阵阵吆喝传令声："常侍传令啰……"（常侍是李愬的官衔）接着，又是成千上万的兵士的应声。吴元济这才害怕起来，说："这是什么常侍？怎么跑到这儿来传令？"说着，带了几个亲信兵士爬上院墙抵抗。

李愬对将士说："吴元济敢于顽抗，是因为他在洄曲还有一万精兵，等待那边来援救。"

驻洄曲的淮西将领董重质，家在蔡州。李愬派人慰抚董重质的家属，派董重质的儿子到洄曲劝降。董重质一看大势已去，就亲自赶到蔡州向李愬投降了。

李愬命令将士继续攻打院墙，砸烂了外门，占领了军械库。吴元济还想凭着院墙顽抗。第二天，李愬又放火烧了院墙的南门。蔡州的百姓们受够吴元济的苦，都扛着柴草来帮助唐军，唐军兵士射到内院里的箭，密集得像刺猬毛一样。

到太阳下山的时候，内院终于被攻破，吴元济没有办法，只好哀求投降。

李愬大获全胜，一面用囚车把吴元济押送到长安去，一面派人向宰相裴度报告战果。

裴度、李愬平定淮西、活捉吴元济的消息传到河北，河北藩镇大为震动，纷纷表示服从唐朝廷。唐代藩镇叛乱的局面总算暂时安定了下来。

甘露事件

从唐穆宗以后，唐朝的皇帝都是由宦官拥立的。这样一来，宦官的权力就更大了，连皇帝的命运都掌握在他们的手里，还有谁敢跟他们作对呢？

唐文宗李昂（穆宗的儿子）即位的第二年，各地推荐的举人到京都应试。有一个举人叫作刘蕡，在试卷里公开反对宦官掌权，认为要想国家安定，就应该排斥宦官，把政权交给宰相，把兵权交给将帅。

这份考卷落在几个考官手里，考官们传来传去地看，赞不绝口，觉得不但文采好，而且说理精辟，是篇难得的好文章。但是到了决定录取的时候，谁也不

敢表态，因为录取了刘蕡，得罪了宦官，他们的位子也就保不住了。

结果，跟刘蕡一起来投考的22个人都中了，刘蕡却落了选。刘蕡是大家公认的杰出人才，这次因为说了些正直话落选，大家都觉得委屈了他。中选的举人说："刘蕡落选，我们倒中了榜，太叫人惭愧了。"

唐文宗在宦官操纵之下过日子，自己也很气恼，他一心一意想除掉宦官。有一次，唐文宗生了一场病，急于找医生。正好宦官头目王守澄手下有个官员叫作郑注，精通医道。王守澄把他推荐给唐文宗治病。唐文宗服了他的药，病果然一天天好了起来。唐文宗很高兴，召见郑注，发现郑注口齿伶俐，像是个有才干的人，就把他提拔为御史。

郑注有个朋友李训，原是个很不得志的小官员，听到郑注受到朝廷重用，就带了一些礼物求见郑注。郑注正好想找个帮手，就请王守澄把李训推荐给唐文宗。李训也得到唐文宗的信任，后来，竟被提升为宰相。

李训、郑注两人取得了唐文宗的信任，唐文宗把自己想除掉宦官的心事告诉他们。他们就跟唐文宗秘密商量，想法削弱王守澄的权。他们打听到王守澄手下有个宦官仇士良，跟王守澄有矛盾，就请唐文宗封仇士良为左神策中尉，带领一部分禁卫军。

接着，李训又解除了王守澄的兵权。王守澄失了兵权，就容易摆布了。最后，唐文宗给王守澄一杯毒酒，把他杀了。

除掉了王守澄，接下来就要除掉仇士良了。李训经过一番策划，联络了禁卫军将军韩约，决定动手。835 年的一天，唐文宗上朝的时候，韩约上殿启奏，说禁卫军大厅后院的一棵石榴树上，昨天夜里降了甘露。

原来，封建皇帝是最讲迷信的，天降甘露被认为是好兆头。李训当即带领文武百官向唐文宗庆贺，还请唐文宗亲自到后院观赏甘露。

唐文宗命令宰相李训先去察看。李训装模作样到院子里去兜了一圈回来说："我去看了一下，恐怕不是真的甘露，请陛下派人复查。"

唐文宗又命令仇士良带领宦官去观看。仇士良叫韩约陪着一起去，韩约走到门边，神情紧张，脸色也发白了。仇士良发现这个情况，觉得奇怪，问韩约说："韩将军，您怎么啦?"

正说着，一阵风吹来，吹动了门边挂的布幕。仇士良发现布幕里埋伏了不少手拿明晃晃武器的兵士。

仇上良大吃一惊，连忙退出，奔回唐文宗那里。

李训看到仇士良逃走，立刻命令埋伏的卫士赶上去。哪知道仇士良和宦官们已经把唐文宗抢在手里，把他拉进软轿，抬起就走。

李训赶上去，拉住唐文宗的轿子不放，一个宦官抢前一步，朝李训劈胸一拳，把他打倒在地。仇士良趁机扶着唐文宗的软轿，进内宫去了。

李训预谋失败，只好从小吏身上讨了一件便衣，化装逃走。仇士良立即派兵出宫，大规模逮捕一些参加预谋的官员，把他们全都杀害。李训东奔西逃，走投无路，在路上被杀。郑注正从凤翔带兵进京，得到消息，想退回凤翔，也被监军的宦官杀死。

唐文宗和李训、郑注策划的杀宦官计谋彻底失败，在这次事变后受株连被杀的有1000多人。历史上把这个事件称为“甘露之变”。

从这个事件后，宦官把唐文宗严密地监视起来，唐文宗的日子更不好过，过了5年得病死去。仇士良立唐文宗的兄弟李炎即位，这就是唐武宗。

朋党的争吵

在宦官专权的日子里，朝廷官员中，反对宦官的，大都遭到排挤打击。一些依附宦官的朝官，又分成两个派别。两派官员互相倾轧，争吵不休，一直闹了40年，历史上把这种争吵叫作“朋党之争”。

从这场争吵还是唐宪宗在位的时候开始的。有一年，长安举行考试，选拔能够直言敢谏的人才。在参加考试的人中，有两个下级官员，一个叫李宗闵，一个叫牛僧孺。两个人在考卷里批评朝政，考官看了卷子，认为这两个人符合选拔的条件，就把他们推荐给唐宪宗。

这件事让宰相李吉甫知道了。李吉甫是个士族出身的官员，他本来就瞧不起科举出身的官员，现在出身低微的李宗闵、牛僧孺居然敢批评朝政，揭了他的短处，更加生气。他在唐宪宗面前说，这两人被推荐，完全是因为跟考官有私人关系。唐宪宗听信了李吉甫的话，把几个考官降了职，李宗闵和牛僧孺也没有受到提拔。

李吉甫死后，他的儿子李德裕依靠他父亲的地位，做了翰林学士。那时候，李宗闵也在朝为官。李德裕对李宗闵批评他父亲这件事，仍旧记恨在心。

唐穆宗即位后，又举行进士考试。有两个大臣因为熟人应考，私下里托过考官，考官钱徽没卖他们的面子。正好李宗闵有个亲戚应考，被选中了。这些大臣就向唐穆宗告发钱徽徇私舞弊。唐穆宗问翰林学士，李德裕正好顺水推舟。唐穆宗就把钱徽降了职，李宗闵也受到牵连，被贬谪到外地去了。

李宗闵认为李德裕成心排挤他，把李德裕恨透了。牛僧孺当然同情李宗闵。从此以后，李宗闵、牛僧孺就跟一些科举出身的官员结成一派，李德裕也跟士族出身的官员结成一派，私下明争暗斗得更厉害了。

到了唐文宗即位以后，李宗闵走了宦官的门路，当上了宰相。李宗闵向文宗推荐牛僧

孺，也把他提为宰相。这两人一掌权，就合力打击李德裕，把李德裕调出京城，当西川（治所在今四川成都）节度使。

那时期，西川附近有个吐蕃将领投降，李德裕趁机收复了一个重镇维州（治所在今四川理县）。这本来是李德裕立了一功，但是宰相牛僧孺却跟唐文宗说：“收复一个维州，算不了什么；跟吐蕃搞坏关系，才得不偿失呢。”他要唐文宗下令叫李德裕把维州让给吐蕃，把李德裕气得要命。

后来，有人告诉唐文宗，说退出维州城是失策，并且说这件事是牛僧孺排挤李德裕的手段。唐文宗十分懊悔，对牛僧孺也疏远了。

唐文宗本人也受宦官控制，没有自己的主意。一会儿用李德裕，一会儿用牛僧孺。一派掌了权，另一派就没好日子过。两派势力就像走马灯似的转悠着，把朝政搞得十分混乱。唐文宗也分不清谁是谁非，想起这件事直叹气，说：“要平定河北容易，要除掉朝廷的朋党可真难啊！”

牛、李两派为了争权夺利，都对宦官百般奉承。李德裕做淮南节度使的时候，监军的宦官杨钦义被召回京城，大家传说杨钦义回去一定掌权。临走的时候，李德裕就办酒席请杨钦义，还送给他一份厚礼。

杨钦义回去以后，就在唐武宗面前竭力推荐李德裕。

到了唐武宗即位，李德裕果然当了宰相。他竭力排斥牛僧孺、李宗闵，把他们都贬谪到南方去了。

李德裕得到了唐武宗的信任，当了几年宰相，因为办事专断，遭到不少朝臣的怨恨。846 年，唐武宗病死，宦官们立唐武宗的叔父李忱即位，就是唐宣宗。唐宣宗把唐武宗时期的大臣一概排斥，即位第一天，就撤了李德裕的宰相职务。过了一年，又把李德裕贬谪到崖州（今海南省三亚市）。

闹了 40 年的朋党之争终于收场，但是混乱的唐王朝已经闹得一发不可收拾了。

冲天大将军黄巢

唐朝末期，经过藩镇混战、宦官专权和朝廷官员中的朋党争斗，朝政越来越混乱。唐宣宗算是一个比较精明的皇帝，也并没有能改变这个局面。到了唐宣宗死后，先后接替皇位的唐懿宗李漼、唐僖宗李儇，一味寻欢作乐，追求奢侈糜烂的生活，更是腐朽到了极点。皇室、官僚和地主加紧对农民的剥削，税收越来越重；加上连年不断的天灾，农民纷纷破产，到处

逃亡。有的忍受不了苦难，只有走上反抗这条路了。

唐懿宗即位那年（859 年），浙东地区爆发了裘甫领导的农民起义，起义队伍从 100 人发展到 3 万人，坚持斗争 8 个月，震动了整个越州（治所在今浙江绍兴）。

过了 8 年，驻守在桂林的 800 名兵士（大多是徐州一带的农民），因为驻防期满，上司一再延期不让他们换防，他们杀了军官，推庞勋为首领，发动起义。他们从桂林向北进攻，打回老家，沿路和徐州附近农民纷纷响应，到了徐州，队伍发展到 20 万人。

这两次起义都被朝廷镇压下去。但是，百姓反抗的情绪越来越高，新的起义规模也越来越大了。

唐朝末年盐税特别重，加上奸商抬高盐价，百姓买不起盐，只好淡食。有些贫苦农民，为了逃避官税，就靠贩私盐挣钱，但贩私盐是很危险的，要有一些伙伴一起干，日子一久，就结成一支支贩私盐的队伍，在他们中间，涌现了一些首领，有的后来成为农民起义的领袖。

874 年，也就是唐僖宗乾符元年，濮州（治所在今河南范县）地方有个盐贩首领王仙芝，聚集了几千农民，在长垣（今属河南）起义。王仙芝自称天补平均大将军，发出文告，揭露朝廷官吏造成贫富不均的罪恶。这个号召很快得到贫苦农民的响应。不久，冤句（今山东菏泽西南）地方的盐贩黄巢也起兵响应。

黄巢从小读过书，又能骑马射箭。他曾经到京城长安去参加进士考试。考了几次，都没有考中。他在长安看到唐朝廷的腐败和黑暗，心里十分气愤。据说，就在那个时候，他写下了一首咏菊花的诗，用菊花做比喻，表示他推翻唐王朝的决心。诗中说：

待到秋来九月八，我花开后百花杀。
冲天香阵透长安，满城尽带黄金甲。

黄巢和王仙芝两支起义队伍汇合之后，转战山东、河南一带，接连攻下许多州县，声势越来越大。唐王朝非常恐慌，命令各地将领镇压起义军。但是各地藩镇都害怕跟起义军交锋，互相观望，使唐王朝束手无策。

唐王朝见硬的一套不行，就采用软的手法。在起义军攻下蕲州（今湖北蕲春）的时候，他们派宦官到蕲州见王仙芝，封他“左神策军押衙”的官衔。王仙芝见有官做，迷了心窍，表示愿意放弃斗争，接受朝廷任命。

黄巢得知这个消息，气极了。他带了一群起义将士，到王仙芝那里，狠狠地责备王仙芝，说："当初大家发过誓，要同心协力，平定天下，现在你想去当官，叫我们弟兄往哪里去?"

王仙芝还想搪塞，黄巢抡起拳头，朝王仙芝劈头盖脸地打了过去，打得王仙芝满脸是血。旁边的起义军将士也你一言我一语地骂王仙芝。王仙芝自知理亏，只好认错，把唐朝派来的宦官赶跑。

经过这番波折，黄巢决定跟王仙芝分两路进军。王仙芝向西，黄巢向东。不久，王仙芝率领的起义军在黄梅被唐军打败，他本人也被杀死。

王仙芝失败后，起义军重新会合，大家推黄巢为王，又称冲天大将军。

当时，官军在中原地区力量比较强，起义军进攻河南的时候，唐王朝在洛阳附近集中大批兵力准备围攻。黄巢看出敌人的企图，决定选择官军兵力薄弱的地区，带兵南下。他们顺利渡过长江，打进浙东。起义军一路上势如破竹，接连打下越州、衢州（今浙江衢州市衢江区）；接着，又劈山开路，打通了从衢州到建州（今福建建瓯）的700里山路。经过一年多的长征，一直打到广州。

起义军在广州休整以后，岭南地区发生瘟疫。黄巢决定带兵北上。唐王朝命令荆南节度使王铎、淮南节度使高骈集合大批官军沿路拦击，被黄巢起义军一个个击破。起义大军顺利地渡过长江，吓得高骈推说得了中风症，躲进扬州城不敢应战。

起义军渡过淮河，向官军将领发出檄文，说："我们进攻京城，只向皇帝问罪，不干众人的事。你们各守各的地界，不要触犯我们的锋芒！"

各地将领接到檄文，害怕起义军，都想保存实力，不愿为唐王朝卖命。消息传到长安，唐僖宗吓得朝着大臣哭哭啼啼。

880年，黄巢带领60万大军，浩浩荡荡地进入潼关。潼关周围满山遍野，飘扬着起义军洁白的大旗，一眼望不到边。守潼关的官军还想顽抗。黄巢亲自到阵前督战，将士们见了，一齐欢呼，声音在山谷间回响，震天动地。官军将领听了心惊胆战，哪敢抵抗，纷纷烧掉营寨，四下逃命。

起义军攻下潼关，唐王朝惊慌失措，唐僖宗和宦官头子田令孜带着妃子，逃到成都去了，来不及逃走的唐朝官员全部出城投降。

当天下午，黄巢坐着金色轿子，在将士们的簇拥下，进入长安城。长安百姓扶老携幼，夹道欢迎。起义军大将尚让当场向大家宣布说："黄王起兵，本来就是为了百姓，不会像姓李的（指唐朝皇帝）那样虐待你们，你们可以安居乐业了。”兵士们看到人群里的贫苦百姓，就把自己得到的财物散发给他们。

过了几天，黄巢在长安大明宫即位称皇帝，国号为大齐。

起义军经过7年的斗争，终于取得了胜利。

但是，黄巢起义军长期流动作战，占领过的地方，都没留兵防守。几十万起义军进入长安以后，四周还是官军势力。没有过多久，唐王朝便招集各路兵马，包围了长安。长安城里的粮食供应发生了严重困难。

黄巢派出大将朱温驻守同州（今陕西大荔），但是在起义军最困难的时候，朱温竟投降了唐朝，做了可耻的叛徒。唐王朝又请来了沙陀（古代西北少数民族）贵族、雁门节度使李克用，率领4万骑兵进攻长安。起义军15万迎战，遭到大败，只好撤出长安。

黄巢带领起义军撤退到河南，又遭到朱温、李克用的围攻。884年，黄巢在攻打陈州（今河南淮阳）失败之后，受到官军紧紧追击，最后，退到泰山狼虎谷，英勇牺牲。

唐王朝的末日

黄巢起义失败以后，唐僖宗回到长安。这时候，唐王朝的中央政权已经名存实亡。各地藩镇在镇压起义的过程中，扩大势力，争夺地盘，成为大大小小的割据力量。其中最强大的是河东节度使李克用和宣武（治所在今河南开封）节度使朱温。朱温出身贫苦家庭，从小游手好闲，他家兄弟 3 个，数他最凶恶奸诈。黄巢起义后，他参加了起义军，受到黄巢的重用。到了起义军危急的关头，他带兵叛变，投靠唐朝，给唐王朝帮了大忙。唐僖宗给他高官厚禄，还赏他一个名字叫“全忠”，派他镇压起义军。

当黄巢从长安退到河南的时候，兵力还很强。有一次，黄巢军攻打汴州，朱温向李克用求救。当李克用打败了起义军，回到汴州时，朱温假意殷勤招待，大摆酒宴。他趁李克用喝得酩酊大醉的时候，派兵把驿馆团团围住，想把李克用害死。李克用靠几个亲兵拼命护救，才突围逃走。打那时候起，李克用就跟朱温结下了冤仇。这两支割据力量一直互相攻打。但朱温的势力越来越大，李克用只能保住河东地区。

唐僖宗病死后，他的弟弟唐昭宗李晔想依靠朝臣来反对宦官，一次次都失败了。到了后来，宦官把唐昭宗软禁了起来，另立新皇帝。

这件事给野心勃勃的朱温一个好机会。朱温派出亲信偷偷溜进长安，跟宰相崔胤秘密谋划。崔胤有了朱温做后台，胆也壮了，就发兵杀了宦官头目刘季述，迎接唐昭宗复位。

唐昭宗和崔胤还想杀所有宦官，一些宦官就投靠另一个藩镇，即凤翔节度使李茂贞，把唐昭宗劫持到凤翔。

崔胤向朱温求救，朱温带兵进攻凤翔，要李茂贞交出唐昭宗。李茂贞兵力敌不过朱温，连连打败仗。朱温大军把凤翔城包围起来，最后城里的粮食断了，又碰到大雪天，兵士和百姓饿死、冻死的不计其数。李茂贞被围在孤城里，毫无出路，只好投降。

朱温攻下凤翔，把唐昭宗抢了过来，带回长安。从此唐王朝政权就从宦官手里，转到朱温手里，唐昭宗日子就更不好过了。

朱温掌了大权，把宦官全部杀光，挟持唐昭宗迁都洛阳。离开长安的时候，朱温派人把长安的宫室、官府和民屋全部拆光，把材料运到洛阳，还逼迫长安的官吏、百姓一起搬到洛阳去。长安百姓扶着老人，拖着孩子，在兵士的驱赶下赶路。一路上，大家一面哭泣，一面痛骂祸国殃民的叛贼朱温。

唐昭宗到了洛阳，还想秘密召各地藩镇来救他。但是还没有等到援军，朱温已经动手把唐昭宗杀了，另立了一个 13 岁的孩子做傀儡，就是哀帝。

宦官完了，皇帝也完了，留下的还有一批唐王朝的大臣。朱温手下的谋臣对朱温说：“你要干大事，这批人最难对付，不如把他们统统赶走。”

有一个谋士李振，绰号叫作猫头鹰，因为考进士没考上，更加痛恨朝臣。他跟朱温说：“这批人平时自命清高，把自己称作‘清流’，应该把他们扔到浊流（指黄河）里去。”朱温依了他的话，在一个深夜，把 30 多名朝臣集中起来杀掉，扔到黄河里。史称这次事变为“白马驿之祸”。

907 年，朱温废了唐昭宣帝，自立为帝，改国号为梁，建都汴（今河南开封），叛徒朱温成了梁太祖，统治了将近 300 年的唐朝就此宣告结束。

伶人做官

朱温建立梁朝的时候，在北方还有两个较大的割据势力，一个是幽州的刘仁恭，一个是河东的晋王李克用。这时候，北方的契丹族开始强大起来，它的首领耶律阿保机（耶律是姓）统一了契丹的各部，建立政权。907 年，阿保机带领 30 万人马，攻入云州（治所在今山西大同），李克用想利用契丹兵力，对付朱温，就跟阿保机联络，双方在云州东城见了面，结为兄弟，还约定日子一起攻梁。但是阿保机一回到契丹，看到朱温势大，就反悔了，另外派人跟朱温结成同盟。

李克用听到这个消息，气得差点昏过去。到第二年春天，他连气带累，背上长了毒疮，病倒了。他知道自己再也起不来了，就把儿子李存勖叫到床边，叮嘱说："朱温是咱家的冤家，这不说你也知道；刘仁恭是我保举上去的，后来他反复无常，投靠朱温；契丹曾经跟我结为兄弟，结果撕毁盟约，翻脸不认人。这几口气没出，我死了也闭不上眼睛。"

说着，他吩咐侍从去拿3支箭来，亲手交给李存勖说："这3支箭留给你，你要记住3个仇人，给咱家报仇。"

李存勖跪在床边含着眼泪，接过箭，表示一定牢记父亲的嘱咐。李克用听了，才闭上眼睛死了。

李克用死后，李存勖接替他父亲做了晋王。他用心训练兵士，整顿军纪，把散漫的沙陀族兵士训练成一支精锐善战的队伍。

李存勖决心消灭仇人，把他父亲留给他的3支箭十分郑重地供奉在他的家庙里。每次出征的时候，他先派个官员到家庙里把箭取出来，放在一个精致的丝套里，带着上阵去；打了胜仗，再送回家庙。

李存勖出兵跟梁兵进行了几次大战，把朱温率领的50万大军打得晕头转向，狼狈逃窜。朱温又急又气，发病死了。

接着，李存勖又攻破幽州，把刘仁恭和他的儿子刘守光都活捉过来，押回太原。

916年，耶律阿保机即位称帝，过了5年，派兵南下。李存勖亲自出兵，大破契丹兵，把阿保机赶回北边去了。

朱温死后，他的儿子梁末帝又跟李存勖打了10多年仗，到了923年，李存勖灭了梁朝，统一北方，即位称帝，改国号为唐，建都洛阳。这就是后唐庄宗。

唐庄宗报了他父亲的仇，志满意得，认为敌人已经消灭，中原已经安定，就图起享受来了。他小时候，最喜欢看人演戏。那时候，晋王府里有一个戏班子，专给王府演戏。唐庄宗小时就跟戏班子里的伶人（旧社会称以唱戏为职业的人为伶人）混得挺熟。后来，他在河北战场上拼死拼活地打仗，把演戏的事搁起来了。等做了皇帝，他又沾上了演戏的癖好，成天跟伶人在一起，穿着戏装，登台表演，把国家大事丢在一边。

他给自己起了个艺名，叫“李天下”。

有一次，他上台演戏，自己叫了两声“李天下”。有个伶人上去给他两个耳刮子，把唐庄宗打得莫名其妙。别的伶人见了也大吃一惊，冲上去揪住那个伶人责问。那个打耳光的伶人笑嘻嘻地说：“李天下只有皇帝一个人，你叫了两声，还有一个是谁呢？”唐庄宗听他一说，才知道是跟他开玩笑，挨了打也不生气，还重赏了他。

伶人们受到唐庄宗的宠幸，在宫里自由出入。他们跟皇帝可以打打闹闹，对一般官员，就更神气活现了。官员们受了他们的欺负，心里气恼，谁也不敢拿他们怎么样。有些官员为了要他们在唐庄宗面前说句好话，还得向他们送礼讨好。有个伶人名叫景进，专门替唐庄宗刺探外面的情况。谁不讨好他，他就在唐庄宗面前说谁坏话，谁就会倒霉。所以，官员们见了景进，没有不害怕的。

唐庄宗要封两个伶人当刺史。有人劝阻他说：“现在新朝刚建立，跟陛下一起身经百战的将士还没得到封赏，反倒让伶人当刺史，只怕大家不服。”

唐庄宗根本不理这些话，照样让伶人当了官，一些将士见了，果然气得要命。不出几年，朝廷内部先乱了起来，大将郭崇韬被害。另一个大将李嗣源（李克用的养子）也被猜忌，差点丧了命。

李嗣源受到将士的拥戴，决定反对唐庄宗。他带兵打进汴京，准备自立为皇帝。

唐庄宗在洛阳听到这个消息，想回汴京。半路上听到李嗣源已经进了汴京。各地将领纷纷支持李嗣源。他知道自己已经完全孤立，垂头丧气地跟左右将士说："这下我完了！"

唐庄宗回到洛阳，还想抵抗李嗣源。他的亲军指挥使郭从谦，原来也是个伶人，曾经认大将郭崇韬做叔父。郭崇韬被杀后，郭从谦早就怀恨在心，趁这个机会，就发动亲军叛变，攻进皇宫。唐庄宗想抵抗也来不及，被一支流箭射中，丧了命。

李嗣源接替唐庄宗做了后唐皇帝，这就是唐明宗。

“儿皇帝”石敬瑭

唐明宗在位的时候，他手下有两员大将，一个是他儿子李从珂，一个是他的女婿、河东节度使石敬瑭。两个人都骁勇善战，但又互不服气。等到李从珂做了后唐皇帝（就是唐末帝）以后，两人终于闹到公开破裂的地步。

李从珂派了几万人马攻打石敬瑭所在的晋阳城。石敬瑭抵挡不了，晋阳十分危急。有个谋士桑维翰给他出个主意，要他向契丹人讨救兵。

那时候，耶律阿保机已经死去，他的儿子耶律德光接替了契丹国主的位子。桑维翰帮石敬瑭起草了一封求救信给耶律德光，表示愿意拜契丹国主做父亲，并且答应在打退唐军之后，把雁门关以北的燕云十六州（又称幽云十六州，指幽州、云州等 16 个州，都在今河北、山西两省北部）的土地献给契丹。

石敬瑭的投降活动遭到他的部将的反对。部将刘知远说：“您向契丹求救，称臣还说得过去，拜他做父亲未免过分；再说，答应给他们一些金银财宝不要紧，但不该割让土地。”

石敬瑭一心想保住自己的利益，哪儿肯听刘知远的劝阻，急急忙忙派桑维翰带了这些卖国条件去见耶律德光。

耶律德光本来就想向南扩张土地，听到石敬瑭提出这样优厚的条件，真是喜出望外，立刻派出5万精锐骑兵去救晋阳。

石敬瑭从晋阳城出兵夹击，把唐军打得大败。

耶律德光来到晋阳，石敬瑭亲自出城迎接，卑躬

屈膝地把比他小10岁的耶律德光称作父亲，还请教契丹兵为什么这样快就能打败唐军。耶律德光得意扬扬地吹了一通，石敬瑭马上表示十分钦佩，捧得耶律德光满心欢喜。

耶律德光经过一番观察，觉得石敬瑭的确是死心塌地投靠他，就对石敬瑭说："我奔波3000里，来救你们，总算有个收获。我看你的外貌和气度，够得上做个中原的主人，我就封你做皇帝吧！"

石敬瑭还假惺惺地推辞，经部下一劝说，就高兴地接受了。契丹国主正式宣布石敬瑭为皇帝。石敬瑭称帝后，立刻按照原来答应的条件，把燕云十六州割让给契丹。

石敬瑭依靠契丹的支持，带兵南下攻打洛阳。唐末帝李从珂接连打了几次败仗，被契丹的声势吓破了胆，意志消沉，成天边喝酒边哭泣，等待灭亡，哪儿还有反抗的勇气。石敬瑭的兵还没进洛阳，唐末帝已经在宫里烧起一把火，带着一家老少投在火里自杀了。

石敬瑭攻下洛阳，灭了后唐，正式做了中原的皇帝，改国号为晋，建都汴京。这就是后晋高祖。石敬瑭对契丹国主耶律德光感恩戴德，向契丹上奏章，把契丹国主称作"父皇帝"，自己称"儿皇帝"。除了每年向契丹进贡帛 30 万匹外，逢年过节，还派使者向契丹国主、太后、贵族大臣送礼。那些人一不满意，就派人责备石敬瑭，石敬瑭总是恭恭敬敬，赔礼请罪。晋朝使者到了契丹，契丹官员傲气十足，说了许多侮辱性的话。使者受了气，回到汴京，把这些事传开了。朝廷上下都觉得丢脸，只有石敬瑭毫不在乎。

石敬瑭靠契丹的保护，做了 7 年可耻的“儿皇帝”，病死了。他的侄儿石重贵即位，就是晋出帝。晋出帝向契丹国主上奏章的时候，自称孙儿，不称臣。耶律德光就认为对他不敬，带兵进犯。

契丹两次进犯中原，在晋朝军民的奋力抵抗下，遭到惨重失败。但是到了最后，由于汉奸的出卖，契丹兵打进汴京，晋出帝当了俘虏，被押送到契丹。后晋就灭亡了。

946 年，耶律德光进了汴京，自称大辽皇帝（这一年契丹改国号为辽）。京城百姓听到辽兵进城，纷纷逃难。辽主耶律德光登上城楼，派人用汉语宣布说：“大家别怕，我也是人啊。我本来并不想来，是汉人引我们进来的。我一定会让你们的生活过得更好些。”

话虽然这样说，但是做的又是一套。他纵容辽兵以牧马为名，到处抢劫财物，叫作“打草谷”，闹得汴京、洛阳附近几百里地方，成了没有人烟的“白地”。他又命令晋国官员搜刮钱帛，不论官员百姓，都要献出钱帛“劳军”。

中原的百姓受不了辽兵的残杀抢掠，纷纷组织义军，反抗辽兵，少的几千，多的几万。他们攻打州县，杀死辽国派出的官员。东方的起义军声势浩大，攻下了 3 个州。耶律德光害怕了，跟左右侍从说：“想不到中原人这样不容易对付。”过了一段时间，他把晋朝官员召集起来，宣布说：“天气热了，我在这里住不惯，要回到上国（指辽国）去看望太后了。”

辽兵被迫退出中原。但是，被石敬瑭出卖的燕云十六州仍旧被契丹贵族占领，成为后来他们进攻中原的基地。

周世宗斥冯道

辽兵撤出开封的时候，后晋大将刘知远在太原称帝，率领大军南下，一路上军纪严明，受到中原百姓的支持。各地辽将听到风声，慌忙逃走。刘知远很快收复了洛阳、汴京。这年六月，刘知远定都汴京，改国号为汉。这就是后汉高祖。

刘知远只做了 10 个月皇帝就死去了。他的儿子后汉隐帝刘承祐即位以后，后汉内部发生动乱。汉隐帝嫌手下将领权力太大，秘密派人到邺都杀害大将郭威，激起郭威发动兵变。950 年，郭威推翻了后汉，被将士拥戴为皇帝。

第二年，郭威在汴京即位，国号为周，就是后周太祖。周太祖出身贫苦，懂得民间疾苦；也读过一点书，注意重用人才，改革政治。在他的治理下，五代时期的混乱局面开始好转。

后周建国的时候，刘知远的弟弟刘崇不服后周统治，占据太原，成为一个割据政权，历史上称为北汉（十国之一）。刘崇为了跟后周对抗，投靠辽朝，拜辽主为“叔皇帝”，自称“侄皇帝”，多次在辽兵的帮助下进犯周朝，都被周太祖打败。

954年，周太祖死去。他没有儿子，柴皇后有个侄儿柴荣，从小聪明能干，练得一身武艺。周太祖把他收作自己的儿子。到周太祖一死，柴荣继承皇位，这就是周世宗。

周世宗新即位，北汉国主刘崇认为周朝局势不稳，进占中原的时机到来，就集中3万人马，又请求辽主派出一万骑兵，向潞州（治所在今山西长治）进攻。

消息传到汴京，周世宗立刻召集大臣商量。他提出要亲自带兵抵抗。大臣们说：“陛下刚刚即位，人心容易动摇，不宜亲自出征，还是派个将军去吧！”

周世宗说：“刘崇趁我刚遭到丧事，又欺侮我年纪轻新即位，想吞并中原。这次他亲自来，我不能不自己去对付他。”

大臣们看周世宗

的态度挺坚决，也就不作声了。只有一个老臣站出来反对，他就是太师冯道。

冯道从后唐明宗时起，就当了宰相。以后，换了4个朝代，他在每个朝代的主子面前，都能随机应变，讨得新主子的欢心，辽兵占领汴京的时候，他主动朝见辽主。一些新王朝的皇帝，也乐意任用他。所以，他一直占据着宰相、太师、太傅等重要职位。

这一回，冯道看周世宗年轻，就以老资格的身份来劝阻周世宗亲自带兵出征。

周世宗对冯道说：“过去唐太宗平定天下，都是自己带兵。我怎么能苟且偷安呢？”

冯道冷冷地笑了一声说：“陛下能够比得上唐太宗吗？”

周世宗看出冯道瞧不起他，激动地说：“我们有强大的兵力，要消灭刘崇，还不是像大山压鸡蛋一样容易。”

冯道说：“您觉得您像一座山吗？”

周世宗听了十分气愤，一甩袖子，就起身离开朝堂。后来，别的大臣也出来支持他，周世宗就把亲征的事决定了下来。

为了这件事，周世宗对冯道十分不满。不久，派他去管修造周太祖坟墓的事。冯道碰了钉子后，抑郁而终。

周世宗率领大军到了高平（今山西高平市），跟北汉兵碰上了。双方摆开了阵势。北汉刘崇看到周军人少，骄傲起来，说：“早知道这样，我何必借契丹兵呢。这一次，我不但要打败周军，还要让契丹人看看我的厉害呢。”

刘崇指挥北汉军猛攻周军，周军右军的将领顶不住，带领骑兵败了下来，步兵也纷纷投降。眼看情况十分危急，周世宗亲自上阵，冒着乱箭督战。他的两名将领赵匡胤和张永德各带领两千亲兵冲进敌阵。周军兵士看到周世宗沉着应战，也奋勇冲杀，一个抵上百个，争先恐后地冲向敌阵。北汉兵就像山崩一样败了下来。

后面的辽军看到北汉军失败，不敢跟周军交锋，悄悄地把兵撤走。北汉刘崇节节败退，后有追军，前无救兵，最后，只剩下 100 多骑兵，狼狈不堪地逃回晋阳。

经过高平大战，周世宗的声望大大提高，他回到汴京后着手整顿军队，减轻百姓负担，准备统一中国的战争。过了两年，他亲自征讨南唐（十国之一），攻下了长江以北 14 个州。接着，他又下令北伐，带领水陆两路进军，收复北方大片失地。可惜正当他要实现统一全国的愿望的时候，却病倒了。

959 年，周世宗即位 6 年后死去，由其年仅 7 岁的儿子柴宗训接替皇位，就是周恭帝。

两宋辽金

黄袍加身

周恭帝即位的时候，年纪太小，由宰相范质、王溥辅政。后周的政局不稳。京城里人心浮动，谣言纷纷，说赵匡胤快要夺取皇位了。

赵匡胤本来是周世宗手下的得力大将，跟随周世宗南征北战，立下不少战功。周世宗在世的时候，十分信任赵匡胤，派他做禁军统帅，官名叫殿前都点检。禁军是后周一支最精锐的部队。

周世宗一死，军权落在赵匡胤手里。五代时期，武将夺取皇位的事情多得很，所以，人们有这种猜测也是不足为奇的。960

年春节，后周朝廷正在举行朝见大礼的时候，忽然接到边境送来的紧急战报，说北汉国主和辽朝联合，出兵攻打后周边境。

大臣们慌作一团，后来由范质、王溥做主，派赵匡胤带兵抵抗。

赵匡胤接到出兵命令，立刻调兵遣将，过了两天，就带了大军从汴京出发。跟随他的还有他弟弟赵匡义和亲信谋士赵普。

当天晚上，大军到了离开京城20里的陈桥驿，赵匡胤命令将士就地扎营休息。兵士们倒头就呼呼睡着了，一些将领却聚集在一起，悄悄商量。有人说："现在皇上年纪那么小，我们拼死拼活去打仗，将来有谁知道我们的功劳，倒不如现在就拥护赵点检做皇帝吧！"

大伙听了，都赞成这个意见，就推一名官员把这个意见先告诉赵匡义和赵普。

那个官员到赵匡义那里，还没有把话说完，将领们已经闯了进来，亮出明晃晃的刀，嚷着说："我们已经商量定了，非请点检即位不可。"

赵匡义和赵普听了，暗暗高兴，一面叮嘱大家一定要稳定军心，不要造成混乱，一面赶快派人告诉留守在京城的大将石守信、王审琦。

没多久，这消息就传遍了军营。将士们全起来了，大家闹哄哄地拥到赵匡胤住的驿馆，一直等到天色发白。

赵匡胤夜里喝了点酒，睡得挺熟，一觉醒来，只听得外面一片嘈杂的人声，接着，就有人打开房门，高声地叫嚷，说："请点检做皇帝！"

赵匡胤赶快起床，还没来得及说话，几个人把早已准备好的一件黄袍，七手八脚地披在赵匡胤身上。大伙跪倒在地上磕了几个头，高呼"万岁"。接着，又推又拉，把赵匡胤扶上马，请他一起回京城。

赵匡胤骑在马上，才开口说："你们既然立我做天子，我的命令，你们都能听从吗？"

将士们齐声回答说："自然听陛下命令。"

赵匡胤就发布命令：到了京城以后，要保护好周朝太后和幼主，不许侵犯朝廷大臣，不准抢掠国家仓库。执行命令的将来有重赏，否则就要严办。

赵匡胤本来就是禁军统帅，再加上有将领们拥护，谁敢不听号令！将士们排好队伍开往京城。一路上军容整齐，秋毫无犯。

到了汴京，又有石守信、王审琦等人做内应，没费多大劲儿就拿下了京城。

将领们把范质、王溥找来。赵匡胤见了他们，装出为难的模样说："世宗待我恩义深重，现在我被将士逼成这个样子，你们说怎么办?"

范质等不知该怎么回答。有个将领声色俱厉地叫了起来："我们没有主人。今天大家一定要请点检当天子!"

范质、王溥吓得赶快下拜。

周恭帝让了位。赵匡胤即位做了皇帝，国号为宋，定都汴梁（今河南开封），历史上称为北宋。赵匡胤就是宋太祖。

宋太祖做了皇帝，他的母亲当然成了太后。当大臣们向太后祝贺的时候，太后却皱起眉头，显出很忧愁的样子。

等大臣退了朝，侍从们问太后说："皇上即位，您怎么还不快活?"

太后说："我听说做天子很不容易。能够把国家管理好，这个位子才是很尊贵的；要是管理不好，出了乱子，再想做一个老百姓就做不成了。"

太后的担心不是没有道理的。宋太祖虽然即了位，但是全国还没有统一，别说周围还有一个个割据政权，就是原来后周统治的中原地区，也还有一些节度使，对宋太祖即位，很不服气。

赵匡胤的白纸文书

曹彬奉宋太祖命统军讨伐南唐，朝廷派潘美为副将。出发前，宋太祖在讲武殿赐宴饯行。酒过三巡，曹彬、潘美站起来，走到赵匡胤的坐榻前跪下，请求当面授予处事机宜，交代方针策略。

赵匡胤从怀中掏出一件封得严实的文书，交给曹彬说：“处事机宜全在其中，自副将潘美以下校尉，不管是谁，凡违犯军令军纪的，只要打开这个文书，便可以直接处斩，无须禀报请示。”

这一番话，吓得他们两个两腿战栗，心情紧张，不知道那个信封里写了什么，葫芦里卖的是什么药？

第二年，他们以势如破竹之势，很快攻下了金陵（今江苏南京）。作为主将、副将，曹彬、潘美团结合作，亲密无间，又严禁士卒杀掠，因而颇有德声。直到江南平定，战争结束，整个军队中没有一个犯了军法的。

回到京都（今河南开封）后，赵匡胤又在讲武殿赐宴。酒过二巡，曹彬、潘美站起来，走到赵匡胤的坐榻前跪下，说："臣等听从皇命，侥幸没有出现差错，上次出发时授予的文书也就未曾拆开。我们不敢私自藏在家里，现在带来了奉呈皇上。"说完即将文书双手呈了上去。

赵匡胤接过文书，慢慢地亲自撕开封签，抽出文书。他将这张"文书"展示给曹彬、潘美看，却是一张白纸。

赵匡胤就是这样玩弄机变权术的。

当初，他用这种方式下达命令，表面看来，十分严厉。葫芦里装的什么药，大家都不知道，也无从猜测。假如果真出现违犯军纪的大事需要处置，在外征战的将领就要拆开封签，抽出文书，而看到是一张白纸时，必定要入朝禀奏，问个究竟。假如没有出现事故，就像如今回朝面见的情景，当面拆开封签，让大家看到竟是一张白纸，说明皇上并无让作为主将的曹彬任意处置大事的想法，就如当初所说，什么自副将潘美以下可以直接处斩云云，那不过只是吓人的话而已。

赵匡胤的这一套，叫作“恩威并施”，或叫“宽猛兼济”。

杯酒释兵权

宋太祖即位后不出半年，就有两个节度使起兵反对宋朝。

宋太祖亲自出征，费了很大劲儿，才把他们平定。

为了这件事，宋太祖心里总不太踏实。有一次，他单独找赵普谈话，问他说：“自从唐朝末年以来，换了5个朝代，没完没了地打仗，不知道死了多少老百姓。这到底是什么道理？”

赵普说：“道理很简单。国家混乱，毛病就出在

藩镇权力太大。如果把兵权集中到朝廷，天下自然太平无事了。”

宋太祖连连点头，赞赏赵普说得好。

后来，赵普又对宋太祖说：“禁军大将石守信、王审琦两人，兵权太大，还是把他们调离禁军为好。”

宋太祖说：“你放心，这两人是我的老朋友，不会反对我。”

赵普说：“我并不担心他们叛变。但是据我看，这两个人没有统帅的才能，管不住下面的将士。有朝一日，下面的人闹起事来，只怕他们也身不由己呀！”

宋太祖敲敲自己的额角说：“亏得你提醒一下。”

过了几天，宋太祖在宫里举行宴会，请石守信、王审琦等几位老将喝酒。

酒过几巡，宋太祖命令在旁侍候的太监退出。他拿起一杯酒，先请大家干了杯，说：“我要不是有你们帮助，也不会有现在这个地位。但是你们哪儿知道，做皇帝也有很大的难处，还不如做个节度使自在。不瞒各位说，这一年来，我就没有一夜睡过安稳觉。”

石守信等人听了十分惊奇，连忙问这是什么缘故。宋太祖说：“这还不明白？皇帝这个位子，谁不眼红呀？”

石守信等听出话音来了。大家着了慌，跪在地上说："陛下为什么说这样的话？现在天下已经安定了，谁还敢对陛下三心二意？"

宋太祖摇摇头说："对你们几位我还信不过？只怕你们的部下将士当中，有人贪图富贵，把黄袍披在你们身上。你们想不干，能行吗？"

石守信等听到这里，感到大祸临头，连连磕头，含着眼泪说："我们都是粗人，没想到这一点，请陛下指引一条出路。"

宋太祖说："我替你们着想，你们不如把兵权交出来，到地方上去做个闲官，买点田产房屋，给子孙留点家业，快快活活度个晚年。我和你们结为亲家，彼此毫无猜疑，不是更好吗？"

石守信等齐声说："陛下给我们想得太周到啦！"

酒席一散，大家各自回家。第二天上朝，每人都递上一份奏章，说自己年老多病，请求辞职。宋太祖马上准奏，收回他们的兵权，赏给他们一大笔财物，打发他们到各地去做节度使。

历史上把这件事称为"杯酒释兵权"（"释"就是"解除"）。

过了一段时期，又有一些节度使到京城来朝见。宋太祖在御花园举行宴会。太祖说："你们都是国家老臣，现在藩镇的事务那么繁忙，还要你们干这种苦差，我真过意不去！”

有个乖巧的节度使马上接口说：“我本来没什么功劳，留在这个位子上也不合适，希望陛下让我告老回乡。”

也有个节度使不知趣，唠唠叨叨地把自己的经历夸说了一番，说自己立过多少多少功劳。宋太祖听了，直皱眉头，说：“这都是陈年老账了，总提它干什么？”

第二天，宋太祖把这些节度使的兵权全部解除了。

宋太祖收回地方将领的兵权以后，建立了新的军事制度，从地方军队挑选出精兵，编成禁军，由皇帝直接控制；各地行政长官也由朝廷委派。通过这些措施，新建立的北宋王朝开始稳定下来。

李后主亡国

宋太祖稳定了内部，雄心勃勃，准备出兵统一全国。当时，五代时期的“十国”，留下来的北方有北汉，南方还有南唐、吴越、后蜀、南汉、南平等。要统一全国，该先从哪里下手呢？先打北汉，还是先打南方呢？宋太祖想了几天，还是决定不下来。

一天夜里，风雪交加。赵普正在家里烤火取暖，忽然听得门外一阵敲门声。赵普心里奇怪，这么寒冷的夜里，还有谁会来找他？他打开门一看，只见一个人披着斗篷，在雪地里站着。赵普定睛一看，大吃一惊，原来来的竟是宋太祖。

赵普连忙把宋太

祖请进屋里，拨红了炭火，在炭火上炖上肉，叫他妻子拿出酒来招待。

赵普问：“雪下得这么大，陛下为什么还要出来？”

宋太祖说：“我想削平诸国，先出兵太原，你看怎样？”

赵普想了一会儿说：“如果我们先打下北汉，就会受到辽朝的威胁。还不如先削平南方，回过头来再打北汉。小小北汉，不过是像弹丸一样大的地方，晚一点收拾也跑不了。”

宋太祖笑着说：“我们想到一起去了。”

宋太祖和赵普决定了先南后北的计划以后，约莫花了10年时间，先后出兵消灭了南平、后蜀、南汉。这样，南方的割据政权只留下南唐和吴越两国。

南唐是“十国”中最大的一个割据政权，那里土地肥沃，没有像中原那样遭到战争的破坏，所以经济繁荣，国力富裕。但是，南唐的国主都是政治上十分昏庸无能的人，后来弄得国力渐渐衰弱下来。

南唐最后的一个国主李煜，历史上称南唐后主，是一个著名的词人，对诗词、音乐、书画，十分精通，可就是不懂得治理国事。北宋建国后，李煜每年向北宋进贡大量金银财宝，想稳固他的地位。后来，他看到宋太祖接连消灭了周围 3 个小国，才着慌起来，赶快派使者给宋太祖送去一封信，表示愿意取消南唐国号，自己改称“江南国主”。但是这一点小小的让步，怎么能改变宋太祖统一中国的决心呢。

开宝七年（974 年）九月，宋太祖派大将曹彬、潘美带领 10 万大军分水陆两路攻打南唐。曹彬从荆南带领水军沿江东下，很快就占领了池州（今安徽贵池），进驻采石矶（今安徽马鞍山市）。潘美带领的步兵到了江北，被辽阔的江面挡住了进军的道路。

有人向宋军献计，如果用竹筏和大船搭成浮桥，步兵就可以全部顺利过江。潘美听了这个计策，马上赶造浮桥。这个消息传到南唐的国都金陵（今江苏南京市），南唐君臣正在喝酒。李后主问众臣该怎么办？大臣们说：“自古以来，没听说搭浮桥过江的，一定办不成！”

后主听了，哈哈大笑说：“我早说他们是小孩子闹着玩罢了。”

过了 3 天，宋军搭好浮桥，潘美的步兵像在陆地上行军一样，跨过长江。南唐的守将败的败，投降的投降。10 万宋军很快就打到金陵城边了。

那时候，李后主还正在宫里跟一批和尚道士诵经讲道，宋军到了城外，他还蒙在鼓里呢。有一天，他到城头上巡视，发现城外到处飘扬着宋军旗帜，这才大吃一惊，回宫以后，派大臣徐铉到东京去求和。

徐铉见了宋太祖说："李煜待陛下，就像儿子待父亲一样孝顺，为什么还要讨伐他?"

宋太祖反问说："那么你倒说说，父亲和儿子能分成两家吗?"

徐铉没话说，回到金陵向李后主汇报。过了一个月，宋军将城围得越来越紧，李后主又派徐铉到东京去。

徐铉苦苦恳求宋太祖不要进攻金陵，宋太祖听得不耐烦，一手按住利剑，怒气冲冲地说："你不要多说了。李煜并没有什么罪。但是现在天下一家，我的床边，怎么能让别人占去一半而呼呼大睡！"

徐铉眼看再恳求也没用，只好再回到金陵。李后主听了回报，知道求和没有希望，连忙调动 15 万大军来救。兵到皖口，受到宋军两路夹攻。南唐军放火烧宋军。哪知正碰到起北风，火反烧了自己。南唐军全军覆没。

曹彬派人进城告诉李后主，劝他趁早投降，免得城里百姓的生命财产遭到毁灭。后主还想拖下去，曹彬就下令攻城。

第二天，城被攻破了。曹彬率领宋军整队进城，秩序井然。李后主叫人在宫里堆了柴草，准备放火自杀，但是毕竟没有这个勇气，最后还是带着大臣出宫门，向曹彬投降。

李后主被押到东京，宋太祖对他还比较优待。但是李后主从一个尽情享乐的国君变成一个亡国的俘虏，心里十分辛酸，每天流着眼泪过日子。他本来是写词的能手，在这段时期里，写了一些感情忧伤的词。“问君能有几多愁，恰似一江春水向东流”，就是他这段时期词作中的名句。

赵普收礼

从宋太祖取得政权开始，到平定南方，赵普是主要的谋士，立了不少大功。宋太祖拜赵普为宰相，事无大小，都跟赵普商量。

赵普出身小吏，比起一般文臣来，他的学问差得多。他当上宰相以后，宋太祖劝他读点书。赵普每次回家，就关起房门，从书箱里取书，认真诵读。第二天上朝处理政事，总是十分敏捷。后来，家里人发现，他的书箱里藏的不过是一部《论语》。于是人们

就流传一种说法，说赵普是靠“半部《论语》治天下”的。

宋太祖信任赵普，赵普也敢于在宋太祖面前坚持自己的意见。有一次，赵普向宋太祖推荐一个人做官。接连两天，宋太祖没有同意。第三天赵普上朝的时候，又送上奏章，坚持要求宋太祖同意他的推荐，这下可触怒了宋太祖。宋太祖把奏章撕成两半，扔在地上。

赵普趴在地上，不慌不忙地把撕碎的奏章拾起来，放在袖子里。退朝回家以后，赵普把撕碎的奏章拼接起来，过了几天，又带着它上朝交给宋太祖，宋太祖见赵普态度这样坚决，只好接受了他的意见。

再有一次，赵普要提拔一名官员，宋太祖不批准。赵普就像前次一样坚持自己意见。宋太祖说：“我就是不准，你能怎么样？”

赵普说：“提拔人才，都是为国家着想，陛下怎能凭个人的好恶专断！”

宋太祖听了，气得脸色变白，一甩袖就往内宫走。赵普紧紧跟在后面。宋太祖进了内宫，赵普就站在宫门外不走。

宫门前的卫士见宰相站在门口不走，只好向宋太祖回报。这时候宋太祖气已经消了，就叫太监通知他，说皇上已经同意他的请求，叫他回家。

赵普做了10年宰相，权力很大。日子久了，就有人想走他的门路，不时有人给他送礼物来。

宋太祖经常到赵普家里去，事先也不派人通知。有一次，吴越王钱俶派个使者送信给赵普，还捎带了十坛“海产”。赵普把十坛“海产”放在堂前，还没来得及拆信，正好宋太祖到了。

宋太祖在厅堂里坐下，看到这10只坛子，就问赵普是什么东西。赵普回答说：“是吴越送来的海产。”

宋太祖笑着说：“既然是吴越送来的海产，一定不错，把它打开来看看吧！”

赵普吩咐仆人，打开坛盖，在场的人一看都傻了眼。原来坛里放的不是什么海产，竟是一块块金子。

宋太祖向来怕官员接受贿赂，滥用权力，看到这情况。心里窝了一肚子火，脸色也就沉了下来。

赵普满头大汗，惶恐地向宋太祖请罪，说：“臣没有看信，实在不知道里面是什么东西，请陛下恕罪。”

宋太祖冷冷地说：“你就收下吧！他们以为国家大事都由你们书生决定的呢。”

打这以后，宋太祖对赵普就有点猜疑起来；不久，又有官员告发赵普违反禁令，贩运木料。原来，当时朝廷禁止私运秦、陇（今陕西、甘肃一带）大木。赵普曾经到那里运木料为自己造住宅。他的部下趁机冒用赵普的名义，私运一批大木到东京贩卖。这件事牵连到赵普。宋太祖大怒，要治赵普的罪，尽管其他大臣为他说情，宋太祖还是撤了赵普的宰相职位。

白马岭之战

宋太祖赵匡胤发起陈桥驿兵变夺取后周政权，在不到20年的时间内平定了荆楚、吴越，消灭了后蜀、南汉、南唐后，只剩下盘踞在太原的北汉和北方的辽国。

当时北汉军队才有3万人，而宋军总数将近40万。国主刘继元一边动员军民备战以御强敌，一边派人赶往辽国，向耶律贤报告宋军备战情况，请求战时派辽兵相助。

辽国与北汉唇齿相依。北汉处在辽国和宋朝的中间地区，若北汉为宋灭亡，辽国的门户也就向宋军敞开了。这样，宋军就可以直取辽国了。辽景宗耶律贤深知这一利害关系，接到刘继元的信后，立即派遣使者前往东京。

宋太宗赵光义想起多次讨伐北汉，都是因为辽国派兵援救而功亏一篑，怒火中烧，转而对辽国使者道：“你回去告诉你们国主，宋伐北汉，若辽不出兵干涉，宋辽可以友好相待，否则，只能兵戎相见。”

经过3年的充分准备，宋太宗认为攻打北汉的时机已经成熟，便大会文臣武将，商讨进兵事宜。宋太宗问："太祖多次亲征北汉，皆无功而返，是何原因？"

枢密使曹彬道："太祖第一次亲征北汉，因史超败于石岭关，人心惊恐而回师；第二次因屯兵甘草地中，将士多患腹痛之病而中止，并非太原城坚不可摧。今陛下有3年准备，兵精粮足，如欲亲征北汉，定如摧枯拉朽。"

宋太宗大喜，于是命潘美为北路都招讨制置使，统率崔彦进、李汉琼、曹翰等部攻打太原；郭进率部占据石岭关，阻击辽国援兵。自己率领主力出镇州，以牵制辽兵大规模西援或南下。

再说辽国使者从东京回到辽国，立即将宋太宗的话转告耶律贤。耶律贤不愿本国的门户直接向宋敞开，对赵光义的警告不加理会，立即调兵遣将，积极准备援救北汉。当宋太宗于宋太平兴国四年（979 年）二月率领宋军从东京出发，一路浩浩荡荡奔赴太原之时，耶律贤立即命南府宰相耶律沙为都统，冀王耶律敌烈为监军，率兵为先锋；南院大王耶律斜轸、枢密副使穆济率领所部为后继，从东路前进；大将军韩勃、大同军节度使率领所部从大同南下，从北面增援北汉。

三月十六日，耶律沙率大军进至白马岭（今山西盂县），迎面碰上郭进率领的宋军阻援部队。于是，两军隔着大涧摆下阵势，相互对峙。

此时，辽军后续部队还没有赶到，耶律沙见宋军人多势众，战阵齐整，士气高昂，便和耶律敌烈商量说："宋军有备而来，我军势寡，不如等后军到来后伺机进攻。"

耶律敌烈不以为然，说："宋军新来，立阵未稳，攻之可胜。若等后军到来，宋军营垒已固，就难以攻取了。"

于是，耶律敌烈率领辽军一部冲出营栅，抢渡涧水。郭进见辽军大部进至涧中间，立即率骑兵发起冲锋。辽军还没有登岸，宋军已冲至跟前。辽军在水中接战，行走不便，接战便失其利。宋军乘势掩杀，辽军奋起反击，但宋军锐不可当，双方混战之中，耶律敌烈被乱箭射死。辽军士卒见主将已死，纷纷溃退。

郭进令旗一挥，宋军全线出击，冲向辽兵。耶律沙见辽军前锋败退，即催本部人马前往援助，但亦随即被宋军冲垮。

郭进指挥宋军全线进逼，辽兵形势万分危急。恰在这时，耶律斜轸率辽军后续部队赶到，向宋军发起猛烈的攻击，宋军稍稍后退，耶律沙才得以率领残兵撤出战斗。

白马岭一战，辽军损失人马十之二三。耶律沙不敢再战，只得向后撤退。北路辽军自大同南下，途中听说耶律沙失利，也自动撤走。

就在郭进向石岭关前进的同时，宋太宗也率部经澶州（今河南濮阳）、邢州进至镇州，然后分兵进取隆州、沁州等地；因隆州地势十分险要，北汉军凭险固守，未能立即攻下。而其他各部因无辽兵阻挡，一路势如破竹，不久便攻陷盂县、沁州、岚州等地，10余万大军直逼太原。

刘继元听说宋军已连克太原周围州县，日夜惊恐不安。辽兵已被宋兵击败后撤，刘继元顿时六神无主，只得再次派出使者向耶律贤求救；同时部署城中军民加固城防，准备再次坚守，希望赵匡胤此次同第二次兵围太原的结果一样，无功而返。

宋开宝二年（969 年）二月，赵匡胤曾亲自率领宋军主力围攻太原，辽军也曾派出两路人马援救北汉，但均被宋军击败。赵匡胤进至太原后，见城坚难下，便征集当地民工数万人，围绕太原修筑起一道长墙，又在城东南筑起一道长堤，决开汾水灌入太原城里。当时，城里城外，一片汪洋，宋军乘着小船攻打城墙，北汉军民则站在齐腰深的水中坚持抵抗。一连几月，宋军攻城不下。辽国再派大将乌珍率劲骑驰援北汉，夜抵太原城西。赵匡胤见太原难以在短期内攻下，又赶上将士患有腹病，终于撤兵，解除了对太原的包围。

“要是能再次这样该有多好！”刘继元心想。但是，这次耶律贤却没有再次派来援兵。耶律贤见宋军大举出动，志在必得，料自己难与争锋，便转而着手加强幽蓟一带的防御，以保本国安全。

四月下旬，宋军数十万军队会攻太原。宋太宗为减少将士伤亡，亲自写了信札，派人送至城下，劝刘继元早日投降。但北汉守军拒绝接受，刘继元仍盼望着辽国能出兵相救，率领城中军民负隅顽抗。

宋太宗见此，下令决开汾水，再次灌城。一夜之间，太原城内外又是一片汪洋。宋太宗乘着水势，发起对太原的总攻。他亲自至城西督战。天武军校荆嗣见宋太宗坐镇，自告奋勇率领所部先登上城墙，挥刀斩杀守军数人。守军奋起反击，万箭齐发，荆嗣身中数箭，身负重伤。

宋太宗见战士个个奋勇争先，冒死拼杀，不少人中箭而毙，立即令数万弓箭手一字排开，朝城墙上猛烈放箭，以掩护宋军登城，北汉军民亦顽强抵抗。

宋军攻城多日，城中守兵越来越少，粮草不继。北汉宣徽使范超、马步军都指挥使郭万超，见宋军越战越勇，料定太原难以守住，相继出城投降。

宋太宗见攻下太原指日可待，料定刘继元再无顽抗之理，再次写好信札送给刘继元，劝其早早投降，以免军民生灵涂炭，又答应降后不杀，给予高官厚禄。刘继元阅罢，不想投降，但见大势已去，心中左右为难。北汉左仆射马峰带病拜见刘继元，也力劝投降。

刘继元知天命已尽，若再顽抗，只有死路一条。于是，写了降表，派人送给赵光义，宣布投降。至此，北汉建立 26 年后被宋灭亡，五代十国以来的分裂局面结束，天下归于宋朝一统。

宋高宗酒肆去腐酸

文人的诗与皇帝的诗之间总是存在着巨大的差异。皇帝会觉得文人的诗有一股穷酸气，而文人会觉得皇帝的诗总有点不太像诗——当然这个想法就只能藏在肚子里，不要说不敢说出来，连看都不能让皇帝看出来。南宋时，有一个叫俞国宝的穷秀才，因为写了一首词，被高宗皇帝改了几笔，从此就官运亨通。

俞国宝是淳熙年间的太学生。一天，他闲着没事，就在杭州城的大街小巷中闲逛。这一天天气非

常好，街上的游人也很多，非常热闹。俞国宝走累了，就到了一个小酒楼上歇歇脚。他从酒楼的窗口往下看去，只见西湖上有很多游船，游船中传来阵阵的歌声与笑声，时而还能看见一些打扮得花枝招展的女子在船中跳舞助兴。他看了半天，不由得生出一些惆怅来。他自己的生活非常清苦，根本就没有能力过上这般灯红酒绿的生活。想着想着，他不由得诗兴大发，就在酒楼的屏风上写了一首《风入松》：

一春长费买花钱，日日醉湖边。玉骢惯识西湖路，骄嘶过、沽酒楼前。红杏香中箫鼓，绿杨影里秋千。

暖风十里丽人天。花压鬓云偏。画船载取春归去，馀情付、湖水湖烟。明日重携残酒，来寻陌上花钿。

写完以后，他就回家老老实实地做自己的事去了。回家以后，也就把题词这回事完全忘掉了。他怎么也想不到，这首词却会带给他一生一次最重要的转机。

就在他题词以后不久，有一天高宗皇帝微服私访，也到了这家酒楼。他从酒楼上往下望去，只见一派繁华的都市景象，心里很高兴。他往酒楼的四下一看，只见酒楼的屏风上题着许多诗。宋高宗也是一个酷爱吟诗制曲的皇帝，于是，他就兴致盎然地看了起来。看了半天，也没有看见什么可心之作。后来，他一下看见了题着“俞国宝”名字的词，细细一看，倒还不错，只是有一处他不太满意。于是，派人把俞国宝找来。

俞国宝一听皇帝要见他，吓得半死，不知道自己什么事情做错了，竟然连皇帝也要亲自过问了。后来，他见差役们把他带到了酒楼，心想一定是自己的词作出了什么问题。宋代的“文字狱”已经很严厉了，俞国宝不知自己写错了什么。

等到俞国宝被带到皇帝的面前，他早已被吓得屁滚尿流了。谁知高宗竟然和颜悦色地对他说：“爱卿不要惊慌，我找你来是要跟你商量一句词。你看你写在这里的词作，这一句叫‘明日重携残酒，来寻陌上花钿’，我看这前一句有点太酸了。我把它改成了‘明日重扶残醉，来寻陌上花钿’，你看这样是不是更好一点？”俞国宝这才缓过神来，他心想，你是皇帝，你当然可以“重扶残醉”，我一个穷书生，谁来扶我的“残醉”？他当然不敢实话实说，就只能叩头称是。高宗皇帝看他还有些才华，就给了他一个肥差。

想必后来俞国宝也就不用带着穷酸样“重携残酒”了。

王小波起义

宋太宗征讨辽朝，落得个惨败的结果，又丧失了像杨业这样的勇将，没有勇气再跟辽朝作战。同时，国内局势也很不稳定，特别是川蜀地区接二连三爆发农民起义，弄得宋王朝手忙脚乱，难以应付。

川蜀地区在五代时期，先后建立过前蜀、后蜀两个政权，长期没遭到战争破坏，因此，后蜀时期，国库积贮得满满的，宋太祖灭了后蜀后，纵容将士在成都抢掠，把后蜀贮积的财富运到东京，激起了百姓的愤恨。到了宋太宗的时候，又在那里设立衙门，垄断买卖。蜀地出产的茶叶、丝帛，都被官府垄断了。一

些地主、大商人趁机投机倒把，贱买贵卖。蜀地百姓的日子就更难过了。

青城县（今四川灌县西南）有个农民叫王小波，和他妻子的弟弟李顺，都是靠贩卖茶叶谋生的。官府禁止私卖茶叶后，王小波断了生路，决心起义。993年，王小波聚集了100多个茶农和贫民，跟他们说："如今这个世道，穷人越来越穷，富人越来越富，实在太不公平了。现在，我们一起来消灭这种不平均的现象，你们说怎么样？"

这些茶农和贫民平时受够了官府、富人的剥削，听了王小波的话，都热烈拥护。消息一传开，各地贫民都来参加王小波的起义军。不到10天，就集中了几万人。

王小波有了人马，先打下了青城。接着，又乘胜攻打彭山（今四川彭山）。

彭山县令齐元振，是个刁钻狠毒的贪官。宋太宗禁止地方官员贪污，有一次，派钦差到蜀地调查。齐元振听到钦差要来，先把贪污得来的财物分散藏在富商家里。钦差到了彭山县，查不出那里官员有贪污行为，回去向朝廷回报，朝廷就下令嘉奖齐元振清白能干。

齐元振骗过了朝廷，搜刮得更厉害。王小波知道彭山的百姓对齐元振怨恨最深，就带起义军攻打彭山。在彭山百姓的响应下，起义军很快占领了县城，杀了大贪官齐元振，把他平日从百姓那里搜刮得来的钱财，分给那里的贫苦百姓。王小波又带兵北上，向江原（今四川崇庆东南）进攻。驻守江原的宋将张圮发兵反击，双方在江原城外展开一场大战。

王小波的起义军打得十分英勇顽强，张圮招架不了，就放起冷箭来。王小波没防备，被冷箭射中了前额。王小波不顾满脸鲜血，继续进攻，终于打败宋军，把凶恶的张圮杀了。

起义的队伍进占了江原，但是王小波却因为伤势太重死去。

王小波一死，起义将士推李顺做首领，继续带领大家反抗官军。

在李顺的指挥下，起义军越聚越多，连续攻下许多城池，杀死了一批贪官污吏，最后终于攻取了蜀地的中心成都。成都的文武官员抵挡不住，全都逃跑。

994 年年初，李顺在军民的拥护下，建立大蜀政权。李顺当了大蜀王，一面整顿人马，一面继续派兵四出攻占州县。从北面剑阁到东面的巫峡，到处是起义军的势力。消息传到东京，宋太宗大吃一惊，赶快召集宰相商量，说："没想到李顺这样厉害。一定要派遣人马，把他镇压下去。”

宋太宗派了宦官王继恩为剑南西川治安使，前往镇压。王继恩分兵两路，派人从东面堵住巫峡的起义军，自己率领大军向剑门进发。

剑门是西川通向关中的要道。李顺占领成都之后，也派将领进攻剑门，不幸遭到官军阻击，打了败仗。

王继恩顺利地通过了剑门，集合各地宋军，进攻成都。那时候，驻守成都的起义军还有十几万，但是在敌人重兵的包围之下，经过英勇激战，战死了3万人。成都城终于被攻破，李顺也在战斗中牺牲。

后来，民间传说在成都陷落的时候，李顺并没有死，他化装成一个和尚，秘密逃出成都，继续率领农民军战斗。宋军进城时，抓到一个胡子很长的人，外貌很像李顺，就把他当李顺杀了。又过了40年，在广州街头出现了一个老翁，有人认出他是李顺，官府把他抓起来，在监狱里秘密杀死了。这些传说虽然不一定可靠，但是说明李顺在群众中的影响是很大的。

寇准抗辽

辽朝欺侮宋朝无能，多次进犯边境。到宋太宗的儿子宋真宗赵恒即位后，有人向宋真宗推荐寇准担任宰相，说寇准忠于国家，办事有决断。

宋真宗说："听说寇准这个人好强任性，怎么办?"

这个大臣说："现在辽朝进犯中原，正需要像寇准这样的人来承担大事。"

寇准在宋太宗时期担任过副宰相等重要官职，他的正直敢谏是出了名的。有一次，寇准上朝奏事，触

犯了宋太宗。宋太宗听不下去，怒气冲冲地站起来想回到内宫去。寇准却拉住宋太宗的袍子不让走，一定请宋太宗坐下听完他的话。宋太宗拿他没有办法，后来还称赞他说："我有寇准，就像唐太宗有魏徵一样。"

但是正因为他为人正直，得罪了一些权贵，后来被排挤出朝廷，到地方去做知州。这一回，宋真宗看到边境形势紧急，才接受大臣的推荐，把寇准召回京城。

1004年，辽朝萧太后、辽圣宗亲自率领20万大军南下，前锋已经到了澶州。告急文书像雪片一样飞到朝廷。寇准劝宋真宗带兵亲征；副宰相王钦若和另一个大臣陈尧叟却暗地里劝宋真宗逃跑。王钦若是江南人，主张迁都金陵（今江苏南京）；陈尧叟是蜀人，劝宋真宗逃到成都去。

宋真宗听了这些意见，犹豫不决，最后召见新任宰相寇准，问他说："有人劝我迁都金陵，有人劝我迁都成都，你看该怎么办才好？"

寇准一看两边站着的王钦若和陈尧叟，心里早有了数。他声色俱厉地说："这是谁出的好主意？出这种主意的，应该先斩下他们的头！"他认为只要宋真宗亲自带兵出征，鼓舞士气，一定能打退辽兵；并且说，如果放弃京城南逃，人心动摇，敌人就会乘虚而入，国家就保不住了。

宋真宗听了寇准的一番话，也壮了胆，决定亲自率兵出征，由寇准随同指挥。

大队人马刚刚到韦城（今河南滑县东南），听到南下辽军兵势强大，一些随从大臣吓坏了，趁寇准不在的时候，又在宋真宗身边唠叨，劝宋真宗暂时退兵，避一避风头。宋真宗本来很不坚决，一听这些意见，动摇起来，又召见寇准。

宋真宗对寇准说："大家都说往南方跑好，你看呢？"

寇准严肃地说："主张南逃的都是懦弱无知的人。现在敌人迫近，人心动荡。我们只能前进一尺，不可后退一寸。如果前进，河北各军士气百倍；如果退兵几步，那么全军瓦解，敌人则会紧紧追赶。陛下想到金陵也去不成了。"

宋真宗听寇准说得义正词严，没话可说，但是心里还是七上八下，定不下主意。

寇准走出行营，正好碰到殿前都指挥使高琼。寇准冲着高琼说："您受国家栽培，该怎么报答？"

高琼说："我愿以一死报国。"

寇准就带着高琼又进了行营，重新把自己的意见向宋真宗说了一遍，并且说："陛下如果认为我的话不对，请问问高琼。"

高琼在旁边接着说："宰相说的话是对的。禁军将士家属在京城，都不愿南逃。只要陛下亲征澶州，我们决心死战，击败辽兵不在话下。"

宋真宗还没开口，寇准紧接着又逼了一句说："机不可失，请陛下即刻动身！"

在寇准、高琼和将士们的催促下，宋真宗才决定动身到澶州去。

这时候，辽军已经三面围住了澶州。宋军在要害的地方设下箭弩。辽军主将萧挞凛带了几个骑兵视察地形，正好进入宋军的伏弩阵地，弩箭齐发，萧挞凛中箭丧了命。

辽军主将一死，萧太后又痛惜又害怕。她又听说宋真宗亲自前来率兵抵抗，觉得宋朝不好欺负，就有心讲和了。

澶州城横跨黄河两岸。宋真宗在寇准、高琼等文武大臣的护卫下，渡过黄河，到了澶州北城。这时候，各路宋军也已经集结到澶州，将士们看到宋真宗的黄龙大旗，士气高涨，欢声雷动。

萧太后派使者到了宋朝行营议和，要宋朝割让土地。宋真宗听到辽朝肯议和，正合他的心意。他找寇准商量说："割让土地是不行的。如果辽人要点金银财帛，我看可以答应他们。"

寇准根本反对议和，说："他们要和，就要他们归还燕云失地，哪能再给他钱财。"

但是，宋真宗一心要和，不顾寇准的反对，派使者曹利用到辽营商谈议和条件。曹利用临走的时候，宋真宗叮嘱他说："如果他们要赔款，迫不得已，就算每年100万也答应算了。"

寇准在旁边听了很痛心，只是当着宋真宗的面不便再争。曹利用离开行营，寇准紧紧跟在后面，一出门，一把抓住曹利用的手说："赔款数目不能超过30万，否则回来的时候，我要你的脑袋！"

曹利用知道寇准的厉害，到了辽营，经过一番讨价还价，最后定下来，由宋朝每年给辽朝银、绢30万。

曹利用回到行营，宋真宗正在吃饭，不能马上接见。宋真宗急着要知道谈判结果，就叫小太监出来问曹利用到底答应了多少。曹利用觉得这是国家机密，一定要面奏。太监要他说个大概，曹利用没法，只好伸出3个指头做了个手势。

太监向真宗回报，真宗以为曹利用答应的赔款数目是300万，不禁惊叫起来："这么多！"他略略想了一下，又轻松起来，说："能够了结一件大事，也就算了。"

他吃完饭，就让曹利用进来详细汇报。当曹利用说出答应的银、绢数目是30万的时候，宋真宗高兴得简直要跳起来，直称赞曹利用办事能干。

接着，宋辽双方正式达成和议，宋朝每年给辽朝绢20万匹，银10万两。不用说，这笔巨额赔款，长期成为北宋人民额外的沉重负担。历史上把这次和议叫作"澶渊之盟"。

由于寇准的坚持抗战，最终避免了更大的失败。宋真宗也觉得寇准有功劳，很敬重他。但是原来主张逃跑的王钦若却在宋真宗面前说，寇准劝真宗亲征，是把皇上当赌注，孤注一掷，简直是国家的一个大耻辱。宋真宗回想起在澶州的情景，真有点后怕，就反过来怨恨寇准，竟把忠心耿耿的寇准的宰相职位撤了。

元昊建立西夏

宋真宗时，西北边境的党项族（古代少数民族之一）贵族趁宋朝忙着对付辽朝的机会，经常侵犯宋朝边境。宋真宗疲于应付，只好妥协退让，封党项族首领李继迁为夏州刺史、定难军节度使。1004 年，李继迁死后，又封他的儿子李德明为西平王，每年给大批银、绢，边境才消停了 30 多年。

李德明的儿子李元昊是个野心勃勃的人。他精通汉文和佛学，多次带兵打败吐蕃、回鹘等部落，以此来扩大地盘。他劝说李德明不要再向宋朝称臣。李德明不愿跟宋朝决裂，对儿子说："我们 30 年来能够穿上锦衣，都是宋朝的赏赐，可不好背叛他们啊！”

李元昊说：“穿皮毛，牧牛羊，这是我们党项的风俗。英雄好汉应该创立自己的事业，哪能贪图这点好处呢？”

李德明说：“依你看，该怎么办？”

李元昊说：“我们得到的赏赐，只是我们自己享受，可是部落的人还很穷困。依我看，不如拒绝宋朝的朝贡，加紧训练兵马，力量小的时候可以去掳掠，力量大了可以去夺取土地，这样上下都能富裕起来，岂不更好？”

可是李德明还是不肯接受他的意见，直到李德明死去，李元昊继承了西平王的爵位，才按照自己的主张，设置官职，整顿军队，准备摆脱宋朝的控制，自立门户。

元昊的叔父嵬名山遇劝他不要反宋，元昊不听。嵬名山遇便逃奔到宋朝，宋朝的延州官员怕得罪元昊，反把嵬名山遇抓起来送还元昊。元昊知道他的意图已经暴露，就在 1038 年正式宣布即位称帝，国号为“大夏”，建都兴庆（今宁夏回族自治区银川市）。因为它在宋朝的西北，所以历史上叫作“西夏”。

元昊即位以后，上表要求宋朝承认。那时候，宋真宗已经死去，在位的是他的儿子宋仁宗赵祯。宋朝君臣议论了一番，认为这是元昊反宋的举动，就下令削去元昊的西平王爵位，断绝两国的贸易往来，还在边境关卡上张榜悬赏捉拿元昊。这一来激怒了元昊，他决定大举进攻宋朝。

那时候，宋军在西北驻防兵士有三四十万，但是这些兵士分散在24个州的几百个堡垒，而且各州人马都直接由朝廷指挥，不能互相配合。再加上宋军长年没有打过仗，兵士缺乏训练。西夏的骑兵却是集中指挥，机动灵活，所以宋军常常打败仗。

过了一年，西夏军进攻延州，宋军又打了一个大败仗。宋仁宗十分恼火，把延州知州范雍撤了职，另派大臣韩琦和范仲淹到陕西指挥抵抗西夏的战争。

范仲淹到了延州，把边境上的军事制度做了一番改革，他把延州16000人马分为六路，由6名将领率领，日夜操练，使原来十分散漫的宋军提高了战斗力。

西夏将士看到宋军防守严密，不敢进犯延州。他们议论说："小范老子（指范仲淹）胸中有几万甲兵，可不像大范老子（指范雍）那样好欺负了。"

范仲淹分析了双方兵力特点，主张加强防守，以牵制西夏兵力，但是韩琦却主张进攻。

康定二年（1041年）二月，西夏军由元昊亲自率领，进犯渭州。韩琦集中所有人马，还选了18000名勇士，由任福率领出击。

任福带了几千骑兵追赶了一阵，见到一支西夏兵，双方打了一阵，西夏兵丢下战马、骆驼就逃。任福派人侦察，听说前面的敌兵不多，就在后面紧紧追赶。赶了三天三夜，来到好水川（今宁夏隆德西），天色已经黑了下来。任福命令将士就地休息，打算等第二天一早和预先约定的另一支宋军会师好水川，把敌兵杀个片甲不留。

第二天，任福带着宋军沿好水川西进，到了六盘山下，没有发现西夏兵。只见路边有几只银泥盒子，封得十分紧密，兵士们走上前去，拿起银泥盒子听了一下，里面还发出活物跳动的声音。兵士报告任福，任福吩咐兵士把盒子打开。只听得“噗噗”几声，接连飞出 100 多只带哨的鸽子，在宋军的头上盘旋飞翔。

原来，那小股西夏兵的败退是假的。在六盘山下，元昊带了 10 万精兵，布置好埋伏。只等那鸽子飞起，四面的西夏兵就一齐杀出，将宋军紧紧包围。宋军奋力突围。从早晨一直打到中午，敌阵里挥动一面大旗，又有大批西夏兵从两边杀出。宋兵边打边退，许多人退到悬崖边摔死了。

任福身中 10 多支箭，兵士劝任福逃脱。任福说："我身为大将，现在兵败，只有以死报国。"他又冲了上去，被西夏兵杀死了。

这一仗，元昊大获全胜，宋军死伤惨重。韩琦听到这个消息，十分伤心，上表请求朝廷处分，宋仁宗把韩琦撤了职。范仲淹虽然没直接指挥这场战争，但是被人诬告，也降了职。

打这以后，宋、夏两国多次发生战争，宋军连连损兵折将，宋仁宗不得不重新起用韩琦、范仲淹防守边境。两人同心协力，爱抚士卒，严肃军纪，西夏才不敢再来进犯。

辽代最大的诗坛冤案

萧观音是辽国道宗皇帝的皇后，出身于一个显赫的契丹贵族家庭，从小就受过良好的教育。她既会吟诗制曲，又善弹琵琶，舞也跳得很好。萧观音在16岁的时候就被册封为皇后，后来她的儿子耶律浚被立为皇太子。

本来这是一个极为幸福完满的帝王之家，可是，后来却出了一件事，把这个完满的家庭拆得七零八落。

萧观音30多岁的时候，道宗皇帝觉得她有点年老色衰，对她日渐疏远。萧观音十分伤心，亲自作了10首情意绵绵的《回心院》曲，唱给道宗皇帝听。道宗听了以后，无动于衷。萧观音也只有暗自悲伤了。

当时，道宗皇帝沉湎于酒色，朝中大事他都交给了大臣耶律乙辛。他怎么也想不到耶律乙辛早就盯上皇帝的宝座了。现在，他要一步步地行使自己的计划了。

耶律乙辛的第一步计划，就是陷害聪明的皇后与精明强悍的太子。

在辽国的宫廷中有一个名叫赵惟一的伶官。他的技能非常出色，能歌善舞，萧观音平时就很喜欢他。有一天，耶律乙辛买通了萧观音身边的一个丫鬟，让她拿着一首名叫《十香词》的曲子词对萧观音说："奴家最近得到了一些在宋宫中流行的艳词，如果能得到皇后的誊写本，那就更珍贵了。"萧观音不知是计，加上她本来就很喜欢从宋朝传过来的词曲，而且这个丫鬟跟了自己多年，赐给她一些墨宝也没有什么不可以的，于是当即就答应了。抄完以后，又把自己之前作的一首怀古诗附在了后面。这首诗是这样写的：

宫中只数赵家妆，败雨残云误汉王。

唯有知情一片月，曾窥飞燕入朝阳。

这首诗的原意是萧观音对赵飞燕姐妹女色误国的嘲弄。她在抄完这些所谓从宋宫中得来的淫词艳曲以后，对宋宫流传着这么一些词曲不由生出一些感慨。耶律乙辛拿到这些词曲后，高兴坏了。此前，他总是觉得自己诬蔑皇后的证据还是太少，而眼下萧观音竟然自己把证据送上门来，他怎么能不暗自得意呢！

第二天，耶律乙辛秘密地来找道宗皇帝，说有重要的事情要汇报。道宗见耶律乙辛把宫中的人都支走了，奇怪地问他："爱卿，你到底有什么事，这么神神秘秘的？"耶律乙辛连忙跪下说："奴才不敢说！"道宗就对他说："你有什么事，但说无妨。"

于是，耶律乙辛就拿出他骗皇后写的《十香词》手稿对道宗说："皇后与宫中的伶官赵惟一私通，这是她派丫鬟送给赵惟一的淫词艳曲。"道宗皇帝听了以后大吃一惊。

他现在虽然不宠信萧观音了，但他还是不太相信自己的结发妻子会做出这样的事来！耶律乙辛见皇帝不太相信，就对他说："给皇后送信的丫鬟已被我带来，现在就在门口。"皇帝下令把这个丫鬟带上来，这个丫鬟早已被耶律乙辛买通了，进来后假装承认自己是被皇后派去送信的。

耶律乙辛还添油加醋地指着萧观音的怀古诗对道宗说："皇上您看，这首诗的字里行间还写着'赵惟一'的名字呢!"说来也真是不幸，萧观音的这首怀古诗的第一、第三句中居然真的嵌着"赵惟一"3 个字！道宗看到这里，气得七窍生烟。他不由分说，让人先把赵惟一杀了，然后怒气冲冲地让人把萧观音带来。

萧观音被带到道宗皇帝面前以后，道宗二话没说，把她抄的曲子词和自赋诗扔在了她的脸上。萧观音不明就里，忙问道宗这是怎么回事。道宗皇帝气冲冲地说："你身为大辽国的皇后，居然会跟一个伶官私通!"萧观音大声喊冤枉，可是道宗已经听不进去她的辩解，啥话也没说，就命她自尽。

耶律乙辛见这一计划成功，就秘密地把那个唯一知道内情的丫鬟也杀掉了，然后他又把黑手伸向了皇太子。后来，他找了一个机会诬蔑皇太子想篡夺皇位，昏庸的道宗居然又听信了耶律乙辛的话，把皇太子贬为庶民。耶律乙辛又找了个机会把皇太子杀害了。

就在耶律乙辛渐渐地接近皇帝宝座的时候，他滥用权力的行径遭到了大臣们的一致反对。后来耶律乙辛也被处死了。

道宗皇帝死后，萧观音的孙子耶律延禧即位。他查清了祖母与父亲的冤案，在他们死后多年给他们平了反。

狄青不怕出身低

韩琦、范仲淹刚到陕西的时候，有人向他们推荐：当地军官中有个叫狄青的人，英勇善战，有大将的才干。范仲淹正需要将才，听了这话很感兴趣，就让部下把狄青的事迹详细说一下。

原来，狄青本是京城禁军里的一个普通兵士。他从小练得一身武艺，骑马射箭，样样精通，加上胆壮力大，后来被选拔做了小军官。

西夏元昊称帝以后，宋仁宗派禁军到边境去防守，狄青被派到陕西保安（今陕西志丹）驻扎。

不久，西夏兵进攻保安，保安的宋军多次被西夏兵打败，兵士们一听说打仗都有点害怕。守将卢守勤为了这件事正在发愁。狄青主动要求让他担任先锋，抗击西夏军。

卢守勤见狄青愿意当先锋，自然高兴，就拨给他一队人马，与前来进犯的西夏军交战。

狄青每逢上阵，先换一身打扮。他把发髻散开，披头散发，头上戴着一个铜面具，只露出两只炯炯有神的眼睛。他手拿一支长枪，带头冲进敌阵，东挑西杀。西夏兵士自从进犯宋境以来，从来没有碰到过这样厉害的对手。他们看到狄青这副打扮，已经胆寒了。经狄青和宋军猛冲一阵，西夏军的阵脚大乱，纷纷败退。狄青带领宋军掩杀过去，打了一个大胜仗。

捷报传到朝廷，宋仁宗十分高兴，把卢守勤提升了官职，狄青官升四级。宋仁宗还想把狄青召回京城，亲自接见，后来因为西夏兵又进犯渭州，调狄青前去抵抗，皇帝不得不取消了召见的打算，叫人给狄青画了肖像，送到朝廷去。

以后几年里，西夏兵不断在边境各地进犯，弄得地方不得安宁。狄青前后参加了大小 25 次战斗，受了 8 次箭伤，从没有打过一次败仗。西夏兵士一听到狄青的名字，就吓得不敢跟他交锋。

范仲淹听了部下的推荐，立刻召见狄青，问他读过什么书，狄青出身兵士，识字不多，要他说读

过什么书，他答不上来。

范仲淹劝他说：“你现在是个将官了。做将官的如果不能博古通今，只靠个人的勇敢是不够的。”接着，他还推荐狄青读一些书。

狄青见范仲淹这样热情地鼓励他，十分感激。以后，他就利用打仗的空隙时间刻苦读书。过了几年，他把秦汉以来名将的兵法都读得很熟，又因为立了战功，不断得到提升，名声更大。后来，宋仁宗把他调回京城，担任宋军副都指挥。

宋朝有个残酷的制度：为了防止兵士开小差，在兵士的脸上刺上字。狄青当小兵的时候也被刺过字。过了 10 多年，狄青当了大将，但是脸上还留着黑色的字迹。

有一次，宋仁宗召见他以后认为当大将脸上留着黑字，很不体面，就叫狄青回家以后敷上药，把黑字除掉。

狄青说：“陛下不嫌我出身低微，按照战功把我提到这个地位，我很感激。至于这些黑字，我宁愿留着，让兵士们见了，知道该怎样上进!”

宋仁宗听了，很赞赏狄青的见识，更加器重他。

后来，因为狄青多次立功，被提拔为掌握全国军事的枢密使。一个小兵出身的人当上枢密使，这是宋朝历史上从来没有过的事。有些大臣嫌狄青出身低微，劝宋仁宗不该把狄青提到这么高的职位，但是宋仁宗这时候正在重用将才，没有理会这些意见。

狄青当了枢密使，有人总觉得他的出身和地位太不相称。有一个自称是唐朝名相狄仁杰后代的人，拿了狄仁杰的画像，送给狄青说："您不也是狄公的后代吗？不如认狄公做祖宗吧！"

狄青谦虚地笑了笑说："我本来是个出身低微的人，偶然碰到机会得到高位，怎么能跟狄公高攀呢？"

图文版

中华上下五千年

【第四卷】

垢文涛/主编

辽海出版社

范仲淹实行新政

由于范仲淹军纪严明，还注意减轻边境上百姓的负担，北宋的防守力量加强了。西夏和北宋打了几年仗，没得到什么好处，到了1043年，西夏国主元昊愿意称臣求和，宋朝答应每年送给西夏一批银、绢、茶叶，北宋的边境局势才暂时稳定下来。

范仲淹不但是个军事家，而且是宋代著名的政治家、文学家。他是苏州吴县人，从小死了父亲，因为家里贫穷，母亲不得不带着他改嫁到一个姓朱的人家。范仲淹在十分艰苦的环境中成长，他住在一个庙

宇里读书，穷得连三餐饭都吃不饱，天天只得熬点薄粥充饥，但是他仍旧刻苦自学。有时候，读书到深更半夜，实在倦得睁不开眼，就用冷水泼在脸上，等倦意消失了，继续攻读。这样苦读了五六年，终于成为一个很有学问的人。

范仲淹原来在朝廷当谏官，因为看到宰相吕夷简滥用职权，任用私人，就向宋仁宗大胆揭发。这件事触犯了吕夷简，吕夷简反咬一口，说范仲淹交结朋党，挑拨君臣关系。宋仁宗听信吕夷简的话，把范仲淹贬谪到南方，直到西夏战争发生以后，才把他调到陕西去。

范仲淹在宋夏战争中立下了大功，宋仁宗觉得他的确是个人才。这时候，宋王朝因为内政腐败，加上在跟辽朝和西夏战争中军费和赔款支出浩大，出现财政危机。宋仁宗就把范仲淹从陕西调回京城，派他担任副宰相。

范仲淹一回到京城，宋仁宗马上召见，要他提出治国的方案。范仲淹知道朝廷弊病太多，要一下子都改掉不可能，准备一步一步来。但是，禁不住宋仁宗的一再催促，就提出了10条改革措施，它的主要内容是：

一、对官吏一定要定期考核，按他们的政绩好坏提拔或者降职。

二、严格限制大臣子弟靠父亲的关系得官。

三、改革科举制度。

四、慎重选择、任用地方长官。

还有几条是提倡农桑，减轻劳役，加强军备，严格法令，等等。

宋仁宗正在改革的兴头上，看了范仲淹的方案，立刻批准在全国推行这10条改革措施。历史上把这次改革称为“庆历新政”（“庆历”是宋仁宗的年号）。

范仲淹为了推行新政，先跟韩琦、富弼等大臣审查分派到各路（路是宋朝行政区划的名称）担任监司（监察官）的人选。有一次，范仲淹在官署里审查一份监司的名单，发现有贪赃枉法行为的人员，就提起笔来把其名字勾去，准备撤换。在他旁边的富弼看了心里不忍，就对范仲淹说：“范公呀，你这笔一勾，可害得一家子哭鼻子呢。”

范仲淹严肃地说：“要不让一家子哭，那就害了一路的百姓都要哭了。”

富弼听了这话，心里顿时亮堂了，佩服范仲淹的见识高明。

范仲淹的新政刚一推行，就像捅了马蜂窝一样。一些皇亲国戚、权贵大臣、贪官污吏，纷纷闹了起来，散布谣言，攻击新政。有些原来就对范仲淹不满的大臣，天天在宋仁宗面前说他的坏话，说范仲淹一些人交结朋党，滥用职权。

宋仁宗看到反对的人多，就动摇起来。范仲淹被逼得在京城待不下去，就自动要求回到陕西防守边境，宋仁宗就把他打发走了。

范仲淹一走，宋仁宗就下命令把新政全部废止。

范仲淹为了改革政治，受了很大打击，但是他并不因为个人的遭遇感到懊恼。隔了一年，他的一位在岳州（治所在今湖南岳阳）做官的老朋友滕宗谅，修建当地的名胜岳阳楼，请范仲淹写篇纪念文章。范仲淹挥笔写下了《岳阳楼记》。在那篇著名的文章里，范仲淹提到，一个有远大政治抱负的人，他的思想感情应该是“先天下之忧而忧，后天下之乐而乐”（意思是“担忧在天下人之前，享乐在天下人之后”）。这两句名言一直被后来的人传诵，而岳阳楼也由于范仲淹的文章而更加出名了。

欧阳修改革文风

范仲淹被排挤离开朝廷以后，他的同事富弼，因为支持新政，被诬陷是范仲淹的同党，丢了官职；韩琦替范仲淹、富弼辩护，也受到牵连。当时，有些人虽然同情范仲淹，但是不敢出头说话。只有谏官欧阳修大胆上书给宋仁宗说："自古以来，坏人陷害好人，总是说好人是朋党，诬蔑他们专权。范仲淹是国家有用的人才，为什么要把他罢免？如果听信坏人的话，把他们罢官，只会让坏人得意，敌人称快！"

欧阳修是我国著名的文学家，庐陵（今江西永丰）人。他 4 岁的时候，父亲病死，母亲带着他到随州（今湖北随县）依靠他叔父生活。欧阳修的母亲一心想让儿子读书，可是家里穷，买不起纸笔。她看到屋前的池塘边长着荻草，就用荻草秆儿在泥地上写字，教欧阳修认字。幼小的欧阳修在母亲的教育下，很早就爱上了读书。

欧阳修 10 岁时，经常到附近藏书多的人家去借书读，有时候还把借来的书抄录下来。一次，他在一家姓李的人家借书，从那家的一只废纸篓里发现一本旧书，他翻了一下，知道是唐代文学家韩愈的文集，就向主人要了来，带回家里细细阅读。

宋朝初年的时候，社会上流行的文风讲求华丽，内容空洞。欧阳修读了韩愈的散文，觉得它文笔流畅，说理透彻，跟流行的文章完全不一样。他就认真琢磨，学习韩愈的文风。长大以后，他到东京参加进士考试，连考三场，都得到第一名。

欧阳修 20 多岁的时候，他在文学上的声誉已经很大了。他官职不高，但是十分关心朝政，正直敢谏。当范仲淹得罪吕夷简被贬谪到南方去的时候，许多大臣都同情范仲淹，只有谏官高若讷认为范仲淹应该被贬。欧阳修十分气愤，写信责备高若讷不知道人间有羞耻事。为了这件事，他被降职到外地，过了 4 年，才回到京城。

这一回，欧阳修为了支持范仲淹新政，又出来说话，使朝廷一些权贵大为恼火。他们捕风捉影，诬陷欧阳修一些罪名，朝廷又把欧阳修贬谪到滁州（今安徽滁县）。

滁州四面环山，风景优美。欧阳修到滁州后，除了处理政事之外，常常游览山水。当地有个和尚在滁州琅琊山上造了一座亭子供游人休息。欧阳修登山游览的时候，常在这座亭上喝酒。他自号“醉翁”，给亭子起个名字叫醉翁亭。他写的散文《醉翁亭记》，成为人们传诵的杰作。

欧阳修当了十多年地方官，宋仁宗想起他的文才，才把他调回京城，担任翰林学士。

欧阳修担任翰林学士以后，积极提倡改革文风。有一年，京城举行进士考试，朝廷派他担任主考官。他认为这正是他选拔人才、改革文风的好机会，在阅卷的时候，发现华而不实的文章，一概不录取。考试结束以后，有一批人落了选，对欧阳修十分不满。一天，欧阳修骑马出门，半路上被一群落选的人拦住，吵吵嚷嚷地辱骂他。后来，巡逻的兵士过来，才把这些人赶跑。

经过这场风波，欧阳修虽然受到了一些压力，但是考场的文风发生了变化，大家都开始学着写内容充实和朴素的文章。

欧阳修不但大力改革文风，还十分注意发现和提拔人才。许多原来并不那么出名的人才，经过他的赏识和提拔推荐，一个个都成了名家。最出名的是曾巩、王安石、苏洵和他的儿子苏轼、苏辙。在文学史上，人们把欧阳修等6个人和唐代的韩愈、柳宗元合起来，并称为“唐宋八大家”。

铁面无私的包拯

范仲淹的新政失败以后，北宋的朝政越来越腐败，特别是在京城开封府，权贵大臣贪污受贿的风气十分严重；一些皇亲国戚更是肆无忌惮，不把国法放在眼里。后来，开封府来了个新任知府包拯，这种情况才有了改善。

包拯是庐州合肥人，早年做过天长县（今安徽天长）的县令。有一次，县里发生一个案件，有个农民夜里把耕牛拴在牛棚里，早上起来发现牛躺倒在地上，嘴里淌着血，掰开牛嘴一看，原来牛的舌头被人割掉了。这个农民又气又心痛，就赶到县衙门告状，要求包拯为他查究割牛舌的人。

这个无头案该往

哪里去查呢？包拯想了一下，就跟告状的农民说：“你先别声张，回去把你家的牛宰了再说。”

农民本来舍不得宰耕牛，按当时的法律，耕牛是不能私自屠宰的。但转念一想，割掉了舌头的牛也活不了多少天；二来，县官叫他宰牛，也用不着怕犯法。

那农民回家后，果真把耕牛杀掉了。第二天，天长县衙门里就有人来告发那农民私宰耕牛。

包拯问明情况，立刻沉下脸，吆喝一声说：“好大胆的家伙，你把人家的牛割了舌头，反倒来告人私宰耕牛？”

那个家伙一听就愣住了，伏在地上直磕头，老老实实地供认是他干的。

原来，割牛舌的人跟那个农民有冤仇，所以先割了牛舌，又去告发牛主人宰牛。

打那以后，包拯审案的名声就传开了。

包拯做了几任地方官，每到一个地方，就取消一些苛捐杂税，清理一些冤案。后来，他被升到京城做谏官，也提出不少好的建议。宋仁宗正想整顿一下开封的秩序，就把包拯调任开封府知府。

开封府是皇亲国戚、豪门权贵集中的地方。以前，不管哪个当这差使，免不了跟权贵通关节，接受贿赂。包拯上任以后，决心把这种腐败的风气整顿一下。

按照宋朝的规矩，谁要到衙门告状，先得托人写状子，还得通过衙门小吏传递给知府。一些讼师恶棍，就趁机敲诈勒索。包拯破了这条规矩，老百姓要诉冤告状，可以到府衙门前击鼓。鼓声一响，府衙门就大开正门，让百姓直接上堂控告。这样一来，衙门的小吏要想做手脚也不敢了。

有一年，开封发大水，那里一条惠民河河道阻塞，水排泄不出去。包拯一调查，河道阻塞的原因是有些宦官、权贵侵占了河道，在河道上修筑花园、亭台。包拯立刻下命令，要这些园主把河道上的建筑全部拆掉。有个权贵不肯拆除。开封府派人去催促，那人还强词夺理，拿出一张地契，硬说那块地是他的产业。包拯详细一检查，发现地契是那个权贵自己伪造的。包拯十分生气，勒令那人拆掉花园，还写了一份奏章向宋仁宗揭发。那人一看事情闹大，要是宋仁宗真的追究起来，也没有他的好处，只好乖乖地把花园拆了。

一些权贵听到包拯执法严明，都吓得不敢为非作歹。有个权贵想通关节，打算送点什么礼物给包拯，旁人提醒他，不要乱操心了，包拯的廉洁奉公是出了名的。他原来在端州（今广东肇庆）做过官。端州出产的砚台，是当地的特产。皇宫规定，端州官员每年要进贡一批端砚到内廷去。在端州做官的人往往借进贡的机会，向百姓大肆搜刮，私下贪污一批，去讨好那些权贵大臣。搜刮去的端砚比进贡的要多出几十倍。后来，包拯到了端州，向民间征收端砚，除了进贡朝廷的以外，连一块都不增加。直到他离开端州，从没有私自要过一块端砚。

那权贵听了，知道没有空子可钻，也只好罢休。后来开封府的男女老少，没有人不知道包拯是个大清官。民间流传着两句歌谣："关节不到，有阎罗、包老。"（"阎罗"是传说里管地狱的神）

包拯对亲戚朋友也十分严格。有的亲戚想利用他做靠山，他一点也不照顾。日子一久，亲戚朋友知道他的脾气，也不敢再为私人的事情去找他了。

宋仁宗很器重包拯，提升他为枢密副使。他做了大官，家里的生活依然十分朴素，跟普通百姓一样。过了5年，他得重病死了，留下了一份遗嘱说：后代子孙做了官，如果犯了贪污罪，不许回老家；死了以后，也不许葬在咱包家的坟地上。

由于包拯一生做官清廉，不但生前得到人们的赞扬，在他死后，人们也把他当作清官的典型，尊称他为"包公"，或者叫他"包待制""包龙图"（包拯得过天章阁待制、尤图阁学士的官衔）。民间流传着许多包公铁面无私、打击权贵的故事，还编成包公办案的戏曲和小说。虽然其中大都是虚构的传说，但是也反映了人们对清官的敬慕之心。

王安石变法

宋仁宗做了40年皇帝，虽然也用过像范仲淹、包拯等一些正直的大臣，但是并没有改革的决心，国家越来越衰弱下去。他没有儿子，死后由一个皇族子弟做他的继承人，这就是宋英宗。宋英宗即位仅仅4年，就害病死了。太子赵顼即位，这就是宋神宗。

宋神宗即位的时候才20岁，是个比较有作为的青年。他看到国家的不景气情况，有心改革一番，可是他周围的人，都是仁宗时期的老臣，即便像富弼这样支持过新政的人，也变得暮气沉沉了。宋神宗想，要改革现状，一定得找个得力的助手。

宋神宗即位前，身边有个官员叫韩维，常常在神宗面前谈一些很好的见解。宋神宗称赞他，他说："这些意见都是我朋友王安石说的。"宋神宗虽然没见过王安石，但是对王安石已经有了一个好印象。现在他想找助手，自然想到了王安石，就下了一道命令，把正在江宁做官的王安石调到京城来。

王安石是宋朝著名的文学家和政治家，抚州临川

（今江西抚州市）人。他年轻的时候，文章写得十分出色，得到欧阳修的赞赏。王安石20岁中进士，做了几任地方官。他在鄞县当县官的时候，正赶上那里灾情严重，百姓生活十分困难。王安石兴修水利，改善交通，把鄞县治理得井井有条。每逢青黄不接的季节，穷人的口粮接不上，他就打开官仓，把粮食借给农民，待到秋收以后，才要他们加上官定的利息偿还。这样做，农民可以不再受大地主豪强的重利盘剥，日子比较好过一些。

王安石做了20年地方官，名声越来越大。后来，宋仁宗调他到京城当管理财政的官，他一到京城，就向宋仁宗上了一份万言书（约一万字的奏章），提出他对改革财政的主张。宋仁宗刚刚废除范仲淹的新政，一听到要改革就头疼，把王安石的奏章搁在一边。王安石知道朝廷没有改革的决心，跟一些大臣又合不来，他就趁母亲去世的时

机，辞职回家。

这一回，他接到宋神宗召见的命令，又听说宋神宗正在物色人才，就高高兴兴地应召上京。

王安石一到京城，宋神宗就叫他单独进宫谈话。宋神宗一见面就问他说：“你看要治理国家，该从哪儿着手呢?”

王安石从容不迫地回答说：“先从改革旧的法度，建立新的法制开始。”

宋神宗要他回去写个详细的改革意见。王安石回家以后，当天晚上就写了一份意见书，第二天送给宋神宗。宋神宗认为王安石提出的意见都合他的心意，愈加信任王安石。1069 年，宋神宗把王安石提升为副宰相。那时候，朝廷里名义上有 4 名宰相，病的病了，老的老了。有的虽然不病不老，但是一听见改革就叫苦连天。王安石知道，跟这些人一起办不了大事，经过宋神宗批准，任用了一批年轻的官员，并且设立了一个专门制定新法的机构，把变法的权力抓了起来。这样一来，他就放开手脚进行改革了。

王安石变法的主要内容是：

一、青苗法。这个办法是他在鄞县试用过的，现在拿来推广到全国实行。

二、农田水利法。政府鼓励地方兴修水利，开垦荒地。

三、募役法。官府的各种差役，民户不再自己服役，改为由官府雇人服役。民户按贫富等级，交纳免役钱，原来不服役的官僚、地主也要交钱。这样既增加了官府的收入，也减轻了农民的劳役负担。

四、方田均税法。为了防止大地主兼并土地，隐瞒田产人口，由政府丈量土地，核实土地数量，按土地多少、肥瘠收税。

五、保甲法。政府把农民按住户组织起来，每10家是一保，50家为一大保，10大保为一都保。家里有两个以上成年男子的，抽一个当保丁，农闲时练兵，战时编入军队打仗。

王安石的变法对巩固宋王朝的统治、增加国家收入，起了积极的作用。但是，也触犯了大地主的利益，遭到许多朝臣的反对。

有一次，宋神宗把王安石找去，问他说："外面人都在议论，说我们不怕天变，不听人们的舆论，不守祖宗的规矩，你看怎么办?"

王安石坦然回答说："陛下认真处理政事，这就可说是防止天变了。陛下征询下面的意见，这就是照顾到舆论了；再说，人们的话也有错误的，只要我们做的合乎道理，又何必怕人议论。至于祖宗老规矩，本来就不是固定不变的。"

王安石坚持三不怕，但是宋神宗并不像他那么坚决，听到反对的人不少，就动摇起来。

1074 年，河北闹了一次大旱灾，一连 10 个月没下雨，农民断了粮食，到处逃荒。宋神宗正为这个发愁，有一个官员趁机画了一幅"流民图"献给宋神宗，说旱灾是王安石变法造成的，要求宋神宗把王安石撤职。

宋神宗看了这幅流民图，只是长吁短叹，晚上睡不着觉。宋神宗的祖母曹太后和母亲高太后也在宋神宗面前哭哭啼啼，诉说天下被王安石搞乱了，逼宋神宗停止新法。

王安石眼看新法没法实行下去，气愤得上书辞职。宋神宗也只好让王安石暂时离开东京，到江宁府去休养。

第二年，宋神宗又把王安石召回京城当宰相。刚过了几个月，天空上出现了彗星。这本来是正常的自然现象，但是在当时却被认为是不吉利的预兆。宋神宗又慌了，要大臣对朝政提意见。一些保守派又趁机攻击新法。王安石竭力为新法辩护，要宋神宗不要相信这种迷信说法，但宋神宗还是犹豫不定。

王安石没办法继续贯彻自己的主张。到熙宁九年（1076 年）春天，再一次辞去宰相职位，回江宁府去了。

沈括出使

自从宋真宗以后，宋朝一直依靠每年送出大量银、绢，跟辽朝维持了几十年暂时妥协的局面，但是辽朝欺宋朝软弱，想进一步侵占宋朝土地。1075 年，辽朝派大臣萧禧到东京，要求划定边界。

宋神宗派大臣跟萧禧谈判，双方争论了几天，没有结果。萧禧一口咬定说黄嵬山一带应该属于辽朝。宋神宗派去谈判的大臣不了解那里的地形，明知萧禧提出的是无理要求，又没法反驳他。宋神宗就另派沈括去谈判。

沈括，杭州钱塘人，原是支持王安石新法的官员。沈括不但办事认真细致，而且精通地理。他先到枢密院，从档案资料中把过去议定边界的文件都查清楚了，证明了那块土地应该是属于宋朝的。他向宋神宗报告，宋神宗听了很高兴，就要沈括画成地图送给萧禧看，萧禧才没话说。

宋神宗又派沈括出使上京（辽朝的京城，在今内蒙古自治区巴林左旗南）。沈括首先收集了许多地理资料，并且叫随从的官员都背熟。到了上京，辽朝派宰相杨益戒跟沈括谈判，就辽国提出的边界问题，沈括和官员们对答如流，有凭有据。杨益戒一看没有空子可钻，就板起脸来蛮横地说："你们连这点土地都斤斤计较，难道想跟我们断绝友好关系吗？"

沈括理直气壮地说："你们背弃过去的盟约，想用武力来胁迫我们。真要闹翻了，我看你们也得不到便宜。"

辽朝官员无法说服沈括，又怕闹僵了，对他们没好处，只好放弃了他们的无理要求。

沈括带着随员从辽朝回来，一路上，每经过一个地方，就把那里的大山河流，险要关口，画成地图，还把当地的风土人情，调查得清清楚楚。回到东京以后，他把这些资料整理起来，献给宋神宗。宋神宗认为沈括立了功，拜他为翰林学士。

沈括为了维护宋朝边境的安全，十分重视地形勘察。有一

次，宋神宗派他到定州（今河北定州市）去巡视。他假装在那里打猎，花了 20 多天时间，详细考察了定州边境的地形，还用木屑和融化的蜡捏制成一个立体模型。回到定州后，沈括要木工用木板根据他的模型，雕刻出木制的模型，献给宋神宗。这种立体地图模型当然比绘制在纸上的地图更清楚了。

宋神宗对沈括画的地图和制作的地图模型很感兴趣。第二年，就叫沈括编制一份全国地图。但是不久，沈括受人诬告，被朝廷贬谪到随州（今湖北随县）去了。在那里，环境虽然很困难，但是他坚持绘制没有画完的地图；后来，他换了几个地方的官职，也是一面考察地理，一面修订地图，坚持了 12 年，终于完成了当时最准确的一本全国地图——《天下郡国图》。

沈括不但在地理研究上做出了出色的成就，而且是个研究兴趣很广泛的科学家。他在天文、历法、音乐、医药、数学等方面，都十分精通。他很早就研究天文历法。后来，他担任司天监的工作，发现在那里工作的人，不少是不学无术的人，不懂得用仪器观测。他到了司天监以后，添置了天文仪器。为了观察北极星的位置，他一连 3 个月，每天夜里用浑天仪观察，终于计算出北极星的正确位置。

沈括晚年的时候，闲居在润州（今江苏镇江）的梦溪园。他把一生研究的成果记载下来，写了一本著作《梦溪笔谈》。在那本书里，除了记载他自己研究的成果以外，还记录了许多当时劳动人民的创造发明，其中特别有名的是毕昇的活字印刷技术。

印刷术是我国古代四大发明之一。在北宋之前，已经有了雕版印刷术。但是雕版花费时间长，而且刻好一块木板，要改动一个字，就要全部重刻。沈括在他钱塘老家看到一位老工匠毕昇，用一种很细的黏土，做成许多小块，刻上字后放在窑里烧硬，成为一个个活字。用这种活字排版印刷，比雕版印刷方便多了。沈括看到这件新鲜事，十分感兴趣，就进行详细的观察和了解，还把毕昇的发明，记载在他的《梦溪笔谈》里，后代的人读了他的书，才知道活字印刷术的来历。

司马光写《资治通鉴》

王安石罢相以后，宋神宗还把王安石定下的新法维持了将近10年。1085年，宋神宗病死，年仅10岁的太子赵煦即位，就是宋哲宗。宋哲宗年幼，由他祖母高太后临朝。高太后是一向反对新法的。她一临朝，就把反对新法最激烈的司马光召到东京担任宰相。

司马光是当时最有名望的大臣，陕州夏县（今山西夏县）人。他的名声，从他年幼的时候已经开始传开了。他7岁那年，就开始专心读书。不论是大伏暑天，还是数九寒冬，他总捧着书不放，有时候连吃饭喝水都忘了。他不但读书用功，而且很机灵。有一次，他跟小伙伴们在后院子里玩耍。院子里有一口大水缸，有个小孩爬到缸沿上，一不小心，掉到缸里。缸大水深，眼看那孩子快要没顶了。别的孩子们一见出了事，吓得一面哭喊，一面往外跑，找大人来救。司马光不慌不忙，顺手从地上拾起一块大石块，使尽力气朝水缸砸去。“砰”的一声，水缸破了，缸里的水流了出来，被淹在水里的小孩也得救了。

这件偶然的事情，使年幼的司马光出了名。东京和洛阳有人把这件事画成图画，广为流传。

宋神宗在位的时候，司马光担任翰林学士。司马光和王安石本来是要好的朋友，后来王安石主张改革，司马光思想保守，两个人就谈不到一块儿去了。

王安石做了宰相以后，提出的一件件改革措施，司马光没有一件不反对的。有一次，司马光向宋神宗提出要求取消青苗法，同时，以老朋友的资格，写了一封信，责备王安石侵犯其他官员的职权，惹是生非，搜刮财富，还拒不接受别人的意见。

王安石写了一封回信，对司马光的四条责难针锋相对地做了反驳。信里说：我受皇上的命令，改革法制，怎能说我侵犯别人职权；为国家办事，怎能说我惹是生非；为天下理财，怎能说是搜刮财富；驳斥错误的言论，怎能说拒绝意见。

司马光接到回信，气得要命。但是眼看王安石有皇帝撑

腰，也无可奈何。最后，他辞去朝廷职务，离开京城，到了洛阳，表示不愿过问政事，关起门来写书了。

原来，司马光对历史很有研究，他认为治理国家的人，一定要通晓从古以来的历史，从历史中吸取兴盛、衰亡的经验教训。他又觉得，从上古到五代，历史书实在太多，做皇帝的人没有那么多时间看。于是，他很早就动手编写一本从战国到五代的史书。宋英宗在位的时候，他把一部分稿子献给朝廷。宋英宗觉得这本书对巩固王朝统治有好处，十分赞赏这项工作，专门为他设立一个编写机构，叫他继续编下去。

宋神宗即位以后，司马光又把编好的另一部分献给宋神宗。

宋神宗并不认同司马光的政治主张，但是对司马光编书却十分支持。他把自己年轻时候收藏的 2400 卷书都送给司马光，要他好好完成这部著作。还亲自为这本书起了个书名，叫《资治通鉴》（“资治”就是能帮助皇帝治理天下的意思）。

司马光罢官回到洛阳之后，就专心写《资治通鉴》，一共花了 19 年时间，才把这部著作完成。这部书按历史年代编写，从战国时期（公元前 403 年）到五代时期（959 年），记载了共 1362 年的历史。

为了写这一部巨大篇幅的著作，司马光和他的助手们收集和整理了大量资料，除了采用历代的正史之外，还参看各种历史著作300多种。据说，这部书写成的时候，原稿足足堆放了两间屋子。由于它的材料丰富、剪裁恰当和考证严格，加上文字精炼生动，所以成为我国史学上最有价值的著作之一。它对于后来的人研究历史，提供了比较完备的资料。

在整整19年时间里，司马光把全部精力放在这部著作上面，每天工作到深夜。到《资治通鉴》完成的时候，他的身体已经十分衰弱，眼睛昏花，牙齿大多脱落了。由于他在史学方面做出了贡献，他被认为是我国历史上著名的史学家。

司马光在洛阳写了10多年书，但是因为他反对新法出了名，一些保守的官员都很记挂他。他虽然口口声声说不谈政治，但是许多人还把他当作“真宰相”看待，连普通百姓也知道洛阳住着一个司马相公。

高太后临朝执政，把司马光召回朝廷，司马光已经是又老又病了。但是，他反对王安石新法却丝毫不肯放松。他一当上宰相，第一件大事就是废除新法。有人劝阻他说，宋神宗刚刚去世，马上把他的政治措施改掉，总不大好吧！司马光气呼呼地说：“先皇帝立的法度，好的自然不要去改动，像王安石搞的那一套，却是害民的事，为什么不能改？再说，现在高太后执政，高太后是先皇帝的母亲，做母亲的改动儿子的主张，有什么不可以？”

就这样，他不顾许多官员的反对，到了第二年（1086年），就把王安石建立的新法一股脑儿废除了。王安石听到这个消息，当然十分生气，不久就抑郁而终了。而司马光的病也越来越重，在同年九月也去世了。

奉旨填词的柳永

柳永，北宋词人。原名三变，字耆卿。福建崇安（一作乐安）人。

柳永为后人所重视的，是他在宋词方面的贡献。他在这方面之所以有显著的成就，和他生性放浪、风流倜傥的私生活有关。据宋人笔记，他因在《鹤冲天》中说过“忍把浮名，换了浅斟低唱”，一直为宋仁宗所不喜，说：“此人风前月下，好去‘浅斟低唱’，何要‘浮名’？且填词去！”因此他屡试不中。直到他改名为“永”，才中了景祐元年（1034年）的进士。首先，按《鹤冲天》开头说“黄金榜上，偶失龙头望”，则此词正为“下第”而作，

并非先有此词而后宋仁宗除他的名。其次，像他这种似乎颓废的牢骚是当时一般士大夫常有的习气，连堂堂宰相范仲淹都说："屈指细寻思，争如共刘伶一醉""人世都无百岁……忍把浮名牵系?"（《易银灯》）柳永的牢骚，正是从范仲淹那里来的。又据说，因为宋仁宗对他的批评，他就自称"奉圣旨填词"（《艺苑雌黄》）。

他在词史上的贡献有两个方面：其一，他是长调（慢词）的倡导者。其二，他用俗语填入词中。宋初词宗《花间》，多唱小令，由柳永大力开拓新局面。试看北宋初年直到徽宗时期，几个大名家的词集几乎全是小令。例如：晏殊的《珠玉洞》，全部130多首中，除了卷末5首应酬的寿词《拂霓裳》《连理枝》是中调外，几乎全部是小令；欧阳修的《六一词》，也绝大部分是小令，而且有些调子用得特别多，如《渔家傲》三十调，《玉楼春》二十九调，《蝶恋花》十七调，《采桑子》十三调。这些情况，都是符合《花间》和南唐的本色传统的。在北宋大家的集子中，保存长调最多的要算柳永的作品，而且以《乐章》名集，又在许多慢词的调名上还注明宫调名称，以指导乐器的演奏员按调奏乐。如"正宫""仙吕宫""大石调"等。可见他不但提倡写长调，而且着重证明长调也和小令一样，可以入乐演唱；他的作品不仅是诗集而且是唱本，故名《乐章》。

和柳永约略同时的张先也写了一些慢词，但比柳永要少得多。《乐章集》中除少数当时流行的小令如《玉楼春》《巫山一段云》《少年游》《木兰花》《蝶恋花》等外，绝大多数是长调，其中有不少是他自创的。其最长者如《戚氏》多至212字，《抛球乐》也有188字，这是以前所没有的。自他开创了写长调的风气，后来苏轼也写《戚氏》《哨遍》等长调。柳永的《忆帝京》说："系我一生心，负你千行泪。"苏轼的《雨中花慢》说："算应负你，枕前珠泪，万点千行。"从这些材料中，最可以看出，正是苏轼受柳永的影响。世人论苏轼词称他以柳永为舆台（奴仆），是不符合事实的。

柳永的《八声甘州》，"霜风凄紧，关河冷落，残照当楼"3句曾被苏轼评为"不减唐人高处"（《侯鲭录》）。此词上片"惟有长江水，无语东流"，即苏轼《念奴娇》"大江东去"所本。下片"误几回天际识归舟"，即温庭筠词"过尽千帆皆不是"之意。北宋词家融化前人佳作，大都如此。

柳永在宋仁宗时相对繁荣安乐的社会环境中，享受汴京的都市生活。除了一部分作品是描写歌女舞伎的闲愁别恨以外，也写了不少他自己不得志的牢骚，以及羁旅行役之苦。在这些作品中描写祖国的如画的江山，真可谓“一洗绮罗香泽之态”。如《满江红》“暮雨初收”，《望远行》“长空降瑞”，《雨霖铃》“寒蝉凄切”都是一幅幅山水画卷，读之如置身于大自然中。至于他铺写都市风物之美，也可以使读者眼明神往。相传金主完颜亮因为读了柳永的《望海潮》而动南侵之念，妄想“立马吴山第一峰”。柳词《望海潮》称：“烟柳画桥，风帘翠幕，参差十万人家。云树绕堤沙，怒涛卷霜雪，天堑无涯。市列珠玑，户盈罗绮，竞豪奢。”又称：“重湖叠巘清嘉。有三秋桂子，十里荷花。”

寻寻觅觅的李清照

李清照，宋代女词人。自号易安居士。济南章丘（今属山东）人。父格非，官至礼部员外郎、京东路提点刑狱。出自韩琦门下，又曾以文章受知于苏轼，学识渊博，尤用意于经学，在齐、鲁一带颇负盛名。

李清照一生经历可以宋室南迁为界，分作前后两个时期。

前期李清照随父住在汴京、洛阳，受过较好的文化教育。她工书，能文，兼通音律，“自少年便有诗名，才力华赡，逼近前辈”（王灼《碧鸡漫志》）。在元符三年（1100

年）左右，写有《浯溪中兴颂诗和张文潜》，受到当时人们的好评。

约在崇宁二年（1103 年），赵明诚开始出仕，曾任鸿胪少卿。他们夫妻志同道合，“有饭蔬衣练，穷遐方绝域，尽天下古文奇字之志”（《金石录后序》）。经他们的搜求寻访，日积月累，其所藏蓄的亡诗逸史、古今名人书画和古器物，逐渐增多。

后期建炎二年（1128 年），李清照怀着国破家亡之痛南逃至建康。她极关心国家命运和当时的政治形势，写有“南来尚怯吴江冷，北狩应悲易水寒”“南渡衣冠少王导，北来消息欠刘琨”等诗句，表达了对于南宋朝廷苟且偷安的极大不满。这一年冬，金人南犯，她又自临安避乱金华，次年才返回临安。关于李清照晚年的生活情况缺乏资料记载，但她曾写诗送韩肖胄、胡松年使金，曾作《打马图经》及“自序”，还曾携前人墨迹访米友仁求题跋。这说明她一直在关心国家大事，并且一直在从事文学创作和学术活动。

李清照工诗，能文，更擅长词。从艺术成就上看，她的词超过了诗和文。从总体情况看，她的创作因她在北宋和南宋时期生活的变化而呈现出前后期不同的特点。

从李清照北宋时期创作的为数不多的诗、文中可以看出，她的生活领域和精神境界是比封建社会一般女子宽阔的。基于对北宋王朝现实政治的清醒认识，在《浯溪中兴颂诗和张文潜》中，她提出“夏商有鉴当深戒，简策汗青今具在”，主张吸取唐王朝天宝之乱的历史教训。宣和三年（1121 年）写于莱州的《感怀》诗，表达了对于官场庸俗生活的厌恶。另外，在早年她还写过一篇《词论》，提出词“别是一家”的说法，认为词分五音、五声、六律，又分清浊轻重，因称晏殊、欧阳修、苏轼的词，“皆句读不葺之诗尔”，又称柳永词，“变旧声作新声”“虽协音律，而词语尘下”，是宋代的重要词论。总之，她的诗、文讲历史，谈世事，论文艺，题材范围比较宽广。

李清照前期的词比较真实地反映了她的闺中生活和思想感情，题材集中于写自然风光和离别相思。如《如梦令》二首，活泼秀丽，语新意隽。《凤凰台上忆吹箫》《一剪梅》《醉花阴》等词，通过描绘孤独的生活和抒发相思之情，表达了对丈夫的深厚感情，宛转曲折，清俊疏朗。《蝶恋花》《晚止昌乐馆寄姊妹》写对女伴们的留恋，感情也极其真挚。她的词虽多是描写寂寞的生活，抒发忧郁的感情，但从中往往可以看到她对大自然的热爱，也坦率地表露出她对美好爱情生活的追求。这出自一个女作家之手，比起“花间派”代言体的闺怨词来要有价值得多。王灼说：李清照“作长短句，能曲折尽人意，轻巧尖新，姿态百出。闾巷荒淫之语，肆意落笔。自古缙绅之家能文妇女，未见如此无顾籍也”（《碧鸡漫志》卷二）。这种批评正说明了李清照词的意旨在客观上是违背了封建规范的。

到南宋时期，李清照的作品出现了比较明显的变化。她的诗文的思想性提高了，表现出密切关怀国家命运的高度爱国精神。如《咏史》诗和《夏日绝句》，通过对嵇康“至死薄殷周”、项羽“不肯过江东”的行为的赞扬，批判了伪楚政权，指责了统治集团的屈辱投降政策，表达了自己坚持民族气节的决心。绍兴三年（1133 年）写的《上枢密韩公诗》，表现了作者对北方的家乡和人民的怀念，并勉励使者充分估计使命的艰巨，勇敢地维护朝廷的尊严。她在次年写的《打马图经自序》和《打马赋》，真实地记录了人们在战乱中的“流离迁徙”，表现了主张秣马厉兵、抗击金人、恢复中原的爱国思想。这一时期她创作的很多诗、文都是针对时事发表自己的意见的，具有很强的现实性。

李清照南渡后的词和前期相比也迥然不同。国破家亡后政治上的风险和个人生活的种种悲惨遭遇，使她的精神很痛苦，因而她的词作一变早年的清丽、明快，而充满了凄凉、低沉之音，主要是抒发伤时念旧和怀乡悼亡的情感。在流离生活中她常常思念中原故乡，如《菩萨蛮》写的“故乡何处是，忘了除非醉”，《蝶恋花》写的“空梦长安，认取长安道”，都流露出她对失陷了的北方的深切怀恋。她更留恋已往的生活，如著名的慢词《永遇乐》，回忆“中州盛日”的京洛旧事；《转调满庭芳·芳草池塘》回忆当年的“胜赏”，将过去的美好生活和今日的凄凉憔悴做对比，寄托了故国之思。

她在词中充分地表达了自己在孤独生活中的浓重哀愁，如《武陵春》通过写“物是人非事事休”的感慨，《声声慢》通过写“寻寻觅觅，冷冷清清，凄凄惨惨戚戚”的处境，表达了自己难以克制、无法形容的“愁”。又如《清平乐》中“今年海角天涯，萧萧两鬓生华”的悲伤，《孤雁儿》中的悼亡情绪，都是在国破家亡、孤苦凄惨的生活基础上产生的，所以她的这部分词作正是对那个时代的苦难和个人不幸命运的艺术概括。

李清照词的艺术成就很高，在文学史上占有重要的地位。她的《词论》极重视词的特殊格调和协律性，所以能够另辟蹊径，在丰富词的表现手法上做出了突出的贡献。李清照是抒情的能手，她创作了不少优秀的抒情词，真实地反映了自己的闺中生活和流落异乡的思想感情。她巧于构思，常常选取一些生活片段写入词中，极具体、细致地展现自己的内心世界。如《武陵春》通过“也拟泛轻舟”和“只恐双溪舴艋舟，载不动许多愁”的矛盾，来表现自己的痛苦处境。她又善于运用白描手法，通过写具体的行动或事物，将抽象的内心活动形象化，如《永遇乐》中以“向帘儿底下，听人笑语”写自己情怀之恶；《一剪梅》以“才下眉头，却上心头”的情状来写相思之深。她的抒情既委婉、含蓄，又极其自然，毫无矫揉造作的毛病。她的词的风格以婉约为主，但也偶有豪放之作，像《渔家傲》“天接云涛连晓雾”，即被称赞为“浑成大雅，无一毫钗粉气”（黄了翁《蓼园词选》），很值得重视。

李清照词的语言更是独具特色，优美、精巧，却不雕琢求工。她在遣词造句上很有创造性，像她笔下的花树是“宠柳娇花”“绿肥红瘦”；天气是“浓烟暗雨”“风柔日薄”；又以“黄花瘦”比人，都十分新颖、清丽。她还常常以“明白如家常”的方言口语入词，如“甚霎儿晴，霎儿雨，霎儿风”“守著窗儿，独自怎生得黑?”信手拈来，便增添了许多新鲜生动的情味，正像彭孙通所说："用浅俗之语发清新之思"（《金粟词话》）。这种语言对于北宋末期华贵典雅的词风无异是一种冲击。李清照的词富有音乐美，她极注意"分五音，又分五声，又分六律，又分清浊轻重"（《词论》）。还讲究舌、齿音的交错和叠字的连续运用，像《声声慢》的开头一连用了14个叠字，其独创性为历来评论者所盛赞。李清照的词被称为"易安体"，从南宋起就不断有人学习和效仿。

苏东坡游赤壁

司马光入相后，把宋神宗贬谪的许多大臣都召回朝廷，其中有两个是宋朝著名的文学家——苏轼和苏辙。

苏轼兄弟俩，是眉州眉山（今四川眉山）人。苏轼20岁刚出头的那年，他的父亲苏洵带着他和苏辙到京城去考进士。主考官欧阳修，正有意从考生中物色有才华的人。第一场考试下来，他在阅卷的时候，

看到一篇文章，高兴得拍案叫好。

考卷是密封的，上面没有考生的名字。欧阳修心里想，能写出这样精彩的文章，一定是一个文坛能手。京城里有点名气的文人，欧阳修多少了解一

点，这篇文章究竟是谁写的呢？他猜想了半晌，觉得从文章的风格看，很可能是他的门生曾巩。他本来想把这篇文章评为第一名，但是曾巩是他的门生，评得高了，怕人们说他偏袒，就把它评为第二。

直到发榜的那天，欧阳修才知道，那个写精彩文章的不是曾巩，却是刚到京城的青年考生苏轼。

苏轼考取以后，照例要去拜见主考老师欧阳修。欧阳修跟他谈了一阵子，觉得他气度大方，才华出众，打心眼里喜欢。苏轼走了以后，欧阳修跟他的老同事梅尧臣说："像这样出众的人才的确难得，我真应该让他高出一头呢！"（成语"出人头地"就是这样来的）

欧阳修这番话传出去后，一些读书人听了都不服气。京城里这么多的人才，难道比不上一个初出茅庐的小伙子？后来，大家读到苏轼才气横溢的诗歌和文章，才不得不服输。

苏轼出了名，他的弟弟、19 岁的苏辙也在同年考取了进士，他们的父亲苏洵的高兴劲儿就不用说了。但是苏洵另外有一番感触。原来苏洵也是个擅长散文的人。他在少年时期，没认真读书，到 27 岁那年，看到别人一个个都上进了，才发了狠劲读书。过了一年，考进士没考中，回到家里，一气之下把他过去写的文章，一把火烧了，从头学起，果然进步很大。

这回，他带儿子到了京城，眼看儿子年纪轻轻的都考中了，怎么不感慨呢。他听说欧阳修是最重视文才的，就把他几年来写的 20 多篇文章托人送给欧阳修，请欧阳修指教。欧阳修一看，苏洵的文章文笔老练，别具风格，就向宰相韩琦推荐，韩琦也很赞赏。后来，没经过考试，破格把苏洵任命为秘书省校书郎。

这样，苏家父子三人在京城中都出了名。后来，人们把他们父子三人合起来称作“三苏”。

王安石实行新法的时候，苏洵已经死了。苏辙在王安石手下干过事，后来，因为跟王安石合不来，被降了职到外地去了。苏轼主动要求外调，先后当过杭州、湖州（今浙江吴兴）等地方的刺史。他每到一个地方，都兴修水利，减轻赋税，提倡生产，做了一些对人民生活有益的事。

后来，苏轼在湖州看到了地方豪强官吏的横行霸道，很不满意，写了一些诗，讽刺这些事。没想到这些诗传到京城，几个反对苏轼的官僚从苏轼的诗文里摘出几句话，诬陷苏轼诽谤朝廷，大逆不道。他们撤了苏轼的职，把他押解到东京，关在大狱里，想把他处死。

苏轼被关进监牢里足足有 100 天，期间他受尽折磨。后来，因为实在算不上什么大罪，宋神宗才下令把他释放，贬谪到黄州（今湖北黄冈）。

苏轼到了黄州，挂了个小小的空头官衔，实际上过着流放的生活。他穷得过不了日子，后来靠朋友的帮助，弄到一块地，自己耕种起来。他还亲自整理场地，在东边山坡上盖了一间屋。他给自己起了一个别号，叫东坡居士。后来，人们常把苏轼叫作苏东坡。

苏轼在政治上失意的日子里，常常游览山水，写作诗歌，抒发他的心情。有一次，他打听到长江边有个名胜古迹叫作赤壁，就在一个月光皎洁的夜里，约了几个朋友，乘着小船到赤壁去游览。在那里，他想起三国时期曹操和周瑜大战的情景，触景生情，十分感慨。回来以后，写了一篇文章，叫作《赤壁赋》。

苏轼不但是写散文和写诗的能手，而且在词的写作上也有很高的成就。他写的词，有一种与众不同的豪放风格。在游赤壁之后，他又写了一首《念奴娇·赤壁怀古》（《念奴娇》是词牌名），词的上半首是：

大江东去，浪淘尽，千古风流人物。故垒西边，人道是，三国周郎赤壁。乱石穿空，惊涛拍岸，卷起千堆雪。江山如画，一时多少豪杰。

苏轼是个博学多才的人，但是他在地理上却犯了一个不小的差错。原来黄州的赤壁并不是周瑜火烧赤壁的地方。三国的赤壁在现在武汉的上游，而黄州却在武汉下游。不过，黄州的赤壁却因为苏轼这一个差错出了名。后来人们为了纪念这位大文学家，就称它为“东坡赤壁”。

苏轼

苏轼，北宋文学家、书画家。字子瞻，号东坡居士，眉州眉山（今属四川）人。苏洵子。嘉祐进士。

宋神宗时曾任祠部员外郎，因反对王安石新法而求外职，任杭州通判，知密州、徐州、湖州。后以作诗“谤讪朝廷”罪贬黄州。宋哲宗时任翰林学士，曾出知杭州、颍州等，官至礼部尚书。后又贬谪惠州、儋州。北还后第二年病死常州。南宋时追谥“文忠”。与父苏洵、弟苏辙，并称“三苏”。在政治上属于旧党，但也有改革弊政的要求。

其文汪洋恣肆，明白畅达，为“唐宋八大家”之一。其诗清新豪健，善用夸张比喻，在艺术表现方面独具风格。少数诗篇也能反映民间疾苦，指责统治者的奢侈骄纵。词开豪放一派，对后代很有影响。《念奴娇·赤壁怀古》《水调歌头·丙辰中秋》传诵甚广。

苏轼擅长行书、楷书，取法李邕、徐浩、颜真卿、杨凝式，而能自创新意。用笔丰腴跌宕，有天真烂漫之趣。与蔡襄、黄庭坚、米芾并称“宋四家”。

苏轼能画竹，学文与可，也喜作枯木怪石。论画主张“神似”，认为“论画以形似，见与儿童邻”；高度评价“诗中有画，画中有诗”的艺术造诣。诗文有《东坡七集》等。存世书迹有《答谢民师论文帖》《祭黄几道文》《前赤壁赋》《黄州寒食诗帖》等。画迹有《枯木怪石图》《竹石图》等。

误喜对床寻旧约

苏辙从小跟着哥哥苏轼（苏东坡）读书作诗，形影不离。那年苏东坡要上任做官去了，苏辙依依难舍。苏东坡安慰弟弟说：“你我都有建功立业的大志，分开几十年不算什么，将来我们退休后，在一起的日子多着呢！”说着就吟了一句唐诗：“安知风雨夜，复此对床眠。”两人约定，将来在风雨之夜对床而睡，好好地重温儿时旧梦。

谁知苏东坡做官不利，一再遭到排挤打击。苏辙很为哥哥担忧。每年一到夏秋之交，风雨大作之时，他就想

起与哥哥相约夜雨对床的事来。苏东坡也寄诗给弟弟说："夜雨何时听潇潇？"过了许多年，兄弟俩终于在徐州相聚了。那一次，他们住在逍遥堂。那儿古木参天，风雨之夜非常凄凉。苏辙触景生情，作《逍遥堂会宿》诗道："逍遥堂后千寻木，长送中宵风雨声。误喜对床寻旧约，不知漂泊在彭城。"是啊！还没退休，两人已能对床夜雨了，这是喜还是忧呢？哥哥前途仍然渺茫，还要漂泊到哪一天呵！兄弟俩在床上相对无言，风声呼呼，雨声潇潇……

后来苏轼被流放海南岛，客死异乡。兄弟俩希望再次对床听夜雨，最终竟成了一场梦。

苏轼和苏辙从小在一起，感情深厚。两人曾约定将来做了官，也要尽早退休，床对床住在一起，享受悠闲的乐趣。

1079 年，苏轼刚调到湖州担任知州不久，就被朝廷逮捕。苏辙听到这个消息，如同晴天霹雳，只觉得天旋地转，跌坐在椅子上。他赶紧派人到湖州，把大哥的一家人接到商丘，住在自己家里。同时，写亲笔信给神宗皇帝，请求免除苏轼一死。他在信上说："臣早年失去父母，只有一个兄长，两人相依为命。如今，大哥被人诬害，臣愿自己降职受罚，免去大哥死罪。"

苏轼被关押在京城御史台狱中。他知道自己在一些诗文中对王安石实行变法表示了反对的意见，得罪了有权势的人，案情十分严重，很难逃脱死罪。他并不怕死，青山处处都可埋葬尸骨，只是弟弟和许多朋友都会受到牵连，自己的家属都要让弟弟照顾，这多对不起苏辙呀！“希望皇上开恩”，诗人默默地忏悔，“不要给弟弟增添痛苦的负担，假如我死后，没人与苏辙对床共眠，他在风雨之夜该多么悲伤!”想到这里，苏轼吟诗《狱中寄子由二首（其一)》:“圣主如天万物春，小臣愚暗自亡身。百年未满先偿债，十口无归更累人。是处青山可埋骨，他年夜雨独伤神。与君世世为兄弟，更结来生未了因。”

后来，由于朝廷的几位老臣和宋神宗的祖母都出面营救，神宗终于下令从轻处理，把苏轼降职任用。他的弟弟苏辙也受了降职处分。

醉翁亭中的欧阳修

欧阳修，北宋政治家、文学家。“唐宋八大家”之一。字永叔，号醉翁，晚号六一居士。吉州永丰（今属江西）人。欧阳修自称庐陵人，因为吉州原属庐陵郡。

欧阳修的文学成就以散文最高，影响也最大。他继承了韩愈古文运动的精神，在散文理论上，提出：“道胜者，文不难而自至”（《答吴充秀才书》），“道纯则充于中者实，中充实则发为文者辉光”（《答祖择

之书》)。他所讲的道，主要不在于伦理纲常，而在于关心百事。他认为学道而不能至，是因为“弃百事不关于心”(《答吴充秀才书》)。他反对“务高言而鲜事实”(《与张秀才第二书》)，主张“言以载事而文以饰言”(《代人上王枢密求先集序》)。他取韩愈“文从字顺”的精神，大力提倡简而有法和流畅自然的文风，反对浮靡雕琢和怪僻晦涩。他不仅能够从实际出发，提出平实的散文理论，而且自己又以造诣很高的创作实绩，起了示范作用。

欧阳修一生写了500余篇散文，各体兼备，有政论文、史论文、记事文、抒情文和笔记文等。他的散文大都内容充实，气势旺盛，具有平易自然、流畅婉转的艺术风格。叙事既得委婉之妙，又简括有法；议论纡徐有致，却富有内在的逻辑力量。章法结构既能曲折变化而又十分严密。《朋党论》《新五代史·伶官传序》《与高司谏书》《醉翁亭记》《丰乐亭记》《泷冈阡表》等，都是历代传诵的佳作。

欧阳修还开了宋代笔记文创作的先河。他的笔记文，有《归田录》《笔说》《试笔》等。文章不拘一格，写得生动活泼，富有情趣，并常能描摹细节，刻画人物。其中，《归田录》记述了朝廷遗事、职官制度、社会风习和士大夫的奇闻逸事，介绍自己的写作经验，都很有价值。

欧阳修的赋也很有特色。著名的《秋声赋》运用各种比喻，把无形的秋声描摹得非常生动形象，使人仿佛可闻。这篇赋变唐代以来的“律体”为“散体”，对于赋的发展具有开拓意义。

欧阳修的诗歌创作成就不及散文，但也很有特色。他的一些诗反映人民的疾苦，揭露社会的黑暗，如《食糟民》《答杨子静祈雨长句》。他还在诗中议论时事，抨击腐败政治，如《奉答子华学士安抚江南见寄之作》。其他如《明妃曲和王介甫作》《再和明妃曲》，表现了诗人对妇女命运的同情，对昏庸误国的统治者的谴责。但他写得更多、也更成功的，是那些抒写个人情怀和山水景物的诗。

他的诗在艺术上主要受韩愈影响。《凌溪大石》《石篆》《紫石屏歌》等作品，模仿韩愈想象奇特的诗风。但多数作品，主要学习韩愈“以文为诗”，即议论化、散文化的特点。虽然他以自然流畅的诗歌语言，避免了韩愈的险怪艰涩之弊，但仍有一些诗说理过多，缺乏生动的形象。

欧阳修还有一部分诗作写得沉郁顿挫，笔墨淋漓，将叙事、议论、抒情结为一体，风格接近杜甫，如《重读徂徕集》《送杜岐公致仕》；另一部分作品雄奇变幻，气势豪放，却近于李白，如《庐山高赠同年刘中允归南康》。更多的是写景抒情的作品，或清新秀丽，或平淡有味，如《黄溪夜泊》中的“万树苍烟三峡暗，满川明月一猿哀”，《春日西湖寄谢法曹歌》中的“雪消门外千山绿，花发江边二月晴”等。总的来看，他的诗歌风格还是多样的。

欧阳修还善于论诗。在《梅圣俞诗集序》中，他提出诗“穷者而后工”的论点，发展了杜甫、白居易的诗歌理论，对当时和后世的诗歌创作产生过很大的影响。他的《六一诗话》是中国文学史上第一部诗话，以随便亲切的漫谈方式评叙诗歌，成为一种论诗的新形式。

欧阳修也擅长写词。他的词，主要内容仍是恋情相思、酣饮醉歌、惜春、赏花之类，善于以清新疏淡的笔触写景。《采桑子》十三首，描绘颍州西湖的自然之美，写得恬静、澄澈，富有情韵，宛如一幅幅淡雅的山水画。另一些词的“杏花红处青山缺，山畔行人山下歇”（《玉楼春》），“堤上游人逐画船，拍堤春水四垂天。绿杨楼外出秋千”（《浣溪沙》）等，也都是写景的佳句。偏重抒情的词，写得婉曲缠绵，情深语近，例如：《踏莎行》中上下阕的最后两句“离愁渐远渐无穷，迢迢不断如春水”“平芜尽处是春山，行人更在春山外”，通过春水春山，把感情抒写得非常深挚。他还有一些词，虽然颓唐叹老、牢骚不平，却直抒胸臆，表现出襟怀豪逸和乐观的一面。还有一些艳词，虽写男女约会，但也朴实生动；当然，其中也不免有浅薄庸俗的作品。

陆游曲终不见人的悲吟

陆游是南宋诗人，字务观，号放翁。越州山阴（今浙江绍兴）人。

自幼好学不倦，在饱经丧乱的生活感受中受到深刻的爱国主义教育。20岁时与唐琬结婚，后被其母强行拆散。这种感情伤痛终其一生，《钗头凤》《沈园》等名作即是为此。

陆游是一位创作特别丰富的诗人，其集中存诗共约9300余首。他的诗大致可以分为3个时期：第一期从少年到中年（46岁）入蜀以前。这一时期存诗仅200首左右，作品主要偏于文字形式，尚未得到生活的

充实。第二期为入蜀以后，到他 64 岁罢官东归，前后近 20 年的时间，存诗 2400 余首。这一时期是他从军南郑，充满战斗气息及爱国激情的时期，也是其诗歌创作的成熟期。第三期为长期蛰居故乡山阴一直到逝世，亦有 20 年的时间，现存诗约近 6500 首。

诗中表现了一种清旷淡远的田园风味，并不时流露着苍凉的人生感慨。“诗到无人爱处工”，可算是道出了他此时的某种心情和所向往的艺术境界。另外，在这一时期的诗中，也表现出趋向质朴而沉实的创作风格。在陆游 3 个时期的诗中，始终贯穿着炽热的爱国主义精神，中年入蜀以后表现得尤为明显，不仅在同时代的诗人中显得很突出，在中国文学史上也是罕见的。

陆游的诗可谓各体兼备，无论是古体、律诗、绝句都有出色之作，其中尤以七律写得又多又好。在这方面，陆游继承了前人的经验，同时又富有自己的创造，所以有人称他和杜甫、李商隐完成了七律创作上的“三变”（舒位《瓶水斋诗话》），又称他的七律当时无与伦比。在陆游的七律中，确实名章俊句层见叠出，每为人所传诵，如“江声不尽英雄恨，天意无私草木秋”（《黄州》）；“万里关河孤枕梦，五更风雨四山秋”（《枕上作》）等。这些名作名句，或壮阔雄浑，或清新如画，不仅对仗工整，而且流走生动，不落纤巧。除七律外，陆游在诗歌创作上的成就当推绝句。

陆游的诗虽然呈现着多彩多姿的风格，但从总的创作倾向看，还是以现实主义为主。他继承了屈原等前代诗人忧国忧民的优良传统，并立足于自己的时代而做了出色的发挥。

他的创作不仅工诗，还兼长写词。由于他对这种诗体不甚注重，所以词作不多，现存词共有 130 首。他的词也风格多样并有自己的特色。有不少词写得清丽缠绵，与宋词中的婉约派比较接近，如有名的《钗头凤》即属此类。而有些词常常抒发着深沉的人生感受，或寄寓着高超的襟怀，如《卜算子 · 驿外断桥边》、《双头莲 · 华鬓星星》等，或苍凉旷远，或寓意深刻，这类词又和苏轼比较接近。但是最能体现陆游的身世经历和个性特色的，还是他的那些写得慷慨雄浑、荡漾着爱国激情的词作，如《汉宫春 · 羽箭雕弓》《谢池春 · 壮岁从戎》《诉衷情 · 当年万里觅封侯》《夜游宫 · 雪晓清笳乱起》等，都是饱含着一片报国热忱的雄健之作。这类词又和辛弃疾比较接近。

陆游在散文上也著述甚丰，而且颇有造诣。其中记铭序跋之类，或叙述生活经历，或抒发思想感情，或论文说诗，最能体现陆游散文的成就。同时也如在诗中一样，不时表现着爱国主义的情怀，如《静镇堂记》《铜壶阁记》《书渭桥事》等。

贴近生活涉猎广泛的朱熹

朱熹的学说思想与人们的生活很贴近。他的学术著作涉猎的范围很广泛，不只是宋儒所关注的理学，其中也包括文学、史学、小学与礼仪等。这些都是当时讲义理的宋儒所不为的事情。

朱熹的思想给人的感觉是很健康的，他并不走向偏激。朱子的思想与汉儒相比，在义理方面比较高明，心灵又比汉儒活泼，然而，与明代王阳明的心学相比，他又避免了心学末流学问空疏的毛病。宋儒谈“形而上”的哲学，朱子在这方面也创建不少，例如：以“理”“气”来解释万物生成等。但他还是注意到人们生活的层面，即所谓“形而下”的一面，所以他才会制定“家礼”“丧礼”等，

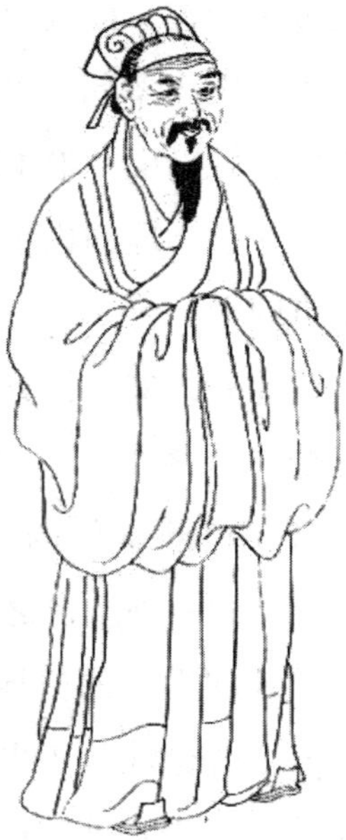

让大家在日常生活有所遵循。

此外，他又制定了书院的制度，包括义庄等，使地方穷困的子弟有机会受教育。他的学说及所关心的事情，可以从人们切身的问题与生活着手，又可以通往宇宙本体论“天理”的思考。他的学术成就与多面性是同时代人所不能比较的。钱穆先生便曾说过，中国学术史上曾有两个高峰，上古有孔子，中古有朱子，皆集学问之大成。

朱子对《四书》下苦功，细密寻求圣贤义理，以达于通观浃洽的境界。这经验应使他体会到孔曾思孟的传承所在，以及吾心思辨与圣贤义理的辩证关系。朱子《中庸章句序》作于60岁时，阐述危微精一的心传，可以说是朱子对《四书》义理的总括。我们可以说，这义理的内容是“尊德性”，而其研求过程则是道问学。

此外，朱子曾努力地建立儒家的道统。道统的内涵是“尊德性”，虽然朱子在费力于道统建立的过程，仍以“道问学”的工夫为多。作为北宋理学的继承者，作为一种圣贤之学，朱子仍以“尊德性”为主，但“道问学”的精神却得到充分的发展，甚至可以说成为“尊德性”工夫的主要内容。朱子身为理学的集大成者，其道问学的精神却突破了理学的传统。然而朱子此处表现了学术的雄伟气魄，超越了历史限制，值得我们的阐发。

儒家最根本的道理，当然要以成仁成圣贤为目标，即所谓的“尊德性”。然而，若只看到修“心性”的一面，而鄙视“文字”学问，最终可能走向“禅”“狂”“盲”或“六经注我，我注六经”的弊端。朱子注重“文字”学问的好处，至少可以提供一个有迹可循的道路，因为文献、书本记录了前人的历史经验，可供今人参照。当然，朱子最终的目的还是要达到“尊德性”的修养。因此，走朱子以“道问学”来“尊德性”的路线似乎比较保险。

花石纲

高太后掌了8年权死去，由宋哲宗亲政。年轻的宋哲宗对他祖母重用保守派，本来就不满意。等到他亲自执政，就重新起用变法派。但是后来的变法派不像王安石那样真心实意改革朝政，内部纷争不休。一批投机分子打着变法的幌子，趁机捣乱。等宋哲宗一死，他的弟弟宋徽宗赵佶即位后，朝政就更加混乱了。

宋徽宗是个出名的浪荡子，不懂得管理国家大事，专门寻欢作乐。他身边有个心腹宦官童贯，为迎合他的心意，广泛搜罗书画珍宝供他赏玩。有一次童贯到苏州一带去搜集书画珍宝，有个不得志的官员蔡京想投靠童贯，每天陪着童贯鬼混，还把他自己书写的屏风扇面等送给童贯。童贯得到蔡京的好处，把这些书画马上送到东京，并且捎话给宋徽宗，说他物色到一个少有的人才。

蔡京到了东京，又拉了一帮子人替他活动。有个官员对宋徽宗说："推行新法是件大事，朝臣中是没有人能帮助办好这件事的。如果陛下要继承神宗的遗志，非用蔡京不可。”那个官员还画了一幅图献给宋徽宗，图表上列了大批朝臣名字，把保守派写在右面，把变法派写在左边。右边的名字都是当朝大臣，但左边的名单只有两个名字，其中一个就是蔡京。宋徽宗看了，满心喜欢，马上决定让蔡京当宰相。

蔡京一上台，就打起变法的旗帜，把一些正直的官员，不论是保守的或是赞成变法的，一律称作奸党。他还操纵宋徽宗在端礼门前立一块党人碑，把司马光、文彦博、苏轼、苏辙等 120 人称作元祐（元祐是宋哲宗前期的年号）奸党，已经死了的削去官衔，活着的一律降职流放。这样一来，一些正直的官员就全部被排挤出朝，而蔡京的同伙却步步高升了。至于王安石制定的新法，到蔡京手里就

完全变了样。像募役法本来可以减轻百姓的劳役负担，蔡京一伙却不断增加雇役的税收，变成敲诈人民的手段。

宋徽宗和蔡京又迷信道士，大造道观。有个道士叫林灵素，在宋徽宗面前胡吹说："天上有九霄，最高一层叫神霄，神霄宫有个玉清王，是上帝长子。宋徽宗就是上帝长子下凡。神霄宫还有仙官八百，蔡京、童贯就是仙官再世。"这一番胡言乱语，居然把宋徽宗哄得心花怒放，天天请大批道士在宫中讲道。道士们还给宋徽宗献了个称号，叫教主道君皇帝。这一来，皇帝就成为道士头子了。

宋徽宗尽情追求享乐腐朽的生活。童贯替他在苏州、杭州两地征用几千名工匠，每天制作象牙、牛角、金银、竹藤的雕刻或织绣品，供他玩赏。所有制作材料，一律向百姓搜刮。日子一久，宋徽宗对那些玩意儿腻了，想找一些奇草、怪石来换换口味。蔡京、童贯为了讨好宋徽宗，派了一个名叫朱勔的招摇撞骗的人，在苏州办了一个"应奉局"，搜罗花石。朱勔手下养了一批差官，专门管这件事。听说哪个老百姓家有块石块或者花木比较精巧别致，差官就带了兵士闯进那家，用黄封条一贴，算是进贡皇帝的东西，要百姓认真保管。如果有半点损坏，就要被判个

"大不敬"的罪名，轻则罚款，重则抓进监牢。有的人家被征的花木高大，搬运起来不方便，兵士们就把那家的房子拆掉，墙壁毁了。那些差官、兵士乘机敲诈勒索，被征花石的人家，往往被闹得倾家荡产，有的人家卖儿卖女，到处逃难。

朱勔把搜刮来的花石，用大批船只运送到东京。运送的船只不够，就截劫运粮的船和商船，把船上货物倒掉，装运花石。这大批船只自然还要征用大量民夫。于是船只在江河里穿梭似地来往，民夫们为运送花石日夜奔忙。这种运送的队伍叫作"花石纲"。

花石纲一到东京，宋徽宗见了，果然高兴，给朱勔加官升职。花石纲越来越多，朱勔的官也越做越大。达官贵人，没有敢不讨好朱勔的。人们把朱勔主持的苏杭应奉局称作"东南小朝廷"，可见朱勔权力之大了。

方腊起义

花石纲把东南一带闹得昏天黑地，出产花石多的地方，百姓也最遭殃。睦州青溪（今浙江淳县）地方，出产各种花石竹木，朱勔的应奉局常常派差人到那里，搜刮花石。当地有个方腊，家里有个漆园。方腊平时靠这个园里的出产，日子勉强过得去。自从朱勔办了花石纲以后，方腊家也遭到勒索。方腊恨透了那些官府差役，又看到当地农民兄弟受尽花石纲的苦，就决心把大家组织起来，造官府的反。

1120 年的一天，几百个苦大仇深的农民聚集在方腊的漆园里，方腊激动地跟大家说："国家好比一个家庭，如果一户人家，小辈整年劳动，好不容易挣了一点粮食布帛，却被他们的父兄胡乱花费了。小辈稍微不称他们的心，就挨他们鞭打。你们说这应该不应该?"

大伙儿齐声回答说："不应该!"

方腊又说："那些做父兄的浪费还不算，又拿家里财物去向敌人讨好求情，你们说应不应该?"

大伙儿愤怒地回答说："哪有这种理儿？"

方腊流着眼泪说："现在官府赋税劳役那么重，那些大官们还要敲诈勒索。老百姓好不容易生产了些漆、纸，也被他们搜刮得精光。我们一年到头劳苦，结果一家老小挨饿受冻，连一餐饱饭都吃不上，你们看怎么办？"

大伙儿听到这里，都高声嚷起来说："请您下命令吧！我们听您的。"

方腊受到农民的拥护，就打起杀朱勔的旗号，发动起义。方腊担任起义军的统帅，自称"圣公"。将

士们带着各色头巾，作为标志。愤怒的起义将士，杀死那里的官吏，焚烧他们的住宅。青溪附近一带的百姓都被官府害苦了，纷纷响应方腊起义军。没到 10 天，起义军就聚集了几万人马。

当地官军将领派兵镇压，被起义军打得落花流水，两名宋将被杀死。起义军乘胜攻进青溪县，赶跑了那儿的县官。接着，又接连打下了几十座县城，很快打到了杭州。

警报传到东京，把宋徽宗吓坏了。他赶快派童贯带领 15 万官军到东南去镇压起义。

童贯到了苏州，知道花石纲引起的民愤太大，立刻用宋徽宗的名义下了一道诏书，承认错误，并且撤销了专办花石纲的“应奉局”，把朱勔撤职。

东南的百姓看到朝廷取消了花石纲，罢免了朱勔，总算出了一口气。哪儿知道童贯正在这时候，加紧部署镇压起义的兵力呢。

童贯集中各路大军进攻，方腊不得不退回青溪，据守在山谷深处的帮源洞坚持战斗。官军不知道山路，没法进攻。就在这个节骨眼上，起义军里出了奸细，给官军引路。官军终于摸到帮源洞，方腊没有防备，被俘虏了，没多久，被押解到东京，惨遭杀害。

方腊起义虽然失败了，但是给了北宋王朝一次沉重的打击。这时候，在北方也爆发了大规模的起义，起义领袖宋江等36人活动于河北、京东一带，并在青州、齐州、濮州流动作战，打得官军心惊胆战，使官军一听到他们打来就跑。

在山东梁山泊，也发生了渔民起义。据说宋江的起义军也到过梁山泊。后来民间流传的“梁山好汉”“一百零八将”的故事，就是根据他们的事迹发展起来的。到了元末明初，小说家施耐庵把梁山泊农民起义的传说加工写成长篇小说《水浒传》，成功地塑造了林冲、鲁智深、武松等许多梁山英雄好汉的艺术形象，成为我国文学史上优秀的长篇小说之一。

头鱼宴上的阿骨打

童贯镇压了方腊起义没多久，东北的金朝派人到东京，催促北宋攻打燕京，夹攻辽朝。

原来，辽朝经过几次内乱和各族人民起义力量的打击，渐渐腐朽衰落。在这时期，我国东北地区的女真族（我国古代少数民族之一）逐渐强大起来。女真人民长期受辽朝贵族的统治和压榨，早就产生了强烈的反抗情绪。

1112 年的春天，辽天祚帝耶律延禧到东北春州（今属吉林省）巡游，兴致勃勃地在混同江（今松花江）捕鱼，并且命令当地的女真各部酋长都到春州朝见。

按照当地风俗，在每年春季最早捉到的鱼，要先给死去的祖先上供，并且摆酒宴庆祝。这一年，辽天祚帝在春州举行了头鱼宴，请酋长们喝酒。辽天祚帝几杯酒下肚，有了几分醉意，叫酋长们给他跳舞。那些酋长虽然不愿意，但是不敢违抗命令，就挨个儿离开座位，跳起民族舞蹈来。

接下去轮到一个青年人，他神情冷漠，两眼直愣愣地望着天祚帝，一动也不动。这个青年就是女真族完颜部酋长乌雅束的儿子，名叫阿骨打。

辽天祚帝见阿骨打居然敢当着大家的面顶撞他，很不高兴，一再催他跳；一些酋长怕他得罪天祚帝，也从旁劝他。可是不管好说歹说，阿骨打拿定主意不跳，叫天祚帝下不了台阶。

这场头鱼宴闹得不欢而散。辽天祚帝当场没发作，散席之后，他跟大臣萧奉先说："阿骨打这小子这样跋扈，实在使人没法容忍。不如趁早杀了他，免得留下后患。"

萧奉先认为阿骨打没有大过失，杀了他怕引起其他酋长的不满，就说："他是个粗人，不懂得礼节，不值得跟他计较。就算他有什么野心，小小一个部落，也成不了气候。"

辽天祚帝觉得

萧奉先说得有道理，也就把这件事搁在了一边。

阿骨打当然不是不会跳舞，他是个性格刚强的人，多年来对辽朝贵族欺负女真人民，早就不满。现在，眼看辽朝越来越腐败，就决心另立门户。

不久，阿骨打的父亲乌雅束死去，阿骨打继任完颜部首领，他建筑城堡，修理武器，训练兵马，逐步统一了女真各部，准备反辽。辽天祚帝得知阿骨打备战，一面派使者到阿骨打那里去责问，一面调动河北几路人马到东北进行威胁。

阿骨打对部下说：“现在辽人快要动手了，我们要先发制人，免得被动。”他集中女真各部骑兵 2500 人，亲自率领袭击辽朝。辽将没有准备，狼狈奔逃。辽天祚帝得知消息，立刻派大军镇压，在混同江边，遭到阿骨打骑兵的痛击。女真兵乘胜追击，兵力发展到一万人。

1115 年，阿骨打在会宁（今黑龙江阿城南）正式称帝，国号大金。他就是金太祖。

金太祖即位后，攻打辽朝东北重镇黄龙府（今吉林农安县）。辽天祚帝派了 20 多万步兵、骑兵到东北去防守，被金兵打得大败，连武器、耕具都丢得精光。辽天祚帝想跟金朝讲和，金太祖可不答应，指名道姓要辽天祚帝投降。

辽天祚帝恼羞成怒，组织兵力 70 万，亲自带领到黄龙府去。

金太祖命令将士筑好营垒，挖掘壕沟，准备抵抗。正在这个时候，辽朝发生内乱，辽天祚帝下令撤兵。金太祖趁机追击，几十万辽军一下子就垮了下来。辽天祚帝一天一夜逃了几百里，才算保住了性命。

这时候，辽朝兵力大部丧失，北方人民不满辽朝贵族的统治，纷纷起义。

有人向宋徽宗提议，辽朝快要灭亡，收复北方燕云失地，这可是个好机会。宋徽宗派人从山东渡海，前往金朝会见金太祖，表示愿意夹攻辽朝。双方约定灭掉辽朝之后，北宋收回后晋时期割让给辽朝的燕云十六州失地，北宋把每年送给辽朝的银、绢，如数转送给金朝，历史上把这件事称作“海上之盟”。

金兵向南进攻，接连攻下了辽朝 4 座城池。还留下一个燕京，按照双方约定，应该由宋军攻打。

童贯刚刚镇压了方腊起义军，就带领 15 万大军赶到北方，攻打燕京。他满以为辽兵的主力已经被金军消灭，打下燕京可以不费多大劲儿。哪知道辽兵虽然虚弱，比宋军还强得多。童贯一连打了两次败仗，不但燕京没有收复，而且还损兵折将，把多年以来积存的粮草、武器全都丢光。

童贯为了逃避失败的责任，暗地派人请金军攻燕京。金军一举拿下了燕京，不肯还给北宋。童贯只好答应把燕京的租税每年 100 万贯钱献给金朝，才把燕京赎了回来。这一来，北宋王朝的腐朽可让金朝看穿了。1125 年，金太祖的弟弟金太宗完颜晟派兵追杀辽天祚帝，灭了辽朝。接着发兵南下，把进攻矛头转向了北宋王朝。

李纲守东京

金太宗灭了辽朝之后，以宋朝收留了一名辽朝逃亡的将领为由，分兵两路进攻北宋。西路由宗翰（又名粘罕）率领，攻打太原；东路由宗望率领，攻打燕京。

两路大军约定在东京会师。

前线的告急文书像雪片一样飞到北宋朝廷。金太宗又派出使者到东京，胁迫北宋割地称臣。满朝文武大臣吓得不知该怎么办，只有太常少卿（掌管礼乐和

祭祀的官）李纲坚决主张抵抗金兵。

西路金兵攻下燕京，宋将郭药师投降。金将宗望叫郭药师做向导，领兵南下，直取东京。

宋徽宗看到形势危险，又气又急，拉住一个大臣的手说："唉，没想到金人会这样对待我。"话没说完，一口气塞住喉咙，昏厥过去，倒在床上。大臣们手忙脚乱地把他扶起来，把太医请来灌药急救，总算把他救醒过来。他向左右侍从要了纸笔，写下了"传位东宫"的诏书，宣布退位。不久，他带着两万亲兵逃出东京，到亳州（今安徽亳县）避难去了。

太子赵桓即位，就是宋钦宗。宋钦宗把李纲提升为兵部侍郎，并且下诏亲自讨伐金兵。其实，宋钦宗并不比他父亲强多少，他做了一番表面文章，心里却七上八下地没主意。

宋军在前线接连打败仗，东京局势紧张起来，宰相白时中、李邦彦两人劝宋钦宗逃跑，宋钦宗也动摇了。

李纲得知这个消息，立刻求见宋钦宗，说："太上皇（指宋徽宗）传位给皇上，正是希望陛下能留守京城，陛下怎么能走呢？"

宋钦宗还没开口，宰相白时中先搭了腔，说："敌军声势浩大，哪能守得住？"

李纲驳斥说："天下的城池，没有比京城更坚固的。再说，京城是国家的中心，文武百官集中在这里，只要皇上督率抗战，哪有守不住的道理?"

旁边有个宦官也嘟嘟囔囔说东京的城池不牢固，抵挡不住金兵的进攻。宋钦宗叫李纲视察城池。李纲去了一会儿，回来说:"我视察过了，城楼又高又坚固，护城河虽然浅狭一些，但只要安下精兵强弩，不愁守不住。"接着，他还提出许多防守措施，要宋钦宗团结军民，共同坚守，等各地援军到来，就组织反攻。

宋钦宗还有点犹豫，说："那么，谁能担当守城的重任呢?"

李纲把目光向大臣们扫视了一下，说："国家平时用高官厚禄供养官员，就是为了危急的时候要大家出力。白时中、李邦彦身为宰相，应当担当起守城的责任。"

白时中、李邦彦在旁边听了，急得直翻白眼。白时中气急败坏地嚷道："李纲你说得好听！你能打仗吗?"

李纲神色从容地说："如果陛下不嫌我没有能耐，派臣带兵守城，臣甘愿用生命报答国家!"

宋钦宗看李纲态度坚决，就派他负责全线防守。

白时中等和一批宦官并不死心，等李纲一走，又偷偷地劝宋钦宗逃跑。第二天一早，李纲上朝的时候，只见禁军列队在皇宫两边，车马仪仗都已经准备停当，只等宋钦宗上车出发。

李纲大为恼火，厉声对禁军将士说：“你们到底愿意守卫京城，还是想逃跑?”

将士们齐声回答说：“愿意保卫京城!”

李纲和禁军将领一起进宫，对宋钦宗说：“禁军将士的家属都在东京，不愿离开。如果强迫他们走，万一半路上逃散，敌人追来，谁来保护皇上?”宋钦宗一听逃跑也有风险，才不得不留下来。

李纲立刻出宫向大家宣布：“皇上已经决定留守京城，以后谁再提逃跑，一律处斩。”兵士们听了，激动地欢呼起来。

李纲稳住了宋钦宗，就积极准备防守，在京城四面都布置好强大兵力，配备好各种防守的武器；还派出一支精兵到城外保护粮仓，防止敌人偷袭。

过了 3 天，宗望率领的金兵已经到了东京城下。他们用几十条火船，从上游顺流而下，准备火攻宣泽门。李纲招募敢死队兵士 2000 人，在城下列队防守。金军火船一到，兵士们就用挠钩钩住敌船，使它没法接近城墙。李纲又派兵士从城上用大石块向火船投掷，石块像冰雹一样泻了下来，把火船打沉了，金兵纷纷落水。

宗望眼看东京城防坚固，一下子攻不下来，就派人通知北宋，答应讲和。宋钦宗和李邦彦一伙人早想求和，立刻派出使者到金营谈判议和条件。

宗望一面向北宋提出苛刻条件，一面加紧攻城。李纲亲自登上城楼，指挥作战。金兵用云梯攻城，李纲就命令弓箭手射箭，金兵纷纷应弦倒下。李纲又派几百名勇士沿着绳索吊到城下，烧毁了金军的云梯，杀死几十名金将。金兵被杀死的、落水淹死的不计其数。

正当李纲指挥将士拼死抵抗的时候，宋钦宗的使者带来了金营的议和条件。

两个皇帝当俘虏

由于东京军民的坚决抵抗，金将宗望被迫退兵。种师道向宋钦宗建议，在金兵渡黄河退却的时候，发动一次袭击，把金兵消灭掉。这本来是个好主意。但是宋钦宗不但不同意，反而把种师道撤了职。

金兵退走以后，宋钦宗和一批大臣以为从此可以过太平日子了。他们把宋徽宗接回东京。李纲一再提醒宋钦宗要加强军备，防止金军再次进攻，可是每次提出来，总受到一些投降派大臣的阻挠。宋钦宗也嫌李纲啰唆。

哪料到东路的宗望虽退兵，西路的宗翰率领的金兵却不肯罢休，加紧攻打太原。宋钦宗派大将种师道带兵援救，半路上被金兵包围，种师道兵败牺牲。投降派大臣正嫌李纲留在京城碍事，就撺掇宋钦宗把李纲派到河北去指挥战争。

一些正直的大臣认为朝廷不该在这个时候让李纲离开京城，但是宋钦宗却硬要把李纲调走。

李纲明知道自己遭到排挤，但是要他上前线抗金，他也不愿推辞。宋钦宗拨给他 12000 人，他向朝廷请求拨军饷银、绢、钱各 100 万，朝廷只给了 20 万。李纲想做好准备工作再走，宋钦宗嫌他拖拉，一再催促，李纲只好匆匆出兵。

李纲到了河阳，招兵买马，修整武器。但是朝廷却命令他解散招来的新兵，立刻前去太原。李纲调兵遣将，分三路进兵，但是，那里的将领直接受朝廷指挥，根本不听李纲的调度。三路人马没统一指挥，结果打了一个大败仗。

李纲名义上是统帅，实际上没有指挥权，只好向朝廷提出辞职。投降派又攻击他专门主张抗金，打起仗来却损兵折将。宋钦宗把李纲撤了职，贬谪到南方去了。

金朝君臣最怕李纲，现在李纲罢了官，他们就没有顾忌了。金太宗又命令宗翰、宗望进攻东京。

这时候，太原城

已经被宗翰的西路军围困了 8 个月。太原守将王禀率领军民坚决抵抗。金兵用尽一切办法攻城，都被王禀打退。日子一久，城里断了粮，兵士把牛马、骡子杀了充饥；牛马吃完了，就把弓弩上的皮革煮来吃。老百姓天天吃野草、糠皮，没有一个人投降。最后，太原城终于被金兵攻破。王禀带着饥饿的兵士跟金兵巷战之后，自己跳到汾水里牺牲了。

太原失守之后，两路金兵继续南下。各路宋军将领听到东京吃紧，主动带兵前来援救。宋钦宗和一些投降派大臣忙着准备割地求和，竟命令各路援军退回原地。

这时候，在黄河南岸防守的宋军还有 12 万步兵和一万骑兵。宗翰的西路军到了黄河北岸，不敢强渡。到了夜里，他们虚张声势，派兵士打了一夜战鼓。南岸的宋军听到对岸鼓声，以为金兵要渡河进攻，纷纷丢了营寨逃命，13 万宋军一下子逃得精光。宗翰没动一刀一枪，就顺利地渡过了黄河。宗望率领的东路，也攻下大名（今河北大名），渡河南下。两路金兵不断向东京逼近，把宋钦宗吓昏了。一些投降派大臣又成天向宋钦宗嘀咕，说除了求和之外，没有别的出路。宋钦宗只好派他弟弟康王赵构到宗望那里去求和。

赵构经过磁州（今河北磁县），州官宗泽跟赵构说："金朝要殿下去议和，这是骗人的把戏。他们已经兵临城下，求和又有什么用呢？"

磁州的百姓也拦住赵构的马，不让他到金营去求和。赵构害怕被金朝扣留，就在相州（今河南安阳）留了下来。

没有多久，两路金军已经赶到东京城下，猛烈攻城。城里只剩下 3 万禁卫军，也是七零八落，差不多逃亡了一大半。各路将领因为朝廷下过命令，也不来援救东京。这时候，宋钦宗再想召回李纲，已经来不及了。

宋钦宗急得束手无策。京城里有个大骗子，名叫郭京，吹嘘会使"法术"，只要招集 7779 个"神兵"，就可以活捉金将，打退金兵。一些朝廷大臣，居然把郭京当作救命稻草，让他找了一些地痞无赖，充当"神兵"。到金兵攻城的时候，郭京和他的"神兵"上去一交锋，就全垮下来。东京城被金兵攻破。

宋钦宗眼看末日来到，痛哭了一场，只好亲自带着几个大臣手捧求降书，到金营去求和。宗翰勒令宋钦宗把河东、河北土地全部割让给金朝，并且向金朝献金 1000 万锭，银 2000 万锭，绢帛 1000 万匹。宋钦宗一一答应，金将才放他回城。

宋钦宗回到城里，向百姓搜刮金银，送到金营。金将嫌他太慢，过不久，又把宋钦宗叫到金营，扣押起来，说要等交足金银后再放。宋钦宗派了 24 名官吏帮金兵在皇亲国戚、官吏、和尚、道士等处彻底查抄，前后抄了 20 多天，除了搜去大量金银财宝之外，把珍贵的古玩文物、全国州府地图档案也一抢而空。

1127 年，宗翰、宗望和他们率领的金军，俘虏了宋徽宗、宋钦宗两个皇帝和皇族、官吏二三千人，满载着搜刮去的财物，回到北方去。从赵匡胤称帝开始的北宋王朝统治了 167 年，最终宣告灭亡。

宗泽三呼“过河”

北宋灭亡以后，原来留在相州的康王赵构逃到南京（今河南商丘）。1127 年夏，赵构在南京即位，这就是宋高宗。这个偏安的宋王朝，后来定都临安（今浙江杭州），历史上称作南宋。

宋高宗即位以后，在舆论的压力下，不得不把李纲召回朝廷，担任宰相。但是实际上他信任的却是黄潜善和汪伯彦两个亲信。

李纲提出许多抗金的主张。他还跟宋高宗说：“要收复东京，非用宗泽不可。”

宗泽是一位坚决抗

金的将领，北宋灭亡之前，宋钦宗曾经派他当和议使，到金京议和。宗泽跟人说："我这次出使，不打算活着回来。如果金人肯退兵就好；要不然，我就跟他们争到底。宁肯丢脑袋，也绝不让国家蒙受耻辱。"

宋钦宗一听宗泽口气那么硬，怕他妨碍和谈，就撤了他和议使的职务，派他到磁州去当地方官。

金兵第二次攻打东京的时候，宗泽领兵打击金兵，一连打了 13 次胜仗，形势很好。他写信给当时的康王赵构，要求他召集各路将领，会师东京；又写信给 3 个将领，要他们联合行动，救援京城。哪知道那些将领不但不愿出兵，反嘲笑宗泽在说疯话。宗泽没办法，只好单独带兵作战。有一次，他率领的宋军遭到金军的包围，金军的兵力比宋军大 10 倍。宗泽对将士说："今天进也是死，退也是死，我们一定要从死里杀出一条生路来。"将士们受到他的激励，以一当百，英勇作战，果然杀退了金军。

宋高宗早就了解宗泽的勇敢，这次听了李纲的推荐，就派宗泽为开封府知府。

这时候，金兵虽然已经撤出开封，但是开封城经过两次大战，城墙全部被破坏了。百姓和兵士混杂居住；再加上靠近黄河，金兵经常在北岸活动。开封城里人心惶惶，社会秩序很乱。

宗泽在军民中有很大的威望。他一到开封，先下了一道命令："凡是抢劫居民财物的，一律按军法严办。"命令下去，城里仍旧发生了几起抢劫案件。宗泽杀了几个抢劫犯，秩序就渐渐安定了下来。

河北人民忍受不了金兵的掠夺烧杀，纷纷组织义军，打击金军。李纲竭力主张依靠义军力量，组织新的抗金队伍。宗泽到了开封之后，积极联络义军。河北各地义军听到宗泽的威名，都自愿接受他的指挥。

河东有个义军首领王善，聚集了 70 万人马，想袭击开封。宗泽得知这个消息，单枪匹马去见王善。他流着眼泪对王善说："现在正是国家危急的时候，如果有像您这样的几个英雄，同心协力抗战，金人还敢侵犯我们吗?"

王善被他说得流下了感动的眼泪，说："愿听宗公指挥。"

其他义军像杨进、王再兴、李贵、王大郎等，都有几万到几十万人马。宗泽也派人去联络，说服他们团结一致，共同抗金。这样一来，开封城的外围防御巩固了，城里人心安定，存粮充足，物价稳定，恢复了大乱前的局面。

但是，就在宗泽准备北上恢复中原的时候，宋高宗和黄潜善、汪伯彦却嫌南京不安全，准备继续南逃。李纲因反对南逃，被宋高宗撤了职。

宗泽十分焦急，亲自渡过黄河，约河北各路义军将领共同抗击金兵。他在开封周围，修筑24座堡垒，沿着黄河设立营寨，互相连接，密集得像鱼鳞一样，叫作“连珠寨”，加上河东、河北各地义军民兵互相呼应，宋军的防御力量，越来越强了。

宗泽一再上奏章，要求宋高宗回到开封，主持抗金。但是奏章到了黄潜善等人手里，这批奸人竟取笑宗泽是个狂人，把他的奏章扣了下来。过了不久，宋高宗就从南京逃到扬州去了。

没有多久，金兵又分路大举进攻。金太宗派大将兀术进攻开封，宗泽事先派部将分别驻守洛阳和郑州。兀术带兵接近开封的时候，宗泽派出几千精兵，绕到敌人后方，截断了敌人退路，然后又和伏兵前后夹击，把兀术打得狼狈逃走。

又有一次，金将宗翰率领金兵攻占洛阳，宗泽派部将郭振民、李景良带兵袭击宗翰，打了败仗。郭振民向金军投降，李景良畏罪逃走。

宗泽派兵捉拿到李景良，责备他说：“打仗失败，本来可以原谅；现在你私自逃走，就是目中没有主将了。”说完，下令把李景良推出去斩首示众。

郭振民向金军投降之后，宗翰派了一名金将跟郭振民一起到开封，劝宗泽投降。宗泽在开封府大堂接见他们，对郭振民说："你如果在战场上战死，还算得上一个忠义的鬼。现在你投降做了叛徒，居然还有什么脸来见我！"说着，喝令兵士把郭振民也斩了。

宗泽又回过头对劝降的金将冷笑一声，说："我守住这座城，早已准备好跟你们拼命。你是金朝将领，没能耐在战场上打仗，却想用花言巧语来诱骗我！"

金将吓得面无人色，只听得宗泽吆喝一声，几个兵士上来，把金将也拉下去杀了。

宗泽一连杀了 3 人，表示了抗金的坚定决心，大大鼓舞了宋军的士气。他号令严明，指挥灵活，接连多次打败金兵，威名越来越大。金军将士对宗泽既害怕，又钦佩，提到宗泽，都把他称作宗爷爷。

宗泽依靠河北义军，聚兵积粮，认为完全有力量收复中原，接连写了二十几道奏章，请宋高宗回到开封。不用说，那些奏章都被黄潜善他们搁了起来。

这时候，宗泽已经是快 70 岁的老人了，他受不了这个气，背上发毒疮病倒了。部下一些将领去问候他，宗泽病已经很重。他张开眼睛激动地说："我因为国仇不能报，心里忧愤，才得了这个病。只要你们努力杀敌，我死了也没有遗憾了。"

将领们听了，个个感动得掉下热泪。大伙离开的时候，只听得宗泽念着唐朝诗人杜甫的两句诗：“出师未捷身先死，长使英雄泪满襟!”接着，又用足力气，呼喊：“过河！过河！过河!”才合上眼睛。

开封军民听到宗泽去世的消息，没有一个不伤心得痛哭流涕的。

宗泽去世后，宋朝派杜充做东京留守。杜充是个昏庸残暴的人，一到开封，把宗泽的一切防守措施都废除了。没多久，中原地区又全都落在了金军手里。

韩世忠阻击金兵

金兵南下，一直赶到明州海边，一路上不断遭到百姓组织起来的义军的袭击。金将兀术想到长江沿岸还驻有宋军的大批人马，不敢多留，在带领金兵抢掠了一阵以后，向北方退兵。

1130 年春天，兀术带了 10 万金兵北撤，到了镇江附近，就遇到宋军大将韩世忠的拦击。韩世忠是主张抗金的将领，他对金兵的侵略暴行，十分气愤，决心趁金兵北撤的时候，狠狠阻击。

兀术到了江边，打听到韩世忠不放他们过江，就

派个使者到宋营下了战书，要求跟宋军决战。韩世忠答应了他们，还跟兀术约定了决战的日期。那时候，金兵有 10 万人，但是韩世忠手下宋军总共才 8000 人，双方兵力相差很大。韩世忠明白，要打赢这个仗，只有依靠士气。他跟妻子梁红玉商量。梁红玉是个很有见识、又懂武艺的女将。她支持丈夫的计划，并且要求一起参加战斗。

韩世忠又召集部将商量，说："这一带地势，要数金山（镇江西北）上的龙王庙最险要。估计金人一定会到那儿去侦察。"他派出一名部将带领 200 兵士到龙王庙设下埋伏。

果然不出韩世忠所料，过了一天，就有 5 名金军将士骑马上了金山，到龙王庙前察看宋军动静。庙里埋伏的宋兵等到金人靠近，擂响战鼓，冲杀出来。5 名金军将士一见有埋伏，拨转马头就逃。宋兵追赶上去，抓住了两名金兵。另外 3 名伏在马背上没命地逃奔，其中一个身穿红色战袍、系着玉腰带的金将，慌里慌张从马上摔了下来，又急忙跳上马背逃走。宋军审问了俘虏，才知道那个穿红袍的，就是金军主帅兀术。

决战的时刻来到了。双方在江边摆开阵势，展开了一场血战。韩世忠披挂上阵，他的夫人梁红玉身穿戎装，在江心的一艘战船上擂响战鼓。将士们见主帅夫人上阵助战，士气高涨，纷纷冲杀过去。金兵虽然人马多，但是，一来军纪涣散，二来长途行军，十分疲劳，哪里敌得过韩世忠手下精兵的袭击。一场战斗下来，金兵被杀伤的多得数不清，连兀术的女婿龙虎大王也险些被活捉。

兀术又派出使者到宋营，情愿把从江南抢来的财物全还给宋军，只求让他们渡江，韩世忠不答应。兀术又提出把他带来的一匹名马献给韩世忠，也被拒绝。

兀术没法过江，只好带着金兵乘船退到黄天荡（今江苏南京市东北）。哪里知道黄天荡是一条死港，船驶进那里，找不到出路。正在进退两难的时候，有人献计说："这里原来有一条河道，可以直达建康，只是现在堵塞不通，如果叫兵士开凿出来，就可以逃过宋军的追击了。"

兀术立刻命令金兵开挖河道。金兵人多，挖了一个通宵，就开凿了一条 50 里长的水道。兀术赶忙指挥金兵沿水道逃到建康，不料半路上又遇到宋将岳飞的堵击，只好退回到黄天荡。

金兵在黄天荡被宋军围困了 48 天，将士们叫苦连天。这时候，江北的金军也派兵来接应。兀术想用小船渡江，韩世忠早有准备，他在大船上备好大批带着铁索的挠钩，等金兵的船只渡江的时候，大船上的宋兵用长钩把小船钩住，再用铁索用力一拉。小船翻了，金兵连人带船一起沉在江心里。

兀术十分焦急，请求韩世忠上阵对话，苦苦哀求韩世忠让他们渡江。韩世忠说：“你们要过江不难，只要你们归还占领的地方，我就放你过江。”

兀术回到金营，跟金将商量对付宋军的办法，他愁眉苦脸地说：“宋军行船好像我们骑马，来去像飞一样快，我们怎么渡得了江？”

部下有人说：“现在形势紧急，只要悬赏叫人献计，也许还有希望。”

兀术下命令挂出悬赏牌，果然有一个汉奸跑来献计说：“宋军的大海船，是靠风帆行驶的，只要挑个没风的日子出江，大船就驶不动了。”他还教兀术用火攻的办法攻击宋军。

过了几天，正遇到个大晴天，江面上风平浪静。金兵偷偷登上小船，分批渡江。韩世忠想用大船赶上去拦击，但是因为没有风，大船行驶慢，赶不上小船。正在着急的时候，金兵的火箭纷纷射来，射中了宋船的风帆。风帆起了火，整个船只都燃烧起来，船上的宋军纷纷落水。韩世忠只好放弃船只，乘小船退回镇江。

兀术摆脱韩世忠的阻击，带兵回到建康，抢掠了一阵，准备撤回北方，到了静安镇（今江苏江宁西北），又遭到了岳飞军的袭击，被杀得一败涂地，狼狈逃窜。岳飞赶走金兵，收复了建康。

岳家军大破兀术

收复建康的岳飞，是南宋抗金的名将，我国历史上著名的英雄。

岳飞是相州汤阴（今河南汤阴）人，出生那年，黄河决口，家乡闹了一场水灾，家里生活很困苦。岳飞从小刻苦读书，尤其爱读兵法。他力气大，十几岁的时候就能拉300斤的大弓。后来，他听说同乡老人周同武艺高强，岳飞就拜周同做老师，学得一手好箭法，能左右开弓，百发百中。

后来，岳飞从了军。金兵南下的时候，他在东京当小军官。有一次，他带了100多名骑兵，在黄河边练兵，忽然对面来了一大股金兵，兵士们都吓呆了，岳飞却不慌不忙地说：“敌人虽然多，但他们不知道我们的兵力多少。我们可以趁他们没准备的时候击败他们。”说着，就带头冲向敌阵，斩了金军一名将领。兵士们受到岳飞的鼓舞，也冲上去，果然把金军杀得七零八落。

这一来，岳飞的勇敢出了名。过了几年，他在宗泽部下当将领。宗泽很器重他，对他说：“像你这样智勇双全，即使古代名将也不过如此。但是光靠冲锋陷阵，毕竟不是常胜的办法。”他交给岳飞一份古代的阵图，说：“你拿这个去好好研究一下。”

岳飞接过阵图，向宗泽道谢后，接着说：“按照阵图作战，这是兵法的常规。至于灵活运用，随机应变，还得靠当将领的善于用心。”

宗泽听了，连连点头，赞赏这个青年将领的见解。

岳飞跟宗泽一样，把抗金作为自己的职责。宋高宗即位以后，他就马上写了一份奏章，希望高宗能亲自率领宋军北伐，激励士气，恢复中原。他还批评了黄潜善、汪伯彦一伙投降派的主张。

收到岳飞的奏章，宋高宗不但不听，反而嫌岳飞小小将官，多管闲事，革了他的军职。

宗泽死后，岳飞归东京留守杜充指挥。金兵大举进攻，杜充逃到建康；金将兀术攻打建康，杜充又可耻地向金军投降。杜充手下的将士都散了伙，只有岳飞的队伍仍旧坚持在建康附近战斗。这回趁兀术北撤，他跟韩世忠配合，把兀术打得大败。

金兵北撤以后，宋高宗从温州回到临安。金朝在中原地区立了一个傀儡皇帝刘豫，国号大齐，充当金朝的帮凶，骚扰南宋地界。岳飞率领将士多次打退了金齐联军，建立战功。到他 32 岁的时候，已经从一个普通将领提升到节度使的地位，跟当时的名将韩世忠、刘光世、张俊并驾齐驱了。

就在这个时期，他写了一首传诵千古的词《满江红》，抒发了他抗金的壮志豪情。词的上阕是：

> 怒发冲冠，凭栏处，潇潇雨歇。抬望眼，仰天长啸，壮怀激烈。三十功名尘与土，八千里路云和月。莫等闲，白了少年头，空悲切。

岳飞一心恢复中原，他对自己要求十分严格。宋高宗曾经为他造了一座住宅，岳飞推辞了，他说：“敌人还没消灭，哪里顾得上家呢?”有人问他说天下什么时候能够太平，岳飞回答说：“文官不贪财，武将不怕死，天下才有太平的希望。”

岳飞平时十分注意练兵。部队休整的时候，他也带将士穿着铁甲冲山坡，跳壕沟，要求像打仗时一样严格。有一次，他儿子岳云在骑马冲上山坡的时候，因为战马失足，摔倒在地。岳飞知道了，狠狠责打了岳云。别的兵士看到主将对自己的儿子也这样严格，就格外认真操练了。

在岳家军里，军纪特别严。一次，有个兵士擅自用百姓一束麻来缚柴草，被岳飞发现，立刻按军法严办。岳家军行军经过村子，夜里都露宿在路旁。老百姓请他们进屋，没有人肯进去。岳家军中有一个口号，叫作“冻死不拆屋，饿死不掳掠”。

岳飞对待将士既要求十分严格，又关心爱护。兵士生病，他常常亲自替他们调药；部下将领出征的时候，他就叫妻子岳夫人慰问他们的家属；将士在战争中阵亡，就抚育他们的子女；上级赏给他的财物，一概分配给将士，自己家里丝毫不留。

经过这样的训练和照顾，岳家军将士士气旺盛，作战勇猛。岳飞在作战之前，总是先召集将领，一起商量作战方案，然后才出战。所以打起仗来，百战百胜，从没有打过败仗。金军将士见到岳家军，没有一个不害怕的，他们中间流传着一句话："撼山易，撼岳家军难。"

南宋有岳飞、韩世忠等一批名将，再加上各地百姓组织的义军的配合，要打退金兵本来是有条件的。但是宋高宗不顾岳飞等人反对，一味向金朝屈辱求和，1139 年，竟向金朝称臣，每年进贡银 25 万两、绢 25 万匹；金朝同意把陕西、河南一带土地"偿还"南宋。

1140 年，金朝又撕毁和约，发动全国精锐部队，以兀术为统帅，分四路大举进攻。不到一个月，根据和议还给南宋的土地，全被金军夺去。南宋王朝又面临覆灭的危险。宋高宗这才不得不下诏书，要各路宋军抵抗。

岳飞得到这个命令，立刻一面派部将王贵、牛皋、杨再兴等分路出兵，一面派人到河北跟义军首领梁兴联络，要他率领义军在河东、河北包抄敌人后方，岳飞则坐镇郾城，指挥抗金。

过了几天，几路人马纷纷告捷，先后收复了颍昌（今河南许昌东）、陈州（今河南淮阳）和郑州。金军统帅兀术在东京听到岳飞进兵，大为恐慌，连忙召集部下将领一起商量对策。大家纷纷议论，说宋朝别的将帅还容易对付，就是岳家军攻势难当。但是既然来了，只好集中全力，跟岳家军拼一下。接着兀术就和龙虎大王、盖天大王率大军进攻郾城。

兀术大军来到郾城，宋金双方都摆开战场。岳飞先派他儿子岳云领着一支精锐骑兵打先锋，他对岳云说："这次出战，只能打胜仗；如果不能打胜，回来就先砍你的头！"

岳云答应了一声，就带头冲上阵去，奋勇拼杀。宋军随着岳云，杀得金兵丢下了遍野的尸首。

兀术败了一阵，就调用他的"铁浮图"进攻。"铁浮图"是经过兀术专门训练的一支骑兵，这队人马都披上厚厚的铁甲，以 3 个骑兵编成一队，居中冲锋；又用两支骑兵从左右两翼包抄，叫作"拐子马"。

岳飞看准了拐子马的弱点，命令将士上阵的时候，带着刀斧。等敌人冲来，弯着身子，专砍马脚。马砍倒了，金兵跌下马来，岳飞就命令兵士出击，把铁浮图、拐子马打得落花流水。兀术听到这消息，哭得很伤心，说："自从起兵以来，全靠拐子马打胜仗，这下全完了。"但他不肯认输，过了几天，又亲自率领 12 万大军进攻宋军。岳飞部将杨再兴带领 300 名骑兵在前哨巡视，见到金兵，立即投入战斗，杀伤敌人两千多人。杨再兴也中箭牺牲。宋将张宪从后面赶上，杀散金兵，兀术才不得不逃走。

兀术在郾城失败，又改攻颍昌。岳飞早料到这一着，派岳云带兵救援颍昌。岳云带领800名骑兵往来冲杀，金兵竟没人能抵挡。后来宋军步兵和义军分左右两翼包围，金兵又打了个大败仗。

这时候，由梁兴率领的太行山义军和黄河两岸的各路义军，也纷纷响应。他们打起岳家军的旗帜，到处打击金军，截断金军的运粮线。金兵看了吓得心惊胆战。

岳家军节节胜利，一直打到距离东京只有45里的朱仙镇。

河北的义军听到岳家军打到朱仙镇，都欢欣鼓舞，渡过黄河来同岳家军会合。老百姓用牛车拉着粮食慰劳岳家军，有的还顶着香盆来欢迎，个个兴奋得直流眼泪。

岳飞眼看这个胜利的形势，也止不住心里的兴奋。他鼓励部下说："大家努力杀敌吧。等我们直捣黄龙府的时候，再跟各路弟兄痛痛快快喝酒庆祝胜利吧！"

卖国贼秦桧

岳飞在朱仙镇大捷，逼近东京。兀术眼看在东京待不下去，决定渡过黄河北撤。当他带着金兵离开东京的时候，有个书生拦住他的马，说："大王（指兀术）别走了。岳少保（'少保'是岳飞的官衔）马上会撤兵。东京一定没事儿。"

兀术很奇怪，问那个书生说："岳飞用500骑兵打败我们10万大军，百姓日夜盼他们打过来，东京

还能守得住？”

那个书生说：“朝廷里有权臣，大将要在外面立功，是不可能的。依我看，岳少保自己性命难保，哪儿还谈得上立功？”

兀术听了，恍然大悟，马上拨转马头，带兵回到东京。

那个书生说的那个“权臣”，就是南宋朝廷的宰相秦桧。

秦桧本来是北宋时期的大臣。当宋徽宗、宋钦宗两个皇帝被金兵俘虏到北方去的时候，秦桧和他的妻子王氏也跟随他们一起被俘到金京。秦桧在金太宗面前，低声下气，百依百顺。金太宗认为他很有才干，就把他派到大将挞懒部下当军事参谋。

这时候，金朝发现南宋抗金力量越来越强大，又有岳飞、韩世忠等大将坚决主张抗战，不好对付，就决定把秦桧放回南方充当内奸。1130 年，挞懒攻打楚州（今江苏淮安）的时候，把秦桧和他的妻子放回南宋。

秦桧来到越州宋高宗的行宫求见，天花乱坠地编造了一通谎话，说他在楚州怎样杀死敌人的看守，怎样夺了一条船逃出来。当时就有不少大臣怀疑，楚州到这儿路远迢迢，秦桧越过金兵防线逃回来，难道金兵没有追捕？再说，即使敌人防备不严，让他偷跑了，但一定十分匆忙，又怎能带着王氏一起走？

但是，当时的宰相范宗尹跟秦桧是老朋友，竭力在宋高宗面前帮秦桧说话，并且说秦桧是个既可靠又能干的人才。宋高宗本来日思夜想要跟金朝讲和，听说秦桧从金朝回来，熟悉金朝内情，立刻召见秦桧。

秦桧第一次朝见宋高宗，就劝宋高宗跟金人讲和，还送上了代朝廷起草的一份求和信。

宋高宗接见秦桧之后，觉得秦桧的主张很合他的口味。他对大臣们说："秦桧比谁都忠。有了他，我高兴得晚上都睡不着觉呢。"他立刻任命秦桧做礼部尚书，过了 3 个月，又提升他当副宰相；再过半年，秦桧就成为宰相兼枢密使，掌握了南宋军政大权。

秦桧当了宰相之后，就干起卖国求和的勾当来。因为遭到许多朝臣的激烈反对，曾经被罢免了宰相职位。但是昏庸的宋高宗还是把秦桧当作心腹看待，过了几年，又重新任秦桧为宰相。秦桧利用他的权力和地位，勾结金朝，千方百计地破坏抗金将领的活动。这回听到岳飞连战连胜，准备直捣黄龙府，大为恐慌。因为金朝是他的后台，金朝一败，他在南宋也就站不住脚。于是，他就唆使宋高宗发出命令，要岳飞从前线撤兵。

岳飞突然接到宋高宗的撤兵命令，觉得莫名其妙。他派人送奏章给宋高宗说：金兵已经丧尽士气，我军士气高涨，胜利就在眼前，时机不能错过。他请求宋高宗取消撤兵命令，允许他继续进军。

秦桧接到岳飞奏章，又想了一个恶毒的手段，先命令张俊、刘光世等大将的人马从淮北前线撤兵，然后对宋高宗说，岳飞的军队在中原已经成为孤军，不能再留，叫宋高宗发出紧急金牌，叫岳飞撤军。

岳飞在前线等待高宗的进军诏令，没想到接到的却是朝廷催促他退兵的紧急金牌。岳飞接到第一道金牌，正在犹豫，送第二道金牌的快马又到了。从早到晚，快马一个接一个，一连接到十二道金牌。岳飞知道要改变宋高宗的决定已经没有希望，气愤得泪流满面，说："想不到我 10 年来的努力，一下子全给毁了。"（原文是"十年之功，废于一旦"）

岳飞要从朱仙镇退兵的消息一传出去，附近的百姓十分震惊，纷纷聚集在街头。他们拦住岳飞的马，哭泣着说："我们顶着香盆，运着粮草，迎接官军，这是金人都知道的事。现在相公要回去，我们只有死路一条了。"

岳飞看到这个情景，也禁不住流下眼泪，他叫左右兵士拿出高宗的诏书来给大家看，说："朝廷下了紧急金牌，我不能擅自做主留在这里啊！”

百姓们见留不住岳飞，都放声痛哭；兵士们也个个心酸，掩着脸哭。整个朱仙镇响起一片哭声。

岳飞心里不忍，宣布暂缓5天撤兵，让愿意跟随他们的百姓一起走。过了5天，岳家军开始撤兵的时候，当地百姓成群结队随军南迁。后来，岳飞奏请朝廷，把这些百姓安置在南方安家垦荒。

兀术打听到岳家军已走，马上重整旗鼓，向南进攻。本来被岳飞收复的河南许多州县，一下子又丢失得精光。

秦桧和宋高宗决心向金朝求和。他们恐怕受岳飞、韩世忠等人的阻挠，把他们召回京城，让韩世忠做枢密使，岳飞做枢密副使，名义上是提升，实际上是解除了他们的兵权。秦桧夺了岳飞的兵权，就派人向金朝求和。1141年冬，金朝派使者到临安，谈判议和条件。谈判结果：宋、金之间，东面以淮河为界，西面以大散关（今陕西宝鸡西南）为界；南宋向金朝称臣，每年向金朝进贡银绢各25万。历史上把这次屈辱投降的和约叫作“绍兴和议”（绍兴是高宗的年号）。

“莫须有”冤狱

“绍兴和议”之后，兀术派使者送密信给秦桧说：“你天天向我们求和，但是留着岳飞，我们不放心，一定得想法子把他除掉。”

秦桧接到主子的密信，就向岳飞下毒手了。

秦桧先唆使他的同党、监察御史万俟卨向朝廷上了一道奏章，攻击岳飞骄傲自大，捏造了岳飞在金兵进攻淮西的时候，拥兵不救，放弃阵地等许多“罪名”。万俟卨开了第一炮以后，又有一批秦桧同党接二连三地上奏章攻击岳飞。

岳飞知道秦桧跟他过不去，就主动要求辞去枢密副使的职务，宋高宗马上批准。

事情并没有到此结束。大将张俊原来是岳飞的上司，后来岳飞立了大功，遭到张俊的妒忌。秦桧知道张俊对岳飞不满，就勾结张俊，唆使岳家军的部将王贵、王俊，诬告另一个部将张宪想占据襄阳，发动兵变，帮助岳飞夺回兵权，还诬告岳飞的儿子岳云曾经写信给张宪，秘密策划这件事。

秦桧根据王贵、王俊两个奸徒的诬告，先把张宪抓起来送进大理寺大狱，严刑拷打，张宪宁死不招。接着，秦桧又奏请宋高宗下令逮捕岳飞、岳云，到大理寺受审。

秦桧的使者去逮捕岳飞，岳飞笑着对使者说："上有天，下有地，会证明我是无罪的。"

岳飞、岳云两人被逮捕到大理寺的时候，张宪已被拷打得遍体鳞伤，浑身是血，不像个人样儿。岳飞见了心里既难过，又气愤。

审问岳飞的就是万俟卨。万俟卨拿出王贵、王俊的诬告状，放在岳飞面前，吆喝着说："朝廷哪里亏待你们三人，为什么要谋反？"

岳飞说："我没有什么对不起国家的地方。你们掌管国法的人，可不能诬陷忠良啊！"

旁边一些官员们也七嘴八舌地附

和万俟卨，硬说岳飞想谋反。岳飞知道这批家伙都是秦桧的同党，申辩也没有用，就长叹一声说：“我今天落在奸贼的手里，虽然有一片忠心，也没法申诉了。”

秦桧又派御史中丞何铸审问，岳飞一句话也不回答，他扯开上衣，露出脊梁让何铸看，只见岳飞背上刺着“尽忠报国”4个大字，痕迹很深。何铸一看，大为震动，不敢再审，就把岳飞押回监狱，再看了一些案卷，觉得说岳飞谋反确实没有证据，只好向秦桧照实回报。

秦桧认为何铸同情岳飞，不再让他审问，仍叫万俟卨罗织罪状。万俟卨一口咬定岳云曾经写信给张宪，布置夺军谋反的计划。他们没有物证，就诬说原信已经被张宪烧毁了。

万俟卨反复拷问岳飞等三人，岳飞受尽酷刑，什么都不承认。有一天，万俟卨又逼岳飞写供词，岳飞在纸上只写下8个大字：“天日昭昭，天日昭昭。”

这个案件拖了两个月，审讯毫无结果。朝廷官员都知道岳飞冤枉，有些官员大胆上奏章替岳飞申冤，结果也遭到秦桧陷害。

老将韩世忠忍不住亲自去找秦桧，责问他凭什么说岳飞谋反，到底有什么证据。秦桧蛮横地说：“岳飞给张宪的信，虽然没有证据，但是这件事莫须有（就是‘也许有’的意思）。”

韩世忠气愤地说：“‘莫须有’3个字，怎能叫天下人心服！”

韩世忠反复力争，没有结果，就自己上奏章把枢密使职务辞了。

有一天，秦桧退朝回家，跟他妻子王氏在东窗下一起喝酒。秦桧手里拿着一只橘子，心神不定地用手指甲在橘子皮上乱画。王氏是个比秦桧还狠毒的人，她看出秦桧对要不要马上杀岳飞，还在犹豫，冷笑着说：“你这老头儿，好没有决断，要知道缚虎容易放虎难啊！”

秦桧听了王氏的话，狠了狠心，马上亲手写了一个纸条，秘密派人送到监狱。1142年的一个夜里，年仅39岁的大英雄岳飞在牢里被害牺牲。岳云、张宪同时被害。

岳飞被害以后，临安狱卒隗顺偷偷地把他的遗骨埋葬起来。直到宋高宗死后，岳飞的冤狱得到平反昭雪，人们才把岳飞的遗骨改葬在西湖边的栖霞岭上，后来又在岳墓的东面修建了岳庙。现在，在庄严雄伟的岳庙大殿里，端坐着全身戎装的岳飞塑像，塑像上方悬挂的匾额上，刻着岳飞亲笔写的“还我河山”4

个大字，使人肃然起敬。在岳飞墓门对面，还放着用生铁浇铸的秦桧、王氏、万俟卨和张俊 4 个反剪双手的跪像，反映了人民对民族英雄的景仰和对卖国贼的憎恨。

钟相杨么起义

南宋王朝一面对金朝屈辱求和，一面加紧对人民剥削，加重税捐，使老百姓遭到重重灾难。1130 年，金兵攻占了潭州，抢掠了一阵走了。同时，有一个被金兵打败的宋朝团练使孔彦舟，带着一批残兵败将在那里趁火打劫，催粮逼租。

当地百姓忍无可忍，在钟相带领下举行了起义。钟相是鼎州武陵（今湖南常德）人，在金兵南下的时候，他曾经组织过抗金民兵，没得到朝廷的支持，就回家乡组织农民自卫。他用宗教的形式在农民中宣

传，自称“天大圣”，能够解救人民疾苦。他说：“现在朝廷的法把人分成贵贱贫富，这不是好法。我行的法，就是要不分贫富贵贱，人人平等。”一些受尽官府、地主压迫的农民，听到这些话，怎么能不高兴呢？大家把钟相称作“老爷”，要求入“法”的人就越来越多。

当孔彦舟的骚乱激起民愤的时候，钟相就宣布起义。他自称楚王，建立政权。附近各县的农民纷纷参加起义军，钟相分派起义军攻占城池，焚烧官府，打击豪强大户，不出一个月，起义军就占领了洞庭湖周围的 19 个县。

南宋朝廷十分恐慌，任命孔彦舟担任捉杀使，镇压起义军。孔彦舟知道正面攻打敌不过钟相，就先派一批奸细，假扮成贫民，混进钟相起义军队伍。1130 年，孔彦舟发起进攻，埋伏在内部的奸细里应外合，起义军措手不及，打了败仗，钟相和他的儿子钟子昂被捕，遭到杀害。

钟相被害后，起义军推杨么当首领，继续和官军作战。杨么原来名叫杨太，因为他年纪轻，当地群众亲密地称他叫杨么。起义军在杨么的领导下，在洞庭湖沿岸建立营寨，又在湖里和各个港汊上集中了大批船只，平时生产，战时打仗，队伍越来越壮大。

南宋王朝又派程昌寓担任镇抚使，镇压起义。程昌寓到了鼎州，不惜工本制造了大批车船，每船可装载水军1000人，由人踏车就可以使船进退。有一次，程昌寓指挥水军使用车船攻打起义军水寨，水寨滩头水浅，车船开进港汊，搁在浅滩里动弹不得。起义军趁势发起攻击，官军兵士丢了车船逃走，车船全部落在起义军手里。

杨么起义军在洞庭湖建立了据点，队伍发展到20万人，占领的地区也越来越多。1133年，杨么拥立钟相的儿子钟子仪做太子，杨么自称大圣天王，在起义军占领的地方，宣布免除百姓的一切劳役和赋税，人民生活出现了兴旺气象。

南宋王朝把杨么起义军看作心腹大患，非把他们镇压不可。宋高宗又派王𤫉带兵6万进攻。王𤫉不敢再用大船，改用小船进攻。起义军用车船迎战，车船高的有几丈，来往如飞。他们又在船身前后左右都装上了拍竿，拍竿上缚着一块块大石。官军的小船一接近，他们就摇动拍竿，发出大石，把敌船打沉。车船上还发出用硬木削尖的“木老鸦”，和弓箭一起发射，打得官军叫苦连天。

有一天，洞庭湖边的江上，忽然出现了几只大车船，船上既不见旗帜枪械，也不见一个兵士。王𤫉的水军将士见了，以为起义军在上游被官军打败，这几条船是顺流漂下来的，就指挥船只靠近空船。兵士们争先恐后地撑篙拉纤，把空船带着往上游驶去。怎料到了湖面宽广的地方，几只大船里突然发出一阵擂鼓声、呐喊声，船舱里钻出来的起义军战士踏动车船，横冲直撞，把官军的几百只小船全部撞碎沉没在水里，两名将领落水丢了性命。其余留在沙滩上的官军步兵也遭到起义军攻杀。仅一天，就消灭了官军一万人，缴获了大批武器盔甲。

这时候，王燮在大营里等待消息，忽然来了100多个穿新衣的农民军，一面走，一面打着鼓板，吹着笛子，后面还有人用竹竿挑着一卷文书。官军以为一定是起义军接受招安，送投降书来了，忙命令兵士不要放箭，派人把文书接过来。宋将把文书打开一看，里面是被起义军缴获的官府告示和印章。穿着新衣的起义军战士看他们上了当，哈哈大笑说："你们的一万水军，前天晚上已经被我们杀得精光，衣甲、刀枪、旗号、钱粮，都是我们的啦！"说着，又都乐呵呵地吹笛打鼓走了。王燮知道了，气得直翻白眼。

刘豫的伪齐政权在襄阳的官员李成，听到起义军节节胜利的消息，派人带着金帛文书，到杨么大寨游说，要起义军联合进攻宋朝，说只要攻占州县，就封他们做知州、知县，被起义军拒绝。李成又派了35个人带了官诰、金带、锦袍来诱降，起义军不再饶恕，把35名伪齐使者用酒灌醉后全部杀死。

南宋王朝和伪齐政权的“围剿”诱降，都没有使杨么屈服，到了1135年，也就是起义的第6个年头，宋高宗派宰相张浚亲自督战，又从抗金前线抽回了岳飞的军队。由于起义军将领有人动摇叛变，杨么大寨被官军攻破，杨么被俘后遭到杀害，坚持6年的起义终于失败。

虞允文书生退敌

“绍兴和议”以后，宋金双方有20年没有发生战争。宋高宗和一批投降派大臣对于这个偏安的局面十分满意，在临安修筑起豪华的宫殿府第，过着纸醉金迷的生活，把收复失地的事忘记得一干二净。

在这段时间里，金朝统治集团发生内讧，贵族完颜亮杀死了金熙宗，自立为帝，历史上称为海陵王。完颜亮把金朝的京都从上京迁到燕京，一心想发动战争，消灭南宋。有一次，他做了个梦，梦里他上了天宫，天帝命令他讨伐宋朝。他跟大臣谈起这个梦，一些凑趣的大臣都说这是个好兆头，向他祝贺。完颜亮

就把发兵南侵的事决定下来了。

完颜亮准备发兵的风声，传到临安。有些官员要朝廷早做准备，反而被宋高宗斥责是造谣生事。有一回，金朝派使臣施宜生到临安。宋高宗叫大臣张焘接待。张焘想从施宜生那里探听消息。施宜生原来是宋朝的官员，也想透露点消息给张焘，但是旁边有金朝的随从官员，不好明说，只好暗示说："今天北风可刮得厉害啊！"又拿起几案上的笔说："笔来，笔来！"（"笔"和"毕"同音，"毕来"，就是都来的意思）

张焘得到施宜生的暗示，连忙把金兵要大举南下的消息告诉宋高宗，但是宋高宗只当耳边风。

1161 年秋天，完颜亮做好一切准备，发动全国 60 万兵力，组成 32 个军，全部出动，进攻南宋。出发之前，完颜亮趾高气扬地跟将领们说："从前梁王（指兀术）进攻宋朝，费了多少时间，没取得胜利。我这次出征，多则 100 天，少则一个月，一定能扫平南方。"

完颜亮的大军逼近淮河北岸，防守江北的主帅刘锜正在养病，派副帅王权到淮西寿春防守。王权是个贪生怕死的家伙，听到金兵南下，吓得失魂落魄，根本没想抵抗。完颜亮渡过淮河，王权还没见到金兵的人影儿，早已闻风逃奔，一直逃过长江，到采石才停下来。

宋高宗听到王权兵败，才害怕起来。他把王权撤了职，另派李显忠代替王权的职务，并且派宰相叶义问亲自去视察江淮守军。

叶义问也是个胆小鬼，不敢亲自上前线，另派一个中书舍人（文官名）虞允文，慰劳采石的宋军将士。

虞允文到了采石，王权已经走了，接替他职务的李显忠却还没有到。对岸的金兵正在准备渡江。宋军没有主将，人心惶惶，秩序混乱。虞允文到了江边，只见宋军兵士三三两两垂头丧气地坐在路旁，把马鞍和盔甲丢在一边。

虞允文问他们说："金人都快要渡江了，你们坐在这里等什么？"

兵士们抬头一看，见是一个文官，没好气地说："将军们都跑了，我们还打什么仗？"

虞允文看到队伍这样涣散，十分吃惊，觉得等李显忠到时就来不及了，就立刻召集宋军将士，告诉他们说："我是奉朝廷的命令到这里来犒军的。你们只要为国家立功，我一定报告朝廷，论功行赏。"

大伙儿见虞允文出来做主，也打起精神来了。他们说："我们吃尽金人的苦，谁不想抵抗。现在既然有您做主，我们愿意拼命作战。”

有个跟随虞允文一起去的官员悄悄地对虞允文说：“朝廷派您来犒军，又不是要您督战。别人把事办得那么糟，您何必背这个包袱呢？”

虞允文气愤地说：“这算什么话！现在国家遭到危急，我怎么能考虑自己的得失，逃避责任。”

虞允文是个书生，从来没有指挥过战争。但是爱国的责任心使他鼓起勇气。他立刻命令步兵、骑兵都整好队伍，排好阵势，又把江面的宋军船只分为5队，一队在江中，两队停泊在东西两侧岸边，另外两队隐蔽在港汊里做后备队。

宋军布置刚刚结束，金兵已经开始渡江。完颜亮亲自挥动着小红旗指挥。几百艘金军大船迎着江风，满载着金兵向南岸驶来。没有多少时间，金兵已经陆续登岸。

虞允文命令部将时俊率领步兵出击。时俊挥舞着双刀，带头冲向敌阵。兵士们士气高涨，拼命冲杀。金兵进军以来，从没有遭到过抵抗，一下子碰到这样强大的敌手，就都垮下来了。

江面上的宋军战船，也向金军的大船冲去。宋军的战船虽小，但是很坚实，就像尖利的钢刀一样，插进金军的船队，把敌船拦腰截断。敌船纷纷被撞沉。

敌军一半落在水里淹死，另一半还在顽抗。

太阳下山了，天色暗了下来，江面上的战斗还没有结束。这时候，正好有一批从光州（今河南潢州）逃回来的宋兵到了采石。虞允文要他们整好队伍，发给他们许多战旗和军鼓，从山后面摇动旗帜，敲着鼓绕到江边来。江上的金兵听到南岸鼓声震天，看到山后无数旗帜在晃动，以为是宋军大批援兵到来，纷纷逃命。

金军遭到意料不到的惨败，气得完颜亮暴跳如雷，一肚子怒气全发泄在士兵身上，把逃回去的士兵全拷打死了。

虞允文料想完颜亮不会甘心失败。当天夜里，就把战船分为两队，一队开到上游，一队留在渡口。到第二天天蒙蒙亮的时候，完颜亮果然又派金军渡江，虞允文指挥两队战船夹击。金兵尝过虞允文的厉害，没心思反抗。300 只大船被困在江心和渡口，宋军放起一把火，把敌船全烧了。

完颜亮在采石渡江不成功，又把他们的士兵乱杀了一批，才带着留下的人马到扬州去，打算到那里去渡江。

宋军在采石大胜之后，主将李显忠才带兵到达。李显忠了解到虞允文指挥作战的情况，十分钦佩。

虞允文对李显忠说：“敌人在采石失败之后，一定会到扬州去渡江。对岸镇江那边没准备，情况很危险。您在这儿守着，我到那边去看看。”

李显忠马上拨给虞允文一支人马，由虞允文率领前往镇江。

镇江原来是由老将刘锜防守。那时候，刘锜已经病得不能起床了。虞允文到了镇江，先去探望刘锜。刘锜躺在床上，紧紧拉着虞允文的手，心情沉重地说：“国家养兵30年，没有立过一点战功，想不到立大功的还是靠您这位书生，我们当将军的实在太惭愧了。”

虞允文安慰他一阵，就回到军营。他命令水军在江边演习。宋军制造了一批车船，由兵士驾驶，在江边的金山周围巡逻，来回像飞一样。北岸的金兵看了十分吃惊，赶快报告完颜亮。完颜亮大怒，把报告的人打了一顿板子。

这时候，金兵打了几次败仗，都害怕作战。有些将士暗地里商量逃走，完颜亮发现后，下了命令：兵士逃亡的杀死将领，将领逃亡的杀死主将，并且宣布第二天全军渡江，畏缩不前的处死。

金军将士对完颜亮的残酷统治再也忍受不住，还没等完颜亮发出渡江命令，当天夜里他们就拥进完颜亮的大营，把他杀死了。

完颜亮一死，金兵就撤退了。

完颜亮带兵南侵的时候，金朝内部也出了事。一些不满完颜亮统治的大臣，另外拥戴完颜雍为皇帝，这就是金世宗。采石大战后，金世宗为了稳定内部，派人到南宋议和，宋金战争又暂时停了下来。

辛弃疾活捉叛徒

在完颜亮大举南下的时候，北方和中原人民趁金朝后方空虚，纷纷起义。济南府有一个农民叫耿京，也聚集了几十个人举行起义，先后攻占了莱芜、泰安（都在今山东省）两座县城。耿京的队伍很快就发展到 20 多万人，成为各地起义军中最大的一支队伍。

投奔耿京起义军的人，大多是在金朝统治者残酷压迫下的贫苦农民，也有一个爱国的知识分子，他就是辛弃疾。

辛弃疾是南宋时期杰出的文学家，济南人。他出生的时候，家乡已经沦陷在金朝统治者的手里。他的祖父辛赞虽然在金朝占领区里做过几年地方官，但是一直心系宋朝。辛赞常常给小孙子辛弃疾讲北宋灭亡的惨痛历史，带着辛弃疾登上高山，眺望祖国的大好河山，给辛弃疾留下了很深的印象。

辛弃疾长大后，因为文才出众，被金朝的济南官府推荐到燕京去参加进士考试。临走的时候，辛赞叮嘱他在到燕京去的路上，注意沿路的地理形势和金朝内部的政治情况。辛弃疾到了燕京，没有考取进士，但是对祖父叮嘱的事情倒很留心观察。过了 3 年，他又到燕京去参加考试，对金朝内部的情况了解得更清楚了。

辛赞没有能盼到南宋恢复中原就死了。辛弃疾决心继承祖父的遗志。到了第二年，完颜亮发动南侵，22 岁的辛弃疾眼看机会到来，就组织了一支两千多人的起义队伍，投奔耿京。

在耿京的起义队伍里，像辛弃疾那样有文才的人

是少有的。耿京见他前来投奔，十分欢迎，派他负责起义军的文书工作，掌管起义军的大印。

辛弃疾告诉耿京，在济南附近有一支起义军，首领是他熟悉的一个和尚，名叫义端，懂得兵法。耿京听了很高兴，就派辛弃疾去跟义端联络。不几天，义端就带着队伍参加了耿京的起义军。

义端到了起义军后，凭着老相识的关系，跟辛弃疾很接近，辛弃疾对义端也没有怀疑。哪知义端不怀好意，一天晚上，趁辛弃疾不防备，偷走了他保管的起义军大印，逃奔金军。

耿京认为辛弃疾引进了奸细，大为恼火，马上要把辛弃疾处死。

辛弃疾恳切地说："义端偷印逃跑，我当然应当负责。请您给我 3 天时间，让我把义端抓回来。如果到了限期我不能把他抓到，愿意接受重刑。"

辛弃疾得到耿京同意，就快马加鞭向金营追去，赶了一段路，果然追上了义端。辛弃疾抓住义端，那叛徒吓得哆哆嗦嗦，跪在地上求饶。辛弃疾按捺不住心头怒火，当场砍了义端的头，把它拴在马背上，回到耿京营里。

耿京不但不办辛弃疾的罪，反而对他更加器重。

采石大战之后，金兵被迫北撤。金世宗一面跟南宋讲和，一面在北方使用招抚和镇压两种手段，企图瓦解北方抗金的义军。耿京的义军受到了严重威胁。

辛弃疾跟耿京说："为了抗金，咱们一定要和朝廷取得联系，南北呼应；万一咱们在这里待不住，也可以把人马拉到南边去。"

耿京接受了辛弃疾的意见，就派义军总提领贾瑞做代表，到建康去见宋高宗。贾瑞是个不识字的武将，不懂得朝见礼节，要求耿京派辛弃疾跟他一起去。耿京同意了。

1162 年，贾瑞、辛弃疾带着十几个随从人员到了建康。宋高宗听说山东义军派人来归附，十分高兴，当天就在行宫里召见他们。辛弃疾陪同贾瑞上朝，从容不迫地宣读了他代义军起草的奏章，报告北方义军的抗金情况。

宋高宗立刻任命耿京为天平军节度使，对贾瑞、辛弃疾也各封了一个官衔，要他们回去向耿京传达。

贾瑞和辛弃疾完成了任务，高高兴兴地离开建康回去。不料，在经过海州（今江苏连云港）的时候，听到一个不幸的消息。原来，在他们离开义军的那段时间里，耿京被人杀害了。

杀害耿京的是个义军的将领张安国。在金朝官府加紧他们的诱降活动以后，张安国为了贪图金人的赏赐，勾结耿京手下另一个部将，趁耿京没防备，闯进营帐把耿京杀了。张安国投奔金军后，金朝把这个叛徒封为济州（今山东巨野）的州官。义军失去了首领，又不甘心跟张安国投降金军，大多散伙走了。

辛弃疾听到这个消息，又是痛心，又是气愤，一定要除掉叛贼，为耿京报仇。他跟海州的守将一商量，就有不少将士自动要求跟辛弃疾去除奸。辛弃疾带了 50 名勇士，一起骑马奔向济州。

辛弃疾的队伍到了济州官府，叛徒张安国正在里面设宴请客，一听是辛弃疾来了，有点心虚，但是一时还弄不清他们的来意，就吩咐兵士让他们进来。

辛弃疾和同去的勇士闯进大厅，看见张安国跟一些叛将正在宴席上饮酒作乐，气得眼都红了。他们也不跟张安国说话，拥了上去，七手八脚就把张安国捆绑起来，拉出衙门。等济州兵士赶来的时候，他们已经把张安国缚在马上了。

济州的兵士见了辛弃疾威严的神色，没人敢动手。辛弃疾当场向兵士们宣布说：“朝廷大军马上就要来了。大家谁愿意抗金的，参加到我们队伍里来吧！”

济州的士兵多数原来跟过耿京，听到辛弃疾一号召，有上万人愿意跟他们走。辛弃疾立刻带着义军，押着叛徒，直奔南方。

辛弃疾把叛徒押到建康行营，南宋朝廷审清楚张安国的罪行，立刻把他砍头示众。

辛弃疾回到南方后，被派到江阴做官。他不顾自己职位低微，好几次向朝廷提出抗金的主张，可惜都没有被采纳。后来，虽然做了几任地方官，还创建过一支“飞虎军”，但是始终没有能够实现他北伐中原的愿望。在他 42 岁那年，竟受朝廷官僚打击，被迫退休。他一生写下了许多反映他的豪放性格和爱国热情的词。他的词在我国文学史上占很重要的地位。

就在辛弃疾南下那一年，宋高宗退位，由他的侄儿赵昚接替皇位，这就是宋孝宗。

不甘屈辱的烈女子

南宋末期，当元兵的铁蹄踏上中原的大地时，许许多多不肯被元兵蹂躏的汉族百姓，谱写了一场场可歌可泣的壮烈篇章。在诗坛上，一个被称作“徐君宝妻”的无名女性，就以自己洋溢着炽热爱国激情的词作与不肯受辱的高风亮节谱写了一曲生命的赞歌。

1275 年的春天，元朝的军队沿着汉水长驱直下，攻占了无数的城池。洞庭湖畔一个宁静的小城——岳州城也被元兵的铁蹄踏碎了。元兵攻下岳州城以后，

一味地烧杀抢掠。昔日繁华与富丽的小城就在这场劫难中变得满目疮痍。

岳州城里住着一对夫妇，丈夫的名字叫徐君宝。这一天，当岳州城面临着屠城的危险时，徐君宝带着自己的妻子随着人群四处躲藏。天黑时分，他们与许多人一起躲进了一座破庙，希望搜查的元兵能够放过这个不起眼的地方。第二天，天刚刚亮，这座破庙就被元兵包围了。他们堵在门口，看见略有姿色的女子就往外拖。徐君宝的妻子既年轻，又漂亮，元兵看见了二话不说就往外抢。徐君宝紧紧抓住妻子的胳膊，不让元兵带走，一个元兵走上前来就是一脚，他当即昏死过去。

当元兵看见差不多年轻、好看一点的女子基本上被拖光了以后，就对留在破庙里的人群展开了杀戮。徐君宝就这样被杀害了。

徐君宝妻被元兵带走，关进了监狱。一天，一个元将在俘虏中发现了徐君宝妻，就把她带回自己的军帐中去。当夜就想让她陪宿。徐君宝妻回答说："让我陪宿可以，不过，你一定要把我明媒正娶过去，我才同意。"这个元将倒真的很喜欢她，就答应了她的要求，打算等攻下宋都临安以后再娶她。

后来，元军很快就攻下了临安城。这名元将因为攻城有功，不但加官晋爵，还住进了当年抗金名将韩世忠住过的蕲王府。元将心想，这下总可以与这个抓来的女子成婚了吧？

这一天，元将把徐君宝妻带到堂前问她：“你现在可以嫁给我了吧？”徐君宝妻从容地说道：“我是一个已经结过婚的女子。现在虽然我的丈夫已经死了，但我在与你结婚以前请让我祭奠他一下。如果你不让我祭奠，我一辈子都会不得安宁的。”元将听她说得有理，就允许她祭奠自己的丈夫。徐君宝妻继续说道：“在我祭奠我的先夫的时候，我希望不要有人打扰我。”元将心想，即使不看着她，谅她一个小女子也逃不到哪里去，因此就答应了徐君宝妻的要求。

等众人走后，徐君宝妻向着丈夫死去的方向拜了几拜，然后放声大哭。她在哭泣声中写下了一首《满庭芳》：

汉上繁华，江南人物，尚遗宣政风流。绿窗朱户，十里烂银钩。一旦刀兵齐举，旌旗拥，百万貔貅。长驱直入，歌台舞榭，风卷落花愁。　　清平三百载，典章文物，扫地俱休。幸此身未北，犹客南州。破鉴徐郎安在？空惆怅，相见无由。从此后，断魂千里，夜夜岳阳楼。

在词作中，徐君宝妻以满腔的热诚回忆了当初江南的繁荣景象，控诉了元兵烧杀抢掠的罪行。词的下片转入对自身身世的描述。在这首词中，徐君宝妻已经立下了必死的决心：既然今生已不能与自己的丈夫相见，那就在死后让自己的魂灵重新回到自己的故乡，再与丈夫相见吧！

写完这首词以后，徐君宝妻就从容地投水自尽了。

元将在门口等了半天，还不见徐君宝妻出来，有点不耐烦了。他推门走进院中，才发现徐君宝妻已经自尽了。他看见了徐君宝妻写的词，倒也对她很佩服，就遂了她的心愿，把徐君宝妻送回家乡安葬了。

贾似道误国

蒙古、南宋联合灭掉金朝以后，南宋乘机出兵，想收复开封、河南一带的土地。窝阔台借口南宋破坏协议，进攻南宋。

打这以后，蒙宋双方不断发生战争。

到窝阔台的侄儿蒙哥即位后，派他弟弟忽必烈和大将兀良合台进军云南，控制了西南地区。1258 年，蒙哥分兵三路，进攻南宋。他自己亲率主力进攻合州（今四川合川），忽必烈攻打鄂州（今湖北武昌），另

一路由兀良合台率领，从云南向北攻打潭州（今湖南长沙），准备三路会师后，直取临安。

蒙哥的军队进攻合州的时候，合州宋将王坚和全城军民奋起反抗，坚守合州东面的钓鱼城。蒙古军把钓鱼城围了5个月还没有攻下来，蒙哥却在攻城的时候被炮石打中，受了重伤，回到大营不久就死了。

忽必烈正向鄂州进兵，还没过江，得知蒙哥的死讯，有人劝他赶快回到北方去争夺汗位。忽必烈说："我奉命来攻打宋朝，哪能空手回去？"

忽必烈观察了沿江的形势，就派几百人的敢死队当先锋，强渡长江，宋兵没有防备，果然溃败。蒙古兵就大举渡江，把鄂州围住。

警报一个接一个地送到临安，把南宋王朝震动了。宋理宗命令各路宋军援救鄂州；又任命贾似道担任右丞相兼枢密使，到汉阳督战。

新任丞相贾似道，原是个不学无术的浪荡子，靠他的姐姐宋理宗的宠妃，才得了官位。他上任后，什么事都不干，经常带着一批歌女在西湖上饮酒作乐。有一天晚上，宋理宗在宫里登高眺望，看到西湖上灯火通明，就对左右侍臣说："这一定是贾似道这小子。"

侍臣知道宋理宗宠着贾似道，就凑趣说："别看他年纪轻轻，喜欢玩乐，他的才能大着呢。”

这回，宋理宗要他上汉阳前线督战，他只好硬着头皮去了。有一次，他听说前面有一队蒙古兵，吓得直打哆嗦，嘴里连声叫着：“怎么办？怎么办？”后来，蒙古兵抢了一些财物走了，贾似道才拍拍胸口，喘了口气。

忽必烈攻城越来越猛。贾似道眼看形势紧张，就瞒着朝廷，偷偷地派个亲信到蒙古军营去求和，表示只要蒙古退兵，宋朝就愿意称臣，进贡银、绢。忽必烈攻得正起劲，不肯就此罢休。正在这时候，忽必烈接到他妻子从北方捎来的密信，说蒙古一些贵族正在准备立他弟弟阿里不哥做大汗。忽必烈急着想回去争夺汗位，就答应了贾似道的请求，订下了秘密协定。贾似道答应把江北土地割给蒙古，并且每年向蒙古进贡银、绢各 20 万。忽必烈得了贾似道的许愿，就急忙撤兵回北方去了。

贾似道回到临安，把私自订立和约的事瞒得严严实实，却抓了一些蒙古兵俘虏，吹嘘各路宋军取得大胜，不但赶跑了鄂州的蒙古兵，还把长江一带敌人的势力全部肃清了。

宋理宗听信了贾似道的弥天大谎，认为贾似道立了大功，专门下一道诏书，赞赏他奋不顾身，指挥有方，立刻给他加官晋爵。

忽必烈回到北方，得到大多数蒙古贵族的支持，即了大汗位。他想起了在鄂州跟贾似道订下的和议，就派使者郝经到南宋去，要求履行和约议定的条件。

郝经到了真州（今江苏仪征），先派副使带信给贾似道。贾似道一听郝经要到临安来，怕他的骗局露馅，赶快派人到真州把郝经扣了起来。忽必烈听到这个消息，气得要命。那时候，蒙古内部发生了内讧，忽必烈的弟弟阿里不哥跟忽必烈争夺权力，发生了战争。忽必烈全力对付阿里不哥，只好暂时把南宋一头搁起来。

贾似道靠欺骗过日子，居然做了十几年的宰相。宋理宗死后，太子赵禥即位，就是宋度宗。宋度宗封贾似道为太师，拜魏国公，地位高得没人能跟他比。贾似道一面故意要求告老回家，一面又派亲信散播谣言，说蒙古军又要打过来了。刚即位的宋度宗就苦苦留他，这样一来，他的地位就越来越高了。宋度宗专门给他在西湖葛岭造了一座豪华的别墅。贾似道每天在葛岭过着享乐的生活，朝政大事，都得由官员到别墅去找他决定。

忽必烈稳定了内部，打败了阿里不哥以后，在1271 年称帝，改国号为元。这就是元世祖。

元世祖借口南宋不执行和约，派大将刘整、阿术出兵进攻襄阳，宋军连战连败，襄阳城被围了5年。贾似道把前线的消息封锁起来，不让宋度宗知道。有个官员上奏章向宋度宗告急，奏章落在贾似道手里，那个官员马上被革职了。

有一天，贾似道上朝的时候，宋度宗问他：“听说襄阳城已经被蒙古兵围了数年，怎么办？”

贾似道故意装出惊讶的样子说：“蒙古兵早就被我们打退，陛下从哪儿听来这种消息？”

宋度宗说：“刚才听到一个宫女说起。”

散朝以后，贾似道查明了那个透露消息的宫女，找个借口把她杀死。打那以后，宋度宗再也听不到蒙古军进攻的消息了。

襄阳在蒙古兵的围攻下，越来越危急。贾似道却每天躲在他的葛岭别墅里。有一次，有个亲信官员去找他，他正趴在地上跟他的几个侍女斗蟋蟀。那个官员拍拍贾似道的肩膀说：“这难道也是国家大事吗？”贾似道玩得正起劲，也没当一回事。

襄阳终于被元兵攻破了。南宋王朝大为震动。这个时候，贾似道眼看再瞒也瞒不住，就把责任推给襄阳守将，把守将革职了事。

元世祖看到南宋这样腐败，决定一鼓作气消灭南宋。他派左丞相伯颜率领元兵20万，分两路进军，一路从西面攻鄂州，另一路从东面攻扬州。

这时候，宋度宗病死了，贾似道拥立了一个4岁的幼儿赵㬎做皇帝。伯颜攻下鄂州，沿江东下，直取临安。贾似道一面带领7万宋军驻守芜湖，一面派使臣到元营求和。伯颜拒绝议和，命令元军在长江两岸发起进攻，宋军全线崩溃，贾似道逃回扬州。到了这个时候，南宋灭亡的局势已经无法挽回了。

文天祥起兵

元兵乘胜南下，进逼临安。4岁的皇帝赵㬎，只是挂个名的。他祖母谢太后和大臣们一商量，赶紧下诏书要各地将领带兵援救朝廷。诏书发到各地，响应的人很少。只有赣州的州官文天祥和郢州（今湖北钟祥）守将张世杰两人立刻起兵。

文天祥是我国历史上著名的大英雄，吉州庐陵（今江西吉安）人。他从小爱读历史上忠臣烈士的传记，立志要向他们学习。20岁那年，他到临安参加进士考试，在试卷里写了他的救国主张，受到主考官的赏识，中了状元。

文天祥在朝廷做了官之后，马上发现

贾似道和一批宦官都是些祸国殃民的奸臣。有一回，蒙古军攻打南宋，宦官董宋臣劝宋理宗放弃临安逃跑，文天祥马上上了一道奏章要求杀掉董宋臣，免得动摇民心。为了这件事，他反被撤了职。后来，他回到临安担任起草诏书的工作，又因为得罪贾似道，在他 37 岁那年，竟被迫退休。一直到了南宋王朝快要灭亡的危急时刻，他才被派到江西去担任赣州的州官。

文天祥接到朝廷诏书，立刻招募了 3 万人马，准备赶到临安去。有人劝他说："现在元兵长驱直入，您带了这些临时招募起来的人马去抵抗，好比赶着羊群去跟猛虎斗，明摆着要失败，何苦呢?"

文天祥泰然回答说："这个道理我何尝不知道。但是国家养兵多年，现在临安危急，却没有一兵一卒为国难出力，岂不叫人痛心！我明知道自己力量有限，宁愿以死殉国。但愿天下忠义的人，闻风而起，人多势大，国家才有保全的希望。"

文天祥排除种种阻挠，带兵到了临安。右丞相陈宜中派他到平江（今江苏苏州）防守。这时候，元朝统帅伯颜已经渡过长江，分兵三路进攻临安。其中一路从建康出发，越过平江，直取独松关（今浙江余杭）。陈宜中又命令文天祥退守独松关。文天祥刚离开平江，独松关就被元军攻破，想再回平江，平江也失守了。

文天祥回到临安，跟郢州来的将领张世杰商量，向朝廷建议，集中兵力跟元军决一死战。但是胆小的陈宜中说什么也不同意。

伯颜带兵到了离临安只有 30 里的皋亭山（今杭州东北）。朝廷里一些没有骨气的大臣，包括左丞相留梦炎都溜走了。谢太后和陈宜中惊慌失措，赶紧派了一名官员带着国玺和求降表到伯颜大营求和。

伯颜指定要南宋丞相亲自去谈判。

陈宜中害怕被扣留，不敢到元营去，逃往南方去了；张世杰不愿投降，气得带兵乘坐海船出海。

谢太后没办法，只好宣布文天祥接替陈宜中做右丞相，要他到伯颜大营去谈判投降。

文天祥答应到元营去，但是他心里另有打算。他带着大臣吴坚、贾余庆等到了元营，见了伯颜，根本不提求和的事，反而严正地责问伯颜说：“你们究竟是想跟我朝友好呢，还是存心消灭我朝？”

伯颜说：“我们皇上（指元世祖）的意思很清楚，并不是要消灭宋朝。”

文天祥说：“既然是这样，那么请你们立刻把军队撤退到平江或者嘉兴。如果你们硬要消灭我朝，南方军民一定跟你们打到底，对你们未必有好处。”

伯颜把脸一沉，用威胁的口气说：“你们再不老实投降，只怕饶不得你们。”

文天祥也气愤地说：“我是堂堂南宋宰相。现在国家危急，我已经准备好拼一死报答国家，哪怕上刀山下火海，我也毫不害怕。”

文天祥洪亮的声音，庄严的语言，把伯颜的威胁顶了回去。周围的元将个个吓得惊奇失色。

双方会见之后，伯颜传出话来，让别的使者先回临安去跟谢太后商量，却把文天祥留下来。文天祥知道伯颜不怀好意，向伯颜抗议。伯颜装出若无其事的样子说：“您别发火。两国和议大事，正需要您留下商量嘛。”

随同文天祥到元营的吴坚、贾余庆回到临安，把文天祥拒绝投降的事回奏谢太后。谢太后一心投降，便改任贾余庆做右丞相，到元营去求降。伯颜接受降表后，再请文天祥进营帐，告诉他朝廷已另外派人来投降。文天祥气得把贾余庆痛骂一顿，但是投降的事已无法挽回了。

1276 年，伯颜带兵占领临安。谢太后和赵㬎出宫投降，元军把赵㬎当作俘虏押送大都（今北京市），文天祥也被押到大都去。一路上，他一直在考虑怎样从敌人手里逃脱。路过镇江的时候，他和几个随从人员商量好，见元军没防备，逃出了元营，乘小船到了真州。

真州的守将苗再成听到文丞相到来，十分高兴，打开城门迎接。苗再成从文天祥那里知道临安已经陷落，表示愿意跟文天祥一起，集合淮河东西的兵力，打退元兵。

文天祥正在高兴，哪知道守扬州的宋军主帅李庭芝听信谣言，以为文天祥已经投降，是元军派到真州去的内奸，命令苗再成把他杀死。苗再成不相信文天祥是这样的人，但是又不敢违抗李庭芝的命令，只好把文天祥骗出真州城外，把扬州的来文给他看了，叫文天祥赶快离开。

文天祥没办法，又带着随从连夜赶到扬州。第二天天没亮，到了扬州城下，等候开门进城。城门边一些等着进城的人坐着没事都在闲谈。文天祥一听，知道扬州正在悬赏缉拿他，不能进城了。

文天祥等 12 个人为了免得被缉拿，改名换姓，化了装，专拣僻静的小路走，想往东到海边去，找船向南转移。

十几个人走了一程，正遇到一队元朝的骑兵赶了上来。他们躲进一座土围子里，才没被元兵发现。

文天祥等人日行夜宿，历尽千难万险，终于在农民的帮助下，从海口乘船到了温州。在那儿，他得到张世杰和陈宜中在福州拥立新皇帝即位的消息，就决定到福州去。

元

成吉思汗统一蒙古

当韩侂胄北伐的时候，金朝内部也已经十分腐败。北方的蒙古族趁这个时机强大起来。1206 年，蒙古各部落首领在斡难河边，举行了一次盛大的集会，公推铁木真做全蒙古的大汗（就是大帝的意思），并且给他取了一个称号，叫成吉思汗。

铁木真本来是蒙古族孛儿只斤部酋长也速该的儿子。他幼年的时候，金王朝统治者对蒙古族人民实行残酷统治，各部落之间也互相残杀，蒙古族人民的生活十分苦难。铁木真的祖先俺巴孩就是被金朝皇帝杀害的。

铁木真 9 岁那年，也速该把铁木真带到一个朋友家定亲。他把铁木真留在朋友家

里独自回家，赶了一段路，肚子饿得慌，想找点东西吃，正好看见有一批塔塔儿部人在草原上举行宴会。他下马走进人群，按照当地风俗，参加了塔塔儿人的宴会。

塔塔儿部和孛儿只斤部是冤家。也速该没想到这一层，塔塔儿部却有人认出了也速该，偷偷地在也速该吃的食物里放了毒药。也速该在离开宴会回家的路上，肚子疼得支不住，才想到刚才在宴会上中了毒，但是懊悔也来不及了。他忍着疼痛赶回家里，就咽了气。

也速该一死，孛儿只斤部失掉了首领，都散了伙。原来归附也速该的泰亦赤部也脱离了他们，还带走了不少也速该的奴隶和牲畜。铁木真的家境就一天不如一天了。

泰亦赤部的首领怕铁木真长大后向他们报仇，就带领人马捉拿铁木真，想把他杀害。铁木真得到消息，连忙逃到一座森林里。

铁木真在森林里躲了 9 天 9 夜，没吃没喝，忍不住饥饿，走了出来。他一出森林，就被泰亦赤人抓住了。泰亦赤人给他戴上木枷，带到各个营帐里去示众。有一天，泰亦赤部的首领和百姓都在斡难河边举行宴会，只留了一个年轻的看守监视他。铁木真趁看守不防备，举起木枷把看守砸昏了，逃了出来。

以后，铁木真和他的母亲、弟、妹又躲进深山里，靠捉土拨鼠、野鼠当饭吃，日子过得更艰苦了。

年轻的铁木真为了恢复父亲的事业，想尽办法，渐渐把他们部落失散的亲属和百姓聚拢起来。他在跟别的部落的战斗中打了胜仗，力量渐渐壮大起来。

铁木真跟另一个部落的首领札木合是朋友。他俩常常白天在树荫下举行宴会，晚间睡在一起，要好得像亲兄弟一样。但是，后来铁木真力量强大了，札木合部下有人投奔铁木真，札木合很不高兴。有一次，札木合的弟弟抢夺了铁木真的马群，被铁木真部下杀了，双方发生了冲突。札木合集合了他统治的十三部一共 3 万人马攻打铁木真。

铁木真也不肯示弱，把部下的 3 万人马分成 13 支队伍，抵抗札木合的进攻。双方在斡难河边的草原上展开了一场大战，铁木真抵挡不住，败退了。札木合把抓住的战俘成批杀害。这件事引起札木合部下的不满，纷纷脱离札木合投奔铁木真，铁木真虽然打了败仗，但实力反而更壮大了。

铁木真没有忘记杀害他父亲的仇人塔塔儿部首领蔑古真。没过多久，蔑古真得罪了金朝，金朝派丞相完颜襄约铁木真配合进攻塔塔儿部。铁木真认为这是个报仇的好机会，就和金兵一起夹击塔塔儿部，把塔塔儿部打得全军覆没，俘获了大批人口、牲畜和辎重。

金王朝认为铁木真立了功劳，封他做前锋司令官。

以后，铁木真又经过几次战斗，陆续消灭了蒙古高原好几个部落，终于统一了全蒙古。他被蒙古各部首领推举当了大汗，这就是举世闻名的成吉思汗。

成吉思汗即位以后，建立了军事和政治制度，使用了蒙古文字，使蒙古成了一个强大的汗国。但是金朝还把蒙古当作它的附属国，要成吉思汗向他们进贡。成吉思汗立志要改变这种屈辱的地位。

金章宗死后，太子完颜永济即位，派使者到蒙古下诏书，要成吉思汗下拜接受。成吉思汗问使者新皇帝是谁，使者告诉他是永济。成吉思汗轻蔑地吐了一口唾沫，说："我原来以为中原主人是天上人做的，像这种庸碌无能的人也配做皇帝？"说罢，就把金朝的使者丢在一边，自己上马走了。

打那以后，成吉思汗就跟金朝决裂了。

1211 年，成吉思汗决心大举进攻金朝。他登上高山对天祈祷，说："金朝皇帝杀害我的祖先俺巴孩，请允许我报这个仇吧！"接着，他就选了 3000 名精锐骑兵南下。金将胡少虎带了30万金兵抵抗，被蒙古军打得一败涂地。过了两年，蒙古兵又打进居庸关，围攻金朝的中京（今北京市）。成吉思汗跟他4个儿子分兵几路，在河北广大平原上横冲直撞，所向无敌。

这时候，金朝内部十分混乱，金主完颜永济被杀，新即位的金宣宗不得不向成吉思汗求和，献出大批金帛，把公主嫁给成吉思汗。成吉思汗才撤兵回去。

成吉思汗打败了金朝，兵力更强大了。1219年，有一支蒙古商队受成吉思汗派遣到西方去，经过花刺子模（今里海东，咸海南），被当地的守将杀害。成吉思汗亲自率领20万蒙古大军攻打花剌子模，接着，又向西攻打，占领了现在的中亚细亚各国，前锋一直打到现在的欧洲东部和伊朗北部，才带兵回国。

成吉思汗带兵西征的时候，曾经要西夏发兵帮助，西夏不但拒绝出兵，而且和金朝结了同盟。成吉思汗回来以后就决心灭掉西夏。在围攻西夏京城的最后时刻，他自己却得了重病。他知道好不起来，就在病床上对部下将领说："我们攻打金朝，要向宋朝借路。宋朝和金朝冤仇很深，一定会答应我们的。"

成吉思汗死后，他的儿子窝阔台接替他做大汗。

窝阔台按照成吉思汗的遗嘱，向南宋借路，包围金朝京城开封。1233 年，蒙古军攻破开封，金哀宗逃到蔡州（今河南汝南）。

蒙古又联合南宋围攻蔡州。

金哀宗派使者向宋理宗（宋宁宗的继子，名叫赵昀）求和，说："金朝被灭，下一步就挨到宋国了；如果跟我们联合，对金、宋两国都有好处。"

宋理宗没有理睬他，金哀宗走投无路，只好自杀。1234 年，金朝在蒙、宋两军的夹攻下灭亡。

才华横溢的王实甫

王实甫，元代著名杂剧作家，名德信。大都（今北京市）人。生卒年不详。

王实甫生平事迹资料缺乏。钟嗣成《录鬼簿》将他列入“前辈已死名公才人”，周德清《中原音韵》在称赞关汉卿、郑光祖和白朴、马致远“一新制作”的同时，也称赞了《西厢记》的曲文，并说“诸公已矣，后学莫及”。由此可以推知，王实甫活动的年代可能与关汉卿等相去不远。他的主要创作活动当在元成宗元贞、大德年间。

《北宫词纪》所收署名王实甫的散曲《商调·集贤宾》《退隐》中写道：“想着那红尘黄阁昔年羞，到如今白发青衫此地

游”“人事远，老怀幽，志难酬，知机的王粲；梦无凭，见景的庄周”“怕狼虎恶图谋，遇事休开口，逢人只点头，见香饵莫吞钩，高抄起经纶大手”，可知王实甫早年曾经为官，宦途不无坎坷，晚年退隐。曲中又有“且喜的身登中寿”“百年期六分甘到手”，可以推断他至少活到了60岁。这首散曲又见于《雍熙乐府》，未署名。因此，学术界对它的作者是谁有不同看法。

《中原音韵》曾把《西厢记》第一本第三折的曲文作为“定格”的范例标举。元末明初贾仲明的《凌波仙》曲说王实甫“作词章，风韵美，士林中等辈伏低。新杂剧，旧传奇，《西厢记》，天下夺魁”。明初朱权《太和正音谱》誉王实甫词如“花间美人”“铺叙委婉，深得骚人之趣”“极有佳句”。可见，他的作品在元代和元明之际很为人所推崇，《西厢记》其时已被称为杂剧之冠。

王实甫所作杂剧，名目可考者共13种。今存有《崔莺莺待月西厢记》《吕蒙正风雪破窑记》和《四大王歌舞丽春堂》3种。《韩采云丝竹芙蓉亭》和《苏小卿月夜贩茶船》都有佚曲。其余仅存名目而见于《录鬼簿》著录者有《东海郡于公高门》《孝父母明达卖子》《曹子建七步成章》《才子佳人多月亭》

《赵光普进梅谏》《诗酒丽春园》《陆绩怀橘》《双蕖怨》《娇红记》9种。对王实甫的曲目，学术界有不同看法，或认为《娇红记》非出王手，或认为《诗酒丽春园》亦非王作，还有人认为今存《破窑记》是关汉卿的作品，但都非定论。明清时代还有王实甫作《月明和尚度柳翠》和《襄阳府调狗掉刀》的著录和传闻，均不可靠。此外，自明代开始，出现《西厢记》是王实甫作关汉卿续或关作王续等说法，也都不可信。

王实甫还有少量散曲流传：有小令一首，套曲3种（其中有一残套），散见于《中原音韵》《雍熙乐府》《北宫词纪》和《九宫大成》等书中。其中，小令《中吕·十二月过尧民歌·别情》较有特色，词采旖旎，情思委婉，与《西厢记》的曲词风格相近。

《西厢记》在王实甫现存的3种杂剧中，不仅是他的代表作，而且是元代杂剧创作中最优秀的作品之一。

《西厢记》作为一部既有演员表演又有人物说白和歌唱的综合性歌剧，使作者王实甫在当时戏剧界有很高的声望，贾仲明《凌波仙》词的下阕中有这样的评价："作词章，风韵美，士林中等辈伏低。新杂剧，旧传奇，《西厢记》，天下夺魁"。这些赞美之词，也说明王实甫在当时的戏剧界是有很大影响的头面人物。

王实甫改编或创作的杂剧很多，可惜大半都已散失，流传至今的完整的杂剧只有《丽堂春》《破窑记》和《西厢记》三种，前两种都是儿女情长、才子佳人的吟风弄月之作，反响不是很大。但是王实甫创作的《西厢记》则为他赢得了极大的声誉和文学史上的崇高地位。明代有人说“北词以《西厢记》为首”“北曲故当以《西厢》压卷”；还有人说“《西厢记》为传奇冠”“独戏文《西厢》作祖”……大家都把《西厢记》奉为中国古代文学中最优秀的戏曲作品。《西厢记》这部优秀的戏剧佳作，王实甫到底是怎样创作的呢？从现在的研究情况来看，《西厢记》的创作，大体上经历了由唐人的传奇小说《莺莺传》到北宋民间说唱文学中《商调·蝶恋花》鼓子词，再由《商调·蝶恋花》鼓子词到《西厢记诸宫调》弹词，最后到王实甫的杂剧《西厢记》这样一个漫长的演变过程。也就是说，崔莺莺和张生终成眷属这样一个古老而动人的爱情故事，它起源于9世纪初，完成、定型于12世纪，大约经历了4个多世纪的长期酝酿及其发展演变。

王实甫呕心沥血地创作了《西厢记》，自问世之日起，封建统治阶级就将它列为“淫书之首”，视若洪水猛兽，一再明令禁演、焚毁。明清之际被禁毁的“淫书”之中，每次都少不了《西厢记》。而它却以其诱人的艺术魅力、强大的思想震撼力在社会上不胫而走，更为广泛地流传，为老百姓乃至于一些文人所喜闻乐见，因之它也获得了永恒的、旺盛的生命力。就在统治阶级或一些御用文人大肆宣扬“《水浒》倡乱，《西厢》诲淫”的同时，这些封建文人又以极其庸俗肮脏的手法，对《王西厢》进行续貂和翻改，给《西厢记》大泼污水，又出现了一些低级庸俗、粗制滥造、妄图抵消《西厢记》巨大影响的翻案赝品。尽管如此，古代戏曲艺术的精品佳构、瑰宝奇葩《西厢记》，并未受到丝毫损害，它问世至今已数百年了，却深受了我国人民群众的喜爱，光辉的艺术生命也历久不衰。

关汉卿叹“窦娥”《救风尘》

关汉卿，号已斋，亦作一斋，汉卿是他的字，是元代著名的戏剧大师。大约生于金代末年（约 1229—1241 年），卒于元成宗大德初年（约 1300 年前后）。依据《元史类编》卷 36 的记载和近几年来对山西南部地区金元时期戏曲文物的考察，以及对关汉卿戏剧作品中语言特色的研究，确定他为河东南路解州（今属运城市）人。

元灭金后，定都大都（今北京市），关汉卿来到当时政治、经济、文化的中心，并在这里专事戏剧活动。由于他写了一个名叫《伊尹扶汤》的剧本，经过认真排演后，拿到宫廷献演，得到了皇帝和官员们的称赞，关汉卿由此声名大噪。

关汉卿以他的多

才多艺，成为当时戏剧界的领袖。他一生共写了 60 多个剧本，还有不少散曲和套曲，至今仍有他的 17 个剧本和 100 多首散曲流传下来。这 17 个剧本分别是：《温太真玉镜台》《赵盼儿风月救风尘》《钱大尹智宠谢天香》《包待制三勘蝴蝶梦》《包待制智斩鲁斋郎》《杜蕊娘智赏金线池》《感天动地窦娥冤》《望江亭中秋切脍旦》《关张双赴西蜀梦》《闺怨佳人拜月亭》《关大王单刀会》《诈妮子调风月》《山神庙裴度还带》《邓夫人苦痛器存孝》《状元堂陈母教子》《刘夫人庆赏五侯宴》《钱大尹智勘绯衣梦》。

关汉卿的散曲全收在《金元散曲》中。

在关汉卿的剧作中，《感天动地窦娥冤》《赵盼儿风月救风尘》《关大王单刀会》是他的优秀代表作。

施耐庵无心仕途性孤高

施耐庵为人正直，性格孤高。施耐庵从政两年后，就弃官还乡隐居，过着读书写作的清苦生活，再也没有涉足官场。

元朝末年，张士诚在苏州率兵起义，占据吴越之地，自称“诚王”。他的部将卞元亨与施耐庵的关系不同寻常，私交很好，卞元亨就在张士诚面前荐举施耐庵，并盛赞他有不同一般的才能。张士诚就派卞元亨持着聘书，去聘请施耐庵入幕；施耐庵迫于压力，就只好入幕当了谋士。不久，施耐庵无心留恋这一谋士之位，他离开张士诚，曾在常熟和江阴等地坐馆施教维生。张士诚一心想得到施耐庵这个人才，还派部下多次来到施耐庵的住所，再三邀请他入幕。施耐庵此时已潜心创作《水浒传》，对入幕毫无兴趣，就借口老母在堂、妻子弱病等理由婉言谢绝；但是，他也担心张士诚嫁祸于他，便举家迁往淮安，过着与世隔绝、闭门不出、读书写作的隐居生活，以天年终老。

传说，他与明代文人刘基情感甚笃。朱元璋为网罗天下的栋梁之材，经刘基在朱元璋面前荐举，明太祖就派刘基去探访施耐庵，请他到朝廷参与政事。其时，施耐庵呕心沥血创作的《水浒传》正好完稿，刘基读了这部巨著之后，谈话中再也没有提及邀请施耐庵入朝参政这件事了。刘基回到京城后向明太祖禀报：“陛下，施耐庵本是一个难得的奇才，只是如今他为了创作小说《水浒传》，已将自己的心智才力耗损殆尽，将他招进朝廷，这还有什么益处和用处呢？”朱元璋听了刘基的回报，就没有起用施耐庵了。以上这些说法不一、也难以定论的传闻，给施耐庵的人生经历，涂抹上了一层浓郁的神奇色彩，也说明他在百姓的口碑中享有崇高的声望。明人王道生在《施耐庵墓志》中曾这样写道：施耐庵“闭门著述，追溯旧闻，郁郁不得志，愤恨终身”。

施耐庵对元朝统治者的残酷统治、民族高压以及当时的黑

暗现实是深为不满，心怀愤激的。于是他借北宋农民起义的历史事实，来寄寓他不满元朝统治的激愤之情，就创作了长篇小说《水浒传》。

正气歌

元军攻下崖山以后，张弘范召集将领，举行庆功宴会，把文天祥请来。宴会席上，张弘范对文天祥说："现在宋朝灭亡了，丞相已经尽到最后一片忠心。只要您回心转意，归顺我们大元皇上，还能保持您丞相的地位。"

文天祥含着眼泪说："国破家亡，我身为宋朝大臣，没能够挽回局势，死了还有罪孽，怎么还能贪图活命呢。"

张弘范一再劝降，没有结果，只好派人把文天祥押送到大都。

过了半年，文天祥被押到大都，元王

朝下令把他送到上等的宾馆里，用美酒好菜招待他。过了几天，元朝丞相博罗派投降官员留梦炎去劝降。文天祥对这个叛徒早已深恶痛绝，现在见他居然厚着脸皮来劝降，更是火冒三丈。没等留梦炎开口，就一顿痛骂，把留梦炎骂得抬不起头，灰溜溜地走了。

元朝对文天祥劝降不成，就把他移送到兵马司衙门，戴上脚镣手铐，过着囚徒的生活。过了一个月，博罗把文天祥提到元朝的枢密院，亲自审问。

文天祥被兵士押着，来到枢密院大堂，只见博罗满脸凶相，坐在上面。文天祥正眼也不看，昂起头，挺直腰杆走上前去。左右兵士吆喝他跪下，被文天祥拒绝了。

博罗恼羞成怒，喝令左右动手。兵士们拉的拉，推的推，将文天祥按倒在地上。

博罗说："你还有什么话可说？"

文天祥坦然说："从古以来，国家有兴有亡，做大臣的被灭被杀的，哪一个朝代没有？我是宋朝的臣子，现在既然已经失败，只求早死。"

博罗怕审问出现僵局，想缓和一下空气，就说："自从盘古到现在，有几个帝王，你倒说来听听。"

文天祥哼了一声，说："一部十七史（指《史记》等 17 部历史书），从哪里说起？我今天不是到这里来应考，哪有心思跟你们闲扯。”

博罗被文天祥抢白了几句，讨个没趣，就无理取闹地责问文天祥为什么丢了临安逃走，为什么要另立二王（指赵昰、赵昺）。文天祥一一据理力争，最后，他慷慨激昂地说：“我文天祥今天落在你的手里，早就准备一死，何必再啰唆！”

博罗气得吹胡子瞪眼睛，喝令把文天祥押回兵马司。他想杀掉文天祥，但是元世祖恐怕杀了文天祥，民心不服，不同意把他杀害。

文天祥被关的那间土牢，又矮又窄，阴暗潮湿。遇到雨天，屋面漏水，满地是水；一到夏天，地面上泛起一阵阵蒸气，更加闷热。牢房的隔壁，有狱卒的炉灶，有陈年的谷仓，发出阵阵烟火气、霉气，再加上厕所里大粪的气味，死老鼠的臭味，使人极为难受。

文天祥被关在这间牢房里，恶劣的环境只能折磨他的身体，却并不能摧毁他的意志。他相信，只要有爱国爱民族的浩然正气，就能够战胜一切恶劣的环境。

他在牢房中，写下了千古传诵的《正气歌》。他在那首诗里，举了历史上一些坚持正义，不怕牺牲的忠臣义士的例子，认为这都是正气的表现。他在诗中写道：

天地有正气，杂然赋流形。

下则为河岳，上则为日星。

于人曰浩然，沛乎塞苍冥。

……

时穷节乃见，一一垂丹青。

意思是：天地之间有一种正气，分别表现为各种物体。如地下的大河高山，天空的明月星辰。在人的身上就表现为浩然之气，充塞在宇宙之间。……到了危急的关头，才表现出他的气节，他们的事迹一件件留在史册上。

文天祥进牢的第三年，河北中山府发生了一场农民起义。起义领袖自称是宋朝皇室的后代，聚集几千人马，号召大家打进大都，救出文丞相。

这一来可把元王朝吓坏了，如果不杀文天祥，恐怕闹出大乱子来。元世祖还没有丢掉招降的幻想，决定亲自劝降文天祥。

一天，文天祥被人从牢房里押出来，带到宫里。

文天祥见了元世祖，不肯下跪，只作了个揖。元世祖问他还有什么话说。文天祥说：“我是大宋宰相，尽心竭力扶助朝廷，可惜奸臣卖国，叫我英雄无用武之地。我不能恢复国土，反落得被俘受辱。我死了以后，也不甘心。”说着，咬牙切齿，不断地捶打自己的胸膛。

元世祖和颜悦色地劝说：“你的忠心，我也完全了解。事到如今，你如果能改变主意，做元朝的臣子，我仍旧让你当丞相怎么样?”

文天祥慷慨地说：“我是宋朝的宰相，哪有服侍两朝的道理。我不死，哪还有脸去见地下的忠臣烈士?”

元世祖说：“你不愿做丞相，做个枢密使怎么样?”

文天祥斩钉截铁地回答说：“我只求一死，别的没有什么可说了。”

元世祖知道劝降已没有希望，才叫侍从把文天祥带出去。

第二天，就下令把文天祥处死。

这一天，北风怒号，阴云密布。京城柴市的刑场上，戒备森严。百姓们听到文天祥将要就义的消息，自发集中到柴市来，一下子就聚集了一万人，把刑场团团围住。只见文天祥戴着镣铐，神色从容，来到刑场。他问旁边的百姓，哪一面是南方。百姓们指给文天祥看了。他朝着正南方向拜了几拜，端端正正坐了下来，对监斩官说：“我的事结束了。”1283 年，这位 47 岁的民族英雄就此牺牲，在民族危亡的时刻，表现出一身的浩然正气。

郭守敬修订历法

元世祖忽必烈即位以前，就重视吸收汉族的读书人，帮助筹划朝政大事。他重用一个汉族谋士刘秉忠。忽必烈称帝和定国号为元，都是刘秉忠的主意。后来，刘秉忠又向忽必烈荐引了一些朋友、学生，也一个个担任了元朝初年的重要官员。其中有一个是元代著名科学家郭守敬。

郭守敬是邢州（今河北邢台）人。他祖父郭荣学识渊博，不但通晓经书，对数学、天文、水利等都有研究。郭守敬少年时候，在祖父的影响下，对科学发生浓厚的兴趣。那时候，刘秉忠和他的朋友张文谦等正在邢州西南紫金山讲

学，郭荣把他孙子送到刘秉忠那里学习。郭守敬在那里认识了许多爱好科学的朋友，学问就长进得更快。

忽必烈统一北方以后，为了发展农业生产，决定整治水利，征求这方面的人才。张文谦把郭守敬推荐给忽必烈，忽必烈很快就在开平（今内蒙古正蓝旗东）召见郭守敬。郭守敬对北方水利情况十分熟悉，当时就提出6条整治水利的措施。忽必烈听了十分满意，每听完一条，就点头赞许。最后，他很感慨地说：“让这样的人去办事，才不会是摆空架子吃闲饭的呢。”接见以后，就派郭守敬担任提举各路河渠的职务，经办河道水利的事。

过了两年，郭守敬又被派到西夏一带去整治水利。那里经过多年战乱，河道淤塞，土地荒芜，生产遭到严重破坏。郭守敬到了西夏，经过详细勘察以后，发动民工疏浚了一批原有的渠道、水坝，还开挖了一些新河道。不出一年时间，这一带900多万亩农田灌溉畅达，粮食丰收，百姓的生活也都改善了。

为了加强大都到江南的交通运输，忽必烈又派郭守敬去勘测水路交通情况。经过郭守敬的勘测、设计，不但修通了原来的运河，还新开凿了一条从大都到通州的通惠河，这样，从江南到大都的水路运输，就畅通无阻了。

元世祖灭南宋以后，更加重视农业生产的恢复。农业生产是要利用历法的，过去，蒙古一直使用金朝颁布的历法，这种历法误差很大，连农业上常常使用的节气也算不准。元朝征服江南以后，南方用的又是另一种历法，南北历法不一样，更容易造成紊乱。元世祖决定统一制定一个新历法。他下令成立了一个编订历法的机构，名叫太史局（后来叫太史院）。负责太史局的是郭守敬的同学王恂。郭守敬因为精通天文、历法，也被朝廷从水利部门调到太史局，和王恂一起主办改历的工作。

修订历法工作一开始，郭守敬就提出：研究历法先要重视观测，而观测必须依靠仪表。原来从开封运来的有一架观察天象的大型浑天仪，已经陈旧不堪，得不到可靠的数据，郭守敬需要设计一套新的仪器。他觉得原来的浑天仪结构复杂，使用不方便，还创制了一种结构比较简单、刻度精密的简仪。他制作的仪器，精巧和准确程度都比旧的仪器高得多。有了好的仪器，还要进行精确的实地观测。1279 年，郭守敬在向元世祖报告的时候，提出在太史院里建造一座新的司天台，同时在全国范围进行大规模的天文测量的打算。这个大胆的计划马上得到元世祖批准。

经过王恂、郭守敬等人的研究，在全国各地设立了27个测点。最北的测点是铁勒（今西伯利亚的叶尼塞河流域），最南的测点在南海（今西沙群岛上），选派了14个监候官员分别到各地进行观测。郭守敬也亲自带人到几个重要的观测点去观测。各地的观测点把得到的数据全部汇总到太史局。郭守敬根据大量数据，花了两年的时间，编出了一部新的历法，叫《授时历》。这种新历法，比旧历法精确得多。它算出一年有365.2425天，同地球绕太阳一周的时间，只相差26秒。这部历法同现在通行的格里历（即公历）一年的周期相同。但是郭守敬的《授时历》比欧洲人确立公历的时间要早302年。

欧洲来客马可·波罗

元世祖在位的时候，成吉思汗时期开始建立的庞大的蒙古汗国，已经分裂成4个汗国（钦察汗国、察合台汗国、窝阔台汗国、伊尔汗国），元朝皇帝在名义上还是4个汗国的大汗。在那个时期，中国是世界上最强大、最富庶的国家，西方各国的使者、商人、旅行家纷纷慕名到中国来观光。其中最有名的要数马可·波罗。

马可·波罗的父亲尼古拉·波罗和叔父玛飞·波罗，原来是威尼斯的商人。兄弟俩常常到国外去做生意。蒙古汗国建立以后，他们带了大批珍宝，到钦察汗国做生意。后来，那儿发生战争，他们又到了中亚细亚

的一座城市——布哈拉，在那儿住了下来。

有一次，忽必烈的使者经过布哈拉，见到这两个欧洲商人，感到很新奇，对他们说："咱们大汗没见过欧洲人。你们如果能够跟我一起去见大汗，必能得到富贵，再说，跟我们一起到中国去，再安全不过了。"

尼古拉兄弟本来是喜欢到处游历的人，听说能见到中国的大汗，怎么不愿意？两人就跟随使者一起到了上都（今内蒙古自治区多伦县西北）。忽必烈听到来了两个欧洲客人，果然十分高兴，在他的行宫里接见了他们，问这问那，特别热情。

尼古拉兄弟没准备留在中国，忽必烈从他们那儿听到欧洲的情况，要他们回欧洲跟罗马教皇捎个信，请教皇派人来传教。两人就告别了忽必烈，离开中国。在路上走了 3 年多，才回到威尼斯。那时候，尼古拉的妻子已经病死，留下的孩子马可·波罗，已经是 15 岁的少年了。

马可·波罗听父亲和叔父说起中国的繁华情况，十分羡慕，央求父亲带他到中国去。尼古拉觉得让孩子一个人留在家里不放心，就决定带他一起走。

尼古拉兄弟见了教皇之后，带着马可·波罗到中国来。路上又花了 3 年多的时间，在 1275 年到了中国。忽必烈已经即位称帝，听到尼古拉兄弟来了，派人从很远的地方把他们迎接到上都。

尼古拉兄弟带着马可·波罗进宫拜见元世祖。元世祖看尼古拉身边多了一个少年，诧异地问这是谁，尼古拉回答说："这是我的孩子，也是陛下的仆人。"

元世祖见到马可·波罗英俊的样子，连声说："你来得太好了。"

当天晚上，元世祖特地在皇宫里举行宴会，欢迎他们。后来，又留他们在朝廷里办事。

马可·波罗非常聪明，很快学会了蒙古语和汉语。元世祖发现他进步很快，十分赏识他，没有多久，就派他到云南去办事。元世祖喜欢了解各地的风土人情，过去，朝廷使者到各地去视察，回来的时候，问他们风土人情，都讲不出。马可·波罗出去，每到一处，都留心考察当地的风土人情。回到大都，就向元世祖详细汇报。元世祖听了，直夸马可·波罗能干。以后，凡是有重要的任务，元世祖总派马可·波罗去。

马可·波罗在中国整整住了 17 年，被元世祖派到许多地方视察，还经常出使到国外，到过南洋好几个国家。他在扬州待过 3 年，据说还在那里当过总管。

日子一久，3个欧洲人不免想念家乡，三番五次地向元世祖请求回国，但是元世祖宠着马可·波罗，舍不得让他们走。恰好那时候，伊尔汗国国王的一个妃子死了，派使者到大都来求亲。元世祖选了一个名叫阔阔真的皇族少女，赐给伊尔汗国国王做王妃。伊尔汗国使者认为走陆路太不方便，知道尼古拉他们熟悉海路，就请元世祖派尼古拉他们一起护送王妃回国。元世祖只好答应。

1292年，尼古拉兄弟和马可·波罗就和伊尔汗国使者一起，离开中国乘海船经过印度洋，把阔阔真护送到了伊尔汗国，经过3年的跋涉，才回到威尼斯。

这时候，他们离开威尼斯已经20年。当地人长久没听到他们的消息，都以为他们死在国外了。现在看到他们穿着东方的服装回来，又听说他们到过中国，带回许多珍珠宝石，都轰动了。人们给马可·波罗起个外号，叫作“百万家产的马可”。

没有多久，威尼斯和另一个城邦热那亚发生冲突，双方的舰队在地中海里打起仗来。马可·波罗自己花钱买了一条战船，亲自驾驶，参加威尼斯的舰队。结果，威尼斯打了败仗，马可·波罗被俘，关在热那亚的监牢里。热那亚人听说他是个著名的旅行家，纷纷到监牢里来访问，请他讲东方和中国的情况。

跟马可·波罗一起关在监牢里的人中，有一个名叫鲁思梯谦的作家，他把马可·波罗讲述的事都记录了下来，编成一本书，这就是著名的《马可·波罗行纪》（又名《东方闻见录》）。在那本游记里，马可·波罗把中国的著名城市，像大都、扬州、苏州、杭州等，都做了详细的介绍，称颂中国的富庶和文明。这本书一出版，激起了欧洲人对中国文明的向往。热那亚人因为马可·波罗出了名，把他释放回国。

打那以后，中国和欧洲人、阿拉伯人之间的往来更加密切。阿拉伯的天文学、数学、医学知识开始传到中国来；中国古代的三大发明——指南针、印刷术、火药，也在这个时期传到了欧洲（中国的另一个大发明造纸术，传到欧洲要更早一些）。

一只眼的石人

元朝从元成宗以后，又传了9个皇帝，皇室内部斗争十分激烈，政治也越来越腐败，人民灾难深重。最后一个皇帝元顺帝（又叫元惠宗）妥懽帖睦尔即位后，荒淫残暴，闹得国库空虚，物价飞涨，百姓忍受不下去，很多地方爆发了农民起义。

河北有个农民叫韩山童，他祖父是个教书先生，曾经利用传教的形式，暗地组织农民反抗元朝，被官府发现，充军到永年（今河北邯郸东北）。韩山童长大以后，继续组织白莲会（一种秘密宗教组织），聚集了不少受苦受难的农民，烧香拜佛。韩山童对他们

说："现在天下大乱，佛祖将要派弥勒佛下凡，拯救百姓。"这个传说很快就传到河南和江淮一带，百姓们都盼望着有那么一天，弥勒佛真会下凡来。

正巧在这个时候，黄河在白茅堤决口，又碰上接连下了20多天大雨，洪水泛滥，两岸百姓遭受严重水灾。有人向朝廷建议，把决口的地方堵住，另外在黄陵冈（今山东曹县西南）开挖河道，疏通河水。1351年，元王朝征发了汴梁（今河南开封）、大名等十三路民工15万和兵士两万人，到黄陵冈开河。

修河工程开始了。民工们在烈日暴雨下，被迫日日夜夜没命地干活，可是朝廷拨下来的开河经费，却让治河的官吏克扣了去。修河的民工连饭也吃不饱，怨声载道。

韩山童决定抓住这个机会，发动群众。他先派几百个会徒去做挑河民工，在工地上传播一支民谣：

石人一只眼，挑动黄河天下反。

民工们不懂这歌谣是什么意思，但是听到里面有"天下反"3个字，就觉得好日子快要到来了。开河开到了黄陵冈，有几个民工挖呀挖呀，忽然挖出一座石人来。大家好奇地聚拢来一瞧，只见石人脸上正是一只眼，不禁呆住了。这件新鲜事又很快地在十几万民工中传开来，大家心里都想，民谣说的真的应验了，既然石人出来，天下造反的日子自然来到了。

不用说，这个石人是韩山童事先偷偷地埋在那里的。

百姓被鼓动起来了。韩山童有个伙伴刘福通，对韩山童说，现在元朝压迫百姓那么厉害，百姓还想念着宋朝。如果打起恢复宋朝的旗帜，拥护的人就会更多。韩山童很赞成这个主张，就跟大家宣布，说韩山童本来不姓韩，而是姓赵，按辈分排起来，还是宋徽宗的第八代孙子；刘福通也是南宋大将刘光世的后代。他们说得那么有鼻子有眼，百姓们听了，也不能不信。

韩山童、刘福通挑选个日子，聚集了一批人，杀了一匹白马、一头黑牛，祭告天地。大家推韩山童做领袖，号称“明王”，并约定日子，在颍州颍上（今安徽阜阳、颍上）起义，用红巾裹头作为起义军的标记。正在歃血立誓的时候，有人走漏了消息。官府派兵士把韩山童抓去，押到县衙门杀了。韩山童的妻子带着他儿子韩林儿，逃脱了官府的追捕，到武安（今河北武安）躲了起来。

刘福通逃出包围，把约定起义的农民召集起来，攻占了颍州等一些据点。原来在黄陵冈开河的民工得到消息，也杀了修河官员，纷纷投奔刘福通的队伍。因为起义兵士头上裹着红巾，当时的百姓把他们称作红军，历史上把它称作红巾军。不到 10 天，红巾军已经发展到 10 多万人。

元王朝听到刘福通声势浩大，吓慌了神，赶忙调动了 6000 名色目人组成的阿速军和几支汉军，镇压红巾军。阿速军本来是元王朝的一支精锐的队伍，但是那时候，已经十分腐败，将领们只知道喝酒享乐，兵士们到处抢劫。一碰上红巾军，还没交锋，主将带头挥着鞭子，骑马向后逃奔，嘴里还不停地叫喊着："阿卜，阿卜！"（阿卜是走的意思）下面的兵士一看主将临阵脱逃，也都四散逃窜。

过了一个月，刘福通的红巾军又连续攻下了一批城池。江淮一带的农民早就受到白莲会的影响，听到刘福通起义，纷纷响应，像蕲水的徐寿辉，濠州（今安徽凤阳）的郭子兴，都打起红巾军的旗号起义。也有不打红巾军旗号的，像江苏北部的张士诚。

1354 年，元顺帝派丞相脱脱集中了诸王和各省人马，动用了西域、西番的兵力，号称百万，围攻占领高邮的张士诚起义军。高邮城被围得水泄不通。起义军正在危急的时候，元王朝突然发生内乱。元顺帝下令撤掉脱脱的官爵。百万元军失去了统帅，不战自乱，全军崩溃。

元军溃散以后，刘福通的北方起义军乘机出击，大破元军。第二年二月，刘福通把韩山童的儿子韩林儿接到亳州（今安徽亳县）正式称帝，国号为宋。韩林儿被称为小明王。

韩林儿、刘福通在亳州建立政权以后，兵分三路，出师北伐。西路军由李武、崔德率领，进攻陕西、甘肃、宁夏、四川；东路军由毛贵率领，从山东、河北，直逼元朝京城大都；中路军由关先生、破头潘等率领，从山西打到辽东，配合东路军攻打大都。

三路北伐军都取得很大的进展。毛贵的东路军一直打到元大都城下。刘福通亲自率领大军攻占了汴梁，把小明王韩林儿接到汴梁，定为都城。红巾军声势浩大，元王朝更加恐慌，纠集地主武装加紧镇压，三路北伐军先后失利，汴梁又落在元军手里。元王朝又用高官厚禄招降了张士诚，刘福通保护小明王逃到安丰（今安徽寿县）后，受到张士诚的袭击，1363年，刘福通在战斗中牺牲。北方起义军经过12年的战斗，终于失败。

和尚当元帅

在刘福通红巾军转战北方的时候，濠州郭子兴红巾军正在壮大起来。

郭子兴本来是定远（今安徽定远）地方的一个财主，因为出身低微，经常受地方官吏的敲诈勒索，心里气愤不过，加入了白莲会。他拿出家里的钱财，摆酒杀牛，结交江湖好汉，只等一有机会，就杀死那批贪官污吏，出口恶气。

1352 年，也就是刘福通起义的第二年，郭子兴看见时机成熟，就和 4 个朋友一起，带着几千个年轻人，趁着黑夜，打进濠州城，杀了州官，把濠州城占领了，宣布起义。郭子兴和他的 4 个好友都自称元帅。

元王朝派大将彻里不花带兵围攻濠州。彻里不花害怕红巾军，不敢攻城，在很远的地方扎下营垒，却派兵士在城外捉了一些百姓，当作俘虏向上级邀功请赏。城外的老百姓遭到迫害，过不了日子，纷纷逃到城里投奔郭子兴。郭子兴的队伍越来越壮大。

有一天晚上，濠州的红巾军正在城门边巡逻。忽然城外来了一个青年和尚，说要投奔红巾军。守门的红巾军兵士怀疑他是元军派来刺探军情的奸细，一面把他捆绑起来，一面派人报告郭子兴。

郭子兴一听，心想也许来的真是投奔他的好汉，亲自骑马到城门口去察看，只见那个被捆绑起来的和尚，虽然衣服穿得破破烂烂，却长得身材魁梧，浓眉大眼。郭子兴一看，心里十分喜欢，马上命令兵士松了绑，把和尚带回元帅府。

那个投奔郭子兴的青年和尚，名叫朱元璋。他父亲是濠州钟离（今安徽凤阳东）一个贫苦农民。朱元璋 17 岁那年，淮北地方闹了一场严重的旱灾和蝗灾，接着又蔓延了瘟疫。朱元璋的父亲、母亲和大哥接连传染上了疫病，咽了气。剩下朱元璋和他的二哥，连买口棺材的钱也没有，亏得邻居同情他们，帮助他们把父母埋葬了。

朱元璋失去了父母亲，生活没有着落。邻居给他出了个主意，要他到附近的皇觉寺当小和尚，混口饭吃。这样，朱元璋就出了家。那种寺院里的小和尚，其实是给人使唤的佣人。朱元璋每天伺候师父、师兄，起早摸黑，扫地，上香，敲钟，做饭，日子过得挺苦。

但是，那个日子里要在皇觉寺混口饭吃也不容易。原来，皇觉寺是靠收租米过日子的，这年灾情严重，皇觉寺收不到租米。朱元璋在寺里待了才 50 天，眼看要断粮了。师父、师兄们一个个离开寺院到外面化缘去，朱元璋也被打发出门，带着小木鱼和钵头到淮西一带流浪讨饭。过了 3 年，濠州的灾情稍微缓和了一点，他才又回到皇觉寺。

又过了一年，红巾军起义爆发了，朱元璋在寺里不断听到外面传来的消息，一会儿是刘福通占领了颍州，一会儿是芝麻李占领了徐州。到了年底，又听到濠州也被红巾军占领了。朱元璋早就听到了弥勒佛要下凡救世的传说，现在又听到红巾军到处起兵，元兵节节败退，心里想，穷人出头的日子到了，就离开皇觉寺，到濠州来投奔郭子兴。

郭子兴跟朱元璋一谈话，发觉他口齿伶俐，十分赏识，马上叫他脱下和尚的袈裟，换上兵士服装，把他留在身边当个亲兵长。

朱元璋参加起义军以后，马上表现出他的才能。他打仗勇敢，又有计谋。郭子兴把他当作心腹看待，出去打仗，总要先跟他商量。在起义军中，朱元璋的声望渐渐提高了。

郭子兴有个好朋友姓马，在郭子兴起兵那年病死。马公临死的时候，把他的孤女托付给郭子兴照顾。郭子兴把女孩带回家里，交给妻子张夫人抚养，把她当作自己的亲生女儿。郭子兴一直想给她选个好女婿，这一回，见朱元璋是个人才，就跟张夫人商量，要把马公的女儿嫁给朱元璋，张夫人一听也十分赞成。这样，皇觉寺的小和尚就做了郭元帅的女婿，地位也不同了。在起义军中，大家都称他“朱公子”。

濠州的红巾军里，连郭子兴在内，共有 5 个元帅。5 个人平起平坐，不分高低，谁也管不了谁。除郭子兴外，另外 4 个元帅都有点江湖气，不讲纪律。郭子兴渐渐看不惯他们，他们也嫌郭子兴。日子一久，矛盾越来越深，4 个人就合在一起，排挤郭子兴。有一次，郭子兴差点被他们害死，亏得朱元璋得到消息，把郭子兴救了出来。

朱元璋发现起义军的几个将帅胸襟狭窄，在他们手下干事，成不了什么气候，就回到老家，招兵买马。他少年时候的伙伴徐达、汤和，听说朱元璋做了红巾军的将领，都来投奔，不到10天，就招募了700人，后来，又袭击元军，招降了一批元军。

朱元璋得了大批生力军，整顿纪律，加紧训练，把手下的军队训练成一支战斗力很强的队伍，声势大振。

定远有个文人李善长，是个很有计谋的人，也来找朱元璋。朱元璋知道他很有学问，就留他在起义军里当谋士。有一次，朱元璋问李善长说："现在全国到处都在打仗，什么时候才能太平呢？"

李善长说："秦朝末年，也这样大乱过。汉高祖是平民出身，因为他气量大，能够善用人才，又不乱杀人，只花了5年时间，就统一天下。现在元朝政治这样混乱，天下土崩瓦解，您何不向汉高祖学习呢？"

打那时候起，朱元璋就一心一意想学汉高祖刘邦。

朱元璋带着自己训练出来的队伍，连续打下滁州、和州。小明王韩林儿在亳州称帝那年，郭子兴得病死了。小明王就封郭子兴的儿子郭天叙为都元帅，朱元璋做了副元帅。

郭天叙没有什么指挥的经验，加上红巾军中大多将士都是朱元璋的亲信，朱元璋名义上是副帅，实权全掌握在他手里。没多久，郭天叙在攻打集庆（今江苏南京）的时候，被叛徒杀死，朱元璋就当了名副其实的元帅。

朱元璋独掌兵权以后，率领大军大破元朝水军，渡江攻打集庆，集庆五十多万元军投降。朱元璋进了集庆，出榜安民，把集庆改名为应天府。打那时候起，朱元璋就以应天府作为根据地，向江南一带发展。

鄱阳湖大战

当朱元璋的势力向南方发展的时候，首先遇到的一个强敌就是陈友谅。陈友谅原是徐寿辉起义军的部将，后来他谋杀了徐寿辉，自立为王，国号为汉。他占据江西、湖南和湖北一带，地广兵多，建立了一个强大的割据政权。1360 年，他率领强大的水军，从采石沿江东下，进攻应天府，一心想并吞朱元璋占领的地盘。

朱元璋赶忙召集部下商量对付汉军的办法。有的说，跟汉军的力量相差太大，不如趁早投降；有的主张逃到钟山（今属南京）死守；也有人主张决一死战，如果失败，再逃不晚。大家七嘴八舌，议论纷纷。只有新来的谋士刘基站在一边，一声不吭。

朱元璋犹豫不决，散了会，把刘基单独留下来，问他有什么主意。刘基说：“我看那些主张投降和逃走的人就该杀！”

朱元璋说：“请问先生有什么办法打败敌人？”

刘基说：“敌人远道来侵犯，我们以逸待劳，还怕不能取胜？您如果多用财物赏赐将士，再用一点伏兵，抓住汉军的弱点痛击，要打败陈友谅就大有希望。”

朱元璋听了刘基的话，满心喜欢。两个人又商量了一阵，把计策定了下来。

朱元璋的部将康茂才跟陈友谅是老相识。朱元璋把康茂才找来，对他说：“这次陈友谅来进攻，我要引他上钩，没有你帮助不行。请你写封信给陈友谅，假装投降，答应做他的内应；再给他一点假情报，要他兵分三路攻打应天，分散他的兵力。”

康茂才说：“这事不难。我家有个守门的老仆，给陈友谅当过差。派他送信去，陈友谅准不会怀疑。”

康茂才回到家里，按照朱元璋的吩咐写了信，连夜叫老仆赶到采石，求见陈友凉。陈友谅见了老仆送来的信，果然并不怀疑，问老仆说：“康公现在在哪里?”

老仆回答说：“现在他带了一支人马，驻守江东桥，专等大王去。”

陈友谅连忙又问：“江东桥是啥样子?”

老仆说：“是座木桥，容易认得出来。”

陈友谅跟老仆谈了一阵，吩咐左右摆上酒菜，让老仆饱饱地吃了一顿，才打发他回去。临走的时候，陈友谅对老仆说：“你回去跟康公说，我马上就去江东桥，到了桥边，我叫几声‘老康’，请他马上接应。”

老仆回去后，把陈友谅的话全向朱元璋汇报了。朱元璋连声叫好，当夜派人把江东的木桥拆掉，改成一座石桥。

朱元璋从陈友谅的逃兵那儿得到情报，弄清楚了他们进攻的路线，就让大将徐达、常遇春等分几路在沿江几个重要关口埋伏了人马。朱元璋亲自统率大军守在卢龙山（今南京狮子山），布置兵士准备好红黄两面旗帜，规定了信号：举起红旗就是通知敌人已经到来，举起黄旗就是命令伏兵出击。一切都准备好了，只等陈友谅自投罗网。

陈友谅自从老仆走后，立刻下令全体水军出发，由他亲自带领，直驶江东桥。哪想到到了约定地点，竟没见木桥，只有石桥。陈友谅的部将们都起了疑心。陈友谅想，别管他是石桥还是木桥，只要找到康茂才就好。他就到石桥旁边，一连喊了几声“老康”，也没人答应。陈友谅这才想到自己上了当，急忙命令船队撤退。

朱元璋发现敌人中计，立刻叫兵士举起黄旗，发动进攻。一刹那间，战鼓齐鸣，岸上伏兵一起杀出，水港里的水军也加入战斗。

陈友谅受到突然袭击，几万大军一下子乱了套，被杀死的和落水淹死的不计其数，两万兵士、100 多艘战船被朱元璋的将士俘获。陈友谅在部将的保护下，抢了一条小船，总算逃了命。

这一仗打得陈友谅元气大伤。朱元璋的声势却越来越大。陈友谅哪肯甘心，他养精蓄锐，决心要报这个仇。过了 3 年，他造了大批战船，又带领 60 万大军，进攻洪都（今江西南昌）。

朱元璋亲自带领 20 万大军援救洪都，陈友谅才撤去包围，把水军全部撤到鄱阳湖。朱元璋把鄱阳湖出口封锁起来，堵住敌人，决定跟陈友谅在湖里决战。

陈友谅的水军有大批战船，又高又大，一字儿排开，竟有十几里长；朱元璋的水军，却尽是一些小船，论实力比陈友谅差得多。双方连续打了 3 天，朱军都失败了。

部将郭兴跟朱元璋说：“双方的兵力相差甚远，靠打硬仗不行，非用火攻不可。”

朱元璋立刻命令用 7 条小船，装载着火药，每条船尾带着一条轻快的小船。那天傍晚，正好刮起了东北风，朱元璋派了一支敢死队驾驶这 7 条小船，乘风点火，直冲陈友谅大船。风急火烈，一下子就把汉军大船全部延烧起来，火焰腾空，把湖水照得通红。陈友谅手下的将士不是被烧死，就是被俘虏。

陈友谅带着残兵败将向鄱阳湖口突围，但是湖口早已被朱元璋堵住。在陈友谅突围的时候，朱军一阵乱箭，把陈友谅射死。

朱元璋消灭了南方最大的割据势力陈友谅以后，自称吴王。

自从刘福通牺牲以后，朱元璋把小明王接到滁州，名义上还接受小明王的领导。到了这时候，他做皇帝的思想膨胀起来，觉得留着小明王对他是个障碍。1366 年，他用船把小明王接到应天，趁小明王在瓜步（今江苏六合东南）过江的时候，派人暗暗凿沉了船，把小明王淹死了。

第二年，朱元璋消灭了张士诚割据势力，接着，命令徐达为征虏大将军，常遇春为副将军，率领 25 万大军北伐。过了两个月，徐达的军队旗开得胜，占领了山东。1368 年，朱元璋在应天即位称皇帝，国号为明。他就是明太祖。

明军乘胜进军，元兵节节败退。这年八月，徐达率领大军直捣大都，元顺帝逃往上都。统治中国 98 年的元王朝终于被推翻。

明

刘伯温求雨

明太祖在统一战争中，依靠了一批英勇善战的将领争城夺地，又吸收了一些谋士，帮他出谋划策。在这些谋士中，刘基是最著名的一个。

刘基又叫刘伯温，本来是元朝的官员，因为对元朝的政治腐败不满意，常常写点文章，讽刺时事，后来，被解职回到他的家乡青田（今浙江温州市文成县）。朱元璋的军队打到浙东的时候，把刘基请了出来，当他的谋士。在打败陈友谅、张士诚的战争中，刘基出了不少计策。由于他足智多谋，得到明太祖的信任。明太祖把他比作西汉初年的张良。

刘基不但谋略好，而且精通天文。在古代，往往把天文现象跟人间的吉凶扯在一起。刘基对天下形势观察仔细，考虑问题周到，他的预见往往比较准确。但是大家都认为这跟他精通天文有关。民间传说把刘伯温看作一个“未卜先知”的人物。

朱元璋当吴王的时候，江南发生了一场旱灾。刘基掌管天文，朱元璋问他为什么发生大旱，怎样才能求上天下雨。刘基说：“天一直不下雨，因为牢狱里关押的人有冤枉。”

朱元璋信了刘基的话，派他去查监牢里关的犯人。刘基一查，果然有不少冤案。他向朱元璋奏明后，平反了冤案，把错抓的人放了。

求雨和平反本来是毫不相干的两码事。刘基也不可能有求雨的法术。不过他懂得天文，能观测到气象要发生变化，就借这个机会劝谏朱元璋平反冤案。果然不出几天，乌云密布，接着就下了一场透雨。刘基趁朱元璋高兴的时候，又劝他制定法律，依法办案，防止错杀无辜的人。

明太祖即位以后，叫刘基做御史中丞，负责司法工作。刘基严格执法。有一次，丞相李善长的一个亲信犯了法。李善长是明王朝的开国功臣，又是明太祖的同乡，势力很大。但是刘基不顾李善长的阻挠，奏明明太祖，把那个亲信杀了。这件事当然招来了李善长的怨恨。

正巧这一年，京城又遇到大旱，明太祖十分着急。刘基乘机跟明太祖说："战争中的死亡将士，他们的妻儿需要抚恤；一些在筑城中死亡的工匠，尸骨还暴露在田野上，没人收埋。把这些事办了，说不定能下雨。"

明太祖一心求雨，当然很快批准了刘基的要求，抚恤了将士妻儿，掩埋了工匠的尸骨。刘基虽然办了一件好事，但是靠这种办法劝谏，毕竟靠不住。这一次，他的预测不准，过了 10 天，还是烈日当空，一滴雨也没下。

这可使明太祖生了气，再加上李善长在旁边说坏话，叫刘基不能不害怕。这时候，他妻子在家乡得病死去。刘基请个假回老家了。

其实，明太祖对刘基是特别器重的。有一次，明太祖要拜刘基为丞相。刘基连忙推辞说："选丞相好比挑栋梁。要挑个大木材，如果用小木头当梁柱，房屋就有倒塌的危险。"

后来，明太祖撤了丞相李善长的职，又想请刘基出来当丞相。刘基说："我性子褊急，容不得坏人，再说年纪大了，也担当不了这样的重任。天下有的是人才，希望陛下好好物色。"

刘基回到青田，过着隐居生活，从来不跟人谈起他过去的功劳。青田县令一再求见，都被刘基婉言拒绝。有一次，县令换上便服，装扮成乡下人去拜访刘基。刘基正在洗脚，见来了陌生人，连忙穿了鞋子，把来人请进屋，热情地留饭。

刘基请教来人姓名，县令只好实说："我是青田知县，特来拜见先生。"刘基大吃一惊，连忙起身作揖，自称是治下的普通百姓。打那以后，再也不跟县令见面了。

刘基住在家乡，仍旧很关心明朝的政事。有一次，明太祖派人到青田向刘基问天象吉凶。刘基说："冬天刚下过严霜冻雪，接下来便是阳春季节。现在国家已经安定，希望陛下施政稍微宽和一点。"

明太祖严惩贪吏

明太祖朱元璋本是安徽凤阳农村贫家子弟，因为无法度日，当过皇觉寺的小沙弥。他从小看到元朝那些地方官吏贪赃枉法，鱼肉百姓，才逼得百姓们揭竿而起，一举推翻元朝统治。现在他当了皇帝，当然要从中吸取教训，他说："前朝放任官贪吏虐，致使民怨沸腾，江山不保。如今我得天下，若不用严刑峻法，便不足以矫正积弊。"因此，从建国之时开始，明太祖就颁布森严的吏法，毫不手软地惩治贪官污

吏，所采用的手段几乎达到残酷的程度。

在明朝的法律中，规定官吏只要贪污了银 60 两，就要处以死刑，死后还要把人皮剥下，填满干草，做成“皮草囊”，挂在衙门旁边的土地庙门口示众。当时，每州、每县的衙门左边，都建造了一座小小的土地庙，庙前常常有这样的“皮草囊”悬挂着，由此可见朱元璋惩治贪官污吏的决心有多么大。

中国的封建社会，朝廷的赋税历来都是由衙门里的“钱粮师爷”负责征收的。朱元璋从自己的经验里，知道这些人最善于营私舞弊、欺压百姓。他当了皇帝后，索性夺了这批人的权，另外委派人征收赋税。他叫户部查勘百姓的土地，每一万亩田为一个单位，选出其中土地最多的一户人家当粮长，负责把赋税送交国库。他以为这些大户不至于像官吏那样胆大妄为，欺压百姓。

没过多久，朱元璋派往各地体察民情的使臣们，发现那些粮长和贪官污吏并没有多大区别。他们隐瞒自己的田产，少纳钱粮；巧立名目，盘剥百姓；跟官府勾结，欺骗上司；谎报灾情，中饱私囊。朱元璋听说后大怒，立即把那些不规矩的粮长抓来杀了！最多的一次，一口气就杀了 160 多个。

从此以后，朱元璋对任何人都不相信了。他开始设立锦衣卫，无孔不入地钻到各级政府部门里去，替他打探官员的一切行为，只要锦衣卫向他报告哪个官员有贪污行为，他就下令格杀勿论。

为了使臣下们对朝廷产生畏惧，不敢为非作歹，朱元璋常常利用锦衣卫探得的情况，当面盘问有关的大臣，让他们明白，自己日夜在皇上的监视之下。

有一次，大臣宋濂在家设宴待客，第二天上朝时，朱元璋便问他请了哪些人，饮了哪种酒。幸亏宋濂老老实实一一回禀了，跟朱元璋知道的一样，才引得皇上一脸笑容，夸奖他一向老实，从不讲假话。

又有一天，国子监祭酒（相当于国家最高教育机构的长官）宋讷回到家中，闷闷不乐，一个人坐着生气。到上朝的时候，朱元璋突然问他：“你昨晚是在生什么气呀?”宋讷不敢隐瞒，据实说了。朱元璋这才扔下一张画像，告诉他，昨天他生气的时候，锦衣卫的人无法禀报，只得把他生气的模样画了下来送进皇宫。这一下，吓得宋讷赶快匍匐在地，叩头请罪。

朱元璋的这种做法，开了日后特务统治的先河，整个明朝，皇帝和他们亲信的太监权臣，都用这种办法控制朝廷，造成了极其恶劣的后果。

尽管朱元璋用了种种高压手段，企图扭转官僚阶层贪赃枉法的状况，但是，封建官僚制度本身，就是政治腐败的温床，而且恣意妄为的大多是实权在握的大臣们。到洪武十八年（1385 年），一桩震惊朝野的“郭桓案”终于发生了。

郭桓在洪武十七年被朱元璋提拔做户部尚书，这是当时管理全国赋税的最高长官。可是，在不到一年的时间里，他利用职权，跟地方官黄文通，以及黄文通的下属边源等人，一下子贪污了 190 万石粮食。另外，还私分钱钞 50 万贯，把军用粮仓里 3 年来积蓄的粮食盗卖一空，甚至直接从府库里，窃得钱钞 600 万张，如果把他们贪污的钱粮加起来，总共相当于 2400 万担粮食，已经和全国一年能征收的赋税总数相等。

案情报给了朱元璋，这位已经费尽心机堵塞贪污漏洞的皇帝大为震惊。以前，他总以为一些人为官久了，才会萌生贪念，万万料不到刚刚提拔上任的郭桓，居然比其他官员更贪婪。这个案子牵涉太大了，礼部、兵部、刑部、工部的高官都与郭桓有牵连，朱元璋从噩梦中惊醒，发觉自己四周竟充斥着贪官污吏。他杀念大开，接连下令诛杀郭桓案的有关人员，从六部大小官员到江南不少地方官以及富户，总共杀了几万人。

杀的人多了，官僚和地主们开始不满起来。他们当然不敢说盗卖官粮合法，也不敢说惩治贪官污吏不对，只是一起指责办理案件的御史杀人太多。一时间，朝野议论纷纷，大有拼一个鱼死网破的趋势。

朱元璋一下子为难起来。不办贪官，不符合自己一贯的主张，朝廷的风气无法改变；再追查下去，冷了所有官员的心，他今后靠谁去治理天下？权衡利弊得失，他决定就此收兵。

于是，在宣布郭桓等已被处死的官员罪状的同时，朱元璋又把审理郭桓案的法官吴庸等人也杀了，吴庸当了他的替罪羔羊。同时，朱元璋还下诏“大赦天下”，表示不再继续追究有关人员的罪行。又打又安抚，这才把郭桓一案做了个半生不熟的了断。

经过这么多次对贪官污吏的惩处，朱元璋确实整顿了一下朝政！官场的风气确实比以前好转了一点。这以后，朱元璋亲自主持修订了明朝的法律，编写了《大诰》，把自己惩办贪官污吏的办法写进了法律条文。但是，中国封建社会一向贯彻的是“以贪养官”的方针，法律条文再多，到执行的时候总会遇到困难，郭桓案的最终解决，就是一个明证。朱元璋死后，那些条文很快便形同虚设，社会风气也再度沉沦，变得跟从前一样了。

朱元璋惩处贪官污吏的手段十分严酷，这也产生了另一个副作用。他造就了一批专门用特务手段维持统治的特殊官僚阶层，这些人以后用更加残酷的手段对付自己的政敌，使得整个明朝充斥着尖锐的内部斗争，这也是朱元璋始料未及的。

何故四菜一汤

“四菜一汤”顾名思义：一餐四样菜一碗汤。“四菜一汤”由来已久，相传为明太祖朱元璋首倡。

1368年，朱元璋当上皇帝后，遇上天灾，各地粮食歉收，百姓生活十分困苦，可一些达官贵人却穷奢极侈，过着花天酒地的生活。生身贫苦、讨过饭的朱元璋，对此非常恼火，决心予以整治。一天，适逢皇后的生日庆典，朱元璋趁众位大臣前来贺寿之机，有意摆出粗菜淡饭宴客，以此警醒文武百官。当10多

桌席位的人坐齐以后，太祖便令宫女上菜。第一道菜是炒萝卜。萝卜，百味药也，民谚有“萝卜上市，药铺关门”之说。第二道菜是炒韭菜，韭菜生命力旺盛，四季常青，象征国家长治久安。再则是两大碗青菜，以此寓意为官清廉、两袖清风。最后一道极普通的葱花豆腐汤。宴后朱元璋当众宣布：“今后众卿请客，最多只能‘四菜一汤’，这次皇后的寿筵席即是榜样，谁若违犯，严惩不贷。”

从此“四菜一汤”的规矩便从宫内传到民间。

胡惟庸案件

明太祖是农家出身的，对农民生活多少有点了解。他即位以后，也注意实行休养生息的政策。他告诫地方官员说："现在天下刚刚安定，百姓财力困乏，好像初飞的鸟，不能拔它的毛；新种的树，不能摇它的根。"

他要官员们廉洁守法，不能贪赃枉法，加重人民负担。以后，他又召集流亡农民，开垦荒地，免除3

年的劳役和赋税；要各地驻军屯田垦荒，做到粮食自给。他还兴修水利，奖励植棉种麻。所以，明朝初年的农业生产有了很明显的发展。新建立的明王朝的统治也巩固下来。

但是明太祖总不放心那些帮助他开国的功臣。他设立一个叫作“锦衣卫”的特务机构，专门监视、侦察大臣的活动。大臣在外面或者家里有什么动静，他都打听得一清二楚。谁被发现有什么嫌疑，就有被打进牢狱甚至杀头的危险。

明太祖对待官员极其严酷，大臣上朝的时候惹他发了火，就在朝廷上被按在地上打板子，叫作“廷杖”，也有被当场打死的。这种做法弄得大臣们个个提心吊胆，每天上朝的时候，都愁眉苦脸地向家里亲人告别。如果这一天平安无事，回到家里，亲人就高高兴兴庆幸他又活了一天。

1380 年，丞相胡惟庸被告发叛国谋反，明太祖立刻把胡惟庸满门抄斩，还追究他的同党。这一追究，竟株连文武官员等 15000 多人。明太祖一发狠心，把那些有胡党嫌疑的人全杀了。

学士宋濂，是明朝开国初期跟刘基一起受过明太祖重用的，后来又当过太子的老师。宋濂为人谨慎小心，但是明太祖对他也并不放心。有一次，宋濂在家里请几个朋友喝酒。第二天上朝，明太宗问他昨天喝过酒没有，请了哪些客人，备了哪些菜。宋濂一一照实回答。明太祖笑着说：“你没欺骗我。”

原来，那天宋濂家请客的时候，明太祖已暗暗派人去监视了。后来，明太祖在朝廷上称赞宋濂说：“宋濂伺候我19年，从没说过一句谎言，也没说过别人一句坏话，真是个贤人啊！”

宋濂68岁那年告老回乡，明太祖还送他一匹锦缎，说：“留着它，再过32年，做件百岁衣吧！”

胡惟庸案件发生后，宋濂的孙子宋慎也被揭发是胡党，于是株连到宋濂。明太祖派锦衣卫把宋濂从金华老家抓到京城，要把他处死。

这件事让马皇后知道了。马皇后劝明太祖说：“老百姓家为孩子请个老师，尚且恭恭敬敬，好来好去，何况是皇帝家的老师呢。再说，宋先生一向住在乡下，他孙子的事他怎么会知道？”

明太祖正在火头上，不肯饶恕宋濂。当天，马皇后陪明太祖吃饭。她呆呆地坐在桌边，不沾酒，也不吃肉。

明太祖感到奇怪，问她是不是身子不舒服。马皇后难过地说：“宋先生犯了死罪，我心里十分难受，在为宋先生祈福呢。”

马皇后是跟明太祖年轻时候共过患难的夫妻，明太祖平时对她比较尊重，听她这一说，也有点感动，才下令赦免宋濂死罪，改罚充军茂州（今四川茂县）。70多岁的宋濂，禁不起这场惊怕，再加上路上劳累，没到茂州就死了。

过了10年，又有人告发李善长和胡惟庸往来密切，明知胡惟庸谋反不检举揭发，采取观望态度，犯了大逆不道的罪。李善长是第一号开国功臣，又是明太祖的亲家。明太祖大封功臣的时候，曾经赐给李善长两道免死铁券。这一年，李善长已经77岁了，可是明太祖一翻脸，把李善长和他的全家70多口全部处死。

自从胡维庸案件发生以后，明太祖觉得把军政大权交给大臣不放心，就取消了丞相职位，由皇帝直接管辖吏部、户部、礼部、兵部、刑部、工部6个部的尚书（官名，部的长官）；又把掌握军权的大都督府废了，改设左、右、中、前、后5个都督府，分别训练兵士，需要打仗的时候，由皇帝直接发布命令。这样一来，明朝皇帝的权力就大大集中了。

事情并没到这里结束。过了3年，锦衣卫又告发大将蓝玉谋反。明太祖杀了蓝玉，追查同谋，又有文武官员等15000人受株连被杀。

这两件大案，几乎把朝廷功臣一扫而空，明太祖的专制和残暴在历史上也就出了名。

燕王进南京

明太祖一面杀了一些权位很高的大臣，一面把他的 24 个儿子分封到各地为王。其中一部分藩王还拥有军队。明太祖认为这样做，可以巩固他建立的明王朝的统治，哪料到后来反引起了一场大乱。

明太祖 60 多岁的时候，太子朱标死了，朱标的儿子朱允炆以长孙的地位，被立为皇太孙。各地的藩王大都是朱允炆的叔父，眼看皇位的继承权落到侄儿手里，心里不舒服。特别是明太祖的第四个儿子燕王朱棣一向带兵驻守北平（今北京市），多次立过战功，对朱允炆更不服气。

朱棣在明太祖的儿子中是比较精明能干的。据说有一次，明太祖叫朱允炆对对子，出的上联是“风吹马尾千条线”，朱允炆对的下联是“雨打羊毛一片毡。”明太祖嫌他对的不好，马上沉下了脸。朱棣正好在旁边，就接嘴说：“孩儿倒也想了一个下联。”明太祖叫他说来听听。朱棣说：“日照龙鳞万点金。”原来龙是皇帝的象征。朱棣的对语，无非是想讨明太祖的欢心。明太祖听了，连声夸奖朱棣对得好。朱棣也就更不把朱允炆放在眼里了。

朱允炆虽然老实，对朱棣瞧不起他，毕竟还看得出来。皇太孙的东宫里，有个官员叫黄子澄，是朱允炆的伴读老师。有一次，朱允炆一个人坐在东角门口，皱起眉头长叹气。黄子澄见他心事重重，问太孙为什么发愁。朱允炆说："现在几个叔父手里都有兵权，将来怎么管得了他们。"

黄子澄跟朱允炆讲了一个西汉平定七国之乱的故事，接着说："当时吴楚七国诸侯这样强大，但是到他们发动叛乱，汉景帝一出兵，他们就垮了。殿下是皇上嫡孙，将来也不怕他们造反。"朱允炆听了，心总算放宽了一点。

1398 年，明太祖去世，皇太孙朱允炆即位，这就是明惠帝，历史上又叫建文帝（建文是年号）。当时京城里就听到谣传，说几位藩王正在互相串联，准备谋反。建文帝听了这消息害怕起来，把黄子澄找来说："先生可记得那次在东角门说的话吗？"

黄子澄说："陛下放心，我怎么会忘记呢！"

黄子澄退出宫门，就找建文帝另一个亲信大臣齐泰一起商量。齐泰认为诸王之中，燕王兵力最强，野心又大，应该首先削除燕王的权力。黄子澄不赞成这个做法，他认为燕王早有准备，先从他下手，容易打草惊蛇，不如先向燕王周围的藩王下手。周王朱橚是燕王的弟弟，他的封地在开封。如果先把周王除掉，就好比砍掉燕王的翅膀，下一步再除掉燕王就不难了。两人商量停当，就向建文帝回奏。建文帝听了很高兴，就找个由头派兵到河南把周王朱橚抓起来押到南京，削去王位，充军到云南。接着，又查出3个藩王有不法行为，把他们一个个削去王位。

燕王早就暗中练兵，准备谋反。为了麻痹建文帝，他假装发了精神病，成天胡言乱语，有时候还躺在地上，几天不起来。建文帝派大臣去探病，那时候正是大热天，燕王却坐在火炉边烤火，嘴里还不停地叫冷。大臣一回报，建文帝也相信燕王真的病了。

但是齐泰、黄子澄却怀疑燕王装病，他们一面派人到北平把燕王的家属抓起来，一面又秘密命令北平都指挥使张信带兵逮捕燕王，还约定燕王府的一些官员当内应。不料张信是站在燕王一边的，反向燕王告密。

燕王得到消息，就把王府里充当建文帝内应的官员全抓了起来，宣布起兵。燕王是个精明人，知道建文帝毕竟是法定的皇帝，公开反叛，对自己不利，就找了个起兵的理由，说要帮助建文帝除掉奸臣黄子澄、齐泰。历史上把这场内战叫作“靖难之变”（靖难是平定内乱的意思）。

燕王本来有带兵打仗的经验，手下有一支经过训练的精兵。他起兵南下，很快攻下了一些据点，许多州县的官员纷纷投降。建文帝害怕起来，撤了齐泰、黄子澄的职，想要燕王退兵，燕王哪肯罢休。

这场内战，差不多打了 3 年，到了 1402 年，燕军在淮北遇到朝廷派出的南军的抵抗，打得十分激烈。有些燕军将领主张暂时撤兵，燕王说：“这次进军，只能进，不能退！”

没多久，燕军截断南军运粮的通道，发起突然袭击，南军就一败涂地了。

燕军势如破竹，进兵到应天城下。建文帝见形势紧急，一面要将士拼死守城，一面派人向燕王求和，愿意割让土地，请求燕王退兵，又遭到燕王的拒绝。

过了几天，守卫京城的大将李景隆打开城门投降，京城终于被燕军攻破。

燕王带兵进城，只见皇宫大火熊熊，正在燃烧。燕王赶快派兵把大火扑灭，已经烧死了不少人。他查问建文帝的下落，有人报告说，燕兵进城之前，建文帝下命令放火烧宫，建文帝和皇后都跳到大火里自杀了。

燕王朱棣即位，这就是明成祖。到了 1421 年，明成祖迁都北京。打那时候起，北京一直是明朝的都城。

三保太监下西洋

明成祖用武力从他侄儿手里夺得了皇位，有一件事总使他心里不大踏实。皇宫大火扑灭之后，并没有找到建文帝的尸体。那么建文帝到底是不是真的死了？京城里传说纷纷，有的说建文帝并没有自杀，而是趁宫里起火混乱的时候，带着几个侍从太监从地道里逃出城外去了；别的地方传来的消息更离奇，说建文帝到了什么什么地方，后来还做了和尚，说得有鼻子有眼，使明成祖不得不怀疑。他想，如果建文帝真

的没死，万一他在别的地方重新召集人马，用朝廷的名义讨伐他，岂不可怕。为了把这件事查个水落石出，他派了心腹大臣，到各地去秘密查问建文帝的下落，但是又不好公开宣布，就借口说是求神仙。这一找，就找了二三十年。

明成祖又想，建文帝会不会跑到海外去呢？那时候，我国的航海事业已经开始发展起来。明成祖心想，派人到海外去宣扬国威，跟外国人做点生意，采购一些珠宝，顺便探听一下建文帝的下落，岂不是一举两得。

这样，他就决定派一支队伍，出使国外。让谁来带这支队伍呢？当然非得是自己的心腹不可。他想到跟随他多年的宦官郑和，倒是个挺合适的人选。

郑和，原来姓马，小名叫三保，出生在云南一个回族家庭里。他的祖父、父亲都信奉伊斯兰教，还到麦加（伊斯兰教的主要圣地，在今沙特阿拉伯）去朝圣过。郑和小时候就从父亲那里听说过外国的一些情况。后来，他进燕王宫里当了太监，因为他聪明能干，得到明成祖的信任。这郑和的名字还是明成祖给他起的。但是民间把他的小名叫惯了，所以一直把他叫作“三保太监”，后来，有的书上也写成“三宝太监”。1405 年夏，明成祖正式派郑和为使者，带一支船队出使“西洋”。那时候，人们叫的“西洋”，并不是指欧洲大陆，而是指我国南海以西的海和沿海各地。郑和带的船队，一共有27800多人，除了兵士和水手外，还有技术人员、翻译、医生等。他们乘坐62艘大船，这种船长44丈，宽18丈，在当时是少见的。船队从苏州刘家河（今江苏太仓浏河）出发，经过福建沿海，浩浩荡荡，扬帆南下。

郑和第一次出海，先到了占城（今越南南方），接着又到爪哇、旧港（今印度尼西亚苏门答腊岛东南岸）、苏门答腊、满剌加、古里、锡兰等国家。他带着大批金银财物，每到一个国家，先把明成祖的信递交国王，并且把带去的礼物送给他们，希望同他们友好交往。许多国家见郑和带了那么大的船队，态度友好，并不是来威吓他们的，都热情地接待他。

郑和这一次出使，一直到第三年九月才回国。西洋各国国王趁郑和回国，也都派了使者带着礼物跟着他一起回访。在出使的路上，虽然遇到几次惊涛骇浪，但是因为船上有许多经验丰富的老水手，船队从没出过事。只是在船队回国、经过旧港的时候，却遇到了一件麻烦事。

旧港地方有个海盗头目，名叫陈祖义。他占据了一个海岛，纠集了一支海盗队伍，专门抢劫过往客商的财物。这回听到郑和船队带着大批宝物经过，分外眼红，就和同伙计议，表面上准备迎接，趁郑和不防备，就动手抢劫。

这个计谋被当地人施进卿得知，他偷偷地派人到船队告诉了郑和。

郑和心想，我手下有两万多兵士，还怕你小小海盗？既然你要来偷袭，就非得给你点教训不可。他命令把大船散开，在旧港港口停泊下来。命令船上的兵士准备好火药、刀枪，严阵以待。

夜深的时候，海面上风平浪静，陈祖义带领一群海盗乘着几十艘小船直驶港口，准备偷袭。只听到郑和坐船上一声火炮响，周围的大船都驶拢来，把陈祖义的海盗船围住。明军人多势大，早有准备，把陈祖义杀得大败。大船上的兵士丢下火把，把海盗船烧着了。陈祖义想逃也逃不了，只好乖乖地当了俘虏。

郑和把陈祖义捆绑了起来，押回中国。到了京城，向明成祖献上了俘虏。各国的使者也会见了明成祖，送上大批珍贵的礼物。明成祖见郑和把出使的任务完成得很出色，高兴得眉开眼笑。

后来，明成祖相信建文帝确实是死了，没有必要再去寻找。但是出使海外的事，既能提高国家的威望，又能促进跟西洋各国的贸易往来，好处很多。所以打那以后，一次又一次派郑和带领船队下西洋。从1405年到1433年的近30年里，郑和出海7次，前前后后一共到过印度洋沿海30多个国家，最远到达非洲的木骨都束国（今索马里的摩加迪沙一带）。

到郑和第六次出使回国的那年，明成祖得病死了。他的儿子明仁宗朱高炽即位后，不到一年也死了。继承皇位的明宣宗朱瞻基，是一个20多岁的小伙，由祖母徐太后和3个老臣帮他掌权。大臣们认为郑和出使7次，国家花费太大，到国外航行的事业就停了下来。

郑和的七次航行，表现了我国古代人民顽强的探索精神，也说明当时我国航海技术已经有很高的水平。通过郑和出使，促进了我国和亚非许多国家的经济文化交流和友好往来。直到现在，那些国家里还流传着三保太监的事迹。

土木堡的惨败

明太祖在位的时候，吸取了历史上宦官专权引起国家混乱的教训，立下一条规矩，不让宦官过问国家政事。他把这条规矩写在大铁牌上，挂在宫里，想要他的子孙世世代代遵守。但是到明成祖的时候，这条规矩就给废除了。

明成祖从他侄儿手里夺得皇位，怕大臣反对他，特别信任身边的宦官，在他迁都北京以后，就在东安门外设立“东厂”，专门刺探大臣和百姓当中有没有谋反嫌疑的人。他怕外面的大臣靠不住，让亲信太监

做东厂提督。这样，宦官的权力渐渐大起来。到了明宣宗的时候，连皇帝批阅奏章，也交给一个宦官代笔，隶属司礼监。这一来，宦官的权力更大了。有一年，皇宫招收一批太监。蔚州地方的一个流氓，名叫王振，年轻的时候读过一点书，参加几次科举考试没考取，在县里当教官，后来因为犯罪，本来该充军，他听说皇宫招太监，就自愿进宫做了太监。宫里识字的太监不多，只有王振粗通文字，大家都叫他王先生。后来，明宣宗派他教太子朱祁镇读书。朱祁镇年幼爱玩，王振想出各种各样法子让他玩得痛快，朱祁镇挺喜欢他。

明宣宗死后，刚满 9 岁的太子朱祁镇即位，这就是明英宗。王振当上司礼监太监，帮助明英宗批阅奏章。明英宗一味追求玩乐，根本不问国事。王振趁机把朝廷军政大权抓在手里。朝廷大员敢得罪王振的人，不是被撤职，就是充军。一些王公贵戚都讨王振的好，称呼他“翁父”。王振可算是权倾朝野了。

这个时候，我国北方蒙古族的瓦剌部强大起来。1449 年，瓦剌首领也先派 3000 名使者到北京，进贡马匹，要求赏金。王振发现也先谎报人数，削减了赏金和马价。也先为他的儿子向明朝求婚，也被王振拒绝。这一来激怒了也先，也先率领瓦剌骑兵进攻大同。守大同的明将出兵抵抗，被瓦剌军打得大败。

边境的官员向朝廷告急，明英宗慌忙召集大臣商量怎么对付。大同离王振家乡蔚州不远，王振在蔚州有大批田产，他怕蔚州被瓦剌军侵占，竭力主张明英宗带兵亲征。兵部尚书（兵部尚书和侍郎是军事部门的正副长官）邝埜和侍郎于谦认为朝廷没充分准备，不能亲征。明英宗是个没主见的人，王振怎么说，他就怎么做，不管大臣劝谏，就冒冒失失地决定亲征。

明英宗叫他弟弟郕王朱祁钰和于谦留守北京，自己跟王振、邝埜等官员 100 多人，带领 50 万大军从北京出发，浩浩荡荡向大同赶去。

这次出兵，本来就没好好准备，军队纪律涣散。一路上又遇到大风暴雨，没有走几天，粮食就接济不上，兵士们又饿又冷，还没有碰上瓦剌兵，就已经叫苦连天。到了大同附近，兵士们看到郊外的田野里，到处都横着明军兵士的尸体，更加人心惶惶。有个大臣发现士气低落，劝明英宗退兵，被王振臭骂一顿，还罚跪了一天。

过了几天，明军前锋在大同城边被瓦剌军杀得全军覆没，各路明军纷纷溃退下来。到了这时候，王振感到情况危急，才下令退兵回北京。退兵本来是越快越好，但是王振却想到他老家蔚州去摆摆威风，劝明英宗到蔚州去住几天。几十万将士离开大同，往蔚州方向跑了40里地。王振又转念一想，这么多的兵马到蔚州，他家庄田里的庄稼岂不要遭到损失，又匆匆忙忙下命令往回走。这样一折腾，拖延了撤兵的时间，被瓦剌的追兵赶上了。

明军一面抵抗，一面败退，一直退到土木堡（在今河北怀来东）。那时候，太阳刚刚下山，有人劝明英宗趁天没黑，再赶一阵，进了怀来城（今河北怀来）再休息，瓦剌军赶来，也可以坚守。可是王振却因为装运他财产的几千辆车子还没到，硬要大军在土木堡停下来。土木堡名称叫作堡，其实没有什么城堡可守。明军大队人马赶了几天路，口渴得像火烧，但是土木堡没有水源。离开土木堡15里的地方有条河，已经被瓦剌军占领了。兵士们就地挖井，挖了两丈深，也没找到水。

第二天，天刚蒙蒙亮，瓦剌军赶到土木堡，把明军紧紧地包围起来。明英宗知道没法突围，只好派人向也先求和。也先一打听，明英宗带的明军人数还不少，要打硬仗，自己也要遭到损失，就假装答应议和，停止进攻。

明英宗和王振信以为真，十分高兴，下命令让兵士到附近找水喝。兵士们争先恐后跳出壕沟往河边跑，乱成一团，将领们要制止也制止不了。

这时候，早就埋伏好的瓦剌军兵士从四面八方冲杀过来，个个抡起长刀，大声吆喝着：“投降者不杀！”

明军兵士一听，纷纷丢盔弃甲，狂奔乱逃。瓦剌军紧紧追赶，被杀的和被乱兵踩死的，不计其数。邝埜也在混乱中被杀死。

明英宗和王振带着一批禁军，几次想突围都没冲出去。平时作威作福的王振，这时候却吓得直发抖。禁军将领樊忠，早就恨透了这个祸国殃民的奸贼，气愤地说：“我为天下百姓杀死你这个奸贼。”说着，抡起手里的大铁锤，朝着王振脑门一锤砸去，结果了王振的性命。樊忠自己冲向瓦剌军，拼杀了一阵，中枪倒下。

明英宗眼看脱逃没有希望，只好跳下马来，盘着腿坐在地上等死。瓦剌兵赶上来，俘虏了明英宗。历史上把这次事件称作“土木之变”。

经过这一场战斗，50万明军，损失了一大半，明王朝元气大伤。瓦剌首领也先却更加骄横起来，北京也受到了瓦剌军的威胁。守卫京城的责任，就落在明英宗的弟弟郕王朱祁钰和于谦的身上了。

于谦保卫北京

明朝50万大军在土木堡全线崩溃，消息传到北京，太后和皇后急得哭哭啼啼，从宫里内库捡出大量金银珍宝、绫罗绸缎，偷偷派太监带着财宝去寻找瓦剌军，想把明英宗赎回来。结果，当然是毫无希望。

从土木堡逃出来的伤兵，断了手的，缺了腿的，陆续在北京街道上出现了。京城里人心惶惶，谁也不知道皇帝下落怎样。再说，京城里留下的人马不多，瓦剌军来了怎么抵挡呢？

为了安定人心，皇太后宣布由郕王朱祁钰监国（就是代理皇帝的职权），并且召集大臣，商量怎么对付瓦剌。大臣们七嘴八舌，不知怎么办才好。大臣徐有贞说：“瓦剌兵强，怎么也抵挡不住。我考察天象，京城将遭到大难，不如逃到南方去，暂时避一下，再做打算。”

兵部侍郎于谦神情严肃地向皇太后和郕王说：“谁主张逃跑的，应该砍头。京城是国家的根本，如果朝廷一撤出，大势就完了。大家难道忘掉了南宋的教训吗？”

于谦的主张得到许多大臣的支持，太后决定叫于谦负责指挥军民守城。

于谦是明朝著名的英雄，浙江钱塘（今杭州）人。他自小有远大的志向。小时候，他的祖父收藏了一幅文天祥的画像。于谦十分钦佩文天祥，把那幅画像挂在书桌边，并且题上词，表示一定要向文天祥学习。长大以后，他考中进士，做了几任地方官，严格执法，廉洁奉公；后来担任河南巡抚，奖励生产，救济灾荒，比较注意人民疾苦。

王振专权的时候，贪污成风，地方官进京办事，总要先送白银贿赂上司，只有于谦从来不送礼品。有人劝他说：“您不肯送金银财宝，难道不能带点土产去?”于谦甩动他的两只袖子，笑着说：“只有清风。”他还写了一首诗，表明自己的态度，诗的后面两句是：“清风两袖朝天去，免得闾阎话短长。”（意思是免得被人说长道短，闾阎就是里巷。“两袖清风”的成语就是这样来的）

因为于谦刚正不阿，得罪了王振，王振就指使同党诬告于谦，把于谦打进监牢，还判了死刑。河南、山西的地方官员和百姓听到于谦被诬陷的消息，成千上万的人联名向明英宗请愿，要求释放于谦。王振一伙一看众怒难犯，又抓不住于谦什么把柄，只好释放了于谦，恢复了他的原职。后来，又被调到北京担任兵部侍郎。

这一回，在京城面临危急的时刻，于谦毅然担负起守城的重任。他一面加紧调兵遣将，加强京城和附近关口的防御兵力；一面整顿内部，逮捕了一批瓦剌军的奸细。

有一天，监国的郕王朱祁钰上朝，大臣们纷纷要求宣布王振罪状。朱祁钰不敢做主。有个宦官马顺，是王振的同党，见大臣们不肯退朝，吆喝着想把大臣赶跑。这下激怒了大臣。有个大臣冲上去揪住马顺，大伙赶上来，一阵拳打脚踢，就把马顺揍死了。

朱祁钰见到朝堂大乱，想躲进内宫，于谦拦住他说："王振是这次战争失败的罪魁祸首，不惩办不能平民愤。陛下只要宣布王振罪状，大臣们就心安了。"

朱祁钰听了于谦的话，下令抄了王振的家，惩办了一些王振的同党，人心渐渐安定下来。

瓦剌首领也先俘虏了明英宗，没把他杀死，却挟持着明英宗当人质，不断骚扰边境。看来，京城里没有皇帝不好办。于谦等大臣请太后正式宣布让朱祁钰做皇帝，被俘虏的明英宗改称太上皇。朱祁钰这才即位称帝，这就是明代宗（又叫景帝）。

也先知道明朝决心抵抗瓦剌，就以送明英宗回朝为借口，大举进犯北京。

这一年十月，瓦剌军很快打到北京城下，在西直门外扎下营寨。于谦立刻召集将领商量对策。大将石亨认为明军兵力弱，主张把军队撤进城里，然后把各道城门关闭起来防守，日子一久，也许瓦剌会自动退兵。

于谦说："敌人这样嚣张。如果我们向他们示弱，只会助长他们的气焰。我们一定要主动出兵，给他们一个迎头痛击。"

接着，他分派将领带兵出城，在京城九门外摆开阵势。

于谦在城外把各路人马布置好后，他亲自率领一支人马驻守在德胜门外，叫城里的守将把城门全部关闭起来，表示有进无退的决心。并且下了一道军令：将领上阵，丢了队伍带头后退的，就斩将领；兵士不听将领指挥，临阵脱逃的，由后队将士督斩。

将士们被于谦的勇敢坚定的精神感动了，士气振奋，斗志昂扬，下决心跟瓦剌军拼死战斗，保卫北京。

这时候，各地的明军接到朝廷的命令，也陆续开到北京支援。城外的明军增加到 22 万人。

明军声势浩大，戒备森严，也先发动几次进攻，都遭到明军的奋勇阻击。城外的百姓也配合明军，跳上屋顶墙头，用砖瓦投掷敌人。经过 5 天的激战，瓦剌军死伤惨重。

也先遭到严重损失，又怕退路被明军截断，不敢再战，就带着明英宗和残兵败将撤退。于谦等明英宗去远了，就用火炮轰击，又杀伤了一批瓦剌兵。北京城保卫战，取得了辉煌的胜利。

于谦立了大功，受到了北京军民的爱戴。明代宗十分敬重他。于谦家的房屋简陋，只能遮蔽风雨，明代宗给他造了一座府第，于谦推辞了。他说：“现在正是国难当头的时候，怎么能贪图享受呢?”

也先失败后，知道扣住明英宗也没有用处。就把明英宗放回北京。

于谦一心保卫国家，但是那个在北京危急的日子里主张逃跑的徐有贞，还有被于谦责备过的大将石亨，都对他怀恨在心，在暗地里想法报复。

明英宗回北京后过了 7 年，也就是 1457 年，明代宗生了一场大病，徐有贞、石亨跟宦官勾结起来，带兵闯进皇宫，迎明英宗朱祁镇复位。历史上把这件事称作“夺门之变”。没多久，明代宗就死了。

明英宗复位后，对于谦在他被俘流亡的时候，帮他弟弟即位称帝，心里本来有气，再加上徐有贞、石亨一伙在他面前说了不少诬陷的话，竟下了狠心，给于谦加上个“谋反”的罪名，把于谦杀害了。

北京的百姓听到于谦受冤被害，不论男女老少，个个伤心痛哭。人们传诵着于谦年轻时候写的一首《石灰吟》：

千锤万凿出深山，烈火焚烧若等闲。
粉身碎骨浑不怕，要留清白在人间！

人们认为，这正是于谦一生的写照。

杨一清计除刘瑾

“土木之变”以后，明王朝开始衰落。明英宗以后的几代皇帝，都昏庸腐败。他们不能吸取王振误国的教训，一味依赖宦官。宦官专政的局面越来越严重。明宪宗朱见深（明英宗的儿子）在位的时候，宦官汪直专权，在东厂以外，又设了一个西厂，加强特务统治，冤死不少好人。

1505 年，明武宗朱厚照即位。他身边有 8 个宦官，经常陪伴他打球骑马，放鹰猎兔，为首的叫刘瑾。明武宗贪图玩乐，觉得刘瑾等称他的心意，十分宠信他们。这 8 个宦官依仗皇帝的势，在外面胡作非为。人们把他们称为“八虎”。

一些大臣向武宗劝谏，要求武宗铲除

“八虎”。刘瑾等得到消息，就在明武宗面前哭诉。明武宗不但不听大臣劝谏，反而提升刘瑾为司礼监，又让刘瑾两个同党分别担任东厂、西厂提督。

刘瑾大权在手，就下令召集大臣跪在金水桥前，宣布一大批正直的大臣是“奸党”，把他们排挤出朝廷。

刘瑾每天给明武宗安排许多寻欢作乐的事，等明武宗玩得正起劲的时候，他把大臣的许多奏章送给明武宗批阅。明武宗很不耐烦，说：“我要你们干什么？这些小事都叫我自己办？”说着，就把奏章撂给刘瑾。

打这以后，事无大小，刘瑾不再上奏。他假传明武宗的意旨，独断专行。刘瑾自己不通文墨，他把大臣的奏章全带回家里，让他的亲戚、同党处理。一些王公大臣，知道送给明武宗的奏章，皇上是看不到的。因此，有什么事上奏，就先把复本送给刘瑾，再把正本送给朝廷。民间流传着一种说法：“北京城里有两个皇帝：一个坐皇帝，一个立皇帝；一个朱皇帝，一个刘皇帝。”

刘瑾怕人反对，派出东厂、西厂特务四处刺探；还在东厂、西厂之外，设一个“内行厂”，由他直接掌管，连东厂、西厂的人，也要受内行厂监视。被这些特务机构抓去的人，都受到残酷刑罚，被迫害致死的有几千人，民间怨声载道。

刘瑾还利用权势，敲诈勒索，接受贿赂。地方官员到京都朝见，怕刘瑾给他找麻烦，先得给刘瑾送礼，一次就送上万两银子。有的官员进京的时候没带那么多钱，不得不先向京城的富豪借高利贷，回到地方后才偿还。当然，这笔负担全转嫁到老百姓身上了。

1510 年，安化王朱寘𬭚以反对刘瑾为名，发兵谋反。明武宗派杨一清总督宁夏、延绥一带军事，起兵讨伐朱寘𬭚，派宦官张永监军。

杨一清原是陕西一带的军事统帅，在训练士卒、加强边防方面立过功。因为他为人正直，不附和刘瑾，被刘瑾诬陷迫害，后来经大臣们营救，才被释放回乡。这回明武宗为了平定藩王叛乱，才重新起用他。

杨一清到了宁夏，叛乱已经被杨一清原来的部将平定，杨一清、张永俘虏了朱寘𬭚，押解到北京献俘。

杨一清早就有心除掉刘瑾，他打听到张永原是“八虎”之一，刘瑾得势以后，张永跟刘瑾也有矛盾，就决心拉拢张永。回京的路上，杨一清找张永密谈，说：“这次靠您的相助，平定了叛乱，这是值得高兴的事。但铲除一个藩王容易，内患却不好解决，怎么办？”

张永惊异地说：“您说的内患是什么？”

杨一清把身子靠近张永，用右手指在左掌心里写了一个“瑾”字。

张永一看，皱起眉头说：“这个人每天在皇上身边，耳目众多，要铲除他可难啊！”

杨一清说：“您也是皇上亲信。这次胜利回京，皇上一定会召见您。趁这个机会您把朱寘镭谋反的起因奏明皇上，皇上一定会杀刘瑾。如果大事成功，您就能名扬后世啦！”

张永心里犹豫了一下，说：“万一不成功，怎么办？”杨一清说：“如果皇上不信，您可以痛哭流涕，表明忠心，大事一定能成功。不过这件事一定要动手得快，晚了怕泄露时机。”

张永本来就对刘瑾不满，经杨一清一怂恿，胆子也壮了起来。

到了北京，张永按杨一清的计策，当夜在明武宗面前揭发刘瑾谋反。明武宗命令张永带领禁军捉拿刘瑾。刘瑾毫无防备，正躺在家里睡大觉，禁军一到，就把他逮住，打进大牢。

明武宗派禁军抄了刘瑾的家，抄出黄金 24 万锭、银元宝500万锭，珠玉宝器不计其数；还抄出了龙袍玉带、盔甲武器。明武宗这才大吃一惊，把刘瑾判处死刑。

刘瑾虽然被杀，但是明武宗的昏庸腐败却是无可救药的。他杀了刘瑾之后，又宠信了一个名叫江彬的武官，在江彬的教唆下，他多次离开北京到宣府（今河北宣化）寻欢作乐。把朝政大权交给江彬，江彬又趁机贪污受贿，排斥好人。

由于明王朝的腐败统治，土地兼并十分严重，百姓的赋税和劳役负担更加繁重，农民起义此起彼伏。1510年，北京附近爆发刘六、刘七领导的起义。这次起义延续两年，起义军横扫河北、山东、山西等8个省，4次逼近北京，给了腐朽的明王朝一次沉重的打击。

戚继光驱逐倭寇

明世宗的时候，有一批日本的海盗经常在我国东南沿海一带骚扰。他们和中国的土豪、奸商勾结，到处抢掠财物，杀害百姓，闹得沿海不得安宁。历史上把这种海盗叫作“倭寇”。

1553 年，在汉奸汪直、徐海的勾结下，倭寇集结了几百艘海船，在浙江、江苏沿海登陆，分成许多小股，抢掠了几十个城市。沿海的官吏和兵士不敢抵抗，见了倭寇就逃。

倭寇侵略越来越严重，使躲在深宫里的明世宗也不得不发愁了，叫严嵩想法子对付。严嵩的同党赵文华想出一个主意，说要解决倭寇侵犯，只有向东海祷告，求海神爷保佑。明世宗居然相信赵文华的鬼话，叫他到浙江去祷告海神。后来，朝廷派了个熟悉沿海防务的老将俞大猷去抵抗。俞大猷一到浙江，就打了几个胜仗。但是不久，浙江总督张经被赵文华陷害，俞大猷也被牵连坐了牢。沿海的防务没人指挥，倭寇的活动又猖獗起来。朝廷把山东的将领戚继光调到浙江，才扭转了这个局面。

戚继光是我国历史上著名的民族英雄，山东蓬莱人。他到了浙江，先检阅那儿的军队，发现那些军队纪律松散，根本不能够打仗，就决心另外招募新军。他一发出招兵命令，马上有一批吃够倭寇苦的农民、矿工自愿参军，还有一些愿意抗倭的地主武装也参加了进来。戚继光组织的新军很快发展到4000人。

戚继光是个精通兵法的将领，他懂得兵士不经过严格训练是不能上阵的。他根据南方沼泽地区的特点，研究了阵法，亲自教兵士使用各种长短武器。经过他的严格训练，这支新军的战斗力特别强。“戚家军”的名气就在远近传开了。

过了几年，倭寇又袭击台州（今浙江临海）一带，戚继光率领新军赶到台州。倭寇在哪里骚扰，他们就打到哪里。那些乱七八糟的海盗队伍，哪儿是戚家军的对手，交锋了 9 次，戚家军次次都取得胜利。最后，倭寇在陆地上待不住了，被迫逃到海船上，戚继光又用大炮轰击。倭寇的船起了火，大批倭兵被烧死或掉到海里淹死，留在岸上的也只得乖乖投降。

倭寇见到浙江防守严密，不敢再侵犯。第二年，他们又到福建沿海骚扰。一路倭寇从温州往南，占据了宁德；另一路倭寇从广东往北，盘踞在牛田。两路敌人互相声援，声势很大。福州的守将抵挡不了，向朝廷告急。朝廷又派戚继光援救。戚继光带领新军赶到宁德，打听到敌人的巢穴在宁德城 10 里外的横屿岛。那儿四面是水，地形险要。倭寇在那儿扎了大营盘踞，当地明军也不敢去攻打他们。

戚继光亲自调查了横屿岛的地形，知道那条水道既不宽，又不深。当天晚上潮落的时候，戚继光命令兵士每人随身带一捆干草，到了横屿对岸，把干草扔在水里。几千捆干草扔在一起，居然铺出了一条路来。戚家军兵士踏着干草铺成的路，神不知鬼不觉地插进倭寇大营。经过一场激烈战斗，盘踞在岛上的 2000 多个倭寇全部被歼灭。

戚家军攻下横屿，立刻又进兵牛田。到了牛田附近，戚继光传出命令，说：“远路进军，人马疲劳，先就地休整再说。”

这些话很快传到敌人那里。牛田的倭寇真的相信戚家军暂时停止进攻，防备也就松懈下来。就在当天晚上，戚继光下令向牛田发起总攻击。倭寇毫无准备，仓促应战，禁不住戚家军的猛攻猛冲，纷纷败退。倭寇头目率领残兵败将逃到兴化，戚家军又连夜跟踪追击，一连攻下了敌人 60 多个营寨，消灭了溃逃的敌人。到天色发白的时候，戚家军开进兴化城。城里的百姓才知道附近的倭寇已被戚家军消灭。大家兴高采烈，纷纷杀牛带酒，到军营来慰劳。

第二年，倭寇又侵犯福建，攻下兴化。这时候，俞大猷已经复职。朝廷派俞大猷为福建总兵，戚继光为副总兵。两个抗倭名将一起，大败倭寇，收复兴化。1565 年，俞、戚两军再次配合，大败倭寇。到这时候，横行几十年的倭寇被基本肃清了。

李时珍上山采药

明世宗即位 40 多年，尽情享乐，但是他又担心自己一天天衰老下去，有朝一日死掉，快活日子就没得过了。于是，他就千方百计寻找一种长生不老的药方。

1556 年，朝廷下令各地官吏推荐名医。当时就藩武昌的楚王，把正在王府里的医生李时珍推荐给太医院。李时珍是蕲州人，他的祖父、父亲都当过医生。父亲李言闻对草药很有研究，李时珍从小受父亲的影响，常常跟小伙伴一起上山采集各种草药。日子一长，他便能认得各种草木的名称，还能知道什么草能治什么病。他的医药知识渐渐丰富起来。

但是，在那个日子里，做一个普通医生注定被上层社会看不起的。李言闻自己是医生，却要李时珍读书应科举考试。李时珍在父亲的督促下，14 岁那年考中秀才，但是以后参加举人考试，3 次都没有考中。别人都替他可惜，李时珍却并不因此失望。他的志愿是做个替百姓治病的好医生。

打那时候起，李时珍就一心一意跟他父亲学医。正好在这一年，他的家乡发生了一场大水灾，水退以后，又流行疫病，生病的都是没钱的穷百姓。李时珍家并不宽裕，但是父子俩都很同情穷人，穷人找他们看病，他们都悉心医治，不计报酬。老百姓认为他们医术高明，治病热心，都很感激他们。

李时珍为了研究医术，读了许多古代的医书。我国古代很早就有了医书。汉朝人写过一本《神农本草经》，以后 1000 多年，又有许多新的医书问世。李时珍常常替当地的王公贵族看病，那些贵族家里藏书不少，李时珍就靠他行医看病的方便，向王公贵族家借图书看。这样一来，他的学问就越来越丰富，医术也越来越高明了。

李时珍的名气越来越响，被他看好病的人，到处宣传李医生好。附近州县得病的人，也赶来请李时珍看病。

有一次，楚王的儿子得了一

种抽风的病。楚王府虽然也有医官，但是谁都没法治好。这孩子是楚王的命根子，楚王怎么能不着急？有人告诉楚王，只有找李时珍，才能治好这种病。楚王赶快派人把李时珍请到王府。李时珍一看病人的脸色，再按了按脉，就知道孩子得的这种抽风病是肠胃病引起的。他开个调理肠胃的药方，叫人上药铺抓了药。楚王的儿子一吃药，病就全好了。

楚王十分高兴，再三挽留李时珍在楚王府待下来。没过多少日子，正碰上朝廷征求人才。楚王为了讨好明世宗，就把李时珍推荐到北京太医院去。

太医院本来是国家最高的医疗机构。可是在那时候，明世宗对真正的医学并不重视，却迷信一批骗人的方士，在宫里做道场，炼金丹，想凭这些办法使自己长生不老。李时珍是一个正直的医生，看不惯那种乌烟瘴气的环境。他在太医院待了一年，就辞职回家了。

李时珍辞去官职，回家的路上，顺便游历了许多名山胜地。他上山不是为了欣赏景色，而是为了采草药，研究各种草木的药用性质。有一次，他到均州（今湖北均县）的武当山去，听说那里产一种榔梅，吃了能使人返老还童，人们把它称作“仙果”。宫廷的贵族都把它当作宝贝一样，要地方官吏年年进贡，并且禁止百姓采摘。李时珍可并不相信真有什么仙果。为了弄清真相，他冒着危险，攀登悬崖峭壁，采到了一颗榔梅，带回家乡。经过他详细研究，才知道那种果子只不过像一般梅子一样，有生津止渴的作用，根本就不是什么“仙果”。

李时珍从长期的医疗工作和采集药物的过程中，得到了不少科学的资料。他发现古代医书上的记载，有不少错误；再者，经过那么多年代，人们又陆续发现了许多古代书上没有记载过的草药。他就决心编写一本新的完备的药书。辞职回家以后，他花了将近30年的时间，写成了著名的医药著作《本草纲目》。在这本书里，一共记录了1892种药，收集了一万多个药方，为发展祖国的医药科学做出了伟大的贡献。

《本草纲目》出版以后，一直流传到全世界，已经被翻译成日文、德文、英文、法文、俄文、拉丁文等许多种文字，在世界医药史中占有重要的地位。

至于那个迷信炼丹、一心想长生不老的明世宗，不但没有长生不老，却因为误服了有毒的“金丹”，丢了性命。明世宗死后，他的儿子朱载垕即位，就是明穆宗。

王阳明传奇的一生

王守仁是明朝理学家，字伯安，学者称其为阳明先生，于1471年即明成化八年诞生于浙江余姚。

他的母亲怀孕14个月才生下他。有一天王阳明的祖母做了一个梦，梦见一位天神，从云端下来，送了一个胖娃娃给她，于是把这出生的孙子叫王云。但王云到了5岁还不能说话，有一天，一位和尚上门来化缘，并说："可惜道破！"说罢，掉头而去，王云也从此开始说话了。于是家人给他改名叫守仁，后人因他曾在贵州阳明洞讲学，所以又称他为阳明先生。

王阳明一生，经历实是传奇：

35岁之前：流连诗章—迷于朱子—出入佛老。

35岁之后：龙场悟道—平定内乱—天泉证道。

王阳明年少之时，辄思圣贤，其性格机智豪迈，颇有孔子之所谓"狂"者，世风之外，自是跌宕。青年时期，因边关战事，乃留心武学，精研古人兵书，甚至"聚果核列阵为戏"。这些为他后来的赫赫战功，打下了根基。因出身书香世家，早岁颇致力于词章，其诗文当时甚负令誉。11 岁时，就以一句“醉倚妙高台上月，玉箫吹彻龙洞眠”，语惊四座。21 岁，与一老先生登龙山歌吟，其佳句天成，意态豪放，使这位雄才自视的老先生也不由叹道：“老夫当退数舍。”但他当时不欲“以有限精神为无用之虚文”，于此遂淡，翻身乃志于实学。

应该说，王阳明于朱子之学，此时是笃信的，但苦于始终无法融会，遂叹息圣人自有天分，勉强不得，转而从佛老。先是于道教一番止心，据说其修炼功夫已达可以先知，人以为奇，他却一日叹曰：“此搬弄精神，非道也，”就放弃了，后来在西湖游玩，接触了禅宗，春风春雨，沉迷于禅的精妙。他曾说过“缪矣三十年”，不妨作为他这一阶段的一个自我总结。

王阳明反对向外探求事物的客观规律，专讲反省内求，主张“向里寻求”“从自己心上体认”（《传习录上》）。但他也不

得不承认，只求之于心，不能得到关于具体事物的知识。他说过：“圣人无所不知，只是知个天理；无所不能，只是能个天理。”不是致得良知以后，对于天下事物“都便知得，便做得来也”。“天下事物，如名物度数、草木鸟兽之类，不胜其烦”，圣人虽然良知明白，“亦何缘能尽知得？但不必知的，圣人自不消求知，其所当知的，圣人自能问人”（《传习录下》）。所谓致良知，只是对于道德的原则有充分的认识，并不是认识事物的规律。关于特殊事物的知识，还是不能从所谓良知、天理中推出来，需要问别人。由此可见，唯心主义的先验论是不可能不陷于自相矛盾的。

王阳明认为，认识都来自内心，不承认外在世界是认识的源泉，当然不会承认实践是认识的基础。但他又提出“知行合一”，这在他的主观唯心主义哲学中是不矛盾的，而且是他的思想的重要组成部分。他反对程朱学派的知先行而后论，强调知与行的不能分离。他曾说：“知是行的主意，行是知的功夫；知是行之始，行是知之成。若会得时，只说一个知，已自有行在；只说一个行，已自有知在。”（《传习录上》）知是行的主导，行是知的体现，知是行的开端，行又是知的完成；知中含行，行中含知。这些话强调知行二者不可分离的关系，以反对知而不行的弊病。

王阳明讲知行合一，有时似乎也谈论认识依赖于实际活动，如说："如言学孝，则必服劳奉养，躬行孝道，然后谓之学，岂徒悬空口耳讲说，而遂可以谓之学孝乎？学射则必张弓挟矢，引满中的；学书则必伸纸执笔，操觚染翰。尽天下之学，无有不行而可以言学者，则学之始固已即是行矣。"（《答顾东桥书》）这是说，学孝必须侍奉父母，学射必须拉弓放箭，学写字必须拿笔在纸上写。离开这些实际活动是不能叫作学孝、学射、学写字的。这些话意在反驳朱熹的知先行而后论，这只是强调知行不能相离，强调只有在"行"方面有所表现的知才算真正的知。他从知行的不能相离，进而认为知行只是一事的两方面，只是一个过程，在这个过程中，切实用力的方面叫作行，觉悟理解的方面叫作知，两者是不能分开的。这也就是他说的："知之真切笃实处即是行，行之明觉精察处即是知，知行工夫本不可离。"（《答顾东桥书》）

王阳明特别强调行只是一种好恶爱憎的情感。他说："《大学》指个真知行与人看，说如好好色，如恶恶臭。见好色属知，好好色属行，只见那好色时已自好了，不是见了后又立个心去好；闻恶臭属知，恶恶臭属行，只闻那恶臭时已自恶了，不是闻了后别立个心去恶。”（《传习录上》）这样，好恶的情感活动即是行，不必身体有所活动，只要心中有所爱憎，就是行了。于是，他更进一步提出“一念发动处，便即是行”的论断。一念不善就是行恶，这样他就模糊了行与知的区别。王阳明所以提倡“知行合一”，其用意也是十分明确的。他说：“今人学问，只因知行分作两件，故有一念发动，虽是不善，然却未曾行，却不去禁止。我今说个知行合一，正要人晓得，一念发动处，便即是行了，发动处有不善，就将这不善的念克倒了。须要彻根彻底不使那一念不善潜伏在胸中，此是我立言宗旨。”（《传习录下》）这就是说，他所以要提倡“知行合一”，是要从思想上根本防止任何违背正统道德观念的念头出现，这也就是他所谓的“破心中之贼”，目的是维护和巩固封建社会的秩序。

王阳明的知行合一论与其心即理之说是互相联结的。他明确地说：“外心以求理，此知行所以二也；求理于吾心，此圣门知行合一之教。”（《答顾东桥书》）“知行合一”，就是“求理于吾心”，所以，王阳明所谓的知行合一，也就是他所谓的致良知，良知是知，致的功夫就是行。他所谓的知指道德意识，不是我们所谓认识；他所谓的行指内心世界的道德修养，不是我们所谓实践。他所谓知行合一，就是强调道德意识和道德修养是一回事，教人把道德观念和道德修养密切结合起来，而不是讲认识与实践的关系。

唯心主义的伦理学说

陆九渊讲“发明本心”，王守仁讲“致良知”，良知就是本心。王守仁的致良知学说，是他的哲学思想，也是他的人性论与伦理学说。他认为，人人都生来就有分辨是非善恶的良知，这就是人的本性。王守仁晚年曾将其教人的主张概括为四句话：“无善无恶心之体，有善有恶意之动，知善知恶是良知，为善去恶是格物。”（《传习录下》）习称“四句教”。陆王心学受佛教禅宗的影响很深，这里所谓“无善无恶心之体”，更和禅宗一致了。他认为，心本来是超乎善恶

对立的，所以是无善无恶；意念发动，便有善恶之分；良知自然能分别善恶；道德修养就在于为善去恶。这良知也就是所谓是非之心，也就是好恶的情感。他说：“良知只是个是非之心，是非只是个好恶，只好恶就尽了是非，只是非就尽了万事万变。”（传习录下）王守仁这种学说认为，人们有共同的是非标准。什么是对的，什么是不对的，人们有共同的理解，而这个理解也就是一种好恶的情感，这情感是天生的，是生来固有的。这生来固有的是是非非，好善恶恶的情感即是道德的根源。

王守仁认为，心的内容就是“天理”。他说：“此心无私欲之蔽，即是天理，不须外面添一分。以此纯乎天理之心，发之事父便是孝，发之事君便是忠，发之交友治民便是信与仁。”（《传习录下》）良知也就是心中的天理的自我认识。但人除了良知之外还有私欲，私欲就能遮蔽良知。于是他特别强调“存天理灭人欲”，他说：“只要去人欲存天理方是工夫。静时念念去人欲存天理，动时念念去人欲存天理。”（《传习录上》）去尽人欲，纯是天理，就是圣人了。“圣人之所以为圣，只是此心纯乎天理而无人欲之杂”（传习录上）。他要求“将好色好货好名等私欲逐一追究搜寻出来，定要拔去病根，永不复。”

张居正辅政

明穆宗在位的时候，大学士张居正因为才能出众，得到穆宗的信任。1572 年，明穆宗死去，太子朱翊钧即位，就是明神宗。明穆宗遗命张居正等 3 位大臣辅政。

明神宗即位后不久，张居正成了首辅。张居正根据明穆宗的嘱托，真的像老师教学生一样，辅导年仅 10 岁的明神宗。他编了一本有图有文的历史故事书，叫作《帝鉴图说》，每天给明神宗讲解。明神宗看到这本书很高兴，兴致勃勃地听张居正讲解。有一次，张居正讲完汉文帝在细柳劳军的故事，就说："陛下应当注意武备。现在太平日子长了，武备越来越松弛，不能不及时注意啊！"

明神宗连忙点头称是。

又有一次，张居正讲完宋仁宗不喜欢用珠玉装饰的故事。明神宗就说："对呀，做君王的应该把贤臣当作宝贝，珠玉有什么用呢？"

张居正见 10 岁的孩子能说出这样的话，很高兴地说：“贤明的君主重视粮食，轻视珠玉。因为百姓靠粮食生活，珠玉这类东西饿了不能充饥，冷了不能御寒啊。”

张居正对明神宗的教育十分严格，明神宗把张居正当作严师看待，既尊敬，又惧怕。再加上太后和宦官冯保的支持，朝政大事几乎全部由张居正做主。

张居正是明朝的一个能干的政治家，他掌握实权以后，就大刀阔斧地在军事、政治、经济几方面着实做了一番整顿。

那个时候，沿海的倭寇虽然已经解决，但北方的鞑靼贵族还不时入侵内地，成为明王朝的很大威胁。张居正把抗倭名将戚继光调到北方，镇守蓟州（在今河北北部），戚继光从山海关到居庸关的长城上修筑了3000多座堡垒。戚家军号令

严明，武器精良，多次击败鞑靼的进攻。鞑靼首领俺答表示愿意和好，要求通商。张居正奏明朝廷，封俺答为顺义王，一面和鞑靼通商往来，一面在边境练兵屯田，加强防备。以后二三十年明朝和鞑靼之间就长期没有发生战争。北方各族人民的生活也安定多了。

当时，黄河年久失修，河水常常泛滥，大批农田被淹，影响农业和运输。张居正任命专治水利的潘季驯督修黄河水利工程。潘季驯修筑堤防，堵塞决口，使黄河不再泛滥，运输通畅，农业生产得到恢复和发展。

原先，由于朝政腐败，大地主兼并土地，逃避税收，一些豪强地主越来越富，国库却越来越穷。张居正下令丈量土地，经过清查，查出了一批被皇亲国戚、豪强地主隐瞒的土地，这一来，使一些豪强地主受到了抑制，国家的收入也增加了。

在丈量土地之后，张居正又把当时各种名目的赋税和劳役合并起来，折合银两征收，称为“一条鞭法”。经过这种税收改革，防止了一些官吏的营私舞弊，增加了国家的收入，也多少减轻了一点农民的负担。

张居正花了 10 年时间，进行了大胆的改革，使十分腐败的明朝政治有了转机。国家的粮仓存粮充足，足够支用10年。但是这些改革自然触犯了一些豪门贵族的利益。他们表面不得不服从，背地里却对张居正恨之入骨。

在张居正执政的第五年，他的年老的父亲死在江陵老家，按照封建的礼法，他必须离职守孝3年。但是张居正怕他一离开，正在进行的改革受到影响。在明神宗和一些大臣的挽留下，他让他儿子奔丧，自己留在京城任职。这一来，就有不少人抓住张居正父死不奔丧的事，大做文章，纷纷向明神宗上书弹劾，有人甚至在大街揭贴告白攻击张居正，闹得满城风雨。后来，明神宗不得不下令，再反对张居正留任的一律处死，攻击才平息下来。

张居正的权实在太集中了，明神宗渐渐成长起来，反而闲得没事干，就有一批亲近的太监在内宫用各种办法给他取乐。有一次，明神宗喝醉了酒，无缘无故把两个小太监打得半死。这件事让太后知道了，马上把明神宗找来，狠狠地责备一顿，还叫左右拿《汉书·霍光传》叫明神宗读。西汉霍光辅政的时候，不是有个昌邑王刘贺即位后，被太后和霍光废掉皇位吗？现在的张居正的地位就像当年的霍光一样，明神宗想到这里，吓得浑身哆嗦，跪在太后面前求饶。

后来，张居正做主，把一些引诱明神宗胡闹的太监全部赶走，太后还让张居正代明神宗起草了罪己诏（皇帝责备自己的诏书）。这件事虽然过去了，但是明神宗对张居正，已经从惧怕发展到怨恨了。

1582 年，张居正病死。明神宗亲自执政。原来对张居正不满的大臣纷纷攻击张居正专横跋扈。第二年明神宗竟把张居正的官爵全部撤掉。后来还派人查抄了张居正的家。张家子孙十几人，被关在屋子里活活饿死。大儿子被拷打后自杀。张居正的改革措施，当然也遭到破坏，刚刚有一点转机的明朝政治又走了下坡路。

明末后宫三疑案

到万历皇帝的时候，明朝已经十分衰败。这时关外女真族的努尔哈赤已经起兵，极大地威胁着明王朝的统治。而在北京后宫内却围绕着皇帝宝座的争夺发生了3个疑案。这3个案子分别发生在3个皇帝在位期间：万历皇帝以及他的儿子明光宗朱常洛和他的孙子明熹宗朱由校，这3个疑案就是“梃击案”“红丸案”和“移宫案”。

先说“梃击案”。这“梃”就是棍棒的意思，这是怎么回事呢？原来万历皇帝一共在位48年，是明朝所有皇帝中在位时间最长的一个。他的正宫娘娘是王皇后，十分贤惠，但一直没有生育。他的长子朱常洛是他和一个姓王的宫女生的，后来他把这个王宫女封为恭妃，但万历皇帝不喜欢王恭妃，当然也就连带着不喜欢大儿子朱常洛了。他最喜欢郑妃，郑妃妩媚动人而且善解人意，郑妃生的三儿子朱常洵，因此受到他的宠爱。

每个皇帝死前都要立太子，以便将来继承皇位，但立太子自古以来就有“立长不立幼”的规矩，要立最大的儿子为太子，但现在万历皇帝不喜欢大儿子，却喜欢三儿子，于是他将立太子的事先拖着，反正自己年轻，以后再说。

但满朝大臣却坐不住了，不立太子怎么能行？万一皇帝有个三长两短，岂不天下大乱？于是大臣们纷纷上书要求立朱常洛为东宫太子，以防出现几个皇子争夺皇位的局面。但万历皇帝对这些奏章毫不在意，统统“留中”，奏章进了宫就石沉大海，立太子的事依然拖着。

时间一年年地过去，万历皇帝眼看要40岁了，众臣要求立太子的奏章更多了，万历皇帝眼看也拖不下去了，只得立朱常洛为东宫太子，这时朱常洛也已经20岁了。

万历四十三年（1615年），发生了一件怪事。一个中年汉子手拿一根木棍跌跌撞撞地冲进太子朱常洛的慈庆宫，门卫也没

拦住他。这个汉子见人就打，一直往里闯，眼看就要进入太子的房间，幸亏门卫报警及时，大批卫士将这个中年汉子捆绑起来，押在牢里。

闯太子宫这还了得，而且还手拿凶器。万历皇帝十分重视，立即命令刑部官员严刑拷问，定要问个水落石出。

一开始这个汉子只承认自己叫张差，别的也不说，审判官员可急了，用酷刑拷打，这个汉子坚持不住只得招供实情。他供道：我真名叫张五儿，是无业游民，这次闯慈庆宫不是我自己要干的，是庞保、刘成两位公公让我干的，并说事后给我重赏。

张五儿的供词送到万历皇帝那儿，可把他气坏了，他知道庞保和刘成都是郑妃宫里的太监，显然这事是和郑妃有关了。看来郑妃是想谋害太子，而让亲生儿子当太子。万历皇帝立刻带随从来到郑妃宫中气呼呼地让她看供词。郑妃一看阴谋败露可慌了神，连忙跪倒磕头，泪水早就流了下来。

“皇上饶命，这是臣妾的过错，望皇上开恩，我以后再也不敢了。”

万历皇帝看着自己的爱妃，本来就不忍心处分她，这次也就算了。但他知道有了这件事，朱常洵不可能再成为太子。

第二天上朝，万历皇帝在百官面前说：“我立长子常洛是古今公理，现在却有人想谋害太子，我坚决不能允许。”接着他就把张五儿、庞保、刘成3个人都杀了，“梃击案”也就不了了之了。

明光宗朱常洛继位时也快40岁了，他只当了一个月的皇帝就死了，他这么早就死还得从“红丸案”这个谜案说起。

朱常洛身体虚弱，但他却不顾身体健康依然花天酒地纵欲享乐。他的正妃郭妃病死后，还有4个选侍，选侍是一种品级较低的妃子，除她们外还有无数美女陪伴在光宗身边，光宗只知享乐，身体却越来越糟。

这年九月，也就是朱常洛当皇帝一个月后的一天晚上，他忽然肚子疼拉稀，而且头痛。连忙叫太医进宫，过了一会儿，一个叫李可灼的官员手捧红丸进献皇帝，称这是祖传秘方所制，百病皆除。朱常洛看了看这个红通通的丸药，不管三七二十一，先吃下去再说。

也别说，第二天明光宗果然精神倍增，红光满面，他十分高兴，不仅大大称赞了李可灼的忠心而且让他再献一颗。当晚朱常洛吃完第二颗红丸，却疼痛难忍，一命呜呼了。谁也搞不清皇帝怎么会忽然暴病死去，这个神秘的“红丸案”也就成了一个千古之谜。

明光宗一死，他16岁的皇子朱由校登上皇位，这就是明熹宗。他登基不久就发生了著名的“移宫案”。

这个“移宫案”是由明光宗原来的4个选侍之一李选侍引起的。前文提到明光宗正妃郭妃病死，没有正宫皇后。现在朱由校登基，这个李选侍就想当太后，她在乾清宫中哭哭啼啼拖着小皇帝，一定要小皇帝封她为太后。

乾清宫是皇帝才能居住的，现在李选侍却依仗是先皇的妃子待在乾清宫中不走。小皇帝才16岁也没什么主意，他不想封李选侍，但又下不了决心。但李选侍总赖在乾清宫里也不成体统，该怎么办呢？

小皇帝身边有个太监叫王安，这时他躬身跪倒说道：“皇上，可不能再这样下去，陛下可立即下诏逼迫李娘娘搬出乾清宫。”

小皇帝沉思了一阵，说：“好，朕马上下诏书。这件事就由你去办，办好了朕有重赏。”

圣旨的威力果然巨大，李选侍再有怨言也只好灰溜溜地搬出了乾清宫，搬到宫女住的宫里，再也没出头之日了。这就是明史上的“移宫案”。

3个案子都发生在明朝末年，正是明朝走向灭亡的时期，而且都是围绕皇帝之位而发生的。明朝统治者大部分时间都花在这上面，当然无心管理国家了。

左光斗入狱

明神宗后期，有个官员名叫顾宪成，因为正直敢谏，得罪了明神宗，被撤了职。他回到无锡（今江苏无锡）老家后，约了几个志同道合的朋友在东门外东林书院讲学。附近一些读书人听到顾宪成学问好，都赶到无锡来听他讲学，把一所本来就不大的东林书院挤得满满的。顾宪成痛恨朝廷黑暗，在讲学的时候，免不了议论起朝政，还批评一些当政的大臣。听过讲学的人都说顾宪成议论得对，京城里也有大臣支持他。东林书院名声越来越大。

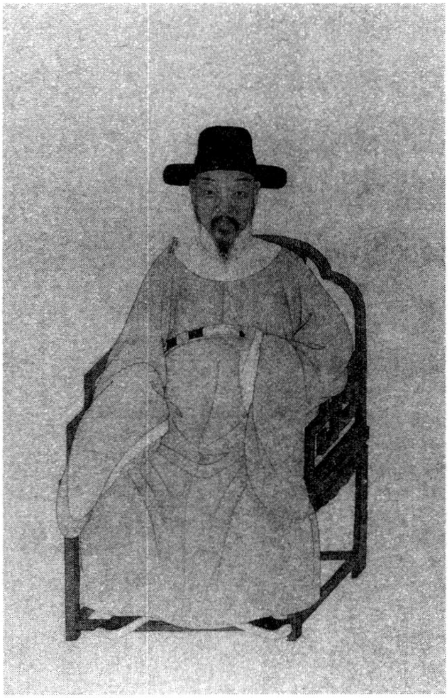

一些被批评的官僚权贵却对顾宪成恨得要命，把支持东林书院的人称作“东林党人”。

明熹宗刚即位的时候，一些支持东林党的大臣掌了权，其中最有名望的要数杨涟和左光斗。

有一次，朝廷派左光斗到京城附近视察，还负责那里的科举考试。

一天，北风刮得很紧，天上飘起了大雪。左光斗在官署里喝了几盅酒，忽然起了游兴。他带着几个随从，骑着马到郊外去踏雪。他们走着走着，见到一座古寺，环境十分幽静，左光斗决定到里面去休息一下。

他们下了马，推开虚掩的寺门，进了古寺，只见左边走廊边的小房间里，有个书生伏在桌上打瞌睡，桌上还放着几卷文稿。左光斗走上前去，拿起桌上的文稿细细地看了起来。那文稿不但字迹清秀，而且文辞精彩，左光斗看了不禁暗暗赞赏。他放下文稿，正想转身回去，忽然想到，外面正下大雪，天气严寒，那书生穿得那样单薄，睡着了岂不要受凉，就毫不犹豫地把自己身上披的那件貂皮披风解下来，轻轻地盖在书生身上。

左光斗退出门外，把门掩上，打发随从到寺里和尚那里去一打听，才知道那书生名叫史可法，是新到京城来应考的。左光斗把这个名字暗暗记住。

到了考试那天，左光斗进了厅堂。堂上的小吏高唱着考生的名字。当小吏唱到史可法的名字时，左光斗注意看那个送试卷上来的考生，果然是那天寺里见到的书生。左光斗接过试卷，当场把史可法评为第一名。

考试以后，左光斗在他的官府接见史可法，勉励了一番，又把他带到后堂，见过左夫人。他当着左夫人的面夸奖说："我家几个孩子都没有才能。将来继承我的事业，全靠这个小伙子了。"

打那以后，左光斗和史可法建立了亲密的师生关系。史可法家里贫穷，左光斗要他住进官府，亲自指点他读书。有时候，左光斗处理公事到深更半夜，还跑到史可法的房间里，两人兴高采烈地讨论起学问来，兴奋地一时难以入眠。

左光斗和杨涟一心一意想整顿朝政，但是明熹宗是个昏庸透顶的人。他宠信一个很坏的宦官魏忠贤，让魏忠贤掌握特务机构东厂。魏忠贤凭借手中的特权，结党营私，卖官受贿，干尽了坏事。一些反对东林党的官僚就投靠魏忠贤，结成一伙，历史上把他们称作"阉党"。杨涟对阉党的胡作非为气愤不过，大胆上了一份奏章，揭发魏忠贤 24 条罪状。左光斗也大力支持他。

这一来可捅了娄子。1625 年，魏忠贤和他的阉党勾结起来攻击杨涟、左光斗是东林党，并罗织罪状，把他们打入进大牢，严刑逼供。

左光斗被捕以后，史可法急得不知怎么办才好。他每天从早到晚，在牢门外转来转去，想找机会探望老师。可阉党把左光斗看管得很严密，不让人探望。

左光斗在牢里，任凭阉党怎样拷打，始终不肯屈服。史可法听说左光斗被折磨得快要死了，不顾自己的危险，拿了 50 两银子去向狱卒苦苦哀求，只求见老师最后一面。

狱卒终于被史可法的诚意感动了，想办法给史可法一个探监的机会。当天晚上，史可法换上一件破烂的短衣，扮作捡粪人的样子，穿着草鞋，背着竹筐，手拿长铲，由狱卒带领着进了牢监。

史可法找到左光斗的牢房，只见左光斗坐在角落里，遍体鳞伤，脸已经被烧得认不清，左腿腐烂得露出骨头来。史可法见了，一阵心酸，走近前去，跪了下来，抱住左光斗的腿，不断地抽泣。

左光斗满脸是伤，睁不开眼，但是他从哭泣声里听出史可法来了。他举起手，用尽力气拨开眼皮，愤怒的眼光像要喷出火来。他骂着说："蠢材！这是什么地方，你还来干什么！国家的事糟到这步田地，我已经完了，你还不顾死活地跑进来，万一被他们发现，将来的事靠谁干？”

史可法还是抽泣着没完。左光斗狠狠地说：“再不走，我现在就干脆收拾了你，省得奸人动手。”说着，他真的摸起身边的镣铐，做出要砸过来的样子。

史可法不敢再说话，只好忍住悲痛，从牢里退了出来。

过了几天，左光斗和杨涟等被魏忠贤无情杀害。史可法又花了一笔钱买通狱卒，把左光斗的尸体埋葬好了。他想起牢里的情景，总是情不自禁落下眼泪，说：“我老师真是铁石心肠啊！”

五人之墓

魏忠贤杀害了杨涟、左光斗后，掌握了朝政大权。他把迎合他的官员和徒子徒孙统统提拔起来，担任朝廷要职。有的帮他出谋划策，有的专门干特务暗杀的勾当。

那个时候，朝廷上下都是阉党和迎合阉党的官员，稍微有点正义感的人不愿意跟他们同流合污，都辞了官。有个官员周顺昌，看不惯阉党横行，请了长假回苏州闲居。1626 年，魏忠贤又一次大捕东林党，兵士押解一个东林党官员路过苏州，周顺昌替他摆酒席送行，在宴席上指名道姓大骂魏忠贤。押送的兵士回去，报告了魏忠贤。魏忠贤大怒，命令东厂派出兵士，由南京巡抚毛一鹭带领，到苏州捉拿周顺昌。

东厂到苏州抓人的消息一传开，轰动了苏州百姓。20 多年前，苏州百姓在葛贤的领导下，曾经跟税监斗争过。现在魏忠贤的特务又到苏州来抓人，怎能不激起大家的气愤。再说，周顺昌为反对阉党遭到迫害，大家也都同情他。所以到了东厂兵士到苏州的那天，苏州成千上万百姓拥上街头，声援周顺昌。

大家拦住毛一鹭的轿子，推了几名秀才向毛一鹭请愿，要求取消逮捕周顺昌的命令。毛一鹭见群众声势浩大，吓得满头大汗，一句话都说不出来。旁边的兵士着急了，他们把手里的铁镣往地下一扔，厉声吓唬说：“我们是东厂来的，谁敢阻挡！”

铁镣发出“当啷”的声音，百姓们被激怒了。有人站出来责问兵士说：“你们不是说奉皇上的圣旨抓人吗？原来是东厂搞的鬼！”

兵士还来不及回答，群众都高叫起来：“原来是东厂来的奸贼！”大伙一面叫，一面向毛一鹭和兵士冲过去，声音像山崩地裂一样。这些平日仗势欺人的兵士吓得东奔西窜，想逃出群众的包围。愤怒的群众赶上去，把他们揪住，劈头盖脸地痛打。一个兵士被击中了心窝，倒在地上滚了滚，就断了气。其余的兵士也被打得头破血流，连滚带爬地

逃走了。

百姓们痛打了兵士，一不做，二不休，要找毛一鹭算账。毛一鹭还算乖巧，早钻出轿子，趁人群乱哄哄的时候，脱了官服，从一条小巷里溜出去，正见到前面有一个粪坑，也顾不得体面，钻到臭气熏天的粪坑角落里。直到百姓散去，随从们才从粪坑边把吓昏了的巡抚拖了出来。

东厂特务逃回去后，立刻向魏忠贤哭诉。魏忠贤哪肯罢休，命令毛一鹭派兵到苏州镇压。他们把那天带领百姓暴动的颜佩韦、杨念如、马杰、沈扬、周文元5人抓进监牢，加上一个煽动叛乱的罪名，将他们定为死罪。

当5个人被押到刑场就义的时候，他们神色自若，还指着魏忠贤、毛一鹭的名字大骂哩！

他们牺牲之后，当地人民出了钱，从刽子手那里领回尸体，把他们安葬在虎丘东边的山塘上。后来，还立了墓碑，碑上写着“五人之墓”。

这次暴动虽然被镇压下去，但是打那以后，东厂的特务看到了群众的力量，再不敢窜到各地乱抓人了。

九千岁魏忠贤

明熹宗年幼即位，只有16岁，还连字都不认识，是个文盲，根本就没有治理国家的能力。这时就出了个中国历史上数一数二的坏太监魏忠贤，他无恶不作，搅得朝廷、民间一片混乱，明朝统治更加黑暗了。

这个魏忠贤可不像名字所叫的那样既忠又贤，恰恰相反，他年轻时就是一个大无赖，偷鸡摸狗，吃喝嫖赌，无恶不作。有一次，他赌钱输了许多钱，一时又还不起，只得东躲西藏避开债主，但躲得了初一躲不过十五，没办法，他一下狠心，进宫当了小太监，

还改了姓。你别看魏忠贤没什么本事，但溜须拍马却是他的拿手好戏。

魏忠贤十分善于投机，在朱由校还没登基前他就认定他一定能当上皇帝。他打听到小太子很听奶妈客氏的话，就千方百计地讨好客氏。小太子只要是奶妈的话都一一照办，当然对奶妈介绍的魏忠贤也另眼相看。

宫中太监最有权的部门是司礼监，司礼监中最有权力的又是秉笔太监，这秉笔太监权力可大了，可以替皇帝起草诏书。魏忠贤早就看中了这个位子，下的功夫总算没白费，小皇帝在即位不久就任命魏忠贤为司礼监秉笔太监，他这时把姓改了回来，连“忠贤”这个名也是皇帝赐的。这一来，魏忠贤可春风得意了。

魏忠贤本就是无赖出身，现在大权在手更可以胡作非为了。但他也很谨慎，明白大权是皇帝给的，一定要同小皇帝搞好关系。于是他就派出爪牙四处寻找奇珍异宝，有趣的小玩意儿，然后献给小皇帝，一个十几岁的孩子能懂什么，当然眉开眼笑称赞魏忠贤的忠心，更加信任他。不仅让他代替自己处理公文，还让他管最大的特务机构——东厂。

魏忠贤在皇帝面前这么受宠，自然有一批势利小人拍马屁，朝廷上许多文臣武将、地方上的官员都纷纷投靠了魏忠贤，被称为“五虎”“五彪”的，厚颜无耻地叫魏忠贤干爹。这个“干爹”当然也不亏待他的干儿子们，再说他自己也的确需要这样一批死心塌地的爪牙，于是他帮“五虎”“五彪”等人纷纷登上朝廷和地方上的高级职位。这就形成了以魏忠贤为首的一个“阉党”（指依附于太监的官僚集团），完全把持了朝政，小皇帝现在只是一个摆设了。

有一次，有个官员称魏忠贤是“九千岁”，这可把他乐坏了，重赏了这官员，你想皇帝是称万岁，九千岁比万岁还差点，但这不就说明现在除了皇帝，天下就数魏忠贤大吗？魏九千岁的称号一下子在全国传开了，连老百姓都知道有一个九千岁，就比皇帝小一点。

这个官员叫“九千岁”受重赏，别的官员就想其他的办法来讨好魏忠贤，浙江巡抚造了一座魏忠贤的生祠，就在西湖边上。祠堂历代都是人死后才修的，而现在魏忠贤还好端端地活着就有了祠堂受人供奉。生祠里一座魏忠贤的塑像，香烟缭绕，官员们都逐个行礼叩拜。这当然令魏忠贤更加高兴了。这可好，全国各地都建起了他的生祠，劳民伤财，老百姓痛恨到了极点。

魏忠贤领导的特务机构东厂更是一个穷凶极恶的地方。他很担心天下有人反对他，就派出许多特务在全国各地刺探消息，不断向他报告有谁说了对他不敬的话，有谁干了反对他的事，然后立即逮捕关在东厂里，东厂阴森恐怖，打手、爪牙一个个像凶神恶煞一样，只要抓进去就是严刑拷打，根本就不可能活着出来。东厂在魏忠贤手下就像一个人间地狱。

世上的人总是有忠有奸，即便奸臣当道的时候也有不怕死、坚贞不屈的大忠臣，魏忠贤这样黑暗的统治早就引起了老百姓的不满，在朝廷上也有很多位忧国忧民的忠臣冒死上书，痛斥魏忠贤的罪行。他们的典型代表就是杨涟和左光斗。

杨涟的官职是左副都御史，是一个十分正直刚毅的人。他早就对魏阉一党倒行逆施深怀不满，作为一名国家官员，他热切盼望明朝能重振朝纲，国泰民安。但现在魏忠贤一党把持着朝政，乱国乱民，怎么能不令人心焦呢？左光斗是杨涟的好友，两人脾气相投，性格相近。左光斗很支持好友上书皇帝揭露魏忠贤的罪行，两人都决定宁死也要上书。

这份奏章很快就由杨涟写好了，里面共列出了魏忠贤的 24 项罪行，而且每个罪名下都有事实佐证。但这份奏章却很快传到魏忠贤的司礼监。魏忠贤看到这奏章，不禁吓出一身冷汗：“好险啊，如果小皇帝看到这24条罪名，不把我杀了才怪呢。”

但接着他又露出狰狞的一笑：“好你个杨涟，胆子可不小，连我九千岁都敢弹劾，我倒要看看是你厉害还是我厉害!”

魏忠贤立刻召集宫内的心腹，又将客氏请来，密谋了半天，然后分头行动。

小皇帝这天午觉刚醒来，睁眼一看，床前跪着两个人，分别是魏忠贤和客氏，两个都泪流满面。小皇帝很奇怪，翻身起来，问道：“两位爱卿为何流泪，难道有人欺负你们了吗?”

“皇上，请给我们做主，现在朝中杨涟等人联名上书，辱骂为臣和皇上，他们嫌为臣权力太大，气急败坏要离间我们君臣。”魏忠贤的演技果然高明，一把鼻涕一把泪，小皇帝都忍不住心里难受。

魏忠贤和客氏是他最信任的两个人，所以他认为杨涟等人是坏人。小皇帝立刻传令让魏忠贤处理这个事情，下旨严厉斥责杨涟。魏忠贤的计策再次成功。有皇帝这个后台，他更肆无忌惮了，立刻吩咐手下爪牙逮捕杨涟、左光斗等人，一片腥风血雨，共有数百名大臣被牵连。

杨涟和左光斗被关在东厂监牢里，身受数次酷刑，但他们始终不肯认罪。他们相信魏忠贤一定会有报应的，魏忠贤等人想方设法折磨杨涟、左光斗，发泄自己的仇恨，最后又凶残地将他们杀害了。

小皇帝朱由校也是个短命皇帝，23 岁时就病死了。他没有儿子，就由他的弟弟朱由检来继承皇位，这就是明朝历史上最后一个皇帝明思宗崇祯皇帝。

新皇帝朱由检是个想有一番作为的皇帝，他深知魏忠贤是个大奸臣，所以上台第一件事就是罢了魏忠贤的官，赶出京城，并把他的心腹党羽一个个都杀了。这真是大快人心。

魏忠贤控制明朝长达 7 年的日子终于走到了头，他灰溜溜地离开北京，后来畏罪自杀了。这个曾经显赫一时的大奸宦永远遭到人民的唾弃。

努尔哈赤建立后金

明王朝政治越来越腐败，边防也越来越松弛，在我国东北地区的女真族的一支——建州女真趁机扩大势力，开始强大起来，它的领袖是爱新觉罗·努尔哈赤。

努尔哈赤出身建州女真的贵族家庭。其祖父觉昌安和父亲塔克世，都是建州女真的贵族，被明朝封为建州左卫的官员。努尔哈赤从小就练习骑马射箭，练得一身好武艺。10 岁那年，母亲死去，他的继母待他不好。努尔哈赤不得不离开家庭，和当地小伙伴在一起，在莽莽林海里打猎、挖人参、采松子、拾蘑菇，然后把这些山货带到抚顺去卖掉，挣钱过活。抚顺的集市很热闹，女真人常在那里用山货跟汉人交换铁器、粮食、盐和纺织品。努尔哈赤在抚顺接触了很多汉人，学会了汉文，他很喜欢读《三国演义》《水浒传》一类的小说。

建州女真有好几个部落，互相攻杀。明朝总兵李成梁利用建州各部的矛盾来加强统治。努尔哈赤 25 岁那年，建州女真部有个土伦城的城主尼堪外兰，带领明军攻打古勒寨城主阿台。阿台的妻子是觉昌安的孙女。觉昌安得到消息，带着塔克世到古勒寨去探望孙女。正碰上明军攻打古勒寨，觉昌安和塔克世在混战中都被明军杀害。

努尔哈赤痛哭了一场，葬了他的祖父、父亲，但是想到自己的力量太小，不敢得罪明军，就把一腔怨恨全集中在尼堪外兰身上。他跑到明朝官吏那里说："杀我祖父、父亲的是尼堪外兰，只要你们把尼堪外兰交给我，我也就甘心了。"明朝官吏只把他祖父、父亲的遗体交还给他，但不肯交出尼堪外兰。

努尔哈赤满腔悲愤地回到家里，翻出了他父亲留下的 13 副盔甲，分发给他手下的兵士，向土伦城进攻。努尔哈赤英勇善战，尼堪外兰不是他的对手，狼狈逃走。努尔哈赤攻克了土伦城，继续追击，趁机又征服了建州女真的一些部落。尼堪外兰东奔西窜，最后逃到了鄂勒珲（今齐齐哈尔附近），请求明军保护。努尔哈赤也追到那里。明军看他不肯罢休，怕因此引起战争，就让努尔哈赤杀了尼堪外兰。

努尔哈赤灭了尼堪外兰，声势越来越大。过了几年，统一了建州女真。这就引起女真族其他部的恐慌。当时的女真族，共有三部，除了建州女真之外，还有海西女真和“野人”女真。海西女真中有个叶赫部最强。1593 年，叶赫部联合了女真、蒙古 9 个部落，结成联盟，合兵 3 万，分三路进攻努尔哈赤。

努尔哈赤听到九部联军来攻，事先做好了迎战的准备。他在敌军来路上，埋伏了精兵；在路旁山岭边，安放了滚木石块，一切安排妥当，他就安安稳稳睡起觉来。他的妻子看了很着急，把他推醒，问他：“九部兵来攻打，你怎么睡起觉来，难道真的把你给吓糊涂了?”

努尔哈赤笑着说：“如果我害怕，就是想睡也睡不着。”

第二天，建州派出的探子回报敌兵人数众多，将士们听了也有点害怕。努尔哈赤就解释说：“别害怕，现在我们占据险要地形，敌兵虽然多，不过是乌合之众，一定互相观望。如有哪一个领兵先攻，我们就杀他一两个头目，不怕他们不退。”

九部联军到了古勒山下，建州兵在山上严阵以待，先派出100骑兵挑战。叶赫部一个头目冲来，马被木桩绊倒，建州兵上去把他杀了，另一头目看到这情景也吓昏过去。这一来，九部联军没有统一指挥，四散逃窜，努尔哈赤乘胜追击，击败了叶赫部。又过了几年，基本统一了女真族各部。

努尔哈赤在统一女真的过程中，把女真人编为8个旗，旗既是一个行政单位，又是军事组织。每旗下面有许多牛录，一个牛录300人，平时耕田打猎，战时打仗。这样既推动了生产，又加强了战斗力。为了麻痹明朝，他继续向明朝朝贡称臣，明朝廷认为努尔哈赤态度恭顺，封他为龙虎将军。他还多次到北京，亲自察看明朝政府的虚实。1616年，他认为时机成熟，就在八旗贵族的拥护下，在赫图阿拉（今辽宁新宾附近）即位称汗，国号大金。为了跟过去的金朝区别，历史上把它称为后金。

萨尔浒之战

努尔哈赤建立后金后，又花了两年多时间整顿内部，发展生产，扩大兵力。1618 年，努尔哈赤召集八旗首领和将士誓师，宣布跟明朝有七件事结下了冤仇，叫作“七大恨”。第一条就是明朝无故挑衅，害死了他的祖父和父亲。为了报仇雪恨，决定起兵讨伐明朝。

第二天，努尔哈赤亲自率领两万人马进攻抚顺。他先写信给抚顺明军守将，劝他投降。守将李永芳一看后金军来势凶猛，没有抵抗就投降了，后金军俘获了人口、牲畜 30 万。明朝的辽东巡抚派兵救援

抚顺，也被后金军在半路上打垮。努尔哈赤命令毁了抚顺城，带着大批战利品回到赫图阿拉。

消息传到北京，明神宗大怒，决定派杨镐为辽东经略，讨伐后金。杨镐经过一番紧张的调兵遣将，才集中了 10 万人马。1619 年，杨镐分兵四路，由 4 个总兵官率领，进攻赫图阿拉。中路左翼是山海关总兵杜松；中路右翼是辽东总兵李如柏；北路是开原总兵马林；南路是辽阳总兵刘铤。为了扩大声势，号称 47 万。杨镐坐镇沈阳，指挥全局。

那时候，后金八旗军兵力，合起来不过 6 万多。一些后金将士得到情报，不免有点害怕，来找努尔哈赤，要他拿主意。努尔哈赤胸有成竹地说：“别怕，管他几路来，我就是一路去。”

经过侦察，努尔哈赤得知杜松率领的中路左翼是明军主力，已经从抚顺出发打了过来，他就集中兵力，先对付杜松。

杜松是一员身经百战的名将。从抚顺出发的时候，天正下着大雪，杜松想抢头功，不管气候恶劣，急急忙忙冒雪行军。他先攻占了萨尔浒（今辽宁抚顺东）山口；接着分兵两路，把一半兵力留在萨尔浒扎营，自己带了另一部精兵攻打后金的界藩城（今新宾西北）。

努尔哈赤一看杜松分散兵力，心里暗暗高兴，集中八旗的兵力，一口气攻下萨尔浒明军大营，截断了杜松后路。接着，又急行军援救界藩。正在攻打界藩的明军，听到后路被抄，军心动摇。驻守在界藩的后金军从山上居高临下地压下来，把杜松军杀得七零八落。努尔哈赤率领大军赶到，把明军团团围住。杜松左右冲杀想要突围，突然一箭飞来，正射中他的头部，杜松从马上栽下来死去。部下明军被杀得尸横遍野，血流成河。一路人马先覆灭了。

北路的马林从开原（今辽宁开原）出兵，刚刚到离开萨尔浒 40 里的地方，得到杜松兵败的消息，吓得急忙转攻为守，就地依山，扎下营垒，挖了三层壕沟，准备防守。努尔哈赤率领八旗兵力从界藩马不停蹄地赶来，攻破明军营垒。马林没命地逃奔，才回到开原，第二路明军又被打散了。

坐镇沈阳的杨镐，正在等待各路明军的捷报，哪想到一连两天接到的竟是两路人马覆灭的坏消息，把他惊得目瞪口呆。他这才知道努尔哈赤的厉害，连忙派快马传令另外两路明军立刻停止进军。

中路右翼的辽东总兵李如柏本来胆小，行动也特别迟缓，接到杨镐命令，急忙撤退。山上巡逻的 20 来名后金哨兵远远望见明军撤退，大声鼓噪，明军兵士以为后面有大批追兵，争先恐后地逃跑，自相践踏，也死了不少。

剩下的一路是南路军刘𬘩。杨镐发出停止进军命令的时候，刘𬘩军已经深入到后金军阵地，各路明军失败的情况，他一点也不知道。刘𬘩是明军中出名的猛将，他使用一把120斤的大刀，运转如飞，外号叫"刘大刀"。刘𬘩军军令严明，武器火药也多。进入后金阵地以后，连破几个营寨。

努尔哈赤知道刘𬘩骁勇，不能光靠拼硬仗。他派人冒充杜松部下，送信给刘𬘩，说杜松军已经到赫图阿拉城下，只等刘𬘩军去会师攻城。

刘𬘩没接到杨镐的命令，不知道杜松军已经覆灭，信以为真，他怕让杜松独得头功，下令火速进军。这一带道路险狭，兵马不能够并列，只好改为单列进军。刘𬘩带兵走了一阵，忽然杀声四起，漫山遍野都是后金伏兵，向明军杀来。刘𬘩正在着急，努尔哈赤又派一支后金兵穿着明军衣甲，打着明军旗帜，装扮成杜松军前来接应。刘𬘩毫不怀疑，把人马带进假明军的包围圈里。后金军里应外合，四面夹击，明军阵势大乱。刘𬘩虽然勇敢，挥舞大刀，杀退了一些后金兵，但是毕竟寡不敌众，他左右两臂都受了重伤，终于倒下。

这场战争从开始到结束，只有 5 天时间，杨镐率领的 10 万明军损失了一大半，文武将官死了 300 多人。这就是历史上著名的“萨尔浒之战”。

萨尔浒之战后，明朝元气大伤，后金步步进逼，过了两年，努尔哈赤又率领八旗大军，接连攻占了辽东重要据点沈阳和辽阳。

1625 年，努尔哈赤把后金都城迁到沈阳，把沈阳称为盛京。打那以后，后金就成了明朝最大的威胁。

徐光启研究西学

杨镐统率的四路大军在萨尔浒几乎全部覆没，满朝文武大臣都十分震惊。大家齐集在宫门外，呼吁明神宗增加兵力，调拨军饷，抵抗后金。翰林院官员徐光启，一连上了三道奏章，认为要挽救国家危局，只有精选人才，训练新兵，还自愿担任练兵的工作。明神宗听说徐光启熟识军事，就批准他到通州练兵。

徐光启是上海人。在他出生之前，上海沿海一带遭倭寇骚扰十分严重。徐光启小时候，常常听他的父亲谈起当地人民英勇反抗倭寇侵略的情景，心里滋长起爱国的激情。

徐光启长大以后，因为参加科举考试，路过南京，听说那儿

来了个欧洲传教士利玛窦，经常讲些西方的科学知识。南京的一些读书人都喜欢跟利玛窦结交。徐光启经过别人介绍，认识了利玛窦。他听利玛窦讲的科学道理，都是自己过去在古书上没有读到过的。打那时候起，他对西方科学产生了浓厚的兴趣。

利玛窦传播科学知识，主要是为了传教的方便。他觉得要扩大传教，一定要得到中国皇帝的支持。那时候，明朝是不让教士到北京传教的。利玛窦要地方大臣在明神宗面前帮他说话，他还到了北京，通过宦官马堂的门路，送给明神宗《圣经》、圣母图，还有几只新式的自鸣钟。

明神宗不懂得《圣经》，也不知道圣母是什么人。但是对新式自鸣钟，倒很感兴趣，命令马堂把利玛窦带进宫来。

明神宗接见利玛窦的时候，请利玛窦谈谈西洋的风土人情。利玛窦本来是意大利人，为了夸耀自己，把自己说成是“大西洋国”的人。有人一查万国地图，找不到什么“大西洋国”，就怀疑利玛窦来历不明，要明神宗把他撵走。但是明神宗不听这个意见，倒赏给利玛窦一些财物，让他留在京城传教。有了皇帝的支持，利玛窦跟朝廷官员们接触就很方便了。

过了几年，徐光启考取了进士，也到了北京，在翰林院做官。他认为学习西方的科学，对国家富强有好处，就决心拜利玛窦为师，向他学习天文、数学、测量、武器制造各方面的科学知识。

有一次，徐光启到利玛窦那儿去学习。利玛窦跟他谈起，西方有一本数学著作叫《几何原本》，是古代希腊数学家欧几里得写的一本重要著作，可惜要翻译成汉文很困难。徐光启说："既然有这样的好书，您又愿意指教，不管怎样困难，我也要把它翻译出来。"

打那以后，徐光启每天下午一离开翰林院，就赶到利玛窦那儿，跟利玛窦合作翻译《几何原本》，由利玛窦讲述，徐光启笔译。那时候，还没有人译过国外数学著作，要把原作译得准确，可不是件简单事。徐光启花了一年多时间，逐字逐句地反复推敲，再三修改，终于把前六卷《几何原本》翻译完成。

除了《几何原本》之外，徐光启还跟利玛窦和另一个西方传教士熊三拔合作，翻译过测量、水利方面的科学著作。后来，他又在研究我国古代历法的基础上，吸收了当时欧洲在天文方面的最新科学知识，对天文历法的研究，达到了很高的水平。

徐光启不但爱好科学，还十分关心民间疾苦。有一年，他父亲死去，徐光启回到上海守丧。那年夏天，江南遭到一场水灾，大水把稻、麦都淹了。水退之后，农田上颗粒无收。徐光启为这个心里挺着急。他想，如果不补种点别的庄稼，来年春天拿什么度荒呀！恰巧在这时候，有个朋友从福建带来了一批甘薯的秧苗。徐光启就在荒地上试种起甘薯来，过了不久，长得一片葱绿，十分茂盛。后来，他特地编了一本小册子，推广种甘薯的办法。本来只在福建沿海种植的甘薯就移植到江浙一带来了。

这一回，徐光启提出练兵的主张，得到明神宗的批准，他满怀希望，想尽快练好新兵，加强国防。哪料到朝廷各个部门腐败透了，练兵衙门成立了一个月，徐光启要人没人，要饷没饷，闲得没事干。后来，好不容易领到一点军饷，到了通州，检阅了那儿招来的 7000 多新兵，大多是老弱残兵，能够勉强充数的只有 2000 人，更说不上精选了。他大失所望，只好请求辞职。

1620 年，明神宗死去，他的儿子明光宗朱常洛也接着病死，明神宗的孙子朱由校即位，这就是明熹宗。徐光启又回到京城，他看到后金的威胁越来越严重，又竭力主张要多造西洋大炮。为了这件事，跟兵部尚书发生矛盾，徐光启被排挤出朝廷。

徐光启回到上海，已经是 60 多岁的老人了。他本来对研究农业科学很有兴趣，回到家乡后，又在自己的田地上，亲自参加劳动，做一些试验。后来，他把他平日的研究成果，写成了一部著作，叫作《农政全书》。在这本书里，对我国的农具、土壤、水利、施肥、选种、嫁接等农业技术，都有详细的记载，真可以称得上是我国古代的一部农业百科全书呢！

蜚声文坛的巨星汤显祖

汤显祖（1550—1616 年）明代戏曲作家。字义仍，号若士，海若，海若士，晚年号茧翁，自署清远道人，江西临川人。诗文有《红泉逸草》《问棘邮草》《玉茗堂全集》《玉茗堂尺牍》等，戏曲有《紫箫记》《邯郸记》《紫钗记》《牡丹亭》《南柯记》5 种传奇，后四种合称《临川四梦》或《玉茗堂四梦》，有昆曲中皆有折子戏流存，《牡丹亭》经整理改编后有昆曲中全本上演。

历史有着惊人相似之处，汤显祖生活的明代中期，戏曲的创作和演出都已达到极为繁荣

昌盛的地步，这位杰出的戏曲家则通过《牡丹亭》将明代戏曲推上顶峰。其时远隔重洋的英国戏剧，也登上了举世瞩目的高峰，出现了像莎士比亚（1564—1616 年）这样空前的戏剧大师。而我国的汤显祖却与莎士比亚生活在同一个时期，同时蜚声于中国和英国的文坛，这两颗璀璨夺目、辉耀古今的戏剧巨星，同在龙凤的故乡和英伦三岛升起。

汤显祖 1550 年出生，从小就显露出过人的聪慧和倔强的个性，他生活在世代书香望族之家，接受着父亲给他的严格的儒家教育和祖父向他灌输的道家思想的强烈文化熏陶。汤显祖的祖父懋昭，是一位为人禀性清高、志向远大的读书人，且工于诗文，才思敏捷，崇尚老庄，给汤显祖以耳濡目染的影响。他家藏书充栋，幼小的汤显祖就在文山诗海中吮吸知识的琼浆。父亲尚贤不仅诗文高古而且品行高尚，尚义好施，是为时人称赞的雅士，对汤显祖的管教极严，对汤显祖的培养甚为尽心。这二者在汤显祖幼小心灵的渗透融合，对后来汤显祖人格精神的形成和文学品格的铸造，都起了极为重大的作用，产生过深远的影响。

汤显祖在中国戏曲史上以他的不朽地位和戏曲创作的巨大成就，赢得了后世学者的赞叹，人们说他

“意气慷慨，以天下为己任”，是“横绝古今”的“一代伟人”。在他逝世后，人们为了寄托对他的无比崇敬和深沉怀念，曾在他的墓碑上刻下了对他一生事业、文学成就和人品气节的高度评价：“文章超海内，品节冠临川”，他生前除留下《临川四梦》等戏曲作品之外，还留下了200多首诗和几百篇文赋，成为中国文学史上，与莎士比亚彼此呼应、交相辉映的戏剧闪光明星。

吴承恩神魔小说《西游记》

吴承恩，明弘治十三年（1500 年）生于淮安县山阴一个颇有文化素养的小商人家庭。晚年考场失意后，对社会现实的腐朽黑暗，对人生遭遇的悲惨不幸，不仅良多感慨，而且义愤填膺。他一方面过着“神仙可学无它术，店里提壶陌上眠”的放荡不羁的生活；另一方面又投入了那种“怪墨涂墙舞乱鸦，醉中一字任横斜”的专事创作的笔耕生涯。也就是他在词中所说的，“漫说些痴话”，写作一些情节离奇、内容惊险的文字以自娱，萌动了创作《西游记》的强烈欲望。吴承恩晚年，历经数十年的构想写作，终于完成被世人称之为“明代四大奇书”之一的中国古典文学中神

魔小说的杰作《西游记》。

长篇巨著《西游记》中，吴承恩以非凡卓越的艺术才能，自由丰富的艺术想象，为我们塑造了大闹天宫、斩邪平妖的天国英雄孙悟空，逼人发笑、性格憨厚的猪八戒，还有甘冒万死、决心取经而又耳软心善、具有佛性气质的唐玄奘，以及许多性格各异、来历习性不同的诸神形象，从而揭示了正义战胜邪恶、光明取代黑暗、英雄扫荡群魔的深刻主题。与此同时，通过作者所描绘的那些瑰丽多彩、情节离奇、妙趣横生的神话故事，表现了吴承恩对封建社会中邪恶势力的无情揭露、辛辣讽刺和深刻批判，表现了作者同邪恶势力进行不懈斗争的人格和精神。因此《西游记》自问世以来400余年，受到了千百万人的喜爱，广泛流传，家喻户晓，成为我国古典文学特别是古典小说中的一部奇书。

风流人题风流诗

明代“江南第一风流才子”唐寅（唐伯虎）一生中有不少风流趣事，最动人的还是那些与他的诗词、文章相伴随的故事。

有一次，唐伯虎家乡吴县县令派衙役到虎丘去收茶叶。那时的租税很重，连和尚都不放过。这次就有一个和尚既没缴够茶，又没有钱抵税，衙役将他带回县衙，对县令讲他如何如何不好的坏话。县令大怒，下令打和尚三十大板，并戴枷游街示众。和尚托人请唐寅为他求情，唐寅并未直接答应。而是假装路过和尚被示众的地方，就在枷上题了一首诗：

> 官差皂隶去收茶，只要纹银不肯赊。
> 县里捉来三十板，方盘托出大西瓜。

诗的意思是说：县役去收茶，但却只要现银而不肯赊欠。和尚交不出钱来，便被打三十大板，还要戴枷示众。因为枷板像一个方盘，中间夹着和尚又圆又秃的脑袋，活像一个大西瓜。

县令一打听是唐伯虎所作，知道他又在取笑自己而为和尚求情，便立刻下令将和尚放了。

唐伯虎作诗更绝的是，常常先写一两句甚至一两字，让你根本摸不着头脑，然后才一笔一笔地添，渐渐露出全诗的意思。

有一天，他穿着一身破旧的衣服，扮作乞丐模样，到一座山上去游玩。他看到几个书生正在山上饮酒赋诗，就想跟他们开开玩笑，试试他们的深浅。

于是，他跑上前去，笑嘻嘻地说："诸位，能不能让我也来凑凑热闹，胡诌几句?"

那些书生听了，大笑说："乞丐也能作诗？真是少见，你就来试试吧。"

唐伯虎向他们讨了纸笔，只写了"一上"两字，就转身走了。一个书生跑过来拦住他说："只有两个字，算什么诗呀!"唐伯虎走回来，又写了"一上"两字，说：

“这下可以了吧?”另一个书生冷笑一声说:“我早知道乞丐只会出丑,绝不会作诗。”唐伯虎并不生气,仍笑着说:“我喝了酒才能写诗,能不能让我先喝杯酒?”

听到这,有一个书生就斟了满满一杯,放在唐伯虎面前,对他说:“你要是真能作诗,我们会让你喝个够;要是作不出来,就别怪我们不客气啦。”唐伯虎还是不作声,端过酒杯,一饮而尽,然后提起笔来,刷刷刷地写起来,那些书生凑上去看,只见他写到“又一上一上上”,他们又哄堂大笑起来,觉得这乞丐完全是一个骗酒喝的蠢材,便不再管他,各自端起酒杯自己吟起诗来。

但不一会儿,唐伯虎又写完了几行,然后搁下笔来请书生们再仔细看看。书生们将这几行与前面已写的几个字连起来一读,却再也笑不出来,只是啧啧称赞不已,原来先前的一上一上与后面几行组成了一首绝妙的《登山诗》:

一上一上又一上,一上上到高山上。
举头红日白云低,四海五湖皆一望。

这首诗竟然仅用口语般的字眼就描绘出大气磅礴

的登山感受，书生们立刻改变态度，恭请唐伯虎入席，与他们同欢共饮。可是到酒阑人散，他们都还不知道这个很会作诗的乞丐就是大名鼎鼎的唐伯虎。

唐伯虎写《登山诗》显得有趣，他写《祝寿诗》则更加离奇。他的对门有一家富豪，为了给母亲过七十大寿，特请唐伯虎给作首祝寿诗。唐伯虎答应得倒很痛快，只见他提起笔来就写道："对门老妇不是人"，那富豪一看大惊失色：怎么自己的母亲会不是人呢？唐伯虎又写道："好似南山观世音"，富豪一看这句脸上露出了笑容。紧接着第三句又成了"两个儿子都是贼"，富豪脸上的笑容马上不见了。唐伯虎这时故意放下笔来，呷了一盅酒，盯了盯富豪一会儿紫一会儿红的脸色，才又不紧不慢地补完了最后一句："偷得蟠桃献母亲"，然后交给富豪。

唐伯虎平生最恨那些财大气粗、横行霸道的富豪们，他这首诗一句嘲骂戏弄富豪，又一句把嘲骂戏弄变得委婉动听，就像格律诗，一句"拗"来一句"救"，骂得入木三分，读起来又韵味十足，不愧是风流才子大手笔。

人都说"江南自古多才子"，这话确实不假。仅明代苏州及其周围地区，就涌现了一大批才华横溢、风流倜傥的名士。除唐寅是大家所熟知的外，与唐伯虎同乡齐名的祝枝山也颇具传奇色彩。

祝枝山本名祝允明，长洲（今江苏苏州市吴中区）人，生于明英宗天顺四年（1460 年），死于明世宗嘉靖五年（1526 年）。他出生时，有一只手长了 6 个指头，因此就自号枝指，又号枝山。他 5 岁就能写一尺见方的大字，9 岁便会作诗。再大些以后，又博览群书，诗文书画与唐伯虎不相上下。再加上他生活狂诞放达，所以关于他的传奇故事也和唐伯虎一样的多。

祝枝山诗好字佳，求他写诗题字的人特别多，但除了有人趁他喝醉酒而偷他的墨宝外，能得到的人并不多。尽管如此，仍然有人想尽一切办法去达到自己的目的。

有一次，祝枝山约他的好友唐伯虎一道去游杭州。杭州太守早就风闻祝枝山的大名，很想得到他的一幅字，挂在自家屋里，好让别人知道自己也懂诗文字画，但一直没有机会。这次听说祝枝山与唐伯虎一同前来，自己又曾和唐伯虎有过一面之交，于是便厚着脸皮拿出一幅古画，请求唐伯虎交给祝枝山，让祝枝山在上面题首诗。

可是这位太守表面上装得很高雅，内心里却俗不可耐，他爱字画更爱钱财。他原以为以自己的太守职位，再凭借唐伯虎的人情，会分文不损地得到祝枝山的题诗，或者最多象征性地给一点。哪知道，祝枝山平生不爱财但也绝不同情爱财的人。他答应了给太守题诗的请求，同时又开了一个很高的要价，一口咬定没有200两银子，便别想要诗。这嗜财如命的太守哪里舍得，抓耳挠腮、左掐右算地折腾了好几天，才勉强派人送来100两银子。

祝枝山看到太守并未如数送来银子，心里十分气愤，就一面端详着眼前的古画，一面捉摸着对付太守的办法。这幅古画画的是河岸上有几棵大柳树，树上有几只鹧鸪和杜鹃，河岸柳树下停泊着一只小船，一个青年男子站在船头，好像是要动身远行的样子；岸边伫立着一个青年女子，显出依依不舍、含情脉脉的样子。祝枝山看完画，拍案大叫一声："有了！"提起笔来写道：

东边一棵大柳树，
西边一棵大柳树，
南边一棵大柳树，
北边一棵大柳树。

然后，祝枝山就把画交给了唐伯虎。唐伯虎打开一看，愣住了："怎么只写了一半？"

祝枝山说："这个贪财的东西，既然他只给一半钱，我也就只题一半诗。"

唐伯虎会心地点点头，把画送给了太守。这太守也算是略知诗文的人，他一看祝枝山的四句诗，顿时火冒三丈，怒气冲冲地说："这也算诗吗？这不是故意毁坏我的画吗？"

唐伯虎笑着说："你别发怒。祝枝山说，你只要把银子补齐，他也把诗续完。"

太守心疼银子，也心疼那幅名画，只好忍痛答应。他对唐伯虎说："我可以补齐银子，不过，明天请你们二位到府中喝酒，然后让祝枝山当场续诗。"

唐伯虎心想：别说是明天喝一会儿酒，就是大饮三天，祝枝山也依然可以写出好诗，就满口答应了。

第二天，祝枝山跟着唐伯虎到了太守府。饮了一会儿酒后，太守命人拿出画，让祝枝山续诗。祝枝山打开画卷，在原来的四句诗后接着写道：

任你东南西北，
千丝万缕，
总系不得郎舟住。
这边啼鹧鸪，

那边唤杜宇，

一声声："行不得也，哥哥！"

一声声："不如归去！"

诗的大意是：尽管东西南北都有大柳树，但千丝万缕的柳条，总也不能把心上人的船留住。这边的鹧鸪好像在叫："别走呀，哥哥！"那边的杜鹃也似在喊："咱们还是回家吧！"

祝枝山最先写的那四句诗与这几句一结合，一下子就把画中男女青年依依惜别的气氛给渲染出来了。参加宴会的宾客们看了连声称赞，杭州太守也笑得像花一样，立刻吩咐仆人给祝枝山又端上了 100 两银子。

祝枝山毫不客气地装起了银子，挽起唐伯虎，头也不回地走了。

那太守对着画和诗又看了一遍，才发现祝枝山原来也借题诗嘲骂了他：那丝丝缕缕的柳条和男女青年的依依不舍，难道不也正像自己对钱财的贪婪和爱惜吗？他真想痛骂祝枝山一顿，可祝枝山早已游完杭州的山山水水，回家去了。

有意思的是，明朝还有一个叫茹太素的刑部主事，此人举人出身，爱舞文弄墨。有一回，他写了一篇陈说时务的奏章，竟达17000字，真是洋洋大观。这篇奏章呈送到明太祖那里，明太祖叫人拿来读给自己听，读了6370字，还没有谈及具体的事实，只是空洞地说什么朝廷目前用人多是一些迂儒、俗吏。明太祖大怒道："把茹太素叫来！"

茹太素来了以后，太祖问道："刑部有200多人，谁是迂儒？谁是俗吏？"

茹太素说："请陛下再往下阅……"

明太祖越发生气了，拍桌说："你花了6000多字的笔墨，谁是迂儒，谁是俗吏也说不清，拉下去打四十大板！"茹太素被打得屁股出血，被人抬回家去了。

第二天晚上，明太祖又叫人继续读那又长又臭的"奏章"，一直读到16500字以后，才讲到本题：建议5件事。这5件事一共才500字。明太祖一听，有4件可行，一件暂时办不到。第二天一大早，明太祖就派人将那4件事办了。然后，传旨下去叫茹太素来，说："你建议的5件事，有4件行得通，很好。特赏你银子百两，锦缎百匹。但500字可以讲清楚的事，你用17000字来写，这是繁文之过，打你四十板是应该的。今后要禁绝空话，作文要力求精练！"

为了改正这种毛病，后来，明太祖还规定了"建言格式"和字数，公布全国施行。

祸福皆由诗

明代初年，有个著名的诗人叫高启（1336—1374年），字季迪，号槎轩，江苏长洲（今江苏苏州）人。高启从小就很有诗才，在当地很有名气。许多人都想和他结交，交流写诗的心得，这就更扩大了他的影响。

高启好写诗，但不愿出去做官。16岁的时候，江西有个大诗人叫饶介之，很仰慕高启的诗才，就大老远地从江西来到苏州，一方面想见识一下高启的写诗水平，另一方面想推荐他出去做官。

饶介之一到苏州，就派人去叫高启来，说有事和他商量，但他没想到，年轻的高启根本就不理他这一套。饶介之想，我就不相信你不来。于是他让人拿出随身带来的元代大画家倪云林所画的《竹木图》，叫人送给高启去鉴玩。

高启接到饶介之派人送来的画，很是喜欢，看得爱不释手。但是，第二天，饶介之却突然派人来将画要回去了，并说，如果想继续欣赏这幅画，就请到饶

介之住的地方来，这样一来，高启没办法，只能亲自到饶介之那儿去了。

高启到了饶介之住的地方，饶介之亲自出来迎接他，两个人一见面，都感到相见恨晚，越谈越投机。最后，饶介之又拿出倪云林的《竹木图》来一起品赏，同时又请高启给这幅画题首诗。高启正谈到兴头上，于是欣然命笔，在这幅名画上题了这样一首诗：

主人原非段干木，一瓢倒泻潇湘绿。
逾垣为惜酒在樽，饮余自鼓无弦曲。

这首诗里提到的段干木是春秋时人，他一生不愿做官，是有名的高士。无弦曲是指晋朝的陶渊明，据陶渊明自己说，他自家藏有一把根本就没琴弦的琴。这琴虽然不能演奏，但整天挂在墙上，陶渊明却可以体会出它的韵律。这些都是说明这些人志向高远，不同世俗。高启在这里用这些典故，也是要借它们来表达他不愿出去做官的思想。饶介之一看这首诗，立即明白了高启的心思，也就不再勉强他了，只是为他的才学而可惜，但也没有办法。

过了两年，高启 18 岁了。有一天，他去探望生病的周仲建。周仲建也早就听说过高启的诗才，就拿出家藏的《芦雁图》请高启给这幅画题首诗。高启看着画上那西风萧萧、芦荻飘飘的景色，不禁思绪纷飞，凝神提笔，一气写下了这样一首诗：

西风吹折荻花枝，好鸟飞来羽翮垂。
沙阔水寒鱼不见，满身风露立多时。

这首诗的意思是说：萧萧的西风吹折了河边的芦苇，那上面的芦花正随风飘飞，一些识时的鸟儿停立在晃动不停的芦秆上，正扇动着它们的翅膀。抬头远望，只见平沙直铺到很远的天边，水面上笼罩着一片寒气，看不见一条鱼儿在游动，而欣赏这美景的人也因站立多时，身上都披满了风霜。诗虽只有四句，但却非常契合原画的意境，本身就是一首意境优美的好诗，而且还暗含着高启希望得到伴侣的意思。周仲建见高启一时间能写出这样既贴题又有意思的诗来，很是高兴，就把自己的女儿嫁给了高启。高启可说是因有诗才得娇妻。

高启的诗写得好，这为他带来了名气，甚至还为他找到了娇妻。但是，写诗也给他带来了不少的麻烦。甚至最后连命也搭上了。据说高启写有一首《宫女图》。该诗写道：

> 女奴扶醉踏苍苔，明月西园侍宴回。
>
> 小犬隔花空浮影，夜深宫禁有谁来。

这是一首反映宫女生活的诗。诗的意思是：宫女们扶着那沉醉的君王、踏着满地的苍苔向宫中走去，他们是刚刚从西园侍宴回来的。这时，在满园鲜花的花影之中，有一只小狗正对着这批人的影子在叫个不停，但它哪里知道，夜已如此之深，还会有谁再到这深宫中来呢？高启这首诗显然是一首讽刺诗。讽刺皇上整天不理朝政，只知道饮酒作乐，时间都已是深夜了，他才扶着宫女回宫，搞得宫中的狗还以为是有谁偷偷地进了宫中呢。据说朱元璋看了这首诗后，心中很不高兴，只是一时找不到有说服力的理由惩办高启。

后来，机会终于让朱元璋等到了。洪武五年（1372 年）十月，朝廷派一个叫魏观的人到苏州担任知府。因为知府衙门比较狭隘，魏观就想在元代的旧址上重新修建一下。竣工后，魏观请高启帮忙写一篇《上梁文》。高启和魏观当年在京师的时候是好朋友，推脱不过，就给写了。但后来有人告发说魏观图谋不轨，高启也被牵连进去，这正好让朱元璋找到了借口。原来，元代的苏州知府衙门旧址也就是朱元璋的对手张士诚的王府旧址，魏观在这儿修建衙门，当然就很容易被奸臣们抓住把柄。朱元璋得到报告后，马上派了一个叫张度的人下来调查，张度居心叵测，咬住了魏观的罪名。于是魏观被斩首，高启被腰斩，那一年高启才 36 岁。事后不久，朱元璋也感到做得有些过分，就为魏观恢复了名誉，许其家族将他的灵柩归葬家乡。但对高启却没有宽恕，一代文豪就这样夭折在君主的魔掌之下。

袁崇焕大战宁远

关外经过几年战争，一片荒凉。袁崇焕在关外，经过一番实地考察，决心派兵进驻宁远，在那里修筑防御工事，他把他的主张报告朝廷后，立刻得到孙承宗的支持。

袁崇焕在宁远筑起 3 丈 2 尺高、两丈宽的城墙，装备了各种火器、火炮。孙承宗还派了几支人马分驻在宁远附近的锦州、松山等地，声援宁远。

袁崇焕号令严明，受到军民的爱戴。关外各地的商人听说宁远防守巩固，从四面八方拥到宁远来。辽东的危急局面很快扭转过来。

正当孙承宗、袁崇焕守卫辽东有了进展的时候，却遭到魏忠贤的猜忌。魏忠贤唆使阉党说了孙承宗不少坏话，孙承宗被迫离职。

魏忠贤排挤了孙承宗，派了他们的同党高第指挥辽东军事。高第是个庸碌无能的家伙，他一到山海关，就召集将领开会，说后金军太厉害，关外没法防守，要各路明军全部撤进山海关内。

袁崇焕坚决反对撤兵，他说："我们好不容易在关外站稳脚跟，哪能轻易放弃！"

高第硬要袁崇焕放弃宁远。袁崇焕气愤地说："我的职守是防守宁远，要死也死在那里，绝不后撤。"

高第说服不了袁崇焕，只好答应袁崇焕带领一部分明军留在宁远，却下命令要关外其他地区的明军，限期撤退到关内。这道命令下得十分突然，各地守军毫无准备，匆匆忙忙地退兵，把储存在关外的十几万担军粮丢得精光。

努尔哈赤看到明军撤退的狼狈相，认为明朝容易对付，1626 年，他亲自率领 13 万大军，渡过辽河，进攻宁远。

那时候，守在宁远周围几个据点的明军都已经撤走，宁远城只剩下一万多兵士，处境十分孤立。但是袁崇焕并不气馁。他咬破指头，写了一份誓死抗金的血书，给将士们看，并且说了一番激励大家的话。将士们听了，都感动得热血沸腾，纷纷表示一定跟着袁将军一起死守宁远。

接着，袁崇焕就命令城外百姓全部带了粮食、用具撤进城里，把城外的民房烧掉，叫后金军队来了没有粮食和掩体。他向城里的官员分派了任务，有的管军粮供应，有的清查内奸。他还发信给山海关的明军守将，如果发现宁远逃回关内的官兵，要他们就地处斩。这几道命令一下，宁远的人心都安定下来，大家除了一心一意守城杀敌之外，没有别的念头。

过了 20 多天，努尔哈赤带领后金军气势汹汹地到了宁远城下。大批后金兵士头顶盾牌，冒着明军的箭石、炮火，猛烈攻城。明军虽然英勇抵抗，但是后金兵倒下一批，又来一批。在这紧急的关头，袁崇焕下令动用早就准备好的大炮，向后金军发射。炮声响处，只见一团火焰，后金兵士被轰得血肉横飞，留下的也被迫后撤。

第二天，努尔哈赤亲自督战，集中大股兵力攻城。袁崇焕登上城楼瞭望台，沉着地监视后金军的行动。直等到后金军冲到逼近城墙的地方，他才命令炮手瞄准敌人密集的地方发炮，这一炮使后金军受到更大伤亡。正在后面督战的努尔哈赤也受了重伤，不得不下令撤退。

袁崇焕听到敌人退兵，就乘胜杀出城去，一直追赶了 30 里，才得胜回城。

图文版

中华上下五千年

【第五卷】

垢文涛/主编

辽海出版社

皇太极施反间计

努尔哈赤受重伤死去以后，袁崇焕为了探听后金的动静，特地派使者到沈阳去吊丧。皇太极对袁崇焕窝了一肚子的怨恨，但是因为后金刚打败仗，需要休整，再说也想试探一下明朝的态度，所以，不但接待了袁崇焕的使者，还派使者到宁远去表示答谢。双方表面上缓和下来，背地里都在加紧准备下一步的战斗。

到了第二年，皇太极亲自率领大军，攻打明军。后金军分兵三路南下，先把锦州城包围起来。袁崇焕

料定皇太极的目标是宁远，决定自己留在宁远，派部将带领 4000 骑兵援救锦州。果然，援兵还没出发，皇太极已经分兵攻打宁远。袁崇焕亲自到城头上督率将士守城，用大炮猛轰后金军；城外的明军援军也和城里内外夹击，把后金军赶跑了。

皇太极又把人马撤到锦州，但是锦州的明军守得严严实实，加上天气转暖，后金军士气低落。皇太极只好退兵。

袁崇焕又打了一个大胜仗。可是，魏忠贤阉党却把功劳记在自己名下，反而责怪袁崇焕没有亲自救锦州是失职。袁崇焕知道魏忠贤有心跟他为难，只好辞职。

1627 年，昏庸的明熹宗死去，他的弟弟朱由检即位，就是明思宗，也叫崇祯帝。

崇祯帝早就了解魏忠贤作恶多端，民愤太大。他一即位，就宣布了魏忠贤的罪状，把魏忠贤充军到凤阳。魏忠贤自己知道活不成，走到半路上自杀了。

崇祯帝惩办了阉党，又给杨涟、左光斗等人平反了冤狱，很想振作一番。许多大臣请求把袁崇焕召回朝廷。崇祯帝接受了这个意见，提拔袁崇焕为兵部尚书，负责指挥整个河北、辽东的军事。崇祯帝还亲自召见袁崇焕，问他有什么计划。袁崇焕说：“只要给我指挥权，朝廷各部一致配合，不出 5 年，可以恢复辽东。”

崇祯帝听了十分兴奋，给袁崇焕一把尚方宝剑，准许他全权行事。

袁崇焕重新回到宁远，选拔将才，整顿队伍，军纪严明，士气振奋。东江总兵毛文龙作战不力，虚报军功，不服从袁崇焕的指挥。袁崇焕使用尚方剑，把毛文龙杀了。

皇太极打了败仗，当然不肯罢休，他知道宁远、锦州防守严密，于是决定改变进兵路线。他做好一切准备，1629 年，率领几十万后金军，从龙井关、大安口（今河北遵化北）绕到河北，直扑明朝京城北京。

这一招可出乎袁崇焕的意料。袁崇焕赶快出兵，想在半路上把后金军拦住，可已经来不及了。后金军乘虚而入，到了北京郊外。袁崇焕得到情报，心急火燎地带着明军赶了两天两夜，到了北京，没顾上休息，就和后金军展开激烈的战斗。别路明军，也陆续赶到，投入战斗。

后金军突然进攻北京，引起了全城震动。崇祯帝更是急得心慌意乱，不知该怎么办才好，后来听说袁崇焕带兵赶到，心才定了一些。他亲自召见袁崇焕，慰劳了一番。但是一些魏忠贤的余党却散布谣言，说这次后金兵绕道进京，完全是袁崇焕引进来的，说不定里面还有什么阴谋呢。

崇祯帝是个猜疑心极重的人，听了这些谣言，也有些怀疑起来。正在这个时候，有一个被金兵俘虏去的太监从金营逃了回来，向崇祯帝密告，说袁崇焕和皇太极已经订下密约，要出卖北京。这个消息简直像晴天霹雳，把崇祯帝惊呆了。

原来，明朝有两个太监被后金军俘虏去以后，被关在金营里。有天晚上，一个姓杨的太监半夜醒来，听见两个看守他们的金兵在外面轻声地谈话。

一个金兵说："今天咱们临阵退兵，完全是皇上（指皇太极）的意思，你可知道？"

另一个说："你是怎么知道的？"

一个又说："刚才我就看到皇上一个人骑着马朝着明营走，明营里也有两个人骑马过来，跟皇上谈了好半天话才回去。听说那两人就是袁将军派来的，他已经跟皇上有密约，眼看大事就要成功啦……"

姓杨的太监偷听了这番对话，趁看守他的金兵不注意，偷偷地逃了出来，赶快跑回皇宫，向崇祯帝报告。崇祯帝听了也信以为真。他哪里知道，这个情报完全是假的。两个金兵的谈话是皇太极预先布置的。

崇祯帝命令袁崇焕马上进宫。袁崇焕接到命令，也不知道发生了什么事，匆忙进了宫。崇祯帝拉长了脸，责问说：“袁崇焕，你为什么要擅自杀死大将毛文龙？为什么金兵到了北京，你的援兵还迟迟不来?”

袁崇焕不禁怔了一下，这些话都是从哪儿说起?他正想答辩，崇祯帝已经喝令锦衣卫把袁崇焕捆绑起来，押进大牢。

有个大臣知道袁崇焕平日忠心为国，觉得事情蹊跷，劝崇祯帝说：“请陛下慎重考虑啊!”

崇祯帝说：“什么慎重不慎重？慎重只会误事。”

崇祯帝拒绝大臣的劝告，一些魏忠贤余党又趁机诬陷。到了第二年，崇祯帝最终下令把袁崇焕杀害。

皇太极用反间计铲除了对手袁崇焕，退兵回到盛京。打那以后，后金越来越强大。到了1635年，皇太极把女真改称满洲，又过了一年，皇太极在盛京称帝，改国号为清。他就是清太宗。

徐霞客远游探险

当明王朝闹得乌烟瘴气的时候，在江阴地方有个青年，不满朝政腐败，不愿应科举考试、谋求做官，却立志游历祖国的名山大川，探索自然的奥秘。他就是我国历史上杰出的地理学家徐霞客。

徐霞客名叫徐弘祖，霞客是他的别号。他从小爱读历史、地理一类书籍、图册。在私塾读书的时候，老师督促他读儒家经书，他往往背着老师，把地理书放在经书下面偷看，看到出神的时候，禁不住眉飞色舞。

十几岁那年，他的父亲去世，他决心亲自到名山大川去游历考察一番。但是他想到母亲年纪老了，家里没人照顾，没敢提这件事。

他的心事还是被母亲觉察到了。当母亲了解到他有这样的愿望，跟他说："男儿志在四方，哪能为了我留在家里，做篱笆下的小鸡、马圈里的小马呢!"母亲为他准备行装，还给他缝制了一顶远游冠。有了母亲的热情支持，徐霞客远游的决心更坚定了。

徐霞客在他 22 岁那年，开始离家外出游历。他先后游历了太湖、洞庭山、天台山、雁荡山、泰山、武夷山和北方的五台山、恒山等名山。每次游历回家，他跟亲友谈起各地的奇风异俗和游历中的惊险情景，别人都吓得说不出话来，他母亲却听得津津有味。

后来，老母亲死了，徐霞客就把他全部精力扑在游历考察的事业上。在他 50 岁那年，他开始了一次路程漫长的旅行。他花了整整 4 年时间，游历了湖南、广西、贵州、云南 4 省，一直到我国边境腾冲。他跋山涉水，到过许多人迹不到的地方，攀登悬崖峭壁，考察奇峰异洞。有一次他经过一座高耸的山峰，发现悬崖上有一个岩洞，根本没路可通。他冒着生命危险，像猿猴一样爬上了悬崖，终于到达了洞口。

又有一次，他在湖南茶陵，听说当地有个麻叶洞，洞里有神龙或者精怪，不是有法术的人，都不敢进洞。徐霞客不信神怪，他出高价雇了个当地人当向导，进洞考察。正要进洞的时候，向导问他是什么人，当他知道徐霞客是个普通读书人的时候，向导吓得直往后退，说："我以为您是什么法师，才敢跟您一起进洞，原来是个读书人，我才不冒这个险呢。"

徐霞客并不罢休，带着他的仆人举起火把进洞。村里的百姓听到有人进洞，都拥到洞口来看热闹。徐霞客在洞里考察了很久，一直到火把快烧完才出来。围在洞口的百姓看他们安全出洞，都十分惊奇：说："我们等了好久，以为你们一定给妖精吃了呢。"

徐霞客漫游西南的时候，除了随身的一个仆人外，还有一个名叫静闻的和尚和他们做伴。有一次，他们在湘江乘船的时候，遇到了强盗，他们的行李财物被抢劫一空，静闻和尚因为受伤，在半路上死去了。到最后，连他随身的仆人也离开他逃走了。但是这些挫折都没有动摇他探索自然的决心。

徐霞客在旅途中，每天晚上休息之前，把当天见到的听到的都详细记录，即使在荒山野林里露宿的日子，也总是在篝火旁，伏在包袱上坚持写日记。1641年徐霞客去世后，留下了大量日记，这实际上是他的地理考察记录。经过他的实地考察，纠正了过去地理书上记载的错误，发现了过去没人记载过的地理现象。像古代地理书上说岷江是长江的上游，徐霞客经过考察，弄清楚长江上游不是岷江而是金沙江。又像他在云南腾冲打鹰山考察的时候，发现了那里曾经发生火山爆发的遗迹。他在游历中考察最多的是岩溶现象，在桂林七星岩，他对那里千姿百态的石钟乳、石笋、石乳等地形，进行了详细的记载，这是世界上最早研究岩溶现象的记录。后来，人们把他的日记编成一本《徐霞客游记》。这部书不但是我国古代地理学上宝贵文献，还称得上是一部优秀的文学著作！

闯王李自成

崇祯帝即位的第二年，1628 年，陕西闹了一场大饥荒。老百姓没粮吃，连草根树皮也掘光了，只好吃山上的泥土。但是一些地方官吏，照样催租逼税，叫老百姓没法忍受下去。陕西各地爆发了农民起义。

这年冬天，明王朝从甘肃调了一支军队到北京去。这支军队来到金县（今陕西榆林），兵士们领不到饷，闹到县衙门去。带兵的将官出来弹压，有个年轻兵士气愤地站出来，带领兵士们把将官和县官杀了。这个兵士就是李自成。

李自成是陕西米脂人，出生在一个农民家庭，少年

时候，就喜欢骑马射箭，练得一身好武艺。后来，父亲死了，家境穷困，李自成到银川驿站里去当马夫。他待人热情，驿卒们都很爱戴他。

李自成的家一向担负代官府收租税的差使。米脂连年收成不好，农民拿不出租税。当地有个姓艾的大地主，趁机放高利贷，想在农民身上盘剥。李自成看大家交不起租税，就自己一个人借了债把税交了。过了一段时间，姓艾的地主逼李自成还债，李自成还不起，姓艾的就唆使官府把他抓起来打得半死，还锁上镣铐，把他放在太阳底下晒，不让吃东西。百姓和驿卒向县官恳求把李自成放在树荫下，让他吃点东西，县官也不答应。这一下把群众激怒了，大家一哄而上，砸开李自成身上的镣铐，带着李自成一起逃出米脂，到甘肃当了兵。

这一回，李自成在金县杀了将官，带着几十个兵士一起投奔王左挂领导的农民军，当上一名头领。

明王朝派出的总督杨鹤看到起义军越来越多，十分害怕。他一面派兵镇压，一面采用高官厚禄招降农民军将领。王左挂禁不住诱惑，动摇投降了。李自成不得不另找队伍。后来，他打听到高迎祥领导一支队伍起义，自称“闯王”，就决心投奔高迎祥。

高迎祥听到李自成带兵来投奔，十分高兴，马上叫他担任一个队的将官，大家把他叫作闯将。

高迎祥和别的起义军联合起来，转战山西、河北等5个省，声势越来越大。官军到处围剿，遭到失败。最后，崇祯帝恼羞成怒，调动了各省官军，想把各路起义军全部包围，一口吃掉。

为了对付官军围剿，高迎祥约了13家起义军的大小头领在荥阳开会，商量对策。

荥阳大会上，大家议论纷纷。有的认为敌人兵力太强，不如打回陕西老家避一避再说；也有的不同意，但是也拿不出更好的主意。这时候，李自成站了起来说："一个兵士肯拼命，也能奋战一下，我们有10万大军，敌人能拿我们怎么样？"

高迎祥赞许地说："依你的意思，该怎么办？"

李自成提出自己的主张。他认为起义军应该分成几路，分头出击，打破敌人的围剿。大家听了，都觉得李自成说得有理。经过一番商量，13家起义军分成六路。有的拖住敌军，有的流动作战。高迎祥、李自成和另一支由张献忠领导的起义军向东打出包围圈，直取江淮地区的凤阳。

凤阳是明太祖朱元璋的老家。明太祖死后，那里成为明朝的中都。农民军出击凤阳，就是要打击明王朝的气焰。

高迎祥、张献忠领导的起义军一路进军，势如破竹，不到10天，就打下了凤阳，把明朝皇帝的祖坟和朱元璋做过和尚的皇觉寺一把火烧了。这一着真的震动了明王朝，崇祯帝听到这消息，又急又气，下令把凤阳巡抚处死。

高迎祥和李自成又带兵回到陕西，来回打击官军，叫明朝的官员手忙脚乱，狼狈不堪。崇祯帝和地方大臣都把高迎祥的队伍看成眼中钉，千方百计要消灭他们。有一次，高迎祥带兵进攻西安。陕西巡抚孙传庭在盩厔（今陕西周至）的山谷里埋下伏兵拦击。高迎祥没有防备，经过一场激战，被捕牺牲。

李自成带领留下的队伍杀了出来。将士们失去了主帅，心里十分沉痛。大伙认为闯将李自成是高迎祥最信任的将领，加上他的武艺高强，打仗勇敢，就拥戴他接替高迎祥，做了闯王。打那以后，李闯王的名声就在远近传开了。

李闯王的威名越高，越引起明王朝的害怕和仇恨。崇祯帝命令总督洪承畴、巡抚孙传庭专门围剿李自成。李自成的处境越来越困难。但是因为起义军将士的英勇作战和李自成的足智多谋，多次冲破官军的包围圈，活跃在四川、甘肃、陕西一带，打击官军。

在这个困难的时刻，另两支起义军的首领张献忠、罗汝才都接受了明朝招降，李自成手下的将领也有人叛变。这给李自成的处境增添了困难。

1638 年，李自成从甘肃转移到陕西，准备打出潼关去。洪承畴、孙传庭事先探听到起义军的动向，在潼关附近的崇山峻岭中，布置了三道埋伏线，故意让开通向潼关的大路，引诱李自成进入他们的包围圈。

李自成中了敌人的计。当他带领起义军浩浩荡荡开到靠近潼关的山谷地带的时候，两面高山里杀出了大批明军。他们依仗人多和地势有利，向起义军发起一次次冲击。起义军经过几天几夜的搏斗，几万名战士在战斗中牺牲，队伍被打散了。

李自成和他的部将刘宗敏等 17 个人打退了大批敌人才冲出重重包围。他们翻山越岭，克服了重重困难，到了陕西东南的商洛山区，隐蔽起来。

明军占领了潼关，派出大批侦骑，搜捕李自成，搜了几个月，毫无信息。后来听有人传说，李自成在战斗中受了重伤，已经死去，明军才逐渐停止了搜捕。

张献忠奇袭襄阳

1639年，张献忠在湖北谷城再一次起义。原来，张献忠曾经在谷城接受明朝的招安，并不是真心投降，而是暗暗积蓄兵力，准备东山再起。明朝将领发现张献忠的意图，准备派兵镇压。张献忠先发制人，在谷城杀掉明朝县令，焚毁了官衙，重新打起了起义的旗号。不久，罗汝才也起兵响应。

明朝总兵左良玉派兵进攻，被张献忠打得一败涂地，只留下几百残兵败将逃回，气得崇祯帝把主帅熊文灿和总兵左良玉都革了职务，另派兵部尚书杨嗣昌到湖广围攻张献忠。

杨嗣昌带着崇祯帝的尚方宝剑，率领10万人马，耀武扬威到了襄阳。他派左良玉等将领把起义军四面包围起来。张献忠转移到玛瑙山的时候，由于起义军队伍里混进了奸细，起义军陷入敌人的包围圈里，被左良玉军打败，损失了大量金银、战马。张献忠的妻子、儿子也被俘虏。

张献忠带了1000名骑兵，从湖北转移到四川。

杨嗣昌跟踪追击，把他的行辕迁到重庆，准备在四川消灭起义军。

杨嗣昌在四川到处张榜，说有谁能抓住张献忠，赏给黄金万两，还封他侯爵。哪知道第二天，在杨嗣昌的行辕里，发现了许多标语，上面写着：“有能斩杨嗣昌头的，赏银 3 钱。”

杨嗣昌派出大批官军到处追剿起义军，张献忠起义军却是忽东忽西，叫官军捉摸不定，一直到第二年

正月，官军才在开县追上起义军。当明军将领猛如虎、刘士杰拖着疲惫不堪的兵士赶到，张献忠的起义军已绕到他们背后，从山上呐喊着冲了下来，官军全部崩溃，刘士杰被杀，猛如虎好不容易才逃脱。起义军杀退敌人，在营里拍手唱歌："前有邵巡抚（指四川巡抚邵捷春），常来团转舞；后有廖参军（指监军廖大亨），不战随我行；好个杨阁部（指杨嗣昌），离我三尺路。"

这支歌谣传到明军那里，杨嗣昌听了后哭笑不得。1641 年，张献忠发现杨嗣昌把重兵都放到四川，襄阳兵力空虚，就摆脱明军，突然带兵离开四川，往东转移，一天一夜急行三四百里，把杨嗣昌大军远远甩在后边。到了湖北当阳，遇到另一支明军堵截，张献忠把罗汝才留在当阳，亲自率领精锐部队直奔襄阳。

杨嗣昌在重庆得到消息，连忙派使者赶到襄阳，命令襄阳明军严密防守。哪里知道使者走在半路上，被起义军发现抓了起来。起义军在使者身上搜到了令牌、文书，上面盖着杨嗣昌行辕的大印。张献忠把他的义子李定国叫来，叫他打扮为杨嗣昌使者，带了几名"随从"和令牌、文书，混进襄阳城去。

李定国带了公文、令牌，来到襄阳城边，正是夜色朦胧的时候。他在城门外向守军喊话，守城明兵听说是杨阁部派来的使者，验过令牌、文书，也没有怀疑，就把李定国和随从兵士放进了城。

当天晚上，混进襄阳的起义军兵士在城里好几处放火，全城的百姓从睡梦里惊醒，发现到处火光冲天，全城大乱。在混乱中，起义军打开城门，大队人马赶到，官军要想抵抗也来不及了。

起义军进城以后，一面派人打开监狱，救出被俘的起义兵士和家属；一面直奔襄王府，活捉了襄王朱翊铭。

张献忠坐在襄王府大堂，派兵士把朱翊铭押上堂来。朱翊铭吓得直打哆嗦，跪在地上求饶。

张献忠说："我不要别的，只要借你的头派个用场。"

朱翊铭听说要杀他，吓得捣蒜似的磕头，说："我宫里有金银宝器，听凭千岁搬用，只求饶命。"

张献忠哈哈大笑，说："我进了襄阳，你的金银财宝有什么法子叫我不搬？不过，你不把头借给我，那杨嗣昌还死不了呢！"

说着，吆喝一下，把朱翊铭拉下堂去杀了。

张献忠占了襄阳，缴获了杨嗣昌储存在那里的大批粮饷、兵器，又把襄王府金库里的 10 余万两银子分发给当地的饥民，百姓听说处决了罪恶累累的襄王，高兴极了。

张献忠攻破襄阳的消息传到了四川，把杨嗣昌惊呆了。他处心积虑布置的围攻起义军的计划全部破产，特别是张献忠在他眼皮底下，来个突然袭击，使一个藩王丧了命，怎么向崇祯帝交代？

杨嗣昌丧魂落魄地从四川窜到湖北，刚到沙市，又听到一个消息，李自成率领的起义军离开商洛山区，重整旗鼓，趁河南兵力空虚的时候，攻破洛阳，杀死福王朱常洵。这一来，杨嗣昌更是又惊又害怕，他想来想去，没有出路，只好自杀。

吴三桂借清兵

1644 年，李自成在西安正式建立了政权，国号大顺。接着，李自成率领起义将士，渡过黄河，分两路进攻北京。两路大军势如破竹，到了这年三月，就在北京城下会师。城外驻守的明军最精锐的三大营全部投降。

第二天晚上，崇祯帝登上煤山（在皇宫的后面，今北京景山）上往四周一望，只见火光冲天，知道形势危急，跑回宫里，拼命敲钟，想召集官员们来保护他。等了好久，连个人影儿都没有。这时候，他才知道末日到来，又回到煤山，在寿皇亭边一棵槐树下上吊自杀了。

至此统治中国276年的明王朝，宣告灭亡。

大顺起义军攻破北京，大将刘宗敏首先率领队伍进城，接着，大顺王李自成头戴笠帽，身穿青布衣，骑着骏马，缓缓地进了紫禁城。北京的百姓像过节一样，张灯结彩欢迎起义军。

大顺政权一面出榜安民，叫大家安居乐业；一面严惩明王朝的皇亲国戚、贪官污吏。

李自成派刘宗敏和李过，勒令那些权贵交出平时从百姓身上搜刮来的赃款，充当起义军的军饷，拒绝交付的处重刑。少数民愤大的皇亲国戚还被起义军抓起来杀了头。

有个大官僚吴襄，也被刘宗敏抄了家产，并且逮捕起来追赃。

有人告诉李自成说，吴襄的儿子吴三桂是明朝的山海关总兵，手下还有几十万大军。如果把吴三桂招降了，岂不是解除了大顺政权一个威胁。

李自成觉得这个主意很有道理，就叫吴襄给他儿子写信，劝说他向起义军投降。

吴三桂原来是明朝派到关外抗清的，驻扎在宁远一带防守。起义军逼近北京的时候，崇祯帝接连下命令要吴三桂带兵进关，对付起义军。吴三桂赶到山海关，北京已被起义军攻破。

过了几天，吴三桂收到吴襄的劝降信，倒犹豫起来。向起义军投降吧，当然是他不愿意的；要不投降吧，起义军勇猛善战，兵力强大，自己不是他们的对手。再说，北京还有他的家属财产，也舍不得丢掉。既然李自成来招降，不如到北京去看看情况再说。

吴三桂带兵到了滦州，离北京越来越近，就遇到一些从北京逃出来的人。吴三桂找来一问，开始，听说他父亲吴襄被抓，家产被抄，已经恨得咬牙切齿；接着，又听说他最宠爱的歌姬陈圆圆也被起义军抓走，更是怒火冲天，立刻下令退回山海关，并且要将士们一律换上白盔白甲，说是要给死去的崇祯帝报仇。

李自成得知吴三桂拒绝投降，决定亲自带 20 多万大军，进攻山海关。吴三桂本来就害怕农民军，听到这消息，吓得灵魂出窍。他也顾不了什么民族气节，写了一封信，派人飞马出关，请求清朝帮助他镇压起义军。

清朝辅政的亲王多尔衮接到吴三桂的求救信，觉得机会来到，立刻回信同意。接着，他亲自带着十几万清兵，日夜不停地向山海关进兵。

清军到了山海关下，吴三桂已经迫不及待地带着500个亲兵出关迎接多尔衮。他见了多尔衮，卑躬屈膝地哀求多尔衮帮他报仇。多尔衮自然顺水推舟地答应。吴三桂把多尔衮请进关里，大摆酒宴，杀了白马乌牛，祭拜天地，订立了同盟。

李自成大军从南面开到山海关边。20多万起义军，依山靠海，摆开浩浩荡荡的一字阵，一眼望不到边。

老奸巨猾的多尔衮从城头望见起义军阵容坚强，料想不容易对付，就让吴三桂打先锋，叫清军埋伏起来，自己和几名清将远远躲在后面的山头观战。

战斗开始了，李自成骑着马登上西山指挥作战。吴三桂带兵一出城，起义军的左右两翼合围包抄，把吴三桂和他的队伍团团围住。明兵东窜西突，冲不出重围；起义军个个血战，喊杀声震天动地。

正在双方激烈战斗的时候，不料海边一阵狂风，把地面上的尘沙刮起，一霎时，天昏地黑，对面见不到人。

多尔衮看准时机，命令埋伏在阵后的几万清兵一起出动，向起义军突然袭击。起义军毫无防备，也弄不清是哪儿来的敌人，心里一慌张，阵势也就乱了。直到风定下来，天色转晴，才看清楚对手是留着辫子的清兵。

李自成在西山上发现清兵已经进关，想稳住阵脚，指挥抵抗，已经来不及了，只好传令后撤。多尔衮和吴三桂的队伍里外夹击，起义军损失惨重。

李自成带领将士边战边退。吴三桂仗着清兵的帮助，在后面紧紧追赶。起义军回到北京，兵力已经大大削弱。

李自成回北京后，在皇宫大殿里举行即位典礼，接受官员的朝见。第二天一早就率领起义军，离开北京，向西安撤退。

李自成离开北京的第三天，多尔衮带领清兵，耀武扬威地开进北京城。

1644 年，多尔衮把顺治帝从沈阳接到北京，把北京作为清朝国都。打那时候起，清王朝就开始在中国建立了它的统治。

第二年，清朝分兵两路攻打西安。一路由阿济格和吴三桂、尚可喜率领，一路由多铎和孔有德率领。李自成率领农民军在潼关抗击清军，经过激烈战斗，终于被迫放弃西安，向襄阳转移。过了几个月，农民军在湖北通山县九宫山，遭到当地地主武装的袭击，李自成战败牺牲。

李自成退出北京后，张献忠在四川称帝，国号大西，继续抗击清军。

到 1647 年，清军进四川，张献忠在川北西充凤凰山的一场战斗中，中箭死去。这样明朝末年的两支主要起义军就都失败了。

“友”“有”“酉”难逃噩运

崇祯十七年（1644 年），就在闯王兵临城下之际，皇帝朱由检忧心忡忡，平时相信江湖术士的他，派出内臣掌印太监王德化出宫探听一下民间消息。

李自成的军师宋献策本是占卜出身，他为了刺探城内情报，正装扮成测字先生混入北京皇城，挂起“鬼谷为师，管辂为友”的白幡招牌，重操旧业。

王德化看到宋献策的测字摊，便连忙走了去。宋献策看来人白白净净，已近 40 岁的年纪，却没有胡须，声音近似女人，已判定是个太监，便主动与客官搭讪：“客官，测个字吧！”

王德化说：“我家主人是做官的，如今这个局势，不知国事如何？特派我来问问神仙。”

宋献策递上一支笔，说：“请客官写个字来算算。”

王德化说：“不要写字了。”顺手指了指测字摊边挂的白幡招牌“管辂为友”的“友”字，说：“就测这个字吧！”

宋献策端端正正地把“友”字写在纸上，又是摸须，又是掐指，一阵卖卦人的花样玩过以后，就说：“客官若问他事，或有另外的说法，若问国事，就恐怕有些不妙啊。”

王德化见测字先生有些迟疑，便催促他说：“既来测字，主人已有吩咐，先生但说无妨。”

宋献策说：“你看这‘友’字，遮去上边那半撇，就是一个‘反’字。客官测的是‘友’字，恰恰是‘反’字出了头。若从字形来看，恐怕是‘反贼’要出头了。”

王德化急忙改口说：“不是这个‘友’字，是‘有无’的‘有’。”

宋献策写下“有”字，更神秘地说：“这个‘有’字更为不祥啊！你看这‘有’，上面是‘大’字，可缺一捺；下面是‘明’字却已无‘日’。这就是说，‘大明’的江山已经去了一半。缺‘捺’就是‘无奈’，没有办法；无‘日’就是没有日子了啊！”

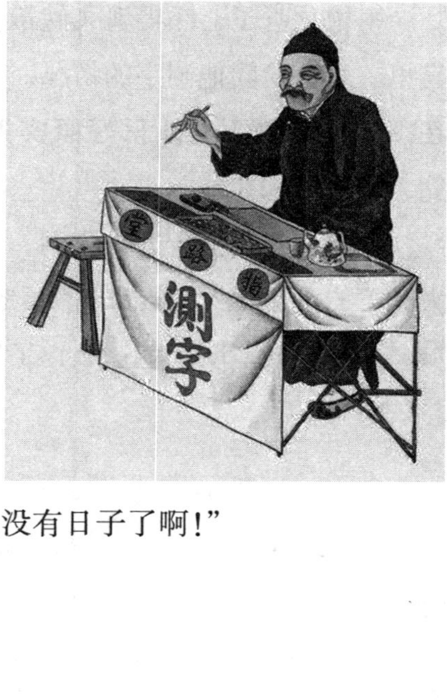

王德化听了，头上冷汗直冒，可他仍想讨个吉利，又改口说：“不是这个‘有’，是‘申酉’的‘酉’字。”

宋献策说：“此字更不佳呀！”

王德化说：“前面的话，都是不佳。先生不必隐讳了。”

宋献策说：“天机不好泄露啊！”

王德化说：“先生不过民间测字，又有何妨啊！”

宋献策眼看到了火候，就说：“客官恕我真言：这‘酉’字太恶，它是‘尊’字的中心，‘至尊’就是皇上，可这个‘酉’字，上无头，下无脚。根据字形，岂不是‘至尊’的皇上要斩头截脚吗？”

王德化听了，吓得魂飞魄散，高一脚低一脚回到宫里。朱由检问他测字的情况，他说“奴才不敢讲”。在一再催逼之下，他只好照实做了汇报。朱由检听完，顿时瘫软在地。

就是这年三月十九日黎明，朱由检在景山的一棵大树下自缢身亡。李自成率领起义大军浩浩荡荡入城，登皇极殿。明朝就这么亡了！

清

史可法死守扬州

崇祯帝在煤山上吊自杀的消息传到明朝陪都南京，南京的大臣们一片慌乱。他们立了一个逃到南方的皇族、福王朱由崧做皇帝，在南京建立了一个政权，历史上把它叫作南明，把朱由崧称为弘光帝。

弘光帝朱由崧是个迷恋酒色、极端荒唐的人。凤阳总督马士英和一批魏忠贤的余党利用弘光帝的昏庸，操纵了南明政权。弘光帝和马士英根本没想抵抗清兵，却过起荒淫作乐的生活来。

南明政权的兵部尚书史可法，本来不赞成让朱由崧做皇帝，为了避免引起内部冲突，才勉强同意。弘光帝即位以后，史可法主动要求到

前方去统率军队。

那时候，长江北岸有四支明军，叫作四镇。四镇的将领都是骄横跋扈的人。他们割据地盘，互相争夺，放纵兵士残杀百姓。史可法在南方将士中威信高，他到了扬州，那些将领不得不听他的号令。史可法亲自去找那些将领，劝他们不要自相残杀；接着，又把他们分配在扬州周围驻守，自己坐镇扬州指挥。大家就称呼他史督师。

史可法做了督师后，以身作则，跟兵士同甘共苦，受到将士们的爱戴。这年大年夜，史可法把将士都打发去休息，独自留在官府里批阅公文。到了深夜，他感到精神疲劳，把值班的厨子叫了来，要点酒菜。

厨子回报说："遵照您的命令，今天厨房里的肉都分给将士去过节，下酒的菜一点也没有了。"

史可法说："那就拿点盐和酱下酒吧。"

厨子送上了酒，史可法就靠着几案喝起酒来。史可法的酒量本来很大，来到扬州督师后，就戒酒了。这一天，为了提提精神，才破例喝了点。一拿起酒杯，他想到国难临头，又想到朝廷这样腐败，心里愁闷，边喝酒边掉热泪，不知不觉多喝了几盅，带着几分醉意伏在几案上睡着了。

第二天一清早，扬州文武官员依照惯例到督师衙门议事，只见大门还紧紧地关着。大家不禁奇怪，因为督师平常都是起得极早的。后来，有个兵士出来，告诉大家说："督师昨晚喝了酒，还没醒来。"

扬州知府任民育说："督师平日操劳过度，昨夜睡得这么好，真是难得的事。大家别去惊动他，让他再好好休息一会吧。"他还把打更的人找来，要他重复打四更的鼓（打四更鼓，表示天还没亮）。

史可法一觉醒来，天已经大亮，侧耳一听，打更人还在打四更，不禁勃然大怒，把兵士叫了进来说："是谁在那里乱打更鼓，违反我的军令。"兵士把任民育吩咐的话说了，史可法才没话说，赶快接见官员，处理公事。

打那天起，史可法下决心不再喝酒了。

没多久，清军在多铎的带领下，大举南下。史可法指挥四镇将领抵抗，打了一些胜仗。可是南明政权内部却起了内讧。驻守武昌的明军将领左良玉为了跟马士英争权，起兵进攻南京。马士英害怕得要命，急忙将江北四镇军队撤回，对付左良玉，还用弘光帝的名义要史可法带兵回南京保护他。

史可法明知道清军压境，不该离开。但是为了平息内讧，不得不带兵回南京，刚过长江，知道左良玉已经兵败。他急忙回江北，可清兵已经逼近扬州。

史可法发出紧急檄文，要各镇将领集中到扬州守卫。但是过了几天，竟没有一个发兵来救。史可法知道，只有依靠扬州军民，孤军奋战了。

清军到了扬州城下，多铎先派人到城里向史可法劝降，一连派了5个人，都被史可法拒绝。多铎恼羞成怒，下令把扬州城紧紧包围起来。

扬州城危急万分，城里一些胆小的将领害怕了。第二天，就有一个总兵和一个监军背着史可法，带着本部人马，出城向清军投降。这一来，城里的守卫力量就更薄弱了。

史可法把全城官员召集起来，勉励他们同心协力，抵抗清兵，并且分派了守城的任务。他分析了一下形势，认为西门是最重要的防线，就亲自带兵防守西门。将士们见史可法坚定沉着，都很感动，表示一定要和督师一起，誓死抵抗。

多铎命令清兵没日没夜地轮番攻城。扬州军民奋勇作战，把清兵的进攻一次次打回去。清兵死了一批，又来一批，形势越来越危急了。

多铎下了狠心，开始用大炮攻城。他探听到西门防守最严，又是史可法亲自防守，就下令炮手专向西北角轰击。炮弹一颗颗在西门口落下来，城墙渐渐塌下，终于被轰开了缺口。

史可法正在指挥军民堵缺口，大批清军已经蜂拥着冲进城来。史可法眼看城已经没法再守，拔出佩刀往自己脖子上抹。随从的将领们抢上前去抱住史可法，把他手里的刀夺了下来。史可法还不愿走，部将们连拉带劝地把他保护出小东门。这时候，有一批清兵过来，看见史可法穿着明朝官员的装束，就吆喝着问他是谁。

史可法怕伤害别人，就高声说：“我就是史督师，你们快杀我吧！”

1645 年，扬州城陷落，史可法被害。

多铎因为攻城的清军遭到很大伤亡，心里恼恨，竟灭绝人性地下令屠杀扬州百姓。大屠杀延续了 10 天才结束。历史上把这件惨案称作“扬州十日”。

大屠杀之后，史可法的养子史德威进城寻找史可法的遗体。因为尸体太多，天热又都腐烂了，怎么也认不出来，只好把史可法生前穿过的袍子和用过的笏板，埋葬在扬州城外的梅花岭上。这就是到现在还保存着的史可法“衣冠墓”。

扬州失守后几天，清军攻破南京。南明政权的官员投降的投降，逃跑的逃跑，弘光政权被消灭了。

清兵继续南下，还颁布了一道剃发令，强迫百姓在 10 天之内，改依清人的习惯，一律剃掉前半部头发，留下一条辫子，违抗命令的处死，实行“留头不留发，留发不留头”。这一来，更加激起了江南百姓的反抗情绪。江阴军民在典史（县衙里一种小官）阎应元的率领下，顶住 20 多万清兵的重重包围，坚守了 80 多天。城里男女老少，没有一个投降。清军死伤惨重。嘉定军民坚持抗清斗争 3 个月，被清军屠城 3 次，牺牲两万多人。历史上把这次惨案称作“嘉定三屠”。

夏完淳怒斥洪承畴

弘光政权瓦解以后，东南沿海一带的抗清力量继续战斗。1645 年，明朝官员黄道周、郑子龙在福州另立明朝宗室、唐王朱聿键即位，历史上称为隆武帝。另一部分官员张国维、张煌言在绍兴拥戴鲁王朱以海监国。这样，就同时出现了两个南明政权。

为了对付抗清力量，清朝廷派了在松山战役中投降清朝的洪承畴总督军事，招抚江南。

这时候，在松江（今属上海市）有一批读书人也

在酝酿抗清，领头的是夏允彝和陈子龙。

夏允彝有个15岁的儿子叫夏完淳，又是陈子龙的学生。夏完淳自小就读了不少书籍，能诗善文，在他的父亲、老师的影响下，也参加了抗清斗争。

靠几个读书人要组织义军是不行的。夏允彝有个学生吴志葵，是吴淞总兵，手下还有一些兵力。他们说服吴志葵一起抗清。吴志葵答应了，派出一支人马担任先锋队攻打苏州。一开始打得挺顺利，先锋队攻进了苏州城，但是吴志葵临阵犹豫，没有及时增援，结果进城的义军被围牺牲，吴志葵的主力在城外也被击败。不久，清军围攻松江，夏允彝父子和陈子龙冲出清兵的包围，到乡下隐蔽起来。清兵到处搜捕，还想引诱夏允彝出来自首。夏允彝不愿落在清兵手里，投到河塘里自杀了。他留下遗嘱，要夏完淳继承他的抗清遗志。

父亲的牺牲引起夏完淳万分悲痛，也激起他对清朝的仇恨。他和陈子龙秘密回到松江，准备再组织起义军。这时候，他们打听到太湖长白荡有一支由吴易领导的抗清义军，正在重整旗鼓。

夏完淳把家产全变卖了，捐献给义军做军饷，在吴易手下当了参谋。他还写了一道奏章，派人到绍兴送给鲁王，请鲁王坚持抗清。鲁王听说上书的是个少年，十分赞赏，封给夏完淳一个中书舍人的官衔。

吴易的水军在太湖边出没，把清军打得晕头转向。但是后来由于叛徒的出卖，义军失败，吴易也牺牲了。

过了一年，陈子龙又秘密策动清朝的松江提督吴胜兆反清，这次兵变不幸又失败了，吴胜兆被杀害，陈子龙也被清军逮捕。陈子龙不愿受辱，在被押解到南京的船上，挣脱绳索，跳河自杀了。

夏完淳正在为失去他的老师而悲痛，因为叛徒告密，他自己也被捕了。清军派重兵把他押解到南京。

夏完淳在监狱里被关押了 80 天。他给他的亲友写了许多可歌可泣的诗篇和书信。死亡的威胁并没有使他恐惧，他感到伤心的就是没有实现他保卫民族、恢复中原的壮志。

对夏完淳的审讯开始了，主持审讯的正是招抚江南的洪承畴。

洪承畴知道夏完淳是江南出名的“神童”，想用软化的手段使夏完淳屈服。他问夏完淳说：“听说你给鲁王写过奏章，有这事吗？”

夏完淳昂着头回答：“正是我的手笔。”

洪承畴装出一副温和的神气说：“我看你小小年

纪，未必会起兵造反，想必是受人指使。只要你肯回头归顺大清，我给你官做。”

夏完淳假装不知道上面坐的是洪承畴，厉声说：“我听说我朝有个洪亨九（洪承畴的字）先生，是个豪杰人物，当年松山一战，他以身殉国，震惊中外。我钦佩他的忠烈。我年纪虽然小，但是杀身报国，怎能落在他的后面。”这番话把洪承畴说得啼笑皆非，满头是汗。旁边的兵士以为夏完淳真的不认识洪承畴，提醒他说：“别胡说，上面坐的就是洪大人。”

夏完淳“呸”了一声说：“洪先生为国牺牲，天下人谁不知道。崇祯帝曾经亲自设祭，满朝官员为他痛哭哀悼。你们这些叛徒，怎敢冒充先烈，污辱忠魂！”说完，他指着洪承畴骂个不停。洪承畴被骂得面如死灰，不敢再审问下去，一拍惊堂木，喝令兵士把夏完淳拉出去。

1647 年秋，这位年仅 17 岁的少年英雄在南京西市被害。他的朋友把他的尸体运回松江，葬在他父亲的墓旁。到现在，在松江城西，还留着夏允彝、夏完淳英雄父子的合墓。

郑成功收复台湾

隆武帝在福州建立政权之后，他手下大臣黄道周是个真心抗清的人，一心想帮助隆武帝出师北伐。但是掌握兵权的郑芝龙，只想保存自己的实力，不愿出兵。过了一年，清军进军福建的时候，派人向他劝降。郑芝龙贪图富贵，就抛弃了隆武帝，向清朝投降，隆武政权也灭亡了。

郑芝龙有个儿子叫郑成功（福建南安人），当时

是个才22岁的青年将领。郑芝龙投降清朝的时候，郑成功苦苦劝阻他父亲。后来，他眼见父亲执迷不悟，气愤之下，就单独跑到南澳岛，招募了几千人马，坚决抗清。清王朝知道郑成功是个能干的将才，几次三番派人诱降，都被郑成功拒绝。清将又派他弟弟带了郑芝龙的信劝他投降。他弟弟说："如果再不投降，只怕父亲的性命难保。"

郑成功坚决不动摇，写了一封回信，跟郑芝龙诀绝。

郑成功兵力渐渐强大起来，在厦门建立了一支水师。他跟抗清将领张煌言联合起来，乘海船率领水军17万人开进长江，分水陆两路进攻南京，一直打到南京城下。但是清军用假投降的手段欺骗他。郑成功中了清军的计，最后打了败仗，又退回厦门。

郑成功回到厦门，清军已经占领福建大部分地方，他们用封锁的办法，要福建、广东沿海百姓后撤40里，断绝对郑军的供应，想困死郑成功。郑成功在那里招兵筹饷，都遇到困难，就决定向台湾发展。

台湾自古以来就是我国的领土。明朝末年，欧洲的荷兰人趁明王朝腐败无能，霸占了台湾的海岸，修建城堡，向台湾人民勒索苛捐杂税。台湾人民不断反抗，遭到了荷兰侵略军的镇压。

郑成功少年时期就跟随他父亲到过台湾，亲眼看到台湾人民遭受的苦难，早就想收复台湾。这一回，他下决心赶走侵略军，就下命令要他的将士修造船只，筹集粮草，准备渡海。

恰好在这时候，有一个在荷兰军队里当过翻译的何廷斌，赶到厦门见郑成功，劝郑成功收复台湾。他说，台湾人民受侵略军欺侮压迫，早就想反抗了。只要大军一到，一定能够把敌人赶走。何廷斌还送给郑成功一张台湾地图，把荷兰侵略军的军事布置都告诉了郑成功。郑成功有了这个可靠的情报，进攻台湾的信心就更足了。

1661 年，郑成功要他儿子郑经带领一部分军队留守厦门，自己亲率 25000 名将士，分乘几百艘战船，浩浩荡荡从金门出发。他们冒着风浪，越过台湾海峡，在澎湖休整几天，准备直取台湾。这时候，有些将士听说西洋人的大炮厉害，有点害怕。郑成功把自己乘坐的战船排在前面，鼓励将士说："荷兰人的红毛火炮没什么可怕，你们只要跟着我的船前进就是。"

荷兰侵略军听说郑军要进攻台湾，十分惊慌。他们把军队集中在台湾（今台湾东平地区）和赤嵌（今台南地区）两座城堡，还在港口沉了好多破船，想阻挡郑成功的船队登岸。

郑成功叫何廷斌领航，利用海水涨潮的时机，驶进了鹿耳门，登上台湾岛。

台湾人民听到郑军来到，成群结队推着小车，提水端茶，迎接亲人。躲在城堡里的荷兰侵略军头目气急败坏地派了 100 多个兵士冲来，郑成功一声号令，把敌军紧紧围住，杀了一个敌将，敌兵也溃散了。

侵略军又调动一艘最大的军舰“赫克托”号，张牙舞爪地开了过来，阻止郑军的船只继续登岸。郑成功沉着镇定，指挥他的 60 艘战船把赫克托号围住。郑军的战船小，行动灵活。郑成功号令一下，60 多只战船一齐发炮，赫克托号被打中起了火。大火熊熊燃烧，把海面照得通红。赫克托号渐渐沉没下去，还有 3 艘荷兰船一看形势不妙，吓得掉头就逃。

荷兰侵略军遭到惨败，龟缩在两座城里不敢应战。他们一面偷偷派人到巴达维亚（今爪哇）去搬救兵，一面派使者到郑军大营求和，说只要郑军肯退出台湾，他们宁愿献上 10 万两白银慰劳。

郑成功扬起眉毛，威严地说：“台湾本来是我国的领土，我们收回这地方，是理所当然的事，你们如果赖着不走，就把你们赶出去!”

郑成功喝退荷兰使者，派兵猛攻赤嵌。赤嵌的敌军依城顽抗，所以郑军一时攻不下来。有个当地人给郑军出了个主意说，赤崁城的水都是从城外高地流下来的，只要切断水源，敌人就不战自乱。郑成功照这个办法做了，不到 3 天，赤嵌的荷兰人果然乖乖地投降。

盘踞台湾城的侵略军企图顽抗，等待救兵。郑成功决定采取长期围困的办法逼他们投降。在围困 8 个月之后，郑成功下令向台湾城发起强攻。荷兰侵略军走投无路，只好扯起白旗投降。1662 年年初，侵略军头目被迫到郑成功大营，在投降书上签了字后，灰溜溜地离开了台湾。

郑成功从荷兰侵略者手里收复了我国神圣领土台湾，成为我国历史上杰出的民族英雄。

李定国转战西南

隆武、鲁王两个南明政权先后覆灭之后，清军分三路向西南进攻，驻守在两广的明朝官员瞿式耜等在肇庆拥立桂王朱由榔即位，年号永历，历史上称他永历帝。1647 年冬，明朝将领何腾蛟，依靠大顺军余部的力量，在全州大败清军；瞿式耜在桂林，也打退了清军的进攻。南明军声势大振。但是，由于桂王政权内部的不团结，湖广和广西又被清军占领。过了两年，何腾蛟在湘潭被俘遇害，瞿式耜也在桂林城被清兵攻陷后就义。在桂王政权面临覆灭的时刻，李定国领导的大西农民军，担负起抗清的重任，在西南一带

又继续战斗了10多年。

李定国是张献忠手下的4名勇将之一，又是他的义子，最大的是孙可望，李定国是老二。张献忠牺牲以后，留下五六万起义军由孙可望、李定国率领，南下贵州、云南。他们派人向永历帝建议一起联合抗清。经过一番周折，永历帝看到形势危急，只好依靠大西军，封孙可望为秦王。

孙可望是个野心家，他把永历帝控制在手里，在贵阳作威作福，独断专横，不把抗清放在心里；李定国却一心抗清，他在云南花了一年时间，训练了3万精兵，加紧制造武器盔甲；他还找了一批驯象的人，组成一支象队。在做好准备之后，决定出兵进攻清军。

李定国领导的军队士气高涨，军纪严明。他们从云南、贵州一直打到湖南，连战连胜，收复了几座重镇，接着，又三路进攻桂林。驻守桂林的清军主帅孔有德几次派兵迎战，没有交战，兵士就逃散了。孔有德不得不亲自带兵到严关，和明军对垒。李定国大军一到，前面是高大的象队，后面是雄赳赳的兵士。大象一上阵吼叫起来，清军的战马听到象吼，就吓得到处乱窜。那时，天忽然下起大雨，电闪雷鸣，象群趁势一冲，清兵大败，明军奋勇追击，杀得清军一败涂地。

孔有德急忙把兵士撤进桂林城，把城门关住。李定国把桂林城紧紧包围，日夜猛攻。孔有德亲自登城防守，明军的乱箭射去，正中了孔有德的前额。这时候，他又得到城北山头已被李定国攻占的消息，就放起一把火，投到火里自杀了。

李定国攻进桂林，一面分兵继续肃清残敌，一面安抚百姓，把逃到山里的南明官员接回城里。有一天，李定国在七星岩边摆了酒宴宴请官员，他跟官员们说："现在的局势，就像南宋末年一样。你们不是敬佩文天祥、陆秀夫、张世杰诸公吗？他们的精忠浩气，固然是名留青史，但是我们尽忠国家，毕竟不希望有这样的结局啊。"

大家听了，都深深佩服李定国的豪迈气概。

永历帝得到捷报，封李定国为西宁王。接着李定国又带兵打下永州、衡阳、长沙，逼近岳州。清朝廷大为震惊，连忙派亲王尼堪带兵 10 万反攻长沙。李定国得到消息，知道敌人来势很猛，就主动从长沙撤出，却在退到衡阳的路上设下伏兵。尼堪亲自率兵追击，中了明军的埋伏，尼堪被当场砍死了。

李定国的胜利，引起秦王孙可望的妒忌，孙可望假意邀请李定国商量国事，想暗害李定国。李定国发现他的诡计，只好带兵离开湖南，回到云南。孙可望想提高自己的威望，亲自到湖南进攻清军，却打了个大败仗。

孙可望野心勃勃，想逼迫永历帝让位。他知道要达到这个目的，一定要除掉李定国，就亲自带兵 14 万进攻云南。哪里想到，他手下的将士们恨透了他的分裂活动，在双方交战的时候，纷纷倒戈投奔李定国，孙军全部瓦解。孙可望狼狈逃回贵阳，又遭到留守贵阳的将士的反对。孙可望走投无路，就逃到长沙向清军投降。

南明政权经过孙可望叛乱，力量已经削弱。1658 年，清兵由降将吴三桂、洪承畴等率领，分三路进攻云南、贵州。李定国分三路阻击，都遭到失败，不得不退回昆明。永历帝和他的几个亲信官员惊慌失措，逃往缅甸。

永历帝逃往缅甸后，李定国继续在云南边境上筹集人马，抗击清军，准备恢复。他接连 13 次派人去接永历帝回国，永历帝都不敢回来。

1661 年，吴三桂带领 10 万清兵开进缅甸，逼迫缅甸交出永历帝带回昆明。一到昆明，永历帝就被吴三桂勒死，最后一个南明政权到这时候彻底灭亡。

李定国艰苦抗清10多年，最终还是没有实现他的愿望，他心情忧愤，终于得病死去。临死时，他对他的儿子和部将说："宁可死在荒野，也不能投降啊！"

康熙帝平定三藩

南明最后一个政权灭亡的那年，顺治帝已经病死，他的儿子玄烨即位，这就是清圣祖，也叫康熙帝。

康熙帝即位的时候，年纪才 8 岁。按照顺治帝的遗诏，由 4 个满族大臣帮助他处理国家大事，叫作辅政大臣。4 个辅政大臣中，有个叫鳌拜的，仗着自己掌握兵权，又欺负康熙帝年幼，独断专横。别的大臣和他意见不合，就遭到排挤打击。

清王朝进关后，用强迫手段圈了农民大片土地，分给八旗贵族。鳌拜掌权以后，仗势扩大占地，还用差

地强换别旗的好地，遭到地方官的反对。鳌拜诬陷这些官员大逆不道，把反对他的 3 名地方官处死了。

康熙帝满 14 岁的时候，亲自执政。这时候，另一个辅政大臣苏克萨哈和鳌拜发生争执。鳌拜怀恨在心，勾结同党诬告苏克萨哈犯了大罪，奏请康熙帝把苏克萨哈处死。康熙帝不肯批准。鳌拜在朝堂上跟康熙帝争了起来，后来竟撸起袖子，挥动拳头，大吵大嚷。康熙帝非常生气，但是一想鳌拜势力不小，只好暂时忍耐，由他把苏克萨哈杀了。

打那以后，康熙帝决心除掉鳌拜。他派人物色了一批十几岁的贵族子弟担任侍卫，这些少年个个长得健壮有力。康熙帝把他们留在身边，天天练摔跤。

鳌拜进宫去，常常看到这些少年吵吵嚷嚷地在御花园里摔跤，只当是孩子们闹着玩，一点也不在意。

有一天，鳌拜接到康熙帝命令，要他单独进宫商量国事。鳌拜像平常一样大模大样走进宫去。刚跨进内宫的门槛，忽然一群少年拥了上来，围住了鳌拜，有的拧胳膊，有的拖大腿。鳌拜虽然是武将出身，力气也大，可是这些少年人多，又都是练过摔跤的，鳌拜敌不过他们，一下子就被打翻在地。任凭他大声叫喊，也没有人搭救他。

鳌拜被抓进大牢，康熙帝马上要大臣调查鳌拜的罪行。大臣们认为，鳌拜专横跋扈，擅杀无辜，罪行累累，应该处死。

康熙帝从宽发落，把鳌拜的官爵革了。

康熙帝用计除掉了鳌拜，朝廷上下都很高兴。一些原来比较骄横的大臣知道了这个年轻皇帝的厉害，也不敢在他面前放肆。

康熙帝亲自执政后，大力整顿朝政，奖励生产，惩办贪污，使新建立的清王朝渐渐强盛起来。当时，南明政权虽然已经灭亡，但是南方有 3 个藩王却叫康熙帝十分担心。

这 3 个藩王本来是投降清朝的明军将领，一个是引清兵进关的吴三桂，一个叫尚可喜，一个叫耿精忠。因为他们帮助清朝消灭南明，镇压农民军，清王朝认为他们有功，封吴三桂为平西王，驻防云南、贵州；尚可喜为平南王，驻防广东；耿精忠为靖南王，驻防福建，合起来叫作“三藩”。

三藩之中，又数吴三桂最强。吴三桂当上藩王之后，十分骄横，不但掌握地方兵权，还控制财政，自派官吏，不把朝廷放在眼里。

康熙帝知道要统一政令，三藩是很大的障碍，一定得找机会削弱他们的势力。正好尚可喜年老，想回辽东老家，上了一道奏章，要求让他儿子尚之信继承王位，留在广东。康熙帝批准尚可喜告老，但是不让他儿子接替平南王爵位。这一来，触动了吴三桂、耿精忠（耿仲明的孙子），他们想试探一下康熙帝的态度，假惺惺地主动提出撤除藩王爵位、回到北方的请求。

这些奏章送到朝廷，康熙帝召集朝臣商议。许多大臣认为吴三桂他们要求撤藩是假的，如果批准他们的请求，吴三桂一定会造反。

康熙帝果断地说："吴三桂早有野心。撤藩，他要反；不撤，他迟早也要反。不如来个先发制人。"接着，就下诏答复吴三桂，同意他撤藩。诏令一下，吴三桂果然暴跳如雷。他自以为是清朝开国老臣，现在年纪轻轻的皇帝既然撤他的权，就非反不可了。

1673 年，吴三桂在云南起兵。为了笼络民心，他脱下清朝王爵的穿戴，换上明朝将军的盔甲，在永历帝的墓前假惺惺地痛哭一番，说是要替明王朝报仇雪恨。但是，人们都记得很清楚，把清兵请进中原来的是吴三桂；最后杀死永历帝的，还是吴三桂。现在他居然打起恢复明朝的旗号来，还能欺骗谁呢？

吴三桂在西南一带势力大，一开始，叛军打得很顺利，一直打到湖南。他又派人跟广东的尚之信和福建的耿精忠联系，约他们一起叛变。这两个藩王见吴三桂叛清，也先后起兵响应。历史上把这件事称作“三藩之乱”。

三藩一乱，整个南方都被叛军占领。康熙帝并没有被他们吓倒，一面调兵遣将，集中兵力讨伐吴三桂；一面停止撤销尚之信、耿精忠的藩王称号，把他们稳住。尚之信、耿精忠一看形势对吴三桂不利，又投降了。

吴三桂开始打了一些胜仗，后来清兵越来越多，越打越强，吴三桂的力量渐渐被削弱，处境十分孤立。经过 8 年战争，他自己知道支撑不下去，连悔带恨，生了一场大病断了气。1681 年，清军分三路攻进云南昆明，吴三桂的孙子吴世璠自杀。清军平定了叛乱势力，统一了南方。

但是，正在朝廷庆祝平定叛乱胜利的时候，在我国东北边境又传来沙皇俄国侵犯边境的消息，这就使康熙帝不得不把注意力放到北方边境上面去。

康熙赏识圣人裔

1684年冬天，康熙皇帝南巡后回京，途中路过曲阜，他为笼络汉族的知识分子，特地绕道来到孔府，准备举行清朝统一中国后的第一次具有历史意义的祭孔盛典。时年36岁的孔子后人孔尚任，人生道路及今后命运发生了戏剧性的可喜转折。

康熙帝下令孔氏家族在族中挑选道德高尚、学识渊博的人来协助朝廷办好祭典。孔尚任当时正好在编写《孔子世家谱》和《阙里新志》这两部族书中崭露才华，深得族人仰赖，族中领袖就推举他参加朝廷祭孔盛典。

在祭典中，孔尚任以主持者的显赫身份，运用他多次参加秋季祭祀孔子的丰富经验，把祭典进行得井井有条，所显示出来的才华学识、组织能力，备受康熙帝和群臣的高度赞许。祭典过后，康熙帝及满朝随从文武，又步入孔府诗乐礼堂，听孔尚任讲解孔子的《大学》，他对《大学》的分析，也深刻透彻，新意迭出。康熙帝龙颜大悦，连连点头赞扬。祭典完后，康熙帝决定破格启用孔尚任，破格授给孔尚任国子监博士的职位。这是一个手中无实权的闲职，相当于封建时代最高学府国子监的教授。

孔尚任得到康熙帝的赏识，怀着受宠若惊、犬马图报、没齿不忘的心情，兴高采烈地离开了故乡曲阜，来到京城上任，以图施展抱负，干一番轰轰烈烈的大事业。但是来到京城上任后，他对未来事业的热情很快就开始冷却，原来朝廷并没有如他自己所想象的那样给他以用武之地，让他充分施展自己的才智。他在京 3 年多的时间，都是闲暇度日，无具体工作，只是有时为朝廷起草一点文稿，大部分时间是在自己的府邸蛰居，到时去领取薪水，孔尚任开始心灰意冷起来。

康熙二十九年（1690 年），孔尚任从淮、扬回到北京，仍任职国子监，他为了不使自己卷入斗争的漩涡，在北京宣武门外找到一僻静的处所，命名为“岸堂”。意思是为自己

筑起一座护卫心灵纯洁、人格尊严，而不被污流浊水、恶浪险涛冲击的坚固堤岸。孔尚任深居简出，闭门谢客，以饱满的热情、坚强的信心、惊人的毅力，潜心于戏剧创作，完成了《桃花扇》的写作。他这时已是42岁了。

《桃花扇》的故事及其剧情，取材于复社文人侯方域与秦淮名妓李香君的爱情故事。

雅克萨的胜利

沙皇俄国是怎样侵略我国东北的呢？原来在明朝末年，清朝正忙着进关，把北方边境的防备放松了。沙皇俄国趁机向我国黑龙江地区进犯。他们在我国掠夺财物，杀害人民，遭到我国各族居民的反抗。清朝进关后，派兵打击沙俄侵略军，收复了被俄国占领的黑龙江北岸的雅克萨（今黑龙江呼玛西北，漠河以东的黑龙江北岸）。

当康熙帝为了平定三藩，把大批兵力调到西南去的时候，有个俄国逃犯带了 84 名匪徒逃窜到我国雅克萨，在那里筑起堡垒，四处抢掠。他们把抢来的貂

皮献给沙皇，沙皇不但赦免了逃犯的罪，还派他当了雅克萨的长官，想永远霸占我国土地。

康熙帝刚刚平定了三藩之乱，就听到东北边境遭到侵犯，怎么能不气愤？为了弄清敌情，他亲自到盛京，一面派将军彭春、郎谈借打猎为名到边境侦察；一面要当地官员修造战船，建立城堡，准备征讨敌人。

康熙帝做好一切准备之后，派人送信给雅克萨的俄军头目，命令他趁早退出雅克萨，沙俄军不但不肯退出，反而向雅克萨增兵，跟清朝对抗。眼看和平解决已经不可能了，康熙帝就发布了进军的命令。

1685 年，康熙帝派彭春为都统，率领陆军、水军 15000 人，浩浩荡荡开到雅克萨城下，把雅克萨围了起来。

沙俄军队经过几年的准备，把城堡修得十分牢固。彭春观察了地形之后，在城南筑起土山，让兵士站在土山上往城里放弩箭。城里的俄军以为清兵要在城南进攻，就把兵力拉到城南。哪儿知道清军却在城北隐蔽地方放了火炮，趁城北敌人防守空虚，突然轰起炮来。炮弹在城头呼啸着飞向城里，敌人的城楼被炮弹击中了，烈火熊熊燃烧起来。

天色渐渐发白，清军又在城下堆起柴草，准备放火烧城。

俄军头目这才吓慌了神，在城头上扯起白旗投降。

按照康熙帝的事前嘱咐，彭春把投降的俄军全部释放，勒令他们撤回本土。俄军头目托尔布津哭丧着脸，带着残兵败将走了。

俄军撤走后，彭春命令兵士把雅克萨城堡全部拆毁，让百姓耕种；接着，带着军队回到瑷珲城。

但是，遭到惨败的俄军头目并没有死心，他们打听到清军撤出的消息，过了不久，又带兵溜回雅克萨，把城堡修筑得更加坚固。

边境的警报传到了北京，康熙帝决定把侵略军彻底消灭。第二年夏天，黑龙江将军萨布素再一次进军雅克萨。清军将士想到从他们手里放走的敌人又来了，恨不得马上把他们消灭。这一次，清军的炮火更加猛烈，俄兵几次出城反扑，都被清军打了回去。守城头目托尔布津中弹死去；留下一批侵略军不得不躲到地窖里，但是没几天，病的病，死的死，最后只剩下了 150 个人。

沙俄政府慌忙派使者赶到北京，要求谈判。于是康熙帝下令停止攻城。

1689 年，中国政府派出代表索额图，沙俄政府也派出戈洛文做代表，在尼布楚举行和谈，划分了两国边界，肯定了黑龙江和乌苏里江流域的广大地区都是中国的领土。这就是《尼布楚条约》。

三征噶尔丹

沙俄政府在雅克萨失败以后，并不甘心，就在尼布楚条约签订的第二年，又唆使准噶尔部（蒙古族的一支）的首领噶尔丹进攻漠北蒙古。

那时候，蒙古族分为漠南蒙古、漠北蒙古和漠西蒙古3个部分。除了漠南蒙古早已归属清朝外，其他两部也都臣服了清朝。准噶尔是漠西蒙古的一支，本来在伊犁一带过游牧生活。自从噶尔丹统治准噶尔部以后，他野心勃勃，先兼并了漠西蒙古的其他部落，又向东进攻漠北蒙古。漠北蒙古抵抗一

阵失败了，几十万的漠北蒙古人逃到漠南，请求清朝政府保护。康熙帝派使者到噶尔丹那里，叫他把侵占的地方还给漠北蒙古。噶尔丹自以为有沙俄撑腰，十分骄横，不但不肯退兵，还以追击漠北蒙古为名，大举进犯漠南。

康熙帝召集大臣宣布他决定亲征噶尔丹。他认为噶尔丹气势汹汹，野心不小，既然打进来，非反击不可。1690 年，康熙帝分兵两路：左路由抚远大将军福全率领，出古北口；右路由安北大将军常宁率领，出喜峰口，康熙帝亲自带兵在后面指挥。

右路清军先接触噶尔丹军，打了败仗。噶尔丹长驱直入，一直打到离北京只有 700 里的乌兰布通（今内蒙古昭乌达盟克什克腾旗）。噶尔丹得意扬扬，还派使者向清军要求交出他们的仇人。

康熙帝命令福全反击。噶尔丹把几万骑兵集中在大红山下，后面有树林掩护，前面又有河流阻挡。他把上万只骆驼，缚住四脚躺在地上，驼背上加上箱子，用湿毡毯裹住，摆成长长的一个驼城。叛军就在那箱垛中间射箭放枪，阻止清军进攻。

清军用火炮、火枪对准驼城的一段集中轰击，炮声隆隆，响得震天动地。驼城被打开了缺口。清军的步兵骑兵一起冲杀过去，福全又派兵绕出山后夹击，把叛军杀得七零八落，纷纷丢了营寨逃走。

噶尔丹一看形势不利，赶快派个喇嘛到清营求和。福全一面停止追击，一面派人向康熙帝请示。康熙帝下令说："快进军追击！别中了贼人的诡计。"果然，噶尔丹求和只是缓兵之计，等清军奉命追击的时候，噶尔丹已经带了残兵逃到漠北去了。

噶尔丹回到漠北，表面向清朝政府表示屈服，暗地里重新招兵买马。1694 年，康熙帝约噶尔丹会见，订立盟约。噶尔丹不但不来，还暗地派人到漠南煽动叛乱。他扬言他们已经向沙俄政府借到鸟枪兵 6 万，将大举进攻。内蒙古各部亲王纷纷向康熙帝告发。

1696 年，康熙帝第二次亲征，分三路出击：黑龙江将军萨布素从东路进兵；大将军费扬古率陕西、甘肃的兵，从西路出兵，截击噶尔丹的后路；康熙帝亲自带中路军，从独石口出发。三路大军约定时期夹攻。

康熙帝的中路军到了科图，遇到了敌军前锋，但东西两路还没有到达，这时候，有人传说沙俄将要出兵帮助噶尔丹。随行的一些大臣就有点害怕起来，劝康熙帝班师回北京。康熙帝气愤地说："我这次出征，没有见到叛贼就退兵，怎么向天下人交代；再说，我中路一退，叛军全力对付西路，西路不是危险了吗？"

当下，康熙帝决定继续进兵克鲁伦河，并且派使者去见噶尔丹，告诉他康熙帝亲征的消息。噶尔丹在山头一望，见到康熙帝黄旗飘扬，军容整齐，连夜拔营撤退。

康熙帝一面派兵追击，一面赶快通知西路军大将费扬古，要他们在半路上截击。

噶尔丹带兵奔走了5天5夜，到了昭莫多（今蒙古国乌兰巴托东南）正好遇到费扬古军。昭莫多原是一座大树林，前面有一个开阔地带，历来是漠北的战场。费扬古按照康熙帝的部署，在小山的树林茂密地方设下埋伏，先派先锋400人诱战，边战边退，把叛军引到预先埋伏的地方，清军先下马步战，听到号角声起，就一跃上马，占据了山顶。叛军向山顶进攻，清军从山顶放箭发枪，展开了一场激战。费扬古又派出一队人马在山下袭击叛军辎重，前后夹击。叛军死的死，降的降。最后，噶尔丹只带了几十名骑兵脱逃。

经过两次大战，噶尔丹叛乱集团土崩瓦解，康熙帝要噶尔丹投降，但是噶尔丹继续顽抗。隔了一年，康熙帝又带兵渡过黄河亲征。这时候，噶尔丹原来的根据地伊犁已经被他侄儿策妄阿拉布坦占领；他的左右亲信听说清军来到，也纷纷投降，愿意做清军的向导。噶尔丹走投无路，就服毒自杀了。

打那以后，清政府重新控制了阿尔泰山以东的漠北蒙古，给当地蒙古贵族各种封号和官职。清政府又在乌里雅苏台设立将军，统辖漠北蒙古。

后来，噶尔丹的侄儿策妄阿拉布坦攻占西藏。1720 年，康熙帝又派兵远征西藏，驱逐了策妄阿拉布坦，护送达赖喇嘛六世进藏。以后，清政府又在拉萨设置驻藏大臣，代表中央政府同达赖、班禅共同管理西藏。

蒲松龄科举失意著《聊斋》

已是半世老人的蒲松龄，在人生的艰辛跋涉中，尽管是饥寒交迫，穷困潦倒，屡试不第，仕进毫无进展，但是在他的心中，中举求仕的希望之火仍然未灭，从40岁开始写作巨著《聊斋志异》，直至晚年仍不辍写作。康熙二十六年（1687年）和1690年，年已50的蒲松龄，再次科场失意，真是“三年复三年，所望尽虚悬”。蒲松龄历经几十年的不懈追求和艰苦奋斗，科举仕进终成泡影，从此再不去考场参加这种无谓的挣扎与竞争。他怀着满腔孤愤，一肚牢骚，用笔奋击抗争，全身心地投入到他从40岁就开始的《聊斋志异》的创作，进行修改、补充、完善等繁重工作。

《聊斋志异》是蒲松龄在对社会现实的深刻认识，对人生经历的痛苦体验的基础上进行创作的，是凝聚着他毕生心血、人生痛苦的力作，共收入作者用文言写成的500余篇短篇小说，其创作时间从40岁到作者的晚年，前后历时30余年；直至蒲松龄去世50年之后，《聊斋志异》才有刻本刊行于世，并且很快流传开来，以致达到了“家家有其书”的程度，这在中国的出版史、图书流播史上是空前并蔚为壮观的。

在《聊斋》中，收有500多个短篇，其中控诉科举名利之害，感叹士人身世之悲，寄寓作者内心之愤的精彩篇章，最为出色和感人的有：《褚生》《僧术》《考弊司》《贾奉雉》《何仙》《司文郎》《三生》《素秋》，等等。可以说，这些无不是《聊斋》中一篇篇声讨封建科举制度的檄文，也是《聊斋》中一颗颗璀璨夺目，熠熠生辉的艺术明珠，它们共同构成并解读着作者蒲松龄设置于《聊斋》中的一个难解的情结——“科举情结”或“功名情结”。从这些故事中，我们也不难目睹满怀一腔孤愤的作者蒲松龄那蹭蹬科场的人

生之旅和步履艰难的生命足迹。

这部小说杰作，反映了封建社会深广的生活内容，而且，思想内容精湛，艺术造诣独特，是中国文言小说发展的高峰，也是世界短篇小说史上的巍巍丰碑。

黄梨洲兴起明末清初“实学”

明代末年，封建统治集团日益腐化，贵族宦官、官僚地主加紧压榨人民，广大农民饥寒交迫，流离逃亡。统治阶级与广大农民的阶级矛盾达到极其尖锐的程度，于是爆发了李自成领导的轰轰烈烈的农民大起义，推翻了明朝的黑暗统治。在农民起义军攻下北京得到初步胜利的时候，原在中国东北部的满族统治者在明朝的卖身求荣官僚的帮助下，趁机进入山海关，后来逐渐统一了全中国。

明代后期以来，中国封建社会中孕育的资本主义

生产关系的萌芽缓慢地增长起来。商品经济的发展，使思想家们考虑问题的时候在一定程度上注意到了工商业发展的要求。工商业的重要性，市民阶级的愿望，也在一定程度上反映在哲学思想中。在这种民族矛盾与阶级矛盾尖锐复杂的条件下，出现了黄宗羲的民主思想的萌芽。

黄宗羲（1610—1695 年），明末清初思想家、文学家。字太冲，号梨洲，又号南雷。余姚（今属浙江）人。其父黄尊素，东林党中重要人物，因揭露魏忠贤罪恶，为阉党诬陷，冤死狱中。黄宗羲深受家庭影响，重气节，轻生死，严操守，辨是非，磨砺风节，疾恶如仇；反对宦官和权贵，成为东林子弟的著名领袖。清兵南下，黄宗羲组织群众，起兵抗击，战事不利，走入四明山，结寨自固，又依鲁王于海上。抗清斗争失败后，从事著述。他坚决反对明末空洞浮泛的学风，倡言治史，开浙东研史之风，为清代史家之开山祖。史学之外，对经学、天文、历算、数学、音律诸学都有很高的造诣。清廷多次企图罗致他，威逼利诱，终不为所动，坚不赴征，表现了坚定的民族气节。明政权恢复无望，他隐居著书。清政府屡次征召，他坚卧不出。著有《明夷待访录》《孟子师说》《明儒学案》《宋元学案》（全祖望补成）、《南雷文定》等书。他为保存史料而编选的《明文海》，600卷，未及刊行。

黄宗羲著作宏富。《明夷待访录》是他进步思想的集中表现，也是其纵横恣肆、宏伟浑朴散文风格的鲜明表现。书中突出地批判了封建专制制度，带有鲜明的民主思想色彩。

黄宗羲学问甚博，他反对空谈，注重“实学”，对天文、算学、地理等都有研究，特别重视史学，开辟了清代史学研究的风气。他在政治学说方面，提出了比前人更进一步的民主观念。

黄宗羲的思想可以说部分地反映了市民阶层的要求。他认为有益于民生的工商业都是本，只有那些“为佛为巫而货”“为优倡而货”“为奇技淫巧而货”才是末，是应该禁止的。他肯定“切于民用”的工商的重要性，这表现了市民的观点。

顾炎武著书立说

自从平定三藩之乱以后，清王朝在中国的统治稳定下来了。但是，还有一点叫康熙帝不大放心，这就是怕有些明朝留下来的文人心里不服。于是，他采取了一个办法，即开“博学鸿词科”，命令各地官员和朝廷大臣，把有学问的文人推荐给朝廷，马上封他做官。这一招果然很灵，不少全国著名的学者、文人应召到京城，做起官来了。

但是也有一些学者认为，他们是明朝的臣民，到清朝做官是丧失气节的事。他们宁愿冒杀头的危险，也不肯应召。其中有一个是著名的思想家顾炎武，有人想推荐他应博学鸿词科，他写信回答说：“我这个70岁的老翁还指望个什么？欠缺的就是一死，如果一定要逼我应召，我只能一死了事。”

顾炎武是江苏昆山人，出身江南大族，他的祖父是个很有见识的人，认为读书一定要研究实际。顾炎武受祖父的影响，从小喜欢读《资治通鉴》《史记》和孙吴兵法等书，十分关心时事。后来参加科举，没有考中，就干脆下决心放弃科举，通读历代历史典籍，研究全国各地的地方志和历代名人奏章，开始编写一本重要的历史地理著作《天下郡国利病书》。

正当他用心治学的时候，明朝灭亡，清兵南下，江南各地人民都组织抗清斗争，顾炎武和他的两位好友也参加了保卫昆山的战斗。昆山军民跟清军激战21天后，因为兵力悬殊，终于失败。昆山城陷落的时候，顾炎武的生母被清兵砍断了右臂；抚养他成长的婶母（也是他的继母），听到清兵攻破常熟，就绝食自杀，临终时嘱咐顾炎武说："我虽然是个女子，以身殉国也是理所应当的。希望你不要做清朝的臣子，我死后也可以闭上眼睛了。"

顾炎武痛哭一场，葬了他的继母，离开了他的家乡。他想渡海去投奔鲁王，还没有去成，鲁王政权已经覆灭了。顾炎武隐姓埋名，在长江南北一带奔走，想组织一支抗清义军，但毕竟势单力薄，没能成功。

当时，沿海和太湖一带还有零星的抗清活动，清朝官府防备很严，发现有什么抗清嫌疑的人，就要加上“通海”的罪名，打进监狱。昆山有个官僚地主叫叶方恒，想吞没顾炎武家的田地，就买通顾家的仆人，诬告顾炎武通海。叶方恒还把顾炎武抓起来，私设公堂，逼他自杀。

顾炎武的朋友为了搭救他，去找在清朝做官的钱谦益帮忙。钱谦益本来是南明弘光政权的礼部尚书，又是个出名的文学家，清兵下江南的时候，他投降了清朝，名声不好。钱谦益表示，只要顾炎武承认是他的学生，他愿意保顾炎武出狱。那位朋友知道顾炎武不肯那样做，就自作主张，假造了一张顾炎武的名帖，送给钱谦益求助。

这件事让顾炎武知道了，直怪那朋友多事，非要把名帖讨还不可。朋友不肯讨还，他索性在大街上贴告白，声明那张名帖是假的，弄得钱谦益十分尴尬。

经过朋友们的奔走，顾炎武才被释放出来。叶方恒还不肯罢休，派人追踪他。有一天，顾炎武在南京太平门外经过，遭到暴徒袭击，头部受了重伤，幸亏有好心人救护，才脱离危险。顾炎武知道，在江南他是待不下去了，决心到北方去游历。

顾炎武到北方去，一来想考察各地的地理形势，风土民情；二来也想找机会结交一些志同道合的朋友，进行抗清活动。他在那长途跋涉的艰苦环境里，并没有放弃学术研究。一路上，他用两匹马、四匹骡子，驮着他的书箱。遇到关塞险要的地方，他就访问当地的退伍老兵，了解那里的风土人情，如果跟他在书本上读到的不一样，就拿出书本核对，这样他的知识就更丰富了。

顾炎武从 45 岁起，用了 20 多年时间，在山东、山西、河北、江南来回奔走，每年差不多有一半时间住在旅店里。他还曾经和朋友一起，在雁北开垦荒地。到了晚年，才在陕西华阴定居下来。

顾炎武从小读书有个习惯，有一点心得就记下来，后来如果发现错误，又随时修改；发现跟古人议论重复的，就删掉。这样日积月累，再加上他从调查访问得到的材料，编成一本涉及政治、经济、史地、文艺等内容极其广泛的书，叫作《日知录》，这书被公认极有学术价值。在《日知录》里，他写了一段精辟的话，他认为社会的道德风气败坏，就是亡天下，为了保天下不亡，每一个地位低微的普通人，都应负起责任（原文是“保天下者，匹夫之贱，与有责焉耳矣！”“天下兴亡，匹夫有责”这句名言就是这样来的）。

跟顾炎武同时代的思想家，还有王夫之、黄宗羲，都是参加过抗清斗争，始终不愿应召到清朝做官的。他们在学术上都有很大成就，历史上把他们合称为“清初三先生”。

一查，知道曾静还跟吕留良的两个学生有来往。

这样，案子就牵连到吕留良家。吕留良已经死了，雍正帝把吕留良的坟刨了，棺材劈了，还不解恨，又把吕留良的后代和他的两个学生满门抄斩。还有不少相信吕留良的读书人也受到株连，被罚到边远地区充军。

像这样的案子到底是由反对朝廷的活动引起的。另外有不少文字狱，完全是牵强附会，挑剔文字过错，甚至为了一句诗、一个字惹出的大祸。有一次，翰林官徐骏在奏章里，把“陛下”的“陛”字错写成“狴”字，雍正帝见了，马上把徐骏革职。后来再派人一查，在徐骏的诗集里找出了两句诗：“清风不识字，何事乱翻书？”挑剔说这“清风”就是指清朝，这一来，徐骏犯了诽谤朝廷的罪，把性命也丢掉了。

乾隆帝禁书修书

清王朝统一中国后，经过康熙、雍正两朝的经营，经济有了很大发展。到雍正帝儿子清高宗弘历（也叫乾隆帝）在位的时候，国力强盛，财政富裕。清朝初期的文治武功（也就是文化和武力的统治），在这个时期都达到鼎盛的程度。

1757 年，原来已归附清朝的准噶尔贵族阿睦尔撒纳发动叛乱。乾隆帝派兵两路，进攻伊犁，平定了叛乱。准噶尔平定以后，原来被准噶尔俘虏的维吾尔族首领大和卓木（又名布那敦）、小和卓木（又名霍集占）兄弟逃回新疆天山南路，起兵反清。

乾隆帝又派兵征讨。大小和卓木在当地残酷压迫人民，遭到维吾尔族人民的痛恨，纷纷起来支持清军。清军顺利地平定了大小和卓木的叛乱。1762 年清朝在新疆设置伊犁将军，加强了对天山南北的管理。

乾隆帝跟他祖父、父亲一样，除了武功之外，还十分重视文治。他一面继续开博学鸿词科，招收文人学者，编写各种书籍；一面又大兴文字狱，镇压有反清嫌疑的文人，乾隆时期文字狱数量之多，大大超过了康熙、雍正两朝。

但是，乾隆帝懂得，光靠文字狱来实行文化统治是不彻底的。

还有成千上万的书籍，贮藏在民间，如果里面有不利他们统治的内容，那是很不好的。那么应该用什么办法来解决呢？

他终于想出一个办法，就是集中全国的藏书，来编辑一部规模空前巨大的丛书。这样做一来可以进一步笼络大批知识分子，显示皇帝重视文化；二来借这个机会把民间藏书统统审查一下，可说是一举两得。

1773 年，乾隆帝正式下令开设四库全书馆。派了一些皇室亲王和大学士担任总裁，那些皇亲国戚大多是挂个名、起监督作用

的。真正担任编纂官的都是当时一些有名的学者，像戴震、姚鼐、纪昀等人。那套丛书名称就叫作《四库全书》。

我国古代常把图书分成经、史、子、集四大类：经部，包括历来儒家的经典著作（像《诗经》《论语》《孟子》等）和研究文字音韵的书；史部，包括各种历史、地理、传记等书；子部，包括古代诸子百家学说和科技著作，像农学、医学、天文、历法、算法、艺术等书；集部，包括文学的总集和专集等书。

按照四大类集中贮藏起来就叫作“四库”。

要编一套规模巨大的丛书，先得把书籍收集起来。乾隆帝下了命令，叫各省官员搜集、收购各种图书上缴，并且定出了奖励办法，要私人进献图书，进献越多，奖励越大。

这道命令一下，各地图书果然源源不绝送到北京，只隔两年，就有两万多种，再加上宫廷内部原来的大量图书，数量就很可观了。

书收集起来了。乾隆帝就下令四库全书馆的编纂官员对图书认真检查。凡是有“违碍”（对清统治者不利）字句的，一概销毁。一查下来，发现在明朝后期的大臣奏章里，提到清皇族的上代，不那么尊重，譬如他们的上代就接受过明朝的官职和封号，这在乾隆帝看来是很不体面的；于是就下令把这类图书一概烧毁。

至于像吕留良、黄道周等抗清文人的著作，那就更不用说了。后来再一查，在宋朝人的著作中，也有许多反对辽、金、元朝的内容，这种内容很容易使人联想到反对清王朝，也该销毁，或者销毁一部分。还有一个办法，就是发现这类字句，就随时删改涂抹，这样，书虽然被保存下来了，但是已经弄得面目全非。

为了这件事，乾隆帝可说是绞尽脑汁。据不完全统计，在编《四库全书》的同时，被查禁烧毁的图书也有3000种之多。

但是不管乾隆帝的动机怎样，这部规模巨大的《四库全书》到底编出来了，而且保存下来了。编纂《四库全书》的学者们对大批图书进行编辑、校勘、抄写，足足花了10年工夫，到1782年正式完成，共收图书3503种，79337卷。

当时把全书抄了七部，分别贮藏在皇宫、圆明园、热河行宫（今河北承德）、奉天（今沈阳）、杭州、镇江、扬州（其中三部后来在战争中被烧毁了）。这对后代人研究我国古代的丰富的文化遗产，毕竟是一项重大的珍贵的贡献。至于查禁销毁一批书，当然对我国文化造成了损失，但是这种查禁也不可能彻底。

当时就有不少爱护文物的人，冒着坐牢杀头的危险，把许多有价值的书藏了起来。到了清朝末年，就有不少被禁的书陆续出现了。

纪昀无字传情报

纪昀，字晓岚，清乾隆朝进士，学识渊博，性好滑稽。

他的儿女亲家卢雅雨任两淮盐运使时，因为喜好结交文人学士，以致挪用了国库所藏的金银。此事被御史告发，朝廷研究惩处罪行时，决定先行籍没家产。

纪昀是朝廷重臣，听到了消息，挡不住亲属哀求。他处在矛盾的焦点：通报吧，要犯王法，事情一旦败露，杀头充军、株连家族都是可能的；不通报吧，情理上说不过去，儿媳妇长跪不起，眼睛已经哭肿。

纪昀反复权衡，想出了一个自以为很是妥善的办法：他用纸包了少许茶叶，又包了一点食盐，将这两个小包装进一个空信封里，外面用面糊封固，派一个仆人送达。他想，这样做，对朝廷也好交代，他不曾写一个字，没有通风报信的嫌疑；对亲属，他已尽己所能，做到了仁至义尽。

卢雅雨收到纪昀的信函，拆开一看，知道纪昀这么做是“隐含‘查盐空’三字”。茶叶谐“查”音，食盐自然是“盐”，信封是空的，隐喻着“空”，那就是要抄没家产。

于是卢雅雨紧急将家财转移收藏，抄家的司法人员来了，毫无收获。

当时大奸臣和珅专权，很怀疑是纪昀通风报信，以致卢家提前做了安排。和珅把这件事禀告了乾隆皇帝。

乾隆帝责问纪昀，他说：“我绝对不曾写一个字透露消息！”

乾隆帝说：“我只问你是用什么方法走漏风声的？”

纪昀眼见已经山穷水尽，无法再作狡辩，只得如实招认了，并且脱下帽子向皇上谢罪，说：“皇上严于执法，大公无私，合乎天理；而我却恳挚地念念于私情，更是摆脱不了人伦亲戚关系这种鄙陋的习俗。”

乾隆帝本来就很赞赏纪昀的才学，听他那么挖空心思传递情报，不禁笑了起来。于是，从轻处治，将纪昀发配到乌鲁木齐戍边。

曹雪芹写《红楼梦》

乾隆帝连年用兵，军费花费很大，他又六次巡游江南，搞得十分铺张浪费。加上下面的官吏贪污浪费成风，弄得国家渐渐地衰弱下来。

就在这个时期，在京城流传着一本小说，叫《红楼梦》。开始，人们还弄不清作者是谁，后来经过研究，才知道写书的作者叫曹雪芹。

曹雪芹原来是一个贵族家庭的子弟。他的曾祖曹玺曾经得到康熙帝的宠信，被派到南方当江宁织造。江宁是南方富裕的地方，织造是专替皇族办服装的，是个赚钱的差使。曹玺死后，曹雪芹的祖父曹寅、父亲曹頫接替了这个差使，一家三代前后做了六七十年织造官，不用说家产越来越富，成了一个豪门。

雍正帝即位后，因为皇室内部的纠纷，牵连到曹家，雍正帝认为曹家反对过他，不但革了曹頫的职，还下令查抄了他们的家。那时候，曹雪芹是个 10 岁的孩子，已经懂事，看到家庭遭到这样大的灾难，幼小的心灵受到很大打击。

父亲丢了官，在江宁待不下去，只好回到北京老家，生活越来越穷，家庭的灾难又接二连三地发生。到后来，父亲曹頫也死了。曹雪芹的生活更加困难，他只好搬到北京西郊，在几间简陋的屋子里读书。有时候，连粮食也不够吃，只好喝点薄粥充饥。

曹雪芹住在郊外，环境变了，接触了一些穷苦百姓，再想起小时候家里的豪华生活，免不了产生许多感触。后来，他决心根据他的亲身体验写出一部反映当时社会生活的小说，这就是《红楼梦》。

曹雪芹在《红楼梦》里，写了一个贵族大家庭贾家从兴盛到衰落的故事。在那个贵族家庭里，大多是一些挥霍享受，专讲吃喝玩乐、放债收租的寄生虫。有些人表面上道貌岸然，内心却肮脏刻薄。小说的主人公，贾家的公子贾宝玉和他的表妹林黛玉是一对嫌恶贵族习气、反对封建礼教的青年。在那个环境里，他们想摆脱旧礼教的束缚，也没有出路。结果林黛玉受尽歧视，害病死去；贾宝玉离家出走；而那个贵族大家庭，在享尽荣华富贵之后，也像腐朽的大厦一样，忽地倒塌了。

曹雪芹用十分深切同情的笔调写了这一对青年男女和一些受压迫凌辱的婢女，又满怀气愤揭露了封建统治阶级的腐朽和罪恶。在《红楼梦》里，有一段“护官符”的故事，就是专门揭露这些官僚和豪门怎样勾结起来欺压百姓的。

小说里的贾府有一门亲戚薛家。薛家的公子薛蟠，因为跟别人争夺一个婢女，行凶打死了人。被害人的仆人告到应天府，知府贾雨村正想派公差到薛家去捉拿凶犯，他的随身仆人暗示他别这样做。退堂以后，贾雨村把仆人留下，问他为什么阻止他捉拿凶犯。那仆人从袋里拿出一张纸，上面抄着民间流传很广的一首叫作《护官符》的歌谣：

贾不假，白玉为堂金作马。
阿房宫，三百里，住不下金陵一个史。
东海缺少白玉床，龙王来请金陵王。
丰年好大雪，珍珠如土金如铁。

贾雨村看不懂。经仆人一解说，才知道南京地方，有四家豪门大族：贾家是皇亲国戚，史家和王家都是金陵（就是南京）的大官僚；“雪”和“薛”同音，指当地一家富商薛家。这四家结成亲戚，互相勾结，势力大得没法说。当官的要想护住自己的官职，就不能得罪这四家豪门。仆人提醒贾雨村说，这次杀人的凶犯正是薛家公子，要是触犯了他们，不但要丢掉官职，只怕性命难保。

贾雨村听了仆人的话，吓了一大跳，马上打消了捉拿凶犯的念头，还按照仆人献的计，把被打死的人说成是得急病死去。一桩人命案，就这样稀里糊涂地了结了。

曹雪芹花了10年时间，在北京西郊写这部小说，辛劳和疾病把他折磨得十分衰弱。当他写完第八十回的时候，他的一个心爱的孩子得病夭折。曹雪芹受不了这个打击，终于放下了他没有完成的著作，离开了人世。

曹雪芹死后，他的小说稿本经过朋友们传抄，渐渐流传开来。许多人读了这本小说，又是赞赏，又是感动。但是对这样杰出的著作没有全部完成，总觉得是一件太可惜的事。后来，又有一个文学家高鹗，续写了四十回，使《红楼梦》成了一部结构完整的小说。

小说《红楼梦》经过一再传抄、翻印，越传越广。一直到现代，大家公认它是我国古代最杰出的长篇小说。人们不但欣赏它的高超的艺术成就，而且还从那里了解到我国封建社会快要没落的历史和社会状况。直到现在，从国内到世界各国，都有许多学者研究、考证这部伟大著作，人们把这门学问称作“红学”。

文章大好人大怪

吴敬梓出身于科举世家，就必然要走上科举仕进的升迁之路，但是吴敬梓在这条道路的跋涉是坎坷的。他在18岁时考取了秀才，此后的乡试中却从未中过，而且在人格上还受到侮辱，他文中那咄咄逼人的狂傲之气以及那善辩犀利的文笔，主考官下了断语："文章大好人大怪"。吴敬梓从18岁进学到29岁，12年的老秀才仍是屡试不及，谁还相信那骗人的科举仕进之道？从此，过去一直憧憬着"家声科第从来美"的吴敬梓，再也没有参加官府的各种考试，无

畏无求，不为形役，“长安卿相旧相识，应须笑傲凌五侯”。

当乾隆帝圣驾巡视江南时，他也不把皇帝老子看在眼里，没有像那些士大夫之流那样去夹道跪拜相迎，他竟敢“企脚仰卧向栩床”，表现了傲骨铮铮的威武相。在《儒林外史》中，吴敬梓对科场的舞弊成风、乌烟瘴气等情景的无情揭露，对儒林中皓首穷经、梦求仕进等丑态的辛辣鞭笞，对封建科举的深恶痛绝、嬉笑怒骂等，可以说是俯首即是，信手拈来，这其间也融进了吴敬梓自身的人生经历与深刻体验。

吴敬梓 30 岁那年（1733 年），举家迁至南京之后，真正是“乡试不应，科岁也不考”，从此“逍遥自在”“做起自己的事来”。此时的吴敬梓，历经了众多的人生磨难，以及试官的侮辱和乡试的失败。但是，生活的困窘、经济的拮据，并没有改变吴敬梓孤高傲世、狂放不羁的性格，也没有改变他对文学的爱好、事业的追求。定居南京后，他冲破礼教的樊篱，夫妇敢于携手同游紫金山，一路谈笑风生，使路人目眩神摇，不敢仰视，这在当时简直不可思议。冬天苦寒，无酒缺食，无具御寒，他有时穿着破烂的长袍，“翘首行吟”，从秦淮河的北岸步行到古台城诸山而后返回。有时邀集三五文友，乘着月光，步出南门，绕着城墙数十里，一路傲啸狂歌，直到第二天天明，各自才大笑而散。至今南京民间，还流传着当年吴敬梓这种奇特的“暖足”逸闻。

孔尚任书写传奇《桃花扇》

孔尚任，清戏曲家、诗人。字聘之、季重，号东塘、岸堂、岸舫，自称云亭山人。曲阜（今山东）人。孔子第六十四代孙，早年为县府学生员，捐资纳国子监生。康熙二十四年（1685 年）玄烨南巡至曲阜，召之讲经，破格提升为国子监博士，后迁员外郎。曾参与淮扬治水工程，得以在扬州、南京等地凭吊古迹，了解南明败亡的历史。以后用 10 年时间苦心经营，3 次修改他的文章，于康熙三十八年（1699 年）完成名剧《桃花扇》。上演后，名动京城，与洪昇并称“南洪北孔”。不久，因遭疑案罢官。归乡后以著述自娱。代表作《桃花扇》是以明末名士侯方域与

妓女李香君的悲欢离合的故事为线索，写南明灭亡的悲剧。诗多酬唱之作，风格清丽，情致缠绵。

《桃花扇》是中国清代著名的传奇剧本，作者是孔尚任，是他经历10余年3次修改他的作品而完成的。此剧表现了明末时以复社文人侯方域、吴次尾、陈定生为代表的清流同以阮大铖和马士英为代表的权奸之间的斗争，揭露了南明王朝政治腐败和衰亡的原因，反映了当时的社会面貌。作者的创作意图是“借离合之情，写兴亡之感”，通过侯方域和李香君悲欢离合的爱情故事，表现了南明覆亡的历史，并总结明朝近300年亡国的历史经验，表现了丰富复杂的社会历史内容。

《桃花扇》的艺术成就，主要表现在人物塑造上形成了一个完整的形象体系；在艺术结构上，以侯、李爱情为线索，组织了多方面的社会矛盾，严整紧凑；另外，其曲辞亦流畅优美，富于文采。该剧剧情是：侯方域在南京旧院结识李香君，共订婚约，阉党余孽阮大铖得知侯方域手头拮据，暗送妆奁用以拉拢。李香君识破圈套，阮大铖怀恨。南明王朝建立后，阮大铖诬告侯方域迫使他逃离南京。得势的阮大铖欲强迫李香君改嫁党羽田仰遭拒，李香君血溅定情诗扇。友人杨龙友将扇上血迹点染成折枝桃花，故名

《桃花扇》。后来，南明灭亡，侯、李重逢。但国已破，何为家？他们撕破桃花扇，分别出家。

中国的戏剧于元代文坛崛起，至汤显祖《牡丹亭》达到高峰之后，其后就开始走向低谷。但是，清代的孔尚任又以其名作《桃花扇》于戏剧的衰颓之势中再度崛起，作为古代戏剧中的最后一位伟大的戏剧家，再次将中国古代戏剧创作推上一个新的高度。

郑板桥题画言志

郑板桥，原名郑燮，自号板桥居士，晚年又署作板桥老人。他是清代著名的书画家和文学家，绘画、书法和诗词都别具特色，被时人称为“三绝”。但他并没有少年得志，直至45岁才中了进士。其后，也只做过两任知县，便因不苟合于黑暗的官场而被迫辞官。《题兰竹图》的故事讲的就是他的这一段经历。

郑板桥中进士后，先被派到山东的范县做知县。由于他为人耿直，很快就把上司得罪了。有一次，省城济南的上司请他到趵突泉赴宴。因为久知他的诗名，便要求他即席赋一首诗。郑板桥不假思考便脱口而出：

原原有本岂徒然，静里观澜感逝川。
流到海边浑是卤，更难人辨识清泉。

这是在暗讽他的上司为官昏庸，结果弄得不欢而散。不久，上司便找了个借口，将他调到了各方面条件都很差的潍县做知县。

郑板桥到潍县后，发现县衙的围墙上有很多小洞，便向周围的人打听原因。

原来，前一任县官非常贪婪残酷，百姓们听说又要来新县官了，便在围墙上打了洞，说是要放走前任县官的恶习气。郑板桥听到这一切后，暗暗下了决心，一定要让这里的百姓过上好日子。

但天公很不作美，这一年，正赶上荒年。潍县本来就穷，这样一来，老百姓的日子更是没法过了。他们背井离乡，四处乞讨，有些地方甚至出现了人吃人的惨事。郑板桥来不及向上司报告，便断然决定打开官府的粮仓，赈济灾民。当时，无论何种原因，打开官府的粮仓都是要向上级申请的。所以，有人好意劝他说："开仓散粮是一件大事，应该向上司申报批准。上面要是不同意，我们可担

当不起呀。”

郑板桥回答说：“救灾如救火，如果等上面的批示，百姓们都要饿死了。你们放心，一切后果由我一人来承担。”

见他这么说，县里的官吏也就不再多说了。他们和郑板桥一道，打开官仓，向百姓们发散救济粮。民心渐渐安定下来了。郑板桥还令城里的富商大户拿出粮食，开办粥场，煮粥施舍给灾民。就这样，他冒着丢官的危险，挽救了潍县一万多灾民的性命。

但第二年，又是个歉收之年。官仓中已没有多少粮食了，郑板桥便捐出了自己的俸禄，从其他地方买来了粮食，发放给百姓，还借钱给百姓，帮助他们恢复生产。经过郑板桥的努力，百姓们又平安地度过了第二个灾年。到了第三年，这场灾荒终于过去了，潍县地区的百姓对郑板桥无不感恩戴德，他们都说：“是郑大人救了我们全县人的命。”

郑板桥是一个清正廉洁的好官，但是，由于他为人耿直，不但不会讨上级的欢心，还不时地揭他们的短，因此，上司便以擅自开仓救灾，有贪污嫌疑的罪名罢免了他的官。郑板桥早已厌倦了官场的生活，对丢官倒满不在乎，但对强加给他的贪官罪名实在愤愤不平。

卸任前，他又为潍县的百姓做了最后一次好事，将他们的借券全部烧毁。离开这里的时候，郑板桥只用了3头驴。自己和小厮各骑一头，另一头驴，驮了自己的琴和书。就这样，他两袖清风地离开了官场，给那些诬告他贪污的人以莫大的讽刺。

潍县的百姓听说郑板桥要走了，从各地赶来给他送行。看到街道两边送行的百姓个个泪流满面，郑板桥自己也禁不住热泪盈眶。他拿出了自己的两幅画，送给了当地的两位老者，留作纪念。一幅画着竹子，一幅画着菊花，他以这两种象征坚贞气节的植物，表明了自己高洁的人格。老者请他在画上题诗，郑板桥当即在上面题道：

乌纱掷去不为官，囊橐萧萧两袖寒。
写取一枝清瘦竹，秋风江上作渔竿。

郑板桥这是在向当地的百姓表明自己的志向。画上清瘦的竹子，会化作秋江上的一根钓竿。他两袖清风地离开了潍县，因而心中毫无所愧。此时，他已决心彻底离开污秽的官场，去做一个自在的文人，自在的隐者。果然，从此以后，郑板桥再未涉足官场。回乡后，他靠卖字画为生，过起了贫穷但充满乐趣的生活。

郑板桥离开潍县后，当地的百姓为了感谢这个造福于一方生民的县官，特地为他修建了生祠。看来，郑板桥做官也可称为一绝了。

大贪官和珅

乾隆帝做了60年皇帝，在文治武功方面，取得了胜利。他志得意满，骄傲起来，把自己称作“十全老人”。他越来越喜欢听颂扬的话，于是，就有人用讨好奉承的手段取得他的宠信，掌握了大权。

有一次，乾隆帝准备出外巡视，叫侍从官员准备仪仗。官员一下子找不到仪仗用的黄盖，急得不知怎么才好。乾隆帝十分恼火，问：“这是谁干的好事？”

官员们听到皇帝责问，吓得张口结舌。有一个青年校尉在旁从容不迫地说：“管事的人不能推卸责任。”

乾隆帝侧过脸一看，那个校尉眉

目清秀，态度镇静，乾隆帝心里高兴，把追问黄盖的事也忘了，问他叫什么名字。那青年校尉回答，名叫和珅。乾隆帝又问他的家庭情况，读过哪些书，和珅无不对答如流。

乾隆帝十分赞赏和珅，马上宣布他总管仪仗，以后又派他当御前侍卫。和珅是个非常伶俐的人，乾隆帝要什么，他件件都办得十分称心；乾隆帝爱听好话，和珅就尽说顺耳的。日子一久，乾隆帝把和珅当作亲信，和珅也步步高升。不到 10 年，从一个侍卫提升到了大学士。后来，乾隆帝还把女儿和孝公主嫁给和珅的儿子。和珅跟皇帝攀上了亲家，那权势更别提有多大了。再加上乾隆帝年老力衰，朝政大事，就自然落在和珅的手里。

和珅掌了大权，别的大事他没心思管，却一味搜刮财富。他不但收受贿赂，而且公开勒索，不但暗中贪污，而且明里掠夺。地方官员献给皇帝的贡品，都要经过和珅的手。和珅先挑最精致稀罕的留给自己，挑剩下的再送到宫里去。好在乾隆帝不查问，别人也不敢告发，他的贪心就越来越大了。

有一回，有个大臣叫孙士毅，从南方回到北京，准备朝见乾隆帝，正巧在宫门口遇到了和珅。和珅一见孙十毅手里拿着一只盒子，就问："你手里是什么东西?”

孙士毅说：“没什么，是一只鼻烟壶。”

和珅走上前去，不客气地把盒子抓在手里。打开一看，那只鼻烟壶竟是用一颗大珠子雕刻出来的。和珅拿在手里，看了又看，啧啧称赞，死皮赖脸地说：“好宝贝！就送给我，怎么样?”

孙士毅慌忙说：“唉，不行了。这件宝贝是准备献给皇上的，昨天已经奏明皇上了。”

和珅脸色一沉，把珠壶往孙士毅手里一塞，冷笑着说：“我不过和你开个玩笑，何必那副寒酸相!”

孙士毅把那只珠壶献给了乾隆帝。过了几天，他又跟和珅碰在一起，只见和珅得意扬扬地说：“我昨天也弄到一件宝贝，您看看，能不能跟您上次进贡的那只比?”

孙士毅走过去一看，原来就是他献给乾隆帝的那只珠壶。孙士毅嘴里随口应付了几句，心里想，这件宝贝怎么会落到和珅手里？一定是乾隆帝赏给他了。后来，他偷偷打听，才知道和珅是买通太监从宫里偷出来的。

和珅利用他的地位与权力，千方百计搜刮财富，一些朝臣和地方官员，知道他的脾气，就尽量搜刮珍贵的珠宝去讨好和珅。大官压小吏，小吏又向百姓层层压榨，百姓的日子自然越来越难过了。

乾隆帝在做满60年皇帝后，传位给了太子颙琰，颙琰即位，就是清仁宗，又叫嘉庆帝。

嘉庆帝早知道和珅贪赃枉法的情况。过了3年，乾隆帝一死，嘉庆帝马上把和珅逮捕起来，叫他自杀，并且派官员查抄和珅的家产。

和珅的豪富，本来是出了名的，但是抄家的结果，还是让大家大吃一惊。长长的一张抄家清单里，记载着金银财宝，绫罗绸缎，稀奇古董，多得数都数不清，粗粗估算一下，大约值白银8亿两之多，抵得上朝廷10年的收入。后来听说，那查抄出来的大批财宝，都让嘉庆帝派人运到宫里去了。于是，民间就有人编了两句顺口溜讽刺说："和珅跌倒，嘉庆吃饱。"

洪秀全金田起义

清朝道光、咸丰年间，西方殖民者向中国大肆入侵，古老的中国社会发生了极大的变化。清政府的腐败无能，人民群众的苦难生活，这一切都在一个叫洪秀全的农民知识分子心中引起了强烈的震动。

洪秀全是广东花县人，生于 1814 年。他是个读书人，曾经好几次到广州去应考秀才，都没考上。这不是因为他的成绩不好，而是由于当时考场营私舞弊，重钱不重人。像洪秀全这样的普通知识分子，对此当然产生了不满。

1836 年，洪秀全到广州参加考试，认识了一个叫梁发的基督教徒。一天，梁发送给洪秀全一本小册子，对他说："这里有许多上帝的旨意，你看看吧，对你有帮助。"洪秀全一看，书名叫《劝世良言》。洪秀全想："无非是一些闲来无事修身养性的东西。"于是敷衍说："好，我会看的。"洪秀全后来翻了几页就丢到书箱里去了。当时的洪秀全是想靠考取功名走上仕途，匡济天下。

这一年，洪秀全考试未获通过，胸怀大志却报国无门，使他变得更加愤世嫉俗。第二年，洪秀全继续参加考试，仍然失败，这一打击使洪秀全大病了 40 天，整天高烧不退，口中念念有词。原来据他自己讲，他在这次大病中与上帝进行了交流，上帝交给他拯救大众的任务。

1843 年，洪秀全最后一次去广州参加考试，仍未通过。他激愤地说：“不考清朝试，不穿清朝服，而要自己来召集人才重建天下。”这时，他想起了《劝世良言》，便拿出来细细阅读，发现其中的一些基督教义十分符合农民的想法，于是便以此为基础创立了

"拜上帝会"。洪秀全同好友冯云山、族弟洪仁玕共同研究《劝世良言》，宣传宗教思想。洪秀全和冯云山还利用在私塾教书的机会传道。

洪秀全对听他传道的人反复这样说："人人都是上帝的儿女，应该平等相爱。上帝派他的儿子耶稣到人间解救苦难。我是耶稣的弟弟，也受命下凡救世。现在大大小小的妖怪践踏了上帝的真道。崇信上帝的人就要起来赶走他们，夺回自己的权力！"

为了扩大拜上帝会的影响，壮大拜上帝会的力量，洪秀全和冯云山长期奔走于广东和广西两省。在传教过程中，洪秀全发现光靠外国的"上帝"还不足以打动更多老百姓的心。要想达到推翻清朝的目的，还必须有适合中国老百姓口味的思想。于是洪秀全和冯云山分手，自己回乡去创造更容易被接受的教义。冯云山则继续他们的传教活动。

冯云山后来到了广西桂平县紫荆山一带，这里地形险恶，受苦的人也多。在烧炭工和农民中，有不少敢作敢为的好汉。冯云山一到这里，便和当地人混熟了，不少人加入了拜上帝会，其中的杨秀清和萧朝贵都成了拜上帝会的骨干。他们帮助冯云山使拜上帝会的力量不断壮大起来。

几年后，洪秀全也来到了紫荆山。这时候拜上帝会会员已达3000多人。洪秀全到了紫荆山，立刻得到了大家的拥护，成了人们心中的领袖。

有一天，洪秀全正在煤窑里传道。杨秀清带着两个满身是血的烧炭工走了进来。洪秀全连忙问杨秀清："兄弟，这是怎么回事！"

"大哥，他们让地主王百万的人给打了。"

"他们凭什么打人？"

"就因为我们俩没钱给甘王爷进贡，他们就说我们是在给百姓作孽，非要往死里打我们。多亏杨大哥的解救，我们俩才逃了出来。"

"甘王爷是什么人？"

"甘王爷是王百万立的一个神像。"杨秀清给洪秀全解释，"王百万说如果给这个甘王爷进贡，他就能保佑我们荣华富贵。如果不进贡把甘王爷得罪了，我们就要大难临头。每年王百万都要靠甘王爷剥削我们的钱财。"

"世上还有这种没道理的事！"洪秀全站起来对大伙说，"走，咱们把这个甘王爷给他砸了。"

说完，洪秀全和杨秀清就领着拜上帝会的人冲进了甘王庙，把甘王爷的神像砸了个稀巴烂。老百姓听说有人竟敢把甘王爷给砸了，纷纷赶来围观。洪秀全踩着甘王爷的脑袋，大声对百姓们说道："兄弟姐妹们，你们每年都给甘王爷进贡，你们又得到了什么荣华富贵呢？你们还不是照样受苦受穷吗？只有上帝才能带给你们幸福安定。”围观的群众听到洪秀全激昂的讲话，都热烈地欢呼起来。

从此，拜上帝会影响越来越大。就连地主出身的韦昌辉和石达开也入了会。洪秀全看到队伍不断壮大，觉得起义的时机成熟了。于是他便开始准备起义。

一天，洪秀全召集拜上帝会的骨干成员们开会。他讲着讲着，突然两眼一翻，腿一蹬，就昏倒了。周围人都吓死了，正在不知怎么办才好的时候，洪秀全“啊”了一声，又活了过来。他揉揉眼，重新坐起身，好像刚从梦中醒来。其实这一切都是他故意装出来的。他看了看大家，严肃地说：“刚才天父（上帝）把我叫了去，告诉我解放百姓的时候到了。他老人家让咱们马上准备起义。”于是，起义的准备工作就紧张而又秘密地展开了。

在洪秀全的号召下，各地会员马上都到金田村集中，这叫作“团营”。团营后，会员们把变卖家产的钱和物都集中到“圣库”。无论官员还是普通会员，都由圣库统一发给衣食杂物。

在准备过程中，洪秀全回广东处理拜上帝会的事情。杨秀清、冯云山和萧朝贵便加紧整编队伍，进行严格训练。韦昌辉和石达开则忙于制造武器。

由于规模太大，拜上帝会的行动引起了那个地主王百万的注意。自从洪秀全领人砸了甘王庙后，这家伙对拜上帝会的人早已恨之入骨。于是，王百万悄悄把拜上帝会的行动告诉了官府，官府前来搜捕，最后把冯云山给抓走了。会员们一见冯云山被抓，洪秀全又不在广西，那种起义的热情渐渐变成了忧虑，人心也有些散了。

杨秀清一看情况不妙，为了使起义不在关键时候夭折，他便模仿洪秀全的样子搞了一次“天父附体”。他告诉大家，天父命令他们立刻去解救冯云山。于是在当天晚上，武艺高强的石达开带领几个会功夫的会员，把冯云山从监狱里救了出来。第二天，洪秀全也恰好赶了回来。他见起义行动很可能被官府发觉，便下令立即起义。

1851 年 1 月，在金田村的广场上，一队队汉、壮、瑶各族起义军战士，头包红巾，手持大刀长矛、精神抖擞地排成方阵。洪秀全威武地站在一面杏黄大旗下，杨秀清、萧朝贵、冯云山、韦昌辉和石达开分别站在两边。四周围，无数的妇女儿童手拿彩旗，兴高采烈。

洪秀全望着整齐的队伍，举起拳头，庄严地宣布："拜上帝教今天正式起义了！我们的目标就是推翻腐败的朝廷，斩尽一切害人的妖魔，让天下所有的老百姓过上太平的生活。我们的国号就叫'太平天国'。"战士们和周围的妇女儿童也一起欢呼起来。"一定要斩尽清妖——"嘹亮的口号声在山谷间回应着……

太平天国的起义军从金田出发，转战广西，连连获胜并且一举攻下了永安城（今广西蒙山县）。在这里，洪秀全把日益壮大的队伍进行正规整编。洪秀全自称天王，封杨秀清为东王，萧朝贵为西王，冯云山为南王，韦昌辉为北王，石达开为翼王。在各王中，东王权力最大，仅次于天王，并且直接负责军事指挥。

在北京紫禁城里的道光帝，被几年来的内忧外患折腾得精疲力竭。当金田起义的消息传进他的耳朵后，这位昏庸的皇帝再也经不住这样的打击，口吐鲜血，一命呜呼了。咸丰皇帝即位后，立刻调动各地军队围攻太平军，可是太平军在杨秀清的指挥下，在永安突围后，一路北上。

太平军每到一处，都要开仓放粮。各地的老百姓们都怀着无比激动的心情，欢迎这支起义的队伍。尽管在攻打全州和长沙时，冯云山和萧朝贵不幸先后牺牲了，可是太平军却一天天壮大起来。在占领武昌后，太平军人数已达20多万。

在这以后，太平军分水陆两路，沿长江直攻南京。太平军以排山倒海的气势，打得清军节节败退，最后一举攻占了南京。

洪秀全在10多万太平军的簇拥下，被人民群众迎接入城。洪秀全把南京改名为天京，作为太平天国的首都。定都天京后，太平天国贴出招贤榜，招揽文武人才。还发布天朝田亩制度，规定“有田同耕，有饭同食，有衣同穿，有钱同使。无处不均匀，无人不饱暖”。希望建立一个人间天国。

由于有人民的热烈支持和拥护，加上太平天国将士英勇奋战，太平军粉碎了清兵对天京的一次又一次围攻，并且向清政府发动了猛烈的反攻。

慈禧垂帘听政

1860 年对于清政府是一个多事之秋，南方的太平天国起义还没有平定，北方的英法联军已经打到帝国的首都北京城附近。

帝国的年轻统治者咸丰皇帝只好以狩猎的名义，仓皇逃到了河北承德的避暑山庄。不久，传来英法联军火烧圆明园的消息，咸丰帝又急又气，不久便病倒在了床上。随着割地赔款的条约越来越多，他的身体也越来越衰弱。

一天晚上，咸丰帝派人叫来肃顺、端华等 8 位大臣。咸丰帝勉强从床上撑起身，有气无力地说："我的身体越来越差，恐怕活

不了多久了。我的儿子刚6岁，还不能处理国事。我现在封你们为顾命八大臣。在我死后，你们要尽心竭力地辅佐他。”

8位大臣一听咸丰帝这么说，便连忙跪下磕头。肃顺说：“皇上只管保养您的身体吧，我们绝不敢辜负皇上的期望。”

“还有，”咸丰皇帝刚躺下，又挣扎着起来对八大臣说：“懿贵妃这个人你们今后必须加以注意，她阴险狠毒……”不久，咸丰皇帝就死了。

咸丰帝临死前叮嘱肃顺等人提防的懿贵妃，姓叶赫那拉，小名叫兰儿，16岁被选入皇宫。皇宫里大大小小的妃嫔很多，兰儿刚进宫时，地位很低，没有什么机会和皇帝亲近。有一天，她看到咸丰皇帝在圆明园散步，就躲进树林里，故意娇滴滴地唱起歌来。咸丰皇帝被这歌声吸引住了。他把兰儿叫了出来，发现兰儿长得比她的歌声还美。从此，兰儿就再也没有离开过咸丰帝的身边。过了几年，她生了皇子载淳。咸丰帝虽然妃嫔很多，但还没有一个给他生过儿子，于是，兰儿愈发得到咸丰帝的宠爱，并被封为懿贵妃，地位仅次于皇后。懿贵妃为人机灵，聪明能干。咸丰帝经常生病，不能料理国事，她就代笔批阅奏折。时间一长，懿贵妃渐渐有了一定权力，谁也不敢得罪她。皇后是个老实忠厚的人，什么事都让着她，她也就越来越有些骄横了。所以，咸丰帝临死前才表示出对她的不放心，让八大臣多加注意。

皇上死了，八大臣拥立载淳为皇帝，尊皇后为慈安太后，尊皇帝的生母懿贵妃为慈禧太后，然而，慈禧对这些一点儿也不感到满足。她真正的目的是要掌握国家的一切大权，所以拥有这些权力的八大臣就引起了她的不满，被她看成了眼中钉。而八大臣也对她怀有戒心，不让她干涉朝政。慈禧为了争权，便暗中与在北京的恭亲王奕䜣取得了联系。

奕䜣是咸丰帝的弟弟，因为排行老六常被称为“鬼子六”，当时正在北京跟英法联军议和，控制着北京的局势。当他看到咸丰死时没有任命自己辅政，心中十分恼火。正在这时，慈禧给他写来一封信。他打开一看，顿时喜出望外，觉得夺取大权的机会来了。经过一番紧张的准备，他便快马加鞭地赶到了承德，一到承德，他顾不上休息就单独和慈禧进行了长时间的密谈。

“这 8 个人太可恨了，”慈禧咬牙切齿地说，“尤其是那个肃顺，根本不把咱们看在眼里。”

“他们猖狂不了多久了，”奕䜣也狠狠地说，“不过，要除掉他们也不容易。”

“我倒有一个办法。”慈禧压低了声音，把她的阴谋告诉了奕䜣，然后又问：“不知道外国人对此有什么看法?”

“我经常和外国人打交通，这方面的事就交给我了。”奕䜣一拍胸脯，显出非常自信的样子。

奕䜣在承德只待了1天，就连忙赶回北京了。不久，8位大臣接到了御史（掌握监察的官员）董元淳的一个奏折（递交皇帝的文件）。奏折上说，皇帝还小，不能料理国家大事，应该让皇太后暂时负责。这个奏折使肃顺等人非常生气，他们马上以皇帝的名义，要对董元淳治罪。其实董元淳这个奏折是奕䜣回到北京后，按慈禧的意图安排的。第二天，慈禧便把肃顺等人找来，吵了一架。

“现在朝中的大臣们都希望由两位太后料理国事，你们为什么不同意呢?”慈禧一开口，便直截了当地讲了自己的意图。

“大清朝从来没有皇太后参与国政的先例，”肃顺对慈禧进行了坚决的回击，他说：“而且是先皇的遗嘱，皇太后怎能随便更改。”

“难道你们连皇太后的话也不听吗?”慈禧说话非常骄横。

“我们是根据先皇的遗嘱办事，不能听太后的!”

肃顺也毫不示弱。

于是双方越吵越凶，慈禧是又哭又闹，屋子里的气氛十分紧张，6 岁的小皇上躲在慈安的怀里，吓得缩成了一团，最后竟“哇哇”地大哭起来。慈安见小皇上都被吓哭了，也气得发起火来，大喊：“都给我滚出去。”肃顺等人平时非常尊敬慈安，见到事情弄成了这样，便只好退了出去。

慈禧在承德与八大臣闹翻，恭亲王奕䜣在北京也没闲着，他把掌握兵权的胜保拉拢过来，完全控制了北京的军队。等奕䜣把北京的一切安排好以后，慈禧便催促八大臣早点动身，把咸丰皇帝的遗体送回北京。她对肃顺说：“我和慈安太后、皇上由载垣、端华他们 7 个人陪着，从小路先走。你带领军队护送皇上遗体，从大路走。我们先到北京，好率领文武官员迎接你们。”这一次，肃顺上了当。他不知道慈禧这样做，实际上是把他这个核心人物与其他 7 个人拆开了。这样就有利于慈禧、奕䜣除掉他们。

慈禧他们走小路，先到了北京。这时候，奕䜣早把政变的准备做好了。就在当天晚上，胜保等一大批官员就纷纷要求由太后料理国家大事。他们声称，如不这样的话，就没办法安定人心，维持统治，然而，慈禧造的这些声势，没能引起载垣、端华等人应有的注意。

第二天一大早，文武大臣们都到皇宫去给小皇上请安。大伙给皇上磕完头后，退到了宫殿两侧。这时候奕䜣突然站出来，双手高举早已用小皇帝名义写好的圣旨，大声念道："将载垣、端华、肃顺等人立即捉拿。"大臣们一听，都惊呆了。还没等他们明白是怎么回事，侍卫们已经冲上去，把端华、载垣等 7 个人抓起来。然后，奕䜣又命令醇亲王奕譞率人去逮捕肃顺。

这时候，肃顺护送咸丰帝的遗体已到了密云县。奕䜣赶到后，对肃顺说："大人辛苦了，皇上命我来迎接大人。"肃顺对此并没有在意，可是晚上他刚刚躺下，就听到外面大乱起来。他刚要问是怎么回事，十几名侍卫已经闯了进来，把他从床上拖下来，捆起了双手。肃顺拼命挣扎，大声叫骂："你们竟敢抓顾命八大臣，难道不想活啦！"可是再喊也没用了，倒是他自己连性命也保不住了。

慈禧把八大臣全部抓获后，下令将肃顺杀头，命令载垣和端华自杀，其余 5 个人全部被撤职。除掉了八大臣，慈禧一步登天，掌握了国家大权。她宣布，由她自己和慈安太后垂帘听政。垂帘听政就是在小皇帝的座位后面挂一个珠帘，两位太后坐在帘子后面处理国家大事。慈禧给小皇帝起了个年号，叫“同治”，意思是由两位太后共同治理国家。而实际上，国家一切权力都掌握在她一个人的手中。

慈禧太后从 1861 年发动政变上台，到 1908 年病死，在这漫长的 47 年中，她一直操纵着中国的命运，祸国殃民，是中国近代史上一个臭名昭著的大野心家、阴谋家、卖国贼。

冯子材鏖战镇南关克复谅山

1885年2月，法军闯入我国边境镇南关，清朝政府令老将冯子材帮办广西关外军务，抵抗法国侵略军。

冯子材已告老还乡，但他接到清政府的命令之后，立即前往龙州，到广西前线后，选定在镇南关前隘构筑防御阵地。随即亲自督促部队在关隘前，构筑了一个较为坚固、完善的山地防御体系。

为了争取主动权，冯子材决定以攻为守，先发制人。3月21日夜，冯子材亲自率领诸部，突袭文渊，攻入文渊街心。法军不敢夜战，待天亮后才分两路进攻清兵。冯子材命令清兵分头应战，抢登山顶，毁掉法军两座炮台后主动撤出，退回镇南关。

法军旅长尼格里见所部一败再败，于3月23日调集法军主力2000多人，分两路开始向清军进攻。冯子材立即率领所部防守阵地，并派人飞马前往扣波和幕府，调请增援接应。

上午10时左右，战斗打响。法军先以炮火猛轰清军的防御工事，向清兵发起了猛烈的攻击。先后攻占了横坡岭5座炮台中的3座。冯子材率领所属将士凭借工事，奋勇抵抗，终于扼守住了工事，阻止了敌军的前进。

下午4时左右，增援部队赶到，随即投入了激烈的战斗。

双方激战终日，彼此伤亡相当。

冯子材料定明日必有恶战，命令战士就在阵地露宿，加固防御工事，自己则召集各将领，商讨再战的对策，并进一步调整部署，做好第二天战斗的准备。

第二天一早，法军果然再次发起了进攻。尼格里为了占领阵地制高点，令中校爱尔明加率领部分法军，利用大雾掩护，偷偷向大青山顶摸去，企图突然袭取大青山堡垒。但由于地势险峻，山高坡陡，难以攀爬，法军的偷袭未能得逞。

上午11时左右，尼格里以为偷

袭部队已夺取了大青山的制高点，下令集中炮火猛轰长墙，开始从正面向清军发起攻击。冯子材见敌军炮火猛烈，命令将士紧伏战壕，待敌军步兵冲至战壕前时，再发起反击，与敌军短兵相接。

猛烈的炮火过后，法军三路军队同时向各清军阵地发起冲锋。冯子材还是命令将士紧伏不动。法军以为清军已被猛烈的炮火击退，撤出阵地，便放心大胆爬上长墙壕前。冯子材见战机已到，立即跃起，令清军奋起反击。他手持长矛，赤足草鞋，率领自己的两个儿子大呼跃出长墙，打开卡门。全军将士见主帅奋不顾身，也一齐拥出，趁法军慌乱之际冲入敌阵，以长矛、大刀和法军展开格斗。

法军不精肉搏，顿时失去优势，纷纷溃逃。

与此同时，清军左右两路守军也与法军展开了激战，夺回3座堡垒。法军被迫退回谷地。清军乘势出击，迫使该部法军狼狈撤退。

战至傍晚，清军从三面将法军压在谷底。法军见三面进攻失败，士卒伤亡惨重，后援又被清军击溃消灭，弹药将尽，只得丢下数百具法军尸体，逃回文渊。

冯子材为了不给敌军以喘息之机，乘胜率部出关进攻文渊。留守文渊的法军抵挡不住清军四面密集的枪炮，冯子材胜利收复文渊，准备攻取谅山。

尼格里率法军退回谅山时，法军的2000多援兵已经到达。尼格里决定坚守谅山。

冯子材得到法军增援部队已到谅山的消息后，鉴于法军在武器方面占有优势，决定以大部分兵力明攻驱驴，另以精锐部队潜入谅山，潜伏城外，暗取谅山。于是，令杨瑞山率部绕道而行，趁夜幕渡过淇江，于3月28日晚潜伏于谅山城外。

冯子材率其余清兵分成三路进逼谅山。正面和西面法军工事坚固，攻打屡次失利。而东面由于地形不利防守，法军渐渐不支。尼格里从正面抽调爱尔明加一部法军赶往东面，冯子材乘机再次发起猛烈的攻击。法军难以抵挡，只得下令向淇江南岸撤退，逃往谅山城中。

冯子材急令清军乘胜追击，谅山的法军根本不知城外埋伏着众多的清兵。3月29日夜晚，法军经过一天激烈的战斗后进入熟睡之时，杨瑞山趁机向谅山发起攻击。清兵乘机砍杀，许多法军士兵还未发现目标便已成刀下之鬼，其余的只好仓皇向南逃窜。

天亮时，冯子材率清军主力赶到，与杨瑞山合兵一处，乘胜追歼残敌，直追到20里外。清军收复谅山，再次打死打伤法军近千人，并缴获大量的军械物资。

百日维新的风波

1898年，是光绪皇帝在位的第二十四个年头，这年春末夏初，清朝首都北京充满了变革的气氛，关心政治的人们议论纷纷，讨论变法的事情。因为大家都知道，年轻的光绪皇帝热烈地支持变法改革。

不过反对改革的守旧势力不甘心失去既得利益，他们不敢直接反对皇帝，就集中向康有为攻击，还攻击支持康有为的光绪帝的老师翁同龢，使得翁同龢和康有为都不能留住北京城。康有为曾想离开北京，可

是又怕翁同龢也被迫出京，则大臣中没有人可以主持变法，于是便写了一个奏折“请定国是而明赏罚”，请御史杨深秀代为呈递，又另外写了一个奏折请翰林侍读学士徐致靖上奏。光绪帝看到了这两个奏折，愈益增加了变法的信心。

但光绪帝知道反对变法的人很多，因此便请人转告慈禧说：“儿不能做亡国之君，如不付儿全权，宁愿让位。”慈禧听了很生气，就叫人告诉光绪帝说：“皇帝要办的事，太后决不阻挡。”于是光绪帝根据杨深秀递呈的奏折，召集全部军机大臣开御前会议，4月23日下诏书“明定国是”，决定变法。

4月28日，光绪帝召见康有为。康有为在外书房先见到了荣禄，便和荣禄谈了变法的细节和步骤。荣禄和康有为谈了一会儿，便先上殿见皇帝，光绪帝问荣禄和康有为谈了没有，荣禄回答说：“康是辩言乱政。”荣禄退出后，光绪帝立即召见康有为，先问康有为的年龄籍贯和出身，然后便叫其陈述政见。

康有为说：“中国已到了生死存亡的关头，外国侵略是永无止境的。”

光绪帝说：“这都因为我们太守旧。”

康有为说：“皇上既然知道守旧弄得这样糟，就该变法维新。”

光绪帝说："所以现在非变法不可。"

康有为说："近年来已有变法，但只是少变，所谓变法而不全变，结果不会有什么成绩的。须要把制度修改，应该先开制度局。"

光绪帝说："对，对，对。"

康有为说："臣曾考察过各国变法的情形，参酌中国的情形，哪几项可以施行的，都定出条陈章则，请皇上参考。"

光绪帝说："你写的条陈章则都很详备。"

康有为说："那么皇上为什么不颁行呢?"

皇帝看了看帘外，停了一会儿叹口气说："我受着种种牵制，不能放手干呀!"

康有为说："现在的大患在乎民智不开，民智不开是因为用八股作考试文章，学作八股的人不明白世界各国情形，但他们可以靠八股得功名，做大官。现在朝廷里群臣济济，却没有一个担得起革新重任，就因为八股出身的缘故。"

光绪帝说："是的，西洋人都做有用的学问，中国却做无用的学问。"

康有为说："皇上既然知道八股的害处，那么把八股废了吧!"

光绪帝说："可以的。不过要办新政财政困难，如何筹款呢？”

康有为说：“中国矿产很多，可以开发，只要开源，不怕没有钱。”于是讲到用人行政，推广社会教育，招抚会匪，译书，派遣留学生和考察专使等。

光绪帝都点头说：“不错。”最后说：“你可以下去了，还有什么意见，可以随时上奏折。”

之后，光绪帝面谕军机大臣：“康有为着在总理衙门章京上行走。”并特许康有为专折奏事，不必由总理大臣代递。

新政诏书虽然一道一道地颁布，可是光绪皇帝并无很多的实权，上有慈禧，下有军机处，外面有掌握军权的直隶总督。康有为虽受到光绪帝特达之知，却只能在总理衙门章京行走，无法进入军机处。

到了7月20日，光绪帝实在感到行新政没有新人帮忙太难施展，于是下了一道上谕：“内阁候补侍读杨锐、刑部候补主事刘光第、内阁候补中书林旭、江苏候补知府谭嗣同均着赏加四品卿衔，在军机章京上行走，参预新政事宜。”同时又写朱谕给杨、刘、林、谭4人，教他们把新政条理开列，竭力辅佐。于是，所有新政奏折都交他们审阅，所有新政谕旨，都由他们撰拟。这样一来，大家便管他们叫“四京卿”，军机处的实权当时几乎全在他们手中，简直就等于是宰相的地位。如果这种形势真能坚持下去，新政新人都将成为事实了。

光绪帝和康有为之间碍于体制，不能见面，因此，光绪帝给康有为的密谕都是交给林旭、谭嗣同二人带去，送到康有为南海会馆的住处，康有为的意见也是托林旭、谭嗣同二人转陈。所以有了这个部署，才使新政派和皇帝之间通了声息。

康有为的新政派最大的失策，是误以为新政可以凭光绪皇帝的一道一道诏书就能达成。至于守旧派则紧紧地抓住西太后，完全不理会新政的诏书，而各省督抚们更是些老奸巨猾的官吏，他们尽管接到了新政诏书，却并不行动，同时静观慈禧和光绪帝这场政争，到最后是谁胜谁负。

当光绪帝在 4 月 23 日下“明定国是”诏书后，照理等于宣布变法开始了，可是却又在 4 月 27 日下了三道完全相反的诏书，这表示慈禧还可以影响朝政。从这三道诏书可以看出，其内容完全是慈禧的主意，也就显示光绪帝在重大问题和人事上仍必须听命于慈禧。由于翁同龢是光绪帝的师傅，又赞成变法，守旧派因此必须对翁氏除之而后快。

照理说慈禧既已归政，照例不必再接见大臣，大臣们也不必特别向太后具折谢恩。现在忽然要令二品以上大臣谢恩陛见，并令外官具折，即表示慈禧已经部分临朝亲政了。再说，荣禄是慈禧最宠信的大臣，这时奕䜣已死，荣禄应该取代奕䜣的地位担任首席军机大臣，现在反而叫他去做直隶总督，就表示慈禧要荣禄在天津直接统率当时北洋的三支主力部队（董福祥的甘军、聂士成的武毅军、袁世凯的新建陆军）。所以从以上三项的诏书看起来，完全可以看出是慈禧的重要部署。

新政颁布后不久，礼部主事王照上奏请光绪帝游历日本，礼部尚书怀塔布、许应骙不肯代奏，被光绪帝知道，光绪帝便借此杀一儆百，把尚书怀塔布、许应骙，侍郎堃岫、溥暹、徐曾沣、曾广汉一齐革职。怀塔布的太太是慈禧的侍从，向慈禧哭诉说，光绪帝要把满洲人都赶走，这更触怒了慈禧。

随后，慈禧调动军队，将光绪帝软禁在中南海瀛台，下令逮捕维新人物康有为、梁启超等人，康有为、梁启超逃走，而谭嗣同等 6 人却被杀害，史称“戊戌六君子”，戊戌变法宣告失败。中国通过改良走向复兴的道路被颟顸的顽固派阻断了。

龚自珍“平均”论变法革新

龚自珍生活的晚清时代，封建社会已十分腐朽和没落。他深深感到，当时的社会已不是什么“太平”时代，而是枯木将凋，黑暗即将来临的“衰世”，它如同草人一样，大风一起，就要化为“泥沙”（见《尊隐》《与人笺》）。他认为，在这个“衰世”，没有黑白，没有是非，没有善恶，一切正义都被抹杀了；在这个时代，不仅没有有才的官吏，甚至没有有才的工商和强盗。之所以没有人才，是由于封建王朝施行了各种各样的高压政策，不仅迫害了人们的肉体，而且“戮其心”，摧残了人们的智慧，毁灭了人们的志气（见《乙丙之际著议第九》）。他向封建王朝提出警告：“山中之民”，正在壮大，一旦大声呼喊，天地就要震撼了（见《尊隐》）。由此他得出结论：“自古及今，法无不改，势无不积，事例无不变迁，风气无不移易”（《上大学士书》），又说：“一祖之法无不弊，千夫之议无不靡，与其赠来者以劲改革，孰若自改革。”（《乙丙之际著议第七》）这是说，前代传下来的法令、规章总是要变迁、败坏的，与其被别人夺去强迫改革，不如自行改革。他引证《易传》的话说：“穷则变，变则通，通则久。”（《乙丙之际著议第七》）意思是，只有变法革新，才能保持长久。龚自珍在他早年写作的《明良论》中，还深刻地揭露了封建官僚制度的腐朽。他认为，当时窃据“政要之官”，都是一批只知“车马、服饰、言词捷给”，苟且偷安的人。因此，他发出呼吁：“九州生气恃风雷，万马齐喑究可哀。我劝天公重抖擞（振起精神），不拘一格降人才。”《乙亥杂诗·其二百二二》他要求一个新的局面到来。

龚自珍的这些言论，揭露了封建社会的腐朽性，讽刺了腐败的封建官僚制度，抨击了清王朝的封建专制主义的黑暗统治，预示一个大的社会危机即将爆发，打击了当时粉饰太平的

封建当权派。他把封建王朝看成是从“盛”到“衰”的发展过程，依据《易传》中的辩证法思想，提出了变法革新的要求，同封建顽固派的因循守旧的思想对立起来，这在当时具有进步的意义。

在鸦片战争爆发前夕，龚自珍研究了社会治乱和王朝兴亡的原因，作为他宣扬变法革新的理论依据。他提出了“平均”论，认为“贫富不均”是历代王朝治乱兴亡的根源。他说：上古时代，没有贫富差别，后来由于为君的多取一石水，人民也想多得一石水，于是便有一部分人没有水喝，出现了不平等；贫富差距开始很小，后来这种差距越来越大，“贫者日愈倾，富者日愈壅”，兵灾、瘟疫接连而发，于是天下大乱，国家就要灭亡了。由此，他得出结论：贫富悬殊越大，亡天下就越快；差距缩小了，太平时代就到来了。

他认为，这是“千万载治乱兴亡之数”，即有史以来治乱兴亡的规律（《平均篇》）。龚自珍的这些议论，揭露了19世纪上半期由于土地兼并的加剧而造成的贫富对立现象，指出经济上的不平等是封建社会和封建王朝治乱兴亡的关键。

龚自珍提出了解决贫富问题的对策。他宣称：“有天下者，莫高于平之之尚也。”（《平均篇》）这是说，治理天下的最高理想是“平均”财富。怎样实现这个理想呢？他认为，问题的关键在于“王心”，在于皇帝有个“公平”的“心”；王心平，则人心正，不但物产增多，贫富对立也消除了。他们把一切希望都寄托在封建皇帝的“善心”上，主张自上而下地进行一些改革，以抵制革命的爆发。因此，他又得出结论说：“可以虑，可以更，不可以骤（急进）。”（《平均篇》）这是说，只能慢慢地改善，不能进行剧烈的变革。

龚自珍的“平均”论，并不要求废除封建的土地占有制。他主张按封建宗法关系分配土地，大宗（有继承权的长子系统）分田百亩，小宗（长子以外的男子系统）分田25亩，至于“间民”（指兄弟排行中最年幼的一辈）只能为佃户。说什么“虽尧舜不能无间民，安得尽男子而百亩哉”（《农宗》）。

因此，他所说的“平均”，实际上是贫富调和，所谓“随其时而剂调之”（《平均篇》）。他企图让那些豪强大地主捐出一些财物来周济贫困的农民，以缓和阶级矛盾，使整个地主阶级避免再受农民革命风暴的打击。

在封建社会解体前夕，龚自珍自认为他的学说能为当时的社会文化开创“新风气”。然而尽管龚自珍写了不少评论时政的文章，但那个时代仍旧危机四伏。他在苦闷中感慨道："吟罢江山气不灵，万千种话一灯青。忽然搁笔无言说，重礼天台（佛教的一个宗派）七卷经。"

八国联军进北京

“平时我对洋人不薄，要什么给什么，对你们百般照顾，可现在连这点面子都不给!”慈禧太后拍案大怒，那是1900年的一天。平日慈禧太后对洋人毕恭毕敬，今天怎么也敢埋怨上洋人了?

原来，慈禧太后扑灭戊戌变法后，就把光绪皇帝软禁在颐和园，自己垂帘听政，掌握了全部最高权力。可是国家不能没有皇帝呀，慈禧就立端王的儿子溥仪为大阿哥（就是皇帝的继承人），想以他取代光

绪皇帝。可没想到驻北京的列强各国公使拒绝入宫庆贺，表示不承认这位“大阿哥”。这下慈禧可气坏了，于是她就想报复一下洋人。

这时，思想顽固、仇视洋人的协办大学士（清内阁成员，全国最高行政长官之一）刚毅看透了她的心思，他对慈禧说：“洋人的气焰也太嚣张了，连老佛爷都不放在眼里，我们不如教训他们一下，让他们也知道我大清的厉害！”

慈禧听完面带难色，说道：“你又不是不知道，自从1840年中英战争以来，洋人坚船利炮，我大清的大刀长矛是无法抵挡的，用什么办法去教训他们呢？”

刚毅平日巡察各地时，亲眼见到过教会任意欺压中国百姓的情况，而且教会也经常不把他这个协办大学士放在眼里。这时各地正在闹义和团，刚毅得知义和团烧教堂、杀洋人，勇猛无敌，洋人们都惧怕他们几分，于是就趁机说道：“老佛爷有所不知，如今义和团活动相当广泛，山东、直隶一带，遍地都是。义和团成员个个武艺高强，如果我们派兵镇压，要花费很大力量，得不偿失。不如我们利用义和团仇恨洋人的心理，去对付洋人。这样既教训了洋人，又可以消耗掉义和团的力量。”

慈禧听后大喜，当即命令刚毅主持这件事。于是刚毅向各地发布命令，承认义和团合法，禁止清军镇压义和团。

这样一来，义和团就像雨后春笋般迅速发展起来，山东、直隶的各县各村，到处是“神坛”“拳厂”。1900 年 5 月以后，义和团开始进入清朝的“心脏”——京津地区。在北京、天津城里到处贴有义和团的告示，上面写着：“最恨和约，误国殃民。上行下效，民冤不伸”“练习义和神拳，保护中原，驱逐洋寇，以免生灵涂炭”，等等。义和团还打起“扶清灭洋”的旗帜，吸引了许多清兵也参加了义和团。

声势如此浩大的义和团运动，沉重打击了帝国主义的在华利益。于是他们决定采取联合行动，镇压义和团。

1900 年 6 月 10 日，英、俄、日、法、德、美、意、奥组成八国联军，共 2000 多人，由英国海军中将西摩尔率领，从大沽经天津向北京进犯，从而开始了八国联军侵略中国的战争。

帝国主义的侵略必然遭到中国人民的反抗。西摩尔联军在向北京进犯的途中，遭到了义和团及部分爱国清军的阻击。在落垡一带，义和团将通向北京的铁路拆毁。西摩尔不得不命令部队停下来抢修铁路，结果中了义和团的埋伏，有几十人被打死。八国联军在落垡战败后，逃窜到廊坊，又遭到300多名义和团成员和清兵统帅董福祥率领的清军的打击，死伤无数。这就是历史上著名的“廊坊大捷”。西摩尔联军真是上天无路入地无门，只得夹着尾巴逃回天津。

帝国主义一见西摩尔战败，大惊失色，慌忙又调集大批侵略军进入天津，驻扎在紫竹林租界里。

6月17日，天津紫竹林租界枪炮齐鸣，喊杀声震天，义和团围攻租界的战斗打响了。

紫竹林租界在海河北岸，天津城东南，本来是个景色美丽、环境幽雅的地方。可是自从第二次鸦片战争以来，这个地方被帝国主义列强强行占领了。他们在那里建教堂、盖洋房，驱逐原先居住在这个地方的中国人，还到处挂出“华人与狗，不得入内”的牌子，侮辱中国人。人们把这里的洋人恨透了。

打响进攻紫竹林第一枪的，是武备学堂的学生们。武备学堂位于紫竹林租界东面，是清朝培训军官的学校。当义和团在天津兴起的时候，武备学堂的许多学生也加入了进去。6月17日早上，学生们趁洋人不备，开炮猛烈轰击紫竹林租界。炮弹带着中国人民对帝国主义的仇恨，在租界中开了花。那些屋顶尖尖的教堂随着炮弹的爆炸一座座倒塌了，那些不可一世的侵略者也都罪有应得。

由于武备学堂威胁很大，所以八国联军立即派大批军队扑向武备学堂。然而，在学堂学生们的英勇抵抗下，八国联军始终没能冲进学堂。恶毒的侵略者们气急败坏，竟放火烧房，引起了学堂内的火药库爆炸，学堂学生全部壮烈牺牲。

就在武备学堂学生们英勇抵抗侵略者反扑的同时，另一路义和团在大师兄曹福田的率领下，开始了攻打老龙头车站的战斗。

曹福田，本是清军中一个小兵，后来因不满清军对外投降、对内欺压百姓的行径而开了小差儿。1900年5月，他来到天津，凭着一身好武艺，开设坛厂，组织了一支六七千人的义和团队伍。在攻打紫竹林租界之前，曹福田就意识到：老龙头车站既是联军由大沽向津、京增兵的枢纽，也是租界与外界联系的要地。如果抢占了老龙头车站，也就切断了租界内兵力、粮食等供应的生命线，那么租界内的敌军就会不战自败了。

因此，在攻打租界的炮声响过后，曹福田立即率领义和团赶赴老龙头车站。守护在车站内的是俄国2000人的军队。他们占据有利地形，构筑了坚固的工事。曹福田一到，就下令包围车站，向俄军发动猛攻。为了配合作战，义和团还在三岔河口、黑炮台等地架起大炮，猛轰车站。

一时间，枪炮声、喊杀声连成一片，俄军被打得落花流水、仓皇逃走。不久，八国联军增派援军七八千人，带着新式的枪炮反扑。义和团寡不敌众，被迫退出车站，但仍对车站采取包围之势，寻机反攻。

争夺老龙头车站的战斗还在激烈地进行，由张德成率领的义和团，从马家口向紫竹林发起进攻。

张德成本是在海河上以撑船为业的船夫。后来由于帝国主义在天津附近修建铁路，霸占码头，张德成没有了生计。他痛恨洋人，为了生活，就在天津郊区独流镇组织义和团，不久就发展到两万余人，号称“义和神拳天下第一坛”。这次是与曹福田商量好，联合攻打租界的。

由于联军使用的都是先进的洋枪、洋炮，并且在租界周围布满了地雷，而义和团大多使用大刀长矛，还有的使用镐头铁锹，武器相当落后。虽然义和团战士们个个勇猛顽强，高喊着“刀枪不入，杀尽洋人”的口号，一批批地向上冲，但又一批批地死在联军罪恶的子弹下。义和团接连进攻了十几次，都没能成功。

眼见着战士们一批批地死去，张德成心急如焚，他猛然脱掉上衣，怒骂道："狗娘养的，我跟你们拼了！"说着抡起大片刀就要向里冲。这时忽然背后有人高喊道："大师兄，且慢！"

张德成回头一看，原来是红灯照的黄莲圣母。

这位黄莲圣母，是天津附近红灯照的首领。红灯照，也是义和团的一支，不过参加者都是女子。黄莲圣母原名叫林黑儿，父母、丈夫、子女都被洋人杀害，她带着对洋人的满腔仇恨投奔义和团，并组织了红灯照，召集许多年轻女子参加进来。她还散发传单，上写："一片苦海望无津，小神忙乱走风尘，八千十万神兵起，扫灭洋人世界新。"并自称是黄莲圣母，成为红灯照的领袖。

这时就见黄莲圣母，头戴红布，身披红氅，足登红鞋，腰间佩剑，剑柄上的红绸子迎风摆动，一副英姿飒爽的侠女形象。她走上前来，向张德成一拱手："大师兄何必惊慌，待我略施小计就能制伏洋鬼子。"

说完，黄莲圣母叫人马上找来50多头凶猛剽悍的公牛，又让义和团战士们在牛角上绑上锋利的匕首，牛尾上挂满一串串的大爆竹。张德成一看，不禁拍手叫绝："大摆公牛阵，准叫洋鬼子吃不消！"说完立即下令点燃牛尾巴上的爆竹。

爆竹一响，公牛一下子都惊了，它们拼命地向租界里冲去。租界周围的地雷被公牛踏响，大批的八国联军士兵被牛踩死或被牛角上的尖刀刺死，租界内的八国联军弹药库也被牛尾巴上的爆竹点燃，爆炸升天。八国联军一下子乱了阵脚，义和团乘势冲入租界，占领了许多地方。

在天津义和团奋勇杀敌的同时，北京义和团也与侵略者进行了殊死搏斗，狠狠地打击了侵略者的气焰。

然而，正当义和团战士在前线浴血奋战的时候，慈禧太后这个反复无常的家伙终于露出了她卖国的嘴脸。在此之前，她允许义和团反对八国联军的活动，只不过是泄私愤而已。

7 月初，慈禧密令天津提督宋庆，不惜余力，屠杀义和团。在宋庆的血腥镇压下，义和团损失惨重，天津全城很快被侵略者占领。

8 月 4 日，八国联军两万多人，从天津沿运河向北京进犯。途中遭到义和团的沉重打击，从天津到北京不到 200 里的路程，而联军却走了半个月才开到北京城下。

慈禧太后一看大事不好，急忙请李鸿章出城求和，并送去西瓜、冰块给八国联军解暑。但是八国联军拒绝慈禧的求和要求，向北京发动了猛烈的进攻。

慈禧和她的亲信们只得弃城逃跑。就在她逃出北京的同时，还下令让留守的清军配合八国联军将义和团斩尽杀绝。

八国联军进入北京后，疯狂地进行烧、杀、抢、掠的活动：日军从户部抢走300万两银子后，还放火烧毁户部以毁灭罪证；法军将无辜群众赶入一个胡同内，用机枪扫射。当场打死几千人……几天时间，繁华富庶的北京城被洗劫一空。

帝国主义在屠杀中国人民、抢夺中国财物的同时，还强迫清政府签订了《辛丑条约》。条约里面有清政府向帝国主义赔款45000万两白银，在北京设立使馆区，拆毁大沽炮台，外国军队进驻北京等许多丧权辱国的条件。慈禧向洋人献媚说："量中华之物力，结与国之欢心。"

《辛丑条约》签订以后，腐败的清政府完全沦为了"洋人的朝廷"。照此下去，有几千年灿烂文化的中国就要亡国了。全国绝大多数人民对它失去了信心。在这种情况下，出现了孙中山等一大批有志之士。他们反对腐朽的清王朝，寻求救国救民的真理，掀起了轰轰烈烈的民主主义革命运动。

中华民国

举世瞩目的武昌起义

当保路同志军武装起义的烽火燃遍巴蜀大地时，毗邻四川的湖北，终于在1911年10月10日爆发了举世瞩目的武昌起义。

20世纪初的武汉是革命洪流汇聚的中心，自1904年到1911年，湖北各地自发的抗清斗争达300多起，武汉地区的反清革命风暴也此起彼伏，连绵不断。武汉的资产阶级和小资产阶级革命分子，为推翻反动的清政府在武汉的统治，进行了长期的艰苦卓绝的斗争，湖北的两大团体文学社和共进社更是在长江中游地区进行广泛的革命宣传、鼓动工作，特别是湖北的新军中，广大官兵大多数都被发展

吸引到革命的队伍中来，新军士兵后来成为武昌起义的中坚力量。

1911 年 9 月，四川爆发了保路同志军的武装起义，为镇压起义，清政府命端方调湖北新军第三十一标及第三十二标第二营，旋又调第四十一标赴宜昌、沙市、岳州、襄阳等地，以“调虎离山”之计削弱革命党人在武汉的军事力量。新军的外调，加强了武汉地区革命党人的紧迫感，敌我双方的政治气候也越来越紧张。

急剧高涨的革命形势及日益紧迫严峻的局势迫切需要湖北的两大革命团体共进会和文学社联合起来，共同行动。

1911 年 9 月 14 日，文学社、共进会举行联席会议，会议决定建立统一领导、统一指挥、统一计划、统一行动的联合机构：军事方面，由蒋翊武任总指挥，王宪章任副指挥，孙武任参谋长，指挥部设于武昌小昌街 85 号；政治方面由刘公任总理，孙武任常驻政治筹备员，下设若干政治筹备员，负责文告、印信、旗帜、符号及炸弹制造，总部设在汉口租界内。文学社与共进会的联合，使湖北的新军士兵运动与革命的领导者——同盟会直接联系起来。

1911 年 9 月 24 日，文学社与共进会再次举行联席会议，各标、营代表均出席，大会经过讨论，确定起义总动员，中秋节（10 月 16 日）起义，推举蒋翊武为临时总司令，孙武为参谋长，并对起义后的具体行动步骤做了详细的安排，另又通知湖南的焦达峰，届时起事响应。就在文学社、共进会联合确定总动员计划会议刚刚结束，突然传来了南湖炮队士兵自发暴动的消息。

南湖炮队是革命党人较多的地方。9 月 24 日，炮标第三营士兵梅青福、江锡久请假离营，同棚兄弟为他们置酒饯行，正当猜拳行令、兴高采烈之际，排长刘尚云斥责他们不该酗酒，要严加惩处，引起士兵公愤，对排长进行反抗。其中霍殿臣、赵楚屏等一时兴起，竟从军火库内拖出大炮，欲行暴动。张彪得报，令马标统带喻化龙派队弹压，并追捕逃走的霍殿臣、赵楚屏等人。后来因张彪并未深究此事，革命党人遂按原定计划准备起义。

炮队事件后，湖北当局加紧了对军队内部的管理，不仅使各军营内气氛紧张，武汉三镇也出现了军警巡察频繁的局面。面对这种情况，革命党人加紧印文告，写照会，制钞票，造炸弹，争取按时发动起义，不料又出现了宝善里事件。

10 月 9 日中午，孙武等人在俄租界的宝善里制造炸药。当时，孙武临窗而坐，用洗脸盆检验炸药，丁光中、李作栋在室中一小圆桌上加盖钞票印章，王伯雨在清理文件。此刻，刘公胞弟刘同到机关部来，站在孙武旁边看检验炸药。刘同漫不经心，口里吸的香烟灰落在炸药上，呼哧一声响，炸药浓烟突起。虽未发生爆炸，但炸药被燃，孙武面部和右手烧伤，飞溅的炸药，使王伯雨的右眼也被灼伤。李作栋忙站起来在屋角衣架上取下长衫蒙在孙武的头上，与丁光中及两位军队同志从后门送往法租界同仁医院就医。其他在场者准备把文件、名册带走，无奈钥匙不在，打不开柜锁。

宝善里机关爆炸后，浓烟从窗户、屋顶冒出，四邻大呼救火。俄巡捕四处奔集，夺门而入。在俄巡捕赶到现场时，曾碰到刘公出门，刘公谎称是煤油爆燃，随即避走。俄巡捕进入宝善里 14 号，即将前后派人监守，向楼上各处搜查，发现炸药等物，又用斧头把大柜砍开，找到旗帜、名册、文告、盖印纸钞等物，搜洗一空，并将未逃出的刘燮卿带走。

蒋翊武听到宝善里出事的消息，立即召开了紧急会议，研究如何对付风云突变的形势。摆在革命党人面前的道路只有两条，一条是坐以待毙，一条是死里求生。刘复基在会上十分清醒地说：“事已至此，正是我们和满奴铁血相拼的时候了。与其坐而被捕，不如及时举义，成败利钝，非所计也。”蒋翊武也认为：“再无别法，向前干，或可死中求生。”会议决定：当晚12时起义，以南湖炮队的炮声为号，工程营第八营占领楚望台军械库，其他各营分别占领蛇山、凤凰山、黄鹤楼、青山等制高点，并扼守武胜关，进攻总督衙门，还分派多人到各处秘密布置。

当天夜里，蒋翊武、刘复基、彭楚藩等在武昌小朝街总指挥的楼上，兴奋而焦急地等待着南湖的炮声。时针已经指向11时30分了，彭楚藩高兴地持着钟说：“翊武！你快将你攻守的地图、调查的册子，早些看熟，以便临时指挥。”话音刚落，突然几个巡警破门而入，随即将蒋、刘、彭等人包围。蒋翊武穿一件破长衫，土头土脑，使巡警失去警惕，在杂乱中逃走。这时南湖的炮声仍未传来，原来送命令的邓玉麟在沿途受到军警的检查，千方百计到达南湖炮队时，已经12点了。营门已关，邓玉麟越墙而入，人多已入睡，信炮无法发出，9日晚发动起义的计划流产了。

湖广总督瑞澂在抓到刘复基、彭楚藩之后，得意忘形，当晚就开庭审讯刘、彭二人和另一个因送炸弹被捕的革命党人杨洪胜。刘、彭、杨3人大义凛然，威武不屈，在法庭上大骂清政府的倒行逆施，揭露瑞澂一伙的丑恶嘴脸，把审判官的种种非难驳得哑口无言，他们在法庭上高呼："民国万岁！""孙中山和未死同志万岁！"表现了革命党人坚贞不屈、视死如归的英雄气概。10月10日晨，瑞澂下令将刘、彭、杨杀害。

工程第八营是湖北新军最先成立的部队，装备较优，从工程营出身的党人和著名军人特别多，工程营中革命的准备和发动工作做得也比较充分。

在9月9日晚准备起义的计划失败以后，革命党人在工程第八营的总代表熊秉坤，秘密约集同志，决议10月10日下午3时晚操之际发动起义。但午后营中长官宣布晚操停止。这样3时行动的计划也无法实现。熊秉坤等又约在晚间头道点名之后，二道点名之前7时准时发难。

10月10日晚，准备发难的紧张气氛笼罩全营。到晚间头道点名过后，后队二排排长陶启胜去该排二棚巡查，看到该棚党人金兆正在擦枪，便厉声问道："你晚上武装齐备，手擦步枪为何？"金兆龙回答："防备。"陶启胜大怒："汝辈造反耶？"就上前扭住了金兆龙。金兆龙情急高呼："此时不动手，待等何时？"其他士兵立刻上前动手。金兆龙马上用枪托猛击陶启胜头部，陶启胜拼命往外逃跑。此时熊秉坤正好闻声前来，见陶启胜抱头逃出，立刻抽出手枪，将陶启胜击毙。这时全营一片混乱，人声鼎沸，声震天地。代理工程八营管带阮荣发和右队队官黄坤荣等也闻声赶来，一面高呼，一面鸣枪，喊道："汝辈均有家小性命，均有父母住在此地，此等事做不得，要家灭九族咧！赶快觉悟，快回本标，决不究其以往，不要胡闹乱为，汝等均受革命党人骗。革命党人昨日已跑走老远，教你等今日送死也是无益的。"同棚士兵正瀛和徐少斌等立刻向阮、黄开枪，阮、黄相继被击毙。其他官长见状不好，纷纷逃散。熊秉坤鸣笛集合，率队 40 多人出营。

就在这个紧急时刻，工程八营左队党人代表罗炳顺、马荣等派人送来一个振奋人心的消息：楚望台军械库已经得手。这样，整个局面就急转直下了。

楚望台为鄂省总军械库。自张之洞以来，凡购自外国之军械及汉阳兵工厂出品皆藏于此。

楚望台离工程营地只有 1000 多米。熊秉坤等在营内发事后，枪声和人声立刻传到军械库。当天守库的左队士兵中的党人代表罗炳顺、马荣正准备响应，监视官李克果召集守卫士兵集合训话。要求："如果不法匪人来此，汝等责任重大，须要抵抗。"罗等说：

“我等未见一粒子弹，何能抵抗？”李于是令军械所主任纪荣转饬管库工将库门打开，搬出子弹两箱，分发给各自兵士。兵士们得到子弹后，立刻向空中放了一排枪。李克果等看到这种情况，就同工程营左队官佐越墙而逃。楚望台军械库就这样唾手而得。

熊秉坤率领工程八营40多人来到楚望台，罗炳顺、马荣等出而欢迎。不久，周定原又率一队到达。熊秉坤集合队伍讲话后，在8时20分以总代表兼大队长的名义发布命令。命令中说：“本军应冠以‘革命军’三字，称湖北革命军。其兵种队号暂袭用旧制。”“本军今夜作战，应以破坏湖北行政机关，完成武昌独立为原则。”“本军作战以清督署为最大目标。”命令并规定了各排的任务。今夜口号为“同心协力”。

这时城内其他地方的新军也纷纷起来响应，陆续到楚望台，接受临时总指挥的指挥。起义军还夺取了中和门，迎接炮八标入城。炮八标的发动，对武昌起义的成功具有关键性的作用。这是因为：第一，炮兵素称“军中之胆”，炮八标拥有山炮多门，火力猛烈，声威震人。第二，炮八标当时全标留驻武昌，共有士兵800人，人数在当时各部中居首，成为起义各部中力量最强大的一支。炮八标的参加，可以说立刻改变了武昌城内敌我双方力量的对比。

起义军进攻的主要目标是湖广总督衙门。“因为参加革命的同志都知道，若攻不克督署都要杀头的，所以革命党人那时候只想要胜利。”他们只有一个念头：一定要胜利，一定要在天明前把总督衙门打下来。

武昌城围3430丈，东西5里，南北6里，自黄鹤楼至蛇山东端，横亘长约4里。其北为山后，南为山前，山前较广，东南为城内各标营驻地，西南即清督署所在地。总督衙门两面靠近城墙，一面同第八镇司令部隔街相邻，周围全是一丈多高的城墙。正面的巷道狭窄，进攻的兵力难以展开。起义军的兵力约3000人，与督署守军相比，力量“似乎平等”。所以要把它攻下来，实在是一件不容易的事情。

炮八标进城前，起义军已以工程八营为主力，分两路向总督衙门进攻，但因火力不足，无法接近。炮八标入城后，临时总指挥吴兆麟当即命令炮队分别据楚望台阵地、蛇山阵地和保安门城上，向督署和第八镇司令部猛烈炮击。步兵前后三路：右路由蔡济民等率领，中路则由马荣等率领，左路由熊秉坤等率领，在炮兵的火力支援下，向督署搜索前进。

攻势发动后，最初的进展不太顺利，处于僵持状态。清军以机枪扼守阵地，轮番扫射，进攻士兵纷纷受伤倒地。“所幸夜黑如漆，机关枪之力未能尽展。”工程兵两个营的士兵趁黑伏在地面上匍匐前进。待他们爬到机关枪下面后，突然狂呼跃起，夺得机关枪向清军扫射。

那天晚上正下着大雨，星光全无，不但清方的机关枪难以发挥威力，革命军方面的大炮也难以瞄准目标轰击。蔡济民等在王府口商乾记衣庄，用煤油把衣庄所剩的衣物燃着，顿时火焰上升，督署的目标看得清清楚楚，大炮可瞄准目标进行轰击。顿时，督署大堂、监押房等处及第八镇司令部马房，悉被大炮轰中，第八镇司令部遂被占领。瑞澂见大势已去，便叫人在墙根打开一个洞口，带着铁忠和家小仓皇爬出，躲上停泊在长江江面上的楚豫号军舰里。张彪仍率辎重八营和消防队，凭借望山门城楼负隅顽抗。熊秉坤领敢死队猛扑。这时，督署已成一片火海，清军士气已落，无意恋战。张彪只得率辎重营渡江退守。

经过一夜激战，起义军终于占领武昌城。第二天，“武昌已别成世界，满城士兵皆袖缠白巾，威风抖擞。”起义军已完全控制住武昌的局势。

大局既定，需要有一个人出来维持局面，于是革命志士马荣、杨启发奉命去寻找湖北新军第21混成协统黎元洪。

黎元洪当时在清军中地位很高。当大队士兵闯进来的时候，他还以为是在向他发难呢。但革命党人是想借他之力力促革命全面开花。黎元洪身不由已被革命党人推到了前面，但他唯唯诺诺，瞻前顾后。在关键的时刻，湖北咨议局议长汤化龙宣布拥护革命，黎元洪见这个非革命党人也同情革命，才活动起来。当即决议组织军政府，推黎元洪为鄂军都督。黎元洪则力辞，这时有人拟就都督安民布告，请黎元洪签署，但其犹豫未决，其亲信王安澜亦拽衣劝黎。这时守卫的测绘生李翊东、陈磊等愤欲举枪，黎元洪这才低声叹了一口气，签上了自己的名字。黎元洪是著名的稳健派，且相当有声誉，他出面领导革命，对内稳定了湖北人心，对外刺激了一般非革命党人，认为像黎元洪这样的人都参加了革命，可见反清革命确是时代需要。

黎元洪虽然就任鄂军都督，但他不是革命党，对革命事业也没有信心，所以他脸上常无表情，又喜欢一问三不知，大家只好叫他“黎菩萨”。他在都督府组成后即要求回家一行，后来竟由家中转去他的混成协司令部，可是革命军方面对他护卫甚严，除派各军士保卫他的家眷外，另有12人随其左右。

武昌起义的第二天，同武昌隔江相对的汉阳、汉口相继光复。这里的驻军是新军第四十二标的第一营和第二营。文学社在这个标内有很大的力量，并建有文学社阳夏支部。他们一行动，汉阳、汉口便很顺利地拿下。汉阳储存着大量的军械和弹药，对局势有着举足轻重的作用。汉口又是繁华的商业城市。它们的相继光复，进一步扩大了武昌起义的成果。革命军还在汉口成立了军政分府，由刚出狱的文学社重要成员詹大悲担任。

武昌起义胜利后，革命的火种燃遍全国，各省纷纷宣布独立，它终于敲响了埋葬延续两千多年的封建君主专制制度的丧钟。

袁世凯出山

武昌起义爆发后，革命形势一片大好。中外反动势力惊魂失魄，千方百计想消弭日益高涨的革命浪潮。

当时，各国列强正忙于准备重新瓜分世界的帝国主义战争，它们面对日益高涨的中国革命形势，经过秘密磋商，决定采取“中立”的政策，在这一幌子下，从封建统治集团中物色和扶植新的得力角色，以维护半殖民地半封建社会的统治秩序。袁世凯是它们的理想人选。他在1909年初被载沣

排逐回豫以后，表面上韬光养晦，内心里仍然野心勃勃，力图东山再起。他的住宅设有专门的电报房，经常与中外各方保持密切联系。袁世凯在朝廷布满羽翼耳目，与直隶、两广、东三省、安徽、山东、江西等省督抚经常有函电往还，并通过党徒部属，继续控制着清王朝的军事大权。小小的彰德恒上村，俨如一个朝廷。袁世凯之所以能居于如此举足轻重的地位，是因为他有着几个重要的资本：第一，实力最为强大的军队北洋六镇是他一手训练出来的。各镇军官都是他提拔起来的旧部，一向是“只知有袁宫保，不知有大清朝”，尽管袁世凯被罢黜家居，但其潜势力却丝毫未减。第二，袁世凯多年担任北洋大臣、直隶总督，调京后又出任外务部尚书，长期掌管对外交涉事务，同帝国主义列强建立了异常密切的关系。而袁世凯的精明干练和对帝国主义列强的态度，又深得帝国主义列强的器重，被他们看作是中国“强有力”的人物。他被罢黜后，帝国主义列强仍一直对他寄予极大的希望。武昌起义爆发后，东交民巷使馆区内便发出一片“非袁不能收拾”的呼声。第三，袁世凯同中国资产阶级，特别是立宪派人士之间也有千丝万缕的联系。他在直隶总督任内，曾以积极推行“新政”相标榜；积极提倡兴办新式学堂，派遣留学生；支持过请愿立宪运动。因此在一些人中博得“开明”的声誉，特别是得到立宪派人士的好感。

汹涌澎湃的革命浪潮促成中外反动势力抬举袁世凯出山。四川保路风潮方兴之际，列强的报刊就催促清廷重新起用袁世凯。武昌起义前夕，清廷内阁总理大臣徐世昌和那桐也奏请辞职，以敦请袁世凯出掌权柄。武昌起义后，中外反动势力更是相互呼应，迫不及待地要求清政府起用袁世凯。10 月 11 日，四国银行团中的美国代表司戴德声称“如清朝得到袁的相助，叛乱一定会平息”。同一天，清皇族内阁举行内阁会议，决定要求载沣起用袁世凯“统兵平乱”。后来，美国公使嘉乐恒在外国驻华使团会议上倡议敦劝清廷起用袁世凯，得到各国公使的赞同。嘉乐恒亲自入宫，向载沣表示外国使节的共同要求。奕劻、那桐、徐世昌也再次联合催促载沣起用袁世凯，声称北洋军队由袁世凯一手编练，只听从他的指挥。在中外反动势力的交相鼓噪下，载沣被迫于 10 月 14 日同意下诏起用袁世凯为湖广总督，“督办剿抚事宜”。

袁世凯却推称“足疾未愈”，不肯赴任。继而又通过徐世昌提出“出山”的 6 个条件：第一，明年即开国会；第二，组织责任内阁；第三，宽容参与此次事变诸人；第四，解除党禁；第五，必须授予指挥水陆各军及关于军队编制的全权；第六，必须予以十分充足的军费。这些条件暴露出袁的双重政治野心：要清廷交出全部军政大权；拉拢资产阶级立宪派，分化和平息革命。载沣因其要价太高，不肯答应。但由于湖北革命党人乘胜进击，荫昌指挥的清军无所作为，湖南、陕西、江西等省又相继宣告独立，只好再次退让。10 月 27 日，清廷将荫昌调回，授袁世凯为钦差大臣，给予湖北军务全权。

这时，北京资政院中的立宪派加紧活动，奏请取消皇族内阁，速开国会，赦免国事犯。10 月 29 日，山西宣布独立。驻扎河北滦州的清兵在吴禄贞的策动下，致电清廷，要求本年内开国会、制定宪法、组织责任内阁、削除皇族特权。次日，载沣以宣统帝名义下诏“罪己”，同意资政院奏请改组内阁、开放党禁、拟定宪法。

11 月 1 日，以奕劻为首的皇族内阁辞职，清廷任命袁世凯为内阁总理大臣，要他立即来京组织“责任内阁”。3 日，清廷颁布《宪法信条》十九条，削弱“君上大权”，承认皇帝的权力以宪法规定为限，皇族不得担任内阁总理大臣。清王朝在革命风暴的打击下被迫把军政大权转移给袁世凯，企图以此来挽救自己的危亡。

10月底，袁世凯离开彰德，南下信阳，接任钦差大臣，下令猛攻汉口。11月1日，清军占领汉口。7日，袁世凯派人在石家庄刺死吴禄贞，瓦解了革命党人密谋策动的北洋新军起义。13日，袁世凯抵京就任内阁总理。16日，他组织的责任内阁宣告成立，其中一些关键性的位置大多是由他的亲信充任，如陆军大臣王士珍、民政大臣赵秉钧、邮政大臣杨士琦等。值得注意的是，还有张謇任农工商大臣、梁启超任司法部副大臣，表明袁世凯网罗立宪派等各方势力共同对付革命的阴险用心。

袁世凯上台组阁，立即得到列强的欢迎和支持。大权在握的袁世凯在帝国主义列强的支持下，决定对南方革命党人“剿”“抚”并举，以武力进攻为手段，达到政治诱降的目的。袁世凯成为革命的最险恶的敌人，革命形势日趋严峻。

沙俄策动外蒙独立

辛亥革命发生前，清政府在外蒙推行新政，外蒙王公亲俄势力开始秘密策划脱离中国，变外蒙为沙俄的保护国。

1911 年 7 月 10 日，外蒙各盟王公会盟大典大会召开，亲俄分子杭达多尔济等人纠合赞成“独立”的王公、喇嘛等决议脱离中国，宣布独立。同时，推举杭达多尔济为代表组成代表团，前往俄国请求接受沙皇保护。

8 月 28 日，俄国大使会晤清外务部大臣，声称俄

国对外蒙不能漠视，将筹划对付办法，干涉中国的内政。清政府被迫决定暂缓在蒙古实行新政。

武昌起义爆发，中国局势急剧变幻，沙俄开始趁火打劫。

10月19日，俄外使向清廷提交备忘录，俄陆军部命令伊尔库茨克军区将步枪15000支、马刀15000把、子弹750万发，送交外蒙亲俄分裂集团，又派步兵一营和哥萨克骑兵以保护领事为名，开往库伦。

11月30日，在沙俄驻库伦领事的策划下，杭达多尔济等以库伦活佛哲布尊丹巴的名义，向清朝驻库伦办事大臣三多提出最后通牒，宣布：将“蒙古全土自行保护”，定为“大蒙古独立帝国”，公推“哲布尊丹巴为大皇帝，不日登基”。限三多次日出境。

12月1日，一队俄国兵领一批蒙古叛军包围三多的库伦办事大臣衙门，三多卫队被缴械，三多被迫取道回京。

同日库伦宣布独立，推举活佛为大都督。科布多已罢市，并有蒙古杭达亲王在该处附近金矿一带，召集士人近万余，企图大举。在京蒙古王公，特为此事在蒙古实业公司大开会议，极端反对拒绝。

12月2日，库伦电报局致清邮传部电：“库伦活佛定于3日独立，掌印大臣等带印进口。全厂间人数逾两万，市面大慌。电局界官商之间，蒙人尚未过问——且到处抢劫，脚力太昂，欲归已苦无路，只得暂时支持。”

12 月 16 日，“大蒙古国”正式成立，奉哲布尊丹巴呼图克图为“皇帝”，年号“共戴”。设内务、财政、兵、刑、外务四部，其幕后实由俄国操纵。登基礼完全仿照俄国仪节。库伦政府并雇用俄籍军官 45 人教练蒙兵，武器弹药全由俄国购入。

清政府派新任阿尔泰办事大臣毕桂芳为查办库伦事件大臣，前往库伦查办，因沙俄的阻挠，查办活动化为泡影，外蒙独立一事遂成悬案。

南京临时政府成立后，孙中山宣布五族共和宗旨，并致电蒙古王公派代表来南京参议政要。因南北阻隔，音信不通，袁世凯继任临时大总统后，对外蒙独立问题，无心也无力解决。希望通过谈判内部和平解决，没有成功，欲武力征蒙又担心沙俄的干涉。而沙俄竟背着中国政府同外蒙王公签订《俄蒙协约》，意图“独立蒙古，驱逐中国”。遭到中国各族各界人士的极力反对。然而蒙古独立的一连串事件，为后来外蒙脱离中国埋下了隐患。

1913 年 11 月 5 日，北洋政府与沙俄政府联合发表《中俄声明》，中国承认蒙古国自治权和沙俄在外蒙特权，俄国承认中国在蒙古国的宗主权。1915 年 6 月 7 日，《中俄蒙协约》签订，外蒙取消独立。1918 年，北洋政府军队开进库伦，恢复对外蒙行使主权，但外蒙分裂分子始终没停止过独立活动，趁着中国局势的混乱，1921 年，蒙古国宣布独立。1924 年，成立蒙古人民共和国。

南北议和

袁世凯在出任内阁总理大臣后，南北双方正式议和。北京英国公使朱尔典电令汉口英国领事葛福出面，协商双方停战。12 月 7 日，清廷任命袁世凯为议和全权大臣。袁世凯奉旨后，派出了唐绍仪为全权代表，而革命军方面亦派伍廷芳为全权代表。

12 月 17 日午后 2 时，在上海南京路市政厅举行第一次会议。首先由伍廷芳提议，自 19 日起停战，

所有鄂、晋、陕、鲁、皖、苏、奉等省一律实行，待清内阁回电同意，然后和谈才能正式进行。唐绍仪继伍廷芳后发言，他表示立即把伍廷芳的建议电达袁内阁，同时请伍亦立即电告武昌黎都督转告各省查照。同时谈到一段故事，就是汪精卫在北京时曾电黄兴谈到促袁世凯参加革命，黄兴复汪电告以倘袁世凯果能参加革命，即可举袁世凯为第一任中华民国大总统。黄兴这封复电，汪精卫曾交给杨度，杨度又转交袁世凯。袁世凯表示："大统领我不能做，应由黄兴做。"因此可以证明袁世凯内心倾向共和，不过身为清臣不能出口耳。于是唐做结论，认为当前和议所讨论的，不是反对共和宗旨，而是先求如何达到和平。这第一次的会谈就此结束。

和谈开始后，南方代表（革命军方面）提出一个和谈的先决问题，就是北方代表（清廷方面）必须首先承认民主共和制的国体问题，这是革命的目的，如果不在这个基础上谈，则无和谈的必要。唐绍仪把南方的"和谈先决条件"发电报到北京，向袁内阁请示，并提出自己的看法。唐绍仪的看法是革命军方面对这个先决条件没有讨价还价的余地，因此如果拒绝便无法谈下去，不如绕圈子谈，就是把这个"国体"问题交给一个"临时国会"去做表决，如此和谈还可以谈得下去。袁世凯接到唐绍仪的电报，就向隆裕太后请示，最后终于接受了唐绍仪的意见。有人说唐绍仪的意见根本就是袁世凯的授意，因为袁世凯的手法就是要假手于革命军来结束清朝的统治，同时为自己“取而代之”留下余地。

南方代表伍廷芳不满意唐的答复，唐绍仪再三解释说：“这不过是形式问题和程序问题，这样做法是蜕变，对达到革命目的，并无冲突。”南方代表认为绕了一个弯路也勉强可以同意，因此乃进一步和北方代表讨论如何召集“国民会议”以解决“国体问题”。双方协议由革命军所占领的14个省和清政府统治的8省，每省各派代表3人，参加国民会议。国民会议的地点，南方代表提议在上海，北方代表则表示必须向袁总理请示后才能决定。

孙中山从海外归来，打散了袁世凯的如意算盘。1911年12月29日，各省代表会议选举孙中山为临时大总统，成立南京临时政府。

1912年1月1日，孙中山先生在南京就任临时大总统。唐绍仪请示的电报和孙大总统就职的电报同时到达袁世凯的手上。袁听说临时政府已经成立，很生气地说：“既然已经选了总统，那么我坐在什么位子上呢？算了吧！不必谈和了。”他在一种不愉快的心情下，给唐绍仪一个指令，认为唐绍仪未经他许可就同意国民会议的代表权分配办法，应视为无效。同时，这个办法南方占14省对北方的8省，不待开会，北方已经处于绝对的劣势了，因此他发电上海，声明不同意，同时谴责唐绍仪的越权行为。唐绍仪在此情形下，只好引咎辞职。袁世凯接受唐绍仪的辞职，同时电请伍廷芳北上直接谈判。伍廷芳则请袁世凯南下，双方和谈变成了电报往还，不得要领。

袁世凯在这时候使出了好几种手法，他既向革命军威胁，又向清政府要挟，他的手法如下。

（一）北洋军由姜桂题、冯国璋等发表联名通电："拥护君主立宪，反对共和政体。"这是对付革命军的。

（二）清政府驻外使节，由出使俄国大臣陆征祥领衔，电请清帝退位。这是对付清廷的。

（三）命令张勋的辫子军反攻南京，以试探革命军的力量。可是辫子军太不中用，先被江浙联军和粤军在固镇击败，又被粤军和淮军在南宿州痛击，张辫帅结果连徐州也守不住，乃逃到山东。

（四）设法取得革命军方面保证，如果清帝退位即推袁世凯继任总统。

其实这一默契早已形成，不过袁世凯还不太相信。在革命军这方面由于妥协分子太多，大家认为基于民族主义观念，只要清室让国就已经完成革命目的了，袁世凯手上有北洋军，不该逼他走曾国藩的路，所以只要袁世凯参加革命，无妨推袁世凯为大总统。

南北和谈转入幕后，杨度和汪精卫变成了主要人物。汪精卫已被袁世凯收买，又曾在北京和杨度组织了"国事共济会"，南方妥协分子又占多数，因此，促孙大总统让位于袁世凯，由袁世凯负责推翻清政府的交换条件便更加成熟了。

南京临时政府成立后，帝国主义、国内南方立宪派、旧官僚和革命内部妥协势力加紧拥袁排孙活动，要求孙中山承认南北秘密和谈中达成的"先推覆清政府者为大总统"的协议。南京临时政府内外交困，孙中山不得不致电袁世凯"虚位以待"。1912 年 1 月中旬，革命党人汪精卫、王宠惠以民党代表资格与唐绍仪、杨士琦密议：袁世凯迫使清帝在优待条件下退位，并同意建立共和政体，然后孙中山把临时大总统职位让给袁世凯。2 月初，双方代表又议定了清帝退位的优待条件和清皇族待遇条件。

2 月 12 日，清帝溥仪下诏退位，袁世凯先一日致电南京宣布："共和为最良国体。"13 日，孙中山向临时参议院辞职，推荐袁世凯继任临时大总统。南北和谈结束，袁世凯轻而易举地攫取了无数革命志士流血牺牲开创的中华民国的革命政权。同时，妥协退让中的革命党人在议和中已埋下了共和国名存实亡的巨大祸患。

孙中山就任临时大总统

武昌起义爆发时，孙中山正在美国进行筹款。在武昌起义次日晚上，他来到科罗拉多州的丹佛市，因一路疲惫不堪，他一觉睡到第二天上午11时。起床后他决定先去餐厅用餐，然后再处理事情。孙中山路经走廊报摊，顺手购买了一份报纸，进入餐厅坐下一看，发现一段电讯写道："武昌已被革命军占领。"

看到这从天而降的喜讯，孙中山非常兴奋，他想马上回国，亲自指挥推翻清王朝反动统治的战斗，但他又转念一想，建立资产阶级共和国，将会遇到外

交、财政等方面的困难。此刻，自己效力革命不应在战场上，而应该在外交方面。于是，孙中山风尘仆仆，由美国去英、法等国，开展他的外交活动。在伦敦，孙中山以革命政府的名义，向英国金融资本家提出了一个 55 万英镑的贷款计划，根本无人理睬。到巴黎后，他又要求法国银行家贷款给中国革命政府，也遭到了拒绝，只好在 11 月 24 日，由法国马赛乘“丹佛”号轮船归国。

12 月 25 日，孙中山回到上海，受到以黄兴为首的革命党人和许多市民的热烈欢迎。当时到处都传言孙中山从国外带回一笔巨款，所以，很多中外记者都问：“外间传说孙先生这次带着几百万美元回国，真有此事吗?”孙中山严肃地答道：“革命不在金钱，而全在热心。我这次回国，没带金钱，所带回来的，只有革命精神而已。”

孙中山接受记者访问，呼吁国人共持“真精神，真力量”，团结奋斗，克服困难。他指出：“武昌举师以来，即由美旅欧，奔走于外交、财政二事。今归上海，得睹国内近状，从前种种困难虽幸破除，而来日大难尤甚于昔。今日非我同人持一真精神、真力量以与此困难战，则过去之辛劳将归于无效。”

26 日，上海同盟会干部黄兴、汪精卫、陈其美、宋教仁、张人杰、马君武、居正等，公宴孙中山，会商组织临时政府方案，决议选举孙中山为临时大总统。关于政府组织，宋教仁主张采用责任内阁制，推荐黄兴为内阁总理。孙中山起初不同意，所持理由："内阁制乃平时不使元首当政治之冲，故以总理对国会负责，断非此非常时代所宜。吾人不能对于唯一置信推举之人，而复设防制之法度。余亦不肯徇诸人之意见，自居于神圣赘疣，以误革命之大计。"

29日上午9时，各省代表会在南京选举临时大总统，到会者有17个省的代表，共计45人。依照临时政府组织大纲规定，得票在投票总数三分之二以上者才可当选。开票结果，孙中山得16票（黄兴得一票），当选为中华民国首任临时大总统。代表会并推举临时议长、广东代表王宠惠，副议长浙江代表汤尔和赴沪，迎接孙中山来南京。另决定中华民国元年元月1日举行临时大总统就职典礼。

次日，黎元洪电贺孙中山当选临时大总统，电称孙中山"虑周全球，挽末世之颓风，复唐虞之盛治，使海内重睹汉官威仪，不独四万万同胞之福，即东西各国亦莫不景仰高风。为中华民国庆，专此电贺。中华民国万岁，中华民国大总统万岁"。

安徽都督孙毓筠、福建都督孙道仁、江西都督马毓宝、广西都督陆荣廷、四川都督尹昌衡、蜀军都督张培爵、芜湖军政分府吴振黄、南洋庇能全体华侨、美洲同盟总会、旧金山国民会、葛仑同盟会、旧金山少年中国报、旅港商会商务公所、旅港番禺工商所、旅港银业行、福建商业研究所、江苏临时省议会、杭州北伐军司令正长徐怀礼及各地军事将领林述庆、柏文蔚、徐宝山、李竞成等均电贺孙中山当选临时大总统。

29日，孙中山致电袁世凯，勉其“以旋乾转坤自任，即知亿兆属望，而目前之地位，尚不能不引嫌自避；故文虽暂时承乏，而虚位以待之心，终可大白于将来。望早定大计，以慰四万万人之渴望”。

1912年1月1日，孙中山在隆重的仪式后，宣读誓词：

倾覆满洲专制政府，巩固中华民国，图谋民生幸福，此国民之公意，文实遵之，以忠于国，为众服务。至专制政府既倒，国内无变乱，民国卓立于世界，为列邦公认，斯时文当解临时大总统之职。谨以此誓于国民。

孙中山正式就任中华民国临时大总统。

孙中山在南京宣誓就职，宣告了中华民国临时政府正式成立。当天，孙中山即发布《临时大总统就职宣言》和《告全国同胞书》，在1月2日发布《改历改元通电》，规定："中华民国改用阳历，以黄帝纪元。"1月3日，孙中山以总统名义，向各省代表联合会提出主持中央各部的9名国务员名单。任命黄兴（陆军）、黄钟英（海军）、王宠惠（外交）、伍廷芳（司法）、陈锦涛（财政）、程德全（内务）、蔡元培（教育）、张謇（实业）、汤寿潜（交通）为各部总长，选举黎元洪为副总统。此后，各省代表会通过组织临时参议院，由各省都督府各派参议员3人与会。

1月28日，临时参议院召开正式成立大会，选举林森、王正廷为正副议长。临时政府和临时参议院制定和颁布实施了一系列有利于中国社会发展的政策法令和改革措施，包括扫除封建弊蠹，保护人权，振兴实业，改革教育等内容。3月11日，又颁布具有资产阶级共和国宪法性质的《临时约法》。由此，资产阶级共和国的政权体制基本确立。

中华民国临时政府的成立，是中国历史上一件开天辟地的大事。以孙中山为首的临时政府，是具有资产阶级共和国政权性质的民主革命政权。它在短暂的存在期限里热切而艰难地开拓着新生共和国的征程。此后，民主革命、民主共和思想日益深入人心，为中国以后的发展迎来了新世纪的曙光。

清帝退位

早在1912年1月3日，遵照袁世凯的旨意，姜桂题、冯国璋等数十名北洋将领借口对南方革命军开战，通电劝王公大臣输财助军，强硬地指出，若不出钱助军，“非但财不能使，杀身之祸，且在目前”。这些王公大臣虽然家中金银堆积如山，但要他们拿出一分一厘比让他们割肉还难。结果，袁世凯费了好大的劲，才从清廷挖出8万两黄金。袁世凯这一招，一方面使王公大臣深感革命军强大，清朝危在旦夕，因而惶恐不安；另一方面也觉察到袁世凯忠于清室的表白是为掩人耳目。

同是在1月3日，在袁世凯的授意下，驻俄公使陆征祥联合驻外各国公使，电请清帝退位。随后袁世凯又联合内阁成员上奏清廷，谓清廷命运垂危，南方革命党力大无穷，如不实行共和，清廷朝夕难保。恰在1月16日革命党人杨禹昌等人痛恨袁世凯操纵和谈，扼杀革命，预先持枪携弹藏于东华门大街便宜坊酒楼上，待袁世凯入朝走到东华门时击杀之。但这次袭击没能打死袁世凯，却意外地帮了袁世凯的忙：其一，证明了袁世凯为革命党潜伏京师的谎言；其二，使清廷感到袁世凯仍是忠于清室的，否则革命党不会暗杀他；其三，袁世凯本来不想自己出头露面前去逼宫，这正好有了托词，于是借口养病，派心腹赵秉钧、胡惟德进宫逼皇帝退位。

1月17日、18日清廷召开两次御前会议，皇亲贵族坚决反对退位，会议毫无结果。袁世凯得此消息，一面上奏折进行威吓和引诱，谓革命军势大，徐州已失，长此下去，皇室指日可灭。并大造“革命党人潜伏京师”，不久要发生暴动的谣言，威吓清廷。恰在这时，革命党人彭家珍潜往北京，1月26日在良弼退朝回家时，出其不意投出一颗炸弹，将良弼炸断一条腿，自己当场牺牲，良弼在第二天死亡。这一下使那些皇族亲贵肝胆俱裂，对袁世凯的话深信不疑，许多王公大臣纷纷离开北京逃往天津、青岛、大连等地，一时跑不掉的也乞求袁世凯给予保护。

1月29日、30日清廷召开御前会议，决定“逊位”以取得优待条件。袁世凯得到消息后，病即“大愈”，于2月3日打电报催伍廷芳将优待清室条例速定下来。5日南京参议院通过了优待条例和张謇起草的《清帝退位诏书》。这个清室优待条例，允许在实现共和之后保存一个封建的小朝廷。条例分三大项，即关于皇帝优待条件，关于皇族优待条件和关于满蒙回藏各族待遇条件。其中允许皇帝和各国君主一样受尊崇；皇帝岁俸400万两；皇帝仍住皇宫和颐和园；其宗庙陵寝永远奉祀；宫内用人照旧；禁卫军照旧；皇族之冠爵仍旧；皇族财产一体保护。2月12日隆裕太后带着6岁的小皇帝溥仪在养心殿举行了最后一次朝仪礼。清廷公布退位诏书，并宣布退位。

清自清太祖努尔哈赤建国，至宣统退位，共计297年；自顺治入主中国，至宣统退位，则为268年。宣统退位是在民国元年2月12日，即宣统三年十二月二十五日，至此清王朝覆灭了。

北京兵变

袁世凯逼迫清帝退位后，算是给革命党人做了一个交代。由于有言在先，2 月 13 日，孙中山被迫辞去临时大总统之职，并以伟人之胸襟，提出推荐袁世凯候选临时大总统的咨文。元年 2 月 15 日，临时参议院召开临时大总统选举会，17 省代表到会，共计 17 票。投票结果，袁世凯得 17 票，当选为中华民国临时大总统。

袁世凯终于将大总统的位子从孙中山的手中“接”了过来，对于革命党人来说，他们掌握国家政权，连总统椅子都还没有坐热。

不过孙中山先生了解袁是一个只知实力政治而不尊重法治

的人，所以他有所保留，提出了3个附带条件：第一，临时政府设在南京；第二，新总统到南京就职时，大总统及国务员再行解职；第三，新总统必须遵守《中华民国临时约法》。促使袁世凯到南京来继任总统而脱离北京的封建势力，同时把临时参议院所制定的《临时约法》作为一道紧箍咒套在袁的颈项上，借以约束袁世凯的野心，而使其走上法治轨道。

清帝退位后，定都问题成为当时一个争论的焦点，大多数人主张仍应以北京为首都，宋教仁、章炳麟持之尤力。章认为南京不能控制满蒙，清命虽黜，遗孽犹在，北军未必没有怀念旧主的，加以蒙古和满洲为其后援，则死灰将复燃。但同盟会要员则恐惧袁世凯在北方有雄厚势力，若定都北京，袁世凯为总统，则推翻清朝换来袁世凯，亦是以暴易暴，所以坚持定都南京。

当2月13日孙大总统辞职和举袁自代的咨文送到参议院后，参议院对选袁世凯为总统一事全无异议，但对于都北抑或都南一事，则争辩甚烈。议员谷钟秀、李肇甫等力主建都北京。投票结果以20票对8票的多数，决议定都北京。

孙、黄等闻悉参议院决定，均怒不可遏，急召参议院中同盟会议员黄复生、邓家彦、康宝忠、李伯中，严责参议院不该通过此案而甘为袁世凯应声虫。黄兴尤为愤怒，两手插入军服口袋中，踱来踱去。黄、邓等主张由大总统再交参议院复议。黄兴则认为参议院应自动推翻此案，否则黄将以宪兵入参议院拘捕所有同盟会议员。

2月14日，孙大总统率文武官员往祭明孝陵，秘书长胡汉民则称病留府，草拟咨文将建都北京案退交参议院复议。于是参议院临时变更议程，首先讨论此案，争论仍极激烈。同盟会籍参议员痛言此案如不获通过，则将身殉会场。投票表决结果，以19票对8票的多数，决议临时政府仍设南京。表决后孙大总统才祭陵完毕，一场国都风潮始暂告平息。

2月18日，孙中山电告袁世凯南下就职，并派教育总长蔡元培为专使，魏宸祖、刘冠雄、钮永健、宋教仁、曾昭文、王正廷、汪兆铭等组成欢迎使团，偕同北方谈判代表唐绍仪前往北京，专程迎袁南下就职。袁世凯举行隆重仪式欢迎以蔡为首的欢迎使团。他满口答应立即“南下就职”，表示先至武昌，再顺流到南京，装出一副打算南下的姿态，在欢迎团中造成很大的幻象。

2月25日，迎袁使团来到北京，受到袁世凯的热情接待，他打开北京正阳门，以表示隆重欢迎。晚上，他又举行盛大宴会，招待迎袁专使。第二天，袁世凯在与迎袁专使的谈话中，满口答应南下就职毫无问题，只要安排好留守坐镇的适宜人选，立刻就走。迎袁专使见袁世凯办事非常爽快，也就放心了。

就在欢迎使团满怀着希望，准备陪同袁世凯一起南下时，袁世凯一手导演的闹剧出场了。2 月 29 日晚 7 时 30 分，由袁世凯直接控驭的北洋嫡系部队曹锟的第三镇奉命在北京发动兵变。29 日晚，按照北京市当局的通知，市民要上街举行提灯游行，以表示对迎袁专使们的欢迎。游行刚刚开始，从东北方向传来几声炮响。人们以为是礼炮，并不在意。突然，从周围的胡同里冲出很多士兵，奔向大街的店铺，砸开大门，疯抢起来。抢过之后又放火焚烧，人们乱成一团。敌兵还冲入迎袁专使的住所，蔡元培等人有的连鞋都没来得及穿，匆忙跳墙逃入六国饭店避难。当夜北京市民数千家惨遭焚掠，一时之间北京城内火焰冲天，居民四散奔逃，死伤无数。第二天，异军继起，大掠京城，巡警也趁火打劫。接着通州、保定、天津等地的北洋军相继哗变，京保、京津铁路沿线市镇皆受其害，乱兵串通警匪，肆无忌惮，不仅洗劫民宅铺户，甚至聚抢藩库，焚毁衙署，一时京津一带人心惶惶，谣言四起，社会秩序大乱。

兵变发生后，袁世凯党徒乘机兴风作浪，声称袁未离京，已有变乱，若真离京，恐酿大变。3 月 4 日，袁世凯的部下段祺瑞、冯国璋、姜桂题三军统领联名通电声称：北京秩序难以维持，大总统受任必暂难离北京一步。各界舆论都倾向于袁世凯建都北京。许多省份的都督和民军的一些将领，如阎锡山、蓝天蔚、谭延闿、孙道仁、蔡锷、朱瑞、马毓宝、蒋雁行等人也纷纷表态：即刻定都北京。同时，帝国主义列强军队在北京城内巡逻示威，日、俄、英、德、美等国分别从各地向北京增调军队，进行军事恫吓，并指责孙中山等人意气用事，不顾大局。

南京临时政府的首脑们听到北京等地兵变的消息，3 月 3 日至 4 日召开了一昼夜的紧急会议。孙中山说服革命党人，决计出兵平叛，并由黄兴等将领发出率兵北上的通电。

兵变使蔡元培等迎袁专使，惊恐无措，一再致电函给孙中山及临时参议院，主张在建都问题上退却，以稳定大局。袁世凯则电告孙中山，声称自己极愿到南京就职，只因北方商民每日函电吁留数千起，他只好尊重民意。3 月 6 日，南京参议院议决统一政府组织办法 6 条，正式同意袁世凯在北京就职。

3 月 10 日，袁世凯身穿大礼服，趾高气扬地在北京就任临时大总统。4 月 1 日，孙中山解除临时大总统职务，临时政府陆续北迁，辛亥革命的胜利果实终于落入袁世凯的口袋。

北京兵变，由袁世凯一手导演，中外反动妥协势力纷纷登台表演，摇鼓相应，袁世凯集团终于达到了定都北京的政治目的。

辛亥革命推翻了统治中国 260 多年的清朝政府，最终结束了两千多年的中国封建君主专制制度，推动了历史的发展。但由于领导这次革命的中国民族资产阶级的软弱，害怕帝国主义的干涉和国家分裂，对袁世凯认识不清，又没有自己独立掌握的武装，因而经不起帝国主义和袁世凯的威逼利诱，最后只有妥协退让，交出政权，走向失败。

唐绍仪组阁

袁世凯采用兵变等阴谋手段，迫使革命党人同意建都北京之后，剩下的便是确定统一政府的内阁成员人选问题。

早在南北和谈时，双方就已围绕这一问题进行交锋。革命党人认为，大总统既已让给袁世凯，总理则应由同盟会员出任，并任其组阁，从而通过控驭内阁，达到临时约法所取向的以三权分立制衡袁世凯的目的。袁世凯对此断然拒绝。赵凤昌以居中调停身份，建议内阁总理应由孙文、袁世凯两位新旧总统共同信任的人物来担任，这个人物就是唐绍仪。他同时提议劝唐绍仪加入同盟会，认为这是“双方兼顾”的办法。孙中山和黄兴深

表赞同。唐绍仪本是袁世凯的亲信，袁世凯派他来议和时，一方面深信这个老部属会忠实地为自己效劳，但另一方面却准备必要时把唐绍仪作为自己取信于清皇室的替罪羊和牺牲品。唐绍仪因此对袁世凯不满，渐与革命党人接近。他加入同盟会后，几次向孙中山献策“用政治手法来对付袁世凯”，为革命党人所赞赏。所以与北洋集团有深交而又开始分化出来的唐绍仪就被双方共同接受为内阁总理人选。组阁前，革命党人力图推举黄兴出任掌握全国军权的陆军总长，但袁世凯坚决不肯让出军权，双方互不相让，最后只好采取折中的办法，由段祺瑞任陆军总长，黄兴担任南京留守。

1912 年 3 月 13 日，袁世凯经南京临时参议院同意后，任命唐绍仪为国务总理。25 日，唐绍仪抵达南京组织内阁。30 日，袁世凯任命各部总长：外交总长赵秉钧，财政总长熊希龄，陆军总长段祺瑞，海军总长刘冠雄，司法总长王宠惠，教育总长蔡元培，农林总长宋教仁，工商总长陈其美，交通总长唐绍仪（兼）。在这些内阁成员中，王宠惠、蔡元培、宋教仁、陈其美 4 人为同盟会员，加上新入同盟会的总理唐绍仪，同盟会似乎在内阁中占有可观的席位，故被称为“同盟会中心内阁”。

这份名单，好像是容纳了各方面，因为唐绍仪虽是袁世凯的亲密朋友，可是他又和同盟会方面是好朋友，陆征祥是无党无派的外交家，熊希龄是君主立宪派，袁系的人只有赵秉钧、段祺瑞、刘冠雄3人，而同盟会方面却有蔡元培、王宠惠、宋教仁、陈其美4人。袁世凯认为这是非常公平的分配，其实则是掩耳盗铃的，因为唐绍仪是袁世凯的老友，而陆征祥则为袁系的附庸，而君主立宪派在同盟会和袁系间是选择亲袁的路线。因此在唐内阁中，外交、内务、财政、军事、交通5个重要部门都抓在袁手中，同盟会所得到的只是教育、司法、农林、工商4个无所事事的冷衙门。

同盟会并未真正控驭内阁，内阁的中心权力操纵在袁世凯手中。

唐内阁组成后，孙中山于4月1日正式解职。4月2日，参议院开会通过临时政府地点设在北京的决议，宣告临时政府正式北迁。4月20日，唐绍仪偕同盟会籍阁员蔡元培、宋教仁等到达北京。21日，在总统府召开唐绍仪主持的第一届内阁会议，宣告唐内阁正式成立。

袁世凯虽然把唐内阁的要害部门夺去，而且还千方百计地缩小内阁权限，但根据《国务院官制》，内阁仍然拥有广泛的权力。如临时大总统公布法律、发布教令及其他有关国务的文书，须由国务总理或全体国务员或总理与国务员副署。这个副署对袁世凯是一个极大的限制，因为袁所公布的法律、教令及其他有关国务的文书，如果不经国务总理和国务员副署而强行公布，就是违法越权，也就没有法律效力。这是袁世凯难以容忍的，但当时的革命党人普遍认为责任内阁制直接关系到民主共和制度的成败，绝不能听任袁世凯随意破坏。而唐绍仪加入同盟会后，在政治上明显地倾向同盟会，决心推行责任内阁制。这样，唐绍仪同袁世凯之间的矛盾日益尖锐，冲突无法避免。6月，袁世凯不经内阁副署，任命王芝祥为南方军队宣慰使，公然破坏责任内阁制。

唐绍仪愤而提出辞职，袁世凯派总统府秘书长梁士诒到天津挽留唐绍仪。梁士诒也是广东人，因为与康梁有关系，未为清政府所用。后来邮传部成立，梁士诒得到唐绍仪的引荐，才开始踏足政坛。民国成立，袁世凯当了临时大总统，梁士诒任秘书长，并特许参与各铁路事，兼任交通银行总理。

唐绍仪对梁士诒说：“我与项城（袁世凯）的交谊，你是知道的。据我观察，今天的国家大势，统一中国，非项城不可；而要治理中国，非项城和孙中山合作不可。但3个月以来，审机度势，恐怕将来终于事与愿违，所以不如早做打算。国家大事我又怎能以私交徇公义呢?”

两位南方人进行了彻夜长谈。第二天，梁士诒回北京去了，接着总统便批准了唐绍仪的辞职。中华民国的第一届内阁在成立两个月后便倒台了。

在军事上，同盟会原来推荐黄兴在新内阁中继续蝉联陆军总长，这当然是想限制袁的军事特权，使他不能把国家的军队当作私人的工具。可是这只是一种幻想，因为袁世凯要掌握军队作为自己力量的基础，因此绝不肯把陆军总长这个人选让给袁系以外的人担任，更不会同意给同盟会的“实力派”领袖黄兴，所以只同意改派黄兴为参谋总长。参谋本部在当时是个有名无实的机关，黄兴当然坚决拒绝接受这个空名职位。

宋教仁遇刺殉难

宋教仁，湖南桃源人，字钝初，号渔父。早年与黄兴组织华兴会，后入同盟会。1912 年同盟会改组为国民党时，宋担任代理理事长。

宋教仁一向醉心议会政治，主张责任内阁制，在各地演说，批评时政。1913 年国会选举中，国民党大胜，宋氏更是鼓吹政党内阁以制衡大总统袁世凯，颇为袁世凯所忌。国民党的大胜也使袁世凯不自安，于是与国务总理赵秉钧密议暗杀国民党领袖。宋教仁是国民党内最具组织能力、政治手腕最灵活、最具名望者，因此被列为暗杀计划的首要目标。

1913 年 3 月 20 日晚 10 时，上海火车站仍是一片熙熙攘攘，车站中有专为议员使用的接待室，宋教仁、黄兴等正鱼贯走出接待室，准备上车。

走至车站入口的检票处，宋教仁刚伸手去取收票员检过的车票，突然一声枪响，宋教仁就用手摸着他的腰，大叫说："我中枪了，有刺客。"说时迟，那时快，只见一个穿黑呢军装的矮汉子，从人群中不顾一切地窜逃。

在枪响前，另有一批送行的人是于右任等，还在议员接待室中谈话，转过头来不见了宋、黄等人，乃匆匆赶出来，正行进间就听到了枪声，跑步至入口处，恰巧遇到宋教仁中了枪，一手摸着右腰，一手扶着黄兴。于右任这时非常镇定地说："现在一方面要追捕凶手，一方面赶快送入医院，我去找车子。"他跑到车站外的停车场，找到了一辆汽车，把宋扶上汽车。一方面令留下的送行人赶快报警追凶，这边则令司机开快车送至靶子路沪宁铁路医院。

宋这时神志还很清醒，他用手把于右任的头拉到胸口，喘息地说："我痛得很，恐怕活不下去了，现在有三件事奉托：第一，所有在南京、北京和东京存的书，全部捐入南京图书馆；第二，我家很穷，老母尚在，我死后请各位替我照料；第三，请各位继续奋斗救国，勿以我为念放弃责任。"

黄兴、于右任等把宋教仁送至铁路医院，就要求医院医师会诊急救，院方乃请格尔本医师和比林哈斯医生共同诊视，认为伤势很重，必须开刀才能有望。为了争取时间，遂在12时30分送入手术室开刀。用钳子从小腹取出子弹，发现子弹有毒，虽然流血不多，可是却十分痛苦，呻吟辗转，凄苦之情，惨不忍睹。午夜2时，院方再集外科医生5人第二次开刀，把肠缝补洗涤，取出食物及污血，然后合口，宋教仁几度昏厥，不过神智还算清醒，反复地说："我为了调合南北，费尽苦心，可是造谣者和一般人民不知原委，每多误解，我真死不瞑目。"

宋在病榻上托黄兴代拟一电，向袁世凯报告遇刺经过。

3月22日清晨，宋病势恶化，双手发冷，眼睛仰翻，嘴里说："我们要集中全国力量一致对外。"延至早上4时，已不能言语，只以黯淡的眼睛环顾四周，做依依不舍状。黄兴、于右任、陈其美、范鹤仙等均围侍病榻旁。黄在宋耳旁大声地说："钝初，我们会照料你的一切，你放心去吧！"宋用力睁开眼睛，眼中泛起了泪珠，慢慢地断了气。黄兴、于右任等伏尸恸哭。

宋教仁自上海行前数日，得友人密告，说北方忌宋氏者想刺杀他，希望他先做戒备。宋教仁说：“吾一身光明磊落，平身无宿怨无私仇，光天化日之政治竞争，安有此种卑劣残忍之手段？吾意异党及官僚中人，未必有此，特谣言耳，岂以此懈吾责任心哉？”坦然而行，遂遭此难。

对于宋教仁为何被刺，何人所刺，各有说法，言人人殊。于是谣言不胫而走，大多数人尤其是国民党方面，均认为是袁世凯，可是北洋方面则散播谣言说宋教仁被刺是国民党内讧，自相残杀。

宋教仁的政见和孙中山、黄兴、国民党内一部分人相左是事实。南京临时政府时代，宋坚决主张责任内阁，其他人均反对。后来定都南北之争，宋教仁亦是主张定都北京，与孙中山、黄兴定都南京意见不同。国民党的组成，宋教仁的策划和贡献最大，因而成为实际的领导人，一部分革命党和同盟会中人对宋教仁也颇为不满，这些都是事实，当国民党组成后，外间谣言甚炽。

袁世凯做梦也想不到，这件刺宋案只三四天就被破获了。

宋死后的当天，黄兴和陈其美就联名致电上海的闸北警局和上海租界总巡捕，请其加紧侦探，缉捕凶手。当时上海电报局局长吴佩璜，是奉陈的命令担任情报工作的同志，陈其美令吴详查各方来往电报，发现了不少线索。同时有一个买卖古董字画的河南人王阿发前往四马路中央捕房报案，遂使这一骇人的政治谋杀案水落石出，真相大白。王在捕房说：

> 十天前我在文元坊应桂馨的家里兜卖古董，因为应是我的老主顾，平素很熟，应这天拿了一张照片叫我在某时某地把这个人暗杀掉，许以事成之后给我一千元做报酬。我因为只懂得做买卖，从没杀过人，因此不肯承担这件事。当时我并不知道照片上的人是谁，今天我在报上看见宋先生的照片，正是应桂馨叫我去暗杀的人，我相信如果找到了应，便可找到凶手。

上海捕房根据王阿发提供的线索，于3月1日派侦探到湖北路迎春坊228号妓女胡翡云（原名李桂红）的家中捉到了应桂馨。第二天继续搜查文元坊的应宅，又在宅内捉到了正凶武士英，就是他在车站开枪狙击宋教仁的，同时又搜出应桂馨和内务部秘书洪述祖往来的密电本及函电多起，五响手枪一支，还有其他证据多件。

从这些证件中证明：杀人的主谋是大总统袁世凯，同谋犯是国务总理赵秉钧，担任联络的是内务部秘书洪述祖，布置行凶的是上海大流氓应桂馨，直接行凶的是失业军痞武士英。

讨袁二次革命

刺杀宋教仁是袁世凯发动内战的信号。宋案发生后，袁世凯便秘密下动员令和大借外债，决心以反革命武力消灭南方的国民党力量。

袁世凯秘密在各地调兵遣将，在黄兴大裁民军的同时，北洋军队急剧膨胀起来。刺宋案发生后袁世凯政府于1913年4月20日以扩充海军名义，向奥国秘密借款320万镑，4月26日夜，袁世凯不顾全国人民反对和国民党议员们的阻拦，派国务总理赵秉钧、财长周学熙、外长陆征祥和五国银行代表，在北京江平银行签订了2500万镑的“善后大借款”合同，扣除费用后，实际只剩820万镑，不过加上奥国借款，还有1000多万镑，足够发动一场反革命内战了。

宋案与大借款，粉碎了资产阶级政治家“议会政治”的幻想，使一些真诚的革命者重新回到革命立场上来。

刺宋案发生时，孙中山正在日本访问。1913年2月11日，孙中山作为前总统、“全国铁路督办”，为实现他的社会改革和经济建设的理想，赴日访问考察。就在23日即将踏上天洋号海轮回国的时候，接到东京转来宋教仁被害的电报，他那振奋的面容立即变为悲痛。

袁世凯和一切反动头子一样，是革命者不可缺少的反面教员。孙中山回到上海后，认为“事已至此，只有起兵。因为袁世凯是总统，总统指使暗杀，则断非法律所能解决。所能解决者，只有武力”。他组织全国公民大会，提出救亡口号。很多地方报纸、省议会和群众团体亦群起响应，组织拒债会，反对袁世凯独裁卖国的勾当。国民党地方实力派江西都督李烈钧、安徽都督柏文蔚、广东都督胡汉民以及湖南都督谭延闿也通电反对大借款、抨击刺宋案。孙中山决心立即兴兵讨袁，重新举起民主革命的旗帜，挽救垂危的“民国”。但是，国民党经过同官僚政客逐渐合流，内部纷纭复杂，严重脱离群众，非常涣散，军阀

主义、官僚主义和地方宗派主义都在发展，早已失去同盟会时期的革命气息。湖北革命力量已被黎元洪摧残瓦解。粤、湘、赣、皖高级军官也被袁世凯收买。“如粤之黄和顺，赣之陈廷训，皖之胡万泰等，皆入袁之彀中矣。且南方所恃以为后方之湖南军械库被袁奸乘隙焚烧，大火连续五日夜不息，所存械弹付之一炬。”安徽及粤、赣、湘等省几乎发生了同样的变化，“国民党同志意见分歧，纷扰于内；敌党政客皆倾向袁世凯，构陷于外。……事实上南方人心涣散，军事已成被动局面矣”。

黄兴自裁兵、撤销留守府后，已无军事实力，“江、皖、赣三省战兵不满三万”，因而动摇于战和之间。他周围的国民党将领“皆主张慎重，以避袁氏凶风。克公笃实君子，敞纳其言”。黄兴对孙中山说：“南方武力不足恃，苟或发难必致大局糜烂”，又说“民国已经成立，法律非无效力”，坚持“法律解决”的幻梦。孙中山命胡汉民在广东首先发难，胡汉民以“时机未至”拒绝了；命陈其美在上海宣布独立，陈其美说“上海地小，难与抗”。孙中山十分气愤党内这种严重右倾和缺乏起兵的勇气，决心赴广州主持武力讨袁，“又为党员所厄”。这时，在讨袁问题上，不仅国民党主要领导人之间存在严重分歧，就是国民党各省实力派也各怀心腹事，无法统一起来。

袁世凯摸清了国民党内部对起兵缺乏准备，没有一致意见。他在帝国主义的支持下，布置好反革命内战的发动。5 月 2 日，批准赵秉钧辞职，派陆军总长段祺瑞代理国务总理一职，组成了“战时内阁”。5 月 6 日，袁世凯政府下了一道“除暴安良”令，矛头直指国民党。北洋将领张牙舞爪，纷纷通电，诬蔑国民党“危害民国”，表示已“枕戈待命”。一切准备妥当，5 月 20 日袁发“传语国民党人”的长电，威胁说如若革命党人敢另行组织政府，“即举兵征伐之”。果然，6 月 9 日借口李烈钧反对借款，不“服从政府”，免其江西都督职。接着又解除了胡汉民、柏文蔚的职务。7 月 5 日北洋军进逼九江，迫使国民党不得不起兵应战。

7 月上旬，刺宋案发生已经 3 个月以后，孙中山在上海召开国民党会议，才最后决定兴师讨袁，发动“二次革命”。12 日，李烈钧奉孙中山命，由上海转回江西，在湖口宣布起义，组织讨袁军，发布《讨袁檄文》。所谓“二次革命”的反袁之役开始了。

江西首先起义，苏、皖、粤、湘、川、闽各省先后响应独立。7 月 15 日，黄兴经孙中山等人“多方敦促，不得已，出为牺牲以全党谊”，勉强去南京逼江苏都督程德全独立，自任江苏讨袁军总司令，并敦促留在南京的柏文蔚接受安徽讨袁军总司令的委任状。

袁世凯派三路大军南下：第一路为段芝贵部，由京汉线南下进攻江西；第二路为冯国璋部，以张勋为先锋由津浦路直攻南京；第三路为倪嗣冲部，由汴梁经颍州、正阳关及太湖攻安庆。讨袁军方面，武汉及九江上游由李烈钧负责；津浦线方面由黄兴负责；颍州、正阳关、太湖方面由柏文蔚负责。是时湖南程潜部亦集中进窥武汉，使敌人不敢长驱东下。战事并非绝对不可为。

7月18日，广东、安徽两省宣布独立，20日，福建宣布独立，22日，上海国民党组织讨袁军，25日，湖南宣布独立，8月4日，四川重庆宣布独立。这些省份虽然宣布独立，但各省区内部意见不一，江苏都督程德全、福建都督孙道仁、湖南都督谭延闿本身就不主张独立，只是迫于形势，而不得不宣布的；彼此之间互不统属，没有统一的领导与部署，大都缺乏实力。7月25日，湖口失陷；8月18日，南昌失陷。黄兴于8月29日于前方兵败而出走。9月1日，南京被依附袁世凯的封建军阀张勋攻陷，遭到野蛮地焚掠屠杀。其他独立各省份情况更差：上海方面组织起来的讨袁军不久瓦解；江苏都督程德全在宣布独立后便溜往苏州，通电反对讨袁；8 月 6 日，安徽师长胡万泰被袁世凯收买倒戈，宣布取消独立；8 月 9 日，福建取消独立；8 月 12 日、9 月 12 日，湖南、四川也先后宣布取消独立。至此，“二次革命”从起兵开始，不到两个月就以失败而告终，资产阶级革命派掌握的地方政权全部丧失，北洋军阀势力则进一步扩张到整个长江流域。

“二次革命”虽然是孙中山发动的一次武装反袁斗争，是维护资产阶级民主共和制度的一次努力，但是宣布独立的 7 个省打算不同，行动不一，有的动摇妥协，投机观望，先后宣布取消独立；有的内部分歧，涣散无力，很快瓦解。特别是国民党已放弃了同盟会在辛亥革命前的革命纲领，得不到人民群众的拥护。而帝国主义却在政治、经济各方面全力支持袁世凯，进步党和旧官僚对袁世凯镇压“二次革命”又大卖力气，在国会中通过“讨伐”案。所有这一切主客观原因，造成了“二次革命”的失败。“二次革命”失败后，孙中山、黄兴等人逃往国外。他们在自己缔造的“中华民国”里，立足之地也不存在了。

历史教训是深刻的。资产阶级革命派一再妥协的结果，不能不使“历史走一点回头路”。

1913 年的讨袁战争，是民国成立后的第一次南北战争，是维护民主共和的一次武装反袁斗争，实质是辛亥革命的继续。曾几何时，领导过一次伟大的辛亥革命，在亚洲第一个建立共和制国家的资产阶级革命派，遭到了彻底失败。袁世凯的武力统一政策一时取得了成功。除桂、黔、川、滇四省尚为地方军阀盘踞外，南方其他各省都成了北洋军及其附庸的征服地，全国进入了北洋军阀最黑暗的统治时期。

袁世凯复辟闹剧

袁世凯镇压了“二次革命”，镇压了白朗起义，镇压了爱国运动，并用国家民族利益换取了帝国主义支持。

1915 年，袁世凯笃信自己登基称帝的日子已经到来，因为最近的《顺天时报》几乎篇篇都是劝袁世凯早日举行朝贺仪式，择吉举行登基大典，召宴外国使臣的文章，这正好与算命先生给袁世凯批的八字相吻合，又正好与袁氏祖茔守茔人韩诚带来的消息相应验。前不久，韩诚匆匆忙忙赶来京城，诚惶诚恐地向

袁世凯报告，说袁世凯的曾祖袁保中坟侧，夜间不时有红光出现，形同火炬，照耀方圆几里；又说，袁氏祖茔附近生长出一棵紫藤树，状似盘龙，长逾丈许。韩诚还将一块刻着“天命攸归”字样的石块送上，说是最近在祖茔中发现的。

原来这是迫不及待想做皇太子的袁世凯的儿子袁克定伪造的《顺天时报》，那些看祖坟的韩诚来报的“祖坟夜有红光”“生盘龙紫藤树”的消息，也是袁克定一手导演的。

以上这些都使袁世凯深信自己称帝是“天意”，于是加快了登基称帝的步伐。他曾首先向亲信透露：“如果全国老百姓一定要我做皇帝，我就做。”于是，袁世凯的狐朋狗友便组织“筹安会”，宣扬君主立宪制，袁世凯的宠臣梁士诒，立即组织“全国请愿联合团”，策动请愿闹剧。一时间，全国各地五花八门的请愿团纷纷出笼。参加请愿团，劝袁世凯称帝者，上自王公遗老、政府官僚、各省督军、巡抚使，下至车夫游民，无所不包，样样俱全。北京的乞丐和八大胡同的妓女也被分别组织起来，成立“乞丐请愿团”“妓女请愿团”，手持各色旗帜，大呼小叫奔向街头，齐立新华门外，跪呈劝进表，请求袁世凯顺从民意，早登大宝。真是乌烟瘴气，所在皆是，蛙鼓鸦噪，处处可闻。

袁世凯明里造声势，暗里指使他的亲信剥夺民众的言论自由，封闭国民党的报刊，并用逮捕、威胁、暗杀、金钱收买、许以高官等手段强奸民意。

如此“民意”，参政院决定在10月召开“国民代表大会”，议决是否改行“君主立宪”。

袁世凯和他的亲信为了保险，让各省的代表从布满武装士兵的将军署大门走到投票厅，先听将军、巡按使发表痛诋共和、称颂君宪的演说，再在虎视眈眈的监视人员监视下投票。

在袁世凯的指挥下，各省当即选出“国民代表”，开始“国体投票”。这样，似乎国民们都投了袁世凯称帝的赞成票。12月11日，参政院汇综“全国民意”，结果：各省“代表”1993人，赞成君主立宪的正好1993票。更妙的是，各省“推戴书”都一字不差地写着：“恭戴今大总统袁世凯为中华帝国皇帝，并以国家最上完全主权奉之于皇帝，承天建极，传之万世。”12月11日中午，当袁世凯接到参政院“推戴书”时，故作“谦让”，说什么“今若帝制自为，则是背弃誓词”。当天下午，参政院再度“劝进”，袁世凯不再辞让，一刻钟内，参政院拿出好像当场写成2000余字的“推戴书”，称颂袁世凯有“经武”（创练新军)、“匡国”（镇压义和团)、“开化”（办新政)、“靖难”（绞杀辛亥革命)、“定乱”（镇压“二次革命”)、“交邻”（卖国外交）六大“功烈”，而且“元首当视乎民意为从违”，既然今日“国民厌弃共和，趋向君宪，则是民意已改，国体宜变”“民国元首之誓词，当然消灭”。

于是，袁世凯在“尊重民意”的旗号下，大言不惭地说：“天下兴亡，匹夫有责，予之爱国，讵在人后?”

1915 年 12 月 13 日上午 9 时，中南海居仁堂设好御案、御座，北京的文武官吏前来朝贺将要登基的袁世凯。袁世凯身着大元帅戎装，光着头顶，站在座旁，左手扶着御座扶手，右手掌向上，不断地对向他行三跪九叩大礼的朝贺者点头示意。改国号为“中华帝国”，以 1916 年为“洪宪元年”，并定元旦举行“中华帝国皇帝”的登基大典。

随即，梁启超鞭辟入里地揭露了袁世凯的所谓“民意”究竟是些什么东西。他说：“自国体问题发生以来，所谓讨论者，皆袁氏自讨自论；所谓赞成者，皆袁氏自赞自成；所谓请愿者，皆袁氏自请自愿；所谓表决者，皆袁氏自表自决；所谓推戴者，皆袁氏自推自戴。”“质而言之，此次皇帝之出产，不外右手挟利刃，左手持金钱，啸聚国中最下贱无耻之少数人，如演傀儡戏者然。”“其丑态秽声播于社会者，何啻千百万事！”

护国运动

袁世凯窃取了大总统的职位后，就开始出卖国家主权，并对全国人民实行军阀统治，镇压革命人民，大搞特务统治，豢养了一批秘密侦探，随意抓人杀人，剥夺了《临时约法》规定的人民享有的基本权利。

帝制复辟甚嚣尘上之时，北京城厢内外警探密布，茶馆、饭店等公共场所，遍贴“勿谈政事，至于

严究”。袁政府还在经济上横征暴敛各种苛税，比清朝有过之而无不及，全国各地农民愤起抗争，起义不断，日本提出“二十一条”和袁世凯卖国的消息传出后，人民掀起大规模的反日爱国运动，袁世凯政府已是众矢之的。

在全国反袁怒潮高涨的基础上，“护国运动”应运而生。1915 年 12 月 25 日，即袁皇帝“登基”前一个星期，云南省宣布独立，蔡锷等组成“护国军”，点燃了护国战争的火把。

进步党本是袁世凯的附庸，但是，当梁启超 1915 年初确悉袁世凯要复辟帝制时，他判断帝制必败，因而谢绝 20 万元重赏，不愿入其彀中。8 月，帝制丑剧紧锣密鼓，梁启超发表了著名的《异哉所谓国体问题者》一文，公开表明自己的反袁立场，在当时产生了相当大的舆论影响。及至全国反袁斗争风起云涌，袁世凯的败亡指日可待时，梁启超就与蔡锷策划，发动了护国运动。

蔡锷，字松坡，湖南邵阳人，是梁启超在时务学堂时的学生，辛亥革命时在云南响应起义，任都督，后被袁世凯软禁于北京，是一位有才干的军事家。在梁启超的秘密策划下，1915 年 12 月初，蔡锷潜往日本，再经香港转赴云南，联合一部分中下级军官和反袁的国民党军人李烈钧等，组成“护国军”，12 月 25 日宣布云南独立。1916 年 1 月，护国军分三路向四川、贵州、广西进兵，讨伐袁世凯。

云南独立后，袁世凯向外国公使保证，该省兵力有限，6 个月以内准可完全扑灭。然而，时局的发展和袁世凯的预料完全相反。1 月 27 日，贵州宣布独立；3 月 15 日，广西宣布独立，三省联成一气。再加上广东军阀龙济光，于 5 月合组“护国军军务院”，以唐继尧、岑春煊为正副军长，与袁世凯政权对抗。袁世凯色厉内荏，一面派北洋军在各地加紧“戡乱”，一面乞求帝国主义特别是日本的支持。但是，忙于大战的欧洲帝国主义，无力兼顾远东，救不了袁世凯的命。狡猾的日本眼见袁政权朝不保夕，决定将它一脚踢开，另在反袁势力和其他北洋军阀头目中扶植新的统治工具。日本政府不但插手护国军和中华革命党人领导的反袁运动，与冯国璋暗中联络，公开指责袁世凯称帝“妨碍了东亚和平”，而且串通各国拒绝接受使用“洪宪”年号的外交书。袁世凯走投无路，只得对外称中华民国，对内用“洪宪”纪年，被人们戏谑为“中西合璧”的“总统皇帝”。正是“太上皇”脸色变了，走狗只好自寻退路。2 月 25 日，袁世凯被迫宣布延缓“登基”。

这时，北洋军阀内部也开始分化。袁世凯手下的两员大将段祺瑞和冯国璋，原来都以总统继承人自诩，期望有朝一日能接袁世凯的班。袁世凯称帝，使他们大失所望，因此不再唯袁世凯之命是从，更不愿为帝制卖力。段祺瑞在一旁冷眼相看；冯国璋坐镇南京，与护国军暗通款曲，并和江西将军李纯、山东将军靳云鹏等，联名密电袁世凯，要他取消帝制，交出权力。

袁世凯陷入人民反抗的汪洋大海，既失去了主子的信任，又失去了亲信的支持，惴惴自危，不得不于1916年3月22日，宣布撤销帝制，23日，颁令废止“洪宪”年号，总共当了83天的短命皇帝。

帝制虽然是撤销了，但袁世凯仍以“大总统”的名义发布命令，人民当然不答应。《十九省公民否认袁世凯冒称总统书》，痛斥袁世凯“不知有国民，不知有议会，不知有约法，不知有公论”，严正指出：“袁逆不死，大祸不止。”全国各地发出通电，要求审判袁逆的滔天罪行。袁世凯的心腹们见大势已去，为了保住地位，相继宣布独立。5月22日，他最忠实的鹰犬四川督军陈宧，也通电宣布“独立”。29日，湖南督军汤芗铭又宣布“独立”。这时，袁世凯众叛亲离，形单影只，真正成了一名“孤家寡人”。他手里拿着一份份电文，汗流浃背，头晕目眩，从此一病不起。

1916 年 6 月 6 日，袁世凯这个曾经自以为不可一世的大独裁者，在举国人民的反对和唾骂声中，可耻地死去了。

府院之争与张勋复辟

袁世凯死后，帝国主义列强失去统治中国的共同工具，都各自寻找和培养自己得力的走狗，扩张侵略势力。在帝国主义列强的激烈争夺下，中国出现了各派军阀割据和互相火并的局面。

北洋军阀分裂为以段祺瑞为首的皖系和以冯国璋为首的直系。段祺瑞得到日本的支持，握有中央大权，控制皖、鲁、浙、闽、陕等省。冯国璋以英、美为后台，控制长江中下游的苏、赣、鄂等省。奉天以张作霖为首的奉系控制东北三省，得到日本的扶植，成为皖、直两系以外的一支举足轻重的势力。此外，晋系阎锡山据有山西，张勋以徐州、兖州为

地盘，桂系陆荣廷占有两广，滇系唐继尧盘踞云、贵。他们也在帝国主义的扶植下，各霸一方，纷争不已。

袁世凯死后，黎元洪和段祺瑞建立的联合统治，正是南北军阀纷争与妥协的产物。段祺瑞继承袁世凯的反动衣钵，一上台就想建立以国务院为中心的军事独裁统治，企图实行所谓“武力统一”，但各地军阀拥兵自重，并不听命于段祺瑞。在北京政府内部，段祺瑞独断专行，排斥黎元洪，引起黎元洪和副总统冯国璋的不满。黎、冯联合反段。

1917 年，黎、段矛盾围绕着对德参战问题而激化，爆发了“府院之争”。“府”即总统府，是以大总统黎元洪为代表的政治集团。“院”即国务院，是以内阁总理段祺瑞为代表的政治集团。同年 2 月，段祺瑞在日本的怂恿和支持下，主张对德宣战，借此向日本借款购置军械，扩充实力。美国见段祺瑞倒向日本一边，便放弃原来提出的要中国与美国采取一致行动对德参战的主张，指使黎元洪利用国会反对参战。4 月，段祺瑞召集以皖系军阀为骨干的 10 余省督军，在北京举行“督军会议”，胁迫黎元洪和国会同意参战，遭到抵制。5 月 10 日，国会讨论参战问题，段祺瑞沿用袁世凯的手段，组织“公民请愿团”包围国会，殴辱议员，并以武力胁迫黎元洪解散国会。5 月 23 日，黎元洪在美国的支持下，下令免除段祺瑞内阁总理的职务。段祺瑞愤而离京赴津，发表通电，不承认黎元洪的免职令，指使各省军阀宣布脱离中央，并在天津设立独立各省总参谋部，策划武力倒黎。黎元洪无力抗衡，求助于盘踞徐州的张勋出面“调停”，张勋却趁机演了一幕拥溥仪复辟的丑剧。张勋是没落的封建地主阶级的政治代表，是一个贪婪权势的野心家。他满脑子都是腐败透顶的封建思想。他在清朝的反动军队中混了 20 多年，辛亥革命爆发时，担任江南提督，带着清兵守南京。革命军围攻南京时，他疯狂地抗拒，结果被打得落花流水，从此对革命更加仇视。中华民国成立后，他在袁世凯手下当了将军。张勋一贯主张复辟清朝，为了表示忠于已被推翻的清廷，他不仅自己顽固地留着辫子，还命令他的士兵也都留着辫子。人们看到他那副怪模怪样都非常讨厌，给他起了个“辫帅”的外号，他的兵也被人们叫作“辫子兵”。1913 年袁世凯命令他镇压孙中山发动的“二次革命”。他指挥辫子兵攻陷南京，大肆烧杀抢掠，进行报复，并趁机把辫子兵扩充到两万多人。不久又当上了长江巡阅使和安徽督军，一直盘踞在徐州。

张勋知道，复辟没有帝国主义支持是不行的。因此他极力向德、日帝国主义寻求援助。德国帝国主义分子早就对复辟分子表示支持。第一次世界大战爆发特别是中国发生“参战”问题后，德国为了维护它的在华侵略权益，加紧扶植张勋。德国驻华公使辛慈亲自到徐州访问张勋，并表示愿意给他贷款。日本帝国主义分子佃信夫和陆军参谋次长田中义一也跑到徐州，帮助张勋策划复辟。

1917 年春天，正在张勋紧张地从事复辟阴谋活动的时候，总统黎元洪和国务总理段祺瑞的矛盾爆发。段祺瑞想利用张勋达到他打击黎元洪的目的，就叫他的心腹徐树铮带着一伙军阀到徐州，鼓动张勋以武力解散国会并赶走黎元洪。张勋坚持要以复辟作为交换条件。徐树铮知道张勋是个复辟的狂人，别的听不入耳，就迎合张勋的意思，假装赞成复辟。这时黎元洪因受到皖系军阀即将进兵北京的威胁，慌了手脚，赶忙打电报叫张勋到北京去调停。张勋接到电报，满心欢喜，决心趁机进京发动复辟。

6 月 7 日，张勋打着调解黎、段冲突的幌子，带领 3000 多名辫子兵从徐州出发，第二天到达天津，先强迫黎元洪解散国会，后于 14 日进入北京。张勋到北京以后，复辟分子纷纷拥到北京。老保皇党头子康有为早就和张勋暗中往来，并在上海创办反动刊物，大肆宣扬尊孔复古，为清帝复辟摇旗呐喊，鸣锣开道。他接到张勋的邀请后，就带着一卷子事先拟好的复辟“诏书”“上谕”，兴冲冲地来到北京。张勋和康有为等人秘密策划以后，于6月30日晚上召集北京的军警头目开会，命令辫子兵把守清宫、车站、邮电局等要地。7月1日早晨3时，张勋等一伙封建余孽都换上清朝的翎顶袍褂，进入清宫，拥溥仪登上皇位，行三跪九叩大礼，复辟丑剧正式揭幕。

爱新觉罗·溥仪曾经很生动地描述了当时的情景：“据老北京人回忆当时北京街上的情形说：那天早晨，警察忽然叫各户悬挂龙旗，居民们没办法，只得用纸糊的旗子来应付；接着，几年没看见的清朝袍褂在街上出现了，一个一个好像从棺材里面跑出来的人物；报馆出了复辟消息的号外，售价比日报还贵。在这种奇观异景中，到处可以听到报贩叫卖‘宣统上谕’的声音：‘六个子儿买古董咧！这玩意过不了几天就变古董，六个大铜子儿买件古董可不贵咧！’这时前门外有些铺子的生意也大为兴隆：一种是成衣铺，赶制龙旗发卖；一种是估衣铺，清朝袍褂成了刚刚封了官的遗老们争购的畅销货；另一种是做戏装道具的，纷纷有人去央求用马尾给作假发辫。……假如那些进出紫禁城的人，略有一点儿报贩那样的眼光，能预料到关于辫子和上谕的命运，他们在开头那几天就不会那样地快活了。”

复辟的头一天，一气就下了八道“上谕”。把民国六年（1917 年）七月一日改为宣统九年五月十三日，恢复清朝末年的旧制度。张勋自封为议政大臣兼直隶总督和北洋大臣，集军政大权于一身。康有为当上了“弼德院”副院长，其余的复辟分子也粉墨登场，分别得到议政大臣、尚书、侍郎等官职。各省督军一律改称巡抚或总督。当天，张勋还给各省军阀打了电报，叫他们改用宣统年号，悬挂龙旗。北京城内，群魔乱舞，旧货店里的大清朝服，一时成为畅销货，一帮遗老遗少们，又重新把这套古董货穿戴起来，为王朝复辟而弹冠相庆。大总统黎元洪逃到日本使馆避难。

复辟丑剧一开场，就遭到全国人民的激烈反对。孙中山号召革命党人，组织军队讨伐张勋。在张勋直接控制下的北京，大部分报纸也都自动停刊，表示抗议。各地报纸几乎一致对复辟势力口诛笔伐，都把张勋比作“妖孽”“小丑”。一小撮复辟分子立即陷入了全国人民反复辟的怒潮之中。

段祺瑞见张勋解散了国会，赶走了黎元洪，自己的目的已经达到，就借助全国人民反对复辟的声势，组成“讨逆军”，自任总司令。7 月 3 日，段祺瑞在天津附近的马厂誓师，宣布讨伐张勋。日本公使亲自出马给他筹集军费。各省军阀一看势头不对，也都变了卦，跟在段祺瑞的后边发出反对复辟的电报。大军阀段祺瑞之流是一帮野心家，共和也好，君主也好，在他们看来都是借以攫取政权、奴役和镇压人民的工具。

京津一带的“讨逆军”共 5 万多人，分东西两路沿京津、京汉路北进。防守丰台等地的辫子兵听见枪响就争先恐后地逃进北京城。复辟分子见势不妙，都赶忙溜出北京，连影子也找不到了。“讨逆军”很快打进了北京城，辫子兵纷纷缴械投降，被“讨逆军”给资遣散。

7 月 12 日，张勋在两个德国人的保护下狼狈逃入荷兰使馆。复辟丑剧仅上演了 12 天，就在亿万人民的唾骂声中彻底失败了。

护法运动

经过张勋复辟这场风波之后，黎元洪下台，副总统冯国璋代理大总统一职，段祺瑞重任国务总理，上台当权的还是北洋军阀，段祺瑞把持中央政府大权。

对德参战，因已无国会，无须取得它的通过了。8 月 14 日，段祺瑞政府对德宣战。段祺瑞政府在参战后，以“参战”为名，向日本进行大宗借款，组成所谓“参战军”，扩充皖系势力，实行反动卖国的武力统一政策。

当张勋复辟、解散国会的时候，孙中山就发出了维护《临时约法》的号召。段祺瑞赶走张勋后，孙中山曾致电段祺瑞，劝他恢复《临时约法》，实行资产阶级民主制度。

但是，段祺瑞等声言民国已为张勋复辟所破坏，主张另行成立临时参议院，其目的在于抛弃旧国会和《临时约法》。这时孙中山认识到在段祺瑞等北洋军阀的统治下，中华民国仍然徒有其名，因而提出要打倒假共和、建立真共和的主张，号召拥护《临时约法》，恢复旧国会。1917 年 7 月 17 日，孙中山从上海到广州，揭起护法的旗帜。海军部分将领程璧光等响应孙中山的号召，发表“拥护约法，恢复国会”的宣言，率第一舰队南下护法。部分国会议员也相继到达广州。桂系军阀陆荣廷和滇系军阀唐继尧也想利用孙中山的威望对抗段祺瑞，附和护法。8 月 25 日，孙中山在广州召集了到达广州的议员共 130 人的“非常国会”。非常国会议决组织护法军政府，军政府设大元帅一人，元帅两人。9 月 1 日，开会选举，到会议员选孙中山为大元帅，陆荣廷、唐继尧为元帅。10 日，建立了与北京段祺瑞政府相对立的南方政权护法军政府。

桂系军阀控制的两广，在张勋复辟时已宣布“自主”。段祺瑞重新上台后，唐继尧又通电不承认段祺瑞再任总理的合法性。西南军阀害怕段祺瑞吞并他们，所以也愿意借孙中山“护法”的旗号以图自保，还想趁北伐之机，扩充势力，所以也参与孙中山发动的“护法”。但是唐继尧、陆荣廷又不肯就任军政府的元帅，是为了不和北洋政府完全决裂，继续和北洋政府的总统、直系军阀的头子冯国璋进行勾结，以图转圜的余地。

护法战争开始后，段祺瑞政府决定向南方各省用兵，10 月，命令直系军队进入湖南与护法军作战。他认为这样做既可以借直系军阀力量消灭护法军，又可以利用护法军削弱异己势力，阴谋消耗双方兵力，坐收渔翁之利。而冯国璋则打算与南方军阀相勾结，挤出段祺瑞的皖系势力，夺取中央政府权力。于是冯国璋提出与“武力统一”对立的“和平统一”的口号。在冯国璋的指示下，进入湖南的直系军队消极怠战，不替段祺瑞卖力。直隶、江苏、湖北、江西等省的直系督军又联合通电，主张与护法军政府和平解决，迫使段祺瑞辞去国务总理职务。但段祺瑞贼心不死，在日本帝国主义的支持下，指使其爪牙徐树铮联合奉系军阀张作霖派兵进关，对冯国璋进行武力威胁。

1918 年 3 月，段祺瑞又唆使皖系督军团通电要求段祺瑞复职，冯国璋不得不再次任命段祺瑞为国务总理。皖系军阀又大肆叫嚣“武力统一”，并压迫直系军阀对南方作战。直系军阀曹锟、吴佩孚在湖南打了胜仗，攻占了长沙，段祺瑞马上任命皖系军阀张敬尧为湖南督军，以扩大皖系地盘。曹锟、吴佩孚对此极为不满，便按兵不动，六月，吴佩孚通电主张和平，反对段祺瑞的“武力统一”。南方护法军政府也发表通电赞成和平。在直系与南方军阀的联合反对下，8月下旬，段祺瑞被迫停止进攻，“武力统一”宣告失败。

西南军阀本来就不是真要支持孙中山的“护法”主张，他们所以参加“护法”战争，不过是为了借助孙中山的政治威望，保存自己的地盘和势力，用以对付皖系军阀段祺瑞威胁的一种权宜之计。当他们与直系军阀有了勾结之后，不但不肯再按照孙中山的号令派兵北伐，反而觉得孙中山这个大元帅是他们和北洋军阀勾结妥协的障碍，便图谋排挤孙中山。他们对孙中山主持的军政府百般刁难，并枪杀拥护孙中山的海军部长程璧光。他们勾结由国民党的右派演变来的政学系议员操纵“非常国会”，于1918年5月4日决定修改军政府组织法，改组军政府，孙中山被迫宣布辞去大元帅一职，回到上海。辞职通电中说：

吾国之大患，莫大于武人之争雄。南与北如一丘之貉。虽号称护法之省，亦莫肯俯首于法律及民意之下。……文于斯瘏口哓音，以致各省之觉悟，盖已力竭声嘶，而莫由取信。知我者谓我心忧，不知我者谓我何求，斯之谓矣。

“非常国会”接着决议改大元帅制为总裁合议制，选举包括老官僚岑春煊及陆荣廷、唐继尧等7人为总裁。孙中山虽也被选为总裁之一，但实际权力已被西南军阀所篡夺，再不可能贯彻其“护法”主张。

到了1920年，由于陈炯明的军队把桂系力量赶出广东，孙中山又回到广东，仍然在护法旗帜下成立“非常政府”，任“非常大总统”。陈炯明的武力是孙中山1918年任大元帅时为对抗桂系力量而培植起来的。在孙中山就任非常大总统后不久，陈炯明又勾结北洋军阀和帝国主义而发动政变，使孙中山再一次无法在广州立足，护法运动遭到彻底失败。

新文化运动

辛亥革命赶跑了最后一个皇帝，结束了长达两千余年的封建君主专制制度。但是，在思想领域内，封建思想并没有清除。随着袁世凯掀起的尊孔复辟的逆流，封建旧思想、旧伦理、旧习惯又沉渣泛起。

500 多种报纸在“二次革命”后大多被袁世凯查封、收买，余下的也销路锐减。青年学生毫无自由可言，在 1914 年 3 月 2 日，北京政府公布的《治安警察条例》中规定青年学生“不得加入政治结社”。

袁世凯企图用孔孟之道来控制人们的思想，用专制高压手段来束缚人们的行动，但是经

过一场全国性革命运动所出现的民主思潮，毕竟是不可遏制的。一些先进的知识分子迎着这股逆流前进，在文化思想领域里掀起了一场新的斗争。

1915 年 9 月 15 日，在喧闹的大上海，一本名叫《青年》的杂志诞生了，与一般的社会流行杂志不同，《青年》杂志从它创刊之日起，就显示出勃勃生机和活力，磁石般地吸引着关注国家、民族命运的有志青年，但谁也没有想到，它吹响了中国历史上具有划时代意义的思想解放运动的进军号角，标志着五四新文化运动的开始。它的创办人是陈独秀。

陈独秀，字仲甫，安徽怀宁人，早年留学日本，学成归国后，在安徽创办《国民日报》《安徽俗话报》等报刊，显示出过人的才华，引起人们的注目。1915 年 9 月，他在上海创办《青年》杂志，从 1916 年第二卷第一号开始改名《新青年》，高举起民主和科学两面旗，成为当时中国思想界最活跃的人物。

1917 年 1 月初，蔡元培就任北京大学校长，他决心把这所封建色彩浓厚的全国最高学府改造为西方资本主义式的大学，准备从社会上聘请一些具有真才实学的革新人物。一天，医专校长汤尔和告诉蔡元培：“《新青年》杂志的主编陈独秀正在北京，是个难得的奇才。”蔡元培当天便挑灯翻阅了汤尔和送给他的 10

余本《新青年》，被陈独秀的激进思想所折服，当即决定聘请陈独秀为北京大学文科（文学、哲学、历史各门学科）学长。并马上去前门一家旅馆拜访陈独秀，当场拍板决定。不到半个月的时间，北京大学就向陈独秀发出了由北京政府教育总长签署的正式委任书。

陈独秀就任北京大学文科学长后，《新青年》编辑部也从上海移到北京，在京的新文化界人士李大钊、胡适等也到北大任教，成为《新青年》的主要撰稿人，北京大学也自然成为新文化运动的中心。

李大钊，字守常，河北乐亭人，生于1889年（光绪二十四年）10月6日，24岁时东渡日本，考入早稻田大学，学习政治，参加反对袁世凯卖国的革命活动。1916年归国后，担任北京《晨钟报》编辑，成为新文化运动的主要代表人物。

胡适，字适之，安徽绩溪人，生于1891年（光绪十七年）12月17日。1910年（宣统二年）考取清华官费留学生，先后入美国康奈尔大学和哥伦比亚大学学习，是著名实验主义哲学家杜威的学生。1917年归国后，被蔡元培聘为北京大学教授，他系统地提出了文学改良的意见，在当时的进步青年中影响很大。

此外，还有钱玄同、刘半农、沈尹默、周树人（鲁迅）、吴虞等人，也都是新文化运动的主要代表人物。

新文化运动的基本内容是提倡“民主”与“科学”。当时称作“德先生”，就是德莫克拉西（democracy，民主）；称作“赛先生”，就是赛因斯（science，科学）。他们认为，近代以来，欧洲文明之所以一天比一天兴盛强大，根本原因就在于“德先生”和“赛先生”的作用，就像一辆车的两个轮子一样，缺一不可。而中国要想尽快摆脱民族危亡的不利处境，也急需“德先生”和“赛先生”鼎力相助。当时，新文化运动的倡导者提倡的民主，就是用资产阶级的民主政治来代替封建的专制政治；他们所提倡的科学，是提倡学习科学知识，并用科学的观点去重新评价一切事物。

提倡民主与科学，必然要在思想上反对封建的礼教。因此，新文化运动的锋芒很快就指向了维护封建专制的孔子学说，喊出了“打倒孔家店”的口号。

1916 年 9 月 1 日，一个名叫易白沙的学者在《新青年》第二卷第一号发表了《孔子平议》一文，指名道姓，向孔子开战。随后，陈独秀、李大钊、鲁迅、吴虞等人，都写出了一批战斗性很强的文章，抨击以孔子为代表的儒家学说。1918 年 5 月，鲁迅在《新青年》上发表了中国新文学的第一篇创作——《狂人日记》，他借一个“狂人”的口，来揭露封建礼教“吃人”的本质，其中有一段写道：

> 我翻开历史一查，这历史没有年代，歪歪斜斜的每页上都首写“仁义道德”几个字。我横竖睡不着，仔细看了半夜，才从字缝里看出来，满本都写着两个字是“吃人”！

吴虞也写道：“我们不是为君主而生的！不是为圣贤而生的！也不是为纲常礼教而生的！……我们如今应该明白了！吃人的就是讲礼教的！讲礼教的就是吃人的呀！”这对封建伦理道德的批判和揭露是极为深刻的。

随着思想革命的展开和深入，文学方面也出现了一次革命。

1916 年 10 月的一天，陈独秀接到正在美国留学的胡适的来信，提议应从 8 个方面对文体进行改革。后来，胡适把这些意见写成《文学改良刍议》一文，发表在《新青年》上，这 8 个问题是：文章要言之有物；不模仿古人；要讲求文法；不作无病呻吟；去掉无用的套话；不用典故；文章不讲对仗；不回避俗字俗语。这是新文化界首次提出文学改良的问题。

稍后，陈独秀也写了一篇《文学革命论》，提倡用通俗易懂的白话文来表达新思想。鲁迅还发表了《孔乙己》《药》等一系列白话小说，在社会上掀起了文学革命的狂潮，取得了丰硕的成果。到1920年，教育部决定，中小学开始使用白话文的语文教材。

新文化运动的展开，猛烈地冲击了封建旧的思想文化秩序，封建顽固势力立即组织反扑，陈独秀为此在《新青年》上发表“答辩书”，坚定地表示：

> 我们现在认定，只有“德先生”和“赛先生”可以救治中国，西洋人因为拥护德、赛两先生，闹了多少事，流了多少血，德、赛两先生才渐渐从黑暗中把他们救出，引到光明世界。今天，因为拥护这两位先生，一切政府的压迫，社会的攻击笑骂，哪怕是断头流血，都不推辞！

表现了新文化运动倡导者们誓与封建旧文化决裂的战斗精神。

新文化运动是近代中国历史上一场规模空前的反封建思想解放运动，它高举民主与科学的旗帜，对封建思想文化展开了狂风暴雨般的扫荡，把许多人从封建蒙昧状态下解放出来。虽然这个运动仍然局限于知识分子圈子里，对中国传统文化也缺乏冷静的批判与继承，但它加速了中国人民的觉醒，为马克思主义在中国的传播创造了有利条件。

正当中国先进知识分子在文化思想战线上同封建旧势力苦苦鏖战的时候，1917 年 11 月 7 日（俄历 10 月 25 日），俄国十月社会主义革命发生了。十月革命的胜利，开辟了人类历史的新纪元，给中国革命带来了新时代希望的曙光。

从此，新文化运动改变了方向，人们对西方资本主义制度表示怀疑，开始面向俄国，寻找新的革命出路。到 1918 年 11 月，第一次世界大战以协约国击败德国而告终，15 日，北京大学在天安门前举办演讲大会，李大钊阔步登上讲台，面对着台下的学生和群众，发表了《庶民的胜利》的著名演说。

李大钊首先向台下问道："胜利了！胜利了！究竟是谁的胜利？我们庆祝，究竟为谁庆祝？"接着，他又明确告诉人们："这回胜利，不是哪一国的军阀或资本家政府的胜利，而是全世界庶民的胜利。1917 年的俄国革命，是 20 世纪世界革命的先声，试看将来的环球，必是赤旗的世界！"

这代表了部分激进的具有初步共产主义思想知识分子的心声，也体现了近代中国历史发展的大趋势。很快，以1919年五四运动的爆发为标志，近代中国进入了新民主主义革命的历史阶段。

中华上下五千年中的智慧

杀鸡儆猴，震慑人心

杀鸡儆猴，一度是封建统治者用来镇压民众或威慑人心的惯常手段。人们一旦提起，总感觉其带有些阴暗的色彩。但“杀鸡儆猴”运用得当，不仅能起到震慑人心的作用，更能让自己处于人生的主动地位。

齐国人孙武是我国古代伟大的军事家，被誉为兵学的鼻祖。他因内乱逃到吴国，把自己所著的兵法敬献给吴王阖闾。阖闾说：“您写的兵法十三篇，我都细细读过了，您能当场演习一下阵法吗？”孙武回答说：“可以。”吴王又问：“可以用妇女进行试练吗？”孙武又答道：“可以。”于是吴王派出宫中美女180人，让孙武演练阵法。

孙武把她们分成两队，让吴王最宠爱的两个妃子担任队长，每位宫女手拿一把戟。孙武问她们：“你们知道自己的心、左右手和背的部位吗？”她们都回答说：“知道。”孙武说：“演习阵法时，我击鼓发令：让你们向前，你们就看着心所对的方向；让你们向左，就看着左手所对的方向；让你们向右，就看着右手所对的方向；让你们向后，就转向后背的方向。”她们都齐声说：“是。”

孙武将规定宣布完后，便陈设斧钺，又反复强调军法。一切准备妥当后，孙武击鼓发令向右，宫女们却嬉笑不止，不遵奉命令。孙武说：“规定不明确，口令不熟悉，这是主将的责任。”于是他重新申明号令，并击鼓发令向左，宫女们仍然嬉笑不止。孙武说：“规定不明确，口令不熟悉，这是主将的责任；现在既然已经明确，你们仍然不服从命令，那就是队长和士兵的过错了。”说罢，命令斩杀两名队长。

当时吴王正站在观操台上，见孙武要斩杀他的两个爱妃，大吃一惊，急忙派人向孙武传令：“我已经知道将军善于用兵了。没有这两个爱妃，我连吃饭也没有味道，请您不要杀掉她们。”孙武回答说：“臣既然已经受命为将帅，就应该尽职尽责做好分内的事。将帅在处理军中的事务时，君主的命令如果不利于治军，可以不接受。”说完，仍旧命令斩杀两名队长示众，并重新任命两名宫女担任队长。孙武再次击鼓发令，宫女们按照鼓声向左向右，向前向后，跪下起立整齐划一，一举一动完全符合孙武的要求，没有一个人敢发出嬉笑声。

春秋时期，齐景公任命田穰苴为将，带兵攻打晋、燕联军，又派宠臣庄贾做监军。临行前，穰苴与庄贾约定，第二天中午在营门集合。第二天，穰苴早早到了营中，命令装好作为计时用的标杆和滴漏盆。约定时间已过，可是庄贾迟迟不到。穰苴几次派人催促，直到黄昏时分，庄贾才带着醉容到达营门。穰苴问他为何不按时到军营来。庄贾一脸无所谓，只说什么亲戚朋友都来为他设宴饯行，他总得应酬应酬吧？穰苴非常气愤，斥责他身为国家大臣，负有监军重任，却只恋自己的小家，不以国家大事为重。庄贾认为这是区区小事，仗着自己是国王的宠臣亲信，对穰苴的话不以为然。穰苴当着全军将士的面，叫来军法官，问："无故延误时间，按照军法应当如何处理？"军法官答道："该斩！"穰苴当即命令拿下庄贾。庄贾吓得浑身发抖，他的随从见势不妙，连忙飞马进宫，向齐景公报告情况，请求景公派人救命。在景公派的使者赶到之前，穰苴已经下令将庄贾斩首示众。全军将士看到主将敢杀违反军令的大臣，个个吓得发抖，谁还敢不遵将令。

景公派来的使臣飞马闯入军营，拿景公的命令叫穰苴放了庄贾。穰苴沉着地应道："将在外，君命有所不受。"他见使臣骄狂，便又叫来军法官，问道："乱在军营跑马，按军法应当如何处理？"军法官答道："该斩!"使臣吓得面如土色。穰苴不慌不忙地说道："君王派来的使者，可以不杀。"于是下令杀了他的随从和马匹，并毁掉马车，让倒霉的使者回去报告情况。

品评悟道

作为部队的指挥官，必须做到令行禁止、法令严明，否则，指挥不灵，令出不行，士兵如一盘散沙，怎能打仗？所以，历代名将都特别注意严明军纪，管理部队刚柔相济，关心和爱护士兵，但绝不能有令不从，有禁不止。所以，有时采用"杀鸡儆猴"的方法，抓住个别坏典型从严处理，就可以达到震慑全军将士的效果。

激励士气，哀兵必胜

拿破仑曾经说：“一支军队的实力，四分之三是由士气构成的。”这种说法似有夸张，但不无道理。士气是构成战斗力的基本要素，一支军队士气的高低，直接影响着战争的胜负。古今中外的军事家，都把挫伤敌人的锐气，激励己方的士气，作为运筹决策的重要内容。

公元前279年，齐国田单所率军队被燕军围于即墨。田单首先派间谍向外宣传说：“我最怕燕军俘虏齐军士兵后，把他们的鼻子割掉，再把他们放到攻击部队的前头，那样即墨就要被击破了！”燕军听说后，果真这样去做，令人将俘虏的鼻子全割掉，推到阵前恐吓齐军。城中军民看到被俘的士兵被割去鼻子，异常愤怒，死守不屈。

田单又派出间谍四处散布言论说：“我最怕燕军挖即墨城外的坟墓，那会使城中军民人人寒心，失去斗志。”燕军将领听说后，不仅下令挖掉齐人的坟墓，还焚烧掉骸骨，威逼齐人投降。城中齐国军民见此情景，悲痛涕零，义愤填膺，决心同燕军决一死战。田单看到高昂的士气上来了，便率领军民大举反攻。燕军溃败，齐军很快收复了所有失地。

品评悟道

常言道：哀兵必胜。示以“哀兵”之形，往往会造成敌方骄纵轻敌的心理，而己方因处于受压迫、受凌辱的地位，必然怀着满腔悲愤，求胜争强。此时则可以因势利导，积极发动攻势，就能战而胜之。如何激起哀兵之势呢？田单采取了谣言惑众的办法，诱使敌人去割鼻、挖墓，看似消沉齐军意志，实则暗中另有所图，他是要通过此举激起军民同仇敌忾的士气，有了这样士气高昂的军队，打起仗来焉有不胜之理？

隔岸观火，坐收渔翁之利

在进攻之时，不妨对敌我之间的各种利害关系进行灵活把握，这样才能用最省力的方法成为主动的一方。

袁绍在官渡被曹操打败之后，心情抑郁，不久便得病身亡。临死前，袁绍立幼子袁尚为继承人，任命其为大司马将军。曹操这时斗志正旺，亲率大军前来讨伐袁氏兄弟，企图一举平定河北。曹军以破竹之势攻占了黎阳，很快便兵临冀州城下。袁尚、袁谭、袁熙、高干分别带领四路人马合力死守，曹操一连几天都攻打不下。

曹操的谋士郭嘉献计说："袁绍废长子立幼子，兄弟之间必然会为争夺权力相互争斗，各自树立自己的势力帮派，他们之间情况危急时刻还可相救，一旦危机解除就会彼此相互争斗；不如先举兵南下去攻打荆州，征讨刘表，等袁氏兄弟相互争斗发生变故之后，再来攻打他们，就能一举而定。"曹操认为郭嘉言之有理，便留下贾诩镇守黎阳，曹洪镇守官渡，自己则率军征讨刘表去了。果然，曹操大军一撤走，长子袁谭便同袁尚为争夺继承权大动干戈，互相残杀起来。袁谭打不过袁尚，派人向曹操求救。曹操乘机再次出兵北进，杀死袁谭，袁熙、袁尚逃往辽东投奔公孙康，曹军很快占领了河北。

平定河北之后，夏侯淳等人劝曹操说："辽东太守公孙康一直没有臣服我们。现在袁熙、袁尚又去投奔他，必定成为我们的后患。不如趁他们还没有防备之际就去讨伐，这样就能取得辽东了。"曹操却笑着说："不烦你们再次出兵了。几天之后，公孙康会把二袁的首级亲自送来。"诸将都不相信。没过几天，公孙康果然派人将袁熙和袁尚的首级送来了。众将大惊，都佩服曹操料事如神。曹操大笑说："果然不出奉孝所料！"说着，拿出郭嘉临死前留给他的一封信。郭嘉在信中写道："如果听说袁熙、袁尚去投靠辽东，主公千万不要加兵。公孙康一直担心袁氏被吞并之后，二袁去投奔他。倘若率兵去攻打他，他们肯定并力迎敌，欲速则不达；倘若慢慢地谋取，公孙康、袁氏兄弟必然会互相图谋对方。"

原来，袁绍在世之日就一直有吞并辽东之心，公孙康对袁氏家族恨之入骨。这次袁氏二兄弟去投奔，公孙康就存心想除掉他们，但又担心曹操引军攻打辽东，想利用二人助己一臂之力。所以，袁熙、袁尚二人来到辽东，公孙康并没有马上相见，而是派人迅速前去探听曹军的动静。当探子回报曹操并无攻打辽东之意时，公孙康立即将袁熙、袁尚斩首，使曹操兵不血刃便达到了目的。

品评悟道

曹操在平定河北时，使用“隔岸观火”之计，“坐山观虎斗”，以微小的代价换取了胜利。当敌方矛盾突出、相互倾轧的气氛越来越显露时，不可急于去“趁火打劫”，操之过急常常会促其形成暂时的联合，从而增强敌方的还击能力。故意让开一步，坐等敌方内部矛盾发展以致出现互相残杀的动乱，就能达到削弱敌人、壮大自己的目的。

不该仁义时就要凶狠

在战争中，当时机成熟的时候，一定要果断重拳出击，千万不能有不必要的“仁义”，只有这样才不会陷入被动。

春秋时，齐桓公死后，宋襄公不自量力，想接替齐桓公当霸主。但是，遭到了各国的反对。宋襄公发现郑国支持楚国做盟主最积极，便想找机会征伐郑国出口气。

周襄王十四年，宋襄公亲自带兵去征伐郑国。楚成王见势，发兵去救郑国。但他没有直接去救郑国，却率领大队人马直奔宋国。宋襄公慌了手脚，只得带领宋军连夜往回赶。等宋军在泓水（今河南柘城西北）扎好了营寨时，楚国兵马也开到了对岸。目夷劝宋襄公说：“楚兵到这里来，不过是为了援救郑国。咱们从郑国撤回了军队，楚国的目的也就达到了。咱们力量小，不如和楚国讲和算了。”

宋襄公说：“楚国虽说兵强马壮，可是他们缺乏仁义；咱们虽说兵力不足，但举的是仁义大旗。他们的不义之兵，怎么打得过咱们这仁义之师呢?”宋襄公还下令做了一面大旗，绣上“仁义”二字，准备用“仁义”去打败楚国的军队。天亮以后，楚军开始过河了。目夷对宋襄公说：“楚国人白天渡河，明明是瞧不起咱们。咱们乘他们渡到一半时，迎头打过去，一定会胜利。”宋襄公还没等他说完，便指着飘扬的大旗说：“你难道没见到旗上的‘仁义’二字吗？人家过河还没过完，咱们就打人家，还算什么‘仁义’之师呢?”

楚兵全部渡过了河，在岸上布起阵来。目夷见楚兵乱哄哄地还没整好队伍，赶忙又对宋襄公说：“楚军还没布好阵势，咱们抓住这个机会，赶快发起冲锋，还可以取胜。”宋襄公瞪着眼睛大骂道：“你这个家伙，怎么净出歪主意！人家还没布好阵就去攻打，这算仁义吗?”

正说着，楚军已经排好队伍，洪水般地冲了过来。宋国的士兵吓破了胆，一个个扭头就跑。宋襄公手提长矛，催着战车，想要攻打过去。可还没来得及往前冲，就被楚兵团团围住，大腿上早中了一箭，身上还受了好几处伤。多亏了宋国的几员大将奋力冲杀，才把他救出来。等他逃出战场，宋国的兵车已经损失了十之八九，兵器、粮草也全部丢光，将士们死的死，伤的伤，溃不成军，那面“仁义”大旗也早已无影无踪。老百姓见此惨状，对宋襄公骂不停口。可宋襄公还觉得他的“仁义”取胜了。目夷搀扶着他，他还一瘸一拐地边走边说：“讲仁义的军队就得以德服人。人家受伤了，就不能再去伤害他；头发花白的老兵，就不能去抓他。我以仁义打仗，怎么能乘人危难的时候去攻打人家呢?”那些跟着逃跑的将士，听了宋襄公的话，都哭笑不得，心想：我们平日打仗，靠拼命才能打败敌人，这回主公靠“仁义”打仗，害得我们差点儿丢掉性命。

品评悟道

一味地按教条的思维去考虑问题而不懂得变通，难免陷入迂腐的误区，而尚清谈轻实际的决战方式，是可笑而注定要失败的。宋襄公的可笑，在于他混淆了“仁义”运用的场景和实际情况，才使得自己一步步地被动起来。宋襄公的迂腐做法我们当引以为戒。

将欲擒之，先予纵之

在做许多决定时，如果过早地行动，会让我们悖于道义、有违民心而陷入被动的处境。智者做事不会操之过急，他们懂得“欲擒故纵”的道理，在运用“将欲擒之，先予纵之”这一秘密时总是得心应手。

郑庄公的母亲姜氏生有两个儿子，老大就是庄公，老二叫共叔段。姜氏对共叔段特别偏爱，几次请求郑武公立共叔段为世子，武公都没有同意。

武公死后，长子寤生继位，是为郑庄公。姜氏见扶植共叔段的计划失败，转而请求庄公将京邑封给共叔段，庄公不好推辞，只好答应了。

郑国大夫知道后，立即面见庄公说：“分封的都城，它的周围超过300丈的，就会对国家有害。按照先王的制度规定，国内大城不能超过国都的三分之一，中城不能超过国都的五分之一，小城不能超过国都的九分之一。现在将京邑封给共叔段，不合法度。这样下去恐怕您将控制不住他。”

庄公答道：“母亲喜欢这样，我怎么能让她不高兴呢？”

大夫又说：“姜氏哪里有满足的时候！不如早想办法处置，不要使她滋长蔓延，蔓延了就很难解决，就像蔓草不能除得干净一样。”庄公沉吟了一会儿，说：“多行不义必自毙。你姑且等着吧！”其实，郑庄公心里早已有了对付共叔段的方略。他知道自己现在力量还不够强大，共叔段又有母后的支持，要除掉共叔段还比较困难，不如先让他尽力表演，等到其罪恶昭著后，再进行讨伐，一举除之。

共叔段到了京邑后，将城进一步扩大，还逐渐把郑国的西部和北部的一些地方据为己有。

公子吕见此情形十分着急，对庄公说：“国家不能使人民有两个君主统治的情况出现，您要怎么办？请早下决心。要把国家传给共叔段，那么就让我奉他为君，如果不传给他，就请除掉他。不要使人民产生二心。”

庄公回答说：“你不用担心，也不用除他，他将要遭受祸端的。”此后，共叔段又将他的地盘向东北扩展到与卫国接壤。此时，子封又来见庄公，说：“应该除掉共叔段了，让他再扩大土地，就要得到民心了。”

庄公说：“他多行不义，人民不会拥护他。土地虽然扩大了，但一定会崩溃的。”

共叔段见庄公屡屡退让，以为庄公怕他，更加有恃无恐。他集合民众，修缮城墙，收集粮草，修整装备武器，编组战车，并与母亲姜氏约定日期作为内应，企图偷袭郑国都城，篡位夺权。

庄公对共叔段的一举一动早已看在眼里，并有防备。当他得知共叔段与姜氏约定的行动日期后，就命大将子封率领200乘兵车提前进攻京邑，历数共叔段的叛君罪行，京邑的人民也起来响应，反攻共叔段，共叔段弃城而逃，后畏罪自杀。他的母亲姜氏也因无颜见庄公而离开宫廷。

品评悟道

郑庄公运用“将欲擒之，先予纵之”的谋略，很轻松地除掉了王位的竞争对手。他考虑到共叔段毕竟是自己的弟弟，如果一开始就对共叔段大加讨伐，别人会说他不讲亲情，在道义上他会失分。所以他先让共叔段坏下去，让大家都看清楚了是非曲直，才顺理成章地出兵。

抓刀要抓刀柄，制人要拿把柄

正所谓“打蛇打七寸”“抓刀要抓刀柄”，要让人受制于己，就要抓住别人的短处和把柄。

汉代的朱博本是武将出身，后来调任左冯翊地方文官。他利用一些巧妙的手段，制服了地方上的恶势力，被人们传为美谈。在长陵一带，有个大户人家出身的人名叫尚方禁。他年轻时曾强奸别人的妻子，被人用刀砍伤了面颊。如此恶棍，本应重重惩治，只因他大大地贿赂了官府的功曹，不但没有被革职查办，反倒被调升为守尉。

朱博上任后，有人向他告发了此事。朱博觉得真是岂有此理！就召见了尚方禁。尚方禁心中七上八下，硬着头皮来见朱博。朱博仔细看尚方禁的脸，果然发现有疤痕，就让侍从退开，假装十分关心地询问究竟。

尚方禁做贼心虚，知道朱博已经了解了他的情况，就像小鸡啄米似的接连给朱博叩头，如实地讲了事情的经过，请求朱博的原谅。他头也不敢抬，只是一个劲地哀求道："请大人恕罪，小人今后再也不干那种伤天害理的事了。"

"哈哈哈……"朱博突然大笑道，"男子汉大丈夫，本是难免会发生这种事情的。本官想为你雪耻，给你个立功的机会，你会效力吗？"

于是，朱博命令尚方禁不得向任何人泄露这次的谈话内容，要他有机会就记录其他官员的一些言论，及时向朱博报告。尚方禁俨然成了朱博的耳目。

自从被朱博宽释并重用之后，尚方禁对朱博的大恩大德铭记在心，干起事来特别卖命，不久，就破获了许多起盗窃、强奸等犯罪案，使地方治安情况大为改观。朱博于是提升他为连守县县令。又过了一段时期，朱博突然召见那个当年收受尚方禁贿赂的功曹，对他进行了严厉的训斥，并拿出纸和笔，要那位功曹把自己受贿的事全部写下来，不能有丝毫隐瞒。

那功曹早已吓得像筛糠一般，只好提起笔写下自己的斑斑劣迹。

由于朱博早已从尚方禁那里知道了这位功曹贪污受贿的事，看了功曹写的交代材料，觉得大致不差，就对他说："你先回去好好反省反省，听候裁决。从今后，一定要改过自新，不许再胡作非为！"说完就拔出刀来。

那功曹一见朱博拔刀，吓得两腿一软，又是打躬又是作揖，嘴里不住地喊："大人饶命！大人饶命！"只见朱博将刀晃了一下，一把抓起那位功曹写下的罪状材料，将其撕成纸屑扔了。

自此后，那位功曹终日如履薄冰、战战兢兢，工作起来尽心尽责，不敢有丝毫懈怠。

品评悟道

许多老谋深算的官员都知道，抓刀要抓刀柄，制人要拿把柄。在对手身上发现了弱点，就让他为我所用，这种方法十分奏效。

先下手为强，后下手遭殃

害人之心不可有，防人之心不可无。虽然不能以君子之心度小人之腹，但只有防患于未然，才能够免受其害。

楚国的春申君黄歇，门下有3000门客，是战国著名的“四公子”之一。当时楚国考烈王没有子女，春申君就四处搜寻美女献给楚王。当时有个赵国人，叫李园，他有个妹妹长得很漂亮。李园本想把妹妹献给楚王，但是他临时改变了主意，把妹妹献给了春申君。

春申君宠幸这个美女，没过多久，她就怀孕了。美人想到了一条妙计，和她哥哥偷偷商量后，对春申君说：“夫君，楚王跟您的感情真是好啊!”春申君动情地说：“是啊，我和楚王的感情就连亲兄弟也比不上。”美人又说：“可是楚王没有儿子，他死后只有让自己的亲兄弟做国君。新国君一定只重用自己身边的人，哪轮得到您呢？而且您现在的地位这么高，肯定有对楚王的兄弟不够礼貌的地方，那您的处境岂不是更危险了吗?”春申君听了，说:“是呀，可是又有什么办法呢?”美女眨了眨眼睛，说：“办法倒是有一个。我已经怀孕了，如果楚王现在喜欢上我，那我生下的孩子就可以当上国君。那您就不用担心以后的前途啦。”

春申君照这个美女说的，把她献给了楚王。美女果然很快就得到了楚王的宠爱。后来，这个美女在王宫生了一个男孩。随后这孩子被立为太子，美女也就当上了王后。楚王又提拔她的哥哥李园当了高官。但是，李园是个有野心的人，他一来想夺取春申君的权位，二来也怕春申君泄露秘密，便在私底下养了许多杀手，计划伺机杀他灭口。

此时的春申君还蒙在鼓里。他的一个门客朱英对他说：“您做楚国的丞相已经20多年了，一人之下，万人之上。有一天楚王死了，您就要辅佐年幼的太子，直到他长大成人。这是您的福气，但这其中也可能隐藏着灾祸。正所谓祸兮福之所倚，福兮祸之所伏。”春申君没有将他的话放在心上，满不在乎地说：“我现在过得很好啊，至于将来，会有什么不幸呢?”朱英忧心忡忡地说：“李园一直想夺取您手中的权力，他早就偷偷养了许多杀手，只等楚王一死，便将矛头指向您。这就是我说的灾祸啊。不过，现在挽救还来得及，您只要先把我派到楚王的身边，替您干掉李园，先下手为强，免除您的后顾之忧。”春申君听了，哈哈一笑，拍拍朱英的肩膀说：“先生多虑了。我了解李园，他是个胆小、温和的人，我又一直对他那么好，他不会做出什么对不起我的事。”

过了十几天，楚考烈王死了。李园先到宫里，安排杀手埋伏在宫门内。春申君匆忙进宫，刚走进宫门，李园的杀手就从两旁杀出来。春申君还没来得及喊救命，头就被割了下来，连他的家人也没能逃过这场血光之灾。

战国四公子之一的春申君就这样被杀掉了，更为悲惨的是他可能到死也不知道是谁杀死他的，因为在他印象中，李园是胆小温和且自己对其有恩的人。

品评悟道

春申君的悲剧，主要就在于他没有认清李园这样的小人，对他没有防范，更没有先下手为强的意识，最终导致了自己被杀的局面。从中我们得知，面对敌人，千万不能掉以轻心，主动出击才能使自己不受侵犯。

实现野心要“名正言顺”

凡成大事者都有惊人的野心，但智者知道如何控制勃勃雄心，在条件不具备时不轻易显露。唯有在一切都“水到渠成”之时，野心才能真正实现，所以凡事不必操之过急，要遵循循序渐进的发展规律。

武则天本是唐高宗的爱姬。683 年，唐高宗头眩病复发，不治身亡。继位的唐中宗李显品性庸懦，毫无主见，凡事都对母亲武则天言听计从，执政大权渐渐落入武则天手中。

昔日唐高宗在位时，因患有头眩病，自 660 年起，便把大小政事多半委托皇后处理，自己好清心养性，武则天也因此渐渐掌握了朝中大权。高宗一死，继位的又是她的儿子，要想废黜只是一句话而已。这样，武则天不觉野心萌动，想要尝试一下当女皇帝的滋味。

然而，在一个夫权为上的男性社会里，传统的男尊女卑的观念早已深入人心，要撼动谈何容易。中宗被废后，武则天故意试探性地问群臣：“此后应由何人承续帝位？”宰相应声答道：“就立豫王李旦为帝。”李旦是武则天和唐高宗所生的最小的儿子。其他人也众口一词，没有一个人会想到武则天自己想过一把当皇帝的瘾。群臣的意见让武则天心凉了半截，但也给她打了一针清醒剂，她知道，自己现在做皇帝还不是时候。

无奈，她只好暂立豫王李旦做了挂名皇帝，是为唐睿宗。即使这样，仍有不少大臣屡屡站出来劝谏，要武则天尽早把权力还给皇帝李旦。李敬业甚至召集 10 余万兵马，发誓要杀掉这个想篡夺大唐江山的女子。大文豪骆宾王也挥毫抒愤，写出了千古传诵、名扬四海的《讨武檄文》，追随李敬业麾下，兵败而不知所终。之后仍有许多州县的一大批刺史起兵讨武……

面对如此强大的反对力量，武则天心里明白，虽然此时在朝中说句话她就能坐上皇帝的宝座，但众人不服，民心不稳，这样的女皇不会做长久，也可能在历史上留下恶名。于是，她放眼前途，决定费些时间大造声势，设法改变人们的观念，改变民众对女人尤其对她这个不一般的女人的敌视态度。

首先，武则天表面上装作归政于李旦，暗地里却让李旦写表坚决推辞，而自己则好像是迫不得已才临朝，掌握皇权。

接着，她又让侄子武承嗣派人在石头上刻上“圣母临人，永昌帝业”8 个大字，涂成红色，扔进洛水，再由雍州人唐同泰取来献给朝廷。武则天亲祭南郊，告慰神灵，称此石为“授圣图”，改进水为永昌水，封洛水神为显圣侯，给自己加号圣母神皇，封唐同泰为游击将军，并举行了声势浩大的拜洛受瑞仪式，使人以为她当皇帝乃是奉循上天的旨意。

而后，她又暗使高僧法明杜撰了《大云经》四卷，遍送朝廷内外。《大云经》中在醒目的位置称武则天本是弥勒佛的尘世化生，理当代为主宰唐朝。武则天便令两京诸州官吏，使百姓大读特读，并专门建寺珍藏。

此外，她又令侍御史傅游艺率关中的百姓 900 余人，来朝廷上表，恳请武则天亲临帝位。武则天佯装不答应，却马上把傅游艺提升为给事中。如此升官捷径，哪个不会效法？于是，百官宗戚，远近百姓，四夷酋长，沙门道士竞相仿效傅游艺，上表奏请武则天当皇帝。有一次上表者竟多达 6 万余人。

如此大造舆论，众人都觉得武则天做皇帝已是上应天意下顺民心，势所必然。百官群臣也乐得顺水推舟，请求武则天早日登基，就连挂名皇帝李旦竟也认为自己这个皇帝是抢了母亲的位，亲自上表请求改姓武。

时机成熟之后，武则天才废了李旦，亲自登基为帝，反对者声息皆无，她这个皇帝也就坐稳了。

品评悟道

武则天是一位深知历史规律的女中豪杰；她对民众的心理和她身边的局势可谓了如指掌。虽然她有雄心，但并不急于行动，而是借助方方面面的力量，为达到自己真正的意图摇旗呐喊。一切都是那么顺理成章，武则天也乐于“顺水推舟”，牢牢地坐定了自己的宝座。这对于那些有志向的人，最大的启示莫过于要懂得隐藏自己的雄心，别让自己过早地成为“众矢之的”，以致让目标流于失败。

“炒作”得体，事半功倍

在一个凸显自我价值的时代，借助各种力量“捧”火自己，是一种将人生变被动为主动的学问。

战国时，齐王受秦国和楚国谗言的欺骗，认为孟尝君的名望高过他自己，而且在齐国专权，就罢免了孟尝君的职位。孟尝君的门客知道这个消息后，纷纷散去，只剩冯谖一个人留了下来。

冯谖对孟尝君说：“请借给我一辆车，让我到魏国去，我一定让你重新受到国君的重用，增加封地，你愿意吗？”

孟尝君于是准备了车子和礼物，派他去魏国。

冯谖对魏国梁惠王说：“天下的游士驱车入魏，都想使魏国强盛，使齐国削弱；而驱车入齐的却都想使齐国强盛，使魏国削弱。这是因为魏、齐两国势不两立，谁能称雄谁就能拥有天下。”

梁惠王听了，单膝跪地请教说：“怎样才能使魏国称雄呢？”

冯谖反问道：“大王知道齐国罢免孟尝君的

事吗？”

梁惠王答道：“知道。”

冯谖说：“辅佐齐国使之在天下举足轻重，都是孟尝君的功劳。现在齐王听信别人的诽谤，罢免孟尝君。孟尝君心中怨恨，一定会背叛齐国。如果他能投奔魏国，齐国的人心自然随之倒向魏国，齐国的国土就在魏王掌握之中了，岂止是称雄而已？大王应该赶快派使者带着厚礼，去迎聘孟尝君，千万不要错失良机。否则，如果齐国醒悟过来，再次重用孟尝君，那么魏、齐两国谁能称雄天下，就未可预料了。”

梁惠王听了很高兴，当即派出 10 辆车，载着百镒黄金去齐国迎聘孟尝君。

冯谖辞别梁惠王，先行赶回齐国，游说齐王：“天下的游士驱车入齐的，都想使齐国强盛，使魏国削弱；驱车入魏的，则想使魏国强盛，使齐国削弱。这是因为齐、魏两国势不两立，一旦魏国强盛，齐国就会因此削弱。现在我听说魏国派遣专使，带 10 辆车，载着黄金百镒来迎聘孟尝君。孟尝君不去魏国就罢了，一旦他去辅佐魏王，天下人都会去归附他。到那时魏国强盛，齐国削弱，齐国的临淄、即墨地区就危险了。大王何不在魏国使者到来之前，恢复孟尝君的职位，增加他的封邑，向他表示道歉呢？这样做，孟尝君一定会欣然接受。魏国再强大，又怎么能强请别国臣子去当丞相呢?”

齐王说:“好。”

当即召见孟尝君，恢复他原来的相国职位和封地，还增加他的封邑。魏国使者恰好在这时来到齐国，听说此事，只好返回。

门客冯谖凭三寸不烂之舌，说服魏王派出10辆车，又载百镒黄金去迎聘刚刚被齐王解除相国权位的孟尝君；之后，冯谖又去面见齐王，报告魏王要重用孟尝君的事情，同时劝说齐王恢复孟尝君的职位。这是一种策略，用现代的话说，冯谖必须先把已经下野的孟尝君在魏王那里“炒”起来，给齐王施加压力，让齐王认识到孟尝君的价值，这样，齐王才能再度起用孟尝君。

品评悟道

从上面的这则故事，应该悟出这样一个道理，适当的“炒作”在人才竞争的社会里还是有必要的，如果“炒作”得体，可收到事半功倍的效果。

毛遂自荐，“秀”出自己

历代名人的实践表明，是否善于自我推荐，结果是大不相同的。

毛遂在平原君门下已经3年了，一直默默无闻，总得不到施展才能的机会。

一次，碰上秦国大举进攻赵国，秦军将赵国都城邯郸团团围住，情况十分危急，赵王只好派平原君赶紧出使楚国，向楚国求救。

平原君到楚国去之前，召集他所有的门客商议，决定从这千余名门客中挑选出20名能文善武、足智多谋的人随同前往。他挑来挑去最终只有19人合乎条件，还差一人却怎么挑也总觉得不满意。

这时，只见毛遂主动站了出来说：“我愿随平原君前往楚国，哪怕是凑个数！”

平原君一看，是平常不曾注意的毛遂，不大以为然，只是婉转地说：“你到我门下已经3年了，从未听到有人在我面前称赞过你，可见你并无什么过人之处。一个有才能的人在世上，就好像锥子装在口袋里，锥子尖很快就会穿破口袋钻出来，人们很快就能发现他。而你一直未能出头露面显示你的本事，我怎么能够带上没有本事的人同我去楚国行使如此重大的使命呢?”

毛遂并不生气，他心平气和地据理力争说：“您说的并不全对。我之所以没有像锥子从口袋里钻出锥尖，是因为我从来就没有像锥子一样放进您的口袋里呀。如果您早就将我这把锥子放进口袋，我敢说，我不仅是锥尖子钻出口袋的问题，我会连整个锥子都像麦穗子一样全部露出来。”

平原君觉得毛遂说得很有道理且气度不凡，便答应毛遂作为自己的随从，连夜赶往楚国。

到达楚国，已是早晨。平原君立即拜见楚王，跟他商讨出兵救赵的事情。

这次商谈很不顺利，从早上一直谈到了中午，还没有一丝进展。面对这种情况，随同前往的20个人中有19个只知道干着急，在台下直跺脚、摇头、埋怨。唯有毛遂，眼看时间不等人，机会不可错过，只见他一手提剑，大踏步跨到台上。面对盛气凌人的楚王，毛遂毫不胆怯。他两眼逼视着楚王，慷慨陈词，申明大义，他从赵楚两国的关系谈到这次救援赵国的意义，对楚王晓之以理，动之以情。他的凛然正气使楚王惊叹佩服，他对两国利害关系的分析深深打动了楚王的心。通过毛遂的劝说，楚王终于被说服了，当天下午便与平原君缔结盟约。很快，楚王派军队支援赵国，赵国于是解围。

事后，平原君深感愧疚地说：“毛遂原来真是个了不起的人啊！他的三寸不烂之舌，真抵得过百万大军呀！可是以前我竟没发现他。若不是毛先生挺身而出，我可要埋没一个人才呢！”

清朝的和珅可谓是自我推荐的高手。

和珅虽然家世不佳，但有股聪明劲，好读书，史书上说他少贫无籍，为文生员，在官学中读四书五经。他对汉族文化和历史有所了解，对中原的地理沿革、风土人情、文坛掌故都很留心，而且生性乖巧，能说会道，还爱耍些小聪明。

和珅粗通中原文化，这点知识帮了他的大忙。还在给乾隆帝当銮仪卫听差时，就因读过四书五经而受到乾隆帝的喜爱。

有一次，和珅在乾隆帝的轿前听差。乾隆的大驾急于启程，仓促间找不到黄盖。乾隆帝发了脾气，问道：“这是谁的过错？”銮仪卫的轿夫、侍卫你看我、我看你，不知怎么回答，也不知该怎么办好，这时和珅却应声答道：“典守者不得辞其责！”

乾隆帝看了看这个说话的人，见他长得眉目清秀，仪态俊雅，回答时口齿清楚，语言文雅，对他颇有几分好感。心想，听差的行列中，竟有这样才气的人。问起来，才知道他是满洲官学的生员，名叫和珅。

清代从圣祖玄烨开始就很重视程朱理学，很重视文化教育和思想统治的作用。学堂里一律把四书作为必读教材，以及科举考试的经典。

此时，乾隆帝坐在銮舆中，一边走着，一边询问和珅一些四书中的问题，和珅一一作答。乾隆帝听了，十分满意。从此，乾隆帝让和珅总管仪仗队，不久又升为侍卫。这官虽然不算大，但很重要，宫中的事务差不多都由他管理。

且不评论和珅在历史上的功过是非，他这种勇于推销自我的精神是值得我们借鉴的。

品评悟道

在市场经济条件下，在激烈的竞争环境中，尤其面对人才市场的激烈竞争，一个人要使自己跻身于人才之林，得到最佳发展空间，就要学习毛遂自荐的精神，充分地展现自己的聪明才智。要显示出自己人生的价值，就必须主动地自我推销，这是十分重要的。

知人之欲，智者善使败德之人

了解别人就要了解他的欲望，有智慧的人善于驱使德行有亏的人。

武则天在夺权的道路上，不择手段，唯计个人私利。她对唐高宗李治不加重用的没有品行的人，反而另眼相看，收为亲信。

李义府虽有文才，但为人奸诈、邪巧多方，长孙无忌看透了他的本性，曾多次对唐高宗进谏说："有才无德之人，最能制造祸端，臣见李义府貌似忠厚，实乃奸诈，陛下对此人不可不防。"

唐高宗本想重用李义府，有了长孙无忌的提醒，便渐渐疏远他了。后来，长孙无忌找了一个借口，将他贬为壁州司马。

诏书还没有颁下，李义府已听说此事，十分惊恐。他向王德俭请教自救之策，接着按其主意向唐高宗上书，建议册立武则天为后。李治感念其情，于是让他担任原职。武则天知晓此事，大喜过望，她对自己的心腹说："李义府如此知趣，此人当可大用，我是不会亏待他的。”

武则天的心腹深知李义府的为人，便不屑说：“李义府如此行事，并非真心为娘娘效忠。他这个人有才无德，善于见风使舵，娘娘一定要提防他才好，怎可重用他呢？”

武则天闻言即笑，慢声说：“他不如此，我又怎会从中得利？这样的人若巧加利用，自会死心塌地地为我卖力，我是求之不得啊。”

武则天当上皇后，立即建议高宗提升了李义府的官职，让他官拜中书侍郎，封广平县男。李义府贪欲得逞，从此为武则天处处卖命，成了她的得力干将。

礼部尚书许敬宗是隋朝大臣给事中许善心之子，属名门之后。但他居官不正、贪赃徇私、德行败坏，为正义之士所不齿。许敬宗暗中向武则天投效，武则天却十分欢喜，她对许敬宗说：“你遭人非议，岂是你的过错？都是那些大臣嫉恨你的才学罢了。我一向相信你的品行无失，自会向皇上荐举力言。”

许敬宗感恩戴德，发誓为武则天效忠。武则天的身边人提醒她说：“无德之人，向来没有信义，娘娘不要轻信他。他素招人怨，娘娘重用此人也无益于大事。”

武则天充满自信，她得意地说：“邪才一旦制服，用起来就了无顾忌，用他去对付那些所谓忠贞之士，不是最好的利器吗？他为名为利，我正好用名利来役使他，有了这个束缚，还怕他不俯首听命?”

于是武则天多次向唐高宗荐举许敬宗，又屡次为许敬宗遮掩丑事，她还故作气愤地对唐高宗说：“自古忠臣难当，多遭毁谤，许敬宗忠于陛下，不徇私情，难怪朝臣每每诋毁他了。陛下若是听信谗言，正是中了奸臣的诡计，妾实在难以置之不理。”

有了李义府、许敬宗这左膀右臂，武则天行私有助，势力不断地扩大，为她日后登上皇位增添了胜算。

品评悟道

品德不好的人在封建官场大有人在，要想把他们彻底清除是难以做到的事。这一点当权者心知肚明，他们尽力做的只是如何让他们为己效命罢了。德行有亏自然欲望多多，当权者用利益诱使他们，就可以驱使他们干任何事了。只要满足了他们的欲望，这些人无不敢为，作为当权者整人弄权的工具，他们往往是最合适的人选。

收放结合，才能把人牢牢制住

古人云："一张一弛，文武之道。"用到驭人方面，只有懂得收放分寸的人，才能将主动权稳固地把握于己身。

刘秀当上东汉开国皇帝后，有一段时间很是忧郁。群臣见皇帝不开心，一时议论纷纷，不明所以。

一日，刘秀的宠妃见他有忧，怯生生地进言说："陛下愁眉不展，妾深为焦虑，妾能为陛下分忧吗？"

刘秀苦笑一声，怅怅道："朕忧心国事，你何能分忧？俗话说，治天下当用治天下匠，朕是忧心朝中功臣武将虽多，但治天下匠的文士太少了，这种状况不改变，怎么行呢？"

宠妃于是建议说："天下不乏文人大儒，陛下只要下诏查问、寻访，终有所获的。"

刘秀深以为然，于是派人多方访求，重礼征聘。不久，卓茂、伏湛等名儒就相继入朝，刘秀这才高兴起来。

刘秀任命卓茂做太傅，封他为褒德侯，食二千户的租税，并赏赐他几杖车马，一套衣服、丝绵500斤。后来，又让卓茂的长子卓戎做了太中大夫，次子卓崇做了中郎，给事黄门。

伏湛是著名的儒生和西汉的旧臣，刘秀任命他为尚书，让他掌管制定朝廷的制度。

卓茂和伏湛深感刘秀的大恩，他们曾对刘秀推辞说："我们不过是一介书生，为汉室的建立未立寸功，陛下这般重用我们，只怕功臣勋将不服，于陛下不利。为了朝廷的大计，陛下还是降低我们的官位为好，我们无论身任何职，都会为陛下誓死效命的。"

刘秀让他们放心任事，心里却也思虑如何说服功臣朝臣，他决心既定，便有意对朝中的功臣们说："你们为国家的建立立下大功，朕无论何时都会记挂在心。不过，治理国家和打天下不同了，朕任用一些儒士参与治国，这也是形势使然啊，望你们不要误会。"

尽管如此，一些功臣还是对刘秀任用儒士不满，他们有的上书给刘秀，开宗明义便表达了自己的反对之意，奏章中说："臣等舍生忘死追随陛下征战，虽不为求名求利，却也不忍见陛下被腐儒愚弄。儒士贪生怕死，只会搅动唇舌，陛下若是听信了他们的花言巧语，又有何助呢？儒士向来缺少忠心，万一他们弄权生事，就是大患。臣等一片忠心，虽读书不多，但忠心可靠，陛下不可轻易放弃啊。”

刘秀见功臣言辞激烈，于是更加重视起来，他把功臣召集到一处，耐心地对他们说：“事关国家大事，朕自有明断，非他人可以改变。在此，朕是不会人言亦言的。你们劳苦功高，但也要明白‘功成身退’的道理，如一味地恃功自傲，不知满足，不仅于国不利，对你们也全无好处。何况人生在世，若能富贵无忧，当是大乐了，为什么总要贪恋权势呢？望你们三思。”

刘秀当皇帝的第二年，就开始逐渐对功臣封侯。封侯地位尊崇，但刘秀很少授予他们实权。有实权的，刘秀也渐渐压抑他们的权力，进而夺去他们的权力。

大将军邓禹被封为梁侯，他又担任了掌握朝政的大司徒一职。刘秀有一次对邓禹说：“自古功臣多无善终的，朕不想这样。你智勇双全，当最知朕的苦心啊。”

邓禹深受触动，却一时未做任何表示。他私下对家人说：“皇上对功臣是不放心啊，难得皇上能敞开心扉，皇上还是真心爱护我们的。”

邓禹的家人让邓禹交出权力，邓禹却摇头说：

“皇上对我直言，当还有深意，皇上或是让我说服别人，免得让皇上为难。”

邓禹于是对不满的功臣一一劝解，让他们理解刘秀的苦衷。当功臣们情绪平复下来之后，邓禹再次觐见刘秀说：“臣为众将之首，官位最显，臣自请陛下免去臣的大司徒之职，这样，他人就不会坐等观望了。”

刘秀嘉勉了邓禹，立刻让伏湛代替邓禹做了大司徒。其他功臣于是再无怨言，纷纷辞去官位。他们告退后，刘秀让他们养尊处优，极尽优待，避免了功臣干预朝政的事发生。

品评悟道

放纵是有条件的，在某些方面，该放的就要放；而在另一些方面，该收的也一定要收。收放结合，才能把人牢牢制住。功臣在历史上所起的作用是巨大的，可功臣若走向反面，他们的影响力和破坏力也是惊人的。对待他们，社会地位不能降低，以示荣宠，但不给其实权，就可防患于未然了。在要害处只收不放，这是放纵的首要前提。

摸透底细，该出手时再出手

知己知彼，方能百战不殆。

西汉宣帝时，赵广汉为京兆尹，当首都长安的父母官。

赵广汉刚上任时，趋炎附势之辈争相拜访他，赵广汉却一个也不见。他命人传话说：“我职责重大，若与你们私下交结来往，他日恐有流言传出，于你于我都不利。我办事向来不徇私情，在我这谁也得不到半点好处和关照，你们又何苦呢？”

赵广汉拒绝献媚拉拢，却与下属、百姓打成一片，毫无官架子，有时兴致一来，甚至与他们谈个通宵达旦。

在与他人的交谈过程中，赵广汉渐渐总结出了探知实情的方法——“钩距法”。这种方法讲究调查，注重对比推算，结果往往十分准确。赵广汉曾对人说：“我想知道马的价格，用‘钩距法’行事，我先问狗的价格，再问牛价，最后才问马价。这样层层验证，一番比较计算后，我就知道马价是高是低了，一般不会有什么大的差错。”

赵广汉的好友对他的“钩距法”不感兴趣，一次对他说：“我们在朝为官，自然不屑和商贩讨价还价，你钻研这种学问，又有什么用处呢？”

赵广汉推心置腹地说：“做官的人若不熟悉民情，洞察一切，又何能造福一方、保一方平安呢？‘钩距法’不仅可以用来了解市场行情，用于政务，它也可以让我知己知彼，对症下药。如果我偏听偏信，真不知要有多少错案发生，而真正的害群之马就要逃脱惩罚了。”

赵广汉上任时，长安的治安形势一度混乱，百姓受害的事时有发生，官匪勾结十分猖獗。面对严峻的状况，赵广汉召集心腹属下说：“我上任伊始，并不熟悉此中内情，想打击犯罪，也不知从何下手。何况情况不明，乱下重手只会引起混乱，我想让你们暗中侦察，把盗贼的踪迹摸清。”

心腹属下面有难色，他们说：“盗贼行踪诡秘，出入不定，在此用力难出成效。从前官员都是有事打压，无事清闲，大人何必自讨苦吃呢？”

赵广汉脸上肃穆，他郑重道：“盗贼不绝，根源乃在我们不晓其根底和从前官员不尽职。我志在剿除盗贼，自然不能和从前官员一样无为了，这是我的命令，违者必惩！”

赵广汉命人暗中详查，表面上却故作轻松，没有更深的戒备，盗贼们以为赵广汉碌碌无为，于是放下心来，放胆胡为。一时之间，盗贼蜂拥而出，长安形势更坏。

朝中大臣上疏指责赵广汉失职，无比愤怒地说：“京城盗贼横行，京兆尹赵广汉却放纵不管，不知他是何居心。赵广汉定与盗贼勾结，望陛下彻底肃查。”

汉宣帝也怒气冲冲地质问赵广汉说：“朕深居宫中，都听说了宫外盗贼横行之事，你有何交代吗？”

赵广汉叩头不止，连声说：“陛下不要担心，请让臣把话说完。”

他镇定一下，说：“京城重地，盗贼必须彻底剿灭，这是臣决心要做到的事。无奈贼情不明，轻举妄动便会打草惊蛇，这也是臣最担心的。臣故意装作不闻不问，只是想让盗贼悉数暴露，以便臣的属下全然摸清盗贼的状况，查清他们肇事的根源，以及那些和他们勾结的差吏收取了多少贿赂。只有将这些情况都搞得明明白白，才能一网打尽他们，让他们无法抵赖。陛下放心，臣已广布人手，侦知此事，用不了多长时间，便是盗贼的末日了。”

汉宣帝听罢，不再责怪赵广汉，他不无担心地说："朕暂且相信你一次，你还是好好把握时机吧。"

不久，已经全然掌握贼情的赵广汉四面出击，每击必中，长安盗贼被肃清一空了。

品评悟道

把对手的底细摸透，了如指掌，始终是战胜对手的一个重要前提。一个人的实际状况是不会轻易显现的，这需要耐心细致的调查和取证才能搞清，在此不下大功夫是不行的，没有捷径可走。没有底牌可打的对手是最脆弱的，在他们的要害处轻轻一击，也就致命了。清楚他们的虚实，便会掌握他们的动态，抢在他们之前出手，被动的就不会是自己。

实施“苦肉计”，制伏狡猾的对手

“苦肉计”是中国历史长河中不可忽视的一条。在面对狡猾的对手时，唯有付出鲜血的代价，才能将之制伏。

吴王阖闾是派人暗杀了吴王僚后才登上王位的，僚的3个儿子逃亡在外，吴王阖闾以为大患，日夜难安。

一日，阖闾对大臣伍子胥说：“僚的3个儿子，以庆忌最为刚烈勇猛，听说他在外网罗部属，发誓要为父报仇，打回吴国，此人不可不除啊。”

伍子胥说：“庆忌狡猾多计，实在是强敌，他活在世上一天，大王就有不可预测的凶险。臣向大王推荐一人，此人肯定可为大王建功。”

伍子胥于是把要离举荐给吴王阖闾。阖闾见要离身材短小，形象丑陋，与他想象的志士相去甚远，不禁大为失望。伍子胥看出了阖闾的心思，劝他说：“好马贵在能负重致远，而不在其形体的大小。要离相貌平常，但是智勇无敌，此人绝非等闲之辈啊。”

要离不卑不亢地对阖闾说："善于杀人者靠的是智慧而不是体力，善于谋叛者依仗的是骗取信任而不是明斗，我若能亲近庆忌，让他引为心腹，杀他岂不是轻而易举的事吗？"

阖闾被要离的话打动，马上以礼相待。3 人计议多时，终于形成了谋刺庆忌的方案。

次日，在朝堂上，伍子胥上奏吴王请求派兵伐楚，并且推荐要离担任伐楚将领。吴王阖闾故意不屑地说："要离手无缚鸡之力，岂可为将？他这个人无德无能，寡人只是可怜他才将他留在朝中。何况吴国刚刚安定，如果出兵打仗，寡人还有安稳的日子可享吗？此议决不可用。"

群臣哑言，这时要离却仗义直出，他指着吴王阖闾的鼻子，愤愤说："大王侮臣是小，却不该对伍子胥不仁不义。伍子胥帮你夺取王位，又助你治国安邦，吴国方有今日的兴盛局面。大王曾言替他伐楚报仇，无故失信背约，大王何以面对天下？这样做，大王连一个承守信诺的百姓都不如，如何让人信服呢？"

吴王阖闾大怒色变，当即命令力士砍断了要离的右臂，将其打入死牢。要离的妻小也被吴王拘拿。几日后，伍子胥密令狱中看守放松对要离的看管，让要离乘机逃出。阖闾把要离的妻小杀死，焚尸于吴国的闹市，使这件事人人皆知。

要离逃出吴国，他一路赶奔卫国投靠庆忌。庆忌见了要离，听他哭诉之后，庆忌还是不肯相信他，他对心腹说：“阖闾恨我不死，谁知这是不是他主使的苦肉计呢？”

庆忌的心腹说：“要离的右臂被砍掉，他历尽艰辛才逃出吴国，若说阖闾使计，可要离也不会自残自苦如此，大人不要疑心太重。”

不久，庆忌的密探向他报告要离的妻小被杀之事，庆忌疑虑顿消，他对心腹高兴地说：“肢体自残，要离或许可做到。可若是舍弃妻小性命，只为骗我信任，这就于理不通了，谁会这样残忍呢？”

庆忌于是视要离为心腹，让他为自己谋划归国大事。要离见自己和阖闾、伍子胥谋定的计策成功，于是趁热打铁，力劝庆忌及早发兵，夺回王位。庆忌对他言听计从，出动全部兵卒，顺江而下，向吴进军。

庆忌在指挥船上，要离手持长矛侍立其旁。庆忌指指点点，得意非凡，要离趁其不备，一矛刺透了庆忌的心窝。阖闾的心腹大患解除，吴国的局面最终安定下来。

品评悟道

谋划对手重要的是不暴露自己，以其亲信的面目施展手段，再强的对手也不堪一击。把自己的真实用心掩藏起来，有时要付出血的代价；不做必要的牺牲，狡猾的对手就难以消除疑虑。在对手意想不到之处打动他，用最忠心的人也难以做到的事触动他，任何人都会失去理智。潜伏在对手的身边，最致命的攻击才可一举完成。

慑其精神，制造集体恐慌

让人的精神恐惧，任何人都会屈服。

唐玄宗靠政变上台，他先后诛灭韦党和太平公主，所以当上皇帝后也很不安心。

宰相姚崇一日和玄宗闲谈，说起内患之事，姚崇叹息说：“我朝屡有内部变乱，实由人心散乱、不惧皇威所致。陛下若不整治人心，使人不敢心起妄念，朝廷就很难长治久安啊。”

玄宗点头说：“内乱重生，致使大唐危机重重，朕定要设法根绝。依你之见，朕该有何动作？”

姚崇进言说：“防患于未然，必须早作预见，惩人于未动之时。即使小题大做，也要造成震慑他人的效果，使人不起异念，自敛谨慎。这就需要陛下割舍情感，痛下重手了。”

玄宗示意已知，微微一笑。

不久，玄宗在骊山阅兵式上，以军容不整为由，判功臣兵部尚书郭元振死罪。惊骇万分的大臣中有人进谏说：“郭元振是当世名将，有勇有谋，他不仅屡立战功，更在诛灭太平公主过程中功不可没。如此功臣如今犯小过错，陛下不念旧情就治他死罪，惩罚太重了，也有损陛下贤德之名。”

玄宗厉声痛斥进谏之人说：“功臣犯法，难道就可以不问吗？有功必赏，有罪必惩，此乃治国之道，朕大公无私，本无错处，你们竟替罪臣求情责朕，莫非你们要造反不成？”

玄宗这般严厉斥责，吓得群臣再也不敢说话。最后，玄宗虽然赦免了郭元振的死罪，还是把他流放新州。

宰相刘幽求也是大功臣，他一贯和武党抗争。在除灭韦党和太平公主的过程中，他也参与谋划，功劳不小。玄宗因为一件小事就将他罢相，还告诉他说：“百官之首当为百官作则，故朕对你要求甚严，也是正常之举。”

刘幽求十分不满，背后常发牢骚说：“皇上现在不念恩义，判若两人，他不该如此待我啊。我为他出生入死，谁知却落得这样的下场！”

玄宗听到刘幽求的牢骚，他马上又下旨把他贬到睦州当刺史，他还对群臣激愤地说：“天下多乱，朕当严治臣子，此朕的职责所在。刘幽求以功劳和朕对抗，口出不逊，这便是大罪。朕若徇私枉法，反让人有了造反的口实，朕怎会做这样的蠢事呢？”

不久，刘幽求怨愤而死。群臣见玄宗对功臣都如此心狠无情，一时都惶恐不安，不敢犯一点小错。

一次，同为朝廷功臣的钟绍京在面见玄宗时，无故竟被玄宗训斥说：“你为朝廷户部尚书，议事之时却不发一言，是不是有些失职？难道你不顾朝廷安危，准备明哲保身吗？”

钟绍京脸色惨变，直呼有罪。事后，姚崇有些不忍，他对玄宗说：“陛下重治功臣之罪，已让人心震骇了，陛下的目的已经达到。钟绍京无端被责，臣以为过于唐突，其实不必这样。”

玄宗说：“朕依照你的办法，才有这样的举动，你不该出言反对吧？”

姚崇又准备说什么，玄宗却摆手阻止了他，苦笑着说：“朕也不想如此啊。不过朕也想过，这些功臣都几经政变，实在是政变的行家里手，如果不把他们慑服，谁保他们日后不变心呢？朕折辱他们，也是让群臣心悸，只思自保。朕纵是背上无情之名，也心甘了。”

玄宗把钟绍京降为太子詹事，后来又将他贬为绵州刺史，不久又将他贬为果州尉。

后来，功臣王琚、魏知古、崔日用一一被贬，朝中再也无人敢以功臣自居。群臣整日战战兢兢，玄宗这才罢手。

品评悟道

人的精神一倒，其意志和雄心便会随之土崩瓦解。再刚强和难制的人，也抵御不了精神的打击；抓住了这一攻击点，也就是掌握了人最薄弱的环节。制造精神紧张首先要制造恐怖气氛，在人人自危的环境下，人们总是本能地加倍小心。了解别人的内心想法，也是必不可少的，如果把别人的潜在意图都一一点明，谁都会心惊肉跳，不敢轻举妄动了。

谨小慎微，提防小人作怪

几乎在每个时代，都会有“小人”生长的土壤。“小人”就像一个随时可能出现的幽灵，在我们生活的空间里不绝如缕。提防小人非常重要，稍有不慎，就可能给自己带来损害。

唐朝的杨炎和卢杞两人同任宰相。杨炎善于理财，文才也好。而卢杞除了巧言善辩之外，别无所长。他嫉贤妒能，使坏主意害人是拿手好戏。两个人在外表上也有很大不同，杨炎是个美髯公，仪表堂堂；卢杞脸上有大片蓝色痣斑，相貌奇丑，形容猥琐。同在政事堂办公，他们一同吃饭。杨炎不愿同卢杞同桌吃饭，经常找借口在别处单独吃饭。有人趁机对卢杞挑拨说：“杨大人看不起你，不愿跟你在一起吃饭。”卢杞自然怀恨在心。他先找杨炎下属官员的过错，并上奏皇帝。

杨炎因而愤愤不平，说道：“我的手下人有什么过错，自有我来处理，如果我不处理，可以一起商量，他为什么瞒过我暗中向皇帝打小报告！”两个人的隔阂越来越深，总是对着干，常常是你提出一条什么建议，我偏偏反对；你要推荐一些人，我就推荐另一些人。

当时，有一个藩镇割据势力梁崇义发动叛乱，德宗皇帝命令另一名藩镇李希烈去讨伐。杨炎觉得不妥，说："李希烈这个人，杀害了对他十分信任的养父而夺其职位，为人凶狠无情，没有功劳却傲视朝廷，不守法度，若是在平定梁崇义时立了功，以后更难以控制了。"

德宗已经下定了决心，对杨炎说："这件事你就不要管了！"杨炎不把德宗的决定放在眼里，一再表示反对，这使对他早就不满的皇帝更加生气。

不巧赶上天下大雨，李希烈一直没有出兵。卢杞知道这是扳倒杨炎的好时机，便对德宗皇帝说："李希烈之所以拖延不肯出兵，正是因为听说杨炎反对他的缘故，陛下何必为了保全杨炎的面子而影响平定叛军的大事呢？不如暂时免去杨炎宰相的职位，让李希烈放心，等到叛军平定以后，重新起用，也没有什么大关系！"

这番话看上去完全是在为朝廷考虑，也没有一句伤害杨炎的话，卢杞排挤人的手段就是这么高明。德宗皇帝果然信以为真，免去了杨炎的宰相职务。

从此卢杞独掌大权，杨炎自然就在他的掌握之中。他当然不会让杨炎东山再起，故意找茬整治杨炎。杨炎在长安曲江池边为祖先建了座祠庙，卢杞便诬奏说："那块地方有帝王之气，早在玄宗时，宰相萧嵩曾在那里建立过家庙，玄宗皇帝不同意，令他迁走。现在杨炎又在那里建家庙，必定怀有篡位的野心！"

听信谗言早就想除掉杨炎的德宗皇帝便以卢杞这番话为借口，先将杨炎贬至崖州，随即将他杀死。

杨炎刚愎自用，把对卢杞的蔑视表现在明处，最终被卢杞所害，这值得警戒啊。

相比之下，郭子仪则比较谨慎。他每次会见客人的时候，常有很多侍女陪伴在他的左右。但是，只要一听说卢杞来到，郭子仪就会命令侍女全部下去回避。

他的儿子们不明白这是什么原因，郭子仪回答说："卢杞的容貌丑陋，妇人见了没有不笑的。我要是不叫侍女回避，她们肯定不可避免地要笑出声来的。卢杞心胸狭窄，肯定会记恨在心的。将来如果他得志，我们全家人就都活不成了。"

正因为郭子仪谨小慎微，才最终没有为小人所害。

品评悟道

的确，小人的危害不可小视。他们处于生活的暗处，却能给人致命的一击。小人的一大特色便是表面一派和气，暗地里却包藏杀机和祸心。俗语说宁可得罪君子也不能得罪小人，原因在于此。所谓“明枪易挡，暗箭难防”，对于小人，最明智的做法是敬而远之。表面上表示“敬”，心里却要选择“远”。我们在交际中尤其要注意领会。

螳螂捕蝉，黄雀在后

人常常在取得某个阶段的胜利之后便会得意忘形，不思进取，殊不知这种安逸意识的背后，隐藏着危险的因素。

春秋时吴越之战，越国战败，越王勾践被俘沦为阶下囚。但吴王夫差是个胸无玄机、智力平庸的人。他拒绝听从谋臣伍子胥的忠告，而被谄媚、贿赂所惑，把自己的宿敌越王勾践释放回国。

越王回国后，马上把越国最漂亮的女子西施进献给夫差。夫差得到西施后，整天沉溺于酒色当中，日甚一日。每逢西施胃病发作、手抚胸前的时候，那种病态美让夫差销魂落魄，一切军国大事都抛在九霄云外。对外，夫差贪图武功，北伐齐国，忠言劝谏的伍子胥被他责令自杀。夫差的种种行为使太子友深感忧虑。为了让父王回心转意，他决心设计使夫差觉悟。

一天，太子友手拿弹弓，浑身透湿，一副狼狈不堪的样子，跑来见夫差。吴王见状惊诧非常，急忙询问原因。太子友说：“清晨我到后花园，听秋蝉在树枝上得意地鸣叫，正当蝉高兴的时候，一只螳螂却聚精会神地拉开架式，准备捕捉秋蝉。而此时，螳螂压根也没想到，一只机灵的黄雀正在林中徘徊，它平心静气，轻巧极了，两只闪亮的眼睛一刻也没有离开螳螂。黄雀专心致志地想吃到螳螂，正好我在一旁，马上拉开弹弓，集中精力瞄准。因为只顾黄雀，没提防脚下，结果一下子跌到大水坑里，弄成现在这副样子。”

夫差听完太子友的叙述，似有所悟，他说：“看来这是因为你贪图近利，不考虑后患，瞻前而不顾后是天下最愚蠢的行为。”太子友连忙接住吴王的话说：“天下最愚蠢的事，恐怕没有比这更厉害的吧？当初齐国无缘无故地去攻打鲁国，集中军队倾巢而出，自以为可以占有鲁国，没想到我们吴国正动员所有兵力，长途远征齐国，齐军惨败。眼看吴国可以吞并齐国了，岂料越国正在整顿军队，挑选那些愿战死沙场的勇士，由三江杀入五湖，挥师北上，一心要捣毁我们吴国，报当年越王受辱之仇。”听到此处，吴王全明白了，太子友所讲“螳螂捕蝉，黄雀在后”的故事，是规谏他打消北上伐齐的念头。吴王哪里再能听进半句，大怒道：“这全都是伍子胥的那一套，妄想阻挠我的计划，伍子胥已经自杀，你再多嘴，我就废掉你！”太子友悻悻然地退了出去。

果然，几年之后，吴王夫差为了扬盟主之威，率领大军北上远征。可是，由于大队人马连续20天的急行军已经疲惫不堪，成强弩之末之势，根本不能再战了。而此时，那位忍耐力极强的越王勾践，不再忍耐，抓住这一最佳时机，向吴国发动突袭。夫差本土危急，赶忙回军救援，结果，被以逸待劳的越军包围，吴军不堪一击，一战即败。最终，吴国都城沦陷，吴王无路可逃，只好自杀。

也许，吴王死前才后悔，不该不听伍子胥的规谏，而让他自杀；也才真正理解了太子友所讲的故事。所以临死之际，他用布把自己的脸蒙了起来，表示他在九泉之下无脸再见伍子胥了。可惜，悔之晚矣！

品评悟道

越国灭掉吴国，正是螳螂捕蝉，不知黄雀在后，其结果是黄雀吃了螳螂。现实中，为了生存和发展，许多人互相敌对、联合、渗透，形成一种复杂的关系网。处在这个关系上的个体和组织互相牵制，如“蝉”之背后有“螳螂”，“螳螂”之后又有“黄雀”

的格局。特别是在追求利益的时候，一定要辨明各种利害关系，识别其中潜伏的危机，注意首尾兼顾。不要做秋蝉，也不要做螳螂，哪怕你是黄雀，还要看看身边有没有藏躲着的弹弓手呢！

破釜沉舟，置之死地而后生

背水一战，破釜沉舟是历史上军事将领们常用来鼓舞士气的秘诀。运用到别的领域里，也不失为生存的最佳方略。

在韩信攻打赵国之初，赵王本来可用20万大军在井径关口进行阻截。赵国的李左军向赵王建议："汉军远征，军粮自千里之外运来，这是犯大忌的。现在，他要深入井径口内100多里。这里道路狭窄，我们只要用3万人的兵力去劫夺它的粮草，使他进退不得，不出10天，汉军必定退走。"

赵王深信"义兵不用诈谋"的道理。他想，韩信号称数万人马，其实只有几千兵丁，以赵国数十倍于他的兵力，若不敢与他正面交战，而使用诈谋，岂不被人笑话？所以，他没有用李左军之计。

这正中韩信下怀。当探知赵王的决定后，汉军大胆前进，在离井径口30里的地方扎营，韩信半夜选轻骑两千带着汉军旗帜，从小路深入，并密令他们等待两军交战、赵军倾巢出动时偷袭赵营，插上汉军旗号。

在战前动员会上，韩信传令：“战败赵军后再吃早饭。”将士们几乎没有人相信立刻就能取胜，但也只能听凭指挥。韩信布置一部分队伍背水为阵，赵军见后嬉笑不止。背水无退路是用兵的大忌，韩信身为上将，竟闹出这样的笑话，赵军于是放松了戒备，立即出关与汉军混战。不料汉军根本不堪一击，丢下辎重，弃车而逃。守关的赵军，看此情形迫不及待地冲出来饱掠一番。可是当他们满载胜利果实回关时，关头已经遍插汉军旗帜。他们以为汉军已经袭取关头，大惊失色，回身想逃，恰好与背水一战的汉军相遇，两军对战，赵军死伤遍地。

战斗结束，赵王被擒。韩信用千金重赏士兵，重用俘虏李左军。此战前后所花时间仅一个时辰，果然没有延误士兵的早餐时间。事先，韩信的部将都认为韩信背水扎营，不合兵法，竟然顺利得胜，就向韩信请教。韩信说：“兵法上说：陷之死地而后生，置之亡地而后存。背后有水，人人只能奋勇争先，求取生路，这就是兵法中的制胜的道理。”众将领更加佩服韩信，“背水一战”自此名扬后世。

稍早些时候，陈胜、吴广揭竿而起不久就相继死去。然而，由他们点燃的反秦烈火却越烧越旺。其中，以项梁的队伍声势最大，接连几次大败秦军，攻占了一些地方。与此同时，队伍中骄傲轻敌的思想也开始滋长。部将宋义劝告项梁说："打了胜仗之后，主将容易骄傲，兵士容易松懈，这容易招致失败，一定要谨防。"项梁不听，放松了对秦军的防备。

秦二世见形势危急，派大将章邯率领大军，前来镇压。章邯英勇善战，打败楚军，杀死项梁，然后北渡黄河进攻赵国。赵国是由陈胜的部下张耳、陈余扶持的赵国后代赵歇建立起来的新政权，根本不是秦军的对手。都城邯郸很快丢失，赵王潜逃到巨鹿。章邯命令王离、涉间二将包围巨鹿，自己率领秦军主力驻扎在巨鹿南面的棘原。他派人在棘原和巨鹿之间修筑了一条粮道，支援王离。王离兵多粮足，攻打巨鹿更加卖力。赵王歇向楚怀王紧急呼救。楚怀王立即下令以宋义为上将军，项羽为次将军统兵救赵。

宋义带领 20 万大军来到安阳。听说秦军声势浩大，命令楚军停止前进，想等到秦、赵两军交战过后，趁秦军疲惫不堪之际再掩杀过去。宋义在安阳按兵不动，一晃就是 46 天。

项羽见状心里着急，劝宋义急速渡河破秦军救赵。宋义不肯向前，并以傲慢的态度对待项羽。项羽杀掉主将宋义，并把宋义被杀的事报告了楚怀王。楚怀王虽然不满，也只好封项羽为上将军。项羽派部将英布和蒲将军率领两万人做先锋，去切断秦军运粮通道。然后，项羽率领大军渡过黄河，准备与秦军决一雌雄。

过河以后，项羽为了激发楚军的斗志，坚定将士决战的信心，下令把所有的船只沉没，把锅筅砸烂，把房舍烧毁，只带着3天的干粮，项羽对大伙说："现在我们是有进无退了！3天之内，必须打败秦军！"

项羽这种破釜沉舟的勇气和决心，鼓舞着楚军勇往直前，奋勇杀敌。与秦军作战时，楚军将士以一当十、以十当百，杀得秦军丢盔卸甲，狼狈逃窜，秦军将领王离也被楚军俘虏，围困巨鹿的秦军全面崩溃。

巨鹿之战，歼灭了秦军主力，奠定了灭秦的基础，这是秦末农民战争中的一次关键性胜利。后来清代的王况在《项羽论》中说："嗟乎！首难者虽陈涉，灭秦者项王也；入关者虽沛公，灭秦者项王也。"诗人郑板桥也曾讴歌这一战役："项羽提戈来救赵，暴雷惊电连天扫。臣报君仇子报父，杀尽秦兵如杀草。战酣气盛声喧呼，诸侯壁上惊魂逋。项王何必为夫子，只此决战千古无。"这些并非过誉之词，确实反映出巨鹿之战的重大历史作用。

巨鹿之战的胜利不仅体现了当时年仅24岁的项羽具有大将气魄和胆略，而且也表明项羽善于运用夺气攻心的心理战术。当他面对强敌，看到凭己力量不足以抗衡对手时，采取了“破釜沉舟”的办法，运用了心理学上“应激心理”所产生的效应，促成了将士“困兽犹斗”“穷鼠噬猫”的勇气，才取得最后的胜利。

品评悟道

孙子曾说过，将帅赋予军队任务，要像登高而抽去梯子一样使他们有进无退；率领军队深入诸侯国土，要像击发弩机射出箭一样，使其一往直前。

“破釜沉舟”“背水一战”，就是“置之死地而后生”的应激心理效应的具体运用。所谓“应激”，是指人们在出乎意料的紧张情况下和对人有切身利害关系的严重事实面前所引起的情绪状态。俗话所说的“急不择路”“急中生智”，这个“急”就是这一状态的具体反映。适当的应激心理，能够使人们处于“警觉”或“准备搏斗”状态，并通过神经内分泌系统来进行心理、生理机能的调节，促进有机能量的发放，提高机体的活动效率和适应效能，焕发出一往无前的战斗精神。当然，“应激状态”的运用是有条件的，过度的、不适时的或长期的情绪应激，会使机体的激动水平增高，以致无法控制，出现应激反应的“衰竭”现象。所以，指挥员对应激心理的把握和利用一定要量时、量地、量情，断不可盲目从事。

容人之过，为自己留下后路

容人之过，释人之嫌，不但是一种为人的度量，同时是一种生存的谋略。

楚庄王逐鹿中原，连续几次取得了胜利。群臣都向楚庄王祝贺，庄王设宴款待群臣。席间，庄王命最宠爱的妃子为参加宴会的人敬酒。

这时，天色渐渐暗下来，大厅里开始燃起蜡烛。猜拳行令，敬酒干杯，君臣喝得兴高采烈，好不热闹。忽然，一阵狂风刮过，客厅内所有的蜡烛一下全被吹灭，整个大厅一片漆黑。庄王的那位美妃，正在席间轮番敬酒，突然，黑暗中有一只手拉住了她的衣袖。对这突然发生的无礼行为，美妃喊又不敢喊，走又走不脱，情势紧迫之下，她急中生智，顺手一抓，扯断了那个人帽子上的缨。那人手一松，美妃趁机挣脱身子跑到楚庄王身边，向庄王诉说被人调戏的情形，并告诉庄王，那人的帽缨被扯断，只要点明蜡烛，检查帽缨就可以查出这个人是谁。

楚庄王听了宠妃的哭诉，出乎意料地表示出很不以为然的样子。他想，怎么能为了爱妃的贞节而使部属受到污辱呢？于是，庄王趁烛光还未点明，便在黑暗中高声说道：“今天宴会，盛况空前，请各位开怀畅饮，不必拘礼，大家都把自己的帽缨扯断，谁的帽缨不断谁就是没有喝好酒！”群臣哪知庄王的用意，为了讨得庄王欢心，纷纷把自己的帽缨扯断。等蜡烛重新点燃，所有赴宴人的帽缨都断了，根本就找不出那位调戏美妃的人。就这样，调戏庄王宠妃的人，不仅没有受到惩罚，就连尴尬的场面也没有发生。按说，在宴会之际竟敢调戏王妃，堪称杀头之罪了。楚庄王为什么蓄意开脱，不加追究呢？他对王妃解释说：“酒后失态是人之常情，如果追查处理，反会伤了众人的心，使众人不欢而散。”

时隔不久，楚庄王借口郑国与晋国在鄢陵会盟，于第二年春天，倾全国之兵围攻郑国。战斗十分激烈，历时3个多月，发动了数次冲锋。在这场战斗中有一名军官奋勇当先，与郑军交战斩杀敌人甚多，郑军闻之丧胆，只得投降。楚国取得胜利，在论功行赏之际，才得知奋勇杀敌的那名军官，名叫唐狡，就是在酒宴上被美妃扯断帽缨的人，他此举正是感恩图报啊！

容人之过，方能得人之心。有过之人非常希望看到他人的宽容和友谊，希望得到悔过自新的机会。这种需要一旦得到满足，其对立情绪便会立即消失，感恩戴德，“得人滴水之恩，必当涌泉相报”的情感很快在心理上占据主导地位。在这个基础上，稍加引导，就会产生像“戴罪立功”那样的心理效果。

品评悟道

如果说楚庄王“三年不鸣，一鸣惊人”之举表现出他在诸侯中问鼎称霸的韬略和气魄的话，那么在宴会中绝缨之事，则表现了他那宽容大度的襟怀。一名统御者能宽宥属下的某些过失，宽大为怀，容人之过，念人之功，谅人之短，扬人之长，必然会得到部下的奋力相报，在客观上为自己留下了一条后路。楚庄王在这一点上表现出来的智慧，值得效仿。

脚踩两船，有备无患

脚踏两船，用到情感中似乎不太明智，但用到生存上，不失为一大方略。

管仲与鲍叔牙以及召忽三个人很要好，决心在事业上互相合作。他们曾经合作做过生意，但他们更想合作治理齐国。

当时齐王有两个儿子，一个叫纠，一个叫小白。召忽认为公子纠是长子，一定能继承王位，因此对管仲和鲍叔牙说："对齐国来说，我们三人就像大鼎的三条腿，缺一不可。既然公子小白不能继承王位，那干脆我们三人一同辅佐公子纠吧。"管仲说："这样等于吊死在一棵树上。万一公子纠没继位，我们三人不是都完了。国中的百姓都不喜欢公子纠的母亲和公子纠本人。公子小白自幼丧母，人们必定可怜他。究竟谁继承王位很难说。不如由一个人侍奉公子小白，将来统治齐国的肯定是这两个人中的一个。这样，不管哪一个当了齐王，我们当中都有功臣，可以相互照顾，进退有路，左右逢源。"于是他们决定由鲍叔牙去辅佐公子小白，由管仲和召忽辅佐公子纠。

后来，管仲箭射小白，鲍叔牙叫小白装死。管仲以为小白已死，从容地陪公子纠回国继位。不料公子小白已先回国当了国王，成了齐桓公，鲍叔牙成了功臣，管仲和召忽成了罪人。

正因为管仲事先想到了退路，所以，鲍叔牙可以在齐桓公面前说情。齐桓公不但没杀管仲，反而让管仲当了宰相，协助自己干出了霸主的事业。

品评悟道

如果当时管仲三人全辅佐公子纠，那么一旦公子小白掌权，他们三人就都没命了，历史上也就不会留下管仲这么多政绩和言论了。管仲脚踏两只船的思路启迪我们：凡事不可做绝，“留有余地”实际上是给自己留条后路。看问题也不能只看到眼前顺利的局面，看不到可能造成的不利后果而一厢情愿地去处理问题，要做到“有备无患”“防患于未然”。

深谋远虑，消弭祸根于萧墙

生活中，祸机的发生往往在很久以后才显现，让人难以发现。只有见识高超的人才能敏锐地察觉到，预先策划好对策，以免祸患降临己身。

宋真宗时，后宫李妃生子，就是后来的宋仁宗。当时正得宠的刘皇后无子，宋真宗便命刘皇后认仁宗为子。

仁宗长大后，以为自己是皇后亲生。宫中人畏于皇后威严，没人敢对他说明真情，仁宗对刘皇后也极为孝顺。

宋真宗去世，仁宗即位，刘太后垂帘听政，大家更没人敢对仁宗讲明，李妃身处真宗的众多嫔妃中，对仁宗也不敢露出与众不同之处。

后来李妃病死，刘太后想把葬礼办得简单些，以免引起别人的疑心，万一传到仁宗耳中，就拆穿这副西洋镜了。

宰相吕夷简却反对，在帘前争执说："李妃应该厚葬。"

当时仁宗正在太后身边，刘太后吓了一跳。她忙令人把仁宗领出去，然后厉声问吕夷简：“李妃不过是先帝的普通嫔妃，为何要厚葬？况且这是宫里的事务，你身为宰相，多什么嘴？”

吕夷简平淡地说：“臣身为宰相，所有的事都该管。如果太后为刘氏宗族着想，李妃就应厚葬；如果您不为刘氏着想，臣就无话可说了。”刘太后沉思许久，明白了吕夷简的用心，下旨厚葬了李妃。

吕夷简出宫后，找到总管罗崇勋，告诉他：“李妃一定要用太后的礼仪厚葬，丝毫不能有缺。棺木一定要用水银实棺，可别说我没告诉你。”

罗崇勋见宰相少有的庄重与严厉，唯唯听命，于葬礼用物丝毫不敢轻视。

刘太后死后，燕王为了讨好皇上，便告诉仁宗：“陛下不是太后所生，而是李妃所生，可怜李妃遭刘氏一族陷害，死于非命。”

仁宗大惊，忙传讯老宫人。刘太后已死，无人再隐瞒此事，便如实禀告。

仁宗知道后，痛不欲生。他在宫中痛哭多日，也不上朝，一想到亲生母亲朝夕在左右，自己却不知道。母亲在世之时，自己从未孝养过一日，最后竟然不得善终。他越思越痛，自己下诏宣布自己为子不孝的大罪，改封母亲为皇太后，并准备为母亲以太后之礼改葬。待改葬后再查实，清算刘太后一族的罪过。

然而宫闱秘事本来就是无法查实，也无法说明。刘氏宗族的人知道后惶惶不可终日，既无法申辩，只能坐待灭族大祸了。大臣们见皇上已激愤到极点，便没人敢为刘太后一族说上一句话。

改葬李妃时，仁宗抚棺痛哭，却见李妃因有水银保护，面目如生，肌体完好，所用的葬器都严格遵照皇后的礼仪。

仁宗大喜过望，哀痛也减少许多，他对左右侍臣说："小人的话真是不能信啊。"改葬完后，仁宗非但不追究刘氏一族的罪过，反而待之更为优厚。

品评悟道

宋朝时贤相辈出，远胜于其他朝代。吕夷简却称不上是贤明宰相，不过在处理仁宗生母李妃的丧事上，倒显示出人所难及的深谋远虑。

试想仁宗打开母亲的棺木，如果尸体腐烂不可辨识，陪葬的器物再俭薄不成体统，仁宗痛上加痛，一怒之下也许根本不愿去查，刘氏家族想要保留一条活命都不可能了。

仁宗是历史上少见的宽厚有德的君主，刘皇后执政多年，也可谓有功于国，然而她的家族却在一件难以预料的事上在鬼门关上绕了一个弯。祸与福就是如此难料，令人在钦佩吕夷简之余，也不禁栗栗危惧。

图文版

中华上下五千年

【第六卷】

垢文涛／主编

辽海出版社

要善于洞察事物表象背后的本质

人和人的思维差距非常之大，愚昧的人尚未明白，聪明的人已把事情办完；糊涂的人还正在幻想，明白的人已生发出坚定的信念。拥有过人思维的人认知水平非常人所能及，能够预断普通人无法断定的事情，所以智慧能用来躲避灾害，获取利益，成就名声，树立事业。

楚国攻打韩国雍氏，韩国向西周求兵求粮。周王为此深感忧虑，与大臣苏代共商对策。苏代说：“君王何必为这件事烦恼呢？臣不但可以使韩国不向西周求粮，而且可以为君王得到韩国的高都。”周王听后大为高兴，说：“您如果能做到，那么以后寡人的国家都将听从贤卿你的调遣和管理。”

苏代于是前往韩国拜见相国公仲侈，对他说道：“难道您不了解楚国的计策吗？楚将昭应曾对楚王说：‘韩国长年疲于兵祸，因而粮库空虚，毫无力量守住城池。我要乘韩国饥荒，率兵打败韩国的雍氏。不到一个月，我就可以攻下城池。’如今楚国包围雍氏已经5个月了，还不能攻克，这暴露了楚军处境的困窘，楚王已经准备放弃昭应的计策停止进攻了。现在您竟然向西周求兵求粮，这分明是告诉楚国韩国已经精疲力竭。如果昭应知道以后，一定劝说楚王增兵包围雍氏，届时雍氏必然被攻陷。”

见公仲侈不说话，苏代接着说：“您为什么不把高都之地送给西周呢？”

公仲侈听后颇为愤怒，很生气地说：“我停止向西周征兵征粮，这已经很对得起西周了，为什么还要送给西周高都呢？”

苏代说：“假如您能把高都送给西周，那么西周会再次跟韩国修好。秦国知道以后，必然大为震怒，不仅会焚毁西周的符节，还会断绝使臣的来往。西周断了与其他国家的联盟，而单单和好韩国，这样一来，阁下就是在用一个破烂的高都，换取一个完整的西周，阁下为什么不愿意呢？”

公仲侈说：“好吧。”

公仲侈果断决定不向西周征兵征粮，并把高都送给了西周。楚军也没能攻下雍氏，怏怏离去。

品评悟道

这个故事说明，审时度势，拨开事物之上的遮蔽之物，洞察事物表象背后的真理和本质，才能认清事理、把握事物发展的规律和未来发展的方向，才能具有比常人高明一筹的预见性、判断力。

见一落叶，而知秋临

我们知道，看见一片叶子凋落，就可以知道秋天要到了；看见坑洼里的水结冰，就知道天气开始变冷了。注意细节，我们才能把握未来发展的趋向，为生存做好准备。

晋献公死后，他的5个儿子为争王位展开了激烈的争夺。公子重耳遭受陷害，逃到狄国。后来，他的同父异母兄弟夷吾当上国君，这就是晋惠公。为除后患，晋惠公派人前往狄国刺杀重耳。重耳连夜离开狄国，带着狐偃等人，再次逃难。

他们一路逃跑，风餐露宿，历尽艰辛，粮食不够吃，衣服不够穿，不得不靠野菜充饥，甚至乞讨度日。他们先后到过卫国、齐国、宋国、郑国、楚国，最后到达秦国。在整个逃难的艰苦岁月里，狐偃紧跟公子重耳，帮他度过道道难关。

秦穆公一心要帮助公子重耳回晋国做国君，便于公元前636年出动大军，亲自护送他。到了黄河，秦穆公分一半人马送他过河，自己留一半人马在黄河西岸接应。

上船的时候，公子重耳的随从把逃难时用的物品全都搬到船上，一样也舍不得扔掉。重耳见了，哈哈大笑。他说：“我回去做国君，要什么有什么，还要这些破破烂烂的干什么?”

说着吩咐人们把东西撇在岸上。人们七手八脚地把这些东西扔到岸上，有的把破衣旧裤丢到河里。

忠心耿耿的狐偃把这一切看在眼里，心中十分难过。他想，公子未得富贵，先忘贫贱，将来怎么会是个好君主？于是，他把秦穆公送给他的一块白玉拿出来，对重耳说：“如今公子过河，对岸就是晋国。你内有大臣，外有秦国，我就留在这里吧。现奉上这块白玉，以表我的心意。”

重耳一听，十分诧异，他说：“我全靠你们帮助，才有今日。大家在外面吃了 19 年的苦，现在回去，有福同享，你怎能不回去?”

狐偃说：“以前公子在患难之中，我还有些用处。现在公子回去做国君，情形不同了，自然另有一批新人使唤。我们就好比这些旧衣破鞋，还带回去做什么?”

重耳听了，恍然大悟，直怪自己不该得意忘形，红着脸，流着泪对狐偃说：“这全都是我的不是，做人应该饱不忘饥。”

说着又吩咐把破烂东西重新装到船上。

他们过了黄河，打了胜仗，重耳做了国君，他就是晋文公。

品评悟道

观察一个人的思想，不在于他说什么，而在于他在做什么。一个人在行动上的细枝末节，最能体现出一个人的思想状态。晋公子重耳在外流浪了 19 年，在秦穆公帮助他回晋国做国君的路上，过黄河上船时他决定抛弃所有使用过的旧东西。从这个细节上，饱经风霜的老臣狐偃已经看到了他们这群随臣的命运。所以，他决定不再跟随重耳渡黄河。好在重耳醒悟得快，及时扼制了内心的狂妄，否则必将铸成大错。

不识诡诈，必陷入他人的奸谋

讨厌诡诈而平平实实行事，固然是君子的本色，然而不识诡诈陷入别人的奸谋中，也是要被当世的人讥笑的。

和士开是北齐世祖高湛的宠臣，他为人奸佞狡诈，引导高湛日日纵酒淫乐，不理国事。和士开自己得以从中揽权纳贿，结党营私。他又和皇后娄氏私通，举国皆知，高湛却不以为意，对他宠信如故。

高湛死后，幼主即位，娄太后临朝执政。久已不满和士开专权乱政、秽乱宫廷的亲王重臣集体发难，要求把和士开逐出朝廷，贬到外省为官。

娄太后不听，亲王大臣们也坚持不退，双方各不相让。第二天，亲王大臣们又到朝中要求太后贬逐和士开，态度更为坚决。

娄太后无奈，只好任命和士开为兖州刺史，等葬完齐世祖高湛后就让他去上任。

亲王大臣们一俟丧事完毕，就督促和士开上路。娄太后舍不得和士开离去，要留他等过了百日再走，亲王大臣们坚决不允许，娄太后也只得命和士开上路。

和士开知道一离开朝廷就永无回头之日了，说不定在半路上就被这些人逼着太后下诏处死自己，一时间忧惧参半。他想了一夜终于有了办法。

和士开用车拉着4名美女和一副珍珠帘子去拜访娄定远。这娄定远也是极力主张驱逐和士开的大臣之一。

和士开见到娄定远，故意装出诚惶诚恐的样子，流泪说："诸位权贵要杀士开，全靠大王保护之力，保全了我的性命，还任命为一州刺史。如今向您辞行，送上4名美女，一副珠帘，聊表谢意。"

娄定远无功受禄欣喜万分，见到绝色美女和珍珠帘子，更是喜出望外，问和士开："你还想还朝吗?"

和士开说："我在朝内太不安全，如今能出外任职，实在是遂了心愿，不想再回朝中了，只请求大王保护士开，长久担任兖州刺史就心满意足了。"

娄定远以为和士开贿赂自己只是求自己保护他，便信了他的鬼话，满口答应。

和士开告辞，娄定远送他到门口，和士开说："我如今要到远方去了，希望能有机会觐见太后和皇上。"

娄定远知道和士开和太后的奸情，也没往深处想，以为和士开不过是想和太后叙叙情而已，便答应了下来。

在娄定远的安排下，和士开得以见到娄太后和齐后主。

和士开痛哭流涕地说："在群臣之中，先帝待臣最为恩厚。先帝忽然驾崩，臣惭愧不能追随先帝于地下。如今看朝中权贵的意思，并不只是要害臣，而是要剪除陛下的羽翼，然后行废立大事。臣远行之后，朝中必有大的变故，倘若太后和陛下有所不讳，臣有什么面目见先帝于地下。"

娄太后、齐后主被他这一番危言也吓得魂不附体，失声痛哭，娄太后便问和士开应当怎样对付。

和士开爬起身，掸掸衣服，笑道："臣在外固然没办法，如今臣已在宫中，需要的不过是几行诏书而已。"

娄太后、齐后主视他为救星，一切任他所为，和士开便草拟诏书，把娄定远贬为青州刺史，其他大臣也都贬逐得远远的，对亲王则下旨严词谴责。

亲王大臣们见和士开已和太后、皇上打成一片，知道大势已去，只有怅然喟叹而已。

一直带头坚持贬逐和士开的太尉、赵郡王高睿心有不甘，再次进宫找太后理论，被娄太后命卫士在宫中永巷内打杀。

娄定远此时才知上了和士开的当，只好把和士开送他的4名美女和珠帘都还给和士开，又把家里的珍宝拿出来贿赂他，这才免除后祸，真是“赔了夫人又折兵”。

品评悟道

鱼不可脱离水，龙不可脱离渊，人不可脱离权。

久握重权身居高位的人，一旦失去权柄就会惨不可言，即使想成为平民百姓，过贫苦生活都不可能。其实权力和富贵都是双刃剑，控制得宜便身享荣华，倒持泰阿则大祸立至，先前所拥有和享受的，也正是转头来毁掉自己的。

和士开虽有智计，却已脱离权柄，娄太后和齐后主孤儿寡妇，心无主见，高睿等重臣借机切入其中，逼迫娄太后贬逐和士开，娄太后迫于众议，又自知声名不雅，只好忍痛从命。眼看大局已定，不料娄定远见利忘义，头脑简单，把大家冒万险、拼生死从和士开手剥夺的权柄又归还给他，不但自己遭殃，还连累赵郡王高睿白白断送了性命。利欲之害人每每如此。

面子问题至关重要

人人都有隐私，谁也不想叫别人揭破。但一些人以此为好，甚至在面对有“旧伤疤”的上司时也这样，其结果可想而知。

明太祖朱元璋出身寒微，做了皇帝后自然少不了有昔日的穷哥们儿到京城找他。这些人满以为朱元璋会念在老朋友的情分上给他们封个一官半职，谁知朱元璋最忌讳别人揭他的老底，以为那样会有损自己的威信，因此，对来访者大都拒而不见。

有位朱元璋的少时好友，千里迢迢从老家凤阳赶到南京，几经周折才算进了皇宫。一见面，这位仁兄便当着文武百官大叫大嚷起来：“朱老四，你当了皇帝可真威风呀！还认得我吗？当年咱们俩光着屁股一块玩耍，你干了坏事总是让我替你挨打。记得有一次咱俩一块偷豆子吃，背着大人用破瓦罐煮。豆还没煮熟你就先抢起来，结果把瓦罐打烂了，豆子撒了一地。你吃得太急，豆子卡在喉咙里还是我帮你弄出来的。你忘了吗？”

朱元璋听到这里，再也坐不住了，心想此人太不知趣，居然当着文武百官的面揭我的短处，让我这个当皇帝的脸往哪儿搁。盛怒之下，朱元璋下令把这个穷哥们儿杀了。

“为尊者讳”，这是官场的一条规矩。一个人，无论他原来的出身多么低贱，有过多么不光彩的经历，一旦当上了大官，爬上了高位，他身上便罩上了灵光，变得神圣起来。往昔那见不得人的一切，要么一笔勾销，永不许再提；要么进行改造，重新解释，赋予新的含义。这位仁兄哪懂得这一点，自以为与朱元璋有旧交，居然当众揭了皇帝的老底，岂不是自找倒霉吗？

历史上不少皇帝的出身并不好，这就需要臣下为他们编造光荣家史。

刘邦在做皇帝以前本是沛县的农家子弟，没有一点可资吹嘘的贵族血统，只不过是一个横行乡里的地痞无赖，劣迹斑斑。而在夺取帝位后，张良、萧何等下属为了讨得主子的欢心，苦心孤诣地编造出了许多荒诞的神话，以抬高刘邦的身价，维护他的权威，愚弄百姓。

刘邦生于沛县，排行老三，所以字季（即老三）。其名字与长兄伯（老大）、二兄仲（老二）一样，均是普通浅显的名字，说明刘家并无多少文化。史书上也没有留下刘家父母的姓名，只是称“老头子”（太公）和“刘老婆子”（刘媪）。

刘老三少小无赖，不务正业，四处游荡，骗吃骗喝，打架斗殴，无恶不作，很令老父老母头疼。后来，刘邦仗着胆大不服管教，被委任为泗水亭长一职，专管催征纳粮、抓丁捕盗之事。

公元前210年，刘邦接沛县县令指示，要他带几个人押送十几名囚徒往骊山，帮助修筑始皇陵墓。走至大泽附近，十几个囚犯一哄而散，刘邦目瞪口呆，怅然失落。此番回去，失去人犯，定然难以交差，肯定要吃罪；若是逃奔，家有妻儿老小，定受牵累，况且前途渺茫，何去何从，实在是难以定夺。穷途末路，刘邦束手无策。

刘邦思量再三，决定还是偷偷回家，与父母、妻子商量商量。他不敢走官家大道，只得在人迹罕至的小道中昼宿夜行，往家急赶。

深夜时分，伸手不见五指，众人以火把照明，仍是急急赶路。

走着走着，前边领头的一人忽然吓得惊慌失措掉头就往回跑，说前边有一条巨蟒挡道，长约数丈，这回大家是死定了。

刘邦听后，不以为然，说："壮士行路，岂畏蛇虫?"说完，一个人昂首阔步，仗剑前行，到达一水沟，果然只听哗哗直响，一条巨蟒横架沟中，全然不避众人。

刘邦一见，也不答话，走近蛇旁，手起剑落，就将大蛇劈作两段。然后拨开蛇身，继续昂然前行，到达一僻静地方，就地打卧，酣然入睡。众人开始时大惊失色，继而对他凛然佩服，都称刘邦乃是神人。这个故事后来便经改造变成了"赤帝子斩杀白帝子"的神话，在百姓中广为流传。刘邦的身份也随之被神话。

品评悟道

封建君主不少出自平民，甚至无赖。他们夺取权力后，出身自然成了一块心病。于是手下便趁机溜须献媚，或制造帝王是"神物"的神话，出生之时就是神仙投胎，自神转化而来，证明君权神授，天生就是当皇帝的料子；或从古代的圣君、帝王血统中寻根，以证明君主血统的高贵。

实际上，这样做是为了考虑"上级"的面子问题，充分迎合他们的心理需求。我们虽不提倡去

“溜须拍马”，但了解其中的微妙关系，避免触犯上级的禁忌，维护他们的面子，才是明智的生存之道。

永远不要轻视他人

众生平等，不必因为自己的某些方面看似比他人优越便陷入自狂，进而轻看别人，这是一种浅薄之举。自视甚高的人，大多得不到他人的认同，难免影响人际关系的拓展。

有个富商名叫吴裕，十分通情达理，对人总是很诚恳。有一次，他要招雇一批舂米的工人，派人把消息放了出去。有人把这事告诉了公孙穆，公孙穆高兴极了。他想：这下可有机会赚些钱继续求学了！那时候，去给人舂米被认为是低贱的工作，但公孙穆已经顾不得这些了，他把自己打扮成那种干重体力活的样子，穿一套短衫短裤就去应征了。

一天，吴裕打算去舂米的地方转一转，巡视一番。他信步一路走来，东瞧瞧，西看看，最后在公孙穆身边站住了。公孙穆正干得满头大汗，也没有注意吴裕在他旁边，还是一个劲地舂他的米。

过了好一会儿，吴裕越看越觉得公孙穆的动作不很熟练，体力也不怎么好，不太像一个舂米工人，就问他道："小伙子，你为什么会到我这儿来工作呢？"

公孙穆随口答道："为了赚些钱作学费。"

吴裕说："哦，原来你是个读书人啊，怪不得我看你斯斯文文的，不太像工人。别干了，休息一会儿吧，咱们俩聊聊！"他俩谈得十分投机，相见恨晚。后来，这两个人结成莫逆之交。

吴裕并没有因为贫富悬殊而看不起公孙穆这个穷书生，反而同他交上了朋友。这种不以物质的眼光看人的精神是很可贵的。我们交朋友，同样不应以贵贱、贫富为标准，而要更看重一个人的才识和品行。

清代有名的才子毕秋帆的经历再次证明这一点。

乾隆三十八年，毕秋帆出任陕西巡抚。赴任的时候，经过一座古庙，毕秋帆进庙内休息。一个和尚坐在佛堂上念经。人报巡抚毕大人来了，这个和尚既不起身，也不开口，只顾念经。毕秋帆当时只有四十出头，英年得志，自己又中过状元，名满天下，见老和尚这样傲慢，心里很不高兴。老和尚念完一卷经之后，离座起身，合掌施礼，说道："老衲适才佛事未毕，有疏接待，望大人恕罪。"

毕秋帆说："佛家有三宝，老法师为三宝之一，何言疏慢？"

随即，毕秋帆上坐，老和尚侧坐相陪。

交谈中，毕秋帆问："老法师诵的何经?"

老和尚说："《法华经》。"

毕秋帆说："老法师一心向佛，摒除俗务，诵经不辍，这部《法华经》想来应该烂熟如泥，不知其中有多少'阿弥陀佛?"

老和尚听了，知道毕秋帆心中不满，有意出这道题难他，不慌不忙，从容地答道："老衲资质鲁钝，随诵随忘。大人文曲星下凡，屡考屡中，四书想来也应该烂熟如泥，不知其中有多少'子曰'?"毕秋帆听了不觉大笑，对老和尚的回答极为赞赏。

献茶之后，老和尚陪毕秋帆观赏菩萨殿宇，来到一尊欢喜佛的佛像前，毕秋帆指着欢喜佛的大肚子对老和尚说："你知道他这个大肚子里装的是什么吗?"

老和尚马上回答："满腹经纶，人间乐事。"

毕秋帆不由连声称好，因而问他："老法师如此捷才，取功名容易得很，为什么要抛却红尘，皈依三宝?"

老和尚回答说："富贵如过眼烟云，怎么比得上西方一片净土!"

两人又一同来到罗汉殿，殿中18尊罗汉各种表情，各种姿态，栩栩如生。毕秋帆指着一尊笑罗汉问老和尚："他笑什么呢?"

老和尚回答说："他笑天下可笑之人。"

毕秋帆一顿，又问："天下哪些人可笑呢？"

老和尚说："恃才傲物的人，可笑；贪恋富贵的人，可笑；倚势凌人的人，可笑；钻营求宠的人，可笑；阿谀逢迎的人，可笑；不学无术的人，可笑；自作聪明的人，可笑……"

毕秋帆越听越不是滋味，连忙打断他的话，说道："老法师妙语连珠，针砭俗子，下官领教了。"说完深深一揖，便带领仆从离寺而去。

从此，毕秋帆再也不敢小看别人了。

品评悟道

在现实生活中，免不了要与人交往，与朋友在一起时，过于表现自己，会让朋友感到你在居高临下对他说话，在有意炫耀抬高自己，朋友的自尊心受挫，自然会产生敬而远之的意念。所以，在与朋友交往时，要控制情绪，保持理智平衡，态度谦逊，虚怀若谷，把自己放在与人平等的地位，注意时时想到对方的存在。

紧随变化，重估一切价值

是不是真正的朋友，风平浪静的时候也许看不出来，患难的时候自然就检验出来了。当你地位变了的时候，要重新审视你的朋友。

晋国大夫文子曾遇到过投奔谁的难题。

文子流亡在外，经过一个县城。随从说："此县有一个农夫，是你过去的朋友，何不在他的舍下休息片刻，顺便等待后面的车辆呢?"文子说："我曾喜欢音乐，此人给我送来鸣琴；我爱好佩玉，此人给我送来玉环。他这样迎合我的爱好，无非是为了得到我对他的好感。恐怕他也会出卖我，以求得别人的好感。"于是他没有停留，匆匆离去。果不其然，那个人扣留了文子后面的两车人马，把他们献给了国君。

北宋时，王安石实行新法，任用了吕惠卿等小人，而排挤司马光等保守派。司马光写信给王安石说："忠信的人，在您当权时，虽然说话难听，觉得很可恨，但以后您一定会得到他们的帮助；而那些谄媚的人，虽然顺从您，让您觉得很愉快，一旦您失去权势，他们当中一定会有人为了自己的私利出卖您。”

果然，王安石被罢免了相位后，吕惠卿当上了宰相。他很快便与王安石发生矛盾，甚至企图将王安石置于死地。这正应验了司马光信中的话。王安石养了一条恶狗，现在成了气候，要反过来咬主人了。

在这方面，蔺相如认识也相当准确。

蔺相如曾是赵国宦官缪贤的一名舍人。缪贤曾因犯法获罪，打算逃往燕国躲避。蔺相如问他：“您为什么选择燕国呢?”缪贤说：“我曾跟随大王在边境与燕王相会，燕王曾私下握着我的手，表示愿意和我结为朋友。我想，如果我去投奔燕王，他一定会接纳我的。”蔺相如劝阻说：“我看未必啊。赵国比燕国强大，您当时又是赵王的红人，所以燕王才愿意和您结交。如今您在赵国获罪，逃往燕国是为了躲避处罚。燕国惧怕赵国，势必不敢收留您，他甚至会把您抓起来送回赵国。您不如向赵王负荆请罪，也许有幸获免。”缪贤觉得有理，就照蔺相如所说的办，向赵王请罪，果然得到了赵王的赦免。

缪贤以为燕王是真的想和自己交朋友，他显然没有考虑自己背后的一些隐性因素，比如自己当时的地位、对燕王的有用性，等等。可是现在他成了赵国的罪人，地位已经变了，交朋友的价值也就失去了，他贸然到燕国去，当然很危险了，看来还是蔺相如社会经验丰富，考虑问题全面。

品评悟道

世界上的一切事物，都处于不断的运动、变化和发展之中。我们的人际关系，如果不随着客观事物的变化而变化，就会逐步处于落后的、陈旧的甚至僵死的状态。因此，一个合理的人际结构，必须是能够进行自我调节的动态结构。动态原则反映了人际结构在发展变化过程中前后联系上的客观要求。

所以，要不断检查、修补关系网，随着部门调整、人事变动及时调整自己手中的牌，修补漏洞，及时进行分类排队，不断从关系之中找关系，使自己的关系网一直有效。

练就一双辨明是非的慧眼

世界上有形形色色的骗子，他们打着各种旗号骗人。只有练就过人的慧眼，善于从多角度考虑问题，才能够避免上当受骗。

燕王有收藏各种精巧玩物的嗜好。有时他为了追求一件新奇的东西，甚至不惜挥霍重金。“燕王好珍玩”的名声不胫而走。

有一天，一个卫国人到燕都求见燕王。他见到燕王后说：“我听说君王喜爱珍玩，所以特来为您在棘刺的顶尖上刻猕猴。”燕王一听非常高兴。虽然王宫内有金盘银盏、牙雕玉器、钻石珠宝、古玩真迹，可是从来还没有听说过棘刺上可以刻猕猴。因此，燕王当即赐给那卫人享用方圆 30 里的俸禄。

随后，燕王对那卫人说：“我想马上看一看你在棘刺上刻的猴。”那卫人说：“棘刺上的猕猴不是一件凡物，只有有诚心的人才能看得见。如果君王在半年内不入后宫、不饮酒食肉，并且赶上一个雨过日出的天气，抢在阴晴转换的那一瞬间去看刻有猕猴的棘刺，届时您将如愿以偿。”

不能马上看到棘刺上刻的猕猴，燕王只好拿俸禄先养着那个卫人，等待有了机会再说。

郑国台下地方有个铁匠听说了这件事以后，觉得其中有诈，于是去给燕王出了一个主意。这匠人对燕王说：“在竹、木上雕刻东西，需要有锋利的刻刀。被雕刻的物体一定要容得下刻刀的锋刃。我是一个打制刀斧的匠人，据我所知，棘刺的顶尖与一个技艺精湛的匠人专心制作的刻刀锋刃相比，其锐利程序有过之而无不及。既然棘刺的顶尖连刻刀的锋刃都容不下，那怎样进行雕刻呢？如果那卫人真有鬼斧神工，必定有一把绝妙的刻刀。君王用不着等上半年，只要现在看一下他的刻刀，立即就可知道用这把刀能否刻出比针尖还小的猕猴。”

燕王一听，拍手说道：“这主意真好！”

燕王把那卫人招来问道：“你在棘刺上刻猴用的是什么工具？”

卫人说：“用的是刻刀。”

燕王说：“我一时看不到你刻的小猴，想先看一看你的刻刀。”

卫人说：“请君王稍等一下，我到住处取来便是。”

燕王和在场的人等了约一个时辰，还不见那卫人回来。燕王派侍者去找。

侍者回来后禀报道：“那人已不知去向了。”

品评悟道

看来，再狡猾的骗子也会有破绽，只要我们不被其天花乱坠的吹嘘语言所迷惑，冷静地进行分析和判断，就一定能够看穿他们的真面目。因此，我们当练就一双明辨善恶是非的慧眼，莫让自身的利益受到损害。

天下没有白吃的午餐

如果别人莫名其妙地给你送礼，很可能求你办一些不正当的事，你要切记“拿人家手短，吃人家嘴软”，千万不要因为贪图一点儿实惠而把自己置于进退两难的境地。

战国时代，孟子名气很大，府上每日宾客盈门，其中大多是慕名而来的求学问道之人。有一天，接连来了两位神秘人物，一位是齐国的使者，一位是薛国的使者。对这种人物，孟子自然不敢怠慢，小心周到地接待他们。

齐国的使者给孟子带来赤金 100 两，说是齐王所赠的一点小意思。孟子见其没有下文，坚决拒绝齐王的馈赠。使者灰溜溜地走了。

隔了一会儿，薛国的使者也来求见。他给孟子带来 50 两金子，说是薛王的一点心意，感谢孟先生在薛国发生兵难的时候帮了大忙。孟子吩咐手下人把金子收下。左右的人都十分奇怪，不知孟子葫芦里装的是什么药。

陈臻对这件事大惑不解，他问孟先生："齐王送你那么多的金子，你不肯收；薛国才送了齐国的一半，你却接受了。如果你刚才不接受是对的话，那么现在接受就是错了，如果你刚才不接受是错的话，那么现在接受就是对了。"

孟子回答说："都对。在薛国的时候，我帮了他们的忙，为他们出谋设防，平息了一场战争，我也算个有功之人，为什么不应该受到物质奖励呢？而齐国人平白无故给我那么多金子，是有心收买我，君子是不可以用金钱收买的，我怎么能收他们的贿赂呢？"

左右的人听了，都十分佩服孟子的高明见解和高尚操守。

无独有偶，有一个名叫吐的人，经营宰牛卖肉的生意。由于他聪明机灵，经营有方，生意做得还算红火。

一天，齐王派人找到吐，对吐说："齐王准备了丰厚的嫁妆，打算把女儿嫁给你做妻子，这可是大好事呀！"

吐听了，并没有受宠若惊，而是连连摆手说："哎呀，不行啊。我身体有病，不能娶妻。"

那人很不理解地走了。

后来，吐的朋友知道了这件事，觉得奇怪，吐怎么这么傻呢？于是跑去劝吐说："你这个人真傻，你一个卖肉的，整天在腥臭的宰牛铺里生活，为什么要拒绝齐王拿厚礼把女儿嫁给你呢？真不知你是怎么想的。"

吐笑着对朋友说："齐王的女儿实在太丑了。"

吐的朋友摸不着头脑，问他："你见过齐王的女儿？你何以知道她丑呢？"

吐回答说："我虽没见过齐王的女儿，可是以卖肉的经验可得知，齐王的女儿肯定是个丑女。"

朋友不服气地问："何以见得？"

吐胸有成竹地回答说："就说我卖牛肉吧，我的牛肉质量好的时候，只要给足数量，顾客拿着就走。我用不着加一点、找一点的，顾客就会感到满意。我呢，唯恐肉少了不够卖。我的牛肉质量不好的时候，我虽然给顾客再加一点这、找一点那，他们依然不要，牛肉怎么也卖不出去。现在齐王把女儿嫁给我一个宰牛卖肉的，还加上丰厚礼品财物，我想，他的女儿一定是很丑的了。"

吐的朋友觉得吐说得十分在理，便不再劝他了。

过了些时候，吐的朋友见到了齐王的女儿，齐王的女儿果然长得很难看。

这位朋友不由得暗暗佩服吐的先见之明。

有些事情虽没什么直接的联系，但道理是相通的。如果吐不是以自己亲身的感受去举一反三地思考生活中的现象，那说不定就会娶回一个自己不喜欢的丑妻了。

品评悟道

俗话说："君子爱财，取之有道。"孟子说过，对于钱财，可以取也可以不取，取和不取的分界，在于会不会损害自己的为人处世原则。俗话说："销财免灾"。这句话如果反过来讲，也是有一定道理的，那就是：贪财招灾。越是大利在前，越应该小心谨慎，因为大利背后可能隐藏着巨大的陷阱，一不留神，你就会上当受骗。为了避免上当，就必须要时时提高警惕，尤其是面对诱惑的时候。

人格是不容商量的事

“仓廪实而知礼节。”在落魄的时候保持人格的尊严、“贫贱不移”的行为是难能可贵的。

战国时期，各诸侯国互相征战，老百姓不得太平。如果再加上天灾，老百姓更没法活了。这一年，齐国大旱，一连3个月没下雨，田地干裂，庄稼全死了。穷人吃完了树叶吃树皮，吃完了草苗吃草根，眼看着一个个都要被饿死了。可是富人家里的粮仓堆得满满的，他们照旧吃香的喝辣的。

有一个富人名叫黔傲，看着穷人一个个饿得东倒西歪，他反而幸灾乐祸。

他想拿出点粮食给灾民们吃，但又摆出一副救世主的架子，他把做好的窝窝头摆在路边，施舍给过往的饥民们。每当过来一个饥民，黔傲便丢过去一个窝窝头，并且傲慢地叫着：“叫花子，给你吃吧！”有时候，过来一群人，黔傲便丢出去好几个窝头让饥民们互相争抢，黔傲在一旁嘲笑地看着他们，十分开心，觉得自己真是大恩大德的活菩萨。

这时，有一个骨瘦嶙峋的饥民走过来，只见他满头乱蓬蓬的头发，衣衫褴褛，将一双破烂不堪的鞋子用草绳绑在脚上，他一边用破旧的衣袖遮住面孔，一边摇摇晃晃地迈着步，由于几天没吃东西了，他已经支撑不住自己的身体，走起路来有些东倒西歪了。

黔傲看见这个饥民的模样，特意拿了两个窝窝头，还盛了一碗汤，对着这个饥民大声吆喝着：“喂，过来吃！”饥民像没听见似的，没有理他。黔傲又叫道：“嗟，听到没有？给你吃的！”只见那饥民突然精神振作起来，瞪大双眼看着黔傲说：“收起你的东西吧，我宁愿饿死也不愿吃这样的嗟来之食！”

黔傲万万没料到，饿得这样摇摇晃晃的饥民竟还保持着自己的人格尊严，黔傲满面羞惭，一时说不出话来。

品评悟道

本来，救济、帮助别人就应该真心实意而不要以救世主自居。对于善意的帮助是可以接受的，但是，面对“嗟来之食”，倒是那位有骨气的饥民的精神，值得我们赞扬。

谄媚，是谄媚者的通行证

有人说，中国的官场，“谄”字可谓一大真言，谄媚是不少人的晋升之道，亦是登徒子们屡试不爽的法宝。如果我们不能以一种健康的心理来抵制“谄媚”的进攻，难免会被谄媚者所迷惑。

安禄山是一个出生于营州的胡人。幽州长史张守珪首先发现他武勇善战，让他做军中的战将。他也不负期望，屡立战功。但是，他在开元二十四年四月与奚、契丹的作战中吃了败仗，张守珪追究他的战败之罪，决定将他处斩。行刑时，安禄山大叫：“杀我安禄山，还有谁能破契丹?”

张守珪忽有所悟，命令停止行刑，决定派人把安禄山送到长安，请唐玄宗处置。玄宗因为不忍为一次战败而失去一员镇边的战将，于是赦免了安禄山。

安禄山口齿伶俐，又善于阿谀逢迎。他千方百计谋求发迹显达之路，企图称霸朝堂。平日，从将相到宦官，不论尊卑，他都要进行笼络。遇有机会便设宴相请，或行贿送礼以取悦于人。同时，他又不间断地摇唇鼓舌，自我吹嘘。因此，唐玄宗听到的是对安禄山的一片赞美之声。有人说他是勇将，有人说他是忠臣。于是，唐玄宗擢升安禄山为营州都督。

安禄山利用自己的胡人身份，故意在玄宗面前装出一副呆头呆脑的样子，以装疯卖傻来骗取玄宗的宠信。有一次，玄宗引他与太子李亨相见。安禄山对太子故意直立不拜。左右催他行礼，他却故作糊涂地反问：“臣为藩人，不识朝仪，不知太子是什么样的官？”玄宗信以为真，便告诉他太子是储君，“朕百岁之后，传位于太子”。安禄山这才做出恍然大悟的样子谢罪说：“恕臣愚钝，只知陛下，不知太子，臣罪该万死。”一边说，一边对太子行礼。玄宗见此，感叹不已，尤其对他的淳朴坦诚赞许不已。

安禄山当上了都督以后，更加卖力地取信于玄宗。同时，由于他在边疆又立下了战功，于天宝元年被封为平卢节度使。天宝四年，即杨玉环被册封为贵妃的那一年，他又大破奚和契丹，更加得到了玄宗的宠幸，命他兼任御史大夫。后又兼河东节度使。

安禄山是个大腹便便的大汉，但每次入朝见玄宗时，他都是欢快地跳起胡人之舞，以取悦于玄宗。有一次，玄宗指着他的大肚子问：“爱卿的大肚腹内，到底装满何物？”安禄山答道：“并没有什么稀奇之物，这里满装的都是对陛下的赤胆忠心，故而如此庞大。”玄宗爱其应答机敏，大加赞赏。

细心的安禄山很早就发现了杨玉环对玄宗的影响力，所以他想方设法要取得杨玉环的信任，以便借她的裙带关系实现自己的狼子野心。一天夜里，安禄山又进宫晋见玄宗。他看到玄宗和杨玉环并排坐在一起。他首先向杨玉环行礼拜见。玄宗一见，面露愠色，责其无礼。安禄山坦然答道：“如陛下所知，臣乃胡人。胡人之礼，总是以女为先。所以臣依胡俗，先朝拜国母。国母乃是大唐的母亲，臣得以拜见如此花容月貌的国母，实在是荣幸之至。”杨贵妃听后心花怒放，玄宗也随之放声大笑。于是，安禄山又趁热打铁，说：“臣请为国母跳胡人之舞，为国母遣怀。”然后，他就做出滑稽的姿态，开始为杨玉环跳舞。

在杨玉环的请求下，玄宗把长安御苑的永宁园赐给他作为私邸。又让他与杨家一族的杨国忠、韩国夫人、秦国夫人、虢国夫人结成兄妹之谊。安禄山见玄宗对自己如此信任，又生一计，突然提出了一个古怪的要求：“陛下既已深知臣对陛下的忠诚绝不亚于任何臣子，因此，臣冒昧奏请，容臣将美丽的国母娘娘，奉为臣的母亲。”听安禄山这样说，唐玄宗并不责怪，反而觉得安禄山是个值得宠信的人。于是玄宗笑呵呵地问安禄山："莫非这也是胡人的习俗吗？若奉贵妃为母，朕又是你的什么人？""此事何须臣再奏明，臣本是陛下的赤子。"就这样，安禄山成了杨贵妃的养子。

由于得到了玄宗的特殊批准，杨玉环的这个"儿子"可以自由地进出只有皇帝和宦官们才可以出入的地方。唐代有"三日洗儿"的风俗，小孩生下 3 天之后，母亲要给他洗澡。天宝十年（751 年）正月初三，亦即安禄山过罢生日的第三天，杨贵妃为安禄山作"三日洗儿"。安禄山为了让杨贵妃高兴，不仅像个婴孩般地让她给自己洗澡，洗完后还躺在杨贵妃用锦绣料子特制的大被服中，让宫女们抬着他在庭院中转来转去。从此宫中都称呼安禄山为"禄儿"。玄宗听说这件事以后，责备安禄山太过分了，安禄山笑嘻嘻地说："陛下所言甚是，虽是母后，这样戏要孩儿，也未免太过分了。臣乃陛下赤子，对臣如此胡来，成何体统，嘿嘿。"面对安禄山这副嬉皮笑脸的样子，玄宗也是哭笑不得。就这样安禄山利用自己可以自由出入宫禁的特许，与杨贵妃打得火热。

安禄山凭借着与杨玉环的裙带关系，赢得了玄宗的宠幸，也赢得了充分的准备时间。天宝十四年，他发动叛乱，攻城略地，直逼长安。玄宗不得已，带着杨玉环及其他人逃往西蜀避难。途中，由于护驾的士兵对杨国忠及杨玉环的误国深感气愤，杀死杨国忠，并逼迫玄宗在马嵬坡把杨玉环用白绫绞死。

品评悟道

奉承吹捧不同于发自内心的真诚赞扬，它是为“利己”而“誉人”的。谄媚者利用人们喜欢被人赞美的天性，以奉承吹捧为手段，通过种种溢美之词，满足谄媚对象的虚荣心，从而达到讨好巴结的目的。奉承吹捧者常常是不顾事实、不讲原则、没有是非标准的，或者无中生有、口吐莲花，或者夸大其词、无以复加。在吹捧者的口中，假的可以变成真的，错的可以变成对的，恶可以变为善，丑可以变为美，庸人成为天才，昏君成为圣主。廉价的赞誉之词，成为谄媚者猎取实际功利的“敲门砖”。我们要在成长的岁月中分得清谄媚背后的勒索，及严厉背后的慈爱，让自己的人生航程不至于偏离方向……

忠奸分明，不给小人搬弄是非的机会

小人的一大特色便是喜欢搬弄是非，兴风作浪。青少年在成长中会遇到不少“爱打小报告”“无事生非”的人，要学会坚定自己的立场，让这类“小人”无机可乘。

武则天当政时期，曾下诏禁止天下屠杀牲畜、捕捞鱼虾，弄得王公大臣宴请宾客只能吃素席，不敢带有一点荤腥。

朝中有个叫张德的人，官为左拾遗，一贯受到武皇的信任。在他儿子出生后的第三天，亲友、同僚纷纷前去祝贺。张德觉得席上都是素菜实在过意不去，便偷偷地派人杀了一只羊，做了一些带肉的菜，并包了一些羊肉包子让大家吃。

也许是这些亲朋好友与同僚好久没有吃到荤腥味了，见席上有肉，便来了兴致，把酒临风，猜拳行令，好不热闹。3 个时辰过去，大家酒足饭饱，各自回去。张德心中自然也十分高兴。不料，在他的同僚中有个叫杜肃的，官拜补阙，见席上有肉，以为张德违犯了皇帝的诏旨，顿生恶意。临散席时，他悄悄将两个肉包子揣在怀中。散席之后，便去武则天那里告了黑状。

第二天早朝，武则天处理完政事之后，突然对左拾遗张德说："听说你生了个儿子，我特向你表示祝贺。"张德叩头拜谢。武则天又说："你那席上的肉是从哪里来的？"张德一听，吓得浑身哆嗦，他知道，违诏杀生是要犯死罪的，故连连否认道："为臣不敢！为臣不敢！"武则天见状，微微笑道："你说不敢，看看这是什么？"说着，便命人将杜肃写的告状奏章和两个肉包子递给了张德。张德一见，面如蜡纸，不住地叩头说："臣下该死！臣下该死！"此时告状的杜肃，站在一旁洋洋得意，专等封赏。

武则天对这一切，早已看在眼中，稍稍一停，便对张德说："张德听旨：朕下诏禁止屠杀牲畜，红白喜事皆不准腥荤。今念你忠心耿耿，又是初犯，也就不治你罪了。"

张德听后高声喊道："谢主隆恩！谢主隆恩！"而杜肃却惊得瞪大了眼睛。

只听武则天又道："不过，张德你要接受教训，今后如再请客，可要选择好客人，像杜肃这种好告黑状的人，可不要再请了！"一时间，张德感激得痛哭失声，诸大臣见武则天如此忠奸分明，不信谗言，用人不疑，便一起跪倒在地，高呼："吾皇万岁！万岁！万万岁！"而那个告状的杜肃，在众人不屑一瞥的目光下，羞愧得无地自容，当武则天"退朝"二字刚一落音，他便赶紧溜走了。

品评悟道

杜肃向武则天告状，本是为了显示自己对主子的忠诚，维护武则天的威严，按理应得到封赏；张德违抗圣旨杀生，按理应当处以死罪。这本是板上钉钉的事实。可当二人静声屏息等待宣判的那一刻，谁知武则天却幽了他们一默：告状者遭到痛斥，违旨杀生者得宽恕免死；一个被弄得灰溜溜的，一个被感动得痛哭流涕，于是一位忠奸分明、不信谗言、用人不疑的君主的高大形象便在众人心目中牢固地树立起来了。

不必迷信前人的经验

经验是什么？许多年轻人在这个问题面前往往手足无措。其实，经验并非是万能的。青少年在成长过程中不必过于迷信前人的经验，多一些“与时俱进”的思考会更好。

战国时候，齐将田单以火牛阵大败燕军，成了一个经典的战例。在唐朝，房琯想重演火牛阵，却落得笑柄。

安史之乱后，唐太子李亨逃出长安，在灵武即位，史称肃宗。李亨在灵武经过一番努力后，聚集了一些人马，准备反攻，收复长安。这时房琯趁机献策，毛遂自荐，要求统帅大军收复京城。李亨真以为他是个文武全才，就委任他为两京招讨使。房琯随即号令大军分兵三路，会攻长安。

房琯经与亲信幕僚商议后，决定效法古制，以车战对敌。于是，他将征用来的 2000 辆牛车排列在中间，两翼用骑兵掩护，浩浩荡荡向长安进发。一路上烟尘滚滚，旌旗蔽日，杀气腾腾，好不威风。可是，这支老牛拉破车的队伍在对敌作战时，能否发挥其功效呢？除房琯及其幕僚深信不疑之外，其余将领则无不望而兴叹。

房琯亲自率领中军，很快与叛将安守忠的骑兵相遇。房琯本想先稳住阵脚，调整一下队形，再出阵迎战，谁知道这老牛破车慢慢吞吞，很难调动。这边房琯为调整队形吵吵嚷嚷，越整越乱，急得满头大汗，毫无办法。那边安守忠一看对手竟如此用兵，真是喜出望外，忙令部队迅速转到上风的位置，收集柴草，一面乘风纵火，一面擂鼓呐喊。老黄牛哪里经过这种阵势，一见烈焰腾空，又听战鼓声响如雷，吓得四处乱跑。安守忠乘势追杀，唐军大败。房琯慌忙令南路军投入战斗。那些老牛同样经不住人喊马嘶和震耳欲聋的战鼓声，不战自乱，败下阵来。唐军尸横遍野，死伤4万余人。杨希文、刘贵哲投降了叛军，房琯领着几千残败人马向灵武逃去。他苦思冥想悟出的火牛阵法，就这样失败了。

品评悟道

前人的经验并不是不能应用，重要的是能否因时制宜，用得合适。

欲无止也，其心进制

其实，欲望是没有止境的，但思想可以制伏它。

越王勾践的大臣范蠡，辅佐勾践20多年，灭掉吴国后却上书请辞，他对勾践说：“过去大王受辱，臣不敢言退。今日大仇已报，臣不敢居功享乐。”

勾践十分不解，劝他说：“你遍历辛苦，难道不想有快乐的一天吗？现在你功高位尊，无所忧患，正是尽享富贵的时候，为何轻言放弃呢？”

范蠡搪塞掩饰，不肯正面回答，他只对家人说：“盛名之下，其实难久；人不知止，其祸必生。勾践可与共患难，难与同安乐，这样的君主岂能轻信？”

他的家人不想逃难，也不相信范蠡的判断，他们说：“以你的功劳和大王的交情，还有什么可担心的？富贵得来不易，眼下正是再进一步的时候，机不可失啊。”

范蠡自信无失，他长叹说：“人的一念之差，往往决定着一生的生死福祸。若为贪念所系，不加约束，祸发之日再想收手，就悔之不及了。何况远离官场，无争无斗，自得其乐，这才是真正的人生归宿，又有什么不好呢?”

于是他不辞而别，带着家人从海路逃到齐国，改名换姓，在海边耕田，再创家业。

范蠡头脑聪明无比，他经营有方，加之苦心不懈，不长时间，他就积累了数十万家产，富甲一方。齐王听说了他的才能，深以为奇，便任他为相。面对这忽来的殊荣，范蠡的想法却出乎所有人的预料，他忧心说：“治家能积累千金，居官能升至将相，这是平民百姓所能达到的最高位置了。至此若不思退，不用理智制止放纵之念，凶险马上就会降临，再不会有什么好事了。”

他退回了相印，又决定散尽家财远走，他的家人苦劝不止，又说：“有官不做，我们无话可说，可散尽家财就不可理喻了。这是我们辛劳所得，不贪不占，为何要白白送给别人呢?”

范蠡开口说：“官高招怨，财多招忌，这都是惹祸的根苗。人贫我富，人无我有，若只取不施，恃富不仁，财多就无好处可言了，何如放弃呢?”

他把家财分给好友和乡亲，自带最珍贵的宝物来到陶邑，隐居下来。

初到陶邑，范蠡不顾家人埋怨，自觉无比快乐。

时间一长，范蠡不甘清闲，又思治业大计。他的家人口有怨气地说：“人人思富，个个求财，你富不珍惜，口言钱财无用，今日何必再言此事？钱财有那么好赚吗？”

范蠡轻松一笑说：“穷富之别，在乎心也。只要有心，钱财取之何难？”

范蠡认为陶邑位于天下中心，四通八达，正是交易的好地方。于是他以经商为业，求取利润。范蠡的经商谋略也是超群的，他采用“贱取如珠玉，贵出如粪土”的方法，买贱卖贵，有进有止，遵循“积贮之理”，没用多久就又积聚了巨万资财，成了当地首富，号称“陶朱公”。

后来，范蠡又散尽家财，周济贫困的乡党故旧，他为此表白说：“在我看来，经商是一种乐趣，在求取金钱上不该贪得无厌。钱财乃身外之物，不过分看重它才能得到它，此中真谛非守财者所能悟出。它让人受益无穷啊！”

品评悟道

正确的人生观主宰着青少年人生的方向和命运，它是战胜人性弱点、克服心理障碍的灵丹妙药。人的欲望无穷无尽，如果任其泛滥膨胀，人类社会就毫无秩序可言，其个人也只会多行不法，自取灭亡。由此，在思想上加强认识是必要的。欲望当然会有，也不必把欲望当成洪水猛兽，只要我们善于利用欲望所滋生出来的正面力量，激励自己去为大众造福，就值得赞许。

达到宠辱不惊的境界

宠辱不惊，是一种阅历繁华之后的恬和冲淡，是一种笑看人生风云变幻的洒脱，同时也是一种遇事镇静沉着的稳健和气度。我们只有在成长中经历岁月的淘洗，方能达到这一人生境界。

979 年伊始，宋太宗御驾亲征北汉，北汉皇帝刘继元走投无路，只好投降。面对这巨大的胜利，宋太宗心花怒放，难以自持，他不顾兵疲财缺的现状，主张乘胜伐辽，收回被辽占据的燕云十六州。

宋朝大将潘美反对此议，他对宋太宗恳切地说："我军大胜，此刻也不能志得意满，轻敌冒进。眼下尚需稳定形势，巩固胜利果实，士卒也需休整。"

宋太宗不待出语，总侍卫崔翰却越众而出，大声说："此乃天赐良机，岂可轻易放弃呢？陛下进兵之举甚合民心，必群起响应。我军又是得胜之师，其势难挡，当无坚不摧，伐辽必有胜算。"

宋太宗本求胜心切，又听崔翰这样讲，更不再犹豫了，宋军遂大举北进。宋军快到高粱河时，遭到辽军的伏击，损失惨重，宋太宗也不知去向。

当时，宋太祖赵匡胤的长子、武功郡王赵德昭也随宋太宗亲征。他手下的将领猜测宋太宗不是被杀，就是被俘，于是私下商议立赵德昭为帝。众将讨论过后，齐聚赵德昭的帐中，为首者当面劝赵德昭说："皇上失踪，想必已经蒙难。如今军心不稳，大敌当前，大王如不当机立断，承继大统，恐怕变乱不止。恭请大王迅速登上帝位，号召天下。"

赵德昭面对众将拥立，一时心动。他努力使自己镇静下来，没有轻言可否。

宋太祖赵匡胤去世时，他没有把皇位传给自己的儿子赵德昭，却遵循母亲的遗命，让弟弟赵匡义做了皇帝。这个事实曾让赵德昭心中郁闷，落落寡欢。赵德昭的一位亲信劝他不可这样，这位亲信出口说："事已至此，大王纵有千般怨言，也无力回天了。大王现在的举动，皇上必定极为关注，皇上怎会容忍一个心怀不满的臣子呢？再说，大王当不上皇帝也未必就是坏事，只要大王参透荣辱，顺天应命，也不会感到做个逍遥亲王有什么不快。"

赵德昭不乏聪明之处，他一下子领悟了亲信的真义，不觉为自己先前的失误暗自叫险。自此，他天天纵歌饮酒，对宋太宗又是极其恭敬，使宋太宗对他并不怀疑，君臣相安无事，相处得十分融洽。

今日面对此变，赵德昭虽口里没有说什么，心里却是千肠百转。他想这件事关系太大，万不可因贪求帝位而犯下致命之祸。他又想太宗虽是失踪，终究不能肯定他已蒙难，如果自己轻率即位，太宗又没死，太宗自是不能放过他了，如此自己连性命都将不保。

赵德昭越想越怕，把先前的窃喜之情一扫而光。并决定以静制动，慎重行事。于是他故作生气之状开口说："皇上生死未明，大敌在侧，你们不思报国杀敌，却在这胡言乱语，动摇军心，这是忠臣所为吗？我是皇上臣子，誓死效忠皇上，岂能受你们唆使，干下这大逆不道之事？你们真是昏了头了！"

众将本想赵德昭定然接受，自己也可有拥立之功，飞黄腾达，等到赵德昭出言训斥，他们都瞠目结舌，不知如何应对。他们虽自称有罪，但心中怅然若失，面有不快之色。

赵德昭见之一凛，为了安抚众将，不令他们疏远自己，他又低声说："你们的好意我心领了，可荣辱之事，岂可盲动？再说赵氏江山谁做皇帝都是一样，我岂能趁皇上危难而行其私呢？倘若皇上真的遭遇不幸，为了宋室江山，我还是不会令各位失望的。"

众将气消，皆服其义。第二天早上，宋太宗被杨业父子救回，安然无恙，众将又深服赵德昭慎重之行了。

品评悟道

自古能真正做到宠辱不惊的人，必有广阔的胸襟和高度的智慧。他们不为荣辱所左右，行止才不会失常失态，凡事才能做出正确的判断和应对。其实，荣辱不仅是暂时的，也是相对的，若是一味好荣厌辱，将之完全对立起来，反应激烈，人在心绪大乱之下，就难以冷静从事了，其结果不免出现偏差。从思想上淡化荣辱观念，方可让人放下功利主义，真正领略人生的自由境界。

在失意中期待柳暗花明

失败并不可怕，可怕的是意志由此消沉，心灵由此蒙尘。只要我们保持着灿烂的信念，就一定可以迈过“山穷水尽”的黯淡，迎接“柳暗花明”，让自己东山再起。

东汉安帝永初三年（108 年），大将军邓骘慕名征召马融做舍人，马融却不想应允，他对朋友说：“我志不在为官，何况一入官场，必多受制约，为人苟且，我决意不应此召。”

他的朋友听之摇首，说道：“大丈夫以治国安邦为最大志向，如此机遇，怎能放弃呢？你做事全凭自己的兴趣，随意懒散，若是苦读诗书不能用之大业，和那腐儒又有何区别?”

马融和他争驳，以不喜欢官场为由，不想改变他的想法。

当时，马融客居之处在凉州武都、汉阳的地界上，赶上羌人作乱，当地深受袭扰。不久，战祸的影响也使马融深受其苦，他饥饿不堪，生计很难维持了。

和朋友交谈时，朋友伤心地说："时下米谷价高，祸乱不止，自函谷关以西，随处可见饿死之人。你我身为书生，不能保家安民，自身都是不保，难道还不惭愧吗？"

马融长叹流泪，后道："看来我的想法错了。古人说：'左手据有天下的地图，右手用刀割断自己的喉管，愚蠢的人不做这样的事。'所以这样，是因为活命比拥有天下更珍贵啊。我先前怕受一点委屈，竟有负大将军的盛情相召，说来真是不明大理。若为近俗的小小羞辱而毁掉无价身躯，这并不是老子、庄子所说的。"

马融改弦更张，于是应允了邓骘的征召，高高兴兴地做了舍人。

马融自此有了匡扶大政之志，他辛勤办事，两年之后又被任为校书郎中。

朝中邓太后执政，邓氏兄弟掌握权柄。马融心系朝廷，针对朝政弊端，他用心写就《广成颂》献给皇上，用来规劝，其词甚是恳切、直白。

《广成颂》得罪了邓氏，邓氏认为马融心存讥讽，斥其专权，于是对他厌恶日深，整整10年没有让他升迁。

10年之间，马融仍是尽心做事，从未流露出对邓氏的不满之意。他的家人劝他辞官回乡，又说：“得罪权贵，你是再无出头之望了，何必在此受辱呢？有一天若是再生事端，恐怕我们连回乡都不能了，那时岂不更悔？”

马融自有打算，他劝慰家人说：“我的志向还没有达到，辞官只能让我前功尽弃。我不发怨言，忍辱以待，就是为了保住这仅存的官位，以做他日成大事的希望。我心有所寄，这点委屈算得了什么呢？”

马融如此忍受，邓太后还是借故把他免官，放逐回乡。马融骤遭此变，却不是其家人所料之状，他反而豪情陡长，绝无气馁之色。马融对家人说：“邓氏专权，飞扬跋扈，必定不能久长。只要我不堕其志，定有返朝之日。”

马融在乡遍读经书，从不灰心绝望。家人劝他享受清福，无须操劳，他也一概拒绝，仍似在朝时一样勤勉。许多人笑他痴心妄想，马融只一笑置之。

邓太后去世后，亲政的汉安帝遂又征召马融为官。马融喜泣之下，对前来拜贺的乡亲故友畅言：“身处落魄，牢骚满腹是没用的，我幸有今日，全在我信心不失啊。此乃我多年心得，望与诸君共勉。”

品评悟道

失败并不可怕，可怕的还是因此心灰意冷、怨天尤人。意志的崩溃无助于解脱危难，恰恰相反，它只能让人雪上加霜、方寸大乱，从而使忧患加剧，惹来更多的麻烦。人在不如意之时最需停止抱怨，保持良好的心态，这时若坚持不住，成功就注定与你无缘了。事实上，只要人的意志不倒，不在失败面前止步，就是成功的资本，柳暗花明的一天迟早会来临的。

正确运用韬晦策略

韬晦智慧历来受到中国人的重视，智者做事，不轻易暴露自己的行止和思想，他们往往掩饰得很深。只有在成功之后才可以论说其成功之谜。在现实中把握自己的志向目标，能否正确运用韬晦策略非常重要。

使用韬晦之策而显示人生智慧的突出例证，是《三国演义》中刘备在与曹操“青梅煮酒论英雄”时的表现。那时刘备在吕布与曹操两大势力争夺中无法保持中立，只好依附曹操，共同消灭吕布。

曹操在许田围猎时故意表露出自己的篡位意图，以试探臣下的心态。当时大臣们敢怒不敢言，只有关羽“提刀拍马便出，要斩曹操”，倒是刘备“摇手送目”，拦住关羽，还要用语言恭维曹操说：“丞相神射，世所罕及!”体现出深隐的心机。于是，董承、王子服等人凭汉献帝血写密诏结盟讨伐曹操时，把刘备也拉入这个政治集团之内。刘备签名入盟后，“也防曹操谋害，就下处后园种菜，亲自浇灌，以为韬晦之计”。

不想曹操何等精明，他想刘备这样志向远大的英雄突然种起菜来了，一定有什么重大事情影响了他，于是派许褚、张辽带领数十人到园中将刘备请往丞相府，“盘置青梅，一樽煮酒，二人对坐，开怀畅饮”，演出一段脍炙人口的历史戏剧。当时，曹操几乎明知故问，要刘备承认自己本怀英雄之志。刘备则故意拉扯旁人，先抬出最让人看不起的袁术，曹操斥之为冢中枯骨。刘备又举出袁绍、刘表、孙策、刘璋等人，唯独不提参加了董承为首的讨曹联盟的马腾和他自己。曹操自然不满意，干脆直言相告：“今天下英雄，惟使君与操耳!”刘备所担心的是讨曹联盟之事暴露，听到曹操称自己为“英雄”，以为事情已经暴露，手中匙勺也掉在地上。为避免曹操进一步怀疑自己，只好推说是害怕雷声所致。不想曹操想这样一个连雷声都害怕的人，根本不是什么“英雄”，反而将戒备的疑心放下。这为后来刘备借讨伐袁术为名领兵出发，“撞破铁笼逃虎豹，顿开金锁走蛟龙”奠定了基础。

和刘备一样，越王勾践的养晦功夫也属于一流。

春秋时期，夫差把勾践打败，吴国便趁机要越王勾践夫妇到吴国为奴仆。勾践将国事托给大夫文种，让范蠡随他到吴国。于是，夫差便令勾践为其牵马。

即使有人对其进行辱骂，勾践也是一副奴才的样子，驯服无比。

有一回夫差大病，勾践便暗中命范蠡探看，范蠡回来告诉他夫差的病不久即可痊愈。于是勾践便亲自去见夫差，当然是以“探问病情”为理由，并且当着众人的面亲口尝了夫差的粪便。之后，勾践便向夫差道贺，说大王的病不几日就能好转，并且向夫差磕了一个头，凑近他身旁告诉他：“我曾经跟名医学过医道，只要尝一尝病人的粪便，就能知病的轻重，刚才我尝了大王的粪便，味酸而稍微有些苦头，这是得了医生所说的‘时气病’，此症一定能够好转，大王不用太担忧。”

没过几日，夫差的病果然好转过来。夫差为勾践的话语和行动所感动，恻隐之心一起，便把他放回越国去了。

勾践回国后，不近女色，不观歌舞，安抚群臣，教养百姓。他靠自己耕种吃饭，靠妻子亲手织布穿衣，不吃山珍海味，不用绫罗绸缎。勾践甚至褥子都不肯用，床上尽是些干柴干草，并且用绳悬一个苦胆，日日尝之，以此提醒自己不要忘掉以前所受的凌辱与苦难。

他还常常到外地巡视，探望孤寡老弱病残。诸大夫对他更加爱戴，他便对他们讲：“我预备同吴兵开战，望诸位肝胆相照、奋勇争先，我当与吴王颈臂相交，肉搏至死，这是我一生夙愿。以前的失败让我不得不弃离国家，告别群臣，身带佩剑，手拿利刀，改变容貌，更换姓名，去做奴仆，侍奉吴王。但我并没有放弃，我在找机会与吴开战。我知道这要被天下人所羞辱，但我决心已定，一定要实现打败吴王的宏愿!”

终于，吴越两国进行了决战。越军勇猛无比，吴军溃败，越军包围了吴王王宫，攻下城门，使吴王夫差自刎而死，杀死了吴国的宰相。灭吴之后，越国势力大大增强，民心欢悦，越国于是称霸于诸侯。

品评悟道

韬晦之策实际上是在自己的力量尚无法达到自己追求的目标时，为防止别人干扰、阻挠、破坏自己的行动计划，故意采取的假象策略。

韬晦之策有明确的目的性与功利性，具有极强的主观意识，极富于人的主体精神。韬晦之策又有极强的进取性，虽然在表面上有许多退却忍让，却更体现人的韧性与忍辱负重的内在力量。韬晦之策又因极大的隐蔽性而具有极强的实效性，它往往攻人不备而出奇制胜，取得事半功倍的结果。韬晦之策是精明人假装糊涂的一种策略。正确使用韬晦之策，实在是把握中国古代人生智谋的重要内容之一。

居功自傲，无异于自取灭亡

好大喜功是人的天性。人往往在取得一定的功绩之后，便居功自傲，无意放纵了自己。思想上的松懈，会让我们的心性如脱缰的野马般疯跑，以至于走向末路……

清朝年羹尧一生的历程便是如此，他在早期仕途一路顺畅，1700 年考中进士，入朝做官，升迁很快，不到 10 年已成为重要的地方大员——四川省长官。这时正是清朝西北边疆战事频仍的时期。当时康熙帝重用年羹尧，就是希望他能平定与四川接近的西藏、青海等地叛乱，年羹尧也没有让康熙帝失望。

在 1718 年参与平定西藏叛乱的过程中，年羹尧表现出了非凡才干。他当时负责清军的后勤保障工作，由于他熟悉西藏边疆的情况，与清军中满族、汉族将领的关系都很不错，虽然运送粮饷的道路十分艰险，但是在年羹尧的努力下，清朝大军的粮饷供应始终是充足的，从而为取胜创造了条件。因此，第二年年羹尧就被康熙皇帝晋升为四川、陕西两省的长官，成为清朝在西北最重要的官员。

这一年九月，青海地区又出现叛乱。这一次朝廷任命年羹尧为主帅前去镇压。出兵前，年羹尧突然下令：“明天出发前，每个士兵都必须带上一块木板，一捆干草。”将士们都不明白这是为什么，又不敢问。第二天进入青海境内，遇到了大面积的沼泽地，队伍难以通过。这时年羹尧下令将干草扔进沼泽泥坑中，上面铺上木板，这样，军队就顺利而快速地通过了沼泽。这沼泽本是反叛军队依赖的一大天险，叛军认为清军不可能穿过沼泽，哪想到年羹尧的大军突然之间出现在他们面前，一时惊慌失措，很快就被年羹尧打败。

又一次，夜晚宿营时，半夜突然一阵风从西边吹来，很快便停了。年羹尧发觉后立刻叫来手下将军，命令他带上几百名精锐骑兵，飞速赶往军营西南的密林中捕杀埋伏的敌人。手下来不及多想，带上兵马就去了，果然在密林中发现埋伏的敌人，便将他们全部歼灭了。手下百思不得其解，问他是如何知道密林中有伏兵，年羹尧笑笑说：“那风只吹了一阵子就突然没了，应该不是风而是鸟飞过的声音。半夜鸟不应该飞出来，一定是受到了人的惊吓。西南 10 里外密林中鸟很多，所以我料定敌人在那里埋伏。”手下听了不由暗暗起敬，年羹尧之多谋善断、能征善战可见一斑。

由于年羹尧从小就在雍正帝家里待过，因而一直视雍正帝为他的主人，而雍正帝能成为皇帝，年羹尧也立下过汗马功劳，因而即位后的雍正帝更加信任年羹尧。西北地区的军事民政全部由年羹尧一人负责，在官员任命上，雍正帝也常听年羹尧的意见。雍正帝不仅对年羹尧本人而且对他全家也很关照，年家大大小小都受过雍正帝封赏。

但是，随着权力的日益扩大，年羹尧以功臣自居，变得目中无人。一次他回北京，京城的王公大臣都到郊外去迎接他，他对这些人看都不看，显得很无礼。他对雍正帝有时也不恭敬，一次在军中接到雍正帝的诏令，按理应摆上香案跪下接令，但他随便一接了事，令雍正帝很气愤。此外，他还大肆接受贿赂，随便任用官员，扰乱了国家秩序。不仅他出门威风凛凛，就连他家一个教书先生回江苏老家一趟，江苏一省长官都要到郊外去迎接。雍正帝渐渐对他忍无可忍。

1726 年初，年羹尧给雍正帝进贺词时，竟把话写错，赞扬的语言成了诅咒的话。雍正帝以此为借口，抓了年羹尧，此后又罗列了多条罪状，将他彻底打倒。最后，年羹尧在雍正帝的谕令下被迫自杀。

品评悟道

老子在《道德经》中指出：最完善的人所具备的上等德行，就像水一样。水的特点是能够滋润万物，使它们尽情生长，而又不与万物争功夺利，始终保持着平静。可以说水是最温柔、最善良的东西，它所具有的宽广胸怀和毫无所求、甘居人下的德操，是最接近大道本质的。这正是我们人类最应效法的德性。

在老子看来，水的行为方式也同样值得我们学习，当它流动遇到阻碍时，它会迂回百转继续前进，这就是曲则全，也是谦虚容忍的美德。而这种美德也与大道的柔软特性最为接近。我们人类应学习水的这种与世无争的宽容，学习水这种滋润万物而不图回报、功成而不倨傲的谦虚品德。而这也正是大道的德操。这与许多人在取得成就时，只知道夸耀自己的努力及运气是有显著不同的——而那样的人很容易为自己招致祸患。

忍一时之气换来有利的局势

忍让是一种眼光和度量，能克己忍让的人，是深刻而有力量的，是雄才大略的表现。

楚汉相争中，刘邦由于势力较弱，经常吃败仗。汉四年，刘邦兵败，被项羽围困在荥阳。

刘邦的大将韩信亲自率领一队军马北上作战，捷报频传，接连攻下魏、赵、燕各王国，最后又占领了齐国全境。

韩信派使者来见刘邦说："齐人狡诈反复，齐国又与强大的楚国为邻，如果不设王进行威慑，不足以镇压安抚齐地百姓，请大王允许我暂时代任齐王。"

刘邦一听，勃然大怒，破口大骂："我现在被围困在荥阳，日夜盼望你韩信带兵来增援，你不但不来，反要自立为王！我……"此时的刘邦只看到了自己所处的危险境况，全然没有了王者该有的风度，把自己的本性暴露无遗。

正说着，刘邦感到自己的脚被人狠狠踩了一下。他发现坐在他身旁的张良向他示意了一下，便止住了下面的一连串骂人的话语。

张良清楚地知道韩信是当世首屈一指的将才，眼下又拥有强大的兵力，处在举足轻重的地位上。刘邦如果现在与韩信翻脸，会对他大大不利；反过来，如果能调动韩信的兵马，就能给楚军以沉重打击，使楚汉对峙的局面向着有利于自己的方向转变。

因此，张良靠近刘邦，悄声说："大王，韩信手握重兵，投靠大王则大王胜，投靠项羽则项羽胜。我们对他的要求要慎重考虑。"

刘邦气还没消，不高兴地冲着张良说："那你说怎么办？难道就被这小儿挟持不成?"

张良说："现在我们正当危急时刻，弄翻了关系，他自立为王，我们也毫无办法。逼急了他，他一旦与项羽联手，大王的大事就麻烦了！不如趁势正式立他为王，调动他的军队攻击楚军。请迅速决断，迟则生变!"

刘邦毕竟是非常聪明的人，听了张良的话，马上恢复了理智，但他故意接着刚才气汹汹的口气骂道："男子汉大丈夫，要做齐王就做真齐王，做什么代齐王!"

刘邦当即下令派张良为使节，带着印绶到齐地去，立韩信为齐王，并征调韩信的军队攻打楚军。局势很快发生了重大转折：汉军由劣势向优势转变，逐渐对楚形成了包围之势。

后来，刘邦终于在垓下全歼楚军，赢得了楚汉战争的最后胜利。应该说，刘邦在隐忍方面做得非常好。

反之，韩信要官做，急于成王的行为则背离了隐忍的大道，他最终被杀，在很大程度上跟他自己锋芒太露有关。

品评悟道

俗话说："小不忍则乱大谋"，在人生的紧要关头，忍一时之气是为了换来有利局势。如果在危急时刻贸然作出举动，会激起反抗力量的攻击，让全盘计划最终落空。胸怀韬略者明白"韬晦"秘密，以一时的忍耐实现自己的理想和宏伟目标。在这方面，古人的智慧会带给我们极大的启示。

在复杂的环境中保全自己

人世间的许多危险，都不露痕迹地潜藏在看似波澜无惊的环境中。要保护自己就要千方百计避开一切可能的危险。

唐朝郭子仪爵封汾阳王，王府建在首都长安的亲仁里。汾阳王府自落成后，每天都是府门大开，任凭人们自由进进出出，而郭子仪不允许其府中的人对此予以干涉。有一天，郭子仪帐下的一名将官要调到外地任职，来王府辞行。他知道郭子仪府中百无禁忌，就一直走进了内宅。恰巧，他看见郭子仪的夫人和他的爱女正在梳妆打扮，而王爷郭子仪正在一旁侍奉她们，她们一会儿要王爷递毛巾，一会儿要他去端水，使唤王爷就好像奴仆一样。这位将官当时不敢讥笑郭子仪，回家后，他禁不住讲给他的家人听，于是一传十，十传百，没几天，整个京城的人都把这件事当成笑话来谈论。郭子仪听了倒没有什么，他的几个儿子听了却觉得有失王爷的颜面，当下决定对父亲提出建议。

他们相约一齐来找父亲，要他下令，像别的王府一样，关起大门，不让闲杂人等出入。郭子仪听了哈哈一笑，几个儿子哭着跪下来求他，一个儿子说：“父王您功业显赫，普天下的人都尊敬您，可是您自己却不尊重自己，不管什么人，您都让他们随意进入内宅。孩儿们认为，即使商朝的贤相伊尹、汉朝的大将霍光也无法做到您这样。”

郭子仪听了这些话，收敛了笑容，对他的儿子们语重心长地说：“我敞开府门，任人进出，不是为了追求浮名虚誉，而是为了自保，为了保全我们全家人的性命。”

儿子们感到十分惊讶，忙问其中的道理。郭子仪叹了一口气，说道：“你们光看到郭家显赫的声势，而没有看到这声势有丧失的危险。我被封汾阳王，往前走，再没有更大的富贵可求了。月盈而蚀，盛极而衰，这是必然的道理。所以人们常说要急流勇退，可是眼下朝廷尚要用我，怎肯让我归隐？再说，即使归隐，也找不到一块能够容纳我郭府 1000 余口人的隐居地呀。可以说，我现在是进不得也退不得。在这种情况下，如果我们紧闭大门，不与外面来往，只要有一个人与我郭家结下仇怨，诬陷我们对朝廷怀有二心，就必然会有喜欢落井下石、妨害贤能的小人从中添油加醋，制造冤案，那时，我们郭家的九族老小都要死无葬身之地了。”

郭子仪之所以让府门敞开，是因为他深知官场的险恶。正因为他具有很高的政治眼光，又有一定的德性修养，善于处理各种复杂的政治环境，因此即使在自己功勋卓著的日子里，也时时做好了准备应付可能发生的危险。

和郭子仪相仿，汉代开国大功臣萧何在保护自我方面也做得很好。

萧何是最早支持并参与刘邦起事的亲信，在反秦灭楚兴汉的事业中立有大功，刘邦在论功行赏时，将他排在功臣之首，并给了他可以佩剑入宫朝见的特殊待遇，以示恩宠。

后来韩信被诬为谋反，当时刘邦率兵出征在外，萧何为吕后设计除掉了韩信，解除了刘邦的心头大患，萧何由此从丞相提升为相国，封地增加了5000户，还给了500名士卒作他的警卫。朝中大臣无不向他表示祝贺，只有一个叫召平的秦朝遗老独去志哀，对萧何说：“你很快将有大祸临头了，如今皇上风餐露宿转战在外，而您坐镇京师，并未立下战功。皇上之所以给你增加封地、设置卫队，是由于韩信刚刚谋反，皇上对你心存怀疑，以此加以笼络，并非是对你的宠信。请您让出封赏不要接受，并将自己的家产拿出来资助前方军队，皇上必然高兴。”萧何认为他说得十分有理，依计而行，刘邦果然十分高兴。

又过了一年，英布谋反，刘邦又一次率兵出征。他一再从前线派使臣回京师打听萧何在干什么。萧何认为皇帝出征在外，他便应当尽心尽责地安抚百姓，筹备粮草，输送前线，如同他多年来所做的那样。又有人对萧何说道：“您不久将有灭族的大祸了。您如今位为相国，功列第一，官不可再升，功不可再加，可您自入关中十几年来，甚得民心。如今皇上派使臣来打听您的情形，是担心您名声太大，对他构成威胁。您何不到处压价买田，高利放债，使人民对您有怨言？只有如此，皇上才会对你放心。”萧何听了他的意见就照样做了，刘邦果然十分高兴。

当刘邦班师回朝时，老百姓纷纷拦路上书，状告萧何，刘邦一点也不怪罪萧何，反而将老百姓的状纸交给萧何，笑着对他说：“你自己处理去吧！”

品评悟道

在我们的一生中，会遭遇各种各样的境遇，有和风丽日，也会有狂风骤雨；有波澜不惊，也会有浊浪排空；有阳光普照，也会有电闪雷鸣……如何于变幻莫测的环境中保全自己，需要高人一筹的智慧。郭子仪和萧何的立身之道给我们展现了韬晦智慧的精妙，仔细去品读、思考，我们会发现韬光养晦的更多妙处。

能忍小失，才会有大得

很多先哲都明白得失之间的关系。他们充满远见，以一时的小失换得更多的回报，而非一时一事的得与失。

春秋战国时期的宓子贱是孔子的弟子，鲁国人。有一次齐国进攻鲁国，战火迅速向鲁国单父地区推进，而此时宓子贱正在单父。

当时正值麦收季节，大片的麦子已经成熟了，不久就能够收割入库了，可是齐军一来，这眼看到手的粮食就会让齐国抢走。

当地一些父老向宓子贱提出建议，说："麦子马上就要熟了，应该赶在齐国军队到来之前，让咱们这里的老百姓去抢收，不管是谁种的，谁抢收了就归谁所有，肥水不流外人田。"

另一个人也认为："是啊，这样把粮食打下来，可以增加我们鲁国的粮食。而齐国的军队没有粮食，自然坚持不了多久。"

尽管乡中父老再三请求，宓子贱坚决不同意这种做法。过了一些日子，齐军一来，真的把单父地区的小麦一抢而空。

为了这件事，许多父老埋怨宓子贱，鲁国的大贵族季孙氏也非常愤怒，派使臣向宓子贱兴师问罪。宓子贱说："今年没有麦子，明年我们可以再种。如果官府这次发布告令，让人们去抢收麦子，那些不种麦子的人则可能不劳而获，得到不少好处，单父的百姓也许能抢回来一些麦子，但是那些趁火打劫的人以后便会年年期盼敌国的入侵，民风也会变得越来越坏，不是吗？其实单父一年的小麦产量，对于鲁国强弱的影响微乎其微，鲁国不会因得到单父的麦子就强大起来，也不会因失去单父这一年的小麦而衰弱下去。但是如果让单父的老百姓，以至于鲁国的老百姓都存了这种借敌国入侵能获得意外财物的心理，这才是危害我们鲁国的大敌。这种侥幸获利的心理，那才是我们几代人的大损失呀！"

品评悟道

宓子贱自有他的得失观，他之所以拒绝父老的劝谏，让入侵鲁国的齐军抢走了麦子，是因为他认为这样做失掉的只是有形的、有限的一点点粮食，而让民众存有侥幸得财得利的心理才是无形的、长久的损失。得与失应该如何取舍，宓子贱做出了正确的选择。我们必须明白，忍一时的失，才能有长久的得，要能忍小失，才能有大的收获。

三年不飞，一飞冲天

韬晦者经过一段时间的掩饰潜伏，麻痹了敌人的警觉，一旦时机成熟，他们就会突然行动起来，迅速撕去伪装，毫不迟疑地向着预定的目标挺进。这种“三年不鸣，一鸣惊人；三年不飞，一飞冲天”的情况，常常使敌人出乎意料而猝不及防。

楚庄王是战国时楚国国君，在他即位的 3 年里，从不过问朝政，日夜沉浸在田猎与酒色歌舞之中，甚至贴出布告：“哪一个胆敢向我提意见，立即斩首，毫不宽恕。”其时，邻国不断前来侵犯，国内的许多大臣也贪赃枉法，玩忽职守。一些忠于国事的大臣很是忧虑。可是，谁也不敢向他进谏。

大夫伍举看到朝政日益腐败，心中非常着急，冒死进宫求见庄王。此人个子不高，但语言机智而又风趣。他知道，如果直接向庄王提出看法，必然会碰钉子，便想了个巧妙的办法。庄王好猜谜语，他就给庄王准备了一个谜语。

伍举来到宫中，只见庄王左右拥抱着美女，周围排列着乐队，正在调笑饮酒。庄王看见伍举来了，笑着说：“你是来喝酒的，还是来听音乐的?”伍举说：“都不是。我有一件事不明白，特地来请教大王的。”

庄王问：“什么事?”

伍举说：“附近山上飞来一只大鸟，已经3年不飞也不叫，不知是什么原因，也不知道这是只什么鸟?”

庄王说：“这不是一只平凡之鸟。它3年不飞，一飞必定冲上九重云霄；它3年不叫，一叫就会惊人。你去吧，你的意思我已经明白了。”

可是数月之后，庄王仍不改逸乐故态，荒淫无度的生活更加严重。大夫苏从认为这样继续下去，后果将不可收拾。他决心不用伍举的委婉方式，进宫直截了当地劝说庄王。

庄王说：“你没有见到我颁布的命令吗?”

苏从说：“见到过。我身为国家的重臣，享受着优厚的待遇。如果贪生怕死而不敢指出君王的过失，那不是忠臣。如果我的死能促使君王清醒过来，那我愿意一死。”

此语一出，楚庄王猛然起立，撤去歌舞乐队，立即临朝听政。他从此重用伍举及苏从两人，并经过调查核实，把在这3年中趁机营私舞弊的几百名官员尽数清除，把忠于职守的几百人予以提拔。庄王亲政以后，政治清明，百姓高兴。就在这一年，庄王兴兵灭庸（今湖北竹山），不久又起兵攻宋，缴获战车500辆之多。楚国势力迅速强大起来。

品评悟道

有宏图大略的政治家、谋略家，绝非每日喋喋不休地阐述自己的观点和见解的人，他们深谋远虑，看准机会再讲话，并且不讲则已，讲则服众。

事实上，在这3年的时间里，庄王并没有因游乐而迷失本性。他只是假装沉迷逸乐，以便观察官吏们的真心，选用真正忠心而又有才德的人来辅佐国政。在此期间，楚国也得到休养生息。3年一过，条件成熟，静极而动，一飞冲天。庄王用意之深，后来很少有人能及。

楚庄王于外洒脱果敢，形象英武；于内智谋深沉，心机细密，是春秋五霸中最具霸王姿态的人物。读者从“三年不飞不鸣”的故事中，也可领略到楚庄王的深沉与睿智。从卧龙先生久居南阳僻壤，未出隆中便提出三分天下，到明太祖的谋士朱升“高筑墙，广积粮，缓称王”的见解，无不证明“一鸣惊人”是一种重要的韬略。

装疯卖傻，以图大计

装疯卖傻，在中国历史上被许多人奉为韬光养晦的有效方略，并屡试不爽。处在人生劣势的情形之下，不妨用之。

孙膑是战国时期著名的军事家，与庞涓一起拜鬼谷子为师，但在才智方面超过庞涓。鬼谷子因孙膑单纯质朴，对他厚待一层，偷偷地将孙膑先人孙武所著的兵书《十三篇》传授给他。

庞涓当了魏国大将，孙膑到他那里去做事，庞涓才知道孙膑在老师那里另有所得，更加嫉恨孙膑。他在魏惠王面前诬告孙膑里通外国，并请魏惠王对孙膑施以刖刑。孙膑的两块膝盖骨被剔去，无法逃跑。而后庞涓把孙膑关在一个秘密的地方，表面上大献殷勤，好吃好喝地供养。孙膑不知就里，还对庞涓感激涕零。庞涓乘机索要《孙子兵法》这本书。孙膑因无抄录手本，只依稀记得一些。庞涓就弄来木简，让他抄录。庞涓准备在孙膑完成之后，断绝食物供给，把他饿死。但是，庞涓派来侍候孙膑的童仆偷偷把庞涓的阴谋诡计告诉了孙膑，孙膑才恍然大悟。

孙膑是一个有着远大抱负的军事谋略家，他立即想出了一条脱身之计。当天晚上，孙膑就伪装成得了疯病的样子，一会儿号啕大哭，一会儿嬉皮笑脸，做出各种傻相，或唾沫横流，或颠三倒四，又把抄好的书简翻出来烧掉。庞涓怀疑他装疯卖傻，派人把他扔进粪坑里，弄得满身污秽。孙膑为了自己的远大志向，在粪坑里爬行，显出毫不在意的样子。庞涓又让人献上酒食，欺骗他说："吃吧，相国不知道。"孙膑怒目而视，骂不绝口，说："你们想毒死我吗?"随手把食物倒在地上。庞涓让人拿来土块或污物，孙膑反而当成好东西抓来吃。庞涓由此相信孙膑确实是精神失常了，疑心稍有解除。

此时，墨翟的弟子禽滑厘把他在魏国所见的孙膑的情况全部告诉了齐国相国邹忌，邹忌又转告了齐威王。齐威王命令辩士淳于髡到魏国去见魏惠王，暗中找到孙膑，秘密地把孙膑接回齐国。

孙膑在身陷囹圄之时，冷静沉着，故意装得愚蠢疯傻，忍受巨大的耻辱与折磨，骗过庞涓，保住了性命。后来，在马陵之战中，孙膑以卓越的军事才能，设计除掉了死对头庞涓，洗刷了耻辱。

李忱是唐宪宗的第十三个儿子。他幼时显得十分呆痴，极为沉默寡言，仿佛哑巴一样。宫中人都将他看成傻子。唐文宗、唐武宗都是他侄子辈的人，可一点也不尊敬他，经常拿他开心，以诱使他开口说话来取乐。

当唐武宗病危之际，宦官们以为像他这样呆傻的人物，易于他们控制，便立他为皇太叔，接着将他推上了帝位，这就是唐宣宗。可他一登基，召见百官、裁决政务，侃侃而谈；评判得失，全然合理，令所有的人都大吃一惊。

他在位 14 年，约束亲属，礼待大臣；明察慎断，刑法无私；从谏如流，俭约律己，人们称之为“小太宗”，是唐朝后期一个难得的中兴之君。

装疯卖傻，能起到麻痹对手的作用，为你赢得有利的时间和战机。和孙膑、李忱一样，朱棣也靠“装疯卖傻”获得了主动。朱棣是明太祖朱元璋的第四个儿子。在朱元璋打天下的斗争中，他立功最多，颇受朱元璋器重，封他为燕王，令他镇守北平。皇太子朱标死后，朱元璋曾有意立他为太子，但因他之上还有两位兄长，为避免兄弟相争，朱元璋只好以孙子朱允炆为帝位继承人。对此，燕王朱棣一直耿耿于怀。

明惠帝朱允炆即位时，各地藩王都是父辈，割据要地，虎视眈眈。户部侍郎卓敬上书密奏：“燕王智谋过人，又镇守北平这样的要害之地，兵强马壮，不可不防。不如将他迁往南昌，万一有变，也容易控制。”朱允炆本就对他这位智力超人的皇叔很是疑惧，见此密奏后，深以为是，便着手做了一系列相应部署，对朱棣严加防范和监督。

朱棣也确实对这个软弱无能的朱允炆不大看得起。他没当上皇帝，心中有怨，早有取而代之之意。于是，在王府内私制兵器，招兵买马，暗中操练，做起事的准备。不久，燕王朱棣的阴谋被人告发，朱允炆严加训责。燕王朱棣颇感恐慌，若马上起兵反抗朝廷，时机尚未成熟，但又不能束手待毙，于是他心生一计，决定以装疯来迷惑朝廷。

他经常狂呼乱叫，奔走于燕京的长街闹市；或闯入酒楼饭铺之中，夺人酒食；或颠三倒四，胡言乱语；或昏睡于泥土污秽之上，终日不醒。

“燕王疯了！”这个消息传遍朝野。体格一向健壮的他突然会变成这种模样，也令许多人感到疑惑。北平布政使张昺和都指挥使谢贵便决定亲去燕王府探个究竟。

当时已是夏历六月，正值盛夏，酷热难忍，却见朱棣围坐在火炉边，浑身发抖，连呼：“太冷了，太冷了!”见有人来，甚至都站不起来，不得不拄着拐杖起身迎接。此情此景，使得张、谢二人不由得消除了怀疑。

虽然真相最终还是暴露，但燕王的装疯却为他发动“靖难之役”赢得了时间。等一切准备就绪之后，朱棣便以“靖难”为名，公然与朝廷对抗。经过四年的血肉相争，朱棣攻陷京城，登位称帝，史称明成祖。

品评悟道

在生理方面制造假象，迷惑和麻痹政敌，使其放松警惕，不加提防，常常能够收到出人意料的效果。单举朱棣为例，他夺取帝位的野心蓄谋已久，他为此而进行的准备也是多方面的，如广结人才，暗蓄军备，装疯只不过是整个活动中最富戏剧性的一幕。从生理方面进行掩饰，最便利的方法莫过于装疯卖傻。精神病人总不会形成现实的政治威胁，谁会同疯子进行认真的政治较量呢？装疯卖傻挽救了不少古代政界中人的厄运。

朱棣的夺权成功了，成了鼎鼎大名的永乐皇帝，而他装疯卖傻这一幕居然还能在正史中保存下来，看来他对此并不忌讳。也许，他以为，这并没有玷污他的光辉形象，反而显示了他的机智谋略。本来嘛，在权力斗争中，一切手段都无所谓是，无所谓非，最终的结局是评判一切的唯一标准。

文饰不如情饰

以情动人，能开启人的心扉，真正唤起别人的共鸣和认同，聪明的人往往善于打“情感”之牌。

曹丕和曹植都是曹操的儿子，均能词赋。在文学史上，父子三人合称“三曹”。曹操被汉献帝封为魏王后，在诸子中选立自己的继承人。曹丕虽被立为继承人，但觉得自己的地位很不稳固，认为弟弟曹植是自己强有力的竞争者，曹植也未放弃希望。于是，两人都想方设法争宠于曹操。

曹植，能文能武，胸有大志，才思敏捷，比曹丕有过之而无不及。曹操筑铜雀台，率诸子登台，令他们各自作赋。曹植当时年仅 19 岁，援笔立成，文词通达耐读，曹操很是惊异。每当曹操问及军旅大事，他都能应声而答，因而备受曹操的宠爱。当时曹操身边有名的谋士杨修、丁仪、贾适、王凌等人，都倾向于立曹植为继承人，并为曹植应付曹操的考察出谋划策，使曹操认为曹植比曹丕更有能力。

曹丕也与一帮亲信官吏积极谋划。他虽然文才不如曹植，但在政治斗争经验上却胜曹植一筹。他笼络的都是些明于政略而且在朝中掌握实权的官僚人士。出于打击曹植的目的，曹丕经常派人探听弟弟的活动，并收买曹植府中的下人，让他们到曹操那里告密，使曹操知道了杨修等人为曹植出谋划策的事情，这引起了曹操的疑心。

面对曹植争立的威胁，曹丕问深有谋略的太中大夫贾诩，如何才能巩固自己的地位。贾诩说，要宽厚仁德，奉行仁人志士简约勤勉的精神，朝夕兢兢业业，不要违背做世子的规矩。曹丕听了他的话，时时注意修养，深自砥砺，使曹操对他的印象越来越好。

有一次，曹操要率大军出征，曹丕与曹植都前去送行。临别时，曹植作了一篇洋洋洒洒的散文，极力称颂父王功德，并当众朗诵得声情并茂，使得曹操和他的左右文武大臣万分高兴。曹植也因此受到众人的夸奖。曹丕怅然若失。这时，他的谋士吴质悄悄建议他做出流涕伤怀的样子。等到曹操出发时，曹丕什么话也不说，只是泪流满面，趴在地上，悲伤不已，表示为父王将要出生入死而担忧。他一边哭着一边跪拜，祝愿父王与将士平安。曹操及左右将士都大为叹息。

这样一来，形势大转。俗话说，“不怕不识货，就怕货比货”，曹操和左右大臣都认为曹植虽能说会道，但华而不实，论心地诚实仁厚远不如曹丕。一番考察和鉴别之后，曹操最终把曹丕定为世子。

说到“情饰”，下面的一个故事如出一辙。

道光皇帝共有 9 个儿子，前边 3 个都死了，第四个皇子便是奕诗，若论长幼之序，理应立四皇子为太子，可六皇子无论是口才、文才、武功都比奕诗强，因此道光皇帝一直拿不定主意，多次对四皇子和六皇子掂量考验。

有一年春天，这天风和日丽，道光皇帝带领 6 个皇子去南苑打猎，意在考验各个皇子的文才武略和应变能力，以便确立皇位继承人。

皇帝要选太子，这已是公开的秘密了，因此 6 个皇子各自做准备，都想取得父皇的欢心，以便将来获得皇位，尤其是四皇子和六皇子，更是势在必得。

四皇子的老师名叫杜受田，此人足智多谋，他在四皇子身上下的功夫很大，希望他能登上皇位，自己也跟着沾光。可他也掂量过，奕诗与其他皇子比较起来，除了排行第四占了个有利的位置之外，其他方面都平常，甚至略逊一筹，如若稍有差池，这皇位定然被六皇子夺去，急得他如热锅上的蚂蚁。后来，他终于有了主意。杜受田对四皇子道：“你到时候就如此这般、这般如此……”奕詝听罢点头称是。

第二天，道光皇帝带领6个皇子来到南苑，传旨开始围猎。诸位皇子各显身手，直追得那些飞禽走兽东奔西跑，到处乱蹦乱飞，其中六皇子几乎箭无虚发，满载而归，而四皇子却是两手空空，一无所获。道光帝不由龙颜大怒，大声呵斥。奕詝因有老师提前安排，不慌不忙地奏道：“儿臣以为目前春回大地，万物萌生，禽兽正是繁衍之期，儿臣不忍杀生害命，恐违上天好生之德，是以空手而回，望父皇恕罪。”道光帝听罢，心想这倒是我没有想到的，他却想到了，倘若让他继位，必能以仁慈治天下，不禁转怒为喜，当下夸奖了四皇子的仁慈之心。

又过了几年，道光皇帝忧虑成疾，自知不久于人世，急唤诸皇子到御榻前侍候。消息传开，四皇子和他的老师杜受田都知道这是最关键的一次较量了，能否登基在此一举，必须做好充分准备。经过苦思冥想，杜受田给四皇子献上一计说：“万岁爷病重，到御榻前之后什么也不用说，只说愿父皇早日康复就行，剩下的就是流泪，却不要哭出声来。”

次日，6位皇子被诏至玉龙床前，果然，道光皇帝提出了一些安邦治国的题目让诸皇子回答，六皇子答得头头是道，道光皇帝甚为满意，其他人都比不上六皇子，但道光皇帝发现四皇子一言不发。道光皇帝一问，他头一扭泪如雨下说：“父皇病重，龙体欠安，儿臣日夜祈祷，唯愿父皇早日康复，此乃国家之幸，万民之福，此时儿臣方寸已乱，无法思及这些。倘父皇如有不测，儿臣情愿随龙驾而行，以永侍身旁。”说完泪水涟涟，越擦越多。

道光皇帝听了，心中甚受感动，心想此真孝子仁君，于是决心立四子奕詝为太子，这就是20岁登基的咸丰皇帝。

品评悟道

虽然都是矫饰，都是向父皇争宠，有的做得巧妙，有的做得矫情，不论如何做，最终结果总是文饰不如情饰。悟懂其中奥妙的人，无不牢记“情饰”这一潜在规则。

隐藏智慧是智者的第一选择

才能出众不是智慧，有智慧的人并不显露自己。

西汉的张良是汉高祖刘邦的谋士，他智慧过人，屡出奇计，为西汉的建立立下了不朽的功劳。汉六年（公元前201年），刘邦大封功臣，刘邦说他“运筹帷幄，决胜千里之外，这是子房的功劳”。请他自选齐地3万户，作为封邑。张良推辞不受，最后被封为留候。

张良的谦逊，很多人颇为不解。刘邦的另一位谋士陈平就曾问张良说：“先生功高盖世，荣宠受之无愧，又何必拒绝呢？我们追随皇上，出生入死，今有幸得偿所愿，先生不该轻言舍弃。”

陈平见张良一笑不答，又说：“先生足智多谋，非常人所能测度，莫非先生别有筹划？”

张良敛笑正容，口道：“我家几世辅佐韩国，秦灭韩时，我幸存其身，得报大仇，我愿足矣。我凭三寸不烂之舌，作了帝王的辅佐，贵为列候，我还有什么悔憾呢？我只求追随仙人遨游四方了。”

张良从此闭门不出，在家潜心修炼神仙之术。跟随张良多年的心腹一次忍不住问张良说："富贵荣华，这是人人都不愿放弃的，大人何以功成之时，一概不求呢？大人也曾是义气中人，这样销声匿迹，岂不太可惜了吗？请大人三思。"

张良随口一叹说："正因如此，我才有如此抉择啊。"

张良的心腹闻言一怔，茫然不语，张良低声说："我年轻时，散尽家财，行刺秦王，追随沛公，唯恐义不倾尽，智有所穷，方有今日的虚名，时下大局已定，天下太平，谋略当是无用之物了，我还能彰显其能吗？谋有其时，智有其废，进退应时，方为智者啊。"

张良和外人从不袒露心声，好友探望他，他从不议论时事。一次，群臣因刘邦要废掉太子刘盈之事找他相商，他枯坐良久，最后只轻声说："皇上有此意愿，定有其道理，做臣子的怎能妄加评议呢？我对太子素来敬重，只恨我人微言轻，不能帮太子进言了。"

群臣苦劝，张良只是婉拒。群臣悻悻而去，张良的心腹对张良说："大人一口回绝，群臣皆有怨色，再说废立太子乃天下大事，大人怎忍置身事外，不闻不问呢？"

张良怅怅道："皇上性情，我是深知的啊。此事千头万绪，关系甚大，纵使我有心插手，只怕也会惹来一身的麻烦。群臣怪我事小，皇上忌怪于我事大，我又能怎么样呢?"

吕后派吕泽去强求张良，软硬兼施之下，张良无奈给他出了主意，让吕后请出商山四皓辅佐太子。刘邦一直崇敬这 4 个人，待见他们出山相助太子，大惊失色，自知太子羽翼已成，不得不放弃了废太子的念头。

吕后派人向张良致谢，张良却回绝说："这都是皇后的高见，与我何干呢？请转奏皇后，此事千万不要再提起了。"

吕后听了使者回报，感叹良久，她对自己的妹妹说："张良不居功是小，弃智绝俗才是大啊。我先前只知道他智谋超群，今日才知他是深不可测，非我等可以窥伺得了的。"

刘邦死后，吕后专权。张良对世事的变故一概不问，求见他的大臣他也一律不见。吕后见他潜心研学道家养生之术，便不以他为患，反而对他愈生钦敬，她派人对张良说："人的一生，十分短暂，应该及时享乐。听闻你为炼仙术，竟致绝食，何须如此？切不要自寻烦恼了。"

在吕后的一再催促下，张良这才勉强用饭。吕后对其他的大臣或杀或贬，却独对张良关爱有加。

品评悟道

俗话说，真人不露相，露相非真人，刻意隐藏智慧往往是智者的第一选择。

这其中自有智者对智慧的独特认识，但更多的还是他们对智慧的反作用心存忌惮。在封建专制时代，一个人的智慧越高，如果他不为君主所用，他面临的危险也就愈大。纵使卖身投靠，他们也常常被君主所猜忌，被视为潜在的威胁。这就要求真正的智者以保身避祸为头等大事。做不到这一点的人，总是那些不知收敛的人，他们的结局大多不妙。

富贵如霜刃，切勿贪恋过炽

人们都知道身处富贵很荣耀，却不知道富贵有时如同前茅利刃。

王晞是前秦名臣王猛的后代，北齐显祖高洋在位时，王晞因为是名家子孙，被高洋选中，让他和自己的弟弟常山王高演为友，辅导弟弟的学业及政务。

高洋嗜酒昏虐，滥杀大臣，每日沉醉酒乡，醉后所做的事禽兽不如。大臣畏罪不敢言，只有常山王高演倚仗兄弟之亲，又有太后的保护，屡次流涕苦谏。

高洋也自知其非，却沉溺于酒乡不能自拔。盛怒之下，高演屡遭毒打。高洋不忍心杀死弟弟，便迁怒王晞，认为高演所为都是王晞所教，便要杀王晞。高演为保王晞，不得已自己先打了王晞 300 棍。高洋听说王晞已遭毒打，才没有杀他。

王晞是高演的心腹谋士，高演无事不和他商议，对他的话也是言听计从，王晞跟着高演也多次遭受牵累，遭刑受辱多年，只是侥幸未死而已。

高洋死后，高演听从王晞的劝告，废除幼主，自立为帝，是为北齐肃宗，王晞也便成了佐命元勋。

高演称帝后，王晞便有意和他疏远，没有要事从不进宫，高演要任命他为侍中，和以前一样，时刻在自己身边，王晞却苦苦推辞，坚决不肯接受。别人都劝他不要拂逆皇上的心意，更不要和皇上疏远。

王晞却说："我从小看到的高官要人多了，都是身居显要不久便遭受祸殃，没有几个人能保住身家性命的。皇上和我私人感情虽然很深，但也难保长久。一旦身处富贵，想退下来都很难，祸发身灭，后悔如何来得及？我并不是不想当高官、处显位，只是此种事看得太多，已经思之烂熟，怎么可以明知是祸还要去招惹？"

王晞后来求得外放为州官，远离朝廷官场的倾轧核心。他虽身处乱世，竟能保全身家，在隋文帝开皇元年死于洛阳，享年 71 岁。

品评悟道

王晞作为高演的朋友、谋士，尽心尽职。高演屡次触怒高洋遭受责罚，王晞受此牵累也遭受困辱，祸在不测，然而王晞却不离高演左右，尽心辅佐，出谋献策，甘心与之共患难。

待得高演称帝，高官厚禄摆在面前，王晞却拒而不受。高演并非勾践那样的只能同患难，不能共富贵的君主，王晞也不是学范蠡，要弃官远逃，不过是不想卷入名利场中尔虞我诈、弱肉强食的漩涡中而已，于隐晦保身之术可谓深得三昧。

历史上的经验教训很多，每个人身边的事也不乏启迪。假若每个人都能像王晞一样善于观察事物，总结规律，然后“思之烂熟”，不仅可以无祸，而且可以处处化凶为吉。

不善养晦，大祸就在眼前

“晦”这种状态不是随时都有的，有时需要“养”才能成，善于养晦的人能得到长远的利益，不善于养晦的人，大祸就在眼前。

南朝宋高祖刘裕临终前，任命司空徐羡之、中书令傅亮、领军将军谢晦、镇北将军檀道济为顾命大臣，共同辅佐太子。

太子即位后，亲近左右小人游戏无度，不是在宫中操练兵马，便是在皇家花园华林园中设立市场，与左右侍臣和嫔妃假扮商贩和行人，亲自做起小买卖。

大臣多次上书劝谏，这位少年天子置若罔闻，我行我素。谢晦和徐羡之、傅亮便暗中密谋废除新帝，另立明君，于是找来镇北将军檀道济，一同商量。

四位顾命大臣意见一致，并且掌握内外军权。他们领兵进入皇宫，将新帝捉住，以太后的名义下诏，宣布新帝的罪过，废为营阳王，另立宜都王刘义隆为帝。

谢晦、徐羡之等人觉得营阳王终究是个后患，便派人把营阳王杀害，又把平日看不顺眼的庐陵王刘义真也杀了。

刘义隆即位，这就是宋文帝。谢晦等人虽然认为自己废昏立明是为了江山社稷，也担心文帝为兄弟报仇，便让徐羡之、傅亮执掌朝政，自己和檀道济手握重兵居守外镇，一旦有事，足可制朝廷于死命。根据这个安排谢晦出镇荆州，檀道济出镇广陵。

文帝即位初期，表面上尊崇谢晦等 4 人，晋官加爵。等到他掌握京师禁卫军后，便开始策划除去这几人了。

他了解到檀道济一开始并未参与谢晦等人的废立阴谋，便找来檀道济，和他商议一同讨伐谢晦，檀道济果然从命，并主动请命讨伐谢晦。

宋文帝便用禁军逮捕徐羡之、傅亮以及谢晦在京师的家属，下诏宣布 3 人杀害营阳王、庐陵王的罪行，派大军讨伐谢晦。

谢晦知道后，准备发兵造反。他开始时并未把朝廷的军队放在眼里，自以为谋略当世无双，指挥才能也无人可比；自己又居长江上游，顺流而下，夺取京城不过指日间事，到时不过另立一个皇帝而已。

两军相接，谢晦才知道是檀道济领兵攻打自己，檀道济是当时最善于打仗的将领，威震敌国，谢晦面对这样的对手，心理防线一下子便被突破了，真的是彷徨无策。

谢晦被檀道济打得溃不成军，本人被生擒，送到京师斩首，家中男子也都同时被斩于刑场，而徐羡之、傅亮及家人早已被文帝诛杀了。

品评悟道

古语说："伴君如伴虎。"那么废昏立明就实实在在是骑在一头疯虎上了，欲行不得，欲下不能，其结果不外有3种：一是杀死疯虎，自己便可安全，也就是改朝换代。二是听天由命，任凭疯虎跳掷，如果侥幸不死，还可逃过大劫，也就是放弃一切权力，把头送进虎口中，看起来凶险无比，实际上却是最好的办法。第三种就是拼命驾驭疯虎，以力相抗，好的可以自保终身，却贻祸子孙，稍差些的便要葬身虎口了，如谢晦。谢晦的个人悲剧再一次让我们看到了不熟识韬晦秘密的代价，我们知晓历经历史验证的养晦大智慧，是大有裨益的。特别要指出的是，养晦智慧绝不是消极的逃避或刻意的抹杀自己和埋没自己。恰恰相反，懂得养晦秘密，是成大器的必备素质。

掩藏真正意图，才能得到想要的一切

别人想要的东西，要顺着他的想法给予他。我所想要的，却要想办法掩藏起来，不让人知道自己的想法，然后才能得到自己想要的一切。

冯道在后晋石敬瑭手下担任宰相，因为石敬瑭为求得契丹出兵援助自己打败后唐，夺取天下，不仅割卢龙一道和雁门关以北地区为厚赂，而且自称臣、称儿。事定后，需要派一名重臣为礼仪使到契丹，为契丹主耶律德光和萧太后上尊号。

石敬瑭心中的理想人选是冯道，但考虑到此行很可能有去无回，感到难以启齿，便叫几名宰相商议决定。

捧着诏书的文书小吏一到中书省便哭出声来，因为自己的皇帝对外藩称儿、称臣实在是太屈辱了。

冯道正和几名同僚商议政务，见状大惊。待明白来意后，几名宰相都吓得面无人色，唯恐这桩既危险又屈辱的差事砸到自己头上。

冯道看出了大家的意思，也不说话，很镇静地在一张纸上写下“道去”两字，其他人看后既感到解脱，又替他难过，有人甚至当场落泪。

冯道出任礼仪使到了契丹后，契丹主对他很重视，本想亲自出去迎接，后因有人劝他“国君不应迎宰相”才作罢。

给契丹主和太后上过尊号后，冯道便被契丹主留下来为官，契丹族的风俗只赐给贵重大臣象牙笏，或在腊日赐牛头，有一样就是特殊宠幸，冯道却全得到了。他还为此作诗一首：“牛头偏得赐，象笏更容持。”

契丹主知道后大为高兴，暗示要长期留他在契丹为官，冯道说：“南朝为子，北朝为父，我在两朝做官，没有什么分别。”契丹主听了更是喜欢。

冯道把得到的赏赐都用来买木炭，对人说：“北方寒冷，我年纪老了，难以忍受，不得不多做些准备。”摆出一副扎根契丹的架势。

契丹主开始唯恐留不住冯道，待见他如此，不仅不再怀疑他的忠诚，反而觉得自己的儿皇帝那里更需要这样忠诚有名望的大臣辅佐，便让冯道回石敬瑭那里。

冯道 3 次上表推辞，表称自己眷恋上国，不忍离去，契丹主一再催促强迫，冯道才显得百般不情愿地上路了。

他先在驿馆中住了一个月，然后慢腾腾地向回返。一路上到一个地方便停下来住宿，一点也不着急，契丹主派人查探后，愈加放心。冯道一直走了两个月，才出了契丹国境。

冯道身边的人问他："我们能逃出虎口，返回家乡，恨不得生身双翅，您却走走停停，却是为何？"

冯道笑着说："急有什么用？我们如果走快了，契丹主用快马一天就可以把我们追回去。我们走得慢，他们难以觉察我们的心思，这样才能安全返回。"

左右的人听后，都恍然大悟，钦佩不已。

品评悟道

冯道似乎已是"小人"的代名词了。然而君子身上往往也会有令人难以容忍的缺点，有些小人的身上也不乏闪光点，这是由人的多样性和复杂性所决定的，难以一概而论。

抛开道德的因素，冯道还是一位很有计谋、手段也很老到的人。无疑，冯道深谙历史，他的熟练运用，让自己达到了预期的目的。

防微杜渐，在小事上做文章

谋晦最忌讳的是过高的名声，因为美名近于“明”这种状态，名声过高会有无形的威权，而使居于上位者不安，这样就有折损颠仆的危险了。聪明的人，不让自己陷入危险的境地，注意在小事上“防微杜渐”。

卫青因姐姐卫皇后受宠于汉武帝，被任命为大将军，封长平侯，率大兵攻打匈奴。

右将军苏建在与匈奴作战中全军覆没，单身逃回，按军律当斩。

卫青问长史、议郎等属官：“苏建应当如何处置?”

议郎周霸说：“大将军出兵以来，从未斩过一名偏将小校，如今苏建弃军逃回，正可斩苏建的头，来立大将军之威。”

卫青说：“我因是皇上的亲戚而带兵出塞，并不怕立不起军法的威严，你劝说我杀人立威，却失掉了作臣子的本分，我的权限虽可以斩杀大将，然而我把专杀大将的权力还给皇上，让皇上来决定是否诛杀，来显示我虽是境外，受皇上尊崇，却不敢专权杀将，这不是更好吗？”

属官们都钦佩地说：“大将军高见，属下等万万不及。”

卫青便派人把苏建押回长安，汉武帝怜惜其才，并未杀他，让他出钱赎罪，而对卫青的处置大为满意。

苏建后来又跟随卫青出塞攻打匈奴，他劝卫青说：“大将军的地位是至尊至重了，可是天下的贤士名人却没人夸赞传扬您的威名，古时的名将都向朝廷推荐贤良才能之士，自己的名声也传遍四海，希望大将军能学习古时名将的做法。”

卫青摇头说：“你只知其一，不知其二。自从武安侯田蚡、魏其侯窦婴各自招揽宾客，结成朋党，以颂扬自己的名声起，皇上常常恨得咬牙切齿。亲近贤士名人、进用贤良、贬黜不肖，这都是皇上的权柄，我们做臣子的，只知道遵守国法，履行自己的职责而已。”

汉武帝特别宠爱卫青，谕令群臣见到卫青都要行跪拜礼，以显示大将军的尊贵。

群臣都不敢抗旨，见到卫青无不匍匐礼拜，只有主爵都尉汲黯见到卫青，依然行平揖礼，有人好意劝汲黯："对大将军行跪拜礼是皇上的意思，您这样做不怕皇上恼怒吗?"

汲黯昂然道："跪拜大将军的多了，多我一个不多，少我一个不少。难道说大将军有一个平礼相交的朋友，就不尊贵了吗?"

卫青听说后，非常高兴，登门拜访汲黯，谦虚地说："久仰大人威名，一直没有机会和大人结交，现在有幸承蒙大人看得起，请把我当作您的朋友吧。"

汲黯见他态度诚恳，不以富贵骄人，便破例地交了这个朋友。卫青以后凡有疑难问题，都虚心向汲黯请教。

汉武帝也很欣赏卫青的谦逊，也就不计较汲黯的抗礼了，对卫青的宠爱始终不衰。

品评悟道

不擅权，不傲士，谦恭好礼，这都是小事，卫青却善于在这些小事上做文章，深谙古人"防微杜渐"的妙理。小事犹防，还会有大事吗？所以卫青能始终得到汉武帝的尊崇和信任。

看来谋晦之道并不难，也不需要做太大的事，只要事事注意，事事小心，就可以与灾祸越来越远。

运作得当，可以成晦

运用诈术只要合理适当，也可以达成“晦”这种状态。

杨行密是安徽合肥人，以盗贼起家，后来从军。趁唐朝末年天下大乱之际，逐渐壮大势力，占据了淮南全境，自称吴王。

杨行密的部将田頵在外打了胜仗，回来向杨行密报捷。吴王府中的将领以为田頵一定抢了许多金银财宝，都向他索求贿赂，田頵很生气，却也无奈。更为可气的是一名狱吏也向他伸手要贿赂。

田頵大怒道：“难道狱吏预先知道我要入狱了，来向我收取贿赂?”他向杨行密汇报完事情后，径自出城，指着城门说：“我绝不再踏入此门。”回到防地后，便领兵造反。

杨行密的内弟朱延寿将兵在外，因杨行密瞧不起他，总是欺负他、侮辱他，便暗中和田頵通谋，要里应外合，杀掉杨行密。

杨行密知道田頵不过是外患，朱延寿却是心腹大患，自己又无法夺取他的军队，惊恐不安，便和自己的卫队统领徐温商量。

徐温也没什么办法，便回家求教自己的宾客严可求。严可求为他出了个主意，徐温告诉杨行密后，杨行密也实在想不出办法，只好依计而行。

他先是佯装头疼眼花，然后便声称看不清东西了。朱延寿知道后，唯恐有诈，便派使者到王府中，假称奏事，实则是试探虚实。

杨行密看到张三便说是李四，看到李四便喊王五，使者们回军中都说吴王眼睛确实是瞎了。

朱延寿依然不敢相信，写信给姐姐朱夫人，让她派人设法查清杨行密是否装瞎。

府中的奴婢们听说主人眼睛看不到了，便开始偷东西的偷东西，偷懒的偷懒，朱夫人也不禁止，用此来试探杨行密。

杨行密每天跌跌撞撞，不是撞在柱子上，就是撞到门上，头撞得伤痕累累，他看到奴婢们胡作非为，更是恍如不见，朱夫人也依然不敢深信。

杨行密有名爱妾，早和一个长得不错的仆人有情，只是一直没有机会。她倒是相信杨行密是双目皆盲了，便在杨行密眼前与仆人亲亲热热，卿卿我我。看杨行密端坐一旁完全没反应，更加胆大，索性在他面前公开淫乱，杨行密依然端坐如入定老僧，对眼前的淫乱场景无动于衷。

一直严密窥视杨行密的朱夫人见到了这一幕后，确信杨行密不是装出来的，便写信告诉朱延寿。

这天杨行密在朱夫人房内，竟一头撞在梁柱上，头破血流，朱夫人为他擦拭头上血迹。杨行密说道："我本来要干一番大事业，却有心无命。如今不幸失明，儿子们都还幼小，不能承担起军府的事，你请三舅回来，我把这府交付给他，我就可以安心地度完余生了。"

朱夫人大喜，马上写信给朱延寿。杨行密自己也派使者去军中请他，暗地里却叫徐温做好准备。

朱延寿得信后并不怀疑，便跟随杨行密的使者一同回府。杨行密到寝室门口迎接他，徐温则率卫士从后面擒住朱延寿。

杨行密杀掉朱延寿兄弟，又把朱夫人赶出家门。那一对奸夫淫妇也被杨行密寸斩以泄恨。杨行密重新掌握军队，很快就平息了田頵的兵变。

品评悟道

杨行密不愧是盗贼出身，有狠劲，更有忍劲。看错人、走路撞东西、不去管奴婢们的胡作非为，这都是常人能装出来的，所以也无法解除朱氏姐弟的疑心。然而坐视心爱的女人与奴仆淫乱，依然不动于心，神态也无丝毫变异。这等忍劲、定力绝不是一般人能做到的，真可称之为“忍人”。

朱氏姐弟败在这等“忍人”手里，实在不冤枉，因为一般人只能以常理来判断事情，而杨行密这等“忍人”却是以常理难以测度的，任谁都会栽在他手里。

功高震主，让名远害

在功绩面前沾沾自喜，难以把持住自己，这是人类天生的弱点，也是招致灾祸的常见原因；保持冷静的态度，谦虚处世、低调做人就会增大生活中的安全系数，减少别人嫉恨和打击你的可能。

西汉宣帝刘询当政时，渤海（今河北沧州一带）及邻近各郡发生饥荒，盗贼蜂起，郡太守们不能够制止。

宣帝要选拔一个能够治理的人，丞相和御史都推荐龚遂可以委用，宣帝就任命他为渤海郡太守。

当时龚遂已经70岁了。皇上召见时，见他身材矮小，其貌不扬，不像所听说的那么有本事的样子，心里颇看不起他，便问道："你能用什么法子平息盗寇呀？"

龚遂回答道："辽远海滨之地，没有沐浴皇上的教化，那里的百姓处于饥寒交迫之中而官吏们又不关心他们，因而那里的百姓就像是陛下的一群顽童，偷拿陛下的兵器在小水池边舞枪弄棒一样打斗了起来。

现在陛下是想让臣把他们镇压下去，还是去安抚他们呢？”

宣帝一听他讲这番道理，便神色严肃起来，说：“我选用贤良的臣子任太守，自然是想要安抚百姓的。”

龚遂说：“臣下听说，治理作乱的百姓就像整理一团乱绳一样，不能操之过急。臣希望丞相、御史不要以现有的法令一味束缚我，允许臣到任后诸事均根据实际情况由臣灵活处理。”宣帝答应了他的请求，并派驿传将龚遂送往渤海郡去。

郡中官员听说新太守要来上任，便派军队迎接、护卫。龚遂把他们都打发回去了，并向渤海所属各县发布文告：将郡中追捕盗贼的官吏全部撤免，凡是手中拿的是锄、镰等农具的人都是良民，官吏不得拿问，手中拿着兵器的才是盗贼。龚遂单独乘驿车来到郡府。

闹事的盗贼们知道龚遂的教化训令后，立即瓦解散伙，丢掉武器，拿起镰刀、锄头务农去了。

经过几年治理，渤海一带社会安定，百姓安居乐业，温饱有余。龚遂也因此名声大振。

于是，汉宣帝召他还朝，他有一个属吏王先生，请求随他一同去长安，说：“我对你会有好处的！”

其他属吏却不同意，说："这个人，一天到晚喝得醉醺醺的，又好说大话，还是别带他去为好！"

龚遂说："他想去就让他去吧！"

到了长安后，这位王先生终日还是沉溺在醉乡之中，也不见龚遂。可有一天，当他听说皇帝要召见龚遂时，便对看门人说："去将我的主人叫到我的住处来，我有话要对他说！"一副醉汉狂徒的嘴脸，龚遂也不计较，还真来了。

王先生问："天子如果问大人如何治理渤海，大人当如何回答？"

龚遂说："我就说任用贤才，使人各尽其能，严格执法，赏罚分明。"

王先生连连摆头道："不好！不好！这么说岂不是自夸其功吗？请大人这么回答：'这不是小臣的功劳，而是天子的神威所感化！'"

龚遂接受了他的建议，按他的话回答了汉宣帝，宣帝果然十分高兴，便将龚遂留在身边，任以显要而又轻闲的官职。

龚遂之所以得到了皇帝的"甜头"是因为他没有要"个人英雄主义"，听从了下属的建议，自己没有"出风头"，而是巧妙地把功劳推给了上司，上司怎能不高兴！

喜好虚荣，爱听奉承话，这是人类天性的弱点，作为一个万人注目的帝王更是如此。有功归上，正是迎合这一点，因此是讨好上级、固宠求荣屡试不爽的法宝。

三国末期，西晋名将王浚于 280 年巧用火烧铁索之计，灭掉了东吴。三国分裂的局面至此方告结束，国家重新归于统一，王浚的历史功勋是不可埋没的。

岂料王浚克敌制胜之日，竟是受谗遭诬之时。安东将军王浑以不服从指挥为由，要求将他交司法部门论罪，又诬告王浚攻入建康之后，大肆抢劫吴宫的珍宝。

这不能不令功勋卓著的王浚感到畏惧。当年，消灭蜀国，收降后主刘禅的大功臣邓艾，就是在获胜之日被谗言诬陷而死。他害怕重蹈邓艾的覆辙，便一再上书，陈述战场的实际状况，辩白自己的无辜，晋武帝司马炎倒是没有治他的罪，而且力排众议，对他论功行赏。

可王浚每当想到自己立了大功，反而被豪强大臣所压制，一再被弹劾，便愤愤不平。每次晋见皇帝，都一再陈述自己伐吴之战中的种种辛苦以及被人冤枉的悲愤，有时感情激动，也不向皇帝辞别，便愤愤离开朝廷。他的亲戚范通对他说："足下的功劳可谓大了，可惜足下居功自傲，未能做到尽善尽美！"

王浚问："这话什么意思？"

范通说："当足下胜利归来之日，应当退居家中，再也不要提灭吴之事，如果有人问起来，你就说：'是皇上的圣明，诸位将帅的努力，我有什么功劳可夸的！'这样，王浑能不惭愧吗？"

王浚按照他的话去作了，谗言果然不止自息。

品评悟道

做臣下的，最忌讳自夸其功，自矜其能。凡是这种人，十有九个要遭到猜忌而没有好下场。当年刘邦曾经问韩信："你看我能带多少兵？"韩信说："陛下带兵最多也不能超过10万。"刘邦又问："那么你呢？"韩信说："我是多多益善。"这样的回答，刘邦怎么能不耿耿于怀！

经验告诉我们，有时立了功，也许是很危险的事情。上司给你安个"居功自傲"的罪名把你灭了，很得正嫉妒你眼红你的人的心。你不了解这种孤立无援的后果是不能自保的。自以为有功便忘了上峰，总是讨人嫌的，特别容易招惹上司和君上嫉恨。自己的功劳自己表白虽说合理，但却不合人情的捧场之需，而且是很危险的事情。把功劳让给上司，是明智的捧场，稳妥的自保。

飞鸟尽，良弓藏

卸磨杀驴，兔尽杀鹰，似乎成了统治者们惯用的一个手段。身为下属，只有洞察其中的利害，进退有度，才能获得完满。

韩信是淮阴人。当他还是老百姓时，贫困而行为放荡，曾受过胯下之辱。他在项羽部下得不到重用，便离开楚国，归附了刘邦。后受到萧何的极力举荐，使刘邦亲自斋戒，设拜坛，按照拜将的礼仪任命韩信为大将。

从此韩信屡建战功，为刘邦夺取天下、开创汉代基业立下了赫赫战功。但是由于刘邦对韩信有戒心，再加上韩信本人又放荡不拘，居功自傲，最终招来杀头和诛灭九族的横祸。

当韩信战功赫赫之际，齐国人蒯通深信韩信是决定天下局势的一个关键性人物，打算拉拢韩信，于是对韩信说："当今，刘邦、项羽两主的命运取决于你。你为汉尽力则汉胜，为楚效力则楚胜。依我之见，你不如利用刘、项双方的力量，让他们并斗，同他们三分天下，鼎足而立。在这样的形势下，凭着你的贤明，又有众多的军队，据有富强的齐国，挟制燕国和赵国，你出兵于刘、项两家军事薄弱之地而制其后，顺应民情，为百姓搏命，则天下闻风而动，谁敢不从……愿足下再三思之。”韩信因感于刘邦的优厚待遇，听不进蒯通的劝告。

几天之后，蒯通又来劝说韩信。韩信仗着自己是有功之臣，料想汉王不至于夺去他的齐国，毅然辞退了蒯通。蒯通游说无结果，便装神弄鬼当巫师去了。

项羽的逃将钟离眛向来与韩信相好。项羽灭亡后，钟离眛投奔韩信。刘邦恨钟离眛，下令捉拿他。后来，有人在刘邦那里告发韩信谋反，刘邦便设计诱捕韩信。

韩信走到楚国地界，心里犹豫不定，想谋反但觉得自己并没有罪，不必出此下策；想拜见刘邦又怕被生擒。

这时有人告诉韩信可杀掉钟离眛去见刘邦，以免祸及自身。韩信便同钟离眛相商。钟离眛说：“汉王之所以袭击楚国，是因为我在你这里的缘故。”然后自刎而死。

韩信捧着钟离眛的头去见汉王。汉王令武士把韩信绑了。韩信说："果然像人们所说'狡兔死，走狗烹；飞鸟尽，良弓藏；敌国破，谋臣亡'。如今天下已定，我当然应遭烹杀。"汉高祖赦免了韩信，但对他仍心存戒备。

从此以后，韩信怏怏不乐，并不屑于同周勃、颍阴侯灌婴等同列一个等级。于是，韩信便同巨鹿郡守商议谋反。当刘邦亲自带兵出征时，吕后就设计杀了韩信。

品评悟道

刘邦在秦末社会动荡中原逐鹿时，拍胸脯，许官愿，讲义气，守信用，利用张良、萧何、韩信三杰取得天下。称帝后却一反常态，嫉贤妒能，枉杀功臣。第一个处决的是曾与之"信不负汉，汉不负信"盟约，为建立刘氏江山出生入死、扫平群雄的韩信。

刘邦对韩信的不放心由来已久，韩信杰出的军事才能，令他惊，令他怕，可是，在同项羽激烈的征战中，韩信是他制胜的王牌。因此，他一直将对韩信的疑惧藏在心底，不敢流露。如今，项羽被消灭了，他的皇帝宝座坐稳了，便开始着手收拾韩信了。

韩信没有学到立身处世之道，又过高地估计了自己的功劳，在天下大局已定之际，不知道功成身退，还参与谋反，所以“狡兔死，走狗烹；飞鸟尽，良弓藏”，这是必然的结局。我们应当引以为戒。

有进亦有退，方为成事之道

进退有度，是历史智慧中最难领会的部分之一。如何做到该进时长驱直入，该退时让人一步，需要高人一筹的智慧。

战国时，有一次赵王派孔青带领大军救援廪丘。孔青是员猛将，加上足智多谋的宁越辅佐，所以赵军一战大败齐军，击毙了齐军统帅，并俘获战车2000辆。战场上留下了3万具齐军尸体，孔青决定把这些尸体封土堆成两个大高丘，以此彰显赵国的武功。

宁越劝阻道："这样做太可惜了，那些尸体可以另有用处。我看不如把尸体还给齐国人。这样做可以从内部打击齐国，从而让齐军不再侵犯！"

"死人又不可能复活，怎么能从内部打击齐国呢？"孔青想不通了。

宁越说："战车和铠甲在战争中丧失殆尽，府库里的钱财在安葬战死者时用光了，这就叫作从内部打击他们。我听说，古代善于用兵的人，该坚守时就坚守，该进退时就进退。我军不如后退 30 里，给齐国人一个收尸的机会。”

孔青大致明白了宁越的用意，但转念一想，又说：“但是，齐国人如果不来收尸的话，那又该怎么办呢?”

“那就更好了，”宁越胸有成竹地说，“作战不能取胜，这是他们的第一条罪状；率领士兵出国作战而不能使之归来，这是他们的第二条罪状；给他们尸体却不收取，这是他们的第三条罪状。老百姓将会因为这 3 条而怨恨齐国的高级将领。居于高位的人也就无法役使下面的人，而下面的人又不愿侍奉居于上位的人，这就叫作双重打击齐国!”

“好，还是您技高一筹啊!”孔青终于完全理解了宁越的良苦用心。

果然不出宁越所料，齐国因此元气大伤，很长一段时间不能对外用兵。

品评悟道

宁越的主张看起来好像并不是那么咄咄逼人，相反，似乎还有点软弱，是在向齐国让步。殊不知，这“让步”里面却大有文章，表面上的退步其实换取的是更大的进步。

有进有退，能屈能伸，这是成功的必要条件。那种一往无前、有进无退的人仅仅是村夫莽汉，表面上英勇，实则是成事不足、败事有余。

放长线，钓大鱼

《老子》第三十六章写道：“将欲歙之，必固张之；将欲弱之，必固强之；将欲废之，必固兴之；将欲夺之，必固与之。”老子这句话体现出卓越的辩证法思想。为了捉住敌人，事先要放纵敌人。这是一种放长线钓大鱼的计谋。

后蜀 17 岁的小皇帝孟昶在接受群臣朝拜之后，正准备退朝，突然有人高叫：“陛下，我是托孤之臣，为保国泰民安，臣提出要掌管六军，请陛下恩准!”

孟昶定睛一看，原来是李仁罕。他稍一思索，便答道：“朕准你掌管六军。还望你不负朕望，多为朝廷出力!”

退朝后，孟昶想：这老臣李仁罕多年来在朝中目无法纪，横行霸道，贪赃枉法，霸占民田，私建屋宇……今天，又要掌管六军，看来他是欺我年幼刚即位，在朝中立足未稳，而想趁机揽权。有朝一日，他必有夺权之举，看来此人不可留！可他在朝多年，亲信多、势力大，弄不好后果不堪设想！怎么办呢?

对，欲擒故纵，然后再突然袭击！

不久，孟昶又加拜李仁罕为中书令。这让李仁罕更加骄横了，逢人便夸耀："我是托孤之臣。圣上不仅让我掌管了六军，还加拜我为中书令，还打算过些天封我为公呐！"

他的私欲更重了，言行也更加放肆，孟昶感到他对自己的威胁越来越大。

两个月过去了。李仁罕焦急地等待孟昶封他为公。一天，圣上传旨召他入宫。李仁罕高兴坏了："准是要封我为公了！"他趾高气扬地入了宫。

"李仁罕听旨——"

"臣在。"

"朕今日赐你死！"

李仁罕一愣，马上大叫："臣有何罪?!"

"你图谋不轨，在禁军将领中宣称禁军只能听从你的指挥，其他无论何人的命令都不能听，你把朕置于何种地位？你动用府库之银建私宅，你还……"

李仁罕当时就傻了，连声在叫："陛下饶命，陛下饶命啊！"

"拉出去，斩！"

就这样，孟昶欲擒故纵，终于将李仁罕除掉，巩固了自己的帝位。

有时，“退一步是为了进两步”，处理问题既需要果断，也要善于忍耐，等待最适宜的时机。

一代明君康熙皇帝除去鳌拜的故事，再次说明了进退依时的好处。

根据祖宗的惯例，康熙皇帝满 14 岁那年举行了亲政大典。可是亲政后的康熙帝，仍然没有实权，鳌拜继续大权独揽。皇帝与权臣之间的矛盾，终于在如何对待苏克萨哈的问题上公开化了。

苏克萨哈是顺治皇帝临终时指定的 4 位顾命大臣之一，一向为鳌拜所妒忌。在一次朝会上，鳌拜对康熙皇帝说：“苏克萨哈心怀不轨，蓄意篡权，我已下令将他抓了起来。请皇上同意将苏克萨哈立即正法。”

此时康熙皇帝尽管对鳌拜的做法不满，可自知实力太差，远不是鳌拜的对手，所以只好忍痛。虽然表面上一个要杀，一个不准杀，谁也不肯让步，但是实际上还是鳌拜势力更大。

鳌拜一气之下，袖子一甩，扬长而去。满朝文武，人人惶恐，没人敢吱声。鳌拜一回到家，马上传令绞杀苏克萨哈，同时诛杀了他的家人。

康熙皇帝听到苏克萨哈被处死的消息后，气得两眼冒火，决心除掉这个欺君擅权的鳌拜。但是，康熙皇帝心里清楚：鳌拜羽翼丰满，并且掌握着朝廷的军政大权，亲信党羽遍及朝廷内外；鳌拜本人也身高力大，武艺高强，平时行动总是戒备森严。康熙帝深知要除掉鳌拜绝非一件易事，弄不好，激起兵变，那么，他这皇帝的位子也就别想再坐了。

经过一夜的冥思苦想，康熙帝最后定下了剪除鳌拜的计策。

第二天鳌拜上朝时，康熙帝不露声色，也不再提苏克萨哈的事情，仿佛根本就没有发生过昨天那场争执。

鳌拜却心里暗自得意：皇上到底是个小孩，你一厉害，他就软下来了。他哪里知道，这是康熙皇帝高明的地方，先忍一步为的是最终的胜利。

没过几天，康熙帝给鳌拜晋爵位，又加封号，又给鳌拜的儿子加官晋爵，鳌拜心里美滋滋的。

康熙皇帝一面故作软弱无能，稳住鳌拜，一面挑选了十几个机灵的小太监，在宫内舞刀弄棒，练习角力摔跤。康熙帝自己也加入摔跤队伍与小太监们对阵取乐。消息传到宫外，大家认为只不过是小皇帝变着法子闹着玩罢了。鳌拜进宫奏事，见一伙小太监们练习摔跤，康熙皇帝在一旁忘情地呐喊、助威，也认为是小皇帝瞎折腾，闹着好玩。

小小年纪就能如此机智，沉默忍耐，康熙皇帝确实有过人之处。康熙皇帝这样才使得自己掌握了主动权，所以从表面上看，朝中大事一切照旧，鳌拜还是那样为所欲为，康熙皇帝对鳌拜还是那样信赖，鳌拜渐渐放松了戒备。练习拳棒和摔跤的小太监们，技艺逐渐纯熟。康熙皇帝见时机已到，决定向鳌拜下手。

一天，康熙皇帝派人通知鳌拜，说是有要事商量，请他立即进宫。鳌拜直奔宫中，康熙皇帝此时正和小太监们摔跤玩哩。鳌拜上前，正要与康熙打招呼，十几个小太监打打闹闹地挨近了鳌拜身边。说时迟，那时快，大家一拥而上，拉胳膊扯腿地将毫无防备的鳌拜掀翻在地。

等鳌拜反应过来，感到大事不妙想要挣扎反抗时，十几个小太监已牢牢地将他制伏在地，哪里肯让他脱身。他们拿来准备好的绳索，将鳌拜捆了个结结实实。

康熙皇帝正言厉色地对躺在地上动弹不得的鳌拜说："你欺凌幼主，图谋不轨，飞扬跋扈，滥杀无辜。今日下场是你罪有应得。你鳌拜罪行累累，罄竹难书，待我查清你的罪行，一定严惩，绝不宽待。"

鳌拜自知难逃一死，紧紧地闭着双眼，一句话也不说，只能像待宰的羔羊那样任人宰割！

品评悟道

以上的两个历史故事给我们展示了进退规则中暗含的玄机。退有时是为了更好地进，特别是当我们的力量还处在弱势的地位时，更应该多一些隐忍，等待机会成熟之时才大显身手，达到极佳的效果。故事中的孟昶和玄烨两位皇帝正处在青少年时期便明白了进退之道，给我们的启示就更大了。

与人无争，无人能与之争

与人无争，与世无争，看似是一种消极的避世思想和无奈的做法，但实际上恰到好处的“与人无争”，是一种恬和冲淡的心态，一种知晓进退规则之后的释然。

王秀之，字伯奋，琅琊临沂（今山东临沂北）人。他从小的时候就深受家中明哲保身思想的影响。他的祖父王裕，曾任南朝刘宋左光禄大夫，仪同三司。父亲王瓒之，曾任金紫光禄大夫。

王裕当官的时候，徐羡之、傅亮是朝中权臣，王裕却不与他们往来。后来，徐羡之、傅亮因权重被皇帝所杀，王裕没有受到牵连。

王裕辞官后，隐居吴兴，给他的儿子王瓒之写信说：“我希望你处于与人无争无竞之地。”

王瓒之遵循父亲的教导，虽然做到了工部尚书这样的官，却始终没有巴结一个朝中权贵。

父祖的影响、家庭的熏陶使王秀之也养成了一种不媚上、不贪利的品格。

南朝刘宋时，王秀之任著作佐郎，太子舍人。当时褚渊任吏部尚书，深受宋明帝的信任，百官也非常敬佩他。

每次朝会，公卿官僚以及外国使节，无不对他延首目送。

褚渊看到王秀之气度优雅，神情秀逸，很是喜欢他，想让他成为自己的女婿。吏部尚书在当时专管官吏的考核、奖惩、提拔，权力很大。做吏部尚书的女婿，正是一般人求之不得的事。然而，王秀之却不肯为了升迁而违背家训，因此没有答应。于是，他只能长期担任下级官吏。

后来，王秀之做了太子洗马，桂阳王刘休范想征召他任司空从事中郎。

当时正值明帝刚死，刘休范自认为是宗亲长者，想要争夺到辅佐大臣这个职位。可是辅佐大臣这个职位最终落入他人的手中。刘休范心里满怀着怨恨，于是在自己的驻地里招募勇士，修缮器械，广罗士人，准备起兵反叛。

王秀之察觉到刘休范的反叛意图，他知道刘休范迟早要起兵造反，于是他就推说自己有病，没有应召前往。

刘宋末年，王秀之担任晋平太守之职。

晋平这块地盘很富裕。在这里当官的人可以得到很多好处，油水很多。可是王秀之在这里刚刚任职满一年，就对别人说：“这个地方很富饶，我已经在这里得到很多好处了。我所得到的俸禄已经足够了，怎么能够长久地停留在这里做官而妨碍国家招纳贤士呢？”

于是他上奏朝廷，请求让别人来代替自己，被人称为“恐富求归”的太守。

南朝萧齐时，王秀之担任太子中庶子、吏部郎，又出任义兴太守，迁职为侍中祭酒，后来又转任都官尚书。

在他担任尚书时，他的顶头上司是王俭，但是王秀之从来就没有与王俭过分亲密。

品评悟道

做人处事，最难修炼的是一种平和的心态。事物的发展有其内在的规律，人为的痕迹太重，很容易事与愿违。王秀之的可贵之处在于堂堂正正做人，老老实实干事，无论是做小官还是赴重任，都不卑不亢，不媚上，不欺下，有道是“心底无私天地宽”。

权力场上变化无常，欲免于忧患，应保持一种淡泊的心情。权力常常是求而不得，不求却自然而来。

“与人无争”说到底是智慧的“退”，而“无人能与之争”则是聪明的“进”。

退而不隐，强而不显

事物完美后就必然转向缺损，极端就必然转向反面，盈满后就必然转向亏失。懂得“退而不隐，强而不显”，方能保持长盛不衰。

清代中兴名臣曾国藩最懂保身之道。

攻下金陵之后，曾氏兄弟的声望，可说是如日中天，达于极盛，曾国藩被封为一等侯爵，世袭罔替；其弟曾国荃也被封为一等伯爵。所有湘军大小将领及有功人员，莫不论功封赏。

当时湘军人物官居督抚位子的便有 10 人，长江流域的水师，全在湘军将领的控制之下，曾国藩所保奏的人物，无不如奏授官。

但树大招风，朝廷的猜忌与朝臣的妒忌随之而来。曾国藩说：“长江三千里，几无一船不张鄙人之旗帜，外间疑敝处兵权过重，权力过大，盖谓四省厘金，络绎输送，各处兵将，一呼百诺，其相疑者良非无因。”

颇有心计的曾国藩应对从容，马上就采取了一个裁军之计。他在战事尚未结束之际，即计划裁撤湘军。他在两江总督任内便拼命筹钱。两年之间，共筹到550万两白银。钱筹好了，办法拟好了，战事一结束，立即宣告裁兵。不要朝廷一文，裁兵费早已筹妥了。

同治三年六月，湘军攻下南京，取得胜利。七月初旬，曾国藩便下令开始裁兵，一月之间，首先裁去数万人，随后也略有裁遣。

品评悟道

世上的一切事物，认真去琢磨，都有其规律可循。月不总圆，花不总红，物极必反。曾国藩深谙此道。所以，当他功成名就封为一等侯爵、世袭罔替之时，他怕树大招风，引起朝廷猜忌，怕人说他拥兵自重，所以，自己先行一步自我裁军。这一计谋，果然奏效，朝廷不再顾虑，曾氏家族也求得了安定。

退而不隐，强而不显，大智慧者往往掌握了以退为进的秘诀，为众人敬仰。

知止是一种人生智慧

对有智慧的人说智慧，对愚蠢的人说愚蠢，用愚蠢来掩饰智慧，用智慧来停止智计，这是真正的智慧。

汉武帝晚年时，宫中发生了诬陷太子的冤案。当时，太子的孙子刚刚生下几个月，也遭株连被关在狱中。丙吉在参与审理此案时，心知太子蒙冤，他几次为此陈情，都被武帝呵斥。于是他在狱中挑选了一个女囚负责抚养皇曾孙，自己也对其多加照顾。

丙吉的朋友生怕他为此遭祸，多次劝他不要惹火烧身，并且说："太子一案，是皇上钦定，我们避之尚且不及，你何苦对他的孙子优待有加？此事传扬出去，人们只怕会怀疑你是太子的同党了，这是聪明人干的事吗？"

丙吉脸现惨色，却坚定地说："做人不能处处讲究心机，不念仁德。皇曾孙只是个娃娃，他有什么罪？我实在是不忍心看到发生这样的事，纵使惹上祸患，我也顾不得了。"

后来武帝生病卧床，听到传言说长安狱中有天子之气，于是下令将长安的罪囚一律处死。使臣连夜赶到皇曾孙所在的牢狱，丙吉却不放使臣进入，他气愤道："无辜者尚不致死，何况皇上的曾孙呢？我不会让人们这样做的。"

使臣不料此节，劝他道："这是皇上旨意，你抗旨不遵，岂不是自寻死路？你太愚蠢了。"

丙吉誓死抗拒使臣，他决然说："我非无智之人，这样做只为保全皇上的名声和皇曾孙的性命。事急如此，我若稍有私心，大错就无法挽回了。"

使臣回报汉武帝，汉武帝长久无声，后长叹说："这也许是天意吧。"

他没有追究丙吉的事，反而因此对处理太子事件有了不少悔意。他下诏大赦天下罪人，丙吉所管的犯人都得以幸存。

多年之后皇曾孙刘询当了皇帝，是为宣帝。丙吉绝口不提先前他对宣帝的恩德。他的家人也知晓此事，曾对他说："你对皇上有恩，若是当面告知皇上，你的官位必会升迁。这是别人做梦都想得到的好事，你怎么能闭口不说呢？"

丙吉微微一笑，叹息说："身为臣子，本该如此，我有幸回报皇恩一二，若是以此买宠求荣，岂是君子所为？此等心思，我向来绝不虑之。”

后来宣帝从别人口中知晓丙吉的恩情，大为感动，夜不能寐，敬重之下，他封丙吉为博阳侯，食邑1300户。

神爵三年，丙吉出任丞相。在任上，他崇尚宽大，性喜辞让，有人获罪或失职，只要不是大的过失，他只是让人休假了事，从不严办，有人责怪他纵容失察，他却回答说：“查办属官，不该由我出面。若是三公只在此纠缠不休，亲力亲为，我认为是羞耻的事。何况容人乃大，一旦事事计较，动辄严办，也就有违大义了。”

丙吉性情温和，从不显智耀能，不知情者以为他软弱好欺，并无真才实学，他也从不放在心上，也不会因此改变心意。

一次，丙吉在巡视途中见有人群殴，许多人死伤在地，丙吉问也不问，只顾前行。看见有牛伸舌粗喘，他竟上前仔细察看，很是关心。他的属官大惑不解，以为他不识大体，丙吉解释说：“智慧不能乱用乱施，否则就无所谓智慧了。惩治狂徒，确保境内平安，那是地方长官之事，我又何必插手亲自管理？现在正是初春，牛口喘粗气，当为气节失调，如此百姓生计必定会受到伤害，这是关系天下安危的事，我怎能漠视不理？看似小事，其实是大事，身为宰相，只有抓住要领，才能不失其职。”

丙吉的属官恍然大悟，深为叹服。那些误解丙吉的人更是自愧不已，暗自责备自己的浅薄和无知。

品评悟道

止的含义是有着深刻的内涵的。作为一种大智慧，它绝不是简单的停止无为。它是一招因时而变、出奇制胜的妙法，也是深合事理、退中求进的处世哲学。对于只知冒进、急功近利者，止的运用就尤显珍贵。纵观无数失败者的症结，他们所共缺的不是智慧，就能说明这一点。一个人只有到了能克制智慧，潜藏智慧，进而慎使智计的境界，他的智慧才是最无缺的，他才能在任何形势下应对自如，屹立不倒。

留得青山在，不怕没柴烧

留得青山在，不怕没柴烧。在进退之间果断地选择退而自保，以期东山再起，是人生一大策略。

武则天 14 岁时，已是艳名远播，她被唐太宗李世民召入宫中，封为才人，唐太宗十分宠爱她，称她为“媚娘”。

不久，人们盛传唐朝将遭受“女祸”之乱，且公开言及这个女人姓武。宫中观测天象的大臣面谏唐太宗说：“帝星晦暗，女主环伺。这个女人看来已在宫中，陛下为了确保江山永固，应当查出此人，以绝后患。”

唐太宗心有震动，但并未深信，他对言事的大臣说：“此事非同小可，不能随便乱说。若有偏差，朕岂不遭人指责？”

这个说法越来越盛，许多大臣纷纷上奏，有的竟出语尖刻道：“天象已显，此是上天示警，陛下怎能视而不见呢？此事关系大唐江山存亡，纵使牵扯无辜，也是无可奈何之事，陛下绝不可掉以轻心，遗下大患。”

见群臣如此郑重其事，唐太宗也重视起来，不敢怠慢了。他命人暗中把姓武之人逐一检点，不惜找借口或逐或废，一时搞得人心惶惶，武姓之人更是人人自危。

武则天陪伴唐太宗左右，她娇媚可人，很会讨唐太宗的欢心。唐太宗对她十分钟爱不忍处置她。有人上奏唐太宗说：“武媚娘虽是年少性纯，但她终究是大嫌，陛下应当立即下决心，把她废除，宫中才可得保平安。”

唐太宗认为武则天少不更事，对他人的劝谏只是一笑，他还对武则天开玩笑说：“你这个小妮子，娇媚单纯，若说你为女祸之主，谁会相信呢?”

武则天撒娇道：“他人胡说，陛下英明，自然会保全妾身了。妾永远忠于陛下，天日可表。”

武则天暗感凶险，她处处讨好唐太宗，巩固其地位，又私下和太子李治偷情，作为以后的依靠。

唐太宗将死之时，有的大臣重提旧事，进谏说：“女祸之事，不可不防。如今武媚娘年纪渐长，陛下百年之后，她贵为陛下的旧人，他人就难以制驭了。”

唐太宗为了子孙后代着想，也慎重起来，他开始打算除去这块心病了。

一日，唐太宗对武则天说：“朕病得很重，想必不久于人世了。你在朕身边多时，朕实不忍心弃你而去。朕死之后，你将如何自处呢?”

武则天听出了唐太宗的话外之音，她为了保全性命，这时机智答道：“妾深受大恩，本该一死报答。不过圣上虽染疾患，但终究有望痊愈，请让妾削发为尼，长斋拜佛，到尼姑庵去日日拜祝圣上长寿，求取上天赐福。”

唐太宗本想处死武则天，这时听她说出家为尼，于是动了恻隐之心。他自忖武则天当了尼姑，也就不能为患了。唐太宗答应了武则天的请求，和武则天相好的太子李治却痛惜不已，他私下对武则天埋怨说：“你我海誓山盟，难道你都忘了吗？父皇时日无多，我们不久就可长相厮守，你为什么把这一切都轻易放弃了呢?”

武则天垂泪道：“皇上对我疑心没有去除，我若不抛弃一切，自请归入佛门，那就必死无疑了。我虽然舍不得眼前的荣华，可不这样做，命都不保，又拿什么来谈将来呢？只要太子对我仍有情意，我总会有出头之日啊。”

李治敬佩武则天的才智，他含泪点头，发誓说：“我若辜负了你，天地不容。”

后来李治登基，武则天被他接入宫中，宠爱无比。武则天从此干预朝政，最终成为一代女皇。

品评悟道

无端的陷害无处不在，没有人能够永远躲避。在陷害面前，如果无法解脱，就应该舍弃既得的利益而保住自己的根本了。这是明智者的聪明抉择，也是以退求进的处世之法。把利益抛出，损失虽然惨重，但不足以致命；有了利益的牺牲，害人者才会有所满足，或许会罢手。俗话说“留得青山在，不怕没柴烧”，只要保全根本，就不是最坏的结果。

借痴成名，一掷定终身

先给人造成生性愚拙的印象，再寻找一定的机会秀出自己，实属智者的谋略。

王湛是西晋开国功臣王浑的弟弟，他平时寡默少语，有点像痴呆、愚笨的人，因此在当时以痴著名。

王湛的父亲死后，王浑和儿子们都看不上王湛，对他极为冷淡。于是王湛在父亲的坟墓旁搭了一间茅屋，住了进去。

王浑的儿子王济是当时的名士，他根本不把王湛当叔叔看待。每次给爷爷上坟径去径回，从不去看看叔叔。王湛知道他来，也不去接近他，偶尔路上撞个对面，都只是冷淡地寒暄一两句。

后来，王济上坟后忽然心血来潮，前去看望叔叔，并问起他的近况。王湛不仅对答如流，而且音调极其动听。

王济大出意外，又和他纵论天下大事。王湛语出惊人，分析事情鞭辟入里。

王济从小就听说叔叔痴愚，而今骤然间见其高谈阔论，肃然起敬，便住到叔叔的茅屋里，把酒长谈，夜以继日。王济越谈越是心惊，越谈越是心喜，一连住了好几天，自叹远远不如叔叔，慨叹道："家有名士 30 年却没人知道。"

他临行时，王湛送别门口。王济带来的马匹中有一匹烈马，很难驾驭。王济有心再试一下叔叔的才学，便问道："叔叔也懂得骑马吗？"

王湛说："还算懂一些吧！"他接过烈马的缰绳，跃身上马，控御自如，而且骑马的姿态也极为美妙，比那些有名的骑士技艺还要高超。王济更是觉得叔叔多才多艺、高深莫测。

王济回到家后，王浑奇怪地问他："你怎么耽搁了这么多日子？"

王济回答说："儿子今天才得到一个叔叔。"

王浑更是奇怪，便问他原因。王济便从头到尾细说一遍，绝口夸赞王湛是名士。王浑不服气地问："比得上我吗？"

王济委婉地说："比我强多了。"

晋武帝司马炎也知道王湛的痴名，并且总喜欢拿此事与王济开玩笑，每次见到王济，总是打趣地说："你那位痴叔死了没有？"王济总是无言以对。

这次王济进宫，司马炎照例打趣他："你家那位痴叔死了没有?”

王济心雄胆壮，昂然说道：“臣的叔叔并不痴，其实是位名士。”便把自己和王湛的交谈略述一遍，盛赞叔叔的才艺和美德。

司马炎也颇感意外，问道：“你叔叔比得上谁呢?”

王济答道：“山涛之下，魏舒以上。”

从此王湛由痴愚而成为名闻天下的名士，后来当了汝南内史。

品评悟道

历代重文章，魏晋却崇尚“玄谈”，一句两句的名言出口，马上就是名士，而且非如此不能成名，所以人人闭窗苦读老庄，磨炼嘴皮子上的功夫，终因“清谈”而误国。

王湛的痴愚自然是煞费苦心装出来的，就是要把自己在众人心目中的形象降至最低点，正是老子所说“良贾示人以虚”的原理，然后在私下“退而结网”，苦读老庄，暗察事理，积攒实力，磨炼本领，然后突然爆发，自然会给人的心理造成巨大的冲击，从而一掷定终身。

这就和名将用兵一样，出老弱于前，屡战屡退，示敌以不能，却暗伏精兵猛将于后，待将敌诱至己方势力圈后，一举全歼。

这对我们积蓄和寻找有利条件秀出自己是有所启发的。

退避三舍，后发制人

和“先下手为强”相比，后发制人也有其存在的道理，后发制人，更讲究多种因素的完备。

公元前635年，楚军攻打宋国，宋国慌忙向晋国求救。晋文公决定攻打刚刚臣服楚国的曹、卫两国，以吸引楚军，解宋国之围。

楚成王听说晋国要灭曹、卫两国，心中大惊，急忙命令大将子玉迅速撤离宋国。子玉骄横自负，在停止攻宋之后，转而向晋军进攻。晋文公明令军队退避三舍，到达城濮驻扎。晋军求战心切，现在见自己要后撤，心中大为不平。晋文公重耳面对强大的楚军，胜负难料，因此在指挥上犹豫不决。后来，他让将士们少安毋躁，先退避三舍，并解释说这样做，一可以实现自己当年诺言，二可以避开楚军锐气，待其斗志松懈时再与之交战，这样会更有胜利的把握。晋军明白了退军的用意，上下同仇敌忾，决心严阵以待，奋勇杀敌。将士们的高昂斗志也坚定了晋文公取胜的信心。

楚将子玉将楚军和陈、蔡两国军队分为三队，气壮如牛地说："现在是打败晋军、灭亡晋国的时候了！"两军开始对阵列势。晋军采取先弱后强的战略，先由下军列将胥臣向楚军右翼进攻，因为右翼是由陈、蔡联军组成，战斗力比较弱。果然不出所料，楚军右翼经晋军的战马一冲击，立即惊慌失措，弃阵而逃。

晋军上军主将狐毛假充中军，竖起两面军旗（当时只有中军才有两面旗帜），佯装退兵。晋下军主将栾枝也在战车上拖着树枝，扬起尘土，伪装败逃。楚军以为晋军主帅败退便驱车追杀，被晋中军主将先轸拦腰冲杀。楚左军也被狐毛、狐偃指挥的上军击溃。子玉见势不妙，慌忙鸣金收兵。这一仗楚军几乎全军覆灭，子玉后来在退兵途中被迫自杀。

退避三舍之退，不是消极地退、被动地退，而是主动地退。通过退让而寻找进的机会，积累进的力量。所以，有经验的谋略家首先算的是政治账和全局账，是不以初次交手的形势去论高说低的。

退避三舍、后发制人在军事上、政治上是常用的韬略。对敌作战，待敌先发，而已后发，敌之企图就会充分暴露，自己就可避敌所长，乘敌所短；在政治上，和对手角逐，后发制人较容易赢得民心，动员群众，取得同情和援助，在道义上立于不败之地。在今天激烈的市场竞争中，许多企业经营者推崇“先发制人，后发制于人”的用兵原则，力争抢先行动，先变于人，从而取得了巨大的成功。但也有一些企业经营者，持重待机，后人而发，却也克敌制胜，成就非凡。

品评悟道

后发的行动要有计划、有目的，胸有成竹，一切在我掌握之中。虽发于后，但要想在前，备于先。后发制人应相机而动，不可拘泥于一法。

学会绕圈子，是一种圆熟之道

我国传统文化，是很讲究绕圈子的。尤其是在旧中国的官场“伴君如伴虎”，不会“绕圈子”，就是很容易吃大亏的角色，深谙此道的人才可能左右逢源。

汉元帝刘奭上台后，将著名的学者贡禹请到朝廷，征求他对国家大事的意见。这时朝廷最大的问题是外戚与宦官专权，正直的大臣难以在朝廷立足，对此，贡禹不置一词，他可不愿得罪那些权势人物。贡禹只给皇帝提了一条，即请皇帝注意节俭，将官中众多宫女放掉一批，再少养一点马。其实，汉元帝这个人本来就很节俭，早在贡禹提意见之前已经将许多节俭的措施付诸实施了，其中就包括裁减宫中多余人员及减少御马，贡禹只不过将皇帝已经做过的事情再重复一遍，汉元帝自然乐于接受。于是，汉元帝便博得了纳谏的美名，而贡禹也达到了迎合皇帝的目的。

《资治通鉴》的作者司马光对贡禹的这种做法很不以为然，他批评说：“忠臣服侍君主，应该要求他去解决国家所面临的最困难的问题，其他较容易的问题也就迎刃而解了；应该补救他的缺点，他的优点不用说也会得到发挥。当汉元帝即位之初，向贡禹征求意见时，他应当先国家之所急，其他问题可以先放一放。就当时的形势而言，皇帝优柔寡断，谗佞之徒专权，是国家亟待解决的大问题，对此贡禹一字不提。恭谨节俭，是汉元帝的一贯心愿，贡禹却说个没完没了，这算什么？如果贡禹不了解国家的问题，他算不上什么贤者，如果知而不言，罪过就更大了。”

司马光可能忽视了，古代的帝王在即位之初或某些较为严重的政治关头，时常会下诏求谏，让臣下对朝政或他本人提意见，表现出一副弃旧图新、虚心纳谏的样子，其实这大多是一些故作姿态的表面文章。有一些实心眼的大臣十分认真，不知轻重地提一大堆意见，这时常招来嫉恨，埋下祸根，早晚会受到帝王的打击报复。但贡禹十分精明，他专拣君上能够解决、愿意解决，甚至正在着手解决的问题去提，而回避重大的、急需的、棘手的问题，这样避重就轻，避难从易，避大取小，既迎合了上意，又不得罪人，表明他“绕圈子”的技巧已经十分圆熟老道了。

相反，大凡那些喜欢直来直去，不会“绕圈子”的人，反倒会常常吃亏。

明代隆庆年间，“给事官”李乐清正廉洁。有一次他发现科考舞弊，立即写奏章给皇帝，皇帝对此事不予理睬。他又面奏，结果把皇帝惹火了。嘉庆以故意揭短罪，传旨在李乐的嘴巴上贴上封条，并规定谁也不准去揭。封了嘴巴，不能进食，就等于给他定了死罪。这时，旁边站出一个官员，走到李乐面前，不分青红皂白，大声责骂：“君前多言，罪有应得！”一边大骂，一边叭叭地打了李乐两记耳光，当即把封条打破了。由于他是帮助皇帝责骂李乐，皇帝当然不好怪罪。其实此人是李乐的学生，在这关键时刻，他“曲”意逢迎，巧妙地救下了自己的老师。如果他不顾情势，犯颜“直”谏，非但救不了老师，自己怕也难脱连累。这个方法的使用真是巧妙至极。李乐不懂得人与人之间“润滑当先”的道理，比自己的学生还差了一大截。

品评悟道

不仅仅是古代的帝王不容易直接劝谏，事实上每个人都有自我保护机制，会本能抵御和抗拒外界来的干扰。在日常生活和工作中，说服别人是我们经常要做的事。如果不能直接说服，不妨换种方式委婉地说服。含蓄而生动的表达必定是最让人动心的方法之一。给别人提意见，本来就是一件极具技巧性的事，稍不留神就会引起别人的反感，所以我们现代人也需要讲究一些策略，运用一点技巧，才可能取得比较好的效果。

因为你针锋相对地进行争执和批驳，对方很难从内心真正接受，还可能使自己“惹火上身”，因此在表达和行事方式上学会一些绕圈子，效果就好多了。

绕远路的会先抵达终点

英国军事家哈利曾说过："在战略上，漫长迂回的道路，常常是达到目的的最短途径。"

公元前265年，赵国的赵太后刚执政不久，秦国便发兵前来进攻。赵国求救于齐国。齐国提出必须以赵太后的小儿子长安君做人质，才肯发兵相救。但是赵太后舍不得小儿子，坚决不允。赵国危急，群臣纷纷进谏。赵太后依旧坚决地说："从今日起，有谁再提用长安君做人质，我就往他脸上吐唾沫！"大臣们便不敢再多说什么。

有一天，左师触龙要面见赵太后，赵太后知道触龙一定是为了劝谏此事而来，于是她便摆开了吐唾沫的架势。不想触龙慢条斯理地走上前，见了太后，关心地说："老臣的脚有毛病，行走不便，因此好久未能来见您，我担心太后的玉体违和，今天特地来看望。最近您过得如何？饭量没有减少吧？"

太后答道："我每天都吃粥。"

触龙又说："我近来食欲不振，但我每天坚持散步，饭量才有所增加，身体才渐渐好转。”赵太后听触龙不提人质的事，怒气渐渐消了。两人于是亲切、融洽地聊了起来。

聊着聊着，触龙向赵太后请求道：“我的小儿子叫舒祺，最不成才，可是我偏偏最疼爱这个小儿子，恳求太后允许他到宫中当一名卫士。”

太后马上问触龙：“他几岁了？”

触龙答：“15 岁。他年岁虽小，可是我想趁我在世时，赶紧将他托付给您。”

赵太后听到触龙这些爱怜小儿子的话，深有同感，便忍不住与他闲谈。太后说：“真想不到你们男人也疼爱小儿子呀！”

触龙说：“恐怕比你们女人还更甚呢！”

太后不服气地说：“不会吧，还是女人更爱小儿子。”

触龙见时机已到，于是把话题引申一步，说：“老臣认为您爱小儿子爱得不够，远不如您爱女儿那样深。”太后不同意触龙的这个说法。

触龙解释道：“父母爱孩子，必须为孩子作长远的打算。想当初，您送女儿远嫁燕国时，虽然为她的远离而伤心，可是又祈祷她不要有返国的一日，希望她的子子孙孙相继在燕国为王。您为她想得这样长远，这才是真正的爱。”

太后信服地点了点头。触龙接着说：“您如今虽然赐给长安君许多土地、珠宝，但若不使他有功于赵国，您百年之后，长安君能自立吗？所以我说，您对长安君不是真正的爱护。”

触龙这番话说得赵太后心服口服。太后终于同意给长安君准备车马、礼物，送他去齐国当人质，并让他催促齐国出兵。长安君到达齐国不久，齐国就出兵解了赵国之围。

触龙说服赵太后的方法，便是运用以迂回为策略的典范。

此外，清朝著名雄辩家纪晓岚也很善于驾驭语言。有一回，乾隆皇帝想开个玩笑以考验纪晓岚的辩才，便问纪晓岚：“纪卿，‘忠孝’二字作何解释？”

纪晓岚答道：“君要臣死，臣不得不死，是为忠；父要子亡，子不得不亡，是为孝。”

乾隆皇帝立刻说：“那好，朕要你现在就去死。”

“臣领旨！”

“你打算怎么个死法？”

“跳河。”

“好吧！”

乾隆皇帝当然知道纪晓岚不可能去死，于是静观其变。不一会儿，纪晓岚回到乾隆皇帝跟前，乾隆皇帝笑道：“纪卿何以未死？”

“我碰到屈原了，他不让我死。”纪晓岚回答。

“此话怎讲？”

“我去到河边，正要往下跳时，屈原从水里向我走来，他说：‘晓岚，你此举大错矣！想当年楚王昏庸，我才不得不死；可如今皇上如此圣明，你为什么要死呢？你应该回去先问问皇上是不是昏君，如果皇上说他跟当年的楚王一样是个昏君，你再死也不迟啊！’”

乾隆皇帝听后，放声大笑，连连称赞道：“好一个如簧之舌，真不愧为当今的雄辩之才。”

品评悟道

触龙和纪晓岚不愧是运用方圆之道的杰出代表。就拿纪晓岚来说，他巧用“迂回出击”的技巧，在毫不损害乾隆皇帝面子的情况下，点出他的无理之处，一举令他折服。很显然，乾隆皇帝是根据纪晓岚提出的“君要臣死，臣不得不死，是为忠”之论叫他去死，此令顺理成章。纪晓岚临阵进退皆无道理，只有迂回出击，方能主动创造契机，指出“如果皇上承认自己是昏君，我就去死”。而乾隆皇帝当然不可能承认自己是昏君，因此纪晓岚很自然地把自己从“死”中解脱出来，为自己找到了一个充分的不死理由。

未出头时，能而有度

能力太强，容易招人妒忌；处处出头，更容易受到打击。但做人做事又不能太过于羸弱，显得太无能也会危及自己的生存。特别是在个人力量没有达到强大之时，把握能而有度的方圆之道，实在很关键。

帝王在选择太子时心理是很矛盾的。太子仁弱一点吧，怕将来继位后缺乏驾驭众人的能力；太子贤明一点吧，又怕众望所归会危及自己。宋太宗见到自己的太子颇得人心，就曾酸溜溜地说："人心都归向太子，欲置我于何地？"皇帝既有这种心态，太子委实难处。不能不得人心，也不能太得人心；不能太不及父皇，也不能太胜过父皇，这中间的尺寸确实是很难把握的。

隋炀帝的儿子杨暕就因为把握不好这个度，而与父皇产生隔阂。造成他们父子失和的是两件事。

第一件事是为了一个美女。有一次，乐平公主告诉炀帝，有个女子十分漂亮，但不知为什么炀帝听后无所表示。过了一段时间，乐平公主以为炀帝对此人不感兴趣，就把她推荐给了太子杨暕。杨暕马上把她纳入后宫。后来炀帝忽然记起这事，就问乐平公主："你上次说过的那个美人现在哪里?"乐平公主回答说："已经被太子收用。"

这件事本身并不能全怪杨暕，他不可能每得到一个美女都先请示一下父皇是否感兴趣。乐平公主是这件事的始作俑者，按理炀帝问起，她满可以将始末和盘托出。但这样一来，就有可能引起炀帝对她的不满。所以，当炀帝再度问起这件事，她意识到自己捅了娄子，只好含糊地说一句"在太子那里"，似乎与自己无关。

第二件事是因为打猎。炀帝去狩猎，命令杨暕率领一伙侍从参加。狩猎的结果是杨暕猎获颇丰而炀帝一无所得。炀帝龙颜大怒，认为自己在众人面前丢了面子。一问左右，左右侍从害怕炀帝迁怒，推说是猎物被杨暕手下一伙人阻挡，所以打不到了。炀帝因此猜忌起杨暕来，认为他是为了想出风头，于是处处寻找杨暕的不是。

俗话说"欲加之罪，何患无辞"，何况太子本非圣人，结果太子的名号也就无法保留了。炀帝父子间从此结怨，直到后来宇文化及起兵谋反，派人分别去囚禁、杀害炀帝父子时，炀帝还认为是杨暕派人来抓自己的，而杨暕也认为是炀帝派人来杀自己的，父子至死不能消除误会。

品评悟道

中庸之道无处不在。皇子要当上太子，继承王位，也要深谙此道。过于仁弱，力不服众，难以驾驭天下；过于贤明，众望所归，又危及皇帝的地位，使其持有戒心。因此，为了继承那至高无上的权力，太子只得隐忍自己，在夹缝中求生存。

淡泊处之，沉浮自如

万物发展有其规律，到极致时就会走向反面，到鼎盛时就会走向衰败。熊熊燃烧之火，离快要熄灭的时候已经不远了。

孙叔敖原来是位隐士，被人推荐给楚庄王，3个月后做了令尹（宰相）。

他善于教化引导人民，因而使楚国上下和睦，国家安宁。

有位孤丘老人，很关心孙叔敖，特意登门拜访，问他："高贵的人往往有三怨，你知道吗？"

孙叔敖回问："您说的三怨是指什么呢？"

孤丘老人说："爵位高的人，别人嫉妒他；官职高的人，君王讨厌他；俸禄优厚的人，会招来怨恨。"

孙叔敖笑着说："我的爵位越高，我的心胸越谦卑；我的官职越大，我的欲望越小；我的俸禄越优厚，我对别人的施舍就越普遍。我用这样的办法来避免三怨，可以吗？"

孤丘老人感到很满意，于是走了。

孙叔敖按照自己说的做了，避免了不少麻烦，但也并非是一帆风顺，他曾几次被免职，又几次被复职。

有个叫肩吾的隐士对此很不理解，就登门拜访孙叔敖，问他：“你3次担任令尹，也没有感到荣耀；你3次离开令尹之位，也没有露出忧色。我开始对此感到疑惑，现在看你的气色又是如此平和，你的心里到底是怎样的呢？”

孙叔敖回答说：“我哪里是有什么过人的地方啊！我认为官职爵禄的到来是不可推却的，离开是不可阻止的。得到和失去都不取决于我自己，因此才没有觉得荣耀或忧愁。况且我也不知道官职爵禄应该落在别人身上呢，还是应该落在我的身上。落在别人身上，那么我就不应该有，与我无关；落在我身上，那么别人就不应该有，与别人无关。我的追求是随顺自然，悠闲自得，哪里有工夫顾得上什么人间的贵贱呢！”

肩吾对他的话很钦佩。

后来孔子听说了这件事，深有感慨地说：“古代的真人，有智慧的不能使他意志动摇，美女不能使他淫乱，强盗不能劫持他，就是伏羲、黄帝也不配和他交游。死和生对于人是极大的事情了，可都不能改变他的操守，何况是官职爵位呢？像他这样的人，精神穿越大山无阻碍，潜入深渊也不会被水沾湿，处于卑微地位不会感到狼狈不堪。他的精神充满天地，他越是给予别人，自己越是感到富有。”

孙叔敖后来得了重病，临死前告诫儿子说：“楚王认为我有功劳，因此多次想封赏我土地，我都没有接受。我死后，楚王为了奖励我生前的功绩，一定会封给你土地，你千万不要接受富饶的土地。在楚国和越国之间，有个地方叫‘寝丘’。这个地方土地贫瘠，名字也很不好听。楚国人信奉鬼神，越国人讲求吉祥，都不会争夺这个地方，因此这个地方可以长久拥有。”

孙叔敖死后，楚王果然要封给他儿子一块相当好的土地，他儿子辞谢不受，只请求寝丘之地，楚王答应了他的请求。按照楚国的规定，分封的土地不许传给下一代，唯有孙叔敖儿子的封地可以世代相传。

品评悟道

孙叔敖的所作所为，其实并没有什么难理解的地方。但真正实行起来，却不是一般人所能做到的。人在利益的驱动下，往往会做出傻事，很多聪明人都会因利令智昏而犯错误，等到头脑清醒的时候，一切都悔之晚矣。因此，做人多一些淡泊，少一些贪欲，不会有什么坏处。

以柔克刚，以弱胜强

人到老年时，柔软的舌头尚在，但坚硬的牙齿却脱落了，这是为什么呢？是因为柔软的东西比刚强的事物更有生命力啊！商容疾据说是纣王时的大夫，因屡次直谏荒淫无道的纣王，结果遭到贬谪。后来纣王剖比干，囚箕子，逐微子，商容疾感到心寒，便躲进深山之中，避世隐居，不问世事。武王灭亡商朝后，天下大定。周室表彰商容疾闾里，想召他出山，商容疾婉言谢绝。他遗世独立，静心养性，修得一副道骨仙颜，虽然年岁已过数百，仍然精神矍铄，面色如童。到了春秋末年，老子降世，商容疾知道他不是平凡人物，便收他为弟子，传授他天地玄机，处事妙道，所以老子后来成为一代圣人。

却说有一次，商容疾得了重病，自知将不久于人世。老子匆匆赶来问候老师。他先询问了老师的病情，然后对老师说："先生的病确实很重了，有什么教导要嘱咐弟子的吗？"

商容疾说："乘车经过故乡的时候要下车，你知道这是为什么吗？”

老子说：“过故乡而下车，大概是表示要不忘故乡吧？”

商容疾说：“对了！那么，经过高大的古树的时候，要快速地走过，你知道这是为什么吗？”

老子说：“经过高大的古树要快速地走过，这大概是说要尊敬德高望重的长者吧？”

商容疾说：“是啊！”

然后张开嘴给老子看，说：“我的舌头在吗？”

老子说：“在。”

商容疾又说：“我的牙齿还在吗？”

老子说：“不在了。”

商容疾说：“你知道这是什么道理吗？”

老子说：“舌存而齿亡，这不是说刚强的东西已经消亡了，而柔弱的东西还存在吗？”

商容疾说：“说得好啊！天下的事理正是这样。你没看见那水吗？天下万物，没有什么比水更柔弱的了。然而积水为海，则广阔无际，深不可测，大至于无穷，远极于无涯。百川灌之，无所增加；风吹日晒，没有减少。上天则为雨露，下地则为润泽。万物没有它不能生长，百事离开它不能成功。奔流起来不可遏止，无形无状不可把握。剑刺不能伤害它，棒击无法打碎它。刀斩不会断，火烧不能燃。锋利无比，可以磨灭金石；强健至极，可以承载舟船。深可渗进无形之域，高可翱翔于缥缈之间。涓涓细流回旋于川谷之中，滔滔巨浪翻腾于大荒之野。水为什么能够具有如此大的威力？因为它柔软润滑，所以能够出于无有，入于无间，攻坚克强，无可匹敌。弱而胜强，柔而克刚，世上没人不知，然而无人能行。你明白了吗？”

老子说：“先生说得太好了！天下之至柔，驰骋天下之至坚，确实是万世不易的定理。人活着的时候，身体柔软脆弱，死后尸体就变得僵硬坚挺。草木活着的时候，又柔又软，一死就变得枯槁坚硬。所以，刚强的东西是走向死亡的东西，柔弱的东西是生机勃勃的东西。军队太强大，容易被消灭；树木太坚硬，容易被吹折。两国相争，弱国胜；两仇争利，柔者得。皮革太坚固，容易破裂；牙齿比舌头硬，所以先消亡。坚强的东西能胜不如自己的东西，柔弱的东西则克超过自己的东西。所以强大的东西处于劣势，柔弱的东西居于上风。积弱可以为强，积柔也就变成刚。欲刚必以柔守之，欲强必以弱保之。”

商容疾面露慰藉的笑容，说：“你已经得到大道了。天下之理都已被你说尽了，我还有什么需要留给你的呢！”

品评悟道

以柔克刚，以弱胜强，是道家守柔主静的动静观，这里面包含着朴素的辩证法思想。商容疾对老子讲的“舌头”与“牙齿”的故事，还有“水”的能量，均在证明“柔”与“刚”的辩证关系。

从大宇宙的时空观念来看事物，我们会品味出道家人生态度的独特理念。宇宙间的一切生命本体，很难说有大、小、弱、强之分，任何事物都在变化中运行，没有绝对的胜者和败者。明白这个道理，有助于人们把握自己对待人生的态度。

软硬兼施，两手准备

在中国历史上，许多统治者非常擅长软硬兼施——制裁别人的同时又不忘笼络人心。

朱元璋史称“雄猜之主”，既野心勃勃又疑心重重，心地险恶。他当上皇帝后，打天下时那种虚心纳贤、任人唯贤的作风全抛在脑后，朝思暮想的是维护他的绝对尊严和家天下的地位。为此，他使用各种卑劣手段，排除异己，残杀功臣。

李善长在随朱元璋征战中，以多谋善断著称。开国初，他组织制定法规制度、宗庙礼仪，与朱元璋关系有如鱼水一般，朱元璋将李善长比喻为“汉初萧何”，称他为“功臣之首”，命他担任开国后的首任丞相。

朱元璋一旦功成名就，坐稳了江山，对李善长的态度就大变了。以前李善长被朱元璋称赞为“处事果断”，现在则说他“独断专行”。以前朱元璋特许李善长对疑难大事先处理后启奏，称赞他为“为朕分忧”，现在则说他“目无皇上”。朱元璋对李善长功高权大产生了疑忌之心，但考虑到李善长功高望重，轻举妄动恐生不测之变，就采用又打又拉、伺机清除的伎俩。

深知朱元璋为人的李善长察觉到皇上对他的猜忌，一连几天，李善长因患病没有上朝，借机给朱元璋上了个奏章，一来对不能上朝议政表示歉意，二来提出致仕（退休），察看朱元璋对自己的态度。按惯例，朱元璋应下旨慰问、挽留。但是，他来了个顺水推舟，随即批准了李善长的退休请求，毫不费力地消除了李善长的威胁。

削夺了李善长的相权，免除了李善长对他的威胁后，有不少人心中暗骂朱元璋寡情毒辣。为了笼络人心，安抚李善长，朱元璋把自己的女儿临安公主下嫁给李善长的儿子为妻，朱李两家又成了亲家。

和朱元璋相比，乾隆皇帝的管人术丝毫不逊色。他在位期间，大兴文字狱，有案可查的就有 70 余次，远远超过他的先辈们。乾隆皇帝这一手也够厉害的了，只搞得文人士子人人自危。几篇游戏文章，几句赏花吟月之句，也往往能弄出个莫须有的罪名。乾隆皇帝就是使用这样无情的棒子巩固了自己的地位。

但他并没忘对知识分子采用怀柔政策。他规定见了大学士，皇族的老老少少们要行半跪礼，称“老先生”；如果这位大学士还兼着“师傅”，就要称之为“老师”，自称“学生”或“晚生”。同时，他一方面大搞正规的科举活动，不断罗致文人士子加入为朝廷服务的队伍；另一方面借助博学鸿词科，把那些自命遗老或高才、标榜孤忠或写些诗文发泄牢骚的文人，或不屑参加科举考试而隐居山林又有一定威望的隐士，由地方官或巡游大臣推荐上来，由皇帝直接面试。乾隆举办了 3 次考试，录用 24 人。录用者自己春风得意，自然也感激皇恩浩荡；落榜的百余人，也无面目自命遗老孤忠去讽刺朝政。乾隆皇帝对被自己亲自面试的录用者关心备至，如其中有个叫顾栋高的人，录用时，年岁就不小了，当时授予国子监司业之职；到年老辞官时，乾隆皇帝亲自书写了两首七言诗加以褒美；后来，乾隆皇帝下江南，又亲赐御书，封他为国子监的祭酒。

乾隆皇帝之所以如此做，全是出于维护他们至上的皇权、族权、朝廷，是要保持“大清”永不“变色”。

品评悟道

历史上很多管理都是采取软硬兼施的手段。软与硬，作为一种处世谋略，或者作为一种交际手段，无论何种场合，不可偏废。从理论上讲，“软”，体现友善、修养、通情理；“硬”则显示尊严、原则和力量。就客观情况而言，在人们的交际活动中，“软”与“硬”的两手是相辅相成、密不可分的。如果有所偏倚，自己便要吃亏。

当然，与人交际，也不可一味不转弯地“硬”。一个人太强，必然使人觉得他头上长角，浑身长刺，使人不愿和他相处，这正是“人狠了不逢，茶酽了不喝。”

过犹不及，适可而止

古人云："恩不可过，过施则不继，不继则怨生；情不可密，密交则难久，中断则有疏薄之嫌。"

意思是施恩不可以过分，因为过分的施舍是不能永远持续下去的，一旦中断施舍就会有怨恨产生；交情不可以过于密切，因为密切的交往是很难保持永久不变的，一旦中断，就让人有了疏远冷淡的嫌疑。从中我们明白，任何事情都要讲究一个"度"，如何能做到中庸，实在是一门博大精深的学问。

有一次，孔子的弟子子贡在跟孔子谈论师兄弟们的性格及优劣时，忽然向孔子提了个问题："先生，子张与子夏两人哪一个更好些呢？"

子张是颛孙师，子夏是卜商，两人都是孔子的得意弟子。

孔子想了一会儿，说："子张过头了，子夏没有达到标准。"

子贡接着说："是不是子张要好些呢？"

孔子说："过头了就像没有达到标准一样，都是没有掌握好分寸的表现。”这就是“过犹不及”的出处。

有一回，孔子带领弟子们在鲁桓公的庙堂里参观，看到一个特别容易倾斜翻倒的器物。孔子围着它转了好几圈，左看看，右看看，还用手摸摸、转动转动，却始终拿不准它究竟是干什么用的。于是，就问守庙的人：“这是什么器物？”

守庙的人回答说：“这大概是放在座位右边的器物。”

孔子恍然大悟，说：“我听说过这种器物。它什么也不装时就倾斜，装物适中就端端正正的，装满了就翻倒。君王把它当作自己最好的警戒物，所以总放在座位旁边。”

孔子忙回头对弟子说：“把水倒进去，试验一下。”

子路忙去取了水，慢慢地往里倒。刚倒一点儿水，它还是倾斜的；倒了适量的水，它就正立；装满水，松开手后，它又翻了，多余的水都洒了出来。孔子慨叹说：“哎呀！我明白了，哪有装满了却不倒的东西呢！”

子路走上前去，说：“请问先生，有保持满而不倒的办法吗？”

孔子不慌不忙地说：“聪明睿智，用愚笨来调节；

功盖天下，用退让来调节；威猛无比，用怯弱来调节；富甲四海，用谦恭来调节。这就是损抑过分，达到适中状态的方法。”

子路听得连连点头，接着又刨根究底地问道：“古时候的帝王除了在座位旁边放置这种器物警示自己外，还采取什么措施来防止自己的行为过火呢？”

孔子侃侃而谈道：“上天生了老百姓又定下他们的国君，让他治理老百姓，不让他们失去天性。有了国君又为他设置辅佐，让辅佐的人教导、保护他，不让他做事过分。因此，天子有公，诸侯有卿，卿设置侧室之官，大夫有副手，士人有朋友，平民、工、商，乃至干杂役的皂隶、放牛马的牧童，都有亲近的人来相互辅佐。有功劳就奖赏，有错误就纠正，有患难就救援，有过失就更改。自天子以下，人各有父兄子弟，来观察、补救他的得失。太史记载史册，乐师写作诗歌，乐工诵读箴谏，大夫规劝开导，士传话，平民提建议，商人在市场上议论，各种工匠呈献技艺。各种身份的人用不同的方式进行劝谏，从而使国君不至于骑在老百姓头上任意妄为，放纵他的邪恶。”

子路仍然穷追不舍地问：“先生，您能不能举出个具体的君主来？”

孔子回答道：“好啊，卫武公就是个典型人物。

他95岁时，还下令全国说：‘从卿以下的各级官吏，只要是拿着国家的俸禄、正在官位上的，不要认为我昏庸老朽就丢开我不管，一定要不断地训诫、开导我。我乘车时，护卫在旁边的警卫人员应规劝我；我在朝堂上时，应让我看前代的典章制度；我伏案工作时，应设置座右铭来提醒我；我在寝宫休息时，左右侍从人员应告诫我；我处理政务时，应有瞽、史之类的人开导我；我闲居无事时，应让我听听百工的讽谏。’他时常用这些话来警策自己，使自己的言行不至于走极端。”

众弟子听罢，一个个面露喜悦之色。他们从孔子的话中明白了一个道理：在任何情况下，人们都要调节自己，使自己的一言一行合乎标准，不过分，也不要达不到标准。

品评悟道

中庸，在孔子和整个儒家学派里，既是很高深的学问，又是很高深的修养。追求恰到好处、适可而止，这是做人处事的一种境界，一种哲学观念。比如吃饭，餐餐最好吃到恰到好处，每顿饭不要因饭菜不好而饿肚子，也不要因饭菜特好而把肚皮撑得鼓鼓的，适可而止，就能永远保持健康的胃口。

值得说明的是，孔子讲的中庸，绝不是无谓的折中、调和，而是指为人处世应该慎重选择一种角度，一种智慧。有一些人认为孔子讲的中庸就是不讲原则，那是对“中庸”思想的误解。

中庸思想的本质是过犹不及、适可而止。

处事圆融，灵活变通

处理大事最重要的是清楚而且能决断，处理难事最重要的是学会变通而不死板。

清朝的名士袁子才在江宁做知县的时候，有一姓陈的女子，已许配了一个姓李的人家。但那男子家贫，女家的父母又索要聘礼太重，以致无法结婚。后来陈氏女被一个风流和尚设圈套奸污了，此和尚很有钱，有钱的出家人，自然有一班流氓地痞、衙吏乡绅去帮闲帮凶，添翼助威。陈氏女在其威逼利诱之下，不得不屈服。乡中有些无赖知道了这件事，借故去勒索和尚没有成功。这些无赖便要出手段，实行去捉奸。一晚，见此和尚潜入女室，便当场捉获，立即解赴县衙。

县太爷袁子才将奸夫淫妇分别拘押，又进行个别审问。陈氏女哭诉被迫通奸经过，实情非得已，心里始终怀念其未婚夫李某。

袁子才听了，心里有数，半夜把和尚秘密提审，申斥一顿之后，勒令和尚写下一张 200 两银借据，剥下僧袍，叫他滚蛋，赶出衙去。然后叫出家里一位留短发做粗工的女仆来，吩咐她几句话，换上了那件僧袍，看押起来。

第二天一早，袁大老爷升堂了，先审问陈氏女。此女不发一言，只低头嘤泣。

再审奸夫，答："与陈女做密友同居很久了。"

大老爷公堂一拍说："可恶秃驴！出家人竟敢与黄花闺女同居？"

丢下签来。

"与我打屁股，八十大板！"

"喳！"如狼似虎的衙役，不由分说，当堂剥下奸夫的裤子，一看，都呆了！

"禀告大老爷！是个尼姑，不是和尚。"

"啊！尼姑？"袁子才假戏真做，露出惊讶神气，把眼移向原告那班捉奸的无赖子一扫，怒斥："你们这班人怎么搞的，拿本官来开玩笑呀？混蛋！来人呀！把这班废物统统打出去！"

过了几天，袁子才又命人把陈氏女的未婚夫李某找来，试探他对未婚妻的情感，了解这份感情是否会因为这一事件破裂。

李某表示："她这次闹的丑闻，责任不在她，归根结底还是我误了她，原因是我付不出聘礼，不幸她又被人陷害。一切并不是她自愿，她的心始终是朝向我的，我的心也永远惦念她，不管她曾做过什么错事，我都原谅她！”

袁子才问：“你之所以不能及早结婚，是因为付不出聘礼是不是？假如有人帮你忙付出这费用，你接受吗？”

“我会马上和她结婚。帮助我的人，钱要来得正当，不夹有坏主意才可以！”

袁子才见这个青年蛮有志气，心里非常欢喜，便说：“喏，我可以帮你忙，我有一笔款，是专帮你结婚用的，这些钱不是冤枉来的，也不是我自己掏腰包，是光明正大弄来的，并非借给你，是送给你，你总相信本官不会有坏主意吧！”

“多谢大老爷！大老爷为官清廉是尽人皆知的！”

“那你明天就在家里等候，有人送钱到时，照收即可。不要问钱的来历，更不必对人家谈起这件事。”

果然，第二天袁子才便叫亲信将和尚那张借据去钱庄兑了现，把200两银子送到李某家里。李某接到此款，立即去女家纳聘，这对经受暴力迫害的男女，有情人终成了眷属。

品评悟道

实际上，世上有很多事情都可以灵活处理。当然，在法规面前，不能不认真，但在不违背法规又能通融的情况下，还是要灵活一些为好。比如说上面故事中的陈氏女，如果知县袁子才不问青红皂白，就给收监定罪，不但毁了陈氏女的一生名声，而且毁了一门好姻缘。袁知县的“移花接木”虽然有点荒诞不经，但从人性角度来说却在情理之中，是袁知县的圆融解救了陈氏女的无辜。

虚与委蛇，方圆并用

跟君子相处平平淡淡，跟小人相处应该保持一定的距离，跟坏人相处应该见机行事，想得越周到越好。

东晋明帝时，中书令温峤备受明帝的亲信、大将军王敦的妒忌。王敦于是请明帝任温峤为左司马，归王敦所管理，准备等待时机除掉他。

温峤为人机智，洞悉王敦所为，便假装殷勤恭敬，综理王敦府事，并时常在王敦面前献计，借此迎合王敦，使他对自己产生好感。

除此之外，温峤有意识地结交王敦唯一的亲信钱凤，并经常对钱凤说："钱凤先生才华能力过人，经纶满腹，当世无双。"

因为温峤在当时一向被人认为有识才看相的本事，因而钱凤听了这赞扬心里十分受用，和温峤的交情日渐加深，同时便常常在王敦面前说温峤的好话。透过这一层关系，王敦对温峤的戒心渐渐解除，甚至引为心腹。

不久，丹阳尹辞官出缺，温峤便对王敦进言：“丹阳之地，对京都犹如人之咽喉，必须有才识相当的人去担任才行，如果所用非人，恐怕难以胜任，请你三思而行。”

王敦深以为然，就请他谈自己的意见。温峤诚恳地答道：“我认为没有人能比钱凤先生更合适的了。”

王敦又以同样的问题问钱凤，因为温峤推荐了钱凤，碍于面子，钱凤便说：“我看还是派温峤去最适宜。”

这正是温峤暗中打的小算盘，果然如愿。王敦便推荐温峤任丹阳尹，并派他就近暗察朝廷中的动静，随时报告。

温峤接到派令后，马上就做了一个小动作。原来他担心自己一旦离开，钱凤会立刻在王敦面前进谗言而让王敦召回自己。于是，他在王敦为他饯别的宴会上假装喝醉了酒，歪歪倒倒地向在座同僚敬酒。敬到钱凤时，钱凤未及起身，温峤便以笏（朝板）击钱凤束发的巾坠，不高兴地说：“你钱凤算什么东西，我好意敬酒你却不敢饮。”

王敦以为温峤真的喝醉了，还为此劝两人不要误会。温峤去时，突然跪地向王敦叩别，眼泪汪汪。出了王敦府门又回去3次，好像十分不舍离去的样子，弄得王敦十分感动起来。

温峤刚上任，钱凤真的晋见王敦说："温峤为皇上所宠，与朝廷关系密切，何况又是皇上的舅舅庾亮的至交，实在是不能信任的。"

王敦以为钱凤是因宴会上受了温峤的羞辱而恶意中伤，便生气斥责道："温峤那天是喝醉了，对你是有点过分，但你不能因这点小事就来报复嘛！"

钱凤深自羞惭，怏怏退出。

温峤终于摆脱王敦的控制，他回到了建康，将王敦图谋叛逆的事报告了明帝。又和大臣庾亮，共同计划征讨王敦。消息传到武昌王敦将军府，王敦勃然大怒："我居然被这小子骗了。"

然而，毕竟无可奈何，鞭长莫及，更无法挽救失败的命运了。

品评悟道

做人固然需要正直，但是如果不知变通，就有可能碰钉子，甚至会遭到不测。人的工作环境，有时候是无法选择的，在危险或尴尬的环境中工作，头脑一定要灵活，遇事该方则方，不该方时就要圆熟一些，尤其在遇到将要对己不利的形势时，应将刚直不阿和委曲求全结合起来，随机应变，先保护自己，以屈求伸。温峤在处理王敦、钱凤等人的关系中，运用了一整套娴熟的处世技巧，不但保护了自己，而且在时机成熟时，对敌人又主动出击，绝不手软。在社会生活中，类似温峤式的人物，一般都不会失败。相信我们一定能从中读出有益的智慧。

物朴乃存，器工招损

事物朴实无华才得以保存，器具精巧华美才招致损伤。

苏秦早年在鬼谷子先生门下学习，他勤奋刻苦，博览群书，学业精进。苏秦学业有成，辞别鬼谷子先生时，鬼谷子先生考究了他一番，苏秦侃侃而谈，滔滔不绝，不想鬼谷子先生眉头直皱，脸上并无喜悦。

苏秦把话说完，怯生生地问：“先生我说错了什么了吗？先生为何脸有异色？”

鬼谷子先生凝神道：“你说得很好，并无错失。”

苏秦困惑之际，鬼谷子先生再道：“事不可尽，尽则失美。美不可尽，尽则反毁。你只知善辩的好处，唯恐不发挥至极处，却不知善辩之能，遭人嫉妒，若一味恃弄，祸不可测啊。”

苏秦怅然有失，心中却另有别词，只是不敢和鬼谷子争论。

苏秦四处游说求官，一无所得，落魄归来，连他的兄弟、姐妹、妻子都暗中耻笑他。他们对他说：

"立业当以务实为本，若想耍嘴皮子为生，怎么可能呢？你还是死了那份心吧。"

苏秦不为所动，于是闭门不出，发愤苦读。一年之后，他又出外游说，此行大获成功，一人任六国之相。当他威风凛凛地去赵国办事路过洛阳时，车马辎重前呼后拥，排出很远，诸侯派使者相送的很多，周显王都为他戒严道路，派人到郊外慰劳他。苏秦的家人伏在地上，十分惶恐。苏秦得意地问他嫂子："你最瞧我不起，今日为何这般恭敬？"

他的嫂子说："三弟你如今位高财大，自然受人尊重了。"

苏秦长笑一声，口道："口舌之能，何人再敢轻视？我若不习此术，当在田里耕种，怎么可能有今日的荣华富贵？"

苏秦在齐国时，齐国的臣子联合起来，诬陷他心怀恶意，图谋不轨，他们反复对齐王进谏说："苏秦劝大王归还了燕国10城，表面上他为大王争取名声，其实却是暗助燕国，劳损齐国之国力。他一无本事，只知道搬弄是非，说说讲讲，大王若是被他蒙蔽，再加信任，他的奸计一旦得逞，齐国将陷入危难之中。"

有人将此事偷偷报知苏秦，苏秦先是一怔，然后满不在乎地说："若论说辞，自信无人是我的对手，他们是害不了我的。”

来人和苏秦交好，此时却分外着急道：“大人为人嫉恨，已非一日了。他们都是齐国的重臣，眼下一同发难，想来齐王也不会无动于衷。你平日和他们只知辩论，语多无忌，自然会伤害到他们，他们这是报复大人啊。”

齐王果然心怀疑虑，对苏秦态度有所改变。苏秦百般说辞，不见效应，于是避祸而离开，回到了燕国。

苏秦在燕国和燕王的母亲通奸，终日惶惶。他怕燕王杀他，就自请到齐国做燕王的奸细。他花言巧语又使齐王信任了他，但齐国的大臣无不对他恨之入骨。齐湣王继位后，苏秦的地位愈加巩固，齐国的大臣无法忍耐，聚在一起商议对策。他们最后派人刺杀苏秦，苏秦带伤逃走，最终因伤势过重而死。

品评悟道

在复杂的社会环境中，很多事情都被扭曲了。不考虑这个背景和实际需要，那么就不能顺应时势，更保护不了自己免受伤害。正像事物因朴实而不惹人注意一样，俗人眼中的缺点却成了它自存的法宝。而器具的精致让人觊觎，你争我夺，造成对其本身的伤害，这正是它自身炫耀的结果。由此引申开来，巧言善辩自有它的弊端，过于玩弄辞令也会伤害自身，于事有误。

难怪老子在《道德经》中一再强调“大音希声”“大言若讷”的重要。看来，该表现时尽力表现，不该表现时来点糊涂，才得其方圆之道的精妙。

言拙意隐，辞尽锋出

拙于言辞才能隐藏真意，话语说尽锋芒就显露了。

王陵早年追随汉高祖刘邦东征西讨，十分勇敢。他为人仗义，性喜直言，争强好胜之心从不改变。

王陵的母亲曾被项羽抓为人质，王陵派人去楚军营中探望，他的母亲就私下对来人说："请转告我儿，不要为我担心，好好地辅佐汉王吧。他样样都好，只是说话无忌，让我放心不下，让他以后慎言，这是我最后的嘱托了。"

王陵的母亲言罢自刎而死，绝了项羽招降王陵的念头。

刘邦很讨厌雍齿，王陵却因早年和雍齿交好，始终不肯背弃他。一次刘邦把王陵招来，脸色阴沉地对他说："雍齿为人卑鄙，行多不检，许多人都唾弃他。你和他并不是同类之人，我真不明白，为何你们能相处呢？"

王陵沉声说："主公不喜欢的人，别人就不敢和他交往了。我看不出雍齿有什么不好，再说这也只是我的私事，主公何必干涉呢？”

刘邦心中有气，却也不便发泄，只好挥手让他告退。

王陵亦有怨气，就和好友周勃说了此事，周勃连叹数声，口说：“你不该和主公直言呐。主公向来恨雍齿，人人皆知，你不避嫌和他交往也就罢了，又怎能说出自己的心里话呢？这件事可大可小，主公一定会记挂在心的。”

王陵不服，仍道：“我忠于主公，从无二心，几句实话他也会放在心上？大丈夫光明磊落，畏首畏尾，口是心非的事不该去做。”

平定天下之后，论功行赏时，刘邦却不肯给王陵厚封，只封他为安国侯。许多人为王陵求情，刘邦却正色说：“行军打仗，王陵功劳不小，可他在别的方面就无过人之处了。打江山绝非只知勇猛这么简单，他还有什么委屈的呢？”

王陵心有怨气，直欲找刘邦争辩，他的家人跪地哭劝他说：“你的毛病全在嘴上，到了现在你还想惹祸生事吗？只怕你去理论，我们也和你一样活不成了。”

王陵这才作罢。

刘邦死后，惠帝继位，吕后掌权。王陵任右丞相两年之后，惠帝去世。一日，吕后把王陵和陈平、周勃等人招来，对他们说：“天下太平，吕氏出力甚多。我想让吕氏子弟称王，可以吗？”

陈平、周勃俱不作声，王陵却马上出言说：“先皇曾宰杀白马，歃血订盟，说‘倘非刘氏而立为王，天下人共击之。’先皇遗训如此，不能改变。吕氏立王之说，便不可行了。”

吕后十分不悦，转而问陈平、周勃的意见，他们二人却道：“时势有变，其道自不同了。先皇平定天下，分封刘氏子弟为王，理所应该。如今太后临朝执政，吕氏子弟又有大功于国家，称王自无不可，合当施行。”

吕后笑逐颜开，对他们二人连连夸奖。

事后王陵指责他们阿谀奉承、背弃先皇，陈平答道：“谏阻无益，强辩自不可取。我们当面谏阻不如你，可日后保全国家，安定刘氏后人，你就不如我们了。”

王陵被罢除宰相，10 年后病死。而陈平和周勃却保全下来，成为日后诛杀诸吕的主力，重兴了汉室江山。

品评悟道

言辞谨慎，不露锋芒，常常是成大事者智慧的显现。浅薄者信口开河，不仅暴露了他们的肤浅，也让人一眼看穿其心意，其架势更讨人生厌。言语作为了解一个人的重要窗口，如果不有所节制，他就毫无秘密可言；言语作为交际的一个重要手段，只有措辞得当，有所保留，才能勋事有成，与人无咎。

青少年在待人接物的过程中，尤其要把握好自己的言辞，莫让“祸从口出”。

八面玲珑，巧于变通

做人要方，做事取圆。在不违背根本原则的情况下，灵活地处理事情，才能将事情做得漂亮。

唐德宗时，刘晏一手掌管全国的赋税收入和各地的转运工作，权重财雄。许多权贵大臣看着眼热，便推荐自己的子弟到他那里工作，都想分一杯羹。

刘晏一时犯了难，他知道这些权贵一个也招惹不起，否则用不了 3 天，自己就会被流放到边远蛮荒地区，杀头抄家也不是不可能的事，然而如果答应了这些人的要求，收下他们的子弟，委任官职，这些膏粱子弟根本不懂财政工作，自己指挥他们也不灵，到头来搞得一塌糊涂，承担罪责的还是自己，真是左右都难以得好的事。

他苦思冥想多日，终于想出一个两全其美的方法，凡是推荐来的权贵子弟，他照单全收，委任要职，却不分配给他们任何实际工作，所有的事务依然由自己精心挑选的官吏来做。

这些膏粱子弟既有官位，又有丰厚薪水，不必做繁冗细碎的财务工作，还可以积累自己升官的资历，个个乐不可支。权贵们也都认为刘晏很给面子，对刘晏的工作大力支持。

刘晏手下那些做实际事务的官吏都不是由正途出身，本来也不可能升到高官，只要有丰厚的奖金，对官职根本不在乎。

刘晏用官满足权贵们，用钱满足手下干事的人，这样处事，工作自然左右逢源。

品评悟道

刘晏既满足了各方面的需求，又不违反原则，其实不过是巧为变通而已。而自己在财政上又创造出非凡的政绩，这几乎只能是想象中才能做到的事，刘晏却身体力行地做到了。

这不仅仅是刘晏才能高，也是他心思灵活，不迂腐呆板，善于变通的结果。只有这样，才能八面玲珑，事事尽善。如同岳武穆用兵，妙用其心而已。

挽回错失，免去杀身之祸

“人有失足，马有漏蹄”。但有时错失会给人带来杀身之祸。只有及时而巧妙地挽回错失，才能处于安全境地。

据说，司马昭与阮籍有一次同上早朝，忽然有侍者前来报告：“有人杀死了母亲！”

放荡不羁的阮籍不假思索便说：“杀父亲也就罢了，怎么能杀母亲呢？”

此言一出，满朝文武大哗，认为他“有悖孝道”。阮籍也意识到自己言语的失误，忙解释说：“我的意思是说，禽兽只知其母而不知其父。杀父就如同禽兽一般，杀死母亲呢？就连禽兽也不如了。”

一席话，竟使众人无可辩驳，阮籍也因此避免了杀身之祸。

当然，有时候仅靠口舌解释难于挽回失误，这时就要动脑采取适当的行动了。

郭德成是元末明初人，他性格豁达，十分机敏，特别是喜爱喝酒。在元末动乱的年代里，他和哥哥郭兴一起随朱元璋转战沙场，立了不少战功。

朱元璋做了明朝开国皇帝后，原先的将领纷纷加官晋爵，待遇优厚，成为朝中达官贵人。郭德成仅仅做了戏骑舍人这样一个普通的官员。

一次，朱元璋召见郭德成，说道："德成啊，你的功劳不小，我让你做个大官吧。"

郭德成连忙推辞说："感谢皇上对我的厚爱，但是我脑袋瓜不灵，整天不问政事，只知道喝酒，一旦做大官，那不是害了国家又害了自己吗？"

朱元璋见他辞官坚决，内心赞叹，于是将大量好酒和钱财赏给郭德成，还经常邀请郭德成到皇家后花园喝酒。

一次，郭德成兴冲冲赶到皇家后花园陪朱元璋喝酒。眼见花园内景色优美，桌上美酒香味四溢，他忍不住酒性大发，连声说道："好酒，好酒！"随即陪朱元璋喝起酒来。

杯来盏去，渐渐地，郭德成脸色发红，醉眼蒙眬，但他依然一杯接一杯地喝个不停。眼看时间不早，郭德成烂醉如泥，踉踉跄跄地走到朱元璋面前，弯下身子，低头辞谢，结结巴巴地说道："谢谢皇上赏酒！"

朱元璋见他醉态十足，衣冠不整，头发纷乱，笑道："看你头发披散，语无伦次，真是个醉鬼疯汉。"

郭德成摸了摸散乱的头发，脱口而出："皇上，我最恨这乱糟糟的头发，要是剃成光头，那才痛快呢。"

朱元璋一听此话，脸涨得通红，心想，这小子怎么敢这样大胆地侮辱自己。他正想发怒，看见郭德成仍然傻乎乎地说着，便沉默下来，转而一想：也许是郭德成酒后失言，不妨冷静观察，以后再整治他不迟。想到这里，朱元璋虽然闷闷不乐，还是高抬贵手，让郭德成回了家。

郭德成酒醉醒来，一想到自己在皇上面前失言，恐惧万分，冷汗直流。原来，朱元璋少时，在皇觉寺做和尚，最忌讳的就是"光""僧"等字眼。郭德成怎么也想不到，今天这样糊涂，这样大胆，竟然戳了皇上的痛处。

郭德成知道朱元璋对这件事不会轻易放过，自己以后难免有杀身之祸。怎么办呢？他深深地思考着：向皇上解释，不行，更会增加皇上的嫉恨；不解释，自己已经铸成大错。难道真的要为这事赔上身家性命不成？郭德成左右为难，苦苦地为保全自身寻找妙计。

过了几天，郭德成继续喝酒，狂放不羁，和过去一样，只是进寺庙剃光了头，真的做了和尚，整日身披袈裟，念着佛经。

朱元璋看见郭德成真做了和尚，心中的疑虑、嫉恨全消，还向自己的妃子赞叹说：“德成真是个奇男子，原先我以为他讨厌头发是假，想不到真是个醉鬼和尚。”说完，哈哈大笑。

后来，朱元璋猜忌有功之臣，原来的许多大将们纷纷被他找借口杀掉了，而郭德成竟保全了性命。这是由于他能够从小的祸事看到以后事态的发展，提前避祸，才不至于招来杀身之祸。

品评悟道

人常言：“病从口入，祸从口出。”当口出错语时，应想尽办法及时补救。同样，当行为冒犯了别人，引起对方的疑虑和杀机时，要采取巧妙的方式进行处理，这样才能打消他人的疑虑，免去无意间造成的祸患。由此，我们应利用现时的条件努力培养生存的“急智”。

遭到攻击时，需要冷静

生活中每个人都有被陷害、被冤枉或被误解的时候，当发现有人攻击和诬陷我们的时候，不要惊慌，要冷静地进行解释和辩解，尽快消除一切误会，这样才能保护自己的利益。

战国时候，张仪和陈轸都投靠到秦惠王门下，受到重用。

不久，张仪便产生了嫉妒心，因为他发现陈轸很有才干，甚至比自己还要强，他担心日子一长，秦王会冷落自己，喜欢陈轸。

于是，他便找机会在秦王面前说陈轸的坏话，进谗言。

一天，张仪对秦惠王说："大王经常让陈轸往来于秦国和楚国之间，可现在楚国对秦国并不比以前友好，但对陈轸却特别好。可见陈轸的所作所为全是为了他自己，并不是诚心诚意为我们秦国做事。听说陈轸还常常把秦国的机密泄漏给楚国。作为您的臣子，怎么能这样做呢？我不愿再同这样的人在一起做事。

最近我又听说他打算离开秦国到楚国去。要是这样，大王还不如杀掉他。”

听了张仪的这番话，秦王自然很生气，马上传令召见陈轸。一见面，秦王就对陈轸说：“听说你想离开我这儿，准备上哪儿去呢？告诉我吧，我好为你准备车马呀！”

陈轸一听，莫名其妙，两眼直盯着秦王。但他很快明白了，这里面话中有话，于是镇定地回答：“我准备到楚国去。”

果然如此！秦王对张仪的话更加相信了。于是慢条斯理地说：“那张仪的话是真的。”

原来是张仪在捣鬼！陈轸心里完全清楚了。他没有马上回答秦王的话，而是定了定神，然后不慌不忙地解释说：“这事不单是张仪知道，连过路的人都知道。如果我不忠于大王您，楚王又怎么会要我做他的臣子呢？我一片忠心，却被怀疑，我不去楚国又到哪里去呢？”

秦王听了，觉得有理，点头称是，但又想起张仪讲的泄密的事，便又问：“既然这样，那你为什么将我秦国的机密泄漏给楚国呢？”

陈轸坦然一笑，对秦王说：“大王，我这样做，正是为了顺从张仪的计谋，用来证明我是不是楚国的同党呀!”

秦王一听，却糊涂了，望着陈轸发愣。

陈轸还是不紧不慢地说：“据说楚国有个人有两个妾。有人勾引那个年纪大一些的妾，却被那个妾大骂了一顿。他又去勾引那个年纪轻一点的妾，年轻的对他很友好。后来，楚国人死了。有人就问那个勾引小妾的人：‘如果你要娶她们做妻子的话，是娶那个年纪大的呢，还是娶那个年纪轻的呢?’他回答说：‘娶那个年纪大些的。’这个人又问他：‘年纪大的骂你，年纪轻的喜欢你，你为什么要娶那个年纪大的呢?’他说：‘处在她那时的地位，我当然希望她答应我。她骂我，说明她对丈夫很忠诚。现在要做我的妻子了，我当然也希望她对我忠贞不贰，而对那些勾引她的人破口大骂。’大王您想想看，我身为秦国的臣子，如果我常把秦国的机密泄露给楚国，楚国会信任我、重用我吗?楚国会收留我吗?我是不是楚国的同党，大王您该明白了吧?”

秦惠王听陈轸这么一说，不仅消除了疑虑，而且更加信任陈轸，给了他更优厚的待遇。陈轸巧妙的一席话，既击破了谗言，又保全了自己。

品评悟道

冷静应对一切突如其来的危机，是一种处变不惊的风度。只有冷静，才能在气势上给对方造成震慑的力量，也为自己赢得应急的机会。有些人一旦碰到不利于自己的形势，就惊慌失措，乱了阵脚，反而无故增添了别人的疑云，这是不明智的。所以，在平时我们应该着力培养笑对风云变幻的心态，以便在风雨突然来临时能处之泰然。

麻痹对手，抢得先机

在竞争对手面前，利用有效的方式麻痹对方，令其放松警惕，常常能抢得制胜的先机。

由于明武宗自己没有儿子，所以在病死前，决定让两个亲王中的一个继位，然而究竟立谁为好呢？据传说：他想了一个法子，立下遗诏，同时给两个亲王发出。遗诏中规定：先到京者为君，后到京者为臣。这两个亲王，一个是冀王，冀王府在河北，离北京只有一二百里；另一个是兴王，兴王府在湖广，离北京有一两千里。如此同时下诏，等兴王府接到诏书的时候，冀王也早就入京为君了，可见武宗想立的是冀王，而不是兴王。然而结果是，兴王抢先入京做了皇帝。这是何故呢？

事实上，当兴王府接到诏书的时候，冀王已经在入都称帝的途中了。兴王朱厚熜听到这个消息，心灰意冷，打消了当皇帝的念头。

一天，他百无聊赖地在大街转悠，遇到一个摆地摊测字的先生。这测字先生见朱厚熜走来，便迎上前笑着说："看您福人贵相，何不测一字来看看！"

朱厚熜道："再贵相到此时又有什么用呢？"

测字先生道："您测测看看！"朱厚熜盛情难却，便让其测一"问"字。

测字先生看了他写的字后，忽然跪倒在地，向他祝贺道："我看出来了，您一定是千岁，这个'问'（問）字从中间拆开，左看是君，右看还是君，您马上就要当皇帝了。"

朱厚熜道："可惜为时已晚，皇帝已经上路，可能现在已经入京了。"

测字先生说道："有福不忙，无福跑断肠。如果您答应让我当丞相，我就担保让你当上皇帝。"

朱厚熜一听十分高兴，忙问："请问先生大名？"

测字先生说："小民严嵩。"

朱厚熜说道："咱们一言为定，本王如果当了皇帝，一定封你为相。"严嵩当即叩头谢封。

朱厚熜带严嵩来到王府，写好封严嵩为相的"圣旨"，然后就问严嵩如何称帝。严嵩笑着说："臣已知王爷接到诏书，也已探听到冀王已经接诏上路。他虽离京很近，却自以为帝位非自己莫属，便要大张旗鼓地进京，沿途官员自然都要挽留接风，然后送行，如今半个月都过去了，他们才走了不到百里的路程。照此下去，再有半个月，也不一定能到京城。因此，王爷若火速入京，还来得及。为防止途中停留，您可扮成‘钦犯’，日夜兼程，马不停蹄，由臣下相陪，最迟不过六七天便可以入京，就一定能出其不意地抢在冀王前面称帝。”朱厚熜听罢，拍案叫绝，当即打点入京。

兴王朱厚熜来到京都，恰遇众大臣出城迎接、由东安门入居文华殿，由张太后传出懿旨，由众臣簇拥到奉天殿即位，这就是明世宗，改明年为嘉靖元年，大赦天下。而那位测字先生严嵩，也因此被召入朝为相。

历史常有惊人相似的一幕。在两千多年以前的齐国也发生了这样的事情：管仲和鲍叔牙是十分友好的朋友，分别在齐襄公的两个儿子公子纠和公子小白手下做事。公子纠和公子小白是同父异母兄弟。由于襄公昏庸无道，两兄弟和大臣纷纷避走他国。管仲保护公子纠到了鲁国，鲍叔牙则随同公子小白逃亡莒国。公元前686年，齐国爆发内乱，襄公被杀，公子小白和公子纠两人立刻动身，准备回国即位。两路人马途中相遇，管仲眼明手快，对准公子小白当胸就是一箭，小白应声倒下。管仲以为公子小白已死，便护卫公子纠不慌不忙地赶路。等6天路程走完，回到临淄，才知小白竟已先到，并即位为君，称为齐桓公。

公子小白为何没有死呢？原来管仲那支箭恰恰射在小白腰带的铜质带钩上，小白毫无伤害，但小白却借机中箭倒下装死，使得管仲误以为竞争对手已死，便放松了警惕，贻误了时机。等管仲和公子纠一走，公子小白便日夜兼程，赶往临淄，抢在了公子纠前面。

品评悟道

翼王与公子纠犯了同样的错误，以为对手已不能对自己构成任何威胁，放松了警惕，贻误了时机，痛失了君位。而朱厚熜和小白则正是抓住对手麻痹轻敌的心理，日夜兼程，马不停蹄，赢得了时间。于是麻痹对手，以抢占先机就成了人们经常用到的妙计。

审时度势，把握良机

善于把握事态发展变化的局势，抓住有利的时机，是成事的必需条件。

208年，秦将章邯率军攻打赵国巨鹿。赵王歇向楚国求救。楚怀王任命宋义为上将军，项羽为次将军，率军去营救赵国。楚军到达安阳后，宋义畏缩不前，驻留此地长达46天之久。项羽劝说宋义立即攻秦救赵，被宋义拒绝了。当时天寒多雨，将士挨冻受饿，痛苦不堪。而宋义却亲自跑到无盐大摆宴席，为自己的儿子到齐国做相送行，并借机扩展个人势力。

乘宋义离开之际，项羽鼓动将士们说："我们奉命攻打秦军，救援赵国，现在却留在这里不能前进。这里遇到灾荒，将士只能吃个半饱，军中存粮也不多。上将军对此丝毫不放在心上，只顾饮酒作乐，根本没想到要率军去赵国征粮，并与赵军合力抗秦，反而美其名曰'等待秦军疲惫之机再打'。如果强大的秦国攻击刚刚复国不久的赵国，必然能把赵国灭掉。

赵国灭掉之后，秦军只会更加强大，根本无机可乘。况且我军刚刚在定陶吃了大败仗，大王正坐卧不安，将全军交给上将军指挥。国家安危，就在此一举了。不料上将军却如此不爱惜将士，只顾徇私，这样的人怎么能做社稷之臣！”

项羽的话立刻在全军中引起共鸣。当宋义返回安阳时，项羽乘机将其杀死，然后号令全军，说道：“宋义与齐国密谋反楚，楚王命令我将其杀死！”将士上下无不服从。消息传回国内，楚怀王只好正式任命项羽为上将军去营救赵国。此后，项羽破釜沉舟，九战九捷，歼灭了秦军主力，解除了巨鹿之围。

品评悟道

楚怀王是秦末农民起义军首领项梁听从谋士范增之计拥立的。楚怀王名为皇帝，实为傀儡。但他趁项梁战死后，在彭城（今江苏徐州）夺取项羽、吕臣的兵权，改用宋义为上将军，项羽当然心怀不满，伺机夺回兵权。而这时的形势，正是动手发动兵变的好时机：一方面宋义在紧急关头，徇私误国，违背军令，贻误战机，罪该问斩；另一方面，士兵在寒风冷雨中煎熬，而宋义却饮酒作乐，大摆宴席，士兵的反叛心理经项羽一鼓动就旺盛起来了。于是，杀宋义、取兵权的主客观条件一应俱全，项羽的审时度势，把握住了时机。项羽既杀了宋义，夺取了兵权，又歼灭了秦军，解除了巨鹿之围，可谓一箭双雕，两全其美。

一石三鸟，摆脱困境

人生陷入困境之中时，我们需要尽快做出反应。具有高超机变智慧的人，能同时处理好几方面的关系。

战国时期，除了七雄之外，还存在着几个微不足道的小国，中山国便是其中之一。中山国虽小，却能在强雄的夹缝中生存，原因之一就是中山国拥有超一流的智者，相国司马熹便是其中最杰出的一位。

在司马熹治理国家期间，由于他能应付各种复杂的局势，使弹丸之地得以长期独立，中山国王对他十分信任。但司马熹也遇到了一位十分嫉恨自己的人，这人就是最受中山国国王宠爱的姬妾用简。司马熹也不知道自己在什么时候、什么地点、因为什么事情得罪了这位美女，她几乎每天都会在国君枕边说他的坏话。如果枕头风吹多了，国君对司马熹的信任也会动摇，处境对他极为不利。

有一天，赵国派来了一位使者，司马熹负责陪同。在宴会上，司马熹趁酒酣之际问使者：“听说你们赵国擅长歌舞、音乐的美女很多。现在我们中山国，也有一位足可以叫贵国大吃一惊的美女。她的相貌、人品之美好，就是仙女也比不上，可称得上是绝代佳人。她的眉毛、眼睛、鼻子、头形、前额、脸蛋没有一处可挑剔的，真是一副王后的福相，绝非诸侯妃姬。这个人叫用简，她就是当今鄙国国君的宠姬。”

这位使者听了司马熹的话，暗自高兴，心想真是不虚此行。回国后，向赵国国王详细报告。还没等使者汇报完毕，赵王已经动心了。于是他派遣特使到中山国，请求中山国君把用简送给自己。如果中山国答应了赵王的要求，把用简送到赵国，那么，司马熹就除去了心头大患，能轻易地摆脱困境了。

中山王听到赵王的要求后，一反过去卑弱的态度，坚决反对这个要求，表示不可能答应赵王的这一请求。如此一来，形势一时变得复杂紧张起来。大臣们都感到惊慌，若得罪了赵国，弄不好，兴兵来伐，中山国就要蒙难了。举国上下都束手无策，众臣只是七嘴八舌，拿不出一个主意。

胸有成竹的司马熹却暗自欣喜，他选定这个关键时刻，向国王进谏，他说：“时至如今，请大王把用简正式封为王后，既封为王后，拒绝赵王的要求绝不会被他们找到说辞，赵王不能夺他国的王后，也就死心了。这样回绝赵国才不会惹他们生气，又可以保护我国免遭兵祸。”此言一出，中山王赞不绝口。

次日，中山王便封用简为王后，并以厚礼打发走赵国使者。使者回禀赵王，赵王除了遗憾外，也不便采取更强硬的措施，中山国得以保全。

从此以后，用简对司马熹不仅没有说半句坏话，而且处处流露出她的感恩戴德之情。她心想，这回升到王后，多亏司马熹出了大力。

品评悟道

司马熹凭巧言妙计，转瞬间就使自己完全摆脱了困境。他促使用简成为了王后，使得她不再仇恨自己，两人的前怨一笔勾销，同时还巧妙地拒绝了赵王讨求用简，保全中山国免遭祸殃。司马熹之举，胜于一箭双雕，实为一石三鸟。

灵活应对别人的恶意诬陷

客观世界里充满了矛盾，我们只有掌握了科学的思维方法，才能在错综复杂的矛盾面前立于不败之地。

有些人为了达到个人的目的不惜造谣生事、诬陷诽谤，只有具有灵活的思维和准确的分析判断能力，才能够避免被人蒙蔽，做出正确的应对。

晋文公在位的时候，曾遇到过一起发生在自己身边的陷害案。

一天，一个侍从在御膳房端了一盘烤肉，恭恭敬敬地送到晋文公面前请其就餐。晋文公拿起餐刀正准备切肉，忽然发现肉上黏着不少头发。他立即放下手中的小刀，命人去找膳吏。

那个膳吏看到传召的侍从脸色不好，一路上不停地琢磨这次晋王召见的原因。究竟是刚送去的烤肉火候不够，还是烧烤时用料不当、口味欠佳呢？

哪知道一见晋文公就遭到一阵责骂。文公气势汹汹地说道："你是存心想噎死我吗？为什么在烤肉上放这么多头发?”

膳吏一听，原来发生了一件自己没有料到的祸事。虽然他明知道这件事里面有鬼，但在君王的气头上是不能辩白的。否则如果把握不好，很容易招致横祸。

于是，膳吏急忙跪拜叩头，口中却似是而非、旁敲侧击地说道：“请君王息怒，奴才真是该死。烤肉上缠着头发，我有三条罪责。我用最好的磨石把刀磨得比利剑还快，它切肉如泥，可就是切不断毛发，这是我的第一大罪过。我在用木棍去穿肉块的时候，竟然没有发现肉上有一根毛发，这是我的第二大罪过。我守着炭火通红、烈焰炙人的炉子把肉烤得油光可鉴、吱吱有声、香味扑鼻，然而就是烤不焦、烧不掉肉上的毛发，这是我的第三大罪过。不过我还想补充一句，您是一位明察秋毫的贤明君主，您能不能把堂下的臣仆观察一遍，看看其中是否有恨我的人呢?”

晋文公觉得膳吏所言话外有音，所以对案情产生了怀疑。他立即召集属下进行追问，不出膳吏所料，果然找出了那个想陷害膳吏的侍从。晋文公下令杀了那个人。

三国时期，吴国的国君孙亮的思维判断能力也非常令人折服。孙亮非常聪明，观察和分析事物都非常深入细致，常常能使疑难事物得出正确的结论，为一般人所不及。

一次，孙亮想要吃生梅子，吩咐黄门官去库房把浸着蜂蜜的蜜汁梅取来。这个黄门官心术不正而且心胸狭窄，是个喜欢记仇的小人。他和掌管库房的库吏素有嫌隙，平时两人见面经常发生口角。他怀恨在心，一直伺机报复。

这次，可让他逮到机会了。他从库吏那里取了蜜汁梅后，悄悄找了几颗老鼠屎放了进去，然后才拿去给孙亮。

不出他所料，孙亮没吃几口就发现蜂蜜里面有老鼠屎，果然勃然大怒：“是谁这么大胆，竟敢欺到我的头上，简直反了！”

心怀鬼胎的黄门官忙跪下奏道：“库吏一向不忠于职责，常常游手好闲，四处闲逛，一定是他的渎职才使老鼠屎掉进了蜂蜜里，既败坏主公的雅兴又有损您的健康，实在是罪不容恕，请您治他的罪，好好儿教训教训他！”

孙亮马上将库吏招来审问鼠屎的情况，问他道：“刚才黄门官是不是从你那里取的蜜？”

库吏早就吓得脸色惨白，他磕头如捣蒜，结结巴巴地回答说："是……是的，但是我给他……的时候，里面……里面肯定没有鼠屎。"

黄门官抢着说："不对！库吏是在撒谎，鼠屎早就在蜜中了！"

两人争执不下，都说自己说的是真话。

侍中官刁玄和张邠出主意说："既然黄门官和库吏争不出个结果，分不清到底是谁的罪责，不如把他们俩都关押起来，一起治罪。"孙亮略一沉思，微笑着说："其实，要弄清楚鼠屎是谁放的这件事很简单，只要把老鼠屎剖开就可以了。"

他叫人当着大家的面把鼠屎切开，大家仔细一看，只见鼠屎外面沾着一层蜂蜜，是湿润的，里面却是干燥的。

孙亮笑着解释说："如果鼠屎早就掉在蜜中，浸的时间长了，一定早湿透了。现在它却是内干外湿，很明显是黄门官刚放进去的，这样栽赃，实在是太不像话了！"

这时的黄门官早吓昏了头，跪在地上如实交代了陷害库吏、欺君罔上的罪行。

品评悟道

我们对于形势复杂、难以判断的事物，只要全面分析、推理，开动脑筋想办法，不被表面现象所迷惑，不被事物的复杂性所吓倒，就能正确应对突然来临的状况。这一点，对于成长中的我们非常重要。

巧言保护自己的利益

为人处世最难做到的事情之一就是临危不惧、威武不屈。这不仅需要胆量，更需要智慧。

战国时期，晋楚展开大战，晋军大败，知罃被俘。知罃的父亲荀首为晋军大夫，率兵苦战，射死楚大夫连尹襄老，射伤楚公子谷臣，并将他们一起带回去，预备以后用他们换取回知罃。于是，荀首成了中军统帅。当时晋军虽败，但实力并不虚弱，楚军惧怕荀首的声威，便答应了晋军换回知罃的要求。

楚王见知罃要回晋国，知道他将来一定能立下大业，一改原来把他当作罪犯的脸孔，换作朋友的脸孔。在把知罃送出时，他满面和气地问知罃："你会怨恨我吧?"

知罃回答道："两国之间作战，是因我没有才能，才沦为俘虏。大王不把我杀死用血涂在鼓上激励将士，使我回晋受罪，这是大王的恩惠，我哪里还敢怨恨你呢?"

楚王听了这话很为得意，进而问道："既然如此，那么你将会感激我的恩德呢?”

知罃正色答道:“两国都是为国家利益打算，以使百姓安心度日。现在晋楚二国既已和好，各自后悔当初的怨恨，不应互相为战，那么就应互相宽恕为是。现在我们两国都在力求这样做，双方互释战囚以成其好。两国之间的政事，与我私人无关，我来感激谁呢?”

楚王又问:“你这番话我听得有点不对了，明明是要换你回去，可你却说与你无关，但这也毕竟是两国之间大事。那么，你回去之后如何来报答我的恩情呢?”

知罃说:“臣无从受怨，也无从受德，无怨无德，不知所报。”

楚王笑着说:“这是哪里的话来。”

知罃说道:“若是我的国君把我杀掉，我就是身死掉，这个大恩也不会腐朽的。假使听从你的好意而免我一死，来赐给我的父亲荀首，若他把我戮于宗庙，我虽死掉，你的恩德也会不朽的。假使轮到我担任国家大事的时候，带领部分军队保卫边疆，如果碰上楚国的将帅，我也不会选择避而不战的，我会不惜牺牲地去拚杀，没有二心，以此来尽我的为臣之礼，这就是我对大王的回报。”

楚王从知罃口中得不到什么千金许诺，但知罃的话句句入情入理，不好反驳，只好送知罃回去，叹口气说：“晋未可与之争。”

品评悟道

知罃在楚王进行盘问索要报答时，还在他人手中，然而并未故作媚态，强作欢颜，而是以礼相待楚王。这个礼，便是他应尽的臣子之礼，他的言语很有分寸，没有丝毫过度，也没有丝毫不周。就这样，他巧妙地保护了自己的利益。

善用“欺骗”之举让人无往不利

《围炉夜话》中指出：“为人循矩度，而不见精神，则登场之傀儡也；做事守章程，而不知权变，则依样之葫芦也。”精通谋略的人总是能够积极动脑，及时“制造出”急需的东西，以解燃眉之急。

北宋年间，朝廷遣能征惯战的将军狄青领兵南征。当时朝廷中主和、妥协派势力颇强，狄青所部亦有些将领怯战，有的甚至散播谣言，说什么“梦见神人指示，宋兵南征必败”。军中不少有迷信思想的官兵尽皆惶然，笃信此次南征“凶多吉少，难操胜券”，一时军心涣散。狄青一再训诫说：“我军乃正义之师，战必胜，攻必克。”无奈官兵迷信思想极重，收效甚微。

为此，狄青和几员心腹大将十分忧虑。大军途经桂林，恰逢大雨滂沱，一连数天，乌云蔽日，无法行军。此时军中谣言更甚，都说出师不利，天降凶雨，旨在回师……

这天黄昏，狄青带领几员偏将冒雨巡视，路经一座古庙，见冒雨进香占卜者不少，便进庙询问。庙中和尚说，都说这座庙神佛灵验，有求必应，所以终年拜佛占卜者络绎不绝。

狄青听罢，心中顿生妙计。次日清晨，他全身披挂，领将士入庙拜佛，虔诚地供香跪拜后，便对将士们说："本帅当众占卜一卦，欲知南征凶吉。"说毕，他请庙祝捧出百枚铜钱，说明一面是正面，一面是反面，然后当众合掌祈祷："狄青此次出兵南征，如能大获全胜，百枚铜钱当正面向上！"只见他将铜钱一掷，落地有声，果然全都是正面。将士们惊异万分，兴高采烈，奔走相告，一时士气大振。

狄青当即下令不准再动铜钱，以免冒犯神灵，同时令心腹将士取来百枚长钉，把铜钱牢钉在地，然后对全军说道："此战必胜，这是上天助我！等到班师之日，再来感谢神灵取钱吧！"

第二天雨过天晴，宋军士气高昂，直压边境。两军对阵，宋军将士无不奋勇当先，所向披靡，直把敌人杀得丢盔弃甲，溃不成军，乖乖地立下降书，自称永不敢再犯大宋边境。

宋军班师回朝，狄青高兴地带领一班将校到古庙谢神还愿，拔钉取钱时，一位偏将忽然惊呼："奇怪，奇怪！这百枚铜钱怎么两面都是正面?!"

狄青哈哈大笑道："此举绝非神灵，其实是本将军借神佛之灵，鼓舞士气罢了！"此时大家才恍然大悟，原来狄将军私下和几位心腹将士暗将铜钱做了手脚，故弄玄虚，利用将士们的迷信心理，化厌战情绪为勇战情绪，一鼓作气战胜侵略军。

品评悟道

以上故事深有启发，只要我们开动智慧的头脑，抓住人们的心理，利用契机进行正面的暗示，就一定能唤起大家的力量，让我们无往不利。生活中，我们知道，为了达到良好的目的，不得不用到一些善意的欺骗，只要初衷是好的，不妨一试。

不露声色地把危机消弭于无形

生活谋略中占有首要地位的经典信条就是："未雨绸缪，防患未然"。不管是谁，都要有预见危机的能力，这才是最高明的应付危机的策略。

陈平在当初投奔汉王刘邦的时候，曾发生过一宗很危险的事。

那时正是春夏之交的时节。一天中午，天空灰蒙蒙的，碧绿的田野一片静寂。这时，从楚王项羽的军营里走出一个人，身穿将军服，佩带一把宝剑，警戒地四下看着，顺着田间小路，急匆匆地向黄河岸边赶去，这个人就是陈平。他准备偷渡黄河去投奔汉王刘邦。

陈平赶到河边，轻声叫来一艘渡船。只见船上有四五个人，都是粗蛮大汉，脸上露出凶相。当时陈平早已觉察到，上这条船有些不妙，但又没有别的去路。他担心误了时间，楚兵会很快追赶上来，只好上了船。

船只慢慢离开了岸，陈平总算松了口气，但他敏锐地观察到，船上这几个人窃窃私语，相互递着眼色，流露出不怀好意的神色。

“看来是个大官，偷跑出来的。”

“估计他怀里有不少珍宝和钱，嘿嘿。”

坐在舱内的陈平听到船尾两个人这样低声议论，并发出阴险的笑声时，不禁有些紧张。心想：“他们要谋财害命！我虽然身上没有什么财物和珍宝，我只是独自一人，只有一把剑，肯定敌不过他们。如何安全地摆脱危险的困境呢?”

这时，船到了河中央，速度明显地减缓了。

“他们要下手了，怎么办?”陈平急中生智，考虑了一个计策。

他从船内站起来，走出船舱说：“舱内好闷热啊！热得我都快要出汗了。”

陈平边说边佯作若无其事地摘下宝剑，脱掉长衣，倚放在船舷上，并伸手帮他们摇船。这一举动，出乎船上壮汉们的预料，使他们一时不知道该怎么办才好。

陈平很用力地摇船。过了一会儿，他又说：“天闷热，看来要来一场大雨了。”说着，又脱下一件上衣，放在那件外衣之上。过了一会儿，再脱下一件。最后，他索性脱光了上衣，赤着身子，帮他们摇船。

船上那几个人，见陈平根本没有什么财物可图，就打消了谋害他的念头，很快把船划到对岸了。

品评悟道

陈平在这样的情况下，以他一介文士的身份，不论是向船家极力辩解，还是凭一时血气之勇拔剑与船家展开搏斗，恐怕都难以逃脱被船家杀害的结局。陈平能在间不容发的紧张瞬间想出办法，不露声色地把危机消弭于无形，不愧是刘邦手下的一大谋士。

纲举目张，执本末从

抓住网纲撒网，网眼自然张开；抓住了树的根本，枝叶自然会跟从。

刘邦平定天下以后，开始论功封赏功臣。他向大臣们说："运筹帷幄之中，决胜千里之外，这是张良的功劳，应封3万户。"

张良连忙起身拜谢："臣开始逃亡下邳，有幸与陛下相会，这是上天让臣跟随陛下。陛下用臣的计策，幸而时中。臣愿封留地足矣，不敢当3万户。"

刘邦对张良的辞让很满意，就封他为留侯。接着又封赏了20多位有功之臣。这时，其他的文臣武将日夜争功不停，弄得刘邦心烦意乱，寝食难安。

一天，刘邦在洛阳南宫从阁道望见几位将领窃窃私语，觉得奇怪，就问张良："他们在说什么？"

张良不安地说："陛下难道不明白？他们在商量谋反的事呀！"

刘邦大惊失色："天下刚刚安定，为什么要谋反？"

张良提醒刘邦道："陛下起于布衣，是依靠这些武将取得了天下。现在您是天子，所封的侯爵全是像萧何、曹参那样的同乡、故人和您所喜欢的，而您诛杀的尽是平生所愤恨的仇人。现今军吏计功，有功的不能普遍受封，许多人担心得不到封赏，又害怕您抓住他们的过失而诛杀他们，所以他们才打算铤而走险，聚众谋反啊……”

刘邦愁容满面，如坐针毡：“这……如何是好？”

张良深思熟虑地说：“陛下不要担心，臣已经有了办法。”

“快说给朕听！”刘邦急不可耐。

“陛下平生最憎恨的，且又是群臣所共知的人，是谁？”

“当然是雍齿这个人。雍齿与我有旧仇，他侮辱过我，只是因为他功劳大，才不忍杀他，这事群臣都知道……”刘邦不假思索地告诉张良。

张良霍地站起身，胸有成竹地说：“陛下，谋划就在此人身上！立即封赏雍齿，给群臣诸将摆个样子。像雍齿这样的仇人，陛下都能不计前怨，为他封功晋爵，别人还会有什么顾虑呢？他们必会心平气和，解除疑虑了！”

刘邦立即下令设置酒宴，召集文武百官，当众宣布命令，封雍齿为什方侯……接着又催促丞相、御史定功行封。

酒宴散后，大臣、将军欢天喜地，奔走相告："雍齿都能封侯，我等还担心什么呢!"

品评悟道

做事情一定要先抓主要矛盾，主要矛盾解决了，其他小矛盾便迎刃而解，这就是纲举目张。张良让刘邦封雍齿而平定众将之心，实际上这条计策并没有什么出奇的地方，但为什么达到了"制胜"的效果呢?其原因就是张良太了解众将官的所思所想了。雍齿是刘邦平时最憎恨的人，这样的人受封当然最有说服力。所以，雍齿被封侯后，众将心里的顾忌也就没有了。

找最佳的角度解决难题

换一种角度去思考问题，将会有新的发现。

相传古时候，有一个国王，长得十分丑陋。他一只眼睛瞎了，一条腿是瘸的。然而，就这样的一个国王，有一天，竟召集全国的画师来为他画像，并且对外宣称：画得好的有赏，画得不好的要杀头。

有一个画家想：“国王的威严谁敢冒犯！尽管国王长相丑陋，我还是给他画张漂亮的吧。”于是，他画了一张画像呈献给国王。只见画像上的国王不瞎不瘸也不丑，仪态端庄，威严无比。

国王看完，勃然大怒道：“善于弄虚作假、阿谀奉承的人，一定是个有野心的小人，留着有什么用？拉出去斩首！”

第一个画师就这样被杀了。

这时，第二个画师想：“既然画虚假的画像国王恼怒，那么我就给他如实画吧。”第二个画师又画了一张画像呈献给国王。只见画像上的国王瞎着一只眼，瘸着一条腿，哪里有一点儿一国之主的威严？

国王看后怒火中烧，大喝道：“竟敢丑化国王，冒犯天威，此等狂妄之徒，留着有什么用？拉出去斩首！”

第二个画师也被杀了。

画家们见此情景，个个吓得魂不附体，哪个还敢冒险为国王画像？然而不画也不行，违抗圣命，照样会被杀头的呀。正在众画师为难之时，人群中闪出一个人来，他双手呈上一幅画像给国王。

国王一看这幅画像，不禁连连称叹，赞不绝口，并将画像赐给群臣观赏。

这是一幅国王狩猎图。只见国王一条腿站在地上，一条腿蹬着大石，一只眼眯着做瞄准状，刚好掩盖了国王的缺陷，充分展现了国王雄姿英发的一面。结果不言而喻，国王赐给这个画师千两黄金作为奖赏。

品评悟道

见机行事，是一种智慧。做同样一种事情，有的人成功了，有的人失败了，为什么呢？这里有诸多因素，但也有一个技巧问题。这里所说的技巧，就是做事的角度。成功的企业家、政治家之所以有了成功的业绩，正是在奋斗的过程中，摸索并找准了出奇制胜的角度。所以说，天下的事情再难做，最后还是有聪明人能够完成任务。关键是做事之前，开动脑筋，解放思想，找一个最佳的角度，然后再去实施。

临危不乱，以“诈”赢得生机

在危及自己生命的紧要关头，灵活地“诈”一回，不失为一大机变智慧。

朱元璋打败陈友谅、张士诚，定鼎南京，建号称帝，由刘伯温亲自选定风水宝地，开工兴建宫殿。朱元璋住进建好的皇宫后，没事便到处走走，熟悉一下环境。

一天他走到一间刚完工的大殿里，看着雕梁画栋，金碧辉煌，回想自己当年当和尚的情景，不禁感慨丛生，四下顾望无人，便信口把心中所想说了出来：“唉，我当年不过为饥寒所迫，想当个盗贼，沿江抢掠些金银财物而已，哪曾想能有今日这番气象。”

说完后，仰面观看棚壁，却吓了一跳。原来有一个漆匠正在一个大梁上做最后的油漆工作，由于梁木宽大，朱元璋先前竟没发现他。

朱元璋马上意识到自己一时冲动失言，一番只能藏在心底，不能让任何人知道的真实想法可能都已经落入这名漆匠耳中了。如果不杀人灭口，势必会传扬得四海皆知，那可是丢人丢脸又不利于自己以天命愚弄百姓的大事。

他开口让那名漆匠下来，连喊了几遍，漆匠充耳不闻，继续慢条斯理地做着手中的活。朱元璋大怒，加大了音量喊，那名漆匠仿佛才听到声音，忙下来跪在朱元璋面前，叩头说：“小人不知陛下驾到，没有及时避开，冒犯了陛下，请陛下恕罪。”

朱元璋怒声道：“你耳聋了怎的？我叫了你几遍你都不下来？”

漆匠叩头说：“陛下真是英明皇帝，连小人耳朵有点聋都知道。陛下圣明，这是小人和万民的莫大福分。”

朱元璋生性多疑，但看漆匠脸上神色并无太大变化，心想他骤然听到这样大的秘密，自然知道厉害，不吓得掉下来，也会面无人色，不会如此平静，看来他真是耳朵有些不灵敏的人呢。

也是朱元璋心情好，又见漆匠把自己的宫殿活做得也不错，又很会说话，便摆摆手让他继续干活。

这名漆匠当晚便找个借口逃出皇宫，连夜逃回家中，携带妻小躲避他乡。而朱元璋后来因为国事繁忙，根本记不得这件事了。

品评悟道

那名漆匠的才能或许并不比朱元璋差，看其骤然听到天大的秘密却不惊不慌的态度，真有“泰山崩于前而色不变”的大将风度，马上又想到用耳聋来保护自己，这份机智也是人所难及。

不入虎穴，焉得虎子

成功和风险几乎是以一种正比增长的形式存在的。要取得成功，就要学会担当风险。由此，培养冒险精神，是每个人要面对的人生课题。

东汉时候，班超跟随奉车都尉（官名）窦固和匈奴打仗，立有功劳。后被派出使西域。他首先到鄯善国。国王早知班超为人，对他十分敬重，但隔了一段时间，忽然变得怠慢起来。班超召集同来的 36 人说：“鄯善国最近对我们很冷淡，一定是北方匈奴也派人来笼络他，使他踌躇不知顺从哪一边。聪明人要在事情还没有萌芽的时候就发现它，何况现在事情已经很明显了。”

经过打听，果然是这样。于是班超又召集所有的人：“我们现在处境很危险，匈奴使者才来几天，鄯善国王就对我们这么冷淡，如果再过一些时候，鄯善国王可能会把我们绑起来送给匈奴。你们说，这该怎么办?”当时大家坚决地表示愿听他的主张。他便继续道：“不入虎穴，焉得虎子。现在唯一的办法，就是在今天夜里用火攻击杀匈奴来使，迅速把他们消灭。只有这样，鄯善国王才会诚心归顺汉朝。”

这天夜里，班超就和他同去的36个同伴冲入火光冲天的匈奴人的住所，奋力死战，用少数人战胜了多数的匈奴人，达到了预期目的。

品评悟道

后人根据这个故事，引申成“不入虎穴，焉得虎子”这句话，用来说明人们做事如果不下决心，不历险境，不经过艰苦的努力，是不能达到预期目的的。

许多人完全知道要成功他们必须做什么，但因为害怕冒险，常常迟迟不愿采取正确的行动。成功的秘密是这样的：不要只是想着采取行动，而是要“采取正确的行动！”——虽然可能会付出一定的代价！不入虎穴，焉得虎子！

让人心服，而非征服

“让人心服，而非征服”，是封建统治者秘而不宣的治国之道。不到万不得已，统治者一般不会采取武力的办法，因为人心永远不是武力能征服得了的。让人心服才是最佳的效果。

东汉的开国皇帝刘秀精于谋略，智勇兼备。刘秀在争夺天下的过程中，十分注重驭心之术，很多棘手的问题他都能轻松化解，最终战胜所有对手，拥有天下。

建武三年（27 年），刘秀亲率大军前往宜阳，截断了赤眉军的退路。赤眉军的小皇帝刘盆子惊惧万分，他对自己的哥哥刘恭说：“我们虽有 10 万大军，却早已是惊弓之鸟，无力再战了。我苦思无计，万望兄长能够救我。”

刘恭颇有才智，他点头说：“战之无益，眼下保命要紧。刘秀乃是你我刘氏的宗亲，请允许我恳求于他，放我等 10 万兵众一条生路。”

刘盆子就此事和众将商议，有人便忧心地说：

"此议虽好，怕只怕刘秀不肯。如今敌强我弱，不比昔日，他为了消除隐患，又怎能真心饶我们不死呢？与其受辱也不能免死，不如拼死一战。"

众将犹豫，刘盆子更是放声大哭，刘恭见状开口说："为了万千将士的性命，我还是主张恳求刘秀开恩。倘若事不如愿，我刘恭自然会和你们誓死抗敌。"

于是刘恭求见刘秀，说明归降之意后，刘恭又说："陛下能有今日的成就，可知是为什么吗？"

刘秀一笑说："败军之将，有什么资格来评说我？"

刘恭嘴上不停，又道："赤眉军曾有百万之众，竟有今日之败，陛下也不想知道什么原因吗？"

刘秀凛然正色，平声说："早就听说你多有见地，我且容你叙说一二。如果你言语不实，巧言惑人，我定要严加治罪。"

刘恭苦笑几声，后道："赤眉军残暴待民，百姓怨恨，终成不了大事。陛下仁爱谦和，善收民心，百姓拥戴，方有时下大功。陛下虽取天下，若能再施仁义，赦免我将士，一来可以增加陛下的美名，二来可以保陛下江山不失，变乱不生，不知陛下可曾作此设想？"

刘秀脸上不动声色，心中却为刘恭之语深深打动，他故意反驳说："你们无力再战，才会主动请降，倘若只是一时权宜之计，我岂不上了你们的大当？我实在很难相信。”

刘恭却不辩解，只说：“莽贼不仁，方有天下之乱。他屡次使用武力和军队残害百姓，其报也速。在下话已言尽，全在陛下裁断。”

刘秀和群臣议事之时，将刘恭所言复述一遍，他感叹说：“天下还未大定，刘恭的话不可不听啊。我们剿灭赤眉军容易，可要恃此征服民心就大错特错了。百姓不服，天下就不会真正太平，这才是我最担心的事。”

于是刘秀又召见刘恭，答应了他们的投降请求。刘秀又下令赐给他们食物，让长期饥饿不堪的 10 万赤眉军将士吃饱了肚子。刘秀还安抚刘盆子说：“你们虽有大罪，却有三善：你们攻城占地，富贵之时，自己的原来妻子却没有舍弃改换，此一善也。立天子能用刘氏的宗室，此二善也。你们诸将不杀你邀功取宠，卖主求荣，此三善也。”

刘秀的手下深恐赤眉军再起叛乱，私下对刘秀说：“陛下仁爱待人，只需安抚住赤眉军将士即可。刘盆子身为敌人的头领，难保不生二心，此人不可不除啊。”

刘秀对手下人说：“行仁之义，全在心诚无欺，如此方有效力。我待他不薄，他若再反，那是他自取灭亡；我若背信枉杀，乃吾之失，自不同也。”

刘秀对刘盆子赏赐丰厚，还让他做了赵王的郎中。人们在称颂刘秀的贤德时，天下的混乱局面也平息下来，日渐安定。

品评悟道

有远见的统治者绝不会一味残暴用事，他们纵是情有不愿，在特殊的时候还是要展示他们“仁慈”的一面。“仁慈”往往比杀戮更有杀伤力，对本性善良的百姓尤见功效。凶残的统治者使强用狠，他们轻视民众、迷信武力，这只能是他们头脑简单的反映，民心不可用武力来征服，任何人都不可使之改变。

民心所向，善用者王

老百姓都向往的事，代表着人心的指向，善于利用和顺应民心所向的人可以成就霸王之业。

秦二世元年七月，去渔阳戍边的900名农民，在大泽乡因暴雨被困，无法前行。

按照秦朝法律，无论何故，如果过了朝廷的期限，这些人都要被斩首。这时，900人虽心急如焚，却又无可奈何，人人都感到了厄运的临近。

雇农出身的阳城人陈胜不甘这样等死，他私下对同行的吴广说："大丈夫生而为人，如此丧命岂不可惜？与其白白送死，倒不如聚众一搏，或许有一线生机，你以为怎样？"

吴广深表赞成，说："朝廷无道，老百姓全无生路，早该反了。只是你我无权无势，如果不能召集大家一同起事，毫无胜算啊。"

陈胜长叹一声，忧心说："你我有心，奈何别人心怀侥幸，是一定不会听我们号令的。这个问题不解决，我俩只能等死，该想个妙法才行啊。"

二人顿感气馁，相对无言。

突然，吴广哀叹一声，苦笑说："你我都是草民一个，天生的贱命，如果咱们是落魄的王孙贵族，说话的分量自是不同了。可笑人们都相信他们，相信天命，这有什么办法呢?"

一句话提醒了陈胜，他眼中一亮，思忖片刻，这才出语道："人穷命薄，难以服众，但我们可以巧借天意啊。如果我们要些手段，让他们相信天命在我，自无人敢不服从了。到时我们再陈述利害，这事一定能行。"

二人兴奋起来，又商议打着兴楚的旗号，借以聚众。一切筹划好后，两人便分头行事。

第二天，做饭的部卒在买回来的一条鱼腹中，竟取出了一张帛书。更奇怪的是，帛书上清楚地写着"陈胜王"3 个字。

此消息不胫而走，戍卒们人人惊骇，议论纷纷。陈胜见计策已见奇效，于是和吴广会心一笑，陈胜偷偷地对吴广说："人们既信天命，我们就该再动动脑筋了。我见众人仍有狐疑，似乎没有完全相信，不如我们再进行一个计策。"

夜里，戍卒围着篝火取暖，忽听远处传来狐狸的叫声，叫声中竟夹杂着人言，喊着："大楚兴，陈胜王!”

900 戍卒都是原先的楚国人，楚人又都特别迷信鬼神，接连发生两件怪事，他们转而认定陈胜不是平凡的人了。他们对陈胜顿时敬畏了许多，确信他是上天派来的神人。

陈胜见巧计成功，于是趁势杀了两个押送戍卒的将尉，他把大家召集在一处，振臂高声言道：“我陈胜不想枉死，更不忍心眼看着大家受苦受难。俗话说‘楚虽三户，亡秦必楚。’这是天命，我陈胜就要带领大家做此大事。天命不可违，只要顺从天意，不但强秦可灭，大家更可称王称侯，这是千载难遇的良机，大家可愿听我号令?”

众戍卒已经把陈胜视为天人，今又见他带头造反，更加相信他是应命而生的贵人了。想想自己的凶险处境，别无他路，于是又增加了对陈胜拯救自己的感激之情。众戍卒不再犹豫，于是群情汹涌，齐声响应。

陈胜首举义旗，附近的百姓也闻风加入，队伍一下发展了数万人。陈胜称王，攻城略地，秦王朝从此走向灭亡。

品评悟道

老百姓像水，君王像舟船。水能载舟也能覆舟。如果老百姓一致认定的事，不是靠行政手段和武力镇压所能阻止、改变得了的。而善于利用这一点的人，就可以成就霸王之业。

别在道义上失去正义的力量

人常说："得道多助，失道寡助。"一个有作为的人，一定是懂得赢取正义力量帮助的人。

范文程的曾祖父曾任明朝的兵部尚书，1618 年，努尔哈赤攻下抚顺时，范文程去拜见努尔哈赤，表达了投效之意。努尔哈赤故意考问范文程说："你为大明名臣之后，本该为大明效忠，为何却叛明投我呢?"

范文程回答道："明君无道，百姓苦难，我不是腐儒，自不肯愚忠一世了。"

努尔哈赤和他谈话之后，见他见识过人，机智多才，十分爱惜，他对各贝勒说："夺取天下，范文程这样的才俊当有大用。他不以我等为叛逆，说明他独具慧眼；我等征服中原，也不能视明人都是逆贼了，这样才能争取民心。这个道理，是范文程教我的，你们都要善待他。"

皇太极即位后，对范文程更为器重，让他随侍左右。1631 年，清军招降了守城的明官兵，其中已投降的蒙古兵又起叛心，想要杀害他们的将领，事情未果。皇太极震怒之下，想要把那些蒙古兵一律诛杀，范文程在旁边提醒说："陛下以武力让他们暂时屈服，他们不真心归降也是意料之中的事。他们再次叛乱，早将死亡置之度外，陛下杀他们泄了私忿，而对收取人心却害处太多，此事不可以做啊。"皇太极气犹未消，说："征战沙场，杀人不可避免，若只施仁义，人不畏惩，岂不叛者逾多，士不奋战？"

范文程争辩说："明人不知我大清仁慈，反抗是当然的。陛下若能广施恩德，少杀多惠，人心渐渐就会归附于我。宽恕他们只能让敌军阵营分化，传陛下之美名，以此征伐天下，有百万大军之功效，陛下不可小视。"

皇太极听了直点头，赦免了那些蒙古人的死罪。消息传出，坚守西山的明军斗志瓦解，范文程单枪匹马去劝他们投降，结果他们全都放下了武器。

范文程为皇太极谋划大事，常向他进谏征服民心之策。他劝皇太极养德修身，教化百姓，推行德政，皇太极时刻都无法离开他。每有要事，他总是对大臣说："范章京知道此事吗？"

遇到范文程有病在家之时，皇太极便不急于处理一些朝政大事，直等他病好了再作决定。有的大臣嫉妒范文程，对皇太极说："范章京终为明臣之后，身为汉人，他未必和我大清一心呐。他以收取人心为名，处处向着汉人，难道就没有他的私心？陛下对他宠信太过，也该有所保留才是。”

皇太极训斥他们说：“先皇和朕诚心对他，不是逼迫使他效命，他的忠心绝无可疑。你们虽为满人，但又有多少皇亲国戚反对过朕呢？朕用心对人，然不识朕心者大有人在，朕能一再不予追究，施恩不止，这都是范章京所教的结果。否则，你们这些嫉贤妒能之辈，还能站在这里和朕说话吗？”

清世祖即位之后，睿亲王多尔衮率领大军讨伐明朝。范文程担心多尔衮残忍好杀，于是连忙上书说：“中原百姓以为我大清为叛逆，势必拼死反抗。大王如果以暴制暴，以杀为能，中原就难以平定。从前，我们放弃遵化城，屠杀永平的百姓，已让中原百姓对我们深有疑虑了。如果今后不加约束，统一天下的大业就难以完成。大王应该严明纪律，秋毫无犯，让明朝官吏担任原职，恢复百姓的家业，录用有才能的人，抚恤那些处境艰难的人。传达我朝的仁念，解除世人的疑惑，安定了百姓，叛乱的人才有心归顺，我们遇到的抵抗才会减少。”

明朝都城被清军攻克后，多尔衮采纳了范文程的建议，为崇祯帝办丧事，安抚战乱中的百姓，起用明朝的官吏，搜求隐藏和逃逸的名士，重新制定法令。这些措施和举动在收取民心上起了相当大的作用，为清朝最后平定天下奠定了基础。

品评悟道

征服人心是治乱的根本之道，强权和高压无法消除叛乱的根源。让人从心底畏服是最难的，也是短视者与强硬派不愿施行的，这是他们智慧不足的表现，也是他们德望低下、自信心不强的体现。其实，在正逆之间，有时界限并不分明，如果盲目以正义自居，滥施淫威，在道义上便失去了正义的力量。以德服人重在付诸行动，不能因噎废食。

施计弄巧，创造成功条件

亚历山大当年称霸之后，有人对他说，他的成功是善于把握有利的时机和条件，他大声回答："这一切无不是我创造出来的！"

慈禧太后姓叶赫那拉，清咸丰皇帝当初遇上她，完全是一种偶然，而叶赫那拉氏得宠于咸丰皇帝，在一定条件下，又属于一种必然。这条件，完全是叶赫那拉氏凭她那先天的丽质和超人的心计创造出来的。

1850年，清道光皇帝驾崩，咸丰皇帝即位。这时，由于清政府的腐败，导致民不聊生，进一步激化了社会的各种矛盾。南方农民起义不断发生，仅广西一省就有二三十支起义队伍，其中最有影响的是洪秀全领导的太平天国运动。他们讨伐清廷，打得清军焦头烂额，弄得刚刚即位的咸丰皇帝心神不宁。

后来，咸丰帝起用了汉族地主出身的曾国藩创建的一支湘军镇压太平军，取得了一些胜利，并占领了湖北的武汉等地。消息传到京城，咸丰帝十分高兴，心神欣慰，设宴与各位大臣庆贺。庆贺之余，咸丰帝率嫔妃去圆明园游玩。咸丰帝与嫔妃正在边玩边笑，忽然听到“桐荫深处”传来南方的曲调，委婉动听。咸丰帝就问身边的太监：“是谁在唱?”

太监答道：“是宫女兰儿。”

这兰儿便是叶赫那拉氏的小名。那拉氏因为其祖先住在叶赫（今辽宁省开原市北）而得名。她是安徽道台、满洲旗人惠徵的女儿。那拉氏从小生得机灵，又长得仙女一般，还有圆润的嗓音，会唱南方江浙一带的小调，因此18岁便被选入宫了。

那拉氏入宫后，由于皇帝妻妾很多，而自己地位很低，根本见不到皇帝。然而她又不甘心让自己的黄金岁月白白过去，决心千方百计地接近皇帝。于是，她便经常打听皇帝的爱好，并不惜重金买通太监，以便得见龙颜。这一天，她在“桐荫深处”唱歌，就是太监因为拿了她一份厚礼而专门安排的。如果不是受贿太监引路，偌大一个圆明园，咸丰帝是根本听不到她的歌声的。

咸丰帝听到动人的歌声，似有听其喉知其貌的感觉，身不由己地朝“桐荫深处”走来。走至近前，果然见到一位丽质少女：她的身材长得恰到好处，真个是增之太高，减之太矮，亭亭玉立，无一不韵。那满头的万缕青丝，格外润泽；一双眸子，明如黑玉。

太监见皇帝两眼发直，心中暗笑，便请皇帝坐了下来，向那拉氏喊道："皇帝驾到，兰儿还不快快过来见礼!"

那拉氏闻言，不敢怠慢，急急忙忙来到咸丰帝面前跪倒请安："向万岁爷请安!"这6个字一出口，似雏莺之声，清脆悦耳，咸丰帝顿觉浑身酥软，忙让她站起来。接着，又让她唱了几曲，并且让她端茶。众人一见，知道皇帝不想走了，一个个便自觉地离去。随后，咸丰帝便在那拉氏的服侍下，来到别宫住了下来。

一宵恩爱，那拉氏便被封为贵人。从此，那拉氏仗着色艺过人，再加上善于察言观色，投其所好，甜言蜜语，竭力奉承，过了几年，那拉氏为咸丰帝生了一个小皇子，这就是后来的同治皇帝。

咸丰皇帝虽然嫔妃众多，却没有一个能为他生出儿子来。这回那拉氏为他生了个儿子，咸丰皇帝哪有不高兴之理？这是命运的巧合，还是功到自然成的结果？母以子为贵。不久，那拉氏就被封为懿妃，随后，又被封为懿贵妃。

咸丰帝死后，同治皇帝即位，那拉氏垂帘听政。朝廷为那拉氏加徽号为"慈禧"，故称为慈禧太后；又因她住在西边的长寿宫，所以又称她为"西太后"。

品评悟道

如果没有当初兰儿在圆明园的施计弄巧，就不会有“桐荫深处”的承受“雨露”；如果咸丰皇帝已经儿孙满堂，或者那拉氏未能为他生个儿子，那么，又会怎样呢？也许兰儿永远还是那个兰儿；也许中国近代的历史又会成另一番模样。可惜历史不能假设。

得民心者得天下

得民心者得天下，这是不变的真理！民心像是那渗透万物的水，能载舟，也能覆舟。顺应民心，则昌；违逆民心，则亡。

齐景公到了晋国，与晋平公饮酒，乐师师旷作陪。齐景公向师旷请教如何治理国家，说："太师将教诲寡人什么呢?"

师旷说："君主必须施恩于民。"

齐景公来到馆舍又向师旷请教如何治理国家，说："太师将教诲寡人什么呢?"

师旷又说："君主一定要施恩于民。"

齐景公出了馆舍，趁着师旷来送行，又问同样的问题。

师旷还是说："君主一定要施恩于民。"

齐景公回到住处，苦苦思索，酒还未醒，已经悟出了其中的含意。

原来，齐景公有两个弟弟，一个叫尾，一个叫夏，都很得齐国民众的人心。两个弟弟都很富有，民众争相依附，势力可以和王室抗衡，这可是危及君主的迹象呀！

这么一想，齐景公豁然开朗。现在师旷一再劝我施恩于民，目的是要我同两个弟弟争夺民心。于是，齐景公火速返回齐国，打开粮仓，把粮食分给饥饿的贫民；打开府库，把多余的钱财分给无依无靠的老人和孩子；把没有临幸过的宫女嫁了出去；对 70 岁以上的老人，国家按时供应衣服和粮食。

品评悟道

民心，固国之本，得民心者得天下。齐景公用施惠于民的方式，同两个弟弟争夺民心。最终，民心归顺，百姓依附。他的两个弟弟竞争不过他，只好逃往他国。

彰显“君子之德”，最大化影响力

要取得人生的成功，影响力是关键因素，而一个具有君子之德的人，更容易在成功路上左右逢源。

孟尝君在自己的领地广招门人食客，并给予优厚的待遇。于是，天下有识之士，都竞相投奔归附。一时间，食客就达数千人，影响甚大。

秦国对孟尝君的才能深为恐惧，便使用了离间之计，使孟尝君失去了齐国相国的职务。树倒猢狲散，他的食客也接二连三地离开了他。

后来，他的食客中有位叫冯谖的人，用计使孟尝君官复原职。孟尝君感叹地对冯谖说道：“我对待客人很热情，在招待上也没什么疏忽，以致食客人数达到了3000有余。但是我一旦失去地位，他们全都背弃我而去，没有人来看望我。幸好有你助我一臂之力，才重新恢复了地位。看那些家伙有什么脸面再来见我？如有厚着脸皮回到我这儿来的人，我必将朝他脸上啐唾沫而大加羞辱。”

而冯谖却对他说：“富贵时，大家都来投奔；落魄了，朋友四处流散，这是理所当然的。您看菜市场，早晨人们熙熙攘攘，到了晚上就变得空空荡荡了。这并不是人们喜欢早晨，讨厌晚上，而是因为早晨有要买的东西，所以人们聚集到市场上，而晚上没有东西可买，人们就不去市场了。食客们由于您丧失地位而离开您也与此相同。这是由于他们所求的东西没有了，所以您不应该记恨他们。”

孟尝君听冯谖这样一说，立刻心领神会，仍一如既往地对待再次归附到他门下的食客们。

孟尝君虽然愤怒，但还是替别人多想了一些：食客们之所以投奔而来，是对自己抱有很大的期望，想在相国身边干些业绩；自己失势了，对方的期望落空了，哪有不走之理？所以，是自己的沉浮，影响了他们的去留。孟尝君不再记恨他们，体现了他的君子风度。

品评悟道

一个统御他人的人，要最大限度地发挥自己的影响力。虚怀若谷既是精神操守，又是谋略手段。“君子之德如风”，宽容大度必能感服部属，赢得人心。

长袖善舞，多钱善贾

利用优越的条件施展手段而吃得开，有办法，这就叫作“长袖善舞，多钱善贾”。

范雎是战国末期一位全能型的谋略家。他出生在魏国，原想在魏国求职，由于家境贫寒，没有钱打通关节，连魏王的影子也见不到，只好投在中大夫须贾的门下。

一次，范雎随须贾一道出使齐国。齐王见他能言善辩，才华过人，就派人送给他 10 斤金子和一些牛肉。范雎坚持谢绝而不敢接受。须贾听说此事，以为范雎把机密泄露给齐国了。回国后，不由分辩就把范雎抓来毒打。范雎肋骨被打断，牙齿被打落，血肉模糊，似乎已经死去。于是，须贾让手下人用芦席把他的尸体包着丢在厕所的坑里，轮流把小便撒在范雎身上。可是世界上的事情很奇妙，也可能尿刺激了范雎，他居然苏醒过来，并轻轻地对看守他的人说：“请你把我运出去，我一定重重地谢你。”看守同情范雎，向须贾等人谎称已经把尸体扔到山里去了。范雎就这样奇迹般地脱险了。

范雎躲进朋友家里，并且改名为张禄。不久，经过几番周折，被秦国使者带到秦国。当时，秦国君主昭王在位，大权被亲贵控制。范雎了解到国王同太后之间的矛盾，看准机会上书自白，果然被昭王召见。秦王还很恭敬地再三向他求教。看到昭王诚恳的态度，范雎畅所欲言，尽陈己见。在谈到秦国的外交政策时，范雎着重分析连横策略已经过时，远攻齐国尤其大错待错，指出秦国的外交方针应该是远交近攻。他对秦王说："王不如远交而近攻，得到一寸土地则王之寸也，得到一尺土地亦王之尺也。"昭王采纳了他的建议，拜范雎为相。

范雎做了秦的相国，还是叫张禄。魏国人不知道，还以为范雎老早就死了。魏国听说秦国远交近攻的方针，准备攻打韩、魏两国，急忙商议对策。第一步就是派人去对秦国的决策人张禄行贿，请求停止对魏国采取军事行动。这位使者正是当年迫害范雎的须贾。范雎听说须贾来了，庆幸自己有了报仇的机会。他换上破旧不堪的衣裳，到须贾下榻的地方。须贾看见范雎，吃了一惊。但眼前的范雎寒酸、潦倒，也就没有紧张的必要了。

范雎的穷酸样子一点破绽也没露出来，引起须贾的怜悯和同情，他还替须贾找来4匹马驾的高大车子，亲自为须贾执辔赶车，一直把车赶进相国公馆。当守门人告诉须贾，张禄就是范睢时，须贾吓得魂不附体，膝盖一软跪在地上，边叩头边求饶命。戏弄须贾一番后，范睢决定不杀他，打发他返回魏国。

范睢相秦期间，大举进攻三晋。在攻打赵国时范睢派间谍带黄金万两到赵国进行离间，放出谣言说："秦国最担心的是赵奢的儿子赵括做将军，廉颇老了很容易对付。"谣言传到赵王耳朵里，赵王正对廉颇坚守不战的策略不满，一气之下就做出决定，派赵括接替廉颇为将与秦国交战，赵王落入范睢的圈套。秦国秘密命令白起为将，开始佯作撤退，出其不意地切断赵军退路和粮食供应线，迫使赵军断粮46天。这就是著名的长平之战，赵军40万投降。

范睢在秦国10余年，纵横捭阖，百千谋略随手拈来，一直受到尊重，是一位多产的谋略家。他正如一个舞蹈演员，靠着长长的衣袖，表演起来婀娜多姿，体态显得格外优美；更如同一个经商的人，本钱越多，其生意越好做，赚的钱也就越多。

品评悟道

"长袖善舞，多钱善贾"，这是非常普通而又非常正确的道理。在今天社会的各个舞台上，仍有其广泛的意义。在政治舞台上活跃，就要具备丰富的学识和灵敏的政治头脑；在军事领域驰骋，就要上通天文，下识地理，外知敌情，内熟民心；要在企业界出人头地，就少不了顺风耳、千里眼，及时了解市场信息，正确展望市场趋势……这些，都如同舞蹈者的“长袖”，要舞姿出众，这样的长袖是万万少不了的。

心战为上，兵战为下

孙子兵法中说“不战而屈人之兵”才为上策，从心灵上制服别人，才是真正的制服。

在刘备病死白帝城的时候，南方地区一个很有威信的少数民族首领孟获，发动西南一些部族起来反抗蜀国。

为防止蜀国遭到内外夹攻，诸葛亮派人去向东吴讲和。同时，他兴修水利，发展生产，积蓄粮草，训练兵马。经过两年时间的艰苦努力，蜀中形势走向稳定，诸葛亮决定率领大军，兵分三路，亲自率军征讨孟获。

出发时，参军马谡对诸葛亮说：“孟获依仗那里地势险要，离成都距离遥远，很久以来就不服从朝廷的管束。你今天用武力打败他，你一回师，他明天又可能叛变。所以，对付他攻城为下，攻心为上。这次出征我认为不应该以消灭他的人员为目的，而应该从心理上征服他，这样才能收到好效果。”

马谡的话，也正是诸葛亮心里所想的。诸葛亮赞许地点点头，说：“你的建议很好，我一定照这样去做。”

孟获得到诸葛亮率军出征的消息，连忙组织人马进行抵抗。

诸葛亮了解到孟获作战勇猛，力大无穷，性格耿直豪爽，说一不二，但缺少计谋。于是，一个降伏孟获的作战计划便在诸葛亮的头脑里逐步形成。

首先，他向全军发出命令：对敌人首领孟获，只能活捉，不要伤害。接着，他把大将王平叫到跟前，低声对王平讲了几句。王平会意，便带领一支人马，冲进孟获的营寨。孟获连忙迎战，交战没有多久，王平猛然调转马头，向荒野奔去。

孟获见王平败逃，心头有说不出的高兴。他马上喝令手下的人，快速向前追赶。

王平来到一个谷地，两岸是陡峭的绝壁，脚下是狭窄崎岖的小路。没走多远，王平猛地一下转过身来，眼睛望着紧随而来的孟获，仿佛要同他在这里决战。

孟获不知是计，握紧战刀，催马前赶。还没接近王平，忽听后面喊杀声震天。转头一看，孟获才发觉自己已被蜀军包围。

孟获任凭自己如何勇猛无敌、力大无穷，终究敌不过蜀军大队人马的轮番进攻。渐渐地，他感到体力不支、气喘吁吁了。又有一队蜀军从四面包围过来，孟获心里一惊，马儿突然向上一跃，孟获从马上跌落在地，被冲上来的蜀军捆了个结结实实。孟获被押到诸葛亮面前，以为自己必死无疑。不料诸葛亮走下帅台，亲自给他松了绑，并好言好语劝他归顺。

孟获大声说："这次是我不小心从马上跌下来，被你们捉住，我心里不服！"

诸葛亮也不斥责他，把他带到蜀军营地四处走走看看，然后问他："孟将军，你认为我蜀军人马怎样？"

孟获高傲地说："以前我不知道你们的阵势，所以败了。今天看了你们的营地，我觉得也没有什么了不起！下次我一定能打败你们！"

诸葛亮坦然一笑，说："那好哇，你现在就回去，好好准备准备，我们再打一仗。"

孟获回到部落，重新召集人马，积极筹备同蜀军的第二次交战。

有勇无谋的孟获，哪里是蜀国丞相诸葛亮的对手！没出一天工夫，孟获再次被蜀军将士生擒了。

诸葛亮对孟获好言好语劝慰一番，又将他放了。这样捉了放，放了捉，反反复复进行了 7 次。

孟获第七次被捉，终于被诸葛亮的诚意感动了。

他流着眼泪说：“丞相对我孟获七擒七纵，真可称得上是自古以来都没有的仁至义尽的事啊！我从心里佩服丞相。从今以后，我绝不再反叛了。”

孟获被释放以后，立刻会见各部族的首领，万分感慨地对大家说：“蜀国丞相真是谋略过人。他训练的兵马，一个个机智善战，我们再也不要与他为敌、兴兵作乱了！”

由于孟获在各部族首领中威信很高，大伙听了他的话，不再提什么反叛的事了。

为了节省军事开支，避免官府和少数民族再发生冲突，诸葛亮决定不在这里设一官一府，也不留一兵一卒，仍然请孟获及各部族首领各自管好自己的属地，友好相处。

品评悟道

“用兵之道，攻心为上，攻城为下；心战为上，兵战为下”。孔明用兵作战，非常重视攻心。他七擒七纵收服孟获，是夺敌将之心的典型例证。它带给我们的启示是，在与人竞争时，善于在“攻心”上下功夫，会让我们赢得真正的成功。

以己之长，攻人之短

打架不一定弱的输，赛跑不一定快的赢。关键在于你能不能够充分利用自己的特长，以己之长，攻人之短。

齐国的将军田忌经常同齐威王赛马。他们赛马的规矩是：双方各自下赌注，比赛共设三局，胜两局的为赢家。然而每次比赛，田忌总是输给齐威王。

这一天，田忌赛马又输给了齐威王。回家后，田忌把赛马的事告诉了自己的军师孙膑。这孙膑是军事家孙武的后代，饱读兵书，深谙兵法，足智多谋，被庞涓谋害，双腿残废。来到齐国后，很受田忌器重，被田忌尊为上宾。

孙膑听了田忌谈他赛马总是失利的情况后，说："下次赛马你让我前去观战。"田忌非常高兴。

又一次赛马开始了。孙膑坐在赛马场边上，饶有兴趣地看田忌与齐威王赛马。第一局，齐威王牵出自己的上马，田忌也牵出了自己的上马，结果跑下来，田忌的马稍逊一筹。第二局，齐威王牵出了中马，田忌也以自己的中马与之相对。第二局跑完，田忌的中马也慢了几步而落后。第三局，两边都以下马参赛，田忌的下马又未能跑赢齐威王的下马。

看完比赛回到家里，孙膑对田忌说：“我看你们双方的马，若以上、中、下三等对等比赛，你的马都相应的差一点，但悬殊并不太大。下次赛马你按我的意见办，我保证你必胜无疑，你尽管多下赌注就是了。”

这一天到了，田忌与齐威王的赛马又开始了。第一局，齐威王出那头健步如飞的上马，孙膑却让田忌出下马，一局比完，自然是田忌的马落在后面。

可是到第二局形势就变了，齐威王出以中马，田忌这边以上马对战，结果田忌的马跑在前面，赢了第二局。最后，齐威王剩下了最后一匹下马，当然被田忌的中马甩在了后面。这一次，田忌以两胜一负而取得赛马的胜利。

由于田忌按孙膑的吩咐下了很大的赌注，他一次就把以前输给齐威王的都赚了回来，还略有盈余。

品评悟道

田忌以前赛马的办法总是一味硬拼，希望一局也不要输，结果因自己总体实力差那么一点，每次都输了。孙膑则巧妙运用自己的优势，先输掉一局，然后保存实力去确保后两局的胜利，这样便保证了整体的胜利。

也许，我们都该悟出这样的道理：每个人生来都不可能是完美的，成功的关键在于以长制短、以优制劣。

曹丕"除弟"的秘密

"煮豆燃豆萁，豆在釜中泣。本是同根生，相煎何太急。"血浓于水的兄弟之情，是人永远都无法割舍的情义。俗话说"打死不离亲兄弟""兄弟同心，其利断金"，这样的感情是无法被取代的，但在利益面前，它却显得如此的微不足道，就像空气中的浮尘一般，只有在太阳光下才能显现出来。可是在几乎见不到"阳光"的"死角"中，它基本上是完全被忽略掉的。有时不仅是被忽略，还有可能成为权力争夺的诱因，引发兄弟之间的残杀，最终获得胜利的只有利益。

曹丕，字子桓，三国时期魏国君主，庙号世祖（魏世祖），谥号文皇帝（魏文帝），是位政治家、文学家，曹操之妻卞氏所生的次子。在争夺继承权问题上，曹丕处心积虑，战胜了文才更胜一筹的弟弟曹植，被立为太子。曹操逝世后，曹丕继位成为魏王，当年十月，逼迫汉献帝禅位，自立为帝，国号魏，为魏国开国皇帝，也是三国中第一个称帝的君主。他爱好文学，并有相当的成就，著有中国至今现存的第一首工整的七言诗《燕歌行》，他的《典论·论文》在中国文学批评史上也占有非常重要的地位。

曹植，字子建，三国时魏国的诗人，后人称之为“陈王”或“陈思王”。他是曹操之妻卞氏所生第三子，自幼颖慧，十几岁的时候，便出言为论，下笔成章，深得曹操的喜爱。曹操曾认为曹植是诸子中“最可定大事者”，几次想要立他为世子，但因他的兄长曹丕颇能矫情自饰，在立储的斗争中，最终落败。曹操病逝后，曹植的生活发生了根本性的改变，从一个贵公子变成了处处受限制和打击的对象。诗歌是曹植文学活动的主要领域，至今保存下来比较完整的诗歌有 80 余首。与他的父亲曹操、兄长曹丕合称三曹，是三国时期的著名文学家。以他们为代表的建安文学，在文学史上留下了光辉的一页。

这两位才华横溢的文学名家，却因为生在了帝王之家，而不得不面临权力的诱惑，不得不经受利益的考验。

曹操被汉献帝封为魏王后，在诸子中选立自己的继承人。曹丕虽被立为世子，但地位并不稳固，弟弟曹植能文能武，胸有大志，才思敏捷，是其强有力的竞争对手。曹植也未放弃希望，当时曹操身边有名的谋士杨修、丁仪、贾适、王凌等人，都倾向于立曹植为世子，并为曹植应对曹操的考察出谋划策。

曹丕虽然文才不如曹植，但其政治手段上却胜曹植一筹。他笼络的都是些明于政略而且在朝中掌握实权的官僚人士。出于打击曹植的目的，曹丕经常派人探听弟弟的活动，并收买曹植府中的下人，让他们到曹操那里告密。同时，他向深有谋略的太中大夫贾诩请教，如何才能巩固自己的地位。贾诩说："要宽厚仁德，奉行仁人志士简约勤勉的精神，朝夕兢兢业业，不要违背做世子的规矩。"曹丕听了他的话，时时注意修养，深自砥砺。

但曹操还是想要废除曹丕的世子地位，改立曹植为世子。一天，曹操叫来谋士贾诩，屏退左右询问他的意见。贾诩是站在曹丕一边的，所以他是不赞成改立世子的，但是直截了当地否定曹操的心愿当然不行。贾诩听完曹操的述说后，一直默默不语，也没有回答曹操的询问。曹操见他半天不说话，便问道："和你说了半天，你却不回答我的问题，这是为什么？"贾诩慢悠悠地回答说："臣下在想一件事，因而未能及时回答您的问题。"曹操又问："你在想什么事？"贾诩沉思半晌，回答道："我在想袁绍、刘表父子的事呀！"袁绍和刘表都是东汉末年称霸一方的豪强，袁绍因为非常喜欢小儿子袁尚，便让他代替长子袁谭做了世子。袁绍死后，袁尚、袁谭各树一帜，互相争斗，最后都被曹操一一灭掉了。刘表也很喜欢小儿子刘琮，后来便废掉了长子刘琦，让刘琮做了继承人，最后也被曹操灭掉。贾诩特意点出这两个废长立幼而最终又被曹操攻灭的人来，意在表明废长立幼终不可取，非常巧妙地表达了自己的劝谏。曹操听了贾诩的话，马上明白了其中的深意，改立之事便暂且放了下来。

一次，曹操率大军亲征，曹丕与曹植前去送行。临别时，曹植作了一篇洋洋洒洒的文章，极力称颂父王的功德，并当众朗诵得声情并茂，使得曹操和他的左右文武大臣万分高兴。曹丕却是泪流满面，趴在地上，悲伤不已。曹操问他什么原因，曹丕便哽咽着说："父王年事已高，还要挂帅亲征，儿子心里又担忧又难过，所以说不出话来。"一言既出，满朝肃然，都为太子如此仁孝而感动。相反，大家倒觉得曹植只知道为自己扬名，未免华而不实，论心地诚实仁厚远不如曹丕，恐怕难以胜任一国之君。

这样一来，形势大转，世子还是原来的世子，曹植再无改变局势的可能。曹丕以一招不作为便轻而易举地赢得了政治斗争的胜利，但他并不安心，因为只要曹植存在一天，便是个极大的威胁，但碍于父亲的面子，一直不敢轻易下手。直到父亲旧病发作，去世之后，曹丕才找到了合适的机会。曹丕想要毁掉的不只是曹植的性命，还有曹植那令人羡慕的才气。

曹丕刚即位不久，便有人告发临淄侯曹植经常喝酒骂人，还把曹丕派去的使者扣押起来。曹丕听了便立即派人到临淄将曹植带回了都城邺城，借此处死曹植。其实所谓的告密，不过是曹丕安排的一个局而已，他命人做了所谓的告密，然后再借此来打击曹植。

他的母亲知道了这件事情后，连忙替曹植求情，毕竟是同胞兄弟，千万不可自相残杀，一定要放曹植一马。曹丕不能违背母亲的意思，而且只是为了这点小事就残杀兄弟，也不合情理，于是一个更为阴险的计谋在他的心中诞生了。

曹丕命人把曹植带来后，对跪在地上的弟弟说："父王在世的时候，总是夸奖你的文章写得如何如何好，可是，我怀疑那是别人替你写的。现在我倒要看看你是不是真的那么有才华。"随即环顾四周，见殿上挂着一幅水墨画，画中两只牛在大墙之下打架，其中一头牛坠井而死。他指着那幅画说："就以那边的那幅斗牛图为题，限你在 7 步之内作出一首诗来，作得出来，便饶你不死，否则……还有，诗中不能出现‘二牛斗墙下，一牛坠井死’的句子。”曹丕心中暗想：我就不信你有这么大的本事，能在7步之内作出一首诗来，看你这次还怎么逃得出我的手掌心！

不料，曹植镇定自若，边走边吟，还未到7步，诗已出口：

两肉齐道行，头上戴凹骨。

相遇块山下，郯起相唐突。

二敌不俱刚，一肉卧土窟。

非是力不如，盛气不泄毕。

刚一吟完，满朝文武无不惊叹，竟有如此旷世奇才，都为曹植的才情所折服。曹丕听了也不禁心中一震，但他清楚自己的目的是什么，又岂会为了这样的状况而改变初衷。于是他站起身，接着说：“七步成诗，我感觉还是有点慢，你能否在我话音一落之时就成诗呢？”

曹植明知曹丕有心为难自己，但又无计可施，只能说：“请您赐题。”

曹丕说：“你我乃是兄弟，便以此为题，但诗中不可出现‘兄弟’二字。”

曹植不假思索，张口吟道：

煮豆燃豆萁，豆在釜中泣；

本是同根生，相煎何太急。

曹丕听了这首诗，觉得自己对弟弟有些过分了，不禁感到惭愧，便饶了曹植的性命，将其贬为安乡侯。

品评悟道

曹植的“七步成诗”已经成为一段佳话，我们不仅看到了一个才华出众、智慧过人的曹子建，而且也看到了权力斗争的残酷。为了权力、地位、财富，兄弟反目已经不再是一个罕见的社会现象了，它所酿成的悲剧，在中国的历史长河中不胜枚举。

孙膑“围魏救赵”的秘密

“治兵如治水，锐者避其锋，如导疏；弱者塞其虚，如筑堰。”在中国古代的兵书中，有许多关于作战方法和作战技巧的描述。“避其锋芒，抓其要害”也是其中的一种。无论是实力雄厚者，还是实力弱小者，巧妙地运用一些作战技巧，可以事半功倍，收到意想不到的效果。在我们的人生中也是如此，需要有相应的技巧和策略，运用它们，我们便能以最小的付出，获得最大的回报，这样的事情何乐而不为呢？

孙膑和庞涓都是战国时期的军事家，他们两个人的争斗从孙膑下山的那一刻便开始了，孙膑为此被剔去了膝盖骨，还差点死于庞涓之手。他被迫装疯卖傻，才得以从庞涓的手中逃脱，来到了齐国。这两个人本来师出同门，却变得势同水火，分别就职于两个国家的两人也经常在战场上交手，也因此创造了中国历史上的战争传奇。“围魏救赵”便是其中的一个，这是一场从对手的“后方”入手，从而实现救助同盟国的战争。

齐威王三年（公元前354年），魏惠王想一泄失去中山的仇恨，便派大将庞涓前去攻打赵国。中山原本是东周时期魏国北邻的一个小国，后来被魏国收服，赵国乘魏国国丧之机，强占了中山。此时的魏国已经今非昔比了，对此一直耿耿于怀的魏惠王，终于找到了合适的时机一雪前耻。

魏将庞涓认为中山不过弹丸之地，距离赵国又很近，不如直接攻打赵国的都城邯郸，既解旧恨又能削弱赵国，可谓一举两得。魏惠王听了十分满意，便决定以此为开端，开始他的霸业。于是，魏惠王调拨500辆战车，由庞涓率领，直奔赵国。

庞涓治军有方，军队战无不胜，很快便包围了赵国的都城邯郸，赵国形势危急。第二年，赵国迫于无奈，只得向齐国求救，并许诺解围后以中山相赠。齐威王打算任用孙膑为主将救援赵国，孙膑辞谢说：“受过酷刑的人，不能任主将。”实际上，孙膑是另有打算。于是齐威王就任命田忌做主将，孙膑做军师，领兵前往救援。

田忌与孙膑率兵进入魏赵交界之地，田忌本来打算领军直接去赵国与魏军作战，孙膑制止说：“想解开缠绕在一起的乱丝，不能紧握双手生拉硬扯；解救纠缠在一起斗殴的人，不能卷进去胡乱搏击。要扼住争斗者的要害，争斗者因形势限制，就不得不自行解开。如今魏赵两国相互攻打，魏国的精锐部队必定在国外精疲力竭，老弱残兵必定在国内疲惫不堪，你不如率领军队火速向魏国的国都大梁挺进，占据它的交通要道，冲击军备空虚的地方，魏国国都被围困，魏王肯定会下令让庞涓放弃攻打赵国而回兵自救。我们再在庞涓回师的必经之路，中途伏击他，必定可以大获全胜。这样，我们不但可以一举解救赵国之围，而又可坐收魏国自行挫败的成果。”

田忌听取了孙膑的意见，出兵围困魏国的都城大梁。魏国都城情势危急，魏王果然下令庞涓回军自救。庞涓本来以为对赵国的战争马上就要大功告成了，收到魏王的命令后，非常着急，丢掉粮草辎重，星夜从赵国撤军回国。孙膑预先在魏军回国的必经之地桂陵（今河南长垣西北）设下埋伏，当庞涓率领长途跋涉、疲惫不堪的魏军经过时，齐军突然出击，大败魏军。最后，庞涓勉强收拾残部，退回大梁。齐军大胜，赵国的危机也相应解除了。这场战役便是历史上著名的“桂陵之战”。

品评悟道

孙膑以一个旁观者的眼光去看待这场战争，他看到了解决问题最有效的方法，他找到了庞涓的“罩门”，只要从他的这个“罩门”入手，一切问题便都迎刃而解了。这种“曲线救国”的策略，在现实生活中，也可以助我们一臂之力。

温体仁“入阁”的秘密

“远不可攻，而可以利相结；近者交之，反使变生肘腋。”在对弈中、在人生中，总是会出现许多显在的和潜在的对手，或许是我们将他们视为对手，或许是他们将我们视为对手，无论是何种情况，博弈总是不可避免的。如何才能在这样纷繁混乱的局势中，既保存自己的实力，又将对手打败，使自己获得更多的利益，便成了一门至关重要的学问。面对多个对手，找出对自己威胁最大的那个，把他视为首要对手，想办法先将他解决。在这个过程中，即便是那些与自己有利益冲突的对手，也同样可以与之进行暂时的合作，道理就如同哲学中的“主要矛盾”和“次要矛盾”的关系。

温体仁，字长卿，号园峤，浙江乌程归安（今吴兴县）人。他出身地主家庭，从小受到良好的教育，文学修养较深。万历二十六年（1598 年）中进士，授翰林院庶吉士。崇祯三年（1630 年）为礼部尚书兼东阁大学士，入阁辅政。他是明朝的政治家，也是崇祯皇帝当政期间任时最长的阁辅，一度权倾内外、炙手可热，在明末的政治舞台上掀起了一股又一股的浊浪。

明朝末代皇帝崇祯在位 17 年间，内阁大学士像走马灯一样换来换去，前后达 50 多人次。但有一个人却在这频繁的人事变动中，稳居内阁首辅要职长达 8 年之久，算得上是当时的一个异数。这个人就是温体仁。他之所以能长久地保持自己的地位，最主要的原因是他善于利用对手的矛盾，灵活运用“远交近攻”战略。

崇祯帝是一位有所作为的皇帝，面对自己接过的烂摊子，他决心励精图治，重振大明国威。他即位不久，便将以魏忠贤为首的阉党进行彻底大清洗，铲除了朝中的祸害，但也因打击面过宽、株连过广，而导致朝廷人才匮乏，尤其是内阁成员严重缺乏，甚至影响了官僚机构的正常运转。

为了解决这个问题，崇祯帝诏令会推阁臣。诏令一出，有些阴谋家、野心家便乘机钻营，争权夺势，抢占高位。温体仁为人圆滑，城府极深，尤其善于窥测政治风向。他认为时机已到，便跃跃欲试，但他资历浅薄，声望不高，很难入阁。幸好他有自己的优势，他在崇祯帝刚即位不久，便被提升为礼部尚书，可见皇上对他颇为重视。所以，他对此次的会推自信满满。岂料，在会推过程中，他备受冷落，未能入阁，反而是江南才子钱谦益名列第一。

温体仁自然不肯善罢甘休，但是单凭他一个人，是无法改变什么的，所以，他需要一个相对而言有些实力的人的帮助。

于是，他找到资历远远超过他，却也未被推选入阁的周延儒。周延儒为人乖巧，善于察言观色，深得皇上宠信。周延儒对于此次的落选，心中也愤愤不平。二人一拍即合，私下谋划，想要推翻内阁推举的结果，好使自己挤入内阁。他们将矛头直接指向了会推的第一名钱谦益。

他们先在私下准备幕后工作，两人在朝中拉拢亲信，散布流言，以重金收买宦官，形成了自己的情报网。然后，向崇祯帝呈交了所谓的《神奸结党疏》。疏中恶语攻击钱谦益，以崇祯帝最深恶痛绝的结交党朋、营私舞弊、贪污受贿、包藏祸心等罪诬陷钱谦益，并重新掀出了钱谦益的“关节受贿案”，希望崇祯帝取消钱谦益的阁臣资格。

早在熹宗天启二年（1622 年），钱谦益受命主试浙江，才子钱千秋被录取为省试第一名。因其文中引用了一句俚诗“一朝平步上青天”为关节，触到了当权者的忌讳，便取消了钱千秋的会试资格，钱谦益也因此受到牵连，被罚俸、削职，遣回原籍。

这件事情已经过了很久，温体仁在上疏中旧事重提，又触动了崇祯帝的心弦。崇祯帝看完上疏后，不禁勃然大怒，立即诏令温体仁、钱谦益于次日到文华殿接受质询。

第二天，各部官员纷纷齐集文华殿，但都不知发生了什么事情，就连钱谦益也懵然不知。质询一开始，早已经过深思熟虑、准备妥当的温体仁首先发难，他说：“卑职并非谏官，本无权直接上疏皇上。况且，此次会推卑职不在被推选之列，本应避嫌。但此事甚为重大，有关社稷安危，臣斗胆进言。关于天启年间，钱谦益结党受贿一事，举朝上下没有一个人提出疑问，皇上孤立于上，所以臣不能不说。”温体仁的口气咄咄逼人。钱谦益对这突如其来的变故毫无准备，一时语塞，显得更加理屈词穷。

许多官员纷纷出面为钱谦益打抱不平，指责温体仁居心不良，尤其是吏科给事中章允儒争执得更为激烈。他说：“如果钱谦益确实有罪，先帝又怎么会原谅他，又怎么会等到今日才提出此事。温体仁既无资历又无声望，重新翻出老案子，谁能保证他没有其他图谋?”温体仁毫不示弱，反驳道：“以前钱谦益罢官在家，断无纠劾之理。现在提出纠劾，正是为朝廷慎重选用人才着想。你这样替他辩护，证明你就是他的朋党！”章允儒一时气结，说：“温体仁动不动以党字强加在诸大臣头上，这向来都是小人陷害君子的惯用手法。请皇上明鉴。”辅臣钱龙锡也站出来应和。一时间，诸大臣纷纷将矛头指向温体仁。温体仁成了众矢之的，眼看就要败下阵来。

但他的话却正中崇祯帝的要害，他曾亲眼看见魏忠贤一伙广植党羽、残害忠良的罪恶行径，所以对朝中大臣结党营私深恶痛绝，温体仁的这番话又引起了他的警觉。于是，便问众大臣钱谦益结党之事是否属实。

这时，一直保持沉默的周延儒抢先一步上前说：“会推表面上看来很公正，实际上主持者只是一两个人，其余的公卿都不敢有异议。即使有异议，也不过是徒然引火烧身而已。”自以为圣明的崇祯帝听了周延儒的话，认定温体仁忠心耿耿，对钱谦益则更恨一层，当即作出决定，罢免钱谦益的官职，遣送回原籍听候发落，章允儒、钱龙锡等人也纷纷被降了职。事后，崇祯帝感叹地说：“没有温体仁，朕几乎误了大事。”他还暗暗庆幸自己发现了一个明察秋毫的正直之臣。

这次的质询事件，完全在温体仁和周延儒的掌控之中，他们利用了崇祯帝痛恨结党这一点，除掉了钱谦益，还获得了崇祯帝的好感，为他们的进一步晋升奠定了基础。

钱谦益案平息后，朝中许多大臣仍愤愤不平，御史毛九华、任赞化上疏揭发温体仁的三大罪状：温体仁倚势压人，强买商人木材，事发之后，又贿赂阉党崔呈秀，为其开脱罪责；杭州为魏忠贤建生祠时，温体仁大献殷勤，还为魏忠贤歌功颂德；温体仁娶娼为妾，伤风败俗，收受贿赂，腐化无德，夺人家产，伤天害理。

温体仁得知此事后，又想出一招以退为进，他装出一副委屈的样子，对崇祯帝说："臣因为秉公办事而得罪了朝中官员，他们借钱谦益一案进行打击报复。臣现在处于孤立无援的境地，竟没有一个人肯替我说一句公道话，只有请陛下准许臣辞官归隐了。"温体仁再次抓住崇祯帝厌恶朝臣结党营私的心理，博得了皇帝的同情。于是他又趁热打铁，诬陷毛九华、任赞化都是钱谦益的同党，钱谦益一案再度掀起风波，事情牵扯得越来越大，崇祯帝觉得没有必要再争论下去，于是草草收了场。

温体仁在这次事件中，又除掉了几个排斥自己的朝臣，他在朝中威望大为提升。不久，温体仁、周延儒先后入阁。温体仁任礼部尚书兼东阁大学士，参与朝廷机要，他终于得偿所愿。虽然他的势力远远不及钱谦益，但他找到了周延儒这个助手，巧借崇祯帝的力量，成功地除掉了钱谦益这块前进路上的“大石头”。

进入内阁之后，周延儒拉拢了一帮政治心腹，进一步扩充自己的势力，稳固了自己的首辅地位。温体仁则不断排除异己，逐步巩固自己在内阁中的地位，但他并不满足，他的目标是取得首辅要职。所以，温、周二人之间的矛盾逐渐显现出来，这对昔日的盟友一步步地转向了对立。

温体仁知道周延儒不是等闲之辈，而且此时的周延儒身居要职，总揽大权，要想除掉他不是一件容易的事。所以，他决定先从剪除周延儒的党羽开始，逐步孤立周延儒。

开始时，温体仁一派上疏崇祯帝，揭露周延儒的亲信吏部尚书王永光参与锦衣卫卖官鬻爵的事，崇祯帝下令将王永光罢官，由温体仁的同乡闵洪学替补。周延儒哪里肯吃这样的哑巴亏，紧接着便叫人上疏揭露大学士钱象坤、户部尚书梁廷栋、巡抚刘可训通同舞弊、卖官鬻爵的事，崇祯帝又下令将钱象坤、梁廷栋罢官，刘可训遣回原籍。

周延儒的一个亲信，换走了自己的3个亲信，温体仁自然很不甘心，便又上疏揭露周延儒主试受贿的问题，说新科会元吴伟业和状元陈于泰，一个携带妓女来参加会试，德行亏损；另一个文章太差，名不符实。两人都是通过贿赂周延儒才得到功名的。新科状元陈于泰在周延儒的支持下，反唇相讥，说温体仁如此攻击他们，必定是有什么不可告人的秘密，企图通过诽谤他人以掩饰。

崇祯帝被温、周二人的这场闹剧搞糊涂了，不知该如何处理，便索性将两方的奏章都压了下来，搁在一边不予理会，继续会推阁臣，增补空缺。

这次的会推又给温体仁提供了一个打击周延儒的机会。

众大臣见皇上对少詹事（掌太子府事的官）姚希孟颇有好感，便在会推开始后，纷纷主张推荐姚希孟。此时，温体仁的同乡闵洪学跳了出来，指出姚希孟在科场中有涉嫌，周延儒因此而建议崇祯帝将姚希孟由少詹提升为正詹，其实是在培植自己的党羽。温体仁故伎重演，再次利用崇祯帝痛恨朝臣结党的心理，成功地动摇了周延儒在朝中的地位。

周延儒本身不知收敛，在政治上玩弄权术，在生活上腐化堕落，他又奸又贪，是个酒色之徒。其秽行丑闻，几乎人所共知。连同他的子弟们也近墨者黑，在家乡横行霸道，胡作非为，欺压百姓，万人指背。刚好赶上当时农民起义风起云涌，民怨沸腾。许多人都认为是宰辅不得其人，对周延儒的“秽迹污行”，群起劾奏。这对温体仁来说，又是一个千载难逢的好机会，他乘机到处煽风点火，唆使其党羽和朝中大臣弹劾周延儒，说周延儒用人不当，致使其举荐的山东巡抚孙元化丢了登州城。这对当时处于崩溃边缘的明朝来说，可是个不得了的大罪。但毕竟周延儒在崇祯帝的心中有特殊的地位，所以崇祯帝对于温体仁的弹劾也不以为然。

之后，宣府太监王坤按照温体仁的指示，诬蔑周延儒编造的“羲皇上人”这句狂言是皇上说的。崇祯见问题扯到自己头上了，便向周延儒核实，周延儒有口难辩，加上温体仁一派又揭发出他收受巨盗神一魁的贿赂，他的一些党羽相继失势。四面楚歌的周延儒不得不急流勇退，灰溜溜地卷铺盖回了老家。这样，温体仁便顺理成章地成了内阁首辅。

品评悟道

周延儒固然是一个善于谋权的人，但与温体仁相比，就“小巫见大巫”了。他亲自参与并目睹了温体仁以“结党”的理由除掉了钱谦益，也深知温体仁并非善类。但他最后还是栽在了温体仁的手里，这个与狼共舞者，最后成了狼的“晚餐”。

田单“守城”的秘密

“流丸止于瓯臾，流言止于智者。”谣言，害人不浅，“三人成虎”便证明了，一个匪夷所思的谣言，说的人多了，也会被人们当作事实来看待。要制止谣言并非易事，俗话说：“好事不出门，坏事传千里。”因为人们的嫉妒心理，所以对好事避而不谈，坏事情却可以满足人们幸灾乐祸的情结，而且人们会不自觉地将坏事进一步歪曲，让它听起来越来越糟糕。这便是“以讹传讹”的功效。人们总是用一句“流言止于智者”来安慰自己，却心知肚明，能看透世情、明辨是非的“智者”是少之又少的。谣言在人们的观念中，是一无是处的，但在某些人看来，它也可以成为一种“利器”，成为获取胜利的一种手段。

田单是齐王田氏宗室的远房亲戚，齐愍王时，他曾是齐国首都临淄管理市场的一个默默无闻的小官。正巧此时燕昭王派乐毅为大将攻打齐国，半年期间，连续攻下了齐国70余座城，只剩下莒城和即墨两座城池还未被攻破。田单一家也被迫逃往其他地方，在逃亡的过程中，田单让家族的人把车轴两头的尖端部分锯掉，然后用铁箍包住。其余的齐人在逃跑时，由于车轴头被撞断，而被燕军俘虏，唯有田单及家人逃脱了。田单带着家人逃到了即墨，即墨的守城将领在与燕军作战时，战败牺牲了。于是，城中的百姓就推举田单为即墨城的守城将军，抵抗燕军的进攻。田单跟士兵们同甘共苦，还让自己的家人加入到队伍中，共同作战。即墨城的百姓对他钦佩有加，守城的士气也慢慢高昂起来。

不久之后，燕昭王过世了，燕惠王即位。田单听说他与乐毅之间有些隔阂，便派人到燕国去散布消息说：“乐毅围困莒城和即墨已经有 3 年的时间了，可是还没有攻下来。他能在半年之内攻下 70 余城，可这两座城却花了 3 年的时间还毫无所获，他一定是别有用心。他以讨伐齐国为名，实际上是想收服齐国人的心，好在齐国自立为王。因为齐国的人还没有完全归顺他，所以才拖了这么长的时间。现在齐国的人最害怕的就是燕国更换将领，因为一旦换将领，即墨城肯定很快就被攻克了。”

燕惠王本来就对乐毅心存芥蒂，听了这样的谣言，自然信以为真了，立即命大将骑劫到齐国去代替乐毅。乐毅一气之下，便回到家乡赵国去了，燕国的士兵知道了此事后都替乐毅愤愤不平，严重影响了士气。

田单的秘密计划，第一步大获全胜。乐毅是一个非常棘手的对手，想要解除即墨城的危机，首先就必须解决掉乐毅这个障碍。田单巧妙地利用了燕惠王对于乐毅的不信任，散布谣言，使乐毅被撤下战争的前线。

田单要求即墨城中的百姓吃饭的时候，都在庭院中祭祀祖先。这样即墨城的上空就布满了盘旋的飞鸟，燕军看到这种场面非常惊讶。田单这时又扬言说："这些飞鸟是天神的代表，现在的即墨城获得了天神的帮助。"燕军将士们听了这样的话，都感到想要攻克即墨城并非易事，士气渐渐低落了。

战争还没有正式开始，燕军的士气便受到了严重的干扰，这对于即墨城来说无疑是个好消息。不仅如此，田单这个完整的退兵的秘密，才刚刚开始。

过了几天，燕军士兵又听到附近的老百姓说："以前的乐将军太好了，对俘虏还以礼相待，即墨城中的人当然不害怕。其实齐国的士兵非常害怕俘虏的鼻子被削去。如果燕军把齐国的俘虏都削去鼻子，然后带到战场的最前线，齐国人还敢打仗吗？即墨城肯定很快就守不住了。"

燕军的新任将领骑劫听了这样的传言，居然相信了。他真的下令把俘虏的鼻子全都削去，还推到前线去吓唬齐军。守城的齐军见被俘的士兵落得如此下场，个个义愤填膺，决定坚守城池，生怕自己会落入燕军手中。

接着，燕军又听到了新的传言：“即墨城中百姓的祖坟全都在城外，如果燕军把城外的祖坟挖掉，城中的军民必定人人寒心，失去斗志。”骑劫听了，即刻下令士兵挖掉了城外的坟墓，不仅如此，他还命人烧掉了坟中骸骨，以此来胁迫即墨城中的人投降。即墨城中的人从城墙上看到自己的祖坟被燕军破坏至此，个个悲痛涕零，决心与燕军决一死战。

田单见鼓舞士气的目的已达到，便接着进行下一步计划。

他一面派使者到燕军大营去投降，一面派即墨的富豪悄悄给骑劫送去金银财宝，说：“城里的粮食已经快吃完了，不出几天就要投降了。还请贵国大军进城的时候不要杀害我们的家人。”

骑劫大喜，高高兴兴地接受了财宝，还答应了富豪的请求。于是，燕军都认为不用再打仗了，只要等着即墨人出城来投降就好了，完全松懈了下来。

田单看时机已经成熟，便挑选了 1000 多头牛，给它们披上画着大红大绿、稀奇古怪的花样的彩布，牛角上捆上锋利的尖刀，尾巴上系着浸透了油的芦苇。乘着午夜的时候，下令凿开十几处城墙，把牛队赶到城外，在牛尾巴上点着了火，后面跟随着5000精兵。1000多头牛被烧得牛性发作起来，朝着燕军兵营方向猛冲过去。城中的老百姓都一起来到城头，拿着铜壶、铜盆，狠命地敲打起来。

一时间，震天动地的呐喊声夹杂着鼓声、铜器声，惊醒了睡梦中的燕国将士。他们睡眼蒙眬地爬起来，只见火光冲天，成百上千头脑袋上长着刀的怪兽，直冲自己的军营而来，顿时吓得惊慌失措，四处逃散。

且不说那1000多头牛的牛角上捆的刀扎死了多少人，那5000名精兵砍死了多少人，单是燕国军队自己乱窜狂奔，被踩死的就不计其数。

燕将骑劫坐着战车，想杀出一条活路，很快便被齐兵团团围住，丢了性命。

齐军乘胜反攻的消息，使整个齐国轰动起来。田单带领士兵们一路乘胜追击，那些被燕国占领地方的将士百姓，都纷纷起兵配合，杀了燕国的守将，迎接田单。田单的军队所到之处，全部叛燕归齐。不到几个月的工夫，被燕国占领的70余城就全部收复了。

田单把齐襄王从莒城迎回临淄，齐国这才从几乎亡国的境地中恢复过来。田单也因此被封为安平君。

品评悟道

田单最后的胜利靠的是著名的“火牛阵”，但如果仅仅靠此阵，是绝对不可能使即墨城乃至整个齐国反败为胜的。最重要的还在于“火牛阵”之前的一系列准备活动。田单妙用谣言的功效，使乐毅退出了这场战斗，涣散了敌人的斗志，鼓舞了自己军队的士气，为战争的最后胜利奠定了精神基础。

帝王“和亲”的秘密

“和亲果使边烽消，鹿阁何人许共论。”中国古代的历史，总是与战争息息相关。春秋战国时期的兼并战争、秦朝的统一战争、风起云涌的农民起义、改朝换代的皇权战争、拓展疆域的侵略战争、争夺中原的民族战争……它们占据了历史中的很大篇幅。人们总是在提倡和平，避免战争，但始终未曾找到一个彻底解决的办法，只是在避免战争的过程中，想到了一个延缓的方法——和亲。而为帝王的“和亲”的秘密牺牲的，仍然是那些被称为“红颜祸水”的女子。

中国最早意义上的和亲始于西汉时期，于清代结束。在这两千多年的历史长河中，多少女子被送到远离家乡的塞外，她们用自己的一生，为帝王、为国家换来了短暂的和平。

自战国时期开始，北方的匈奴便逐渐强大起来。他们以游牧为生，马上作战能力很强，经常南下侵扰当时的北部国家。为此，各国纷纷修筑长城，预防匈奴的进犯。秦始皇统一天下后，依靠其强大的军事实力，击败了匈奴，并且夺得了河套地区，暂时解除了匈奴对北方的威胁。到了秦朝末年，农民起义不断，秦朝的力量丧失殆尽。之后，又经过多年的战争，刘邦才在中原建立了西汉。而此时的匈奴在冒顿的带领下，已经称雄大漠，并开始南下进攻中原。

中原和匈奴便在这种此消彼长的变化中，一直保持着对立。面对匈奴这个心腹大患，西汉内部出现了两种截然不同的意见。那些长于军功的大将，都坚持继续秦始皇时期的强攻政策，进行军事进攻，以便彻底解决匈奴问题；而一些文臣谋士，多从国家的现实情况出发，提出对匈奴采取怀柔政策，等到实力足够强大的时候，再做定夺。虽然在情感上，难以接受怀柔政策，但从实力来说，怀柔政策在当时的情况下，确实是最有利的办法，于是和亲政策应运而生。

细君公主，沛（今江苏沛县）人，是西汉时江都王刘建的女儿，汉武帝刘彻的侄孙女。因其生于江都，史称江都公主；又因其远嫁乌孙，别称乌孙公主。她饱读诗书，爱好文学，妙解音律，深得汉武帝的喜爱。为了联合乌孙（居今伊犁河上流流域），抗击匈奴，汉武帝于元封六年（公元前 105 年），封她为细君公主，下嫁乌孙国王昆莫（乌孙王号）猎骄靡，以和乌孙结为兄弟之邦，共制匈奴。细君公主到达乌孙后，猎骄靡封她为右夫人，随从工匠为她建造了宫室。她是汉朝与乌孙的第一位友好使者。

解忧公主，出身皇族，她是第三代楚王刘戊的孙女。景帝三年（公元前154年）春，刘戊参与同姓诸王的“七国之乱”，兵败身亡。从此，解忧公主和其家人长期受猜忌和排斥，落入无法扭转的苦难之中。当罪臣江都王刘建之女因“和亲”远嫁乌孙郁郁而终之后，汉武帝为了维护汉朝和乌孙的和亲联盟，将年仅20岁的解忧，送去乌孙和亲。

王昭君，姓王名嫱，南郡秭归（今湖北省兴山县）人。她天生丽质，聪慧异常，琴棋书画，无所不精，汉元帝时入宫为宫女。王昭君与西施、貂蝉、杨玉环被称为中国古代四大美女。她在汉宣帝时期，成了“和亲”局中的一颗棋子。

她们3个，都为汉朝立下了汗马功劳，她们用自己的幸福和生命，为汉朝与其他民族的和平做出了贡献。她们的名字被现在的人们所熟知，但她们的痛苦却是千百年来无人能够深切体会的。她们是手无缚鸡之力的弱质女流，却担负起了一座江山的兴衰，只因她们是“和亲”局中的一子，她们唯一的任务，便是以自己换和平。

她们和亲的详情是这样的：

细君公主：汉与乌孙的首位和亲大使

汉武帝即位时，社会经济已经得到了恢复和发展。他终止了“无为而治”的黄老学说，开始一系列积极的行动。汉武帝凭借着雄厚的国力，大举讨伐匈奴，终于迫使匈奴北迁。为了彻底消除匈奴的威胁，汉武帝积极展开外交攻势，其中一条，就是与西域大国乌孙结盟以“断匈奴右臂”，而这个与乌孙结盟的重任便落在了细君公主的身上。

汉武帝元封六年，汉武帝派年仅 16 岁的细君公主下嫁昆莫猎骄靡。汉武帝对这次联姻非常重视，除了赐乘用及御用之物外，特置属官、宦官和侍御数百人随公主出嫁，嫁妆也极为丰厚。

容貌美丽、气质高贵的细君公主到达乌孙首都赤谷城后，国王昆莫喜出望外，立细君公主为右夫人，左夫人是一位匈奴公主，二人之间面临的不仅仅是情斗，更重要的是政治斗争。

挽弓射雕、驰骋草原的匈奴公主，要适应乌孙国的生活并不是问题；相比之下，这对自幼长在汉朝深闺、锦衣玉食的细君公主而言却是一个最大的难题，因为语言不通，生活难以习惯，细君公主的生活异常愁苦。这还只是细君公主痛苦的开始，后面还有更大的苦难等着她呢！

两年后，昆莫去世，他的孙子岑陬军须靡继承王位，按照乌孙的习俗，细君公主要嫁给这个新君。这显然与细君公主从小受到的道德伦理相距太远了，她抵死不从，并上书汉廷请汉武帝为自己做主。汉武帝虽然同情她的遭遇，但对他而言，最重要的永远是政治。于是细君公主等来的答复是："在他们的国家，便要遵从他们的习俗，我想要与乌孙联合消灭匈奴，只有委屈你了。请你以国家为重，顾全大局。"细君公主无奈，只好"入乡随俗"，含泪嫁给了新君。但她内心的悲痛无法化解，终日以泪洗面，愁绪百结，勉强支撑了 3 年，为新夫生下一女后不久，便抑郁而死，当时她才 25 岁。

她以自己的柔弱之躯，来实现汉武帝的政治目的，最终还搭上了自己的性命。

解忧公主：以壮士之心去和亲

细君公主虽然死了，但是汉武帝的政治目标仍然没有实现，和亲就还要继续，这次远嫁乌孙的便是解忧公主。

太初四年（公元前 101 年），汉武帝选派楚王刘戊的女儿解忧，以公主的身份下嫁岑陬军须靡。解忧公主不同于细君公主，她生性爽朗，忠君爱国，很有英雄气概，对朝廷的“和亲政策”，她也有相当程度的理解，所以，她是抱着一种大将出征的心情去乌孙的，想要在另一个战场上为国效命。

但没过多久，解忧的丈夫暴毙。按照习俗，肥王翁归靡娶了解忧和匈奴公主。于是，解忧千方百计赢得肥王的欢心，以图国家安宁，不达目的绝不罢休。她的努力有了成果，肥王对解忧关怀备至，言听计从，从而也使汉朝与乌孙国的关系相当密切，双方信使往返，不绝于途。备受冷落的匈奴公主不答应了，向娘家告了一状，匈奴单于出面干涉，双方大有一触即发的战争态势。

汉宣帝本始三年（公元前 71 年），匈奴单于发兵威胁乌孙，要乌孙国王献出解忧公主，并与汉朝断绝一切关系。面对这种情况，肥王与解忧火速上疏，向汉朝求助。汉朝发兵与乌孙军队联合，打败了匈奴，扭转了西域的政治形势，也进一步增进了汉朝与乌孙的了解和友谊，解忧在乌孙也更受礼遇。

可惜不久之后肥王一病不起，王位转给了泥靡，他是匈奴公主的骨肉，原有的政治格局迅速发生了变化。解忧的势力、乌孙的强盛、汉朝与乌孙的友好关系，在一夜之间付诸东流。泥靡倒行逆施、暴虐无道、为非作歹，弄得鸡犬不宁，天下大乱，大家都称他为“狂王”。依照习俗，解忧公主被迫嫁给了这个暴君。不久，乌孙国发生内讧，陷入动荡不安的局面。

汉朝得到解忧送来的消息，立即派遣使者率兵前往乌孙国进行军事干预，经过多方疏通，上下协调，终于使乌孙接受了汉朝的安排：解忧与肥王所生的大儿子贵靡为大国王，统治六万户；同时，为了稳住匈奴，封匈奴公主所生的乌就奢为小国王，统治四万户。这样，双方分而治之，安定了一段时间。

宣帝甘露三年（公元前51年），解忧公主上疏汉宣帝，表示“年老思土，愿得为骸骨，葬汉地”，当时她已至古稀之年。宣帝深表同情，派人将她迎回长安，同行的还有孙子和孙女。汉宣帝赐给她田宅奴婢，待遇如同公主，以酬劳她为国牺牲、效命国家的艰苦卓绝的精神。大约过了两年，解忧公主就与世长辞了。

从汉武帝太初年间，意气风发踏上征途，到如今汉宣帝甘露年间，返回长安，解忧公主在西域生活了50多年。她从一个妙龄少女，变成了一个鹤发的老妪。在这50多年间，她先后嫁与乌孙的三代君王为妻。她用她的青春与幸福，成功地配合汉朝政治、军事部署，遏制住匈奴与西域结盟的势头，逐步瓦解匈奴对西域的统治，使汉朝与乌孙的关系不断巩固和加强。她的政治使命，可以说完成得非常圆满。

王昭君：平民女的汉匈和亲

汉宣帝在位时期，汉朝又进入了一个强盛时期。那时，由于匈奴贵族争夺权力，匈奴势力越来越弱。后来，匈奴分裂，5 个单于分立，互相攻打不休。其中呼韩邪单于，被他的哥哥郅支单于打败，死伤了不少人马。他和大臣商量之后，决心跟汉朝修好，亲自带着部下朝见汉宣帝。

呼韩邪是第一个到中原来朝见的单于，汉宣帝热情地招待了他，不仅亲自到长安郊外去迎接他，还为他举行了盛大的宴会。呼韩邪单于在长安住了一个多月后，汉宣帝派了两个将军带领一万名骑兵护送他到了漠南，并送去了 34000 斛粮食，以解匈奴的燃眉之急。

西域各国听到匈奴和汉朝修好了，也都争先恐后地同汉朝打交道。汉宣帝死后，他的儿子刘奭即位，是为汉元帝。过了几年，匈奴的郅支单于侵犯西域各国，还杀了汉朝派去的使者。汉朝派兵打到康居，打败并杀死了郅支单于，巩固了呼韩邪单于的地位。汉元帝竟宁元年（公元前 33 年），呼韩邪单于再一次来到长安，要求同汉朝和亲，汉元帝同意了。

汉朝与匈奴和亲，历来都得挑个公主或者宗室的女儿。这回，汉元帝决定挑个宫女给他，便吩咐人到后宫去传话：“谁愿意到匈奴去，皇上就把她当公主看待。”来自民间的宫女们，从进了皇宫之后，就像鸟儿被关进笼子一样，都巴望着有一天能被放出宫去。但是听说要离开本国到匈奴去，又不乐意。

此时，王昭君挺身而出，毅然报名，自愿到匈奴去和亲。管事的大臣正为没人应征而焦急，听到王昭君肯去，就把她的名字上报汉元帝。汉元帝吩咐择日让呼韩邪单于和王昭君在长安成亲。呼韩邪单于和王昭君向汉元帝谢恩的时候，汉元帝看到王昭君美丽大方，使汉宫为之增色，多少有点舍不得，想把王昭君留下，可是已经晚了，只得赏给她锦帛 28000 匹，絮 16000 斤及黄金美玉等贵重物品。

王昭君在汉朝官员和匈奴官员的护送下，离开了长安。她肩负着汉匈和亲之重任，别长安，出潼关，渡黄河，过雁门，于第二年初夏到达漠北，做了呼韩邪单于的阏氏，封“宁胡阏氏”，意为匈奴有了汉女做“阏氏”（王妻），安宁始得保障。

昭君出塞后，劝呼韩邪单于不要发动战争，还把中原的文化传到匈奴，获得了匈奴人的尊敬和爱戴。此后，匈奴和汉朝和睦相处，维持了 60 多年的和平。

品评悟道

在西汉这个铁血与柔情共存、英雄与美人并出的时代，无论是细君公主、解忧公主，还是王昭君，她们在和亲政策中，发挥的是一个“缓冲剂”的作用，她们缓解了汉朝与少数民族的直接冲突，她们或多或少地换来了相当程度的和平，虽然是一颗棋子，但她们永远不会被后人遗忘。

范蠡“出仕”的秘密

“飞鸟尽，良弓藏；狡兔死，走狗烹。”这是无法避免的历史规律，在建立功业之时，帝王总是需要尽可能多的贤能之士，并对他们礼遇有加；一旦大功告成，这些功臣反而成了帝王们最大的威胁，因为他们卓越的功勋，有功高盖主之嫌；因为他们的智谋，有掌控天下之能。这些都成为帝王统治的威胁。因此，帝王多被视为忘恩负义之徒，而谋臣们则成为后人同情的对象。但并非所有的谋臣都遭遇了被诛杀的命运，他们中的智者，懂得“功成身退”的道理，在名利与性命之间作出了明智的选择，将该舍弃的果断舍弃，因而成为历史规律中的“异类”。

范蠡，字少伯，春秋末期杰出的政治家、军事家和经济学家，楚国宛（今河南南阳）人。他出身贫寒，但聪敏睿智、胸藏韬略。他年轻时，就学富五车，上晓天文，下知地理，满腹经纶，文韬武略，无所不精。范蠡既能治国用兵，又能齐家保身，是先秦时期罕见的智士，史书概括其平生“与时逐而不责于人”。他辅助勾践20余年，位列越大夫后又擢为右将军、相国，是越国“十年生聚、十年教训”的策划者和组织者。范蠡辞去相职后，定居于陶（今山东定陶西北），经商集资巨万，人称“陶朱公”。

越王勾践平定吴国以后，引兵北上，与齐国、晋国会盟徐州，并且得到周平王的封赏，一时号称霸王。范蠡辅佐越王勾践前后20余年，对勾践雪耻复国屡建奇功，为越王坐上霸主之位立下了汗马功劳。但在越王勾践灭掉吴国后，却整日忧心忡忡。

一天，大夫文种问范蠡：“眼下越国威震天下，你我官至上卿，功名盖世，你为何还闷闷不乐？”

范蠡苦笑着说：“俗语道，‘飞鸟尽，良弓藏；狡兔死，走狗烹’。大名之下，难以久居！勾践此人，可与之共患难，却无法共富贵。我已决定离开勾践，你也该想想出路了。”大夫文种听了不以为意，认为是范蠡太多心了，笑笑便走开了。

第二天，范蠡便上疏请辞，说：“臣听说君主忧心之时，臣下应该替君主操劳；君主受辱之时，臣下应该替君主去死。昔日陛下您曾受辱于会稽，臣之所以不死，为的只是帮助您报仇雪耻。如今您复国成功，臣请陛下赐臣死罪。”

勾践看过范蠡的上疏，不解地问：“现在你功高位尊，无所忧患，正是尽享富贵的时候，我还打算将越国分一半给你，为什么要在这个时候说这种话呢?”

范蠡搪塞掩饰，不肯正面回答。他心知勾践对自己并非真心实意，早晚要加罪于他，便让他的家人带着金银财宝，准备离开。他的家人不想逃难，纷纷说：“富贵得来不易，眼下正是再进一步的时候，机不可失啊!”范蠡长叹：“人的一念之差往往决定着生死福祸。若为贪念所系，就悔之不及了。”于是他带着家人从海路逃走了。

范蠡在齐国海边落脚之后，改名换姓，自称鸥夷子皮。他头脑聪明，且经营有方，耕种滩涂，劳身苦作，治理产业，没几年工夫就成了当地的首富。

齐国大夫听说他的贤名和才能，派人请他去做齐国的相国，他忧心地说：“治家能积累千金，居官能升至将相，这已经是一个百姓的极致了。长久有此名誉，凶险便也不远了。”

他拒绝了齐国的邀请，认为此处不宜久留，便又决定把家财分给朋友、乡亲，只带些值钱的珠宝再度离开，他的家人苦劝不已，又说：“这是我们辛劳所得，不贪不占，为何要白白送给别人呢?”

范蠡说：“人贫我富，人无我有，如果只知索取而不知施与，只是富有而没有仁义，还不如放弃呢!”

之后，他便与家人迁到陶邑过隐居的生活。

初到陶邑，范蠡不顾家人的埋怨，自觉无比快乐。时间一长，范蠡又思治业大计。他的家人埋怨道：“人人都想方设法地求财致富，你却在富有的时候不知珍惜，还口口声声说钱财无用，如今又何必再提治业之事，钱财有那么好赚吗？”

范蠡轻松一笑说：“贫穷与富有的差别，在于心。只要有心，要赚钱又有何难！陶邑之地，乃是天下的中心，四通八达，正是交易的好地方。”于是，他以经商为业，求取利润。没多久就又集资巨万，成了当地首富，远近闻名，人称“陶朱公”。

品评悟道

“日中则移，月满则亏”，范蠡清楚这样的道理，所以他在自己功成之际，离开了越国，舍弃功名以换取自己的性命；所以他在齐国声名显赫之时，再次选择离开，舍弃利以换取平静的生活。在还可以保全性命的时刻，能够做到急流勇退，便可以避免矛盾的激化，避开生死存亡的关键时刻，这也是一种智慧和大谋略。

王允“连环”的秘密

“歌月徘徊孤楼前，舞影零游群雄间。”自古以来都有“红颜薄命”的说法，也有“心比天高，命比纸薄”的感慨，更有“红颜祸水”的责难，太多太多的声音湮没了女性的价值。回顾历史，我们却可以从中发现，原来许多的丰功伟绩都有女性的帮助，许多的争权夺利都有女性的参与，在历史的长河中，女性的作用是不容忽视的。在这众多的历史事件中，女性大多是作为一颗棋子出现的。其实在使用“美人计”的时候，女性是必不可少的引子，有了这个引子，才能开局，才有后来局中的千变万化。貂蝉就是这样的一颗棋子、一个引子。

王允，字子师，太原祁人。他出身官宦世家，性格刚直，疾恶如仇。少年时，曾被“东汉第一名士”郭林宗称赞为：“王生一日千里，王佐之才也。”汉献帝初年，王允出任司徒、尚书令，当时董卓手握大权，他反对董卓的暴政，策划了对董卓的刺杀。

董卓，字仲颖，陇西临洮人。他生性粗猛，且有谋断。早年为汉朝的大将，平定叛乱，讨伐黄巾军，位高权重。之后，趁乱控制了中央政权，废汉少帝，立汉献帝，最后被王允和吕布所杀。

董卓掌握实权后，自称是太师，在朝中大施淫威，滥杀无辜，甚至纵容自己的部下强抢民女，残害百姓，惹得人神共愤。不久，他又要汉献帝尊他为“尚父”，大封董氏的亲族，甚至连他刚出生的孩子也封为侯。为了享乐，他在离长安200多里的地方，修建了一座城堡，称为“郿坞”，将从百姓那里搜刮来的财富全都贮藏在里面。“郿坞”建成之后，董卓得意地对人说：“大事成了，天下就都是我的了；即使大事不成，在这里我也可以安度晚年了。”一时之间，除掉董卓成了天下人共同的心愿。

为了除掉董卓，当时尚且年轻的校尉曹操，曾以敬献宝刀为由接近董卓，以刺杀他，但因吕布的侍卫而失败了。此事引起了董卓的警戒，此后再要行刺就难上加难了。之后，袁绍和曹操还曾组织各路诸侯讨伐董卓，但因人心不齐，调度无方，难抵吕布之勇，最终功败垂成。大司徒王允也一直想杀掉董卓，为国除害。但是杀董卓绝对不是一件容易的事，他重兵在握，有人随身保护，王允想除掉他，唯一的办法，就是用计，而且一定要万无一失才行，否则就会落个满门抄斩的下场。

董卓手下有一员猛将，名叫吕布，骁勇善战，无人能敌，之前曹操欲除董卓，皆因有吕布，而最后落败。吕布本是并州刺史丁原的部下，董卓花重金才得到这员猛将。董卓十分看重吕布，认他为干儿子，并让他做自己的贴身保镖。王允知道，要除掉董卓，首先就要拉拢吕布，便从吕布身上着手，不仅经常请他到家里来喝酒聊天，还把府内的奇珍异宝赠送给他。

但是长久以来仍然没有一个万全之策，为此，王允整日坐卧不安。一日，他信步来到后园，听到有人在牡丹亭长吁短叹，上前一看，原来是府中的歌妓貂蝉。貂蝉自幼父母双亡，被王允收养于府中，学习歌舞，王允视她为亲生女儿一般，如今，貂蝉已是一个色艺双全的绝色女子了。王允问她为何叹气，貂蝉回答道："孩儿自幼读书，也算明白事理，见您每日为国操劳，很想为您分忧，但身为女流之辈，自知能力有限，真不知何时才能报答您的养育之恩啊!"

王允听了貂蝉的话，茅塞顿开，计上心来。他把貂蝉带到书房，然后跪下说："天下如今处于危急存亡之际，只有你能救民于水火了。奸贼董卓阴谋篡位，朝中的文武百官，全都束手无策。董卓有一个义子，名叫吕布，骁勇无比。我看董、吕二人皆是好色之徒，所以想用连环计，先将你许嫁吕布，然后再献给董卓，你再从中离间他们，让吕布杀掉董卓，为民除害。江山社稷的恢复与重建，都寄托在你身上了。不知你意下如何啊?”貂蝉听罢，回答说：“小女子万死不辞，希望您即刻将我献上，到时我自有办法。”王允见貂蝉已经答应，那他除董卓的“局”马上就可以开始了。

王允连夜差人打造了一顶嵌饰数颗珍珠的金冠，秘密送给吕布。吕布见了十分欢喜，立即到王允家致谢。王允备好酒宴，盛情款待。席间，吕布问：“小人只不过是相府一员将领，而您则是朝廷大臣，何德何能，可以受此错爱?”王允说：“当今天下，可以称为英雄的，恐怕就只有将军你了。我并非敬重你的职位，而是敬重你的才干。”吕布听了心里暗暗高兴。王允见状，趁机叫出貂蝉，并让她给吕布斟酒。吕布见此绝世美女，惊为天人，目不转睛地盯着貂蝉看。王允说：“这个是小女貂蝉。承蒙将军错爱，把我当作至亲好友。若是将军不嫌弃，我想将小女许配与将军，不知将军意下如何?”吕布听了大喜过望，忙起身拜谢，说：“果真如此，吕布当效犬马之劳。”王允说：“既然这样，就选个好日子，把貂蝉送去将军府中。”见时间不早了，王允便接着说：“本想留将军在此过夜，但又担心太师疑心。”吕布这才依依不舍地起身告辞，只等着王允早日将貂蝉送来。

过了几天，王允在朝堂上，趁吕布不在的时候，邀请董卓到府中饮酒，董卓立刻答应了。董卓到了之后，王允对其一番吹嘘，酒到半酣，王允呵退左右，向董卓敬酒说：“王允自幼学习天文，夜观星相，发现汉室气数已尽，太师您的作为真是顺应天意啊！”董卓听了，假装沉吟半天说：“我怎么敢有这种奢望啊！”王允接着说：“自古以来，都是以有道之师伐无道之师，有德之人取代无德之人，这有什么过分的呢?”董卓这才开怀大笑说：“如果天下真的为我所有，你就是大功臣。”王允即刻拜谢，并说府中有自己调教的艺妓，可以出来献艺，以助酒兴。董卓自然欣喜万分。貂蝉出来后，董卓看得两眼发直，口水都快流出来了。王允见此情形，便说：“此女乃是府中的歌妓貂蝉，我想将此女献给太师，不知太师是否肯收留她?”董卓听了心花怒放，忙说：“这么大的恩惠叫我如何报答啊！”王允接口道：“太师愿意收留她，已是她天大的造化了。”董卓又感谢了一番，便将貂蝉带回了府中。

这个消息很快传到了吕布的耳朵里，他气急败坏地来质问王允，王允说：“将军原来不知道啊！昨天太师在朝堂上，对我说有事要到我家来，来了之后，太师说：‘我听说你有一个女儿，名叫貂蝉，已经许配给我的义子吕布了。我特来见她一见。’我不敢违背太师的意思，便让貂蝉出来拜见公公。太师见貂蝉又说：‘今天乃是吉日，我这就带此女回去，让她与我儿成亲。’于是便将貂蝉带走了。”吕布信以为真，忙说：“司徒恕罪，小人一时情急，错怪了大人，改天一定登门谢罪。”说完便怒气冲冲地离开了。

王允心里明白，接下来会发生什么事情。他已经成功地将自己的“棋子”——貂蝉，加入了这个局中，并且将她放在了最适当的位置——董卓与吕布中间。只要把握局势，让一切按照正常的布局发展，就胜利在望了。

事情果然不出王允所料。第二天，吕布到相府去打听消息，董卓的侍妾告诉吕布说：“昨天晚上太师与新人共寝，现在还没起来呢！”吕布听了勃然大怒，可又不敢造次，只得偷偷潜入董卓的房间，见到貂蝉在梳洗。貂蝉忽然发现窗外有人，细看是吕布，便故作抑郁忧愁状，还假装伤心落泪。吕布转身从正门进去，董卓见吕布前来，忙把貂蝉藏在帐内，问他：“外面有没有事?”吕布回答：“没事。”董卓见吕布未有退下之意，而且双眼正望向帐内，顿时火起，将吕布赶了出去。此后，吕布不再到董卓的房中去看貂蝉，而是在董卓的后花园风仪亭与貂蝉幽会。

一日，二人又在风仪亭见面，互诉衷肠后，吕布要走，貂蝉不想计划落空，便说：“之前我就仰慕你，觉得你是个英雄，没想到，你也只是浪得虚名，连一个老贼都怕。既然如此，我活着也没什么指望了，不如一死了之。”说着便要投湖，吕布急忙上前阻拦她，两人推推搡搡，争执不下。另一边，董卓在殿上，回头不见了吕布，心里觉得不妙，匆忙处理完朝中的事情赶回府中，一路找来，在风仪亭中刚好看到吕布与貂蝉争执的一幕，随手拿起吕布的方天画戟就刺了过来。吕布见状，夺过画戟，落荒而逃。

董卓回房质问貂蝉：“你为什么要与吕布私通？”貂蝉泪流满面地说：“我一个人闲来无事，便到后花园去看花，吕布突然到来，对我动手动脚，我又无力反抗，只能投湖自尽，却又被他抱住。正在纠缠之际，太师您就回来了，才救了我一命。您怎么说我与他私通呢？”董卓见她如此，便也不再怪她，说：“我不如把你许配给吕布，如何啊？”貂蝉听了，正色道：“我宁死不辱！”边说边从墙上取下宝剑想要自杀，董卓连忙上前劝阻，再也不提此事了，决定带貂蝉回“郿坞”。

他们走的那天，文武百官都来送行，王允也在其中，见吕布望着远去的车子叹息，王允便上前对吕布说：“想不到太师作出如此丧尽天良的事。她欺负我的女儿，夺取将军的妻子，你我必定会成为天下人的笑柄。我年纪大了，无所谓。可是你就不同了，你的一世英明就此被玷污了！”一番话把吕布说得面子挂不住了，便对王允说起了风仪亭之事，还说要不是顾及父子情分，定不会逃避躲闪。王允知道吕布已经有心要杀董卓了，便又推了他一把，说：“他姓董，你姓吕，怎么会是父子呢？更何况，他占有了你的妻子，哪里有什么父子情义可言啊？”吕布听罢，大声说：“我一定要杀了董卓这个老贼，以洗刷我的耻辱！”

没过多久，汉献帝在宫中会见大臣，董卓从“郿坞”返回京城，他的车子一进宫门，就有人举枪向他的胸口刺去，但被董卓身上的铁甲挡住了，只刺伤了手臂，跌下车来。他忍着痛，大叫：“吕布，你在哪儿？”吕布站在车后说：“奉皇上旨意，讨伐贼子董卓！”话音刚落便一戟刺进了董卓的咽喉。一个人神共愤的乱臣贼子终于被除掉了。

品评悟道

王允所布的连环局，最关键的一点在于，他找准了对手的弱点，针对这个弱点，加入一个“子”，便将对手的局搅了个天翻地覆，原本情义颇深的父子也在瞬间反目成仇。王允一步步地将对手推上了绝境，最后，借别人的手解决了对手。